Veröffentlichungen der Historischen Kommission für Hessen 31,4

Veröffentlichungen
der Historischen Kommission für Hessen

31,4

Schrifttum zur Geschichte
und geschichtlichen Landeskunde
von Hessen

Vierter Band:

1974–1976

Marburg 1984

N. G. Elwert Verlag (Kommissionsverlag)

Schrifttum zur Geschichte
und geschichtlichen Landeskunde
von Hessen

Vierter Band:

1974–1976

Bearbeitet
von

Wolfgang Podehl

Marburg 1984

N. G. Elwert Verlag (Kommissionsverlag)

CIP-Kurztitelaufnahme der Deutschen Bibliothek

**Schrifttum zur Geschichte und geschichtlichen Landeskunde von Hessen** / bearb. von Wolfgang Podehl. – Marburg: Elwert

ISSN 0342–2208
Bis Bd. 2. 1968/70 (1979) bearb. von Winfried Leist
Forts. bildet: Hessische Bibliographie

Bd. 4. 1974/76 (1984).
(Veröffentlichungen der Historischen Kommission für Hessen; 31,4)
Mit diesem Jg. Erscheinen eingestellt
ISBN 3–7708–0795–2 (brosch.)
ISBN 3–7708–0794–4 (geb.)

NE: Leist, Winfried [Bearb.]; Podehl, Wolfgang [Bearb.]; Historische Kommission für Hessen: Veröffentlichungen der Historischen ...

Printed in Germany
Druck: Graphische Kunstanstalt Wilhelm Herr, Gießen
© 1984 by Historische Kommission für Hessen, Marburg/Lahn

# VORWORT DES HERAUSGEBERS

Mit dem die Berichtsjahre 1974 bis 1976 umfassenden vierten Band wird die Reihe „Schrifttum zur Geschichte und geschichtlichen Landeskunde von Hessen" abgeschlossen. Der Plan einer selbständigen, periodisch eingerichteten Veröffentlichung über das neu erschienene landesgeschichtliche und landeskundliche Schrifttum Hessens war im Jahre 1967 aus dem Kreise der hessischen Bibliotheken an die Kommission herangetragen und von ihr besonders auch deswegen übernommen worden, weil damit zugleich ein älteres, von der Kommission seit langem vorbereitetes Unternehmen wieder aufgegriffen und auch Karl E. Demandts 1965 erschienene hessische Bibliographie im Dreijahres-Rhythmus fortgeführt werden sollten. Ich habe im ersten Bande (1973) darüber berichtet.

Aber schon 1975 legte die Stadt- und Universitätsbibliothek Frankfurt a. M. den neuen Plan einer „Regionalbibliographie Hessen" vor. Diese sollte unter einer an einer großen wissenschaftlichen Universitätsbibliothek einzurichtenden Zentralredaktion und unter Mitarbeit der hessischen Bibliotheken ab 1976 „als selbständige, umfassende, objektive Bibliographie" mittels EDV hergestellt werden, ihre Systematik sollte „alle Bereiche des modernen Lebens berücksichtigen". Der erste Band der neuen Hessischen Bibliographie – herausgegeben von der Stadt- und Universitätsbibliothek Frankfurt a. M. in Zusammenarbeit mit den wissenschaftlichen Bibliotheken des Landes Hessen – erschien 1979 für das Berichtsjahr 1977. Inzwischen liegen sechs Bände vor.

An diesen vierten Band des „Schrifttums" schließt sich also die neue Hessische Bibliographie zeitlich an. Bewußt als eine „bibliographie raisonnée" konzipiert, war die Kommissionsreihe durch ihren Dreijahres-Rhythmus als ein übersichtliches Hilfsmittel für den Landeshistoriker gedacht, der zugleich durch die sachkundige Auswahl des Schrifttums vor wertlosem Ballast bewahrt wurde. Dem Vorsitzenden der Kommission bleibt die Aufgabe, den beiden Bearbeitern – Winfried Leist für die beiden ersten, Wolfgang Podehl für die beiden letzten Bände – sowie ihren Helfern in den hessischen Bibliotheken, die das aufzunehmende Schrifttum lieferten, den herzlichen Dank der hessischen Landeshistoriker für die geleistete Arbeit auszusprechen.

Marburg, im Juli 1984  W. Heinemeyer

# VORWORT DES BEARBEITERS

Gegenüber den vorherigen Bänden der Bibliographie wurde bei dem vorliegenden vierten Fortsetzungsband des „Schrifttums zur Geschichte und geschichtlichen Landeskunde von Hessen" prinzipiell nichts geändert, was die Auswahlkriterien, die Anlage des Verzeichnisses und die Register betrifft. Eine Reihe von wichtigen Nachträgen aus früheren Berichtsjahren konnte eingearbeitet werden, der Umfang des Bandes wurde dadurch vergrößert.

Auch dieser Band ist wieder Produkt einer Gemeinschaftsarbeit der großen wissenschaftlichen Bibliotheken des Landes Hessen, insbesondere der Landesbibliotheken. Den Kolleginnen und Kollegen in Darmstadt, Frankfurt, Fulda und Kassel ist der Bearbeiter zu großem Dank verpflichtet für ihre bewährte Mitarbeit. Herzlich danken möchte er auch wieder seiner Wiesbadener Kollegin, Frau Waldtraut Kirchner, die ihn mit gewohnter Zuverlässigkeit und Umsicht bei den Redaktions-, Register- und Korrekturarbeiten unterstützt hat.

Der vorliegende Band, der die Literatur der Jahre 1974–76 verzeichnet, bildet – jedenfalls vorläufig – den Abschluß der von der Historischen Kommission für Hessen herausgegebenen bibliographischen Reihe. Ab Berichtsjahr 1977 wird mit jährlicher Erscheinungsweise eine regionale Gesamtbibliographie von der Stadt- und Universitätsbibliothek Frankfurt a. M. unter dem Titel „Hessische Bibliographie" herausgegeben. Diese neue Bibliographie verzeichnet u. a. auch die Neuerscheinungen zur Geschichte und geschichtlichen Landeskunde von Hessen, allerdings – bedingt durch die ganz andere Zielsetzung – nicht in so kompakter und übersichtlicher Form, wie es das Schrifttumsverzeichnis der Historischen Kommission vermocht hat, dessen weiterer Fortbestand für den historisch orientierten Benutzer wünschenswert wäre.

Wiesbaden, im Juli 1984                                                                                               W. Podehl

# Abkürzungen im Text der Titel

| | | | |
|---|---|---|---|
| Abb. | Abbildung(en) | Kg. | König |
| allg. | allgemein | kgl. | königlich |
| Arch. | Archiv | Kgn. | Königin |
| Bd, Bde | Band, Bände | Kgr. | Königreich |
| Beil. | Beilage | Komm. | Kommission |
| Beitr., Beitrr. | Beitrag, Beiträge | Kr. | Kreis |
| Ber., Berr. | Bericht, Berichte | Ks. | Kaiser |
| betr. | betrifft | ksl. | kaiserlich |
| Bl., Bll. (-bl., -bll.) | Blatt, Blätter | Kt., Ktn. -l. | Karte(n) -lich |
| d. | der, die, das | Lgr. | Landgraf |
| ders. | derselbe | Lgrn. | Landgräfin |
| dt. | deutsch | Masch. | Maschinenschrift(lich) |
| Eb. | Erzbischof | Mchn. | München |
| Ebt. | Erzbistum | Mitt. | Mitteilung(en) |
| ersch. | erschienen | Mitt.bl. | Mitteilungsblatt |
| erw. | erweitert | Ms. | Manuskript |
| Fft. | Frankfurt (Main) | Msch.schr. | Maschinenschrift(lich) |
| Ffm. | | Nach(r). | Nachricht(en) |
| Fn. | Fürstin | Nachrr.bl. | Nachrichtenblatt |
| Forsch. | Forschung(en) | nass. | nassauisch |
| Forts. | Fortsetzung | NF | Neue Folge |
| Gbll. | Geschichtsblätter | o. J. | ohne Jahr |
| Gesch. | Geschichte | o. O. | ohne Ort |
| Ghzg. | Großherzog | ORL | Der obergermanisch- |
| ghzgl. | großherzoglich | | rätische Limes |
| Gr. | Graf | Prov. | Provinz |
| Grn. | Gräfin | Publ. | Publikation(en) |
| Grsch. | Grafschaft | rhein. | rheinisch |
| hess. | hessisch | röm. | römisch |
| hist. | historisch | S. | Seite |
| HJ | Heimatjahrbuch | s. | siehe |
| HK | Heimatkalender | -schr. | -schrift |
| Hrsg. | Herausgeber, herausgegeben | T. Unters. | Teil Untersuchung |
| Hzg. | Herzog | Ver. | Verein |
| hzgl. | herzoglich | Verf. | Verfasser |
| Hzgn. | Herzogin | Veröff. | Veröffentlichung |
| Hzt. | Herzogtum | vh. | vorhanden |
| i. J. | im Jahr | Vjbll. | Vierteljahresblätter |
| Jb., Jbb. | Jahrbuch, Jahrbücher | Vjschr. | Vierteljahresschrift |
| Jh. | Jahrhundert | Vorgesch. | Vorgeschichte |
| -kal. | -kalender | Vort. | Vortitel |
| -kde., -kdl. | -kunde, -kundlich | Wiss. | Wissenschaft, wissenschaftlich |
| Kf. | Kurfürst | | |
| Kft. | Kurfürstentum | Wü. | Wüstung |

| | |
|---|---|
| Zs. (Zschr.), | Zeitschrift(en) |
| Zss. | |
| Zsarb. | Zusammenarbeit |
| zsgest. | zusammengestellt |
| Ztg. | Zeitung |

## Abkürzungen für Zeitschriften und Reihen

| | |
|---|---|
| ADPo | Archiv für deutsche Postgeschichte |
| ADSSW | Archiv für Diplomatik, Schriftgeschichte, Siegel- u. Wappenkunde |
| AFGK | Archiv für Frankfurts Geschichte und Kunst |
| AfK | Archiv für Kulturgeschichte |
| AfS | Archiv für Sippenforschung |
| AGB | Archiv für Geschichte des Buchwesens |
| AHG | Archiv für hessische Geschichte und Altertumskunde |
| AHo | Alt-Homburg |
| ALBFuLiM | Almanach für die Bistümer Fulda, Limburg, Mainz |
| AlBLi | Almanach. Jahrbuch des Bistums Limburg. Limburger Ausg. |
| AlBLiM | Almanach. Jahrbuch für die Bistümer Limburg u. Mainz |
| AlGbll | Alzeyer Geschichtsblätter |
| AMrhKG | Archiv für mittelrheinische Kirchengeschichte |
| ArK | Archäologisches Korrespondenzblatt |
| ArZ | Archivalische Zeitschrift |
| BDL | Blätter für deutsche Landesgeschichte |
| BDLK | Berichte zur deutschen Landeskunde |
| BeBo | Bergwinkel-Bote |
| BeHbll | Bergsträsser Heimatblätter |
| BiA | Binger Analen |
| BIG | Beiträge zur Ingelheimer Geschichte |
| BoJbbRhLM | Bonner Jahrbücher des Rheinischen Landesmuseums in Bonn im Landschaftsverband Rheinland u. des Vereins von Altertumsfreunden im Rheinlande |
| BRGK | Bericht der Römisch-Germanischen Kommission |
| BRh | Beiträge zur Rheinkunde |
| BS | Burgen und Schlösser |
| BStH | Beiträge zur Statistik Hessens |
| BuBll | Buchenblätter (Fuldaer Zeitung, Beilage) |
| BüGbll | Büdinger Geschichtsblätter |
| Burg | Die Burg, Heimatblätter der Gustavsburg |
| DA | Deutsches Archiv für Erforschung des Mittelalters |
| DarmKrbl | Darmstädter Kreisblatt |
| DE | Darmstädter Echo |
| De | Decheniana |
| DHöA | Dokumente aus Höchster Archiven |
| DKD | Deutsche Kunst u. Denkmalpflege |
| DtF | Deutsches Familienarchiv |
| DtHu | Der deutsche Hugenott |
| DW | Der deutsche Weinbau |

| | |
|---|---|
| EH | Echo der Heimat |
| Ekde | Erdkunde |
| Em | Emberiza |
| EvSo | Der evangelische Sonntagsbote |
| FBKö | Burgfest Königstein/Ts Festbuch |
| FH | Fundberichte aus Hessen |
| FHöSchl | Festschrift Höchster Schloßfest |
| FoM | Forstliche Mitteilungen |
| Frkf | Frankfurt. Lebendige Stadt |
| FrKJb | Frankfurter Kirchliches Jahrbuch |
| FrStB | Frankfurter statistische Berichte |
| FuGbll | Fuldaer Geschichtsblätter |
| GBllBe | Geschichtsblätter für den Kreis Bergstraße |
| GeisLiBl | Geisenheimer Lindenblatt |
| GelGbll | Gelnhäuser Geschichtsblätter |
| GelHJ | Heimatjahrbuch des Kreises Gelnhausen (1975 ff.: Gelnhäuser Heimat-Jahrbuch) |
| GemNlm | Gemeinde-Nachrichten für die evangelischen Kirchengemeinden Immenhausen und Mariendorf |
| Gen | Genealogie |
| GenJb | Genealogisches Jahrbuch |
| GeolJbH | Geologisches Jahrbuch Hessen |
| Ger | Germania |
| GFBll | Gustav-Freytag-Blätter |
| GiessKrKal | Gießener Kreiskalender |
| GiessUbll | Gießener Universitätsblätter |
| GLa | Geschichtliche Landeskunde |
| GR | Geographische Rundschau |
| GT | Gemeindetag |
| GuJb | Gutenberg-Jahrbuch |
| GW | Geschichtsblätter für Waldeck |
| HAe | Hessisches Ärzteblatt |
| HaGbll | Hanauer Geschichtsblätter |
| HAL | Hessische Ahnenlisten |
| HbllPFH | Heimatblätter zur Pflege und Förderung des Heimatgedankens (Dill-Zeitung. Beilage) |
| HBllVoB | Hessische Blätter für Volksbildung |
| HbrKNie | Heimatbrief. Heimatvereinigung Kassel-Niederzwehren |
| HBV | Hessische Blätter für Volkskunde |
| HBVK | Hessische Blätter für Volks- und Kulturforschung |
| He | Hessenland (Oberhessische Presse. Beilage) |
| HeG | Hessischer Gebirgsbote |
| HErb | Die Heimat (Odenwälder Heimatzeitung-Erbacher Kreisblatt. Beilage) |
| HFK | Hessische Familienkunde |
| HflorBr | Hessische floristische Briefe |
| HGiess | Heimat im Bild (Gießener Anzeiger, Alsfelder Kreisanzeiger ... Beilage) |

| | |
|---|---|
| HH | Hessische Heimat. Zeitschrift für Kunst, Kultur, Denkmalpflege |
| HHGiess | Hessische Heimat. Aus Natur u. Geschichte (Gießener Allgemeine, Alsfelder Allgemeine. Heimatbeilage) |
| HiGbll | Hinterländer Geschichtsblätter |
| HJAl | Heimat-Jahrbuch des Kreises Altenkirchen/Westerwald (1976: ... und der angrenzenden Gemeinden) |
| HJAlWo | Heimat-Jahrbuch Alzey-Worms |
| HJb | Historisches Jahrbuch |
| HJDi | Heimatjahrbuch für den Dillkreis |
| HJH | Bad Hersfelder Jahresheft |
| HJHofgeis | Heimatjahrbuch für den Kreis Hofgeismar |
| HJL | Hessisches Jahrbuch für Landesgeschichte |
| HJMBi | Heimat-Jahrbuch Landkreis Mainz-Bingen |
| HJNeu | Heimatjahrbuch des Landkreises Neuwied |
| HJUTs | Heimatjahrbuch des Untertaunuskreises |
| HK | Heilbad und Kurort |
| HKH | Heimatkalender des Kreises Hersfeld-Rotenburg |
| HKWe | Heimatkalender des Kreises Wetzlar |
| HLD | Heimat an der Lahn und Dill |
| HM | Aus hessischen Museen |
| HMDie | Heimatgeschichtliche Manuskripte. Hofheim-Diedenbergen |
| HMRh | Heimat am Mittelrhein |
| HöGH | Höchster Geschichtshefte |
| HoM | Hochheimer Markt |
| HPo | Hessische Postgeschichte |
| HspGer | Heimatspiegel (Heimatzeitung des Kreises Groß-Gerau, Beilage) |
| HTBll | Hochtaunusblätter |
| HViern | Die Heimat. Geschichtsblätter für Viernheim, Hess. Ried, Bergstraße, Odenwald u. d. Rhein-Neckar-Main-Land (Viernheimer Tagblatt. Beilage) |
| HZ | Historische Zeitschrift |
| Inf | Informationen aus Kassel |
| InfLiFr | Informationen für die Lichtenberg-Freunde |
| JbbNVN | Jahrbücher des Nassauischen Vereins für Naturkunde |
| JbDtArInst | Jahrbuch des Deutschen Archäologischen Instituts |
| JberVHORa | Jahresbericht des Vereins für Heimatgeschichte, Ober-Ramstadt |
| JbFDH | Jahrbuch des Freien Deutschen Hochstifts |
| JbfrLF | Jahrbuch für fränkische Landesforschung |
| JbIDG | Jahrbuch des Instituts für Deutsche Geschichte. Tel-Aviv |
| JbLKa | Jahrbuch Landkreis Kassel |
| JbMels | Jahrbuch des Kreises Melsungen |
| JbNG | Jahrbuch für Numismatik und Geldgeschichte |
| JbRGZM | Jahrbuch des Römisch-Germanischen Zentralmuseums Mainz |
| JbTHDarm | Jahrbuch der Technischen Hochschule Darmstadt |
| JbVF | Jahrbuch für Volksliedforschung |
| JbVFUM | Jahrbuch der Vereinigung „Freunde der Universität Mainz" |
| JbwLa | Jahrbuch für westdeutsche Landesgeschichte |
| JHKV | Jahrbuch der Hessischen Kirchengeschichtlichen Vereinigung |

| | |
|---|---|
| KaS | Kasseler Sonntagsblatt |
| KChr | Kunstchronik |
| KGB | Knüllgebirgsbote |
| KHMrh | Kunst in Hessen und am Mittelrhein |
| KiJbDa | Kirchliches Jahrbuch für die evangelischen u. katholischen Gemeinden von Darmstadt |
| KöSt | Königsteiner Studien |
| KrHbll | Bad Kreuznacher Heimatblätter |
| KTrJb | Kurtrierisches Jahrbuch |
| KuJ | Kulturjournal [Frankfurt a. M.] |
| LaHbll | Lampertheimer Heimatblätter |
| LaVbll | Landeskundliche Vierteljahrsblätter |
| LKr | Landkreis |
| LRhPf | Lebendiges Rheinland-Pfalz |
| Lusc | Luscinia |
| MA | Mainzer Almanach |
| MaH | Mannheimer Hefte |
| MAmrhM | Mitteilungen der Arbeitsgemeinschaft für mittelrheinische Musikgeschichte |
| MDVW | Mitteilungsblatt (1976: Mitteilungen) des Deutschen Vereins für Vermessungswesen, Landesverein Hessen e. V. |
| MEKRh | Monatshefte für evangelische Kirchengeschichte des Rheinlandes |
| MerckFZs | Mercksche Familien-Zeitschrift |
| MGAA | Mitteilungen des Geschichts- und Museumsvereins Alsfeld |
| MHG | Mitteilungsblatt des Herborner Geschichtsvereins |
| MHl | Mein Heimatland (Hersfelder Zeitung, Beilage) |
| MHSt | Mitteilungen aus den Hessischen Staatsarchiven |
| MHStDarm | Mitteilungen aus dem Hessischen Staatsarchiv Darmstadt |
| MHVPf | Mitteilungen des Historischen Vereins der Pfalz |
| MMag | Mainz-Magazin |
| MNA | Mainzer naturwissenschaftliches Archiv |
| MOHG | Mitteilungen des Oberhessischen Geschichtsvereins |
| MrhPo | Mittelrheinische Postgeschichte |
| Mü | Das Münster |
| MVGHOUr | Mitteilungen des Vereins für Geschichte und Heimatkunde Oberursel/Ts |
| MVGLHo | Mitteilungen des Vereins für Geschichte und Landeskunde zu Bad Homburg v. d. H. |
| MW | Mein Waldeck |
| MWeG | Mitteilungen des Wetzlarer Geschichtsvereins |
| MZ | Mainzer Zeitschrift |
| NAN | Nassauische Annalen |
| NblWil | Nachrichtenblatt für die Mitglieder der Wilinaburgia |
| NeuM | Das Neue Mainz |
| NHLBF | Notizblatt des Hessischen Landesamtes für Bodenforschung zu Wiesbaden |
| NL | Natur und Landschaft |
| NM | Natur und Museum |

| | |
|---|---|
| NMHaG | Neues Magazin für hanauische Geschichte |
| NNP | Naturschutz und Naturparke |
| NTrJb | Neues trierisches Jahrbuch |
| Odw | Der Odenwald |
| OGbll | Offenbacher Geschichtsblätter |
| PfH | Pfälzer Heimat |
| PW | Pallottis Werk daheim und draußen |
| RhgHbll | Rheingauische Heimatblätter |
| RhgHbr | Rheingauer Heimatbrief |
| RhHpfl | Rheinische Heimatpflege |
| RhLF | Rhein-Lahnfreund |
| RhVbll | Rheinische Vierteljahrsblätter |
| RhW | Rhönwacht |
| Rod | Der Rodensteiner |
| RSp | Rad und Sparren |
| SaaJb | Saalburg-Jahrbuch |
| SaFkde | Saarländische Familienkunde |
| SaH | Saarbrücker Hefte |
| SchnBer | Schnellerts-Bericht |
| SchoJb | Schopenhauer-Jahrbuch |
| SChr | Suleburc-Chronik |
| SchwJb | Schwälmer Jahrbuch |
| SHInf | Schriftenreihe „Hessen-Informationen" der Hessischen Landesregierung |
| Si | Siegerland |
| SiHK | Siegerländer Heimatkalender |
| SMGBO | Studien u. Mitteilungen zur Geschichte des Benediktiner-Ordens u. seiner Zweige |
| StäJb | Städel-Jahrbuch |
| Stark | Die Starkenburg |
| StFOff | Stadt und Kreis Offenbach a. M. Studien und Forschungen |
| TCr | Taunus-Chronik |
| TeB | Technische Berichte. Philipp Holzmann AG |
| TrZ | Trierer Zeitschrift für Geschichte und Kunst des Trierer Landes und seiner Nachbargebiete |
| UFrL | Unser Frankenberger Land (Frankenberger Zeitung. Beilage) |
| UHl | Unser Heimatland |
| UsL | Usinger Land (Usinger Anzeiger, Beilage) |
| VDGT | Verhandlungen des Deutschen Geographentages |
| Vergangenheit | Vergangenheit spricht zur Gegenwart |
| VHKH | Veröffentlichungen der Historischen Kommission für Hessen [und Waldeck] |
| VHKN | Veröffentlichungen der Historischen Kommission für Nassau |
| ViHbll | Bad Vilbeler Heimatblätter |
| VJschrSWG | Vierteljahrschrift für Sozial- und Wirtschaftsgeschichte |
| W | Das Werraland |
| WeGbll | Wetterauer Geschichtsblätter |
| WehrGbll | Wehrheimer Geschichtsblätter |

| | |
|---|---|
| WeilBll | Weilburger Blätter |
| WeKrKal | Wetterauer Kreiskalender |
| Wf | Westfalen |
| Wi | Wittgenstein |
| Wi int | Wiesbaden international |
| WiL | Wiesbadener Leben |
| WLKa | Waldeckischer Landeskalender |
| WoG | Der Wormsgau |
| Ww | Der Westerwald |
| ZAM | Zeitschrift für Archäologie des Mittelalters |
| ZDAL | Zeitschrift für deutsches Altertum und deutsche Literatur |
| ZDL | Zeitschrift für Dialektologie und Linguistik |
| ZDVKW | Zeitschrift des Deutschen Vereins für Kunstwissenschaft |
| ZfBB | Zeitschrift für Bibliothekswesen und Bibliographie |
| ZfKuG | Zeitschrift für Kunstgeschichte |
| ZGO | Zeitschrift für die Geschichte des Oberrheins |
| ZGSa | Zeitschrift für die Geschichte der Saargegend |
| ZHF | Zeitschrift für historische Forschung |
| ZHG | Zeitschrift des Vereins für Hessische Geschichte und Landeskunde |
| ZRG | Zeitschrift der Savigny-Stiftung für Rechtsgeschichte. Germ., Roman., Kanon. Abt. |
| ZStG | Zeitschrift für Stadtgeschichte, Stadtsoziologie u. Denkmalpflege |
| Ztg | Zeitung. Kunst und Museen in Frankfurt a. M. |
| ZtgM | Zeitung. Kunst und Museen in Frankfurt a. M. [Beil.] Museumszeitung |
| ZV | Zeitschrift für Volkskunde |

Verzeichnis der ausgewerteten Zeitschriften, Serien, Zeitungen und Zeitungsbeilagen aus Hessen und benachbarten Regionen

Alma mater philippina. Marburg/L.: Marburger Universitätsbund

Almanach. Jahrbuch des Bistums Limburg. Frankfurt/M.: Knecht

Almanach. Für die Bistümer Fulda, Limburg, Mainz. Frankfurt/M.: Knecht

Almanach. Jahrbuch für die Bistümer Limburg und Mainz. Frankfurt/M.: Knecht

Alt-Homburg. Bad Homburg v. d. H.: Gemeinschaftskreis Alt-Homburg e. V.

Alzeyer Geschichtsblätter. Hrsg.: Altertumsverein Alzey und Umgebung und Kuratorium Alzeyer Museum. Alzey: Verl. d. rheinhess. Druckerwerkstätte

Archiv für Frankfurts Geschichte und Kunst. Hrsg. vom Frankfurter Verein für Geschichte und Landeskunde. Frankfurt/M.: Kramer

Archiv für hessische Geschichte und Altertumskunde. Darmstadt: Histor. Verein f. Hessen in Verbindg. mit d. Techn. Hochschule Darmstadt

Archiv für mittelrheinische Kirchengeschichte. Im Auftr. d. Gesellsch. f. mittelrhein. Kirchengeschichte in Verb. mit . . . hrsg. v. A. Ph. Brück. Speyer: Pilger-Druckerei

Aus hessischen Museen. Kassel: Hessischer Museumsverband

Bad Hersfelder Jahresheft. Bad Hersfeld: Ott

Bad Kreuznacher Heimatblätter. Bad Kreuznach. (Öffentlicher Anzeiger Bad Kreuznach. Beilage)

Bad Vilbeler Heimatblätter. Heimatkundl. Mitteilungen hrsg. v. Kur- u. Verkehrsverein Bad Vilbel. Bad Vilbel: Arnold

Beiträge zur Ingelheimer Geschichte. Ingelheim: Historischer Verein

Beiträge zur Rheinkunde. Koblenz: Rhein-Museum e. V.

Beiträge zur Statistik Hessens. N. F. Wiesbaden: Hessisches Statistisches Landesamt

Bergsträßer Heimatblätter. Beiträge zur Heimatkunde v. Bensheim u. Umgebung. Bensheim: Heß. (Bergsträßer Anzeiger. Beilage)

Bergwinkel-Bote. Heimatkalender für d. Kreis Schlüchtern. Schlüchtern: Steinfeld

Binger Annalen. Zeitschrift für Geschichte und Kultur am Mittelrhein. Hrsg.: Rudolf Engelhardt. Bingen: Selbstverl.

Bonner Jahrbücher des Rheinischen Landesmuseums in Bonn (im Landschaftsverband Rheinland) und des Vereins von Altertumsfreunden im Rheinlande. Kevelaer Rhld: Butzon & Bercker

Buchenblätter. Fulda: Parzeller. (Fuldaer Zeitung. Beilage)

Büdinger Geschichtsblätter. Historisches Nachrichtenblatt für den ehemaligen Kreis Büdingen. Hrsg vom Büdinger Geschichtsverein. Büdingen: Selbstverl.

Die Burg. Heimatblätter der Gustavsburg. Hrsg. von d. Gemeindeverwaltung Gustavsburg. Bischofsheim: Horst

Burgfest Königstein/Ts. Festbuch. Königstein i. Ts.: Burgverein

Darmstädter Echo. Die unabhängige politische Tageszeitung Südhessens. Darmstadt: Darmstädter Echo

Darmstädter Kreisblatt. Lokalnachrichten aus dem Landkreis. Darmstadt: Darmst. Echo. (Darmstädter Echo. Beilage)

Dokumente aus Höchster Archiven. Frankfurt M.-Höchst: Farbwerke

Echo der Heimat. Wiesbaden-Sonnenberg: Heimatverein

Emberiza. Kaiserslautern: Landesstelle für Naturschutz u. Landschaftspflege in Rheinland-Pfalz

Festschrift Höchster Schloßfest. Frankfurt/M.-Höchst: Vereinsring Frankfurt/M.-Höchst

Frankfurt. Lebendige Stadt. Frankfurt a. M.: Rummel

Frankfurter Kirchliches Jahrbuch. Frankfurt a. M.: Evangel. Regionalverband, Ffm, Gesamtverband d. Kath. Kirchengemeinden Ffm, Vereinigung d. Evangel. Freikirchen Ffm.

Frankfurter statistische Berichte. Frankfurt a. M.: Statist. Amt u. Wahlamt

Fuldaer Geschichtsblätter. Fulda: Fuldaer Geschichtsverein

Fundberichte aus Hessen. Hrsg.: Landesamt für Denkmalpflege Hessen, Abt. f. Vor- u. Frühgeschichte. Bonn: Habelt in Komm.

Geisenheimer Linden-Blatt. Geisenheim: Debus

Gelnhäuser Geschichtsblätter. Gelnhausen: Geschichtsverein

Gemeinde-Nachrichten für die evangelichen Kirchengemeinden Immenhausen und Mariendorf. Immenhausen: Evang. Pfarramt

Geologisches Jahrbuch Hessen. Wiesbaden: Hessisches Landesamt für Bodenforschung

Geschichtliche Landeskunde. Veröffentlichungen d. Instituts für geschichtl. Landeskunde an d. Universität Mainz. Wiesbaden: Steiner

Geschichtsblätter für den Kreis Bergstraße. Heppenheim: Arbeitsgemeinschaft d. Geschichts- u. Heimatvereine im Kr. Bergstraße

Geschichtsblätter für Waldeck. Arolsen: Waldeckischer Geschichtsverein

Gießener Kreiskalender. Jahrbuch für Familie und Heim. Hrsg. von Gerhard Busch. Gießen: Mittelhess. Druck- und Verl. Ges.

Gießener Universitätsblätter. Hrsg.: Rektor d. Gießener Justus-Liebig-Universität u. Gießener Hochschulgesellschaft. Gießen: Brühl

Hanauer Geschichtsblätter. Veröffentlichungen des Hanauer Geschichtsvereins. Hanau: Kuwe-Verl. in Komm.

Die Heimat. Erbach: Franz. (Odenwälder Heimatzeitung – Erbacher Kreisblatt. Beilage)

Die Heimat. Geschichtsblätter für Viernheim, Hess. Ried, Bergstraße, Odenwald u. d. Rhein-Main-Neckar-Land. Viernheim: Söhne. (Viernheimer Tagblatt. Beilage)

Heimat am Mittelrhein. Monatsblätter für Kultur- u. Heimatpflege. Hrsg. v. d. „Allgemeinen Zeitung" Bingen u. Ingelheim unter Mitwirkg. d. Vereinigung d. Heimatfreunde am Mittelrhein e. V. Mainz: Will u. Rothe

Heimat an Lahn und Dill. Wetzlar: Verlags-Druckerei (Wetzlarer Neue Zeitung. Weilburger Tageblatt. Hinterländer Anzeiger. Herborner Tageblatt, Nassauische Neue Zeitung. Beilage)

Heimat im Bild. Gießen usw. (Beilage zu: Gießener Anzeiger, Kreis-Anzeiger für Wetterau u. Vogelsberg, Lauterbacher Anzeiger, Taunus-Kurier, Oberurseler Kurier, Oberhessische Zeitung)

Heimatblätter zur Pflege und Förderung des Heimatgedankens. Dillenburg: Weidenbach (Dill-Zeitung. Beilage)

Heimatbrief. Heimatvereinigung Kassel-Niederzwehren. Kassel: Selbstverl.

Heimatgeschichtliche Manuskripte. Hofheim-Diedenbergen: Diedenberger Heimatgeschichtsverein e. V.

Heimat-Jahrbuch Alzey-Worms. Hrsg. von der Kreis-Volkshochschule Alzey-Worms. Wendelsheim: Kreisvolkshochschule Alzey-Worms

Heimat-Jahrbuch des Kreises Altenkirchen/Westerwald (1975 ff.: ... und der angrenzenden Gemeinden). Hrsg. v. Heimatverein für den Kreis Altenkirchen. Altenkirchen/W.: Dieckmann

Heimatjahrbuch des Kreises Gelnhausen. (1975 ff.: Gelnhäuser Heimat-Jahrbuch). Gelnhausen: Kreisausschuß

Heimatjahrbuch des Landkreises Neuwied. Neuwied: Kreisausschuß

Heimat-Jahrbuch des Untertaunuskreises. Bad Schwalbach: Kreisausschuß [Rücken- u. Umschlagtitel:] Der Untertaunus

Heimatjahrbuch für den Dillkreis. Dillenburg: Weidenbach

Heimatjahrbuch für den Kreis Hofgeismar. Hofgeismar: Kreisausschuß

Heimat-Jahrbuch für den Landkreis Fritzlar-Homberg. Fritzlar: Kreisausschuß

Heimat-Jahrbuch Landkreis Mainz-Bingen. Hrsg. v. Landkr. Mainz-Bingen unter Mitw. d. Vereinigung d. Heimatfreunde am Mittelrhein e. V. Rheinberg (Rhld.): Schiffer

Heimatkalender des Kreises Hersfeld-Rotenburg. Bad Hersfeld: Landrat

Heimatkalender des Kreises Wetzlar. Wetzlar: Wetzlarer Heimatverl.

Heimatspiegel. Blätter zur Pflege der Heimatkunde u. Heimatliebe im Gerauer Land. Groß-Gerau: Fink. (Heimatzeitung des Kreises Groß-Gerau. Beilage)

Hessenland. Marburg. (Oberhess. Presse. Beilage)

Hessenpark. Bad Homburg v. d. H.: Förderkreis Freilichtmuseum Hessenpark

Hessische Ahnenlisten. Hrsg. von d. Arbeitsgemeinschaft der familienkundlichen Gesellschaften in Hessen. Schriftleitung: Heinz F. Friederichs, Frankfurt-Eschersheim

Hessische Blätter für Volksbildung. Hrsg. vom Vorstand d. Hess. Volkshochschulverbandes. Frankfurt a. M.

Hessische Blätter für Volkskunde. Hrsg.: Hess. Vereinigung für Volkskunde. Gießen: Schmitz

Hessische Blätter für Volks- und Kulturforschung. Hrsg.: Hess. Vereinigung für Volkskunde. Gießen: Schmitz

Hessische Familienkunde. Hrsg. v. d. Arbeitsgemeinschaft der familienkundlichen Gesellschaften in Hessen. Schriftleitung: Heinz F. Friederichs, Frankfurt-Eschersheim

Hessische floristische Briefe. Darmstadt: Institut für Naturschutz

Hessische Heimat. Aus Natur u. Geschichte. Gießen: Mittelhess. Druck- u. Verlagsgesellschaft. (Heimatbeilag zu: Gießener Allgemeine, Alsfelder Allgemeine)

Hessische Heimat. Zeitschrift für Kunst, Kultur, Denkmalpflege. Organ d. Hess. Heimatbundes u. d. Hess. Museumsverbandes. Marburg u. Gießen: Selbstverl.

Hessische Postgeschichte. Frankfurt a. M.: Gesellschaft f. deutsche Postgeschichte e. V. Bezirksgruppe Hessen

Hessischer Gebirgsbote. Zeitschrift d. Hess.-Waldeckischen Gebirgs- u. Heimatvereins. Melsungen: Bernecker

Hessisches Ärzteblatt. Hrsg. v. d. Landesärztekammer Hessen u. d. Kassenärztlichen Vereinigung Hessen. Frankfurt a. M.

Hessisches Jahrbuch für Landesgeschichte. Hrsg. v. Hess. Landesamt f. geschichtl. Landeskunde u. v. d. Arbeitsgemeinschaft d. Hist. Kommissionen in Darmstadt, Frankfurt, Marburg u. Wiesbaden. Marburg: Selbstverl.

Hinterländer Geschichtsblätter. Vereinsblatt d. Geschichtsvereins f. d. Kreis Biedenkopf. Biedenkopf: Heinzerling

Hochheimer Markt. Ausstellungskatalog. Hochheim: Magistrat

Hochtaunusblätter. Schmitten/Ts: Geschichtsverein Hochtaunus

Höchster Geschichtshefte. Frankfurt/M.-Höchst: Verein für Geschichte u. Altertumskunde

Informationen aus Kassel. Theater u. Musik, Kunst u. Wissenschaft. Kassel: Magistrat, Amt f. Kulturpflege

Jahrbuch der Hessischen Kirchengeschichtlichen Vereinigung. Darmstadt: Hess. Kirchengesch. Vereinigung. Friedberg/Hess.: Bindernagel in Komm.

Jahrbuch der Technischen Hochschule Darmstadt. Bad Liebenzell: Cahnbley

Jahrbuch der Vereinigung „Freunde der Universität Mainz". Mainz: Mainzer Verlags-Anstalt u. Druckerei Will u. Rothe

Jahrbuch des Kreises Melsungen. Melsungen: Bernecker

Jahrbuch für den Schwalm-Eder-Kreis. Melsungen: Bernecker

Jahrbuch für westdeutsche Landesgeschichte. Koblenz: Landesarchivverwaltg. Rheinland-Pfalz; Landeshauptarchiv in Komm.

Jahrbuch Landkreis Kassel. Kassel: Landkr., Kreisausschuß

Jahrbücher des Naussauischen Vereins für Naturkunde. Wiesbaden: Selbstverl.

Jahresbericht des Vereins für Heimatgeschichte, Sitz Ober-Ramstadt. Ober-Ramstadt

Die Johann-Wolfgang-Goethe-Universität. Frankfurt: Klostermann

Kasseler Sonntagsblatt. Christl. Volksblatt für Deutschland. Kassel

Kirchliches Jahrbuch für die evangelischen und katholischen Gemeinden von Darmstadt. Darmstadt

Knüllgebirgsbote. Zeitschrift für Wandern, Heimat und Volkskunde. Homberg/Efze

Kulturjournal. Frankfurt am Main: Kettenhof-Verl.

Kunst in Hessen und am Mittelrhein. Darmstadt: Roether

Kurtrierisches Jahrbuch. Hrsg. von d. Stadtbibliothek Trier u. d. Verein Kurtrier. Jahrbuch. Trier

Lampertheimer Heimatblätter. Zeitschrift für Heimatforschung u. Heimatpflege. Lampertheim: Möck. (Lampertheimer Zeitung. Hofheimer Bote, Beilage)

Landeskundliche Vierteljahrsblätter. Hrsg. v. d. Gesellschaft f. nützliche Forschungen zu Trier u. d. landeskundl. Arbeitsgemeinschaften in d. Regierungsbezirken Trier u. Koblenz sowie d. Arbeitsgemeinsch. f. Heimatgesch. d. Nahe-Hunsrück-Raumes. Trier: Selbstverl.

Lebendiges Rheinland-Pfalz. Zeitschrift für Kultur und Geschichte. Mainz: Landesbank u. Girozentrale Rheinland-Pfalz

Luscinia. Vogelkundl. Zeitschrift für Hessen u. Mitteilungsorgan d. Avifaunistischen Arbeitsgemeinschaft Hessen. Frankfurt a. M.: Vogelkundl. Beobachtungsstation „Untermain" d. staatl. Vogelwarte Helgoland e. V.

Mainzer Almanach. Beiträge aus Vergangenheit u. Gegenwart. Hrsg. von d. Stadt Mainz. Mainz

Mainzer naturwissenschaftliches Archiv. Mainz: Selbstverl. d. Rheinischen Naturforschenden Gesellschaft u. d. Naturhist. Museums in Mainz

Mainzer Zeitschrift. Mittelrheinisches Jahrbuch für Archäologie, Kunst und Geschichte. Mainz: Mainzer Altertumsverein

Mainz-Magazin. Hrsg.: Amt für Öffentlichkeitsarbeit der Stadt Mainz. Mainz

Mannheimer Hefte. Hrsg. im Auftr. d. Stadtverwaltung Mannheim u. in Verbindg. mit d. Gesellschaft d. Freunde Mannheims u. d. ehemaligen Kurpfalz. Mannheim

Mein Heimatland. Bad Hersfeld: Hoehl. (Hersfelder Zeitung. Beilage)

Mein Waldeck. Korbach: Bing. (Waldeckische Landeszeitung. Beilage)

Mitteilungen aus den hessischen Staatsarchiven. Hess. Hauptstaatsarchiv Wiesbaden, Hess. Staatsarchiv Darmstadt, Hess. Staatsarchiv Marburg. Schriftl.: Hess. Staatsarchiv Darmstadt. Darmstadt

Mitteilugen der Arbeitsgemeinschaft für mittelrheinische Musikgeschichte. Mainz: Selbstverl.

Mitteilungen des Geschichts- und Museumsvereins Alsfeld. Alsfeld: Selbstverl.

Mitteilungen des Historischen Vereins der Pfalz. Speyer: Selbstverl.

Mitteilungen des Oberhessischen Geschichtsvereins. Gießen: Selbstverl.

Mitteilungen des Vereins für Geschichte und Heimatkunde Oberursel/Taunus. Oberursel: Selbstverl.

Mitteilungen des Vereins für Geschichte und Landeskunde zu Bad Homburg v. d. Höhe. Bad Homburg v. d. Höhe

Mitteilungen des Wetzlarer Geschichtsvereins. Wetzlar: Selbstverl.

Mitteilungsblatt des Herborner Geschichtsvereins. Herborn: Geschichtsverein

Mittelrheinische Postgeschichte. Linz a. Rh.: Bezirksgruppe Koblenz d. Gesellschaft für deutsche Postgeschichte e. V.

Monatshefte für evangelische Kirchengeschichte des Rheinlandes. Düsseldorf: Presseverband d. Evangel. Kirche im Rheinland

Nachrichtenblatt für die Mitglieder der Wilinaburgia. Weilburg: Verein ehem. Angehöriger d. Gymnasiums zu Weilburg e. V.

Nassauische Annalen. Wiesbaden: Verein für Nassauische Altertumskunde u. Geschichtsforschung

Das Neue Mainz. Hrsg.: Amt für Öffentlichkeitsarbeit der Stadt Mainz ... Mainz

Neues Magazin für hanauische Geschichte. Hanau: Hanauer Geschichtsverein

Neues trierisches Jahrbuch. Trier: Verein Trierisch e. V.

Notizblatt des Hessischen Landesamtes für Bodenforschung zu Wiesbaden. Wiesbaden: Selbstverl.

Der Odenwald. Heimatkundliche Zeitschrift des Breuberg-Bundes. Breuberg-Neustadt: Breuberg-Bund

Offenbacher Geschichtsblätter. Offenbach: Offenbacher Geschichtsverein

Pfälzer Heimat. Speyer: Pfälzische Gesellschaft zur Förderung d. Wissenschaften

Rad und Sparren. Zeitschrift des Historischen Vereins Rhein-Main-Taunus. Frankfurt a. M.: Kramer in Komm.

Rheingauer Heimatbrief. Rüdesheim a. Rh.: Kreisausschuß d. Rheingaukreises

Rheingauische Heimatblätter. Rüdesheim: Gesellschaft zur Förderung d. Rheingauer Heimatforschung

Rheinische Heimatpflege. Düsseldorf: Rheinland-Verl.

Rheinische Vierteljahrsblätter. Bonn: Röhrscheid

Rhein-Lahnfreund. Bad Ems: Rhein-Lahnfreund-Verl.

Rhönwacht. Zeitschrift des Rhönklubs. Fulda: Selbstverl.

Der Rodensteiner. Heimatbl. für den Odenwald u. d. Bergstraße. Weinheim: Diesbach. (Weinheimer Nachrichten. Beilage)

Saalburg-Jahrbuch. Bericht des Saalburg-Museums. Berlin: de Gruyter

Saarbrücker Hefte. Saarbrücken: Minerva-Verl.

Saarländische Familienkunde. Mitteilungen d. Arbeitsgemeinsch. f. Saarländ. Familienkunde im Histor. Verein f. d. Saargegend. Saarbrücken

Schnellerts-Bericht. Hrsg.: Forschungsgemeinschaft Schnellerts e. V. Brensbach-Stierbach

Schriftenreihe „Hessen-Informationen" der Hessischen Landesregierung. Wiesbaden: Staatskanzlei (11 ff.: Melsungen: Bernecker)

Schwälmer Jahrbuch. Hrsg. v. Schwälmer Heimatbund. Melsungen

Siegerländer Heimatkalender. Siegen: Verl. f. Heimatliteratur

Siegerland. Siegen: Siegerländer Heimatverein

Stadt und Kreis Offenbach a. M. Studien und Forschungen. N. F. Langen b. Ffm: Kühn

Die Starkenburg. Blätter für Heimatkunde u. Heimatpflege. Heppenheim: Otto. (Südhess. Post. Beilage)

Suleburc-Chronik. Seulberg i. Ts.: Verein für Geschichte u. Heimatkunde e. V.

Taunus-Chronik. Heimatkundl. Beilage d. Oberurseler Kurier. Oberursel: Usinger

Trierer Zeitschrift für Geschichte und Kunst des Trierer Landes und seiner Nachbargebiete. Hrsg.: Rhein. Landesmuseum Trier. Trier: Spee-Verl.

Unser Frankenberger Land. Frankenberg: Bing. (Frankenberger Zeitung. Beilage)

Unser Heimatland. Gesammelte Veröffentlichungen aus d. Siegener Zeitung. Siegen: Vorländer

Usinger Land. Usingen/Ts: Wagner (Usinger Anzeiger. Heimatbeilage)

Vergangenheit spricht zur Gegenwart. Fulda: Fuldaer Verlagsanst.

Veröffentlichungen der Historischen Kommission für Hessen. Marburg: Elwert [in Komm.]

Veröffentlichungen der Historischen Kommission für Nassau. Wiesbaden: Selbstverl. d. Histor. Kommission

Waldeckischer Landeskalender. Korbach: Bing

Wehrheimer Geschichtsblätter. Wehrheim: Arbeitsgruppe Geschichte Wehrheim

Weilburger Blätter. Weilburg: Bürgerinitiative „Alt-Weilburg"

Das Werraland. Vierteljahresschrift des Werratalvereins, Hauptabt. Eschwege. Eschwege: Verl. Volk u. Märchen, H. Trümper

Der Westerwald. Zeitschrift für Heimatpflege u. Wandern. Hrsg. vom Hauptvorstand des Westerwaldvereins. Montabaur: Kreisverwaltg.

Westfalen. Hefte für Geschichte, Kunst u. Volkskunde. Münster i. W.: Aschendorf

Wetterauer Geschichtsblätter. Beiträge zur Geschichte und Landeskunde. Friedberg: Bindernagel

Wetterauer Kreiskalender. Jahrbuch für Familie und Heim. Hrsg. v. Bernhard Karwecki u. Gerhard Busch in Zsarb. mit d. Verwaltung d. Wetteraukreises. Friedberg, Bad Nauheim, Gießen: Mittelhess. Druck- u. Verl. Ges.

Wiesbaden international. Zeitschrift der Landeshauptstadt Wiesbaden. Wiesbaden: Magistrat

Wiesbadener Leben. Monatszeitschrift Wiesbaden: Verl. Kultur u. Wissen

Wittgenstein. Blätter des Wittgensteiner Heimatvereins. Laasphe: Carl in Komm.

Der Wormsgau. Zeitschrift der Kulturinstitute d. Stadt Worms u. d. Altertumsvereins Worms. Worms: Stadtbibliothek

Zeitschrift für die Geschichte der Saargegend. Saarbrücken: Hist. Verein f. d. Saargegend

Zeitschrift für die Geschichte des Oberrheins. Hrsg. v. d. Kommission für geschichtliche Landeskunde in Baden-Württemberg. Stuttgart: Kohlhammer

Zeitschrift des Vereins für Hessische Geschichte und Landeskunde. Hessisch Lichtenau: Vogt KG Druckerei und Verlag

Zeitung: Kunst und Museen in Frankfurt am Main. [Mit Beil.:] Museumszeitung, Frankfurt a. M.: Kulturdezernat

# INHALT

| | |
|---|---:|
| Vorwort des Herausgebers | V |
| Vorwort des Bearbeiters | VII |
| Abkürzungen im Text der Titel | IX |
| Abkürzungen für Zeitschriften und Reihen | X |
| Verzeichnis der ausgewerteten Zeitschriften, Serien, Zeitungen und Zeitungsbeilagen aus Hessen und benachbarten Regionen | XV |

I. **Hilfsmittel zur Landesgeschichts- und Heimatforschung** — 1

   1. Bibliographien — 1
   2. Bibliotheken — 1
       Handschriften — 4
   3. Archive — 6
       Staatsarchive — 6
       Universitäts-, Stadt-, Kirchen- und sonstige Archive — 9
   4. Geschichtsvereine — 10
   5. Landeshistoriker — 12
   6. Landeskunde — 17
       Gesamthessen — 17
       Nordhessen — 18
       Rhön, Spessart — 19
       Nassau, Lahngebiet, Westerwald — 20
       Dillgebiet, Siegerland, Wittgenstein — 21
       Oberhessen, Wetterau, Taunus — 22
       Rheingebiet — 23
       Odenwald, Bergstraße — 25
   7. Kartographie, Vermessungswesen — 26

II. **Archäologie, Vorgeschichte** — 29

   A. Allgemeines — 29
      Einzelne Fund- und Siedlungsgebiete — 30
      Einzelne Fundorte — 32

   B. Einzelne Vorgeschichtsepochen — 35
      1. Steinzeit (allg.), Alt- und Mittelsteinzeit — 35
      2. Jüngere Steinzeit — 36
      3. Bronzezeit — 39
      4. Hallstatt- und Latènezeit — 41

III. **Frühgeschichte, Archäologie des Mittelalters und der Neuzeit** — 44

   A. Die Römer — 44
      1. Allgemeines — 44

    2. Limes 45
    3. Denkmäler und Inschriften 46
    4. Kastelle und Siedlungen und ihre Funde 47
    5. Religion und Kultus 51
    6. Wirtschaft und Verkehr 52
  B. Die Germanen (Römerzeit und Frühmittelalter) 53
    1. Allgemeines 53
    2. Einzelne Stämme und Funde 54
    3. Franken 55
  C. Archäologie des Hoch- und Spätmittelalters und der Neuzeit 59

IV. Politische Territorialgeschichte 61
  A. Allgemeines 61
     Hessen und das Reich 63
  B. Landgrafschaft Hessen 66
    1. Allgemeines 66
    2. Hessen-Kassel 67
    3. Hessen-Darmstadt 67
    4. Hessische Nebenlinien 68
  C. Geistliche Territorien 68
    1. Erzbistum Mainz, Bistum Worms 68
    2. Abteien Fulda und Hersfeld 71
    3. Abtei Lorsch 72
  D. Grafschaft Nassau 73
    1. Allgemeines 73
    2. Nassau-ottonische Linie 73
    3. Nassau-walramische Linie 75
  E. Sonstige Herrschaften und Gebiete 77
    1. Fürstentum Waldeck 77
    2. Grafschaften 77
    3. Herrschaften und Gebiete 79
    4. Amts-, Gerichts-, Kirchspiel- und Zentbezirke 81
  F. Staatsbildungen des 19./20. Jahrhunderts 83
    1. Französische Besatzungsstaaten 83
    2. Herzogtum Nassau 85
    3. Großherzogtum Hessen(-Darmstadt) 86
    4. Kurfürstentum Hessen(-Kassel) 90
    5. Deutscher Bund, Freie Stadt Frankfurt,
       Nationalversammlung von 1848 91
    6. Das Jahr 1866, Provinz Hessen-Nassau (bis 1918) 94
    7. Hessen 1918 – 1945 95
       Nationalsozialismus 96
    8. Bundesland Hessen 97

| | | Inhalt | XXV |
|---|---|---|---|

| V. | Militär- und Kriegswesen | 103 |
|---|---|---|
| | A. Militärwesen | 103 |
| |   1. Allgemeines, Befestigungswesen, Garnisonen | 103 |
| |   2. Truppenwesen, Biographisches | 104 |
| |   3. Schützenwesen und Bürgerwehren | 106 |
| | B. Kriege | 107 |
| |   1. Kriege des 16., 17. und 18. Jahrhunderts | 107 |
| |   2. Von den Französischen Revolutionskriegen zu den Freiheitskriegen | 111 |
| |   3. Die Reichseinigungskriege | 112 |
| |   4. Erster und Zweiter Weltkrieg | 113 |
| VI. | Rechtswesen | 114 |
| |   1. Allgemeines, Rechtsaltertümer | 114 |
| |   2. Reichsrechte und -gerichte, Freigerichte, Landrechte | 116 |
| |   3. Örtliche Gerichte und Rechte | 118 |
| |   4. Zivilrecht | 121 |
| |   5. Strafrecht, Strafvollzug | 121 |
| |      Räuber | 123 |
| |   6. Hexenwesen | 124 |
| |   7. Einzelne Rechtsgelehrte und Juristen | 124 |
| VII. | Bevölkerungs- und Sozialgeschichte | 125 |
| | A. Bevölkerungsgeschichte | 125 |
| |   1. Bevölkerungswesen | 125 |
| |   2. Auswanderung | 129 |
| |      Auswanderung in andere deutsche und in europäische Staaten | 130 |
| |      Auswanderung in außereuropäische Staaten | 131 |
| |   3. Einwanderung | 133 |
| | B. Soziale Verhältnisse | 133 |
| |   1. Dienstbarkeit, Fronden, Steuern | 133 |
| |   2. Arbeits-, Lohn-, Preis- und Wohnverhältnisse | 135 |
| |   3. Ländliche Wirtschafts- und Sozialverhältnisse | 139 |
| |   4. Brände und Brandschutz | 140 |
| | C. Gesundheits- und Fürsorgewesen, Bäder | 146 |
| |   1. Gesundheitswesen, Allgemeines | 146 |
| |   2. Ärzte, Apotheken, Pharmazie | 148 |
| |   3. Krankheiten | 152 |
| |   4. Krankenpflege und -versorgung | 153 |
| |   5. Armen- und Wohlfahrtswesen, Sozialarbeit | 156 |
| |   6. Bäder, Heilquellen, Salinen | 160 |
| VIII. | Landeskultur | 163 |
| | A. Siedlungswesen | 163 |
| |   1. Siedlungskunde, Raumordnung | 163 |

   2. Marken und Allmenden   172
   3. Grenzsachen   172
   4. Flurwesen   174
   5. Wüstungen   175

  B. Landwirtschaft   176
   1. Agrargeschichte   176
    Höfe, Güter   178
   2. Wirtschafts- und Sozialwissenschaft des Landbaus   179
   3. Pflanzliche Produktion   185
    Weinbau   186
   4. Tierische Produktion   190

  C. Forstwesen, Jagd und Naturschutz   191
   1. Forstwirtschaft, Hauberge   191
   2. Jagd und Fischerei   194
   3. Naturschutz, Landschaftsschutz, Umweltschutz   195

## IX. Wirtschaft   210

  A. Allgemeines   210

  B. Zünfte und Gewerbe   215
   1. Zünfte und Innungen, Handwerk und Gewerbe   215
   2. Lebensmittelgewerbe   216
   3. Mühlen   218
   4. Textilgewerbe, Sonstiges   219

  C. Handel und Industrie   221
   1. Handel, Märkte, Zölle, Maß und Gewicht   221
   2. Banken und Versicherungen, Geldwesen   225
   3. Industrie   229

  D. Bergbau und Hüttenwesen   233
   1. Allgemeines   233
   2. Eisengewinnung und Verhüttung   234
   3. Sonstiger Bergbau und Verwandtes   237

  E. Energiewirtschaft, Wasserwirtschaft   239

## X. Verkehr   241

  1. Allgemeines   241
  2. Straßen und Brücken   244
  3. Eisenbahn   247
  4. Auto- und Flugverkehr   249
  5. Post und Rundfunk   251
  6. Fremdenverkehr und Gaststätten   255
  7. Schiffahrt   259
  8. Wasserbau   260

Inhalt    XXVII

| | | |
|---|---|---|
| XI. | Kommunalwesen | 261 |
| | 1. Kreise | 261 |
| | 2. Gemeinden und Städte allgemein | 265 |
| | 3. Einzelne Orte | 268 |
| XII. | Familienkunde [und Biographien] | 328 |
| | 1. Allgemeines, Sammelwerke, Quellenkunde | 328 |
| | 2. Familienkunde einzelner Gebiete und Orte | 329 |
| | 3. Adlige Familien | 335 |
| | 4. Bürgerliche Familien | 339 |
| XIII. | Judentum | 349 |
| XIV. | Religions- und Kirchengeschichte | 352 |
| | A. Allgemeines | 352 |
| | B. Katholische Kirche | 352 |
| | 1. Frühes Christentum | 352 |
| | 2. Geschichte, Verfassung und Verwaltung | 353 |
| | 3. Heilige und Heiligenverehrung | 355 |
| | 4. Kirche und Bistümer seit dem 19. Jahrhundert | 357 |
| | 5. Klöster, Stifte, Orden | 359 |
| | C. Reformation und Gegenreformation | 366 |
| | 1. Gesamthessen und einzelne Gebiete | 366 |
| | 2. Humanisten und Geistliche | 369 |
| | 3. Glaubensflüchtlinge | 370 |
| | D. Evangelische Kirche | 373 |
| | 1. Geschichte, Verwaltung, Recht | 373 |
| | 2. Geistliche Verhältnisse | 374 |
| | 3. Ordnungen, Visitationen, Zucht | 374 |
| | 4. Sekten | 375 |
| | E. Pfarreien, Gemeinden, Geistlichkeit | 377 |
| | 1. Pfarreien und Gemeinden | 377 |
| | 2. Die Geistlichen | 385 |
| | F. Kirchen und Kapellen (Geschichte, Bau und Ausstattung) | 387 |
| | 1. Allgemeines | 387 |
| | 2. Einzelne Kirchen | 388 |
| | 3. Glocken und Türme | 404 |
| | 4. Kirchenmusik, Orgelkunde | 405 |
| | 5. Begräbniswesen | 408 |
| XV. | Erziehung und Bildung | 411 |
| | A. Schulwesen | 411 |
| | 1. Allgemeines | 411 |

|  |  |  |
|---|---|---|
|  | 2. Lehrer | 417 |
|  | 3. Einzelne Schulen | 420 |
| B. | Universitäten und Gesamthochschulen | 427 |
|  | 1. Allgemeines | 427 |
|  | 2. Technische Hochschule Darmstadt | 427 |
|  | 3. Universität Frankfurt | 428 |
|  | 4. Universität bzw. Gesamthochschule Fulda | 429 |
|  | 5. Universität Gießen | 429 |
|  | 6. Hohe Schule Herborn | 432 |
|  | 7. Universität bzw. Gesamthochschule Kassel | 432 |
|  | 8. Universität Mainz (bis 1798) | 433 |
|  | 9. Universität Marburg | 433 |
|  | 10. Universität Rinteln | 437 |
| C. | Fach(hoch)schulen, Wissenschaftliche Institute und Vereinigungen | 438 |

## XVI. Sprache und Literatur  441

| | | |
|---|---|---|
| A. | Sprache | 441 |
|  | 1. Allgemeines | 441 |
|  | 2. Mundarten | 441 |
|  | 3. Personen- und Familiennamen, Hausnamen | 445 |
|  | 4. Ortsnamen | 446 |
|  | 5. Flurnamen, Straßennamen | 447 |
|  | 6. Sonstige Namen | 449 |
| B. | Literatur und Dichtung | 450 |

## XVII. Bildende Kunst  465

| | | |
|---|---|---|
| A. | Allgemeines | 465 |
| B. | Malerei und Plastik | 467 |
|  | 1. Malerei | 467 |
|  | 2. Einzelne Maler und Zeichner und ihre Werke | 470 |
|  | 3. Plastik | 477 |
|  | 4. Bildhauer und -schnitzer | 478 |
| C. | Museen und Kunstsammlungen, Ausstellungen | 479 |
| D. | Bau- und Kunstdenkmäler | 494 |
|  | 1. Allgemeines, Inventare | 494 |
|  | 2. Denkmalpflege | 498 |
|  | 3. Burgen und Schlösser | 502 |
|  | 4. Parks und Gartenanlagen, Brunnen | 511 |
|  | 5. Haus und Hausbau | 512 |
|  | 6. Einzelne Amts-, Adels-, Bürger- und Bauernhäuser | 515 |
|  | 7. Baumeister | 523 |
| E. | Kunsthandwerk, Volkskunst | 525 |
|  | 1. Keramik, Porzellan und Glasarbeiten | 525 |
|  | 2. Sonstige künstlerische Arbeiten | 528 |

Inhalt   XXIX

| | |
|---|---|
| XVIII. Kulturgeschichte | 530 |
|    A. Theater und Musik | 530 |
|       1. Theater | 530 |
|       2. Musik | 532 |
|       3. Musiker | 541 |
|    B. Kulturelles Leben | 544 |
|       1. Feste, Spiele | 544 |
|       2. Reisen, Wandern, Sport | 545 |
|       3. Sonstiges kulturelles Leben | 554 |
|    C. Buch und Zeitung | 558 |
|       1. Buchwesen | 558 |
|       2. Zeitungswesen | 562 |
| XIX. Volkskunde | 565 |
|       1. Allgemeines | 565 |
|       2. Arbeits- und Gemeinschaftsformen | 566 |
|       3. Trachten | 567 |
|       4. Lebenslauffeiern | 568 |
|       5. Jahreslauffeste | 569 |
|       6. Lied, Tanz und Spiel | 571 |
|       7. Volkshumor | 571 |
|       8. Spruch und Inschrift | 573 |
|       9. Märchen und Sagen | 574 |
|      10. Aberglaube, Volksmedizin | 576 |
| XX. Siegel und Wappen | 577 |
|       1. Dynasten | 577 |
|       2. Ortswappen und -siegel | 577 |
|       3. Familienwappen und -siegel | 578 |
|       4. Marken und Zeichen | 580 |
| XXI. Münzen und Medaillen | 580 |
| Verfasserregister | 585 |
| Orts-, Personen- und Sachregister | 633 |

# I.
# HILFSMITTEL ZUR LANDESGESCHICHTS- UND HEIMATFORSCHUNG

## 1. Bibliographien

1. J o s t , Georg: Generalregister zu Jg. 35–49 der Fuldaer Geschichtsblätter (1959–1973). – In: FuGbll 49. 1973, S. 137–159

2. Nassauische Annalen. Jb. d. Ver. f. Nass. Altertumskde u. Geschichtsforsch. Inhaltsverzeichnis nebst Verfasserregister u. Index der Orte, Personen u. Sachen zu 39 (1909) bis 85 (1974) und Nassauische Heimatblätter 13 (1909/10) bis 50 (1960). Wiesbaden 1975. 51 S.

3. L ü c k , Alfred: Register zur Zeitschrift „Siegerland" Band 1 (1911/12) bis Band 52 (1975). Siegen: Stadt Siegen / Forschungsstelle Siegerland 1976. 218 S.

4. K o l b , Waldemar: Inhaltsverzeichnis für die Hefte 1–20 der „Mitteilungen des Vereins für Geschichte und Heimatkunde Oberursel (Taunus) e.V." – In: MVGHOUr 20. 1976, S. 47–49

5. Mitteilungen des Geschichts- und Altertumsvereins der Stadt Alsfeld. R. 11. 1967–1971. Register. Bearb. v. Herbert K o s o g . Alsfeld 1974. 35 S.

6. R a t h , Günther: Inhaltsverzeichnis der ‚MOHG' N. F. Bd. 39–61 (1953–1976). – In: MOHG N. F. 60. 1975, S. 171–178

7. H e ß , Heinrich: ‚Die Starkenburg' vom 1. bis 12. Jg. (1924–1935). – In: Stark 52. 1975, S. 41–46 [Inh. Verz. d. o. a. Jgg]

8. H e ß , Heinrich: Die Heimatzeitung ‚Südhessische Post' spiegelt sich auch in ihrer Sonderbeil. ‚Die Starkenburg'. – In: Stark 51. 1974, S. 25–28. 36 [Inh. Verz. d. Jgg 26. 1949–51. 1974]

## 2. Bibliotheken

9. B i c k e l h a u p t , Helmut: Bibliotheksrecht. Frankfurt a. M.: Bibliotheksschule 1975. XXVIII, 97 Bl.

10. K ö t t e l w e s c h , Clemens u. Klaus-Dieter L e h m a n n : Gemeinsame Aufgaben der wissenschaftlichen Bibliotheken in Hessen. – In: Bibliothek u. Buch in Gesch. u. Gegenwart. München 1976, S. 236–257

11. Stadt- u. Universitätsbibliothek. Hess. Zentralkatalog. Hessisches Zeitschriftenverzeichnis. HessZV. 1. Ausdr. Stand: 1. Sept. 1976. Frankfurt a.M. 1976. 1750 S.

12. P i c a r d , Bertold: Heimatgeschichtliche Literatur in den öffentlichen Main-Taunus-Bibliotheken. – In: RSp 2. 1976, H. 2, S. 24–28

13. O e h l : Die kommunalen öffentlichen Büchereien im Westerwald. Rheinland-Pfälz. Teil. Von d. Unterhaltungs- u. Bildungsbücherei zum Informationszentrum. Mit 1 Abb. – In: Ww 67. 1974, H. 2, S. 18–19

14. G l e i s b e r g , Gertrud: 75 Jahre Bücherei der Stadt D a r m s t a d t . Darmstadt 1976. 7 S.

15. K n a u s , Hermann: Ein rheinischer Gesamtkatalog des 15. Jahrhunderts. Mit 2 Abb. – In: GuJb 1976, S. 509–519 [betr. u. a. Bibliothek d. Zisterzienserklosters E b e r b a c h im Rheingau]

16. Archiv für Heimatpflege. Bücherkatalog 1976. E r b a c h 1976. 75 gez. Bl.

17. S c h o l z , Reiner: Wissenschaftliche Bibliotheken in F r a n k f u r t am Main. Ein Verz. Ffm.: Stadt- u. Univ. Bibliothek 1976. 69 S.

18. K ö t t e l w e s c h , Clemens: Frankfurts Bibliotheken als Zeugnisse städtischen Bürgersinns. – In: Aus dem Antiquariat. 1976, Nr. 12, S. A 409–A 419

19. G e h , Hans-Peter: Clemens Köttelwesch zum 60. Geburtstag. – In: ZfBB 22. 1975, S. 40–42 [Direktor d. Stadt- u. Universitätsbibliothek Frankfurt]

20. Stadt- und Universitätsbibliothek Frankfurt am Main und Senckenbergische Bibliothek. – In: Bibliotheksneubauten in d. Bundesrepublik Deutschland. ZfBB Sonderh. 9. 1968, S. 117–126

21. H e l m o l t , Christa von: Schätze Schwarz auf Weiß. Aus d. Frankfurter Stadt- u. Universitätsbibliothek. – In: Frkf. 21. 1976, H. 3, S. 25–27

22. Die Deutsche Bibliothek. Aufgaben u. Organisation. Bearb. von Rolf-Dieter S a e v e c k e . 2., verb. Aufl. Ffm.: Dt. Bibliothek 1975. 20 S. [1. Aufl. 1974]

23. Deutsche Bibliothek, Frankfurt am Main. – In: Bibliotheksneubauten in d. Bundesrepublik Deutschland. ZfBB Sonderh. 9. 1968, S. 127–133

24. J o c k e l , Helmut: Die Bibliothek des Bundespostmuseums. Mit Abb. – In: ADPo 1973, 1, S. 70–75 [Frankfurt a. M.]

25. D e n e c k e , Ludwig: Bibliotheken im mittelalterlichen F r i t z l a r . – In: Fritzlar im Mittelalter. Festschrift z. 1250 Jahrfeier. Fritzlar 1974, 241S. 222–241

26. Hessische Landesbibliothek F u l d a . Fuldaer Zeitschriftenverzeichnis. Stand: 1. 7. 1972. Zsgest. von H[edwig] S c h e e f e r . Fulda 1972. 106 S. [Masch. vervielf.] (Mitteilungen aus d. Hess. Landesbibliothek Fulda. Reihe B, Bd. 1)

27. D u g a l l , Berndt, u. Hans-Georg S c h ä f e r : Verzeichnis G i e ß e n e r Bibliotheken. Stand 1976. Gießen: Univ. Bibliothek 1976. III, 52 S.

28. K l e i n , Armin: Stadtbibliothek [Bad H o m b u r g v. d. Höhe] jetzt im Alten Amtsgericht. Ausz. aus d. Rede anläßl. d. Einweihung am 27. 8. 1975. – In: AHo 18. 1975, S. 156–157

29. D e n e c k e , Ludwig: Bibliotheksdirektor i. R. Dr. Wolf von Both [1955–1958 Vorsitzender des Geschichtsver. †] – In: ZHG 85. 1975, S. 9–10. [Murhardsche Bibliothek der Stadt K a s s e l u. Landesbibliothek]

30. 100 Jahre Stadtbücherei (Kassel). Kassel: Magistrat [1976]. 16 S.

31. M a t h y , Helmut: Unbekannte Quellen zur Jugendgeschichte von Friedrich Lehne. – In: MZ 69. 1974, S. 135–45 [Stadtbibliothekar zu M a i n z ]

32. M a t h y , Helmut: Die Mainzer Lesebibliothek des Juden Bär Isaak Ingelheim, 1784. – In: GuJb 1974, S. 371–376

33. Bibliotheken in M a r b u r g . Adressen- u. Bestandsverzeichnis. Hrsg. von Franz-Heinrich P h i l i p p . Red.: Herwig G ö d e k e . Marburg: Elwert 1976. IV, 88 S.

34. Wolf Haenisch. Eine Würdigung seines Wirkens aus Anlaß seiner Verabschiedung als Direktor d. Universitätsbibliothek Marburg. Marburg: Universitätsbibliothek 1974. 44 S. m. Abb. (Schriften d. Universitätsbibliothek Marburg 3)

35. Die Grundlagen des Bibliothekssystems der Philipps-Universität. Eine Textsammlung. Bearb. von Hermann G ü n z e l . Marburg: Univ. Bibliothek 1975. II, 67 S. (Schriften d. Universitätsbibliothek Marburg 5)

36. P h i l i p p , Franz-Heinrich: Der zentrale alphabetische Katalog im Bibliothekssystem der Philipps-Universität Marburg. – In: ZfBB 21. 1974, S. 292–305

37. P h i l i p p , Franz-Heinrich: Der Neubau der Universitätsbibliothek Marburg. Ein krit. Erfahrungsber. f. d. J. 1967–1973. Hannover-Waldhausen: Nordwestverl. 1974. 44 S. (DFW. Dokumentation, Information 22, S. H.)

38. L ö h m a n n , Otto: Die Marburger Zeit der Staatsbibliothek. – In: Jb. Preuss. Kulturbesitz 1973, S. 85–106

39. C h m i e l e w s k i , Horst von, Heinrich J i l e k , Helmut W e i s s : Die Bibliothek des J.-G.-Herder-Instituts [in Marburg/L]. Leistungen u. Aufgaben. – In: Zs. f. Ostforschung 22. 1973, S. 295–301

40. S c h w a r t z , Alfred: Bibliotheksarbeit in O f f e n b a c h . – In: Bibliothekar. Arbeit zwischen Theorie u. Praxis. Beitrr. zum bibliothekar. Fachwissen u. Berr. über bibliothekar. Aktivitäten. Hrsg.: FHs f. Bibliothekswesen. Stuttgart 1976, S. 52–60 [Betr. Stadtbücherei in Offenbach]

41. Schwitzgebel, Helmut: Wiesbadener Bibliotheken. Adressen, Bestände, Informationen zu ihrer Benutzung. Unter Mitarb. von Hildegard Ey. Wiesbaden: Hess. Landesbibliothek 1976. 56 S.

42. Bijl, Christiaan M.: Antonius van der Linde. Haarlem: Verf. 1976. X, 51 S. [Bibliothekar der Landesbibliothek Wiesbaden]

43. Johannes, Detlev: Geschichte des Wormser Bibliothekswesens. Verf. aus Anlaß des 75jähr. Bestehens der Stadtbibliothek Worms. – In: WoG 11. 1974/75, S. 5–57 m. Abb. u. Taf.

## Handschriften

44. Bayerer, Wolfgang Georg: Libri Capituli Ecclesiae Sancti Marci. Zur Katalogisierung der Butzbacher Handschriften an der Universitätsbibliothek Gießen – In: WeGbll 24. 1975, S. 57–91

45. Staub, Kurt Hans: Ein sogenanntes „Exemplar" der Glosse des Johannes Andreae zum Liber Sextus in d. Hess. Landes- u. Hochschulbibliothek Darmstadt. – In: Scriptorium 29. 1975, S. 66–69 [Betr.: Darmstädter Hs 331.]

46. Schmidt, J. P.: Der Codex Epternacensis. Ms 1946 d. Hess. Landesbibliothek Darmstadt. – In: Hémecht. Zs. f. Luxemburger Gesch. 26. 1974, 4, S. 483–89

47. Vorderstemann, Jürgen: Johann Hartliebs Alexanderbuch. Eine unbekannte ill. Hs. v. 1461 in d. Hess. Landes- u. Hochschulbibliothek Darmstadt (Hs. 4256). Göppingen: Kümmerle 1976. 48, 24 S. m. Abb. u. e. neuen Hs.-Verz. (Göppinger Arbeiten z. Germanistik 182)

48. Vorderstemann, Jürgen: Eine unbekannte Handschrift des Nibelungenliedes in der Hessischen Landes- und Hochschulbibliothek Darmstadt. (Handschriftenfunde z. Literatur d. Mittelalters 33) – In: ZDAL 105. 1976, S. 115–122

49. Bringmann, Klaus, u. Kurt Hans Staub: Eine lat. Bibelhandschrift des 13. Jh. aus dem Besitz Philipp Melanchthons und Caspar Peucers in d. Hess. Landes- und Hochschulbibliothek Darmstadt. – In: Bibliothek u. Wissenschaft 10. 1976, S. 119–123

50. Powitz, Gerhardt, u. Herbert Buck: Die Handschriften des Bartholomaeusstifts und des Karmeliterklosters in Frankfurt am Main. – Ffm.: Klostermann 1974. XXXII, 570 S. (Kataloge d. Stadt- u. Univ. Bibliothek Ffm. 3) (Die Handschriften d. Stadt- u. Univ. Bibliothek Frankfurt a. M. 2)

51. Denecke, Ludwig: Des Kanonikus, Scholasters und Bibliothekars Johann Philipp von Speckmann „Catalogus manuscriptorum" des St. Peters-

Stiftes in F r i t z l a r (mit Nachweis der erhaltenen Handschriften). Unter Mitw. von Hartmut B r o s z i n s k i . – In: HJL 26. 1976, S. 96–148

52. ( D e n e c k e , Ludwig:) Handschriftenausstellung in der Dombibliothek zu Fritzlar. Katalog. – Fritzlar: Kathol. Kirchengemeinde 1976. 44 S., 4 Bl. Abb.

53. D e n e c k e , Ludwig: Ein Gesellschaftslied des 15. Jahrhunderts aus einer Handschrift der Dombibliothek zu Fritzlar. – In: JbVF 21. 1976, S. 157–160

54. Die illuminierten Handschriften der Hessischen Landesbibliothek F u l d a . T. 1: Handschriften d. 6. bis 13. Jh. Bearb. von Herbert K ö l l n e r . Bildbd. (Stuttgart: Hiersemann 1976.) XXX, 228 S. Ill. (Denkmäler d. Buchkunst [1])

55. S a x e r , V.: Le manuscrit 1275 de la Biblioteca governativa de Lucques, Sacramentaire Grégorien du groupe de Fulda X siècle. – In: Rivista di archeologia cristiana 49. 1973, S. 311–360 [Interpretation d. Miniaturen d. Hs.; Herkunftsfrage: Fulda o. Mainz; Texte]

56. G u n d e l , Hans Georg: G i e ß e n e r Papyrus-Sammlungen im neuen Raum. 2. Aufl. Gießen: Universitäts-Bibliothek Gießen 1976. 12 S. m. 6 Abb.

57. W o r p , Klaas Anthony: Indices zu den Papyri bibliothecae universitatis Gissensis. Mit e. Vorw., einleitenden Teilen S. 1–10 u. S.42 von Hans Georg Gundel. Gießen 1975. 42 S. (Kurzber. aus d. Papyrus-Sammlungen d. Univ. Bibl. Gießen 35)

58. G u n d e l , Hans Georg: Papyri Gissenses. Eine Einf. 2., durchges. u. erw. Aufl. d. Kurzberichtes 6. Gießen 1975. 57 S., 2 Abb. (Kurzberr. aus d. Gießener Papyrus-Sammlungen 32)

59. S i j p e n s t e i j n , Pieter J.: Neues aus unveröffentlichten Gießener Papyri. Gießen: Univ. Bibl. 1976. 14 S. [Fotodr.] (Kurzberr. aus d. Gießener Papyrussammlungen. 37)

60. B o g e , Herbert: Die Entzifferung griechischer Tachygraphie auf Papyri und Wachstafeln mit Bem. zu den Gießener tachygraph. Fragmenten sowie zur Gesch. d. Tachygraphie u. zur Frage d. Priorität ihrer Erfindung. Gießen: Universitätsbibliothek 1976. 25 S., 1 Abb. (Kurzberr. aus d. Gießener Papyrussammlungen 36) [masch. schr.]

61. Schwabenspiegel. Langform X, Fassung Xg, älteste datierte Handschrift, Gießener Handschrift Xg, Land- u. Lehnrecht. Tractavit Karl August E c k h a r d t . Aalen: Scientia-Verl. 1973. 245 S. (Bibliotheca rerum historicarum. Land- u. Lehnrechtsbücher 7)

62. Die Handschriften der Murhardschen Bibliothek der Stadt Ka s s e l und Landesbibliothek. Bd. 3, 1: Manuscripta medica. Hrsg. von Dieter H e n n i g . Bearb. von Hartmut B r o s z i n s k i . Wiesbaden: Harrassowitz 1976. XXIII, 138 S.

63. Hennig, Dieter: Der Willehalm-Kodex der Murhardschen und Landesbibliothek Kassel. – In: Inf. 5. 1974, Nr. 12. S.12; 6. 1975, Nr. 1. S. 14

64. Baldner, Leonhardt: Vogel-, Fisch- und Thierbuch. Handschr. d. Murhardschen Bibliothek d. Stadt Kassel u. Landesbibliothek. Nachdr. Stuttgart: Müller & Schindler.1973. Einf. von Robert Lauterborn. LXII S. – Bd 1. Fotomechan. Nachdr. [d. Ausg.] 1666. 130 S. m. zahlr. Abb.

65. Bischoff, Bernhard: Lorsch im Spiegel seiner Handschriften. München: Arbeo-Ges. 1974. 128 S., 14 Taf. (Münchener Beitrr. z. Mediävistik u. Renaissance-Forschung. Beih.) [Aus: Die Reichsabtei Lorsch. Bd 2. 1973]

66. Codex aureus. Hrsg. u. eingel. v. Dan Simonescu. [Mit franz. Zus.fassg.]. Bucuresti: Ed. Meridiane 1972. 102 S., Abb. (Manuscris) [Fragment d. Lorscher Evangelienhandschr., um 800]

67. Cornely, Alfred: Ein 700 Jahre alter Codex des Wetzlarer Marienstifts. Mit 3 Abb. – In: HLD 1974, Nr 51, S. 1–2

68. Dolezalik, Gero: Bernardus de Bosqueto, seine Quaestiones motae in Rota (1360–1365) und ihr Anteil in den Decisiones Antiquae. – In: ZRG Kanon. Abt. 93. 1976, S. 106–172 [betr. u. a. Handschrift Nr. 14 d. Hess. Landesbibliothek Wiesbaden: S.115 f.]

3. Archive

69. Schüler, Winfried: Aktenproduktion und Archivierung in Hessen. Eine Vergleichsberechnung zu d. Haaseschen Schlüsselzahlen. – In: Der Archivar 27. 1974, S. 453–460

70. Jaeger, Harald: EDV im Archiv. – In: ArZ 72. 1976, S. 100–115 [Elektronische Datenverarbeitung] [Betr. u. a. S. 104 ff. hess. Projekte]

71. Schüler, Winfried; Boberach, Heinz u. Bernhard Zittel: Diskussionsbeiträge zum Referat Jaeger. – In: ArZ 72. 1976, S. 116–120

Staatsarchive

72. Franz, Eckhart Götz: Dokumentation der Zeitgeschichte. Die Hessentags-Ausstellungen d. Hess. Staatsarchive. – In: JbTHDarm 1974, S. 123–126

73. Knöpp, Friedrich: Ludwig Clemm zum Gedächtnis. – In: AHG N. F. 33. 1975, S. 503–510 [Direktor d. Staatsarchivs in Darmstadt, geb. 4. 5. 1893; gest. 29. 4. 1975]

74. Steitz, Heinrich: Ludwig Clemm (1893–1975) in dankbarer Erinnerung.– In: JHKV 27. 1976, S. 241–242

## 3. Archive

75. F r a n z , Eckhart Götz: Staatsarchiv Darmstadt. – In: MHSt 2. 1976, S. 3–6

76. E c k h a r d t , Albrecht: Hessisches Staatsarchiv und Stadtarchiv Darmstadt. Übers. über die Bestände. Bearb. unter Mitw. von Carl Horst H o f e r i c h t e r , Hans Georg R u p p e l . 2., völlig neubarb. und verm. Aufl. Darmstadt: Verl. d. Hist. Ver. f. Hessen 1975. 156 S. (Darmstädter Archivschriften 1)

77. E c k h a r d t , Albrecht, u. Friedrich B a t t e n b e r g : Neue Urkundenverzeichnisse des Staatsarchivs Darmstadt. – In: MHSt 3. 1976, S. 10–11

78. Repertorien des Hessischen Staatsarchivs Darmstadt. [Sonderbd A]. Isenburger Urkunden: Regesten zu Urkundenbeständen u. Kopiaren d. fürstl. Archive in Birstein u. Büdingen 947–1500. Bearb. von Friedrich B a t t e n b e r g . Bd 1–3. Darmstadt: Hess. Staatsarchiv; Marburg: Hist. Komm. in Vertrieb 1976. 1. Einleitung, Regesten Nr 1–1696 (947–1444). XXIII, 450 S. 2. Regesten Nr 1697–3630 (1445–1500). S. 451–864. 3. Nachträge Nr 3631–3716 (1409–1500). Index d. Personen u. Orte. S. 865–1132

79. Repertorien des Hessischen Staatsarchivs Darmstadt. Abteilung Urkunden Oberhessen (A 3). Provenienzübersicht. Bd 4. Nachträge, Corrigenda u. Indices. Bearb. von Albrecht E c k h a r d t . 1974. II, S. 649–876

80. Repertorien des Hessischen Staatsarchivs Darmstadt. Abt. C 1. Handschriften (Kopialbücher, Lager- u. Zinsbücher, Statuten, Chroniken, Protokolle, Nekrologe.) Bearb. von Albrecht E c k h a r d t . 2. verb. Aufl. 1974. VII, 174 S.

81. Repertorien des Hessischen Staatsarchivs Darmstadt. Abt. F 2. Oberrheinische Reichsritterschaft, bearb. von Ludwig C l e m m . Hrsg. von Albrecht E c k h a r d t . 1–2., 1973–75. XVI, 603 S.

82. Repertorien des Hessischen Staatsarchivs Darmstadt. Das Archiv der Familien v. Pretlack und v. Harnier zu Echzell. Abt. O 2. Depositum v. Harnier mit den Urkunden d. Familienarchivs in Abt. B 18 u. archivalischen Nachweisen über d. Familien v. Pretlack u. v. Harnier in anderen Beständen u. Archiven. Bearb. von Eckhart Götz F r a n z . 1975. 119 S.

83. E c k h a r d t , Albrecht: Repertorium zum 'Gatterer-Apparat' in Luzern. – In: MHStDarm 7. 1974, S. 4–6 [Enthält wichtige Urkunden zur Landesgesch. Rheinhessens]

84. H i l d e b r a n d t , Armin: Nachlaß Ministerpräsident [Christian] Stock. – In: MHStDarm 7. 1974, S. 9–10

85. Verzeichnis der Bestände des Landeshauptarchivs K o b l e n z . T. 2: Bestände Nr 401. 954 (Überwiegend 19. u. 20. Jh, Sammelbestände.) Koblenz 1975. 283 S. (Veröffentlichungen aus rheinland-pfälz. u. saarländ. Archiven. Kleine Reihe 5)

86. Philippi, Hans: Hess. Archive: Staatsarchiv Marburg. – In: MHSt 3. 1976, S. 2–4

87. Auerbach, Inge: EDV-Einsatz im Archiv. Staatsarchiv Marburg: Projekt HETRINA. Ein Beitr. z. Gesch. d. amerikan. Unabhängigkeitskrieges. – In: MHSt 1. 1975, S. 4 f.

88. Repertorien des Hessischen Staatsarchivs Marburg. Begr. von Johannes Papritz. Hrsg. von Kurt Dülfer. Marburg: Hess. Staatsarchiv. Das Schriftgut d. Landgräfl. Hess. Kanzlei im Mittelalter (vor 1517). Verz. d. Bestände. T. 3. Kopiare (K) u. Lehnsbücher (L). Bd. 3. Bearb. von Karl Ernst Demandt. 1974. II, 214 Bl.

89. Repertorien des Hessischen Staatsarchivs Marburg. Bestand 4, Abt. c: Hess. Nebenlinien. Bd 5. Gruppen: Grafen v. Diez, Hessen-Braubach, -Butzbach, -Eschwege, -Homburg (mit Bingenheim), -Philippsthal u. -Rheinfels. Bearb. von Kurt Dülfer. 1970.

90. Repertorien des Hessischen Staatsarchivs Marburg. Bestand 4, Abt. e: Kaiser-, Reichs- u. Kreissachen: Polit. Akten nach Philipp d. Gr. 1567–1806. Bearb. von Hans Philippi. [1976.] VIII, 457 S.

91. Repertorien des Hessischen Staatsarchivs Marburg. Bestand 4, Abt. f: Staatenabteilung. Bd. 20. Gruppen: Sachsen-Weimar bis Schaumburg, Grafschaft. Bearb. von Kurt Dülfer. 1970.

92. Repertorien des Hessischen Staatsarchivs Marburg. Bestand 17. Landgräflich Hessische Regierung Kassel. Bearb. von Armin Sieburg. 2. Herrschaftl. Repositur (1708–1821). 1976. XI, 385 S.

93. Repertorien des Hessischen Staatsarchivs Marburg. Landgräflich hessische Verwaltungsbehörden 1518–1821, Bestand 17: Landgräfl. hess. Regierung Kassel. Abt. e. Ortsrepositoren 1518–1821. Bearb. von Armin Sieburg. Bd 1–5. A–N. 1974–76.

94. Repertorien des Hessischen Staatsarchivs Marburg. Bestand 96. Reichsabtei Fulda. Stiftskapitel. Bearb. von Hans Philippi. 1970

95. Repertorien des Hessischen Staatsarchivs Marburg. Bestand 168. Preußische Regierung Kassel. Abt. 3, Domänen 1867–1940, mit Vorakten seit 1739. Bearb. von Winfried Schüler. 1974. XVII, 251 S.

96. Repertorien des Hessischen Staatsarchivs Marburg. Bestand 180. Landratsämter. Hofgeismar 1821–1952. Bearb. von Armin Sieburg. 1974. XXIII, 251 S.

97. Repertorien des Hessischen Staatsarchivs Marburg. Bestand 180. Landratsämter. Marburg 1821–1952. Bearb. von Ulrike List u. Peter Geissler. 1975. XXXI, 425 S.

## 3. Archive

98. Repertorien des Hessischen Staatsarchivs Marburg Bestand 180. Landratsämter. Witzenhausen 1821–1945. Bearb. von Armin S i e b u r g . 1975. XXV, 204 S.

99. Repertorien des Hessischen Staatsarchivs Marburg. Bestand 330. Stadtarchiv Marburg. Abt. A. Amtsbücher d. Stadt Marburg 1391/92–1945. Bearb. von Uta K r ü g e r - L ö w e n s t e i n . 1976. XI, 240 S.

100. K ö r n e r , Hans: Das Archiv der Freiherren von und zu der Tann. – In: Archivpflege in Bayern 22. 1976, S. 51–60 [Staatsarchiv Marburg]

101. B r o m m e r , Peter: Unbekannte Fragmente von Kanonessammlungen im Staatsarchiv Marburg. – In: HJL 24. 1974, S. 228–233

102. P o l k e , Johannes: "Wiewohl es ein rühmlich und wohlgebaut Haus gewesen". Das Ende der Ebernburg 1523 im Spiegel hessischer Dokumente. – In: Bll. f. pfälz. Kirchengesch. 41. 1974, S. 133–197 [Abdruck v. 28 Dokumenten aus d. Marburger Staatsarchiv, vor allem d. umfangreichen Inventarien d. Sickingen-Burg]

103. S t r u c k , Wolf-Heino: Hess. Archive: Hauptstaatsarchiv W i e s b a d e n . – In: MHSt 1. 1975, S. 2–4

104. F a b e r , Rolf: Abschied vom Archiv. Professor Dr. Wolf-Heino Struck trat in d. Ruhestand. – In: WiL 25. 1976, 5, S. 14

105. H ä b e l , Hans Joachim: Hauptstaatsarchiv Wiesbaden: Neues Ausweichmagazin. – In: MHSt 2. 1976, S. 6

106. H e l f e r , Bernward: Hauptstaatsarchiv Wiesbaden: Projekt Klee. Personen- u. medizingeschichtl. Auswertung v. Krankenakten. – In: MHSt 1. 1975, S. 5–6

107. M i s c h e w s k i , Annelise: Übernahme des Nachlasses Troeger durch das Hauptstaatsarchiv Wiesbaden.– In: MHSt 2. 1976, S. 8 [Heinrich Troeger, geb. 1901 in Zeitz; gest. 1975 in Seeheim; früherer hess. Finanzmin.]

108. S c h ü l e r , Winfried: Quellen zur Militärgeschichte im Hessischen Hauptstaatsarchiv Wiesbaden. – In: Militärgeschichtl. Mitt. 15. 1974, S. 157–160

109. G e n s i c k e , Hellmuth: Mirakelbuch, Testaments- und Bruderschaftsverzeichnis der Kirche zu Hilgenroth. – In: NAN 86. 1975, S. 98–138 [Aufbewahrt im Hess. Hauptstaatsarchiv Wiesbaden]

U n i v e r s i t ä t s - , S t a d t - , K i r c h e n - u . s o n s t i g e A r c h i v e

110. E c k h a r d t , Albrecht: Universitätsarchiv Gießen. Urkunden 1341–1727. Regesten. Gießen: Univ. bibl. 1976. 227 S. (Berr. u. Arbeiten aus d. Universitätsbibliothek Gießen 28)

111. K r ü g e r , H.-J.: Das Universitätsarchiv in Mainz. – In: Unsere Archive. 4. 1975, S. 8–10

112. H e u s o n , Hans-Velton: Urkunden des B ü d i n g e r Stadtarchivs. 2. Veröffentl. – In: BüGbll 8. 1974/75, S. 204–215 [1. Veröffentl. in: BüGbll 7. 1970/71, S. 76ff.]

113. K n a u s s , Erwin: Das G i e ß e n e r Stadtarchiv. Gesch. u. Gegenwart. – In: MOHG N. F. 60. 1975, S. 3–40

114. K a r b , Heinrich Friedrich: Inventarverzeichnis der Archive in der Stadt L a m p e r t h e i m . Stand 1973. Lampertheim 1974. 219 Bl.

115. F a l c k , Ludwig: Das Stadtarchiv [ M a i n z ] . – In: Der Archivar 28. 1975, Sp. 307–310

116. K r ü g e r - L ö w e n s t e i n , Uta: Unbekannte Urkunden aus Rechnungseinbänden des M a r b u r g e r Stadtarchivs. – In: MHSt 1. 1975, S. 11–12

117. „Das Gedächtnis" der Stadtverwaltung. Stadtarchiv im Oberen Schloß verwahrt Akten u. Urkunden seit 1276. Mit 4 Abb. – In: UHl 44. 1976, S. 91–98 [ S i e g e n ]

118. M a t h y , Helmut: Die Geschichte des Mainzer Erzkanzlerarchivs 1782–1815. Bestände, Organisation, Verlagerung. Wiesbaden: Steiner 1969. IX, 158 S. (Recht u. Gesch. 5)

119. B r ü c k , Anton Philipp: Das Dom- u. Diözesanarchiv [Mainz]. – In: Der Archivar 28. 1975, Sp. 310–312

120. K u h n , Hans Wolfgang: Die Archivalienflüchtungen des Erzstifts Trier 1792–1805. – In: JbwLa 2. 1976, S. 211–254

121. L u d w i g , Helmut: Tintenrezept 1830 für Kirchenbücher. [Gedruckt in Eschwege u. eingeklebt im Taufbuch von Ransbach, Kr. Hersfeld] – In: BuBll 49. 1976, S. 88

122. D a r a p s k y , Elisabeth, u. Richard D e r t s c h : Die Urkunden des Pfarrarchivs von St. Ignaz in Mainz. – In: Fritzen, Hans: Die Baugeschichte d. St. Ignazkirche in Mainz. Mainz: Stadtbibliothek 1974, S. 1–127. (Beitrr. zur Gesch. d. Stadt Mainz 22)

123. W o l f , Hans: Die Bestände des Archivs der deutschen Jugendbewegung auf dem Ludwigstein. – In: Kulturkritik u. Jugendkult. Hrsg. von Walter Rüegg. Frankfurt/M. (1974) S. 147–157

4. Geschichtsvereine

124. Landeskundliche Vereinigungen und Einrichtungen Rheinland-Pfalz. Redaktionelle Bearb.: Franz-Josef H e y e n [u. a.] Koblenz: Arbeitskreis landeskdl. Vereinigungen u. Einrichtungen Rheinland-Pfalz 1974. 96 S.

125. P a l m , Claus: 25 Jahre Heimatpflege in B i n g e n . Am 14. Juni 1950 begannen d. „Heimatfreunde" ihre Arbeit. – In: HMRh 20. 1975, Nr 6, Juni, S. 1

126. L o o s , Josef: 25 Jahre Heimatfreunde am Mittelrhein. Mit 2 Abb. – In: HJMBi 20. 1976, S. 22–26

127. H i n z e , Kurt: In B r a u n f e l s : Heimatkundler im Torturm. Eine bürgerschaftl. Gemeinschaft, d. seit 25 Jahren forschend tätig ist. Mit 2 Abb. – In: HLD 73. 1976, S. 4

128. K r a m e r , Dieter: Nostalgie und Politik in der Geschichte von Geschichtsvereinen. – In: BüGbll 8. 1974/75, S. 49–65 [Betr. auch d. B ü d i n g e r Geschichtsver.]

129. H e i l , Bodo: 75 Jahre B u t z b a c h e r Geschichtsverein. – In: WeGbll 24. 1975, S. 3–13

130. 75 Jahre F u l d a e r Geschichtsverein. – In: FuGbll 48. 1972, S. 2–6

131. 75 Jahre Fuldaer Geschichtsblätter. – In: FuGbll 48. 1972, S. 6–14

132. M i t z e , Walter: Vor 50 Jahren war die Gründung des H e r s f e l d e r Geschichtsvereins. – In: MHl 26. 1974/75, S. 65–67

133. B r i n g e z u , Maria: 100 Jahre Verein für Geschichte und Landeskunde in Bad H o m b u r g . – In: AHo 18. 1975. S. 2–4

134. K ü h n , Heinz: Historischer Verein I n g e l h e i m . 70 Jahre im Dienst d. Stadtgesch. – In: HJMBi 20. 1976, S. 27–29

135. 50 Jahre Heimat- und Kulturverein L o r s c h . 1926–1976. Red.: Paul S c h n i t z e r , Heinrich D i e h l . Lorsch: Heimat- u. Kulturver. 1976. 100 S. m. Abb.

136. B e r l e t , Eduard: Historisches und ideengeschichtl. Hintergrund der Lorscher Gründung eines Heimatvereins. – In: 50 Jahre Heimat- u. Kulturver. Lorsch. Lorsch 1976, S. 5–17

137. B r ü c h e r , Erich: 50 Jahre Heimatverein Bad N a u h e i m . Bad Nauheim: Selbstverl. d. Verf. 1959. 91 S.

138. L ü c k , Alfred: Der S i e g e r l ä n d e r Heimatverein und seine Männer. Ihre Bedeutung f. Forschung u. Schrifttum d. Siegerlandes. Mit 3 Bildn. u. 2 Abb. – In: UHl 1974, S. 16–18

139. N e u m a n n , Heinrich: Aus der Chronik des Heimatvereins S o n n e n b e r g . Zum 25jähr. Bestehen 1976. – In: 25 Jahre Heimatver. Sonnenberg. Festschrift. 1976

140. B e s a n d , Adam: Die Hanse-Gilde S o n t r a . [Hist.Vereinigung, 1975 wieder begründet] – In: HH N. F. 26. 1976, S. 59–60

## 5. Landeshistoriker

141. M a t h y , Helmut: Ad multos annos. 4 Gratulationsreden auf Mitglieder d. Johannes Gutenberg-Universität 1972–1974. 1. Fritz Arens zum 19. Okt. 1972. 2. Anton Philipp Brück zum 16. April 1973. 3. Kurt Böhmer zum 29. Nov. 1974. 4. Franz Bösken zum 27. Febr. 1974. – In: JbVFUM 23/24. 1974/75, S. 94–114

142. S c h o l l , Gerhard: Klassisches Land der Heimatkunde. Siegerländer Wissenschaftler und Amateurforscher auf d. Spuren der Vergangenheit. Mit 4 Bildn. u. 2 Abb. – In: UHl 1974, S. 11–14

143. A c h t e r b e r g , Erich: Historisches und Autobiographisches. – Ffm.: Knapp 1976. 31 S.

144. L i n g , H.: Wilhelm A c k e r m a n n † – In: Gen 12. Jg. 23. 1974, S. 314 [12. 11. 1900 – 2. 7. 1974. Dipl. Ing., Chemiker; Vorsitzender d. Hess. familiengeschichtl. Vereinigung]

145. L i n g , H.: In memoriam Wilhelm Ackermann. – In: HFK 12. 1974, Sp. 281–282

146. K u n z , Rudolf: Die Bergsträßer Hauschronik des Johann Friedrich A h l h e i m aus Alsbach 1733–1755. – In: Kunz: Alsbach. Alsbach 1975: Otto, S. 3–75; vgl. a. GbllBe 8. 1975, S. 3–76 [Geb. am 16. März 1717 in Alsbach; gest. am 26. Sept. 1773]

147. L a m p e r t , Ulrich: Erich B a r t h o l o m ä u s . 1887–1973. – In: HFK 12. 1974, Sp. 53–54

148. D i e l m a n n , Karl: Mortui viventes obligant: In memoriam Heinrich B o t t . * Hanau 6. 11. 1896, † Schlüchtern 26. 9. 1973. Mit 1 Bildn. – In: NMHaG 6. 1974. S. 36–40

149. P a l m , Claus: Anton Philipp B r ü c k . Zum 60. Geburtstag d. Priesters u. Wissenschaftlers, Heimatforschers u. Heimatfreundes aus Bingen. Mit 1 Bildn. – In: HJMBi 17. 1973, S. 70–71 [Geb. 16. 4. 1913 in Bingen]

150. H e i n e m e y e r , Walter: Nachruf auf Heinrich B ü t t n e r . – In: Archivar 24. 1971, Sp. 335–336

151. M ü l l e r , Iso: Heinrich Büttner (1908–1970). – In: Schweizer. Zs. f. Gesch. 20. 1970, S. 640–642

152. F [ r i e d e r i c h s ], H[einz] F[riedrich]: Karl D e m e t e r † – In: HFK 13. 1976, Sp. 59–60

153. B a u m , Heinrich: Rektor i. R. Heinrich D e n f e l d – 70 Jahre alt. Mit 1 Bildn. – In: AHo 17. 1974. S. 39 [Heimatforscher]

154. Karl D i e l m a n n zum 60. Geburtstag [Festschrift]. Mit 1 Bildn. u. Umschlagbild. Hanau: Hanauer Geschichtsver. 1975. 26 S.

155. L u h , Willi: Dr. Lothar D ö r i n g zum Gedenken. – In: BüGbll 8. 1974/75, S. 70–73 [Oberstudienrat i. R. und Heimatforscher, 1905–1975]

156. Ernst E m m e r l i n g . Mit 1 Bildn. – In: Menschen d. Heimat. Bingen 1975. (BiA 9) S. 15 [Geb. 13. 5. 1907 in Gießen, Kunsthistoriker u. mittelrhein. Landeshistoriker]

157. A u e n e r , Reinhart: Sein Leben gilt der Arbeit. Rudolf E n g e l h a r d t . Mit 1 Bildn. u. Bibliogr. – In: HMRh 19. 1974, Nr 8

158. L a u t e r , Werner: Rudolf Engelhardt. Ein verdienstvoller Heimatforscher. Mit 1 Bildn. – In: Menschen d. Heimat. Bingen 1975. (BiA 9) S. 23–24 [Mittelrhein. Landeshistoriker]

159. H e y l , Prosper: Abschied von Dr. phil. Adolf F a i l i n g . Der Hinterländer Geschichtsver. hat ein Ehrenmitgl. u. einen glänzenden Publizisten verloren. Mit 1 Bildn. – In: HiGbll 54. 1975, S. 8

160. H e r z o g , Friedrich: In memoriam Dr. Daniel F e n n e r . – In: HH N. F. 26. 1976, S. 140 [1890–20. 3. 1976. Studienrat u. Heimatforscher]

161. Über Leonhard F e s s e l . Mit 1 Abb. – In: FuGbll 48. 1972, S. 73–91

162. S t a m m , Otto: Johann Karl von F i c h a r d gen. Baur von Eysseneck. – In: Vaterland auf d. Römerberg. 1975, S. 71–75 [Frankfurter Historiker, 1773–1829]

163. Ein Freund und Kenner der Siegerländer Heimat. General-Superintendent Prof. Jacob Wilhelm G r i m m vor 150 Jahren gestorben. – In: UHl 1974, S. 153/154 m. 1 Bildn.

164. Nachruf und Dank für Dr. Wilhelm G ü t h l i n g . Mit 1 Bildn. – In: SiHK 48. 1973, S. 49–50

165. G e n s i c k e , Hellmuth: Christian Friedrich H a b e l . 1747–1814. – In: HJUTs 1974, S. 231–234

166. Festschrift für Günther H a s e l i e r aus Anlaß seines 60. Geburtstages am 19. April 1974. Hrsg. von Alfons Schäfer i. A. der Arbeitsgemeinschaft f. geschichtl. Landeskde am Oberrhein e.V. in Karlsruhe. Karlsruhe: Braun in Komm. 1975. 422 S. (Oberrhein. Studien 3)

167. E n g e l h a r d t , Rudolf: Peter Joseph H e i d e n t h a l [25. 1. 1818–28. 5. 1888]. Mit 1 Abb. – In: BiA 12. 1976, S. 23–24 [Binger Heimatforscher]

168. Josef H o f f m a n n . Mit 1 Bildn. – In: Si 51. 1974. S. 117

169. Heimatforscher Heinrich H o l l m a n n . Er wurde vor 100 Jahren geboren. – In: HLD 1975, Nr 57, S. 3

170. K a e t h n e r , Rudi Hermann: Fritz I h l e 75 Jahre alt. – In: UsL 1976, Nr. 4, Sp. 44–45 [Heimatforscher]

171. Z i p p , Paul: 25 Jahre Heimatjahrbuch unter Bearbeitung von Anton I h l n . Mit 1 Bildn. – In: HJUTs 1974. S. 51–52

172. Dr. Lothar Irle. Mit 1 Bildn. – In: Si 51. 1974. S. 115

173. Werner Jorns zum 65. Geburtstag am 20. Mai 1974 gewidmet [Festschrift]. Wiesbaden: Selbstverl. d. Landesamtes f. Denkmalpflege Hessen; Bonn: Habelt in Komm. 1975. XIX, 392 S. m. Abb. (FH 14)

174. Herrmann, Fritz-Rudolf: Werner Jorns 65 Jahre. Mit 1 Bildn. [Nebst] Schriftenverzeichnis Werner Jorns. Zsgest. mit Hilfe von H. Behr. – In: FH 14: 1974. '75, S. V-XIX

175. Herrmann, Fritz H.: Friedrich Knöpp zum 70. Geburtstag. – In: AHG N. F. 32. 1974, S. 11–14

176. Eckhardt, Albrecht, u. Birgit Eckhardt: Bibliographie Friedrich Knöpp. – In: AHG N. F. 32. 1974, S. 621–642

177. Festschrift für Friedrich Knöpp zum 70. Geburtstag. Darmstadt: Hist. Ver. f. Hessen 1974. 734 S. m. Abb. (AHG N. F. 32)

178. Hahn, Clemens: Dr. Johannes Kohl. Mit 1 Bildn. – In: HJMBi 17. 1973, S. 67–68 [Lehrer u. Heimatforscher 1888–1953]

179. Ziegler, Elisabeth: Zwei Hersfelder Chronisten: Lampert von Hersfeld–Johannes Nuhn von Hersfeld. – HJH 1974/75, S. 6–10

180. Lück, Dieter: Die Vita Annonis und die Annalen des Lampert von Hersfeld. – In: RhVbll 37. 1973, S. 117–140

181. Heyden, Eduard: Der Chronist Achilles August von Lersner. – In: Vaterland auf d. Römerberg. 1975. S. 118–121

182. Berge, Otto: [Stadtarchivar] Dr. Robert Pessenlehner zum 75. Geburtstag [am 16. Mai 1974]. [Mit] Gustav Wunderle: Veröffentlichungen von Dr. Robert Pessenlehner nach 1956. – In FuGbll 50. 1974, S. 82–91

183. Dielmann, Karl: Wilhelm Praesent. Mit 1 Bildn. – In: NMHaG 6. 1976, S. 80–82 [24. 3. 1896–17. 1. 1976. Lehrer i. R. u. Museumsleiter in Schlüchtern]

184. Höck, Alfred: Wilhelm Praesent 1896–1976. – In: HBVK 1. 1976, S. 117–120

185. Brauns, Eduard: Wilhelm Rabe. Eine nachträgliche Würdigung. [R. war Gesch.- u. Familienforscher; 1878–1945] – In: HFK 12. 1974, Sp. 269–272

186. Jäkel, Herbert: Schulrat a. D. Karl Rausch zum Gedächtnis. [1879–1975; 25 Jahre Vorsitzender d. Geschichts- u. Museumsver. Alsfeld, ferner Museumsverwalter u. Schriftleiter] – In: MGAA 12. 1976, S. 82–83

187. Faber, Rolf: Biebricher Lebensbilder: Wilhelm Heinrich von Riehl. Mit 1 Bildn. u. 2 Abb. – In: WiL 24. 1975, Apr., S. 16–19

## 5. Landeshistoriker

188. K r a t z e r t [geb. Stoklas], Christine: Die illustrierten Handschriften der Weltchronik des R u d o l f von Ems. Berlin 1974. 170 S. Berlin (West), Freie Univ., Fachbereich Kunstwiss., Diss. v. 1974

189. F a b e r , Rolf: Pädagoge, Historiker und aktiver Christ. Dr. Albert S c h a e f e r zum Gedenken. Mit 1 Bildn. – In: WiL 24. 1975, Febr., S. 20

190. G e i s t h a r d t , Fritz: Albert S c h a e f e r . 1903–1974, Oberstudiendirektor a. D. – In: NAN 86. 1975, S. 445

191. S c h n e i d e r , Ernst: In Memoriam Philipp S c h ä f e r II. – In: HspGer 1974, Nr 4 [Gest. am 20. Juli 1974; Heimat- u. Volkskundler]

192. S c h n e i d e r , Ernst: [Bibliographie] Aus der Feder von Philipp Schäfer II. – In: HspGer 1974, Nr 4

193. D [ i e l m a n n ] , K[arl]: Hermann S c h a u b . Mit 1 Bildn. – In: NMHaG 6. 1976, S. 78–79 [16. 3. 1890 – 5. 12. 1975. Landeshistoriker]

194. H i n z e , Kurt: Pfarrer als Heimatforscher. Vor 100 Jahren wurde Karl S c h i e f e r s t e i n geboren, der Entdecker der „Theutbirg-Basilika" bei Nauborn. Mit Abb. – In: HLD 1974. Nr. 42, S. 4 [Mit 1 Bildn.]

195. S c h m i d t , Wilhelm: Lebens- und Zeitdokumente in Briefen [Briefe]. Bechtheim/Ts, Solingen: Selbstverl. 1975. 102 S.

196. J o c h e m , Otto, u. Jakob F r a n z : Hermann S c h m i t t (1888–1974). [Pädagoge in Worms u. Mainz; Landeshistoriker] – Schalk, Joachim: Veröffentlichungen von Hermann Schmitt. – In: AMrhKG 27. 1975, S. 257–264

197. P e s s e n l e h n e r , Robert: Der Name „ S c h m i t t " in der Geschichtswissenschaft Fuldas. – In: FuGbll 49. 1973, S. 4–10

198. S c h n e l l , Stefan: Michael S c h m i t t [Zeitungsverleger, Vorsitzender des Fuldaer Geschichtsvereins] zum 60. Lebensjahr [am 10. Januar 1973]. – In: FuGbll 49. 1973, S. 1–3.

199. E n g e l h a r d t , Rudolf: Josef Adolf S c h m i t t - K r a e m e r . Mit 1 Bildn. u. 4 Abb. – In: BiA 12. 1976, S. 34–39 [5. 8. 1881 – 25. 10. 1966. Binger Heimatforscher u. Mundartdichter]

200. Schriftenverzeichnis Hans S c h ö n b e r g e r . Zsgest., gedr. u. überreicht v. Freunden u. Kollegen zum 16. Okt. 1976. Vorw.: Hans Möbius. Wiesbaden 1976: Wiesbadener Graph. Betriebe. 8 gez. Bl. [Archäologe]

201. Gerhard S c h o l l gest. – In: BS 15. 1974, S. 64 [Gest. 31. 5. 1974. Erforscher d. Ginsburgruine]

202. Gerhard Scholl. Mit 1 Bildn. – In: Si 51. 1974, S. 116

203. D e n e c k e , Ludwig: Ein Kranz für Wilhelm S c h o o f [Oberstudiendirektor i. R., Ehrenmitglied d. Geschichtsver., Grimm-Forscher; am 16. Mai 1975 fast 99jährig gestorben] – In: ZHG 85. 1975, S. 11–13

204. Z i j p e , René van de: Dr. Wilhelm Schoof, Ehrensenator der Universität Marburg, Oberstudiendirektor a. D. Geboren 1876 in Homberg/Efze, gestorben 1975 in Willingshausen. – In: SchwJb 1976, S.14–16

205. D i e l m a n n , Karl: Dr. Wilhelm Schoof [1876–1975]. – In: NMHaG 6. 1976, S. 76–78 m. 1 Bildn. [Geb. 18. 6. 1876 in Homburg/Efze, † 16. 5. 1975 in Willingshausen. Oberstudiendirektor i. R., Landeshistoriker]

206. Festschrift für Helmut S c h o p p a zum 65. Geburtstag am 24. Dezember 1972. Wiesbaden: Der Landesarchäologe v. Hessen; Bonn: Habelt in Komm. 1974. XXIII, 253 S., 35 Taf. (FH 12)

207. E u l e r , Friedrich Wilhelm: Werner Robert S e y b e r t h . Dipl.-Landwirt [u. Genealoge]. Wiesbaden 2. 3. 1903, Bad Soden 4. 1. 1976. – In: AfS 42. 1976, H. 62, S. 496

208. B l u m e n r ö d e r , Gerhard: Josef S t a r k . Lehrer u. Heimatforscher in memoriam. – In: 1000 Jahre Kassel u. Wirtheim [Festschrift]. Biebergemünde 1976, S. 50–56

209. R [ ö s c h ] , G[eorg]: Lehrer i. R. u. Heimatforscher Josef Stark, Biebergemünd-Wirtheim. 1892–1974. Mit 1 Bildn. – In: GelHJ 28. 1976, S. 13

210. S c h u d t , Heinrich: Wilhelm S t u r m f e l s , Rüsselsheimer Lehrer und Heimatforscher. – In: HErb 1974, Nr 8 [Geb. 1865 in Affolterbach/Kr. Bergstr.; gest. 1937 in Rüsselsheim]

211. L ö b e r , Karl: Johann T e x t o r von Haiger. Hrsg. im Auftr. d. Stadtverwaltung Haiger. Haiger 1976. 67 S. m. Abb. (Haigerer Hefte 7)

212. S c h l e i e r , Hans: Veit V a l e n t i n . – In: Schleier: Die bürgerliche deutsche Geschichtsschreibung d. Weimarer Republik. Köln 1975, S. 346–398 [Geb. am 25. 3. 1885 in Frankfurt/M.]

213. R e u t t e r , Rolf: Roßdorfer Persönlichkeiten. 2. Landesgeschichtler, Geograph u. Geometer, Hofrat Georg Wilhelm Justin W a g n e r , 1793–1874. – In: Roßdorf. Beitrr. zu seiner Gesch. Ober-Ramstadt: Ver. f. Heimatgesch. 1975, S. 61–63

214. D ö r i n g , Lothar: Marienborn. Kindheits- und Jugenderinnerungen von Rudolf W e l c k e r (Ausz.) – In: BüGbll 8. 1974/75, S. 117–124 [Kustos d. Hist. Museums Frankfurt a. M., Heimatforscher, 1864 in Eckartshausen geb., gest. 1949 in Büdingen]

215. B i n g , Ludwig: Dem Andenken von Robert W e t e k a m [gest. 4. Mai 1973, Vorsitzender d. Waldeckischen Geschichtsver.] – In: WLKa 247. 1974, S. 74

216. Über Günther W i l l m s . Mit 1 Bildn. – In: FuGbll 48. 1972, S. 92–100

217. H u m m e l , Richard: Josef W o r r s – Der Verfasser d. Höchster Chronik. – In: 1000 Jahre Höchst im Kinzigtal [Festschrift]. Höchst 1976, S. 286

218. R ö s c h , Georg: Josef Worms 80 Jahre alt. Der ehem. Hauptlehrer von Höchst. Mit 1 Bildn. – In: GelHJ 1975, S. 92–93

## 6. Landeskunde

### Gesamthessen

219. K l a u s i n g , Otto: Die Naturräume Hessens. Mit e. Karte d. naturräuml. Gliederung im Maßstab 1:200 000. Wiesbaden: Hess. Landesanst. f. Umwelt 1974. 85 S., 1 Faltkt. [Sondert.:] Hessen. Naturräuml. Gliederung. (Schriften aus d. Hess. Landesanstalt f. Umwelt)

220. B e n c k i s e r , Nikolas: Deutsche Landschaften. N. F. Mit Zeichnungen von Heinrich Klumbies u. H. E. Köhler, Landkartenzeichn. von Heinz u. Anneliese Sturm. Frankfurt a. M.: Societäts-Verl. 1974. 291 S. [Betr. u. a. Hessen]

221. Reisegebiete in Baden-Württemberg, Bayern, Hessen. 26. Ausg. Darmstadt: Jaeger 1976. 120 S. m. Abb. u. Kt. (Reisen in Deutschland. Bildbd 1)

222. Hessen, Rheinland-Pfalz, Saarland, Luxemburg, 20. Ausg. Konstanz: Tschischack [1973]. XIV, 298 S. m. Abb. u. Kt.-Beil. (Internationaler Reise- u. Städteführer 3) 19. Ausg. [1972] XVI, 332 S. m. Abb. u. Kt.-Beil.

223. Berlin (West), Niedersachsen, Bremen, Schleswig-Holstein, Hamburg, Hessen (Kurhessen und Waldeck). Mit ausführl. Unterkunftsverz. „Wohnen auf Reisen", zahlr. Anh. Schriftl.: Marco Graf v. Schlippenbach. 24. Ausg. Darmstadt: Jaeger 1974. 24, 655 S. m. zahlr. Abb. (Reisen in Deutschland 4) 25. Ausg. 1975. 28, 595 S. m. zahlr. Abb. u. Kt.

224. Hessen (Mitte und Süd), Saarland, Rheinland-Pfalz, Nordrhein-Westfalen. Mit ausführl. Unterkunftsverz. „Wohnen auf Reisen", zahlr. Anh. Schriftl.: Marco Graf von Schlippenbach. 25. Ausg. Darmstadt: Jaeger 1975. 40, 947 S. m. zahlr. Abb. u. Kt. (Reisen in Deutschland 3)

225. H e i d e , Anke: Tips zum Wochenende. Reisen in Hessen. Melsungen: Gutenberg 1976. 93 S. m. Abb.

226. L a n d a u , Georg: Beschreibung des Hessengaues. Unveränd. Neudr. d. Ausg. von 1857. Walluf b. Wiesbaden: Sändig 1974. VIII, 268 S. m. 1 Kt.

227. B e r g m a n n , Waltari, S c h a d , Ernst u. Horst T u n g e r : Hessen, unser Heimatland. 7. Aufl. Frankfurt a. M., Berlin, München: Diesterweg 1971. X, 164 S. m. Abb.

228. Hessen im Farbbild. Einf. von Eckart v. Naso. Bildert. Fritz Usinger. Fotogr.: C. L. Schmitt. 3. Aufl. Frankfurt a. M.: Umschau-Verl. 1975. 118 S. m. zahlr. Abb.

229. Hessen. Landschaft, Städte, Kunst. Mit e. Einf. von Hans Werner Hegemann. 2. verb. Aufl. Hanau: Peters 1976. 28 S., 84 Taf.

## Nordhessen

230. Oberhessen, Kurhessen und Waldeck. Verb. Nachdr. München: Thiemig 1974. 210 S., Kt. (Grieben-Reiseführer 230. Deutschland)

231. B r a u n s , Eduard: Auf Schusters Rappen durch Kurhessen und Waldeck. Wanderwege u. Wandervorschläge. Hrsg. v. Fremdenverkehrsverband Kurhessen u. Waldeck. Kassel [1975] 64 S.

232. B r a u n s , Eduard: Kurhessen-Waldeck. [Kartenskizzen: Ewald Greschner] Stuttgart: J. Fink 1974. 55 S. m. Kt. (J. Fink-Wanderführer)

233. I d e , Wilhelm, u. Fritz F o l l m a n n : Kurhessisches Wanderbuch. Wander- u. Reiseführer für Kurhessen, Waldeck u. d. Oberweserland. 3., völlig neu bearb. Aufl. Kassel: Schneider & Weber 1973. 583 S. m. Kt. – Beil.

234. H o f e r , Joseph: Geliebtes Land an Fulda, Werra, Weser. Münden: Landkr. Münden 1972. 190 S. m. Abb.

235. Parke und wandere im Ferienland Weser-Diemel-Fulda. Ein Wanderführer rund um Kassel (Kassel: Grothus [1975].) 65 S., 22 Kt.

236. D i e r s s e n , Gerhard: Weserbergland, Lippe, Teutoburger Wald. Text u. Fotos. Mit 18 ganzseit. Kt. Skizzen von Lorenz Hafner. 4. Aufl. Hannover: Madsack 1975. 220 S. m. Abb. u. Kt. (Der gelbe Führer 1)

237. Schönes Weserbergland. Hrsg. von Fritz Seifert. Aufn.: Hans Wagner [u. a.] Kt.–Skizze Paul Brüning. 3. Aufl. Hameln: Niemeyer 1976. 31,92 S., überwiegend Abb., 1 Kt.

238. U l m a n n , Hellmuth: Wanderungen im Weserbergland. Respektlose Notizen zu e. respektablen Topographie. [Ill.: Dorothee von Harsdorf.] Bremen: Röver 1976. 204 S. m. Abb.

239. G e i s s l e r , Robert: Die Weser. Eine Beschreibung in Wort u. Bild. Faks.– Dr. Göttingen: Geissler 1863. Bremen: Schünemann 1975. VI, 144, 24 S. m. Abb. u. 4 Kt.

240. K ü h n l e n z , Fritz: Erlebnisse an der Werra. Heimatgeschichtl. Wanderungen. Mit 43 Fotos von Michael Schimmack. Rudolstadt: Greifenverl. 1973. 383 S. m. Abb.

241. H o t z l e r , Fritz: Wanderführer Meißner im Naturpark Meißner-Kaufunger Wald. 2. Aufl. Darmstadt: Inst. f. Naturschutz 1974. 54 S. m. Abb. u. Kt.

242. S a u e r , Helmut: Die Meißnerlandschaft. – In: HH N. F. 26. 1976, S. 82–84

243. H e c k e r , Wilhelm: Die Firnskuppe. [Basaltkuppe zwischen Heckershausen u. Harleshausen.] – In: HeG 77. 1976, S. 47–48

244. H e n n i n g , Gustav Adolf: Edertal, Natur und Technik. Hamburg: Christians 1974. 131 S. m. zahlr. Abb.

245. P o h l , Rudolf: Knüllführer, Wegweiser durch d. Ferienland Knüll u. Schwalm mit Beschreibung d. vom Knüllgebirgsver. e. V. markierten Wanderwege. Homberg: Olten & Wiegand 1974. 364 S. m. Abb. u. 1 Kt. Skizze

246. V o l z e , Fritz: Die natürlichen Grundlagen der Besiedlung des Knüllgebietes. – In: KGB 1974, S. 63–67

Rhön, Spessart

247. S c h a u b , Franz: Spessart und Rhön. Die schönsten Wanderwege im Naturpark [Kt. von Rolf Hohl]. München: Süddt. Verl. 1974. 206 S. m. Kt.

248. Die Rhön. Grenzland im Herzen Deutschlands. Hrsg. im Auftr. d. Rhönklubs von Josef Hans Sauer. 4. Aufl. Fulda Parzeller 1974. 176 S. m. Abb.

249. Land der offenen Fernen. Die Rhön im Wandel d. Zeiten. Hrsg. anläßl. d. 100-Jahr-Feier d. Rhönklubs von Josef-Hans Sauer. Fulda: Parzeller 1976. 176 S. m. Abb.

250. Die Rhön. Landschaft und Städte. Mit Texten von Rudolf Hagelstange [u. a.] Mit Meisteraufnahmen von Rolf Kreuder [u. a.] Frankfurt a. M.: Weidlich; Frankfurt a. M.: Umschau-Verl. [in Komm.] 1974. 23 S. Text, 24 Bl. Abb.

251. D u m l e r , Helmut: Rundwanderungen Rhön. Begangen u. beschr. Mit einem Geleitw. von Josef Hans Sauer. (2., überarb. Aufl.) Stuttgart: Fink 1974. 110 S. m. zahlr. Abb. (Wanderbücher für jede Jahres-Zeit.)

252. D u m l e r , Helmut: Rhön. Ausgew., begangen u. beschrieben. Kt. Skizz.: Ewald Greschner. Stuttgart: Fink 1974. 55 S. m. Kt. (J.–Fink-Wanderbücher)

253. Familienalbum einer Landschaft. Rhön-Grabfeld in alten Ansichten. Hrsg.: Heinrich Mehl, Michael Neubauer. Mellrichstadt: Mack 1975. 100 S., überwiegend Abb.

254. W o l t e r , Jürgen: Kennst du die herrliche Rhön noch nicht? Bilder aus d. Superintendentur Dermbach. Fotos: August Leimbach. Hrsg. v. d. Pressestelle d. Evang. – Luther. Kirche in Thüringen. Berlin: Evang. Verl. Anst. 1973. 125 S. m. zahlr. Abb., 1 Kt.

255. F u c h s , F.: Die Rhön. Wandlungen d. Kulturlandschaft eines Mittelgebirgsraumes. – In: Marburger geogr. Schriften 60. 1973

256. R e h m , Gottfried: Ausdehnung und Grenzen der Rhön [nach der Gebietsreform]. – In: MHl 26. 1974/75, S. 81–82

257. G a r t e n h o f , Caspar: Rhönerinnerungen. Darmstadt: Bläschke, 1973. 561 S. m. Ill.

258. K n a p p e , Walter: Spessart und Umgebung. Mit Ausflügen z. Rhön, Frankfurt u. Würzburg. Pforzheim: Goldstadtverl. 1975. 254 S. m. 29 Abb. u. 6 Kt. (Goldstadt-Reiseführer 307)

259. Spessart. Würzburg, Aschaffenburg. [Neuaufl.] München: Thiemig 1974. 190 S. m. Kt. (Grieben-Reiseführer 137)

260. Spessart. Hamburg: Hoffmann & Campe 1976. 143 S. m. Abb. (Merian 29, 6)

261. Spessart. Landschaft u. Städte. Mit e. Einf. von Franz Schaub. 2. Aufl. Frankfurt a. M.: Weidlich; Frankfurt a. M.: Umschau-Verl. [in Komm.] 1974. 72 S. m. Abb.

262. G r ä t e r , Carlheinz: Naturpark Spessart. Bild: Gerhard Klammet. Aschaffenburg: Gesele 1974. 140 S. m. zahlr. Abb. (Mainfränk. Weinfahrten 1)

263. G r ä t e r , Carlheinz: Spessart. 51 Rundwanderungen f. Autofahrer im Spessart, am Vogelsberg u. im Büdinger Wald samt e. literar. Exkursion. Mit 46 Kt. Skizzen u. 36 Zeichn. von Gustav Heinold. Mannheim: Südwestdt. Verl. Anst. 1974. 284 S. m. Abb. u. Kt. (Buchreihe Parke u. wandere 7)

264. K n a p p e , Walter: Rundwanderungen Spessart. Begangen u. beschrieben. Kt.–Skizzen: Ewald Greschner. 2., verb. Aufl. Stuttgart: Fink 1974. 112 S. m. Abb.

265. K ü h n e r t , Alfred: Im Land der armen Hansen. Schlüchtern: Steinfeld 1975. 207 S. m. Abb. (Bergwinkel-Studien)

Nassau, Lahngebiet, Westerwald

266. H e r o l d , Rudolf: Mein Heimatland. Katzenelnbogen u. der Einrich. (Neudr.) Katzenelnbogen: Einricher Heimatver. 1974. 158 S. m. 3 Abb. u. 10 Taf.

267. H e r o l d , Rudolf: Wanderungen und Fahrten durch den Einrich und das Nassauer Land. Katzenelnbogen: Einricher Heimatver. e. V. 1975. 81 S. m. Kt. Skizzen

268. H ü b n e r , Rolf: Die Nassauer Landschaft. Mit 4 Abb. – In: Festschrift zum 100jähr. Bestehen d. Realschule Nassau. 1972, S. 23–28 [Betr. Gebiet u. Umgebung d. Stadt Nassau]

269. H u c k e , Hermann-Josef: Lahntal. Illustr.: Frieder Knauss, Kt.–Skizz.: Ewald Greschner. Stuttgart: Fink 1974. 69 S. m. zahlr. Abb. (Skripta-Reihe: Wanderwege unserer Heimat)

270. G r i e s s b a c h , Arthur: Die launische Lahn. – In: Garbenheim. 776–1976. Garbenheim 1976, S. 264–275

271. B a n d e l , Friedrich: Mit dem Ulmbach zur Lahn. Mit 1 Abb. – In: 1200 Jahre Ulmtal-Orte Allendorf, Holzhausen, Ulm [Festschrift]. Wetzlar 1974, S. 145–148

272. F o l l m a n n , Hartmut: Eine Landschaft zum Entdecken: Der Burgwald. – In: HeG 77. 1976, S. 98–100

273. S c h w e i t z e r , Katharina: Die starken Schönen aus dem Hinterland. Im Tal d. Lahn vor 120 J. Mit 4 Abb. – In: HLD 59. 1975, S. 1–2

274. R o t h , Hermann Josef: Westerwald im Bild. Mit einem Vorwort von Norbert Heinen u. Fotos von M. Jeiter. Montabaur: Westerwaldverein e. V. 1975. 120 S. mit 120 Abb., 2 Faltktn. (Westerwaldbuch, 2) [2. Aufl. Montabaur 1976. 118 S. m. zahlr. Abb.]

275. R o t h , Hermann Josef: Westerwald. Stuttgart: Fink 1975. 62 S. m. Abb. (Skripta-Reihe: Naturschönheiten unserer Heimat)

276. H u c k e , Hermann Josef: Westerwald. Ausgew., begangen u. beschrieben. Stuttgart: Fink 1974. 55 S. m. Kt. (J.–Fink-Wanderführer)

277. K r ä m e r , Otto (7–: Assmann, Herbert): Wanderwege im Westerwald. Mit Abb. u. Kt. Skizzen. 1–8. – In: Ww 66. 1973, Nr 1, S. 20–22; 2, S. 18–20; 3, S. 18–21; 4, S. 24–26; 67. 1974, H. 1, S. 20–22; 2, S. 20–21; 4, S. 10–14; 68. 1975, H. 2, S. 22–26; 3, S. 13–17; 4, S. 10–13

278. S c h m i t t , Walter: Die natürlichen Grundlagen [im Westerwaldkreis]. Mit 3 Abb. – In: Westerwaldkreis. Mühlheim/M. 1975, S. 61–66

279. K w a s n i k , Walter: Lebensbild eines Westerwälder Baches: Die Nister. Mit zahlr. Abb. – In: HJAL 1976, S. 107–118

Dillgebiet, Siegerland, Wittgenstein

280. I m m e l , Otto: Das Quellgebiet der Dietzhölze. Aus d. „Vogelperspektive" gesehen u. beschrieben. Mit 1 Abb. – In: HLD 64. 1976, S. 3

281. I m m e l , Otto: Das Tal der Dietzhölze. Das Ritterhäuser Hauberg-Gebiet aus d. Vogelperspektive gesehen. Mit 1 Abb. – In: HLD 65. 1976, S. 3

282. I m m e l , Otto: Von Ewersbach bis Rittershausen. Das Tal d. Dietzhölze, aus d. Vogelperspektive betrachtet. Mit 1 Abb. – In: HLD 66. 1976, S. 3

283. I m m e l , Otto: Das Tal der Dietzhölze aus der Vogelschau. Steinbrücken u. Ewersbach v. oben betrachtet. Mit 1 Abb. – In: HLD 67. 1976, S. 3

284. I m m e l , Otto: Rund um den Hammerweiher. Das Tal d. Dietzhölze aus d. Vogelschau gesehen. Mit 1 Abb. – In: HLD 68. 1976, S. 3

285. I m m e l , Otto: Am Oberlauf der Dietzhölze. Die Landschaft zwischen Ewersbach u. Eschenburg-Eibelshausen aus d. Vogelperspektive betrachtet. Mit 1 Abb. – In: HLD 69. 1976, S. 3

286. I m m e l , Otto: Das Schmarbachtal. Land an d. Dietzhölze, aus d. Vogelperspektive betrachtet. Mit 1 Abb. – In: HLD 70. 1976, S. 3

287. I m m e l , Otto: Im Schmarbachtal. Mit 1 Abb. – In: HbllPFH 44. 1976, S. 48

288. I m m e l , Otto: Eschenburg-Roth und der Staffelböll. Das Tal d. Dietzhölze aus d. Vogelperspektive betrachtet. Mit 1 Abb. – In: HLD 71. 1976, S. 4

289. S c h ä f e r , Otto: Von Umland und Ödland im Bereich des Aartales. Mit 6 Abb. – In: HJDi 17. 1974, S. 155–162

290. B e r m i c h , Walther: Das Sauerland. Mit d. Wittgensteiner- u. d. Siegerland. Fahrten, Wanderungen u. Betrachtungen. Köln: Bachem 1975. 302 S. m. Abb.

291. H a g e m a n n , Christoph Friedel: Land der tausend Berge. Ein Bildbd. mit Reiseführer u. Anregungen z. Parken u. Wandern v. Sauerland mit d. Siegerland u. Wittgensteiner Land. Es fotografierten: Manfred Becker [u. a.] Die Bildkt., d. Wandervorschläge auf d. Vorsatz u. d. Vignetten im Text zeichnete C. F. Hagemann. 13. Aufl. Iserlohn: Sauerland-Verl. [1972]. 78 S. überwiegend Abb.

292. H a g e m a n n , Christoph Friedel: Unser Sauerland. Ein Bildbd. v. Sauerland, Siegerland u. Wittgensteiner Land. Es fotografierten: Manfred Becker [u. a.] Iserlohn: Sauerland-Verl. [1976]. 83 S. m. Abb. u. Kt.

293. J u n g , Aribert: Sauerland und Siegerland in Farbe. Ein Reiseführer f. Naturfreunde mit 120 Farbfotos. Stuttgart: Kosmos 1976. 71 S. (Bunte Kosmos-Taschenführer)

294. Heimatkunde des Siegerlandes. Hrsg.: Otto Schaefer. o. O. 1968. 231 S.

295. Das Siegerland. Ein Bildbd. aus d. Landschaften d. oberen Sieg mit e. Einl. von Lothar Irle. 2. Aufl. Iserlohn: Sauerland-Verl. 1967. 96 S. 3. Aufl. 1975. 106 S.

296. H a g e m a n n , Christoph Friedel: Parken und wandern im Siegerland. Neugest. Ausg. d. von Karl Kneebusch begr. Reise- u. Wanderführers, mit Parkplätzen, von denen Rundwanderwege ausgehen, Hauptwanderwegen d. SGV. 33. Aufl. Iserlohn: Sauerland-Verl. 1971. 70 S. m. Abb. (Parken u. Wandern)

297. I r l e , Lothar: Siegerland. Ausgew., begangen u. beschrieben. Kt. Skizzen: Ewald Greschner. Stuttgart: Fink 1974. 55 S. m. Kt. (J. Fink-Wanderführer)

298. H a w e l k a : Das Sauerland. Eine Reise durch d. Sauerland u. Wittgensteiner Land. 3. Aufl. Fredeburg: Grobbel 1973. 88 S. m. zahlr. Abb.

O b e r h e s s e n , W e t t e r a u , T a u n u s

299. Z i e r m a i r , Josef: Oberhessen. Ausgew., begangen u. beschrieben. Stuttgart: J. Fink 1974. 55 S. Aus: Ziermair: Rundwanderungen Oberhessen. (J.-Fink-Wanderführer)

## 6. Landeskunde

300. S i m o n , Georg: Vom Altkönig bis zur Wetterau. Tagebuch e. oberhess. Landschaft bis zur gegenwärt. Gesch. Mit Abb. – In: HGiess 1975, Juni-Juli, Woche 25–28

301. K l e i n , Rudolf: 100 km around Frankfurt. Charming and contemplative excursions to the country. (Transl. by Erika and Wolfgang Müller.) With 107 ill by the author. Ffm: Kramer 1974. 216 S.

302. K l e i n , Elvira: Der Ausflug am Wochenende. 86 Wanderungen zwischen Rhein, Taunus, Odenwald, Spessart u. Vogelsberg. Frankfurt a. M.: Societäts-Verl. 1976. 191 S. m. Kt. Ersch. vollst. zuerst in: Frankfurter Allgemeine Zeitung. Stadtausg.

303. S c h r e i n e r , Heinrich: Taunus. Ausgew., begangen u. beschrieben. [Kt. Skizzen: Ewald Greschner.] Stuttgart: Fink 1974. 55 S. m. Kt. (J.-Fink-Wanderbücher)

304. Parkplätze und Rundwanderwege im Naturpark Hochtaunus. Hrsg. v. Zweckverb. Naturpark Hochtaunus. 4. Aufl. Usingen i. Ts 1972. 128 S. m. Kt.

305. Untertaunus im Bild. Textbeitrr. von Karl-Heinz Becker [u. a.] 88 Fotos. 2. Aufl. Bad Schwalbach: Kreisausschuß d. Untertaunuskr. 1974. 160 S.

### Rheingebiet

306. H ü b n e r , Paul: Der Rhein. Von d. Quellen bis zu d. Mündungen. Mit 18 Ktn gez. von August Wolf u. 60 Abb. auf Taf. Rheinkarte von Merian, 1654. Frankfurt a. M.: Societäts-Verl. 1974. 543 S. [2. Aufl. 1975]

307. Der Rhein. Portr. e. europ. Stromlandschaft in 86 Farbbildern von Toni S c h n e i d e r s u. 69 Kupferstichen von Matthäus M e r i a n . Mit Textbeitr. von Werner Ross „Geschichte hält d. Wacht am Rhein" u. Walter Först „Rheinländ. Wirtschaft." 2. Aufl. Freiburg i. B., Basel, Wien: Herder 1974. 210 S. m. zahlr. Abb. (Ein Imago-Bd) [3. Aufl. 1975]

308. Der Rhein von den Quellen in der Schweiz bis zur Mündung in die Nordsee. Hist.-topograph. Dampf-Schiffahrts-Atlas mit d. Abstechern auf d. Eisenbahn v. Basel bis Straßburg. Wiedergabe d. Erstdr. v. 1842. München: Prestel 1976. [58] S. m. Abb. u. zahlr. Kt., Städte-Pl. u. Vignetten

309. Rheinland. Bilder e. dt. Landes. Einl. von Erich Depel. 2., neu bearb. Aufl.– Frankfurt/M.: Weidlich [1974], 176 S. m. Abb. (Deutschland im Bild 11)

310. D o m k e , Helmut: Der Rhein im Farbbild. Übers. d. Bildlegenden ins Engl. von Peter Gorge, ins Franz. von Félix Cambon, ins Holländ. v. d. Niederländ. Fremdenverkehrszentrale. 2. Aufl. Frankfurt a. M.: Umschau-Verl. 1974. 128 S. m. Abb. u. Kt.

311. Der Rhein. Herzfluß Europas. Mit e. Einf. von Max Geisenheyner. Sonderausg. Herrsching: Pawlak 1976. 59 S., 30 Ill. (Panorama-Bücher)

312. Der Rhein von den Quellen bis zum Meer. Baden/Schweiz: Schweizer Wasserwirtschaftsverband 1975. 273 S. m. Abb. (Wasser- u. Energiewirtschaft. Sonderh. Mai-Juni 1975)

313. S y k e s , Christopher: Der Rhein. Mit zahlr. Abb. u. 1 Kt. – In: Die großen Ströme Europas (Great Rivers of Europe [dt.]) Wiesbaden 1974, S. 121–152

314. S c h m i d t , Ulrich: Warum ist es am Rhein so schön? Der romant. Rhein v. Mainz bis Koblenz. Zur Ausstellung im Museum Wiesbaden v. 5. April bis 1. Juni 1975. Mit 2 Abb. – In: Museum Wiesbaden 1. 1975, S. 1–4.

315. Ist es noch schön am Rhein? Dokumentation einer Ausstellung. Von Helmut Schwitzgebel u. a. Mit Abb. – In: Museum Wiesbaden 7. 1975, S. 1–12

316. H a g e n o w , Gerd: (Warum) ist es am Rhein (noch) so schön? Zur ästhet. Bewertung d. Rebenlandschaft. – In: RhgHbr 95. 1976, S. 7–9

317. Der Rhein von Mainz bis Köln. Mainz, Wiesbaden, Koblenz, Bonn, Köln. München: Thiemig 1974, 198 S. m. Kt. (Grieben-Reiseführer 75)

318. H u c k e , Hermann-Josef: Von Koblenz aus. Touren in Tälern u. auf Höhen. Die Tourenskizzen zeichnete Dieter Weyers. T. 1. 2. Koblenz: Görres-Verl. 1976. 1. Rhein, Hünsrück, Mosel, Eifel. Fotos: Fritz Ganzhübner, Ellen Traubenkraut. 2. Aufl. 120 S. m. 23 Abb. u. 19 Kt. 2. Rhein-Lahn-Taunus, Westerwald-Siebengebirge. Mit 26 Photos u. 22 Skizzen. 142 S.

319. A v e n a r i u s , Wilhelm: Mittelrhein. Mit Hunsrück, Eifel, Westerwald. Landschaft, Gesch. Burgendke, Kultur, Kunst. Nürnberg: Glock & Lutz 1974. 480 S. m. Abb. (Bibliothek Dt. Landeskde. Abt. Westdeutschland. Rheinland-Trilogie 1)

320. K e e s , Hanspeter: Der Mittelrhein – Landschaft zwischen gestern und morgen. – In: Dt. Weinbau-Jb. 1975, S. 251–263 m. Abb. [Auch als Sonderdr. erschienen: Waldkirch: Waldkircher Verlagsges. 1974]

321. M e n t z e l , Rolf: Der obere Mittelrhein. Geschichte einer Landschaft. Mit 7 Abb. – In: Museum Wiesbaden 4. 1975, S. 1–7

322. G e n s i c k e , Hellmuth: Rheingau und Untertaunus. Mit 1 Abb. – In: HJUTs 26. 1975, S. 39–41

323. S c h a e f e r , Albert: Begegnung mit dem Rheingau. Gesch. u. Geist einer Landschaft. Mit 5 Farb- u. Schwarzweißtaf., 1 Synchronopse d. Rheingaus u. 24 Federzeichn. von Hans Simon. Wiesbaden: Seyfried 1976. 183 S., 1 Faltbl.

324. K e m p a , Friedrich: Der Rheingauer Riesling-Pfad. Wanderung zwischen Wald u. Reben. Mit 1 Kt. – In: RhgHbr 93. 1975, S. 6–9

325. Rheinland-Pfalz. Heute u. morgen. Hrsg. im Auftr. d. Pressestelle d. Staatskanzlei. Verantwortl. Red.: Wolfgang Götz, unter Mitarb. von Ernst Bartholomé [u. a.] Mainz: v. Hase & Koehler 1974. 427 S. m. Abb. u. Kt.

326. Pfalz, Saarland und Rheinhessen. Verb. Nachdr. München: Thiemig 1975. 216 S. m. Kt. Beil.

327. B i e h n , Heinz: Rheinhessen und das Nahetal. Bergige Hügel, sanfte Hänge, fruchtbare Felder u. weite Weinberge. Amorbach: Emig 1975. 173 S. m. Abb., 1 Faltbl.

328. Das große Rheinhessenbuch. Hrsg. v. Bauernverb. Rheinhessen e. V. anläßl. seines 20jähr. Bestehens unter Mitarb. zahlr. rheinhess. Gemeinden, Landkreise... Gesamtbearb. u. Gestaltung: Wolfgang Gauweiler [u. a.] Mannheim: Städte- u. Landschaftsverl. 1967. 335 S. m. zahlr. Abb.

329. K o c h , Hans-Jörg: Weinland Rheinhessen. Entdeckungs- u. Genießerfahrten zu Reben, Kultur, Land u. Leuten. Hrsg. in Zsarb. mit d. Werbegemeinschaft Rheinhessenwein. Gestaltung u. Bildauswahl: Eugen Herwig. Mannheim: Südwestdt. Verl. Anst. 1976. 315 S. m. Abb., 1 Faltkt. (Fahrten durch d. dt. Weinlande 5 )

330. S p a n g , Franz Joseph: Das Selztal – heitere Kulturlandschaft links des Rheines. Der Ursprung d. Selz. Mit 8 Abb. – In: HJMBi 17. 1973, S. 82–89

331. S c h ä f e r , Wilhelm: Der Oberrhein, sterbende Landschaft? – In: NM 103. 1973, H. 1–6, 9; 104. 1974, H. 8

332. J a h n , Franz: Im Ried. Landschaft voll Romantik u. Schönheit. Text u. Ill. Stockstadt/Rhein: Verf. [um 1975]. 113 S.

333. S p e r l i n g , Wilhelm: Das Ried. Frankfurt a. M.: Staatl. Landesbildstelle Hessen 1965. 48 S., Kt. (Beiheft zur Farblichtbildreihe He 53.)

334. Der Rhein-Neckar-Raum. Red.: Hans Horak, Heinrich Plass. 2., völlig neue Aufl. Oldenburg (Oldb.): Stalling 1974. 278 S. m. zahlr. Abb.

Odenwald, Bergstraße

335. G r i m m , Albert Ludwig: Die malerischen und romantischen Stellen der Bergstraße, des Odenwaldes und der Neckargegenden in ihrer Vorzeit und Gegenwart. Mit 40 Ans., 1 Panorama d. Bergstr. u. 1 Kt. oben genannter Gegenden. Darmstadt: Leske [1842.]. [unveränd. Nachdr.] [Pfungstadt: Aderhold 1976.] 341 S., 1 Kt.

336. Vom Rhein zum Taubergrund. Hrsg. v. Rudolf Lehr. Bd 2. Leimen: Druckpresse Leimen 1973. 264 S. m. Ill. [Odenwald]

337. Odenwald, und Kraichgau. Bergstraße, Unteres Neckartal, Heuchelberg, Stromberg, Darmstadt, Heidelberg, Mannheim. Vollst. überarb. Aufl. München: Thiemig 1976. 192 S. m. Kt. –Beil. (Grieben-Reiseführer 163)

338. R i c h t e r , Georg, u. Anneliese S c h u h h o l z : Zu Gast an Neckar, Main u. Tauber. Mit Bergstraße, Odenwald... Hohenlohe... Mit Beitr. v.

Kurt Gayer u. Adolf Gängel. Ill.: Eva Lützenkirchen [u. a.] Karlsruhe: Braun 1975. 143 S. m. zahlr. Ill.

339. B a r d o r f f , Wilhelm: Naturpark Bergstraße-Odenwald. 3. Aufl. Karlsruhe: G. Braun 1976. 128 S., davon 64 Bilder

340. D u m l e r , Helmut: Rundwanderungen im Odenwald. Ill. Frieder Kanuss, Kt.-Skizzen Ewald Greschner. 3. neubearb. Aufl. Stuttgart: Fink 1975. 106 S. mit Ill. (Wanderbücher für jede Jahreszeit)

341. D u m l e r , Helmut: Odenwald, Ausgew., begangen u. beschrieben. Stuttgart: Fink 1974. 55 S. mit Abb. (J.-Fink-Wanderführer)

342. B i s c h o f , Heinz: An Bergstraße und Rhein. Parklandschaft im Herzen der Kurpfalz mit 81 Fotos u. 20 Zeichn. von Richard Bellm. Karlsruhe: Badenia-Verl. 1975. 96 S. m. Abb. u. Fotos [Bildbd]

343. K u n z , Rudolf: Der Melibokus. – In: Chronik von Zwingenberg a. d. Bergstr. Zwingenberg 1974, S. 463–474 m. 1 Abb.

344. S a u e r w e i n , Friedrich: Die Landschaft [Groß-Zimmern]. – In: Groß-Zimmern, Klein-Zimmern. Beitrr. zur Entwicklung in Vergangenheit u. Gegenwart. Groß-Zimmern 1976, S. 11–26, 3 Abb.

345. K u n z , Rudolf: Der alte Neckarlauf. – In: Chronik von Zwingenberg a. d. Bergstr. Zwingenberg 1974, S. 475–482, 3 Abb.

346. H a a s , Franz: Die Viernheimer Heide. – In: GbllBe 8. 1975, S. 140–144

## 7. Kartographie, Vermessungswesen

347. Geschichtlicher Atlas von Hessen. Begründet u. vorbereitet von Edmund Ernst S t e n g e l . Bearb. von Waldemar K ü t h e r u. Friedrich U h l h o r n . 1–44. Marburg: Hess. Landesamt f. geschichtl. Landeskde 1960–1978

348. H ä u s e r , Helmut: Der Mainzer Atlas von Nikolaus Person. Mit 4 Abb. – In: LRhPf 13. 1976, S. 21–25

349. H a r t m a n n , Jürgen: Die Anfänge der Kartographie in den drei Kurfürstentümern [Pfalz, Mainz u. Trier]. Mit Abb. – In: LRhPf 13. 1976, S. 4–9

350. B e r t i n c h a m p , Horst-Peter: Nassau – Preussen – heute. Eine nicht ganz seriöse Betrachtung über topograph. Karten. Mit 4 Kt. – In: MDVW 27. 1976, H. 1, S. 38–41

351. S p e r l i n g , Walter: Alte Straßenkarten aus dem Gebiet von Rheinland-Pfalz. Mit Abb. – In: LRhPf 13. 1976, S. 17–21

## 7. Kartographie, Vermessungswesen

352. Zur frühen Kartographie des Saarlandes. Eine Ausstellung im Schalterraum d. Saar-Bank Saarbrücken. Veranstaltet v. d. Saar-Bank u. d. Michael-Buchh. in Zsarb. mit d. Landesarchiv v. 20. Okt. bis 11. Nov. 1976. ([Vorr.:] Hans-Walter Herrmann.) [Ausstellungskat.] Saarbrücken 1976. 8 S. [Ber. üb. d. Ausstellung: Schleiden, Karl August. – In: Saarheimat 20. 1976, S. 201–203]

353. H e r r m a n n , Hans-Walter: Verzeichnis der handgefertigten Karten und Pläne des Saarlandes bis zum frühen 19. Jahrhundert. – In: Saarheimat 20. 1976, S. 202–204

354. W e s t r i c h , Klaus-Peter: Kartenmacher zwischen Rhein und Mosel. Mit 4 Kt., 2 Bildn. u. 1 Abb. – In: LRhPf 13. 1976, S. 10–16

355. L e e s c h , Wolfgang: Quellen und Erläuterungen zur Karte „Politische und administrative Gliederung um 1590" im Geschichtlichen Handatlas von Westfalen. – In: Westfäl. Forschungen 26. 1974, S. 94–122 m. 1 Beilagenkt. [Betr. a. Hessen u. Nassau]

356. H u p a c h , Paul: Die erste kartographische Aufnahme des Spessarts und ihre Begründung. Mit 1 Wappen. – In: GelHJ 1974, S. 123–124

357. P e t r y , Ludwig: Eine Exkursionskarte für Rheinhessen nach niedersächsischem Vorbild. – In: AHG N. F. 32. 1974, S. 43–53

358. K r e m b , Klaus: Die Haas'sche Karte – Situationskarte zwischen Rhein, Main und Neckar 1:30380. – In: Odw 22. 1975, S. 111–114 [Gedruckt zw. 1790 und 1813] [Aufnahmen zwischen 1789 und 1804]

359. K r e m b , Klaus: Der Odenwald und seine Randlandschaften im historisch-topographischen Kartenbild 1: Vielbrunn. – In: Odw 22. 1975, S. 114–117 [Zusammendruck aus d. HAAS'schen Situationskarte 1:30380, Nr. 18 u. 22]

360. K r e m b , Klaus: Der Odenwald und seine Randlandschaften im topographischen Kartenbild I: Vielbrunn. – In: Odw 22. 1975, S. 55–60 [Interpretation d. Amtl. Topogr. Kt 1 : 25000 u. 1 : 50000]

361. D e b o r , Herbert Wilhelm: Die Breubergkarte vom Jahre 1615. – In: HErb 1974, Nr 4

362. S t ü v e , Holger: Katalog Darmstädter Stadtpläne vom 17. bis zum beginnenden 20. Jh. – In: AHG N. F. 33. 1975, S. 313–390

363. W a c k e r f u ß , Winfried: Groß- und Klein-Zimmern im Spiegel alter handgezeichneter Karten. – In: Groß-Zimmern, Klein-Zimmern. Beitr. z. Entwicklung in Vergangenheit u. Gegenwart. Groß-Zimmern 1976, S. 243–251 m. Abb.

364. K a r b , Heinrich Friedrich: Eine Kriegskarte der Gegend um Lampertheim vom J. 1735. – In: GbllBe 7. 1974, S. 146–150; vgl. a. LaHbll 1974, Nr 7

365. S c h r e i b e r , Karl: Ein altes Kartenblatt. Mit 1 Abb. – In: 1000 Jahre Kassel u. Wirtheim [Festschrift]. Biebergemünd 1976, S. 86–88 [Plan v. Wirtheim]

366. R e u t e r , Fritz: Peter Hammann und seine Karte der Landschaft um Worms um 1690. – In: Jb. z. Gesch. v. Stadt u. Landkr. Kaiserslautern 12. 1974/75, S. 248–68

367. H e r o l d , G.: Erste technische Vorschrift im ehemaligen Kurhessen. – In: MDVW 25. 1974. H. 1, S. 47–50 [Betr. Anschreiben d. Finanz-Ministeriums v. 12. 4. 1833 mit zugehör. Dienstanweisung für Landmesser]

368. H o s s e , K.: Die Katastertriangulation der Landgrafschaft Hessen-Homburg v. d. H. Mit 1 Abb. – In: MDVW 25. 1974, H. 1, S. 10–13

369. H e r d t , Heinrich: Das Kataster in nassauischer Zeit. Einige Besonderheiten in d. Entwicklung des Vermessungswesens v. d. Anfängen bis 1866. Mit 1 Abb. – In: MDVW 27. 1976, H. 1, S. 65–67

370. B ö h m , Martin: Kataster und Vermessung im Herzogtum Nassau. – In: MDVW 27. 1976, H. 1, S. 20–23; vgl. a. Festschr. z. 100jähr. Bestehen d. Katasteramtes Höchst. 1976, S. 39–45

371. N e n t w i g , Heinz: Die Katasterkarte in Nassau. Entwicklung v. d. Entstehung bis zur Gegenwart. – In: MDVW 27. 1976, H. 1, S. 32–38

372. E h r m a n n t r a u t , Rafael: Auf den Spuren Friedrich Wagners. – In: MDVW 25. 1974, H. 1, S. 22–27

373. E h r m a n n t r a u t , Rafael: Die alte nassauische Landestriangulation im modernen Festpunktfeld. Mit 4 Abb. – In: MDVW 27. 1976, H. 1, S. 9–19

374. P e t e r s , Wolfgang: Von der nassauischen Triangulation zum Meridianstreifen-System. Mit 2 Kt. – In: Festschr. z. 100jähr. Bestehen d. Katasteramtes Höchst. 1976, S. 69–72

375. G a i l , Manfred: Katastervermessungen in Nassau zu preußischer Zeit (1866–1945). – In: MDVW 27. 1976, H. 1, S. 24–27

376. F e m b o , Christoph: 1876–1976. 100 Jahre Katasterämter im ehemaligen Nassau. Charte [Karte] vom Herzogthum Nassau. Neu gezeichnet u. hrsg. Mit 1 Nebenkt., Text auf d. Rücks. Nachdr. d. Ausg. Nürnberg 1818. Wiesbaden: Hess. Landesvermessungsamt [1976]. 45 × 50 cm [Farbendr.]

377. W e s e n e r , Heinz Hubert: Nassauische Aufnahmemethoden und daraus resultierende heutige Probleme. Mit 2 Abb. – In: MDVW 27. 1976, H. 1, S. 47–50

378. G r i m m , W.: Die Triangulation im ehemaligen Fürstentum Waldeck und Pyrmont 1850–65. – In: MDVW 25. 1974, H. 1, S. 14–15

379. Das Landesvermessungs- und Katasterwerk in Hessen. Information für Verantwortliche in Politik, Recht, Verwaltung, Wirtschaft, Wissenschaft. Wies-

baden: Hess. Min. f. Wirtschaft u. Technik [1974]. 32 ungez. Bl. m. Abb. (Der hess. Minister f. Wirtschaft u. Technik informiert)

380. K r i e g e l , Otto: Zwei hessische Gesetzeswerke hatten Geburtstag. – In: MDVW 27. 1976, H. 2, S. 1–4 [Gesetzeswerk d. Volksstaates Hessen v. 1926 u. d. Bundeslandes Hessen v. 1956]

381. K o t h e , Hans-Werner: 30 Jahre Vermessungsfachklassen in der Landeshauptstadt Wiesbaden. Mit 4 Abb. – In: MDVW 27. 1976, H. 2, S. 16–26

382. C z u c z o r , Ernö: Schweremessungen in Hessen. Das Gravimeter, d. empfindlichste „Laborwaage". Mit 6 Abb. – In: MDVW 26. 1975, H. 2, S. 44–52

383. G a i l , Manfred: Das Liegenschaftskataster in Hessen nach 1945. – In: MDVW 27. 1976, H. 1, S. 28–31

384. B a t z , Erwin: Aspekte in den vermessungstechnischen Arbeiten der hessischen Landeskulturverwaltung. – In: MDVW 24. 1973, H. 1, S. 23–25

385. P e t e r s , Wolfgang: Praktische Hinweise zur Mitwirkung der Vermessungsstellen bei der Durchführung des Hessischen Wassergesetzes. – In: MDVW 26. 1975, H. 2, S. 37–44

386. Festschrift zum 100jährigen Bestehen des Katasteramtes Höchst am 1. Januar 1976. Red.: Martin Böhm. Frankfurt/M.-Höchst: Katasteramt f. d. Main-Taunus Kr. 1976. 96 S. m. Abb. [S. 13–22: B ö h m , Martin: Der Bezirk d. Katasteramtes Höchst u. d. Katasteramtes Hochheim. Vom Main-Kr. zum Main-Taunus-Kr.; 31–36: R i e b e l i n g , Heinrich: Alte Grenzmale u. Scheidsteine; 77–80: B ö h m , Martin: Baulandumlegungen im Main-Taunus-Kr. 83–90: B ö h m , Martin, u. Winfried S t e p h a n : Die Grenzregelung nach d. Bundesbaugesetz. Eine Spezialität d. Katasteramtes Frankfurt/M.-Höchst]

387. L e h r , Rolf: Katasteramt Rüdesheim – Katasteramt im Weingaukreis. Mit 1 Abb. – in: MDVW 27. 1976, H. 1, S. 56–62

388. 1876–1976. 100 Jahre Katasteramt in Bad Schwalbach [Festschrift]. Bad Schwalbach 1976. 32 S. m. Abb.

## II.
## ARCHÄOLOGIE, VORGESCHICHTE
### A. ALLGEMEINES

389. M i l d e n b e r g e r , Gerhard: (1968/70: Neue) Literatur (1971/73: Schrifttum) zur hessischen Vor- (1968/70–1973: Ur-) und Frühgeschichte. 1965/67 ff. – In: HJL 18. 1968. S. 209–231; 19. 1969. S. 464–489; 22. 1972. S. 356–387; 24. 1974. S. 242–269

390. Bibliographie (1971/72: Schrifttum) zur Vor- und Frühgeschichte in Hessen. 1964/65 m. Nachtr. f. 1963 ff. – In: FH 5/6. 1965/66, S. 186–190; 7. 1967, S. 213–215; 8. 1968, S. 135–136; 9/10. 1969/70, S. 247–251; 11. 1971, S. 204–208; 13: 1973. '75, S. 433–441

391. Fundchronik des Landesarchäologen von Hessen f. d. Jahre 1971 u. 1972. – In: FH 13: 1973. '75, S. 229–409

392. H e r r m a n n , Fritz-Rudolf: Zu den „Materialien zur Vor- und Frühgeschichte von Hessen". – In: Inventar d. urgeschichtl. Geländedenkmäler u. Funde d. Stadt- u. Landkreises Gießen. Hrsg. von Werner Jorns. Darmstadt 1976, S. 1–6

393. J o r n s , Werner: Zur Entwicklung des archäologischen Denkmalschutzes und der Denkmalpflege in Hessen. – In: AHG N. F. 32. 1974, S. 15–42

394. H e r r m a n n , Fritz-Rudolf: Vor- und frühgeschichtliche Denkmalpflege in Hessen. Mit 5 Abb. – In: HH N. F. 25. 1975, S. 25–29

395. J o r n s , Werner: Wiedererstandene Frühzeit. (Ausstellung v. 21. 1. – 11. 2. 1974 im Staatstheater Darmstadt) Darmstadt 1974. 9 S. (Ver. v. Altertumsfreunden im Reg.–Bez. Darmstadt) [Ausstellungskatalog]

396. Katalog zur Ausstellung der vor-, frühgeschichtl. und karolingischen Denkmäler. Ingelheim am Rhein. 27. April bis 3. Juni 1974. – In: Ingelheim am Rhein. Hrsg. von François Lachenal u. Harald T. Weise. Ingelheim: Boehringer 1974, S. 395–466

397. S t ü m p e l , Bernhard: Bericht des staatl. Amtes für Vor- und Frühgeschichte Mainz 1971–1973. – In: MZ 69. 1974, S. 220–263, 26 Abb.; 70. 1975, S. 194–235

Einzelne Fund- und Siedlungsgebiete

398. P a c h a l i , Eike: Die vorgeschichtlichen Funde aus dem Kreis A l z e y vom Neolithikum bis zur Hallstattzeit. Alzey: Verl. d. Rheinhess. Druckwerkstätte; Bonn: Habelt in Komm. 1972. 203 S. m. 41 Abb., 72 Taf. u. 1 Faltkt. (AlGBll Sonderh. 5)

399. S t ü m p e l , Bernhard: Archäologische Untersuchungen und Funde im Alzeyer Raum. Ber. f. d. J. 1972 ff. – In: AlGbll 10. 1974, S. 172–178; 11/12. 1976, S. 155–157

400. S c h ä f e r , Otto: Denkmäler vor- und frühgeschichtlicher Siedlungen. – In: HiGbll 53. 1974, S. 179–180 [Betr. ehem. Kr. B i e d e n k o p f ]

401. G ö t t i g , K.: Der B u r g w a l d in vor- und frühgeschichtlicher Zeit. – In: Der Burgwald gestern u. heute 2 [1975], S. 108–115

402. B a u e r , Walter: Forschungen zur Vor- und Frühgeschichte des D i l l k r e i s e s bis zum Jahre 1939. Mit zahlr. Abb. – In: HJDi 19. 1976, S. 53–95

403. Mende, Gerd: Vorgeschichte unter Schutz gestellt. – In: GelHJ 1975, S. 85–86 [Betr. Kreis Gelnhausen]

404. Krüger, Herbert: Vor- und Frühgeschichte [des Landkreises Gießen]. – In: Der Landkreis Gießen. Hrsg.: Ernst Türk. Stuttgart, Aalen: Theiss 1976, S. 33–59

405. Blechschmidt, Manfred: Fundchronik für Stadt und Kreis Gießen für die Zeit vom 1. 4. 72 bis 31. 12. 74. – In: MOHG N. F. 60. 1975, S. 161–170 m. Abb.

406. Inventar der urgeschichtlichen Geländedenkmäler und Funde des Stadt- und Landkreises Gießen. Hrsg. von Werner Jorns. Darmstadt: Ver. von Altertumsfreunden im Reg.-Bez. Darmstadt 1976. 256 S., 25 Taf. (Inventar d. Bodendenkmäler 5) (Materialien zur Vor- u. Frühgeschichte v. Hessen 1)

407. Stein, Ferdinand: Von der Urzeit bis zum Frühmittelalter. Beobachtungen im mittleren Teil des Lauterbacher Grabens und dessen Randgebieten. – In: BuBll 49. 1976, S. 21–22; vgl. a. HGiess 1976, 11

408. Wurm, Karl: Die vorgeschichtliche Besiedlung des Kreises Limburg-Weilburg. Mit Abb. u. 1 Kt. – In: Land an d. Lahn. Mühlheim/M. 1976, S. 30–41

409. Pachali, Eike: Katalog der vor- und frühgeschichtlichen Fundstellen. Mit 1 Kt. u. 2 Abb. – In: Land an d. Lahn. Mühlheim/M. 1976, S. 46–55 [Betr. Kr. Limburg-Weilburg]

410. Söllner, Max: Vorgeschichtliche Kulturdenkmale in Oberhessen. Mit 6 Abb. – In: HGiess 1974, Woche 10. 11

411. Söllner, Max: Auf den Spuren vorgeschichtl. Kulturen in Oberhessen. – In: HGiess 1975, Woche 5. 49. 50

412. Söllner, Max: Eine vorbildliche archäologische Leistung bei Steinfurth. Auf d. Spuren vorgeschichtl. Kulturen in Oberhessen. – In: HGiess 1976, Woche 16, S. 2–4

413. Söllner, Max: Auf den Spuren vorgeschichtlicher Kulturen in Oberhessen. Der Heinzemann bei Ehringshausen, d. Kuppche bei Reimenrod u. d. Altarstein bei Schwarz. Mit 5 Abb. – In HGiess 1976, Woche 45, S. 1–3

414. Wegner, Günter: Die vorgeschichtl. Flußfunde aus dem Main u. aus dem Rhein bei Mainz. Kallmünz: Lassleben 1976. 197 S. mit Abb., 82 Taf., 2 Beil. (Materialhefte z. bayer. Vorgesch. R. A. 30) Zgl. Würzburg, Fachber. I-Altertums- u. Kulturwiss., Diss. 1975.

415. Bad Kissingen. Fränk. Saale. Grabfeld. Südl. Rhön. Mit Beitrr. von B.-U. Abels [u. a.] Mit Beil. 1–3. Mainz a. Rh.: v. Zabern 1975. XIV, 201 S. m. Abb. u. Kt. (Führer zu vor- u. frühgeschichtl. Denkmälern 28)

416. Schönberger, Hans: Archäologische Forschung im Hochtaunus. – In: Hochtaunus, Bad Homburg, Usingen, Königstein, Hofheim. Mainz 1972. (Führer zu vor- u. frühgeschichtl. Denkmälern 21) S. 1–6

417. Schaaff, Ulrich: Vorgeschichtliche Besiedlung des Hochtaunus und des südlichen Taunusvorlandes. Mit Abb. – In: Hochtaunus, Bad Homburg, Usingen, Königstein, Hofheim. Mainz 1972 (Führer zu vor- u. frühgeschichtl. Denkmälern 21) S. 12–30

418. Herrmann, Fritz-Rudolf: Die Vor- und Frühgeschichte des Usinger Beckens. – In: UsL 1974, Nr 5, Sp. 52–54

419. Ihle, Fritz: Das Usinger Becken in der Zeit vor der Besiedlung, zugleich Herkunft und Alter des Namens Usa. Mit 1 Abb. – In: UsL 1975, Nr 2, Sp. 94–97

420. Kessler, Karl: Westerwälder Urgeschichte. Mit Abb. – In: Ww 69. 1976, S. 131–137

421. Bender, Heinzcarl: Lebensbilder aus der Urgeschichte des Westerwaldes. Mit zahlr. Abb. – In: Ww 66. 1973, H. 3, S. 16–17; 4, S. 15–16; 67. 1974, H. 1, S. 9–11; 2, S. 8–9; 3, S. 13–14

422. Franz, Gustav: Der weite Weg zum Westerwald. Mit 3 Abb. – In: HGiess 1975, Woche 17

423. Die Wetterau und ihre Randgebiete. Ausgewählte Abschnitte z. Geomorphologie, Paläoökol. u. Archäol. Forschungsstand u. Exkursionsführer anläßl. d. 18. wiss. Tagung d. Hugo-Obermaier-Ges. in Bad Homburg v. d. H. v. 21. 4. 1976 bis 24. 4. 1976. Zsgest. von Kurt Dies. Mit Beitrr. von Erhard Bibus [u. a.] u. Exkursionserl. Frankfurt a. M.: Kramer 1976. 256 S. (Rhein-Main. Forschungen 82)

424. Gensen, Rolf: Von den Steinzeitbauern zum Siedlungsbild der Zeit Karls des Großen. – In: Der Kreis Ziegenhain. Stuttgart & Aalen 1971, S. 31–38

Einzelne Fundorte

425. Töpfer, Ernstfried: Aus der Vorgeschichte des Dorfes [Abenheim]. – In: Abenheim. Festbuch zur 1200-Jahrfeier. Worms-Abenheim 1974, S. 15–36

426. Wendel, Heinrich: Welches Geheimnis birgt der Heiligenberg bei Altendorf [Kr. Kassel]? – In: JbLKa 1975, S. 106 [Germanische Kultstätte]

427. Gensen, Rolf: Amöneburg. – In: Hoops, Johannes: Reallexikon d. german. Altertumskde. 2. Aufl. 1. 1973, S. 256–257

428. Pachali, Eike: Vorgeschichte von Biebrich. Mit 3 Abb. – In: Biebrich am Rhein 874–1974. Chronik. Wiesbaden 1974, S. 11–18

## A. Allgemeines

429. Engelhardt, Rudolf: Bingen in vorgeschichtlicher Zeit. Mit Abb. – In: BiA 1. 1973, S. 7–18

430. Baatz, Dietwulf: Die Ringwälle auf dem Brüler Berg bei Butzbach. Mit 5 Abb. – In: WeGbll 23. 1974, S. 1–5; vgl. a. FH 13: 1973. '75, S. 195–202

431. Eckert, Jörg: Beiträge zur vorgeschichtlichen Besiedlung des Bürabergs. Mit 18 Abb. – In: Wand, Norbert: Die Büraburg bei Fritzlar. Marburg 1974 (Kasseler Beitrr. z. Vor- u. Frühgesch. 4) S. 168–171

432. Wand, Norbert: Der Büraberg bei Fritzlar. Kassel 1974. 88 S. m. Abb., 1 Plan (Führer zur nordhessischen Ur- u. Frühgeschichte. 4)

433. Wurm, Karl: Die vorgeschichtliche Besiedlung im Gebiet der Stadt Flörsheim am Main. Mit einer einführenden Betrachtung über Vergangenheit u. Gegenwart als Zeitphänomene. Mit 8 Abb. – In: NAN 86. 1975, S. 14–39

434. Fischer, Ulrich: Fundchronik des städtischen Museums für Vor- und Frühgeschichte Frankfurt am Main. Für d. Jahre 1971 u. 1972. – In: FH 13: 1973. '75, S. 371–393

435. Fischer, Ulrich: Altstadtgrabung Frankfurt a. M. 100 Jahre Stadtarchäologie. Vorgeschichte bis Hochmittelalter. – In: Ausgrabungen in Deutschland 2. Mainz 1975. (Röm.-German. Zentralmuseum zu Mainz, Forschungsinstitut f. Vor- und Frühgeschichte. Monographien 1,2) S. 426–436, 5 Abb.

436. Fischer, Ulrich: Ausgrabungen in der Altstadt Frankfurt am Main. Vorgesch. bis Hochmittelalter. 2. verm. Aufl. Ffm.: Kulturdezernat 1976. 24 S. (Bilderheftchen d. Frankfurter Museums f. Vor- u. Frühgesch. 1)

437. Fischer, Ulrich: Museum für Vor- und Frühgeschichte. – In: NM 104. 1974, H. 3, S. 91–92

438. Hain, Waldemar: Vor- und Frühgeschichte des Kirchspiels Frohnhausen. Mit Abb. – In: HbllPFH 42. 1974, S. 29–30. 37–38. 41–42. 48; 43. 1975, S. 1–2. 5–6

439. Hahn, Heinrich: Der Schulzenberg [westl. v. Fulda] und seine Geschichte. – In: BuBll 48. 1975, S. 57–58 [Betr. auch d. Raum um Fulda insgesamt]

440. Janke, Heinrich: Garbenheim in vorgeschichtlicher Zeit. – In: Garbenheim. 776–1976. Garbenheim 1976, S. 13–16

441. Fröhlich, Hermann: Gensungen: Mittelpunkt eines vor- und frühgeschichtlichen Siedlungsraumes. – In: JbMels 43. 1974, S. 126–131

442. Krüger, Herbert: Zur Ur-, Vor- und Frühgeschichte des Gießen-Wiesecker Siedlungsraumes. – In: Knauß, E.: Zwischen Kirche u. Pforte. 1200 Jahre Wieseck. 1975, S. 19–39

443. K r ü g e r , Herbert: Die ur- und frühgeschichtliche Besiedlungsgeschichte des G r ü n b e r g e r Landschaftsraumes. – In: Grünberg. Bearb. von Waldemar Küther. Grünberg: Magistrat 1972, S. 15–27

444. K u b o n , Rolf, u. Günter R ü h l : Vorgeschichte H o f h e i m s . Hofheim a. Ts: Geschichts- u. Altertumsver. 1975. 40 S. m. 8 Taf. (Beitrr. z. Hofheimer Gesch.)

445. B ö h n e r , Kurt: I n g e l h e i m in vor- und frühgeschichtlicher Zeit. – In: Ingelheim am Rhein 774–1974. Hrsg. von François Lachenal u. Harald T. Weise. Ingelheim: Boehringer 1974, S. 17–35 m. Abb.

446. L e i b , Jürgen: Aus der Frühzeit der Gemeinde K r o f d o r f - G l e i b e r g . Beitrr. z. Gesch. e. uralten Gemarkung. Mit Abb. – In: HGiess 1974, Woche 31

447. D a s c h e r , Georg: Die Schalensteine bei Bad König. – In: HErb 1974, Nr. 1 [Gemarkung L a n g e n - B r o m b a c h ; Datierung u. Deutung unsicher]

448. J a n k e , Heinrich: Die Vorgeschichte der Gemarkung L a u f d o r f . – In: Hänsgen, Ernst: 1200 Jahre Laufdorf. 1976, S. 1–12

449. D e c k e r , Karl Viktor: Archäologische Beobachtungen auf dem M a i n z e r Schloßplatz. Mit 2 Abb. – In: MZ 69. 1974, S. 272–276

450. J o r n s , Werner: Bad N a u h e i m . – In: Hoops, Johannes: Reallexikon d. german. Altertumskde. 2. Aufl. 1. 1973, S. 589–593

451. S c h m i d t , Robert Heinz: Jahresbericht. Arbeitsgruppe Vor- und Frühgeschichte [Ver. f. Heimatgesch. O b e r - R a m s t a d t ]. 1971/72. 1973. – In: JberVHORa 1971/72. '73, S. 44–121; 1973.'75, S. 41–275

452. S c h m i d t , Robert Heinz: Besiedlung R o ß d o r f s in vor- und frühgeschichtl. Zeit. – In: Roßdorf. Beitrr. zu seiner Gesch. Ober-Ramstadt: Ver. f. Heimatgesch. 1975, S. 5–14

453. B u r m e i s t e r , Helmut: Der Feuersteindolch von Hofgeismar. [1965 nordöstlich von S c h ö n e b e r g gefunden] – In: JbLKa 1975, S. 75–77 [Aufbewahrt im Museum Hofgeismar]

454. S c h o l l , Gerhard: Der vor- und frühgeschichtliche S i e g e n e r . Bodenfunde d. letzten 25 Jahre. – In: UHL 43. 1975, S. 9–14 m. zahlr. Abb.

455. N a h r g a n g , Karl, u. Klaus U l r i c h : Zur Vor- und Frühgeschichte S p r e n d l i n g e n s . – In: Heil, Jakob: Sprendlingen. Sprendlingen 1974, S. 35–38

456. B e c k m a n n , Adam: Vor- und Frühgeschichte des U r b e r a c h e r Gebietes. – In: Chronik Gemeinde Urberach. Offenbach a. M.: Bintz-Verl. 1975, S. 9–18 m. Abb.

457. H e n d l e r , Ernst: Die Vorgeschichte in und um W e h r s h a u s e n . Mit Abb. – In: Wehrshausen bei Marburg. Marburg 1974, S. 39–43

458. J o r n s , Werner: Aus W ö l f e r s h e i m s ur- und frühgeschichtlicher Zeit. – In: Aledter, Christian: Das histor. Wölfersheim. 1. Friedberg 1976, S. 352–362

459. W e b e r , Hans H.: Aus der ur- und frühgeschichtl. Zeit des Z i m m e r n e r Raumes. – In: Groß-Zimmern, Klein-Zimmern. Beitrr. zur Entwicklung in Vergangenheit u. Gegenwart. Groß-Zimmern 1976, S. 27–31

## B. EINZELNE VORGESCHICHTSEPOCHEN

### 1. Steinzeit (allg.), Alt- und Mittelsteinzeit

460. B o s i n s k i , Gerhard: Arbeiten zur älteren und mittleren Steinzeit in der Bundesrepublik Deutschland 1949–1974. – In: Ausgrabungen in Deutschland 1. Mainz 1975. (Röm.-German. Zentralmuseum zu Mainz. Monographien 1) S. 3–24 [Betr. auch Hessen]

461. K n o p , Wilhelm: Die Steinzeit im Siegerland. Erkenntnisse, Schlüsse, Betrachtungen. Mit zahlr. Abb. – In: Si 52. 1975, S. 73–80

462. M e n d e , Gerd, u. Rainer: Das Biebertal in der Steinzeit. – In: 1000 Jahre Kassel u. Wirtheim [Festschrift]. Biebergemünd 1976, S. 30–36 m. Abb.

463. B e l l , Heinrich: Das Steinzeitmuseum in Weiler. Mit Abb. – In: BiA 1. 1973, S. 22–27

464. Altsteinzeitliche Fundplätze des Rheinlandes. Von Gerhard Bosinski [u. a.] Köln: Rheinland Verl. 1974. 90 S. mit 30 Abb., 1 Kt. (Kunst und Altertum am Rhein 49)

465. K r ü g e r , Herbert: Zum Stand der Altsteinzeit-Forschung im Rhein-Main-Gebiet. – In: Das Eiszeitalter im Rhein-Main-Gebiet. Frankfurt a. M. 1974 (Rhein-Main. Forschungen 78) S. 127–160 m. 1 Abb.

466. S c h m i d t , Robert Heinz: Eine altsteinzeitliche Klinge von Darmstadt, Flur „Hirtenwiesen". – In: Jber VHORa 1975, S. 49–52

467. D i e s , Kurt: Statistische Beurteilung eines Fundkomplexes von altsteinzeitlichen Geröllgeräten in der Umgebung von Münzenberg, Wetteraukreis. Mit 3 Abb. u. 10 Tab. – In: FH 13: 1973. '75, S. 59–74

468. D i e s , Kurt: Eine altsteinzeitliche Geröllkultur bei Münzenberg (Wetterau). Mit 7 Abb. – In: NM 106. 1976, S. 97–101

469. K r ü g e r , Herbert: Typologische und stratigraphische Kriterien zur prärißzeitlichen Datierung der altpaläolithischen Geröllgerät-Industrie vom Münzenberger Typ in Oberhessen. Mit 24 Abb. – In: FH 13: 1973. '75, S. 1–57

470. B o s i n s k i , Gerhard, u. Jens K u l i c k : Der mittelpaläolithische Fundplatz Buhlen, Kr. Waldeck. Vorber. über d. Grabungen 1966–1969. Mit 25 Abb. u. 2 Falt-Beil. – In: Ger 51. 1973, 1, S. 1–41

471. C a m p e n , Ingo, u. Joachim H a h n : Eine Grabung auf dem mittelpaläolithischen Fundplatz Rörshain, Gemeinde Schwalmstadt, Kreis Ziegenhain. Mit 6 Abb. – In: FH 13: 1973. '75, S. 75–85

472. F i e d l e r , Lutz: Ein endpaläolithischer Fundplatz bei Rothenkirchen, Kreis Fulda. Mit 29 Abb. – In: ArK 6. 1976, S. 267–269

473. A r o r a , Surendra K.: Die mittlere Steinzeit im westlichen Deutschland und in den Nachbarländern. Mit 17 Bildern. – In: Beitrr. z. Urgesch. d. Rheinlandes 2. Köln & Bonn 1976. (Rhein. Ausgrabungen 17) S. 1–65 m. Abb. [Betr. auch Hessen]

474. S c h m i d t , Robert Heinz: Drei mesolithische Werkplätze von Darmstadt und Umgebung. 1. Der Werkplatz Roßdorf (Kr. Darmstadt) nördl. d. „Wiese in d. Homich". 2. Der Werkplatz v. Darmstadt, Bessunger Forst, „Das Forstgut". 3. Der Werkplatz v. Ober-Ramstadt (Kr. Darmstadt), Großer Bruch. 4. Kurzhinweise auf d. benachbarten Vergleichsfälle in d. Landkreisen Offenbach u. Groß-Gerau. – In: JberVHORa 1975, S. 53–64

475. P a c h a l i , Eike: Zu einer mesolithischen Schlagstätte bei Groß-Gerau. Mit 3 Abb. – In FH 12: 1972. '74, S. 127–133

2. Jüngere Steinzeit

476. L ü n i n g , Jens: Zur Erforschung des Neolithikums (Alt- bis Jungneolithikum) in der BRD seit dem Jahr 1960. – In: Jahresschr. f. mitteldt. Vorgesch. 60. 1976, S. 31–48 [Erschien zuerst engl. in kürzerer Form in: Eiszeitalter u. Gegenwart 23/24. 1973, S. 360–370] [Betr. auch Hessen]

477. G a b r i e l , Ingo: Zum Rohmaterial der Silex-Artefakte im Neolithikum Westfalens und Nordhessens.Mit 4 Ktn., 1 Tab. – In: Festgabe Kurt Tackenberg zum 75. Geburtstag. Bonn 1974. (Antiquitas R. 2,10), S. 25–45

478. L i s c h e w s k i , Hartmut: Die Jungsteinzeit im Kreis Gießen. – In: Inventar d. urgeschichtl. Geländedenkmäler u. Funde d. Stadt- u. Landkreises Gießen. Hrsg. von Werner Jorns. Darmstadt 1976, S. 7–80 m. Abb.

479. P a u l i t s c h , Peter: Das Material einiger neolithischer Steingeräte aus Oberhessen. – In: FH 14: 1974. '75, S. 251–253

480. S i e l m a n n , Burchard: Der Einfluß der Umwelt auf die neolithische Besiedlung Südwestdeutschlands unter besonderer Berücksichtigung der Verhältnisse am nördlichen Oberrhein. – In: Acta Praehistorica et Archaeologica 2. 1971, S. 65–197 m. 101 Abb. u. Kt.

481. S i e l m a n n , Burchard: Die frühneolithische Besiedlung Mitteleuropas. – In: Die Anfänge d. Neolithikums vom Orient bis Nordeuropa. Hrsg. von Hermann Schwabedissen. T. 5a. Köln, Wien 1972. (Fundamenta, Monographien zur Urgeschichte R. A, Bd 3) S. 1–65 m. 47 Abb.

482. L i n k e , Wolfgang: Frühestes Bauerntum und geographische Umwelt. Eine hist.-geogr. Untersuchung d. Früh- u. Mittelneolithikums westfäl. u. nordhess. Bördenlandschaften. Paderborn: Schöningh 1976. VIII, 86 S., 5 Kt., 93 S. m. Abb. (Bochumer geogr. Arbeiten 28) Erschien zuerst als Diss. Bochum, Univ., Fak. d. Abt. f. Geowiss. 1976

483. G a b r i e l , Ingo: Studien zur Tonware der Bandkeramik in Westfalen und Nordhessen. Münster, Phil. Diss. v. 1971

484. D o h r n - I h m i g , Margarete: Untersuchungen zur Bandkeramik im Rheinland. Mit 2 Tab. u. 20 Bildern. – In: Beitrr. z. Urgesch. d. Rheinlandes 1. Köln & Bonn 1974. (Rhein. Ausgrabungen 15) S. 51–142. Kurzfassung d. Phil. Diss. Köln 1972/73

485. M e i e r - A r e n d t , Walter: Zur Frage der jüngerlinienbandkeramischen Gruppenbildung: Omalien, Plaidter, Kölner, Wetterauer und Wormser Typ; Hinkelstein. – In: Die Anfänge d. Neolithikums vom Orient bis Nordeuropa. Hrsg. von Hermann Schwabedissen. T. 5a. Köln, Wien 1972. (Fundamenta, Monographien zur Urgeschichte R. A. Bd 3) S. 85–152, Abb. 52–60, Taf. 13–39

486. M e i e r - A r e n d t , Walter: Die Hinkelstein-Gruppe. Der Übergang vom Früh- zum Mittelneolithikum in Südwestdeutschland. Text- u. Taf. Bd. Berlin: de Gruyter 1975 (Röm.- german. Forschungen 35) [Betr. u. a. Worms, Mainmündungsgeb., Rheinhessen]

487. M e i e r - A r e n d t , Walter: Zur Frage der Genese der Rössener Kultur. – In: Ger 52, 1. 1974, S. 1–15

488. F i s c h e r , Ulrich: Die Dialektik der Becherkulturen. – In: Jahresschr. f. mitteldt. Vorgesch. 60. 1976, S. 235–245 [Betr. auch Hessen]

489. F i s c h e r , Ulrich: Kontakte der Becherkulturen in der Mittelzone zwischen Rhein und Elbe. – In: Acculturation and continuity in Atlantic Europe mainly during the neolithic period and the bronze age. Brügge 1976. (Diss. Arch. Gandenses 16) S. 106–119 [Betr. auch Hessen]

490. F i s c h e r , Ulrich: Zur Deutung der Glockenbecherkultur. – In: NAN 86. 1975, S. 1–13 [Betr. auch Hessen]

491. M ü l l e r - K a r p e , Hermann: Zur kupferzeitlichen Kultur in Hessen. Mit 3 Abb. – In: FH 14: 1974.'75, S. 215–226

492. E c k e r t , Jörg: Vorbericht über die Ausgrabung 1973 am Michelsberger Erdwerk von B e r g h e i m , Kreis Waldeck. Mit 2 Abb. – In: FH 13: 1973.'75, S. 91–94

493. Köster, Heinz: Ein spätneolithischer Skelettfund aus Bergheim, Kr. Waldeck-Frankenberg. Mit e. Beitr. von Rolf Rottländer. Mit 2 Abb. – In: ArK 5. 1975, S. 181–184

494. Brendow, Volker: ... Bei Bergheim wurde 1974 ein jungsteinzeitliches Grab geborgen. – In: WLKa 249. 1976, S. 77–81

495. Spohr, Heinrich: Ein Hinkelstein bei Brombach, Kreis Bergstraße. – In: HErb 1974, Nr 7

496. Schmidt, Robert Heinz: Die Menhir-Anlage bei Darmstadt und die Frage ihrer zeitlichen Einordnung. Mit 17 Abb. – In: FH 14: 1974. '75, S. 309–347

497. Söllner, Max: Der Hammelstein von Daubringen und die Thingstätte von Reiskirchen. – In: HGiess 1974, Nr 30 [Menhir]

498. Fischer, Ulrich: Becherkultur im Frankfurter Stadtwald. – In: FH 12. 1972. '74, S. 24–33 m. 5 Abb.

499. Burmeister, Helmut: Bandkeramische Siedlungsfunde aus Hofgeismar. Mit 2 Abb. – In: FH 13: 1973. '75, S. 87–89

500. Klee, Werner: Auf den Spuren der Steinzeitmenschen. Fund einer neolithischen Arbeitsaxt im Lampertheimer Ortsteil Hüttenfeld. – In: HViern 6. 1974, Nr 16, S. 6–8 m. Abb.

501. Schummer, Fritz: Eine Siedlungsstelle der jungsteinzeitlichen Bandkeramikkultur in Kronberg-Süd. Kronberg 1975. 44 S. m. Abb. (Schriften d. Ver. f. Gesch. u. Heimatkde Kronberg 1)

502. Sippel, Klaus: Eine neolithische Axt aus Mansbach. Ein „Donnerkeil" v. d. mittelalterlichen Wüstung Heinrichrode? – In: MHl 27. 1976/77, S. 13–16

503. Huckriede, Reinhold, u. Rolf Gensen: Zur Kenntnis der Quarzitartefakte von Mardorf (Amöneburger Becken). Mit 16 Abb. – In FH 12: 1972.'74, S. 46–75 [Linearbandkeramik]

504. Menke, Helga: Glockenbecherzeitliche Siedelplätze im Rüsselsheimer Dünengelände. Mit 7 Abb. – In: FH 14: 1974. '75, S. 177–195

505. Steinfunde im Jubiläumsjahr. Mit 2 Abb. – In: HLD 1974, Nr 45, S. 4 [Betr. Ulmtal]

506. Ein Glockenbechergrab von Biblis-Wattenheim, Kreis Bergstraße. Von Kari Kunter [u. a.]. Mit 8 Abb. u. 1 Tab. – In: FH 14: 1974. '75, S. 157–175

507. Janke, Heinrich: Eine Streitaxt aus Wommelshausen. Mit 3 Abb. – In: HiGbll 53. 1974, S. 162

508. Zápotocká, Marie: Die Hinkelsteinkeramik und ihre Beziehungen zum zentralen Gebiet der Stichbandkeramik. Analyse u. Auswertung d. Gräber-

felder W o r m s -Rheingewann u. Rheindürkheim. – In: Památky archeologické. Praha 63. 1972, S. 267–374 m. Abb.

### 3. Bronzezeit

509. S c h a u e r , Peter: Forschungen zur Geschichte der Bronzezeit in Deutschland. – In: Ausgrabungen in Deutschland 1. Mainz 1975. (Röm.-German. Zentralmuseum zu Mainz. Monographien 1) S. 121–124 [Betr. auch Hessen]

510. K u b a c h , Wolf: Zur Gruppierung bronzezeitlicher Kulturerscheinungen im hessischen Raum. – In: Jber. d. Inst. f. Vorgesch. d. Univ. Frankfurt a. M. 1974, S. 29–50

511. K i l i a n - D i r l m e i e r , Irma: Gürtelbleche und Blechgürtel der Bronzezeit in Mitteleuropa. München: Beck 1975. XIII, 141 S. m. Abb. (Prähist. Bronzefunde 12,2)

512. G e b e r s , Wilhelm: Endneolithikum und Frühbronzezeit im Mittelrheingebiet. Bonn 1978. 192, (149) S. m. zahlr. Abb. Zugl. Saarbrücken, Univ., Phil. Fak., Diss. 1974 u. d. T.: Gebers: Endneolithikum u. frühe Bronzezeit im Mittelrheingeb. (Saarbrücker Beitrr. z. Altertumskde 28)

513. M e n k e , Helga: Endneolithische und frühbronzezeitliche Funde aus dem Stadt- und Landkreis Offenbach a. M. Mit Abb. u. Kt. – In: StFOff N. F. 6. 1974, S. 1–46, 8 Taf.

514. B e r g m a n n , Joseph: Die ältere Bronzezeit Nordwestdeutschlands. Neue Methoden z. ethn. u. hist. Interpretation urgeschichtl. Quellen. T. A. B. Marburg: Elwert 1970. (Kasseler Beitrr. z. Vor- u. Frühgesch. 2)

515. M a n d e r a , Heinz-Eberhard: Erzsucher, Schmiede und Händler vor 4000 Jahren. Die frühe Bronzezeit im Rhein-Main-Gebiet. Mit 14 Abb. – In: Museum Wiesbaden 8. 1976, S. 1–12

516. K u n t e r , Kari: Frühe und Hügelgräberbronzezeit im Kreis Gießen. – In: Inventar d. urgeschichtl. Geländedenkmäler u. Funde d. Stadt- und Landkreises Gießen. Hrsg. von Werner Jorns. Darmstadt 1976, S. 81–96

517. K u n t e r , Manfred: Ein neuer Grabfund aus der jüngeren Hügelgräberbronzezeit Hessens. Anthropolog. Bearbeitung. Mit 2 Abb. In: Kleemann Festschrift. 2. Bonn 1973. (Bonner Hefte 4), S. 33–38

518. J o c k e n h ö v e l , Albrecht: Zu befestigten Siedlungen der Urnenfelderzeit aus Süddeutschland. Erw. Fassung e. Vortrages, gehalten 1974 auf e. internationalen Symposium anläßl. d. Jubiläums „100 Jahre Ausgrabungen in Stillfried/Niederösterreich". Mit 17 Abb. – In: FH 14: 1974. '75, S. 19–62 [Betr. auch Hessen]

519. J o c k e n h ö v e l , Albrecht: Westeuropäische Bronzen aus der späten Urnenfelderzeit in Südwestdeutschland. Mit 3 Abb. – In: ArK 2. 1972, S. 103–109 [Betr. auch Hessen].

520. Janke, Heinrich: Vorgeschichte d. Kreises Wetzlar. Die Urnenfelderzeit. Wetzlar: Wetzlarer Geschichtsver. e. V. 1975. 41 S., 27 Bl. Abb. (Mitteilungen aus Wetzlar 4) (MWeG Sonderh. 1975)

521. Kunter, Kari: Die Urnenfelderbronzezeit im Kreis Gießen. – In: Inventar d. urgeschichtl. Geländedenkmäler u. Funde d. Stadt- und Landkreises Gießen. Hrsg. von Werner Jorns. Darmstadt 1976, S. 97–148 m. Abb.

522. Eggert, Manfred K. H.: Die Urnenfelderkultur in Rheinhessen. Mit 59 Taf. Wiesbaden: Steiner 1976. VI, 347 S. (Geschichtl. Landeskde. 13) Erschien zuerst als Diss. im Fachbereich Geschichtswiss. Mainz 1973

523. Jorns, Werner: Die Kammhelme von Biebesheim. – In: FH 12: 1972. '74, S. 76–85 m. 4 Abb. [Urnenfelderkultur]

524. Schummer, Fritz: Der Bleibeskopf-Ringwall im Bad Homburger Wald. Mit Abb. – In: AHo 19. 1976, S. 23–25

525. Müller-Karpe, Andreas: Neue Bronzefunde der späten Urnenfelderzeit vom Bleibeskopf im Taunus. Mit 6 Abb. – In: FH 14: 1974. '75, S. 203–214

526. Dielmann, Karl: Ausgrabungsbefund und Fundgut eines Grabhügels bei Bleichenbach (Wetteraukreis). Mit 4 Abb. – In: FH 12: 1972. '74, S. 14–23

527. Kubach-Richter, Isa: Zur Zeitstellung der Armstulpen von Darmstadt-Spessartring. Mit 2 Abb. – In: FH 14: 1974. '75, S. 153–156 [Frühbronzezeit]

528. Burmeister, Helmut: Das Gräberfeld bei Daseburg, Kreis Warburg. Ein Beitrag z. Grabbrauch d. entwickelten Urnenfelderkultur – In: ZHG 84. 1974, S. 81–96 m. Abb.

529. Burmeister, Helmut: Eine Grabstätte der Urnenfelderzeit [am Fuß des Desenbergs]. Ein Beitrag zum Grabbrauch im 1. vorchristl. Jahrtausend. – In: JbLKa 1974, S. 65–68 u. 1 Bildtaf.

530. Janke, Heinrich: Ein Kultplatz der jüngsten Bronzezeit bei Dornholzhausen, Kreis Wetzlar. Mit 3 Abb. – In: Antike Welt 7. 1976, S. 36–39

531. Klug, Jutta, u. Wolfgang Struck: Ein Grabhügelfeld der jüngsten Urnenfelderkultur bei Echzell, Wetteraukreis. Mit 26 Ab. – In: FH 14: 1974. '75, S. 83–121

532. Hundt, Hans-Jürgen: Der Dolchhort von Gau-Bickelheim in Rheinhessen. Mit 6 Abb., 5 Taf. – In: JbRGZM 18. 1971, S. 1–44

533. Rehbaum, Adelheid: Interessante Siedlungsspuren der Bronzezeit am Hangelstein. – In: HGiess 1976, Woche 34, S. 1–2

534. B a c h m a n n , Hans-Gert, u. Albrecht Jockenhövel: Zu den Stabbarren aus dem Rhein bei M a i n z . Mit 1 Abb., 1 Taf., 1 Tab. – In: ArK 4. 1974, S. 139–144

535. C a p e l l e , Torsten: Ein unfertiges Lappenbeil aus Hessen? Mit 1 Abb. – In: FH 13: 1973.'75, S. 95–96. [Fundort: vermutl. Umgebung von Mainz. Bronzezeit?]

536. M ü l l e r - K a r p e , Michael: Ein bronzezeitlicher Neufund aus dem Hügelgräberfeld am Eichwäldchen ( O b e r u r s e l ). Mit 3 Abb. – In: MVGHOUr 18. 1974, S. 1–2

537. K u b a c h , Wolf, u. Isa K u b a c h - R i c h t e r : Ein frühurnenfelderzeitliches Mädchengrab von Offenbach- R u m p e n h e i m . Mit 3 Abb. – In: StFOff N. F. 6. 1974, S. 47–59

538. R a d l o f f , Hartmut: Untersuchungen zur Altersbestimmung anhand der Zähne aus dem Grab von Offenbach-Rumpenheim. – In: StFOff N. F. 6. 1974, S. 59–60

539. K u b a c h , Wolf, u. Isa K u b a c h - R i c h t e r : Fremdformen in einem frühurnenfelderzeitlichen Kindergrab von Offenbach-Rumpenheim. Mit 6 Abb. – In: FH 14: 1974.'75, S. 129–152

540. M ü l l e r - K a r p e , Andreas: Ein urnenfelderzeitliches Grab aus Oberursel- S t i e r s t a d t . Mit 5 Abb. – In: MVGHOUr 18. 1974, S. 3–6

541. B e r g m a n n , Joseph: Ein Brandgräberfeld der jüngeren Bronzezeit von V o l l m a r s h a u s e n im Ldkr. Kassel. Mit 16 Abb. – In: Ausgrabungen in Deutschland 1. Mainz 1975. (Röm.-German. Zentralmuseum zu Mainz. Monographien 1) S. 134–154

542. J o r n s , Werner: Ein Körpergrab der jüngsten Hügelgräberbronzezeit in W ö l f e r s h e i m , Wetteraukreis. Mit 1 Abb., 2 Taf. – In: Kleemann Festschrift. 2. Bonn 1973. (Bonner Hefte 4) S. 21–32

543. K u b a c h , Wolf: Zwei Gräber mit „Sögeler" Ausstattung aus der deutschen Mittelgebirgszone. Mit 4 Abb. – In: Ger 51. 1973, 2, S. 403–417 [Betr. u. a. Hügel 6 im Schneiderwald bei Z i e g e n b e r g , Gem. Ober-Mörlen, Wetteraukreis; Hügelgräberbronzezeit]

4. H a l l s t a t t - u n d L a t è n e z e i t

544. S c h a a f f , Ulrich: Ausgrabungen zur Eisenzeit in Deutschland. – In: Ausgrabungen in Deutschland 1. Mainz 1975. (Röm. - German. Zentralmuseum zu Mainz. Monographien 1) S. 189–191 [Betr. auch Hessen]

545. B r e n d o w , Volker: Die Eisenzeit im Edertal. – In: WLKa 247. 1974, S. 81–86

546. S c h u m a c h e r , Astrid: Die Hallstattzeit im südl. Hessen. T. 1. 2. Bonn: Inst. f. Vor- und Frühgesch. d. Rhein. Friedr. Wilh. Univ. Bonn. [Fotodr.] 1. Text u. Taf. m. 5 Kt. 1972. IV, 179 S. 2. Katalog. 1974. IX, 200 S. Erschien auch als Phil. Diss. Mainz 1969 (Bonner Hefte zur Vorgesch. Nr 5. 6.)

547. S c h u m a c h e r , Astrid u. Erich S c h u m a c h e r : Die Hallstattzeit im Kreis Gießen (Stufe Ha C u. D) – In: Inventar d. urgeschichtl. Geländedenkmäler u. Funde d. Stadt- u. Landkreises Gießen. Hrsg. von Werner Jorns. Darmstadt 1976, S. 149–195 m. Abb.

548. J a n k e , Heinrich: Vorgeschichte des Kreises Wetzlar. Die Hallstattzeit. Wetzlar: Wetzlarer Geschichtsver. 1976. 54 S., 2 Abb., 31 Taf. (Mitteilungen aus Wetzlar 5) (MWeG Sonderh. 1976)

549. P o l e n z , Hartmut: Zu den Grabfunden der Späthallstattzeit im Rhein-Main-Gebiet. – In: BRGK 54. 1974, S. 107–202, Taf. 38–69, 1 Falttaf. [Erw. Teildr. aus: Polenz: Die Funde aus den Gräbern d. frühen u. älteren Latènezeit im Rhein-Main-Gebiet. Mainz, Phil. Diss. 1973]

550. P o l e n z , Hartmut: Reicher Trachtschmuck aus südhessischen Späthallstattgräbern. Mit 12 Abb. im Text, 4 Abb. auf Taf. u. 1 Beilage. – In: NAN 87. 1976, S. 1–25

551. J u n g , Rolf: Die Kelten in unserm Heimatgebiet. Mit Abb. – In: BiA 1. 1973, S. 28–38 [Rhein-Maingebiet]

552. S t o p p e l , Friedrich: Auf den Spuren der Kelten im Hinterland. Mit 2 Abb. u. 1 Kt. Skizze. – In: HiGbll 54. 1975, S. 15–18

553. O s b e r g h a u s , Oskar: Kelten-Expansion nicht ohne das Eisen. Das Siegerland als Zentrum kelt. eisen- u. metallverarbeitender Industrieplätze. Mit 1 Abb. – In: UHl 44. 1976, S. 156–158.

554. F o r r e r , Robert: Keltische Numismatik der Rhein- und Donaulande. Mit zahlr. Abb. Bd 1. 2. Graz 1968–69. 1. Unveränd. Nachdr. d. Ausg. Straßburg 1908. 2. Bibliogr. Nachtr. u. Erg. hrsg. v. K. Castelin

555. H a r t m a n n , Axel: Ergebnisse spektralanalytischer Untersuchungen an keltischen Goldmünzen aus Hessen und Süddeutschland. – In: Ger 54. 1976, S. 102–134 m. Abb. [Betr. Nordhessen]

556. P o l e n z , Hartmut: Die Latènezeit im Kreis Gießen. – In: Inventar d. urgeschichtl. Geländedenkmäler u. Funde d. Stadt- u. Landkreises Gießen. Hrsg. von Werner Jorns. Darmstadt 1976, S. 197–251 m. Abb.

557. P o l e n z , Hartmut: Latènezeitliche Hundeplastiken aus Süd- und Rheinhessen. Mit 37 Abb. – In: FH 14: 1974.'75, S. 225–307

558. S c h a a f f , Ulrich: Frühlatènezeitliche Scheibenhalsringe vom südlichen Mittelrhein. Mit 3 Abb., 8 Taf. – In: ArK 4. 1974, S. 151–156

559. M e n d e , Gerd u. Rainer: Die Höhenburgen im Biebertal. Mit Abb. – In: 1000 Jahre Kassel u. Wirtheim [Festschrift]. Biebergemünd 1976, S. 37–43

## B. Einzelne Vorgeschichtsepochen

560. C o l l i s , John Ralph: Defended Sites of Late La Tène in Central and Western Europe. Oxford 1975. (British archaeological reports. Suppl. Ser. 2) [Betr. auch Hessen]

561. H a f f n e r , Alfred: Zum Ende der Latènezeit im Mittelrheingebiet unter besonderer Berücksichtigung des Trierer Landes. Mit 5 Abb. – In: ArK 4. 1974, S. 59–72

562. M i l d e n b e r g e r , Gerhard: Der Lochgürtelhaken von der A l t e n b u r g bei Niedenstein. Mit 2 Abb. – In: FH 14: 1974.'75, S. 197–202 [Latènekultur]

563. H e i d e n t h a l , Peter Joseph: Früheste Entstehung B i n g e n s . Mit 1 Abb. – In: BiA 1. 1973, S. 19–21 [Betr. Kelten]

564. S c h w a p p a c h , Frank: Eine keltische Tonflasche aus B r a u b a c h (Loreleykreis). Mit Abb. – In: Staatl. Museen zu Berlin. Forschungen u. Berr. 16. 1974, S. 255–261

565. J a n k e , Heinrich: In einem Baumsarg beigesetzt. Was ein hallsteinzeitliches Hügelgrab bei B r a u n f e l s verrät. – In: HLD 1974, Nr 48, S. 3 m. 1 Abb.

566. R e c h , Manfred, u. Peter P r ü s i n g : Ein hallstatt-/latènezeitliches Gräberfeld bei B ü r s t a d t , Kreis Bergstraße. Mit 11 Abb. – In: FH 13: 1973.'75, S. 97–125

567. W e g n e r , Hans-Helmut: Die latènezeitlichen Funde des C h r i s t e n b e r g e s bei Münchhausen, Kr. Marburg/L. Untersuchungen z. Keramik eisenzeitl. Höhensiedlungen in Nordhessen. – In: Archäol. Informationen 2–3. 1973–1974, S. 157 ff.

568. J a n k e , Heinrich: Untersuchung eines Hügels bei Angelburg-F r e c h e n h a u s e n , Kreis Marburg-Biedenkopf. Mit 1 Abb. – In: FH 14: 1974.'75, S. 15–18 [Funde der Hallstattzeit]

569. S c h a a f f , Ulrich: Ein keltisches Fürstengrab von Worms-H e r r n s h e i m . Mit e. Beitr. von Hans-Jürgen Hundt. Mit 22 Abb., 8 Taf., 5 Ktn. – In: JbRGZM 18. 1971, S. 51–117

570. J a n k e , Heinrich: Hügelgräber der mittleren Latènezeit und Grabgärten (?) bei H o c h e l h e i m , Kreis Wetzlar. Mit 2 Abb. – In: FH 13: 1973.'75, S. 161–165

571. S c h m i d t , Robert Heinz: Ein Brandgrab der Spät-Latènezeit aus J u g e n h e i m (Kr. Darmstadt) u. Die Funktion d. Pichung v. Schalen. – In: JberVHORa 1975, S. 76–81

572. S t ü m p e l , Bernhard: Eine Siedlung der jüngeren Latènezeit in Mainz-K a s t e l . Mit 2 Abb. (Beitr. zur Latènezeit im Mainzer Becken. 13) – In: FH 14: 1974.'75, S. 353–359

573. Herrmann, Fritz-Rudolf: Der Fundort der späthallstattzeitlichen Ringe von „Butzbach". Mit 3 Abb. – In: FH 14: 1974. '75, S. 9–13 [Gemarkung Königsberg]

574. Kleemann, Otto: Der Große Grabhügel auf dem Kühtränkerkopf bei Rüdesheim, Rheingaukreis. Mit 6 Abb. – In: FH 14: 1974. '75, S. 63–82 [Frühe Latènezeit]

575. Polenz, Hartmut: Der Grabfund mit Situla von Laufenselden, Gemeinde Heidenrod, Untertaunuskreis/Hessen. Mit 12 Abb. – In: FH 13: 1973. '75, S. 127–160 [Latènezeit]

576. Kappel, Irene: Der keltische Münzfund von Mardorf. Festschr. z. 20-jähr. Bestehen d. Numismat. Ges. Kassel. Kassel [1976]. 17 S. m. Abb. u. Kt. (Beitrr. z. Münzkde in Hessen-Kassel 4)

577. Kappel, Irene: Der Münzfund von [Amöneburg-] Mardorf und andere keltische Münzen aus Nordhessen. Mit 4 Abb. – In: Ger 54. 1976, S. 75–101 [Münzen aus d. Sammlungen d. Vor- u. Frühgeschichtl. Abt. d. Staatl. Kunstsammlungen Kassel]

578. Süß, Lothar: Neue zinnapplizierte Latènekeramik aus Bad Nauheim. Mit 8 Abb. – In: FH 14: 1974. '75, S. 361–380

579. Süß, Lothar: Zur latènezeitlichen Salzgewinnung in Bad Nauheim. Versuch einer Deutung einiger wichtiger Briquetage-Typen. Mit 6 Abb. – In: FH 13: 1973. '75, S. 167–180

580. Castelin, Karel: Zu den keltischen Silbermünzen vom „Nauheimer Typus". Mit 1 Taf. u. 1 Textabb. – In: JbNG 25. 1975, S. 7–15 [Bad Nauheim]

581. Haevernick, Thea Elisabeth: Hallstatt-Glasringe und Haguenauer Perlen. Mit 1 Abb. – In: TrZ 38. 1975, S. 63–73 [u. a. Funde aus Wiesbaden (Nr 25 u. Nr 26)]

582. Pachali, Eike: Hügelgräber im Gemeindewald von Würges bei Camberg. Mit 5 Textabb. – In: NAN 85. 1974, S. 1–11 [Hallstattzeit]

# III.
# FRÜHGESCHICHTE
# ARCHÄOLOGIE DES MITTELALTERS
# UND DER NEUZEIT

## A. DIE RÖMER

### 1. Allgemeines

583. Elbe, Joachim von: Roman Germany. A guide to sites and museums. Mainz: v. Zabern 1975. 523 S., 1 Faltkt.

584. The Princeton Encyclopedia of classical sites. Ed.: Richard Stillwell [u. a.] Princeton: Princeton Univ. Press 1976. XII, 1020 S., 24 Kt. [S. 292: B a a t z , Dietwulf: Echzell. 586 f.: Mogontiacum. 778 f.: Saalburg. 624: F i s c h e r , Ulrich: Nida. 512 f.: S c h ö n b e r g e r , Hans: Limes Germaniae Superioris. 761: Rödgen. 76 f.: S c h o p p a , Helmut: Aquae Mattiacae]

585. Die Römer an Rhein und Donau. Zur polit., wirtschaftl. u. sozialen Entwicklung in d. röm. Provinzen an Rhein, Mosel u. oberer Donau im 3. u. 4. Jh. Wien, Köln, Graz: Böhlau 1975. 517 S. (Veröffentlichungen d. Zentralinstituts f. alte Gesch. u. Archäol. d. Akad. d. Wiss. d. DDR 3) [weitere Ausg.: Berlin: Akad. Verl. 1975. 72, 517 S. m. 13 Abb. u. Kt.]

586. T e r n e s , Charles-Marie: Die Römer an Rhein und Mosel (La Vie quotidienne en Rhénanie romaine. 1.-4. siècle, dt.) Gesch. u. Kultur. Aus d. Franz. übers. von Dorothea Basrai in Zsarb. m. d. Autor. Mit 49 Zeichn. u. 26 Fotos. Stuttgart: Reclam 1975. 351 S.

587. C a s p a r , Artur: 16 Ausflüge zu den alten Römern an Mosel und Rhein. Ein Hallwag-Führer. Bern & Stuttgart: Hallwag 1976. 270 S. m. Abb., 1 Tab.

588. S c h m i d , Armin u. Renate: Die Römer an Rhein und Main. Das Leben in d. Obergerman. Provinz. 2., erw. Aufl. Frankfurt: Societäts-Verl. 1973. 285 S. m. Abb.

589. B a a t z , Dietwulf: Römerzeit. Mit 1 Abb. u. 1 Kt. – In: Hochtaunus, Bad Homburg, Usingen, Königstein, Hofheim. Mainz 1972 (Führer zu vor- u. frühgeschichtl. Denkmäler 21) S. 31–44

590. T e r n e s , Charles-Marie: La Vie quotidienne en Rhénanie romaine (I$^e$–IV$^e$ siècle). Paris: Hachette 1972. 339 S. m. Abb. (Coll. La Vie quotidienne)

591. R u p p r e c h t , Gerd: Untersuchungen zum Dekurionenstand in den nordwestlichen Provinzen des Römischen Reiches. Kallmünz OPf: Lassleben 1975. 241 S., 7 Kt. (Frankfurter althist. Studien 8) Erschien auch als Phil. Diss. Frankfurt a. M. 1975 [Betr. u. a. Vangiones (Worms), Auderienses (Dieburg), Taunenses (Frankfurt-Heddernheim), Mattiaci (Wiesbaden), Mogontiacum (Mainz), insbes. S. 225–234]

2. L i m e s

592. B a a t z , Dietwulf: Der römische Limes. Archäolog. Ausflüge zwischen Rhein u. Donau. Berlin: Mann 1974. 308 S. m. Abb. [2. erg. Aufl. 1975. 307 S. m. 84 Abb. u. Kt.]

593. Roman Frontier Studies. 1969. 8th International Congress of Limesforschung. Ed by Eric Birley [u. a.] Cardiff: Univ. of Wales 1974. XII, 262 S. m. 67 fig. u. 28 plates.

594. Planck, Dieter: Neue Forschungen zum obergermanischen und raetischen Limes. – In: Aufstieg u. Niedergang d. röm. Welt 2. Principat 5, 1. Berlin, New York 1976, S. 404–456

595. Baatz, Dietwulf: Forschungen des Saalburgmuseums am obergermanisch-raetischen Limes 1949–1974. Mit 8 Abb. – In: Ausgrabungen in Deutschland 1. Mainz 1975. (Röm.-German. Zentralmuseum zu Mainz. Monographien 1) S. 361–371

596. Baatz, Dietwulf: Die Wachttürme am Limes. Stuttgart: Ges. f. Vor- u. Frühgesch. in Württemberg u. Hohenzollern; Stuttgart: Württemberg. Landesmuseum [Vertrieb] 1976. 52 S., 32 Abb. (Kleine Schriften z. Kenntnis d. röm. Besetzungsgesch. Südwestdeutschlands 15) [Betr. auch Hessen]

597. Kröll, Walter: Untersuchungen am Limes bei Kastell Arnsburg. – In: 800 Jahre Kloster Arnsburg 1174–1974. Lich 1974, S. 15–17

598. Simon, Georg: Jahrhunderte begegnen sich. Den röm. Pfahlgraben entlang quer durch d. Taunus zur Wetterau. Mit Abb. – In: HGiess 1974, Woche 35

599. Kiessling, Rudolf: Vom Limes zur Limeslinie. (Vom Hohlgraben zur Autobahn.) – In: 140 Jahre Chorgesang in Echzell. Echzell 1975, S. 35–45 [Teil d. Autobahn Dortmund-Stuttgart in d. Wetterau]

## 3. Denkmäler und Inschriften

600. Corpus Signorum Imperii Romani. Corpus der Skulpturen der römischen Welt, Deutschland. Bd. 2, 1: Germania superior, Alzey u. Umgebung. Bearb. von Ernst Künzl, mit e. Beitr. von Barbara Kleinmann. Bonn: Habelt 1975. 54 S. m. 2 Abb. u. 52 Taf.

601. Künzl, Ernst: Zwei Reliefs aus der Germania superior: archaisierende Minerva und Fragment eines Medeazyklus. Mit 7 Abb. – In: BoJbbRhLM 173. 1973, S. 118–131

602. Gabelmann, Hanns: Römische Grabmonumente mit Reiterkampfszenen im Rheingebiet. Mit e. Beitr. von Géza Alföldy. Mit 38 Abb., 2 Falttaf. – In: BoJbbRhLM 173. 1973, S. 132–200

603. Noelke, Peter: Römische Grabreliefs der Rheinzone mit Mahldarstellungen. Magister-Arbeit. Bonn: Archäologisches Inst. 1973.

604. Römische Grabsteine in Bingen. Hrsg. in Gemeinschaft mit d. Kulturausschuß d. Stadt Bingen von Rudolf Engelhardt. Bingen: Engelhardt 1974. 59 S. m. Abb.

605. Engelhardt, Rudolf: Römische Grabsteine in Bingen. Mit Abb. – In: BiA 5. 1974, S. 3–23

606. S c h u m a c h e r , L.: Der Grabstein des Ti. Claudius Zosimus aus Mainz. Bemerkungen zu d. kaiserlichen praegustatores u. z. röm. Sepulkralrecht. – In: Epigraph. Studien. Sammelbd. 11. Köln 1976, S.131–141 m. Taf.

607. N i p p e r t , Walter: Die schneidigen Ritter der Rheinarmee. Neugefundene römerzeitl. Grabmäler. Mit 1 Abb. – In: HHGiess 1974, S. 87–88 [Betr. insbes. Mainz]

608. Inscriptiones trium Galliarum et Germaniarum Latinae. P. 5. Indices. Nachdr. d. Ausg. Berolini: de Gruyter 1943. Berlin: de Gruyter 1976. 243 S. m. Kt.-Beil. (Corpus inscriptionum Latinarum 13)

609. C a s t r i t i u s , Helmut; Johannes S o m m e r : Römische Inschriften aus dem Odenwald und seinen Randgebieten. – In: Odw 21. 1974, S. 14–24, 4 Abb.

610. N o e s k e , Hans-Christoph: Eine Bronzetafel mit Inschrift aus Heddernheim. Mit 2 Abb. – In: Ger 54. 1976, S. 216–220

611. W i e g e l s , Rainer: Ein römisches Inschriftenhäuschen aus dem Kleinkastell Hönehaus (Odenwald). Mit 5 Abb. u. 1 Kt. – In: Archäol. Nachrr. aus Baden 15. 1975, S. 16–23

612. W i g h t m a n , Edith Mary: Der Meilenstein von Buzenol, eine Inschrift aus Mainz und die Rechtsstellung des römischen Trier. Mit 2 Abb. – In: TrZ 39. 1976, S. 61–68 [Röm. Inschrift aus d. 1. Jh. n. Chr.]

4. K a s t e l l e  u n d  S i e d l u n g e n  u n d  i h r e  F u n d e

613. S i m o n , Georg: Noch zahlreiche Spuren römischer Vergangenheit in Hessens Erde. Mit 7 Abb. – In: HGiess 1976, Woche 6

614. S c h m i d t , Robert Heinz: Die römerzeitliche Besiedlung entlang der Römerstraße Gernsheim-Dieburg, besonders im Odenwald-Abschnitt, von Darmstadt-Eberstadt bis Dieburg. Ein Beitr. z. Gesch. d. röm. Eroberung d. nördl. Odenwalds. – In: JberVHORa 1974. 1975

615. S t u r m , Michael: Römische Siedlungsspuren im Taunusvorland. Mit 1 Abb. – In: RSp 2. 1976, H. 2, S. 3–6

616. Spätrömische Gardehelme. Hrsg. von Hans K l u m b a c h . München: Bayer. Akad. d. Wiss., Röm.-German. Zentralmuseum Mainz; München: Beck 1973. 117, 65 S. m. zahlr. Abb. (Münchener Beitrr. z. Vor- u. Frühgesch. 15)

617. K r u g , Antje: Römische Gemmen und Fingerringe im Museum für Vor- und Frühgeschichte Frankfurt a. M. Mit Abb. – In: Ger 53. 1975, S. 113–125

618. Lanting, Jan N.: Wetzsteine mit Fischgrätenverzierung: Artefakte aus römischer Zeit. Mit 1 Karte. – In: Ger 52. 1974, S. 89–101 [Fundorte u. a. Heidenkringen u. Mainz]

619. Decker, Karl Viktor: Römisches Spielbrett und Spielgerät im Mittelrheinischen Landesmuseum Mainz. – In: Bonner Hefte zur Vorgesch. 3. 1972, S. 19–23 m. Taf.

620. Unverzagt, Wilhelm: Die Keramik des Kastells Alzei. 2. Nachdr. d. Ausg. Frankfurt a. M. 1916. Bonn: Habelt 1976. 36 S. m. Abb., graph. Darst. (Materialien zur röm.-german. Keramik 2)

621. Unverzagt, Wilhelm, u. Franz Josef Keller: Neue Ausgrabungen in der Südhälfte des Römerkastells Alzey (Rheinhessen) im Frühjahr 1969.– In: BRGK 53: 1972.'73, S. 297–303, 4 Ktn

623. Schoppa, Helmut: Zeugnisse aus römischer Zeit in der Biebricher Gemarkung. Mit 2 Abb. – In: Biebrich am Rhein 874–1974. Chronik. Wiesbaden 1974, S. 19–26

624. Die Römer im Binger Land. Hrsg. in Gemeinschaft mit d. Kulturausschuß d. Stadt Bingen von Rudolf Engelhardt. Bingen: Engelhardt 1974. 74 S. m. Abb. u. Kt.

625. Engelhardt, Rudolf: Die Römer im Binger Land. Mit 3 Abb. – In: BiA 3. 1974, S. 3–8

626. Engelhardt, Rudolf: Bingen in römischer Zeit. Mit Abb. – In: BiA 2. 1973, S. 5–24

627. Das römische Ärzte-Instrumentarium. Bingen: Engelhardt 1974. 47 S. m. Abb. (BiA 4) [Binger Fund]

628. Böhme, Astrid: Die Fibeln des Kastells am Kleinen Feldberg/Hochtaunuskr. Mit 3 Abb. – In: SaaJb 31. 1974, S. 5–14

629. Jorns, Werner: Zu frührömischen Lager- und Kastellumwehrungen in Friedberg und Bad Nauheim. – In: Roman Frontier Studies 1969. 8th International Congress of Limesforschung. Cardiff 1974, S. 125–130 m. 1 Abb.

630. Schoppa, Helmut: Eine Bronzestatuette des Harpokrates aus Fritzlar-Geismar, Schwalm-Eder-Kreis. Mit 1 Abb. – In: FH 14: 1974. '75, S. 349–351

631. Neliba, Erich: Röm. Funde auf Gustavsburger Gelände..– In: Burg 30. 1974

632. Huld-Zetsche, Ingeborg: Nida- Heddernheim. Röm. Ausstellung d. Frankfurter Museums f. Vor- u. Frühgesch. Texte. Hrsg.: Dezernat

Kultur u. Freizeit d. Stadt Frankfurt a. M. Museum f. Vor- u. Frühgesch. Frankfurt a. M. 1976. 46 S. [nebst] Bildprospekt

633. H u l d - Z e t s c h e , Ingeborg: Frankfurt-Heddernheim, vom Militärlager zum regionalen Oberzentrum. Mit 1 Skizze. – In: Kölner Römer-Illustrierte 2. 1975, S. 144

634. W e l k e r , Edith: Die römischen Gläser von Nida-Heddernheim. Frankfurt a. M.: Kramer 1974. 148 S. m. 50 Marginalbildern u. 2 Pl., 23 Taf., 1 Tab. (Schriften d. Frankfurter Museums f. Vor- u. Frühgesch. 3) Zugl. Frankfurt a. M., Univ., Phil. Diss. 1971

635. H u l d - Z e t s c h e , Ingeborg: Das Museum in der Kiste. – In: Museen in Frankfurt a. M. (Kunst u. Museen in Frankfurt a. M. Beil) 2. 1974, S. 2 [Röm. Wandmalereien aus Nida-Heddernheim]

636. H u l d - Z e t s c h e , Ingeborg: Schmelzbirnen aus Frankfurt-[Heddernheim]. Mit 1 Abb. – In: Kölner Römer-Illustrierte 2. 1975, S. 145

637. N u b e r , Hans Ulrich: Mühlstein und Amphore aus Frankfurt a. M.-Heddernheim (Nordweststadt). – In: FH 13: 1973.'75, S. 189–194 m. 3 Abb.

638. R u p p r e c h t , Gerd: Erster Bericht über die Grabung „H e l d e n b e r g e n 1973" mit Vorlage von vier Ziegelstempeln. Mit 3 Abb. – In: FH 13: 1973.'75, S. 181–188 [Römerzeit]

639. C z y s z , Wolfgang: Ausgrabungen in Heldenbergen. Erste Ergebnisse d. Kampagne 1975. Mit 7 Abb. u. 1 Pl. – In: NMHaG 6. 1976, S. 88–100

640. V e t t e r , Gerhard: Die römischen Ziegelfunde aus Ffm.-H ö c h s t /-Nied und Umgegend. Frankfurt/M.-Höchst: Ver. f. Gesch. u. Altertumskde e. V. 1974. 114 S., 14 ungez. Bl. (Katalog Höchst 3) (Höchster Geschichtshefte. 22/23. Sonderh. Beitrr. z. Vor- u. Frühgesch.)

641. N u b e r , Hans Ulrich: Römisches Steinkastell H o f h e i m , Main-Taunus-Kreis. Vorber. über d. Grabungen 1969–1970. Mit 13 Abb. – In: FH 14: 1974.'75, S. 227–250

642. S c h o p p a , Helmut: Der vicus des Steinkastells von Hofheim am Taunus. Mit 5 Abb., 1 Taf. u. 1 Faltpl. – In: Roman Frontier Studies 1969. 8 th International Congress of Limesforschung. Cardiff 1974, S. 131–137

643. P f e r d e h i r t , Barbara: Die Keramik des Kastells H o l z h a u s e n . Berlin: Mann 1976. 162 S., 21 Taf. (Limesforschungen 16) [Ersch. teilw. zuerst als Diss. Frankfurt a. M., Fachbereich Geschichtswiss., 1974]

644. L o o s , Josef: Münze aus der Römerzeit in [Bingen-] K e m p t e n . Mit 2 Abb. – In: HMRh 19. 1974, Nr 3/4, S. 3

645. L o o s , Josef: Römischer Heizschacht [in Bingen-Kempten] gefunden. Bewertung erst nach Freilegung d. gesamten Anlage möglich. Mit 2 Abb. – In: HMRh 20. 1975, Nr 7/8, Juli/Aug., S. 3

646. B a a t z , Dietwulf: Zur Datierung des römischen Militärlagers Hanau-Kesselstadt. Mit 3 Abb. – In: Ger 51. 1973, S. 536–543

647. S i m o n , Hans-Günther: Zwei außergewöhnliche reliefverzierte Gefäße aus L a n g e n h a i n , Wetteraukreis. Mit 4 Abb. u. 4 Taf. – In: Ger 53, 1975, S.126–137 [Römerzeit]

648. D e c k e r , Karl-Viktor u. Wolfgang: Mogontiacum. M a i n z von der Zeit des Augustus bis zum Ende der römischen Herrschaft. – In: Aufstieg u. Niedergang d. röm. Welt 2. Principat 5, 1. Berlin, New York 1976, S. 457–559 m. Abb.

649. P e t r i k o v i t s , Harald von: Die Innenbauten römischer Legionslager während der Prinzipatszeit. Opladen: Westdt. Verl. 1975. 227 S.,12 Faltbl. (Abhandlungen d. Rhein.-Westfäl. Akademie d. Wiss. 56) [Betr. u. a. Legionslager Mogontiacum]

650. K l u m b a c h , Hans: Gerätegriff aus Hirschgeweih vom Mainzer Legionslager. Mit 2 Abb., 4 Taf. – In: JbRGZM 18. 1971, S. 226–232

651. Untersuchungen an der römischen Stadtmauer von Mainz auf dem Kästrich. Von Karl Heinz Esser [u. a.] – In: MZ 69. 1974, S. 227–288 m. 4 Abb., 1 Falttaf.

652. S c h o p p a , Helmut: Ein Gladius vom Typus Pompeji. Mit 3 Taf. – In: Ger 52. 1974, S. 102–108 m. 1 Abb. [Fundort am Mainzer Brand]

653. H a n e , Karl: Das Römerbad (Sironabad) in N i e r s t e i n . Mit 2 Abb. – In: HJMBi 15. 1971, S. 24–27

654. B e h r e n d s , R.-H.: Untersuchungen am römischen Kastellbad von O s t e r b u r k e n , Odenwaldkreis. Mit 7 Abb. – In: Denkmalpflege in Baden-Württemberg 3. 1974, H. 2, S. 31–34

655. Römerlager Rödgen. Hans S c h ö n b e r g e r . Das augusteische Römerlager Rödgen. – Hans-Günther S i m o n . Die Funde aus den frühkaiserzeitlichen Lagern Rödgen, Friedberg und Bad Nauheim. Mit 36 Abb., 70 Taf., 1 Beil. u. 12 Vergleichstaf. Berlin: Mann 1976. 264 S. (Limesforschungen 15)

656. S c h ö n b e r g e r , Hans: Das augusteische Römerlager Rödgen und die Kastelle Oberstimm und Künzing. – In: Ausgrabungen in Deutschland 1. Mainz 1975. (Röm.-German. Zentralmuseum zu Mainz, Forschungsinst. f. Vor- und Frühgesch. Monographien 1) S. 372–383, 6 Abb. [Rödgen, ein Stadtteil von Bad Nauheim]

657. B a a t z , Dietwulf: Die S a a l b u r g . Ein Führer durch d. röm. Kastell u. seine Gesch. 5. Aufl. Bad Homburg: Saalburgmuseum 1976. 32 S.

658. B e c k m a n n , Christamaria: Eine neue Gemme aus dem Gräberfeld der Saalburg. Mit 2 Abb. – In: SaaJb 31. 1974, S. 15

659. E r d m a n n , Elisabeth: Dreiflügelige Pfeilspitzen aus Eisen von der Saalburg. – In: SaaJb 33. 1976, S. 5–10

660. K l e e , Werner: V i e r n h e i m s vierter Römerbrunnen. – In: HViern 7. 1975, Nr 18, S. 1–8 m. Abb.

661. B a a t z , Dietwulf: Die römischen Thermen am Limeskastell W a l l d ü r n , Odenwaldkreis. Mit 7 Abb., 1 Kt. – In: Denkmalpflege in Baden-Württemberg 3. 1974, H 2, S. 25–30

662. B a a t z , Dietwulf: Ein bronzener Pelikankopf aus Walldürn. Mit 1 Abb. – In: KTrJb 14. 1974, S. 232–233

663. S c h o p p a , Helmut: Aquae Mattiacae. W i e s b a d e n s römische u. alamannisch-merowingische Vergangenheit. Wiesbaden: Steiner 1974. XVI, 179 S. m. Abb. (Gesch. d. Stadt Wiesbaden 1)

664. K l u m b a c h , Hans: Der Helm von W o r m s , Deutschland. Mit 3 Taf. – In: Spätröm. Gardehelme. Hrsg. von Hans Klumbach. München 1973 (Münchner Beitrr. z. Vor- u. Frühgesch. 15), S. 111–114

5. Religion und Kultus

665. B a a t z , Dietwulf: Das gallorömische Heiligtum im Vicus der Saalburg auf der neuen Trasse der Bundesstraße 456. – In: SaaJb 28. 1971, S. 89–91

666. H e r z , Peter: Neue Benefiziarier-Altäre aus Mainz. – In: Zs. f. Papyrologie u. Epigraphik 22. 1976, S. 191–199

667. A l b a c h , Walter: Der römische Viergötterstein aus der Stadtkirche in Michelstadt. – In: HErb 1974, Nr 2. 3

668. B a u c h h e n s s , Gerhard: Jupitergigantensäulen. Stuttgart: Ges. f. Vor- u. Frühgesch. in Württemberg u. Hohenzollern; Stuttgart: Württemberg. Landesmuseum [Vertrieb] 1976. 76 S. m. Abb. u. Kt. Beil. (Kleine Schriften z. Kenntnis d. röm. Besetzungsgesch. Südwestdeutschlands 14) [Betr. auch Hessen]

669. B a u c h h e n s s , Gerhard: Zur Entstehung der Jupitergigantensäulen. Mit 8 Abb. – In: ArK 4. 1974, S. 359–364

670. K ü n z l , Ernst: Juppitersäulen im röm. Alzey. – In: AlGbll 11/12. 1976, S. 22–35 m. 16 Abb.

671. S ö l l n e r , Max: Die Jupiter-Giganten-Säule in Butzbach. – In: HGiess 1974, Nr 47

672. H u l d - Z e t s c h e , Ingeborg: Die strahlende Göttin aus Frankfurt. Statue d. Dea Candida aus Frankfurt-Heddernheim. Mit 1 Abb. – In: Kölner Römer-Illustrierte 2. 1975, S. 144

673. Herz, Peter: Ein neuer Minerva-Altar aus Mainz. – In: ArK 4. 1974, S. 355–358, 1 Taf.

674. Vermaseren, Maarten Josef: Der Kult des Mithras im römischen Germanien. Hrsg. v. d. Ges. f. Vor- u. Frühgesch. in Württemberg. Stuttgart: Württemberg. Landesmuseum 1974. 68 S. m. Abb., 1 Faltkt. (Kleine Schriften z. Kenntnis d. röm. Besetzungsgesch. Südwestdeutschlands 10) [Betr. auch Hessen]

675. Bastian, Jürgen: Mithraskult in der Binger Landschaft. – In: HJMBi 17. 1973, S. 33–35

676. Engelhardt, Rudolf: Mithrastempel in der Amtstraße [in Bingen]. – In: HMRh 20. 1975, Nr 11/12, Nov./Dez., S. 2

677. Lloyd-Morgan, G.: A Bronze Statuette from London Bridge. – In: Antiquaries Journal 54. 1974, S. 85–86 [Heddernheimer Venus mit Klappspiegel]

678. Jorns, Werner: Das Votivrelief eines Vulkan aus einem Steinkeller des römischen Lagerdorfes zu Butzbach. Mit 7 Abb. – In: HM 1. 1975, S. 61–68

679. Berlet, Eduard: Der Alzeyer Nymphenaltar [aus d. Römerzeit]. Gesch. eines Steines. – In: AlGbll 10. 1974, S. 55–70

## 6. Wirtschaft und Verkehr

680. Schulz-Falkenthal, Heinz: Handwerkerkollegien und andere Berufsgenossenschaften in den römischen Rhein-Oberdonauprovinzen. – In: Das Altertum. 20. 1974, S. 25–33

681. Bülow, Gerda von: Studien zur Organisation des Töpfereigewerbes und zum Status der Töpfer in den römischen Rhein-Oberdonau-Provinzen im 3. und 4. Jahrhundert u. Z. Berlin 1972. III, 193 ungez. Bl. m. Abb. [Maschinenschr. vervielf.] Berlin, Humbold-U., Gesellschaftswiss. F., Diss. A. v. 31. 10. 1972 [Erschien auch in: Ethnograph.-archäol. Zs. 15. 1974, S. 67–74]

682. Engelhardt, Rudolf: Der römische Gutshof im Binger Wald. Mit Abb. – In: BiA 5. 1974, S. 24–35, 58–59

683. Meyrahn, Werner: Ein neuer römischer Gutshof bei der Rainmühle, Gemarkung Griedel, und andere zivile römische Siedlungen in der nördlichen Wetterau. – In: WeGbll 24. 1975, S. 23–31

684. Janse, Heinz: Die Ausgrabung eines Gebäudes einer römischen Villa rustica in Flur 21 „Hundsrück" der Gemarkung Bad Vilbel-Gronau. – In: ViHbll 14. 1976, S. 3–21, 33 Abb.

685. B o s s , Walter: Die römische Villa in Groß Umstadt. – In: HErb 51. 1976, Nr 1

686. J o r n s , Werner: Bad Nauheimer Salzwesen um Christi Geburt und im Frühmittelalter. – In: WeGbll 23. 1974, S. 7–20 m. Abb.

687. J e c k e l , Friedrich Wilhelm: Die „Hunburg" in Seulberg. Mit 1 Abb. – In: SChr 6. 1975, Nr 1, S. 1–2

688. R o s e n b o h m , Rolf: Zur „Hunburg" in Seulberg. – In: SChr 6.1975, Nr 2, Bl. 1–5

689. P a l m , Claus: Bingen im Verkehrsnetz der Römer. Mit 4 Kt. – In: BiA 3. 1974, S. 19–29

690. J o r n s , Werner: Der spätrömische Burgus „Zullestein" mit Schiffslände, nördlich von Worms. Mit 1 Pl. – In: Actes du 9. Congrès international d'études sur les frontières romaines. Mamaia, 6. – 13. Sept. 1972. Bukarest; Köln/Wien: Böhlau 1974, S. 427–432 m. 1 Skizze [Betr. rechtsrhein. Brückenkopf an d. Mündung d. Weschnitz in d. Rhein; Gemarkung Nordheim, Kr. Bergstraße]

691. J o r n s , Werner: Der spätrömische Burgus mit Schiffslände und die karolingische Villa Zullestein. Mit Abb. – In: ArK 3. 1973, S. 75–80

692. K n ö p p , Friedrich: Der Zullestein. – In: FH 14: 1974. '75, S. 123–128

## B. DIE GERMANEN
(Römerzeit u. Frühmittelalter)

### 1. Allgemeines

693. S c h w i n d , Fred, u. Christa B ä r - P a l m i é : Bibliographie zur Archäologie des Mittelalters in Hessen 1945–1975. – In: ZAM 4. 1976, S.131–179

694. K e l l e r , Erwin: Zur Chronologie der jüngerkaiserzeitlichen Grabfunde aus Südwestdeutschland und Nordbayern. – In: Studien z. vor- u. frühgeschichtl. Archäol. Festschrift f. Joachim Werner z. 65. Geburtstag. T. 1. München 1974 (Münchner Beitrr. z. Vor- u. Frühgesch. Erg. Bd 1,1) S. 247–291

695. K o c h , Robert: Spätkaiserzeitliche Fibeln aus Südwestdeutschland. – In: Studien z. vor- u. frühgeschichtl. Archäol. Festschrift f. Joachim Werner z. 65. Geburtstag. T. 1. München 1974 (Münchner Beitrr. z. Vor- u. Frühgesch. Erg. Bd 1,1) S. 227–246

696. H a s e l o f f , Günther: Zum Ursprung der germanischen Tierornamentik. Die spätröm. Wurzel. Mit 50 Fig. – In: Frühmittelalterl. Studien 7. 1973, S. 406–442

697. Weidemann, Konrad: Untersuchungen zur Siedlungsgeschichte des Landes zwischen Limes und Rhein vom Ende der Römerherrschaft bis zum Frühmittelalter. – In: JbRGZM 19: 1972. 1974, S. 99–154

698. Schlesinger, Walter: Early medieval fortifications in Hesse: a general historical report. – In: World Archaeology 7. 1976, S. 243–260

699. Weidemann, Konrad: Germanische Burgen rechts des Rheins im 5. Jahrhundert. Kommentar z. Kt. – In: Ausgrabungen in Deutschland 3. Mainz 1975 (Röm.-German. Zentralmuseum zu Mainz. Monographien 1) S. 362–363 m. 1 Kt. [Betr. auch Hessen]

700. Gensen, Rolf: Frühmittelalterliche Burgen und Siedlungen in Nordhessen. Mit 15 Abb. – In: Ausgrabungen in Deutschland 2. Mainz 1975. (Röm.-German. Zentralmuseum zu Mainz. Monographien 1) S. 313–337

## 2. Einzelne Stämme und Funde

701. Mertin, Josef: Die letzten Malstätten der alten Chatten. – In: HeG 75. 1974, S. 56–57

702. Kühn, Herbert: Der Alzeyer Raum im 7. Jh. – In: AlGbll 10. 1974, S. 71–92 m. 24 Abb. [Funde aus d. Völkerwanderungszeit]

703. Zeller, Gudula: Ein Steigbügel des 6. Jahrhunderts aus Budenheim bei Mainz. Mit 6 Abb. – In: ArK 4. 1974, S. 257–258

704. Simon, Hans-Günther: Kaiserzeitliche Fibeln und Sigillaten vom Büraberg. Mit 5 Abb. – In: Wand, Norbert: Die Büraburg bei Fritzlar. Marburg 1974. (Kasseler Beitrr. z. Vor- u. Frühgesch. 4) S. 172–174

705. Böhme, Horst Wolfgang: Völkerwanderungszeitliche Metallgegenstände vom Büraberg bei Fritzlar. Mit 2 Kt. – In: ArK 4. 1974, S. 165–171

706. Wand, Norbert: Chattische Brandgräber vom Büraberg und Hopfenberg. Mit 2 Abb. – In: Wand, Norbert: Die Büraburg bei Fritzlar. Marburg 1974. (Kasseler Beitrr. z. Vor. u. Frühgesch. 4) S. 175–176

707. Schmidt, Robert Heinz: Alemannenzeitliche Funde aus dem Ostteil des Landkreises Darmstadt und aus Darmstadt-Eberstadt. – In: JberVHORa 1973. '75, S. 213–220

708. Röder, Josef: Der Felsberg im Odenwald. Komm. zum Modell (Maßstab 1:20). – In: Ausgrabungen in Deutschland. 3. Mainz 1975 (Röm.-German. Zentralmuseum zu Mainz, Forschungsinstitut f. Vor- und Frühgesch. Monographien 1) S. 347–351, 6 Abb.

709. Gensen, Rolf: Ein Frauengrab des 7. Jahrhunderts aus Fritzlar. Mit 5 Abb. – In: FH 12: 1972. '74, S. 34–45

710. S t r a u b , August: Fritzlar im alten Chattengau. – In: Hess. Volkskal. 91. 1974, S. 13

711. G e n s e n , Rolf: Die Frühgeschichte des Fritzlarer Raumes. Mit 3 Kt. u. 11 Abb. – In: Fritzlar im Mittelalter. Festschrift z. 1250 Jahrfeier. Fritzlar 1974, S. 10–40

712. R o s e n b o h m , Rolf: Eine vorkarolingische bäuerliche Salz- und Waldgenossenschaft in Bad Homburg - G o n z e n h e i m . – In: MVGHOUr 20. 1976, S. 15–19

713. L u d w i g , Willi: Grundmauern mehrerer Kapellen freigelegt. Bei Grabungen auf d. „H e i n e b e r g " [bei Alheim-Heinebach] wahrscheinlich e. vorchristl. Siedlung entdeckt. – In: HeG 75. 1974, S. 80–81

714. M o z e r , Ubbo: Festung Heineberg [oberhalb von Heinebach im Fuldatal] im Frühmittelalter zerstört. – In: HeG 77, 1976, S. 77–79

715. G e n s e n , Rolf, Wilhelm H e l l w i g u. Hartmut K ü t h e : Der Ringwall „ H ü n e n k e l l e r " bei Korbach-Lengefeld, Kreis Waldeck. Mit 13 Abb. – In: FH 13: 1973. '75, S. 203–224 [Frühmittelalter]

716. S c h m i d t , Robert Heinz: Der alemannische Bestattungsbereich und das merowingerzeitliche Gräberfeld von N i e d e r - R a m s t a d t , Kr. Darmstadt, in ihrem räumlichen Verhältnis zueinander, im regionalen und überregionalen Vergleich. – In: JberVHORa 1973. '75, S. 93–213

717. S c h m i d t , Robert Heinz: Ein Becher seltener Form mit hellem Farbüberzug aus einem römerzeitlichen Brandgräberfeld von S c h w a n h e i m (Kr. Bergstraße) u. Der Beginn d. Gräberfeldes von Schwanheim. – In: JberVHORa 1975, S. 82–92

718. S t ü m p e l , Bernhard: Römerzeitlicher Friedhof in W a l d a l g e s h e i m . Mit 1 Abb. – In: HJMBi 16. 1972, S. 11–14

719. J a n k e , Heinrich: Wichtige Funde aus der römischen Kaiserzeit. – In: HLD 1975, Nr 53, S. 3 m. Abb. [Betr. Kreis W e t z l a r ]

### 3. Franken

720. Althessen im Frankenreich. Hrsg. von Walter S c h l e s i n g e r . Sigmaringen: Thorbecke 1975. 296 S. m. Abb., 2 Faltkt. (Nationes 2)

721. S c h l e s i n g e r , Walter: Zur politischen Geschichte der fränkischen Ostbewegung vor Karl dem Großen. – In: Althessen im Frankenreich. Sigmaringen 1975. (Nationes 2) S. 9–61

722. S c h w i n d , Fred: Die Franken in Althessen. – In: Althessen im Frankenreich. Sigmaringen 1975. (Nationes 2) S. 211–280

723. W e i d e m a n n , Konrad: Forschungen zur Eingliederung Süddeutschlands in das Frankenreich. – In: Ausgrabungen in Deutschland 2. Mainz 1975. (Röm.-German. Zentralmuseum zu Mainz. Monographien 1) S. 201–210 [Betr. auch Hessen]

724. W e i d e m a n n , Konrad: Archäologische Zeugnisse zur Eingliederung Hessens und Mainfrankens in das Frankenreich vom 7. bis zum 9. Jahrhundert. Mit 6 Abb. – In: Althessen im Frankenreich. Sigmaringen 1975. (Nationes 2) S. 95–119

725. W e i d e m a n n , Konrad: Die Ausbreitung der fränkischen Herrschaft in den Gebieten rechts des Rheins. Kommentar z. Kt. – In: Ausgrabungen in Deutschland 3. Mainz 1975 (Röm.-German. Zentralmuseum zu Mainz. Monographien 1) S. 365–366

726. W e i d e m a n n , Konrad: Burgen, Klöster und Bistümer im Frankenreich rechts des Rheins (7.-8. Jh.) Kommentar z. Kt. – In: Ausgrabungen in Deutschland 3. Mainz 1975. (Röm.-German. Zentralmuseum zu Mainz. Monographien 1) S. 367–370 m. 1 Kt. [Betr. auch Hessen]

727. S c h o p p a , Helmut: Die fränkische Besiedlung unserer Heimat. – In: Land an d. Lahn. Mühlheim/M. 1976, S. 42–45 [Kr. Limburg-Weilburg]

728. W e n s k u s , Reinhard: Sächsischer Stammesadel und fränkischer Reichsadel. Göttingen: Vandenhoeck & Ruprecht 1976. 598 S. (Abhandlungen d. Akad. d. Wiss. in Göttingen. Phil.-hist. Kl. 3,93)

729. L e m m e l , Herbert E.: Lampertiner in Ostfranken. Ein Beitr. zur Siedlungsgeschichte Ostfrankens und zur Strukturanalyse seines Uradels. Von Herbert E. Lemmel. Fulda: Parzeller 1972. 181 S., 20 Falttaf. (Quellen u. Abhandlungen zur Gesch. d. Abtei u. d. Diözese Fulda 21)

730. G o c k e l , Michael: Zur Verwandtschaft der Äbtissin Emhilt von Milz. – In: Festschr. f. Walter Schlesinger. Hrsg. von Helmut Beumann. 2. Köln, Wien 1974. (Mitteldt. Forschungen 74,2) S. 1–70 [Betr. u. a. d. osthess. Raum]

731. A m e n t , Hermann: Archäologie des Merowingerreiches. Literaturber. 1971–1975 [nebst] Reg. 1971–1975. – In: BRGK 51/52: 1970/71. '72, S. 283–347; 53: 1972.'73, S. 305–366; 54:1973. '74, S.319–382; 55: 1974. '75, S. 429–476; 56: 1975. '76, S. 469–576

732. R e n n e r , Dorothee: Röm.-German. Zentralmuseum zu Mainz. Die durchbrochenen Zierscheiben der Merowingerzeit. Mainz; Bonn: Habelt in Komm. 1970. 231 S., 34 Taf., 34 Kt., 1 Faltbl. (Kataloge vor- u. frühgeschichtl. Altertümer 18) [Erschien zuerst als Phil. Diss. Mainz 1960/61 u. d. T.: Renner: Die runden durchbrochenen merowing. Zierscheiben] [Betr. auch d. Raum Nassau u. Hessen]

733. M e y e r , Diethard: Die merowingerzeitlichen Funde aus dem Gebiet zwischen Taunus und Westerwald. Diss. Bochum 1974

734. A m e n t , Hermann: Merowingische Grabhügel. Mit 1 Abb. – In: Althessen im Frankenreich. Sigmaringen 1975. (Nationes 2) S. 63–93

735. Z e l l e r , Gudula: Die Grabfunde der Merowingerzeit aus dem nordöstlichen Rheinhessen. München 1972. 39 S.,1 Bl. München, Univ., Philos. Fak., Diss. 1973

736. R a u , Hermann Günter: Alemannisch-fränkische Grabfunde am Untermain. Neue Ausgrabungen. – In: Antike Welt 4. 1973, 3, S. 45–51 m. 12 Abb.

737. S c h n e i d e r , Ernst: Capitulare de villis vell curtis imperii. Die Landgüterordnung Kaiser Karls d. Großen unter Berücks. d. Kreises Groß-Gerau. – In: HspGer 1975, Nr 1

738. S c h w i n d , Fred: Marken und Grundherrschaft, vornehmlich im Lahngau. – In: BDLK 49. 1975, S. 63–72

739. S t a a b , Franz: Untersuchungen zur Gesellschaft am Mittelrhein in der Karolingerzeit. Mit 4 Kt. Wiesbaden: Steiner 1975. XII, 562 S. (GLa 11) [Erschien zuerst als Phil. Diss. Mainz 1972]

740. S c h m i d t , Robert Heinz: Das merowingerzeitliche Holzkästchen mit Bronze-Beschlag von Darmstadt- B e s s u n g e n , im Vergleich mit seinen berühmten Kölner Parallelen u. Der Beginn d. Gräberfeldes v. Bessungen. – In: JberVHORa 1975, S. 231–238

741. W a n d , Norbert: Die B ü r a b u r g bei Fritzlar. Burg – „Oppidum" – Bischofssitz in karolingischer Zeit. Mit Beitrr. von J. Eckert [u. a.] Marburg: Elwert 1974. 220 S., 46 Taf., 10 Beil. (Kasseler Beitrr. z. Vor- u. Frühgesch. 4) [Zugl. Marburg, Univ., Philos. Fak., Diss. v. 1970]

742. W a n d , Norbert: Die Büraburg und das Fritzlar-Waberner Becken in der merowingisch-karolingischen Zeit. Mit 3 Abb. – In: Althessen im Frankenreich. Sigmaringen 1975. (Nationes 2) S. 173–210

743. W a n d , Norbert: Die Büraburg – eine fränkische Großburg zum Schutz des Edergebietes. – In: Fritzlar im Mittelalter. Festschrift z. 1250 Jahrfeier. Fritzlar 1974, S. 41–58 m. 5 Abb.

744. S c h i e f f e r , Rudolf: Über Bischofssitz und Fiskalgut im 8. Jahrhundert. – In: HJb 95. 1975, S. 18–32 [Betr. u. a. Büraburg: S. 19–21]

745. H a s e l o f f , Günther: Das Silberbeschläg von der Büraburg. – In: Wand, Norbert: Die Büraburg bei Fritzlar. Marburg 1974. (Kasseler Beitrr. z. Vor- u. Frühgesch. 4) S.177–179 [8. Jh.]

746. K u l i c k , Jens: Zur Herkunft des Steinmaterials von Steinbauten der Büraburg. Mit 3 Abb. – In: Wand, Norbert: Die Büraburg bei Fritzlar. Marburg 1974. (Kasseler Beitrr. z. Vor- u. Frühgesch. 4) S. 180–185

747. G e n s e n , Rolf: C h r i s t e n b e r g , Burgwald und Amöneburger Becken in der Merowinger- und Karolingerzeit. Mit 10 Abb. – In: Althessen im Frankenreich. Sigmaringen 1975. (Nationes 2) S. 121–172

748. G e n s e n, Rolf: Christenberg, Keltenburg u. Karolingerfestung. [1972] (Sonderdr. d. Oberhess. Presse Marburg)

749. H u c k r i e d e, Reinhold, u. St. D ü r r : Geologisches und Kulturgeschichtliches zu einigen verschleppten Gesteinen in Hessens Boden (Devon-Kalke, Muschelkalk, Lakonischer Porfido verde antico) [Zur karolingerzeitl. Anlage „Höfe" bei Dreihausen u. zum Christenberg]. – In: Geologica et palaeontologica 9. 1975, S. 125–139

750. R a d l o f f , Hartmut: Der Kariesbefund und die Abrasion der Zähne der fränkischen Bevölkerung aus dem Siedlungsraum E l t v i l l e , Rheingaukreis, zwischen 500 und 800 n. Chr. – In: Medizinhist. Journal 8. 1973, S. 201–235 [Erschien auch als Diss. Frankfurt a. M., Fachbereich Hummanmed. 1973]

751. A m e n t, Hermann: Röm.-german. Komm. d. Archäol. Inst. Rhein. Landesmuseum Bonn d. Landschaftsverb. Rheinland. Fränkische Adelsgräber von F l o n h e i m [in Rheinhessen]. Berlin: Mann 1970. 198 S., 43 S. Abb., 2 Bl. Kt. (German. Denkmäler d. Völkerwanderungszeit Ser. B, 5)

752. A m e n t, Hermann: Die fränkischen Adelsgräber von Flonheim b. Alzey in Rheinhessen. – In: RhVbll 35. 1971, S. 47–48

753. S t a m m , Otto: F r a n k f u r t , karolingische Pfalz und staufischer Saalhof. Mit 1 Abb. – In: Kölner Römer-Illustrierte 2. 1975, S. 279

754. S c h w i n d , Fred: F r i t z l a r zur Zeit des Bonifatius und seiner Schüler. – In: Fritzlar im Mittelalter. Festschrift z. 1250-Jahrfeier. Fritzlar 1974, S. 69–88

755. W e r n e r , Joachim: Merowingisches vom G l a u b e r g [b. Büdingen]. Mit 1 Abb. – In: FH 14: 1974.'75, S. 389–392

756. B a u e r , Walter: Kostbarkeiten unserer Landschaft. Die [fränkische] H e r b o r n s e e l b a c h e r Fibel. 1 Abb. – In: HbllPFH 42. 1974, S. 44

757. S c h u m m e r , Fritz: Neue Funde vom Ringwall H ü n e r b e r g [bei Oberhöchstadt] im Taunus. Mit 2 Taf. – In: MVGHOUr 20. 1976, S. 27–32 [Funde aus fränk. Zeit]

758. G o c k e l , Michael: Die Träger von Rodung und Siedlung im H ü n f e l d e r Raum in karolingischer Zeit. – In: HJL 26. 1976, S. 1–24 u. 1 Kt.; vgl. a. ZAM 4. 1976, S. 88–90

759. H a a r b e r g , Rudolf: Siedlungen der Frankenzeit in der Gemarkung von K i r c h b e r g . – In: Schaberick, Egon: Kirchberg. Festschr. z. 950-Jahr-Feier. Kirchberg [1971], S. 21–22

760. S ü s s , Lothar: Ein spätmerowingischer Messing-Schwertknauf mit Tierkopfenden aus Bad N a u h e i m . Mit 5 Abb. – In: FH 12: 1972. '74, S. 177–221

761. S c h m i d t , Robert Heinz: Die merowingerzeitlichen Funde aus einem Gebäude von O b e r - R a m s t a d t , Kr. Darmstadt, Gartenstr. 3, darunter e. reich verziertes Bronzebecken. – In: JberVHORa 1975, S. 221–230

762. V i l l i n g e r , Carl Johann Heinrich: Vom Fränkischen Königshof zur Bergkirche. Aus d. Gesch. eines O s t h o f e n e r Kulturdenkmals. – In: HJAlWo 11. 1971, S. 77–78

763. S c h w i n d , Fred: Betrachtungen zur Geschichte V i l b e l s in der Karolingerzeit. – In: ViHbll 10. 1974, S. 13–20

764. W a n d , Norbert: Eine karolingische Webhütte und ein mittelalterlicher Keller aus Bad Wildungen- W e g a , Kr. Waldeck-Frankenberg. Mit 4 Abb. – In: FH 14: 1974. '75, S. 381–388

765. E w i g , Eugen: Zu Wimpfen u. W o r m s , St. Dié u. Trier im 7. Jh. – In: JbwLa 1. 1975, S. 1–9


## C. ARCHÄOLOGIE DES HOCH- UND SPÄTMITTELALTERS UND DER NEUZEIT

[vgl. Nr. 693]

766. F i n g e r l i n , Ilse: Gürtel des hohen und späten Mittelalters. Berlin: Dt. Kunstverl. 1971. 455 S., 568 Abb. (Kunstwiss. Studien 46) Erschien auch als Phil. Diss. Freiburg 1967

767. B i n g e m a n n , Daniel: Funde in der B r a a c h e r Kirche. Zwei Gräber u. Fundamente entdeckt. – In: MHl 26. 1974/75, S. 44

768. B a c h m a n n , Karl, York [= Egbert K ö n i g ] u. Karl K o l l m a n n : Grabungen in der F r a n k e r s h ä u s e r Kirche. – In: W 26. 1974, S. 56–58; 27. 1975, S. 1–2

769. S c h u l z e , Alfred: Historische Funde unterhalb der Boyneburg [1971–1975 freigelegt]. Ber. über d. Ausgrabungen beim Gut H a r m u t h s h a u s e n . – In: W 28. 1976, S. 1–2 [Saalkirche vermutl. aus d. 11. Jh.]

770. D e s e l , Jochen: Zwei Abfallgruben des 15. und 16. Jahrhunderts in H o f - g e i s m a r [mit Bodenfunden aus Keramik, Glas u. Eisen]. – In: ZHG 85. 1975, S. 113–123

771. B i n d i n g , Günther: Beobachtungen und Grabungen im Schloß Bad H o m b u r g v. d. Höhe im Jahr 1962. Mit 4 Taf. Abb. – In: MVGLHo 32. 1974, S. 5–19

772. G ( l a u e r t ) , B(arbara): Mit Spaten, Löffel und Bagger. Neue Kirche vor d. Dom entdeckt. – In: MMag 1974, Febr. S. 17–19 [ M a i n z ]

773. Esser, Karl Heinz, u. Anibal do Paço Quesado: Die Ausgrabungen auf dem Liebfrauenplatz in Mainz. – In: MZ 70. 1975, S. 177–193 [Funde d. ehem. Liebfrauenkirche, erbaut um 1000]

774. Altwasser, E.: Die Ausgrabungen auf dem Gelände des ehemaligen Gymnasiums Philippinum [Marburg]. – In: Chronika Ehemaliger Marburger Gymnasiasten 5. 1975, Nr 5, S. 144–147

775. Seib, Gerhard: Ausgrabungen an ehemaliger Nonnenklosterkirche Reichenbach – 3. Vorber. – In: HH N. F. 24. 1974, S. 225

776. Die Ausgrabungen auf der Burg Rodersen. – In: ZHG 84. 1974, S. 123–181 m. Abb. [S. 123: Haarberg, Rudolf: Ziel u. Organisation d. Grabung. 124–141: Wittenberg, Gerhard: Burg Rodersen u. ihre Besitzer. 142–144: Pickel, Wilhelm: Die topograph.-geol. Gegebenheiten. 145–154: Most, Werner: Der bauliche Befund. 155–159: Schier, Karl Heinz: Eisenfunde. 160–163: Most, Irmgard: Sonstige Kleinfunde. 164–165: Hartmann, Curt: Die Knochenfunde. 166–181: Haarberg, Rudolf: Die Keramik]

777. Blechschmidt, Manfred: Vorbericht über die Ausgrabungen am Schiffenberg 1973–1975. – In: MOHG N. F. 60. 1975, S. 145–156 m. Abb.

778. Fischer, Norbert: Ausgrabungen auf der Burgruine Schnellerts. – In: Schn Ber 1976, S. 6–11 m. Abb.

779. Rettungsgrabung auf der Graf-Gerlachs Burg [Sohlbach]. Schürfarbeit führte zu exakten Erkenntnissen. Schatzgräber haben manches zerstört. – In: UHl 1974, S.141/142 m. 2 Abb. u 1 Lagepl.

780. Heine, Hans-Wilhelm: Die Ausgrabungen auf der Graf-Gerlachs-Burg bei Netphen-Sohlbach im Jahre 1974. Mit zahlr. Abb. – In: Si 52. 1975, S. 63–72

781. Beckmann, Bernhard: Ein Tongefäß der frühen Neuzeit aus Oberursel-Weißkirchen. Mit 5 Abb. – In: MVGHOUr 18. 1974, S. 14–18

782. Janke, Heinrich: Ein bemaltes Töpfchen „Pingsdorfer Art" [aus Wetzlar]. – In: HLD 1975, Nr 56, S. 3 m. 1 Ab. [Mittelalter]

783. Kollmann, Karl: Eine Wallanlage auf dem Zungenkopf bei Oetmannshausen. – In: W 26. 1974, S. 9 f.

A. Allgemeines 61

IV.
POLITISCHE TERRITORIALGESCHICHTE

A. ALLGEMEINES

784. Urkundenbuch zur Geschichte der mittelrheinischen Territorien. In 3 Bden. Bearb. von Heinrich B e y e r [u. a.] Neudr. Aalen: Scienta-Verl. 1974.
1. Von d. ältesten Zeiten bis z. J. 1169. Bearb. von Heinrich B e y e r. Neudr. d. Ausg. Koblenz 1860. VIII, 821 S.
2. Vom Jahre 1169–1212. Bearb. von Heinrich B e y e r [u. a.] Neudr. d. Ausg. Koblenz 1865. CCXXIV, 784 S.
3. Vom Jahre 1212–1260. Bearb. von Leopold E l t e s t e r u. Adam G o e t z. Neudr. d. Ausg. Koblenz 1874. X, 1208 S.

785. K l o f t , Jost: Inventar des Urkundenarchivs der Fürsten von Hatzfeldt-Wildenburg zu Schönstein/Sieg. Bd 1. Regesten. Nr 1–450. 1217–1467. Koblenz: Selbstverl. d. Landesarchivverwaltung Rheinland-Pfalz 1975. 256 S. (Veröffentlichungen d. Landesarchivverwaltung Rheinland Pfalz 22) = (Inventare nichtstaatl. Archive 18)

786. F a b e r , Gustav: Denk ich an Deutschland ... 9 Reisen durch Gesch. u. Gegenwart. Frankfurt a. M.: Insel Verl. 1975. 272 S., 16 ungez. Taf. S. 273–556 [Betr. auch Hessen]

787. Hessen. Hrsg. von Georg Wilhelm S a n t e . 3., überarb. Aufl. Stuttgart: Kröner 1976. LVII, 540 S. m. Kt. (Handbuch d. hist. Stätten Deutschlands 4) (Kröners Taschenausg. 274)

788. U h l h o r n , Friedrich: Die historischen Beziehungen Hessen, Rheinland/Pfalz und Saarland. – In: Beitrr. z. Raumplanung in Hessen, Rheinland-Pfalz, Saarland. 1. Hannover 1974. (Veröffentlichungen d. Akad. f. Raumforsch. u. Landesplanung. Forschungs- u. Sitzungsberr. 91) S. 1–14

789. S c h i n d l i n g , Anton: Die Edition der Deutschen Reichstagsakten und die mittelrheinisch-hessische Landesgeschichte. – In: NAN 85. 1974, S. 245–253

790. Rheinland Pfalz und Saarland. Hrsg. von Ludwig P e t r y . 3. Aufl. Stuttgart: Kröner 1976. XI, 481 S. m. 12 graph. Darst. u. 7 Kt. (Handbuch d. hist. Stätten Deutschlands 5) (Kröners Taschenausg. 275)

791. H e r r m a n n , Hans-Walter: Zur früheren territorialen und administrativen Gliederung des Gebietes der heutigen Bundesländer Rheinland-Pfalz und Saarland – In: Brommer, Peter, Karl Heinz Debus u. Hans-Walter Herrmann: Inventar der Quellen z. Gesch. d. Auswanderung 1500–1914 in d. staatl. Archiven v. Rheinland-Pfalz u. d. Saarland. Koblenz 1976. (Veröffentlichungen d. Landesarchivverwaltung Rheinland-Pfalz 27) = (Schriften z. Wanderungsgesch. d. Pfälzer 35) S. 20–31

792. Gerlich, Alois: Interterritoriale Systembildungen zwischen Mittelrhein und Saar in der zweiten Hälfte des 14. Jahrhunderts. – In: BDL 111. 1975, S. 103–137

793. Herrmann, Hans-Walter, u. Georg Wilhelm Sante: Geschichte des Saarlandes. Würzburg: Ploetz 1972. 111 S. m. Abb. (Territorien-Ploetz. Gesch. d. dt. Länder. Sonderausg.) [Ersch. auch als Schriftenreihe z. polit. Bildung 3]

794. Herrmann, Hans-Walter: Geschichte des Saarlandes. 5. Die Territorien, 1100–1793. Text zu 46 Farbbildern. Saarbrücken: Landeszentrale f. polit. Bildung u. techn. Unterrichtsmittel 1971. 78 Bl. (Farblichtbildwerk zur Landeskde. d. Saarlandes 8)

795. Schaab, Meinrad: Grundlagen und Grundzüge der pfälzischen Territorialentwicklung 1156–1410. – In: Alzeyer Kolloquium 1970. Wiesbaden: Steiner 1974. S. 1–21. (GLa 10)

796. Becker, Friedrich Karl: Alzey, Bacharach und Heidelberg. Zur Residenzfrage in d. rhein. Pfalzgrafschaft. – In: Jb. z. Gesch. v. Stadt u. Landkr. Kaiserslautern 12. 1974/75, S. 69–83

797. Brinken, Bernd: Die Politik Konrads von Staufen in der Tradition der Rheinischen Pfalzgrafschaft. Der Widerstand gegen d. Verdrängung d. Pfalzgrafschaft aus d. Rheinland in d. 2. Hälfte d. 12. Jh. Bonn: Röhrscheid 1974. 247 S. (Rhein. Archiv 92) Erschien auch als Phil. Diss. Göttingen [S. 55–64: Die St. Johannis-Kirche in Niederlahnstein]

798. Rheinische Geschichte in 3 Bden. Hrsg. von Franz Petri u. Georg Droege. Bd 2. Neuzeit. Mit Beitr. von Franz Petri [u. a.] Düsseldorf: Schwann 1976. XIII, 912 S., 1 Kt.

799. Engels, Odilo: Grundlinien der rheinischen Verfassungsgeschichte im 12. Jahrhundert. Theodor Schieffer z. Vollendung d. 65. Lebensjahres. – In: RhVbll 39. 1975, S. 1–27

800. Dotzauer, Winfried: Der Kreuzzugsbericht im „Chronicon Moguntinum". Ein Beitr. z. Gesch. d. Einflusses d. Kreuzzüge auf d. Rheinlande. – In: NAN 85. 1974, S. 21–42

801. Dotzauer, Winfried: Das Rheinland in der zweiten Hälfte des 17. Jahrhunderts. Strukturen u. Grundzüge. – In: JbwLa 2. 1976, S.195–209

802. Schwing, Heinrich: Die Konradiner. Ein Stück Reichsgesch. im Land an d. Lahn. Mit 1 Abb. – In: HLD 58. 1975, S. 4

803. Schwing, Heinrich: Der König sollte aufs Landtor. Warum d. Denkmal f. Konrad I. nicht in Weilburg steht. Mit 2 Abb. – In: HLD 67. 1976, S. 1–2 [Betr. Bodenstein b. Villmar]

804. Reicke, Siegfried: Der Hammersteinsche Ehehandel im Lichte der mittelalterlichen Herrschaftsordnung. – In: RhVbll 38. 1974, S. 203–224

805. Euler, Karl Friedrich: Todesdatum, Sterbeort und Grabstätte der Gräfin Clementia von Gleiberg. – In: MOHG N. F. 59. 1974, S.168–179 [Clementia von Gleiberg, Stifterin d. Klosters Schiffenberg; gest. nach 1129]

806. May, Karl Herrmann: Die Grafschaft an der mittleren Lahn (Gießen-Wetzlar) und die Erben ihrer aussterbenden Grafen von Luxemburg-Gleiberg im 12. Jahrhundert. Mit 1 Stammtaf. – In: HJL 25. 1975, S. 1–64 [Betr. Herren von Merenberg u. Grafen von Solms]

Hessen und das Reich

807. Nova Alamanniae. Urkunden, Briefe u. andere Quellen, besonders z. dt. Gesch. d. 14. Jh., hrsg. von Edmund Ernst Stengel unter Mitw. von Klaus Schäfer. Hälfte 2, T. 2. Hannover: Hahn 1976. LXXXIV, S. 705–1232, 13 Taf. [Betr. auch Hessen]

808. Büttner, Heinrich: [Teils.] Zur frühmittelalterlichen Reichsgeschichte an Rhein, Main und Neckar. Hrsg. u. eingel. von Alois Gerlich. Darmstadt: Wiss. Buchges. 1975. 313 S. [Nachdr. früher veröff. Aufsätze Heinrich Büttners]

809. Metz, Wolfgang: Quellenstudien zum Servitium regis (900–1250). T. 1. Mit Kt. – In: ADSSW 22. 1976, S. 187–271 [Betr. u. a. Lorsch, Helmarshausen u. Fulda]

810. Heinemeyer, Karl: Adel, Kirche und Königtum an der oberen Weser im 9. und 10. Jahrhundert. – In: Hist. Forschungen f. Walter Schlesinger. Hrsg. von Helmut Beumann. Köln, Wien 1974, S. 111–149

811. Schlesinger, Walter: Die Königserhebung Heinrichs I. zu Fritzlar im Jahre 919. – In: Fritzlar im Mittelalter. Festschrift z. 1250 Jahrfeier. Fritzlar 1974, S. 121–143

812. Tocha, Michael: Theophanu – die erste Herrscherin von Eschwege. – In: W 26. 1974, S. 2–4.

813. Müller, Wilhelm: Der Königstuhl von Lörzweiler. – In: HJMBi 20. 1976, S. 29–30 [Steinerner Hochsitz, wo am 6. o. 7. Sept. 1024 d. Wahl Konrads II. z. dt. König stattfand]

814. Wolf-Beranek, Hertha: Lundenburg in Südmähren und Berstadt in der Wetterau in einer Kaiserurkunde aus d. J. 1056. – In: BüGbll 8. 1974/75, S. 176–182

815. Moraw, Peter: Hessen und das deutsche Königtum im späten Mittelalter. – In: HJL 26. 1976, S. 43–95

816. J a r n u t , Jörg: Zwischen Bündnistreue und Vertragsbruch: König Adolfs Außenpolitik im Jahre 1297. – In: NAN 87. 1976, S. 26–41

817. W o l f , Dieter: Kriegshandlungen im Reichskrieg gegen Philipp [VI.] d. Ä. von Falkenstein 1364–1366. – In: WeGbll 23. 1974, S. 21–22 [Streitigkeiten um d. Münzenberger Erbschaft zwischen d. Erben Hanau u. Falkenstein]

818. D u c h h a r d t , Heinz: Kurpfälzische Absichten auf das Mainzer Reichstagsdirektorium 1692. – In: GLa 14. 1976, S. 170–178

819. L u m m i t s c h , Rudolf: Die Wetterau nach einer Beschreibung um das Jahr 1530, ihre Gaugrafen und Landvögte. – In: Der Wetteraukreis. Frankfurt a. M. 1976, S. 24–26

820. K e l l e r , Michael: Die Wetterau als Adelslandschaft. – In: Der Wetteraukreis. Frankfurt a. M. 1976, S. 27–28

821. H u c h , Ricarda: Das alte Reich – Frankfurt am Main. – In: Cassella-Riedel Archiv 54: 1971, H. 1.: Frankfurt am Main, S. 2–14

822. O r t h , Elsbet: Probleme der Zusammenarbeit zwischen Territorialherrschaft und Reichsstadt im 15. Jahrhundert am Beispiel der Ganerbschaft Hattstein. – In: AFGK 55. 1976, S. 5–37 [Betr. u. a. d. Politik d. Mainzer Erzbischöfe, d. Grafen v. Isenburg-Büdingen u. d. Grafen v. Katzenelnbogen]

823. B e r b i g , Hans Joachim: Der Krönungsritus im Alten Reich 1648–1806. – In: Zs. f. bayer. Landesgesch. 38. 1975, S. 639–700

824. G o c k e l , Michael: Fritzlar und das Reich. – In: Fritzlar im Mittelalter. Festschrift z. 1250 Jahrfeier. Fritzlar 1974, S. 89–120

825. S c h r o e d e r , Klaus-Peter: Wimpfen. Verfassungsgesch. e. Stadt u. ihres Verhältnisses z. Reich v. d. Anfängen bis z. Ende d. 15. Jh. Stuttgart: Kohlhammer 1973. XVII, 102 S. [Zugl. Heidelberg, Jurist. Fak., Diss. 1972] (Veröffentlichungen d. Komm. f. geschichtl. Landeskde in Baden-Württemberg R. B, 78)

826. K u n z , Rudolf: Kaisergeleit an der Bergstraße. – In: GbllBe1.1968, S. 61–72 m. 2 Bildn.

827. S c h u l z e , Alfred: Eschwege – vom Königshof zur Königsstadt. 500 Jahre Frühgesch. d. Eschweger Raumes. – In: W 26. 1974, S. 17–19

828. S c h m i t z , Hans: Pfalz und Fiskus Ingelheim. Marburg: Hess. Landesamt f. geschichtl. Landeskde; Marburg: Elwert [in Komm.] 1974. 517 S., 6 Abb., 1 Kt u. 1 Graphik. Erschien auch als: Frankfurt/M., Phil. Diss. 1967 (Untersuchungen u. Materialien z. Verfassungs- u. Landesgesch. 2)

829. S c h m i t z , Hans: Die Pfalz Ingelheim und die rheinmainische Pfalzenlandschaft. – In: JbwLa 2, 1976, S. 77–107

## A. Allgemeines

830. R a u c h , Christian: Röm.-German. Zentralmuseum. Forschungsinst. f. Vor- u. Frühgesch. Hist. Ver. Ingelheim. Die Ausgrabungen in der Königspfalz Ingelheim. 1909–1914. Bearb. u. hrsg. von Hans Jörg J a c o b i . Mainz 1976. IX, 87 S., 39 Falttaf. (BIG 24/25. 1974/75) Mit erw. Einl. = (Monographien d. Röm.-German. Zentralmuseums 2: Studien z. Königspfalz Ingelheim 1)

831. W e i d e m a n n , Konrad: Ausgrabungen in der karolingischen Pfalz Ingelheim. Mit 6 Abb. – In: Ausgrabungen in Deutschland 2. Mainz 1975. (Röm.-German. Zentralmuseum zu Mainz. Monographien 1) S. 437–446

832. W e i d e m a n n , Konrad: Die Königspfalz in Ingelheim. – In: Ingelheim am Rhein 774–1974. Hrsg. von François Lachenal u. Harald T. Weise. Ingelheim: Boehringer 1974, S. 37–56

833. S c h w e i t z e r , Ignaz: Vom Glanz der Ingelheimer Kaiserpfalz. Erl. von Ernst Emmerling. Ingelheim: Hist. Ver. 1969. 19 S. m. Abb. (BIG 19)

834. Aufsätze zur reichsgeschichtlichen Bedeutung Ingelheims. Ingelheim: Histor. Ver. 1976. 80 S. mit Abb. (BIG 26)

835. E m m e r l i n g , Ernst: Steindenkmäler aus der Ingelheimer Königspfalz. – In: Aufsätze zur reichsgeschichtl. Bedeutung Ingelheims. Ingelheim 1976. S. 29–33, 5 Abb. (BIG 26)

836. B ö h n e r , Kurt: Ingelheim am Rhein. Gesch. u. Gegenwart. – In: Aufsätze zur reichsgeschichtl. Bedeutung Ingelheims. Ingelheim 1976. S. 3–28, 17 Abb. (BIG 26)

837. R e i f e n b e r g , Wolfgang: Die kurpfälzische Reichspfandschaft Oppenheim, Gau Odernheim, Ingelheim. Mit Abb. – In: HJMBi 15. 1971, S. 30–33; 16. 1972, S. 25–28 [vgl. auch ders.: Die kurpfälz. Reichspfandschaft Oppenheim, Gau Odernheim, Ingelheim 1375–1648. Mainz, Phil. F., Diss. v. 1. 2. 1964]

838. G r a e f e , Hans: Mündener Beiträge. 1. Die Ludowinger an d. Oberweser im 12. Jh. 2. Lagebestimmung d. Königshofs bei Münden. 3. Die angebl. Kragenhofschenkung Albrechts II. v. Braunschweig. – In: Göttinger Jb. 1973, S. 95–118 m. 1 Taf.

839. F r i e d e r i c h s , Heinz Friedrich: Die Reichsritterschaft am Rheinstrom 1706. – In: HFK 11. 1973, Sp. 335–340

840. M e i s t e r , Robert: Nassau und Reichsritterschaft. Vom Reichsdeputationshauptschluß bis z. Wiener Kongreß 1803–1815. Nachdr. d. Ausg. Berlin: Ebering 1923. Vaduz: Kraus 1965. 107 S. (Hist. Studien 153) Zugl. Marburg, Phil. Diss v. 1922

841. H e r r m a n n , Fritz H.: Aufzeichnungen des Friedberger Burgsekretärs Joh. Rosa zu den Jahren 1613 bis 1617. – In: WeGbll 23. 1974, S. 31–39

842. Vaterland auf dem Römerberg und Roßmarkt ... Geschichten u. Berichte aus 6 Jahrhunderten, zsgest. aus 20 Limpurger Briefen d. Adeligen Ganerbschaft d. Hauses Alten Limpurg zu F r a n k f u r t am Main. Hrsg. von d. Cronstett- u. Hynspergischen Ev. Stiftung, Frankfurt am Main. Vorr.: Günther v. Lersner. Red. Bearb.: Katharina B l e i b o h m . Mit 95 Abb. Ffm.: Kramer 1975. 314 S.

843. L e r s n e r , Heinrich von: Was ist eine Ganerbschaft? [Alt-Limpurg]. – In: Vaterland auf d. Römerberg ... 1975, S. 229–234

844. M u e h l e n , Hellmuth von: Frau Rath Goethe und das Haus Alten Limpurg. – In: Vaterland auf d. Römerberg ... 1975, S. 31–35

845. K o e r n e r , Hans: Das Haus Alten Limpurg im Zeitalter Napoleons. – In: Vaterland auf d. Römerberg ... 1975, S. 35–41

846. K o e r n e r , Hans: Limpurger auf dem Wiener Kongreß. – In: Vaterland auf d. Römerberg ... 1975, S. 42–47

847. K o e r n e r , Hans: „ . . . Vaterland auf dem Römerberg und Roßplatz". [Haus Limpurg u. Cronstettenstift im 19. Jh.] – In: Vaterland auf d. Römerberg ... 1975, S. 47–49

848. G ö r l i c h , Paul: Zur Geschichte der Buchischen Ritterschaft. 1: Was zur Herrschaft Wehrda gehörte. [2:] Besitz in Buchenau u. Mansbach. – In: MHl 27. 1976/77, S. 45–47

## B. LANDGRAFSCHAFT HESSEN

### 1. Allgemeines

849. Michel H u b e r t y [u. a.] L'Allemagne dynastique. (Les 15 familles qui ont fait l'empire.) T. l. Hesse-Reuss-Saxe. Le Perreux: A. Giraud 1976. 589 S. [S. 51–259: La Maison de Hesse]

850. N a e n d r u p - R e i m a n n , Johanna: Territorien und Kirche im 14. Jahrhundert. – In: Der dt. Territorialstaat im 14. Jh. 1. Sigmaringen 1970, S. 117–174 [Betr. u. a. Lgrsch. Hessen S. 159–162]

851. B i t s c h , Horst: Die Verpfändungen der Landgrafen von Hessen während des späten Mittelalters. Göttingen, Frankfurt, Zürich: Musterschmidt 1974. 169 S. (Göttingen Bausteine zur Geschichtswiss. 47)

852. I m m e l , Otto: Die Philippsbuche bei Simmersbach im Rahmen der hessischen Geschichte. [Verweist u. a. auf d. jahrzehntelange Ringen zwischen Landgrafschaft Hessen u. d. Grafschaft Nassau um d. Katzenelnbogener Erbe.] 3 Abb. u. 2 Kt. Skizzen. – In: HiGbll 55. 1976, S. 29–33

854. B l u m e , Dieter: Gladenbach und die Neußer Fehde. Mit 1 Abb. – In: HiGbll 54. 1975, Nr. 4, S. 20 [Betr. u. a. d. Landgrafschaft Hessen u. d. landgräfl. Schloß Blankenstein]

855. H e i n e m e y e r , Walter: Philip the Magnanimous, Landgrave of Hesse. − In: The new Encyclopaedia Britannica 14. 1974, S. 230−231

856. K a l l f e l z , Hatto: Der Lehensbesitz der Echter von Mespelbrunn zur Zeit Peters III. Echter (1520−1576). Versuch einer Bestandsaufnahme.− In: Würzburger Diözesangeschichtsbll. 37/38. 1975, S. 557−577 [Betr. auch Landgrafschaft Hessen]

## 2. Hessen-Kassel

857. Z i m m e r m a n n , Ludwig: Die Zentralverwaltung Oberhessens unter dem Hofmeister Hans von Dörnberg. Darmstadt & Marburg: Selbstverl. d. Hess. Hist. Komm. Darmstadt u. d. Hist. Komm. f. Hessen 1974. XX, 364 S. [Fotodr.] (Quellen u. Forschungen zur Hess. Gesch. 28) Erschien auch als Phil. Diss. Marburg 1925

859. P h i l i p p i , Hans: Landgraf Karl von Hessen-Kassel. Ein deutscher Fürst d. Barockzeit. Marburg: Elwert in Komm. 1976. XV, 825 S., 10 Taf. (VHKH 34)

860. V o l z e , Fritz: Der Landkommunikationstag vom 10. Februar 1774. − In: SchwJb 1975, S. 41−52 [Abdruck des im Besitz d. Stadt Neukirchen befindlichen Protokolls]

861. M i t z e , Walter: Ein standespolitischer Numerus clausus in Hessen. [Anordnung Landgraf Friedrichs II. vom 2. 7. 1774 über totalen Numerus clausus für bestimmte Bevölkerungsgruppen] − In: MHl 26. 1974/75, S. 67

## 3. Hessen-Darmstadt

862. K n o d t , Manfred: Die Regenten von Hessen-Darmstadt. Darmstadt: Schlapp 1976. 168 S. m. Abb.

863. B e t h k e , Martin: „Die Schachtelgräfin" − auch eine Mutter der Dynastien. [Albertine] Luise von Hessen-Darmstadt aus d. Hause Leiningen-Heidesheim. − In: HHGiess 1975, S. 61−63 [1729−1818; Gemahlin des Prinzen Georg Wilhelm v. Hessen]

864. R o s e n t h a l , Ludwig: Die Beziehungen des „Chevalier van Geldern" zu regierenden Fürstenhäusern, hohen Staatsbeamten und anderen Standespersonen. − In: Heine-Jahrbuch 1975, S. 115−149 [1777 Patent als Hessen-Darmstädtischer Hoffaktor]

865. G o r a l s k i , Zbigniew: Bayern, Hessen und Polen am Ende des 18. Jhd. − In: Zs. f. bayer. Landesgesch. 37. 1974, S. 220−250 [Hessen-Darmstadt]

866. Gunzert, Walter: Friedrich Jakob Bast aus Buchsweiler (1771–1811). Als Hellenist auf politischer Bühne. – In: AHG N. F. 32. 1974, S. 327–350 [Diplomat in Diensten d. Lgrsch. Hessen-Darmstadt]

## 4. Hessische Nebenlinien

867. Wiedemann, Irmgard: Von der Zinne des Weißen Turms gesehen. – In: AHo 17. 1974, S. 138–139. 154–158; 18. 1975, S. 12. 26–28. 39–41. 57. 74–76. 82–83

868. Das Territorium der Homburger Landgrafen. – In: SChr 3. 1972, Nr 1

869. Jacobi, Heinrich: Das Testament der Landgräfin Christiane Charlotte und die Besitzergreifung des der Kirche von ihr vermachten Gutes in Gonzenheim. – In: AHo 19. 1976, S. 171–175 [Wiederabdr. aus: Taunusbote 1936, Nr 117 v. 20. 5.]

870. Kluge, Kläre: Die Landgrafen von Hessen-Rotenburg. – In: HJUTs 1974, S. 71–74

871. Rösch, Siegfried: Landgraf Philipp III. von Hessen-Butzbach und Johannes Kepler. – In: WeGbll 24. 1975, S. 99–108

## C. GEISTLICHE TERRITORIEN

### 1. Erzbistum Mainz, Bistum Worms

872. Regesten der Erzbischöfe von Mainz. 742? – 1288. Hrsg. durch Cornelius Will, d. ursprüngl. Ausg. von Johann Friedrich Böhmer, Neudr. d. Ausg. 1877–1886. Aalen: Scientia 1966. 867 S.

873. Regesten der Erzbischöfe von Mainz 1289–1396. Hrsg.: Goswin von der Ropp. Abt. 1, 1. 1289–1328. Bearb. von Ernst Vogt. Neudr. d. Ausg. 1913. Berlin: de Gruyter 1970. 597 S.

874. Regesten der Erzbischöfe von Mainz von 1289–1396. Hrsg. Hess. Hist. Komm. Darmstadt. Abt. 1,2. 1328–1353. Bearb. von Heinrich Otto. Neudr. d. Ausg. Darmstadt 1932–35. Mit Berichtigungen u. Erg. zsgest. von Friedrich Knöpp. Aalen: Scientia 1976. 732 S.

875. Mathy, Helmut: „Dem Reich und seinen Landen wohl vorgestanden ..." Erster Kurfürst, Königsmacher u. Territorialherr, Miniaturen u. Reflexionen z. Gesch. d. Mainzer Erzkanzleramts. Mit Abb. – In: LRhPf 12. 1975, S. 47–55

876. Pick, Eckhart: Die verfassungsrechtliche Stellung der Mainzer Kurfürsten im Spiegel der Münz- und Geldgeschichte. – In: Recht und Wirtschaft in Geschichte und Gegenwart. Festschr. f. Johannes Bärmann zum 70.

Geburtstag. Hrsg. v. Marcus Lutter, Helmut Kollhosser u. Winfried Trusen. München 1975, S. 149–169

877. Der Kurfürst von Mainz und die Kreisassoziationen 1648–1746. Zur verfassungsmäßigen Stellung d. Reichskreise nach d. Westfälischen Frieden. Hrsg. von Karl Otmar Frhr v. A r e t i n . Wiesbaden: Steiner 1975. X, 120 S., 2 Taf. (Veröffentlichungen d. Instituts f. europäische Gesch. Mainz, Abt. Universalgesch. Beih. 2) [S. 31–67: A r e t i n : Die Kreisassoziationen in der Politik d. Mainzer Kurfürsten Johann Philipp u. Lothar Franz v. Schönborn 1648–1711; S. 69–77: S c h r ö c k e r , Alfred: Kurmainz u. d. Kreisassoziationen z. Z. d. Kurfürsten Lothar Franz v. Schönborn]

878. B l a n n i n g , Timothy Charles William: Reform and Revolution in Mainz 1743–1803. London: Cambridge Univ. Pr. 1974. X, 355 S., 1 Kt. (Cambridge Studies in early modern history)

879. D u c h h a r d t , Heinz: Reform und Revolution in Mainz. Zu einer neuen englischen Veröffentlichung. [T. C. W. B l a n n i n g , Reform and Revolution in Mainz 1743–1803, London 1974] – In: GLa 14. 1976, S.179–187

880. F a l c k , Ludwig: Mainzer Ministerialität. – In: Ministerialität im Pfälzer Raum. Hrsg. von Friedrich Ludwig Wagner. Speyer 1975. (Veröff. d. Pfälzer Ges. z. Förderung d. Wiss. in Speyer 64) S. 44–59

881. K ü t h e r , Waldemar: Fritzlar und Mainz. – In: Fritzlar im Mittelalter. Festschrift z. 1250 Jahrfeier. Fritzlar 1974, S. 168–201

882. E g g e r t , Wolfgang: Rebelliones servorum. Bewaffnete Klassenkämpfe im Früh- u. frühen Hochmittelalter u. ihre Darstellung in zeitgenöss. erzählenden Quellen. – In: Zs f. Geschichtswiss. 23. 1975, S. 1147–1164 [Betr. auch Kurfürstentum Mainz]

883. W i l d , Karl: Philipp Ludwig von Reifenberg, ein [Mainzer] Staatsmann des 17. Jahrhunderts. Schmitten/Ts: Eigenverl. d. Hrsg. 1975. 60 S. Mit 1 Bildn. u. Personen- u. Ortsreg. (Veröffentlichungen z. Gesch. d. Hochtaunusgeb. 2) [Wiederabdr. aus: Westdt. Zs. f. Gesch. u. Kunst 18. 1899, S. 174–198. 241–266]

884. B r ü c k , Anton Philipp: Die Berichte des Kommissars Wolfgang Sigismund von Vorburg aus Aschaffenburg an den Mainzer Kurfürsten 1635–1636. – In: AMrhKG 26. 1974, S. 107–123

885. K l i n g e b i e l , F. Chr.: Der Kaisersohn auf dem Bischofsstuhl. Erzbischof Wilhelm v. Mainz (954–968). – In: Eichsfelder Heimatstimmen 1976, S. 165–168. 203–207.

886. G e r l i c h , Alois: Willigis und seine Zeit. Der Staatsmann, der Erzbischof und der Stadtherr. – In: 1000 Jahre Mainzer Dom. Hrsg. von Wilhelm Jung. Mainz 1975, S. 23–43

887. Heinemeyer, Walter: Erzbischof Willigis von Mainz. Vortrag, gehalten am 17. Sept. 1975 in Mainz auf dem Tag d. Landesgesch. d. Gesamtver. d. dt. Gesch.- u. Altertumsver. u. 50. Dt. Archivtag. – In: BDL 112. 1976, S. 41–57

888. Brück, Anton Philipp: Erzbischof Willigis von Mainz. – In: HJMBi 19. 1975, S. 118–119

889. Metz, Wolfgang: Willigis im Rahmen der Beziehungen des Erzstiftes Mainz zum deutschen Königtum in ottonischer und salischer Zeit. – In: Willigis u. sein Dom. Hrsg. von Anton Philipp Brück. Mainz 1975 (Quellen u. Abhandlungen z. mittelrhein. Kirchengesch. 24), S. 1–30

890. Jung, Wilhelm: Der Bauherr und Förderer der Künste [Willigis]. – In: 1000 Jahre Mainzer Dom. Hrsg. von Wilhelm Jung. Mainz 1975, S. 43–54

891. Falck, Ludwig: Die Nachfolger des Willigis auf dem Mainzer Stuhl. – In: 1000 Jahre Mainzer Dom. Hrsg. von Wilhelm Jung. Mainz 1975, S. 71–113

892. Klingebiel, F. Chr.: Ein streitbarer Kurfürst. Erzbischof Adolf I. v. Nassau (1373/81–1390). – In: Eichsfelder Heimatstimmen 1976, S. 309–310. 344–350

893. Sender, Ferdinand W.: Georg Friedrich Greiffenclau von Vollrads 1573–1629. Ein Prälat aus d. mittelrhein. Reichsritterschaft. Aufstieg u. Regierungsantritt in Mainz. Mainz: Ges. f. Mittelrhein. Kirchengesch.; Trier: Bistumsarchiv [Vertrieb] 1977. XXXII, 255 S. (Quellen u. Abhandlungen z. mittelrhein. Kirchengesch. 30) [Erschien auch als Diss. Mainz, Univ., Fachbereich Geschichtswiss.1975]

894. Das Mittelrheingebiet unter den Schönborn-Fürstbischöfen. 17.–18. Jh. Eine Ausstellung im Rathaus-Foyer Mainz v. 24. 10.–28. 11. 1976. Verantwortl. Bearb.: Friedhelm Jürgensmeier, Friedrich Wilhelm Riedel. Mainz: Stadtverwaltung 1976. 16 ungez. Bl. m. Abb.

895. Jürgensmeier, Friedhelm: Johann Philipp von Schönborn. – In: Fränk. Lebensbilder 6. Würzburg: Schöningh 1975. S. 161–184. 1 Abb. (Veröffentlichungen d. Ges. f. Fränk. Gesch. R. VII, A. 6)

896. Meyer, Otto: Johann Philipp von Schönborn. – In: Jahresber. d. Schönborn-Gymnasiums Münnerstadt 1976/77

897. Jürgensmeier, Friedhelm: Die Servitienzahlungen des Mainzer Erzbischofs Johann Philipp von Schönborn (1647–1673). – In: AMrhKG 26. 1974, S. 193–202

898. Marigold, W. Gordon: De Leone Schönbornico. Huldigungsgedichte an Johann Philipp u. Lothar Franz von Schönborn. – In: AMrhKG 26. 1974, S. 203–242

899. Schröcker, Alfred: Die jungen Jahre des Lothar Franz von Schönborn (1655–1693). – Ber. d. Hist. Ver. für d. Pflege d. Gesch. d. ehem. Fürstbistums Bamberg 112. 1976, S. 249–277

900. S c h r ö c k e r , Alfred: Lothar Franz von Schönborn an den Papst (15. Jan. 1709). – In: Ber. d. Hist. Ver. f. die Pflege d. Gesch. d. ehem. Fürstbistums Bamberg 109. 1973, S. 217–284

901. M a r i g o l d , W. Gordon: Deutschsprachige Huldigungsgedichte für den Kurfürsten Lothar Franz von Schönborn. – In: MZ 69. 1974, S. 164–168

902. M a r i g o l d , W. Gordon: Freudenreicher Ehren-Gesang. Huldigung für Lothar Franz von Schönborn. – In: Ber. d. Hist. Ver. f. d. Pflege d. Gesch. d. ehem. Fürstbistums Bamberg 111. 1975, S. 347–388

903. M a r i g o l d , W. Gordon: Erfurter Huldigungen für Lothar Franz von Schönborn. Die evang. Stadt grüßt d. neuen Fürsten. – In: JbfrLF 36. 1976, S. 239–253

904. P a l m , Claus: Abschied vom Reich. Vor 200 Jahren begann d. Regentschaft d. Kurfürsten Friedrich Karl Josef v. Erthal. Eine Betrachtung z. mittelrhein. Gesch. Mit 1 Bildn. – In: HMRh 19. 1974, Nr 5, S. 1–2

905. W i t t e , Hedwig: [Mainzer] Weihbischof Valentin Heimes, ein Rheingauer Winzerssohn. – In: RhgHbr 96. 1976, S. 6–8; 97. 1976, S. 12–14

906. M e t z , Wolfgang: Zur Herkunft und Verwandtschaft Bischof Burchards I. von Worms. [Besitz in Hessen, Beziehungen d. Bistums Worms nach Hessen] – In: HJL 26. 1976, S. 27–42

2 . A b t e i e n  F u l d a  u n d  H e r s f e l d

907. Quellen zur karolingischen Reichsgeschichte. T. 3. Jahrbücher von Fulda, Regino, Chronik Notker. Hrsg. Rudolf B u c h n e r , Franz-J. S c h m a l e . 3. Aufl. Darmstadt: Wiss. Buchges. 1975. VIII, 448 S. (Freiherr vom Stein-Gedächtnisausg. Mittelalter)

908. Chronica Fuldensis. Die Darmstädter Fragmente d. Fuldaer Chronik. Bearb. von Walter H e i n e m e y e r . Köln, Wien: Böhlau 1976. 173 S. (ADSSW Beih. 1)

909. Traditiones et antiquitates Fuldenses. Hrsg.: Ernst Friedrich Johann D r o n k e . Nachdr. d. Ausg. 1844. Osnabrück: Zeller 1966. XVI, 244 S.

910. S c h u p p , Volker: Die Eigilviten des Candidus (Bruun) von Fulda. Eine Studie zum Problem d. „opus geminatum". – In: Studi di letteratura religiosa tedesca. In memoria di Sergio Lupi. Firenze: Olschki 1972 (Biblioteca della Rivista de storia e letteratura religiosa. Studi e testi 4) S. 177–220

911. B r u n h ö l z l , Franz: Fuldensia. – In: Hist. Forschungen f. Walter Schlesinger. Hrsg. von Helmut Beumann. Köln 1974, S. 536–547

912. S c h a n n a t , Johannes Friedrich: Fuldischer Lehnhof. Über d. Art, wie früher u. zugleich auch jetzt d. fuldischen Vasallen belehnt werden, u. über

mehrere Gewohnheiten, die dabei beobachtet zu werden pflegten. Übers. von Georg Hofmann. Mit 1 Abb. – In: FuGbll 47. 1971, S. 155–158; 49. 1973, S. 84–87

913. K o t t j e , Raymund: Hrabanus Maurus – „Praeceptor Germaniae"? – In: DA 31. 1975, S. 534–545 [Vgl. a. Wiss. zwischen Forsch. u. Ausbildung. Hrsg. von Josef Becker u. Rolf Bergmann. 1975, S. 81–90]

914. H ö f l i n g , Beate: Der Abt von Fulda als Reichsfürst in der Stauferzeit. – In: FuGbll 51. 1975, S. 8–33

915. H a n n a p p e l , Martin: Hildenburg – Lichtenburg – Lichtenberg. Die Herrschaft Lichtenburg. [Betr. d. 1000jähr. Fehde zwischen d. Reichsabtei Fulda u. Würzburg] – In: FuGbll 46. 1970, S. 17–25. 100–115. 147–156; 47. 1971, S. 142–151; 49. 1973, S. 63–84

916. H a n n a p p e l , Martin: Streitigkeiten zwischen Fulda und Würzburg. Das blutige Duell am ersten Grenzstein nach Eckweisbach am 10. April 1613. – In: BuBll 48. 1975, S. 61–63. 67–68

917. S t a u b , Kurt Hans: Aktenabschriften zum Streit Balthasars von Dermbach, Fürstabt von Fulda, mit der Ritterschaft und dem Stift Fulda sowie mit Julius Echter von Mespelbrunn, Fürstbischof von Würzburg. – In: FuGbll 52. 1976, S. 24–31

918. P h i l i p p i , Hans: Johann Salentin Freiherr von Sinzig, ein Fuldaer Koadjutor im 17. Jahrhundert. – In: FuGbll 52. 1976, S. 1–24

919. S c h l i t z e r , Paul: Das Hochstift Fulda während der Französischen Revolution. – In: FuGbll 50. 1974, S. 102–110

920. S i m o n , Georg: Die „Fuldische Mark" in Oberhessen. – In: HGiess 1975, Nr 7

921. K o c h , H.: Bemerkungen zu dem Aufsatz über die „Fuldische Mark" in Oberhessen. – In: HGiess 1975, Nr 13 [zu Nr 7]

922. G ö r l i c h , Paul: Im Spiegel der Abtsvisiten. Beziehungen der Klöster Fulda und Hersfeld. – In: HHGiess 1974, S. 60. 63–64. 68

3. Abtei Lorsch

923. Codex Laureshamensis. Bearb. und neu hrsg. von Karl G l ö c k n e r . Darmstadt: Hist. Ver. f. Hessen 1929–1936. [Faks.-T.] Bd 1–3. Darmstadt: Hess. Hist. Komm. 1975.
1. Einleitung, Regesten, Chronik (2. fotomech. Nachdr. d. Ausg. v. 1929.) 452 S.
2. Kopialbuch. T. 1: Oberrhein-, Lobden-, Worms-, Nahe- u. Speiergau. (2. fotomechan. Nachdr. d. Ausg. v. 1933.) 522 S.

3. Kopialbuch. T. 2: Die übrigen fränkischen u. d. schwäbischen Gaue. Güterlisten. Späte Schenkungen u. Zinslisten. Gesamtreg. Mit 3 Kt. und 4 Schriftproben. (2. fotomech. Nachdr. d. Ausg. v. 1936.) 392 S., 3 Kt.

924. M a i e r , Hans: Das 1200jährige Lorsch. – In: GbllBe 7. 1974, S. 3–13

925. H ü l s e n , Friedrich: Die Besitzungen des Klosters Lorsch in der Karolingerzeit. Ein Beitr. z. Topographie Deutschlands im Mittelalter. Nachdr. d. Ausg. Berlin 1913. Vaduz: Kraus 1965. 150 S. m. Kt. (Hist. Studien 105)

926. M a t t h e s , Richard: Tassilo [Herzog von Bayern] in Sage und Dichtung. – In: GbllBe 8. 1975, S. 130–139 [Starb wahrscheinlich im Kloster Lorsch 798]

927. M i n s t , Karl Josef: Herzog Tassilo in Lorsch. – In: GbllBe 7. 1974, S. 29–48

928. K u n z , Rudolf: Die Lorscher Nebenschaffner in Jugenheim a. d. B. – In: GbllBe 9. 1976, S. 232/3

## D. GRAFSCHAFT NASSAU

### 1. Allgemeines

929. S a n t e , Georg Wilhelm: Strukturen, Funktionen und Wandel eines historischen Raumes: Nassau. – In: NAN 85. 1974, S. 151–164

930. H o s s e , K.: Politische Entwicklung von Nassau. – In: MDVW 27. 1976, H. 1, S. 6–9

931. M e y e r , Elisabeth: Reichtum mit Dornen. Streubesitz d. Nassauer Grafen führte zu mancherlei Auseinandersetzungen. – In: UHl 43. 1975, S. 133–134

932. M e y e r , Elisabeth: Von den Heiraten der Nassauer. – In: HbllPFH 44. 1976, S. 34–35

933. M e y e r , Elisabeth: Die niederländischen Bräute des Grafen von Nassau. Materielle Gesichtspunkte im Mittelpunkt aller Überlegungen. – In: UHl 44. 1976, S. 131 [Betr. d. Haus Nassau insgesamt]

### 2. Nassau–ottonische Linie

934. C e l l a r i u s , Helmut: Die historischen Beziehungen Nassau-Dillenburgs zu den Niederlanden. Mit 3 Abb. – In: HJDi 19. 1976, S. 19–30

935. L a u c k n e r , Martin: Siegen und Sachsen. Mit 1 Bildn. Wilhelm v. Oraniens. – In: Sächs. Heimat. 20. 1974, S. 225–227 [Heiratsverbindungen der otton. Linie des Hauses Nassau]

936. W i e n e c k e , Joachim: Die Dernbacher Fehde. Mit 1 Abb. – In: HJDi 19. 1976, S. 125–130

937. Immel, Otto: Philipp von Bicken der Alte wird 1466 Amtmann [der Grafschaft Nassau-Dillenburg]. Mit Abb. – In: HiGbll 55. 1976, S. 27–28. 34–35

938. Meyer, Elisabeth: Nassauer Graf mit bösen Nachwuchssorgen. Von 3 Frauen blieb f. d. Grafen Heinrich III. d. Kindersegen fast aus. – In: UHl 44. 1976, S. 19–20

939. Roosbroeck, Robert van: Nassau, Lodewijk graaf van. – In: Nationaal Biografisch Woordenboek. Brussel: Paleis d. Academien 1974, Sp. 708–18

940. Leemans, W. F., u. Elisabeth Leemanns, née Prins: La Noblesse de la principauté d'Orange sous le règne des Nassau et ses descendants aux Pays-Bas. La Haye: Soc. royale de généal. et hérald. des Pays-Bas 1974. 469 S. m. 6 Taf., 1 Kt. (Werken uitg. door het Kon. Nederl. Gnootsch. voor geslachten wapenkunde 1)

941. Roosbroeck, Robert van: Willem de Zwijger. Graaf van Nassau, prins van Oranje. Een kroniek en een epiloog. Voorw. door Hendrik Brugmans. Nawoord door Gaston Eyskens. Den Haag: Gaade [usw.] 1974. 491 S. m. Abb.

942. Roosbroeck, Robert van: Willem, prins van Oranje. – In: Nationaal Biografisch Woordenboek. Brussel: Paleis d. Academien 1974, Sp. 1023–46

943. Meij, J. C. A. de: De Watergeuzen en de Nederlanden 1568–1572. Amsterdam [usw.]: N. V. Noord-Hollandsche Uitg. Mij. 1972. XI, 362 S. m. 13 Abb. u. 8 Tab. (Verhandelingen d. Kon. Nederlandse Akad. van Wetenschapen. Afd. Letterkde N. R. 77, 2 u. Werken Commissie voor Zeegeschiedenis 14) [Mit Zsfassung in engl. u. franz.]

944. Cellarius, Helmut: Oranische Entführung. – In: HJDi 17. 1974, S. 146–148 [Wilhelm v. Oranien 1568 in St. Trond]

945. Cellarius, Helmut: Der Entsatz Leidens (1574–1974). – In: HbllPFH 42. 1974, S. 46

946. Glawischnig, Rolf: Johann VII., Graf von Nassau-Siegen (seit 1606). * 7. 6. 1561 Siegen, † 7. 10. 1623 Siegen. – In: Neue dt. Biographie 10. 1974, S. 501

947. Glawischnig, Rolf: Johann VIII., Graf von Nassau-Siegen (seit 1623), * 9. 10. 1583 Dillenburg, † 27. 7. 1638 Ronse/Renaix. – In: Neue dt. Biographie 10. 1974, S. 501–502

948. Menk, Friedhelm: Eine wichtige Neuerwerbung für die Nassau-Galerie im Oberen Schloß zu Siegen. Ölgemälde Johann d. Jüngeren Graf zu Nassau-Siegen 1583–1638. Mit 1 Bildn. – In: Si 52. 1975, S. 36–39

949. Schmalz, Alfredo: Johann Moritz, Fürst zu Nassau-Siegen, Gouverneur von Niederländ.-Brasilien. * 17. 6. 1604 Dillenburg, † 20. 12. 1679 Kleve. – In: Neue dt. Biographie 10. 1974, S. 502–503

950. S c h n e i d e r , Herbert: Siegen und Cleve. Vor allem durch Johann Moritz geschichtl. einander verbunden. Mit 1 Abb. – In: SiHK 51. 1976, S. 112

951. M o u l i n , Daniel de: Medizin und Naturwissenschaft in Brasilien zur Zeit der Verwaltung des Grafen Johann Moritz von Nassau-Siegen. – In: Med.-hist. Journal 11. 1976, S. 44–51

952. S c h a e f f e r , Enrico: Die Ausbeute der Brasilien-Expedition von Johann Moritz von Nassau und ihr Niederschlag in Kunst und Wissenschaft. Mit 4 Abb. – In: Med.-hist. Journal 11. 1976, S. 8–26

953. B o x e r , Charles Ralph: The Dutch in Brazil 1624–1654. 1 Taf., 4 Karten. 2. Aufl. London: Pandemic 1973. XVI, 329 S. [Johann Moritz Fürst v. Nassau-Siegen]

954. M i l m e i s t e r , Jean: Verbindungen der Viandener Rentmeister und Amtmänner mit Siegen. Mit 1 Abb. – In: Si 51. 1974, S. 82–84

955. M i l m e i s t e r , Jean: Le Comté de Vianden dans le conflit entre Nassau et Isenghien [1683–1702]. – In: Hémecht. Zs. f. Luxemburger Gesch. 24. 1972, S. 185–194

956. V ö l k e r , Friedrich: Unebenbürtige Nachkommen des Hauses Nassau-Beilstein. – In: HFK 13. 1976, Sp. 125–132

### 3. Nassau–walramische Linie

957. M e y e r , Elisabeth: Erbübergänge bei den Grafen von Saarbrücken. Mit 1 Abb. – In: Gesch. u. Landschaft. Heimatbll. d. „Saarbrücker Ztg" 155. 1976, S. 4

958. M e y e r , Elisabeth: Der fürstliche Gatte ohne Nachruhm. Graf Philipp I. v. Nassau-Saarbrücken – d. letzte Ritter d. Grafschaft. – In: Gesch. u. Landschaft. Heimatbll. d. „Saarbrücker Ztg." 149. 1975, S. 3–4

959. W e i s g e r b e r , Gerd: Kleine Verwaltungsreform Anno 1605. Graf Ludwig II. von Nassau-Saarbrücken fordert ordentl. Buchführung. – In: Gesch. u. Landschaft 125. 1971 [Gr. Ludwig II. v. Nassau-Weilburg, residierte seit 1602 in Saarbrücken]

960. M e y e r , Elisabeth: Eine kluge Landesherrin in schwerer Zeit. Anna Amalie v. Baden-Durlach als Regentin d. Grafschaft Saarbrücken. – In: Gesch. u. Landschaft 142. 1974, S. 1

961. K r ü g e r - L ö w e n s t e i n , Uta: Die Reise des Grafen Kraft von Nassau-Saarbrücken in die Niederlande (1640–1642). – In: NAN 87. 1976, S. 143–155

962. M e y e r , Elisabeth: Fürstenehe: Mit 11 Jahren verheiratet. Maximiliane, Tochter d. französ. Kriegsministers Montbarey u. Erbprinz Heinrich v. Nassau-Saarbrücken. – In: Gesch. u. Landschaft 130. 131. 1972

IV. Politische Territorialgeschichte

963. S c h a u f u s s , Hans: Saarbrücker Enklave an der Nahe [Jugenheim]. – In: Gesch. u. Landschaft. Heimatbll. d. „Saarbrücker Ztg" 148. 1975, S. 2 [Nebst Nachtr. von Robert Rudolf Rehanek: Der Erbprinz auf d. Flucht in Jugenheim]

964. H o r n u n g . Klaus: 700 Jahre Geschichte, Wappen und Siegel der Großen Kreisstadt Kehl. 2. Aufl. Kehl: Morstadt 1974. 168 S. m. Abb., 1 Faltbl. [Betr. u. a. d. Haus Nassau, das v. 1527–1803 Besitz- u. Herrschaftsrechte in Lahr u. Kehl innehatte (S. 100–107)]

965. H e r r m a n n , Hans-Walter: Die Grafen von Nassau und ihre Beziehungen zum Elsaß. – In: Cahiers trimestriels. Société d'histoire et d'archéologie de Saverne et environs. 77. 1972, S. 9–12

966. S t a u f f e r , Hellmut: Die Geschichte der Familie Stauffer-Bolanderhof mit ihren Seitenlinien. Heimatgesch. v. Alt- u. Neubolanden u. Berr. über d. Dynastengeschlechter Bolanden, Spanheim u. Nassau-Weilburg. Meine soldat. Erinnerungen. Kirchheimbolanden: Selbstverl. d. Verf. 1971. 283 S. m. Abb.

967. G e n s i c k e , Hellmuth: Die Wormser Lehen der Grafen von Nassau-Weilburg und die Vogtei Windhausen im Vogelsberg. – In: AHG N. F. 32. 1974, S. 193–202

968. D a n n , Robert: Die Rebellen von der Weil. Mit Abb. – In: HLD 69. 1976, S. 2; 70. 1976, S. 2–3 [Rebellion in Weilmünster im 16. Jh. z. Zt. d. Gr. Albert v. Nassau-Weilburg]

969. Sauberes Weilburg. Der Landesherr gegen Verunreinigung d. Gassen u. Plätze. – In: HLD 59. 1975, S. 2 [1666]

970. B e t h k e , Martin: Die folgenschwere Geheimehe einer Fürstin in Schaumburg [Amalie Charlotte Wilhelmine Luise, Prinzessin v. Nassau-Weilburg, 1776–1841]. Das Opfer: Ein entwurzelter Sohn [Friedrich Wilhelm Gustav Frhr. v. Stein zu Barchfeld u. zum Liebenstein]. Dynast. Rücksichtnahmen. Mit zahlr. Abb. u. Bildn. – In: HGiess 1976, Woche 4

971. M a r t i n , Waltraud de: Geschichte des Schlosses Weilburg bei Baden. Mit 2 Bildn. u. 8 Abb. – In: NblWil 5. 1976, Nr 142, S. 405–408 [Betr. u. a. d. Ehe d. Prinzessin Henriette Alexandrine Friederike Wilhelmine v. Nassau-Weilburg mit Erzherzog Karl v. Österreich]

972. S p i e s , Hans-Bernd: Nassau und das Ende des Sayner Erbfolgestreits 1802. – In: NAN 87. 1976, S. 156–161

973. S t e f f e n s , Max: Zur Geschichte der Stadt Linz u. der Kreise Linz u. Neuwied im ersten Viertel des 19. Jh. – In HJNeu 1975, S. 34–36

# E. SONSTIGE HERRSCHAFTEN UND GEBIETE

## 1. Fürstentum Waldeck

974. E n g e l , Hermann: Wie die Grafschaft Pyrmont entstand. – In: MW 1975, Nr 10 v. 11. Juli

975. S t e i n m e t z , Hermann: Die waldeckischen Beamten vom Mittelalter bis zur Zeit der Befreiungskriege. [Schluß] – In: GW 64. 1975, S. 7–98

976. B u d a c h , Werner: Revolution und Reaktion 1848/1852 in Waldeck. – In: GW 63. 1973/74, S. 143–147

977. B i n g , Ludwig: Waldeck im Revolutionsjahr 1848. Aufbruch in eine neue Zeit. – In: WLKa 248. 1975, S. 39–43

978. H e i d e r i c h , Rolf: Antidemokratische Erscheinungsformen und deren Träger in Waldeck. 1974. 254 S. [Dortmund, Pädagog. Hochschule Ruhr, Diss. v. 1975]

979. B i n g , Ludwig: ...Wie Anna von Kleve und Graf Philipp III. von Waldeck [1519] ein Paar wurden. – In: WLKa 249. 1976, S. 41–43

980. B a u m , Herbert: Georg Graf zu Waldeck [aus Bergheim, 1785–1826]. Aus d. Leben eines Vergessenen. – In: MW 1975, Nr 1 v. 11. Januar

## 2. Grafschaften

981. G l a w i s c h n i g , Rolf: Die Bündnispolitik des Wetterauer Grafenvereins (1565–1583). – In: NAN 83. 1972, S. 78–98

982. F r i e d e r i c h s , Heinz Friedrich, u. Bodo H e i l : Die e p p s t e i n s c h e Ahnfrau Agnes Hogelin [aus Frankfurt a.M.] – In: HFK 12. 1975, Sp. 429–434

983. G o r d o n , Marie Antonia von, geb. Gräfin zu Stolberg-Wernigerode verw. Erbprinzessin zu Wied: Anna von [Eppstein-] Königstein Ts. 1482–1538. Mit 1 Bildn. – In: FBKö 1974, S. 18–20 [Betr. auch das Haus d. Grafen v. Stolberg-Königstein]

984. D a h l , Johannes Konrad: Die Grafschaft E r b a c h und die Herrschaft Breuberg. – Hrsg. von Rolf Reutter. – In: HErb 1974, Nr 1. 3. 5. 7. 8; 1975, Nr 1–3

985. D o r s c h , Kurt T.: Ein vorbildlicher Landesvater. Vor 200 Jahren übernahm Graf Franz I. d. Regierung. – In: HErb 1975, Nr 7/8 [am 23. Juli 1775 zu Erbach]

986. S c h l i c h t , Lothar: Frankfurts Schultheiß zu Bonames in H a n a u e r , Dunkelhaft oder die Auseinandersetzung zwischen Hanau und Frankfurt, weil der Schultheiß zu Bonames die Hanauische Schäferei zu Eschersheim

beschädigt, einen Hanauischen Untertanen geschlagen u. im Hanauischen Wildbann nach Hasen gejagt. 1600–1607. Frankfurt a. M.: Henrich 1974. 47 S. m. Abb. u. Kt.

987. L e h m a n n , Johann Georg: Urkundliche Geschichte der Grafschaft Hanau-Lichtenberg. 1. Die Geschichte d. Dynasten v. Lichtenberg. Neudr. d. Ausg. 1862. X, 368 S. 2. Die Geschichte d. Dynasten v. Ochsenstein, d. Grafen v. Zweibrücken-Bitsch u. d. Grafen v. Hanau-Lichtenberg. Neudr. d. Ausg. 1863. 519 S. Osnabrück: Zeller 1974

988. B a t t e n b e r g , Friedrich: Zur Territorialpolitik der Herren von Lichtenberg in Baden und im Elsaß. Ein Prozeß zwischen Lichtenberg, Veldenz u. Hohengeroldseck 1415–1418. – In: AHG N. F. 34. 1976, S. 9–44

989. D e m a n d t , Karl Ernst: Die Orientfahrten der K a t z e n e l n b o g e n e r Grafen. – In: AHG N. F. 33. 1975, S. 27–54

990. M e y e r , Fritz: R u n k e l e r Hochzeitstaler von 1762 wurde nachgeprägt. Mit 3 Abb. – In: NblWil 50. 1975, Nr 139, S. 324 [Hochzeit zw. Christian Ludwig Gr. v. Wied-Runkel u. Charlotte Sophia Auguste Grn. v. Sayn-Wittgenstein-Sayn]

991. W e l k e r , August: Heimkehr und Tod in Runkel. Vor 150 Jahren starb Fürst Friedrich Ludwig. Mit 1 Abb. – In: HLD 1974, Nr 44, S. 2–3

992. L e h m a n n , Johann Georg: Geschichte und Genealogie der Dynasten von W e s t e r b u r g aus Urkunden und anderen archivalischen Quellen. Im Auftr. d. Ver. f. nass. Altertumskde u. Geschichtsforsch. Unveränd. Neudr. d. Ausg. v. 1866. Walluf, Nendeln [Liechtenst.]: Sändig 1974. 251 S., 1 Stammtaf.

993. T o u s s a i n t , Ingo: Das Territorium der Grafen von L e i n i n g e n im Wormsgau, sein Aufbau und Verfall im Mittelalter. Mit 2 Ktn. – In: MHVPf 71. 1974, S. 155–202

994. B e t h k e , Martin: Von Ilbenstadt in den Tod beim fernen Arrad. Trommelwirbel übertönte letzte Worte. . . . Die Leiningen-Westerburg u. Österreich. Ein Feldmarschalleutnant als Kommissar f. Kurhessen. – In: HGiess 1975, Woche 36

995. S p i e s , Hans-Bernd: Wirtschaft und Verwaltung der Grafschaft W i t t g e n s t e i n –Wittgenstein 1796–1806. Bamberg 1975: aku-Fotodr. 212 S. Bonn, Phil. Diss. v. 9. 7.1975

996. S p i e s , Hans-Bernd: Die Mediatisierung der Grafschaft Wittgenstein-Wittgenstein 1806. – In: AHG N. F. 34. 1976, S. 503–510

997. S p i e s , Hans-Bernd: Mitglieder des Hauses S a y n -Wittgenstein an der Universität Göttingen. – In Wi 40, Jg. 64, 1976, S. 76–78

998. S p i e s , Hans-Bernd: Die Verleihung des Serafinenordens an Graf Ludwig Ferdinand von Sayn-Wittgenstein-Berleburg. – In: Wi 40. Jg. 64, 1976, S. 157–158

999. S p i e s . Hans Bernd: Eine Bürgschaft Hardenbergs [1810] für Wittgenstein. – In: Westfäl. Forschungen 26. 1974, S. 141–143 [Wilhelm Ludwig Georg Fürst zu Sayn-Wittgenstein-Hohenstein]

1000. B e t h k e , Martin: Als es in Braunfels eine Hofhaltung gab. Die Fürsten von S o l m s u. eine ausgestorbene Linie. – In: HGiess 1974, Nr 38

1001. W i e b e r , Fritz: Die Greifensteiner Rebellion in der Zeit Graf Wilhelms I. geb. 1570, gest. 1635. Nach d. Akten aus d. Braunfelser Archiv. Mit 3 Abb. – In: HKWe 25. 1975, S. 100–134

1002. W i e b e r , Fritz: Inhalt der Akten der Greifensteiner Rebellion von 1610–1625. – In: HKWe 26. 1976, S. 123–153

1003. W i e b e r , Fritz: Die Greifensteiner Rebellion 1676–1692. – In: HKWe 23. 1973, S. 27–53; 24. 1974, S. 51–58 [Solms-Braunfels]

1004. U r b a n , Werner: Prinzessin Amalie. Eine bedeutende Frau aus d. Hause Solms-Braunfels. – In: HLD 1975, Nr 52, S. 1–2 m. Abb.

1005. S c h i e r , Rolf: Standesherren. Zur Auflösung d. Adelsherrschaft in Deutschland (1815–1918). Rechts- u. staatswiss. Diss. Bonn 1975. III, 246 S. [Beispiel d. Fürsten v. Wied-Neuwied u. Solms-Braunfels]

1006. B e c k e r , Werner A.: Ein Solms-Laubacher Rat. Gerhard Terhell (um 1540–1615). – In: HHGiess 1976, S. 23–24

1007. M e r k e l , Ernst: Thomas Maul, [Solms-]Laubachischer Sekretär und Amtmann im 17. Jh. [1575–1643] – In: HGiess 1976, 35

1008. W a g n e r , August: Reinhard Graf zu Solms [-Lich] (1491–1562). Mit 6 Bildn. u. 1 Abb. – In: HHGiess 1975, S. 83–87

1009. S c h n o r r , Hans: Reinhard zu Solms [-Lich] und die Kapitulation Landgraf Philipps. Mit 5 Bildn. u. 1 Pl. – In: HHGiess 1975, S. 37–40. 44

### 3. Herrschaften und Gebiete

1010. I r s i g l e r , Franz: Herrschaft, Wirtschaft und Gesellschaft im D i e m e l r a u m zur Zeit des Grafen Dodiko [Anf. 11. Jh.]. Vortrag. Korbach 1975. 35 S.

1011. G e n s i c k e , Hellmuth: Zur Geschichte des W e s t e r w a l d e s . Mit 1 Abb. – In: Westerwaldkreis. Mühlheim/M. 1975, S. 13–16

1012. K e s s l e r , Karl: Land am Stegskopf. Ein Beitr. z. Gesch. d. Westerwaldes im Bereich d. Truppenübungsgeländes Stegskopf bei Daaden. Mit 6 Abb. u. 1 Kt. – In: Ww 68. 1975, H. 4, S. 1–7

1013. W i e d , Werner: Wittgensteiner und S i e g e r l ä n d e r kennen sich. Enge geschichtl., wirtschaftl. u. menschl. Beziehung seit Jahrhunderten. Mit 1 Abb. – In: UHl 43. 1975, S. 88–90

1014. T h i e m a n n , Walter: Die Westfalenpolitik der Kölner Erzbischöfe im 12. und 13. Jahrhundert. – In: Si 51. 1974, S. 118–122 [Betr. auch d. Siegerland]

1015. Schicksale und Abenteuer um 1800. Wahrheitsgemäße Wiedergabe v. Erlebnissen in Friedens. u. Kriegszeiten im Siegerland Ende d. 18. u. Anfang d. 19. Jh. Überarb.: Adolf M ü l l e r . Siegen: Vorländer 1975. 245 S. [Enthält Auszüge d. Autobiographien von Johann A. Schenck u. Matthias Langer]

1017. F a b r i t i u s , Johann Reichardt: Vor 300 Jahren: Das Tagebuch des Johann Reichardt Fabritius. Bearb. u. mitgeteilt von Heinz-Peter M i e l k e . – In: HTBll 3. 1975, H. 7, S. 8–59; 4. 1976, H. 8, S. 4–23 [Gesch. d. Herrschaft R e i f e n b e r g i. Ts. im 17. Jh.]

1018. A l b e r , Erasmus: Loblied auf Conrad von H a t t s t e i n . Mitget. von Heinz-Peter M i e l k e . – In: MVGHOUr 19. 1975, S. 25–27

1019. B i e h n , Heinz: Rheingau – Heimat unnennbarer Lust. – In: „Zum Beispiel Rheingau- bedrohte Kulturlandschaft". Schmitten/Ts. 1975. (Arnoldshainer Protokolle 1975,5) S. 9–24

1020. R u t z e n h ö f e r , Hans: Aus der r h e i n h e s s i s c h e n Geschichte. – In: HHGiess 1975, S. 23–24

1021. Z i m m e r , Erwin: Ellwangscher Besitz in Rheinhessen. – In: HJAlWo 13. 1973, S. 351–357 [Fürstpropstei Ellwangen a. d. Jagst]

1022. E n g e l h a r d t , Rudolf: Vorgeschichte der Schenkung des B i n g e r Landes [an Erzbischof Willigis von Mainz]. – In: HMRh 19. 1974, Nr 1, S. 4

1023. A u e n e r , Reinhart: Vom Territorialstaat zur modernen Verwaltung. Ein Beitr. zur Verwaltungsgesch. d. Binger Landes. – In: HJMBi 15. 1971, S. 130–133

1024. W a g n e r , Walter: Das R h e i n - M a i n - G e b i e t (vor 150 Jahren) 1787. (Unveränd. Nachdr. d. Ausg. Darmstadt 1938.) Darmstadt: Hess. Hist. Komm. 1975. 230 S. Sonderdr. aus: AHG N. S. 20. 1938 [Vermehrt durch e. Zsstellung d. Hanau-Lichtenberg. Orte im heutigen Departement Du-Bass-Rhin, Rheinland-Pfalz u. Baden-Württemberg]

1025. H o c h , Günther: Geschichte der M a i n - R o d g a u -Landschaft von der Römerzeit bis zur Entstehung des Kreises Offenbach a. M. Mit 7 Abb. – In: StFOff N. F. 7. 1976, S. 3–28

1026. Zu Kultur und Geschichte des O d e n w a l d e s . Festgabe für Gotthilde Güterbock. Hrsg. . . . von Winfried W a c k e r f u ß , Peter A s s i o n , Rolf R e u t t e r . Breuberg-Neustadt: Breuberg-Bund 1976. 235 S. mit Abb.

1027. S c h a a b , Meinrad: B e r g s t r a ß e und Odenwald, 500 Jahre Zankapfel zwischen Kurmainz und Kurpfalz. – In: Festschrift f. Günther Haselier.

Karlsruhe 1975 (Oberrhein. Studien 3) S. 237–265 [Vortr., geh. auf der Jahrestagung d. Komm. f. geschichtl. Landeskde in Baden-Württ. 1974]

1028. W a c k e r f u ß , Winfried: Zwei Urkundenfunde zur Geschichte der südlichen Bergstraße. – In: Odw 23. 1976, S. 147–149

1029. W e i ß g e r b e r , Wolfgang: Die Herren von F r a n k e n s t e i n und ihre Frauen. Landschaften, Personen, Geschichten. Darmstadt: Roether 1975. 240 S. m. Abb.

1030. S t r u c k , Wolf-Heino: Aus den Anfängen der territorialen Finanzverwaltung. Ein Rechnungsfragment d. Herren v. B o l a n d e n um 1258/62. Mit 2 Taf. u. 1 Kt. – In: ArZ 70. 1974, S. 1–21

1031. E c k h a r d t , Albrecht: Das älteste Bolander Lehnbuch. Versuch e. Neudatierung. Mit 4 Taf. – In: ADSSW 22. 1976, S. 317–344

## 4. Amts-, Gerichts-, Kirchspiel- und Zentbezirke

1032. G e n s i c k e , Hellmuth: Zur nassauischen Ortsgeschichte. Kirchspiel und Gericht A l t e n b e r g -Egenroth. – In: NAN 86. 1975, S. 261–277

1033. F e n d l e r , Rudolf: Das Geleitwesen im kurpfälz. Oberamt A l z e y von den Anfängen bis zum Untergang in der Französ. Revolution. – In: AlGbll 11/12. 1976, S. 59–88

1034. H o f e r i c h t e r , Carl Horst: Das Oberamt Alzey im letzten Jh. seines Bestehens in der kurpfälz. Landesstatistik. – In: AlGbll 11/12. 1976, S. 89–154

1035. W a c k e r f u ß , Winfried: Beschreibung des Amtes A m o r b a c h (um 1570). – In: Odw 22. 1975, S. 93–99

1036. S c h n e i d e r , Ernst: Die Beschreibung der Ämter D o r n b e r g , Rüsselsheim und Kelsterbach. – In: HspGer 1974, Nr 1

1037. I m m e l , Otto: Der Kampf um die Landeshoheit im Gericht E b e r s b a c h . Mit zahlr. Abb. – In: HJDi 19. 1976, S. 131–150

1038. M e t z , Arnold: Verzeichnis der dienstbaren Güter im Amt F e l s b e r g 1584. – In: HFK 12. 1974, Sp. 47–52

1039. L a m p r e c h t , Johann Heinrich: Die Ämter F r e u s b u r g und Friedewald im Jahre 1741. Hrsg. von Wilhelm G ü t h l i n g (nach d. Ms. im LHA Koblenz) Siegen: Ges. f. Landeskde 1972. 16 S. Erw. aus: Si 38. 1961, S. 81–90

1040. M a u e r s b e r g e r , Johann Rolf: Das Amt F r i e d e w a l d um 1724–1731. – In: HFK 13. 1976, Sp. 53–60. 95–102

1041. Hofmann, Martin: 1000 Einwohner, 40 Pferde, 35 Ochsen ... Das alte [Amt] Haiger im Zahlenspiegel der „bergischen Zeit" (1806–13). – In: HLD 1975, Nr 57, S. 3–4 m. 1 Abb.

1042. Görlich, Paul: Burg und Amt Hauneck. – In: HHGiess 1974, S. 39–40.

1043. Boss, Frieder: Zinsbücher, Güter, Gefälle und Gerechtsame der Amtskellerei Heppenheim (1803). – In: GbllBe 9. 1976, S. 178–197

1044. Gensicke, Hellmuth: Zur nassauischen Ortsgeschichte. Das Kirchspiel Kirburg. – In: NAN 85. 1974, S. 220–242

1045. Gutjahr, Rainer: Bericht des Amtes Lindenfels an die kurpfälz. Hofkammer (27. Febr. 1719). – In: GbllBe 9. 1976, S. 198–204 [über Erbbestands- u. Temporalgüter, Beamte usw.]

1046. Schnitzer, Paul: Die Oberschultheißen im Ried. Die Kurmainzer Amtsvögte des Amtes Lorsch. – In: GbllBe 7. 1974, S. 190–193

1047. Ogura, Kinichi: Die Bildung des landesherrlichen Amtes Marburg in Hessen (japanisch) – In: Wiss. Bll. d. Tôyô-Univ. in Tokio „Keizai Keiei Ronshu" 58. 1971, S. 171–184

1048. Wackerfuß, Winfried: Beschreibung des Amtes Miltenberg von 1576. – In: Odw 23. 1976, S. 52–58 m. Abb.

1049. Berninger, Gudrun: Friedrich Weygandt 1491–1525. Versuch einer Biografie. – In: Odw 22. 1975, S. 39–50 [Kurmainzer Amtskeller in Miltenberg; Kämpfer im Bauernkrieg, Reichsreformentwurf f. d. fränkische Bauernschaft.]

1050. Friederichs, Heinz Friedrich: Friedrich Weygandt 1525. – In: Odw 22. 1975, S. 104–107 [Leserzuschrift zu Gudrun Berninger in: Odw 22. 1975, S. 39–50]

1051. Wackerfuß, Winfried: Beschreibung der 'Oberen Zent' Mudau (um 1570). – In: Odw 22. 1975, S. 131–137

1052. Schawacht, Jürgen H.: Zur Struktur des Amtes Netphen vor 160 Jahren. Mit 5 Tab. – In: Si 52. 1975, S. 80–87

1053. Wackerfuß, Winfried: Beschreibung der „Zent und Grafschaft Ostheim und des Amtes Neudenau." – In: Odw. 23. 1976, S. 111–113

1054. Grosskopf, Helmut: Wetterauer Dorfprotokolle – im Spiegel Rendeler Amtsprotokolle des 18. Jh. – In: 1200 Jahre Rendel. Frankfurt a. M. 1974, S. 67–78

1055. Brauns, Eduard: Burg, Amt und Dorf Schönstein. – In: SchwJb 1976, S. 97–102

1056. Gutjahr, Rainer: Die reisigen Diener des Amtes Starkenburg i. J. 1608. – In: GbllBe 9. 1976, S. 174–177

1057. Hartmann, Ernst: Geschichte der Stadt und des Amtes Steinau a. d. Straße. Hrsg. v. d. Stadt Steinau (Kreis Schlüchtern). Bd 1–3. Steinau (Kreis Schlüchtern) 1971–77. 1. Frühzeit u. Mittelalter. 1971. 2. Zeitraum 1543–1736. 1975. 3. Zeitraum 1736–1977. 1977

1058. Krüger, Kersten: Frühabsolutismus und Amtsverwaltung: Landgraf Wilhelm IV. inspiziert 1567 Amt u. Eigenwirtschaft Trendelburg. – In: HJL 25. 1975, S. 117–147

1059. Das Gericht Wirtheim. – In: 1000 Jahre Kassel u. Wirtheim [Festschrift]. Biebergemünd 1976, S. 79–83

1060. Metz, Wolfgang: Dr. Laurentius Lucanus – Amtmann zu Witzenhausen. Aufzeichnungen biografischer Art aus d. Zeit um 1600. – In: W 27. 1975, S. 19–21

## F. STAATSBILDUNGEN DES 19./20. JAHRHUNDERTS

### 1. Französische Besatzungsstaaten

1061. Haasis, Helmut G.: Bibliographie zur deutschen linksrheinischen Revolutionsbewegung in den Jahren 1792/1793. Die Schriften d. demokrat. Revolutionsbewegung im Geb. zwischen Mainz, Worms, Speyer, Landau, Sarre-Union, Saarbrücken u. Bad Kreuznach. Kronberg/Ts: Scriptor Verl. 1976. 154 S. (Literaturwiss.)

1062. Demokratisch-revolutionäre Literatur in Deutschland: Jakobinismus. Hrsg.: Gert Mattenklott, Klaus R. Scherpe. Kronberg Ts: Scriptor-Verl. 1975. 275 S. (Scriptor Taschenbücher. Literaturwiss. S 61. R. Lit. im hist. Prozeß 3,1) [Betr. u. a. Mainzer Revolution 1792/93: S. 11–60: Heinrich Scheel: Das Bild von d. Mainzer Republik im Wandel d. Zeiten; S. 139–204: Klaus R. Scherpe: „... daß die Herrschaft dem ganzen Volke gehört!" Literar. Formen jakobin. Agitation im Umkreis d. Mainzer Revolution]

1063. Keim, Anton Maria: Die Revolution dichtet. – In: NeuM 1971, 8, S. 2–6 [Über Texte aus d. Zeit d. Mainzer Republik 1792/93]

1064. Grab, Walter: Eroberung oder Befreiung? Dt. Jakobiner u. d. Franzosenherrschaft im Rheinland 1792–1799. Trier 1971. 94 S. (Schriften aus d. Karl-Marx-Haus 4) [Betr. u. a. Mainzer Klubisten von 1792/93]

1065. Lomparski, Bernd: „Patriotismus" und „Vaterland" im Mainzer Klubismus 1792/93. Ein Beitr. z. Begriffs- u. Ideologiegesch. d. ausgehenden 18. Jh. Saarbrücken 1974. 561 S. Saarbrücken, Univ d. Saarlandes, Phil. Fak., Diss. 1974

1066. Scheel, Heinrich: Die Mainzer Republik. Hrsg., eingel., komm. u. bearb. T. 1. Protokolle d. Jakobinerklubs. Berlin: Akad.-Verl. 1975. 920 S. (Schriften d. Zentralinstituts f. Gesch. 42)

1067. S c h e e l , Heinrich: Die Begegnung deutscher Aufklärer mit der Revolution. Berlin: Akad.-Verl. 23 S. (Sitzungsberr. d. Plenums u. d. Klassen d. Akad. d. Wiss. d. DDR 1972, Nr 7) [Betr. d. Mainzer Revolution 1792–1793]

1068. S c h i r o k [geb. Bracht], Edith: Georg Forster und die Französische Revolution. Eine Untersuchung z. Verhältnis v. theoret. Beurteilung u. polit. Aktivität. Freiburg i. Br. 1970. 263 S. Freiburg i. Br., Phil. Diss v. 1970

1069. S a i n e , Thomas P.: Georg Forster. New York: Twayne Publ. 1972. 182 S. m. Abb. (Twayne's World authors series 215)

1070. K e l m , Heinz u. Dieter H e i n t z e : Georg Forster 1754–1794. Südseeforscher, Aufklärer, Revolutionär. Ffm.: Museum für Völkerkunde; Bremen: Übersee-Museum 1976. 511 S., 1 Kt. (Roter Faden zur Ausstellung 3)

1071. S c h e e l , Heinrich: Spitzelberichte aus dem jakobinischen Mainz. – In: Jb. f. Gesch. 6. 1972, S. 501–538

1072. Politische Unterhaltungen am linken Rheinufer. [Nachdr. d. Ausg. Bingen] 1797–1798. Stück 1/68 u. Neue politische Unterhaltungen am linken Rheinufer. [Nachdr. d. Ausg. Mainz] 1798. Stück 1/45. Nendeln: Kraus Reprint 1972. getr. Zählung.

1073. L a u t z a s , Peter: Die Akten der „Direction de fortification de Mayence" (1797–1814) im Bundesarchiv/Außenstelle Frankfurt. – In: ArZ 69. 1973, S. 1–8

1074. M a t h y , Helmut: Berichte des Präfekten Jeanbon St. André über zwei Besuche Napoleons in Mainz 1812 und 1813. – In AHG N. F. 32. 1974, S. 351–370

1075. H o l l e r , Siegfried: Präfektur Dillenburg. Die Verwaltung in d. Franzosenzeit. Sieg-Departement reichte bis zur Lahn. – In: HLD 1974, Nr 48, S. 3

1076. Grenzen werden nicht für die Ewigkeit gezogen. Administrative Gliederung d. Sieg-Departements zu Beginn d. 19. Jh. Mit 1 Kt. – In: UHl 43. 1975, S. 154–156

1077. R i c h t e r i n g , Helmut: Quellen des französischen Nationalarchivs zur Geschichte der Lande zwischen Rhein und Weser in napoleonischer Zeit. – In: Westfäl. Forschungen 24, 1972 (1973), S. 87–152

1078. D u c h h a r d t , Heinz: Dalbergs politische Publizistik. – In: JbVFUM 23/24. 1974/75, S. 47–72

1079. M e n z e l , Gerhard: Franz Josef von Albini. 1748–1816. Ein Staatsmann d. alten Reiches. Zu Wandel u. Fortleben d. Reichstradition bei d. Neugestaltung Deutschlands 1787–1815. – In: MZ 69. 1974, S. 1–126 [Erschien auch als Phil. Diss. Bonn 1973]

## 2. Herzogtum Nassau

1080. S t e u r , Jacob: Beschwerden gegen die Abtretung Nassau-Oraniens im Jahre 1815. – In: HJDi 18. 1975, S. 159–162

1081. S t r u c k , Wolf-Heino: Über interparlamentarische Beziehungen im mittelrheinisch-hessischen Raum zu Beginn des konstitutionellen Lebens. Ein Brief d. nass. Volkskammerpräsidenten Herber an e. Mainzer Abgeordneten v. Hessen-Darmstadt 1821. – In: AHG N. F. 32. 1974, S. 371–401

1082. H o l m s t e n , Georg: Freiherr vom Stein in Selbstzeugnissen und Bilddokumenten. Reinbek. b. Hamburg: Rowohlt 1975. 151 S. m. Abb., Bildn. u. Bibliogr. (Rowohlts monographien 227)

1083. V o m  S t e i n , Karl Frhr: Briefe und amtliche Schriften. Bearb. von Erich B o t z e n h a r t . Neu hrsg. von Walther H u b a t s c h . Stuttgart: Kohlhammer [usw.] 6. Stein in Westfalen. Monumenta Germaniae Historica. Verfassungsfragen. Jan. 1819–Mai 1826. Neu bearb. von Alfred Hartlieb v. W a l l t h o r . 1965. XX, 1016 S. m. 8 Bildtaf. 7. Stein als Marschall d. 1.-3. Westfäl. Provinziallandtags. Revolution in Frankreich u. Belgien. Ende Mai 1826–1831. Neu bearb. von Alfred Hartlieb v. W a l l t h o r . 1969. XXI, 1198 S. m. 4 Abb. u. 4 Faks. 8. Ergänzungen u. Nachträge. 1. Nachträge zu d. Briefen Steins 1766–1831. 2. Kartograph. Dokumentation. Bearb. von Walther H u b a t s c h  1970. 9. Hist. u. polit. Schriften 1972. 10. Reg. m. Nachlese, Zusätzen u. Berichtigungen. Neu bearb. von Werner J o h n  u. Gertrud H e d l e r - S t i e p e r . 1974. VIII, 796 S.

1084. A p p u h n , Horst: Das Bildnis des Freiherrn vom Stein. Mit e. Einl. von Alfred Hartlieb von Wallthor. Mit 5 farb. u. 69 einfarb. Abb. Köln & Berlin: Grote 1975. 144 S. (Vom Stein, Karl Freiherr: Briefe u. amtliche Schriften [Teils.] Erg. Bd)

1085. S e e l e y , John Robert: Life and times of Stein, or Germany and Prussia in the Napoleonic age. Vol. 1–3. New York: Greenwood Pr. 1968 m. Abb. u. Kt.

1086. G e m b r u c h , Werner: Freiherr vom Stein und Nassau. Mit 1 Taf. – In: NAN 85. 1974, S. 133–150

1087. C y p e r r e k , Rudolf: Das Porträt: Carl von Ibell. Mit 1 Bildn. – In: Wi int 1974, 4, S. 38–40

1088. K u h n i g k , Armin Matthäus: Soziale Demokratenbewegung der 1848er Revolution im Kreis Limburg-Weilburg. Limburg: Unterbezirk Limburg-Weilburg d. Sozialdemokratischen Partei Deutschlands 1975. 118 S.

1089. K u h n i g k , Armin Matthäus: Wiege und Wege erstarkender Demokratie zwischen Limburg und Löhnberg. Mit Abb. – In: Land an d. Lahn. Mühlheim/M. 1976, S. 86–95

1090. Kuhnigk, Armin Matthäus: Der Idsteiner Demokraten-Kongreß. Carl Schapper aus Weinbach im Oberlahnkreis hat dabei eine tonangebende Rolle gespielt. Mit Abb. – In: HLD 1974. Nr 42, S. 1–2. Nr 43, S. 3

1091. Schäfer, Rudolf: Höchst am Main in den Jahren 1848/49. – In: 125 Jahre Höchster Kreisblatt. (Höchster Kreisbl. 1974, Nr 246, Beil.) S. 15

1092. Wagner, Klaus: Die 48er Revolution im Usinger Land. Eine zeitgenössische Schilderung. – In: UsL 1974, Nr 1, Sp. 1–9

1093. Hartmann, Winfried: Brücke zwischen Vergangenheit und Gegenwart. Mit 1 Abb. – In: 85 Jahre Turnver. Villmar. Festschrift. 1976, S. 25–29 [Betr. d. Verhältnis d. Turnvereine in Nassau zur Revolution 1848]

1094. Fuchs, Konrad: Zu den Verhandlungen der nassauischen Ständeversammlung über die Veräußerung des Landeseigentums Marienstatt im Jahre 1864. Ein Beitr. z. Innen- u. Sozialpolitik d. Herzogtums Nassau. – In: NAN 86. 1975, S. 233–251

### 3. Großherzogtum Hessen(-Darmstadt)

1095. Wierichs, Marion: Napoleon und das „Dritte Deutschland" 1805/1806. Die Entstehung d. Großherzogtümer Baden, Berg u. Hessen. Frankfurt a. M., Bern, Las Vegas: Lang 1978. XXVIII, 143 S. (Europäische Hochschulschriften Reihe 3, Gesch. u. ihre Hilfswiss. 99) Zugl. Bonn, Univ., Diss. 1975 u. d. T.: Wierichs: Die Entstehung d. Großherzogswürde am Beispiel v. Baden, Berg u. Hessen

1096. Ruppel, Hans Georg: Historisches Ortsverzeichnis für das Gebiet des ehem. Ghzt. und Volksstaats Hessen mit Nachweis der Kreis- und Gerichtszugehörigkeit von 1820 bis zu den Veränderungen im Zuge der kommunalen Gebietsreform. Bearb. unter Mitw. von Karin Müller. Einl. zur Verwaltungs- und Gerichtsorganisation von Eckhart Götz Franz. Darmstadt: Verl. d. Hist. Ver. f. Hessen 1976. 220 S. (Darmstädter Archivschriften 2)

1097. Rutzenhöfer, Hans: Provinzialbehörden in Hessen-Darmstadt. – In: HHGieß 1975, S. 20 [seit 1803]

1098. Luh, Lutz-Ulrich: Philipp Wilhelm Wernher als Politiker des Vormärz. Eine biogr. Unters. Schrift. Arbeit f. d. 1. Staatspr. f. d. Lehramt an Gymn. an d. Justus-Liebig-Univ. Gießen. Gießen 1974, IV, 122 Bl.

1099. Berlet, Eduard: Zwischen Wiener Kongreß und Paulskirche. Biedermeier u. vormärzlicher Liberalismus in Alzey u. ihre Folgewirkungen. – In: AlGbll 11/12. 1976, S. 36–58

1100. Roth, Hans-Walter: Studentische Opposition in Oberhessen zwischen 1800 und 1850. – In: Einst u. jetzt 17. 1972, S. 7–16

F. Staatsbildungen des 19./20. Jahrhunderts 87

1101. Liebknecht, Wilhelm: Erinnerungen eines Soldaten der Revolution. Zusgest. u. eingel. v. Heinrich Gemkow. Inst f. Marxismus-Leninismus beim ZK d. SED. Berlin: Dietz 1976. 449 S., Abb.

1102. Weitershaus, Friedrich Wilhelm: Wilhelm Liebknecht. Das unruhige Leben eines Sozialdemokraten. Eine Biogr. Mit Ausz. aus Briefen, Reden u. Schriften Wilhelm Liebknechts u. seiner Zeitgenossen. Gießen: Brühl 1976. 311 S. m. Abb. (MOHG N. F. 61)

1103. Adamy, Kurt: Wilhelm Liebknecht 1826–1900. Daten aus seinem Leben u. seiner pol. Tätigkeit. Potsdam: Komm z. Erforsch. d. Gesch. d. örtl. Arbbew. b. d. SED-Kreisleitg. 96 S., Abb.

1104. 150 Jahre Wilhelm Liebknecht. 29. März 1826, Gießen. Hrsg. von der Wilhelm-Liebknecht-Gesellschaft Gießen. Frankfurt a. M.: Verl. Marxist. Blätter 1976. 59 S. m. Abb.

1105. Neef, Helmut: Wilhelm Liebknecht – ein „Soldat der Revolution". Zum 150. Geburtstag d. rev. dt. Arb.führers. – In: Wiss. Beitr. Parteihochschule „Karl Marx", Berlin, 25, 1976, 2, S.103–122

1106. Bernbeck, Gerhard: Ein „Soldat der Revolution". Zu Wilhelm Liebknechts 150. Geburtstag. – In: HHGiess 1976, S. 25–28

1107. Knauss, Erwin: Wilhelm Liebknecht und seine Jugendzeit in der Stadt und an der Universität in Gießen. – In: HGiess 1976, 13.

1108. Deeg, Ria, u. Walter Deeg: Wilhelm Liebknecht, ein Bürger der Universitätsstadt Gießen. – In: 150 Jahre Wilhelm Liebknecht. 29. März 1826. Gießen. Frankfurt a. M: Verl. Marxist. Blätter 1976, S. 13–24

1109. Grab, Walter: Wilhelm Friedrich Schulz (1797–1860). Ein bürgerl. Vorkämpfer d. sozialen u. pol. Fortschritts. – In: Die früh-sozialistischen Bünde in der Geschichte d. dt. Arbeiterbewegung. Hrsg. v. Otto Büsch u. Hans Herzfeld. Berlin: Colloquium Verl. 1975, S. 98–135

1110. Kade, Gerhard: Wilhelm Schulz und die Herausbildung der politischen Ökonomie bei Marx. – In: Schulz, Wilhelm Friedrich: Die Bewegung d. Produktion. Eine geschichtl.-statist. Abh. (Unveränd. Neudr.) Zürich & Winterthur: Dr. u. Verl. d. literar. Comptoirs 1843. Glashütten i. Ts: Auvermann 1974. S. I–XVI

1111. Wawrykowa, Maria: Der Volksaufstand in den revolutionären Konzeptionen bei Karl Follen, Friedrich Weidig, Georg Büchner und den polnischen Demokraten der 30er und 40er Jahre des 19. Jhds. – In: Wawrykowa: Revolutionäre Demokraten in Deutschland u. Polen 1815–1848. Braunschweig: Limbach 1974, S. 22–33

1112. Büchner, Georg, Ludwig Weidig: Der Hessische Landbote. Texte, Briefe, Prozeßakten. Kommentiert von Hans Magnus Enzensberger. Frankfurt a. M.: Insel-Verl.: Frankfurt a. M.: Suhrkamp [in Komm.] 1974. 172 S. (Insel Taschenbuch 51)

1113. S c h a u b , Gerhard: Georg Büchner, Friedrich Ludwig Weidig. „Der Hessische Landbote". Texte, Materialien, Kommentar. München: Hanser 1976. 200 S. (Reihe Hanser 202)

1114. B ü c h n e r , Georg: [Sammlung] Lenz. Der hessische Landbote. Mit e. Nachw. von Martin Greiner. Nachdr. Stuttgart: Reclam 1976. 71 S.

1115. R u c k h ä b e r l e , Hans-Joachim: Flugschriftenliteratur im historischen Umkreis Georg Büchners. Kronberg/Ts.: Scriptor Verl. 1975. 409 S. [Fotodr.] Erschien zuerst als Diss. München, Univ., Phil. Fak. II 1974. (Skripten Literaturwissenschaft 16)

1116. H o f e r i c h t e r , Carl Horst: Unbekannte Briefe Friedrich Ludwig Weidigs. – In: AHG N. F. 33. 1975, S. 409–422

1117. S c h u l z , Wilhelm Friedrich: Der Tod des Pfarrers Dr. Friedrich Ludwig Weidig. Ein actenmäßiger u. urkundl. belegter Beitr. zur Beurtheilung d. geheimen Strafprozesses u. d. polit. Zustände Deutschlands. Zürich & Winterthur: Dr. u. Verl. d. literar. Comptoirs 1843. (Photomechan. Neudr.) [Faks. – T.] Leipzig: Zentralantiquariat 1975. 132, 102 S.

1118. H o f e r i c h t e r , Carl Horst: Das Untersuchungsverfahren gegen den Hofgerichtsadvokaten Wilhelm Trapp III zu Friedberg. Zur polit. Prozeßpraxis im hessischen Vormärz.– In: AHG N. F. 32. 1974, S. 403–476

1119. P a u l y , Heribert: Zur sozialen Zusammensetzung politischer Institutionen und Vereine der Stadt Mainz im Revolutionsjahr 1848.– In: AHG N. F. 34. 1976, S. 45–81

1120. H e i n z e l m a n n , Josef: Marx und Engels [1848] im Schatten des Mainzer Doms. – In: MZ 70. 1975, S. 173–176

1121. K e i m , Anton Maria: Germain Metternich – vom Mainzer Revolutionär zum amerikanischen „Turner-General". Mit 2 Abb. – In: LRhPf 13. 1976, S. 86–88; vgl. a. NeuM 1973, 4, S. 2–5

1122. K e i m , Anton Maria: Der blutige 21. Mai 1848 [in Mainz]. – In NeuM 1973, 5, S. 5–6

1123. S c h n e i d e r , Ernst: Bauernrevolte in Treis (Lumda) 1848. – In: HGiess 1974, Nr 36

1124. Die Revolution 1848/49 im hessischen Hinterland. Lahntalschüler untersuchten Anstöße u. Auswirkungen einer bewegten Zeit. Von Reinhard Achenbach [u. a.] – In: HiGbll 54. 1975, S. 9–12

1125. B e t h k e , Martin: Großherzoglich-hess. Staatsmänner I. [Ludwig von] Grolman, der Professor aus Gießen und [Karl Wilhelm Heinrich] Freiherr du Thil aus Braunfels. – In: HGiess 1976, 24

## F. Staatsbildungen des 19./20. Jahrhunderts

1126. B e t h k e , Martin: Großherzoglich-hess. Staatsmänner II. Die Übergangsperiode nach 1848 – [Freiherr Reinhard v.] Dalwigk macht letztmals eigene hessische Politik. – In: HGiess 1976, 25

1127. R e h m , Max: Der hessische Staatsminister Karl Rothe (1840–1906). – In: AHG N. F. 33. 1975, S. 263–298

1128. R e h m , Max: Karl Rothe, Großherzoglich Hessischer Staatsminister 2. Juli 1840–29. Januar 1906. Mit 1 Bildn. – In: MerckFZs 25. 1975, S. 333–348

1129. E u l e r , Friedrich Wilhelm: Ahnenliste Staatsminister Karl Rothe. – In: MerckFZs 25. 1975, S. 348–352

1130. W o l f f , Robert: Stephan (Etienne) George I. Lebensbild e. Binger Kommunal- u. Landespolitikers. Mit 1 Bildn. u. 3 Abb. – In: HJMBi 17. 1973, S. 59–67 [19. 5. 1806–31. 10. 1888]

1131. W h i t e , Dan S.: The splintered party. National liberalism in Hessen and the Reich 1867–1918. Cambridge [usw.]: Harvard Univ. Pr. 1976. VIII, 303 S.

1132. Z u c k e r , Stanley: Ludwig Bamberger. German liberal politician and social critic. 1823–1899. Pittsburgh, Pa.: Univ. Pr. 1975. XI, 343 S. [Rheinhess. Politiker aus Mainz]

1133. K e i m , Anton Maria: Der rote Louis. Erinnerungen an Ludwig Bamberger [aus Mainz]. – In: NeuM 1973, 7, S. 2–3; 1973, 8, S. 4–6

1134. L e e , Sam-yol: Der bürgerliche Sozialismus von Ludwig Büchner. Eine Ideologie zwischen d. bürgerl. Demokratie u. d. sozialist. Arbeiterbewegung. Göttingen, Univ., Wirtschafts- u. Sozialwiss. Fak., Diss. v. 1976. [Ludwig Büchner: 29. 3. 1824–1. 5. 1899, Darmstädter Arzt u. Philosoph]

1135. D r e i s b a c h - O l s e n (geb. Olsen), Jutta: Ludwig Büchner. Zur soziolog. Analyse naturwiss.-materialist. Denkens im 19 Jh. Marburg 1969. 184 S. Marburg, Phil. F., Diss. v. 13. 12. 1969

1136. E c k h a r d t , Albrecht: Arbeiterbewegung und Sozialdemokratie im Ghzt. Hessen. 1860–1900. Darmstadt: Hist. Ver. für Hessen 1976. S. 171–493 (Hess. Beitrr. zur Gesch. d. Arbeiterbewegung 2) Vgl. a. AHG N. F. 34. 1976, S. 171–493

1137. Der Bauernstand des Großhertzogthums Hessen bei der Enthüllung des Ludewigs Monuments zu Darmstadt am 25ten August 1844. (Wiedergabe d. Motive d. Erinnerungsblattes. [Nachdr.]) Otzberg-Lengfeld: Sammlung zur Volkskunde in Hessen, Museum im Alten Rathaus [um 1976]. 8 Taf.

1138. B e t h k e , Martin: Da griff Berlin ein ... Der letzte Darmstädter Kriegsminister [von Grolman 1867/68] mußte gehen. Absetzung u. Wiederberufung

d. Thronfolgers [Ludwig, d. späteren Großherzogs L. IV.]. – In: HHGiess 1976, S. 5–7

1139. N o e l , Gerard: Princess Alice. Queen Victoria's forgotten daughter. London: Constable 1974. 285 S. m. Abb. [Großherzogin v. Hessen u. bei Rhein, Gemahlin d. Großherzogs Ludwig IV.]

1140. A s h d o w n , Dulcie Margaret: Queen Victoria's Family. London: Hale 1975. 192 S., 6 Taf. [Betr. auch Großherzogin Alice u. d. Fürstenhaus Hessen-Darmstadt]

1141. [ V i c t o r i a Königin von England: Briefe] Advice to a Grand-daughter. Letters from Queen Victoria to Princess Victoria of Hesse. Selected and with a comm. by Richard Hough. With a foreword by the Princess's granddaughter the lady Brabourne. London: Heinemann 1975. XX, 156 S., 24 Taf. [Viktoria v. Hessen 1863–1950]

1142. H o u g h , Richard: Louis and Victoria. – The first Mountbattens. London: Hutchinson 1974. XVIII, 424 S., 33 Taf. [Viktoria von Hessen]

1143. M a n n , Golo: Der letzte Großherzog [Ernst-Ludwig von Hessen-Darmstadt]. – In: Ein Dokument deutscher Kunst. Darmstadt 1901–1976. Darmstadt: Roether 1976, Bd 1, S. 29–34

## 4. Kurfürstentum Hessen(-Kassel)

1144. R e i m e r , Heinrich: Historisches Ortslexikon für Kurhessen. Unveränd. Neudr. Marburg: Elwert [in Komm.] 1974. XII, 547 S. (VHKH 14)

1145. E c k h a r d t , Wilhelm Alfred: Ersterwähnungen [v. Gemeinden u. Berichtigungen zu Reimers Ortslexikon f. Kurhessen]. – In: ZHG 85. 1975, S. 15–23

1146. P h i l i p p i , Hans: Zur diplomatischen Vorgeschichte der Erhebung des Landgrafen von Hessen-Kassel zum Kurfürsten. – In: ZHG 84. 1974, S. 11–58

1147. B r a n d t , Willi: Die Frankenberger „Oktober-Revolution" [1830]. Eine turbulente Nacht vor 146 Jahren. – In: UFrL 2. 1976, Nr 10 v. 16. Okt.

1148. H a m m a n n , Gustav: Daniel Becker in Frankenau – Pfarrer und Revolutionär [1848]. – In: UFrL 2. 1976, Nr 2 v. 21. Feb.

1149. T a p p , Alfred: Hanau im Vormärz und in der Revolution von 1848–1849. Ein Beitr. z. Gesch. d. Kurfürstentums Hessen. Hanau: Selbstverl. d. Hanauer Geschichtsver. 1976. XXX, 429 S. m. 1 Abb. u. 2 Pl. (HaGbll 26) [Ersch. auch als Frankfurt a. M., Univ., Diss. 1923 u. d. T.: Tapp: Hanau in der Revolution von 1848/49]

1150. G e i s e l , Karl: Die Hanauer Turnerwehr. Ihr Einsatz in d. bad. Mairevolution v. 1849 u. d. Turnerprozeß. Hanau: Selbstverl. d. Hanauer Geschichtsver. 1974. XX, 383 S., 1 Kt. (HaGbll 25); Marburg: Elwert [in Komm.] 1974. (Quellen u. Darstellungen z. hess. Gesch. d. 19. Jh.) (VHKH 32,1)

1151. P u n g s , Wilhelm: Vor 125 Jahren. Kinzigtaler Turner im Kampf gegen die Reaktion. – In: GelHJ 1974. S. 127–129

1152. G e i s e l , Karl: Unruhige Tage in Udenhain im Frühjahr 1849. Mit 1 Abb. – In: GelHJ 28. 1976, S. 91–92

1153. B e r g e , Otto: Fulda in der Revolution von 1848/49. – In: FuGbll 5. 1975, S. 133–217

## 5. Deutscher Bund, Freie Stadt Frankfurt Nationalversammlung von 1848

1154. B e r g e , Otto: Der Vertrag zu Fulda vom 2. November 1813. Ein Beitr. z. Auseinandersetzung mit d. Dt. Frage zwischen Fürst Metternich u. Frhr vom Stein. – In: FuGbll 48. 1972, S. 22–34

1155. M a y e r , Thomas Michael: Ludwig Börnes Beziehungen zu hessischen Demokraten. – In: JbIDG 5: 1976, S. 101–123

1156. S c h l i c h t , Lothar: Der Frankfurter Wachensturm und die Neuhoffs. Ffm.: Harheimer Weg 38, Selbstverl. 1975, 109 S. m. Abb.

1157. F ü l l n e r , Gustav: August Ludwig von Rochau. Wolfenbütteler Schüler, revoltierender Student, liberaler Realpolitiker u. Wolfenbütteler Reichstagsabgeordneter. Mit Abb. – In: Braunschweig. Jb. 54. 1973, S. 230–248 [Beteiligt am Frankfurter Wachensturm 1833]

1158. O b e r m a n n , Karl: Zur Tätigkeit von Ludolf Camphausen als preußischer Bevollmächtigter in Frankfurt a. M. Juli 1848 bis April 1849. Mit unveröff. Briefen. – In: Jb. f. Gesch. 8. 1973, S. 407–457

1159. B e c k e r , Gerhard: Neue Dokumente von Karl Marx aus dem Jahre 1849. Die beschlagnahmten Papiere d. Emissärs Karl Bruhn. – In: Zs. f. Geschichtswiss. 22. 1974, S. 423–442 [Betr. d. Auslieferung Bruhns an d. peinliche Verhöramt in Ffm.]

1160. K l ö t z e r , Wolfgang: Wandlungen der öffentlichen Meinung am Beispiel der Frankfurter Gesellschaft. – In: AFGK 54. 1974, S. 163–175 [Betr. die Ereignisse 1848/49]

1161. K o e r n e r , Hans: 1866: Das Ende der Freien Stadt Frankfurt. – In: Vaterland auf d. Römerberg… 1975, S. 50–64

1162. K r a m e r , Dieter: Museale Dokumentation der Arbeiterbewegung in Hessen. – In: HH N. F. 24. 1974, S. 61

1163. F r a n z , Eckhart Götz: Die hessischen Arbeitervereine im Rahmen der politischen Arbeiterbewegung der Jahre 1848–1850. – In: AHG N. F. 33. 1975, S. 168–262 (vgl. auch: Hess. Beitrr. z. Arbeiterbewegung 1)

1164. S c h i e d e r , Wolfgang: Die Rolle der deutschen Arbeiter in der Revolution von 1848/49. – In: AFGK 54. 1974, S. 43–56

1165. M e l l a c h , Kurt: 1848. Protokolle einer Revolution. Eine Dokumentation. Eingel. von Gerhard Pritsch. Wien, München: Verl. Jugend u. Volk [1975]. 189 S.

1166. Ideen und Strukturen der deutschen Revolution 1848. Im Auftr. d. Ffter Ver. f. Gesch. u. Landeskde e. V. hrsg. v. Wolfgang K l ö t z e r , Rüdiger M o l d e n h a u e r u. Dieter R e b e n t i s c h . (Herrn Archivdirektor i. R. Prof. Dr. phil. Dr. jur. h. c. Hermann Meinert . . . z. Vollendung d. 80. Lebensjahres am 20. Sept. 1974 gewidmet.) Ffm.: Kramer 1974. 246 S. m. Abb. (AFGK 54)

1167. N i p p e r d e y , Thomas: Kritik oder Objektivität? Zur Beurteilung d. Revolution v. 1848. – In: AFGK 54. 1974, S. 143–62

1168. G e b h a r d t , Hartwig: Revolution und liberale Bewegung. Die nationale Organisation d. konstitutionellen Partei in Deutschland 1848/49. Bremen: Schünemann 1974. 206 S. Erschien auch leicht geänd. als Phil. Diss. Hamburg 1974

1169. P o l l a k , Walter: Das Frankfurter Parlament. – In: Pollak: 1848 – Revolution auf halbem Wege. Wien 1974, S. 248–255

1170. E y c k , Frank: Freiheit und Verantwortung. Chancen u. Grenzen d. parlamentarischen Systems. – In: AFGK 54. 1974, S. 87–101 [Betr. Frankfurter Nationalversammlung]

1171. S t u k e , Horst: Materielle Volksinteressen und liberale Ideale 1848. – In: AFGK 54. 1974, S. 29–42

1172. B o l d t , Werner: Konstitutionelle Monarchie oder parlamentarische Demokratie. Die Auseinandersetzung um d. dt. Nationalversammlung in d. Revolution v. 1848. – In: HZ 216. 1973, S. 553–622

1173. S i e m a n n , Wolfram: Die Frankfurter Nationalversammlung 1848/49 zwischen demokratischem Liberalismus und konservativer Reform. Die Bedeutung d. Juristendominanz in d. Verfassungsverhandlungen d. Paulskirchenparlaments. – Bern: H. Lang; Ffm.: P. Lang 1976. 532 S. Zugl. Diss. Tübingen, Fachber. Geschichte 1974/75. (Europäische Hochschulschriften. R. 3: Gesch. u. ihre Hilfswissenschaften 56)

1174. H a r t w i g , Helmut, u. Karl R i h a : Politische Ästhetik und Öffentlichkeit. 1848 im Spaltungsprozeß des historischen Bewußtseins. 1. Aufl. (Fernwald usw.:) Anabas-Verl. 1974. 228 S. m. Abb. [Betr. Frankfurter Nationalversammlung]

## F. Staatsbildungen des 19./20. Jahrhunderts

1175. G r e f e , Ernst-Hermann: Revolution oder Reform? Politik im Vorparlament u. im Fünfzigerausschuß. – In: AFGK 54. 1974, S. 13–28

1176. W e d e l , Henning von: Das Verfahren der demokratischen Verfassungsgebung. Dargest. am Beispiel Deutschlands 1848/49, 1919, 1948/49. Berlin: Duncker & Humblot 1976. 298 S. (Schriften z. öffentl. Recht 310) Zugl. Hamburg, Univ., Fachbereich Rechtswiss. Diss. 1975

1177. N e u l a n d , Franz: Zwischen Sieg und Kompromiß. Fft, Weimar, Bonn: Drei Stationen dt. Verfassungsgesch. – Zum 25. Jahrestag d. Verkündung d. Grundgesetzes. – In: Gewerkschaftl. Praxis 19. 1974, S. 105–128

1178. O b e r m a n n , Karl: Die Protestbewegung gegen die Einschränkung des Wahlrechts zur Frankfurter Nationalversammlung 1848. – In: Zeitschr. f. Geschichtswiss. 24, 1976, 1, S. 49–64

1179. F a b e r , Karl-Georg: Nationalität und Geschichte in der Frankfurter Nationalversammlung. – In: AFGK 54. 1974, S. 103–23

1180. S c h o l l e r , Heinrich: Die sozialen Grundrechte in der Paulskirche. – In: Der Staat 13. 1974, S. 51–72 [Korrektur zu Schrifttum, Bd 3, Nr 823]

1181. S c h i r r m e i s t e r , Karl-Günter: Menschenrechte in den Petitionen an die Deutsche Nationalversammlung 1848/49. Mainz 1970. 216, 27 S. Mainz, Phil. Diss. v. 1970

1182. Z i e b u r a , Gilbert: Ausschußwesen und Interessenvertretung in der ersten deutschen Nationalversammlung 1848/49. – In: Interessenvertretung in Deutschland. Hrsg. von Heinz Josef Varain. Köln 1973. (Neue wiss. Bibliothek 60. Gesch.) S. 55–64

1183. P a z i , Margarita: Die Juden in der ersten deutschen Nationalversammlung 1848/49. – In: JbIDG 5. 1976, S. 177–209

1184. M o l d e n h a u e r , Rüdiger: Die jüdischen Petitionen an die Deutsche Nationalversammlung in Frankfurt am Main 1848/49. – In: AFGK 54. 1974, S. 177–208

1185. M o l d e n h a u e r , Rüdiger: Die Petitionen aus den Provinzen Starkenburg und Rheinhessen an die deutsche Nationalversammlung 1848–1849 (mit e. Nachtr. für Oberhessen). – In: AHG N. F. 34. 1976, S. 83–170

1186. M i k a , Hans-Christian: Die Hinterländer Petitionen an die Deutsche Nationalversammlung 1848/49. – In: HiGbll 55. 1976, S. 21–24. 42–43. 46–47

1187. M o l d e n h a u e r , Rüdiger: Die Petitionen aus der Stadt Berlin an die Deutsche Nationalversammlung 1848/49. – In: AFGK 54. 1974, S. 209–235

1188. M a n n , Bernhard: Die Württemberger und die deutsche Nationalversammlung 1848/49. Hrsg. v. d. Komm. f. Gesch. d. Parlamentarismus u. d. polit. Parteien. Düsseldorf: Droste 1975. 453 S. (Beitrr. z. Gesch. d. Parlamentarismus u. d. polit. Parteien 57) Zugl. Tübingen, Univ., Fachbereich Gesch., Habil. – Schr. 1971

1189. M a n n , Bernhard: Freiheit und Einheit. Linke Liberale in d. dt. Nationalversammlung 1848/49. – In: Jb. schwäb.-fränk. Gesch. 28, 1976, S. 257–270

1190. W e n d e , Peter: Der Revolutionsbegriff der radikalen Demokraten. – In: AFGK 54. 1974, S. 57–68

1191. H i l d e b r a n d t , Gunther: Parlamentsopposition auf Linkskurs. Die klein-bürgerl.-demokrat. Fraktion Donnersberg in d. Frankfurter Nationalversammlung 1848/49. Berlin: Akad.-Verl. 1975. 282 S. m. Bildn. Erschien auch als Diss. u. d. T.: Hildebrandt: Demokrat. Parlamentsopposition u. revolutionäre Bewegung. Jena, Phil. Fak., Diss. 1967 (Schriften d. Zentralinst. für Gesch. 41)

1192. H i l d e b r a n d t , Gunther: Die Stellung der Fraktion Donnersberg in der Frankfurter Nationalversammlung zur Reichsverfassungskampagne 1849. – In: Jb. f. Gesch. 7. 1972, S. 505–556

1193. H i l d e b r a n d t , Gunther: Die Stellung der äußersten Linken in der Frankfurter Nationalversammlung zur Polenfrage im Sommer 1848. – In: Jb. f. Gesch. d. sozialist. Länder Europas. 17. 1973, S. 87–106

1194. N e w m a n , Eugene: Restoration radical. Robert Blum and the challenge of German democracy 1807–48. Boston: Branden-Pr. 1974. X, 179 S.

1195. R a u m e r , Kurt von: Johann Gustav Droysen an der Jahreswende 1848/49. Aus e. Paulskirchenstammbuch. – In: Antike u. Universalgesch. Festschr. Hans Erich Stier z. 70. Geburtstag 1972. Hrsg. von Ruth Stiehl u. Gustav Adolf Lehmann. Münster 1972. (Fontes et commentationes Suppl. 1) S. 346–353 m. Abb.

1196. P a z i , Margarita: Moritz Hartmann, der Reimchronist des Frankfurter Parlaments. – In: JbIDG 2. 1973, S. 239–266

## 6. Das Jahr 1866, Provinz Hessen-Nassau (bis 1918)

1197. S c h m i t t , H. A.: Prussia's Last Fling: The Annexation of Hannover, Hessen, Frankfurt and Nassau, June 15. October 8, 1866. – In: Central European History 8. 1975, S. 316–347

1198. S c h e r b e r , Horst: Das Problem der Staatensukzession – dargestellt am Beispiel der Einverleibung des Herzogtums Nassau durch d. Königreich Preußen. o. O. 1974. 82 S. Innsbruck, Rechts- u. staatswiss. Diss.

1199. M i t z e , Walter: Als Hersfeld preußisch wurde. Schicksalsjahr 1866 aus d. Perspektive einer hess. Kleinstadt. – In: MHl 27. 1976/77, S. 37–40

1200. K n o b e l , Enno: Die Hessische Rechtspartei. Konservative Opposition gegen das Bismarckreich. Marburg: Elwert in Komm. 1975. 312 S. (Untersuchungen u. Materialien z. Verfassungs- u. Landesgesch. 5) Erschien zugl. als Diss. Frankfurt a. M., Univ., Fachbereich Gesellschaftswiss. 1974

1201. K e s s l e r , Richard: Heinrich Held als Parlamentarier. E. Teilbiogr. 1868–1924. Berlin: Duncker & Humblot 1971. 532 S. (Beitrr. zu e. hist. Strukturanalyse Bayerns im Industriezeitalter 6) [* in Erbach/Ts.]

## 7. Hessen 1918–1945

1202. S t r u c k , Wolf-Heino: Revolution u. demokrat. Widerstand in d. hess. Gesch. Hessen 1918–1920. Wiesbaden: Hess. Hauptstaatsarchiv 1974. 67 S. m. Abb. (Ausstellung d. Hess. Staatsarchive z. Hessentag 1974)

1203. K r a u s e , Hartfrid: Revolution und Konterrevolution 1918/19 am Beispiel Hanau. Kronberg Ts: Scriptor Verl. 1974. XVII, 403 S. (Scriptor Hochschulschriften. 1.) Erschien zuerst als Diss. TeH Darmstadt, Fachbereich 02, Gesellschafts- u. Geschichtswiss. 1972 u. d. T. Die Machtkämpfe in der Revolution in Hanau 1918/1919

1204. K r a u s e , Hartfrid: Friedrich Schnellbacher. Biographie [Politiker]. – In: Hartfrid Krause: Revolution und Konterrevolution 1918/19 am Beispiel Hanau. 1974, S. 222–239

1205. K r a u s e , Hartfrid: Wilhelm Schwind. Biographie [Politiker]. – In: Hartfrid Krause: Revolution u. Konterrevolution 1918/19 am Beispiel Hanau. 1974, S. 240–245

1206. M a i , Gunther: Der Marburger Arbeiter- und Soldatenrat 1918/20. – In: HJL 26. 1976, S. 149–199

1207. B e r g e , Otto: Arbeiter- und Soldatenrat, Bauernrat und die Wahlen zu den kommunalen Körperschaften in Fulda 1918/19. – In: FuGbll 50. 1974, S. 137–165

1208. S e e l b a c h , Ulrich: Die Rätebewegung im Kreis Gießen 1918/19. – In: MOHG N. F. 60. 1975, S. 42–91

1209. M a t t h e s , Richard: Reichenbacher Arbeiterdemonstration 1921. – In: BeHbll 1976, Nr 3 [Streik im November 1921]

1210. M a t t h e s , Richard: Der Reichenbacher Mehlputsch 1923. – In: BeHbll 1976, Nr 3

1211. Problèmes de la Rhénanie 1919–1930. Die Rheinfrage nach d. Ersten Weltkrieg. Actes du Colloque d' Otzenhausen 14–16 octobre 1974. Metz: Centre de recherches relations internationales de l'Université de Metz 1975. 132 S. (Publ. du Centre... 6)

1212. Schlegel, Dietrich: Vor 50 Jahren: Der Separatismus in der Pfalz nach dem Ersten Weltkrieg. – In: MHVPf 71. 1974, S. 217–246 [Betr. auch Rheinhessen]

1213. Müller-Werth, Herbert: Wiesbaden vor der Hitlerzeit. – In: NAN 86. 1975, S. 281–284

## Nationalsozialismus

1214. Weber, Alexander: Soziale Merkmale der NSDAP-Wähler. Eine Zsfassung bisher. empir. Untersuchungen u. e. Analyse in den Gemeinden d. Länder Baden u. [Volksstaat] Hessen. Bamberg: aku-Fotodr. 1969. 281 S.

1215. Heyen, Franz Josef: Nationalsozialismus im Alltag. Quellen zur Gesch. d. Nationalsozialismus vornehml. im Raum Mainz-Koblenz-Trier. Boppard: Boldt 1967. 372 S. (Veröffentlichung d. Landesarchivverwaltung Rheinland-Pfalz 9)

1216. Pingel, Henner: NS-Machtergreifung in Darmstadt 1933. Staatsexamensarbeit. Darmstadt 1976

1217. Egerer, Wolfgang: Die Entwicklung des Nationalsozialismus im Kreis Friedberg unter besonderer Berücksichtigung der Beziehungen zu den bäuerlichen Organisationen und des Wahlverhaltens im Kreis Friedberg. Frankfurt a. M., Staatsexamensarbeit v. 1975

1218. Demokratischer Widerstand in Hessen. Ansprachen bei der Verleihung d. Wilhelm-Leuschner-Medaille am 17. Juni 1973 [an Herbert Lewin, Fritz Schmidt u. Karl-Hermann Flach]. Wiesbaden: Hess. Landesregierung, Presse- u. Informationsabt., Staatskanzlei [1973]. 27 S. m. Bildn. (SHInf 9) [Betr. auch d. Gesch. Hessens in d. Revolution 1848/49]

1219. Grasmann, Peter: Sozialdemokraten gegen Hitler. 1933–1945. München, Wien: Olzog 1976. 163 S. m. Abb. (Gesch. u. Staat 196/197) [Betr. u. a. Theodor Haubach, Wilhelm Leuschner, Carlo Mierendorff u. Adolf Reichwein]

1220. Darmstadt und der 20. Juli 1944. Karl Otmar Frhr von Aretin [u. a.] Darmstadt: Justus von Liebig Verl. 1974. 104 S. (Darmstädter Schriften 35) [Betr.: Haubach, Mierendorff, Leuschner, Schwamb, von Stülpnagel]

1221. Reiss, Klaus-Peter: Politik als Zwang des Notwendigen. Zum 80. Geburtstag d. hingerichteten Widerstandskämpfers Theodor Haubach. – In: DE 1976, 15. 9., S. 8

1222. Heist, Walter: Ein deutscher Sozialist. Über Carl Zuckmayers Jugendfreund Carlo Mierendorff. – In: Festschrift für Carl Zuckmayer. Mainz: Krach 1976. S. 47–53

F. Staatsbildungen des 19./20. Jahrhunderts 97

1223. Der zwanzigste Juli. Alternative zu Hitler? Hrsg. von Hans Jürgen Schultz. Stuttgart, Berlin: Kreuz Verl. 1974. 206 S.

1224. Dirks, Walter: Alfred Delp. – In: Der zwanzigste Juli. Alternative zu Hitler? Hrsg. von Hans Jürgen Schultz. Stuttgart, Berlin: Kreuz Verl. 1974, S. 113–119

1225. Rosenberg, Ludwig: Wilhelm Leuschner. – In: Der zwanzigste Juli. Alternative zu Hitler? Hrsg. von Hans Jürgen Schultz. Stuttgart, Berlin: Kreuz Verl. 1974, S. 157–165

1226. Kühner-Wolfskehl, Hans: Adam von Trott zu Solz. – In: Der zwanzigste Juli. Alternative zu Hitler? Hrsg. von Hans Jürgen Schultz. Stuttgart, Berlin: Kreuz Verl. 1974, S. 105–112

1227. Mausbach-Bromberger, Barbara: Der Widerstand der Arbeiterbewegung gegen den Faschismus in Frankfurt am Main 1933–1945. Marburg, Fachber. Gesellschaftswiss., Diss. 1976. V, 401 gez. Bl.

1228. Mausbach-Bromberger, Barbara: Arbeiterwiderstand in Frankfurt am Main gegen den Faschismus 1933–1945. – Ffm.: Röderberg-Verl. 1976. 312 S., 24 Taf. (Bibliothek d. Widerstandes)

1229. Oppenheimer, Max: Das kämpferische Leben der Johanna Kirchner. Porträt einer antifaschistischen Widerstandskämpferin. Ffm.: Röderberg-Verl. 1974. 48 S. (Das antifaschistische Porträt) [Betr. Ffm]

1230. Antifaschistische Einheit. Die Manifestation der 40000. Dokumentation d. 10. Mai 1975 in Frankfurt a. M. u. d. Bundeskongresses d. VVN – Bund d. Antifaschisten in Deutschland. Red.: Peter C. Walther. Ffm.: Röderberg-Verl. 1975. 157 S., 16 Taf.

8. Bundesland Hessen

1231. Kluke, Paul: Das Land Hessen. Geschichtl. Voraussetzungen d. polit. Betätigung in einem Bundeslande. Mit 4 Ktn u. 1 Bildn. – In: 30 Jahre Hess. Verfassung 1946–1976. Wiesbaden 1976, S. 1–28

1232. Kahlenberg, Friedrich Peter: Kontinuität und neuer Anfang in Hessen. Zu einigen Neuerscheinungen zur Gesch. d. ersten Nachkriegsjahre 1945–1949. – In: AHG N. F. 33. 1975, S. 297–312

1233. Kogon, Eugen: Hessen nach dem Zusammenbruch. Marginalien z. Neubeginn. Mit 2 Abb. – In: 30 Jahre Hess. Verfassung 1946–1976. Wiesbaden 1976, S. 29–55

1234. Kropat, Wolf-Arno: Hessen in der Stunde Null 1945/1946. Ausstellung d. Hess. Staatsarchive z. 30. Jahrestag d. Hess. Verfassung. Wiesbaden: Hess. Hauptstaatsarchiv 1976. 62 S. m. Abb.

IV. Politische Territorialgeschichte

1235. Hessen unter den Ländern der Bundesrepublik. 2. Aufl. Wiesbaden: Hess. Statist. Landesamt 1970. 177 S. (Hessenkunde d. Hess. Statist. Landesamtes 4)

1236. L i l g e , Herbert: Die politische Entwicklung des Landes Hessen. Ein notwend. Rückblick. Mit 1 Abb. – In: 30 Jahre hess. Verfassung 1946–1976. Wiesbaden 1976, S. 56–79

1237. B r u n n e r , Guido: Hessen in Europa. – In: 30 Jahre Hess. Verfassung 1946–1976. Wiesbaden 1976, S. 170–179

1238. W i n t e r , Gerd: Sozialisierung in Hessen 1946–1955. – In: Krit. Justiz 7. 1974, S. 157–175

1239. W i n t e r , Gerd: Sozialisierung und Mitbestimmung in Hessen 1946–1955. – In: Sozialisierung von Unternehmen. Frankfurt a. M., Köln 1976, S. 121–153

1240. Verfassung des Landes Hessen [12. 1. 1946] und Grundgesetz für die Bundesrepublik Deutschland [vom 23. Mai 1949]. Mit e. Einf. u. e. Anh.: Allgemeine Erklärung d. Menschenrechte, Konvention zum Schutze d. Menschenrechte u. Grundfreiheiten (Ausz.), Charta d. Vereinten Nationen. 29., erw. Aufl. Bad Homburg v. d. H. [usw.]: Gehlen 1975. 271 S. [30. Aufl. 1976]

1241. Verfassung des Landes Hessen und Grundgesetz für die Bundesrepublik Deutschland. 11. Aufl. Bad Homburg v. d. H. [usw.]: Gehlen 1974. 105 S. [12. Aufl. 1976.]

1242. 30 Jahre Hessische Verfassung 1946–1976. Im Auftr. d. Hess. Landesregierung u. d. Hess. Landtags hrsg. von Erwin S t e i n . Mit 15 Abb. u. 9 Ktn. Wiesbaden: Steiner 1976. VIII, 426 S.

1243. D ö r r , Manfred: Restauration oder Demokratisierung? Zur Verfassungspolitik in Hessen 1945/46. – In: Zs. f. Parlamentsfragen 1971, S. 99–122

1244. G r o s s , Rolf: Ausführung der Hessischen Verfassung durch die Gesetzgebung. – In: 30 Jahre Hess. Verfassung 1946–1976. Wiesbaden 1976, S. 269–292

1245. S c h r ö d e r , Hans: Entfaltung der Hessischen Verfassung durch die Rechtsprechung des Staatsgerichtshofes. Ernst E. Hirsch zum 75. Geburtstag. – In: 30 Jahre Hess. Verfassung 1946–1976. Wiesbaden 1976, S. 293–315

1246. S t e i n , Erwin: Die Staatszielbestimmungen der Hessischen Verfassung. – In: 30 Jahre Hess. Verfassung 1946–1976. Wiesbaden 1976, S. 183–203

1247. R a m m , Thilo: Die soziale Ordnung in der Hessischen Verfassung. – In: 30 Jahre Hess. Verfassung 1946–1976. Wiesbaden 1976, S. 204–229

1248. S t r e l i t z , Johannes E.: 30 Jahre Hessischer Landtag. Renaissance d. Parlamentarismus. Mit Abb. – In: 30 Jahre Hess. Verfassung 1946–1976. Wiesbaden 1976, S. 101–124

1249. B ö c k e l m a n n , Helma u. Karl B e c k e r : Die Abgeordneten der Verfassungberatenden Landesversammlung des Landes Hessen und des Hessischen Landtags 1946–1976. Wiesbaden: Kanzlei d. Landtags 1976. XV, 91 S.

1250. Hessischer Landtag. 8. Wahlperiode 1974–1978. Hrsg. von Herbert L i l g e . Volkshandbuch. Bad Honnef & Darmstadt: Neue Darmstädter Verl. anst. 1975. 167 S.

1251. Die Wahl zum Hessischen Landtag am 8. November 1970. Wiesbaden: Hess. Statist. Landesamt 1971. XIII, 112 S. (BStH N. F. 42) [1974. '75. 83 S. (BStH N. F. 69)]

1252. Hessen wählt zum sechsten Bundestag. Das amtl. Ergebnis d. Wahl z. 6. Bundestag in Hessen am 28. Sept. 1969. Wiesbaden: Hess. Statist. Landesamt 1971. XIV, 344 S. (BStH N. F. 35)

1253. Die Wahl zum siebten Deutschen Bundestag in Hessen am 19. November 1972. Wiesbaden: Hess. Statist. Landesamt 1973. XIX, 137 S. (BStH N. F. 53)

1254. F i b i c h , Siegfried: Organisationsstruktur und Politik der Jungsozialisten im Bezirk Hessen-Nord 1965–1973. Marburg 1974. 98, XII S. Marburg, Univ., Fachbereich Gesellschaftswiss., Mag. Schr.

1255. A u e r , Frank von: Alfred Dregger. Ein krit. polit. Portr. Mit e. Vorw. von Armin Clauss. Berlin: Spiess 1974. 155 S

1256. E n g e l h a r d , Elmar: Staatssekretär i. R. Dr. Peter Nahm wurde 75 Jahre alt. – In: RhgHbr 98. 1976, S. 16

1257. Staatsminister a. D. Albert Wagner. Mit 1 Abb. – In: LKr 44. 1974, S. 9 [der Beil.: Die hess. Landkreise]

1258. Georg-August Zinn in memoriam. Wiesbaden: Hess. Landesregierung, Presse- u. Informationsabt., Staatskanzlei 1976. 56 S. m. Abb. (SHInf 25)

1259. S t e i n , Erwin: Politische und verfassungsrechtliche Grundsätze in den Regierungserklärungen von Georg August Zinn. Mit 1 Bildn. – In: 30 Jahre Hess. Verfassung 1946–1976. Wiesbaden 1976, S. 80–100

1260. Porträt der Hessischen Landesregierung. Mit Beitrr. von Albert Osswald [u. a.] Wiesbaden: Hess. Landesregierung, Presse- u. Informationsabt., Staatskanzlei [1974]. 71 S. m. 1 Abb. (SHInf 16)

1261. Leistungsbericht der Hessischen Landesregierung. Legislaturperiode 7. 1971/1974. Hessen bürgt f. Fortschritt, Freiheit u. Sicherheit. Wiesbaden: Staatskanzlei 1974. VIII, 255 S.

IV. Politische Territorialgeschichte

1262. O s s w a l d , Albert: Die hessische Antwort auf den Strukturwandel in Staat und Gesellschaft. Wiesbaden: Hess. Landesregierung, Presse- u. Informationsabt., Staatskanzlei 1973. 17 S. mit Abb. (SHInf 5)

1263. O s s w a l d , Albert: Der soziale Rechtsstaat als Herausforderung. Aufgaben d. Struktur- u. Gesellschaftspolitik. Stuttgart, Berlin, Köln, Mainz: Kohlhammer 1974. 211 S.

1264. O s s w a l d , Albert: Reden und Aufsätze. Wiesbaden: Hess. Landesregierung, Presse- u. Informationsabt., Staatskanzlei [1976]. 47 S. m. Abb. (SHInf 22)

1265. B i e l e f e l d , Hanns-Heinz: Bilanz moderner Innenpolitik. Wiesbaden: Hess. Landesregierung, Presse- u. Informationsabt., Staatskanzlei [1974]. 31 S. m. Abb. u. Kt. (SHInf 14)

1266. B ö r n e r , Holger: Regierungserklärung 1976. Wiesbaden: Der Ministerpräsident-Staatskanzlei, Presse- u. Informationsabt. 1976. 12 ungez. Bl.

1267. Großer Hessenplan. Landesentwicklungsplan (2–5: Landesentwicklungsplan.) Hrsg. v. Hess. Ministerpräs. [1–]5 [nebst] Beil. Wiesbaden 1970–76. [Umschlagt.:] Hessen '80. [1.] Rahmenplan f. d. J. 1970–85. [Nebst Erg. Bde. 1–10:] 1. Schulentwicklungsplan I. Hrsg. v. Hess. Kultusmin. [1. Aufl.] 2. verb. u. erw. Aufl. 2. Hochschulentwicklungsplan. Hrsg. v. Hess. Kultusmin. 3. Energieversorgung in Hessen. Hrsg. v. Hess. Min. f. Wirtschaft u. Technik. 4. Aktionsprogramm Umwelt. Schutz, Pflege, Gestaltung. Hrsg. v. Hess. Min. f. Landwirtschaft u. Forsten in Zsarb. mit d. beteiligten Ressorts. 5. Aktionsprogramm Wasser. Hrsg. v. Hess. Min. f. Landwirtschaft u. Forsten. 6. Fremdenverkehrsentwicklungsplan. Hrsg. v. Hess. Min. f. Wirtschaft u. Technik. 7. Schwerpunkte sozialer Daseinsvorsorge. Hrsg. v. Hess. Sozialmin. 8. Entwicklungsprogramm f. d. Ausbau d. Datenverarbeitung in Hessen. Hrsg.: Hess. Zentrale f. Datenverarb. 9. [u. d. T.] Polizei u. Sicherheit in Hessen. Hrsg. v. Hess. Min. d. Innern. 10. Hess. Investitionsfonds. Hrsg. v. Hess. Min. d. Finanzen. 2–5: [u. d. T.:] Landesentwicklungsplan. [Nebent.:] Landesentwicklungsplan Hessen '80. Zugl. Fortschreibung d. Bdes [1.]. 2. Durchführungsabschnitt f. d. J. 1971–74. 1971. 3. Ergebnisrechnung f. d. J. 1968–70. 1972. 4. Durchführungsabschnitt f. d. J. 1975–78. Entwurf. 1974. 5. Ergebnisbericht f. d. J. 1971–74.. 1976. [Fortschreibung v. 1, Erg. Bd. 1–10 u. v. 2–5 s. Landesentwicklungsplan]

1268. Landesentwicklungsplan ([teilw.:] Hessen '80). Wiesbaden: Der Hess. Min. f. Wirtschaft u. Technik 1971–74. [1.] Regierungsprogramm 1971–1974. Wirtschaft u. Verkehr. Investitionen 1971. [1972.] [2.] Regierungsprogramm 1971–1974. Wirtschaft u. Verkehr. Investitionen 1972. [1972.] [3.] Verkehrsbedarfsplan II. 1972. [4.] Investitionsprogramm 1973–1977. Schwerpunktprogramm. Ortsumgehungen u. Ortsdurchfahrten d. Landesstraßen in d. Baulast des Landes [1973.] [5.] Investitionsprogramm 1973–1977. Fremdenverkehr. [1973.] [6.] Fachplan Fremdenverkehr. 1973. [7.] Fachplan Überbetriebl. Ausbildungsstätten. 1973. [8.] Investitionsprogramm 1973–1977.

Neu-, Um- und Ausbau d. Landesstraßen in d. Baulast des Landes. [1973.] [9.] Investitionsprogramm 1974–1978. Schwerpunktprogramm. Ortsumgehungen u. Ortsdurchfahrten d. Landesstraßen in d. Baulast d. Landes. [1974.] [10.] Investitionsprogramm 1974–1978. Neu-, Um- u. Ausbau d. Landesstraßen in d. Baulast des Landes. [1974.] [11.] Investitionsprogramm 1973–1977. Überbetriebl. Ausbildungsstätten. [1974.] [12.] Investitionsprogramm 1973–1977. Kommunaler Straßenbau. Öffentl. Personennahverkehr. 2. Verkehrsplanung. [1974.]

1269. Landesentwicklungsplan ([teilw.:] Hessen '80. .). Wiesbaden: Der Hess. Sozialmin. 1971–74. Regierungsprogramm 1971–1974. Soziale Gemeinschaftseinrichtungen. Investitionen. [1.] 1971. [2.] 1972. [1971.] [3.] 1973. [1972.] [4.] 1974. 1974.

1270. Landesentwicklungsplan ([teilw.:] Hessen '80). Wiesbaden: Der Hess. Min. d. Innern 1971. [1.] Regierungsprogramm 1971–1974. Wohnungsbau. Öffentl. Sicherheit. Brand- u. Katastrophenschutz. Investitionen 1971. 1971. [2.] Regierungsprogramm 1971–1974. Wohnungsbau. Öffentl. Sicherheit. Brand- u. Katastrophenschutz. Investitionen 1972. 1971

1271. Großer Hessenplan. Landesentwicklungsplan. Hrsg. v. Hess. Ministerpräsidenten Wiesbaden. Neudr. Wiesbaden 1973. X, 125 S. m. Kt. (Schriften z. Landesentwicklungsplan Hessen '80, 1)

1272. Einzelpläne zum Großen Hessenplan. Bd. 1–7. Wiesbaden: [Hess. Landesreg.] (5: [Frankfurt: Diesterweg]) 1963–1976. 1. Verkehrsbedarfsplan. Land Hessen [1.] Hrsg. v. Hess. Min. f. Wirtschaft u. Verkehr. [Nebst] Anl. 1–10. 1963–76. 2. Wasserwirtschaftl. Rahmenplan Fulda. Hrsg.: Der Hess. Min. f. Landwirtschaft u. Forsten. Abt. Wasserwirtschaft. Kt. Werk u. Erl. Bd. 1964. 3. Wasserwirtschaftl. Rahmenplan Weschnitz. Hrsg.: Der Hess. Min. f. Landwirtsch. u. Forsten. Abt. Wasserwirtsch. 1964. 4. Sonderplan Wasserversorgung Mittelhessen. Hrsg.: Der Hess. Min. f. Landwirtsch. u. Forsten. Abt. Wasserwirtsch. 1965. 5. Kulturpolitik in Hessen. Hrsg. von Ernst Schütte. 1966. 6. Sonderplan Wasserversorgung Rhein-Main. Hrsg.: Der Hess. Min. f. Landwirtsch. u. Forsten. T. 1. 1976. 7. Wasserwirtschaftl. Rahmenplan Nidda. Hrsg.: Der Hess. Min. f. Landwirtsch. u. Forsten. 1968

1273. B o v e r m a n n , Günter: Landesentwicklungsplanung in Hessen. Mit 1 Faltkt. – In: 30 Jahre Hess. Verfassung 1946–1976. Wiesbaden 1976, S. 337–350

1274. P i t t e r m a n n , Wolfgang: Entwicklungen in der Organisation der Landesverwaltung. Grundlinien, Schnittstellen, Funktionalreform. Mit 1 Faltbl. – In: 30 Jahre Hess. Verfassung 1946–1976. Wiesbaden 1976, S. 316–336

1275. P i t t e r m a n n , Wolfgang: Modelle und Realisierungen der Funktionalreform. – In: GT 27. 1974, S. 40–46

1276. Stellungnahme des Hessischen Städtetages zur Verwaltungs- und Gebietsreform in Hessen. Beschlossen v. Präsidium u. Hauptausschuß am 21. Mai

1971 in Frankfurt a. M. Wiesbaden: Hess. Städtetag 1971. 8 ungez. Bl. (Hess. Städtetag. Sonderdr. 2)

1277. B i e l e f e l d , Hanns-Heinz: Die Hessenreform. Wiesbaden: Hess. Landesregierung, Presse- u. Informationsabt., Staatskanzlei [1973]. 24 S. (SHInf. 4)

1278. B i e l e f e l d , Hanns-Heinz: Hessens Gebiets- und Funktionalreform. Warum? Wiesbaden: Hess. Min. d. Innern [1974]. 44 S., 1 Faltbl. m. 1 Bildn. d. Verf.

1279. Die Hessenreform, Hrsg. v. d. Hess. Landesregierung. Min. d. Innern. Wiesbaden 1975. 8 ungez. Bl.

1280. H i n k e l , Karl-Reinhard: Zur funktionalen Neuordnung der Landeszentralinstanz. Wiesbaden 1976. III, 227 S. Gießen, Fachbereich Rechtswiss., Diss. v. 30. 6. 1977 [Betr. u. a. Hessen]

1281. Das Personal des Landes, der Gemeinden und Gemeindeverbände am 2. 10. 1971. Ergebnisse d. Personalstandstatistik. Wiesbaden: Hess. Statist. Landesamt 1973. 69 S. (BStH N. F. 48); 1972. '73. 68 S. (BStH N. F. 59); 1973. '75. 70 S. (BStH N. F. 67)

1282. Das Personal der hessischen Verwaltung am 30. Juni 1974. Ergebnisse d. Personalstandstatistik. Wiesbaden: Hess. Statist. Landesamt 1976. 80 S. (BStH N. F. 78)

1283. (Hessen '80.) Der Hess. Min. d. Finanzen. Personalentwicklungsplan für die Hessische Landesverwaltung 1971 bis 1985. Beschluß d. Hess. Landesreg. vom 25. Febr. 1974. [Wiesbaden 1974.] 127 S.

1285. Die Staats- und Gemeindefinanzen im Rechnungsjahr 1970. (Ergebnisse d. Jahresrechnungsstatistik d. Landes, d. Gemeinden u. Gemeindeverbände) Wiesbaden: Hess. Statist. Landesamt 1975. 286 S. (BStH N. F. 62); 1971. '75. 296 S. (BStH N. F. 73); 1972. '76. 284 S. (BStH N. F. 76)

1286. Die Schulden des Landes, der Gemeinden und Gemeindeverbände am 31. 12. 1970. Ergebnisse d. Schuldenstandstatistik. Wiesbaden: Hess. Statist. Landesamt Wiesbaden 1972. 82 S. (BStH N. F. 44); 1971. '73. 87 S. (BStH N. F. 52); 1972 '74. 81 S. (BStH N. F. 61); 1973. '75. 79 S. (BStH N. F. 70); 1974. '76. 61 S. (BStH N. F. 79)

1287. R a s c h , Ernst: Hessisches Gesetz über die öffentliche Sicherheit und Ordnung (HSOG). Kommentar. 2. Aufl. Wiesbaden: Kommunal- u. Schul-Verl. Heinig (1973). [Losebl.-Ausg.]

1288. K r o l l m a n n , Hans, u. Hilbert Frhr v. L ö h n e y s e n : Hessisches Gesetz über die öffentliche Sicherheit und Ordnung. Stuttgart, München, Hannover: Boorberg 1976. 211 S. (Boorberg-Taschenkommentare)

## V.
## MILITÄR- UND KRIEGSWESEN
### A. MILITÄRWESEN
#### 1. Allgemeines, Befestigungswesen, Garnisonen

1289. M o z e r , Ubbo: Büchsen vor Hersfeld 1378. Ein Beitr. zum Aufkommen d. Pulverwaffen in Hessen. – In: HJH 1974/75, S. 11–19

1290. S c h u l z e , Winfried: Die Heeresreform der Oranier. – In: ZHF 1. 1974, S. 233–239

1291. H e i l , Gerhard: Ausstellung „200 Jahre Militär im Nassauischen Land" auf Oranienstein. Mit 4 Abb. – In: RhLF 24. 1975, S. 34–39

1292. B e t h k e , Martin: Nassauisches Militär – damals. Symbol d. Souveränität – Vom Kreisregiment zur Brigade. Mit 1 Abb. – In: Land an d. Lahn. Mühlheim/M. 1976, S. 81–84

1293. K o h l , Thorolf: Einhundert Jahre Soldaten im Unterlahnkreis. Mit 2 Abb. – In: Der Unterlahnkr. Mainz 1967, S. 107–108

1294. B a c h , Hugo: Heer und Staat in Kurhessen. – In: Wehrwiss. Rundschau 19. 1969, S. 632–639

1295. B e t h k e , Martin: Drei Armeen auf hess. Boden [19. Jh. bis 1866]. – In: HGiess 1975, Nr. 16. 17. 18. 19 [Hessen-Kassel, Nassau, Hessen-Darmstadt]

1296. B ö t t g e r , Erich: Knicks und Landwehren im Landkreis Kassel. – In: JbLKa 1974, S. 38–40

1297. G r i e s , Hartmut: Die alte Dietesheimer Ringmauer. – In: Steinerne Zeugen aus d. Gesch. Mühlheims. Mühlheim/M.: Geschichtsabt. d. Verkehrs- u. Verschönerungsver. 1975. S. 12–17 [Stadtteil Mühlheims]

1298. B r ü n e , Lothar: Werden und Vergehen der Stadtbefestigung von Eschwege. – In: HH N. F. 24. 1974, S. 102–115 (Sonderh. „1000 Jahre Eschwege")

1299. Der Eschenheimer Turm zu Frankfurt am Main. Eine Schrift d. Frankfurter Sparkasse von 1822 ... zum 50jähr. Besteh. d. Zweigstelle Eschersheimer Landstraße 1 . . . Ffm. 1975: Kramer. 16 S.

1300. G ä d e , Ernst-A.: Der Eschenheimer Turm in Frankfurt am Main. Stadttor einer freien Reichsstadt. Entworfen nach d. Orig.-Aufrissen, gezeichnet, gemalt u. getextet f. seine Heimatstadt Frankfurt am Main von Ernst-A. Gäde. Ffm.: Ffter Sparkasse 1822 [1975]. Pl. in Tasche

1301. K l ö t z e r , Wolfgang: Ein Wahrzeichen Frankfurts. Der Eschenheimer Turm. – In: Frkf 21. 1976, H. 2, S. 5–7

1302. D e m a n d t , Karl Ernst: Die mittelalterliche Befestigung Fritzlars. – In: Heimatkal. Kr. Fritzlar-Homburg 1951. Erw. Abdr. in: Fritzlar im Mittelalter. Festschrift z. 1250 Jahrfeier. Fritzlar 1974, S. 287–301

1303. L o o s , Josef: Die „Falter" und der „Dorfgraben" zu Bingen-Gaulsheim. – In: HJMBi 15. 1971, S. 38–41 [Dorfeinfriedigung]

1304. Alt-Siegen war eine stark befestigte Stadt. Mittelalterliches Stadtbild d. Türme, Tore u. Zinnen – Abbruch im 19. Jhdt. – In: UHI 1974, S. 104/106 m. 3 Abb.

1305. M o s e l , Gustav: Als am Lindenberg noch das Posthorn klang. Heikle Vorkommnisse um d. Öffnen und Schließen d. Siegener Stadttore. Mit 3 Abb. – In: SiHK 49. 1974, S. 58–62

1306. Eine Dienstanweisung für Siegens Torwächter. Torsperre brachte Einnahmen für d. Armenpflege. Mit 1 Abb. – In: UHl 1974, S. 86/87

1307. E v e n , Pierre Alexandre: Der geplante Abriß der Sonnenberger Stadttore im Jahre 1900. Mit 1 Abb. – In: EH 36. 1974

1308. K n i e r i m , Kurt: Spangenberg und seine Befestigungsanlagen. – In: HeG 77. 1976, S. 53–55

1309. S e i b , Arthur: Der Wartturm auf dem Hainerberg. – In: WiL 25. 1976, 6, S. 20 m. 1 Abb. [Wiesbaden-Bierstadt]

1310. R e u t e r , Heinz: Der Burgfriede von Ziegenhain vom 24. März 1542. – In: SchwJb 1975, S. 31–32 [Landgräfl. Ordnung für d. Festung Ziegenhain]

1311. W a s s e r , Paul: Mainz, für ewige Zeiten ein fester Platz. – In: MMag 1976, Juni, S. 3–10; Juli, S. 3–10; August, S. 9–10. 15–21 [Über d. Befestigung v. Mainz von d. Römerzeit bis ins 20. Jh.]

1312. B e t h k e , Martin: Die Reichs- und Bundesfestung Mainz. – In: HHGiess 1976, S. 97–100 m. Abb.

1313. Deine Garnison Mainz. Ausg. 1973. Texte: Fritz D a h l e m . Baden-Baden: Merkur-Verl. 1973. 41 S. [S. 10–13: Mainz als Festung d. Dt. Bundes (1815–1866). 13–16: Mainz als Reichsfestung (1873–1918). 16–17: Mainz als Garnisonstadt v. 1920 bis heute]

1314. E n g e l h a r d , Elmar: 10 Jahre Garnisonstadt Lorch. – In: RhgHbr 93. 1975, S. 3–4

2. Truppenwesen, Biographisches

1315. H e n n , Ernst: Eine Bittschrift aus Breitscheid an die „gnädigste Landesmutter". – In: HbllPFH 44. 1976, S. 24 [betr. Petition wegen Befreiung vom Militärdienst; um 1730]

1316. F a i l i n g , Adolf: Wehrdienstvertretung für 225 Gulden. Der „Einsteher" oder „Soldat in Vertretung". – In: HLD 1974, Nr. 42, S. 2

1317. S t a h l b e r g , H.: Die Versorgung der aus den oranischen Stammlanden geworbenen Soldaten nach 1814 durch Kg. Wilh. I. der Niederlande. – In: Zs. f. Heereskde 39. 1975, S. 127 f.

1318. R i n g l e b , Arthur: Deserteure in Kurhessen. – In: HFK 12. 1975, Sp. 472–474 [Zeit: 1784–1813]

1319. H a l m , Heinz: Soldaten in Fritzlar. Fritzlar: Selbstverl. d. Verf. 1976. 87 S.

1320. Festschrift 100 Jahre Kyffhäuser Kameradschaft Aumenau 27. – 30. 6. 1975. Aumenau 1975. 64 S. m. Abb. [S. 18–27: B e c k e r , Willi: Vereinsgesch. 31–40: K u h n i g k , Armin M.: Aumenau u. sein Umland vor 100 Jahren]

1321. W r e d e , R.: Ein hess. Chevauléger- oder Gendarmeriehelm M/1812. – In: Zs. f. Heereskde 39. 1975, S. 154

1322. L o o s , Heinz: Die Orden und Ehrenzeichen des Herzogtums Nassau. – In: HMDie 5. 1976, Bl. 128–134

1323. P r e u ß , Heike: Söldnerführer unter Landgraf Philip dem Großmütigen von Hessen (1518–1567). Aufbau u. Verwaltg. einer personalen Friedensorganisation in Kriegssachen. Darmstadt & Marburg: Hess. Hist. Komm. Darmstadt & Hist. Komm. f. Hessen 1975. IV, 581 S. (Quellen u. Forschungen zur hess. Gesch. 30) Zugl. Diss. Marburg 1975

1324. B e t h k e , Martin: Generale aus mittelhessischen Garnisonen und ihre Schicksale. Neben Gießen spielte einst Wetzlar eine beachtl. militär. Rolle. Mit zahlr. Bildn. – In: HGiess 1976, Woche 2

1325. K i s c h n i c k , Klaus: Generaloberst Ludwig Beck. 1880–1944. Eine Bibliographie. Bonn: Verl. Offene Worte 1974. 5 ungez. Bl. Aus: Wehrforschung. 5. Okt. 1974

1326. M ü l l e r , Klaus-Jürgen: Ludwig Beck. Ein General zwischen Wilhelminismus u. Nationalsozialismus. – In: Deutschland in d. Weltpolitik d. 19. u. 20. Jh. Hrsg.: Imanuel Geiss, Bernd Jürgen Wendt. Düsseldorf 1973, S. 513–528

1327. F r i e s s , Herbert: Der kurmainzische Obrist Siegmund Frieser – von Fries (gest. nach 1675). – In: Gen. 25. 1976, S. 19–20

1328. H e n n , Ernst: Husarenkorporal Jost Henrich Kolb, der erste Berufssoldat aus Breitscheid. – In: HbllPFH 42. 1974, S. 20

1329. S t e i n h ä u s e r , Armine Eleonore: Marx Lesch von Mühlheim. Nach e. Vortrag von Hugo Friedrich Heymann. Mit 6 Abb. – In: HHGiess 1975, S. 89–92 [Kommandeur d. hess. Truppen unter Lgr. Philipp d. Großmütigen]

1330. Bruza, I. V.: General [Karl] von Rabenhaupt. – In: Rod 36. 1975, Nr. 2 [1604–1675; lebte um 1650 auf seinen Gütern bei Weinheim u. Fränkisch-Crumbach]

1331. Hönig, Ludwig: Das Tagebuch des Kapitäns Vogeley [über sein Kommando in Rotenburg/F. 1835]. – In: ZHG 85. 1975, S. 199–230

1332. Lerner, Franz: Prinz Eugen und Joh. Hieronymus zum Jungen. – In: Vaterland auf d. Römerberg... 1975, S. 23–27

1333. Karb, Heinrich Friedrich: Manöver 1608 auf der Lampertheimer Heide. – In: LaHbll 1974, Nr. 7

1334. Kunz, Rudolf: Das Lichtenberger Fähnlein vom J. 1611. – In: Odw 21. 1974, S. 131–134 [Betr. Zent Lichtenberg. Aus einer Musterungsliste d. Obergrafschaft Katzenelnbogen]

1335. Herrmann, F.: Das III. und V. deutsche Bundescorps 1813–14. – In: Zs. f. Heereskde 39. 1975, S. 49–57 [Betr. auch Nassau]

1336. Steinmetz, Erich: Die Fahne des Nassauischen Landsturmbataillons Usingen von 1814. – In: UsL 1974, Nr. 2, Sp. 13–17

1337. Eckoldt, Martin: Kriegsschiffe auf dem Rhein. – In: BRh 27. 1975, S. 45–46 m. 1 Abb. [Betr. preuß. Kanonenboote]

1338. Hürten, Heinz: Das Wehrkreiskommando VI [dem Reichswehr-Gruppenkommando 2 mit Sitz in Kassel unterstellt] in den Wirren des Frühjahres 1920. – In: Militärgeschichtl. Mitt. 15. 1974, S. 127–156

1339. Die Panzerbrigade 6 und ihre Garnisonen Neustadt und [Stadt]Allendorf. Festschrift zum Treffen d. Waffenrings Kampftruppen, Kavallerie, Schnelle Truppen e. V. am 19./20. Juni 1971. Red. Bearb.: Heinz Radke. Oberschleißheim 1971, 40 S. m. Abb. (Schriftenreihe Tradition im Fortschritt d. Waffenrings Kampftruppen, Kavallerie, Schnelle Truppen e. V. 8)

1340. 20 Jahre 5. Panzerdivision im nassauischen Land [Festschrift]. Verantwortl. f. d. Inhalt: Eugen Klein. Red.: Erwin Kaiser [u. a.] Schloß Oranienstein, Diez/L.; Koblenz, Bonn: Mönch [in Komm.] 1976. 92 S. m. Abb.

### 3. Schützenwesen und Bürgerwehren

1341. Jung, Wilhelm: Die Schützengilden sind Hessens älteste Vereine. Heimatgesch., über „Kimme u. Korn". Mit Abb. – In: HGiess 1975, Woche 4

1342. Berge, Otto: Die Eingabe des Bürgergardisten Michel Schmitt an den Magistrat der Stadt Fulda vom 24. April 1848. – In: FuGbll 49. 1973, S. 11–21

1343. 50 Jahre Schützenverein Gondsroth e. V. Hasselroth 6.-8. Juni 1975 [Festschrift]. Gondsroth/üb. Gelnhausen 1975. 18 S. m. Abb. [S. 11-13: L a n g e , Alfred: Chronik d. Schützenver. Gondsroth]

1344. H ö c k , Alfred: Das Schützenfest, der sogenannte Schützenhof, von Gottsbüren. Ein Beitrag zum „Volksfest" aus d. J. 1791. - In: JbLKa 1974, S. 80-84

1345. Festschrift zum 75jährigen Jubiläum des Schützenclub „1895" e. V. Großauheim. Großauheim 1970. 49 S. m. Abb.

1346. Schützen vom „Wildenstein" e. V. Haigerseelbach. Festschrift anläßl. d. Schützenfestes mit Fahnenweihe. Haigerseelbach 1975. 4 ungez. Bl. m. Abb.

1347. M o z e r , Ubbo: Hersfelder Bürgerschützen vom 14. bis 16. Jahrhundert. - In: HJH 1974/75, S. 25-33

1348. Ältester Verein: Schützenverein Höchst am Main von 1360. - In: 125 Jahre Höchster Kreisblatt. (Höchster Kreisblatt. 1974, Nr. 246, Beil.) S. 22-23

1349. S c h a f f r a t h , Otto: Die Bürgerwehr von Hünfeld 1610. - In: BuBll 48. 1975, S. 3-4. 46

1350. Festschrift. 50 Jahre Schützenverein „Falke" e. V. Weyer. Vom 17. bis 19. Mai 1975. Weyer 1975. 54 S. m. Abb. [S. 17-29: Vereinsgesch. 41-43: Turm u. Kirche zu Weyer]

## B. KRIEGE

### 1. Kriege des 16., 17. und 18. Jahrhunderts

1351. S t r u c k , Wolf-Heino: Der Bauernkrieg am Mittelrhein und in Hessen. Darstellung u. Quellen. Wiesbaden: Hist. Komm. f. Nassau 1975. XII, 310 S. m. Abb. (VHKN 21)

1352. F r a n z , Eckhart Götz: Revolution u. demokrat. Widerstand in d. hess. Geschichte. Hessen im Bauernkrieg 1525. Darmstadt: Hess. Staatsarchiv Darmstadt 1975. 39 S. mit 21 Taf. (Ausstellung d. hess. Staatsarchive zum Hessentag 1975)

1353. K l e i n , Thomas: Die Folgen des Bauernkrieges von 1525. Thesen u. Antithesen zu einem vernachlässigten Thema. - In: HJL 25. 1975, S. 65-116 [Betr. u. a. Hessen]

1354. R e u t e r , Fritz: Vor 450 Jahren: Der deutsche Bauernkrieg. - In: HJAlWo 15/16. 1975/76, S. 751-754

1355. S t r u c k , Wolf-Heino: Der Rheingauer Bauernkrieg von 1525. - In: RhgHbll 1975, Nr. 2. 3

1356. S t r u c k , Wolf-Heino: Eine neue Quelle über die Vorgänge in Wetzlar während des Bauernkrieges. - In: HJL 25. 1975, S. 363-370

1357. E l k a r , Rainer S.: Aufstände rund um das Siegerland 1525/26. – In: Si 52. 1975, S. 125–126

1358. S t u p p e r i c h , Robert: Äußere und innere Kämpfe im Weserraum während des 30jährigen Krieges und ihre Nachklänge. – In: Wf 51. 1973, S. 225–237

1359. S c h l i e p e r , Edith: Soldaten aus Hessen-Kassel in Lippstadt 1644/45. – In: ZHG 84. 1974, S. 183–190

1360. I r m t r a u t , Liebmut von: „Geplündert und gewürgt". 2 Briefe aus d. 30jähr. Krieg. Hrsg. von Armin Matthäus K u h n i g k . – In: MGV „Liederkranz" Niederselters e. V. 75 Jahre Chorgesang 1897–1972 [Festschrift]. 1972, S. 35–41

1361. I m m e l , Otto: Plünderungen des Hinterlandes im 30jährigen Krieg. – In: HiGbll 54. 1975, Nr 2, S. 4–7; 55. 1976, S. 25–27

1362. D a u t e r m a n n , Willy: Alzey im Dreißigjährigen Kriege. Eine Studie über d. Wirkung d. 30jähr. Krieges in e. pfälz. Stadt. Nachdr. d. Ausg. Berlin: Ebering 1937; Vaduz: Kraus 1965. 91 S. (Hist. Studien 318) Erschien auch als Phil. Diss. Heidelberg 1937

1363. S i e b e l , Gustav: Ein trefflicher Freudenberger im 30jährigen Krieg (Johannes Siebel). – In: SiHK 50. 1975, S. 108–114

1364. H a i n , Waldemar: Eine schwere Zeit im Dillenburger Land. Ein schlimmes Erlebnis eines Frohnhäuser Pfarrers im 30jähr. Krieg. – In: HbllPFH 43. 1975, S. 40. 43–44 [Magnus Theodor Ludwig]

1365. B i t t e r , August: Harleshausen im Dreißigjährigen Kriege. – In: D'r Osse. Mitteilungsbl. d. Bürgerver. Harleshausen 14. 1976, H. 51, S. 13–19

1366. Nöte und Leiden des Pfarrers Wilhelm Sebastian Egelsee und seiner Gemeinde [Hirzenhain] während des 30jährigen Krieges. – In: HJDi 19. 1976, S. 155–158

1367. K a i s e r , Erich: Briefe aus dem Steinhaufen von Schloß Homberg [Efze] Anno 1648. Oberst Gerhard u. Generalwachtmeister Rabenhaupt berichten. – In: ZHG 84. 1974, S. 101–122

1368. R u t z e n h ö f e r , Hans: Der Winterkönig und die Übergabe Oppenheims 1620. – In: HJMBi 17. 1973, S. 41

1369. N i e s s , P.: Sturm der Kroaten auf die Ronneburg. – In: HGiess 1975, Nr 46 [Im 30jähr. Krieg]

1370. S c h [ m i t t ] , K[arl]: Seulberg in der Zeit des Dreißigjährigen Krieges. – In: SChr 7. 1976, Nr 3

1371. G r o m e s , Ilse: Sontra im Dreißigjährigen Krieg. – In: HH N. F. 25. 1975, S. 105–108

## B. Kriege

1372. G ö r l i c h , Paul: Wolfhagen im 30jährigen Krieg. – In: HHGiess 1976, S. 93–96

1373. F r a n c i s , David: The first peninsular War 1702–1713. London, [usw.]: Benn 1975. 440 S. [Betr. auch Prinz Georg v. Hessen-Darmstadt]

1374. F r a n c i s , A. D.: Prince George of Hesse-Darmstadt and the plans for the expedition to Spain of 1702. – In: Bulletin of the Inst. of Hist. Research 42. 1969, S. 58–75

1375. G e n s i c k e , Hellmuth: Ein Bericht des Superintendenten Friedrich Andreas Panzerbieter über die Kriegslage im Raum Darmstadt vom Juli 1745. – In: AHG N. F. 33. 1975, S. 403–408

1376. D ö r i n g , Lothar: Handschriftliche Aufzeichnungen des Caspar Löw in Büdingen aus dem 18. Jh. – In: BüGbll 8. 1974/75, S. 124–126 [Betr. insbes. Episode aus d. österr. Erbfolgekrieg 1745]

1377. G e i t z , Johann Daniel: Die Bottendorfer Chronik. Der 7jährige Krieg v. 1756–1763 im Frankenberger Land. Erklärt, bebildert u. in unser Dt. übertr. von Gustav H a m m a n n . Mit 25 Bildern u. Zeichn. Bottendorf: Ev. Luth. Pfarramt [um 1973]. 50 S. (Bottendorfer Briefe 35)

1378. G ö r l i c h , Paul: Waldeck im Spiegel der Isthaer Chronik. – In: HHGiess 1975, S. 59–60 [Chronik d. Pfarrers Johann Georg Fülling zur Zeit d. Siebenjähr. Krieges (1756–1763)]

1379. G ö r l i c h , Paul: Hersfeld-Rotenburg im Spiegel der Isthaer Chronik. – In: MHl 26. 1974/75, S. 19–20 [Betr. d. Zeit d. Siebenjährig. Krieges]

1380. G r ü n e w a l d , Willi: Drangsale mittelhess. Dörfer im Siebenjährigen Krieg. – In: HGiess 1974, Nr 17

1381. G r ü n e w a l d , R. W.: Die Lucknereiche auf dem Ramsberg bei Laubach und das Treffen bei Atzenhain – Burg-Gemünden – von 1761. – In: HGiess 1975, Nr 3 [General Graf Nikolaus von Luckner]

1382. S c h n e i d e r , Otto: Unser Hessenland in Notzeiten. Aufzeichnungen d. Bürgermeisters Geiss v. Felda über d. Kriegsjahre 1759–1763. – In: HGiess 1975, Nr 43

1383. G r ü n e w a l d , Willi: Die Bergfeste Ulrichstein im Siebenjährigen Krieg. Besonders große Verluste gab es unter d. Hessen. – In: HGiess 1976, 1

1384. E i f f , Adolf: Broglie wurde für seinen Sieg in Mittelhessen Marschall von Frankreich. Erinnerungen an d. Siebenjährigen Krieg anhand bisher wenig bekannter Gefechtspläne. – In: HGiess 1976, 39

1385. A u e r b a c h , Inge, Niklot K l ü ß e n d o r f u. Fritz W o l f f : Hessen und die amerikanische Revolution 1776. Ausstellung d. hess. Staatsarchive zum Hessentag 1976. Kat. Marburg: Hess. Staatsarchiv 1976. 56 S. m. 19 Abb. [Betr. Landgrafschaft Hessen-Kassel]

1386. E e l k i n g , Max von: Die deutschen Hülfstruppen im nordamerikanischen Befreiungskriege 1776 bis 1783. Neudr. d. Ausg. von 1863. T. 1. XII, 397 S. T. 2. 271 S. Kassel: Hamecher 1976 [betr. auch Hess-Kass. Truppen]

1387. Hessische (5: Waldecker) Truppen im Amerikanischen Unabhängigkeitskrieg (HETRINA). Index nach Familiennamen. Bearb. v. 11. (2: 12.; 3.4: 13.) wiss. Lehrgang (2.3: u. d. Inspektorenlehrgang) unter d. Leitung v. (1:) Eckhart Götz Franz (2–5: Inge Auerbach) u. Otto Fröhlich. Bd 1–5. Marburg 1972–76. (Veröffentlichungen d. Archivschule Marburg 10)

1388. L o s c h , Philipp: Soldatenhandel. Mit e. Verz. d. Hessen-Kassel. Subsidienverträge u. e. Bibliogr. Kassel: Hamecher 1974. 110 S. Fotomechan. Nachdr. d. Ausg. 1933

1389. K ü h n e m a n n , Kurt: Dichtung und Wahrheit über die hess. Truppen in Amerika. – In: HGiess 1976, 30. 31

1390. Z i l l i n g e r , Waldemar: Ein Beitrag zum Jubiläumsjahr der USA: Mobilmachung in Hersfeld 1776. – In: MHl 27. 1976/77, S. 5–7

1391. Hessische Truppen auf dem Marsch gegen die Freiheit Amerikas. [Tagebuch-Aufzeichnungen eines Teilnehmers] – In: Niederdt. Heimatbl. 1976, Nr 319 v. Juli

1392. D o b e r s , Klaus: 1776 Bederkesa Zwischenstation auf dem Weg nach Amerika. [Einquartierung hess. Soldaten] – In: Niederdt. Heimatbl. 1976, Nr 319 v. Juli

1393. S c h e p e r , Burchard: Hessische Söldner in Lehe verschifft. – In: Niederdt. Heimatbl. 1976, Nr 319 v. Juli

1394. K a i s e r , Erich: Das Regiment von Donop im Amerikanischen Unabhängigkeitskrieg. Weg u. Auftrag einer hess. Truppeneinheit 1776/84. – In: ZHG 85. 1975, S. 169–184

1395. S i e b u r g , Dankward: Schwälmer Soldaten im amerikanischen Unabhängigkeitskrieg [1776 bis 1783]. – In: SchwJb 1976, S. 51–64

1396. Bäcker aus Gießen „kämpfte" mit General Washington. Christopher Ludwick wurde zum Helden d. amerikan. Unabhängigkeitskrieges. – In: HGiess 1975, Nr 25

1397. B r e i t e r , Helmuth: Hessische Feldprediger in Amerikas Unabhängigkeitskrieg. – In: EvSo 30. 1976, Nr 33, S. 8; Nr 34, S. 13; Nr 35, S. 15; Nr 36, S. 15

## 2. Von den Französischen Revolutionskriegen zu den Freiheitskriegen

1398. N a t a l e , Herbert: Die Belagerung der Stadt Mainz 1793. Aus den Berr. d. württemberg. Residenten in Frankfurt Johann Friedrich Plitt (1760–1823). – In: JbwLa 1. 1975, S. 215–247

1399. S p i e s , Hans-Bernd: Ein Gesandtschaftsbericht aus Kassel <1796>. – In: ZHG 84. 1974, S. 215–218

1400. S p i e s , Hans-Bernd: Ein Bericht über Bauernunruhen <1796> [v. preuß. Vertreter in Kassel, d. Grafen Wilhelm von Sayn-Wittgenstein-Hohenstein, an d. König] – In: ZHG 85. 1975, S. 189–191

1401. A c h e n b a c h , Johannes: Als die Franzosen kamen ... Schwere Zeiten f. Siegens Bürgerschaft Ende d. 18. Jh. – In: SiHK 49. 1974, S. 122–124 [Auszug aus e. zeitgenöss. Ber. d. Siegener Stadtsekretärs Johannes Achenbach]

1402. M e h r , Willy: Balzar von Flammersfeld. [1779†] Dem Westerwälder Freiheitshelden zur Erinnerung. Mit 1 Abb. – In: Ww 68. 1975, H. 4, S. 24–25

1403. K a t z w i n k e l , Erwin: Andreas Balzar [von Flammersfeld] – Legende und Wirklichkeit. Mit 5 Abb. – In: HJAl 1975, S. 159–167. Vgl auch Ww 69. 1976, S. 165–169

1404. F a s i g , Willy: Aus der Franzosenzeit (1799). – In: HJMBi 15. 1971, S. 143–144 [Kriegskontributionen im Département Donnersberg]

1405. M a r x , Norbert: Unsere Gefallenen in den napoleonischen Kriegen. – In: HTBll 3. 1975, H. 7, S. 60–65

1406. H e n n , Ernst: Nass.-oran. Heimkehrer aus Napoleons Feldzügen. – In: HbllPFH 42. 1974, S. 15

1407. L a u b , Joachim K.: Unter Napoleons Fahnen. – In: HJMBi 15. 1971, S. 144–145 [Budenheimer unter Napoleons Fahnen]

1408. H a a s , Franz: Die Viernheimer Heide (2). Wegen Viernheimer Meuterern wurden 28 Darmstädter Dragoner u. 3 Offiziere nach Viernheim in Marsch gesetzt. – In: HViern 7. 1975, Nr 18, S. 9–10 [1811]

1409. B a l d u s , Hans: Zwei Seiten hat die Medaille. – In: HJAl 1976, S. 127–133 [Betr. span. Feldzug d. nass. Truppen 1808–13]

1410. B o s s , Frieder: Im Rußlandfeldzug Napoleons Vermißte aus dem Landgerichtsbezirk Lichtenberg. – In: HErb 1975, Nr. 5

1411. S c h l i t z e r , Paul: Wilhelm von Dörnberg. Ein unbekanntes Bildn. d. hess. Freiheitskämpfers. – In: FuGbll 50. 1974, S. 129–131

1412. Rössler, Fritz: Mit Mann und Roß und Wagen hat sie der Herr geschlagen. Erzählung v. Rückzug Napoleons u. seiner Truppen durch Wirtheim 1813. – In: 1000 Jahre Kassel u. Wirtheim [Festschrift]. Biebergemünd 1976, S. 64–78

1413. Mathy, Helmut: Ein Bericht des Präfekten Jeanbon St. André vom 2. August 1813 über den Aufenthalt Napoleons in Mainz. – In: JbVFUM 23./24. 1974/75, S. 80–82

1414. Glauert, Barbara: Stille Tage im November: Mainz 1813. – In: NeuM 1971, 11, S. 2–3 [Betrifft: Tagebuchaufzeichnungen d. Mainzer Johann Soengen um d. Jahreswende 1813/14 (Rückzug Napoleons)]

1415. Hofmann, Manfred: Blüchers grandioser Rheinübergang. Vor 160 Jahren stand Kaub im Mittelpunkt d. „Befreiungskrieges". – In: RhLF 23. 1974, S. 63–65

1416. Reuss, Karl: Blücher stärkte sich in Limburg. Mit 1 Abb. – In: RhLF 23. 1974, S. 65

1417. Karb, Heinrich Friedrich: Russische Einquartierung in Lampertheim i. J. 1814. – In: LaHbll 1974, Nr 4

1418. Steinmetz, Erich: „Jakob Zitzer, ein Usinger Waterlooer". – In: UsL 1975, Nr. 1, Sp. 92–93

### 3. Die Reichseinigungskriege

1419. Clotz, Ernst: Die süddeutschen Staaten im Kriege von 1866 und die Gefechte im Taubergrund. Mit 8 Bildn. – In: Tauberfränk. Heimatmuseum. Tauberbischofsheim 1. 1966, S. 3–23 [Betr. auch d. Einsatz hess. u. nass. Truppen]

1420. Hupach, Paul: Heimat 1866 in und nach dem Bruderkrieg. – In: GelHJ 1975, S. 65–68

1421. Struck, Wolf-Heino: Aus dem Bruderkrieg von 1866. Die Stimme eines hess. Standesherrn. – In: NAN 85. 1974, S. 165–174 [Rudolph Graf zu Solms-Laubach]

1422. Fasig, Willy: Der Weg der [großherzogl.-]hessischen Regimenter 1870/71. Mit 1 Abb. – In: HJMBi 16. 1972, S. 93–94 [Quelle: Militärpaß eines rheinhess. Musketiers]

1423. Nieren, Paul: Am 30. Dezember waren schon 16 000 Goldmark gesammelt. Erinnerungen an Gießens Kriegerdenkmal – Enthusiasmus vor 80 Jahren. – In: HGiess 1976, 1 [Betr. d. Krieg 1870/71]

## 4. Erster und Zweiter Weltkrieg

1424. W e i g a n d , Martin: Erinnerungen und Aufzeichnungen aus der Zeit der beiden Weltkriege. – In: 1000 Jahre Kassel u. Wirtheim [Festschrift]. Biebergemünd 1976, S. 157–161

1425. Ein Krieg wird ausgestellt. Die Weltkriegssammlung d. Hist. Museums 1914–1918. Themen e. Ausstellung. Inventarkat. Frankfurt/M.: Magistrat, Dezernat f. Kultur u. Freizeit 1976. 569 S. (Kleine Schriften d. Hist. Museums 8)

1426. K e r n , Robert: Mobilmachung gegen Frankreich. Gedanken u. Erinnerungen [1914, erlebt in St. Goarshausen]. – In: RhLF 23. 1974, S. 79–88 m. 2 Abb.

1427. K u h n i g k , Armin M.: Als der große Krieg begann. Augenzeugen berichten über d. Augusttage 1914. – In: HLD 58. 1975, S. 2–3 [Betr. Gebiet d. Kr. Limburg-Weilburg]

1428. C r i s t , Karl: Um ein Tagebuch. – In: HJAlWo 15/16. 1975/76, S. 666–682 [Kriegstagebuch d. Musketiers Wilhelm Trapp aus Biebelnheim im 1. Weltkrieg]

1429. R i c k , Josef: Die Kriegsjahre in Bechtolsheim 1914–1918. Nach Aufzeichn. d. Dekans Karl Oberle ausgew. u. mitget. – In: HJAlWo 15/16. 1975/76, S. 701–709

1430. B o u l é , Amand: De Dunkerque à la liberté. St.-Brieuc: Les Presses bretonnes 1976. 230 S. [Erlebnisbericht e. französischen Kriegsgefangenen d. 2. Weltkrieges. Betr. u. a. hess. Lager]

1431. E u l e r , Helmuth: Als Deutschlands Dämme brachen. Die Wahrheit über d. Bombardierung d. Möhne-, Eder-, Sorpe-Staudämme 1943. 2. Aufl. Stuttgart: Motorbuchverl. 1975. 224 S. m. Abb. u. Kt.

1432. K n e b e l , Hajo: Vor 30 Jahren. Tod und Verderben durch die „Jabos". Der Luftkrieg über d. Heimat, dargest. aus amerikan. Sicht. – In: RhLF 23. 1974, S. 97–99

1433. K n e b e l , Hajo: Die Luftangriffe im Nahe-Hunsrück-Raum zwischen Januar 1944 und März 1945 in der amerikanischen Kriegsgeschichtsschreibung. – In: MrhPo 24. 1976, H. 50, S. 34–37; vgl. a. KrHbll 1972, Nr 8, S. 29–30; Nr 9/10, S. 35–36

1434. F l e n d e r , Hans-Martin: Der Luftangriff auf Siegen am 16. Dezember 1944 aus der Sicht des Angreifers. Eine Dokumentation. Siegen: Siegerländer Heimatverein 1976. 32 S. m. Abb. (Siegerländer Beitrr. zur Gesch. u. Landeskde. 22)

1435. G e i g e r , Werner: Das Ende des 2. Weltkrieges an der Bergstraße und im Odenwald. Erinnerungen u. Erlebnisse. – In GbllBe 7. 1974, S. 171–175

1436. J ä k e l , Herbert: Als die Amerikaner kamen. Das Ende d. Krieges u. d. Besetzung Alsfelds am 30. März 1945. – In: MGAA R. 12. 1974, S. 49–68

1437. 25 Jahre VdH 1951–1976 [Festschrift]. Verband d. Heimkehrer, Kriegsgefangenen u. Vermißtenangehörigen Deutschlands e. V. Kreisverband Wiesbaden. Red.: Karl Ackermann [u. a.] Wiesbaden 1976. 78 S. m. Abb.

# VI.
# RECHTSWESEN
## 1. Allgemeines, Rechtsaltertümer

1438. W e l k e r , August: Recht und Gericht in alten Zeiten auf dem Hohen Westerwald. – In: Ww 69. 1976, S. 36–38

1439. B e c k e r , Friedrich Karl: Das Weistum des pfalzgräflichen Hofes zu Alzey. – In: Alzeyer Kolloquium 1970. Wiesbaden 1974 (G La 10). S. 22–71

1440. B ö h n , Georg Friedrich: Salier, Emichonen und das Weistum des pfalzgräflichen Hofes zu Alzey. – In: Alzeyer Kolloquium 1970. Wiesbaden 1974. (GLa 10) S. 72–96

1441. F e h r e n b a c h , Elisabeth: Traditionale Gesellschaft und revolutionäres Recht. Die Einf. des Code Napoléon in den Rheinbundstaaten. Göttingen: Vandenhoeck & Ruprecht 1974. 226 S. (Krit. Studien zur Geschichtswiss. 13) Zugl. Gießen, Univ., Fachber. Geschichtswiss., Habil.-Schr. 1973

1442. B e t h k e , Martin: Eine Rechtskonferenz in Gießen 1809. Der Code Napoléon, das Großherzogtum Hessen, das Herzogtum Nassau u. d. Großherzogtum Frankfurt. Mit 4 Bildn. u. 1 Abb. – In: HHGiess 1975, S. 53–56

1443. Z i m m e r , Erhard: Die Geschichte des Oberlandesgerichts in Frankfurt am Main. Frankfurt: Kramer 1976. 155 S., 18 Abb. (Studien z. Frankfurter Gesch. 12)

1444. E d e l m a n n , Günther: 100 Jahre hessische Verwaltungsgerichtsbarkeit – Entstehung u. Entwicklung in Hessen-Darmstadt. Überarb. Fassung e. Vortrags, geh. am 10. Okt. 1975 in Darmstadt b. d. Festveranstaltung d. Vereinigung d. Verwaltungsrichter d. Landes Hessen. – In: GT 29. 1976, S. 129–138

1445. H e m f l e r , Karl: Bilanz moderner Justizpolitik. Wiesbaden: Hess. Landesregierung, Presse- u. Informationsabt., Staatskanzlei [1974]. 40 S. m. Abb. (SHInf 19)

1446. Hessisches Schiedmannsgesetz [in d. Fassung v. 13. Febr. 1975]. Textausg. mit Ausführungsverordnung. Verwaltungsvorschrift, erg. Rechts- u. Verwaltungsvorschriften u. Verweisungen. Köln, Berlin, Bonn, München: Heymann 1975. IX, 99 S.

1447. H o o f , Rudolf: Das Nachbarrecht in Hessen. Mit Übersichten zsgest. u. erl. 6., durchges. Aufl. Stuttgart: Boorberg 1975. 178 S. m. graph. Darst.

1448. H o d e s , Fritz: Hessisches Nachbarrecht. 3., verm. u. verb. Aufl. Berlin: Schweitzer 1976. XVI, 204 S.

1449. K u n z , Rudolf: Hagestolzenrecht und Gottesfälle. – In: Stark 53. 1976, S. 64 [Hagestolz = lediger Hofbesitzer]

1450. K u n z , Rudolf: Alte Strafen nach Recht und Brauchtum. – In: Stark 53. 1976, S. 62–64

1451. E m m e r l i n g , Ernst: Radbrennen und Verbotung in Ingelheim. – In: HMRh 21. 1976, Nr 9, S. 4 [Brauch d. Gerichts des Ingelheimer Oberhofs]

1452. B r ü c h e r , Erich: Ackerland am Hochgericht [Hanau]. Ein rechtsgeschichtlicher Beitr. In: HHGiess 1975, S. 98–99

1453. Z a r g e s , Walter: Das Gericht Ossenbühl. Zwischen Kirchlotheim u. Herzhausen liegt ein hist. bedeutsamer Platz. – In: UFrL 1. 1975, Nr 2 v. 15. Febr.

1454. K o s o g , Herbert: Ruchesloh und Reizberg, Grafschaft und Gericht. – In: HGiess 1974, Nr 1

1455. M i e l k e , Heinz-Peter: Ein Stein des Anstoßes. Abschließende Gedanken zum Denkmalschutzjahr 1975. Mit 1 Abb. – In: UsL 1976, Nr 2, Sp. 13–18 [Betr. Flurdenkmäler]

1456. S c h n a b e l , Berthold: Die alten Steinkreuze im Kreis Alzey-Worms. Mit 8 Abb. – In: PfH 25. 1974, S. 41–49

1457. B o r m u t h , Heinz: Die alten Steinkreuze im Landkreis Bergstraße. – In: GbllBe 7. 1974, S. 49–91 m. 26 Bildern = Das Steinkreuz 31. 1975, H. 1/2

1458. H a m m a n n , Gustav: Steine im nördlichen Burgwald erzählen aus der Geschichte unserer Heimat. 2. Aufl. Bottendorf: Ev.-Luth. Pfarramt 1974. (Bottendorfer Brief 24)

1459. R e i t z , Heinz u. Heinz B o r m u t h : Flurdenkmäler im Kreis Dieburg. Otzberg-Lengfeld: Museum im Alten Rathaus 1976. 32 S. m. Abb., 1 Taf. (Sammlung z. Volkskde in Hessen 6)

1460. R i e b e l i n g , Heinrich: Die Legende vom Bonifatiuskreuz [bei Eschborn]. Mit 7 Abb. – In: MVGHOUr 18. 1974, S. 7–13

1461. F r i e d e r i c h s , Heinz Friedrich: Das „Bonifatiuskreuz" an der Elisabethenstraße. – In: MVGHOUr 19. 1975, S. 23–25 [bei Eschborn]

1462. G r ü n e w a l d , Willi: Das verschwundene Krieger-Steinkreuz in Ettingshausen. – In: HGiess 1974, Nr 16

1463. Roth, Hermann: Schwurhände in Friedberg. 1. Die Schwurhand am südlichen Burgtor. – In: AHG N. F. 32. 1974, S. 203–228

1464. Azzola, Friedrich Karl, Heinz Bormuth u. Hans Joachim Trautmann: Das Steinkreuz-Werkstück bei Langen-Brombach im Odenwaldkreis. Mit 4 Abb. – In: FH 13: 1973. '75, S. 225–226

1465. Fresin, Josef: Die Rätsel um den Götzenstein bei Löhrbach. – In: Rod 35. 1974, Nr 3

1466. Riebeling, Heinrich: Steinkreuze im Main-Taunus-Gebiet. Mit 4 Abb. – In: RSp 2. 1976, H. 1, S. 26–30

1467. Riebeling, Heinrich: Otto Neidt[– Stein] auf dem Mondschein. – In: HeG 75. 1974, 1, S. 4–5 [Gedenkstein betr. einen Straßenräuber, gleichzeitig Grenzstein an d. kurmainz.-hess. Grenze]

1468. Beyer, H.: Die steinerne Säule im Wald von Mudenbach. Mit 2 Abb. – In: HJAl 1974, S. 124–128

1469. Bormuth, Heinz: Die Roßdörfer Steinkreuze. – In: Roßdorf. Beitrr. zu seiner Geschichte. Ober-Ramstadt: Ver. f. Heimatgesch. 1975, S. 141–143

1470. Stein, Ferdinand: Steinkreuz in Bad Salzschlirf entdeckt. – In: BuBll 47. 1974, S. 31–32

1471. Stein, Ferdinand: Ein viertes Steinkreuz in Bad Salzschlirf. – In: HGiess 1974, Woche 11

1472. Mötzing, Kurt: Ist der Zehntstein in Schwebda ein Bonifatiusstein? – In: W 27. 1975, S. 23–24

1473. Pfeifer, J.: Steinkreuze in der Umgebung von Weinheim [T. 2] – In: Rod 35. 1974, Nr 1

1474. Riebeling, Heinrich: Alte Steinkreuze im Kreis Ziegenhain. – In: SchwJb 1974, S. 142–147

2. Reichsrechte und -gerichte,
Freigerichte, Landrechte

1475. Munzel, Dietlinde: Die Innsbrucker Handschrift des kleinen Kaiserrechtes. Eine Untersuchung ihrer Verwandtschaft mit d. Eschweger u. d. Kreuznacher Handschrift sowie d. Auswertung d. in ihr verzeichneten Notizen über Rechtsgewohnheiten zu Mainz, Frankfurt u. Ingelheim. Aalen: Scientia 1974. 495 S. (Rechtsbücherstudien 1) Zuerst Diss. Ffm. 1972

1476. Erler, Adalbert: Der Ingelheimer Oberhof. – In: Ingelheim am Rhein 774–1974. Hrsg. von François Lachenal u. Harald T. Weise. Ingelheim: Boehringer 1974, S. 57–61

## 2. Reichsrechte und -gerichte, Freigerichte, Landrechte

1477. K o s c h w a n e z , Bruno: Ehrverletzungsklagen im 15. Jahrhundert in den Urteilen des Ingelheimer und Neustädter Oberhofes. Frankfurt/M. 1974. VIII, 172 S. Frankfurt/M., Univ., Rechtswiss. Fak., Diss. 1973. Ersch. auch im Buchh.

1478. F r ö b e l , Ernst-Günter: Schadensersatzrecht in den Urteilen des Ingelheimer und des Neustädter Oberhofes. Marburg 1973. XXII, 164 S. Marburg, Rechtswiss. Diss. v. 1973

1479. Z i l l e r , Hans Hermann: Private Bücher des Spätmittelalters und ihre rechtliche Funktion. Eine Untersuchung auf d. Grundlage d. Oberhofprotokolle v. Ingelheim u. Neustadt an d. Weinstraße. Frankfurt/M. 1971. 226 S. Frankfurt/M., Rechtswiss. Diss. v. 1971

1480. K o e n i g , Dietrich: Private Grenzen und Grenzstreit in den spätmittelalterlichen Protokollen des Ingelheimer Oberhofes und des Oberhofes von Neustadt a. d. Weinstraße. [Ffm:] Verf. 1975. 93 Bl. Zugl. Ffm, Rechtswiss. Diss. v. 1974

1481. [ W e l k e r , August:] Unzufrieden mit Wetzlar. Das Reichskammergericht sollte „translocirt" werden. – In: HLD 1974, Nr 44, S. 3

1482. D u c h h a r d t , Heinz: Kurmainz und das Reichskammergericht. – In: BDL 110. 1974, S. 181–217

1483. B e t h k e , Martin: 40 Stück Friedrichsdor für Staatsanwalt [Friedrich] Hiepe. Der Frankfurter Bundestag u. d. Wetzlarer Reichskammergerichts-Archiv. Mit 3 Bildn. u. 3 Abb. – In: HHGiess 1975, S. 77–80

1484. D e e t e r s , Walter: Erfahrungen aus der Verzeichnung von Reichskammergerichtsakten im Niedersächsischen Staatsarchiv Wolfenbüttel. – In: ArZ 71. 1975, S. 12–25

1485. S c h r o e d e r , Klaus-Peter: Der Oberhof zu Wimpfen am Neckar. – In: Zs f. württ. Landesgesch. 32. 1973, S. 306–319

1486. S c h r o e d e r , Klaus-Peter: Kaiserliches Landgericht – Stadtgericht – Oberhof. Rechtsgeschichtl. Zusammenhänge reichsstädt. Gerichtsbarkeit in Wimpfen am Neckar. – In: Jb. schwäb.-fränk. Gesch. 28, 1976, S. 41–48


1487. Hardt-Friederichs [= F r i e d e r i c h s ], Friederun: Das königliche Freigericht Kaichen in der Wetterau in seiner landes- und rechtshistorischen Bedeutung. Neustadt/Aisch: Degener 1975. XII, 306 S. m. Abb. u. Kt. (Genealogie u. Landesgesch. 26) Erschien zuerst als Diss. im Fachbereich Geschichtswiss. Frankfurt a. M. v. 11. 7. 1973; vgl. a. Friedberg/Hessen: Bindernagel 1976. (WeGbll 25)

1488. S i e b e l , Gustav: Femgerichte im Siegerland. Sie bestanden an d. Ginsburg u. an d. breiten Eiche im Dornbruch. Mit 1 Abb. – In: SiHK 51. 1976, S. 51–54

1489. Löhr, Thomas M.: Die Geschichte des Landrechts der Obergrafschaft Katzenelnbogen. Bonn 1976. XI, 67 S. Bonn, Univ., Rechts- u. staatswiss. F., Diss. v. 1976

### 3. Örtliche Gerichte und Rechte

1490. Ebel, Friedrich: Statutum und ius fori im deutschen Spätmittelalter. – In: ZRG Germ. Abt. 93. 1976, S. 100–153 [Betr. u. a. d. Oberhöfe Frankfurt a. M., Marburg, Kassel, Ingelheim S. 112–115]

1491. Heinz, Joachim: Prozeßverlauf und materielles Beweisrecht im spätmittelalterl. Recht Babenhausens. 1976. 86 S. Köln, Univ., Rechtswiss. Fak., Diss. v. 1976

1492. Schüngeler, Dieter: Die zivilprozessualen Beweismittel des Babenhausener Rechts im 14. und 15. Jh. 1973. 74 S. Köln, Univ., Rechtswiss. Fak., Diss. v. 1973

1493. Etzbach, Ernst: Die Stellung der Parteien im Prozeß, Prozeßfähigkeit u. prozessuale Stellvertretung im Zivilprozeßverfahren vor dem Babenhausener Stadtgericht im 14. u. 15. Jh. 1976. 55 S. Köln, Univ., Rechtswiss. Fak., Diss. v. 1973

1494. Hüttemann, Manfred: Die Bürgschaft im Babenhausener Recht des 14. u. 15. Jh. Aalen: Scientia Verl. 1976. 91 S. (Gerichtsbücherstudien 6) [Zugl. Diss. v. 1973, Köln, Univ., Rechtswiss. Fak.]

1495. Kunstein, Burkhard: Vollstreckungs- und Pfandrecht in Babenhausen im 14. und 15. Jh. 1976. 103 S. Köln, Univ., Rechtswiss. Fak., Diss. v. 1973

1496. Lentz, Stefan: Grundstücksübertragungsrecht und Vorkaufsrecht des nächsten Erben in Babenhausen im 14. und 15. Jh. Aalen: Scientia Verl. 1976. 69 S. (Gerichtsbücherstudien 3) [Zugl. Diss., Köln, Univ., Rechtswiss. Fak.]

1497. Hilgert, Wolfgang: Dienst- und Werkvertrag im Babenhausener Recht des 14. und 15. Jh. 1976. 61 S. Mainz, Univ., Fachb. Rechts- u. Wirtschaftswiss., Diss. v. 1976

1498. Wirtz, Hans-Joachim: Die Gülte im Babenhausener Recht des 14. und 15. Jh. Köln 1975. 63 S. Köln, Univ., Rechtswiss. Fak., Diss. v. 1975 [Erscheint zugleich als Gerichtsbücherstudien 5. Aalen: Scientia-Verl. 1975]

1499. Bicanski, Vladimir: Spätmittelalterliches Bußstrafrecht in Babenhausen (1355–1486). Köln 1973. 86 S. Univ. Köln, rechtswiss. Fak., Diss. v. 1973

1500. Eckhardt, Albrecht: Die Bechtheimer Dorfordnung aus dem Jahr 1432 und der Bauernaufstand um Worms von 1431/32. – In: AHG N. F. 33. 1975, S. 55–86

1501. Kunz, Rudolf: Das Bibliser Weistum von 1478/86. – In: GbllBe 7. 1974, S. 151–165

1502. Brück, Anton Philipp: Der Bodenheimer Oberhof. – In: HJMBi 19. 1975, S. 22–23

1503. Kunz, Rudolf: Dorfordnung von Bonsweiher (1721). – In: GbllBe 9. 1976, S. 161–166

1504. Hilf, Willibald: 700 Jahre Stadtrechte Braubach am Rhein. Festansprache am 11. April 1976. – In: Gensicke, Hellmuth: Geschichte d. Stadt Braubach. Braubach 1976, S. 311–320

1505. Reuß, Hans: Schultheiß Johannes Rossenberger (1764 bis 1829) [T. 2]. – In: Stark 51. 1974, S. 17–20. 24 [Geb. in Bürstadt]

1506. Tschepe, Axel: Gerichtsverfassung und Prozeß des Stadtgerichts Butzbach im 15. Jh. Aalen: Scientia Verl. 1976. 123 S. (Gerichtsbücherstudien 1) [Zugl. Diss. Köln, Univ., Rechtswiss. Fak.]

1507. Weiß, Peter: Das äußere Bild der Butzbacher Gerichtsprotokolle 1438–1451 und 1482–1503 unter bes. Berücks. der formelhaften Wendungen des Klagverfahrens. 1975. III, 86 S. Köln, Univ., Rechtswiss. Fak., Diss. v. 1973

1508. Fellinger, Helmut: Das formelle und materielle Beweisrecht des Stadtgerichts Butzbach im Zivilprozeß des 15. Jh. Aalen: Scientia Verl. 1975. 79 S. (Gerichtsbücherstudien 2). [Ersch. auch als Köln, Univ., Rechtswiss. Fak., Diss. 1973]

1509. Ogura, Kinichi: Das älteste Frankfurter Stadtrecht von 1297. Text u. japan. Übersetzung. – In: Keizai Keiei Ronshu 62. 1971, S. 269–279

1510. Görlich, Paul: Aus dem Salbuch von 1579. Strafen u. Bußen in d. Gerichtsorten Friedewald u. Heringen. – In MHl 26. 1974/75, S. 47

1511. Leib, Jürgen: Gleiberg hatte einst Stadtrecht. – In: HLD 1974, Nr 45, S. 3.

1512. [Löber, Karl:] Zwei alte Haigerer Gerichtsurteile. – In: HJDi 19. 1976, S. 30–35

1513. Herrmann, Karl: Aus dem Heppenheimer Gerichtsbuch 1624–1699. – In: Stark 52. 1975, S. 47–51

1514. Baas, Friedrich-Karl: Zur Immenhäuser Stadtrechtsverleihung im Jahre 1298. – In: JbLKa 1974, S. 41–44

1515. Kunz, Rudolf: Dorfordnung von Mitlechtern (1722). – In: GbllBe 8. 1975, S. 163–167

1516. Hane, Karl: Das Rittergericht zu Nierstein. Mit 4 Abb. – In: HJMBi 16. 1972, S. 28–31

1517. Licht, Hans: 750 Jahre Stadt Oppenheim. Geschichtl. Entwicklung d. Stadtrechte. Mit 1 Siegel. – In: HJMBi 19. 1975, S. 19–21

1518. Volze, Fritz: Das ehemalige Gericht Rengshausen. – In: KGB 1974, S. 72–73

1519. Kaethner, Martha: „Keinen Taback trincken": Gerichtstage zu Rod am Berg. – In: UsL 1975, Sp. 144

1520. Kunz, Rudolf: Dorfordnungen des erbachischen Amtes Seeheim aus d. 16. Jh. (Seeheim 1551, Bickenbach 1563, Jugenheim 1557). – In: AHG N. F. 32. 1974, S. 229–256

1521. In Siegen wird seit alters her Gericht gesprochen. Die Justizbehörden im Unteren Schloß: Amtsgericht u. Landgericht. – In: UHI 1974, S. 63/64

1522. Neumann, Heinrich: Die Stadtrechtverleihung an Sonnenberg durch Kaiser Karl IV. im Jahre 1351. Mit 1 Abb. – In: WiL 25, 1976, 8, S. 19–20

1523. Wagner, Hermann Josef: Ein Weistum für Sprendlingen und St. Johann. Aus d. alten Urkunde neu aufgez. – In: HMRh 20. 1975, Nr 7/8, Juli/Aug., S. 4

1524. Curschmann, Dieter: Das Dorfgericht [in Undenheim]. Mit 2 Abb. – In: HJMBi 15. 1971, S. 48–53

1525. Haas, Franz: Das Viernheimer Weistum vom J. 1562. – In: GbllBe 9. 1976, S. 148–160

1526. Knapp, Hans: Viernheimer vom Ortsgericht 'manumittiret'. Protokolle eines alten Gerichtsbuches. 'Supplikanten' baten um Befreiung v. Leibeigenschaft. – In: HViern 6. 1974, Nr 16, S. 9–10

1527. Giegerich, Willi: Aus dem ältesten Vilbeler Gerichtsbuch der Jahre 1636 bis 1669. – In ViHbll 15. 1976, S. 15–17

1528. Kunz, Rudolf: Wattenheimer Dorfordnung von 1653. – In: GbllBe 7. 1974, S. 166–170

1529. May, Karl Hermann: 650 Jahre Stadtrechte für Wehen. Voraussetzungen u. Auswirkung ihrer Verleihung. Mit 4 Abb. – In HJUTs 1974, S. 75–78

1530. Wiesbadener Stadtrecht. Hrsg. v. Magistrat d. Landeshauptstadt Wiesbaden, Rechtsamt. Neuausg. Stand 1. 2. 1974. Wiesbaden 1974. [Losebl. Ausg.]

1531. Schneider, Ernst: Das Weistum der alten Gemeinde Wolfskehlen. Wolfskehler Dorfordnung 1560. – In: HspGer 1974, Nr 1. 2

1532. Franz, Eckhart Götz: 700 Jahre Stadtrechte Zwingenberg 1274–1974. Festvortr. geh. am 18. Mai 1974. – In: GbllBe 8. 1975, S. 77–87

1533. K u n z , Rudolf: Die Zwingenberger Stadtordnung vom Jahre 1710. – In: GbllBe 8. 1975, S. 88–110

1534. H a b e r e r , Günter: Die Zwingenberger Rathausordnung aus dem Jahre 1650. – In: GbllBe 8. 1975, S. 111–117

4. Zivilrecht

1535. I m m e l , Otto: Von Hessen an Dillenburg. Güterverkäufe Marburger Bürger im Gericht Ebersbach v. 1557–1614. – In: He 1976, Folge 21 v. 18. Dez.

1536. E n g e l h a r d t , Rudolf: Eine Hausversteigerung im Jahr 1842. 3 brennende Kerzen als Zeitmesser. Mit 1 Abb. – In: BiA 8. 1975, S. 19–21 [Betr. „Eulers-Haus" an d. Drususbrücke in Bingerbrück]

1537. P l e t z , Hans-Jürgen: Heiratsalter und Verlöbnis in Nassau-Siegen. Mit 4 Bildn. – In: Si 53. 1976, S. 13–17

1538. Zwei Ehekontrakte aus dem 18. Jahrhundert. – In: HiGbll 53. 1974, S. 161 [Betr. Amt Gladenbach]

1539. S c h u l z , Gabriele: Testamente des späten Mittelalters aus dem Mittelrheingebiet. Eine Untersuchung in rechts- u. kulturgeschichtl. Hinsicht. Mainz: Selbstverl. d. Gesellschaft für Mittelrhein. Kirchengesch. 1976. XIV, 131 S. (Quellen u. Abhandlungen z. mittelrhein. Kirchengesch. 27) [Erschien zuerst als Diss. Bonn, Univ., Phil. Fak. 1974]

5. Strafrecht, Strafvollzug

1540. B e t t e n h ä u s e r , Hermann: Neues aus alten Kriminalakten. [Typische Fälle d. Zeitkriminalität d. 16. u. 17. Jh. in Hessen] – In: ZHG 84. 1974, S. 191–205 m. 3 Taf.

1541. S c h n e i d e r , Ernst: Eine kleine „hessische" Scharfrichter-Nachlese. – In: HspGer 1974, Nr 2

1542. H ö c k , Alfred: Recht auch für Zigeuner? Ein Kapitel Minderheitenforsch. nach hess. Archivalien. – In: Das Recht der kleinen Leute. Festschr. f. Karl-Sigismund Kramer zum 60. Geburtstag. Hrsg. von Konrad Köstlin u. Kai Detlev Sievers. Berlin 1976, S. 77–88

1543. W a g n e r , Albert: Das „peinliche Halsgericht". Wenn in den Solmser Landen d. Armsünderglocke läutete. Mit 2 Abb. – In: HLD 61. 1975, S. 1–2

1544. C h r i s t , Heinrich: Entstehung und Grundgedanken des Strafgesetzbuches für das Großherzogtum Hessen vom 1. April 1842. Marburg 1968. XXXVIII, 223, 57 S. Marburg, Rechts- u. staatswiss. F., Diss. v. 15. 2. 1968

1545. Justizvollzug in Hessen. Langfrist. Planungs- u. Entwicklungskonzept. Hrsg.: Hess. Min. d. Justiz. Wiesbaden 1974. 63 S.

1546. B e n g s o h n , Jochen: Die Eheschließung in der Justizvollzugsanstalt unter besonderer Berücksichtigung der Rechtsstellung des Gefangenen. Eine vollzugskdl. Analyse v. 67 Eheschließungen i. d. Vollzugsanstalten d. Landes Hessen. Marburg 1975. XVIII, 174 S. Marburg, Univ., Fachbereich Rechtswiss., Diss. v. 1975

1547. 1951–1976. 25 Jahre Bundeskriminalamt [Festschrift]. Red.: Niels Reuter. Fotos: Gustav Hildebrand [u. a.] Zeichn.: Jens Witt. Wiesbaden 1976. 84 S. m. Abb.

1548. H a m m a n n , Gustav: Förstermord im B u r g w a l d . Vor 300 Jahren wurde Hans Ross v. 3 Wilderern erschossen. Bottendorf: Evang.-Luth. Pfarramt 1976. 23 S. m. Abb. (Bottendorfer Brief 40)

1549. H o f m a n n , Erich: Die Gräfin von Görlitz und ihr Diener. 1847–1850. Darmstadt 1975. 13 S. [masch. schr.] [ D a r m s t ä d t e r Kriminalfall]

1550. K u n z , Rudolf: Der Mord an Peter Contz in E t z e a n i. J. 1613. Ber. d. Freiensteiner Amtmanns Mathias Mahler. – In: HErb 1975, Nr 4

1551. B r ü c h e r , Erich: Aus dem F r i e d b e r g e r Scharfrichterhaus. – In: HHGiess 1974, S. 98–99

1552. K n a u s s , Erwin: Der G i e ß e n e r Fememordprozeß von 1927. – In: AHG N. F. 32. 1974, S. 557–620

1553. B e d e n b e n d e r , Günter: Scharfrichter Adam [aus H a i g e r s e e l b a c h ] und sein Amt. Mit 2 Abb. – In: HJDi 19. 1976, S. 152–155

1554. B r ü c h e r , Erich: Rentner Nolte, eine kurhessische Kriminalaffäre um die Ermordung der Emilie Lotheisen (1859) und die Hinrichtung des Johann Heinrich Nolte in H a n a u (1861). Bad Nauheim: Selbstverl. d. Verf. 1964. 177 S., 19 Abb.

1555. E b l i n g , Jakob: Hinrichtungen auf dem Galgenplatz zwischen H e p p e n h e i m und Bensheim [i. 17. Jh.]. – In: HErb 51. 1976, Nr 6

1556. D a s c h e r , Georg: Der Galgen der Zent O b e r - K a i n s b a c h . – In: HErb 1975, Nr 6

1557. S c h r ö e r , Rolf: Resozialisierungschancen im gegenwärtigen Strafvollzug. Dargest. am Beispiel d. Justizvollzugsanst. S c h w a l m s t a d t . Marburg 1975. VIII, 115 S. Marburg, Univ., Fachbereich Gesellschaftswiss., Dipl. Schr. v. 1975

1558. B e t z , Hermann: Als Schloß W a l d e c k noch Zuchthaus war. [1738–1866] – In: MW 1976, Nr 5 v. 18. März

1559. H e i l a n d , Wilhelm: Schuld und Sühne im Mittelalter. Ein Totschlag in d. Reichsstadt W e t z l a r vor 700 Jahren. – In: HLD 1975, Nr 55, S. 2 m. Abb. [Betr. Herren v. Nuffern]

Räuber

1560. K ü t h e r , Karsten: Räuber und Gauner in Deutschland. Das organisierte Bandenwesen im 18. u. frühen 19. Jh. Göttingen: Vandenhoeck & Ruprecht 1976. 197 S. (Krit. Studien z. Geschichtswiss. 20) [Betr. auch Hessen u. Nassau]

1561. H e y m a n n , Hugo Friedrich: Von Diebs- und Bettelgesindel im 18. Jh. – In: HHGiess 1974, S. 54–56

1562. J u n g , Friedrich: Gegen Diebesbanden Anno dazumal. Verbrechen u. Verbrechensbekämpfung im 18. Jahrhundert. – In: HLD 1975, Nr 56, S. 2 m. 1 Abb. [Betr. Nassau-Weilburg]

1563. R a u c h , Hans: Räuber im Odenwald vor 100 Jahren. – In: HErb 1974, Nr 5

1564. K u n z , Rudolf: Straßenräuber auf dem Alsbacher Schloß (1561). – In: Stark 52. 1975, S. 37–39. 44. 46

1565. S i e b e l , Gustav: Raubüberfall auf zwei Freudenberger Gaststätten. Am 18. März 1588 drangen 120 Missetäter aus d. Wendener Raum ein. – In: SiHK 49. 1974, S. 142–144

1566. B a l l m e r t , Heinz: Der Postraub bei Gladenbach [1822]. Mit 1 Abb. – In: HPo 19. 1974, S. 37–38

1567. W e l k e r , August: Langhecker Räubergeschichten. Mit 1 Abb. – In: HLD 1974, Nr 42, S. 3 [Betr. Johann Benner]

1568. H a a s , Franz: Kurpfälzer Holzräuber im Viernheimer Wald. – In: GbllBe 8. 1975, S. 145–149

1569. H a a s , Franz: Kurpfälzer Holzräuber anno 1794. – In: Rod 36. 1975, Nr 3 [In d. Viernheimer Gemarkung]

1570. H a a s , Franz: Eine zweite Holzräubergeschichte im Viernheimer Wald. – In: Rod 37. 1976, Nr 4

1571. J a c t a , Maximilian: Eine Landplage. Der Schinderhannes (Johannes Bückler) u. seine Bande. – In: Jacta: Berühmte Strafprozesse. Deutschland 3. München 1972, S. 51–71

1572. K i l i a n , Rolf: Johannes Bückler gen. Schinderhannes. – In: Nordpfälzer Geschichtsver. Beitrr. z. Heimatgesch. 55. 1975, S. 1–6. 25–31. 60–66

1573. O h l , Gottlieb: Der Schinderhannes. Leben u. Wirken d. Johannes Bückler. – In: KrHbll 1975, 10, S. 1–2

1574. M e t z , Albert: Geschichten vom Schinderhannes aus dem Taunus. Mit 1 Bildn. u. 2 Abb. – In: HKWe 25. 1975, S 50–54

1575. H a r t l i e b , Udo: Im Land des Schinderhannes. Mit 3 Abb. – In: LRhPf 12. 1975, S. 18–22

1576. K n e b e l , Hajo: Schinderhannes im Turm (Johannes Bückler). Argenthal/Hunsrück 1976. 64 S.

1577. P a l m , Claus: Ein Richter des Schinderhannes: Georg Friedrich Rebmann. – In: HJMBi 17. 1973, S. 142–144

6. Hexenwesen

1578. O t t o , Ed.: Hexenverfolgung im Odenwald. – In: Unter d. Dorflinde 57. 1975, S. 6–7 [Nachdr. aus d. Dorflinde 12. 1926, Mai]

1579. M e r k e l , Ernst: Hexenprozesse in der Herrschaft Dalberg. – In: WoG 11. 1974/75, S. 79–83

1580. S c h r e i b e r , Karl: Johannes Koch, der Hexenrichter von Gelnhausen. Mit 1 Zeichn. – In: GelHJ 1974, S. 95–97

1581. W o l f , Albert: Der Hexenturm zu Reichelsheim. Mit 4 Abb. – In: HHGiess 1975, S. 93–95. 100

7. Einzelne Rechtsgelehrte und Juristen

1582. S c h w i n g , Heinrich: Dr. jur. Hermann C a s p a r i zum Gedächtnis. Mit 1 Bildn. – In: NblWil 49. 1974, Nr 135, S. 217–218

1583. F u c h s , Konrad: Heinrich D e r n b u r g (1829–1907) [aus Mainz]. Rechtshistoriker, Zivilrechtler u. Kommentator d. Bürgerlichen Rechts im Dt. Reich u. in Preußen. Als Vortrag am 11. 4. 1974 vor d. Mainzer Altertumsver. in Mainz gehalten. – In: JbVFUM 23/24. 1974/75, S. 83–93

1584. Nachlaß Eduard D i n g e l d e y . Bearb. von Hanne M a r s c h a l l . Als Ms. gedr. Koblenz: Bundesarchiv 1974. 63 S. (Findbücher zu Beständen d. Bundesarchivs 11) [1886–1942; in Gießen geb., Rechtsanwalt in Darmstadt, DVP-Politiker]

1585. L e r s n e r , Heinrich von: Dr. Johann F i c h a r d – der Gesetzgeber Frankfurts. – In: Vaterland auf d. Römerberg... 1975, S. 67–71

1586. W i l c z e k , Gerhard: Johann Adam Freiherr von I c k s t a t t und die Hohe Schule zu Ingolstadt. Ingolstadt: Donaukurier 1969. 9 ungez. Bl. (Donau-Kurier. Beil. 32, Nr 1)

1587. K a r s t h a n s , U.: 200 Jahre „Werther". – In: GiessUbll 8. 1975, S. 61–82 [Karl Wilhelm J e r u s a l e m ]

1588. S c h a f f r a t h , Otto: Dr. Hector von J o s s a. [Prokurator am fürstlichen Hofgericht zu Fulda] – In: FuGbll 49. 1973, S. 98–100

1589. S c h w i n g , Heinrich: Ehrenmitglied Dr. Robert K a t z e n s t e i n zum Gedenken. Mit 1 Bildn. – In: NblWil 50. 1975, Nr 137, S. 280–281

1590. E [ m i g ] , E[rik]: Das Porträt: Dr. Hubert K r i e r . Mit 1 Bildn. – In: Wi int 1975, 1, S. 38–39

1591. E c k s t e i n , Karlfriedrich: Friedrich Carl von M o s e r (1723–1798). Rechts- u. staatstheoret. Denken zwischen Naturrecht u. Positivismus. 1973. VI, 150 S. Gießen, Univ., Fachber. Rechtswiss., Diss. v. 1973

1592. B u r m e i s t e r , Karl Heinz: Joseph M ü n s t e r , ein Jurist aus Ingelheim im 16. Jahrhundert. – In: HJMBi 17. 1973, S. 55–57

1593. L o e h r , Bernhard: Eugen T h o m a s  – ein Fuldaer Rechtsgelehrter [1758–1813] – In: BuBll 48. 1975, S. 73–74

1594. H a i n , Waldemar: Ein berühmter Frohnhäuser. Mit 1 Bildn. – In: HbllPFH 43. 1975, S. 35–36. 38 [Prof. Dr. jur. Johann Jakob W i s s e n b a c h 1607–65]

# VII.
# BEVÖLKERUNGS- UND SOZIALGESCHICHTE

## A. BEVÖLKERUNGSGESCHICHTE

### 1. Bevölkerungswesen

1595. O b e r m a n n , Karl: Die deutsche Bevölkerungsstatistik und die Bevölkerungsstruktur des Deutschen Bundes in den Jahren um 1815. – In: Bevölkerungsgesch. Hrsg. von Wolfgang Köllmann u. Peter Marschalck. Köln 1972, S. 190–219 [Betr. auch Hessen u. Nassau S. 203–205]

1596. S c h w a r z , Karl: Stand, Entwicklung und Verteilung der Bevölkerung in Hessen, Rheinland-Pfalz und im Saarland. Mit 8 Abb. u. 14 Tab. – In: Beitrr. z. Raumplanung in Hessen, Rheinland-Pfalz, Saarland. 1. Hannover 1974. (Veröffentlichungen d. Akad. f. Raumforsch. u. Landesplanung. Forschungs- u. Sitzungsberr. 91) S. 15–44

1597. Volks- und Berufszählung 1970. H. 2–7. Wiesbaden: Hess. Statist. Landesamt 1974–75. (BStH N. F. 66) 2. Bevölkerung, Privathaushalte, Anstalten. 1975. 75 S. 3. Haushalte u. Familien, Frauen u. Mütter, ältere Mitbürger, Vertriebene u. Ausländer. 1975. 160 S. 4. Ausbildungsstand d. Bevölkerung. 1974. 123 S. 5. Erwerbsbeteiligung u. überwiegender Lebensunterhalt. 1975.

172 S. 6. Dt. Erwerbstätige nach wirtschaftl. u. berufl. Gliederung. 1974. 347 S. 7. Pendler u. Fernpendler. 1975. 223 S.

1598. O e t t i n g e r , Hans: Die Funktion von regionalisierten Richtwerten für die Bevölkerung und Arbeitsplätze in Landesentwicklungsprogrammen und Regionalplänen – hier: Hessen. – In: Informationen z. Raumentwicklung 1975, S. 163–166

1599. S c h m e l i n g , Siegfried: Räumliche Bevölkerungsbewegungen, ein komplexes Grundproblem der Raumordnung, dargestellt an der Region Nordhessen. o. O. 1973. 179, 5 S., 22 Abb., 8 Tab., 2 Bl. Berlin (West), Techn. Univ., Fachbereich 02, Gesellschafts- u. Planungswiss., Diss. 1972

1600. M ü l l e r - N e u h o f , Horst: Ausmaß, Ursachen und Auswirkungen der Abwanderung von Arbeitskräften aus dem nordhessischen Zonenrandgebiet. Möglichkeiten u. Grenzen regionalstatist. Analysen. Clausthal-Zellerfeld: Bönecke 1970. IV, 190 S. m. Abb. u. Kt.

1601. Beschreibung und Analyse verschiedener Formen sozialer Mobilität in Osthessen und ihre Bedeutung für die Arbeitsmarktentwicklung. Untersuchungsphase 1. Grundlegung u. Entwurf eines regionalisierten Mobilitätsmodells in Hinblick auf d. Arbeitsmarktentwicklg. in Osthessen. T. 1. Grundriß eines Bezugsrahmens d. Analyse sozialer Mobilität. Mit e. Bibliogr. Bearb.: Karl H. T j a d e n . Marburg/L.: Institut f. Sozialwissenschaftl. Forschung 1969. 87, 22 Bl.

1602. K ö g l e r , Alfred, u. Monika-Sophie K u r t h : Mobilität der Wohn- und Erwerbsbevölkerung in der Region Untermain, insbesondere in den Entwicklungsschwerpunkten. T. 2. Hamburg: Ges. f. Wohnungs- u. Siedlungswesen 1972, 205 Bl. m. Abb.

1603. S c h r e i b e r , Karl-Heinz: Wanderungsursachen und idealtypische Verhaltensmuster mobiler Bevölkerungsgruppen. Untersucht in ausgewählten Gemeinden der kernstadtnahen Zone d. Rhein-Main-Gebietes. Mit 13 Abb. u. 74 Tab. Frankfurt a. M.: Kramer 1975. 215 S. (Rhein-Main. Forsch. 79) Zugl. Frankfurt a. M., Univ., Fachbereich Geogr., Diss. 1974 [Betr. Bergen-Enkheim, Bischofsheim, Dörnigheim, Hochstadt u. Mühlheim]

1604. G r a a f e n , Richard: Die Bevölkerung im Westerwald. Mit 11 Ktn u. zahlr. Tab. Eine Untersuchung d. Verteilung u. Entwicklung (1815–1970) d. rheinland-pfälz. Westerwaldbevölkerung nach Naturräumen u. Gemeinden. – In: Beitrr. z. Landespflege in Rheinland-Pfalz. 3. Oppenheim 1975, S. 393–430

1605. T r i e s c h , Carl: Die Bevölkerung des Westerwaldes. – In: Westerwaldkreis. Mühlheim/M. 1975. S. 23–25

1606. J u n g - S t i l l i n g , Johann Heinrich: Darstellung des Siegerländers. Ein briefl. Nachtr. von Hans W. Panthel. – In: Si 51. 1974, S. 85–86

1607. K u n z , Rudolf; Rolf R e u t t e r , Paul S c h n i t z e r : Harte Urteile über unsere Landsleute [i. Odw.] – In: GbllBe 8. 1975, S. 215–221

1608. H a h n , Waltraut: Ein Versuch zur sozialgeograph. Gliederung der D a r m s t ä d t e r Innenstadt. – In: Odw 22. 1975, S. 3–16, 5 Ktn

1609. Sozialgeographische Fragestellungen. Beitrr. zum Symposium in Ljubljana/Maribor im Oktober 1975. Hrsg. von Klaus W o l f . Frankfurt a. M. 1976. 271 S. (Geogr. Inst. d. Univ. Frankfurt. Materialien 5) [Zahlreiche Beiträge über Fragen des F r a n k f u r t e r Raumes]

1610. K a l h o e f e r , Hans F.: Zur voraussichtlichen Bevölkerungsentwicklung in Frankfurt am Main bis 1985. – In: FrStB 1975, H. 1, S. 5–25

1611. K a l h o e f e r , Hans: Entwicklung und Struktur der räumlichen Bevölkerungsmobilität in Frankfurt a. M. Ergebnisse der Wanderungsstatistik. – In: FrStB 38. 1976, H. 2, S. 21–59

1612. K a l h o e f e r , Hans: Die Selbstmordrate in Frankfurt a. M. – In: FrStB 36. 1974, H. 1, S. 4–11

1613. I m h o f , Arthur Erwin: Grundlagenforschung zur Geschichte der Gesellschaft in Alteuropa. Das Bevölkerungsgeschehen im Raum G i e ß e n v. 16. z. 18. Jh. als Fallstudie. – In: GiessUbll 7. 1974, S. 127–146 m. Abb.

1614. Historische Demographie als Sozialgeschichte. Gießen u. Umgebung v. 17. zum 19. Jh. Hrsg. von Arthur Erwin I m h o f . T. 1.2. Darmstadt & Marburg: Hess. Hist. Komm. Darmstadt & Hist. Komm f. Hessen 1975. 1121 S. (Quellen u. Forschungen zur hess. Gesch. 31) [In T. 1. u. a. S. 85–277: I m h o f : Die nicht-namentliche Auswertung der Kirchenbücher von Gießen u. Umgebung. Die Resultate; S. 279–516: Ders.: Die namentliche Auswertung der Kirchenbücher. Die Familien v. Gießen 1631–1730 u. Heuchelheim 1691–1900; S. 517–558: Ders. u. Georg S c h m i d t : Die Illegitimität in Gießen u. Umgebung; S. 559–625: Imhof u. Helmut S c h u m a c h e r : Todesursachen]

1615. I m h o f , Arthur Erwin: Demographische Stadtstrukturen der frühen Neuzeit. Gießen in seiner Umgebung im 17. u. 18. Jh. als Fallstudie. – In: ZStG 2. 1975, S. 190–227

1616. S c h ä f e r , Arno: Bevölkerungsentwicklung und Struktur – In: Der Landkr. Gießen. Hrsg.: Ernst Türk. Stuttgart, Aalen: Theiss 1976, S. 128–135

1617. D e h l e r , Karl-Heinz: Struktur und Entwicklung der Bevölkerung in Gießen. Gegengutachten z. 2. Strukturber. v. April u. Sept. 1974 üb. d. Bevölkerung in Gießen. – Grundlagen zur Stadtentwicklungsplanung. Bearb. von H. Danneberg. Gießen: Stadtplanungsamt 1974. 13 g S. m. Abb. u. Bibliogr.

1618. R ö d e l , Walter G.: Untersuchungen zur Bevölkerungsgeschichte der Pfarrei (Mainz-)G o n s e n h e i m (1686–1797). – In: GLa 14. 1976, S. 152–169 m. 7 Fig.

1619. A r n d t , Friedrich: Die elektronische Datenverarbeitung in ihrem Wert für die sozialgeographische Strukturanalyse. Dargest. am Beispiel

VII. Bevölkerungs- und Sozialgeschichte

Großauheim, einer Kleinstadt am Rande d. rhein-main. Verstädterungsgebietes. Mit 68 Abb. u. 74 Tab. Frankfurt a. M.: Kramer 1974. 193 S. m. Anh. u. Abb. (Rhein-Main. Forsch. 77) Zugl. Frankfurt a. M., Univ., Fachbereich 18- Geogr., Diss. 1973

1620. Baas, Friedrich-Karl: Tödliche Unfälle [im ehem. Kr. Hofgeismar] vor 200 Jahren. Eine Analyse v. Unfallmeldungen aus d. Jahren 1731–1780. – In: JbLKa 1974, S. 93–99

1621. Schmeling, Siegfried: Strukturveränderungen als Begleiterscheinungen der Bevölkerungsabnahmen einer mittleren Stadt [Kassel]. – In: Schwarz, Karl: Theoretische Überlegungen zur Bevölkerungsentwicklung in ihrer Bedeutung für die Raumordnung, Hannover 1976, S. 48–118 (Arbeitsmater. Akad. f. Raumforschg. u. Landesplanung. 1976–8)

1622. Kunz, Rudolf: Bevölkerungsstatistik des kurpfälzischen Oberamtes Lindenfels 1776/86. – In: GbllBe 8.1975, S. 209–210

1623. Kunz, Rudolf: Bevölkerungsstatistik in der Talzent bei Lindenfels. – In: GbllBe 8. 1975, S. 211–214

1624. Weber, Hermann: Forschungen zur Mainzer Bevölkerungsgeschichte in der frühen Neuzeit. Ein Arbeitsber. – In: GLa 14. 1976, S. 135–138

1625. Simon, Eva, Horst Immel u. Elmar Rettinger: Untersuchungen zur Bevölkerungsgeschichte der Pfarrei St. Ignaz in Mainz (1603–1650). – In: GLa 14. 1976, S. 138–152 m. 4 Fig.

1626. Kunz, Rudolf: Bevölkerungsstatistik des Amtes Neckarsteinach (1803). – In: GbllBe 9. 1976, S. 236/8

1627. Die Bevölkerungsentwicklung in den Jahren 1946–1972. Einwohner 2000. Hrsg. v. Statist. Amt u. Wahlamt. Offenbach/M. 1972. IV, [162] S. (Beitrr. z. Statistik d. Stadt Offenbach/M.)

1628. Volkszählung. Vom 27. 5. 1970. Offenbach a. M.: Statist. Amt u. Wahlamt 1973. III, 40 Bl. (Beitrr. z. Statistik d. Stadt Offenbach/M.)

1629. Pendler. Am 27. 5. 1970. Hrsg. v. Statist. Amt u. Wahlamt. Offenbach a. M. 1974. II, 49, 3 Bl. (Beitrr. z. Statistik d. Stadt Offenbach/M.)

1630. Walter, Heinrich: Bevölkerungsentwicklung und Berufsstruktur in Rendel. – In: 1200 Jahre Rendel. Frankfurt a. M. 1974, S. 44–62

1631. Kunz, Rudolf: Die Roßdörfer Bevölkerung. – In: Roßdorf. Beitrr. zu seiner Geschichte. Ober-Ramstadt: Ver. f. Heimatgesch. 1975, S. 64–118

1632. Bücking, Karl: Einwohner, Pendler, Ausländer. – In: ViHbll 10. 1974 = Sonderh.: Zur 1200-Jahrfeier der Stadt Bad Vilbel, S. 55–57

1633. Stadtentwicklung W i e s b a d e n. Bevölkerungsprognose 1985. 1. Entwicklung in d. Gesamtstadt. 2. Entwicklung in d. Bezirken. Hrsg. v. Magistrat d. Landeshauptstadt, Arbeitsgruppe Stadtentwicklung, Fachgruppe Daten. Wiesbaden 1976. 30, 23, 66 S.

1634. Wohnbevölkerung und Erwerbstätigkeit in Wiesbaden 1970. Hrsg. v. Statist. Amt u. Wahlamt. Wiesbaden [1972]. 39 S. m. Kt. (Statist. Berr. d. Landeshauptstadt Wiesbaden. Sonderh. 19)

1635. Analyse der Wanderungsmotive in der Mainz-Wiesbadener Stadtregion. T. A. B. Mainz: Landeshauptstadt; Wiesbaden: Landeshauptstadt 1973–76. A. Außenwanderungen in d. Mainz-Wiesbadener Stadtregion i. J. 1971. Bearb.: Jürgen G e i s l e r, Hasso H a s b a c h u. Karl Heinz H e c k e r t. 1973. VIII, 71 S., 65 Tab. B. Ergebnisber. üb d. Wanderungsmotivuntersuchung d. Inst. f. Soziol. d. Univ. Mainz u. d. Städte Mainz u. Wiesbaden. Gesamtleitung: Friedrich L a n d w e h r m a n n. 1976. [Teilbd.] 97 S.; Textbd. 373 S.; Tab.-Bd. 341 S. (Mainz-Wiesbaden. Daten-Diagramme-Analysen 2. 4. 5.)

1636. Die Ein- und Auspendler über Wiesbadens Stadtgrenzen 1970. Hrsg. v. Statist. Amt u. Wahlamt. Wiesbaden [1972]. 60 S. m. Kt. (Statist. Berr. d. Landeshauptstadt Wiesbaden. Sonderh. 21)

## 2. Auswanderung

1637. B r o m m e r, Peter, Karl Heinz D e b u s u. Hans-Walter H e r r m a n n: Inventar der Quellen zur Geschichte der Auswanderung 1500–1914 in den staatlichen Archiven von Rheinland-Pfalz und dem Saarland. Koblenz: Landesarchivverwaltung Rheinland-Pfalz 1976. (Veröffentlichungen d. Landesarchivverwaltung Rheinland-Pfalz 27) = (Schriften z. Wanderungsgesch. d. Pfälzer 35) [Darin u. a. S. 11–19: S c h e r e r, Karl: Zur Gesch. d. Auswanderung aus d. Ober- u. Mittelrheingeb. Bemerkungen z. regionalen Auswanderungshistoriographie. 39–188: B r o m m e r, Peter: Inventar d. Quellen z. Gesch. d. Auswanderung im Landeshauptarchiv Koblenz; 191–443: D e b u s, Karl Heinz: Inventar d. Quellen z. Gesch. d. Auswanderung im Landesarchiv Speyer; 447–464: H e r r m a n n, Hans-Walter: Inventar d. Quellen z. Gesch. d. Auswanderung im Landesarchiv Saarbrücken]

1638. E r i c k s o n, Charlotte: Emigration from Europe 1815–1914. Select documents. London: Black 1976. 320 S. (Documents in economic history) [Betr. u. a. Großherzogtum Hessen, S. 46–51]

1639. H e n n, Ernst: Der „Zehnte Pfennig", eine frühere Sondersteuer für Auswanderer. – In: HbllPFH 44. 1976, S. 8 [Dillgebiet]

1640. H e i l, Bodo: Butzbacher Auswanderer 1844–1854. – In: WeGbll 23. 1974, S. 79–85

1641. K ö h l e r , Brigitte: Die große Auswanderung i. J. 1846 [aus Groß-Zimmern]. – In: Groß-Zimmern, Klein-Zimmern. Beitrr. zur Entwicklung in Vergangenheit u. Gegenwart. Groß-Zimmern 1976, S. 94–103 m. Abb.

1642. B u ß , Karl: Auswanderung aus dem Oberamt Meisenheim in Hessen-Homburgischer Zeit. – In: Nahe-Kal. 1975, S. 52

1643. K n a p p , Hans: Viernheimer Auswandererbuch. Viernheim, Seegartenstr. 13: Selbstverl. d. Verf. 1975. 151 S. m. zahlr. Abb.

1644. B ö t t g e r , Erich: Auswanderungsbewegung im Landkreis Wolfhagen. – In JbLKa 1975, S. 41–42

## Auswanderung in andere deutsche und in europäische Staaten

1645. G u n d l a c h , Walter: Erstes Auftreten hessischer Glasmacher in Kurbrandenburg. – In: GenJb 15. 1975, S. 165–186 [seit 2. Hälfte d. 17. Jh.]

1646. M e t z , Hans Jürgen: Nassauer-Siedler in Ostpreußen und die Herrschaft Beilstein. Hamburg: Ver. f. Familienforschung in Ost- u. Westpreußen e. V. 1974. 166 S., 1 Faltkt. (Sonderschriften d. Ver. f. Familienforsch. in Ost- u. Westpreußen e. V. 27)

1647. [Hrsg.] Heinz B a r a n s k i . Die Taufregister der deutsch-reformierten Gemeinde Sadweitschen Kr. Gumbinnen 1714–1735. Nach Abschriften von Arno de la Chaux. Hamburg: Ver. f. Familienforsch. in Ost- u. Westpreußen e. V. 1974. 240 S. (Sonderschriften d. Ver. f. Familienforsch. in Ost- u. Westpreußen e. V. 26) [Betr. u. a. d. Taufen eingewanderter reformierter Siegerländer]

1648. H e n n , Ernst: Breitscheider Auswanderer nach Ostpreußen 1723. – In: HbllPFH 42. 1974, S. 30–31

1649. L a m p e r t , Ulrich: Auswanderer aus Nassau nach Südpreußen im Jahre 1799. – In: Ostdt. Familienkde 23. 1975, S. 215–216

1650. V i e r b u c h e n , Erich: Nassauisch-preußische Heirat Anno 1818 und der Katharinenmarkt in Hachenburg. Mit 2 Abb. – In: HJAl 1976, S. 151–155 [Betr. Übersiedlung von Nassau nach Preußen]

1651. R ö s s n e r , Franz E.: Hessisch-sudetendeutsche Beziehungen in älterer Zeit. – In: HFK 13. 1976, S. 101–106

1652. R u e t z , Gottfried: Schwälmer Auswanderer nach Polen. – In: SchwJb 1974, S. 95–97

1653. B o s s , Frieder: Auswanderer nach Nordamerika und Russisch-Polen aus Höchst, Lichtenberg und Umstadt. Zsgest. aus d. Edictalladungen im „Wochenblatt f. d. Kr. Dieburg" Dez. 1834–1838. – In: HFK 13. 1976, Sp. 105–110. Vgl. auch HErb 51. 1976, Nr 2

1654. Stumpp, Karl: Die Auswanderung aus Deutschland nach Rußland in den Jahren 1763–1852. Neustadt (Aisch): Degener 1972. 1018 S. m. 8 Kt. u. 7 Abb. [Betr. u. a. Auswanderung aus Rheinhessen u. Hessen]

1655. Vierbuchen, Erich: Auswanderungen aus den Ämtern Freusburg und Friedewald im 18. Jahrhundert nach Ungarn und Amerika. – In: Si 52. 1975, S. 27–30

1656. Geisel, Karl: Ungarn-Auswanderer aus dem Kreisgebiet Gelnhausen im 18. Jahrhundert. – In: GelHJ 28. 1976, S. 153–155

1657. Haas, Franz: Die Viernheimer Auswanderungen nach Ungarn 1722–1780. – In: Knapp, Hans: Viernheimer Auswandererbuch. Viernheim 1975, S. 111–113

1658. Hartmann, Rudolf: Dokument einer Auswanderung 1785/86. [Valentin Kehr aus Reilos nach Ungarn] – In: MHl 27. 1976/77, S. 9–10

Auswanderung in außereuropäische Staaten

1659. Lakhdar Ould Cheikh: Archives du Consulat de Hesse en Algérie (1844–1872). – In: République Algérienne Démocratique et populaire, Archives Nationales Nr 4, Mai 1975, S. 47–70 [Aufgrund von Akten des Staatsarchivs Darmstadt; betr. u. a. auch hess. Auswanderer nach Algerien, ihren Handel und ihre Produktion]

1660. Marschalck, Peter: Deutsche Überseewanderung im 19. Jahrhundert. Ein Beitr. z. soziol. Theorie d. Bevölkerung. Stuttgart: Klett 1973. 128 S. (Industrielle Welt 14) Ersch. auch als Diss. Bochum, Univ., Abt. f. Sozialwiss. 1970

1661. Struck, Wolf-Heino: Die Beziehungen Hessens zu den Vereinigten Staaten von Amerika. Mit 3 Abb. u. 1 Diagramm. – In: Zum Nachdenken 64. 1976, S. 3–19

1662. Stock, Eduard: Die ersten Hessen in Amerika. [Hans Staden aus Homberg, 16. Jh.] – In: BuBll 48. 1975, S. 74–75

1663. Auswanderer aus der Gemeinde Mernes nach Amerika. – In: GelHJ 1974. S. 113–115

1664. Arzt, Theodor: Biedenkopfer Auswanderer in Amerika. Aus dem Leben d. Ludwig Wilhelm Bast. Mit 1 Abb. – In: HiGbll 54. 1975, Nr 2, S. 1–3

1665. Posecker, Willy: Auswanderer nach Amerika aus dem Amt Greifenstein 1834. – In: Mitteilungen d. Westdt. Ges. f. Familienkde 27. Jg. 64. 1976, S. 212

1666. Fritzsche, Hans: Pioniere der neuen Welt aus dem Kirchspiel Flammersfeld. – In: HJAl 1976, S. 183–184 m. 1 Abb.

1667. R o c h o w , Robert: Der falsche Graf aus Kostheim. Bernhard Müller, ein Schwärmer und Schwindler. – In: HHGiess 1976, S. 14–15. 19–20 [Geb. 1788 in Kostheim, gest. in Amerika]

1668. K ö h l e r , Diethard u. Brigitte: Die Auswanderung einer Gruppe von Waldensern nach Amerika im Jahre 1830. – In: DtHu 40. 1976, S. 44–48; vgl. a. Odw. 22. 1975, S. 51–54 [Aus d. Waldenser-Kolonie Rohrbach-Wembach-Hahn]

1669. K u n z , Rudolf: Ein Bergsträßer Auswanderer schreibt aus Nordamerika (1851). – In: GbllBe 8. 1975, S. 230–232

1670. M e t z e n d o r f , Wilhelm: Zwei Auswandererbriefe aus Nordamerika (1855). – In: Stark 53. 1976, S. 61–62

1671. K n a p p , Hans: Die Story der Auswanderer-Familie Matthias und Sabina Kirchner. – In: Knapp: Viernheimer Auswandererbuch. Viernheim 1975, S. 79–105 [Nach USA]

1672. K n a p p , Hans: Die Liste der Auswanderer vom 8./9. Juni 1852. – In: Knapp: Viernheimer Auswandererbuch. Viernheim 1975, S. 115–124 [Nach Nordamerika]

1673. K n a p p , Hans: Syracuse: Schwesterstadt Viernheims. – In: Knapp: Viernheimer Auswandererbuch. Viernheim 1975, S. 71–73 [In USA]

1674. W u n d e r , Emil, Hans Knapp: Nachkommen Philipp Sax II in Syracuse [USA]. – In: Knapp: Viernheimer Auswandererbuch. Viernheim 1975, S. 51–69

1675. B a a s , Friedrich-Karl: Briefe aus Philadelphia. Ein Beitr. z. Geschichte kurhessischer Auswanderer nach Nordamerika. – In: JbLKa 1976, S. 90–98

1676. S m o l k a , Georg: Auswanderung und Kolonisationsprojekte im Vormärz. Kalifornienplan u. Texasverein. – In: Staat u. Gesellschaft. Göttingen 1967, S. 229–246 [Betr. a. Hessen u. Nassau]

1677. M a t h y , Helmut: Der Mainzer Adelsverein oder das Scheitern eines deutschen Siedlungsprojektes in Texas. Mit Abb. – In: LRhPf 13. 1976, S. 89–94

1678. W i l k , Gerhard: Mainzer wollten Texas annektieren. – In: NeuM 1971, 11, S. 13; 12, S. 12; 1972, 1, S. 11–12 [Betr.: Mainzer Adelsver. u. d. Auswanderung nach Texas]

1679. L i c h , Glen Ernst: Erinnerungen aus einer vergangenen Zeit. Dt. Einwanderer in Texas/USA. Mit zahlr. Bildn. u. Abb. – In: HHGiess 1976, S. 41–43

1680. D e b o r , Herbert Wilhelm: Odenwälder als frühe Siedler in Kanada. – In: HErb 1974, Nr 2

1681. D e b o r , Herbert Wilhelm: Hessen-Darmstädter in der Provinz Ontario/Kanada. – In: HErb 1975, Nr 3

1682. D e b o r , Herbert Wilhelm: Ein Beerfeldener als kanadischer Möbelfabrikant und Politiker. – In: HErb 1974, Nr 8 [Johann Georg Hess 1833 in Beerfelden geb.; 1858 nach Kitchener/Ont. ausgewandert]

1683. M a i e r , Max Hermann: Ein Frankfurter Rechtsanwalt wird Kaffeepflanzer im Urwald Brasiliens. Bericht eines Emigranten 1938–1975. Ffm.: Knecht 1975. 143 S.

1684. S c h w a r z e n b e r g  d e  S c h m a l z , Ingeborg: Los Geisse en Chile (Die Familie Geisse in Chile). Santiago de Chile 1973. 106 S., 8 Abb. (Dokumente z. Gesch. d. dt. Einwanderung 4)

1685. S c h m a l z , geb. Schwarzenberg, Ingeborg: Sophie von Bischofshausen, geb. von Eschwege. Aus d. Nachlaß v. Elenita Richter geb. v. Bischofshausen. Santiago de Chile 1975. 118 S., 2 Bilds. (Dokumente z. Gesch. d. dt. Einwanderung 6)

3. E i n w a n d e r u n g

1686. H ö c k , Alfred: Maurer aus dem Vogtland und aus Tirol in Niederhessen. Ein Beitr. z. Mobilität vor allem d. 16. u. 17. Jh. – In: JbLKa 1976, S. 65–67

1687. G r ü n e w a l d , Julius: Eben nach Ostindien verreist. Einwanderer aus Holland u. v. Niederrhein in d. Pfalz. – In: HJAlWo 11. 1971, S. 87–92

1688. G ö t z , Maria: Die Vertriebenen in Groß-Zimmern. – In: Groß-Zimmern, Klein-Zimmern. Beitrr. zur Entwicklung in Vergangenheit u. Gegenwart. Groß-Zimmern 1976, S. 173–177

1689. Italiener in Kirchenbüchern von Höchst am Main. – In: FHöSchl 1975, S. 33–36

1690. C a l m a n o , Ludwig: Woher die alten Oberurseler kamen. Mit 1 Kt. – In: MVGHOUr 20. 1976, S. 32–37

B. SOZIALE VERHÄLTNISSE

1. D i e n s t b a r k e i t , F r o n d e n , S t e u e r n
[Schatzungsregister s. bei XII. 2]

1691. H a t t e n h a u e r , Hans: Burchard Wilhelm Pfeiffer und die Bauernbefreiung in Kurhessen. – In: Festschr. f. Hermann Krause. Hrsg. von Sten Gagner, Hans Schlosser [u. a.] Köln 1975, S. 188–209

1692. F r a u e n b e r g e r , Michael: Die schöneckischen Leibeigenen der Reichsfreiherrn vom Stein. – In: LaVbll 20. 1974. S. 87–99 [Schöneck: Burg im Hunsrück; mit links- u. rechtsrhein. Besitz]

1693. Albach, Walter: Die Aufhebung der Leibeigenschaft in Michelstadt. – In: HErb 1975, Nr 6

1694. Jahn, Kurt: Frondienst im 17. Jahrhundert. – In: MHl 26. 1974/75, S. 12

1695. Kern, Heinrich Ludwig: Wer ein neues Hauß von Grund auff bauet. Wohnbauförderung vor 270 Jahren durch Befreiung v. Frondiensten. – In: HLD 68. 1976, S. 2 [Betr. Landgrafschaft Hessen-Darmstadt]

1696. Reutter, Rolf: Der Roßdörfer Aufruhr vom Jahre 1769. – In: Roßdorf: Beitrr. zu seiner Gesch. Ober-Ramstadt: Ver. f. Heimatgesch. 1975, S. 134–140 [Geschehen um den Baubaum d. Pfarrers Stockhausen]

1697. Born, Martin: Das Dillenburger Zehntbuch von 1685. – In: HbllPFH 42. 1974. S. 16. 23–24 u. 26–28

1698. Ihle, Fritz: Das Stockheimer Gericht und der Westerfelder Zehnt. – In: UsL 1975, Sp. 122–126

1699. Hupach, Paul: Die Ablösung des kleinen Blutzehnten der Gemeinde Bernbach. Mit 1 Abb. – In: GelHJ 28. 1976, S. 100–101

1700. Immel, Otto: Verpfändung von Abgaben aus den Ämtern Tringenstein und Ebersbach an das Haus Boyneburg. – In: HbllPFH 44. 1976, S. 28. 30–31

1701. Falck, Ludwig: Das Bernbrot, eine mittelalterliche Bäckerabgabe in Straßburg, Worms und Mainz. – In: AHG N. F. 32. 1974, S. 103–112

1702. Ballach, Hermann: Vom Steuerwesen im Ingelheimer Bereich. Ingelheim: Hist. Ver. 1965. 49 S. m. Abb. (BIG 15)

1703. Henn, Ernst: Steuerzahlung in Breitscheid im Jahre 1626. – In: HbllPFH 42. 1974, S. 22

1704. Henn, Ernst: Die Breitscheider Waldsteuer von 1850. – In: HbllPFH 44. 1976. S. 44

1705. Duchardt, Hans: Zur Geschichte des Bad Homburger Finanzamts. – In: AHo 17. 1974, S. 33–35

1706. Körber, Klaus: Bericht über eine Untersuchung von Arbeitssituationen in der Steuerverwaltung am Beispiel des Finanzamtes Friedberg/Hessen. Bonn 1976. 139 S. (Schriftenreihe d. Ver. f. Verwaltungsreform u. Verwaltungsforschung e. V. 7)

1707. Die veranlagten Einkommen 1965. Ergebnisse d. Einkommensteuerstatistik 1965 u. d. Körperschaftsteuerstatistik 1965. Wiesbaden: Hess. Statist. Landesamt 1972. 124 S. (BStH N. F. 43); 1968. '74. 160 S. (BStH N. F. 60)

1708. Bruttolohn und seine Besteuerung 1968. Ergebnisse d. Lohnsteuerstatistik 1968. Wiesbaden: Hess. Statist. Landesamt 1972. 49 S. (BStH N. F. 47); 1971. '75. 29 S. (BStH N. F. 72)

1709. A s e m a n n , Karl Heinz: Lohnsteuerpflichtige und Bruttolohn in Frankfurt a. M. Ergebnisse der Lohnsteuerstatistik 1971. – In: FrStB 1975, H. 2, S. 40–51

1710. D i t t m a r , Wolfgang: Grunderwerbsteuergesetze der Länder, Grunderwerbsteuergesetz Hessen. 5 erw. Aufl. Sonderdr. Herne, Berlin: Verl. Neue Wirtschafts-Briefe 1976. 234 S. (Grunderwerbsteuerkommentar. Sonderdrucke)

1711. Gewerbeertrag, Gewerbekapital, Lohnsummen und ihre Besteuerung. Ergebnisse d. Gewerbesteuerstatistik 1966. Wiesbaden: Hess. Statist. Landesamt 1973. 201 S. (BStH N. F. 56); 1970. '76. 175 S. (BStH N. F. 77)

1712. Die Umsätze und ihre Besteuerung. Ergebnisse d. Jahresumsatzsteuerstatistik 1968. Wiesbaden: Hess. Statist. Landesamt 1971. 219 S. (BStH N. F. 36); 1970. '72. 228 S. (BStH N. F. 46); 1972. '75. 200 S. (BStH N. F. 65)

2. Arbeits-, Lohn-, Preis- und Wohnverhältnisse

1713. B r ü c k , Anton Philipp: Die Stadt Bingen als Arbeits- und Lebensraum im 16. Jahrhundert. Mit 1 Abb. – In: HJMBi 17. 1973, S. 36–39

1714. F u c h s , Konrad: Zur sozialen Lage der mittelrheinischen Arbeiterschaft zu Beginn der 70er Jahre des 19. Jahrhunderts. – In: NAN 87. 1976, S. 162–182

1715. K e r n , Gregor: Der Beginn werksärztlicher Dienste und betrieblicher Sozialeinrichtungen in der chemischen Industrie: am Beispiel d. Farbwerke Höchst AG vorm. Meister Lucius & Brüning. Heidelberg 1973. 109 gez. Bl. Heidelberg, Univ., Med. Fak., Diss. 1973

1716. 75 Jahre Staatliche Betriebskrankenkasse für Hessen in Darmstadt. Darmstadt 1975. 56 S. [S. 11–15: P e n n r i c h , Walter: Die Geschichte d. Staatl. Betriebskrankenkasse für Hessen]

1717. 75 Jahre Katholische Arbeitnehmer-Bewegung Somborn. Festschrift zum 75jährigen Jubiläum v. 30. 8.–2. 9. 1974. Somborn 1974. 29 ungez. Bl. m. Abb. [Darin: Aus der Vereinsgesch. d. KAB Somborn]

1718. I s e n b e r g , Hans-Georg: Bericht über eine Untersuchung von Arbeitssituationen in der Müllabfuhr der Stadt Frankfurt am Main. Bonn 1976. 80 S. (Schriftenreihe d. Ver. f. Verwaltungsreform u. Verwaltungsforschung e. V. 6)

1719. S t o r s b e r g , Karl-Heinz: Zur Situation ausländischer Arbeitnehmer in einer Industriestadt. Dargest. am Beispiel d. Stadt Rüsselsheim. Rüsselsheim 1971. 30 S.

1720. Materialien zur Situation ausländischer Arbeitnehmer in Wiesbaden. Zsgest. v. d. Projektgruppe „Ausländer", d. Fachgruppe „Wirtschaft" u. d. Fachgruppe „Soziale Infrastruktur" in d. „Arbeitsgruppe Stadtentwicklung". Bearb. Clemens Altschiller [u. a.] Wiesbaden: Stadtverwaltung, Sozialdezernat 1975. 26 S. (Beitrr. z. Sozialplanung 4)

1721. I r l e , Trutzhart: Löhne und Preise in früheren Jahrhunderten. – In: SiHK 51. 1976, S. 170–174 [Siegerland]

1722. K a e t h n e r , Rudi Hermann: Was die Laubacher vor über 300 Jahren besaßen. – In: UsL 1974, Nr 4, Sp. 37–39

1723. F r a n ç o i s , Etienne: Unterschichten u. Armut in rheinischen Residenzstädten des 18. Jahrhunderts. – In: VJschrSWG 62. 1975, S. 433–464 m. 2 Kt. [Betr. u. a. Mainz]

1724. H r o m a d k a , Wolfgang: Monatslohn Werk Hoechst. Ffm.-Hoechst: Farbwerke Hoechst AG. 1974. 48 S. m. Abb.

1725. Die Struktur der Arbeiter- und Angestelltenverdienste in der gewerblichen Wirtschaft und im Dienstleistungsbereich 1972. Ergebnisse d. Gehalts- u. Lohnstrukturerhebung 1972. Wiesbaden: Hess. Statist. Landesamt 1976. 242 S. (BStH N. F. 71)

1726. Gehalts- und Lohnstrukturerhebung im öffentlichen Dienst 1968. Wiesbaden: Hess. Statist. Landesamt 1971. 82 S. (BStH N. F. 37)

1727. H e r t n e r , Peter, u. Thomas F o x : Lebensmittelpreise in Marburg 1764–1830. Agrarkonjunktur u. obrigkeitl. Versorgungspolitik in d. vorindustriellen Gesellschaft. – In: Hist. Demographie als Sozialgesch. Hrsg. von Arthur E. Imhof. Darmstadt 1975. (Quellen u. Forschungen z. hess. Gesch. 31) S. 855–917

1728. J ü t t e , Fritz: Die Rolle des Branntweins in den Hessischen Landesordnungen. – In: JbMels 43. 1974, S. 147–162

[Sanierung s. Abt. XI 2 u. 3]

1729. B e r g e r - T h i m m e , Dorothea: Boden- und Wohnungsreform in Deutschland 1873–1918. Zur Genese staatl. Intervention im Bereich v. Wohnungs- u. Siedlungswesen. Frankfurt: Lang 1976. 400 S. m. Tab. Freiburg, Phil. Diss. 1975 [Betr. u. a. auch Hessen]

1730. Gebäude- und Wohnungszählung 1968. H. 1–3. Wiesbaden: Hess. Statist. Landesamt 1971–73. (BStH N. F. 39) 1. Method. Grundlagen u. Landesergebnisse. 1973. 208 S. 2. Ausgewählte Strukturdaten nach Kreisen. 1971. XII, 162 S. 3. Strukturdaten f. ausgewählte Gemeinden. 1971. XI, 255 S.

1731. Wohnungsmarkt und Siedlungsentwicklung in Darmstadt bis 1985. Bd. 1.2. Darmstadt 1974. 1. Zusammenfassung u. Bewertung. 93 S. 2. Einzeluntersuchungen. Entwicklung in Region u. Wirtschaftsraum, Wohnungsbestand,

## B. Soziale Verhältnisse

Wohnungsbedarf, Investitionen im Wohnungsbau, Bauleitplanung. 215 S. mit Tab. (Arbeitsberr. zur Stadtentwicklungsplanung 1.2)

1732. L e m m e n , Robert: Darmstadt. Stadtentwicklungsprogramm. Wohnungsbau. Darmstadt 1976–1985. Darmstadt: Stadt 1975. 48 S., 1 Kt. (Arbeitsberr. z. Stadtentwicklungsplanung Darmstadt)

1733. S t r a t m a n n , Mechthild: Wohnungsbaupolitik in der Weimarer Republik. – In: Arch plus 31. 1976, S. 50–64 m. Kt. u. Abb. [Betr. Frankfurt]

1734. R a s e h o r n , Theo: Über Wohnen in Frankfurt und anderswo. – In: Theo Rasehorn: Wohnen in der Demokratie. 1976, S. 9–59 (Demokratie u. Rechtsstaat 33)

1735. K a l h o e f e r , Hans F.: Wohnungsbestand und Wohnungsversorgung in Frankfurt a. M. im Jahre 1975. – In: FrStB 1975, H. 4, S. 101–129

1736. A p p e l , Rudolf Heinrich: Heißer Boden. Stadtentwicklung u. Wohnprobleme in Ffm. Ffm.: Presse- u. Informationsamt d. Stadt Fft (1974). 106 S. m. Abb. (Ffter Probleme – Ffter Antworten)

1737. Filme zur Wohnungsfrage. Materialien zu einer Filmreihe zsgest. von Dietrich Wilhelm D r e y s s e u. Richard G r ü b l i n g . Im Kommunalen Kino Frankfurt 23.–30. 11. 1975. Ffm.: Selbstverl. Dreysse 1975. 65 S.

1738. Häuserrat Frankfurt. Wohnungskampf in Frankfurt. München: Trikont-Verl. 1974. 245 S. (Schriften zum Klassenkampf 42)

1739. Frankfurt: Zerstörung, Terror, Folter im Namen des Gesetzes. Hrsg. von Axel W e n z e l , Jürgen R o t h , Häuserrat Frankfurt mit Beitrr. ... Ffm.: megapress 1974. 119 S. (mega Flugschrift 1)

1740. F r a n z , Heinz Jörgen: Hausbesetzungen. Aktionen gegen Mietwucher und Spekulation. Von Heinz Jörgen Franz in Zsarb. mit Albrecht Friedrich I r m l e r . 1. Aufl. Ulm: Südd. Verl. Ges. 1974. 36 S. (Dokumentationen u. Modelle f. Politikunterricht u. Gesellschaftskunde)

1741. R o t h , Jürgen: z. B. Frankfurt. Die Zerstörung einer Stadt. München: Bertelsmann 1975. 214 S., 8 Taf.

1742. Dokumentation zur Bodenspekulation und zur Zweckentfremdung von Wohnraum in Frankfurt am Main. Ffm.: Magistrat d. Stadt, Dezernat Planung; Dezernat Soziales, Jugend u. Wohnungswesen 1975. 92, 23 S.

1743. K a d e , Gunnar, u. Karl V o r l a u f e r : Grundstücksmobilität und Bauaktivität im Prozeß des Strukturwandels citynaher Wohngebiete. Beispiel: Frankfurt/M.-Westend, Materialien zur Bodenordnung I. Ffm.: Seminar f. Wirtschaftsgeographie d. Johann Wolfgang Goethe-Univ. 1974. 89 S. m. Abb., 7 Kt. (Ffter wirtschafts- u. sozialgeogr. Schriften 16)

1744. R u p p , Klaus: Die Wahrheit über das Westend. Vortrag, gehalten auf d. Zentralverbandstag d. Deutschen Haus-, Wohnungs- u. Grundeigentümer in Mainz am 17. Mai 1974. Düsseldorf: Verl. Dt. Wohnungswirtschaft 1974.

15 S. (Schriften d. Zentralverbandes d. Dt. Haus-, Wohnungs- u. Grundeigentümer 43) [Frankfurt a. M.]

1745. N o a c k , Hans-Joachim: Eine Bürgerinitiative gegen die Zerstörung des Frankfurter Westends. – In: Bürger initiativ. 1974, S. 121–131

1746. V o r l a u f e r , Karl: Bodeneigentumsverhältnisse und Bodeneigentümergruppen im Cityerweiterungsgebiet Frankfurt/M.-Westend. Ffm.: Seminar f. Wirtschaftsgeogr. d. J. W.-Goethe-Univ. 1975. 166 S., 17 Kt. (Materialien zur Bodenordnung 2) (Ffter wirtschafts- u. sozialgeogr. Schriften 18)

1747. W e e b e r , Hannes: Als Fußgänger beim Einkauf in der City. Leistungsbereitschaft, Zeitaufwand und beeinflussende Faktoren. Stuttgart: Ritter 1973. 155 S. (Veröffentlichungen d. Forschungsgemeinschaft Bauen u. Wohnen 97)

1748. Wohnen und Arbeiten in Marburg. Computeratlas e. dt. Mittelstadt. Von Heinz H a h n [u. a.] [Kassel: Gesamthochschule] 1976. 141 S. überwiegend Kt. (Urbs et regio. Kasseler Schriften zur Geographie u. Planung 3)

1749. N i e d e r b e r g e r , Rolph, u. Gisela S c h u l e r : Ortsübliche Vergleichsmieten in Marburg 1976. Erstellt im Auftr. d. Stadt Marburg v. Inst. Wohnen u. Umwelt GmbH, Darmstadt, auf d. Grundlage e. wissenschaftl. Gutachtens. Darmstadt 1976. 47 Bl.

1750. Gebäude und Wohnungen in Wiesbaden 1968. Hrsg. v. Statist. Amt u. Wahlamt. Wiesbaden [1971]. 34 S. (Statist. Berr. d. Landeshauptstadt Wiesbaden. Sonderh. 18)

1751. Obdachlosensiedlung Wiesbaden-Mühltal. Arbeitsber. über e. Projektseminar, durchgeführt am Lehrstuhl f. Entwerfen u. Baugesch., Prof. Dr.-Ing. R. Romero, Fachbereich Architektur, Techn. Hochschule Darmstadt, WS 1970/71 – SS 1971. Bonn: Bundesvereinigung Dt. Heimstätten 1972. 106 S. m. Abb. (Heinrich-Vormbrock-Förderung d. Bundesvereinigung Deutscher Heimstätten 1971/72)

1752. P r e u s s e r , Norbert: Empirie einer Subkultur. Wiesbaden-Mühltal. Berlin: Arbeitsgemeinsch. Sozialpolit. Arbeitskreise 1976. 220 S. (AG Spak. Arbeitsgemeinschaft sozialpolit. Arbeitskreise. Materialien 20)

1753. H ö v e l s , Adolf: Die Walzwerk-Colonie [in Wetzlar-Niedergirmes]. Sie verschwindet aus d. Wetzlarer Stadtrand-Straßenbild. – In: HLD 1974, Nr 45, S. 3 [Werkssiedlung]

1754. Werkswohnungsbau Hoechst. Von d. Anfängen bis zum Ersten Weltkrieg. Frankfurt/M.: Farbwerke Hoechst AG. 1974. 72 S. m. Abb. (DHöA 46)

1755. J u n g , Hugo: 100 Jahre Wohnungsbau Hoechst. 75 Jahre Ges. f. Gemeinnützigen Wohnungsbau Hoechst mbH. Verantw.: Wolfgang Jäckel. Frankfurt a. M. [1974]. 53 S. m. Abb.

1756. 75 Jahre Beamten-Wohnungs-Verein Frankfurt am Main, 1899–1974 [Festschrift]. Ffm. 1974. 10 Bl.

1757. H e n s c h k e , Werner: 50 Jahre Gemeinnützige Baugenossenschaft Bergen-Enkheim e. G. m. b. H. 1924–1974. Geschichtl. Überblick. Geschäftsber. u. Bilanz 1973. – Bergen-Enkheim: Gemeinnütz. Baugenoss. 1974. 20 S.

1758. I h l n , Anton: 25 Jahre Gemeinnützige Wohnungsbau GmbH Untertaunus in Bad Schwalbach. Mit 7 Abb. – In: HJUTs 1974, S. 193–209


3 . L ä n d l i c h e  W i r t s c h a f t s -  u n d  S o z i a l v e r h ä l t n i s s e

1759. S c h n a p p e r - A r n d t , Gottlieb: Hoher Taunus. Eine sozialstatist. Untersuchung in 5 Dorfgemeinden. Bearb. von E. P. Neumann. 3., erw. Aufl. Allenbach & Bonn: Verl. f. Demoskopie 1975. XXXVIII, 249 S. [betr. Seelenberg; Oberreifenberg; Niederreifenberg; Schmitten; Arnoldshain]

1760. G ö b e l , Otto: Vergehendes Heimgewerbe. – In: HHGiess 1976, S. 47–48

1761. S c h a d , Ernst: Von Wintersnot und Viehseuchen vor 250 Jahren. – In: Stark 52. 1975, S. 39 f.

1762. S e i b , Gerhard: Alte Quittungsbücher [aus Carlsdorf u. Zierenberg] als sozialgeschichtl. Quellen. – In: JbLKa 1976, S. 77–78

1763. G r ü n e w a l d , Willi: Der Kalendermann vom Veitsberg und der Bauernaufstand im Amt Engelrod 1754. – In: HGiess 1974, Nr 49. 50

1764. K ö h l e r , Brigitte: Hungerjahre im 19. Jh. [in Groß-Zimmern]. – In: Groß-Zimmern, Klein-Zimmern. Beitrr. z. Entwicklung in Vergangenheit u. Gegenwart. Groß-Zimmern 1976, S. 87–93

1765. I m h o f , Arthur Erwin: Ländliche Familienstrukturen an einem hessischen Beispiel: Heuchelheim 1690–1900. – In: Sozialgesch. d. Familie in d. Neuzeit Europas. Stuttgart 1976, S. 197–230

1766. J a h n , Kurt: Vom Lehensmann zum Grundbesitzer. Wie d. Untertan Caspar Eydt Eigentümer geliehenen Grundes u. Bodens wurde. [Niederjossa, 1853.] – In: MHl 27. 1976/77, S. 29–31

1767. H o f m a n n , Martin: Ökonomische Nachrichten von der Gemeinde Rittershausen 1809. – In: HbllPFH 44. 1976, S. 36. 38–39. 42–44 m. Abb.


1768. P ö l l e r - S a l z m a n n , Marianne: Wirtschaft, Hausiergewerbe, Landgängerei und Menschenhandel auf dem Westerwald. – In: Ww 68. 1975, H. 4, S. 14–16

1769. S c h w i n g , Heinrich: Die reichen Landgänger aus dem Westerwald. – In: HLD 73. 1976, S. 2–3

1770. Hofmann, Martin: Von „Mäckesern", „Kiezeleu" und anderem „fahrenden Volk". – In: HJDi 18. 1975, S. 13–14

1771. Lied der Landgänger. Erinnerung an eines d. trübsten Kapitel d. Gesch. unseres Landes zwischen Wetterau, Westerwald u. Taunus. Mit 1 Abb. – In: HLD 64. 1976, S. 1–2

1772. Maurer, Wilhelm: Von Espa aus klang es in alle Weiten. Wie d. „Cimbria-Lied" entstand u. wo überall es gesungen wurde. Mit 1 Abb. – In: HLD 64. 1976, S. 2

1773. Höck, Alfred: Wandernde Geschirrhändler aus dem Kreis Hersfeld im Jahr 1898. – In: HKH 18. 1974, S. 146–149

1774. Henrich, Karl: Brabanter Tödden in Oberursel. Mit 1 Kt. Skizze. – In: MVGHOUr 18. 1974, S. 24–32

1775. Knippenberg, W. H. Th.: Brabantse Teuten in Oberursel. – In: De Teuten. Red. van W. H. Th. Knippenberg. Eindhoven 1974, S. 200–204 (Kultuurhist. verkenningen in de Kempen 5)

1776. Naumann, Joachim: Vaganten und mobile Gruppen im Raum Wolfhagen. Bittsteller d. Kirchen zu Altenhasungen, Balhorn u. Sand während d. 17. Jh. – In: JbLKa 1976, S. 68–76


4. Brände und Brandschutz

1777. Schneider, Ernst: Brandschutz und Umweltprobleme in alter Zeit [im 19. Jh.]. – In: HGiess 1974, Nr 5

1778. Lankau, Ingo-Endrick: Ausgewählte Probleme des Brandschutzrechts und seiner Anwendung in der Praxis. – In: GT 27. 1974, S. 326–331

1779. Werner, Dietrich E.: Brandschutz in Hessen. Eine Information. Hrsg. u. Red. Hess. Min. d. Innern, Wiesbaden, in Zsarb. mit d. Hess. Brandversicherungsanst. u. d. Landesfeuerwehrverb. Hessen e. V. Wiesbaden [1976]. 61 S. m. Abb. u. Kt.

1780. Aus unserer Arbeit. Hrsg.: Hess. Brandversicherungsanstalt Kassel. Verantwortl.: Hans Mangold. Kassel 1972. 40 ungez. Bl.

1781. 6. Hessischer Feuerwehrtag. 16. Hess. Feuerwehrwettkämpfe. 5. Hess. Jugendfeuerwehrtag. Pokalwertungsspiele Hess. Feuerwehr-Musikgruppen. 30. Aug.–2. Sept. Reinheim '74. Reinheim 1974. 37 ungez. Bl.

1782. 1935–1975. Festschrift der Freiwilligen Feuerwehr Bad Soden-Salmünster Stadtteil Ahl e. V. zum 40jähr. Jubiläum v. 6. bis 9. Juni 1975. Bad Soden-Salmünster 1975. 16 ungez. Bl. m. Abb. [Darin: Stock, Gerhard: Ahl an d. Reichsstraße Frankfurt–Leipzig]

B. Soziale Verhältnisse    141

1783. Über 900 Jahre A l b u n g e n . 100 Jahre Freiwillige Feuerwehr Albungen. 27. bis 31. Mai 1976. Eschwege 1976. 16 S.

1784. R i c k , Josef: Die Neuordnung des Feuerlöschwesens im Kreise A l z e y zwischen 1890 und 1893. – In: HJAlWo 13. 1973, S. 341–350

1785. 75 Jahre Freiwillige Feuerwehr A r f u r t [Festschrift]. Arfurt 1976. 12 S.

1786. L o t z , Arthur: Chronik des Brandschutzes in A t z b a c h . – In: Atzbacher Geschichtsbll. 4. 1976 (Mitt. Bl. d. Gemeinde Atzbach 10 v. 21. 5. 1976, Beilage) S. 1–11

1787. [Festschrift] 100 Jahre Freiwillige Feuerwehr B a b e n h a u s e n . Kreisfeuerwehrtag 1975. Vom 1. bis 4. Aug. 1975. Babenhausen 1975. 50 ungez. Bl. mit Abb.

1788. 90 Jahre Feuerwehr B i e b e r . Festtage v. 26. Juli – 29. Juli 1974 [Festschrift]. Bieber 1974. 42 ungez. Bl. m. Abb. [Darin: M e i s t e r , Richard: Der Feuerlöschdienst „Anno dazumal" u. unsere Freiwillige Feuerwehr heute. F r e u n d , M.: Unsere Jugendfeuerwehr. K o h l , Horst: Wasserstraße Bieber-Frankfurt a. M. H o f m a n n , Ernst-Ludwig: Die Bieberer Künste. H o f m a n n , Ernst-Ludwig: Bieber. Ein Gang durch seine Gesch.]

1789. [Festschrift] 1876–1976. 100 Jahre Freiwillige Feuerwehr Offenbach-B i e b e r . Offenbach a.M. 1976. 48 S.

1790. Festschrift. 125 Jahre Freiwillige Feuerwehr Wiesbaden - B i e b r i c h . Festtage v. 3.–6. Sept. 1976. Wiesbaden-Biebrich 1976. 53 S. m. Abb. [S. 23: F a b e r , Rolf: Aus der Gesch. d. Freiwilligen Feuerwehr Biebrich]

1791. 75 Jahre Freiwillige Feuerwehr Wiesbaden - B i e r s t a d t 1901–1976 [Festschrift]. Wiesbaden-Bierstadt 1976. 72 S. m. Abb. [S. 15–21: K e s s e l , H.: Die Entwicklung d. Freiwill. Feuerwehr Bierstadt. 47–51: Unsere Jugendfeuerwehr. 53–67: S e i b , Arthur: Bierstadt, wie bist du groß geworden. 69–72: K e s s e l , H.: Vom Schutzpatron d. Feuerwehr]

1792. B r ü c k , Anton Philipp: Der Brand von B i n g e n am 27. Juli 1540. – In: HJMBi 20. 1976, S. 8–10

1793. T i l g e r , Annemarie: Brandkatastrophe in B i n g e r b r ü c k . Mit 3 Abb. – In: BiA 8. 1975, S. 22–25

1794. Festschrift zur Feier des 50jährigen Jubiläums der Freiwilligen Feuerwehr B r e i t e n b a c h vom 4. bis 7. Juli 1975. Breitenbach 1975. 112 S. m. Abb. [S. 25–43: M i c h l e r , Manfred: Breitenbach. 45–75: Michler: 50 Jahre Freiwillige Feuerwehr Breitenbach]

1795. Festschrift zum 50jährigen Jubiläum 1925 bis 1975. Freiwillige Feuerwehr D e l k e n h e i m 27.–30. Juni 1975. Delkenheim 1975. 19 ungez. Bl. m. Abb. [Darin: K e m p e , Gerhard: ... u. immer droht d. rote Hahn]

1796. 125 Jahre Freiwillige Feuerwehr D i l l e n b u r g am 17., 18. u. 19. Mai 1974 [Festschrift]. Dillenburg 1974. 71 S. m. Abb. [S. 13–35: W e y l , Erich: Die Entwicklung d. Feuerwehr unserer Stadt]

1797. I m m e l , Otto: Feuersichere Holzschornsteine und feuergefährliche Kuhstalltüren. Eine ungewöhnl. Beschwerde d. Amtes E b e r s b a c h 1768. 4 Abb. – In: HbllPFH 43. 1975, S. 2–4 u. 8.

1798. 1876–1976. 100 Jahre Freiwillige Feuerwehr Darmstadt - E b e r s t a d t [Festschrift]. 4.–7. Juni 1976. Darmstadt-Eberstadt: Freiwillige Feuerwehr 1976. 104 S.

1799. Festschrift zum 25jährigen Bestehen der Freiwilligen Feuerwehr E l p e n r o d vom 25.–27. Juni 1976. Elpenrod 1976. 64 S.

1800. Festschrift anläßlich des 40jährigen Jubiläums der Freiwilligen Feuerwehr E m m e r s h a u s e n . Festveranstaltungen v. 7.–10. Juni 1974. Hrsg.: Freiwill. Feuerwehr Emmershausen. Usingen 1974: Wagner. 20 ungez. Bl. [Darin: K a e t h n e r , Rudi Hermann: Betrachtungen zur Geschichte Emmershausens]

1801. P i c a r d , Bertold: Der E p p s t e i n e r Spritzenverband 1808 bis 1873. Zur Feuerwehrgesch. von Bremthal, Ehlhalten, Eppenhain, Eppstein, Fischbach, Hornau, Kelkheim, Ober- u. Niederjosbach, Ruppertshain, Schloßborn u. Vockenhausen. Mit 3 Abb. – In: RSp 1. 1975, S. 14–23

1802. H a m m a n n , Gustav: Wie F r a n k e n b e r g [1476] im Feuer unterging. – In: UFrL 2. 1976, Nr 5 v. 15. Mai

1803. 100 Jahre Berufsfeuerwehr F r a n k f u r t am Main [Festschrift]. 1874–1974. Eine Dokumentation. Zsgest. u. geschrieben v. Beamten d. Frankfurter Berufsfeuerwehr. Frankfurt a.M. Berufsfeuerwehr 1974. 168 S. m. Abb.

1804. Freiwillige Feuerwehr F r e i e n f e l s . Festschrift zum Kreisfeuerwehrverbandstag Oberlahn am 3., 4. u. 5. Juni 1967. Freienfels 1967. 30 S. m. Abb. [S. 15–16: Aus d. Gesch. v. Freienfels. 17–21: Chronik d. Burg Freienfels. 21–23: Aus d. Gesch. d. Freiw. Feuerwehr. 24–28: Aus d. Gesch. d. Kreisfeuerwehrverbandes Oberlahn]

1805. [Festschrift] 1000 Jahre F r i e d a 974–1974. 100 Jahre Freiwillige Feuerwehr 27. Juli – 4. August 1974. (Meinhard 1974.) 184 S.

1806. B e r g e , Otto: Die F u l d a e r Brandversicherung 1806 bis 1816. – In: FuGbll 50. 1974, S. 125–128

1807. S c h l i t z e r , Paul: Mißstände im fuldischen Feuerlöschwesen. – In: BuBll 47. 1974, S. 14–15

1808. 75 Jahre Kreis-Feuerwehr-Verband G e l n h a u s e n [Festschrift]. Gelnhausen 1972. 47 ungez. Bl. m. Abb.

## B. Soziale Verhältnisse

1809. Festschrift zum ersten Verbandstag des Feuerwehr-Unterverbandes „Gelnhausen" vom 27. bis 30. Juni 1975 in Gründau, Hain-Gründau. 10 Jahre Spielmannszug, Freiwillige Feuerwehr. Hain-Gründau 1975. 31 ungez. Bl. [Darin: Vom Werden unseres Dorfes. Gesch. d. Musikabt.]

1810. W e s t e r f e l d , Karl-Adolf: Rückblick auf den Werdegang der Freiwilligen Feuerwehr Bad Homburg-G o n z e n h e i m . − In: AHo 18. 1975, S. 105−107. 123−124. 141−143

1811. 1900−1975. 75 Jahre Freiwillige Feuerwehr. Bad Homburg-Gonzenheim. Festschrift. Bad Homburg v. d. H. 1975. 60 S. [S. 13−23: Karl-Adolf W e s t e r f e l d : Rückblick auf d. Werdegang d. Freiwillig. Feuerwehr Bad Homburg-Gonzenheim; S. 25−45: Friedrich L o t z : Aus d. Vergangenheit d. Bad Homburger Stadtteils Gonzenheim]

1811a. 75 Jahre Freiwillige Feuerwehr Stadt G r o ß e n - L i n d e n . 3.−6. Juni 1966. Großen-Linden 1966. 165 S., Abb.

1812. Festschrift anläßlich des 100jährigen Bestehens der Freiwilligen Feuerwehr H a i g e r . Haiger 1975. 27 ungez. Bl. m. Abb. [Darin: L ö b e r , Karl: Haigerer Feuersnöte − Haigerer Feuerwehr]

1813. B e d e n b e n d e r , Günter: H a i g e r s e e l b a c h − Opfer der Flammen. Mit 1 Abb. − In: HbllPFH 44. 1976, S. 39

1814. Festschrift 125 Jahre Freiwillige Feuerwehr H e r b o r n . 21.−31. Mai 1976. Herborn 1976. 112 S. m. Abb. [S. 43−61: S c h w a h n , Walter: 125 Jahre Freiwillige Feuerwehr Herborn]

1815. 45 Jahre Freiwillige Feuerwehr H i n t e r s t e i n a u [Kr. Schlüchtern]. Kreisfeuerwehr-Verbandstag v. 5. bis 8. 7. 1974 [Festschrift]. Hintersteinau 1974. [64] S. m. Abb. [Darin: 45 Jahre Freiwillige Feuerwehr Hintersteinau]

1816. K a u f m a n n , Helmut: Geschichte des Feuerlöschwesens in H o m b e r g . Homberg an d. Efze: Zweigverein Homberg an d. Efze d. Ver. f. Hess. Gesch. u. Landeskde 1975. 91 S., 12 Bl. Abb. u. Namenweiser von Karl Meers (Homberger Hefte 14)

1817. G e r e c h t , Ernst-Heinz: Entwicklung der Alarmierung der Freiwilligen Feuerwehr B a d H o m b u r g seit 1859. − In: AHo 18. 1975, S. 102

1818. 1876−1976. Festschrift zum 100jährigen Jubiläum der Freiwilligen Feuerwehr I d s t e i n i. Ts. in Verbindung mit dem Nassauischen Feuerwehrverbandstag 8. August 1976−16. August 1976. Idstein 1976. 95 S. [S. 21−95: B o e t t g e r , Gerd Hermann: 100 Jahre Freiwillige Feuerwehr Idstein]

1819. B o e t t g e r , Gerd Hermann: 100 Jahre Freiwillige Feuerwehr Idstein. Mit 5 Abb. − In: HJUTs 27. 1976, S. 49−58

1820. B a a s , Friedrich-Karl: Der I m m e n h ä u s e r Großbrand vom 18. März 1603. − In: GemNIm 1974, S. 32−33

1821. [Festschrift] 50 Jahre Freiwillige Feuerwehr K a d e n b a c h 1926–1976 u. 2. Kreisfeuerwehrfest d. Westerwaldkreises. Fotos: Dieter Born u. Dietmar Geschke. Kadenbach: 1976. 43 S. m. Abb. [S. 31–43: K l ä s e r , Josef: Aus der Gesch. d. Brandschutzes in Kadenbach]

1822. Festschrift. 50jähriges Bestehen der Freiwilligen Feuerwehr Heidenrod-K e m e l . Heidenrod 1975: Reichertdr. 16 ungez. Bl. m. Bildn. u. Abb. [Darin: M a y , Karl Hermann: Ein halbes Jahrhundert Freiwillige Feuerwehr Kemel]

1823. Festschrift. 40 Jahre Freiwillige Feuerwehr K i r c h b r a c h t v. 24. 5.–26. 5. 1974. Kirchbracht: Freiwillige Feuerwehr 1974. 65 S. m. Abb. [S. 39–55: Die Chronik v. Kirchbracht]

1824. 100 Jahre Freiwillige Feuerwehr K ö n i g s t e i n [Festschrift]. 7. Hess. Feuerwehrtag. 18. Hess. Feuerwehr-Wettkämpfe. 7. Hess. Jugendfeuerwehrtag – Pokalwertungsspiele hess. Feuerwehr-Musikgruppen. Königstein/T. 24.–27. Sept. 1976. Königstein i. T. 1976. 68 S. m. Abb. [S. 43–44: K r ö n k e , Rudolf: Aus der Gesch. d. Königsteiner Brände. 45–55: Krönke: Die Beschießung Königsteins durch preuß. Truppen. Brand u. Folgen für Stadt u. Einwohner. 56–63: Weitere Betrachtungen u. Untersuchungen zum Stadtbrand 1792]

1825. Hundert Jahre Freiwillige Feuerwehr K r o n b e r g 1874–1974. Festtage 6.–9. Sept. 1974 [Festschrift] Kronberg 1974: Kronberger Druckwerkstätte. 70 S. [S. 17–41: B o d e , Helmut: 100 Jahre Freiwillige Feuerwehr. 53–70: Bode: Feurio! Feurio! Von Bränden, Brandschutz u. Brandversicherung im alten Kronberg]

1826. Festschrift zum Kreis-Feuerwehr-Tag. 45jähr. Jubiläum u. Fahnenweihe d. Freiwilligen Feuerwehr L e i s e n w a l d v. 19.–21. Juli 1974. Leisenwald 1974. 17 S. m. Abb.

1827. S ö h n , Karl: Taghell war die Nacht gelichtet. Ein Augenzeuge über d. letzten großen Brände in L e u n . Mit 2 Abb. – In: HLD 70. 1976, S. 4

1828. Festschrift. 55jähriges Gründungsfest der Freiwilligen Feuerwehr L i e b l o s am 5., 6., 7. Juni 1976. Gründau-Lieblos 1976. 48 S.

1829. Festschrift zum 75jährigen Bestehen der Freiwilligen Feuerwehr 1901 L ö h n b e r g . Jubiläumsfest v. 14. bis 16. Mai 1976. Löhnberg 1976. 55 S. m. Abb. [S. 29–45: Aus d. 75jähr. Gesch. d. Freiwill. Feuerwehr Löhnberg. 51–55: K u h n i g k , Armin M.: Die erste Erwähnung v. Löhnberg]

1830. Festschrift zum 25jährigen Bestehen der Freiwilligen Feuerwehr M a i n z l a r verbunden mit dem Kreisverbandstag (d. Landkr. Gießen) v. 8. bis 10. Juni 1974. [o. O.] 1974. 63 S.

1831. [Festschrift] 40 Jahre Freiwillige Feuerwehr M e d e n b a c h 1935–1975. Jubiläum 9.–11. Aug. 1975. Medenbach 1975. 40 S. m. Abb. [S. 37–40: Gesch. d. Freiw. Feuerwehr Medenbach]

B. Soziale Verhältnisse    145

1832.  50 Jahre Freiw. Feuerwehr Kelkheim-Münster 1.–4. Juni 1974. Festschrift. Kelkheim - M ü n s t e r : Freiw. Feuerwehr 1974. 86 S. [S. 19–25: Aus d. 50jähr. Gesch. d. Freiw. Feuerwehr Kelkheim-Münster. 69–75: K l e i p a , Dietrich: Das Feuerlöschwesen in Münster im 17. u. 18. Jh.]

1833.  Festschrift zum 50jährigen Jubiläum der Freiwilligen Feuerwehr N a u r o d v. 20.–22. Aug. 1976. Naurod 1976. 67 S. m. Abb. [S. 27–35: B e c h t , Alwin: Brandschutz u. Brandbekämpfung in früheren Zeiten. 39–49: Becht: Aus der Gesch. d. Freiwill. Feuerwehr Naurod]

1834.  90 Jahre Freiwillige Feuerwehr N i e d e r s e l t e r s und Kreisverbandstag des Kreisfeuerwehrverbandes Limburg/L. Festschrift anläßl. d. 90jähr. Bestehens v. 12.–15. Juli 1974. Niederselters 1974. 60 S. m. Abb. [S. 8–12: S p i t z l a y , Robert u. Fritz W ü s t e n f e l d : Niederselters u. seine Mineralquellen im Wandel d. Zeiten. 16–23: Wüstenfeld, Fr.: Die Gesch. d. Freiwill. Feuerwehr Niederselters 1884–1974]

1835.  40 Jahre Freiwillige Feuerwehr und Schützenverein O b e r n d o r f 20. bis 22. Juli 1974 [Festschrift]. Oberndorf 1974. 32 S. m. Abb. [S. 15–19: I m - m e l , Walter: Auszug über d. Gründung u. Fortführung d. Freiwill. Feuerwehr Oberndorf. 23–30: Vereinsgesch. d. Schützenver. „Wacker" 1934 e.V.]

1836.  [Festschrift] 75 Jahre Freiwillige Feuerwehr O b e r - R a m s t a d t . Von 1899 bis 1974. 7. Juni bis 10. Juni 1974. Ober-Ramstadt 1974. 54 ungez. Bl. mit Abb.

1837.  Festschrift zum 25jährigen Gründungsfest mit Heimatfest vom 1. Juni bis 4. Juni 1973. Freiwillige Feuerwehr R e i c h e l s h e i m / R o h r b a c h . Rohrbach 1973: Straub. 72 S.

1838.  Festschrift zum 100jährigen Jubiläum der Freiwilligen Feuerwehr R ü d e s - h e i m am Rhein am 21., 22. u. 23. Mai 1966. 1866–1966. Rüdesheim 1966. 106 S. m. Abb. [Darin S. 33–36: Anton S c h m i t t : Rüdesheim am Rhein aus d. Vergangenheit bis zur Gegenwart. – S. 37–57: Ders.: Brände und ihre Bekämpfung in früheren Jahrhunderten in Rüdesheim]

1838a.  Festschrift zur Feier des 50jährigen Jubiläums. Freiwillige Feuerwehr S a l m ü n s t e r . Salmünster 1975. 88 S., Abb.

1839.  [Festschrift] Freiwillige Feuerwehr S c h a a f h e i m . Gegr. 1901–1976. (Kreisfeuerwehrtag 1976 verbunden mit d. 75jähr. Jubiläum d. Freiwilligen Feuerwehr Schaafheim v. 30. Juli bis 2. August 1976. [o.O. u. J.] Schaafheim um 1976. 92 S.

1840.  Festschrift zum 100jährigen Jubiläum Freiwillige Feuerwehr S c h l i e r - b a c h [Main-Kinzig-Kr.] v. 30. Mai bis 2. Juni 1975. Schlierbach 1975. 68 S. m. Abb. [S. 22–23: 100 Jahre Freiwillige Feuerwehr Schlierbach]

1841.  50 Jahre Freiwillige Feuerwehr S c h m i t t e n . [Festschrift]. Festveranstaltungen anläßl. d. 50jähr. Bestehens v. 18. bis 21. Juni 1976. Schmitten 1976. 33 ungez. Bl. m. Abb.

1842. 100 Jahre Freiwillige Feuerwehr S c h ö n b a c h v. 15.–18. Aug. 1975 [Festschrift]. Schönbach 1975. 51 S. m. Abb. [S. 27–36: K l e i n , Paul: „Gott zu Ehr dem Nächsten zur Wehr". 41–51: Klein: Von Sconinbac bis Schönbach. Die Entwicklung unseres Heimatdorfes in 7 Jahrhunderten]

1843. [Festschrift.] 40 Jahre Freiwillige Feuerwehr S t e e d e n . Kreisverbandstag 1974. 13., 14. u. 15. Juli 1974. Steeden: Freiwill. Feuerwehr 1974. 48 ungez. Bl. [Darin: N e u z e r l i n g , Edgar: Aus der Gesch. d. Freiwill. Feuerwehr Steeden. B r ü h l , Christian: Die Gesch. d. Dorfes Steeden a. d. Lahn. Neuzerling: Die großen Brände v. Steeden]

1844. I m m e l , Otto: Die letzte Kollekte für die Brandgeschädigten von S t e i n b r ü c k e n . – In: HbllPFH 43. 1975, S. 14. 18. 27–28

1845. M e y e r , Heinrich: Über die Anfänge des Feuerlöschwesens in der früheren Provinz Oberhessen [ U l r i c h s t e i n ]. – In: HGiess 1976, 17

1846. Festschrift zum 75jährigen Jubiläumsfest. Freiwillige Feuerwehr W a l d - M i c h e l b a c h 1895–1970. Am 6., 7. u. 8. Juni 1970. Wald-Michelbach 1970. 56 S. m. Abb.

1847. Freiwillige Feuerwehr W a l l a u [Main-Taunus-Kr.]. Festschrift zum 50jährigen Jubiläum 12. bis 14. Juni 1976. Verantwortl. f. d. Inhalt: Lothar M a n k e r u. Joachim L i n k . Wallau 1976. 22 ungez. Bl. [Darin: Geschichtl. Rückblick]

1848. 85 Jahre Freiwillige Feuerwehr Taunusstein - W e h e n [Festschrift]. 24. u. 25. Mai 1975. Wehen 1975. 56 S. [S. 13–25: Gesch. d. Wehener „Freiwill. Feuerwehr"]

1849. S a c k , Georg: Die W i e s b a d e n e r Feuerwehr in Vergangenheit und Gegenwart. Wiesbaden: Selbstverl. 1976. 87 S. m. Abb.


C. GESUNDHEITS- UND FÜRSORGEWESEN, BÄDER

1. Gesundheitswesen. Allgemeines

1850. S e i z - H a u s e r , Anneliese: Hildegard von Bingen. Schreib, was du siehst u. hörst. Mit Abb. – In: mtv [Medizin-Television] Beil. zu Medical Tribune 1975, Nr. 51, S. 5–7, 42

1851. H e r t z k a , Gottfried: So heilt Gott. Die Medizin d. hl. Hildegard v. Bingen als neues Naturheilverfahren. 4. Aufl. Stein a. Rh.: Christiana Verl. 1974. 164 S. m. Abb.

1852. M a n n , Gunter: Walter Artelt zum Gedenken. Mit 1 Abb. – In: HAe 37. 1976, S. 198–201 [1906–1976. Frankfurter Medizinhistoriker]

## C. Gesundheits- und Fürsorgewesen, Bäder

1853. Verzeichnis der Krankenhäuser, Fachschulen des Gesundheitswesens und Gesundheitsämter in Hessen. Hrsg. v. Hess. Sozialminister – Öffentl. Gesundheitswesen – in Zsarb. mit d. Hess. Statist. Landesamt Wiesbaden. Wiesbaden 1968 ff.

1854. M u e l l e r - S c h i c k , Günther: Das Hessische Krankenhausgesetz. – In: GT 27. 1974, S. 10–13

1855. D ü b b e r , Irmgard: Zur Geschichte des Medizinal- und Apothekenwesens in Hessen-Kassel und Hessen-Marburg von den Anfängen bis zum Dreißigjährigen Krieg. Marburg 1969. 310 S. m. Abb. Marburg, Naturwiss. F., Diss. v. 2. 7. 1969

1856. H e y n e , Adolf: Das Rhein-Main-Gebiet im Spiegel ärztlicher Reiseberichte von 1770–1850. Mainz 1976. 93 S. Mainz, Med. Diss. v. 1976

1857. M e h r , Willy: Vom „Medicinal- und Apothekenwesen" im Westerwald in den beiden letzten Jahrhunderten. Mit Abb. – In: Ww 69. 1976, S. 49–50. 91–92

1858. K w a s n i k , Walter: Kurze Geschichte des „stillen Örtchens" im Westerwald. Mit 3 Abb. u. Grundrissen. – In: HJAl 1975, S. 143–146

1859. S t ä h l e r , Fritz: 90 Jahre Medizin im Siegerland. Siegen: Siegerländer Heimatver. 1975. 43 S. m. Abb. (Siegerländer Beitrr. zur Geschichte u. Landeskde 21 = Med.-naturwiss. Abt. H. 1)

1860. L o t z , Arthur: Die Versorgung der Dörfer im ehem. Amtsbez. Atzbach mit Ärzten und Arzneien. – In: Atzbacher Geschichtsbll. 5–7. 1976 (Mitt. Bl. d. Gemeinde Atzbach 23 v. 12. 11. 1976; 24 v. 26. 11. 1976; 25 v. 10. 12. 1976, Beil.)

1861. Ärzte-Verzeichnis und Gesundheitswesen der Städte Frankfurt a. M. und Offenbach a. M. Hrsg. unter Mitw. amtl. Stellen d. Städte Frankfurt a. M. u. Offenbach a. M. 14. verb. Aufl. Frankfurt a. M.: Schwanheim 1975. 143 S.

1862. S t e i n m e t z , Ruth: Erhebungen über Verzehrsgewohnheiten und Nährstoffzufuhr älterer Menschen. Eine Studie in Stadt u. im Landkr. Gießen. Gießen 1976. 127 S. m. Abb.

1863. K a r b , Heinrich Friedrich: Die Entwicklung des Gesundheitswesens [in Lampertheim]. – In: LaHbll 1976, Nr 13–16

1864. G o t h s c h , Dorothea: Sozialhygienische Studie zur gesundheitlichen Situation in einer Obdachlosensiedlung in Marburg/Lahn. Marburg: Görich & Weiershäuser 1973. 83 S. m. Kt. u. Abb. Marburg, Med. Diss. v. 1973

1865. B r a u n , Carl Ludwig: Medizinische Topographie des Physicatsbezirks Schlitz vom Jahre 1840. Hrsg. von Adolf Petschke. Lauterbach/Hessen: Hohhausmuseum u. Hohhausbibliothek 1975. 66 S., 9 ungez. Bl. (Lauterbacher Sammlungen 58)

1866. Cronjaeger, Hildegard: Hospitalin, Ihr müßt kommen! Lebensbild der Hebamme Maria [Elisabeth] Hospital, geb. Volckwart, Usingen 1699–1782. – In: UsL 1974, Nr 7, Sp. 73–78; HFK 12. 1974, Sp. 261–268

1867. Rüfer, Herbert: Gesundheit, Sport und soziale Schwerpunkte. – In: Der Wetteraukreis. Frankfurt a. M. 1976, S. 117–118

1868. Lich, Heinz: Gefährliche Zeit im alten Wetzlar. Die gesundheitl. Verhältnisse um 1800. Mit 3 Abb. – In: HLD 72. 1976, S. 1–2

2. Ärzte, Apotheken, Pharmazie

1869. 2. Hessischer Ärzte- und Apothekertag in Limburg. Mit Abb. – In: HAe 37. 1976, S. 747–812

1870. 1869–1969. Verein der Ärzte Wiesbadens und Umgebung e. V. Festschrift z. 100jahrfeier am 7. Nov. 1969. Wiesbaden 1969. 36 S. m. Abb. u. Bildn.

1871. 100 Jahre ärztlicher Kreisverein Hanau. Mit 2 Abb. – In: HAe 35. 1974, S. 578–580

1872. Schöneck. Das dritte Ärztehaus der KV Hessen. Ärztehaus Schöneck seiner Bestimmung übergeben. – In: HAe 36. 1975, S. 690–692 m. Abb. u. S. 778–782 m. Abb. [Schöneck, Ortst. Büdesheim]

1873. Unger, Gerhard: Ärztezentrum Kleenheim eingeweiht. Mit 2 Abb. – In: HAe 37. 1976, S. 74–76

1874. Neu-Anspach/Taunus: Erstes Ärztehaus der Kassenärztlichen Vereinigung Hessen eingeweiht. Mit 3 Abb. – In: HAe 35. 1974, S. 574–578

1875. Kassenärztliche Vereinigung Hessen. Das zweite Ärztehaus der KV Hessen eingeweiht. Neues Ärztehaus in Brachttal bei Wächtersbach. – In: HAe 36. 1976, S. 28–32 m. 2 Abb. [Ortsteil Schlierbach]

1876. Ärztezentrum Weilrod. In Hessen hat d. Zukunft bereits begonnen. Mit 4 Abb. – In: HAe 37. 1976, S. 306–318

1877. Das „Haus der Ärzte in Wiesbaden". Mit 5 Abb. – In: HAe 35. 1974, S. 14–15

1878. Schoger, G. A.: Herrn Prof. Dr. Walther Amelung zum 80. Geburtstag. – In: HK 26. 1974, S. 172–173 [Arzt u. Bioklimatologe]

1879. Euler, Friedrich Wilhelm: Dr. med. Karl Heinz Armknecht gestorben. * Worms 13. 5. 1906, † Worms 11. 10. 1973 – In: AfS 40. 1974, H. 53, S. 402–403 [Arzt, Genealoge u. Heraldiker]

1880. Theopold, Wilhelm: Dr. med. August de Bary und sein standesärztliches Wirken. – In: Medizinhist. Journal 9. 1974, H. 2., S. 100–105

1881. A r t e l t , Walter: August de Bary und die Geschichte der Medizin. – In: Medizinhist. Journal. 9. 1974, H. 2, S. 85–99

1882. V o g e l e r , Karl: August B i e r – ein „gottbegnadeter Arzt". – [1861–1949, geb. in Helsen] – In: MW 1976, Nr 15 v. 18. Sept.

1883. M a n n , Gunter: Der Frankfurter Lichtleiter. Neues über Philipp B o z z i n i u. sein Endoskop. Mit 1 Bildn. u. 3 Abb. – In: HAe 37. 1976, S. 225–236, 253–254, vgl. a. Medizinhist. Journal 8. 1973, S. 105–130

1884. 60 Jahre Melsunger medizinische Mitteilungen [Festschrift]. [Dipl.-Chem. Dr. med. Bernd B r a u n zu seinem 70. Geburtstag gewidmet]. Melsungen: B. Braun 1976. 273 S. m. Abb. (Melsunger med. Mitteilungen. Suppl. Bd 50, 1)

1885. H e i n , Jasper: Christian Heinrich B ü n g e r 1782–1842. Anatom u. Chirurg in Marburg. [Mannheim:] Mannheimer Morgen 1976. 467 S. m. Abb. (Zur Gesch. d. Anatomie u. Chirurgie) Zugl. Marburg, Univ., Fachbereich Humanmed., Diss. 1973

1886. S c h i l d w ä c h t e r : Professor Dr. [Curt] C ü p p e r s 65 Jahre. Mit 1 Bildn. – In: HAe 37. 1976, S. 410 [Augenmediziner]

1887. B e l l , Gerda Elizabeth: Ernest D i e f f e n b a c h . Rebel and humanist. Palmerston North: Dunmore Pr. 1976. 165 S., 4 Taf. [Arzt, Forschungsreisender u. Geologe aus Gießen, 1811–1855]

1888. H e s s , Friedhelm: Professor Dr. René d u M e s n i l de Rochemont zum 75. Geburtstag. Mit 1 Bildn. – In: HAe 37. 1976, S. 408–410 [Strahlenmediziner in Gießen u. Marburg]

1889. M a n n , Gunter: Das Portrait des Neuroanatomen Ludwig E d i n g e r von Lovis Corinth 1909. – In: Medizinhist. Journal 9. 1974, S. 324–328

1890. Professor Rudolf G e i ß e n d ö r f e r zum Gedächtnis. Mit 1 Bildn. – In: HAe 37. 1976, S. 850–852 [Frankfurter Chirurge 1902–1976]

1891. E u l e r , Friedrich Wilhelm: Dr. Fritz G r o o s . Mit 1 Bildn. – In: MerckFZs 25. 1975, S. 6–11 [Darmstädter Hals-Nasen-Ohrenarzt u. Geschichtsforscher. 18. 8. 1889–20. 6. 1971]

1892. E u l e r , Friedrich W[ilhelm]: In memoriam! In Dankbarkeit für verdienten Studentenhistoriker. Dr. med. Fritz Groos. Hassiae Gießen zu Mainz. Geb. 18. 8. 1889, rec. 24. 11. 1907, gest. 20. 6. 1971. Mit 2 Bildn. – In: Einst u. jetzt 27. 1972, S. 214–217

1893. L o r b e r , Kurt Gerhard: Die Bedeutung Lorenz H e i s t e r s in der Hasenschartenchirurgie. – In: Medizinhist. Journal 10, 1975, S. 81–93

1894. M a l c h a u , Ulrich: Carl Friedrich H e u s i n g e r . (1792–1883). Ein Beitrag zur Gesch. d. Marburger Medizin. – In: HAe 36. 1975, S. 105–117. [Erschien auch als Diss. Marburg, Univ., Fachbereich Humanmedizin 1973. 142 S. m. Abb.]

1895. L a u t e r , Werner: Otto H e y m a n n . Facharzt f. Stimm- u. Sprachleiden. Mit 1 Abb. – In: Menschen d. Heimat. Bingen 1975. (BiA 9) S. 20–22 [Geb. 4. 4. 1889 in Bingen; Sänger u. Facharzt f. Stimm- u. Sprachleiden in Frankfurt/M.]

1896. L a u t e r , Werner: Dr. med. Otto Heymann, Vorläufer der zentralen Theorie der Stimmlippenschwingungen. – Ffm. [um 1974]. [Masch.]

1897. H a u s s , Werner Heinrich: Professor Dr. Dr. h. c. Ferdinand H o f f zur Vollendung seines 80. Lebensjahres. Mit 1 Bildn. – In: HAe 37. 1976, S. 407–408 [Ehem. Direktor d. Medizin. Univ. Klinik Frankfurt/M.]

1898. M a n n , Gunter: Struwelpeter – [Heinrich] H o f f m a n n und die Psychiatrie in Frankfurt am Main. – In: Kennen Sie Ihre Psychiatrische Klinik? 1975. 5 Bl.

1899. Johann Michael H o f f m a n n 1741–1799. – In: HAe 37. 1976, S. 112 [Frankfurter Arzt]

1900. Dr. Hermann K e r g e r 70 Jahre. Mit 1 Bildn. – In: HAe 37. 1976, S. 407 [Frankfurter Arzt]

1901. M i e l k e , U.: Dr. med. Hermann L e p p e r t , Bad Wildungen, 75 Jahre. Mit 1 Bildn. – In: HK 27. 1975, S. 434–435 [Balneologe]

1902. Hessens Ärzte ehren Direktor [Ernst] L e u n i n g e r . Mit 1 Bildn. – In: HAe 35. 1974, S. 494–496

1903. Dr. med. Otto W. L ü r m a n n 75 Jahre. – In: HAe 36. 1975, S. 271–272 m. Bildn. [Arzt in Frankfurt a. M.]

1904. H e i n s : Dr. med. Wilhelm M ö l l e r , Kassel, 75 Jahre. Mit 1 Bildn. – In: HAe 37. 1976, S. 964–966 [Kasseler Internist]

1905. B l a s i u s , Wilhelm: Zur Verleihung des Bundesverdienstkreuzes an Professor Dr. med. H[elmut] M o m m s e n , Frankfurt. Mit 1 Bildn. – In: HAe 37. 1976, S. 964 [Frankfurter Kinderarzt]

1906. B r ü c k n e r , Josef: Dr. med. Aloys M ü l l e r – 70 Jahre alt. Mit 1 Bildn. – In: AHo 17. 1974, S. 26

1907. G ö p f e r t , Herbert: Herrn Professor D. Victor Rudolf O t t zum 60. Geburtstag. Mit 1 Bildn. – In: HK 26. 1974, S. 173–174 [Direktor d. Klinik u. d. Inst. f. Physikal. Medizin u. Balneol. in Bad Nauheim u. Prof. in Gießen]

1908. Z i m m e r m a n n , Horst: Professor Dr. med. Wolfgang R o t t e r 65 Jahre alt. – In: HAe 36. 1975, S. 625 mit 1 Bildn.

1909. S i e g e r t , R.: In memoriam Professor Dr. Hans S c h m i d t . – In: HAe 36. 1975, S. 456 mit 1 Bildn.

## C. Gesundheits- und Fürsorgewesen, Bäder

1910. Dr. Fritz S c h u b e r t und Dr. Raimund K l o c k n e r mit der Dr.-Richard-Hammer-Medaille ausgezeichnet. – In: HAe 36. 1975, S. 992–995 m. Bildn.

1911. T h e o p o l d Wilhelm: Dr. Georg Emil S e l t e r 75 Jahre. Mit 1 Bildn. – In: HAe 37. 1976, S. 94 [Frankfurter Kinderarzt]

1912. Wilhelm T h e o p o l d zum Geburtstag. – In: HAe 36. 1975, S. 986–988

1913. A m e l u n g , Walther: Zum 100. Geburtstag von Heinrich V o g t . – In: HK 27. 1975, S. 105–107 [Badearzt u. balneolog. Forscher; 1911–1925 in Wiesbaden]

1914. F u c h s , L.: Zum 65. Geburtstag von Dr. med. Karl-Ernst V o g t . – In: HAe 36. 1975, S. 988–990 m. Bildn.

1915. G r u n d i g , Julius: Professor Arthur W e b e r 95 Jahre. Mit 1 Bildn. – In: HK 26. 1974, S. 227–228 [Kardiologe u. Balneologe; Prof. in Gießen u. Direktor d. Balneolog. Inst. in Bad Nauheim]

1916. S c h a p e r , Wolfgang: Nachruf auf Professor Dr. Arthur W e b e r . [1975†] Mit 1 Bildn. – In: HAe 37. 1976, S. 14

1917. H i l d e b r a n d t , G.: Chefarzt Dr. med. Helmut Z i p p , Bad Wildungen, zum 60. Geburtstag. Mit 1 Bildn. – In: HK 28. 1976, S. 146 [Chefarzt d. staatl. Kurklinik „Fürstenhof" in Bad Wildungen]

1918. Dr. Hermann Z w e c k e r : Feierstunde zum 70. Geburtstag. Verleihung d. Großen Verdienstkreuzes d. Bundesrepublik. Mit d. Paracelsus-Medaille ausgezeichnet. Mit Abb. – In: HAe 36. 1975, S. 175–177. 455

1919. Apotheker Adam Herbert †. Mit 1 Bildn. – In: WiL 25, 1976, 10, S. 21 [Wiesbaden-Bierstadt]

1920. Bock-Apotheke. 1822–1972. 150 Jahre [Festschrift]. Frankfurt a. M. 1972. 24 S.

1921. H e i n , Wolfgang-Hagen u. Dietrich A n d e r n a c h t : Der Garten des [Frankfurter] Apothekers Peter Saltzwedel und Goethes Ginkgo biloba. – In: Festschrift f. Peter Wilhelm Meister. 1975, S. 303–311

1922. S c h n e i d e r , Ernst: Vor 250 Jahren wurde die erste Apotheke (Rathaus-Apotheke) in Groß-Gerau errichtet. – In: HspGer 1974, Nr 4

1923. S c h n e i d e r , Ernst: Die Groß-Gerauer Apotheker. – In: HspGer 1974, Nr 4

1924. B a u m a n n , Walther: Neues über die Hohe-Schul-Apotheke. – In: MHG 22, 1974, S. 53–59, Nachträge von Joachim W i e n e c k e . S. 60–67

1925. F r i e d r i c h - S a n d e r , Harald: Das Wirtschaftsportrait: Die Sandersche Hirschapotheke in Hofgeismar – In: JbLKa 1976, S. 54–56

1926. [Festschrift] 1875–1975. 100 Jahre Apotheke in Mengerskirchen. Frankfurt a.M. 1975: Union-Dr. 24 S. m. Abb.

1927. Mischke, Eberhard: Apotheker Wilhelm Sommer zum Gedächtnis. Mit 1 Bildn. – In: NblWil 49. 1974, Nr. 134, S. 188–189 [Geb. 1899 in Obertiefenbach, gest. 1974 in Weilburg]

1928. Stotz, Ingo: Zur Geschichte der Apotheken in den Freien Reichsstädten Speyer und Worms sowie der Stadt Frankenthal von den Anfängen bis zum Jahre 1900. Marburg 1976. 323 S. m. Abb. Marburg, Univ., Fachbereich Pharmazie u. Lebensmittelchemie, Diss. 1976

1929. Kaiser, Erich: Aus der Geschichte der Apotheken in der Festung Ziegenhain. – In: SchwJb 1976, S. 81–84

1930. Zimmermann, Heinz: Arzneimittelwerbung in Deutschland vom Beginn des 16. bis Ende des 18. Jahrhunderts. Dargest. vorzugsweise an Hand v. Archivalien d. Freien Reichs-, Handels- u. Messestadt Frankfurt a.M. Mit e. Einf. in d. Wesen d. Werbung unter bes. Berücks. ihrer Frühformen in antiker u. mittelalterl. Heilmittelwirtschaft. Würzburg: jal-Verl. 1974. 218 S. m. Abb. (Quellen u. Studien z. Gesch. d. Pharmazie 11)

1931. Schmitz, Rudolf: Über einige Marburger Zeitgenossen des Paracelsus. Aus: Paracelsus. Hrsg. von Sepp Domandl. Wien 1975. (Salzburger Beitrr. z. Paracelsusforschung 13) S. 275–287

1932. Rutzenhöfer, Hans: Der erste Chinin-Hersteller Friedrich Koch aus Messel b. Darmstadt. – In: HHGiess 1974, S. 74–75

1933. Dr. Karl Merck. Mit 1 Abb. – In: MerckFZs 24. 1971, S. 7–10 [31. 1. 1886–31. 12. 1968. Langjähr. Senior d. Familie u. Firma Merck in Darmstadt]

1934. 100 Jahre Engelhard-Arzneimittel. 1872–1972 [Festschrift]. Hrsg. Karl Engelhard, Fabrik pharmazeut. Präparate, Frankfurt a.M. Gelsenkirchen 1972. 37 S.

1935. Schönheit, die von innen kommt, chemisch-pharmazeutische Fabrik Merz & Co. – In: Frkf 20. 1975, H. 3, S. 28

1936. Neues klinisches Forschungszentrum in den Farbwerken Hoechst. – In: HAe 36. 1975, S. 199–202 mit Abb.

3. Krankheiten

1937. Kebbel, Hela und Christel-Ulrike Tenkhoff-Nolte: Stomatologische Untersuchungen einer spätmittelalterlichen und frühneuzeitlichen Population aus Langd, Landkr. Gießen, im Vergleich mit stomatologischen Untersuchungen an d. heutigen Bevölkerung v. Hungen-Langd, Landkr. Gießen. 1976. 95 S. Gießen, Univ., Ber. Humanmed., Diss. 1976

1938. W e l k e r , August: Aussätzige mußten klappern. Klapperfeld, Gutleut-und Siechenhäuser im Lahngebiet. – In: HLD 1974, Nr. 40, S. 3

1939. M a r x , Norbert: Die Typhusepidemie 1813/14 im Hohen Taunus. – In: HTBll 8. 1976, S. 37–40

1940. S c h n a b e l , Karl: Über die Häufigkeit der Anencephalie in den Jahren 1959–1968 in Frankfurt am Main. Frankfurt a.M. 1972. 53 S. Frankfurt a.M., Univ., Fachbereich 19, Humanmedizin, Diss. 1973

### 4. Krankenpflege und -versorgung

1941. Arbeitsgemeinschaft Gefährdeten- u. Behindertenhilfe Ffm. Fachgruppe für psychisch Behinderte. Eine kommunale psychiatr. Krankenversorgung f. d. Stadt Frankfurt am Main. Fachgruppenreport. Ffm. [um 1975]. 72 S.

1942. S t u t t e , Hermann: Die Entwicklung der Kinder- und Jugendpsychiatrie in Hessen. – In: HAe 37. 1976, S. 213–219

1943. S c h i e m e r , Hans-Georg: Pathologie und Pathologen im Siegerland. Hist. Reflektion anläßl. d. Jubiläums „750 Jahre Stadt Siegen". Mit 4 Bildn. u. 2 Abb. – In: Si 51. 1974, S. 174–182

1944. K n o l l m a n n , Grete Elisabeth: Die Tuberkulosefürsorgeentwicklung von 1956 bis 1970 am Beispiel des Landkreises Groß-Gerau. Würzburg 1973. 66, V S. Würzburg, med. Diss. 1973

1945. S o c k e l , Jolantha: 15 Jahre hauptamtliche Jugendzahnpflege im Untertaunus. Mit 3 Abb. – In: HJUTs 27. 1976, S. 65–68

1946. S p i t z e r , Gerhard: Analyse des Unfallrettungswesens und deren Ergebnisse in Mittelhessen im Einzugsbereich der Chirurgischen Universitätsklinik Gießen. Gießen 1973. 161 S. m. Abb. Gießen, Univ., Bereich Humanmedizin, Habil.-Schr. 1975

1947. H e i n e n , Norbert: Rettungsdienst. Das Beispiel d. Westerwaldkr. – In: LKr 46. 1976, S. 360–361

1948. Der Krankentransport und Unfallrettungsdienst des Deutschen Roten Kreuzes im Kreisverband Gelnhausen von Beginn 1943 bis zur Gegenwart. Aufgezeichnet anläßl. d. Indienststellung d. Leitstelle d. DRK-Kreisverb. Gelnhausen im Kreiskrankenhaus Gelnhausen im Dez. 1975. Gelnhausen 1975. 32 S., Abb., 1 Kt.

1949. W e i t z , Barbara: Untersuchung über die Effektivität ständig ärztlich besetzter Rettungswagen (Notarztwagen) am Modell des Frankfurter Notarztwagensystems. – 1973, 56 S. Ffm. Diss. 1974

1950. I d e l s b e r g e r , Elisabeth Margarete: Aus der Geschichte des Hospitals zu B i e d e n k o p f . Festvortrag aus Anlaß d. Wiedereinweihung d. Hospitalkirche am 30. November 1974 nach d. Materialsammlung von Elsa Blöcher. Mit 6 Abb. – In: HiGbll 53. 1974, S. 173–178

1951. Hoffmann, Dagmar, geb. Katschmarek: Akutkrankenhaus und Nachsorgeklinik. Funktion u. Bedeutung d. Nachsorgeklinik am Beispiel d. hess. Berglandklinik Bad Endbach. Marburg 1975. 71 S. m. Abb. u. Tab. Marburg, Univ., Fachbereich Humanmedizin, Diss. v. 1975

1952. Seuffert, H.: Das erste Erbacher Krankenhaus. – In: HErb 1975, Nr. 7/8 [Am 18. Dez. 1851 gegründet durch Gräfin Louise zu Erbach]

1953. Balzer, Heinrich: Das Hospital St. Elisabeth zu Frankenberg. – In: UFrL 2. 1976, Nr 4 v. 17. Apr.

1954. Hammann, Gustav: Das Frankenberger Hospital und Ungarn – Tatkräftige Nächstenliebe in alten Zeiten [vornehmlich im 17. Jh.] – In: UFrL 2. 1976, Nr 4 v. 17. Apr.

1955. [Festschrift] 100 Jahre St. Markus-Krankenhaus. Ver. f. Krankenpflege u. Diakonie in Frankfurt am Main (gegr. 1876 als Bockenheimer Diakonissenverein). Ffm.: St. Markus-Krankenhaus 1976. 28 ungez. Bl.

1956. [Festschrift] 100 Jahre Clementine Kinderkrankenhaus heute Clementine-Kinderhospital Dr. Christ'sche Stiftung. Ffm. 1975. 12 ungez. Bl.

1957. Thelen, Peter: Ein Name wurde zur Verpflichtung. 100 Jahre Clementine-Kinderkrankenhaus in Frankfurt. – In: Frkf 21. 1976, H. 2, S. 32–33

1958. Kennen Sie Ihre Psychiatrische Klinik? „Frankfurter Antworten". Hrsg. v. d. „Bürgerhilfe Sozialpsychiatrie Frankfurt/M. e. V." Mit Beitrr. von Gunter Mann. Anh.: Jahresber. 1974. Wiesbaden: Akad. Verl. Ges. 1975. 32 ungez. Bl. m. Abb.

1959. Erbslöh, Friedrich: Gutachten über die neurologische Krankenversorgung in der Großregion Fulda und die Einrichtung je einer Neurologischen Krankenhausabteilung am Stadtkrankenhaus Fulda und Bad Hersfeld. – In: HAe 35. 1974, S. 487–490

1960. Städtische Kliniken Fulda. Festschrift zur Einweihung des Neubaus am 24. Nov. 1975. Vorgelegt vom Magistrat d. Stadt Fulda. Fulda 1976. 235 S.

1961. Lippmann, Rolf-Werner, u. Klaus Möhlen: Einstellungen Gießener Klinikärzte und Medizinstudenten zur Bedeutung des psychischen und sozialen Umfeldes für den Patienten. Gießen 1972. 77 S. Gießen, Univ., Fachbereich Humanmedizin, Diss. 1973

1962. Stahl, Karl Joseph: Pallottinerinnen 25 Jahre im Hadamarer Krankenhaus. Das St. Anna-Krankenhaus einst u. jetzt. Limburg 1974: Pallottinerdr. 40 S. m. Abb.

1963. Brandt, Willi: Hoher Besuch in Haina. 1787 besuchte Landgraf Wilhelm IX. d. Hospital. – In: UFrL 2. 1976, Nr 8 v. 21. Aug.

1964. Zillinger, Waldemar: Hospital und Hospital-Verwaltung [in Hersfeld] vom Mittelalter bis zur Gegenwart. – In: MHl 27. 1976/77, S. 17–19

1965. Klinik Wingertsberg der Bundesversicherungsanstalt für Angestellte Bad Homburg v. d. H. Hrsg.: Dezernat f. Presse- u. Öffentlichkeitsarb. d. Bundesversicherungsanst. f. Angestellte. Red.: Ursula Weber. 2. Aufl. Berlin 1976. [18] S. m. Abb. u. Kt.

1966. Geschichte des Waldkrankenhauses Köppern. o. O. u. J. [1975]. 4 S. [Maschinenschriftl. vervielf.]

1967. Falck, Ludwig: Wo einst die Kranken litten, schlemmen heute Menschen. Aus dem Hospital d. armen Kranken wurden die Ratsstuben zum Heiligen Geist. – In: MMag 1976, Okt. S. 3, 21, Abb. S. 4–10; Nov. S. 16, 19. Abb. S. 17, 18 u. 19 [Betr. das Spital d. Domstiftes bei d. St. Martins-Kathedrale in Mainz]

1968. Koch, Heinrich: Die Klinik für Kinder- und Jugendpsychiatrie Marburg / Lahnhöhe, Fortbildungszentrum für klinische Heilpädagogik. – In: HAe 37. 1976, S. 219–220

1969. Erckenbrecht, Hermann, u. Winfried Ise: Das Psychiatrische Krankenhaus Merxhausen. – In: JbLKa 1976, S. 57–58

1970. Giebel, Alfred: Chronik des Siechenhauses zu Röllshausen. – In: SchwJb 1975, S. 38–40

1971. Klein, Hanns: Das Saarbrücker Spitalwesen bis zum Ende des 18. Jahrhunderts. Mit 1 Kt.Skizze. – In: JbwLa 1. 1975, S. 177–214 [Betr. auch Haus u. Grafschaft Nassau-Saarbrücken]

1972. Brauns, Eduard: Das Hospital in Spangenberg. – In: HeG 75. 1974, S. 85–86

1973. Bentin, Lothar: Krankenhäuser im Westerwaldkreis. Mit 5 Abb. – In: Westerwaldkr. Mühlheim/M. 1975, S. 169–176

1974. 100 Jahre Sankt Josefs-Hospital Wiesbaden [Festschrift]. Wiesbaden 1976. 20 S. m. Abb. [S. 13–19: Franz, Waldemar: 100 Jahre St. Josefs-Hospital in Wiesbaden]

1975. Dräger, Werner: 100 Jahre St. Josefs Hospital Wiesbaden. Von d. „armen Dienstmägden Jesu Christi" zu einem modernen Zentrum d. Krankenpflege. Fest mit starker Resonanz über d. Grenzen d. Stadt hinaus. – In: WiL 25. 1976, 5, S. 16–18

1976. Eichler, Joachim: Die Geschichte der Orthopädie in Wiesbaden. Mit 5 Abb. u. 2 Bildn. – In: Orthopäd. Praxis 11. 1975, S. 203–208

1977. Cyperrek, Rudolf: Orthopädie und ihre Bedeutung. Mit 4 Abb. – In: Wi int 1976, 3, S. 23–26 [Betr. insbes. Wiesbaden]

## 5. Armen- u. Wohlfahrtswesen, Sozialarbeit

1978. S c h e r i n g Ernst: Humilitas, Gottesliebe, Armenfürsorge und Protest. Wirken u. Vermächtis d. Elisabeth v. Thüringen. – In: Erbe u. Auftrag 50. 1974, S. 88–104

1979. Sozialordnung fürs Nassauer Land vor 200 Jahren. Für arme Menschen notwendigste Versorgung befohlen. – In: UHl 1974, S. 79 [Nassau-Oranien]

1980. K u h n i g k , Armin M.: Notzeiten in Nassau. Suppenküchen gegen Hunger. Armenspeisung im Amt Weilburg 1847. – In: HLD 1975, Nr 57, S. 2–3 m. 1 Abb.

1981. K u h n i g k , Armin M.: Wirtschaftshilfe vor 200 Jahren. Absolutist. Untertanen-Fürsorge in d. Grafschaft Runkel. – In: HLD 1974, Nr 39, S. 2–3

1982. H a a s , Franz: Der katholische Almosenfonds in Viernheim. 1500(?)–1928. (3. u. 4. Forts.) – In: HViern 6. 1974, Nr 16, S. 11–12; Nr 17, S. 11. 16

1983. H o l l e r , Siegfried: Grundsteinlegung vor 250 Jahren. Das Waisenhaus in Dillenburg. – In: HLD 52. 1975, S. 3–4

1984. D i s c h , Ursula: Denn es ist eines von uns ... Ein Besuch im St. Vincenz-Stift Aulhausen bei Rüdesheim. Mit 8 Abb. – In: AlBLiM 1976, S. 46–54

1985. B a l z e r , Heinrich: Justus Henrich Baltz. Ein Wohltäter Frankenbergs im vorigen Jh. [1748–1820; Bürgermeister. Ehepaar Baltz errichtete 1814 Testament u. Baltzsche Stiftung f. d. Armen u. d. luth. Kirche.] – In: UFrL 1. 1975, Nr 12 v. 24. Dez.

1986. H o l z h a u s e n , Friedrich von: Zum 200. Todestag von Justina von Cronstetten. – In: Vaterland auf dem Römerberg ... 1975, S. 236–241 [Begründerin d. von Cronstett- u. Hynspergischen Evang. Stiftung in Frankfurt a. M.]

1987. S c h m i d t - P o l e x , Fr.: Pro memoria. [Abdruck einer Beurteilung d. Verwertbarkeit von Liegenschaften d. Cronstettenstifts aus d. Jahre 1890.] – In: Vaterland auf d. Römerberg ... 1975, S. 263–267

1988. L e p e l , Maria von: Im Cronstettstift am Ende des 19. Jahrhunderts. – In: Vaterland auf d. Römerberg ... 1975, S. 267–273

1989. L e r s n e r , Guenther von: Ablösung der Wache. [Stiftungen d. Hauses Alten Limpurg 1938–1950.] – In: Vaterland auf d. Römerberg ... 1975, S. 274–279 [Frankfurt a. M.]

1990. H o l z h a u s e n , Friedrich von: Franz Karl von Lepel – einer von uns. – In: Vaterland auf d. Römerberg ... 1975, S. 155–156 [Administrator d. Cronstetten-Stiftung in Frankfurt a. M.]

1991. D ö r i n g , Reinhard: Johann Christian Rind (1726–1797). Zum 250. Geburtstag u. zum 200jähr. Bestehen d. Rindschen Bürgerstiftung. – In: AHo 19. 1976, S. 125 [Homburg v. d. H.]

1992. S c h r o d t , Jakob: Die Hombergk-Schenklengsfeld-Seipp'sche Stiftung. Mit 1 Abb. – In: Wehrshausen bei Marburg. Marburg 1974, S. 160–162

1993. S c h m i d t , Horst: Sozialpolitik '76. Leistungen u. Entwicklungen. Wiesbaden: Hess. Landesregierung, Presse- u. Informationsabt., Staatskanzlei 1976. 63 S. m. 1 Abb. (SHInf 23)

1994. S c h m i d t , Horst: Sozialpolitik in Hessen und der Landeswohlfahrtsverband. – In: GT 24. 1971, S. 381–385

1995. Hessisches Sozialbuch. Eine Losebl.-Sammlung v. Vorschriften u. Empfehlungen f. d. Erfüllung sozialer Aufgaben im Lande Hessen. Hrsg. v. Hess. Sozialmin. Mainz, Wiesbaden: Fachschriften-Verl. Braun 1974 ff. [Losebl. Ausg.]

1996. Sozialleistungen in Hessen. Ein Wegweiser. Wiesbaden: Der Hess. Sozialminister 1974. 126 S.

1997. Jahresringe. 1949–1974. 25 Jahre Sozialpolit. Vereinigung d. Hess. Gummi-Industrie. Hrsg.: Sozialpolit. Vereinigung d. Hess. Gummiindustrie, Frankfurt/M. Konzeption u. Red. Kurt Wortig. Frankfurt/M. 1974. 83 S. m. Abb.

1998. O e s t r e i c h , Gisela: Nachbarschaftsheime gestern, heute – und morgen? München: Reinhardt 1965. 224 S., Abb. [Betr. u.a. Beispiele aus Darmstadt u. Frankfurt a.M.]

1999. Vorüberlegungen für ein GWA-Projekt im Raum Frankfurt am Main. – In: Reader zur Theorie und Strategie von Gemeinwesenarbeit. Arbeitsgruppe Frankfurt/M. 1975, S. 236–244 (Materialien z. Jugend- u. Sozialarbeit 8)

2000. Sozialzentrum Marbachweg. Ffm.-Griesheim: Gemeinnützige Ges. f. Wohnheime u. Arbeiterwohnungen m. b. H.; Ffm.: Magistrat d. Stadt Ffm., Sozialamt; Ffm.: Ffter Verband f. Altersfürsorge e. V. [1974]. 16 S.

2001. Wegweiser zu sozialen Diensten in Kassel. Jugendhilfe, Gesundheitshilfe, Sozialhilfe. Kassel: Stadtverwaltung, Sozialamt 1976. 41 S.

2002. H a n n u s c h k e , Klaus: Im Mittelpunkt steht der Mensch. Die sozialen Einrichtungen. Mit 5 Abb. – In: Westerwaldkr. Mühlheim/M. 1975, S. 163–168

2003. Beiträge zur Sozialplanung. Hrsg. v. Sozialdezernat d. Landeshauptstadt Wiesbaden. Nr. 1 ff. Wiesbaden 1974 ff.

2004. R e i m u t h , Bruno: Das Portrait: Martin Hörner. Mit 1 Bildn. u. 1 Abb. – In: Wi int 1974, 2, S. 38–40 [Angestellter des städtischen Sozialamtes Wiesbaden-Biebrich]

2005. O s y p k a , Werner: Der Caritasverband Frankfurt – Spiegelbild einer Großstadt im 20. Jahrhundert. – In: FrKJb 1975, S. 76–84

2006. 50 Jahre Schwesternstation Steinbachtal. Festschrift. Hrsg. v. Kath. Pfarramt Seckmauern. Seckmauern 1972. 84 S. m. Abb.

2007. H u t h , Reinhard: Sozial-diakonisches Handeln im evangelischen Bereich Frankfurts seit der Jahrhundertwende. – In: FrKJb 1975, S. 69–75

2008. S c h l u c k e b i e r , Friedrich Wilhelm: Die sozialen Aufgaben der Kirche in der modernen Industriegesellschaft. Mit 4 Abb. – In: Main-Kinzig-Kr. Oldenburg (Oldb.) 1976, S. 63–65

2009. R i s c h , Helmut: 100 + 25 Jahre Evangelischer Verein für Innere Mission in Nassau. Zeichn.: Karl Seidl. Wiesbaden 1975: Bechtold. 24 S. m. Abb.

2010. Die Nieder-Ramstädter Heime. 75 Jahre Dienst am behinderten Menschen. Nieder-Ramstadt: Nieder-Ramstädter Heime 1975. 43 S. m. Abb. [S. 5–9: H u t h m a n n , Hans: Die Nieder-Ramstädter Heime der Inneren Mission]

2011. 75 Jahre Nieder-Ramstädter Heime. Nieder-Ramstadt: Nieder-Ramstädter Heime d. Inneren Mission 1975. 35 S. m. Abb.

2012. S c h o e n d u b e , Wilhelm: 100 Jahre Bockenheimer Diakonissenverein. Ffm.: St. Markus-Krankenhaus 1976. 11 ungez. Bl.

2013. Getrost und freudig. 100 Jahre Diakonissenhaus Frankfurt a.M. 1870–1970. Jubiläumsschrift. Schriftl.: Hanna L a c h e n m a n n . Frankfurt/M. 1970. 110 S. m. Abb.

2014. Königsberger Diakonissen-Mutterhaus der Barmherzigkeit zum 125. Jahresfest Mai 1975 [Festschrift]. Wetzlar 1975. 38 S. m. Abb.

2015. K a u f m a n n , Paul: Der Weg des Diakonissen-Mutterhauses der Barmherzigkeit von Königsberg, Preußen nach Altenberg bei Wetzlar. Wetzlar/L. [1976?] 18 S. m. Abb.

2016. Festschrift zum 40jährigen Jubiläum der DRK-Ortsvereinigung Kirch-Brombach vom 9. bis 12. Juni 1972. Höchst/Odw. 1972. 28 ungez. Bl.

2017. Festschrift 75 Jahre Deutsches Rotes Kreuz, Ortsvereinigung Ffm.-Sindlingen. Mitarb.: Fritz Deusser. Frankfurt a.M.-Sindlingen 1976. 22 Bl.

2018. Festschrift 75 Jahre Deutsches Rotes Kreuz, Ortsvereinigung Frankfurt-Sossenheim. 1901–1976. Ffm.-Sossenheim 1976. 26 Bl.

2019. 40 Jahre Bezirk Dill der Deutschen Lebens-Rettungs-Gesellschaft. Herborn [1975]. 23 S., Abb.

2020. Deutsche Lebens-Rettungs-Gesellschaft e.V. Bezirk Main, Ortsgruppe Oberursel/Ts., im Landesverband Hessen e.V. 35 Jahre DLRG Ortsgruppe Oberursel/Ts [Festschrift]. Oberursel/Ts [1972]. 14 ungez. Bl. m. Abb.

## C. Gesundheits- und Fürsorgewesen, Bäder

2021. 50 Jahre Bezirk Wiesbaden und Schierstein der Deutschen Lebensrettungs-Gesellschaft e.V. [Festschrift] Verantwortl. f. Text: Hans Joachim Noeske. Wiesbaden-Schierstein 1975. 24 S. m. Abb.

2022. [Festschrift] 70 Jahre Centrale für private Fürsorge e.V. in Frankfurt am Main 1899–1969. Ffm 1969. 16 S.

2023. H o h m a n n , Joachim Stephan: Die alten Leute vom Aschenberg. Seniorenarbeit im Gemeinwesen. Mit zahlr. Abb. Lollar: Achenbach 1976. 139 S. (Theorie + praktische Kritik 41) [Fulda-Aschenberg]

2024. Darmstadt. Altenplan d. Stadt Darmstadt. Hilfe f. d. Alten. Darmstadt: Sozial-u. Gesundheitsdezernat. Hauptbd. 1969. 28 Bl. Fortschreibung 1. Von Horst Seffrin. Stand Sept. 1972. 23 S.

2025. Seniorenwohnungen und -Heime in Darmstadt. Darmstadt: Magistrat 1975. 8 ungez. Bl. [Bildbd]

2026. T i e d e m a n n , Paul: Alte Menschen in einer großen Stadt. Für sie ist kein Platz in d. modernen Gesellschaft. – In: AlBFuLiM 1974, S. 63–69 [Frankfurt a. M.]

2027. V o g t , Guenther: Alten- und Pflegeheime in Frankfurt. – In: Senioren-Zs 1975. H. 3, S. 5–11

2028. Sozialplan für alte Menschen. T. A: Vorbericht zu einer Untersuchung d. Lebensbedingungen u. Bedürfnisse älterer Menschen in Wiesbaden. Hrsg. v. d. Projektgruppe „Soziale Infrastruktur". Bearb.: Clemens A l t s c h i l l e r [u.a.] Wiesbaden: Stadtverwaltung, Sozialdezernat 1974. 60 S. (Beitrr. z. Sozialplanung 2)

2029. Zwischenbericht über die Befragung älterer Bürger zu ihrer Lebenssituation in Wiesbaden. Vorgelegt im Juli 1975. Bearb.: Arbeitsgruppe Altenplan. Wiesbaden: Stadtverwaltung, Sozialdezernat 1975. 43 S., 2 Abb. (Beitrr. z. Sozialplanung 3)

2030. Die kommunale Jugendpflege in Hessen. Intentionen, Reflektionen u. Daten. Wiesbaden: Hess. Sozialmin. 1972. 33 Bl. (Schriftenreihe Jugendpflege, Jugendbildung 11)

2031. P i ò r k ò w s k i - W ü h r , Irmgard: Die Erziehungsstellen des Landeswohlfahrtsverbandes Hessen. Eine empir. Untersuchung. Heppenheim 1976. Heidelberg, Psychol. Inst., Diplomarbeit v. 24. 8. 1976

2032. S c h u b o t z , Wolfgang: Das Jugendherbergswerk in Nordhessen. – In: HeG 75. 1974, S. 2–3

2033. Planung in der Jugendhilfe. Grundlagen e. bedarfsorientierten Planungsansatzes. Von Eckhard B e n e k e [u.a.] Kronberg/Ts: Scriptor-Verl. 1975. 175 S. [Betr. Main-Taunus-Kreis]

2034. Schüler und Studenten in der Jugendzentrumsbewegung des Main-Taunus-Kreises. Über d. Widerspruch von Sprechen u. Handeln. Ffm-Höchst: Kommunale Jugendpflege 1976. 67 Bl. in getr. Zählung

2035. W i l m e s , Heinrich Bernhard: Probleme der Jugendarbeit auf dem Lande. Unter besond. Berücks. d. Jugenclubentwicklung im Landkr. Marburg. Marburg 1975. 96, 35 S. Marburg, Univ., Fachbereich Erziehungswiss., Dipl. Schr. v. 1975

2036. Jugendplan für die Stadt Darmstadt. Darmstadt: Magistrat, Sozial- u. Gesundheitsdezernat 1972. [Losebl.-Ausg.]

2037. K l o e s s , Ernst: Evangelische Jugendarbeit in Frankfurt seit der Jahrhundertwende. – In: FrKJb 1975, S. 61–68

2038. G e b h a r d t , Gusti: Hilfe für drogengefährdete und drogenkranke junge Menschen. – In: FrKJb 1974, S. 23–27

2039. S c h m i d t , Günter: Situationsanalyse der gegenwärtigen Jugendarbeit am Beispiel der Stadt Marburg. Marburg 1975. II, 96 S. Marburg, Univ., Fachbereich Gesellschaftswiss., Dipl. Schr. v. 1975

2040. F i s c h e r : Besuch im Kindergarten. Kindergärten in Bierstadt, Igstadt, Kloppenheim, Heßloch. – In: Projekt Bierstadt. Durchgeführt v. Klassen d. Theodor-Fliedner-Schule v. Aug. bis Nov. 1973. Wiesbaden-Bierstadt 1974. S. 17–34

2041. H i g e l i n u. W e l l n i a k : Spielplätze in Bierstadt. – In: Projekt Bierstadt. Durchgeführt v. Klassen d. Theodor-Fliedner-Schule v. Aug. bis Nov. 1973. Wiesbaden-Bierstadt 1974, S. 7–16

2042. R o t h , Frank: Roter Punkt Watzeviertel. Arbeit mit Kindern im Stadtteil. Frankfurt a.M.: Verl. Jugend u. Politik 1975. 59 S. m. Abb. [Betr. Darmstadt]

2043. Kindertagesstätten in Frankfurt a.M. Ffm.: Ev. Regionalverb.; Caritasverb.; Stadtschulamt [1974]. 34 S.

2044. M o l l i n g , Rainer, Dorothea R e i n i g , u. Horst S c h ä f e r : Hippie Okul. Ber. über e. außerschul. Projekt mit türk. Kindern. Ffm.: Verl. Jugend u. Politik 1975. 103 S.

2045. G ä r t n e r , Franz X.: Sozialbauten der Kirche. Mit zahlr. Abb. u. Pl. – In: Mü 26. 1973, S. 3–48 [Betr. u.a. S. 15: Kindergarten St. Martin, Schwalbach-Limes; 16: Kindergarten St. Crutzen, Weißkirchen/Ts]

6. B ä d e r , H e i l q u e l l e n , S a l i n e n

2046. W i e g a n d , Erwin: Heilbäder, Badekuren. Frankfurt a.M.: Staatl. Landesbildstelle Hessen 1972. 31 S. m. Abb. (Farblichtbildreihe He 88, Beih.)

2047. S t a h l , Wolfgang, u. Gisbert D i e d e r i c h : C-Isotopenanalysen des Methans und Kohlendioxids einiger hessischer Mineralwässer. Mit 1 Abb. u. 5 Tab. – In: NHLBF 103. 1975, S. 305–313

2048. T o u s s a i n t , Benedikt: Der Rhein – eine „Bäderstraße". – In: BRh 28. 1976, S. 26–32

2049. D ö r i n g , Lothar: Die B ü d i n g e r Mineralquellen in Vergangenheit und Gegenwart. – In: BüGbll 8. 1974/75, S. 74–116

2050. P l e s c h e r , Helmut: C a m b e r g . Kneippkurort mit persönlicher Note. Mit 1 Abb. – In: HK 26. 1974, S. 81

2051. E s t e n f e l d e r , Paul: Die Bad E m s e r Heilquellen. Mit 1 Abb. – In: Der Unterlahnkr. Mainz 1967, S. 97–98

2052. E v e r s , Arrien: Kurdirektor i.R. Wilhelm Aribert Hammer †. – In: HK 28. 1976, S. 435 [31. 5. 1894–7. 11. 1976, 1936–1945 Kurdirektor in Bad Ems]

2053. A r t z , Josef: Der F a c h i n g e r Mineralbrunnen. Mit 1 Abb. – In: Der Unterlahnkr. Mainz 1967, S. 97–99

2054. Kranke suchten Genesung am heiligen Born. 1. urkundl. Erwähnung v. H e i l i g e n b o r n vor 450 J. – Ilsewasser geschätzt. Mit 1 Abb. – In: UHl 43. 1975, S. 103

2055. 50 Jahre Kur-AG. Bad H o m b u r g 1924–1974. Bad Homburg v. d. H. 1974. 32 S. (Bad Homburger Veranstaltungsspiegel. Sept. 1974.)

2056. J u n g , Wilhelm: Alles über K r o n t h a l . Die gesamte Entwicklungsgesch. von Sauerborn bis zur Brunnen-Gesellschaft. T. [1.] 2. Kronberg: [Selbstverl.] 1975. 236 Bl.

2057. J u n g , Wilhelm: Als die Heilkraft der Quellen von Kronthal entdeckt wurde. Weg u. Wirken d. „Wasserdoktors" Ferdinand Küster. Mit 2 Abb. – In: HGiess 1976, Woche 43

2058. W e l l e n k a m p , Dieter: Kur- und Erholungsmöglichkeiten. Mit Abb. – In: M a i n - K i n z i g - K r . Oldenburg (Oldb.) 1976, S. 160–189

2059. P i t z e r , Willy: Vom Feudalbad zum Bad für alle [Bad N a u h e i m ] . – In: Der Wetteraukr. Frankfurt a.M. 1976, S. 124

2060. K l e i n e r t , Ernst: Die Heilquellen der Wetterau helfen mit zur Gesundung. Hess. Staatsbad Bad Nauheim. – In: Der Wetteraukr. Frankfurt a.M. 1976, S. 121–122

2061. K ü m m e r l e , Eberhard: Zur Geologie u. Geschichte der Bad Nauheimer Sprudel. – In: GeolJbH 104. 1976, S. 253–270

2062. Kuhnigk, Armin M.: Heimat des Selterswassers. – In: Land an d. Lahn. Mühlheim/M. 1976, S. 151–153. 156 [Betr. insbes. Niederselters, Oberselters u. Selters a. d. Lahn]

2063. Bundesverdienstkreuz für Karl Gottlieb. Mit 1 Bildn. – In: HH N.F. 25. 1975, S. 77 [Geschäftsführer d. Spessart-Sanatoriums Bad Orb]

2064. „Eine der fruchtbarsten und mildesten Gegenden mit üppiger Vegetation für wohltätigen Einfluss." Hess. Fremdenverkehrswerbung vor anderthalb Jh. dargest. am Beisp. d. Heilbades Salzhausen. – In: HGiess 1975, Nr 35

2065. Alt, Eduard: Die Heilquellen der Wetterau helfen mit zur Gesundung. Staatsbad Bad Salzhausen – e. kleines Juwel. – In: Der Wetteraukr. Frankfurt a.M. 1976, S. 127–130

2066. Müller, Rudolf: Chronik von Bad Salzschlirf. Eingel. u. bearb. bis 1961 von Hanns Rothe, fortgef. bis 1975 von Fritz Severin. Fulda: Parzeller 1976. 118 S. m. zahlr. Abb.

2067. Niessen, Marie von: Schlangenbader Reminiszenzen. Von d. „öden Steinwüste" über d. galante Zeit zum „Bad im Grünen". Mit 2 Abb. – In: HK 26. 1974, S. 310–311

2068. Walk, Karl-Alexander: Schlangenbad erhält Modellklinik für rheumatische Erkrankungen. Eine weitere Funktion f. d. neue Römerbad – modernste Ausstattung. – In: HJUTs 26. 1975, S. 145–147 m. 1 Abb.

2069. Steiner-Rinneberg, Britta: Matthäus Merian beschreibt das Heilbad Langen-Schwalbach. Mit 1 Abb. – In: HK 26. 1974, S. 306–308

2070. Grundig, Julius: Bad Schwalbach einst und jetzt. Ärztl. Betrachtungen eines Zeitgenossen. Mit 2 Abb. – In: HK 26. 1974, S. 304–306

2071. Head, Francis: Ein Brite in Langenschwalbach. Übers. e. Ber. aus d. J. 1832 von Friedrich Lendle. Mit 1 Bildn. u. 1 Abb. – In: HJUTs 27. 1976, S. 119–124

2072. Walk, Karl-Alexander: Bad Schwalbach hat sein Kurhaus wieder. Hist. Gebäude nach wechselvoller Gesch. wieder Mittelpunkt d. Kur- u. Gesellschaftslebens. Mit 3 Abb. – In: HJUTs 27. 1976, S. 35–38

2073. Schäfer, Rudolf: Bad Soden am Taunus erfreut sich großer Wertschätzung. – In: 125 Jahre Höchster Kreisblatt. (Höchster Kreisbl. 1974, Nr 246. Beil.) S. 52–53

2074. Wiesner, Johannes: 90 Jahre apparative Inhalationstherapie in Bad Soden am Taunus. – In: HK 26. 1974, S. 385–387

2075. Glück, Erich: Die Heilquellen der Wetterau helfen mit zur Gesundung. Bad Vilbel, d. Heilbad mit 22 Mineralquellen. – In: Der Wetteraukr. Frankfurt a.M. 1976, S. 131

2076. Reimuth, Bruno: Kur nach Maß. Mit 5 Abb. – In: Wi int 1975, 1, S. 24–29 [In Wiesbaden]

2077. R e i m u t h , Bruno: Ein neues Thermalbad [in Wiesbaden]. Mit 2 Skizzen. – In: Wi int 1976, 2, S. 31–33

2078. D r ä g e r , Werner: Ein Wiesbadener Brunnen wird 70 Jahre alt. Mit 1 Abb. – In: WiL 25, 1976, 11, S. 20 [Bäckerbrunnen]

2079. Auch Kurdirektor [Friedrich Ernst] Meinecke nun 75. Mit 1 Bildn. – In: HK 28. 1976, S. 227–228 [Kur- u. Verkehrsdirektor in Wiesbaden 1954–1966]

2080. Kurdirektor Karl A. Deisenroth. Der Verband Hess. Heilbäder verabschiedet seinen verdienstvollen langjähr. Vorsitzenden. Mit 1 Bildn. – In: HK 28. 1976, S. 121–122 [Kurdirektor u. Leiter d. Kurbetriebe in Wiesbaden 1967–1976]

2081. K r a u s e , Peter, Theodor S c h u l t h e i s u. Herbert W u l f f : Episoden aus der medizinisch-literarischen Geschichte des Bades W i l d u n g e n . Mit Abb. – In: HK 28. 1976, S. 150–155. 370–376

2082. B r ü c h e r , Erich: Aus dem Leben des Salzverwalters Johann Pfeffer zu Nauheim. – In: WeGbll 23. 1974, S. 41–78 [Pfeffer wurde am 24. Jan. 1785 in Obersuhl geb.; er starb am 11. März 1858 in Nauheim]

2083. K ö n i g , York-Egbert u. Karl K o l l m a n n : Salzsieden wie zu alten Zeiten. Erinnerung an d. vor 70 Jahren stillgelegte Saline Sooden. – In: W 28. 1976, S. 42


VIII.

LANDESKULTUR

A. SIEDLUNGSWESEN

1. Siedlungskunde, Raumordnung

2084. B o g , Ingomar: Das Landsiedelrecht Hessens im Mittelalter. – In: Wirtschaftliche und soziale Strukturen im saekularen Wandel. Festschrift f. Wilhelm Abel zum 70. Geburtstag. Hrsg.: Ingomar Bog [u.a.]. Bd 1. Agrar. Wirtsch. u. Gesellsch. in vorindustrieller Zeit. Hannover 1974, S. 66–76

2085. H i l d e b r a n d t , Helmut: Grundzüge der ländlichen Besiedlung nordhessischer Buntsandsteinlandschaften im Mittelalter. – In: Beitrr. z. Landeskde v. Nordhessen. Hrsg. von Martin Born. Marburg 1973. (Marburger geograph. Schriften 60) S. 189–282

2086. S c h l e s i n g e r , Walter: Zur Kennzeichnung der Siedlungsformen im Historischen Ortslexikon des Landes Hessen, Kreis Witzenhausen. – In: HJL 24. 1974, S. 234–241

2087. B a u m b a c h , Wilhelm: Harleshausen. Eine siedlungsgeschichtl. Studie (Kassel: Selbstverl. 1974) 165 S., 5 Kt. u. Pl.

2088. V e s p e r , Willi: Die Entwicklung des Siedlungsbildes und der Gemarkung im Raum von Grebenstein. Grebenstein 1974. (Beil. zu: Grebensteiner Nachrichten 7. 1974)

2089. S t o o b , Heinz: Fritzlars Stadtgrundriß als Spiegel seiner mittelalterlichen Geschichte. Mit 1 Stadtgrundriß u. Abb. – In: Fritzlar im Mittelalter. Festschrift z. 1250 Jahrfeier. Fritzlar 1974, S. 302–323

2090. N i e k e , Rolf: Steinperf – das Bild der Siedlungslandschaft. Mit 3 Abb. u. 1 Flurkt. – In: HiGbll 55. 1976, S. 37–41

2091. L e i b , Jürgen: Untersuchungen zur Bevölkerungs- und topographischen Entwicklung Krofdorf-Gleibergs. Mit Abb. – In: HGiess 1974, Sept., Woche 37

2092. B o r n , Martin: Siedlungsgeographische Untersuchungen im Bereich der Wüstung Hausen. Mit 1 Kt. Skizze. – In: Küther, Waldemar: Die Wüstung Hausen. Gießen 1971. (MWeG 25) S. 101–112

2093. Höchst. Siedlungsgeogr. Untersuchung einer Spessartrandgemeinde. Mit Abb. – In: 1000 Jahre Höchst im Kinzigtal [Festschrift]. Höchst 1976, S. 158–214

2094. F r a n z , Gustav: Aus der Zeit der Ortsgründungen im Haigergau, Unterlahngau, Engersgau und Avalgau. Mit 2 Abb. u. 1 Kt. – In: HGiess 1975, Mai, Woche 22 [Westerwald]

2095. S e i b r i c h , Wolfgang: Siedlung und Pfarrorganisation im alten Erzbistum Trier. Zsfassung u. Ergebnisse. Eine krit. Würdigung d. Werkes v. Ferdinand Pauly. – In: AMrhKG 28. 1976, S. 9–21

2096. F i l i p p , K. H.: Zur Erforschung der Genese südwestdeutscher Siedlungsstrukturen. – In: Neue Wege in d. geogr. Erforschung städt. u. ländl. Siedlungen. Hrsg. von Werner Fricke u. Klaus Wolf. Frankfurt a. M. 1975. (Rheinmain. Forschungen 80) S. 99–112 [Betr. u. a. Südhessen]

2097. T h a r u n , Elke: Bemerkungen zur Lage gehobener Wohnviertel im städtischen Raum. – In: Neue Wege in d. geogr. Erforschung städt. u. ländl. Siedlungen. Hrsg. von Werner Fricke u. Klaus Wolf. Frankfurt a. M. 1975. (Rheinmain. Forschungen 80) S. 153–160 [Betr. Frankfurt a. M.]

2098. R o s e n b o h m , Rolf, u. Willi G i e g e r i c h : Ortsgrundriß-Studien in der Umgebung von Frankfurt a. M. Rückblick auf den Gang d. Forschung. 1. Vilbel im frühen Mittelalter. 2. Königstein. Mit 1 Stadtpl. – In: MVGHOUr 15. 1971, S. 11–22; 19. 1975, S. 1–8

2099. R o s e n b o h m , Rolf, u. Willi G i e g e r i c h : Aus der Frühgesch. Bad Vilbels. Ein Beitr. z. Kontinuitätsproblem. – In: ViHbll 10. 1974 = Sonderh.: Zur 1200-Jahrfeier d. Stadt Bad Vilbel, S. 44–47

A. Siedlungswesen 165

2100. S t r u p p , Alexander: Oberursel – eine Stadtgeographie. Frankfurt a.M. 1969. 92 S., 10 Kt., 4 Bl. [Maschinenschriftl. geogr. wiss. Hausarbeit]

2101. R o s e n b o h m , Rolf: Bommersheimer Grundrißrätsel gelöst. – In: Taunus-Ztg 1972, Nr 2 v. 4. 1.

2102. F r i e d r i c h , Klaus: Stadterweiterungen in ihrer geographischen Differenzierung, untersucht anhand von Raumwahrnehmung und Raumnutzung am Beispiel der Darmstädter Neubaugebiete Eberstadt-NW und Neu-Kranichstein. Darmstadt 1976. 277, 9 S. Darmstadt, Techn. Hochsch., Fachbereich 11 – Geowiss. u. Geographie, Diss. 1976

2103. R e i t z , Heinz: Die räumliche Entwicklung Groß- und Klein-Zimmerns. – In: Groß-Zimmern, Klein-Zimmern. Beitrr. z. Entwicklung in Vergangenheit u. Gegenwart. Groß-Zimmern 1976, S. 252–261 m. Abb.

2104. H i t z e l , Hans: Besiedlung und bauliche Entwicklung der Gemeinde Urberach. – In: Chronik Gemeinde Urberach. Offenbach a.M. 1975: Bintz-Verl., S. 73–190 m. Abb.

2105. N i t z , Hans-Jürgen: Zur räumlichen Organisation der Binnenkolonisation im Früh- und Hochmittelalter. Mit 7 Abb. – In: BDLK 49. 1975, S. 3–25 [Insbes. S. 12–25: Das Beispiel d. Binnenkolonisation d. westl. u. mittl. Odenwaldes]

2106. M a t z a t , Wilhelm: Mark und Binnenkolonisation im Bereich der Abtei Amorbach im östlichen Odenwald. – In: BDLK 49. 1975, S. 39–48

2107. B a t z , Erwin: Ländliche Neuordnung als Planungs- und Durchführungsaufgabe. – In: MDVW 24. 1973, H. 2, S. 4–6

2108. M e t z l e r , Robert: Entwicklungsziele der Neuordnung im ländlichen Raum. Mit 3 Tab. – In: MDVW 26. 1975, H.2, S. 4–11

2109. Landentwicklung. Aufgaben und Möglichkeiten. 1970. 1975. Wiesbaden: Hess. Minister f. Landwirtschaft u. Forsten [1975 Hess. Min. f. Landwirtsch. u. Umwelt]. 1970. Vortragstagung d. höheren Dienstes d. Hess. Landeskulturverwaltung am 21. 1. 1970 in Ffm. 1970. 116 S. 1975. Vorträge zur Arbeitstagung d. höheren Dienstes d. Hess. Landeskulturverwaltung am 2. 6. 1975 in Ffm. 1975. 74 S.

2110. B e c k e r , Fritz: Neuordnung ländlicher Siedlungen in der Bundesrepublik Deutschland. Pläne, Beispiele, Folgen. Paderborn: Schöningh 1976. VIII, 103 S. m. Abb. u. Kt. (Bochumer geograph. Arbeiten 26) [Betr. u.a. Korbach]

2111. L a n d z e t t e l , Wilhelm, Wolfram G o l d a p p u. Hans H a a s : Gestaltaspekte. Wiesbaden: AVA Arbeitsgemeinschaft z. Verbesserung d. Agrarstruktur in Hessen e.V. 1975. S. 33–92 m. Abb. (Techn. Univ. Hannover, Lehrstuhl f. d. ländl. Bau- u. Siedlungswesen. Bericht 16) (AVA Arbeitsgem. z. Verbesserung d. Agrarstruktur in Hessen e.V. Sonderh. 54)

[Betr. ländliche u. kleinstädtische Wohn- u. Siedlungsformen. Beispiele: Michelstadt, Crumstadt, Niedergude]

2112. L a n d z e t t e l , Wilhelm: Das Phänomen Wohnen. Wiesbaden: AVA Arbeitsgemeinschaft z. Verbesserung d. Agrarstruktur in Hessen e. V. 1975. 36 S. m. Abb. (Techn. Univ. Hannover, Lehrstuhl f. d. ländl. Bau- u. Siedlungswesen. Bericht 17) (AVA Arbeitsgem. z. Verbesserung d. Agrarstruktur in Hessen e.V. Sonderh. 56) [Beispiel: Homberg a. d. Efze]

2113. Niestetal – Heiligenrode. Analysen zur Zersiedelung einer Landschaft. Fächer-übergreifendes Projekt. Leitung: Dietrich A r n d t , Klaus D. E b e r t . Mit Abb. Wiesbaden: Modellversuchsgruppe Kunst / Visuelle Kommunikation 1976. 65 S. (Kunst, visuelle Kommunikation 22)

2114. Beiträge zur Raumplanung in Hessen, Rheinland-Pfalz, Saarland. Forschungsberr. d. Landesarbeitsgemeinschaft Hessen/Rheinland-Pfalz/Saarland d. Akad. f. Raumforsch. u. Landesplanung. T. 1. 2. Hannover: Jänecke 1974–75. m. Abb. (Veröffentlichungen d. Akad. f. Raumforsch. u. Landesplanung. Forschungs- u. Sitzungsberr. 91. 100)

2115. V o i t , Hans: Modelle und Realisierungen der territorialen Neugliederung. – In: GT 27. 1974, S. 33–40 [Betr. hess. Gebietsreform]

2116. H i n k e l , Karl Reinhard: Die kommunale Gebietsreform in Hessen. – In: Dt. Verwaltungsbl. 1974, S. 496–501

2117. V o i t , Hans: Die kommunale Gebietsreform in Hessen. Mit 3 Kt. – In: 30 Jahre Hess. Verfassung 1946–1976. Wiesbaden 1976, S. 366–387

2118. Vorschläge zur gebietlichen Neugliederung auf der Kreisebene in Hessen. Wiesbaden: Der Hess. Min. d. Innern 1971. 106 S., 1 Faltkt.

2119. Zur Planung der gebietlichen Neuordnung auf der Gemeindeebene in Hessen. [Nebst] Vorschläge u. Anhörungsverfahren. Wiesbaden: Der Hess. Min. d. Innern. 1969–73. [Grundwerk.] 1969. Vorschläge f. d. gebietl. Neugliederung auf d. Gemeindeebene im Main-Taunus-Kr. 1970. Landkr. Waldeck.1970. Landkr. Dieburg. 1971. Landkr. Hünfeld. 1971. Oberlahnkr. 1971. Landkr. Wolfhagen. 1971. Landkr. Büdingen. 1971. Landkr. Friedberg. 1971. Landkr. Frankenberg. 1971. Rheingaukr. 1971. Landkr. Darmstadt. 1971. Landkr. Eschwege. 1971. Landkr. Hofgeismar. 1971. d. Landkreise Alsfeld u. Lauterbach. 1971. d. Landkreise Hersfeld u. Rotenburg. 1971. im Landkr. Usingen. 1971. Landkr. Witzenhausen. 1971. Obertaunuskr. 1971. Landkr. Schlüchtern. 1971. Landkr. Fritzlar-Homberg. 1971. Landkr. Biedenkopf. 1971. Dillkr. 1971. Landkr. Gelnhausen. Landkr. Melsungen. 1971. Landkr. Hanau. 1971. Landkr. Ziegenhain. 1971. d. Landkreise Fulda u. Hünfeld u. d. Stadt Fulda. 1971. im Landkr. Limburg. 1971. Landkr. Offenbach. 1971. Landkr. Erbach. 1971. Landkr. Wetzlar. 1971. Landkr. Marburg. 1971. Anhörungsverfahren Landkr. Erbach. 1971. Landkr. Bergstraße. 1971. Landkr. Hofgeismar, Kassel u. Wolfhagen u. d. Stadt Kassel. 1972. Landkr.

Büdingen u. Friedberg. 1972. Obertaunuskr. u. Landkr. Usingen. 1972. Landkr. Gelnhausen, Hanau u. Schlüchtern u. Stadt Hanau. 1972. Landkr. Eschwege u. Witzenhausen. 1972. Landkr. Frankenberg u. Waldeck. 1972. Landkr. Fritzlar-Homberg, Melsungen u. Ziegenhain. 1972. Landkr. Biedenkopf u. Marburg u. d. Stadt Marburg a. d. L. 1973. Landkr. Limburg u. d. Oberlahnkr. 1973. Dillkr., Landkr. Gießen u. Wetzlar u. Stadt Gießen. 1973. Landkr. Darmstadt u. Dieburg u. d. Stadt Darmstadt. 1973. Landkr. Groß-Gerau. 1973. Rheingaukr. u. d. Untertaunuskr. 1973. Landkr. Offenbach, d. Main-Taunus-Kr. u. d. Stadt Wiesbaden u. üb. d. Bildung d. Umlandverbandes Frankfurt. 1973

2120. M a r b a c h , Michael: Zulässigkeit, Verfahren, Rechtsfolgen und Rechtsschutz bei Gemeindegebietsänderungen in Hessen. 1976. XXXIV, 198 S. Frankfurt a. M., Univ., Fachbereich 01, Rechtswiss., Diss. 1976

2121. Stellungnahme zu den Raumordnungsplänen der regionalen Planungsgemeinschaften in Hessen. Bearb.: Karl-Bernhard Netzband [u. a.] Wiesbaden: HLT Ges. f. Forsch., Planung, Entwicklung mbH 1976. 169 S.

2122. F r i t z - V i e t t a , Rainer, Peter M ü l l e r u. Heinz S a u t t e r : ... Stellungnahme zu den regionalen Raumordnungsplänen in Hessen. Ein Vergleich ausgewählter Aspekte. Darmstadt 1976. 143 ungez. Bl. (Inst. Wohnen u. Umwelt. Stellungnahmen. 76,2)

2123. W r o z , Winfried: Das Niedersächsisch-hessische Grenzgebiet unter besonderer Berücksichtigung der Gebiets- u. Verwaltungsreform. – In: Neues Archiv f. Niedersachsen 25. 1976, 2, S. 123–140 m. Tab. Lit.; Kt. als Beil.

2124. I t t e r m a n n , Reinhard: Ländliche Versorgungsbereiche und zentrale Orte im hessisch-westfälischen Grenzgebiet. Mit 24 Tab. u. 20 Abb. Münster/Westf.: Geogr. Komm. f. Westfalen 1975. XIII, 136 S. (Spieker 23) Ersch. auch als Phil. Diss. Münster 1974 [Betr. u. a. Kreise Waldeck u. Frankenberg]

2125. B l o t e v o g e l , Hans Heinrich: Zentrale Orte und Raumbeziehungen in Westfalen vor der Industrialisierung 1780–1850. Münster: Aschendorff; Paderborn: Schöningh 1975. X, 268 S., 3 Tab., 2 Kt. (Bochumer geogr. Arbeiten 18) = (Veröffentlichungen d. Provinzialinst. f. westfäl. Landes- u. Volksforsch. d. Landschaftsverbandes Westfalen-Lippe. R. 1, H. 19) Erschien zuerst als Geowiss. Diss. Bochum 1972 [Betr. auch Siegerland u. Wittgensteiner Land. S. 226–228]

2126. K l u c z k a , Georg: Südliches Westfalen in seiner Gliederung nach zentralen Orten und zentralörtlichen Bereichen. Hellwegbörden, Sauerland, Siegerland, Wittgenstein. Landeskdl. Darstellung einer empir. Bestandsaufnahme d. Inst. f. Landeskde. Mit 1 Kt. Bonn-Bad Godesberg: Bundesforschungsanst. f. Landeskde u. Raumordnung 1971. 171 S. (Forschungen z. dt. Landeskde 182)

2127. I r l e , Lothar: Führungszentren und ihre Ausstrahlungen in der Entwicklung des Siegerlandes. – In: Si 51. 1974, S. 22–28

2128. Grenzüberschreitende Landesplanung Siegen – Betzdorf – Dillenburg. Erarb. u. hrsg. v. d. Staatskanzleien, obersten Landesbehörden, d. Länder Hessen, Nordrhein-Westf., Rheinland-Pfalz in Zsarb. m. d. Reg. Präs. in Darmstadt, Arnsberg, Koblenz u. d. Landesplanungsgemeinschaft Westfalen in Münster. o. O. 1972. 28 S., 1 Kt.

2129. S c h ü r m a n n , Frank: Raumordnungs-Spiel ohne Grenzen. Aussichten u. Probleme d. Sieg-Lahn-Dill-Gebietes. Sendung d. WDR-Landesredaktion v. 6. 4. 1974. Köln: Westdt. Rundfunk 1974. 20 Bl.

2130. Regionaler Raumordnungsplan für die Region Nordhessen. Kassel: Regionale Planungsgemeinschaft Nordhessen 1975. VI, 188 S. m. Kt.

2131. Bericht über das Ergebnis des Anhörungsverfahrens u. der Beratung d. Anregungen u. Bedenken in d. Organen zum Entwurf des Raumordnungsgutachtens (ROG) u. d. Regionalen Raumordnungsplanes (ROP) für d. Region Nordhessen. [Kassel: Regionale Planungsgemeinschaft Nordhessen] 1975. 54 S.

2132. V o g l e r , Lutz: Hierarchie und Einzugsbereiche zentraler Orte in der Planungsregion Nordhessen aufgrund der Verbrauchernachfrage. Empir. Untersuchung anhand v. 39 000 Interviews. Textbd. 295 S. Tab.; Kt. Bd. 7 Faltbl. Berlin 1977. Berlin, Freie Univ., Fachbereich 24 – Geowiss., Diss. 1976

2133. Mehr Chancen für Nordhessen, Osthessen! Wege zum Aufstieg vergessener Regionen. Wiesbaden: CDU-Landesverb. Hessen [1974]. 45 S. m. Abb. (Gelbe Reihe d. CDU Hessen 6)

2134. Zur Abgrenzung und inneren Gliederung städtischer Siedlungsagglomerationen. (Werner Nellner [u.a.]) Hannover: Schroedel 1976. VIII, 156 S., 4 Faltkt. in Lasche (Veröffentlichungen d. Akad. f. Raumforsch. u. Landesplanung 112) [S. 133–156: G ö m a n n , Gerhard: Grundlagen, Umfang und städtebauliche Gliederung der Siedlungsagglomeration Kassel]

2135. L o e s e r , Diethard: Zum Problem der Bestimmung angemessener zentraler Einrichtungen der gemeindlichen Daseinsvorsorge ländlicher Kernsiedlungen. Allgemeine Überlegungen u. Untersuchungen in ausgewählten Nahbereichen d. nordhess. Landkr. Fritzlar-Homberg. Berlin 1972. 130 S. m. Kt.

2136. Raum Schwalmstadt. Funktion, Struktur, Entwicklung. Bearb.: Holger H e i d e [u.a.] Wiesbaden: Hess. Landesentwicklungs- u. Treuhandges., Abt. Wirtschaftsforschung u. Regionalplanung 1973. XII, 253 S. m. Kt.

2137. Raumordnungsbericht für die Region Osthessen. Bd 1. 2. Fulda: Regionale Planungsgemeinschaft Osthessen 1974. 1. 411 Bl., Kt. 2. 407 Bl., Kt.

2138. Raumordnungsgutachten. Regionale Planungsgemeinschaft Osthessen. Entwurf. Bearb.: Prognos, Abt. Stadtentwicklg. u. Regionalplanung, Basel. Fulda: Regionale Planungsgemeinschaft Osthessen 1975. VII, 276 S. m. Kt.

## A. Siedlungswesen

2139. Regionaler Raumordnungsplan. Regionale Planungsgemeinschaft Osthessen. Entwurf. Bearb.: Prognos, Abt. Stadtentwicklung u. Regionalplanung, Basel. Fulda: Regionale Planungsgemeinschaft Osthessen 1975. VIII, 156 S. m. Kt.

2140. H e r r , Norbert: Analyse der „Vorschläge für die gebietliche Neugliederung der Landkreise Fulda und Hünfeld und der Stadt Fulda" des Hessischen Ministers des Innern vom Oktober 1971. o. O. 1971. 35 gez. Bl., 9 ungez. Bl.

2141. H e r r , Norbert: Fulda und Osthessen. Ein Beitr. z. Methodik d. zentralörtl. Bereichsgliederung. Fulda: Parzeller [1976]. 267 S., 40 Kt. (Frankfurter wirtschafts- u. sozialgeogr. Schriften 23) [Ersch. zuerst als Diss. im Fachber. Geogr. Frankfurt/Main 1975]

2142. S c h u l z e - v o n  H a n x l e d e n , Peter: Bevölkerung und Gebietsreform im Nahbereich Eiterfeld, Kreis Hünfeld. Ergebnisse e. repräsentativen Befragung in 19 Gemeinden. Im Auftr. d. Kreisausschusses d. Landkr. Hünfeld erstellt. Göttingen: Agrarsoziale Ges. 1971. 57 S. (Materialsammlung d. ASG 105)

2143. Raumordnungsplan für die Region Mittelhessen gem. Hess. Landesplanungsgesetz einschließl. Landschaftsrahmenplan gem. Hess. Landschaftspflegegesetz. Gießen: Regionale Planungsgemeinschaft Mittelhessen 1975. 420 S. m. Kt.

2144. J o s w i g - E r f l i n g , Adelheid: Das Institut der zentralen Orte in Funktionsverbindung im Regionalen Raumordnungsplan Mittelhessen. Eine Darstellg. seiner raumordnerischen, planerischen u. rechtlichen Problematik. Gießen 1976. XV, 145 S., Kt.

2145. Bewertung und Nutzungsdifferenzierung innerstädtischer Versorgungsbereiche am Beispiel Marburgs. Von Peter J ü n g s t [u.a.] Bearb.: Univ. Marburg, Fachbereich Geogr., Forschungsgruppe f. Raumanalysen. Marburg: Stadtplanungsamt 1976. 94 S. m. Abb.

2146. W e b e r , Peter: Religionszugehörigkeit und Raumbewertung. Zur Messung d. Erlebnisqualität d. Amöneburger durch Versuchspersonen-Gruppen aus Mardorf u. Schweinsberg/Mittelhessen. Mit 2 Abb. – In: BDLK 48. 1974, S. 239–248

2147. S c h ä f e r , Arno: Territoriale Entwicklung und Gebietsreform [im Landkreis Gießen]. – In: Der Landkreis Gießen. Hrsg.: Ernst Türk. Stuttgart, Aalen: Theiss 1976, S. 229–239

2148. M o e w e s , Winfried u. Volker S e i f e r t : Entwicklungsgutachten für die Kernstadt Grünberg, Oberhessen, und ihren Grundversorgungsbereich. Gießen: Abt. f. Angewandte Geogr. u. Regionalplanung, Geogr. Inst. d. Univ. Gießen 1973. 111, [14] S. m. Kt. u. Literaturangaben

## VIII. Landeskultur

2149. M o e w e s , Winfried: Die räumliche Lage der Kreisstädte Alsfeld und Lauterbach im Vergleich. Ein Beitr. d. angewandten Geographie zum Standort v. Gebietsverwaltungen. Gießen 1971. 42 S. m. Abb. u. Kt.

2150. R e b e n t i s c h , Dieter: Anfänge der Raumordnung und Regionalplanung im Rhein-Main-Gebiet. Erw. Vortrag, 1974 an d. TeU Berlin gehalten. Mit 1 Abb. − In: HJL 25. 1975, S. 307−339

2151. T h a r u n , Elke: Die Planungsregion Untermain. Zur Gemeindetypisierung und inneren Gliederung einer Verstädterungsregion. Mit 21 Tab., 3 Abb., 16 Farbkt. u. 2 Korrelationsmatrizen. Frankfurt a.M.: Kramer 1975. 211 S., 18 Kt., 2 Tab. (Rhein-Mainische Forschungen 81) Zugl. Frankfurt a.M., Univ., Fachbereich Geogr., Diss. 1973

2152. Die Region Untermain. Von Eberhard B i e b e r , Alexander von H e s l e r u. a. − In: Baumeister. 1973, Nr. 9, S. 1146−1155

2153. H e s l e r , Alexander von: Die regionale Planungsgemeinschaft Untermain. − In: Methoden u. Praxis d. Regionalplanung in großstädt. Verdichtungsräumen. = Veröffentlichungen d. Akad. f. Raumforsch. u. Landesplanung. Forsch.- u. Sitzungsber. 54. 1969, S. 33−41

2154. D i s c h k o f f, Nikola: Steuerung und Planung. Aus der Arbeit d. Regionalen Planungsgemeinschaft Untermain. − In: Baumeister 72. 1975, S. 528−531

2155. Regionale Planungsgemeinschaft Untermain. Regionaler Raumordnungsplan. Entwurf 1974. Bd 1−3, 1. 2. Ffm. 1975

2156. Begründung zum regionalen Raumordnungsplan. Entwurf 1975 mit Kosten d. Maßnahmen f. d. Region. Frankfurt/M.: Regionale Planungsgemeinschaft Untermain 1975. 41 S. m. Tab.

2157. M u n t z k e , Hans: Die Beteiligung der Bürger an der Regionalplanung in der Region Untermain, Frankfurt/Main. − In: GT 25. 1972, S. 1−3

2158. A d r i a n , Hanns u. Marianne: Integrierte Stadtentwicklungsplanung im Verdichtungsraum Rhein-Main. − In: Regionalpolitik am Wendepunkt? Wiesbaden 1976, S. 151−163

2159. G o e s , F.: Der Main im Planungsraum. Engeres Untermaingebiet. Hrsg.: W. Wortmann. Frankfurt/M.: Ges. f. Regionale Raumordnung im engeren Untermaingeb. 1976. 17 S. m. Kt. (Schriftenreihe d. Ges. f. regionale Raumordnung im engeren Untermaingeb. 4)

2160. G r ü n d l e r , Werner: Kommunale Gebietsreform in den Verdichtungsgebieten der BRD. Unter besond. Berücks. d. parteipolit. Komponente. Dargest. am Beispiel d. Räume Hannover, Frankfurt u. München. Bonn 1974. 333 S. Bonn, Univ., Philos. Fak., Diss. 1974˗

2161. S a n d e r , Reinhard: Regionalplanung im Verdichtungsraum. Fachtagung „Planung für eine stagnierende Bevölkerung", 12. 9. 1974. − In: Mitteilungen

d. Dt. Akad. f. Städtebau u. Landesplanung 19. 1975, S. 25–34 [Betr. u. a. Raum Frankfurt]

2162. T h a r u n , Elke, F. G e e l h a a r , u. R. D i e t r i c h : Zur Situation der Regionalplanung im Agglomerationsraum Frankfurt. – In: Stadtbauwelt 47, 1975, S. 178–182

2163. W a g e n e r , Frido: Für ein neues Instrumentarium der öffentlichen Planung. – In: Raumplanung, Entwicklungsplanung. 1972. (Forschungs- u. Sitzungsberichte. 80., Recht u. Verwaltung 1) S. 23–54 [Betr. Verdichtungsraum Ffm.]

2164. K r e l i n g , Hermann-Josef: Der Stadtkreis F r a n k f u r t . Modell z. Lösung d. Stadtumlandproblems im Verdichtungsraum Frankfurt am Main. Frankfurt/M.: Kommunalpolit. Vereinigung d. CDU Hessen 1971. 22 S.

2165. Gebietsreform im Raum Hanau. Der Fall Großauheim. Großauheim: Stadtverwaltung 1973. 12 Bl.

2166. Entwicklungsplanung Mittleres Kinzigtal. Im Auftr. d. Mittelzentrums Kinzigtal von d. Arbeitsgemeinschaft f. Forschung u. Beratung in der Orts- u. Regionalplanung – ORplan – hrsg. Stuttgart 1975/76. 163 S., Kt.

2167. M i e h l i n g , Wilhelm: Planen, Bauen, Wohnen. Raumordnung im Wetteraukreis. Aspekte zur Siedlungsstruktur. – In: Der Wetteraukreis. Frankfurt a. M. 1976, S. 96–99

2168. Regionaler Raumordnungsplan für die Region Rhein-Main-Taunus. Von d. Verbandsversammlung am 22. Okt. 1975 beschlossen. Der Hess. Landesregierung am 27. Okt. vorgelegt. Wiesbaden: Regionale Planungsgemeinschaft Rhein-Main-Taunus 1975. Getr. Zählung in Ringbuch-Fassung, 2 Ktn

2169. Versorgungs- und Zentralitätsuntersuchung der Landeshauptstadt Wiesbaden. Eine Untersuchung im Auftr. d. Landeshauptstadt Wiesbaden. Projektleitung: Eckart S a n d e r . Projektbearb.: Wolfgang M i e t h k e . Köln: Ingesta, Inst. f. Gebietsplanung u. Stadtentwicklung 1967. 309 S. m. Kt.

2170. K ö c k , Helmuth: Das zentralörtliche System von Rheinland-Pfalz. Ein Vergl. analyt. Methoden z. Zentralitätsbestimmung. Karlsruhe 1974. 204 S. m. Abb. Karlsruhe, Univ., Fak. f. Bio- u. Geowiss., Diss. 1974

2171. R o t h , Hermann Josef: Anmerkungen zu der Nahbereichsuntersuchung für die Verbandsgemeinde Montabaur. – In: LaVbll 21. 1975, S. 40–48

2172. Regionaler Raumordnungsplan. T. 2. Raumordnungsgutachten d. Region Starkenburg. 3. Raumordnungsplan d. Region Starkenburg einschließl. Katalog d. Planungen u. Maßnahmen. Darmstadt: Regionale Planungsgemeinschaft Starkenburg 1975. 601, 89 S. m. Kt. u. Abb.

2173. Landkreis Darmstadt. Raumordnungsbericht. Bearb.: Albert S p e e r [u. a.] T. 1. 2. Frankfurt: Speerplan 1972

2174. Schrifttum zur Regionalplanung und Raumstruktur des Oberrheingebietes. Zsgest. v. Werner F r i c k e [u. a.] – Heidelberg: Geogr. Inst. d. Univ. 1974. 93 S. (Heidelberger geogr. Arbeiten 42) [Umfaßt den Raum Basel-Bingen]

2175. H a h n , Rainer: Die Entwicklung der Regionalplanung im Rhein-Neckar-Raum von der Gründung der kommunalen Arbeitsgemeinschaft 1951 bis zur Bildung des Raumordnungsverbandes 1970. Eine Fallstudie. Heidelberg 1976. 203 S. m. Kt. u. Abb. Heidelberg, Pol. Magisterarbeit 1976

2176. Hauptelemente regionaler Planung – Raumordnungsplan Rhein-Neckar, Regionalplan Unterer Neckar, Regionaler Raumordnungsplan Vorderpfalz. Hrsg. vom Raumordnungsverband Rhein-Neckar. Mannheim 1975. 89 S., Kt., Abb.

## 2. Marken und Allmenden

2177. I h l e , Fritz: Waldmarkgenossenschaften im Taunus. Die Waldnutzung in früheren Jahrhunderten. – In: UsL 1974, Nr 1, Sp. 8–12; Nr 2, Sp. 19–22

2178. S c h ü l e r , Wilhelm: Der Rechtsstreit um den C l e e b e r g e r Markwald. Rückblick u. Ausblick auf d. Gesch. eines Dorfes. – In: HKWe 25. 1975, S. 89–95

2179. R e u t t e r , Rolf: Zur Geschichte der D i e b u r g e r Mark. – In: Roßdorf. Beitrr. zu seiner Gesch. Ober-Ramstadt: Ver. f. Heimatgesch. 1975, S. 127–135

2180. W e b e r , Hans H.: Groß- und Klein-Zimmern im Verband der Dieburger Mark. – In: Groß-Zimmern, Klein-Zimmern. Beitrr. z. Entwicklung in Vergangenheit u. Gegenwart. Groß-Zimmern 1976, S. 72–86

2181. L a c h m a n n , Hans-Peter: Die frühmittelalterlichen Marken zwischen Rhein und Odenwald unter besonderer Berücksichtigung der Mark H e p p e n h e i m . Mit 1 Abb. – In: BDLK 49. 1975, S. 27–37

2182. K u n z , Rudolf: Streit zwischen B e n s h e i m und dem Lorscher Propst bzw. Heppenheim um die Allmende. – In: GbllBe 7. 1974, S. 194–195 [Urkunde v. 1340]

2183. L o o s , Josef: Die Gemeindewiesen in der Gemarkung G a u l s h e i m . – In: HJMBi 16. 1972, S. 23–25

2184. I h l e , Fritz: Die „Alte Burg" bei Usingen. Der Nachweis der früheren U s i n g e r Allmende. – In: UsL 1974, Nr 4, Sp. 43–45

## 3. Grenzsachen

2185. B a t t e f e l d , Willy: Die Festlegung des Verlaufs von Gebietsgrenzen in früherer Zeit. Mit 1 Kt. Skizze. – In: MDVW 25. 1974, H. 1, S. 42–46 [Betr. insbes. hess.-waldeck. Grenze]

## A. Siedlungswesen

2186. R i e b e l i n g , Heinrich: Rund um den Schüsselpott von Höhnscheid. [Grenzlinie zwischen Hessen, Mainz u. Waldeck] – In: HeG 76. 1975, S. 7–8

2187. I m m e l , Otto: Ein Grenzvertrag zwischen Hessen[-Darmstadt] und Nassau von 1631. – In: HbllPFH 42. 1974, S. 4

2188. G r a f , Helmut: Die Grenze zwischen dem Dillkreis und dem Kreis Biedenkopf, ehemals Grenze von Nassau und Hessen. Versuch e. Darst. nach Aussagen archivierter Dokumente u. nach Grenzgängen i.J. 1975. Mit 2 Abb. – In: MDVW 27. 1976, H. 1, S. 42–46

2189. I m m e l , Otto: Schlägerei um einen Kuhschwanz zwischen Roth und Mandeln. – In: HiGbll 53. 1974, S. 163–164

2190. H a i n , Waldemar: Schlägerei um einen Kuhschwanz zwischen Mandeln u. Roth. Mit 1 Abb. – In: HbllPFH 43. 1975, S. 37–38. 43 [Betr. Besitzstreit 1742 ff.]

2191. K w a s n i k , Walter: Die „Pilgermauer" bei der Fuchskaute [Gemarkung Waldaubach]. – In: Ww 69. 1976, S. 142 [Grenzwall]

2192. B r ü c k n e r , Josef: Aus dem Bad Homburger Stadtarchiv. – In: AHo 18. 1975, S. 122. 176. 196 [Betr. Grenzvergleich zw. Homburg (hess.) u. Kirdorf (Kurmainz) von 1616; Urkunde im Stadtarchiv Homburg]

2192a. R a u c h , Hanns: Traisaer Grenzgang 1630. – In: Traisaer Grenzgang. 11. Sept. 1976. 4 S.

2193. W e b e r , Hans H.: Die Grenze der Mark Heppenheim im Lindenfelser Raum. – In: Zu Kultur u. Gesch. d. Odenwaldes. Breuberg-Neustadt 1976. S. 11–28 m. Abb.

2194. H a a s , Franz: Das Viernheimer Pflaster. Ein Streitobjekt zwischen Viernheim u. Weinheim schon vor 500 Jahren. Verträge von 1480, 1709 u. 1802. – In: Rod 34, 1973, Nr. 4; 35. 1974, Nr. 1

2195. R i e b e l i n g , Heinrich: Braunschweigisch-hessische Grenzsteine im Kaufunger Wald. – In: HeG 75. 1974, S. 39–40

2196. K r u m e , Christian: ... Grenzsteine des Klosters Volkhardinghausen und der Grafschaft Waldeck in der Braunser Gemarkung. – In: MW 1974, Nr 3 v. 6. April

2197. R i e b e l i n g , Heinrich: Grenzsteine im Alten Wald bei Naumburg. – In: HeG 77. 1976, S. 11

2198. K o l l m a n n , Karl, u. Gerhard B r a n d a u : Alte Grenzzeichen um Bischhausen. Der Centstein auf d. Rohläufchen. – In: W 23. 1971, S. 12–13

2199. R i e b e l i n g , Heinrich: Grenzmale und Scheidsteine. – In: SchwJb 1976, S. 103–108

2200. Riebeling, Heinrich: Die „Wippchensteine" [zwischen Merzhausen und Röllshausen] als geschichtliche Grenzmarke. – In: SchwJb 1975, S. 64–65

2201. Solms-Laubach, Ernstotto Gr. zu: Arnsburger Grenzsteine des 12. und 15. Jahrhunderts. – In: 800 Jahre Kloster Arnsburg 1174–1974. Hrsg. von Willy Zschietzschmann. Lich 1974, S. 18–24

2202. Giegerich, Willi: Alte Grenzsteine in den Bad Vilbeler Gemarkungen. – In: ViHbll 10. 1974 = Sonderh.: Zur 1200-Jahrfeier d. Stadt Bad Vilbel, S. 50–53 m. Abb.

2203. Alte Grenzmale im Westerwald. Mit 2 Abb. – In: Ww 69. 1976, S. 51–52

2204. Rumbler, Siegfried: Taunusklub e. V. Heimatkdl. Arbeitskr. Bericht über den augenblicklichen Stand der Grenzsteinaufnahme im Hohemarkbereich des Taunus. Frankfurt/M. 1976. 12 Bl., 1 Kt., 10 ungez. Bl.

2205. Kolb, Waldemar: Zwei Oberurseler Grenzsteine des 17. Jahrhunderts. – In: MVGHOUr 20. 1976, S. 38–42 m. 2 Abb.

2206. Riebeling, Heinrich: Alte Grenzmale und Scheidsteine. Mit 4 Abb. – In: Festschr. z. 100jähr. Bestehen d. Katasteramtes Höchst. 1976, S. 31–36

2207. Ostheimer, Werner: Bedeutung älterer Grenzsteine in d. Gemarkung Hochheim. – In: HoM 492. 1975, S. 46–47. 49–50

2208. Loos, Josef: Grenzstein in der Büdesheimer Gemarkung. Mit 2 Abb. – In: HMRh 19. 1974, Nr 1, S. 1

2209. Kunz, Rudolf: Bibliser Grenzsteine. – In: GbllBe 7. 1974, S. 107–115

2210. Knapp, Hans: Viernheimer Grenzsteine. – In: GbllBe 7. 1974, S. 92–99 m. Abb.

## 4. Flurwesen

2211. Hildebrandt, Helmut: Breitstreifenaltfluren. Forschungsstand u. Forschungsprobleme. Betrachtungen z. Flurgenese in hess. Landschaften. – In: MNA 12/13. 1973/74, S. 79–158

2212. Hottes, Karlheinz, Teubert, Rainer, u. Wilhelm von Kürten: Die Flurbereinigung als Instrument aktiver Landschaftspflege. Hiltrup/Westf.: Landwirtschaftsverl. 1974. 92 S. m. Kt. (Schriftenreihe f. Flurbereinigung 61) Erscheint auch als: Materialien z. Raumordnung aus d. Geogr. Inst. d. Ruhr-Univ. Bochum, Forschungsabt. f. Raumordnung 14

2213. Großmann, Karl-Heinz: Zur Geschichte der großherzogl. hessischen Feldbereinigung und des Amtes Darmstadt. – In: MDVW 25. 1974, H. 1, S. 17–22 m. 1 Tab.

2214. S t r o h m , Richard: Das Flurneuordnungsverfahren Hatzfeld. Ein Beispiel f. e. gute Zsarbeit zwischen Landesforstverwaltung u. Landeskulturverwaltung. Mit 2 Abb. – In: MDVW 25. 1974, H. 2, S. 29–37

## 5. Wüstungen

2215. S t a e r k , Dieter: Die Wüstungen des Saarlandes. Beitrr. z. Siedlungsgesch. d. Saarraumes v. Frühmittelalter bis zur Franz. Revolution. Saarbrücken: Minerva-Verl. in Komm. 1976. 445 S., 1 Faltkt. (Veröffentlichungen d. Komm. f. saarländ. Landesgesch. u. Volksforsch. 7) [Erschien zuerst als Phil. Diss. Saarbrücken 1974]

2216. A l t e n b e r g . Geschichte u. Archäologie einer mittelalterl. Bergbausiedlung im Siegerland. Von Gerhard S c h o l l [u.a.] Müsen: Heimat- u. Verkehrsverein 1971. 30 S., Abb. [Wüstung]

2217. Ausgrabungsstätte und kulturgeschichtlicher Rundweg. Altenberg. Müsen: Altenberg e. V. [um 1975]. 3 ungez. Bl. m. 1 Pl.

2218. H o f f m a n n , Martin: Das A r n o l d s h a i n e r  Oberndorf. Historie u. Legende. Mit 1 Skizze. – In: HTBll 3. 1975, H. 7, S. 66–67 [Wüstung]

2219. H e n n , Ernst: Flurnamen und Wüstungsforschung am Beispiel B e r s d o r f s [bei Sontra] – In: HH N. F. 26. 1976, S. 47–51

2220. S t u m p f , Otto: Die Lage der Wüstung C o t t h e n in der Gemarkung Garbenteich, eine Richtigstellung zur Lage der Wüstungen: Cotthen war nicht der ursprüngliche Name von Obersteinberg. – In: MOHG N. F. 60. 1975, S. 185–187

2221. B a a d e n , Franz: Ausgegangene Dörfer unserer Heimat: Die Wüstung D e s p e r auf der Grenzmark zwischen Ransbach-Baumbach, Ebernhahn, Dernbach u. Wirges. Mit 1 Urkunde u. 2 Kt. – In: Baaden: Ransbach-Baumbach im Spiegel d. Gesch. 1975, S. 33–46

2222. S c h m i t t , Walter: Die Wüstung F i n k e n h a i n bei Dannenrod. – In: HGiess 1974, Nr 27

2223. S t r i f f l e r , Karl H.: Die Wüstung F u d e n h a u s e n . Mit 1 Pl. – In: MHG 24. 1976, S. 32–35

2224. H o f m a n n , Wilhelm: G a l m b a c h . Ein verschwundenes Dorf im Odenwald. – In: HErb 1974, Nr 7

2225. G ü t e r b o c k , Gotthilde: Die Auflösung von G a l m b a c h . [Kr. Erbach] – In: Odw 21. 1974, S. 75–85 [Umsiedlungsaktion im 19. Jh.]

2226. M o z e r , Ubbo: Hammundeseiche – 700jährige Wüstung. – In: HeG 76. 1975, S. 2–5

2227. Hergeresfeld. Eine Siedlung im Schatten von Kassel u. Wirtheim. – In: 1000 Jahre Kassel u. Wirtheim [Festschrift]. Biebergemünd 1976, S. 44–46 [Wüstung]

2228. Bitzer, Artur: Hottenseifen – das verschwundene Dorf im Kirchspiel Birnbach. – In: HJAl 1975, S. 110–111

2229. Ihle, Fritz: Als Wilhelmsdorf noch „Hungeses" war. – In: UsL 1975, Sp. 112–116 [Wüstung]

2230. Emde, Alfred: Das Feld Ittlar [früher kleine Ansiedlung] – von Geheimnissen umwittert. – In: MW 1976, Nr 18 v. 29. Okt.

2231. Krume, Christian: Leferinghausen – Das Ende einer 750jährigen Siedlung. [Vom Twistesee überflutet] – In: MW 1976, Nr 14 v. 4. Sept.

2232. Höck, Alfred: Geschirr-, Kachel- und Ziegelreste vom Klaushof in der Gemarkung Neukirchen. – In: SchwJb 1974, S. 28–33

2233. Dascher, Georg: Lohhof, Hutzwiese und Schafhof. Verschwundene Höfe u. e. Neusiedlung bei Ober-Kainsbach. – In: HErb 1974, Nr 6

2234. Launspach, Willi: Von Meilbach, Giebenhausen und Wilshausen. – In: HGiess 1976, Nr 46 [Wüstungen innerhalb d. Gemarkung v. Reiskirchen]

2235. Heilhecker, Adolf: „Im Spich" wurden einst Nägel geschmiedet. Ein Kapitel Runkeler Frühgesch. – In: HLD 63. 1976, S. 3 [Spiche: Wüstung in d. Gemarkung Schadeck]

2236. Sturm, Erwin: Das Rhöndorf Werberg starb endgültig. Nachruf auf e. altfuldische Siedlung – Eine Wüstung unserer Zeit. – In: BuBll. 47. 1974, S. 57–59

## B. LANDWIRTSCHAFT

### 1. Agrargeschichte

2237. Schnellbach, Dietrich: Die Entwicklung des Agrarrechts in Hessen. – In: Agrarrecht 4. 1974, H. 7, S. 193–194

2238. Schlau, Wilfried: Die bäuerliche Führungsschicht in Hessen im 19. und 20. Jh. – In: Bauernschaft u. Bauernstand. 1500–1970. Hrsg. von Günther Franz. Limburg/Lahn: Starke 1975. S. 265–290 (Deutsche Führungsschichten in d. Neuzeit 8)

2239. Stolle, Walter: Heuernte und Hausindustrie in Hessen von 1890–1970. Marburg: Marburger Studienkreis f. europäische Ethnologie 1973. 189, XXXIII S., 33 Taf. u. Kt.-Mappe m. 7 Kt. (Marburger Studien zur vergleichenden Ethnosoziologie 5) [Erschien auch als Diss. Marburg, Univ., Fachbereich Gesellschaftswiss. 1973 u. d. T.: Stolle: Strukturwandel d. Landwirtschaft Hessens v. 1890–1970, aufgezeigt am Beispiel v. Heuernte u. Hausindustrie]

2240. S c h e r e r , Adolf: Raiffeisen in Kurhessen. Die Gesch. einer sozialen Bewegung. 2. Melsungen: Bernecker 1976. 165 S., m. Abb.

2241. 20 Jahre Selbstverwaltung 1953–1973. Hessen-Nass. landwirtschaftl. Berufsgenossenschaft Kassel. Kassel 1974. 39 S. m. Bildn.

2242. M a x e i n e r , Rudolf: Vertrauen in die eigene Kraft. Wilhelm Haas. Sein Leben u. Wirken. Wiesbaden: Dt. Genossenschafts-Verl. 1976. 128 S. m. 1 Bildn., 8 Bl. Abb. (Raiffeisen-Bibliothek) [26. 10. 1839–8. 2. 1913. Großherzogl.-Hess. Geheimer Rat; Gründer d. Verbandes d. hess. landwirtschaftl. Konsumvereine; Direktor d. Verbandes d. hess. landwirtschaftl. Genossenschaften]

2243. K a i s e r , Justus: 120 Jahre Landwirtschaftlicher Kreisverein Marburg/Lahn. Marburg 1975. 255 S. m. Abb.

2244. R u p p e l , Heinrich: Rhönbauern. 3. Aufl. Kassel: Bernecker 1973. 120 S.

2245. P r a e s e n t , Wilhelm: Das Huttische Salbuch von 1594. – In: BuBll 48. 1975, S. 53–55

2246. F o x , George Thomas: Studies in the rural history of Upper Hesse, 1650–1830. Vanderbilt University, Phil. Diss. 1976. Positiv-Mikrofilm. Ann Arbor, Mich.: Xerox Univ. Microfilms 1976. 487 S.

2247. B e p p l e r , Julius: Mühsame Arbeit und meist nur sehr unzureichende Ergebnisse. Erntezeit in Mittelhessen vor Jahrzehnten. – In: HGiess 1975, Nr 30–35

2248. J a s c h k e , Dietmar Udo: Die Berichterstattung über die Landwirtschaft in der Heimatpresse. Analyse v. Struktur u. Inhalt d. landwirtschaftl. Berichterstattung im „Gießener Anzeiger" (GA) v. 1900–1967. Gießen 1969. 181 S. m. Abb. Gießen, Landwirtsch. Diss. v. 1969

2249. G e r m a n n , Otto: Feldbuch der Gemeinde Gilsbach von 1790. Die Bauern bewirtschafteten Herrenland u. Junkerland. – In: UHl 43. 1975, S. 151–152

2250. K u h n i g k , Armin M.: Agrarstaat Nassau half den Bauern. Das Weyerer Protokoll aus d. J. 1827. Ein Beitr. z. Landwirtschaftsgesch. Mit 1 Bildn. – In: HLD 60. 1975, S. 3

2251. H e n n , Ernst: Johann Henrich Lang [alias Heinrich Lange, 1789–1856] aus Breitscheid. – In: HbllPFH 42. 1974, S. 40 [Professor am Landwirtschaftl. Institut auf Hof Geisberg b. Wiesbaden]

2252. M a x e i n e r , Rudolf: Über Zeit und Raum. Die Gesch. d. Raiffeisenverbandes Rhein-Main anläßl. seines 100jähr. Bestehens am 30. Juni 1973. 1873–1973. Frankfurt/M.: Raiffeisenverb. Rhein-Main 1973. 207 S. m. Abb.

2253. B e y h l , Siegunde: Landwirtschaftliches Bauen. Beispiele aus d. 18. Jh. bis zum Aussiedlerhof. Mit 2 Abb. – In: HJMBi 20. 1976, S. 10–15 [Gebiet d. Kreises Mainz-Bingen]

2254. B r a d e n , Karl: Die Erntejahre zu Beginn des Jahrhunderts. Betrachtungen über d. Wetter vor dem Hintergrund d. Zeitgesch. [Quelle: Büdesheimer Kirchenchronik]. – In: HMRh 19. 1974, Nr. 9

### Höfe, Güter

2255. S c h u t t e , Kurt: Zur Geschichte der Adelshöfe Oendorf (jetzt Hohenhain), Eichen bei Freudenberg und Hupsdorf im Freien Grund. – In: Si 52. 1975, S. 111–116; 53. 1976, S. 19–22

2256. L a c h m a n n , Hans-Peter: Die Höfe der Katzenelnbogener in der Obergrafschaft. Ein Beitr. z. Agrar- u. Wirtschaftsgesch. d. beginnenden 15. Jh. – In: AHG N. F. 32. 1974, S. 161–191

2257. H e u s o n , Hans-Velten: Die A l l e n r ö d e r Höfe. – In: BüGbll 8. 1974/75, S. 198–203 [zw. Kefenrod u. Nieder-Seemen im Vogelsberg]

2258. A n t o n i , Georg: Der fürstlich-fuldische A l t e n h o f . Ein Beitr. zur Wirtschaftsgesch. d. 16., 17. u. 18. Jh. Aus seinem Nachlaß hrsg. von Michael Antoni. Mit 1 Skizze. – In: FuGbll 52. 1976, S. 81–128

2259. B r a u n s , Eduard: Gut B o d e n h a u s e n im Warmetal. – In: HeG 76. 1975, S. 6–7

2260. S c h m i t t , Walter: Neue Erkenntnisse über die einstigen Lehenshöfe von Homberg - D a n n e n r o d . – In: HGiess 1976, Nr 51, 52

2261. B a t t e n b e r g , Friedrich: Der Reichshofgerichtsprozeß um den D o t t e n f e l d e r H o f bei Bad Vilbel (1434–1438). – In: AHG N. F. 33. 1975, S. 87–110

2262. H e i n z , Friedrich R.: Die Güter und Lehen der Adligen von Bicken und anderer in E i b e l s h a u s e n . – In: HbllPFH 43. 1975, S. 15–16 u. 19

2262a. S c h ü t t , Gerhard: Conductor Johann Justus Möller vom E i c h h o f (1702–1779). – In: MHl 26. 1974/75, S. 41–43

2263. W a c k e r f u ß , Winfried: Der Hof der Geilinge von Altheim zu K l e i n - Z i m m e r n als Streitobjekt. Urkunden u. Akten zu seiner Gesch. – In: Groß-Zimmern, Klein-Zimmern. Beitrr. z. Entwicklung in Vergangenheit u. Gegenwart. Groß-Zimmern 1976, S. 54–71

2264. B r a u n s , Eduard: Das Stadtgut K r a g e n h o f bei Kassel. – In: KaS 98. 1976, Nr 48, S. 12, Ausg. Kassel

2265. H ü t s c h , Th.: Die ehemaligen Ritterlehngüter in M a b e r z e l l . – In: BuBll 48. 1975, S. 13–15

2266. Wackerfuß, Winfried: Ein neuer Fund z. Gesch. d. Neustädter Hofs zwischen Mömlingen und Eisenbach. – In: Odw 21. 1974, S. 102–104

2267. Rosenbohm, Rolf: Zur Geschichte des Hofes Niederursel. Mit e. Vorbemerkung von K. Grah u. e. Nachw. d. Red. „der hof". Frankfurt a. M. 50, Alt-Niederursel 42: Der Hof 1975. 8 S. (Ser. Werkstattberr.)

2268. Dascher, Georg: Die Haal und ihre Leute. – In: SchnBer 1976, S. 21–23 [„Die Haal" sind drei Höfe in Ober-Kainsbach]

2269. Erb, Karl: Das „Traiser Hofgut." – In: HGiess 1975, Nr 48 [In Nieder-Gemünden]

## 2. Wirtschafts- und Sozialwissenschaft des Landbaus

2270. Morgen, Herbert, u. Hartwig Spitzer: Zur räumlichen Entwicklung der Landwirtschaft in den drei Bundesländern Hessen/Rheinland-Pfalz/Saarland. Mit 13 Ktn, 4 Darst. u. 14 Tab. – In: Beitrr. z. Raumplanung in Hessen, Rheinland-Pfalz, Saarland. Hannover 1974. (Veröffentlichungen d. Akad. f. Raumforsch. u. Landesplanung. Forschungs- u. Sitzungsberr. 91) S. 79–130

2271. Spitzer, Hartwig: Die Landwirtschaft in Hessen. Dargest. u. erl. anhand von 5 Kt. – In: Mitteilungen d. Bodenkdl. Ges. 17. 1973, S. 107–115

2272. Agrarpolitik in Hessen 1955–1966. Red.: Martin Boesler u. W. Müller. Wiesbaden: Der Hess. Min. f. Landwirtschaft u. Forsten 1966. 152 S., 1 Faltbl. m. Abb.

2273. Agrarstrukturpolitik und Regionalpolitik. AVA-Vortragsveranstaltung 1969. Von Egon Glatzl [u.a.] Wiesbaden 1969. 101 S. (AVA-Arbeitsgemeinschaft z. Verbesserung d. Agrarstruktur in Hessen e.V. Sonderh. 37)

2274. Tassilo Tröscher. Wegbereiter einer vorausschauenden Agrarstrukturpolitik. Anläßl. d. Vollendung d. 70. Lebensjahres d. Vorsitzenden d. Vorstandes d. AVA am 25. Dez. 1972. Mit Beitrr. von Heinrich Bartmann [u.a.] Wiesbaden: AVA-Arbeitsgemeinschaft z. Verbesserung d. Agrarstruktur in Hessen e.V. 1972. 161 S. (AVA-Arbeitsgemeinschaft z. Verbesserung d. Agrarstruktur in Hessen e.V. 28)

2275. Bilanz der hessischen Umwelt-, Agrar- und Forstpolitik. Wiesbaden: Hess. Landesregierung, Presse- u. Informationsabt., Staatskanzlei [1974]. 40 S. m. 1 Abb. (SHInf 15)

2276. Landwirtschaft und Welternährungssicherung. Auswirkungen auf d. Agrarstrukturpolitik. AVA-Jahrestagung 1975. Richard Bayha [u.a.] Wiesbaden 1975. XXV, 111 S. (AVA-Arbeitsgemeinschaft z. Verbesserung d. Agrarstruktur in Hessen e.V. Sonderh. 55)

2277. Rezession oder Besinnung in der Agrarpolitik. Konsequenzen f. d. Agrarstrukturpolitik. AVA-Jahrestagung 1976. Willi Görlach [u.a.] Wiesbaden 1976. XIV, 120 S. (AVA-Arbeitsgemeinschaft z. Verbesserung d. Agrarstruktur in Hessen e.V. Sonderh. 57)

2278. Landwirtschaftszählung 1971/72. H. 1–10. Wiesbaden: Hess. Statist. Landesamt 1973–77. (BStH N. F. 55) 1. Grunderhebung im Mai 1971. '73. 348 S. 2–6. Voll- u. Repräsentativerhebung 1972. '77. 233 S. 7. Gartenbauerhebung 1972/73. '74. 191 S. 8. Weinbauerhebung 1972/73. '75. 85 S. 9. Forsterhebung 1971/72. '76. 34 S. 10. Binnenfischereierhebung. '73. 21 S.

2279. Größenstruktur der landwirtschaftlichen Betriebe in den hessischen Gemeinden 1970. Wiesbaden: Hess. Statist. Landesamt 1971. 48 S. (BStH N. F. 38)

2280. Baumgardt, Hans Joachim: Die gegenwärtige und zukünftige räumliche Betriebsgrößenverteilung in Hessen unter Zugrundelegung rationeller Betriebsmodelle für landwirtschaftliche Familienbetriebe. Gießen 1967. 232 S. m. Abb. u. Kt. Skizz., Anh. Gießen, Landw. Diss. v. 21. 11. 1967

2281. Buchführungsergebnisse landwirtschaftlicher Betriebe in Hessen. Zsstellung u. Bearb.: Dezernat Buchführung. Statistik. 1971/72 ff. Kassel: Hess. Landesamt f. Landwirtschaft [1973] ff.

2282. Neumann-Damerau, Friedrich Karl: Entwicklung von Aussiedlungsbetrieben in Hessen. Wiesbaden 1970. 211 S. m. Abb., Tab. u. Bibliogr. (AVA-Arbeitsgemeinschaft z. Verbesserung d. Agrarstruktur in Hessen e.V. 39)

2283. Ergebnisse von dreijährigen Feldversuchen in Hessen. 1970/1972. Kassel: Hess. Landesamt für Landwirtschaft 1974. 301 S. (Information. 74, 1)

2284. Boland, Hermann: Evaluierung eines innovativen Gruppenberatungsprogramms. Ein prakt. Versuch in 5 Gemeinden d. Wetteraukr. Hiltrup: Landwirtschaftsverl. 1976. V, 199 S. (Landwirtschaft, angewandte Wiss. 187) Zugl. Gießen, Univ., Fachbereich 20, Nahrungswirtschafts- u. Haushaltswiss. Diss. 1976

2285. Saidi, Khosrow: Untersuchungen über die Beziehungen zwischen Ernteerträgen und Witterungsfaktoren aufgrund mathematisch statistischer Auswertungen von ökologischen Dauerversuchen in Rauisch-Holzhausen, Gießen und Groß Gerau. Gießen 1974. 90 S. m. Abb. Gießen, Univ., Fachbereich Angewandte Biologie, Diss. 1974

2286. Kitz, Manfred: Vergleichende Standortuntersuchungen in den Übergangslagen des Vogelsberges und in der Waberner Senke mit besonderer Berücksichtigung von Düngung und Nährstoffbilanz. Gießen 1975. 279 S., 47 Tab., Anh. Tab. 48–158. Gießen, Univ., Fachbereich 15 – Angewandte Biologie, Diss. 1975

2287. Schröder, Ferdinand: Verbesserungsmöglichkeiten der wirtschaftlichen Lage von Futterbaubetrieben auf ungünstigen Mittelgebirgsstandorten (Vogelsberg, Rhön, Westerwald, Sauerland). Gießen 1972. V, 201 S. Gießen, Univ., Fachbereich Nahrungswirtschafts- u. Haushaltswiss., Diss. 1972

2288. M o h r , Gerhard Heinrich Harald: Untersuchung der Wechselwirkungen von landwirtschaftlichem und allgemeinem Verkehr und ihre Konsequenzen für Maßnahmen der Landentwicklung – dargestellt in ausgewählten Gebieten Hessens. 1974. 212 S. Gießen, Univ., FB Nahrungswirtsch. u. Haushaltswiss., Diss. 1974

2289. K r a s n i t z k y , Herbert: Der Strukturwandel in der Landwirtschaft des Kreises Kassel – In: JbLKa 1976, S. 104–108

2290. B o ß u n g , Moiken: Regionale Haushaltsanalyse. Befunde, Probleme u. Lösungsversuche. Wiesbaden 1974. VI, 249 S. (AVA-Arbeitsgemeinschaft z. Verbesserung d. Agrarstruktur in Hessen e. V. Sonderh. 52) Zugleich Gießen, Univ., Fachbereich 20 – Nahrungswirtschafts- u. Haushaltswiss., Diss. 1974 [Betr. insbes. d. Hess. Rhön]

2291. B o ß u n g , Moiken: Das Lebensniveau bäuerlicher Familien in den drei landwirtschaftlichen Produktionsstandorten der Rhön. Standortvergleich auf der Basis d. alternativen Betriebsentwicklungsplanungen u. d. regionalen Haushaltsanalyse. Wiesbaden 1974. 99 S. [AVA-Arbeitsgemeinschaft z. Verbesserung d. Agrarstruktur in Hessen e.V. Sonderh. 51)

2292. B u s s , Gerold, u. Rüdiger B a u m g a r t : Landwirtschaft und Gartenbau. Ein Situationsbericht. – In: Der Landkr. Gießen. Hrsg.: Ernst Türk. Stuttgart, Aalen: Theiss 1976, S. 288–299

2293. G ü n t h e r , Wolfgang: Untersuchungen der sozialökonomischen und sozialkulturellen Leistungsfähigkeit industrienaher und industrieferner landwirtschaftlicher Standorte, dargestellt an den Beispielen Vogelsberg und Westhessische Senke. Konkurrenzvergleich d. beiden landwirtschaftlichen Standorte Vogelsberg u. Westhess. Senke. Mit zahlr. Tab. Gießen 1975. 165 S. (Gießener Schriften zur Wirtschafts- und Regionalsoziologie 2) Gießen, Univ., Fachbereich Nahrungs- u. Haushaltswiss., Diss. 1975

2294. W i l k e , Ernst u. Heinrich L a p p : Höhenlandwirtschaft. Notwendigkeit für die Industriegesellschaft. Diskussion am Beisp. d. Vogelsberges (ehem. Landkr. Lauterbach). Lauterbach/Hess.: Bodenverband Vogelsberg 1974. 28 S. (Schriftenreihe d. Bodenverbandes Vogelsberg 7)

2295. G ö r l a c h , Willi: Landwirtschaft in der Wetterau. – In: Der Wetteraukreis. Frankfurt a.M. 1976, S. 58–61

2296. M e y h o e f f e r , Wolf-Eckart: Struktureller Wandel und gesellschaftliches Bewußtsein in zehn ehemals kleinbäuerlichen Dörfern der Bundesrepublik Deutschland. Vorw.: Edmund Mrohs u. Bernd van Deenen. Bonn 1976. VI, 254 S. (Forschungsges. f. Agrarpolitik u. Agrarsoziol. e.V. Bonn 238) [Betr. u.a. Freienseen]

2297. L e y e r , Ernst: Die Landwirtschaft. Mit 2 Abb. – In: Main-Kinzig-Kreis. Oldenburg (Oldb.) 1976, S. 156–159

2298. G e i s , Edmund: Landwirtschaft im Wandel des ländlichen Raumes. Mit 5 Abb. – In: Land an d. Lahn. Mühlheim/M. 1976, S. 165–174

2299. M e y e r , Otto: Die Landwirtschaft. Mit Abb. – In: Der Unterlahnkr. Mainz 1967, S. 79–82

2300. T h i e m e , Günter: Regionale Unterschiede der agrarstrukturellen Entwicklung. Untersuchungen im Vorderwesterwald. Mit 56 Abb. u. 15 Tab. Bonn: Dümmler in Komm. 1975. 160 S. (Arbeiten zur rhein. Landeskde 38)

2301. L a n g , Rudolf: Hat der Bauer noch Zukunft? Mit 4 Abb. – In: Wi int 1976, 1, S. 10–15 [Betr.: Stadtkr. Wiesbaden u. seine Landwirtschaft]

2302. T ö p f e r , Ernstfried: Ein Streifzug durch die Landwirtschaft [von Abenheim]. – In: Abenheim. Festbuch zur 1200-Jahrfeier. Worms-Abenheim 1974, S. 98–101

2303. Grundlagen zur agrarstrukturellen Rahmenplanung Hessen. Koordination d. Arbeiten u. Red.: AVA-Arbeitsgemeinschaft z. Verbesserung d. Agrarstruktur in Hessen e.V. Wiesbaden: Hess. Min. f. Landwirtschaft u. Forsten 1969. 10 S., 85 ungez. Kt. m. Erl. Bl., 1 Faltkt. ([Agrarstrukturelle Vorplanung Hessen 1. Stufe])

2304. B ü h n e m a n n , Wolfgang, Walter H e n t z e l t u. Heiner W i d e r : Der Hess. Min. für Landwirtschaft u. Umwelt. Ermittlung alternativer Modelle räumlich typischer Bewirtschaftungsformen im Rahmen der agrarstrukturellen Vorplanung. Grafik: Helmut Schöppler. Stufe 2: Hessen 1973/1974. Bad Homburg v. d. H.: Dt. Bauernsiedlung, Dt. Ges. f. Landentwicklung (DGL), Referat Agrarstrukturplanung [1976]. 165 S.

2305. B ü h n e m a n n , Wolfgang u. Heiner W i d e r : Theoretische Tragfähigkeitsberechnungen auf der Grundlage Modelle typischer Bewirtschaftungsformen bezogen auf die Landbaugebiete Hessens im Rahmen der agrarstrukturellen Vorplanung, 2. Stufe. Grafik: Helmut Schöppler. Der Hess. Min. f. Landwirtschaft u. Umwelt. Planungsgruppe Bad Homburg, Unternehmensbereich d. Ges. f. Landeskultur GmbH. Wiesbaden: Hess. Min. f. Landwirtschaft u. Umwelt [1976]. II, 53 S. m. Kt.

2306. Der Hess. Min. f. Landwirtschaft u. Umwelt. Agrarstrukturelle Vorplanung. 2. Stufe. B i e d e n k o p f . Bd 2. Entwicklungsteil. Entwicklungsplan u. Erl. Ber. Betreut durch Agrarsoziale Ges. e.V. Göttingen. [Wiesbaden;] Göttingen: Agrarsoziale Ges. 1976. V, 123 S., 1 Faltkt.

2307. Der Hess. Min. f. Landwirtschaft u. Umwelt. Agrarstrukturelle Vorplanung – 2. Stufe – B o r k e n (Schwalm-Eder-Kr.) Entwicklungsteil. Planungsbeauftragter: Hess. Landges. mbH. Arbeitsgruppe Agrarstrukturelle Vorplanung, Kassel. Kassel 1974. 116 S., 1 Faltkt.

## B. Landwirtschaft

2308. Der Hess. Min. f. Landwirtschaft u. Umwelt. Agrarstrukturelle Vorplanung – 2. Stufe – B ü d i n g e n. Entwicklungsteil. Erstellt: Hess. Landges. mbH. Zweigniederlassung Frankfurt. Frankfurt 1975. 107 S., 2 Faltkt.

2309. Der Hess. Min. f. Landwirtschaft u. Umwelt. Regionale Planungsgemeinschaft Starkenburg. Agrarstrukturelle Vorplanung – 2. Stufe – D i e b u r g. Planungsbeauftragter: DSK Dt. Stadtentwicklungs-Ges. mbH. Frankfurt a.M. Bearb.: Wolf H e l m [u.a.] Entwicklungst. u. Entwicklungskt. [Wiesbaden] 1976. [Ringbuchfassung] 157 S., graph. Darst., Kt.

2310. Agrarstrukturelle Vorplanung. avp 3. D i e t z e n b a c h. Hrsg.: Der Hess. Minister f. Landwirtschaft u. Umwelt. Bearb.: Kurt K u l a w i k [u.a.]. Hanau: Amt für Landeskultur 1975. 70 S., Kt., Abb.

2311. Der Hess. Min. f. Landwirtschaft u. Umwelt. Agrarstrukturelle Vorplanung. 2. Stufe. D i l l k r e i s. Bd 1. Grundlagenteil – Bestandsaufnahme u. Analyse. 222 S. 2. Entwicklungsteil. Entwicklungsplan u. Erl. Ber. Erstellt durch Agrarsoziale Ges. e.V. Göttingen. 85 S., 1 Faltkt. [Wiesbaden;] Göttingen: Agrarsoziale Ges. 1976.

2312. Der Hess. Min. f. Landwirtschaft u. Umwelt. Agrarstrukturelle Vorplanung. F u l d a – 2. Stufe – Dt. Bauernsiedlung – Dt. Ges. f. Landentwicklung (DGL) GmbH. Bad Homburg v.d.H. 1973/74. Bearb.: Bolemir F i š e r [u.a.] Bad Homburg v.d.H. [1975]. 126 S., 1 Faltkt.

2313. Der Hessische Minister f. Landwirtschaft u. Umwelt. Agrarstrukturelle Vorplanung. 2. Stufe. H o c h t a u n u s. Entwicklungsteil. Erstellt: Hess. Landgesellschaft, Zweigniederlassung Frankfurt. [Wiesbaden;] Frankfurt 1976. 93 S.

2314. Der Hess. Min. f. Landwirtschaft u. Umwelt. Agrarstrukturelle Vorplanung – 2. Stufe – H o f g e i s m a r, Landkr. Kassel. Planungsbeauftragter: Hess. Landges. m.b.H. Kassel. Kassel 1974. 67 S., 1 Faltkt.

2315. Agrarstrukturelle Vorplanung und Landschaftsplan für den Nahbereich H ü n f e l d. Bearb.: Harald v. A u e n m ü l l e r [u.a.] Hrsg.: Agrarsoziale Ges. Bd 1: Agrarstrukturelle Vorplanung f. d. Nahbereich Hünfeld. Göttingen 1970. 115 S. m. Abb. (Materialsammlung d. ASG 99)

2316. Agrarstrukturelle Vorplanung. avp 3. J o s s g r u n d. Hrsg.: Der Hess. Minister f. Landwirtschaft u. Umwelt. Hanau: Amt für Landeskultur 1975. ca. 110 S., Kt., Abb.

2317. AVA-Arbeitsgemeinschaft zur Verbesserung d. Agrarstruktur in Hessen e.V. Agrarstrukturelle Vorplanung für das K n ü l l g e b i e t. Bearb.: Joachim K r a u s e [u.a.] Bd 1. Analyse. 2. Entwicklung. Wiesbaden 1971. (AVA-Arbeitsgemeinschaft zur Verbesserung d. Agrarstruktur in Hessen. Sonderh. 43)

2318. Der Hess. Min. f. Landwirtschaft u. Umwelt. Agrarstrukturelle Vorplanung – 2. Stufe – L a u t e r b a c h. Entwicklungsteil 1975. Projektleitung:

Wolfgang B ü h n e m a n n . Planungsbeauftragter: Planungsgr. Bad Homburg, Unternehmensbereich d. Ges. f. Landeskultur GmbH. Träger: Regionale Planungsgemeinschaft Osthessen. [Wiesbaden;] Bad Homburg: Planungsgruppe [1976]. 114 S., 5 ungez. Faltkt.

2319. Der Hess. Minister f. Landwirtschaft u. Umwelt. Agrarstrukturelle Vorplanung – zweite Stufe – L i m b u r g – W e i l b u r g . Entwicklungsteil. Projektleitung: Bolemir F i š e r . Bearb.: Wolfgang B ü h n e m a n n [u.a.] Planungsbeauftragter: Planungsgr. Bad Homburg, Unternehmensbereich d. Ges. f. Landeskultur GmbH. Bad Homburg 1975. 173, 89 S., 1 Faltkt.

2320. Der Hess. Min. f. Landwirtschaft u. Umwelt. Agrarstrukturelle Vorplanung – 2. Stufe – M a i n - T a u n u s . Entwicklungsteil 1975. Projektleitung: Wolfgang B ü h n e m a n n . Planungsbeauftragter: Planungsgruppe Bad Homburg, Unternehmensbereich d. Ges. f. Landeskultur GmbH. Träger: Regionale Planungsgemeinschaft Untermain. [Wiesbaden;] Bad Homburg: Planungsgruppe 1975. 161, A 101 S., 2 Faltkt.

2321. Agrarstrukturelle Vorplanung – 2. Stufe – Hess. O d e n w a l d . Zsfassung. Erstellt durch d. Landeskulturamt Hessen. Wiesbaden 1975. 174 S., 3 Faltkt.

2322. Der Hess. Min. f. Landwirtschaft u. Umwelt. Agrarstrukturelle Vorplanung – 2. Stufe – R h e i n - M a i n - T a u n u s . Entwicklungsteil. Planungsbeauftragter: Dt. Bauernsiedlung, Dt. Ges. f. Landentwicklung, Bad Homburg. Träger: Regionale Planungsgemeinschaft Rhein-Main-Taunus, Wolfgang B ü h n e m a n n [u.a.] Bad Homburg v. d. H. 1975. 108, [34] S. m. Kt.

2323. Agrarstrukturelle Vorplanung und Landschaftsrahmenplanung Hessische R h ö n . Bearb.: Arno H e r m s [u.a.] Dt. Ges. f. Landentwicklung, Bad Homburg. Univ. München, Inst. f. Landschaftspflege. Bad Homburg 1970–71. 221 S. m. Kt.

2324. Der Hess. Min. f. Landwirtschaft u. Umwelt. Agrarstrukturelle Vorplanung – 2. Stufe – Südl. R i e d . Entwicklungsteil. Frankfurt: Hess. Landges. 1976. VIII, 116 S., 1 Faltkt.

2325. Der Hess. Min. f. Landwirtschaft u. Umwelt. Agrarstrukturelle Vorplanung – 2. Stufe – S c h l ü c h t e r n II. Bearb.: Ludwig S e i b o l d t [u.a.] Bad Homburg v. d. H.: Dt. Bauernsiedlung 1972. 223 S., 1 Faltkt.

2326. Agrarstrukturelle Vorplanung für den Raum Butzbach. Mit Beitrr. zu e. integrierenden Gesamtplanung in e. Teilraum d. nördl. W e t t e r a u innerhalb d. Region Untermain. Wilhelm M i e l i n g [u.a.] Bd 1. Vorplanungsbericht, Bestandsaufnahme. 2. Darstellungen u. Kt. 3. Planung, Folgerungen, Vorschläge. Wiesbaden 1969. (AVA-Arbeitsgemeinschaft zur Verbesserung d. Agrarstruktur in Hessen e. V. Sonderh. 36 a–c)

2327. Der Hess. Min. f. Landwirtschaft u. Umwelt. Agrarstrukturelle Vorplanung – 2. Stufe – W e t z l a r - G i e ß e n . Erstellt: Hess. Landges., Zweigniederlassung Frankfurt. Träger: Regionale Planungsgemeinschaft Mittelhessen. Entwicklungsteil. [Wiesbaden;] Frankfurt: Hess. Landges. 1975. V, 103 S.

2328. Der Hess. Min. f. Landwirtschaft u. Umwelt. Agrarstrukturelle Vorplanung – 2. Stufe – W i t z e n h a u s e n (Werra-Meißner-Kr.) Entwicklungsteil. Planungsbeauftragter: Hess. Landges. mbH. Arbeitsgruppe Agrarstrukturelle Vorplanung, Kassel. [Wiesbaden;] Kassel: Hess. Landges. 1976. 147 S., 4 Faltkt.

2329. Der Hess. Min. f. Landwirtschaft u. Umwelt. Agrarstrukturelle Vorplanung – 2. Stufe – W o l f h a g e n (Landkr. Kassel). Entwicklungsteil. Planungsbeauftragter: Hess. Landges. mbH. Arbeitsgr. Agrarstrukturelle Vorplanung, Kassel. Kassel 1975. [1976.] 141 S., 1 Faltkt.

### 3. Pflanzliche Produktion

2330. C [ l a u s ], P[aul]: Professor Dr. Hugo Schanderl †. Mit 1 Bildn. – In: GeisLiBl 26. 1975, Nr 7 [lehrte an d. Hess. Lehr- u. Forschungsanstalt f. Wein-, Obst- u. Gartenbau in Geisenheim]

2331. Hess. Landesamt f. Landwirtschaft (3: Der Hess. Minister f. Landwirtschaft u. Umwelt. Bearb.: Michael M a r e i s [u.a.]) Betriebsergebnisse und Kennzahlen für den hessischen Gartenbau. H. 1–3. Frankfurt/M. 1972–1975/76. [1973–77]

2332. Garten- und Landschaftsbau in Hessen. Ergebnisse einer Strukturerhebung 1973/74. Bearb.: Michael M a r e i s. Kassel: Hess. Landesamt f. Landwirtschaft 1974. 34 S. m. Abb. (Hess. Landesamt f. Landwirtschaft. Information 5)

2333. Gartenbau in Hessen. Produktion, Märkte, Leistung. Bearb.: Dezernatsgruppe Garten- u. Weinbau Frankfurt/M. (E. S c h ü r m e r [u.a.]) Kassel: Hess. Landesamt f. Landwirtschaft 1976. 55 S. (Hess. Landesamt f. Landwirtschaft. Information f. Beratung u. Praxis)

2334. [Festschrift.] 50 Jahre Junggärtner 1924–1974. Hrsg.: Arbeitsgemeinschaft deutscher Junggärtner e.V., Gruppe Wiesbaden. Ober-Ramstadt 1974: Leinberger. 129 S. m. Abb. [S. 17–29: T ö p f e r , Hans-Joachim: Entstehung u. Entwicklung d. Wiesbadener Junggärtnergruppe. 32–44: S i n z i g , Sigurd: Zweiter Lebensabschnitt d. Junggärtnergruppe Wiesbaden 1949–1974. 51–80: W a g n e r , Georg: Zur Gesch. d. Wiesbadener Gartenbaues. 83–96: S t o c k e y , Friedrich: Ein Streifzug durch 5 Jahrzehnte Ausbildung im Gartenbau. 115–120: M e n k e , Friedrich: Die AdJ: Was war sie, was ist sie, was wird sie sein?]

2335. 85 Jahre Obst- und Gartenbauverein Fränkisch-Crumbach im Odenwald. Festschr. zum 85jähr. Jubiläum d. Obst- u. Gartenbauver. Fränkisch-

Crumbach verbunden mit Herbsttagung d. Landesverbandes Hessen zur Förderung d. Obstbaues, d. Garten- u. Landschaftspflege. 26. Sept. – 28. Sept. 1975. Reinheim/Odw. 1975: Lokay. 20 ungez. Bl. [davon 5 S. Text]

2336. Baumschulen. Struktur d. Betriebe in Hessen. Bearb. Dezernatsgruppe Garten- u. Weinbau, Frankfurt/M. (E. S c h ü r m e r , Michael M a r e i s ). Kassel: Hess. Landesamt f. Landwirtschaft 1976. 35 S. m. Abb. (Hess. Landesamt f. Landwirtschaft. Information f. Beratung u. Praxis)

2337. A r z t , Theodor: Die Wetzlarer Kreisbaumschule. – In: HKWe 25. 1975, S. 57–58

2338. [Festschrift] 200 Jahre L. C. Nungesser KG, Darmstadt. Darmstadt: Hoppenstedts Wirtschaftsarchiv 1975. 28 ungez. Bl. mit zahlr. Abb. [Saatgut-Unternehmen]

2339. D a p p e r , Heinrich: Die Edelkastanie im Taunus. Mit 2 Abb. – In: MVGHOUr 18. 1974, S. 33–42

2340. J u n g , Wilhelm: Goethe liebte und erhielt regelmäßig Kronberger Kastanien. Mit 1 Abb. – In: HGiess 1974, Woche 35

2341. K ü n z e l , Artur: Zur Entwicklung des Kirschenanbaus im Witzenhäuser Raum. – In: W 27. 1975, S. 21–22

2342. K a r b , Heinrich Friedrich: Wie Lampertheim zur Spargelstadt wurde. – In: LaHbll 1974, Nr 5

2343. B o r s t e l , Uwe-Od: Untersuchungen zur Vegetationsentwicklung auf ökologisch verschiedenen Grünland- und Ackerbrachen hessischer Mittelgebirge (Westerwald, Rhön, Vogelsberg). Gießen [1974]. 159 S. m. zahlr. Abb. u. Tab. Gießen, Univ., Fachbereich Angewandte Biologie, Diss. 1974

2344. S p e i d e l , Berthold: Aus d. Hess. Lehr- u. Forschungsanstalt f. Grünlandwirtschaft u. Futterbau Eichhof/Bad Hersfeld. Das Wirtschaftsgrünland der Rhön. Vegetation, Ökologie und landwirtschaftlicher Wert. (Mit einer Vegetationskt.) [Bayreuth 1970/72.] S. 201–240, 2 Taf., 1 lose Faltkt. Aus: Ber. d. Naturwiss. Ges. Bayreuth 14. 1970/72.

2345. K ö h l e r , Brigitte: Über die Einführung des Klee-Anbaus in Hessen-Darmstadt, dargest. am Beisp. der Waldensergemeinden Rohrbach, Wembach, Hahn. – In: Odw 21. 1974, S. 59–63

W e i n b a u

2346. Kleine Weinreise zu 770 deutschen Winzerbetrieben. Hrsg. v. d. Dt. Ges. f. Landentwicklung. Bad Homburg: Dt. Ges. f. Landentwicklung [1968]. 27 S. m. Abb. [Betr. u. a. Mittelrhein, Rheingau, Rheinhessen S. 24–28]

2347. W e i c k , Carl: Stand und Entwicklungsaussichten der kooperativen Vermarktung im rheinlandpfälzischen und hessischen Weinbau. 1976. X, 257 S. Gießen, Univ., Fachber. Nahrungswirtsch.- u. Haushaltswiss., Diss. 1977

2348. K e e s , Hanspeter: Willkommen am Mittelrhein! Mit 1 Abb. – In: DW 31. 1976, S. 97 [Betr. Weinwerbung]

2349. G e i s t h a r d t , Michael: Weinbau am Rhein zwischen Mainz und Koblenz. Mit 5 Abb. – In: Museum Wiesbaden 4. 1975, S. 8–12

2350. A m b r o s i , Hans: Weinmärkte, Messen und Versteigerungen. – In: DW 31. 1976, S. 99–100 [Betr. u. a. Rheingau u. Rheinhessen]

2351. Z a k o s e k , Heinrich: Neuere Ergebnisse der Standortkartierung im Weinbau. – In: Mitt. d. dt. bodenkdl. Ges. 18. 1974, S. 379–380 [Rheingau u. Bergstraße]

2352. H i l d e b r a n d , Alexander: Namen, die Kenner entzücken. Mit zahlr. Abb. – In: Wi int 1974, 3, S. 10–19 [Betr. Rheingauer Weinlagen]

2353. K n a p p , Paul: Weinwerbung und Weinvermarktung im Rheingau. Mit 1 Abb. – In: DW 31. 1976, S. 438–440

2354. H e r o l d , Wilfried: Weinwerbung für das Weinbaugebiet Rheingau. Mit 1 Abb. – In: DW 31. 1976, S. 442–443

2355. A m b r o s i , Hans: Sechs Jahre Kloster Eberbacher Weinverkaufsmesse. Rückblick u. Neuerungen. Mit 2 Tab. – In: DW 31. 1976, S. 311–312

2356. K u d e r , Gerhard: Unwetterschäden in den Weinberglagen des Rheingaues. Mit 4 Abb. – In: NL 49. 1974, S. 13–16

2357. E n g e l h a r d , Elmar: Der Nestor des Weinbaues ist tot – In: RhgHbr 91. 1975, S. 2 [Richard Graf Matuschka-Greiffenclau gest. 4. 1. 1975]

2358. Richard Graf Matuschka Greiffenclau. Mit 1 Abb. – In: DW 30. 1975, S. 43

2359. K o c h , Hans-Jörg: Rheinhessen, Weinhessen. Skizzen aus 2000 Jahren. Vortrag auf d. Veranst. d. Ges. f. Gesch. d. Weines am 25. 5. 1968 in Oppenheim. Wiesbaden: Ges. f. Gesch. d. Weines 1969. 8 S. (Schriften zur Weingeschichte Nr 19.)

2360. G r o ß e r , Horst-Ulrich: Rebsortenentwicklung in Rheinhessen und der Rheinpfalz. – In: DW 30. 1975, S. 910–916

2361. Rheinhessische Weingüter stellen sich vor. Ein Informationsband. Mit Abb. Karlsruhe: Adreßbuchverl. Südwest [um 1976]. 116 S. [Umschlagt.:] Rheinhessen und sein Wein.

2362. Die Rheinweine Hessens, Rheinhessen u. d. Bergstraße. Worms: Städt. Kulturinst. 1972. 244 S. [Reprint d. 2. Aufl. v. 1927]

2363. A n t e s , Vinzenz: Weinbau an der „Hessischen Bergstraße". Mit 2 Abb. – In: DW 31. 1976, S. 444–445

2364. C l a u s , Paul: Prof. Dr. Dr. h. c. Hermann Müller-Thurgau. Wegbereiter der Forschung in Geisenheim. – In: RhgHbr 97. 1976, S. 8–14

2365. W o l f , Werner: Vom Rebmesser zur Traubenvollerntemaschine. Entwicklung d. Technik im Weinbau v. 19.–20. Jh. – In: HJAlWo 12. 1972, S. 283–300; 13. 1973, S. 441–460

2366. W o l f , Werner: Die Entwicklung der Kellertechnik im Weinbau seit 1850. – In: HJAlWo 15/16. 1975/76, S. 761–787 m. Abb.

2367. K i e f e r , Wilhelm, M. W e b e r u. H. J. E i s e n b a r t h : Einfluß des Anschnittes auf Menge und Güte des Ertrages bei verschiedenen Rebsorten. Mit 12 Tab. – In: DW 31. 1976, S. 578–584 [Ber. üb. Anschnittversuche an verschiedenen Standorten im Rheingau]

2368. M e n g e l , Walter: Mehrzweckberegnung im Weinbau. Erfahrungen mit d. Tröpfchenbewässerung im Aßmannshäuser Höllenberg, Rheingau. Mit 2 Abb. – In: DW 31. 1976, S. 50–52

2369. R h e i n g a n s , Karlheinz: Ausbringungstechnik und Kosten der Mulchfolie. – In: DW 31. 1976, S. 336–337 [Versuche im Staatsweingut Rauenthal]

2370. S c h r a d e r , Ludolf: Die Neutronensonde: Methodische Untersuchungen und praktische Anwendung auf Weinbergsböden im Rheingau. Mit 10 Abb. u. 1 Tab. – In: NHLBF 102. 1974, S. 304–321

2371. C l e r e s , Wilfried: Sonne, Löß und Wein. Weinbau im Wandel der Zeiten [in A b e n h e i m ] . – In: Abenheim. Festbuch zur 1200-Jahrfeier. Worms-Abenheim 1974, S. 103–108

2372. L e o f f , J. K.: Der Weinbau in A l z e y und seine Geschichte. – In: HJAlWo 11. 1971, S. 63–67

2373. H e n s c h k e , Werner u. Ludwig E m m e l : Tausend Jahre Weinbau am Berger Hang. B e r g e n - E n k h e i m : Der Magistrat, Amt f. Öffentlichkeit u. kulturelle Angelegenheiten 1975. 96 S., 1 Kt.

2374. Alte Kelter in E s c h w e g e entdeckt. – In: HH N. F. 24. 1974, S. 148–149 (Sonderh. „1000 Jahre Eschwege")

2375. S c h n e i d e r , Ernst: Der Weinanbau im Kreis G r o ß - G e r a u . – In: Festschrift zum 80jähr. Jubiläum d. Hotel- u. Gaststätten-Verbandes d. Kreises Groß-Gerau. 1894–1974. Groß-Gerau. 1974, S. 49–69

2376. K o s s l e r , Peter: H o c h h e i m und sein Wein. – In: Weinfest Hochheim a. M. 1965, S. 37–47

2377. F a h n e r , Rainer: Der königliche „Hock" von Hochheim. Mit 3 Abb. – In: HoM 489. 1972, S. 46–52

2378. L u s c h b e r g e r , Franz: Das Aschrott'sche Weingut. – In: HoM 491. 1974, S. 44–45. 47–49 [Hochheim]

2379. Berühmt im Mittelalter: Hochheimer Weinmärkte. Doch d. „Gabelung" hatte auch Gegner. – In: Weinfest Hochheim 1974, S. 30–37

2380. D o h m , Horst: Feine Firne und Eleganz. Schloß J o h a n n i s b e r g : Weinbau u. Gesch. Mit 1 Abb. – In: RhgHbr 95. 1976, S. 4–6

2381. B a h l e s , Peter Josef: Der Weinbau in K a u b . – In: Kaub. 1974, S. 29–38 m. Abb.

2382. F o l t y n , Oskar: N i e r s t e i n und sein Weinbau im Wandel der Zeit. Mit 1 Abb. – In: HJMBi 17. 1973, S. 122–125

2383. Z a k o s e k , Heinrich: Die morphologischen, geologischen, bodenkundlichen und kleinklimatischen Verhältnisse in der Weinbergsgemarkung R a u e n t h a l . – In: Lehmann, Siegfried: Rauenthal. Gießen 1976, S. 35–37

2384. S t r u c k , Wolf-Heino: Über die Anfänge des Weinbaus in R ü d e s h e i m . Zur Interpretation einer Urkunde v. 1074. – In: RhgHbll 1974, Nr 2. 3

2385. W e l k e r , August: Vom Fuhrwerk in den Keller. Das „Schroten" d. Weinfässer – eine schwere Arbeit. – In: HLD 1974, Nr 47, S. 2 [Bsp.: R u n k e l ]

2386. H e l l r i e g e l , Ludwig: Bemerkungen zur Geschichte des Weines in S c h w a b e n h e i m . – In: Gesangverein „Harmonie" 1884 in Schwabenheim. 1884–1974. Festschrift zum 90-jähr. Bestehen … Mainz 1974, S. 56–60

2387. H a x e l , Julius: Der Weinbau [im U n t e r l a h n k r .]. Mit 1 Abb. – In: Der Unterlahnkr. Mainz 1967, S 83–84

2388. D i e t r i c h , Margot: Wein aus Wiesbaden. Mit 5 Abb. – In: Wi int 1975, 3, S. 10–16

2389. R ü s t e r , Helmut: Ein Dreivierteljahrhundert im Dienste des edlen Rebensaftes. Fa. August Krost, d. Fachweinkellerei in Wiesbadens City, feierte ein Doppeljubiläum. Mit Abb. – In: WiL 23. 1974, Nov., S. 12–13

2390. So fing es an. Henkell-Werbung um die Jahrhundertwende. Wiesbaden-Biebrich: Sektkellereien Henkell & Co. 1971. 8 ungez. Bl., 36 Bilder.

2391. K u p f e r b e r g , Christian Adalbert: Christian Adalbert Kupferberg 1824–1876. Erschienen im 125. Jahr seit d. Gründung d. Sektkellerei Christian Adalbert Kupferberg, Mainz. Auf Grund vorhandener u. inzwischen aufgefundener Briefe u. Aufzeichn. hrsg. In Zsarb. mit Wilhelm Treue. Mainz, Berlin: Kupferberg [in Komm.] 1975. 110 S., 68 Abb., XXIV Taf.

2392. 125 Jahre Kupferberg [Festschrift]. Als d. Wein das Perlen lernte. – In: MMag 1975, Okt. S. 23–25

VIII. Landeskultur

## 4. Tierische Produktion

2393. Viehhaltung in den hessischen Gemeinden 1969. Wiesbaden: Hess. Statist. Landesamt 1971. 155 S. (BStH N. F. 40)

2394. H a n s e n , Guenter: Die Vatertierhaltung in Hessen. – In: GT 27. 1974, S. 301–303

2395. B r ü h l , Werner: Zur Rindviehhaltung verdammt. Landwirtschaft im Westerwaldkreis. Mit 7 Abb. – In: Westerwaldkreis. Mühlheim/M. 1975, S. 189–196

2396. L a n g e , August: Das Wittgensteiner Bleßvieh. Ein Beitr. z. Gesch. d. Wittgensteiner Rindviehzucht. Laasphe: Wittgensteiner Heimatver. 1976. 88 S. m. zahlr. Abb. (Wi Beih. 5)

2397. R i e d m a y e r , Joachim: Die Nutzviehhaltung in Frankfurt a. M. Ergebnisse der allgemeinen Viehzählung vom 4. 12. 1973. – In: FrStB 36. 1974, H. 2, S. 24–31

2398. 100 Jahre Vereinigte Tierversicherung. R + V Versicherungsgruppe im Raiffeisen-Volksbankenverbund [Festschrift]. Wiesbaden: Vereinigte Tierversicherung 1975. 6 ungez. Bl. m. Abb.

2399. Zur Struktur der öffentlichen Schlachthöfe im Lande Hessen. Verantwortl. f. d. Inhalt: Harry S c h r ö d e r . Wiesbaden: Hess. Min. f. Landwirtschaft u. Umwelt [1973]. 123, [60], 21 S. m. Kt. [Darin: K r a n z , Theodor: Markt- u. betriebswirtschaftl. Aspekte. G l a s e r , Rudolf: Veterinärhygien. Begutachtung]

2400. K r a n z , Theodor u. Rudolf G l a s e r : Schlachthofstrukturplan für das Land Hessen. Wiesbaden: Hess. Min. f. Landwirtschaft u. Umwelt 1975. 161, [60] S. m. Kt.

2401. B e s c h , Michael: Überbetriebliche Zusammenarbeit in der Schlachtviehvermarktung und deren Auswirkungen auf Verhaltensweisen und Einstellungen landwirtschaftlicher Betriebsleiter in einer hessischen Mittelgebirgslage (Vogelsberg). Unter Mitarb. von N. Heim u. A. Schudt. Gießen: Schmitz 1975. 153 S. m. Kt. (Ländl. Genossenschaftswesen 16) [Literaturverz. S. 147–153]

2402. R e m p f e r , Hans: Höchster Schlachthof ist geschlachtet. Nur diese Halle u. d. Freibankhäuschen verschont. Mit 1 Abb. – In: 125 Jahre Höchster Kreisblatt. (Höchster Kreisbl. 1974. Nr 246. Beil.) S. 17.

2403. M ö t z i n g , Kurt: Alte Hutesteine und Fichtenklumpse. Zeugen ehemal. Waldbewirtschaftung im Reinhardswald. – In: W 28. 1976, S. 5–6

2404. W e i n e r t , Erich: Hirt, Herde und Hund auf dem Westerwald. Mit zahlr. Abb. – In: HJDi 18. 1975, S. 154–159

2405. K ö h l e r , Brigitte: Ein Streit um die Schafweide zwischen Wembach-Hahn und Rohrbach im 18. Jh. – In: JberVHORa 1971/72. 1973, S. 22–25

2406. 75 Jahre „Edelroller". 1901–1976 [Festschrift]. [Ffm.: Kanarien-Zucht- u. Schutzver. Edelroller 1976.] 36 S.

2407. 75 Jahre Kirdorfer Kaninchenzuchtverein. – In: AHo 19. 1976, S. 205–206; 20. 1977, S. 15

2408. Jubiläumsfeier 1900–1975. 75 Jahre Kleintierzuchtverein Rimbach und Umgebung. Rimbach 1975. 11 S.

2409. 40 Jahre Rasse-Geflügel-Zuchtverein 1936 Rüdesheim a. Rh. [Festschrift] Rüdesheim 1976. 29 ungez. Bl. m. Abb. [Darin: S c h m i t t , Anton: Rüdesheim a. Rh. aus d. Vergangenheit bis zur Gegenwart. S c h n e i d e r , Alfred: Der RGZV Rüdesheim am Rhein v. 1936–1976]


## C. FORSTWESEN, JAGD U. NATURSCHUTZ

### 1. Forstwirtschaft, Hauberge

2410. A m e n d , Karlheinz: Neugliederung der Forstverwaltung. – In: GT 26. 1973, S. 248–252

2411. D u m m , Gerhard: Verwaltungsreform in Hessen. Mögliche Auswirkungen auf die Organisation der Landesforstverwaltung in Hessen. – In: FoM 27. 1974, S. 19–24 [Bespr.: Heinz S i l l in: FoM 27. 1974, S. 55–58]

2412. D u m m , Gerhard: Die zukünftige Organisation der Landesforstverwaltung in Hessen. – In: FoM 27. 1974, S. 203–205 [Bespr.: Heinz S i l l in: FoM 27. 1974, S. 255–256]

2413. S c h r o e t e r , Erik: Analyse und Prognose des Betriebserfolgs von zwanzig öffentlichen und privaten Forstbetrieben in Baden-Württemberg, Hessen und Niedersachsen. 1975. IV, 231 S. Freiburg i.B., Univ., Forstwiss. Fak., Diss. 1976

2414. F r ö h l i c h , H.: Verwirklichung forstpolitischer Zielsetzungen. Dargst. an einigen Beispielen d. Planungen u.d. Naturschutzes in Hessen. – In: Der Forst- u. Holzwirt 30. 1975, Nr 11, S. 205–206

2415. I m m e l , Otto: Georg Ludwig Hartig. Vom Mitbegründer der Forstwissenschaft u. seiner „Beschreibung des Ebersbacher Forstes". Mit 3 Bildn. u. 1 Abb. – In: HJDi 17. 1974, S. 45–54

2416. I m m e l , Otto: Reformator der Forsten. Georg Ludwig Hartig brachte Ordnung. Mit 1 Bildn. – In: HLD 1974, Nr 44, S. 3–4

2417. R o s s m ä s s l e r , Werner: Wald, Wild und Jäger. Hamburg, Berlin: Parey 1974. [Verf. war bis 1965 Chef der hess. Forstbehörden u. berichtet über seine Amtszeit]

2418. Festschrift aus Anlaß des 140jährigen Bestehens der Staatsdarre Wolfgang. Bearb. u. hrsg. von Hermann M e s s e r . Mit 73 Abb. u. 18 Tab. Frankfurt a.M.: Sauerländer 1966. 166 S. (Fortschritte d. forstl. Saatgutwesens 2) (Mitteilungen d. Hess. Landesforstverwaltung 4)

2419. Festschrift aus Anlaß des 150jährigen Bestehens der Staatsdarre Wolfgang. Bearb. u. hrsg. von R. W a l k e n h o r s t . Frankfurt a.M.: Sauerländer 1976. 106 S. m. Abb. (Fortschritte d. forstl. Saatgutwesens 3) (Mitteilungen d. Hess. Landesforstverwaltung 14)

2420. W i l k e , Georg: Die Sturmkatastrophe vom 13. November 1972 im Reinhardswald. – In: JbLKa 1974, S. 49–53

2421. Waldflächen in Mittelhessen. Forstliche Sonderkt. zur Regionalplanung. Bearb.: Hess. Forsteinrichtungsanst., Regionale Planungsgemeinschaft Mittelhessen. Gießen 1976. 9 S., 1 Kt.

2422. S c h w a r z , Klaus: Forstwirtschaft im Wandel. – In: Der Landkreis Gießen. Hrsg.: Ernst Türk. Stuttgart, Aalen: Theiss 1976, S. 300–311

2423. H o f m a n n , Martin: Holz- und Wald-Ordnung des Grafen Johann [VI.] zu Nassau [-Dillenburg]. – In: HbllPFH 42. 1974, S. 35–36, 2 Abb.

2424. Forstordnung zum Schutz des Waldes vor 225 Jahren. Die fürstl. Landesreg. erließ 1748 strenge Bestimmungen. – In: UHl 1974, S. 7–8 [Nassau-Oranien]

2425. H ü t t e , Paul: Forstwirtschaft des Westerwaldes im Wandel der Zeiten. Mit zahlr. Abb. – In: Ww 68. 1975, H. 4, S. 16–22

2426. H ü t t e , Paul: Forstwirtschaft mit langer Tradition. Mit 4 Abb. – In: Westerwaldkreis. Mühlheim/M. 1975, S. 67–73

2427. F e u e r b o r n , Hubertus: Wald im Wandel. Mit 2 Abb. – In: Land an d. Lahn. Mühlheim/M. 1976, s. 157–164 [Kr. Limburg-Weilburg]

2428. E y n a t t e n , Adolf Hubert von: Forst und Jagd [im Unterlahnkr.] Mit 1 Abb. – In: Der Unterlahnkr. Mainz 1967, S. 85–88

2429. O l i s c h l a e g e r , Klaus: Der Frankfurter und „sein Taunus". Ein forstl. u. gesellschaftspolit. Problem. – In: Landschaft u. Stadt 6. 1974, Nr 2, S. 63–68

2430. K a t z e n m a y e r , Erich: Wald und Wild. – In: Der Wetteraukr. Frankfurt a.M. 1976, S. 69–72

2431. N i e ß , Walter: Die Forst- und Jagdgeschichte der Grafschaft Ysenburg und Büdingen vom ausgehenden Mittelalter bis zur Neuzeit. Büdingen/Hess: Fürstl. Ysenburg- u. Büding. Rentkammer; Freiburg i. B.: Forstgeschichtl. Inst. d. Univ. 1974. 360 S. m. 42 Abb.

2432. Streitz, Harald: Bestockungswandel in Laubwaldgesellschaften des Rhein-Main-Tieflandes und der hessischen Rheinebene. Hann. Münden 1967. 305 S. Hann. Münden, Forstwiss. Diss. v. 8. 5. 1967

2433. Ziehen, Wolfgang: Der rheinhess. Wald in Mittelalter und Neuzeit. – In: AlGbll 10. 1974, S. 111–122

2434. Reutter, Rolf: Die Finkenbacher ,Renneschläg'. – In: HErb 1975, Nr. 6 [Rindenschälen in Finkenbach]

2435. Schlitzer, Paul: Streit um die Pfarrholzfuhren in Großenlüder. – In: BuBll 48. 1975, S. 52

2436. Karb, Heinrich Friedrich: Lampertheimer Waldordnung von 1741. – In: LaHbll 1975, Nr 10

2437. Dehnert, Karl: Zur Geschichte des Waldes Hainböhl, Gemarkung Ober-Ramstadt. – In: JberVHORa 1971/72. 1973, S. 19–21

2438. Dathe, Wilhelm: Inanspruchnahme von Wald als militärisches Gelände. – In: GT 27. 1974, S. 318–319 [Ostheim - Nidderauer Wald]

2439. Strenge, Bernhard von: Zur Waldgeschichte in den Gemarkungen Schönstein, Moischeid und Schönau. – In: SchwJb 1976, S. 90–96

2440. Freund, Hans: Die Bedeutung des Waldes im Sontraer Land. – In: W 28. 1976, S. 53–55

2441. Lütkemann, Joachim: Geschichte des Uracher Gemeindewaldes. – In: Chronik Gemeinde Urberach. Offenbach a.M. 1975: Bintz-Verl., S. 225–234

2442. Lachmann, Hans-Peter: Der Wehrshäuser Wald. Mit 1 Abb. – In: Wehrshausen bei Marburg. Marburg 1974, S. 82–94

2443. Reuss, Hans: Torf aus dem Weschnitzbruch? Ein übereiltes, übles Unternehmen zu Ende des 18. Jh. – In: GbllBe 8. 1975, S. 150–162

2444. Lang, Rudolf: Die Bedeutung des Waldes. Mit 3 Abb. – In: Wi int 1974, 2, S. 30–33 [in Wiesbadener Umgebung]

2445. Seibig, Adolf: Von der Waldlandschaft des alten Gerichtes Wirtheim. – In: 1000 Jahre Kassel u. Wirtheim [Festschrift]. Biebergemünd 1976, S. 89–109

2446. Hammann, Gustav: Aus den Anfängen von Forstamt Wolkersdorf. Bottendorf: Ev.-Luth. Pfarramt 1973. 14 S. m. Abb. (Bottendorfer Briefe 33)

2447. Hofmann, Martin: Haubergsordnung des Grafen Johann [VI.] v. Nassau-Dillenburg. Mit Abb. – In: HbllPFH 42. 1974, S. 25

2448. H o f m a n n , Martin: Besitzverhältnisse der Hauberge u. die Waldfeldwirtschaft derselben im ehemaligen Amte Ebersbach im Jahre 1785. Mit 1 Abb. – In: HbllPFH 42. 1974, S. 43–44; 43. 1975, S. 6–7

2449. R e i s e r , Walter: Die Hauhergswirtschaft im Dillkreis. Ein heute noch existierendes, souveränes u. organ. gewachsenes Genossenschaftssystem. Mit 3 Abb. – In: MDVW 27. 1976, H. 1, S. 51–55

2450. B e p p l e r , Julius: Die Holzhauerei in früherer Zeit. – In: HGiess 1974, Nr 15. 16

2. Jagd und Fischerei

2451. M o g a l l , K.: Hirschsteine im Battenberger Wald. Zeugnisse fürstlicher Jagdleidenschaften. – In: UFrL 1. 1975, Nr 9 v. 20. Sept.

2452. I m m e l , Otto: „Vogelaugust" am Vogelherd. Die Jagd auf d. Gefiederten in alter Zeit. Mit Abb. – In: HLD 1974, Nr 40, S. 4 [Hinterland]

2453. Z o r n , Karl: Treibjagd-Treiben um die Jahrhundertwende. Mit 1 Abb. – In: 1200 Jahre Ulmtal-Orte Allendorf, Holzhausen, Ulm [Festschrift]. 1974, S. 152–154

2454. L [ ö b e r ] , K[arl]: Trüffeljäger [im Dillkreis]. – In: HJDi 18. 1975, S. 115–117

2455. F a b e r , Rolf: Die Jagd in den Taunuswäldern im alten Nassau. Mit 2 Abb. – In: HJUTs 27. 1976, S. 95–98

2456. K a e t h n e r , Rudi Hermann: Forstjäger Fabricius. Lebensgesch. d. herrschaftl. Jägers Henrich Wilhelm Fabricius 1656–1743. Frei nach archival. Unterlagen erzählt. Usingen/Ts: Wagner 1974. 16 S. m. Abb.

2457. M a u r e r , Wilhelm: „Trara, so blasen die Jäger". Aus d. Geschichte einer Hochwildjagd im nordöstl. Taunus. – In: UsL 1974, Nr 4, Sp. 44–47 [Brandoberndorf]

2458. N i e ß , Walter: Wilderei im Büdinger Wald. Büdingen: Selbstverl. d. Verf. 1975. 86 S. [Betr. d. Zeit 1600–1950]

2459. S t r a u b e , H.: Vom „Carpenteich" zum Ronshäuser See. – In: MHl 27. 1976/77, S. 20

2460. B a l z e r , Heinrich: Der Fischteich bei Frankenberg. – In: UFrL 2. 1976, Nr 8 v. 21. Aug.

2461. L ö b e l , Margrit: Die Bedeutung der Fulda für die Stadt Fulda (unter besond. Berücks. d. Fischerei u. Schiffahrt). – In: FuGbll 49. 1973, S. 89–97; 50. 1974, S. 1–21

2462. S c h l i t z e r , Paul: Die Lüder als Fischwasser. – In: BuBll 48. 1975, S. 26

2463. K e r n , Heinrich Ludwig: Hundert Jahre Prozesse um das Naunheimer Fischereirecht. – In: HKWe 26. 1976, S. 45–48

2464. S c h ä f e r , Otto: Fische und Fischerei in der Aar. Mit 3 Abb. – In: HJDi 17. 1974, S. 142–146

2465. S c h a l l e r , Margarethe: Über das Forellengut und den Dornbach. – In: MittBl. d. Magistrats d. Stadt Oberursel, Außenstelle Oberstedten 14. 1973, Nr 26 [Oberstedten]

2466. K l a u s e w i t z , Wolfgang: Die frühere Fischfauna des Untermains. Mit 5 Abb. (Mitt. Forschungsprojekt Untermain 8) – In: NM 104. 1974, S. 1–7

2467. K l a u s e w i t z , Wolfgang: Fische des Untermains als Leitarten für den Gewässerzustand. Mit 4 Abb. – In: Vivarium Darmstadt. 2. 1974, S. 7–10

2468. L e l e k , Anton: Erster fischereibiologischer Einsatz des Forschungsbootes „Courier" in Main und Rhein. Mit 4 Abb. – In: NM 105. 1975, S. 312–316

2469. Erzbischof von Mainz gibt 1347 Höchster Fischern ihre Rechte. Fanggeb.: Von Niederrad/Schwanheim bis Hochheim/Kostheim auf dem Main u. auf d. Nidda v. d. alten Straßenbrücke bis zur Mündung. Mit 3 Abb. – In: 125 Jahre Höchster Kreisblatt. (Höchster Kreisbl. 1974, Nr 246, Beil.) S. 24

2470. 1875–1975. 100 Jahre Frankfurter Fischereiverein 1875 e.V. [Festschrift] (Red.: Günter Vogler.) Bad Homburg: Frankfurter Fischereiver. v. 1875 1975. 52 S.

2471. D r e s e , Otto: Der Rhein und die Rheinfischerei. T. 1. Blütezeit u. Untergang. 2. Fanggeräte u. Arbeitsmethoden. – In: RhHpfl NF. 12. 1975, S. 161–174. 241–255 m. Abb.

2472. K o c h , Wilhelm: Zur Geschichte der Mainzer Fischerzunft. Mit 3 Abb. – In: MNA 12/13. 1973/74, S. 5–21

2473. K a r b , Heinrich Friedrich: Ein Vertrag vor 500 Jahren und seine Auswirkungen. – In: LaHbll 1974, Nr 7 [Vertrag v. 19. Sept. 1474 zwischen Pfalzgraf Friedrich I. u. d. Pfarrei Lampertheim, der d. Entschädigung für d. jährl. Fischzins zusagt. Später Streit zwischen Kurmainz u. Kurpfalz bzw. zwischen Lorsch u. Lampertheim um Eigentumsrechte am Lorscher See]

3. N a t u r s c h u t z , L a n d s c h a f t s s c h u t z , U m w e l t s c h u t z

2474. B ö h r , Hans-Joachim, u. Wolfgang W e i t z e l : Rechts- und Verwaltungsvorschriften zu Naturschutz und Landschaftspflege in Hessen. Wiesbaden: Hess. Min. f. Landwirtschaft u. Umwelt 1974 ff. [Losebl. Ausg.]

2475. B o e h m , Otto: Das Hessische Landschaftspflegegesetz. – In: GT 27. 1974, S. 261–266

2476. S i l l , Heinz: Zwei Jahre Hessisches Landschaftspflegegesetz. – In: FoM 28. 1975, S. 22–24

2477. H e i n t z e , Gottfried, u. Ernst M u n z e l : Landschaftsrahmenplanung nach dem Hessischen Landschaftspflegegesetz. – In: NL 49. 1974, S. 239–243

2478. W e i t z e l , Wolfgang: Das Hessische Feld- und Forstschutzgesetz in der Fassung vom 13. März 1975. Mit Erl. Wiesbaden, Mainz: Dt. Fachschriften-Verl. 1976. 107 S.

2479. W e n t z e l , Karl Friedrich: Landschaftspflege in Hessen. Gesetzgebung u. prakt. Erfahrungen. – In: Landschaftspflege u. Landschaftsentwicklung. Hrsg. von Werner Ernst u. Rainer Thoss. Münster i. W. 1974, S. 9–32

2480. K o l t , Walter: Landschaftspflegemodelle in Hessen. – In: GT 27. 1974, S. 167–169

2481. Erste Erfahrungen mit Landschaftspflegemodellen in Hessen., Zsgest. u. bearb. von Walter K o l t . Unter Mitarb. von Dietrich F i s c h e r [u. a.] Wiesbaden: Hess. Min f. Landwirtschaft u. Umwelt 1976. 72 S. m. Abb. u. Kt.

2482. Naturschutz und Landschaftspflege in Hessen. Hrsg.: Der Hess. Min. f. Landwirtschaft u. Umwelt. Bearb. in d. Hess. Landesanst. f. Umwelt, Sachbereich Ökologie, Wiesbaden u. d. Außenstelle Frankfurt, Inst. f. angewandte Vogelkde. 1973/74 – 1975/76. Wiesbaden 1974–76

2483. Z u c c h i , Herbert: Möglichkeiten der Zusammenarbeit zwischen Natur- und Denkmalschutz. – In: Lusc 42. 1975, S. 225–227

2484. K a r a f i a t , Helmut: Zwanzig Jahre Institut für Naturschutz Darmstadt. Mit Abb. – In: HflorBr 25. 1976, S. 20–56

2485. R o e d i g , [Klaus Peter], u. [Klaus] S c h w a r z : Wald und Landschaft. Wiesbaden: Hess. Min. f. Landwirtschaft u. Umwelt 1974. 84, 79 S. m. Abb. (Flächenschutzkarte Hessen. Erl. H.)

2486. R ö d i g , Klaus Peter, u. Klaus S c h w a r z : Die Flächenschutzkarte Hessen. Dargest. am Beisp. d. Bl. Wiesbaden (L 5914). – In: GR 26. 1974, S. 3–5

2487. O t r e m b a , Erich: Anmerkungen der Geographie zur Flächenschutzkarte Hessen. – In: GR 26. 1974, S. 1–3

2488. Das Brachflächenproblem aus der Sicht von Naturschutz und Landschaftspflege. Jahresfachtagung d. dt. Beauftragten f. Naturschutz u. Landschaftspflege v. 11.–13. Sept. 1973 in Burg (Dillkreis). Hrsg. von Wolfgang Erz f. d. Arbeitsgemeinschaft Dt. Beauftragter f. Naturschutz u. Landschaftspflege e. V. Bonn-Bad Godesberg 1973. 112 S. m. Abb. u. Kt. (Jb. f. Naturschutz u. Landschaftspflege 22)

2489. B a u e r , Willy, u. Emil D i s t e r : Europäische Feuchtgebietskampagne 1976. Sicherung von Feuchtland in Hessen. – In: NL 51. 1976, S. 351–352

2490. Hessen, Landschaftsschutzgebiete, Naturschutzgebiete, Naturparke. Übersichtskt. [Farbendr.] 1 : 200 000. Hrsg.: Hess. Landesanst. für Umwelt, Wiesbaden. Stand: 1975. Wiesbaden: Hess. Landesanst. f. Umwelt, 1975. 130 × 90 cm

2491. E i c h e l , Claus: Habichtswald und Meißner-Kaufunger Wald. Zwei Naturparks im Kasseler Raum. – In: JbLKa 1976, S. 42–45

2492. Landespflege und Hoher Meißner. Bonn-Bad Godesberg 1965. 29 S., Abb. (Schriftenreihe d. Deutschen Rates für Landespflege. H. 4/1965.)

2493. P l e t s c h , Alfred: Rekultivierungsmaßnahmen und Landschaftsplanung im nordhessischen Braunkohlenbergbau. Mit 4 Kt. – In: BDLK 48. 1974, S. 169–193

2494. W e n t z e l , Karl Friedrich: Naturpark Meißner-Kaufunger Wald. Erfolgreiche Rekultivierung d. Braunkohlenbergbauflächen. Mit 1 Abb. – In: NNP 77. 1975, S. 49–50

2495. Braunkohlenbergbau und Landschaftspflege auf dem Hohen Meißner. Marburg/L.: Hess. Heimatbund 1976. S. 79–110 m. Ab. u. Kt. (HH N. F. 26. 1976, H. 3, Sonderh.)

2496. W e n t z e l , Karl Friedrich: Holz, Kohle, Basalt, Naturschutz und Erholung. Der Meißner im Konflikt. Mit 2 Abb. – In: HH N. F. 26. 1976, S. 79–81

2497. H e i n t z e , Gottfried: Landschaftsplanung und Landschaftspflege am Meißner 1950–1970. – In: HH N. F. 26. 1976, S. 88–98

2498. S c h a d e , Hartmut: Vorzeitiges Ende der Kohlegewinnung am Meißner – Was wird aus der Bergbaulandschaft? – In: HH N. F. 26. 1976, S. 99–106

2499. T r o t t  z u  S o l z , Friedrich von: Erfolge und Mißerfolge in der Praxis der Rekultivierung auf dem Hohen Meißner. – In: HH N. F. 26. 1976, S. 106–110

2500. B r a u n s , Eduard: Der „rote" See in Dens. – In: HeG 75. 1974, S. 36–37

2501. D u t h w e i l e r , Helmut, Reinhard  G r e b e  u. Luise  K ö s s l e r : Landkreis Waldeck. Landschaftsplanung, Gemeindebeschreibungen. Nürnberg: Planungsbüro Grebe 1973. 365 S. m. Abb.

2502. S o l l m a n n , Achim u. Helmut  D u t h w e i l e r : Abbau- und Rekultivierungsplan Tongrube Stoss der Theodor-Stephan-KG, Haiger, in Langenaubach, Dillkreis. Nürnberg: Planungsbüro Grebe 1973. 11 Bl. m. Kt.

2503. S c h n e i d e r , Reinhard: Erfahrungen bei der Rekultivierung von Kiesgruben. Mit zahlr. Abb. – In: NL 51. 1976, S. 100–105 [Betr. insbes. Lahntal]

2504. D a n i e l , Walter: Die Bindseil'sche Insel bei Holzhausen. – In: HKWe 24. 1974, S. 37–38 [Betr. Naturschutz]

2505. W a t z , Hans: Die Koppe bei Kölschhausen. Naturschutzgebiete im Kr. Wetzlar. Mit 2 Abb. – In: HKWe 24. 1974, S. 25–35

2506. Hess. Min. f. Landwirtschaft u. Umwelt. Justus-Liebig-Univ. Gießen. Magistrat d. Univ. Stadt Gießen. Kolloquium Landschaftsentwicklung und Landschaftspflege am Beispiel Gießen. Gießen 1976. 106 S.

2507. S o l l m a n n , Achim, u. Marianne S o l l m a n n : Erläuterungsbericht zum Landschaftsplan Gießen. Schauenburg-Elgershausen: Büro f. Landschaftsplanung A. u. M. Sollmann 1976, 77 S. m. zahlr. Abb., 15 Kt., 38 Qu.

2508. A n k e l , Wulf Emmo, Gerhard B u r g h a r d t , Stefan H e l m : Ökoplage im Naturpark Hoher Vogelsberg. Mit 4 Abb. – In: NM 105. 1975, S. 351–354 [Motodrom Schottenring]

2509. B u r g h a r d t , Gerhard: Naturpark als Rennstrecke. Bilanz eines Politikums. Am 10. 5. 1975 auf der Jahreshauptversammlung d. Ver. Naturschutzpark e. V. gehaltene Rede. Mit 4 Abb. u. 1 Kt. – In: NNP 76. 1975, S. 21–24 [Betr. Pläne zum Bau d. Motodroms Schottenring im Naturpark „Hoher Vogelsberg"]

2510. Der Hess. Min. f. Landwirtschaft u. Umwelt. Alternative Nutzungsmöglichkeiten d. Landschaft f. Erholung u. Freizeit. Darstellung einer Arbeitsmethode am Beispiel Rhön/Vogelsberg. Bearb.: Planungsgruppe Bad Homburg. Projektleitung: Horst G o l m . Wiesbaden 1975. V, 32, A 30 S.

2511. R e i n f e l d . Ulrich: Modellplanung für einen Naturpark in einem agrarstrukturellen Problemgebiet, Dargest. am Beispiel d. hess. Rhön. München 1975. XII, 22 S. m. Abb. München, TU, FB Landwirtschaft u. Gartenbau, Diss. 1975

2512. N a u m a n n , Lothar, u. Gunter R a u s c h : Landschaftsrahmenplanung als Bestandteil der Regionalplanung. Mit 1 Pl. – In NL 49. 1974, S. 244–247 [Betr. Hessen, insbes. Region Untermain]

2513. S i n n e r , Karl: Der Spessart eine Landschaft im Umbruch. Mit 4 Abb. – In: NL 49. 1974, S. 166–169

2514. M o l l e n h a u e r , Dieter: Deutsches Mittelgebirge – wenig erforschte und unzulänglich gepflegte Landschaft. 3. Der Spessart – Beispiel eines Mittelgebirges. – In: NM 105. 1975, S. 101–118 m. Abb.

2515. M o l l e n h a u e r , Dieter: Aus der Arbeit der Außenstelle Lochmühle der Senckenbergischen Naturforschenden Gesellschaft in Bieber. Mit 2 Abb. – In: 90 Jahre Feuerwehr Bieber [Festschrift]. 1974

2516. S e i b i g , Adolf: Schriftsteller, Naturwissenschaftler und Pionier der Naturfotografie Bruno Haldy Gelnhausen. 1882–1930. Erster Naturschutz-Kommissar d. Kr. Gelnhausen. Mit 1 Bildn. – In: GelHJ 1975, S. 9

2517. L o b i n , Wolfram: Bernhard Malende (1897–1976). Mit 1 Bildn. – In: NM 106. 1976, S. 351–352 [Naturschutzbeauftragter d. Landkr. Hanau]

2518. L o b i n , Wolfram: Bernhard Malende (1897–1976) zum Gedenken. – In: HflorBr 25. 1976, S. 62–63

2519. Vorkonzept zum Landschaftsplan Frankfurt am Main. Gutachten im Auftr. d. Stadt Frankfurt/M., Dez. Planung, Planungsbüro Grebe, Landschafts- u. Ortsplanung. Bearb.: Helmut D u t h w e i l e r . – Nürnberg: Planungsbüro Grebe 1974. 169 S.

2520. S t r e i t z , Harald: Landschaftspflege im Umland des Großflughafens Frankfurt. – In: NM 104. 1974, H. 5, S. 159–162

2521. S[iegfried] H [ o l l e r ] : Der Reichtum der nassauischen Natur. Vor 200 Jahren: Akademische Rede des Herborner Professors Johann Adam Hoffmann. – In: HLD 1974, Nr 40, S. 2

2522. S o l m s d o r f , Hartmut, Wilhelm L o h m e y e r u. Walter M r a s s : Ermittlung und Untersuchung der schutzwürdigen und naturnahen Bereiche entlang des Rheins. Schutzwürd. Bereiche im Rheintal. Bonn-Bad Godesberg: Bundesanst. f. Vegetationskde., Naturschutz u. Landschaftspflege; Münster-Hiltrup: Landwirtschaftsverl. [in Komm.] 1975. Textbd. 163 S. m. Abb. u. Kt. Kt.Bd 168 ungez. Bl. (Schriftenreihe f. Landschaftspflege u. Naturschutz 11)

2523. S o l m s d o r f , Antje u. Hartmut: Schutzwürdige Bereiche im Rheintal. – In: NL 50. 1975, S. 99–102

2524. M e d e m , Viktor von: Naherholungsgebiete in den Rheinauen. – In: Das Gartenamt 24. 1975, S. 206–210

2525. Naturparke in Rheinland-Pfalz. Hrsg. von: Min. f. Landwirtschaft, Weinbau u. Umweltschutz, Staatskanzlei, Abt. Landesplanung, Min. f. Wirtschaft u. Verkehr in Zsarb. m. d. Naturparkträgern in Rheinland-Pfalz. Zeichn.: A. Foss. Mainz 1975. 25 ungez. Bl. m. Abb. u. Kt.

2526. M r a s s , Walter, u. Hartmut S c h o l z , Planungsinst. Dr. Hartmut Scholz: Entwicklungsplan Naturpark Rhein-Westerwald. Waldbreitbach: Naturpark Rhein-Westerwald 1975. 149 Bl., 3 Kt.

2527. L u d w i g , Paul-Gerhard: Geordnete Landschaft. Lebensraum des Menschen. Landespflege im Westerwaldkreis. Bestandsaufnahme u. Entwicklung. Mit 2 Abb. – In: Westerwaldkreis. Mühlheim/M. 1975, S. 45–49

2528. R o t h , Hermann Josef: Vegetation, Flora, Fauna. Mit 4 Abb. – In: Westerwaldkreis. Mühlheim/M. 1975, S. 183–188

2529. Am Schloßberg [Westerburg]. Fotos: Heinz B a u t z [u. a.] Zeichn.: Dieter K a i s e r . Westerburg: Westerwaldver., Zweigver. Westerburg 1976. 51 S. (Westerburger Hefte 4) [Naturkunde]

2530. R o t h , Hermann Josef: Gefährdung des Spießweihers bei Montabaur. Mit 2 Abb. – In: HflorBr 24. 1975, S. 13–16

2531. S c h o l z , Hartmut: Es gibt keinen Ersatz für den Landschaftsplan. Mit 2 Skizzen. – In: NL 51. 1976, S. 112–115 [Beispiele Diez u. Wirges]

2532. D a h m e n , Friedrich Wilhelm: Die Bedeutung von Natur und Landschaft für Bad Ems. Mit zahlr. Abb. – In: Bornheim gen. Schilling, Werner, Ernst W. Heiss u. Dahmen: 650 Jahre Bad Ems. 1974, S. 53–77

2533. K a l h e b e r , Heinz: Heimat nicht nur für uns. Pflanzen u. Tiere unseres Kreisgeb. Mit 2 Abb. – In: Land an d. Lahn. Mühlheim/M. 1976, S. 22–28 [Kr. Limburg-Weilburg]

2534. S t a h l - S t r e i t , Jochen: „Naturpark Rhein-Taunus". Ein gemeinsames Anliegen v. Untertaunus u. Rheingau. Mit 8 Abb. – In: HJUTs 26. 1975, S. 43–50

2535. S t a h l - S t r e i t , Jochen: Naturpark Rhein-Taunus. Rückblick auf 5 ½ Jahre Geschäftsführung. Mit 2 Abb. – In: NNP 76. 1975, S. 22–25

2536. T i l i n g , Heinrich von: Einführung in die Probleme des Planungsraumes Rheingau. – In: „Zum Beispiel Rheingau – bedrohte Kulturlandschaft". Schmitten/Ts. 1975. (Arnoldshainer Protokolle 1975, 5) S. 25–36

2537. B ö h r , Hans Joachim, u. Karl Friedrich W e n t z e l : Zur Schutzwürdigkeit und Pflege des Naturschutzgebietes Kühkopf-Knoblochsaue. Mit 2 Abb. – In: NL 49. 1974, S. 48–49

2538. G e i s t h a r d t , Michael: Naturräume der Landeshauptstadt Wiesbaden. Bemerkungen zur Fauna u. Flora. – In: JbbNVN 103. 1976, S. 80–97

2539. H o f f m a n n , Rudolf: Landschaftsplanung für das Belzbach-Mosbachtal in Wiesbaden-Dotzheim und Wiesbaden-Biebrich. Planungsrechtl. Anh.: Georg Brückner. Wiesbaden: Magistrat 1976. 19 S., 3 Faltkt.

2540. D i t t m a n n , Joachim: Der Weiher [in Hochheim]. – In: HoM 493. 1976, S. 70–76

2541. Natur- und Umweltschutz in Darmstadt 1974–1975. Bearb. v. Inst. f. Naturschutz. Vorw.: Horst Seffrin. Darmstadt 1976. 35 Bl. (Schriftenreihe Stadt Darmstadt. Inst. f. Naturschutz. Beih. 26)

2542. E u l e r , Jochen: Naturpark Bergstraße-Odenwald. Zustandserfassung u. Entwicklungsvorschläge f. Erholungsplanung u. Landespflege im Hess. Teil. Darmstadt 1974. 59 S., 8 Ktn (Inst. f. Naturschutz Darmstadt. Schriftenreihe 10,4)

2543. W o l f , Klaus: Bemerkungen zum innerstädtischen Freizeitverhalten am Beispiel der Stadt Speyer am Rhein. – Probleme d. Flächennutzung in einem Naherholungsgebiet am Beispiel Pfaffenwiesbach. Von Bodo F r e u n d . – Waldneuanlagen im hessischen Odenwald 1960–1971. Von Friedel S a u e r w e i n . Frankfurt a. M.: Geograph. Inst. d. Univ. Frankfurt 1976. 97 S. m. graph. Darst. u. Kt. (Geograph. Inst. d. Univ. Frankfurt. Materialien 4, Varia 1)

2544. Müller, Karl-Wilhelm: Die „Kaiserbuche" bei Balkhausen. Vermutl. Alter 192 Jahre – Nach Zar Alexander II. genannt. – In: Unter d. Dorflinde 57. 1975, S. 47–48

2545. Anschütz, Rudolf: Die Brunnenlinde als Baumruine. Ein 700 Jahre altes Naturdenkmal. Mit 1 Abb. – In: HLD 1974, Nr 42, S. 3 [Biskirchen]

2546. Maurer, Wilhelm: Alte Bäume im Waldsolmser Land. – In: HLD 1975, Nr 55, S. 4 m. Abb. [Brandoberndorf]

2547. Boettger, Gerd Hermann: Die 300 Jahre alte Schinderhanneseiche stürzte um. Mit 1 Abb. – In HJUTs 27. 1976, S. 93–94 [im Dattenbachtal]

2548. Jost, Otto: Die Naturdenkmale im Landkreis Fulda. – In: BuBll 48. 1975, S. 89–90; 49, 1976, S. 37–39

2549. Römhild, Hans: Die Lewalter-Linde in [Kassel-]Harleshausen. – In: HeG 75. 1974, S. 86–88

2550. Wittenberger, Georg: Die Schöne Eiche von Harreshausen. – In: Odw 23. 1976, S. 28–32

2551. Roth, Hermann Josef: Naturdenkmale im Westerwald. Mit 4 Abb. – In: Ww 66. 1973, Nr 1, S. 13–16; 4, S. 17–19

2552. Watz, Hans: Geschützte Eichen. Naturdenkmäler im Kr. Wetzlar. Mit 4 Abb. – In: HKWe 25. 1975, S 21–36

2553. Geschützte Linden im Kreis Wetzlar. Mit Abb. – In: HKWe 26. 1976, S. 31–33

2554. Pohl, Karl: Die alte Eibe. Ein über 400jähriger Baum in der Altstadt Wetzlars. Mit 1 Abb. – In: HLD 1974, Nr 41, S. 4

2555. Maus, Moritz: Die „Hexenlinde" am Wildunger Lindentor. – In: MW 1976, Nr 17 v. 15. Okt.


2556. Ludwig, Wolfgang: Schriftenverzeichnis zur hessischen Pflanzenwelt 1958–1969. Darmstadt: Inst. f. Naturschutz 1975. 71 S. (Inst. f. Naturschutz Darmstadt. Schriftenreihe 11, 1)

2557. Haeupler, H.: Übersicht über den Bearbeitungsstand der floristischen Kartierung der Bundesrepublik Deutschland, Bereich Nord. Mit 1 Taf. In: HflorBr 24. 1975, S. 23–26

2558. Weberling, F., u. H. Chr. Weber: Arbeitsbericht über die floristische Kartierung im Bereich der Regionalstelle Hessen-Nord-Mitte. Mit Abb. – In: HflorBr 24. 1975, S. 2–5; 25. 1976, S. 6–8

2559. Wittenberger, Georg: Zwischenbericht über die floristische Kartierung im Bereich der Regionalstelle Mittelhessen (Frankfurt). – In: HflorBr 24. 1975, S. 5–9; 25. 1976, S. 4–5

2560. L o h m e y e r , Wilhelm, u. Udo B o h n: Solitärbäume im Bereich des extensiv genutzten Grünlandes der Hohen Rhön. Mit 13 Abb. – In: NL 49. 1974, S. 248–253

2561. S e i b i g , Adolf: Aus der Pflanzenwelt zwischen Biebergrund und Kinzigtal. – In: 1000 Jahre Kassel u. Wirtheim [Festschrift]. Biebergemünd. 1976, S. 57–61

2562. S e i b i g , Adolf: Pflanzenleben in einer alten Stadt. Mit 1 Abb. – In: GelGbll 1968, S. 42–45 [Gelnhausen]

2563. S e i b i g , Adolf: Vom Hailerer Sonneberg, seiner Geschichte und seiner botanischen Eigenart. Mit zahlr. Zeichn. – In: GelHJ 1974, S. 91–94

2564. K o r n e c k , Dieter: Xerothermvegetation in Rheinland-Pfalz und Nachbargebieten. Bonn-Bad Godesberg: Bundesanst. f. Vegetationskde, Naturschutz u. Landschaftspflege 1974. 196 S., 158 Tab. (Schriftenreihe f. Vegetationskde. 7)

2565. L o h m e y e r , Wilhelm: Rheinische Höhenburgen als Refugien für nitrophile Pflanzen. Mit 11 Abb. u. 3 Tab. – In: NL 50. 1975, S. 311–318

2566. R o t h , Hermann Josef: Schutzwürdige Pflanzen-Standorte im Westerwald. Mit 1 Abb. – In: Ww 67. 1974, H. 3, S. 15–16

2567. H e n n , Ernst: Die Schutzhecken in den Westerwaldgemeinden des Dillkreises. Mit 1 Abb. – In: HJDi 17. 1974, S. 54–58

2568. S c h n e d l e r , W.: Zur Floristik und Soziologie selten gewordener Grünlandgesellschaften im Lahn-Dill-Gebiet. Mit 2 Abb. u. 3 Tab. – In: HflorBr 23. 1974, Brief 271/273, S. 34–39

2569. G r o s s m a n n , Horst: Flora vom Rheingau. Ein Verz. d. Blütenpflanzen u. Farne sowie ihrer Fundorte. Mit 180 Zeichn. von Elfriede Michels u. Elisabeth Jung von Zwerger. Frankfurt a. M.: Kramer 1976. 329 S. (Senckenberg-Buch 55)

2570. L o h m e y e r , Wilhelm: Verwilderte Zier- und Nutzgehölze als Neuheimische ( A g r i o p h y t e n ) unter besonderer Berücksichtigung ihrer Vorkommen am Mittelrhein. Mit zahlr. Abb. – In: NL 51. 1976, S. 275–283

2571. P o h l , Karl: Asplenium x alternifolium Wulf. an einer Felswand in Dreisbach (Kr. Wetzlar). Mit 2 Abb. – In: HflorBr 24. 1975, S. 62–63 [ D e u t s c h e r  S t r e i f e n f a r n ]

2572. P o h l , Karl: E r d s t e r n e , eine seltene und schöne Pilzform. Mit 1 Taf. – In: HflorBr 24. 1975, S. 28–30 [Fundorte: b. Wetzlar u. zw. Cleeberg u. Oberkleen]

2573. G r a f f m a n n , Friedrich: Zwei Neueinwanderer im Dillkreis. – In: HflorBr 24. 1975, S. 20–21 [ F ä r b e r w a i d  u. Pfeilkresse]

2574. P o h l , Karl: Die unscheinbare Welt der F l e c h t e n . Seltener Flechtenfund bei Greifenstein im Westerwald. Mit 2 Abb. – In: Ww 66. 1973, H. 4, S. 19–20

2575. L i e d t k e , A.: Orobanche rapum-genistae THUILL. im Raum von Dillenburg. – In HflorBr 24. 1975, S. 23 [ G i n s t e r - S o m m e r w u r z ]

2576. S e i b i g , Adolf: Vom G o t t e s g n a d e n k r a u t im Vogelsberg und Spessart. Mit 1 Abb. – In: GelHJ 28. 1976, S. 87–89

2577. N i e g e l , W., u. Heinrich W i e n h a u s : H i r s c h z u n g e und Silberblatt im Gelbachtal. Mit 1 Abb. – In: HflorBr 25. 1976, S. 73–75

2578. S e i b i g , Adolf: Von den M i s t e l n am Schießhaus. Mit 2 Ab. – In: GelHJ 1975, S. 71–74 [Kinzigtal]

2579. C h r i s t e , Bruno: Zur O r c h i d e e n flora des Kreises Wetzlar. Mit 4 Abb. – In: HKWe 24. 1974, S. 43–45

2580. H e s s , Karl: Bedrohte oberhessische S a l z p f l a n z e n . Mit 8 Abb. – In: NM 106. 1976, S. 33–44

2581. P o h l , Karl: Nur noch Erinnerung? Das S u m p f h e r z b l a t t < Parnassia palustris > im Lahn-Dill-Gebiet. Mit 1 Abb. – In: HJDi 17. 1974, S. 148–150

2582. Wildparke der hessischen Landesforstverwaltung. Hrsg.: Hess. Ministerium f. Landwirtschaft u. Umwelt, Landesforstverwaltung. Darmstadt: Inst. f. Naturschutz [1974]. 16 ungez. Bl. m. Abb.

2583. F a h r e n b e r g e r , Gerold: Im Frankfurter Zoo. Frankfurt a.M.: Staatl. Landesbildstelle Hessen 1971. 48 S., 1 Kt. (Beih. z. Farblichtbildreihe. He 86.)

2584. Vorschläge zur Zoo-Planung im Niddatal. Verfaßt v. Ausschuß Öffentl. Grün im Ffter Forum f. Stadtentwicklung e. V. Ffm.: Ffter Forum f. Stadtentwicklung e. V. 1974. 5 Bl. [Masch.] (Beitrr. z. Ffter Stadtentwicklung 3)

2585. Zoo ohne Gitter. – In: Frkf 20. 1975, H. 3, S. 30–31 [Betr.: Nidda-Zoo]

2586. R e v e r s , Rainer-Claus, u. Hermann W i d a u e r : Opel-Freigehege für Tierforschung e. V. Text u. Bilder. Schweinfurt: Verl. Neues Forum 1971. 48 S. m. zahlr. Abb. [Kronberg, Taunus]

2587. P i c k e r , Hans Georg: Tierpark Sababurg. Gesch. d. 400jähr. „Thiergartens an d. Zapfenburg". Führer durch d. Urwildpark f. bedrohte Tierarten u. d. Kinderzoo. Kassel: Lux Design Verl. 1975. 96 S. m. Abb., 1 Kt.

2588. M e s s e r s c h m i d t , Heinrich: Hunderttausende jährlich im Weilburger Wildpark. Mit 3 Abb. – In: RhLF 24. 1975, S. 77–79

2589. 1975 100 Jahre Tierschutzverein für Wiesbaden und Umgebung. 20 Jahre Tierheim [Festschrift]. Wiesbaden 1975. 48 S. m. Abb. [S. 6–17: 100 Jahre

Tierschutzver. Wiesbaden; 19–33: T a l l a r e k , Ernst C.: Tierschutz aus der Sicht d. alten u. neuen Tierschutzgesetzes]

2590. T a l l a r e k , Ernst C.: Die Chronik des Vereins. Vortrag, gehalten anläßlich d. 75 Jahrfeier d. Gründung d. Ver. d. Hundefreunde Wiesbaden u. Umgebung e. V. gegr. 1901 am Festabend, d. 29. Dez. 1976. Wiesbaden 1976. 3 ungez. Bl. [Maschinenschr. vervielf.]

2591. M e h r , Peter: A m p h i b i e n im Westerwald. Mit 7 Abb. – In: Ww 69. 1976, S. 12–14, 32

2592. W o l f , Heinrich: Die B e r g - S i n g z i k a d e in Hessen und in Mitteleuropa. Mit 3 Ktn. – In: JbbNVN 103. 1976, S. 18–23

2593. L e h m a n n , Ernst von: Die B r a n d m a u s in Hessen als Beispiel für die Problematik der Verbreitungsgrenzen vieler Säugetierarten. Mit 3 Abb. – In NM 106. 1976, S. 112–117

2594. P e l z , Hans-Joachim: Die Verbreitungsgrenze der Brandmaus, Apodemus agrarius (Pallas 1771) (Rodentia: Muridae) im östlichen Hessen. Mit 5 Tab. u. 3 Abb. – In: De 129. 1976, S. 131–144

2595. S c h l i e p h a k e , Helmut: Die F l e d e r m ä u s e sterben. Mit 4 Abb. – In: HLD 60. 1975, S. 1–2 [Kr. Wetzlar]

2596. S t e i n , Joachim: Das H a s e l h u h n , Kleinod unserer heimatl. Wälder. Mit 5 Abb. u. 1 Kt. – In: HJDi 17. 1974, S. 13–23 [Dillkr.]

2597. R i e s s , Wulf: Zur Übernachtung von H ö h l e n b r ü t e r n in Feldhecken des Naturparks Hoher Vogelsberg. Mit 1 Kurve. – In: Lusc 42. 1973, S. 39–41

2598. W o l f , Heinrich: Aus der I n s e k t e n w e l t des Dillkreises. Mit 1 Abb. u. 4 Kt. – In: HJDi 17. 1974, S. 30–39

2599. B r a u n , Rudolf: Zur Autökologie und Phänologie einiger für das Rhein-Main-Gebiet und die Rheinpfalz neuer S p i n n e n arten (Arachnida: Araneida). – In: JbbNVN 103. 1976, S. 24–68

2600. K l a a s , Carl: Von Haus- und Wild t a u b e n . Mit 4 Abb. – In: MVGHOUr 19. 1975, S. 27–33 [Im Taunus]

2601. B a a s , Josef: Die Z i t z e n g a l l e n f l i e g e in der Rhön. Mit 5 Abb. – In: NM 106. 1976, S. 343–345

2602. K e i l , Werner: Hauptaufgaben des Vogelschutzes in Hessen. – In: Ber. d. Int. Rates f. Vogelschutz, dt. Sekt. 13, 1973, S. 56–61

2603. B a u e r , Willy, u. Werner K e i l : Natur- und Vogelschutz in Hessen 1973–1975. – In: Lusc 42. 1974, S. 67–71

2604. B e r c k , Karl-Heinz: Untersuchungen zum Herbstvorkommen einiger Vogelarten in der Ackerlandschaft (Hessen). Mit 7 Tab. – In: Lusc 42. 1974, S. 97–107

2605. G i e s s , Otto: Von mir über mich. Mit 1 Bildn. – In: HKWe 26. 1976, S. 35–36 [Tierzeichner, Vogelwart]

2606. G e b h a r d t , L.: Dr. Werner Sunkel. Mit 1 Bildn. – In: Lusc 42. 1974, S. 166–168 [Ornithologe 1893–1974]

2607. B o l e y , August: [Dem Ornithologen] Werner Sunkel 1893–1974 zum Gedächtnis! – In: HH N. F. 24. 1974, S. 227

2608. Vogelkundliche Mitteilungen aus dem Kasseler Raum. Hrsg.: Dt. Bund für Vogelschutz, Kreisverb. Kassel Stadt u. Land e. V. u. Hess. Ges. f. Ornithologie u. Naturschutz e. V., Arbeitskr. Kassel. H. 1 ff. Kassel 1976 ff.

2609. L u c a n , Volker, Lothar N i t s c h e u. Günther S c h u m a n n : Vogelwelt des Land- und Stadtkreises Kassel. Kassel: Dt. Bund f. Vogelschutz, Kreisverb. Kassel-Land e. V.; Grebenstein, Riethweg 19: Selbstverl. L. Nitsche [Vertrieb] 1974. 280 S., 96 Abb. u. Kt.

2610. R i e s s , Wulf: Untersuchungen an Vogelpopulationen zweier Heckengebiete im Naturpark Hoher Vogelsberg. Mit 9 Abb. – In: Lusc 42. 1973–75, S. 1–21, 109–133, 205–224

2611. K e i l , Werner: 50 Jahre „Untermain". Rückblick – Ausblick. Vortrag, anläßlich d. 50-Jahr-Feier d. Vogelkundl. Beobachtungsstation „Untermain" am 21. 9. 1974 in Bergen-Enkheim gehalten. – In: Lusc 42. 1974, S. 156–160

2612. V i e r t e l , Kurt: Vogelwelt und Vogelschutz im Westerwald. Die Vogelwelt als Indikator landschaftsökolog. Veränderungen. Mit 3 Abb. – In: Ww 67. 1974, H. 4, S. 2–4

2613. S a r t o r , Jürgen: Die Vogelwelt der Krombachtalsperre. 1. Nachtr. – In: Em 2, H. 5/6 = Beitrr. z. Landespflege in Rheinlandpfalz 4[b]: Vogelkde u. Vogelschutz in Rheinland-Pfalz. 1976, S. 56–72

2614. R o t h , Hermann Josef: Sicherung einer Brut- und Raststätte bei Montabaur. – In: Em 2, H. 5/6 = Beitrr. z. Landespflege in Rheinlandpfalz 4[b]: Vogelkde u. Vogelschutz in Rheinland-Pfalz. 1976, S. 100–101 [Spießweiher b. Montabaur]

2615. B r a u n , Manfred: Quantitative Bestandsaufnahme der Brutvögel am „Burgberg Nassau". – In: Em 2, H. 5/6 = Beitrr. z. Landespflege in Rheinlandpfalz 4[b]: Vogelkde u. Vogelschutz in Rheinland-Pfalz. 1976, S. 7–10

2616. W e r n e r , Karl-Walter: Ornithologie zwischen Natur und Kultur. Bemerkungen zu avifaunist. Besonderheiten d. Rheintales. – In: HJMBi 17. 1973, S. 76–77

2617. W a l t i , Elisabeth: Bemerkenswerte Beobachtungen aus dem Europareservat „Rheinauen". – In: Em 2, H. 5/6 = Beitrr. z. Landespflege in Rheinlandpfalz 4[b]: Vogelkde. u. Vogelschutz in Rheinland-Pfalz. 1976, S. 101–103

2618. W e r n e r , Karl-Walter: Europa-Reservat im Rhein. Wasservogelschutzgebiet Rheinauen zwischen Bingen u. Erbach. Mit 1 Kt. – In: HJMBi 19. 1975, S. 112–114

2619. T i l l m a n n , Eduard: Vogelschutz im Rheingau. – In: RhgHbr 88. 1974. S. 7–10; 89. 1974. S. 8–9; 90. 1974. S. 9–11

2620. H i l d , Jochen, u. Siegrid S t a a r : Radar-Vogelzugbeobachtungen in größeren Höhen innerhalb des Main-Neckar-Raumes. Mit 5 Abb. – In: Em 2, H. 5/6 = Beitrr. z. Landespflege in Rheinlandpfalz 4[b]: Vogelkde u. Vogelschutz in Rheinland-Pfalz. 1976, S. 21–34

2621. S c h w e n t k e , Bernhard M.: Vogelschutzlehrpfad im Oppenheimer Stadtwald. Mit 2 Ab. – In: HJMBi 17. 1973, S. 78–81

2622. K l e i n d i e n s t , Werner: Zwerga m m e r – Emberiza pusilla – an der Krombachtalsperre. – In: Em 2, H. 5/6 = Beitrr. z. Landespflege in Rheinlandpfalz 4[b]: Vogelkde u. Vogelschutz in Rheinland-Pfalz. 1976, S. 99–100

2623. S t a u d e , Johannes: Neuer Brutnachweis der B e k a s s i n e (Gallinago gallinago) im Gebiet der Westerwälder Seenplatte. – In: Ornithol. Mitteilungen 28. 1976, S. 40–41

2624. B e h r e n s , Henning: Zur Brutverbreitung der L i m i k o l e n in Hessen 1974 und 1975. Mit 3 Kt. – In: Lusc 42. 1975, S. 191–198

2625. K l i e b e , Karl: Der Durchzug der Zwerg s c h n e p f e – Lymnocryptes minimus – im Amöneburger Becken bei Marburg/L. und seine Beeinflussung durch landschaftliche Veränderungen. Mit Abb. – In: Lusc 41. 1971, S. 129–142; 42. 1973, S. 26–38

2626. G i e s s , Otto: S p e c h t e im Braunfelser Wald. Beobachtungen zur Brut d. Großen Buntspechts. Mit 2 Abb. – In: HKWe 26. 1976, S. 37–40

2627. R o s s b a c h , Rudolf: Neuer Tiefstand der Population des W e i ß s t o r c h e s – Ciconia ciconia – in Hessen (1972–1974). – In: Lusc 42. 1974, S. 93–96

2628. Wieder Jungstörche in Schierstein. Mit 1 Abb. – In: 50 Jahre Wiesbaden-Schierstein 1926–1976. Festschrift u. Programm. Schiersteiner Hafenfest. 1976, S. 33–34

2629. Umweltbericht der Hessischen Landesregierung. Hrsg. v. Hess. Min. f. Landwirtschaft u. Umwelt in Zsarb. m. d. beteiligten Ressorts. 1973 ff. Wiesbaden 1973 ff.

2630. F a h r e n b e r g e r , Gerold: Umweltschutz. Vorhaben u. Maßnahmen. Frankfurt a. M.: Staatl. Landesbildstelle Hessen 1976. 78 S. (Farblichtbildreihe. He 92. Beih.)

2631. J o s t , Georg: Umweltverschmutzung in Fulda vor 150 Jahren. – In: FuGbll 50. 1974, S. 116–118

2632. L o e h r , Bernhard: Umweltverschmutzung in Fulda vor 150 Jahren. – In: BuBll 49. 1976, S. 49–51

2633. K e l l e r , Willi Ernst: Umweltschutz. – In: Der Wetteraukreis. Frankfurt a.M. 1976, S. 65–66

2634. B i r k n e r , Siegfried: Umweltschutz Frankfurt am Main. Ein handlicher Helfer in Umweltfragen. Ffm.: Dezernat Planung, Amt f. kommunale Gesamtentwicklung [um 1976]. 6 Bl.

2635. Industrieller Umweltschutz. Mit zahlr. Abb. Rüsselsheim: Adam Opel AG, Öffentlichkeitsarbeit 1976, 19 S. (Schriftenreihe d. Adam Opel Aktiengesellschaft 15) [Aktivitäten der A. Opel-AG beim Umweltschutz]

2636. W e i n b a c h , Walter: Zeichen der Zeit. Umweltschutz und Abfallbeseitigung. Mit 2 Abb. – In: Westerwaldkreis. Mühlheim/M. 1975, S. 197–200

2637. K l a u s i n g , Otto, u. Georg S a l a y : Gewässerkundliches Flächenverzeichnis Land Hessen. Wiesbaden: Hess. Landesanst. f. Umwelt 1973. [Losebl. Ausg.]

2638. Die Wassergüte der Oberflächengewässer im Lande Hessen. Wiesbaden: Hess. Min. f. Landwirtschaft u. Umwelt 1971. 8 S. Kt.Beil. Hessen 1970, biolog. Gewässerzustand.

2639. Belastung und Verunreinigung des Grundwassers durch feste Abfallstoffe. Von Arthur G o l w e r [u.a.]. Mit 23 Abb., 34 Tab. u. 2 Taf. Wiesbaden: Hess. Landesamt f. Bodenforsch. 1976. 131 S., 6 Tab. u. 2 Taf. (Abhandlungen d. Hess. Landesamtes f. Bodenforsch. 73)

2640. K u n z e , Christian: Ökologische Forschungsstation Edersee. – In: GiessUbll 8. 1975, 1, S. 66–69

2641. H a m m e l , Hans: Gewässerschutzmaßnahmen im Rheineinzugsgebiet der Bundesrepublik Deutschland. – In: Wasser- u. Energiewirtschaft. Sonderh.: Der Rhein v. d. Quellen bis zum Meer. Baden/Schweiz 1975, S. 216–222 m. 4 Abb.

2642. A n t , Herbert: Biologische Probleme der Verschmutzung und akuten Vergiftung von Fließgewässern, unter besonderer Berücksichtigung der Rheinvergiftung im Sommer 1969. – In: Landschaftspflege u. Naturschutz 4. 1969, S. 97–126 m. 2 Abb. u. 5 Tab.

2643. K ö l l e , W.: Untersuchungen zur organischen Belastung des Rheins und deren Herkunft. – In: Vom Wasser 36. 1970, S. 34–53

2644. Die Verunreinigung des Rheins und seiner wichtigsten Nebenflüsse in der Bundesrepublik Deutschland. Hrsg.: Arbeitsgemeinschaft d. Länder z. Reinhaltung d. Rheins. Düsseldorf 1971. Ergänzungsh. Meßdaten zum Zwischenber. d. Arbeitsgemeinschaft d. Länder z. Reinhaltung d. Rheins (Stand 1971). Untersuchungsergebnisse 1962–1972. [1975]. 89 S. m. Kt.

2645. T i p p n e r , Manfred: Der Feststofftransport im Rhein. Mit 4 Abb. – In: BRh 27. 1975, S. 32–38

2646. Der Rat v. Sachverständigen f. Umweltfragen. Umweltprobleme des Rheins. 3. Sondergutachten März 1976. Stuttgart & Mainz: Kohlhammer 1976. 258 S. u. 9 Ktn

2647. K l a u s e w i t z , Wolfgang: Wasser als Umweltfaktor im Rhein-Main-Gebiet. – In: Lusc 42. 1974, S. 73–79

2648. Sonderplan Abwasserbehandlung Region Rhein-Main-Taunus. Hrsg.: Der Hess. Min. f. Landwirtschaft u. Umwelt. Bearb.: Hess. Landesanstalt f. Umwelt, Wiesbaden. Wiesbaden 1976. 84 S. m. Abb., 3 Faltkt.

2649. Hessen. Wärmelastplan Main. Von d. Landesgrenze bis zur Mündung. Bearb. in d. Hess. Landesanst. f. Umwelt, Wiesbaden. Wiesbaden: Hess. Min. f. Landwirtschaft u. Umwelt 1973. 27 S., 7 Anlagen

2650. T o b i a s , Wolfgang: Kriterien für die ökologische Beurteilung des unteren Mains. [1.] 2. Frankfurt/M.: Forsch. Inst. Senckenberg 1974–76 mit Lit. Verz. (Courrier. Forsch. Inst. Senckenberg 11. 18) Erscheint auch als: Mitteilungen. Forschungsprojekt Untermain 9

2651. L a n g e - B e r t a l o t , H.: Das Phytoplankton im unteren Main unter dem Einfluß starker Abwasserbelastung. Frankfurt a.M.: Forsch.-Inst. Senckenberg 1974. 88 S., 22 Abb., 2 Tab. (Courrier. Forsch.-Inst. Senckenberg 12)

2652. M a n n , Michael: Abwässer der Hoechst AG werden biologisch abgebaut. – In: Frkf 20. 1975, H. 3., S. 38

2653. Abwasserbehandlung in der Region Starkenburg 1976. Bearb.: Wasserwirtschaftsamt Darmstadt. Darmstadt: Regionale Planungsgemeinschaft Starkenburg 1976. Ca. 18 S. m. Kt.

2654. Kläranlagen- und Kanalbau. Leistungen f. d. Umweltschutz in unseren Gemeinden. Abwasserverb. „Obere Rodau". Verb.-Mitgl. Ober-Roden u. Urberach. Stand 30. Juni 1974. Ober-Roden 1974. 36 S. m. Abb.

2655. W a l t e r , W.: Messungen von Luftverunreinigungen durch den Kraftfahrzeugverkehr in Hessen. Mit 3 Kurven. – In: Immissionssituation durch d. Kraftverkehr in d. Bundesrepublik Deutschland. 1974. (Schriftenreihe d. Ver. f. Wasser-, Boden- u. Lufthygiene 42) S. 77–84

2656. Untersuchung zum Feinstaubproblem in Hessen. Vorgelegt v. Hess. Sozialmin. Wiesbaden 1974. 7, 2 Bl. m. Abb.

2657. Lufthygienisch-meteorologische Modelluntersuchung in der Region Untermain. 5. Arbeitsber. Juni 1974 u. Anh. Dez. 1973. Frankfurt/M.: Regionale Planungsgemeinschaft Untermain 1974. 238 S. m. Kt. u. Abb.

2658. G e o r g i i , Hans-Walter: Die lufthygienisch-meteorologische Modelluntersuchung im Untermaingebiet. – In: Die Meteorologen-Tagung in Bad Homburg v. d. H vom 27. bis 29. März 1974. Offenbach a.M. 1974, S. 79–80

2659. L a h m a n n , E.: Stickstoffdioxid-, Formaldehyd- und Blei-Messungen im Raum Untermain. Mit 1 Meßstellenpl. u. 2 Tab. – In: Immissionssituation durch d. Kraftverkehr in d. Bundesrepublik Deutschland. 1974. (Schriftenreihe d. Ver. f. Wasser-, Boden- u. Lufthygiene 42) S. 85–90

2660. D a r n s t a e d t , Thomas: „Notfalls ein Taschentuch vor dem Mund". – In: Umwelt, Forschung, Technik, Schutz 1973, Nr 2, S. 32–34 [Betr.: Luftverunreinigung in Ffm.]

2661. Frankfurter Bankviertel im Windkanal. Wesentl. Frage – Beeinflussen Hochhäuser die Durchlüftung der Innenstädte? – In: Demokr. Gemeinde 27: 1975, H. 7

2662. Die Wind- u. Lufttemperaturverteilung innerhalb d. Bankenviertels (CityWest). Ffm.: Der Magistrat. Dezernat Planung. 1976. 25 S. 36 ungez. Bl. Abb. [außerdem] Kurzfassung. 10 S. (Beitrr. zum Klima d. Stadt Frankfurt am Main 1)

2663. W i t t e n b e r g e r , Georg: Moose als mögliche Bioindikatoren für Luftverschmutzung dargestellt am Beispiel von Offenbach am Main. Mit 1 Abb. – In: NL 50. 1975, S. 143–145

2664. Untersuchung über die gegenwärtige und zukünftige Verkehrslärm-Immission im Bereich der geplanten Stadttangente Frankfurt/Main der Bundesautobahn Bingen–Fulda und über mögliche Schallschutzmaßnahmen. Ffm.: Stadtplanungsamt 1971. 129 S.

2665. Umweltprobleme im Raume eines Flughafens. [Betr. insbes. Rhein-Main-Flughafen Ffm.] Arnoldshain: Evangelische Akademie 1973. Ca. 100 S. (Arnoldshainer Protokolle Nr. 5/73)

2666. M ü l l e r , Karlhans: Die Flughafen Fankfurt/Main AG beschreitet neue Wege im Umweltschutz. Prämienpunkte f. Anflug auf leisen Sohlen. In: Frkf 20. 1975, H. 1, S. 22–24

2667. Abfallbeseitigungsplan. 2. Sonderabfälle aus Industrie u. Gewerbe. Bearb.: Hess. Landesanst. f. Umwelt, Wiesbaden. Wiesbaden: Min. f. Landwirtschaft u. Umwelt 1976. 77 S. m. Abb. u. Kt.

2668. L ü t k e m e i e r , Sabine: Die Grundwasserzirkulation im Schelder Wald (Hessen) unter Berücksichtigung möglicher Verschmutzung durch Deponien. 1975. Getr. Pag. Berlin, Techn. Univ., Fachbereich 16 – Bergbau u. Geowiss., Diss. 1975

2669. S c h w a r z , Olaf: Hydrogeographische Studien zum Abflußverhalten von Mittelgebirgsflüssen am Beispiel von Bieber und Salz (Hessen). Mit 16 Abb., 5 Tab. u. 9 Ktn. Frankfurt a.M.: Kramer 1974. 128 S. (Rhein-mainische Forschungen 76)

2670. Stengel-Rutkowski, Witigo: Ergebnisse von Abflußmessungen im Krofdorfer Forst (Rhein. Schiefergeb.) Mit 5 Abb. u. 2 Tab. – In: GeolJbH 104. 1976, S. 233–244

2671. Streit, Ulrich: Erzeugung synthetischer Abflussdaten mit Hilfe eines zeit- und raumvarianten Modells im Einzugsgebiet der Lahn. Mit 6 Textabb., 1 Beil. u. 4 Tab. – In: Ekde 29. 1975, S. 92–105

2672. Horn, Hans, u. Heinz Jansen: Haben sich die Abflußverhältnisse des Rheins in den letzten 150 Jahren verändert? Mit 12 Abb. – In: BRh 28. 1976, S. 11–25

2673. Bermanakusumah, Ramdhon: Untersuchungen über Bodenverlagerung und Erodierbarkeit einiger Mittelgebirgsböden Hessens. Gießen 1975. 127 S. Gießen, Univ., Fachbereich 21 – Umweltsicherung, Diss. 1975

2674. Semmel, Arno: Geomorphologische Untersuchungen zur Umweltforschung im Rhein-Main-Gebiet. Mit 4 Abb. – In: VDGT 39. 1973, S. 537–549

# IX.
# WIRTSCHAFT

## A. ALLGEMEINES

2675. Schmidt, Eberhard: Die verhinderte Neuordnung 1945 bis 1952. Zur Auseinandersetzung um d. Demokratisierung d. Wirtschaft in d. westl. Besatzungszonen u. in d. Bundesrepublik Deutschland. Mit e. Vorw. von Wolfgang Abendroth. Frankfurt a.M.: Europäische Verl. Anst. 1970. 240 S. (Theorie u. Praxis d. Gewerkschaften) Erschien auch als Diss., Univ. Marburg

2676. Lerner, Franz: Hessens Wirtschaft. Ein Überblick. Mit 4 Abb. – In: 30 Jahre Hess. Verfassung 1946–1976. Wiesbaden 1976, S. 150–169

2677. Wirtschaft, Verkehr und Technik in Hessen. Wiesbaden: Hess. Min. f. Wirtschaft u. Technik [1976?]. 60 S. m. Kt. (Der Hess. Min. f. Wirtschaft u. Technik informiert)

2678. Beziehungen zwischen der DDR und der hessischen Wirtschaft. Wiesbaden: Hess. Landesregierung, Presse- u. Informationsabt., Staatskanzlei [1974]. 20 S. (SHInf 13)

2679. Netzband, Karl-Bernhard, u. Holger Heide: Hessen 1950–1980. Wirtschaft u. Bevölkerung in d. Stadt- u. Landkreisen. Vorgelegt v. e. Arbeitsgruppe d. Strukturabt. d. HLT. Bd 3–9. Wiesbaden: Hess. Landesentwicklungs- u. Treuhandges. mbH. 1970–71. 3. Kreisentwicklung Stadt Kassel, Frankenberg, Fritzlar-Homberg, Hofgeismar, Kassel-Land, Melsun-

## A. Allgemeines

gen, Waldeck, Witzenhausen, Wolfhagen. 2., verb. Aufl. 1970. XIX, 344, 10 S. m. Kt. 4. Kreisentwicklung Stadt Fulda, Eschwege, Fulda-Land, Hersfeld, Hünfeld, Lauterbach, Rotenburg, Schlüchtern. 1970. XIX, 300, 10 S. m. Kt. 5. Kreisentwicklung Stadt Gießen, Stadt Marburg, Alsfeld, Biedenkopf, Dillkr., Gießen-Land, Marburg-Land, Wetzlar, Ziegenhain. 1970. XIX, 338, 10 S. m. Kt. 6. Kreisentwicklung Stadt Wiesbaden, Limburg, Oberlahnkr., Rheingaukr., Untertaunuskr., Usingen. 1970. XIII, 234, 10 S. m. Kt. 7. Kreisentwicklung Stadt Frankfurt/M., Stadt Hanau/M., Stadt Offenbach/M., Büdingen, Friedberg, Gelnhausen, Hanau-Land, Main-Taunus-Kr., Obertaunuskr., Offenbach-Land. 1971. XXI, 408, 10 S. m. Kt. 8. Kreisentwicklung Stadt Darmstadt, Bergstraße, Darmstadt-Land, Dieburg, Erbach, Groß-Gerau. 1971. XIII, 238, 10 S. 9. Sonderdr. Tabellen, Grafiken. Nachfrage u. Angebot v. Arbeitskräften. [1971?] II, 49 S.

2680. Effizienz und Erfolgskontrolle der regionalen Wirtschaftsförderung. Ergebnisse e. Untersuchung in Hessen. Erstellt von Folkwin W o l f. Wiesbaden: Hess. Landesentwicklungs- u. Treuhandges. 1974. VI, 235 S. m. Abb.

2681. Standort Zonenrand. Wirtschaftsräume im Zonenrandförderungsgebiet. In: Wirtschaft u. Standort. 8. 1976, 10, S. 1–80 m. Abb., Tab. [Enthält auch Beiträge zum hess. Zonenrandgebiet]

2682. Arbeitsstättenzählung 1970. H. 1. Nichtlandwirtschaftl. Arbeitsstätten u. Beschäftigte. 2. Unternehmen. Wiesbaden: Hess. Statist. Landesamt 1972–73. (BStH N. F. 45)

2683. Bilanz des Erfolges. 20 Jahre Zentralstelle f. Arbeitsvermittlung [Frankfurt/M.] ... – Nürnberg: Bundesanstalt für Arbeit 1974. 26 S.

2684. M e y e r , Thomas: Berufliche Ausbildung in Industrie und Handwerk in Hessen unter quantitativem Aspekt. Erstellt in d. Abt. Wirtschaftsforschung u. Regionalplanung, Hess. Landesentwicklungs- u. Treuhandges. mbH. Bd 1. 2. Wiesbaden 1973–74. 1. Von Thomas Meyer u. Ruth C r u m m e n e r l . 2. Aufl. 1973. 2. Zur Situation in d. hess. Landesteilen. 2. Aufl. 1974. XIII, 277 S., 30 graph. Darst.

2685. T i s c h l e r , Lothar Clemens: Berufliche Bildung in Hessen. Zukünft. Nachfrage nach betriebl. Ausbildungsplätzen 1976–1985. Wiesbaden: HLT Ges. f. Forsch., Planung, Entwicklung mbH. 1976. V, 100 S., 6 Bl.

2686. K a r r y , Heinz-Herbert: Verbraucherpolitik in Hessen. Wiesbaden: Hess. Landesregierung, Presse- u. Informationsabt., Staatskanzlei [1974]. 28 S. (SHInf 20)

2687. Landes-Adreßbuch Hessen für Industrie, Handel, Handwerk und Gewerbe. Zsgest. auf Grund amtl. Unterlagen u. eigener Erhebungen. Verz. sämtl. Firmen v. Industrie, Handel u. Handwerk im Bereiche d. Industrie- u. Handelskammern v. Darmstadt, Dillenburg, Frankfurt/M., Friedberg/H., Büdingen, Fulda, Gießen, Hanau-Gelnhausen-Schlüchtern, Kassel, Limburg, Offenbach, Wetzlar u. Wiesbaden. Ausg. 24. 1973/74 ff. T. A. Firmenverz. B. Branchenverz. Wiesbaden: Chmielorz 1973 ff.

2688. Firmenhandbuch Hessen. Bericht. u. erw. Aufl. Jg. 25. 1974 ff. Hannover: Industrie- u. Handelsverl. 1974 ff.

2689. 25 Jahre VWD – Vereinigte Wirtschaftsdienste GmbH. – Ffm. 1974. 232 S. m. Abb. [Darin u.a.: F l e i s c h e r , Fritz, u. Kurt B i e l i n s k i : VWD-Chronik, S. 9–60]

2690. K r i e g e l , Otto: Ministerialrat Walther Adamski im Ruhestand. – In: MDVW 23. 1972, H. 2, S. 5–6 [Bisher tätig im Ministerium f. Wirtschaft u. Technik Wiesbaden]

2691. W o l f , Folkwin: Struktur und Entwicklung von Wirtschaft und Bevölkerung im Raum Obersuhl. Analyse u. Maßnahmenvorschläge. Erstellt in d. Abt. Wirtschaftsforsch. u. Regionalplanung, Hess. Landesentwicklungs- u. Treuhandges. m.b.H., HLT. Wiesbaden 1971. XI, 211 S. m. Kt.

2692. L a u t e r b a c h , Joachim, u. Wilfried M ö h r l e : Wirtschaftsraum Mittelhessen. struktur, entwicklung, prognose. Erstellt in d. Abt. Wirtschaftsforsch. u. Regionalplanung. Wiesbaden: Hess. Landesentwicklungs- u. Treuhandges. 1974. 249, 4 Bl.

2693. W o l f , Folkwin: Struktur und Entwicklung des Wirtschaftsraumes Stadt Allendorf, Kirchhain, Neustadt. Erstellt in d. Abt. Wirtschaftsforsch. u. Regionalplanung, Hess. Landesentwicklungs- u. Treuhandges. mBH. HLT. T. 1. Ergebnisse, Prognose, Maßnahmen. 2. Wirtschaft u. Bevölkerung. 1961–1970. Wiesbaden 1972. XII, 443 S. m. Kt.

2694. D ö r r , Karl-Heinz: Zur Entwicklung von Handel und Gewerbe in Homberg an der Ohm. – In: HGiess 1974, Nr 51

2695. E t z o l d , Hans-Joachim: Industrie, Handel und Gewerbe [im Landkreis Gießen]. – In: Der Landkr. Gießen. Hrsg.: Ernst Türk. Stuttgart, Aalen: Theiss 1976, S. 273–284

2696. E i n h ä u s e r , Karl: Wirtschaftliche Entwicklung von Reiskirchen. – In: Festschrift 1000-Jahrfeier d. Gemeinde Reiskirchen. Gießen 1975, S. 106–110

2697. L i n d n e r , Wilhelm: Gesunder Wirtschaftsraum. – In: Der Wetteraukreis. Frankfurt a.M. 1976, S. 78–85

2698. M ö h r l e , Wilfried u. Thomas M e y e r : Friedberg, Bad Nauheim. Wirtschaftsgutachten zur Entwicklungsplanung. Grafik u. Statistik: Jürgen Cönen. [Hauptbd.] Wiesbaden: HLT-Ges. f. Forsch., Planung, Entwicklung 1976. 177, 2 Bl., 8 S. m. Kt.; Tab. Bd. [242] S.

2699. Handwerk, Gaststätten und Handel in Höchst. – In: 1000 Jahre Höchst im Kinzigtal [Festschrift]. Höchst 1976, S. 149–157

2700. D e s c h , Hermann: Die wirtschaftliche Entwicklung in Wirtheim und Kassel. – In: 1000 Jahre Kassel u. Wirtheim [Festschrift]. Biebergemünd 1976, S. 15–17

## A. Allgemeines

2701. Almanach der Frankfurter Wirtschaft. Hrsg. v. Magistrat d. Stadt Frankfurt a.M., Amt f. Wirtschaftsförderung. 1975/76. Frankfurt a.M. 1975. 230 S. m. Abb.

2702. Frankfurter Geschäfts-Adreßbuch. Zsstellung durch verlagseigene Aufnahme, ferner nach amtl. Unterlagen d. Gewerbeamtes, nach amtl. Veröff. d. Handelsreg. u. mit Unterstützung verschiedener Berufsorganisationen; [mit d. Main-Taunus-Geb.] Darmstadt: Almanach Verl.-Ges. Schaffer. 27. 1974. (1974.) 331, 182, XII S.; 28. 1975. 1975. 318, 166 S. m. 1 Abb.

2703. R i e d m a y e r , Joachim: Die Entwicklung der Wirtschaftskraft einer Großstadt. Neuere Ergebnisse d. Sozialproduktsberechnungen f. d. Stadt Ffm. Ffm: Statist. Amt u. Wahlamt; Ffm.: Ffter Bücherstube Schumann & Cobet in Komm. 1974. 131 S. (FrStB Sonderh. 28)

2704. T h a r u n , Elke: Das Ergebnis der Bruttoinlandsproduktberechnung als Indikator für den Strukturwandel in der Wirtschaft des Frankfurter Raumes (1961–1970). Mit 2 Abb. u. 5 Tab. – In: GT 29. 1976, S. 219–224

2705. S c h ü t z , Friedrich: Mauern und Fortifikationen schnürten in Mainz das Leben ein. Wirtschaftl. Lage vor 125 Jahren. – In: MMag 1975, Okt. S. 3–17

2706. Entwurf. Wirtschaftsstrukturprogramm Mainz-Wiesbaden. Hrsg.: Stadtvorstand d. Landeshauptstadt Mainz; Magistrat d. Landeshauptstadt Wiesbaden. T. 1. Analyse u. Prognose. Mainz & Wiesbaden 1976. XII, 231 S.

2707. Arbeitsstätten und ihre Beschäftigten in Wiesbaden 1970. Hrsg. v. Statist. Amt u. Wahlamt Wiesbaden [1972]. 42 S. m. Kt. (Statist. Berr. d. Landeshauptstadt Wiesbaden. Sonderh. 20)

2708. H o c h g e s a n d , Helmut, Peter K e s s l e r u. Konrad K o l z : Die Entwicklung des Arbeitskräftepotentials des Arbeitsmarktes Mainz – Wiesbaden. 1961–1970–1985. Hrsg.: Stadtvorstand d. Landeshauptstadt Mainz, Magistrat d. Landeshauptstadt Wiesbaden – Arbeitsgruppe f. kommunale Entwicklungsplanung Mainz – Wiesbaden. Mainz & Wiesbaden 1975. 75, X S. (Mainz-Wiesbaden. Daten – Diagramme – Analysen 3)

2709. K a m p s , Jürgen: Wiesbaden braucht neue Arbeitsplätze. Mit 4 Abb. – In: Wi int 1976, 3, S. 15–19

2710. Ansiedlungsatlas für die Landeshauptstadt Wiesbaden. Wiesbaden: Magistrat, Amt f. Wirtschaft 1976. 18 S., Abb.

2711. Rheinland-Pfalz. Hrsg. in Zsarb. mit d. Arbeitsgemeinschaft d. Industrie- u. Handelskammern Rheinland-Pfalz. Red.: Karl D a r s c h e i d , Reinhard H a g m a n n . Oldenburg (Oldb): Stalling 1976. 205 S. Mit Abb. (Monographien deutscher Wirtschaftsgebiete 32)

2712. A u e n e r , Reinhart: Stadt mit großer Wirtschaftstradition. Binger Wirtschaftsgesch. seit d. Römerzeit auf gerader Linie. – In: HMRh 21. 1976, Nr 5/8, S. 2

2713. Limburger Raum. Analyse u. Prognose v. Wirtschaft u. Bevölkerung. Erstellt in d. Abt. Wirtschaftsforschung u. Regionalplanung: Wolfgang K o c h , Joachim L a u t e r b a c h . 2. Aufl. Wiesbaden: Hess. Landesentwicklungs- u. Treuhandges. 1974. VII, 371 S. m. Kt.

2714. K a l t h o f f , Othmar: Die Wirtschaft im Kreisgebiet. Mit Abb. – In: Land an d. Lahn. Mühlheim/M. 1976, S. 175–184

2715. B o s c h , Werner: Eifel, Hunsrück, Oberwesterwald. Analyse d. Wirtschaftsstruktur. Möglichkeiten d. wirtschaftl. Intensivierung. Hrsg. v. Forschungsinst. f. Wirtschaftspolitik a. d. Univ. Mainz. Mainz 1968. IV, 127 S., 23 Bl. [Masch.] [als Ms. vervielf.]

2716. S t r u f f , Richard: Materialien zur regionalen Wirtschaftsentwicklung in den Mittelgebirgen der BRD. Westerwald-Taunus. Bonn: Forsch. Ges. f. Agrarpolitik u. Agrarsoziol. 1965.

2717. S c h o l z , Hartmut: Erwerbs- und Wirtschaftsstruktur. – In: Westerwaldkreis. Mühlheim/M. 1975, S. 27–30

2718. S c h m i d t , Klaus: Wirtschaftsförderung und Industrieansiedlung (im Westerwaldkr.). Mit 4 Abb. – In: Westerwaldkreis. Mühlheim/M. 1975, S. 115–121

2719. Wirtschaftsgutachten zum Stadtentwicklungsprogramm der Stadt Darmstadt. T. 1. Wirtschaft u. Bevölkerung 1985 im übergeordneten Raum: (BRD, Hessen, Starkenburg). Bearb.: Helmut E h r e t . Wiesbaden: Hess. Landesentwicklungs- u. Treuhandges. mbH. 1974. 40 Bl. (HLT)

2720. S t r ö h l , Gerd, u. Helmut E h r e t : Wirtschaft und Bevölkerung 1985 im Wirtschaftsraum Darmstadt. Wiesbaden: HLT Ges. f. Forsch., Planung, Entwicklung mbH 1976. 31 Bl., 14 Tab.

2721. G e n s e r t , Adam: Das wirtschaftliche Leben [in Urberach]. – In: Chronik Gemeinde Urberach. Offenbach a. M. 1975: Bintz-Verl., S. 191–210

2722. W e b e r , Hans H.: Zum Wirtschaftsleben der Gemeinden Groß- und Klein-Zimmern. – In: Groß-Zimmern, Klein-Zimmern. Beitrr. zur Entwicklung in Vergangenheit u. Gegenwart. Groß-Zimmern 1976, S. 104–115 m. Abb.

2723. B a d e w i t z , Dietrich: Der Odenwaldkreis, ein Wirtschaftsraum? Zum Problem d. Abgrenzung v. Wirtschaftsräumen. Textbd V, 99 S., Kt. u. Tab. 25 Bl. 108 gez. S., 25 Kt. Bochum: Geogr. Inst. d. Ruhr-Univ. Bochum, Forschungsabt. f. Raumordnung. 1974. Ersch. auch als Diss., Bochum Univ., Abt. f. Geowiss. 1973 (Materialien zur Raumordnung aus d. Geograph. Inst. der Ruhr-Universität Bochum, Forschungsabteilung für Raumordnung 15)

2724. I r s i g l e r , Franz: Kölner Wirtschaftsbeziehungen zum Oberrhein vom 14. bis 16. Jahrhundert. – In: ZGO 122 = NF 83. 1974, S. 1–21

## B. ZÜNFTE UND GEWERBE

### 1. Zünfte und Innungen, Handwerk und Gewerbe

2725. Handwerkszählung 1968. Wiesbaden: Hess. Statist. Landesamt 1973. 243 S. (BStH N. F. 57)

2726. N a u m a n n , Helmut: Das Handwerk im Stadt- und Landkreis Gießen. – In: Der Landkreis Gießen. Hrsg.: Ernst Türk. Stuttgart, Aalen: Theiss 1976, S. 285–287

2727. G ö b e l , Otto: Ausgestorbene Handwerkszweige im Vogelsberggebiet. Erinnerungen. – In: HGiess 1976, 11

2728. G ö t t m a n n , Frank: Handwerk und Bündnispolitik. Die Handwerkerbünde am Mittelrhein v. 14. bis z. 17. Jh. Wiesbaden: Steiner 1977. X, 307 S. (Frankfurter hist. Abhandlungen 15) Zugl. Frankfurt/M., Univ., Fachbereich 08 – Geschichtswiss. Diss. 1976

2729. Handwerk. Brücke zur Zukunft. 75 Jahre Handwerkskammern in Deutschland. Von G. C o u r t s [u.a.] Hrsg.: Dt. Handwerkskammertag. [Dortmund:] Verl. Anst. Handwerk [1975]. 168 S., 10 ungez. Taf. [Darin: S. 105–168: Unsere Handwerkskammer [Wiesbaden] in Vergangenheit u. Gegenwart]

2730. R e i n h a r d t , Wilhelm: Leistungsstarkes Handwerk. – Mit 1 Abb. – In: Westerwaldkreis. Mühlheim/M. 1975, S. 123–125

2731. L [ ö b e r ] , K[arl]: Zweimal nach Wien und dann „heim ins Reich". Sattlergesellen-Wanderschaft vor 160 Jahren. Mit 3 Abb. – In: HJDi 18. 1975, S. 33–37

2732. M a r x , Heinrich: Geschichte des Handwerks. – In: Der Wetteraukreis. Frankfurt a. M. 1976, S. 86

2733. G ü r g e s , Ludwig: Das Handwerk. Mit Abb. – In: Main-Kinzig-Kreis. Oldenburg (Oldb.) 1976, S. 120–126

2734. Das Handwerk und seine Organisation im Main-Taunus-Kreis. – In: 125 Jahre Höchster Kreisblatt. (Höchster Kreisbl. 1974, Nr 246, Beil.) S. 60–61

2735. E m i g , Georg: Die Berufserziehung bei den Handwerkszünften in der Landgrafschaft Hessen-Darmstadt und im Großherzogtum Hessen vom Beginn des 18. Jahrhunderts bis zur Einführung der Gewerbefreiheit 1866. Frankfurt/M. 1968. 515 S. Frankfurt/M., Wirtschafts- u. sozialwiss. F., Diss. v. 12. 6. 1968

2736. Handwerkskammer Darmstadt. – In: Handwerk. Brücke zur Zukunft. 75 Jahre Handwerkskammern in Deutschland. Von Gert C o u r t s [u.a.] Hrsg.: Dt. Handwerkskammertag. Bonn: Verl.anst. Handwerk [1975]. S. 105–204

2737. Weiler, Heinz: Von den Zünften zum heutigen Handwerk [in Abenheim]. – In: Abenheim. Festbuch zur 1200-Jahrfeier. Worms-Abenheim 1974, S. 57–62

2738. Stahl, Karl Joseph: Ein Hadamarer Zunftbuch der Faßbender, Schreiner, Schlosser, Glaser und Spengler in den Jahren 1703–1785 und Hadamarer Zunftbriefe des 17. u. 18. Jahrhunderts. Hadamar: Magistrat 1975. 67 Bl. (Stahl: Hadamar, Stadt u. Schloß. Beih. 2)

2739. Görlich, Paul: Aus einem Wanderbuch von 1824 [d. Glasergesellen Carl Appel aus Hanau]. – In: HHGiess 26. 1975, S. 73–75

2740. L[uschberger, Franz]: Der „blaue Montag" war verboten. Strenge Regeln f. Hochheims Handwerker. – In: HoM 491. 1974, S. 75–77

2741. Zimmermann, Elisabeth: Von einigen nach 1900 [in Lampertheim] aufgegebenen Berufen. – In: LaHbll 1975, Nr 9

2742. Klitsch, Ferdinand: Vom Innungs- und Zunftwesen im Gericht Lüder. – In: BuBll 48. 1975, S. 33–34

2743. Falck, Ludwig: Das Mainzer Zunftwesen im Mittelalter. – In: Festschrift f. Günther Haselier. Karlsruhe 1975. (Oberrhein. Studien 3) S. 267–288. [Nach e. Vortr., geh. 1974 in d. Arbeitsgemeinschaft f. geschichtl. Landeskde am Oberrhein]

2744. 125 Jahre Handwerker- u. Gewerbeverein e.V. Oberursel. Dienst am Kunden [Festschrift]. Chronik. Festprogramm. Oberursel: Handwerker- u. Gewerbever. 1975. 100 S. m. Abb. [S. 11–33: Happel, Johann: Chronik d. Handwerker- u. Gewerbever. 55–99: Rosenbohm, Rolf: Aus d. Geschichte unserer Stadt. 1000 J. Handel u. Gewerbe in Oberursel]

2745. Müller-Müsen, Wilhelm: Als die Mühlen noch klapperten. Vom Leben u. Treiben in d. Stadt (Siegen) u. von Berufen, die heute ausgestorben sind. – In: UHl 43. 1975, S. 49–54

2746. Wagner, Hermann Josef: In Sprendlingen gab es fünf Zünfte. Mit 1 Abb. – In: HJMBi 17. 1973, S. 110–112

2747. Schick, Wilhelm: Aus dem Rechnungsbuch eines Weilburger Handwerksmeisters. – In: WeilBll 9. 1976, S. 68–70

2748. Ruppersberger, Lutz: Wöllsteiner Handwerk und Gewerbe im Wandel der Zeiten. – In: HJAlWo 14. 1974, S. 554–560

## 2. Lebensmittelgewerbe

2749. Wiebeck, Bodo-Heinz: Die Bäckergilde in Kassel 1759–1831. – In: HFK 12. 1974, Sp. 43–46

2750. G o e t t m a n n , Frank: Die Frankfurter Bäckerzunft im späten Mittelalter. Aufbau und Aufgaben städtischer Handwerksgenossenschaften. Ffm.: Kramer 1975. 128 S. m. Abb. (Studien zur Frankfurter Geschichte 10)

2751. Ball der Konditoren. Jubiläums-Schrift d. Frankfurter Konditoren-Innung. 1900–1975. Ffm.: Konditoren-Innung 1975. 54 S.

2752. F a s i g , Willy: Sprendlinger Backhäuser in früherer Zeit. – In: HJMBi 17. 1973, S. 112–113

2753. W a l k , Karl-Alexander: 35000 Kilo Brot pro Woche. Ein Besuch in d. Wehener Walzenmühle u. Brotfabrik Wilhelm Herding K. G. Mit 4 Abb. – In: HJUTs 1974, S. 169–174

2754. H ö c k , Alfred: Backöfen und Dörröfen in den Orten des Kreises Ziegenhain im Jahre 1838. – In: SchwJb 1974, S. 38–44

2755. [Festschrift.] 25 Jahre Fleischerverband Hessen. Frankfurt a. M.: Landesinnungsverband Hessen 1975. 29 S. m. Abb.

2756. Lebendiges Fleischerhandwerk. Ein Blick in Vergangenheit u. Gegenwart. Red. u. Gestaltung: Franz Lerner in Zusammenarb. mit Kurt P. Steinbach. Hrsg. v. Dt. Fleischer-Verband Frankfurt am Main. Friedrichsdorf/Ts: Schäfer u. Schmidt KG 1975. 336 S. m. Abb.

2757. S c h w a r z , Alfred: Von Bierbrauern und Wirten vergangener Zeiten. Mit 7 Abb. – In: HJDi 18. 1975, S. 129–133

2758. G r a m s s , Karl Heinz: Edle Gerstensäfte aus d. Siegerland. Vielgelobtes Quellwasser u. ausgefeilte Braurezepte garantieren vorzüglichen Ruf. Mit 6 Abb. – In: UHl 1974, S. 53–58

2759. S c h n e i d e r , Ernst: Erneuerter Zunfft-Brief vor die Meister des Bender- und Bierbrauerhandwerks in den Ämtern Rüsselsheim, Dornberg und Kelsterbach de dato Darmstadt, den 21 März 1791. – In: HspGer 1974, Nr 3

2760. R ö s c h , Georg: Das Bier. War Alt-Gelnhausen keine bierfreundl. Stadt? Mit 4 Zeichn. von Huxdorf. – In: GelHJ 1975, S. 49–52

2761. S c h n e i d e r , Ernst: Das Bier und die Bierbrauer im Gerauer Land. – In: Festschrift zum 80jähr. Jubiläum d. Hotel- u. Gaststätten-Verbandes d. Kr. Groß-Gerau. 1894–1974. Groß-Gerau 1974, S. 19–27

2762. S c h n e i d e r , Ernst: Bierbrauen im alten Groß-Gerau um 1800. – In: Festschrift zum 80jähr. Jubiläum d. Hotel- u. Gaststätten-Verbandes d. Kr. Groß-Gerau. 1894–1974. Groß-Gerau 1974, S. 29–37

2763. Schneider, Ernst: Über das Bierbrauen im alten Groß-Gerau um 1800. – In: HspGer 1974, Nr 4. 5

2764. Beck, Max: In Wildungen braute man [bis zum 19. Jh] ein gutes Bier. – In: MW 1976, Nr 3 v. 28. Febr.

2765. 100 Jahre Brennerei und Kelterei Dölp [Festschrift]. Brensbach/Odw.: Philipp Dölp, Brennerei-Kelterei 1975. 10 ungez. Bl. mit Abb.

### 3. Mühlen

2766. Anschütz, Rudolf: Müllerhannes. Ein Begriff d. letzten Mühle zu Allendorf im Ulmtal. Mit 1 Abb. – In HKWe 26. 1976, S. 65–66

2767. Henn, Ernst: Der Verkauf der Kohlenmühle bei Breitscheid 1722. Beispiel einer Erbteilung und damit verbundener Altersversorgung. – In: HbllPFH 42. 1974, S. 8

2768. Hofmann, Martin: Die Mühlen im Renteibezirk Dillenburg 1810. Mit 3 Abb. – In: HbllPFH 44. 1976, S. 25–27

2769. Ullrich, H.: Mühlen der Familie Ullrich im Efzetal. – In: KGB 1976, S. 108–110

2770. Die Müller der Heckenmühle zu Endbach. – In: HiGbll 53. 1974, S. 168

2771. Trautmann, Dieter: Die ehemalige Danielsmühle zu Heuzert. Mit 1 Abb. – In: HJAl 1975, S. 147–149

2772. Cornelius, Werner: Sterbende Mühlen am Iserbach. Mit 4 Abb. – In: HLD 71. 1976, S. 1–2

2773. Schneider, Willi: Ein Dorf (Laasphe – Niederlaasphe) und seine Mühle im Wandel der Zeit. – In: Wi 40. Jg. 64. 1976, S. 139–143

2774. Dokumentation Hammermühle. Zsgest. v. Ver. f. Heimatgesch. Ober-Ramstadt. Ober-Ramstadt 1976. 26 S. m. Abb.

2775. Dörr, Karl-Heinz: Die alten Mühlen im Ohmtal. – In: HGiess 1975, Nr 47

2776. Fischer, Karl: Die Kirchmühle in Pfungstadt. – In: Odw 21. 1974, S. 124–131 m. Abb.

2777. Büchner, Silvia: Die historische Entwicklung der Stickelmühle am Goldsteintal. Mit 1 Abb. – In: EH 38. 1976 [Rambach]

2778. Neumann, Heinrich: Pfaffenpfad und Bingelsmühle in Sonnenberg. Mit 1 Abb. – In: EH 36. 1974

2779. W ü r t h , Karl: Der Pfrimmbach, seine Brücken und Mühlen im Raume von W a c h e n h e i m . – In: HJAlWo 14. 1974, S. 501–503

2780. F l e i g , Lina: Die W i e s e c k e r Struppmühle im Wandel von vier Jahrhunderten. Alte Müllergeschlechter konnten jetzt ermittelt werden. – In: HGiess 1974, Nr 44

2781. Z i l l i n g e r , Waldemar: Die Hersfelder Ölmühle. – In: MHl 26. 1974/75, S. 68

2782. K u n z , Rudolf: Mißglückter Aufbau einer Pulvermühle im Mühltal und zu Rodau bei Lichtenberg. – In: Odw 21. 1974, S. 63–68 [im 18. Jh.]

2783. F a i l i n g , Adolf: Der Walkmühlen-„Verstrich" in Gießen Anno 1733. – In: HHGiess 1974, S. 102–103

4. T e x t i l g e w e r b e , S o n s t i g e s

[T ö p f e r e i  u.  Z i e g e l e i  s.  XVII E 1]

2784. D ö s s e l e r , E.: Die märkische Eisen- und bergische Textilwirtschaft als Vorbild für Hessen[-Kassel] am Ende des 18. Jahrhunderts. Nach d. Denkschr. e. Duisburger Handelsschullehrers, Jacob Ebrard de Casquet, v. 1784. – In: Beitrr. z. Gesch. Dortmunds u. d. Grafschaft Mark 65. 1969, S. 89–96

2785. S c h l i t z e r , Paul: Leinweberei und Leinenhandel im 19. Jahrhundert. – In: BuBll 47. 1974, S. 41–42. 47

2786. K ö h l e r , Brigitte: Über die Strumpfwirkerei in südhess. Waldenser-Kolonien. – In: Zu Kultur u. Gesch. d. Odenwaldes. Breuberg-Neustadt 1976, S. 127–136

2787. Ehemalige Flachsbereitung im Odenwald. – In: HErb 1974, Nr 2

2788. H e n n , Ernst: Walkererde aus Breitscheid für die Wollenweber in B i e d e n k o p f . – In: HiGbll 55. 1976, S. 48

2789. A r z t , Theodor: Das Zunftbuch der B i e d e n k o p f e r Färber. – In: HiGbll 53. 1974, S. 158–159

2790. I m m e l , Otto: Verfaulte Baumwollballen im Schafstall. Mit 1 Abb. – In: HbllPFH 42. 1974, S. 17 [Baumwollindustrie im Amt E b e r s b a c h ]

2791. 100 Jahre Nicolaus Weber, F u l d a . Abriss e. Firmengesch. [Text: Hans Hermann W a h l e r . Fotos: Erich G u t b e r l e t u. a.]. Fulda, [1975]. 39 S. m. zahlr. Ill. [Weberei]

2792. H e n n , Ernst: Die Wollentuchmacher und Strumpfweber in H e r b o r n . – In: HbllPFH 42. 1974, S. 12

2793. Störkel, Rüdiger: Die Strumpfwirkerei in Herborn. – In: MHG 24. 1976, S. 70–71

2794. Görlich, Paul: Hersfeld – eine Stadt der Tuchmacher und Lohgerber. – In: MHl 26. 1974/75, S. 30

2795. Baas, Friedrich-Karl: Die Immenhäuser Leineweberei in Vergangenheit und Gegenwart. – In: GemNlm 1973, S. 7–9. 18–21. 31–32. 55–56

2796. Heil, Walter: Der Leinweber-Beruf im 19. Jh. in Massenheim. – In: ViHbll 12. 1975; zugl. Sonderh.: Zur 1200-Jahrfeier d. Stadtteiles Bad Vilbel-Massenheim, S. 39–42, 6 Abb.

2797. Schawacht, Jürgen H.: Über die Wolltuchmacherei der Stadt Siegen in der ersten Hälfte des 19. Jahrhunderts. – In: Si 52. 1975, S. 19–21

2798. 150 Jahre Wegener - Hüte [Festschrift]. 150 Jahre Familientradition. Blitzenrod/Kr. Lauterbach 1976. 7 ungez. Bl., 4 Taf.

2799. Heubel, August: „Der Homburg". Mit 2 Abb. – In: AHo 19. 1976, S. 48–49 [Hutfabrikation; betr. insbes. Hutmacherfamilie Möckel]

2800. 75 Jahre Maler- und Lackierer-Innung Wiesbaden, Rheinstraße 36 [Festschrift]. Taunusstein 1975: Dierks. 32 S. m. Abb. u. Bildn.

2801. Kunz, Rudolf: Pechbrenner und Pottaschensieder. – In: Stark 52. 1975, S. 51–52; 53. 1976, S. 60

2802. Henn, Ernst: Herborner Pfeifenbäcker im 18. und 19. Jahrhundert. – In: MHG 22. 1974, S. 30–32; vgl. a. HJDi 17. 1974, S. 165–168

2803. Esche, Fritz: Oberurseler Scherenschleifer in Leipzig? Ein Beispiel f. d. Zswirken v. Familien- u. Heimatgeschichtsforsch. – In: MVGHOUr 18. 1974, S. 18–23

2804. Henn, Ernst: Die Erdbacher Faßschreiner. Mit 3 Abb. – In: HJDi 18. 1975, S. 117–118

2805. Festabend 3. Mai 1975. 75 Jahre Frankfurter Schreinerinnung. Holz u. Kunststoff verarbeitendes Handwerk. [Ffm.] 1975. 52 S.

2806. Haßmann, Helmut: Das Schreibbuch des Schuhmachers Hein in Kredenbach. 1786–1795. – In: Si 52. 1975, S. 44–49 [Johannes Heyn]

2807. Schick, Wilhelm: Ein ausgestorbenes Weilburger Handwerk. Vor 150 Jahren wurde d. Seifensiederei Fernau gegründet. – In: WeilBll 12. 1976, S. 95–96; 13. 1977, S. 99–101 [zuerst im „Weilburger Tagebl." 97 = 75. 1936, Nr 192 v. 19. 8. u. d. T.: „110 Jahre Seifensiederei Fernau" veröff.]

2808. Hinze, Kurt: Die Sesselträger von Wetzlar. Als noch Sänften die Gassen d. alten Reichsstadt belebten. Mit 3 Abb. – In HLD 70. 1976, S. 1–2

2809. Troitzsch, Ulrich: Staatliche Bemühungen um die Einführung der Strohflechterei in Kurhessen in der Mitte des 19. Jahrhunderts – ein Beispiel verfehlter Nebenerwerbsförderung. – In: Agrarisches Nebengewerbe u. Formen d. Reagrarisierung im Spätmittelalter u. 19./20. Jh. Stuttgart 1975. (Forschungen z. Sozial- u. Wirtschaftsgesch. 21) S. 141–52

2810. Naumann, Joachim: Zur Tätigkeit Hinterländer Zimmerleute im Wittgensteinischen. – In: Wi 40. Jg. 64, 1976, S. 134–36 [Bemerkungen zu: Blöcher, Elsa: Der Zimmermann im Hinterland und seine Balkeninschriften. Kassel 1975. (Hess. Forschungen z. geschichtl. Landes- u. Volkskde 11)]

2811. Reutter, Rolf: Zimmermeister Karl Fischer 70 Jahre alt. – In: GbllBe 7. 1974, 116–125 [Enth. Bibliogr. Fischers]

## C. HANDEL UND INDUSTRIE

### 1. Handel, Märkte, Zölle, Maß und Gewicht

2812. Westermann, Ekkehard. Zur Erforschung des nordmitteleuropäischen Ochsenhandels der frühen Neuzeit (1480–1620) aus hessischer Sicht. – In: Zs. f. Agrargesch. u. Agrarsoziol. 23. 1975, S. 1–31 m. 4 Anl. u. 2 Kt. Skizz.

2813. Palm, Claus: Die Hanse und der obere Mittelrhein. Modell großräumigen wirtschaftl. Austausches in Europa mit oberem Mittelrhein verbunden. Mit 1 Kt. – In: HMRh 19. 1974, Nr 10

2814. Thome, Leonhard: Zum Salzhandel in der Grafschaft Nassau-Saarbrücken. Der Pachtvertrag mit David Merckle 1751. – In: ZGSa 23/24. 1975/76, S. 134–140

2815. Bruns, A.: Ein Fuhrleutestreit bei Wetzlar 1758. Von d. Fuhrleuten Griese aus Oberelspe. – In: Heimatstimmen aus d. Kr. Olpe 1975, S. 211–215

2816. Immel, Otto: Schleichhändler, Schmuggler. Vor 160 J. während d. Kontinentalsperre. – In: HLD 59. 1975, S. 3 [Dillkreis]

2817. Görlich, Paul: Messen und Märkte anno 1854. – In: MHl 27. 1976/77, S. 7

2818. Forstmann, Wilfried: Die Frankfurter Handelskammer im Ersten Weltkrieg. – In: AFGK 55. 1976, S. 177–201

2819. Der Außenbezirk der Industrie- und Handelskammer Frankfurt am Main. Strukturelle Veränderungen u. Verflechtungen. Frankfurt/M.: Industrie- u. Handelskammer 1974. 154 Bl. m. Abb.

2820. 1872–1972. 100 Jahre Industrie- und Handelskammer Gießen [Festschrift]. Hrsg.: Industrie- u. Handelskammer Gießen. Gießen: Verl. d. Gießener Anzeigers 1972. 51 S. m. zahlr. Abb.

2821. G e i s t h a r d t , Fritz: Heinrich Herborn. 1905–1974 Syndikus d. Industrie- u. Handelskammer Limburg. – In: NAN 86. 1975, S. 444–445

2822. R e i t z e l , Adam Michael: 175 Jahre Industrie- und Handelskammer für Rheinhessen in Mainz (1798–1973). – In: MA 1972/74, S. 112–127

2823. Handels- und Gaststättenzählung 1968. Wiesbaden: Hess. Statist. Landesamt 1973. 248 S. (BStH N. F. 58)

2824. Die Einfuhr nach Hessen 1973. Wiesbaden: Hess. Statist. Landesamt 1974. 72 S. (BStH N. F. 64); 1974. '75. 75 S. (BStH N. F. 75); 1975. '76. 74 S. (BStH N. F. 81)

2825. Die hessische Ausfuhr 1973. Wiesbaden: Hess. Statist. Landesamt 1974. 93 S. (BStH N. F. 63); 1974. '75. 105 S. (BStH N. F. 74); 1975. '76. 103 S. (BStH N. F. 80)

2826. T a c k e , Rudolf: Der Einzelhandel. – In: Der Wetteraukreis. Frankfurt a. M. 1976, S. 88–89

2827. S c h ä f e r , Karl: Seit 1588 Markt in A d o r f . – In: MW 1975, Nr 7 v. 10. Mai

2828. 100jähriges Bestehen des Unternehmens Gaissmaier. 1874–1974. Gaissmaier-Supermarkt B a b e n h a u s e n . Ulm 1974. 34 S. (Miteinander. Zeitschr. f. Mitarbeiter d. Hauses Gaissmaier. Ausg. z. 100jährig. Bestehen d. Unternehmens. H. 1.)

2829. J u r c z e k , Peter: Versorgungsstruktur und städtebauliche Probleme von Shopping Centers in Verdichtungsräumen. Beispiel Hessen-Center in B e r g e n - E n k h e i m . – In: Bauwelt 67. 1976, H. 22, S. 678–679

2830. H o l l e r , Siegfried: Von B i c k e n bis nach Bremen. Aus d. Notizbuch e. Fuhrmanns u. Holzhändlers. – In: HLD 1974, Nr 46, S. 4 [Ludwig Bernhammer]

2831. 100 Jahre B i e b e s h e i m e r Markt 1875–1975. 6. 6.–9. 6. 1975. Biebesheim 1975. 80 S. [Zuchtviehmarkt]

2832. D a r m s t a d t . Sales Guide. 1976/77. Darmstadt: Stadtverwaltung, Verkehrsamt 1976. 31 S.

2833. R e d l i c h , Fritz: The eighteenth century trade in „light ducats", a profitable illegal business. – In: Economy and history. Lund 16. 1973, S. 3–14 [Betr. F r a n k f u r t a . M . ]

2834. Frankfurt am Main, einer der grossen Messeplätze der Welt. Ffm.: Messe- u. Ausstellungs-AG. [um 1976]. 10 Bl.

2835. J o s s e , Raymond: Nouveaux foyers de desserrement à la périphérie de Francfort sur le Main. Eléments de comparaison avec l'agglomération parisienne. – In: Revue géographique de l'est. 1973, H. 4, S. 429–451

2836. Frankfurt Trade Center. Karlsruhe: Mietropa Bau- u. Grundstücksverwaltung 1972. 20 S. [Planung des TC in Sachsenhausen]

2837. R o e w e r , Jan: Flohmarkt Frankfurt. Ein Bildband von Jan Roewer. Mit Texten von Friedhelm A b e l u. a. Ffm.: VfE Verl. 1975. 156 S.

2838. G w i n n e r , Arthur von: Lebenserinnerungen. Hrsg. von Manfred Pohl. Ffm.: Knapp 1975. 199 S. [Frankfurt a. M.]

2839. 100 Jahre Carl Klippel. Alles für's Büro. Berufsjubiläum Willy Balzar. Frankfurt a. M. 1971. 10 ungez. Bl.

2840. 25 Jahre Neckermann – 25 Jahre im Dienste des Verbrauchers [Festschrift]. [Ffm.: Neckermann-Konzern 1975.] 26 S.

2841. Weg-Notizen (Zitate). Dieter Fertsch-Röver in freundschaftlicher Verbundenheit zum 50. Geburtstag gewidmet. 1924–1974. Darmstadt 1974. 15 ungez. Bl. [Frankfurter Unternehmer]

2842. Vom Sonnenschein zum aktinischen Licht. 75 Jahre Carl Ruppert, 3. Jan. 1972 [Festschrift]. Hrsg.: Carl Ruppert, Frankfurt a. M., Reprograph. Betrieb. Frankfurt a. M. 1972. 30 ungez. S.

2843. 1872–1972. Hundert Jahre Transportgeschichte Schenker & Co GmbH, Frankfurt a. M. [Festschrift]. Offenbach/M. 1972. 20 S. (Schenker Journal Ausg. D)

2844. 100 Jahre Schimmelpfeng 1872–1972 [Festschrift]. Hrsg. Auskunftei W. Schimmelpfeng – Dt. Auskunftei GmbH, Ffm. Frankfurt/M. 1972. 116 S. (Schimmelpfeng Review, Jubiläumsausgabe 10/1972)

2845. 150 Jahre Großhandelshaus J. Wehner, F u l d a . Tradition u. Fortschritt. 1822–1972. Festschrift. Fulda 1972. 42 ungez. Bl.

2846. D a n n e b e r g , H.: Raum G i e ß e n . Einkaufsgewohnheiten 1970–1980 nach Branchen u. Bedarfsstufen. Teilber. eines Gutachtens im Auftr. d. Magistrats d. Universitätsstadt Gießen. Gießen 1973.

2847. L e i b , Jürgen, u. Helmut K o l l m a r : Der Gießener Wochenmarkt. Entwicklung, Struktur u. Funktion. – In: MOHG N. F. 59. 1974, S. 181–271 m. 10 Abb.

2848. Memories. 75 Jahre NCR Deutschland. National Registrier Kassen GmbH. Augsburg, Berlin, Gießen. (1896–1971) [Festschrift]. Augsburg 1971. 32 S. (NCR Journal 1971, Nr 1)

2849. D i t t m a n n , Joachim: Der H o c h h e i m e r Markt. Mit 1 Abb. – In: HoM 483. 1966, S. 26. 28. 30. 32. 34. 36. 38. 40

2850. Dittmann, Joachim: ... als es wieder anfing. Aus der Gesch. d. Hochheimer Marktes. – In: HoM 491. 1974, S. 67–74

2851. Hartmann, Michael: Hochheimer Markt vor 70 Jahren. – In: HoM 493. 1976, S. 64–67

2852. Dittmann, Joachim: Der Hochheimer Markt und das Wetter. Mit Abb. u. 1 Lagepl. – In: HoM 492. 1975, S. 62–72

2853. Valentin. Das 50jährige Bestehen d. Valentin-Firmengruppe. Mainz-Kostheim: Valentin, Gas u. Oel GmbH 1974. 17 ungez. Bl.

2854. 1872–1972. 100 Jahre Heissner KG Garten-Make up, Lauterbach/Hessen und Rainrod, Bergshausen/Kassel [Festschrift]. Lauterbach 1972. 10 ungez. Bl.

2855. Anschütz, Rudolf: Der Markt vor der Brücke in Leun an der Lahn. Ein über 500 J. altes Recht kommt wieder zur Geltung. Mit 4 Abb. – In: HLD 58. 1975, S. 1–2

2856. 100 Jahre Eisen-Fischer KG [Eisengroßhandel] im Dienste der heimischen Wirtschaft. 1874–1974. Limburg/Lahn 1974. 26 S., Abb.

2857. 25 Jahre Sprengstoff- und Kunststoff-Vertrieb Hessen GmbH, SKV 1947–1972 [Festschrift]. Marburg, Kassel, Fulda (1972). 18 ungez. Bl.

2858. Vogel, Gisela: Das Kaufmannsporträt. [Betr. Oberursel]. – In: Oberurseler Kurier. Jg. 1973, Nr 26 v. 28. 6.: Heiner Alberti; Nr 27 v. 5. 7.: Hans Henrich; Nr 29. v. 19. 7.: Heinrich Burkard; Nr 30 v. 26. 7.: Gerd Kappus; Nr 36 v. 6. 9.: Peter Leser; Nr 41 v. 11. 10.: Familie Becker; Jg. 1974, Nr 6 v. 7. 2.: Käthi Caprana; Nr 8 v. 21. 2.: Familie Acker; Nr. 10. v. 7. 3.: Familie Busch; Nr 14 v. 4. 4.: Schuh-Steinbach; Nr. 18 v. 2. 5.: Elisabeth Mann

2859. Schäfer, Karl: Seit 1589 Markt in Rhoden. – In: MW 1975, Nr 9 v. 28. Juni

2860. Das „Krönchen" als Handels- und Einkaufsstadt. Eisenwaren u. Sohlleder waren wichtige Exportartikel. – In: UHl 43. 1975, S. 35–37 [Siegen]

2861. Tafel, Walpurg: Der Markt war der Mittelpunkt der Stadt Siegen. Seine Ursprünge u. hist. Entwicklung seit d. Mittelalter. Mit 2 Abb. – In: UHl 44. 1976, S. 150–152

2862. Cyperrek, Rudolf: Die Eden Idee. Auftrag u. Erfüllung. Hrsg. aus Anlaß d. 25jähr. Bestehens d. Eden-Waren GmbH, Bad Soden/Ts. v. d. Eden-Waren GmbH, Bad Soden. Wiesbaden: Optimum Verl. f. Wirtschaftsschrifttum 1975. 30 S. m. Abb.

2863. 75 Jahre Calmano, Nikolaus Calmano KG, Wiesbaden, Sanitär- u. Heizungsgroßhandel 1898–1973 [Festschrift]. Wiesbaden 1973. 8 ungez. Bl.

2864. Pade. Klaus & Hans Pade, Textilwaren-Großhandel, Import, Berlin – Klaus & Hans Pade, Garne, Z e p p e l i n h e i m  b. Frankfurt/M. 1949–1974. Dokumentation. Text: Schulten. Berlin, Zeppelinheim 1974. 8 ungez. Bl.

2865. D e m a n d t , Karl Ernst: Die hessischen Oberweserzölle im 16. und frühen 17. Jahrhundert. Texte u. Kommentare. Ein Beitr. z. Interpretationsmethode von Zollrechnungen u. -registern. – In: HJL 25. 1975, S. 223–306

2866. E y e r , Fritz: Die in den Grafschaften Nassau-Saarbrücken und Saarwerden, der Herrschaft Blieskastel und im Kurtrierischen gültigen Zolltarife nach einer Aufstellung von 1718. – In: ZGSa 22. 1974, S. 87–94

2867. I m m e l , Otto: Vom Holzkohlenzoll zu Achenbach. – In: HiGbll 53. 1974, S. 162

2868. I m m e l , Otto: Vom Holzkohlenzoll [zu Achenbach] ins Dietzhölztal. – In: HbllPFH 44. 1976, S. 4. 8

2869. H a r d e r , Albert: Die Grolsheimer Zollschranke wurde für die Sprendlinger Fuhrleute zur Geißel. – In: HJMBi 17. 1973, S. 50

2870. F a i l i n g , Adolf: Gewogen und zu leicht befunden. Gewichte, Waagen u. Beschauer in Alt-Gießen. – In: HGiess 1974, Nr 44

2871. S c h n e i d e r , Ernst: Eine Schnellwaage aus kurfürstl. mainz. Besitz. – In: Aschaffenburger Jb 5. 1972, S. 359–367

2 . B a n k e n  u n d  V e r s i c h e r u n g e n ,  G e l d w e s e n

2872. S c h l i e r b a c h , Helmut: Das Sparkassenrecht in Hessen. Textsammlung hess. Gesetze, Verordnungen, Mustersatzungen, Satzungen u. Geschäftsanweisungen sparkassenrechtl. Inhalts. 2. geänd. Aufl. Stuttgart: Dt. Sparkassenverl. 1975. 137 S.

2873. Portrait einer Bank. Hess. Landesbank, Girozentrale, Frankfurt, Kassel, Darmstadt, Wiesbaden. Vertrauen zu Daten, Fakten, Leistungen. Frankfurt/M.: Hess. Landesbank [1969]. 20 S. m. Abb.

2874. R e i m u t h , Bruno: Die Hessen-Nassauische. Mit 2 Abb. – In: Wi int 1974, 4, S. 28–29 [Hessen-Nassauische Versicherungsanstalt in Wiesbaden]

2875. Die Nassauische Sparkasse [Wiesbaden] seit 1840 im Gebiet des Unterlahnkreises. Mit 2 Abb. – In: Der Unterlahnkr. Mainz 1967, S. 115–118

2876. H a i n , Willy: Der Westerwald – die Wiege der Genossenschaften. Volksbanken u. Raiffeisenbanken in ihrer Bedeutung f. d. heimische Wirtschaft u.

Bevölkerung – gestern u. heute. Mit 4 Abb. – In: Westerwaldkreis. Mühlheim/M. 1975, S. 262–266

2877. P f a n n m ü l l e r , Friedrich Heinrich: Bedeutung und Umfang der Genossenschaftsbanken und der Warengenossenschaften. – In: Der Wetteraukreis. Frankfurt a. M. 1976, S. 94–95

2878. M i c h e l , Hermann: Das Genossenschaftswesen. Mit Abb. – In: Main-Kinzig-Kreis. Oldenburg (Oldb.) 1976, S. 127–129 [Raiffeisen- u. Volksbanken]

2879. J o h n , Manfred: Sparkassen und Kreditwesen. Mit Abb. – In: Main-Kinzig-Kreis. Oldenburg (Oldb.) 1976, S. 130–135

2880. Festschrift Volksbank Kreis B e r g s t r a ß e 100 Jahre. Lampertheim 1976. 61 S. m. Abb.

2881. 50 Jahre DBS, Deutsche Bausparkasse D a r m s t a d t [Festschrift]. Darmstadt 1975. 36 S. m. Abb. u. Kt.

2882. Eine süddeutsche Bank. Bankhaus Max Flessa & Co., Darmstadt. Darmstadt [1974]. [21] S. m. Abb.

2883. Sparkasse D i e b u r g , Zweckverbandssparkasse. Seit 140 Jahren. Hrsg. von der Sparkasse Dieburg Zweckverbandssparkasse. Groß-Umstadt 1975. 7 ungez. Bl.

2884. 100 Jahre Bankverein E h r i n g s h a u s e n eGmbH 1872–1972 [Festschrift]. Zsgest. u. gestaltet von Heinrich H o f m a n n . Ehringshausen b. Wetzlar [1972]. 52 S. m. Abb.

2885. Messen und Geldmarkt der Reichsstadt F r a n k f u r t am Main. Ausst. in d. Räumen d. Frankfurter Volksbank v. 26. 8. – 27. 9. 1974. [Ffm.: Ffter Volksbank] 1974. 12 Bl.

2886. Aktiva. Festschrift für Walter Hesselbach zum 60. Geburtstag. Ffm., Köln: Europäische Verl.-Anst. 1975. 171 S. [Frankfurter Bankier]

2887. Wirtschaft. Gesellschaft. Geschichte. Alfred Grosser [u. a.] Stuttgart: Metzlersche Verl.buchh. 1974. 292 S. [Festschrift d. Ffter Bankhauses B. Metzler]

2888. L u t z , Bernd: Firma und Familie als gesellschaftlicher und wirtschaftlicher Funktionsverbund. Gesch. u. Entwicklung d. Familie u. Firma B. Metzler seel. Sohn & Co. 1674 bis 1974. – In: Wirtschaft. Gesellschaft. Gesch. 1974, S. 264–289 [Bankhaus]

2889. C o w l e s , Virginia: Die Rothschilds (The Rothschilds, dt.; aus d. Engl. übers. von Hans Jürgen v. Koskull). 1763–1973. Geschichte einer Familie. 2. Aufl. Würzburg: Ploetz 1975. 301 S. m. Abb. (Ploetz-Bildbiografien.) [Betr. Frankfurt a. M.]

C. Handel u. Industrie 227

2890. Achterberg, Erich, Christa v. Helmolt u. Walter Barbier: Über 150 Jahre Sparkasse von 1822. Aus Anlaß d. 150jähr. Bestehens d. Frankfurter Sparkasse v. 1822. Frankfurt a. M.: Rummel 1972, 32 S.

2891. 1900–1975. Volks-Bau und Sparverein Frankfurt am Main eG. [Festschrift]. (Fotos: Klaus Grieshaber). Frankfurt: Volks-Bau u. Sparverein 1975. 53 S.

2892. Loesch, Achim von: Die Bank für Gemeinwirtschaft. Entwicklung, Struktur, Aufgaben. Hrsg. v. d. Bank f. Gemeinwirtschaft AG. Frankfurt a. M., Köln: Europäische Verl. Anst. 1975. 61 S. (Schriftenreihe Gemeinwirtschaft 20)

2893. 25 Jahre WKV-Bank Frankfurt am Main. 1949–1974. Sonderschrift zum 25jährigen Geschäftsjubiläum d. WKV Kredit-Bank, Ffm, Zeil 77. Frankfurt a. M. 1974. 14 ungez. S.

2894. Frankfurter Wertpapierbörse. Handbuch 1974. T. 1–6 [nebst] Anl. Ffm. 1974. 1. Struktur u. Organe. 2. Börsenfirmen. 3. Zentrale Börsengeschäfte. 4. Öffentlichkeitsarbeit. 5. Erläuterungen zur Börsenstatistik. 6. Anh.: Geregelter Freiverkehr. Telefonverkehr. Anl.: Börsenordnung f. d. Ffter Wertpapierbörse. – Bedingungen f. Geschäfte a. d. Ffter Wertpapierbörse.

2895. Die Diamant-Börse wurde eröffnet. Sicher wie die Bank v. England. – In: Frkf 19. 1974, H. 4, S. 17 [Frankfurt a. M.]

2896. Wettner, Anton: Durch Zeiten und Generationen. Kreissparkasse Friedberg (Hessen) „früher Mathildenstift". 1833–1973. Friedberg/H. 1975. 123 S. m. zahlr. Abb.

2897. Wettner, Anton: Helfer und Förderer der heimischen Wirtschaft: Die Kreissparkasse Friedberg. – In: Der Wetteraukreis. Frankfurt a. M. 1976, S. 90–91

2898. Pfannmüller, Friedrich Heinrich: 50 Jahre Genossenschaftliche Selbsthilfe. Hrsg. anläßl. d. 50jähr. Bestehens d. Wetterauer Volksbank eGmbH, Friedberg/Hessen. 1921–1971. Unter Mitarb. von Gudrun Wolf u. Ingeborg Schwarz. Friedberg/Hessen 1971. 66 S.

2899. Teil, H.-T. u. F. W. Göbel: 75 Jahre Entstehung u. Entwicklung d. Kreissparkasse Fritzlar-Homberg zu Fritzlar mit Bildern aus ihrem Geschäftsbereich. 1899–1974. Homberg 1974. 28 ungez. Bl.

2900. Berge, Otto: Fuldas öffentliches Bankwesen, vorwiegend im 19. Jahrhundert. (Anlaß: 150. Wiederkehr d. Gründungstages d. Städt. Sparkasse Fulda). Fulda: Parzeller 1974. 312 S., 6 Bl. Abb.

2901. Berge, Otto: Die Gründung der Städtischen Sparkasse (vor 150 Jahren in Fulda). – In: BuBll 48. 1975, S. 5. 11

2902. Berge, Otto: Fuldaer Sparkasse als Rentenversicherungsanstalt. – In: BuBll 48. 1975, S. 14–15

2903. S c h w a b , Karl-Heinz: Kreissparkasse G r o ß - G e r a u 1826–1976. 150 Jahre Leistung u. Vertrauen. Hist. Dokumentation: Ernst Schneider, Grafik: H. Chwalkowski. Groß-Gerau [1976]. 120 S. m. Abb.

2904. Bilanz eines Jahrhunderts. 100 Jahre Groß-Gerauer Volksbank. Hrsg.: Groß-Gerauer Volksbank. Text: Willy K ö h l e r . Groß-Gerau 1976. 80 S.

2905. Jubiläumsschrift zum 150jährigen Bestehen der Sparkasse am 2. August 1975, Sparkasse Bad H e r s f e l d -Rotenburg 1825–1975. Hrsg.: Sparkasse Bad Hersfeld-Rotenburg, Bad Hersfeld 1975. 60 ungez. Bl. (Gesch. d. früheren Kreis- u. Stadtsparkasse Bad Hersfeld)

2906. K a i s e r , Erich: 125 Jahre Stadtsparkasse zu H o m b e r g , Bez. Kassel (1851–1976). (Homberg 1976). 31 S.

2907. 1925–1975, 50 Jahre Kreissparkasse M a r b u r g /Lahn. Marburg/L. 1975. 56 S.

2908. B r ü b a c h , Walter: Helfer und Förderer der heimischen Wirtschaft: Die Kreissparkasse Büdingen in N i d d a . – In: Der Wetteraukreis. Frankfurt a. M. 1976, S. 92–93

2909. G l ü c k , Kurt: Die Entwicklung des Banken- und Sparkassenwesens in O f f e n b a c h am Main. Mit Abb. – In: Tradition u. Erneuerung. Erinnerungsgabe f. Friedrich Hengst z. 80. Geburtstag. Hrsg. von Erwin Stein. Frankfurt/M. 1972, S. 125–138

2910. 125 Jahre Kreissparkasse R o t e n b u r g an der Fulda, 1848–1973 [Festschrift]. Rotenburg 1973. 48 S.

2911. 90 Jahre Stadtsparkasse S p a n g e n b e r g 1882–1972 [Festschrift]. Hrsg. v. Stadtsparkasse Spangenberg, Anstalt d. öffentl. Rechts, mündelsicher. Spangenberg 1972.

2912. Raiffeisen- u. Volksbanken-Versicherungsgruppe, W i e s b a d e n . R + V Raiffeisen- und Volksbanken-Versicherungsgruppe verwandelt Zukunft in Sicherheit, 1922–1972 [Festschrift]. Neuwied/Rh. 1972. 18 ungez. Bl.

2913. 100 Jahre und immer jünger [Festschrift]. DBV Deutsche Beamten-Versicherung. W i e s b a d e n . Text: Otto Paasche [u. a.] Wiesbaden 1972. 62 S.

2914. R a k e , Erich: Festschrift aus Anlaß d. hundertjährigen Bestehens der Kreissparkasse W i t z e n h a u s e n . Bönnigheim 1974. 54 S.

### 3. Industrie
[s. a. IX D Bergbau und Hüttenwesen]
[Pharmazeut. Industrie s. VII C2]

2915. Industriezensus 1967. Wiesbaden: Hess. Statist. Landesamt 1973. 118 S. (BStH N. F. 49)

2916. Die nordhessische Metallindustrie. 25 Jahre Arbeitgeberverband 1947–1972 [Festschrift]. Vorgelegt v. Arbeitgeberverband d. Hess. Metallindustrie, Bezirksgruppe Nordhessen e. V. Kassel. Kassel 1972. 51 S.

2917. Geipel, Robert: Industriegeographie als Einführung in die Arbeitswelt. Braunschweig: Westermann 1969. 201 S. m. Abb., Tab., Kt. u. Bibliogr. [Betr. Rhein-Main-Geb.]

2918. Hoelke, Fritz: Die Industrie des Main-Kinzig-Kreises. Mit Abb. – In: Main-Kinzig-Kr. Oldenburg (Oldb.) 1976, S. 74–119

2919. Sangmeister, Hartmut: Die wirtschaftliche Entwicklung eines Randgebietes im Zeitalter der Industrialisierung. Dargest. am Beispiel d. südhess. Odenwaldes 1871–1913. Ein Beitr. zur Theorie u. Praxis industrialisierungsgeschichtl. Regionalforsch. Wiesenbach: Volkmann 1976. XII, 305 S. m. Kt. Zugl. Heidelberg, Univ., Wirtschafts- u. sozialwiss. Fak., Diss., 1976

2920. 25 Jahre Stühle von Röder Söhne, Stahlrohrmöbelfabrik, Bergen-Enkheim, Frankfurt. 1946–1971 [Festschrift]. Bergen-Enkheim, Frankfurt 1971. 8 ungez. Bl.

2921. Geisthardt, Fritz: 150 Jahre A.-Winkler Sohn [Festschrift]. Eine Firma in Biebrich, in Wiesbaden u. darüber hinaus. Red.: H. J. Imiela. Wiesbaden-Biebrich 1974: Zeidler. 75 S. m. Abb. u. Bildn. [Bauunternehmen]

2922. Accumulatorenfabrik Sonnenschein GmbH 1970. Büdingen/Hess. 1970. 14 ungez. Bl. [Firmenschr.] [1910 Gründung durch Theodor Sonnenschein in Berlin]

2923. Betriebsratswahl Merck 1972: e. Dokumentation, Vorgeschichte, Hintergründe, Ergebnis. Hrsg.: Sozialist. Büro. Offenbach: Verl. Zweitausend 1972. [108] S. (Reihe Betrieb u. Gewerkschaften) [Chem. Fabrik in Darmstadt]

2924. Beton Richter. Darmstadt, 25 Jahre Beton-Richter [Festschrift]. Impulse, Phasen u. Akzente zwischen Vergangenheit u. Zukunft, Fotodokumente u. Anm. 1948–1973. Pfungstadt/Hessen (1973). 36 S.

2925. Trommsdorf, Ernst: Dr. Otto Röhm. Chemiker u. Unternehmer. Düsseldorf, Wien: Econ-Verl. 1976. 96 S. 16 Taf., S. 97–296 [Gründer d. chem. Fabrik Röhm & Haas, seit 1971 Röhm GmbH, in Darmstadt. 19. 3. 1876–17. 9. 1939]

2926. Dokumentation der Festveranstaltung der Gesellschaft Deutscher Chemiker anläßl. des 100. Geburtstages von Dr. Otto Röhm. Auditorium maximum d. Technischen Hochschule Darmstadt. 15. Juni 1976. Darmstadt: Röhm GmbH 1976. 18 ungez. Bl.

2927. T i s c h e r t , Hans: Dr. Starck & Co., Siegburg, Darmstadt, Karlsruhe, Pottum. Ges. f. Wärme- u. Kältetechnik mbH. Eine Wirtschaftsmonographie. 1947–1972. Dilsberg ü. d. Neckar 1972. 19 S.

2928. C y p e r r e k , Rudolf: Capsula. Eine Liebeserklärung. 50 Jahre Loos & Co. Hrsg. v. d. Metallkapselfabrik Loos & Co., Wiesbaden- D o t z - h e i m . Wiesbaden: Optimum-Verl. f. Wirtschaftsschrifttum 1975. 28 S. m. Abb. u. Bildn.

2929. 25 Jahre 1946–1971. Montig, Montagebau-Industrie GmbH (Darmstadt- E b e r s t a d t ) [Festschrift]. Darmstadt: Hoppenstedt 1971. 12 ungez. Bl.

2930. Kunststoff. Gestern – heute – morgen. Hrsg.: Braas & Co GmbH., F r a n k - f u r t a. M. Textbeitr. Erich W e r r e s [u. a.] 1873–1973. Mainz 1973. 88 S.

2931. 100 Jahre Collodin. 1875–1975 im Dienste der Klebstofftechnik. Frankfurt a. M. 1975. 6 S.

2932. Festschrift 50 Jahre DECHEMA. Verantw.: Dieter B e h r e n s . Ffm.: DECHEMA Deutsche Ges. f. chem. Apparatewesen 1976. 40 S.

2933. Edelmetall und Chemie. Die Arbeitsgebiete d. Degussa. Degussa 1873–1973. Ffm.: Degussa 1974. 145 S. m. Abb.

2934. M a n n , Golo: Der tiefe Wandel der Gesellschaft. Festschrift zum 100sten Jubiläum d. Firma Degussa. Düsseldorf, Wien: Econ Verl. 1973. 32 S.

2935. 75 Jahre Adolf A. Fleischmann im Dienste der Verbraucher feuerfester Erzeugnisse [Festschrift]. Ffm. 1975. 12 S.

2936. 125 Jahre Holzmann. – In: Holzmann-Kurier. 3. 1974, S. 4–7 [Frankfurter Bauunternehmen]

2937. Frankfurt am Main seit 120 Jahren Holzmann Firmensitz. – In: Holzmann-Kurier. 3. 1974, S. 20–22

2938. L e r n e r , Franz: Jacobi, Eugen, Metallindustrieller, 4. 2. 1877 Straßburg – 11. 10. 1933 Frankfurt/Main. – In: Neue Dt. Biographie. 10. 1974, S. 236–237

2939. Blick in ein Ingenieurunternehmen. Ffm.: Lurgi Gesellschaften 1973. 71 S. [Apparatebau]

2940. Oswald Niedecker, Frankfurt a. M.: 50 Jahre Niedecker, 1922–1972, Metallwarenfabrik, Frankfurt a. M. 1972. 7 ungez. Bl.

## C. Handel u. Industrie

2942. 50 Jahre Dr. Scholl's Fußpflegemittel, Scholl-Werke GmbH., Frankfurt 1922–1972 [Festschrift]. Frankfurt a. M. 1972. 18 S.

2943. S c h w a r z , Adam u. Hans-Joachim: 100 Jahre Georg Schwarz & Sohn 1874–1974. Frankfurt a. M.: Georg Schwarz & Sohn [1974]. 48 S. m. Abb. [Metallbau; Bauschlosserei]

2944. 100 Jahre Wayss & Freytag AG. Ffm.: Wayss & Freytag 1975. 265 S. [Hoch-, Tief- u. Ingenieurbau]

2945. 1947–1972. Moritz Kurt Juchheim GmbH & Co., 25 Jahre in F u l d a , Feinmechan. u. opt. Geräte [Festschrift]. Fulda 1972. 15 ungez. Bl.

2946. H o f m a n n , Hermann: Wirtschaftliche Entwicklung von G e n s i n g e n . 75 Jahre Bretz u. Co. Mit 1 Abb. – In: HJMBi 16. 1972, S. 99–101

2947. F a i l i n g , Adolf: Als die G i e ß e n e r Industrie laufen lernte. Zur Gesch. d. Industrialisierung. – In: HGiess 1975, Nr 2

2948. Porträt eines Werkzeug-Maschinen-Unternehmens. Heyligenstaedt & Comp. Gießen: Heyligenstaedt 1976. 109 S. [Bildbd]

2949. 40 Jahre Vacuumschmelze, Aktiengesellschaft. 1923–1963. [Festschrift]. H a n a u : Vacuumschmelze AG [1964]. 176 S. m. Abb.

2950. 125 Jahre Chemikalien, Säuren – Laugen, Lösungsmittel, Technische Produkte, Laborchemikalien. 1850–1975. Hanau: Gaquoin & Reuter GmbH 1975. 10 ungez. Bl.

2951. 1923–1973, Fritz Bechtold, Bauunternehmen, Frankfurt-H o e c h s t [Festschrift]. Frankfurt-Hoechst 1973. 6 ungez. Bl.

2952. T r o u e t , Klaus: US-Administration. Die Verwaltung d. Werkes Hoechst 1945–1953. Frankfurt/M.: Hoechst AG 1976. 153 S. (DHöA 48)

2953. J u n g , Hugo, u. Bernd P r i e v e r t : Profile einer Epoche. Frankfurt-Höchst: Hoechst AG 1976. 55 S. m. zahlr. Abb. [Enthält u. a. d. Firmengesch. d. Hoechst AG v. 1951–1976]

2954. Hoechst-Aktiengesellschaft. Hoechst denkt weiter. Frankfurt/M. [-Höchst]: Hoechst-A. G. [1975]. 69 S. m. Abb.

2955. S i m o n , Manfred: Firmenmuseum der Hoechst AG eröffnet. – In: Tradition 19. 1974, S. 40 f.

2956. Wie die ersten Heilmittel nach Hoechst kamen. Ffm.-Höchst: Farbwerke Hoechst 1965. 83 S. (DHöA 8)

2957. Die Anfänge der Kunststoffwerkstätte in Hoechst. Höchst: Farbwerke Hoechst 1969. 123 S. (DHöA 40)

2958. Schwefelsäure Hoechst. Vom Kammerverfahren zum Kontaktprozeß 1880–1914. Frankfurt/M.: Hoechst AG. 1975. 133 S. (DHöA 47)

2959. Simon, Manfred: Adolf von Brüning 1837−1884. − In: Wuppertaler Biographien. 12. 1974, S. 11−21 [Mitbegründer d. Farbwerke Hoechst]

2960. S[chäfer], R[udolf]: „Ein Mann aus Antwerpen" (August de Ridder). − In: FHöSchl 18. 1974, S. 38−39 [Kaufmänn. Direktor d. Farbwerke Hoechst, 1837−1911]

2961. Langreuter, Rolf: Kurt Scholl zum Gedächtnis. − In: NblWil 50. 1975, Nr 138, S. 304−305 [Diplomchemiker bei d. Farbwerken Hoechst]

2962. Krebs, Karl-Heinz: Das Wirtschaftsporträt: Krebs & Riedel KG Karlshafen. Seit 80 Jahren Herstellung v. Schleifkörpern in d. ehem. Farbenmühle zu Karlshafen. − In: JbLKa 1975, S. 32−33

2963. Treue, Wilhelm: Henschel & Sohn [in Kassel]. Ein dt. Lokomotivbau-Unternehmen 1860−1912. T. 1. Unter Leitung von Oscar Henschel 1860−94. 2. Unter Leitung von Sophie Henschel 1894−1911. − In: Tradition 19. 1974, S. 3−27; 20. 1975, S. 3−23

2964. terma Wohnbehagen. Durch 100 Jahre Knauth & Co. GmbH, Berlin, Kassel, Hanau, 1872−1972, e. Gesellschaft im Terma-Firmenverband [Festschrift]. Berlin, Kassel, Hanau 1972. 19 S.

2965. Bernhard Fischer KG. Eisenbeton- u. Tiefbau. Mainz- Kastel u. Duisburg. 1899−1974. 33 ungez. Bl.

2966. 100 Jahre Blechwarenfabrik Limburg GmbH [Festschrift]. 1872−1972. Limburg 1972. 13 ungez. Bl.

2967. Bauert-Keetmann, Ingrid: Monette. Kabel- u. Elektrowerk GmbH, Marburg a. d. Lahn 1921−1971. Marburg a. d. L. 1971. 67 S.

2968. Oel-Becht. Hans Becht KG, Nahrungsmittelwerk, Oberursel, 75 Jahre. Oberursel 1974. 8 ungez. Bl., Abb.

2969. Roland Offset. Ein Unternehmen mit Weltruf [Festschrift]. Geschichten, Beobachtungen, Fakten, Tatsachen, Streiflichter, Bilder, Nachrichten, Erfahrungen aus 100 Jahren. Hrsg. anl. d. 100jähr. Bestehens d. Roland Offsetmaschinenfabrik Faber & Schleicher AG in Offenbach a. M. 1871−1971. Offenbach 1971. 145 S.

2970. Moritz Mädler − Koffer- u. Lederwarenfabrik seit 1850. 1850−1975. Offenbach a. M. 1975. 12 ungez. Bl.

2971. Effbe nach 25 Jahren. 1949−1974. Raunheim: Effbe Werk Fritz Brumme & Co KG 1974. 59 S.

2972. Fabrikzeitalter. Dokumente zur Geschichte der Industrialisierung am Beisp. von Rüsselsheim. Hrsg. v. Museum d. Stadt Rüsselsheim unter Mitarb. von Peter Schirmbeck [u.a.] Gießen: Anabas-Verl. 1976. 90 S. mit Abb.

2973. Museum d. Stadt Rüsselsheim. Katalog d. Abt.: Industrialisierung. Hrsg. vom Magistrat d. Stadt Rüsselsheim, Museum. Rüsselsheim 1976. 90 S. m. Abb., 1 Faltkt.

2974. L u d v i g s e n , Karl: (Opel: Wheels to the world, a 75 year history of automobile manufacture, dt.) Opel. Räder für die Welt. 75 Jahre Automobilbau. Übers. aus d. Engl. von Olaf Baron Fersen. [Rüsselsheim: Adam Opel AG 1975.] 96 S. m. Abb. [C 1975 Olaf von Fersen, Dietzenbach-Hexenberg]

2975. Die Opel-Story. Die Gesch. e. dt. Unternehmens. Hrsg.: PR Stab. Rüsselsheim: Adam-Opel-AG 1974. 16 S. m. Abb.

2976. ( G e r l a c h , G.:) Ein Automobil der ersten Stunde. Rüsselsheim: Adam Opel AG 1976. 12 ungez. Bl. m. Abb. [Gesch. d. Opel]

2977. Die Dynamik eines Werkes – 75 Jahre Opel-Automobile. – In: 75 Jahre Automobilclub v. Deutschland. Mühlheim a.M.: Landgrebe [um 1974], S. 48–53 m. Abb.

2978. L ü c k , Alfred: Die Stadt auf eisernem Grund. Die Anfänge d. industriellen Entwicklung in S i e g e n . Mit 1 Abb. – In: UHl 43. 1975, S. 16–19

2979. Horst 100 Jahre. 1874–1974. [Hanau-] S t e i n h e i m : Horst KG Druck u. Verpackung 1974. 12 ungez. Bl.

2980. M e t z , Albert: Carl Kellner (1826–1855) der Gründer der W e t z l a r e r optischen Industrie. Mit 2 Bildn. u. 5 Abb. – In: HKWe 26. 1976, S. 85–93

2981. D i e c k e r h o f f , Otto: 100 Jahre mit Stahl u. Eisen. 1867–1967 G. Schöller K.G. W i e s b a d e n 1967. 50, VIII S. m. zahlr. Abb., 3 Taf.

2982. R ü s t e r , Helmut: 150 Jahre im Dienste der „Schlüssel", Sicherheit und der Kunst. Mit Bildn. – In: WiL 23. 1974, März, S. 16–20 [Firma Kranz in Wiesbaden]

2983. 40 Jahre CWW, Chemische Werke W o r m s 1932–1972 [Festschrift]. Worms 1972. 31 S.

## D. BERGBAU UND HÜTTENWESEN

### 1. Allgemeines

2984. L u n g e r s h a u s e n , Karl: Bergbau im Hessenland. – In: HeG 77. 1976, S. 52–53

2985. S t r u b e , Hans: Die Berggerichtsbarkeit in der Landgrafschaft Hessen von den Anfängen bis zur Bergordnung Landgraf Moritz von 1616. – In: ZHG 85. 1975, S. 125–133

2986. B i n g , Ludwig: Vom Bergbau im Ittertal ... – In: WLKa 247. 1974, S. 39–48

2987. Becher, Johann Philipp: Mineralogische Beschreibung der Oranien-Nassauischen Lande nebst einer Geschichte des Siegenschen Hütten- und Hammerwesens. Nachdr. d. Ausg. Marburg 1789. Kreuztal: Verl. Die Wielandschmiede 1976. 624 S., Kt.Beil.

2988. Jahrhundertealtes Handwerkszeug des Bergmanns. Beschreibung d. Gezähes u. anderer Grubengeräte. Mit Abb. – In: UHl 43. 1975, S. 120–122 [Siegerland]

2989. Rumpf, Kurt: Die Rechtsentwicklung des Bergbaus im und am Rande des Westerwaldes. Vom kelt. Volks- u. Gewohnheitsrecht zum preuß. Berggesetz. Mit 6 Abb. – In: Ww 68. 1975, H. 4, S. 8–10

2990. Einecke, Hans-Joachim: Wald und Erz – uralte Heimat. Mit Abb. – In: Land an d. Lahn. Mühlheim/M. 1976, S. 139–146 [Bergbau im Kr. Limburg-Weilburg]

2991. Festschrift zur Sonderschau Bergbau und Philatelie verbunden mit Mitgliedertreffen u. Arbeitstagung d. Motivgruppe Bergbau u. Erdöl im Bund Dt. Philatelisten v. 8. 5.–11. 5. 1975 im Bergbau-Museum Weilburg/Lahn. Schwandorf: Motivgruppe Bergbau, Erdöl u. Geol. im BDPh 1975. 54 S. m. Abb. [S. 17–19: Meyer, Fritz: Das Bergbaumuseum Weilburg a. d. L.; 21–24: Meyer, Fritz: Zur Nachprägung d. Villmarer Ausbeuteguldens v. 1757; 25–37: Hofmann, Alfred: Weilburg a. d. L. u. seine Beziehung z. Bergbau]

2992. Kaethner, Rudi Hermann: Bergbau an der Weil im Jahre 1608. – In: HTBll 3. 1975, H. 7, S. 4–7

2993. Klein, Johann: Die Bruderbüchsen der Berg- u. Hüttenleute in der Grafschaft [Nassau-]Saarbrücken. – In: Nach d. Schicht 69. 1973, Nr 31

2. Eisengewinnung und Verhüttung

2994. Kaiser, Erich: ... Bei den Erzgräbern und Waldschmieden im Knüll. – In: Jb. f. d. Schwalm-Eder-Kreis 2. 1976, S. 186–190

2995. Schwerpunkte der Eisengewinnung und Eisenverarbeitung in Europa 1500–1650. Hrsg. von Hermann Kellenbenz. Köln, Wien: Böhlau 1974. VIII, 506 S. m. Abb. (Kölner Kolloquien z. internationalen Sozial- u. Wirtschaftsgesch. 2) [Betr. auch Hessen u. Nassau]

2996. Geisthardt, Fritz: Frühes Eisengewerbe an Sieg, Dill und Lahn. – In: Schwerpunkte d. Eisengewinnung u. Eisenverarbeitung in Europa 1500–1650. Köln, Wien 1974. (Kölner Kolloquien z. internationalen Sozial- u. Wirtschaftsgesch. 2) S. 188–203

2997. Kellenbenz, Hermann, u. Jürgen H. Schawacht: Schicksal eines Eisenlandes. 125 Jahre Industrie- und Handelskammer Siegen. Siegen: Industrie- u. Handelskammer 1974. 262 S. m. Abb. u. Kt. [Siegerland u. Lahn-Dillgebiet]

2997a. F l e n d e r , H[einrich]: 2500 Jahre Siegerland – Eisenland. Dokumentation aus Anl. e. gemeinsamen Mineralien- u. Bergbauausstellung d. Mineralienfreunde „Glück auf" Siegerland e.V., Heimatstube Ferndorf, Bergbaumuseum Müsen am 24. u. 25. 3. 1973 in d. Stadtsparkasse Kreuztal. Hrsg.: Stadtsparkasse Kreuztal. Kreuztal 1973. 7 Bl., Abb.

2998. F u c h s , Konrad: Notizen zur Geschichte des Berg- und Hüttenwesens im Siegerland. – In: Anschnitt. 26. 1974, H. 2, S. 23–25

2999. S c h a w a c h t , Jürgen H.: Konzentrationsbestrebungen des Siegerländer Hütten- und Hammergewerbes in der ersten Hälfte des 19. Jahrhunderts. – In: Si 51. 1974, S. 134–138

3000. S i e b e l , Gustav: Siegerländer Osemund. Mit 1 Abb. – In: Si 52. 1975, S. 34–35

3001. R u m p f , Kurt: Die Eisenerzgewinnung an der Lahn. Mit zahlr. Abb. – In: Ww 68. 1975, H. 2, S. 4–8 [Lahn-Dillgebiet]

3002. K a e t h n e r , Rudi Hermann: Die Eisenindustrie im Usinger Land in früherer Zeit. – In: UsL 1974, Nr 5, Sp. 53–57

3003. K r e m e r s , Ludwig: Passavant-Werke Michelbacher Hütte in A a r b e r g e n . Mit 9 Abb. – In: HJUTs 1974, S. 161–168

3004. L ü c k , Alfred: Der alte Reckhammer im A l c h e t a l . Mit 7 Abb. – In: Si 51. 1974, S. 138–148

3005. M ü l l e r , Heinrich: Ein alter Beruf stirbt aus. Über die Schmiedefamilie Müller in A r n o l d s h a i n / T s . – In: HTBll 3. 1975, H. 6, S. 8–10

3006. H o f m a n n , Ernst-Ludwig: Die B i e b e r e r Schmelz. Kupfer-, Silberu. Eisenhütte v. einst. Mit 2 Zeichn. – In: GelHJ 1974, S. 39–43

3007. M ü l l e r , Adolf: E i s e r n , auf Erz und Eisen. Pulsierendes Leben in e. alten Siegerländer Gruben- u. Hüttendorf. Eisern: Heimatver. Eisern 1966. 320 S. m. zahlr. Abb.

3008. W o l t e r , Karl Dietrich: Der Eisenerzbergbau in der Gemarkung G a r b e n h e i m . – In: Garbenheim. 776–1976. Garbenheim 1976, S. 290–298

3009. Zunftartikel für das Schmied- und Wagnerhandwerk im Amt G l e i b e r g . Dokumente e. vergangenen Wirtschafts- u. Sozialordnung [v. 16. 11. 1969]. Mitgeteilt von Arthur Lotz. – In: Atzbacher Geschichtsbll. 3. 1975 (Mitt.Bl. d. Gemeinde Atzbach 24 v. 7. 11. 1975, Beilage) S. 3–4

3010. K i p p i n g , Otto: Das eisenreiche H e r d o r f . Auf d. Schwelle zwischen Westerwald u. Siegerland. Mit 1 Abb. – In: Ww 66. 1973, Nr 1, S. 5–7

3011. M a y , Fritz: ... Von Schmieden und Schmiedearbeiten in unserer Stadt [Hersfeld]. In: HJH 1974/75, S. 39–55

3012. L u h n , Kurt: Ungehobene Schätze liegen in Siegerländer Erde. H ü t t e n t a l hat eine bedeutende Bergbau-Tradition. – In: Hüttental im Blickpunkt 17. 1974, H. 4, S. 39–49

3013. R ö h l e r , Willy: Der Roßgang und der frühere Bergbau zu K a u f u n g e n . – In: JbLKa 1975, S. 78–80

3014. R u m p f , Kurt: Kein Bergmann fährt mehr ein. Aus d. Gesch. d. Eisenerzgrube Constanze bei L a n g e n a u b a c h . Mit 1 Abb. – In: Ww 67. 1974, H. 3, S. 11–12

3015. D i e h m , Götz: Rotglühend fließt das Eisen ... ‚Buderus L o l l a r ' ist der größte Industriebetrieb im Kreis Gießen und innerhalb der Buderus-Gruppe. Die modernste Gießerei d. Welt. – In: GiessKrKal 10. 1975, S. 45–49

3016. S t a r k , Adalbert: Bergbaugeschichtliche Zeugnisse in M ü s e n 1975. – In: Anschnitt 27. 1975, S. 44–49

3017. W e i s g e r b e r , Gerd: Ausgrabungen des Bergbau-Museums Bochum auf dem Altenberg bei Müsen 1975. – In: Anschnitt 27. 1975, S. 50–51

3018. W e i s g e r b e r , Gerd, u. Rainer S l o t t a : Die mittelalterliche Bergbauwüstung auf dem Altenberg und die Bergwerksanlagen am „Stahlberg" bei Müsen. – In: Slotta: Techn. Denkmäler in d. Bundesrepublik Deutschland. Bochum 1975, S. 28–35

3019. M ü l l e r , Wilhelm: „Det Verlääs" – ein Denkmal des Siegerländer Bergbaus. Mit 3 Abb. – In: Si 52. 1975, S. 14–18 [Bethaus in Müsen f. d. Bergleute d. Grube Stahlberg]

3020. B r ü c k , Arno Wolfgang: Die ausgestorbenen Nagelschmiede von N i e d e r s c h e l d . Mit 8 Abb – In: HJDi 18. 1975, S. 97–106

3021. H a u s , Rainer: Neue Hoffnung für den Eisenerzbergbau an der Lahn? Vor 125 Jahren entstand d. Grube „Fortuna" [bei O b e r b i e l , Kr. Wetzlar]. Mit 6 Abb. – In: HGiess 1974, Woche 48

3022. K o c h , Horst Günther: Kobalt und Eisenstein lockten in die Tiefe. Mit Abb. – In: UHl 43. 1975, S. 21–24 [ S i e g e n ]

3023. H ö n i g , Ludwig: Die Bergbausiedlungen in S o n t r a . Ein Beitrag z. neueren Sontraer Geschichte. – In: HH N. F. 26. 1976, S. 70–72

3024. H o f m a n n , Alfred: Stadt und Schloß W e i l b u r g stehen auf Eisenerz. Wie ein Weilburger Bürger [Heinrich D. G. Moritz] seine Heimat vor Umweltschäden bewahrte. Mit 2 Zeichn. – In: HLD 1975, Nr 53, S. 1

3025. S c h o m b u r g , Karl: Schmiede von W e i n b a c h . Mit 1 Abb. – In: Hessenpark 1976, 2, S. 23

D. Bergbau u. Hüttenwesen 237

3026. I m m e l , Otto: Bergmeister [Johann Heinrich] Jung leitet das Schmelzen auf der Steinbacher Hütte. – In: HbllPFH 42. 1974, S. 9 m. Abb. [Betr. auch Roth/Dillkr.]

3027. H o f m a n n , Martin: Der glücklose Kampf des Schichtmeisters Andreas Medenbach aus Frohnhausen um die Hebung der Schätze in der heimatlichen Erde. – In: HJDi 17. 1974, S. 162–164

3028. I m m e l , Otto: Der Steiger Karl Otto von Roth. Mit 1 Wappen u. 1 Abb. – In: HiGbll 53. 1974, S. 172

3. Sonstiger Bergbau und Verwandtes

3029. S c h i l l e r , Walter: ... Wie man vor 40 Jahren in den Ederbergen nach Blei suchte. – In: MW 1974, Nr 9 v. 20. Juli

3030. K ö n i g , Horst: Gold und alte Mauern. Aus d. Naturpark Diemelsee. Mit 6 Abb. – In: NNP 76. 1975, S. 33–38 [Betr. den Eisenberg b. Korbach mit Ringwall „Hünenkeller" u. ehem. Goldbergwerk]

3031. W o l k e r s , Ursula: Gold im Eisenberg [bei Korbach]. – In: MW 1976, Nr 2 v. 13. Febr.

3032. S t r u b e , Hans: Kupferschmelzhütten im Sontraer Raum – von den Anfängen bis zum Ausbruch des Dreißigjährigen Krieges. – In: HH N. F. 24. 1974, S. 199–208

3033. K n ö f e l , Dietbert: Der frühere Siegerländer Bergbau auf Nichteisen-Metallerze. Mit 2 Kt.Skizzen. – In: Si 51. 1974, S. 50–55

3034. S c h o l l , Gerhard: Zur Geschichte der Ernsdorfer Kupfer-Schmelze von 1528 bis 1643. Mit 2 Abb. u. 1 Kt.Skizze. – In: Si 51. 1974, S. 56–61

3035. H o f m a n n , Martin: Vierhundert Jahre Bergbau im Roßbachtal. 1 Abb. – In: HbllPFH 43. 1975, S. 17–18. 25–26 [Kupfer-, Silber-, Bleibergbau]

3036. H o f m a n n , Martin: Grube Goldbach im Langenbachtal bei Oberroßbach. Mit 2 Abb. – In: HbllPFH 44. 1976, S. 29–30 [Blei-, Kupfer- u. Silberbergbau]

3037. H o f m a n n , Martin: Geschichte der Grube Isabella an der Bäumbach-Quelle bei Oberroßbach. – In: HbllPFH 44. 1976, S. 47 [Blei- und Silberbergbau]

3038. I m m e l , Otto: Die Kupfergrube Mittelberg bei Bergebersbach. Mit 1 Abb. – In: HbllPFH 44. 1976, S. 35–36

3039. K u h n i g k , Armin M.: Silber im Land an der Lahn. „Gabe Gottes aus den Gruben Villmars..." – In: HLD 1975, Nr 55, S. 1 m. Abb.

3040. L e p p e r , Carl: Von Goldwäschereien am Rhein. – In: LaHbll 1975, Nr 11

3041. Martin, Gerald Philipp Richard: Zur Geschichte der Kirchheimer Quecksilbergruben. Die ersten Jahre d. Baumannschen Bergbau-Gewerkschaft am „Heubusch" bei Orbis 1755–1761. – In: AlGbll 7. 1970, S. 125–138 [Ehemals Nassau-Weilburg]

3042. Pieper-Lippe, Margarete: Zinn im südlichen Westfalen. Bis zum Anfang d. 19. Jh. Münster Westf.: Aschendorff 1974. 182 S. m. Abb. (Westfalen. Sonderh. 19) [Betr. auch Siegerland]

3043. Braun, Erwin: Die Braunkohlenlagerstätte des Meißner und die wirtschaftlichen Aspekte des Bergbaues. – In: HH N. F. 26. 1976, S. 85–88

3044. Waßmuth, Konrad: Braunkohlenbergwerk Frielendorf. – In: KGB 1976, S. 110–112. 131–133

3045. Reitz, Jürgen: Ein uraltes Handwerk: Die Meiler rauchen wieder. Mit 2 Photogr. – In: HLD 1975, Nr 54, S. 3 [Siegerland]

3046. Rumpf, Kurt: Der Braunkohlenbergbau im Westerwald. Von d. Anfängen bis zu seinem Niedergang. Mit 4 Abb. – In: Ww 69. 1976, S. 39–42

3047. Steckhan, Wilhelm: Braunkohlen im Westerwald. Mit 2 Abb. – In: HLD 1974, Nr 50, S. 1–2

3048. Henn, Ernst: Die erste Schürfung auf Braunkohlen im Westerwald. – In: HbllPFH 43. 1975, S. 12

3049. Hofmann, Martin: Die Köhlerei im ehemaligen Amte Ebersbach vor rund 190 Jahren. 1 Abb. – In: HbllPFH 43. 1975, S. 11–12 u. 15

3050. Henn, Ernst: Die erste Braunkohlengrube in Breitscheid 1749–1768. Mit 1 Abb. – In: HbllPFH 44. 1976, S. 6–7

3051. Krause, Albrecht: Artenbestimmung an Holzkohlen aus dem Stahlnhainer Grund (Hintertaunus). Mit 2 Tab. – In: NM 106. 1976, S. 45–47

3052. Wolter, Karl Dietrich: Mineralgewinnung der Steine und Erden. Mit 1 Abb. – In: Land an d. Lahn. Mühlheim/M. 1976, S. 147–150 [Kr. Limburg-Weilburg]

3053. Mötzing, Kurt: Die Alaunbergbauhalde bei Epterode. – In: HeG 76. 1975, S. 44–45

3054. Rumpf, Kurt: Die Basaltgewinnung zu Werksteinen und Schotter im Westerwald. Mit zahlr. Abb. – In: Ww 67. 1974, H. 2, S. 8–9

3055. Dietz, Klaus, u. Rolf Werner: Zwei neue Basaltvorkommen im Vordertaunus. Mit 2 Abb. – In: NHLBF 103. 1975, S. 299–304 [Mammolshain u. Kronberg]

3056. W e l k e r , August: Die „Marmorierer" in Villmar. Die Marmor-Industrie an d. Lahn zu nass. Zeit. Die Lahnbrücke aus Marmor. Mit 1 Abb. – In: HLD 62. 1975, S. 3

3057. T r a u t m a n n , Dieter: Die [Familie] Leyendecker von Astert und ihre Schiefergruben. Mit 3 Abb. – In HJAl 1974, S. 129–136

3058. H i n t e r w ä l d e r , Karl Heinz: Die Bedeutung des Schieferbergbaues in Kaub. – In: Kaub. 1974, S. 39–43 m. 4 Abb.

3059. T h i e l e n , Günter: Tonbergbau. Die fast 1000jähr. Gesch. eines Bergbauzweiges unseres Landes. Mit 5 Abb. – In: Westerwaldkreis. Mühlheim/M. 1975, S. 51–56

3060. R u m p f , Kurt: Der Abbau von feuerfestem Ton und seine Verwertung im Kannenbäckerland. Mit 5 Abb. – In: Ww 66. 1973, H. 4, S. 6–9

3061. H a h n , Josef M.: Tonbergbau im Unterwesterwald. Vom Glockenschacht zur modernen Schachtanlage v. heute. Mit 5 Zeichn. von Otto Haibach. – In: Ww 66. 1973, H. 4, S. 9–12

3062. K ü c h , F.: Qualitätsüberwachung und- sicherung an Westerwälder Tonen. Mit 6 Abb. – In: Keram. Zs 25. 1973, S. 465–466

3063. G r o l l , E.: Möglichkeiten der Qualitätskontrolle im Westerwälder Tonbergbau. Mit 1 Tab. – In: Berr. d. dt. keram. Ges. 51. 1974, S. 9–11

3064. T a c k e , Eberhard: Die Rintelner Glashütte im 18. Jahrhundert. Zur Frühgesch. d. Steinkohlen-Glashütten in Niedersachsen u. angrenzenden Gebieten. – In: Neues Archiv f. Niedersachsen 23. 1974, S. 369–382

3065. Glashütte Limburg, 25 Jahre, 1947–1972. Eine Festschrift d. Glashütte Limburg, Bruno u. Heinrich Gantenbrink OHG. Limburg 1972. 34 S. m. Abb.

## E. ENERGIEWIRTSCHAFT, WASSERWIRTSCHAFT

3066. W o l f s k e h l , O.: Wasser und Kraftwirtschaft. – In: Gas- u. Wasserfach. 111. 1970, S. 548–554 [Rhein-Main-Gebiet]

3067. B e n d e r , Hans: Energie- und Wasserversorgung im Main-Kinzig-Kreis. Mit Abb. – In: Main-Kinzig-Kr. Oldenburg (Oldb.) 1976, S. 136–149

3068. D r ö g e , Waldemar: Strom- und Wasserversorgung. – In: Der Wetteraukreis. Frankfurt a. M. 1976, S. 74–77

3069. Das Kernkraftwerk Biblis des RWE. Von Heinrich M a n d e l [u. a.] Gräfeling: Energiewirtschaft- u. Technik-Verl. Ges. [um 1975]. 112 S. m. Abb.

3070. K ö s t e r , Hermann: Werkbetriebe der Daseinsvorsorge. Einrichtungen u. Funktionen in d. Mittelstadt Bingen. Mit 3 Abb. – In: HJMBi 20. 1976, S. 89–95 [Betr. insbes. Energieversorgung]

3071. Umspannwerke Darmstadt Nord, Georgenhausen, Rundsteueranlagen Heppenheim, Auerbach, Mörlenbach. Zur Inbetriebnahme Nov. 1972. [Darmstadt]: Hess. Elektrizitäts-AG 1972. 22 S. m. Abb.

3072. W e n d , Hermann Friedrich: Festschrift der HEAG zur Einweihung des neuen Verwaltungsgebäudes der Betriebsleitung Erbach am 13. Dez. 1974. Eine Historie d. Stromversorgung. Fotos: Pit Ludwig. Verantwortl. W. Krämer. Darmstadt 1974: Roether. [48] S. m. Abb. [Hess. Elektrizitäts-AG]

3073. 1949–1975. Die Südhessische Gas und Wasser AG im Spiegel ihrer Entwicklung. Darmstadt 1975. 67 S.

3074. Großkraftwerk im Fechenheimer Mainbogen. Stellungnahme u. alternative Vorschläge. Verf. vom Ausschuß „Fechenheimer Mainbogen" im Frankfurter Forum f. Stadtentwicklung e. V. Ffm.: Ffter Forum f. Stadtentwicklung [um 1974]. 5 gez. Bl. 5 Taf. (Beitrr. zur Frankfurter Stadtentwicklung 4]

3075. „Projekt Großkraftwerk Fechenheim". Dokumentation u. Diskussionsbeitrag. Verantwortl.: Jungsozialisten in d. SPD – Fechenheim. [Als Ms. gedr.] Ffm. 1975. 62 S. [Masch.]

3076. R e b e n t i s c h , Dieter: Städte und Monopol. Privatwirtschaftl. Ferngas oder kommunale Verbundwirtschaft in d. Weimarer Republik. – In: ZStG 3. 1976, S. 38–80 [Betr. u. a. Frankfurt a. M.]

3077. Kraftwerk Union. Gemeinschaftskraftwerk Frankfurt am Main. Konzeptstudie. o. O. 1975 [Loseblattausg.]

3078. Main-Gaswerke, Frankfurt am Main. Red.: Ernst Krieger [u. a.] Ffm. 1974. 38 S.

3079. Öffentliche Wasserversorgung und öffentliches Abwasserwesen 1969. Wiesbaden: Hess. Statist. Landesamt 1973. 52 S. (BStH N. F. 50)

3080. Trinkwasser aus dem Vogelsberg. Hrsg. v. Regierungspräsidenten in Darmstadt. Bearb. unter Beteiligung d. Komm. Wassergewinnung im Vogelsberg. Darmstadt 1976. 48 S. m. Abb. u. Kt.

3081. H a m m e l , Hans: Wasserwirtschaftliche Probleme im Ballungsraum Rhein-Main. – In: Wasserwirtschaft 66. 1976, S. 30–36 m. Kt.

3082. B i n d e r , Volkhard: Fernwasserversorgung in der Bundesrepublik Deutschland, dargestellt an den Beispielen Fernwasserversorgung aus dem Harz, Fernwasserversorgung der Stadt Frankfurt und Rhein-Main-Gebiet, Fernwasserversorgung der Stadt Stuttgart und in Württemberg. 1974. [1.] XI, 462, 87 S. [2.] Karten. Freiburg/Breisgau, Diss. 1974

3083. V e e n , C. van der: Der Rhein als Trink- und Brauchwasserspender. Mit 9 Abb. u. 8 Tab. – In: Wasser- u. Energiewirtschaft. Sonderh.: Der Rhein v. d. Quellen bis zum Meer. Baden/Schweiz 1975, S. 195–203

## 1. Allgemeines

3084. Künstliche Grundwasseranreicherung am Rhein. Festschrift zum 50jähr. Betrieb d. künstl. Grundwasseranreicherung in Wiesbaden-Schierstein. Wiesbaden: ESWE Stadtwerke Wiesbaden AG 1974. 224 S. m. Abb. (Wiss. Berr. üb. Untersuchungen u. Planungen d. ESWE Stadtwerke Wiesbaden AG. 2)

3085. Forschung und Entwicklung in der Wasserwerkspraxis. Wiesbaden: Stadtwerke 1976. 192 S. m. Abb. (Wiss. Berr. über Untersuchungen u. Planungen d. Stadtwerke Wiesbaden AG. 3)

3086. Abwasserverband Mittlerer Rheingau. Körperschaft d. öffentl. Rechts 1961–1976 [Festschrift]. Oestrich-Winkel 1976. 27 S. m. Abb.

3087. S p e r l i n g , Hermann: Als das Wasser kam. – In: HJMBi 16. 1972, S. 102–105 [Inbetriebnahme d. Wasserversorgungsanlage f. d. Rhein-Selz-Gebiet i. J. 1907]

3088. H o f m a n n , Ernst-Ludwig: Die Bieberer Künste. Mit 2 Abb. – In: 90 Jahre Feuerwehr Bieber [Festschrift]. 1974

3089. K o h l , Horst: Wasserstraße Bieber–Frankfurt a. M. Ein Ber. über d. Frankfurter Quellwasserversorgung aus d. Bieberer Gemarkung. Mit 4 Abb. – In: 90 Jahre Feuerwehr Bieber [Festschrift]. 1974

3090. A s e m a n n , Karl, u. Hans W i r t h : Der Wasserverbrauch Frankfurter Privathaushalte in Gegenwart und Zukunft. 2. erg. Aufl. Frankfurt: Stadtwerke 1974. 112 S. m. Abb.

3091. S c h l i t z e r , Paul: ... Zur Geschichte der Wasserversorgung in Großenlüder. – In: BuBll 48. 1975, S. 19–20

3092. S a n g m e i s t e r , Karl: Die Wasserversorgung Treysas in alter Zeit. – In: KGB 1976, S. 8–9

3093. W e h r u m , Carl: Weilburgs Wasserversorgung einst und jetzt. Mit 5 Abb. – In: WeilBll 7. 1976, S. 49–52

3094. K o r s c h e l , Erich: Kostbar geworden: Wasser. Mit 4 Abb. – In: Wi int 1975, 2, S. 10–15 [Wasserversorgung Wiesbadens]

## X.
## VERKEHR

### 1. Allgemeines

3095. Verkehrsbedarfsplan. Land Hessen. Hrsg. v. Hess. Min. f. Wirtschaft u. Verkehr. [1.] [Nebst] Anl. 1–10. Bergen-Enkheim b. Frankfurt/M. 1963–76: König. (Anl.: Wiesbaden: Hess. Min. f. Wirtschaft u. Verkehr (4–10: f. Wirtschaft u. Technik) (Einzelpläne z. Großen Hessenplan 1) [Hauptwerk.] 1963.

Anl.: 1. Ausbauformen f. d. Landesstraßen in Hessen. 1966. 2. Wertigkeitszahlen d. Bahnübergänge im Zuge d. Landesstraßen in Hessen. 1969. 3. Ausbauformen f. d. Kreisstraßen in Hessen. 1969. 4. Ausbauwertigkeiten d. Bundesstraßen in Hessen. 1969. 5. Ausbauwertigkeiten d. Landesstraßen in Hessen. 1970. 6. Ausbauwertigkeiten d. Kreisstraßen in Hessen. 1971. 7. Ausbauformen u. Ausbaubreiten f. d. Landesstraßen in Hessen. 1972. 8. Hess. Omnibusliniennetz. 1972. 9. Dringlichkeitsreihungen f. d. Landesstrassen in Hessen. – Ausbau freier Strecken. 1972. 10. Öffentl. Personennahverkehr in d. Fläche. Verkehrsgemeinschaften in Hessen. 1976. Verkehrsbedarfsplan 2 s. Landesentwicklungsplan ([teilw.:] Hessen '80). 3. [= Nr. 1268]

3096. Jugendverkehrsschulen in Hessen. Wiesbaden: Min. f. Wirtschaft u. Technik 1974. 30 S. m. Abb. u. Kt. (Der Hess. Min. f. Wirtschaft u. Technik informiert)

3097. S c h u l z , Hartmut; Martin K r a u ß u. Günther M o r i t z : Nahverkehr auf Schiene und Straße. Eine Dokumentation f. Mittelhessen. Gießen: Regionale Planungsgemeinschaft Mittelhessen 1976. 240 S. m. Kt. u. Abb.

3098. S c h l i e p h a k e , Konrad: Verkehr als regionales System. Begriffl. Einordnung u. Beispiele aus d. mittleren Hessen. – In: Mitteilungen d. Geogr. Ges. in Hamburg 64. 1976, S. 127–147 m. 4 Kt.

3099. S c h l i e p h a k e , Konrad: Umfang und Bedeutung des öffentlichen Personenverkehrs außerhalb von Verdichtungsräumen. Ein Beispiel aus d. Lahn-Dill-Gebiet. – In: Raumforschung u. Raumordnung 1974, S. 248–253

3100. Verkehrsuntersuchung Rhein-Main. Hrsg. Hess. Landesamt f. Straßenbau. Bd. 4–7. Wiesbaden 1975–76. Bd. 4 Zustandsanalyse. Analyse d. Raumstruktur u. d. Nachfrage im Werktagsverkehr. T. 1. Analyse d. Regional- u. Siedlungsstruktur [Raumstruktur] f. d. Werktagsverkehr. 2. Analyse d. Verkehrsnachfrage f. d. Werktagsverkehr. 1975. Bd 5. Zustandsanalyse. Analyse d. Raumstruktur u. d. Nachfrage im Wochenendverkehr. T. 1. Analyse d. Regional- u. Siedlungsstruktur (Raumstruktur f. d. Wochenendverkehr). 2. Analyse d. Verkehrsnachfrage f. d. Wochenendverkehr. 1975. Bd 6. Analyse d. Verkehrsangebots u. Beurteilung d. Raum- u. Verkehrsstruktur. T. 1. Aufnahme u. Prüfung d. Analysenetze aus der Sicht d. Werktags- u. Wochenendverkehrs. 2. Beschreibung d. vorhandenen Verkehrsangebots f. d. Werktagsverkehr u. d. Wochenendverkehr. 3. Beurteilung d. Ergebnisse d. Zustandsanalyse f. d. Werktagsverkehr. 4. Beurteilung der Ergebnisse d. Zustandsanalyse (einschl. Umlegung) f. d. Wochenendverkehr. 5. Nutzanwendung d. Zustandsanalyse. 1976. Bd 7. Prognose zur Raumstruktur u. Konzeptionen zum Verkehrsangebot. T. 1. Prognose zur Raumstruktur. 2. Konzeptionen zum Verkehrsangebot. 1976.

3101. Frankfurter Verkehrsprobleme im interkommunalen Vergleich. Eine statist. Analyse d. Verkehrsgrundlagen u. Verkehrsleistungen. Ffm.: Statist. Amt u. Wahlamt 1975. 128 S. (FrStB. Sonderh. 30)

## 1. Allgemeines

3102. T a m p e , Jörg: Nahverkehrsprobleme einer Großstadt. E. geograph. Untersuchung am Beispiel Ffts. o. O. 1974. 67 Bl. m. Pl. [Masch.] Ffm., Wiss. Hausarbeit f. d. Lehramt an Haupt- u. Realschulen v. 29. Apr. 1974

3103. Mittelfristiges Verkehrsprogramm Frankfurt. Aktionsprogramm u. Maßnahmen d. Stadt Ffm., durch die d. Zusammenbruch d. Verkehrs in d. City verhindert wird. Ffm.: Magistrat d. Stadt Ffm., Dezernat Tiefbau 1974. 4 S. Erschien als Beil. d. Ffter Tagesztgen. 3./4. Mai 1974

3104. Die Verkehrserschließung der Frankfurter City. Vorbericht zum Stadtteilentwicklungsplan Innenstadt. Ffm.: Stadt Frankfurt am Main, Dezernat Planung [1974]. 15 S., 2 Kt.

3105. FVV (Frankfurter Verkehrs- und Tarifverbund). Die ersten Schritte auf einem weiten Weg. (Verantw.: Klaus D a u m a n n , Heinz-Joachim P e r t z s c h .) Ffm. [1974]. 44 S.

3106. FVV (Frankfurter Verkehrsverbund) in Zahlen. Daten, Fakten, Meinungen. Verantw. für d. Inh. Klaus D a u m a n n , Heinz-Joachim P e r t z s c h . Ffm. [1976]. 31 S.

3107. B r u n k , Reinhard: Der Frankfurter Verkehrs- und Tarifverbund. Ein Beitrag zur Lösung d. Verkehrsprobleme im Raum Frankfurt a. M. – In: Öffentl. Wirtsch. u. Gemeinwirtsch. 23. 1974, H. 4, S. 147–148

3108. S c h a a f f , Rolf W.: Verkehrsverbund – ein Allheilmittel? Mit 3 Abb. – In: Wi int 1974, 4, S. 32–37 [Frankfurter Verkehrsverbund]

3109. Dokumentation zu den Demonstrationen und Störungen aus Anlaß der Einführung neuer Tarife im Zusammenhang mit dem Beginn des Frankfurter Tarif- und Verkehrsverbundes. Ffm.: Presse- u. Informationsamt [1974]. getr. Zählung

3110. Lehren für die Arbeiter- und Volkskämpfe aus dem Kampf gegen die Fahrpreiserhöhung in Frankfurt mit Dokumentation Frankfurter Marxisten-Leninisten. 2. verb. Aufl. [Ffm.:] Ffter Marxisten-Leninisten [1974]. 32 S. Beil. 32 S.

3111. Der Kampf gegen die Fahrpreiserhöhung und den Magistrat in Frankfurt Mai/Juni 1974. Verf. u. hrsg. von e. Autorenkollektiv d. Ortsgruppe Frankfurt d. Kommunist. Bundes Westdeutschland. [KBW]. Plankstadt: Sendler 1975. 69 S.

3112. F r a n z , Lothar u. K. S c h m i d t - R a t h m a n n : Universitätsstadt Marburg an d. Lahn. Ergänzung zum Generalverkehrsplan 1970. o. O. 1970. ca. 90 S., Kt., Abb.

3113. Öffentlicher Personennahverkehr Marburg. Erstellt in d. Abt. Planung – Entwicklung. Fritz S t u b e r [u. a.] Wiesbaden: HLT Ges. f. Forsch., Planung, Entwicklung mbH 1975. [Losebl. Ausg.]

3114. K o p p , Klaus: ÖPNV. Öffentlicher Personen-Nahverkehr. 100 Jahre Wiesbadener Verkehrsbetriebe 1875–1975. Wiesbaden: ÖPNV 1975. 192 S. m. Abb.

3115. Straßen und Verkehr in und um Wirtheim-Kassel. Mit 1 Abb. – In: 1000 Jahre Kassel u. Wirtheim [Festschrift]. Biebergemünd 1976, S. 47–49

## 2. Straßen und Brücken

3116. R i e b e l i n g , Heinrich: Verbotene Wege – alte Verkehrszeichen in Hessen. Mit 9 Abb. – In: HH N. F. 26. 1976, S. 20–24

3117. K r ü g e r , Herbert: Hessen im Straßennetz des ältesten deutschen Reiseführers. Jörg Gails Augsburger „Raißbüchlin" vom Jahre 1563. Mit 2 Abb. – In: HM 1. 1975, S. 189–198

3118. Die Hessische Straßenbauverwaltung. Wiesbaden: Hess. Min. f. Wirtschaft u. Technik 1974. 63 S. m. Abb. (Der Hess. Min. f. Wirtschaft u. Technik informiert)

3119. Die Gemeindestraßen am 1. Januar 1971. Wiesbaden: Hess. Statist. Landesamt 1973. 124 S. (BStH N. F. 51)

3120. H u p f e l d , W.: Die Entwicklung der Entwurfsgeometrie von Verkehrswegen. Dargest. am Beispiel Guxhagen/Baunatal. Mit 2 Abb. – In: MDVW 25. 1974, H. 2, S. 20–24

3121. P a n a y o t i s , Alexiou: Der Fußgängerverkehr. Eine Untersuchung zum Fußgängerplan der Innenstadt von Fulda, BRD. – In: Werk 1974, S. 683–684 m. Abb.

3122. G ö r i c h , Willi: Zur Entwicklung des Stadtgrundrisses und der Fernstraßen. – In: Grünberg. Bearb. von Waldemar Küther. Grünberg: Magistrat 1972, S. 145–149

3123. Vom Trampelpfad zur Autobahn. Aufbruch aus dem Dunkel früher Wälder – Reisen auf holprigen Wegen. Mit Abb. – In: UHl 43. 1975, S. 55–68 [Siegerland]

3124. K r u s e , Hans: Eine Reise von Nürnberg nach Siegen. Handelsverkehr mit d. Reichsstadt. Ein Fahrplan aus d. J. 1612. – In: UHl 43. 1975, S. 79

3125. Ein „Schossimah" im 19. Jahrhundert. Dienstvertrag d. Wegwärters Mertens mit den Gemeinden Wilden u. Salchendorf. – in: SiHK 50. 1975, S. 138–140

3126. I m m e l , Otto: Kummer mit der Postkutsche. Als vor 200 Jahren d. Straßen noch in schauderhaftem Zustand waren. – In: HLD 72. 1976, S. 3 [In Nassau-Oranien]

3127. I m m e l , Otto: Straßenpflegemaßnahmen vor 200 Jahren. Genagelte Wagenräder u. Hintereinanderfahren verboten. Mit Abb. – In: HbllPFH 42. 1974, S. 13–14 [Nassau-Oranien]

3128. I m m e l , Otto: Hebammen vom Straßenbau befreit. – In: HbllPFH 42. 1974, S. 7 [Nassau-Oranien]

3129. I m m e l , Otto: Pappeln an den Straßen. Schwieriger Wegebau vor 200 J. Mit 1 Abb. – In: HLD 60. 1975, S. 3–4 [Dillgebiet]

3130. I m m e l , Otto: Die Quertreibereien des nassauischen Amtmannes Schepp. 1 Abb. – In: HbllPFH 42. 1974, S. 39–40 u. 42–43 [Straßenbau im Amt Dillenburg]

3131. I m m e l , Otto: Die Pferdetränke in der Kalteiche. – In: HbllPFH 42. 1974, S. 6 [Raststelle an d. Chaussee Dillenburg–Siegen]

3132. C e l l a r i u s , Helmut: Pflastersteine für die Straße Dillenburg–Haiger. – In: HbllPFH 42. 1974, S. 38–39

3133. I m m e l , Otto: Reitverbot auf dem Herborner Weg. – In: HbllPFH 44. 1976, S. 40 [Straße Dillenburg–Herborn]

3134. M a y e r , Fritz: Wie die Dill-Chaussee entstand. Mit zahlr. Abb. u. Kt. – In: HKWe 24. 1974, S. 86–125

3135. H e i n z , Friedrich R.: Straßenbau über die Dietzhölze in Eibelshausen und Fortführung der Straße bis zur Hessen-Darmstädtischen Landesgrenze. – In: HbllPFH 42. 1974, S. 3–4

3136. M e t z , Albert: Leben und Treiben auf den alten Straßen im Wetzlarer Raum. Mit 5 Abb. – In: HKWe 25. 1975, S. 77–83

3137. M e t z , Albert: Die „Eiserne Hand". Verschollenes Wahrzeichen aus Wetzlars Vergangenheit. Mit 2 Abb. – In: HLD 1974, Nr 44, S. 4

3138. M e t z , Albert: Die Bedeutung und Verbreitung der „Eisernen Hand" an den alten Straßen. – In: HKWe 26. 1976, S. 96–105 m. 2 Kt. u. 7 Abb.

3139. E i c h h o r n , Egon: Alte Straßen – neue Straßen. Mit 1 Kt. u. 1 Abb. – In: Land an d. Lahn. Mühlheim/M. 1976, S. 194–200 [Kr. Limburg-Weilburg]

3140. C o r n e l i u s , Werner: Die Haonauer Straße. Aus d. Chronik e. jahrtausendealten Fernweges, d. bei Löhnberg über d. Lahn ging. Mit 4 Abb. – In: HLD 68. 1976, S. 1–2 [Betr. auch Wüstung Heimau b. Löhnberg]

3141. D a n u l l i s , Helmut: Bäderstraße – Hühnerstraße. 2 hist. Straßen im Untertaunuskr. – In: MDVW 27. 1976, H. 1, S. 62–64

3142. H o f m a n n , Manfred: Wo einst die Römer badeten. Aus der Geschichte d. Bäderstraße, der großen Taunus-Diagonalen. – In: RhLF 24. 1975, S. 119. 123

3143. Umgehungsstraße Eltville–Walluf im Zuge der B 42. Wiesbaden: Hess. Min. f. Wirtschaft u. Technik 1974. 24 S. m. Abb.

3144. S t r a c k , Herbert: Verkehr und Siedlungsraum, Stadtplanung und Fachplanung. Anmerkungen z. Fall Eltville u. z. Entscheidungsfindung in d. Straßenplanung. – In: „Zum Beispiel Rheingau – bedrohte Kulturlandschaft". Schmitten/Ts. 1975. (Arnoldshainer Protokolle 1975, 5) S. 37–53

3145. F r a n k , Hermann: ... Zum Beispiel Rheingau – bedrohte Kulturlandschaft, Anmerkungen z. Fall Eltville aus d. Sicht der Fachplanung. – In: „Zum Beispiel Rheingau – bedrohte Kulturlandschaft". Schmitten/Ts. 1975 (Arnoldshainer Protokolle 1975, 5) S. 55–65

3146. A l l e u x , Hans-Jürgen d': Die Umgehungsstraße Eltville/Rheingau – Bewertung und Entscheidung durch Quantifizierung? – In: „Zum Beispiel Rheingau – bedrohte Kulturlandschaft." Schmitten/Ts. 1975. (Arnoldshainer Protokolle 1975, 5) S. 67–97

3147. S t r a c k , Herbert: Denkmalpflege – kritisch betrachtet. Mit 2 Abb. u. 1 Pl. – In: NL 50. 1975, S. 295–298 [Betr. u. a. Projekt Umgehungsstraße Eltville]

3148. U h l e m a n n , Ludwig: Straßenzustand und Straßenneubauplanung zwischen Fischbach und Kelkheim – vor 150 Jahren. Mit 1 Skizze. – In: RSp 2. 1976, H. 2, S. 16–22

3149. R ö s c h , Georg: Des Reiches Straße. 160 Jahre Frankfurt–Leipziger Straße. Mit 2 Abb. – In: GelHJ 28. 1976, S. 84–86

3150. N e b h u t , Ernst: Frankfurter Straßen und Plätze. Zeichn. von Ferry Ahrlé. Frankfurt/M.: Societäts-Verl. (1974.) 171 S. m. Abb.

3151. Straßen- und Brückenbau Frankfurt am Main. 1. Ffm.: Dezernat Tiefbau 1974. 1. Autotunnel am Theater. 1974. 2. Ausbau Ludwig-Landmann-Straße. 1974. 3. Ausbau Friedberger Landstraße. 1974. 4. Südliche Mainuferstraße. 1974. 5. Hochlegung der Emser Straße. 1974. 6. Ausbau Verkehrsraum Hauptbahnhof. 1975

3152. Vergleichende Untersuchung über das Hauptverkehrsstraßennetz im Nord-Ost-Bereich Frankfurts. Hrsg.: Magistrat d. Stadt Frankfurt a. M., Dezernat Planung. Frankfurt a. M. 1975. 40 S. m. Kt.

3153. Frankfurt am Main. Vergleichende Untersuchung der A 66 im Stadtbereich Ost. Ffm.: Magistrat, Dez. Planung, Verkehrsplanungsamt 1976. 18 S. 2 Kt. 3 Bl.

3154. G l u e c k , Karl u. August R u c k e r : Ausbau des Stadtrings und der Stadttangente in Frankfurt am Main-Nord. Schallschutzgutachten. Betr. Schutzmaßnahmen gegen d. Lärm d. Straßenverkehrs im Hinblick auf d. Ausbau d. Stadttangente u. d. Stadtrings in Frankfurt a. M. Ffm.: Stadtplanungsamt 1971. 62 S.

3155. S i m o n , Volker: City Darmstadt. Erfahrungsber. e. Bauträgers. Darmstadt: Heimbau GmbH [1975?] [30] Bl. m. Abb. u. Kt. [Betr. Fußgängerzonen in d. City]

3155a. Tunnel Wilhelminenstraße [in Darmstadt]. Hrsg.: Stadt Darmstadt. Schriftl.: Ingenieurbüro Krebs u. Kiefer, Darmstadt. Darmstadt: Darmstädter Echo 1976. 23 S., zahlr. Abb.

3156. W e b e r , Hans H.: Die Überführung der Reliquien der Heiligen Marzellinus und Petrus von Michelstadt-Steinbach nach Seligenstadt im Jahre 828. Ein Beitr. z. Altstraßenforsch. im nordöstl. Odenwald. – In: AHG N. F. 32. 1974, S. 55–80

3157. W e b e r , Hans H.: Das Altstraßensystem um Lindenfels. – In: Odw 23. 1976, S. 119–135 m. Abb.

3158. O l t , Georg: Das Erste Höchster Straßenpflaster (1556). – In: HErb 51. 1976, Nr 1

3159. D o t z a u e r , Winfried: Mainz–Bingen–Trier: Die Gesch. eines bedeutenden Verkehrsweges v. d. Römerzeit bis heute. – In: JbVFUM 23/24. 1974/75, S. 1–19 m. zahlr. Abb.

3160. B a u e r , Walter: Kostbarkeiten unserer Heimat. Von alten Brücken in dem Dillkreis. Mit 3 Abb. – In: HbllPFH 44. 1976, S. 41–42

3161. G r o ß m a n n , Dieter: Die Ederbrücke in F r i t z l a r . – In: ZHG 84. 1974, S. 69–80 u. 12 Abb.

3162. B e r g m a n n , Waltari: Die Eisenbahnbrücke von G u n t e r s h a u s e n . – In: Jb. f. d. Schwalm-Eder-Kreis 1. 1975, S. 147–148

3163. B r ü c k n e r , Josef: 70 Jahre Altstadtbrücke. Mit 1 Bildn. – In: AHo 18. 1975, S. 148 [In Bad H o m b u r g v. d. H.]

3164. B e u t e l , Franz: Die Überbrückung der Altstadt. – In: AHo 19. 1976, S. 43–44

3165. S c h w a i g e r , Helmut: Die Ritter-von-Marx-Brücke. – In: AHo 19. 1976, S. 45

3166. Eine Lahnbrücke verschwand. Zum Abbruch d. „Eisernen Steges" bei N i e d e r b i e l . Mit 2 Abb. – In: HLD 63. 1976, S. 2–3

3167. L o o s , Josef: Die ehemalige Hindenburgbrücke. Am 16. Aug. 1915 wurde d. Eisenbahnbrücke [b. R ü d e s h e i m ] freigegeben. – In: HMRh 20. 1975, Nr 7/8, Juli/Aug., S. 4

3168. E i n s i n g b a c h , Wolfgang: Johann Ludwig Leidners Entwurf für eine Kettenbrücke über die Lahn in W e i l b u r g aus dem Jahre 1784. Mit 1 Abb. – In: HM 1. 1975, S. 113–122

3. Eisenbahn

3169. W o l f f , Gerd: Deutsche Klein- und Privatbahnen. T. 4. Hessen, Rheinland-Pfalz, Saar. Gifhorn: Zeunert 1975. 252 S. m. zahlr. Abb. u. Kt.

3170. L ü c k e , W.: Probleme der Führung einer Schnellverkehrs-Trasse der Deutschen Bundesbahn zwischen Hannover und Kassel. – In: Neues Archiv f. Niedersachsen. 24. 1975, S. 237–249

3171. Volze, Fritz: Die Main-Weser-Bahn. – In: KGB 1976, S. 18–20

3172. Bergmann, Waltari: 125 Jahre Eisenbahnlinie Bebra–Guxhagen. – In: JbMels. 43. 1974, S. 116–119

3173. Christopher, Andreas: Butzbach-Licher Eisenbahn A.-G. Gifhorn: Zeunert 1974. 20 S. m. Abb. (Kleinbahn-Hefte 9) Aus: Kleinbahn 72

3174. Quill, Klaus Peter: Die Butzbach-Licher Eisenbahn. Mit zahlr. Abb. Lübbecke: Uhle & Kleimann 1976. 168 S.

3175. Haus, Rainer: Erinnerung an die Bieberlies. Kleine Gesch. einer kleinen Bahn. Mit 4 Abb. – In: HHGiess 1975, S. 87–88

3176. Maurer, Wilhelm: Die Solmsbachbahn soll nicht sterben! Welche Bedeutung sie f. Landschaft u. Menschen hat. Mit 4 Abb. – In: HLD 68. 1976, S. 4

3177. Krauskopf, Bernd, u. Reinhard Vogelbusch: Das Bahnbetriebswerk Dillenburg. Wuppertal: Eisenbahn-Kurier e. V. 1975. 262 S., 218 Abb. (Dt. Bahnbetriebswerke 1)

3178. Fuchs, Konrad: Die Erschließung des Siegerlandes durch die Eisenbahn 1840–1917. Ein Beitr. z. Verkehrs- u. Wirtschaftsgesch. Deutschlands. Mit 1 Kt. Wiesbaden: Steiner 1974. X, 163 S., 1 Kt. (GLa 12)

3179. Schumacher, G.: Wirtschaftliche Auswirkungen der Verkehrserschließung durch die Bahn im Siegerland. Mannheim 1974. 173 S. [Masch.] Mannheim, Dipl.-Arb. v. 1972/74

3180. Kwasnik, Walter: Zwei nicht gebaute Eisenbahnen im Kreise Altenkirchen. Mit 1 Abb. u. 1 Kt. – In: HJAl 1974, S. 138–142 [Hess. Ludwigsbahn Köln–Frankfurt/M. über Westerwald u. Taunus. Schmalspurbahn Hachenburg–Betzdorf]

3181. Söhnlein, Heinz: Die ehemalige Zahnradbahn von Rüdesheim am Rhein zum National-Denkmal auf dem Niederwald. Eine hist. Betrachtung. Mainz-Gonsenheim: [Verf. 1976], 39 S. m. Abb.

3182. Söhnlein, Heinz: Die ehemalige Dampf-Straßenbahn von Eltville/ Rhein nach Schlangenbad. Eine hist. Betrachtung. Mainz-Gonsenheim: Selbstverl. 1974. 19 Bl., 1 Faltbl. mit Abb. – Vgl. RhgHbr 94. 1975, S. 8–10

3183. Scheffler, Peter: Das Bahnbetriebswerk Wiesbaden. Eisenbahn in Wiesbaden. Wuppertal: Eisenbahn-Kurier 1976. 158 S. (Dt. Bahnbetriebswerke 2)

3184. Hildebrand, Alexander: Großer Bahnhof. Mit 7 Abb. – In: Wi int 1976, 4, S. 28–35 [Betr.: Wiesbaden]

3185. Geiss, Erich, u. Helmut Bode: 100 Jahre Kronberger Eisenbahn. Mit e. originalgetreuen Wiederabdr. d. Denkschrift d. Cronberger Eisenbahn-Gesellschaft aus Anlaß d. 40 jähr. Bestehens u. d. Verstaatlichung v. 1914. Kronberg: Stadt 1974. 16 ungez. Bl. m. Abb.

3186. S c h m i t t , Karl: Vor 80 Jahren erhielt Seulberg Anschluß an die Eisenbahn. Eine Rückschau in die Geschichte d. Schienen-Verkehrs. – In: SChr 6. 1975, Nr 3, Bl. 7–10

3187. 12 Jahre U-Bahnbau Frankfurt am Main. Hrsg.: Dezernat Tiefbau Stadtbahnbauamt Frankfurt am Main. Ffm. 1974: Wurm. 31 S.

3188. K e c k e i s e n , Willi: S-Bahn und Flughafenbahn Frankfurt. Beispiele f. d. Lösung v. Nahverkehrsproblemen durch d. DB. – In: Der Eisenbahn-Ingenieur 22. 1971, H. 8/9, S. 220–223

3189. A p p e r t , Henri: Liaison ferroviaire entre Francfort sur le Main et son aéroport. – In: Monde souterrain. 1974, Nr 179, S. 2–9

3190. B a r t s c h , [Wolfgang]: Verkehrsknotenpunkt Hauptbahnhof Frankfurt/Main. – In: Bauwelt 66. 1975, Nr. 16, S. 477–479

3191. S- und U-Bahn-Bau am Frankfurter Hauptbahnhof. – In: Baumeister 71. 1974, H. 7, S. 796–798

3192. S c h i l d , Haubold, u. Jürgen Z a b e l : Probleme der Verkehrslenkung beim Bau von S- und U-Bahn im Bereich des Hauptbahnhofs Frankfurt. – In: Der Eisenbahn-Ingenieur 24. 1973, H. 11, S. 328–332

3193. S c h w i n g , Heinrich: ... und der neue Alterspräsident der Wilinaburgia: Oberreichsbahnrat i. R. Wolfgang Ehemann. Mit 1 Bildn. – In: NblWil 50. 1975. Nr 139, S. 343–344. [Leiter d. Vermessungswesens der Direktion Frankfurt]

3194. O b e l , Hans: 100 Jahre Eisenbahn-Supernumerar-Verein Frankfurt Main. 1875–1975. Festschrift. Ffm.: Eisenbahn-Supernumerar-Ver. 1975. 20 S.

4. Auto- und Flugverkehr

3195. Land Hessen. Verkehrsmengenkarte. 1970–1975. Wiesbaden: Hess. Landesamt f. Straßenbau [1971–77]. 1970. Anzahl d. Kraftfahrzeuge je 24 Std. einschl. Mopeds. Durchschnittl. tägl. Verkehrsmenge (Jahresmittelwert). Maßstab 1:200000. 1 Nebenkt. [1971.] 1973. Anzahl d. Kraftfahrzeuge je 24 Std. einschl. Mopeds. Durchschnittl. tägl. Verkehrsmenge (Jahresmittelwert). [Nebst] Sonderkt. [1974.] Hauptkt. Maßstab 1:200000. Sonderkt. Rhein-Main-Geb. Maßstab 1:50000. 1975. Anzahl d. Kraftfahrzeuge je 24 Std. (einschl. Mopeds). Durchschnittl. tägl. Verkehrsmenge (Jahresmittelwert). Maßstab d. Kt. 1:200000. [1977]

3196. Straßenverkehrsunfälle 1975. Wiesbaden: Hess. Statist. Landesamt 1976. 111 S. (BStH N. F. 82)

3197. M a r s c h a l l , Ernst A.: Rechtsgutachten zur Parkvorsorge in der Innenstadt von Frankfurt/Main. Ffm.: ADAC, Jur. Zentrale 1975. 24 Bl.

3198. 50 Jahre Automobilclub Höchst a. M. e. V. im ADAC. 1926–1976 [Festschrift]. (Mitarb.: Carl-Georg G o t t s a m m e r .) Frankfurt a. M.-Höchst 1976. 100 S.

3199. H a c h e n b u r g , Felix: Mit PS durch die Stadt. Mit zahlr. Abb. – In: Wi int 1975, S. 26–34 [Wiesbaden]

3200. Autobahnbau in Nordhessen gestern, heute, morgen. Kassel: Straßenneubauamt Hessen-Nord 1974. 110 S., Abb.

3201. B u n d e s a u t o b a h n Ruhrgebiet–Kassel. Vorw.: Kurt Gescheidle [u. a.] Bonn-Bad Godesberg 1975. 121 S. m. Abb. u. Kt.

3202. T h u l , H.: Die neue Bundesautobahn Ruhrgebiet–Kassel (A 44) aus verkehrsstruktur- und wirtschaftspolitischer Sicht. – In: Bauverwaltung. 48. 1975, S. 171–173

3203. Wechselwegweisung in Hessen. Hrsg.: Der Hess. Min. f. Wirtschaft u. Technik. Verantwortl.: Referat Öffentlichkeitsarb. Wiesbaden 1976. 41 S. m. Abb. u. Kt. (Der Hess. Min. f. Wirtschaft u. Technik informiert) [Betr. insbes. Autobahnteilnetz Rhein-Main]

3204. K n o f l a c h e r , Hermann: Unfalluntersuchung Bundesautobahn Frankfurt, Main, Mannheim: km 500–560; 1965–Juni 1972. Wiesbaden: Hess. Landesamt f. Straßenbau 1975. 39, 28, 23 Bl., 29 graph. Darst.

3205. B a u m , Herbert: Die Eroberung der Luft in Waldeck anno 1784. [Pfarrer Varnhagen übersetzte Schrift von Franz David Frescheur aus 1676, die von Konstruktion eines Luftschiffes handelte.] – In: GW 64. 1975, S. 121–123

3206. K r ü g e r , Eckart: Die luftverkehrsmäßige Erschließung der Großregion Mittel-Osthessen. Frankfurt a. M.: Dt. Inst. f. Luftverkehrsstatistik 1971. 48, [28] Bl. m. Kt.

3207. C r e d é , Inge E.: Als Käthchen noch vom Himmel schwebte. Ein Rückblick auf Frankfurter Luftfahrt-Tradition. – In: Flughafen-Nachrr. 26. 1976, Nr 3, S. 28–45

3208. M ü l l e r , Karlhans: Vom Flugfeld Rebstock zum Jumbo-Bahnhof. 50 Jahre Frankfurter Flughafengesellschaft. – In: Flughafen-Nachrr. 24. 1974, Nr 3, S. 11–21

3209. 50 Jahre Lufthansa, 40 Jahre Flughafen Frankfurt/Main. Rückblick auf e. bemerkenswerte Ausstellung in Neu-Isenburg. – In: Flughafen-Nachrr. 26. 1976, H. 4, S. 85–88

3210. T h e l e n , Peter: Auf den Schwingen des Erfolgs. 50 Jahre Lufthansa. Eine Gesch. d. Fliegerei. – In: Frkf 21. 1976, H. 2, S. 34–36

3211. M ü l l e r , Karlhans: Flughafen Frankfurt/Main. Luftkreuz f. Deutschland. Ffm.: Staatl. Landesbildstelle Hessen 1974. 41 S. (Farblichtbildreihe d. Staatl. Landesbildstelle Hessen, Frankfurt a. M. He 90, Beih.)

3212. In zwei Jahren gereift. Die Gesch. d. Terminals Mitte. – In Flughafen-Nachrr. 22. 1972, Nr 1, S. 53–57

3213. A s e m a n n , Karl Heinz, Walter D i t t u. Helmut R a d a c h : Flughafen Frankfurt/Main. Berufs- und Arbeitswelt für 25000. Erarbeitet auf d. Grundlage einer statist. Erhebung. vom 28. Sept. 1972. Hrsg. v. d. Flughafen Frankfurt/Main AG. Gießen: Brühlsche Universitätsdr. 1974. 144 S.

3214. T e i c h m a n n , Arnfried, Utz S c h a a r s c h m i d t u. Bernd W. R o s t : Flughafenbetriebssystem Flughafen Frankfurt Main. München: Siemens, Bereich Datenverarb., Abt. Marketing [1975]. 63 S. (Data-Praxis)

3215. S a b a i s , Heinz Winfried: August Euler, Deutschlands Flugzeugführer Nr 1. – In: Flughafen-Nachrr. 20. 1970, Sonderh., S. 58–63

3216. M ü l l e r , Karlhans: Abschied nach 35 Jahren. Öffentl. Würdigung d. Verdienste von Rudolf Lange. – In Flughafen-Nachrr. 22. 1972, Nr 4, S. 2–7

3217. L a h a n n , Birgit: Ein Leben für den Flughafen. Rudolf Lange ging in den Ruhestand. – In: Flughafen-Nachrr. 22. 1972, Nr 4, S. 8–27

3218. Seine Handschrift prägt den Flughafen. Peter Schauer verabschiedet. Gottfried Meinicke neuer Baudirektor der FAG. – In: Flughafen-Nachrr. 22. 1972, Nr 4, S. 90–91

3219. H i l s i n g e r , Horst-Heiner: Die Flughafen-Umlandbereiche. 2. 10: Frankfurt Rhein-Main. – In: Hilsinger: Das Flughafen-Umland. Paderborn 1976. (Bochumer geogr. Arbeiten 23) S. 59–73

## 5. Post und Rundfunk

3220. B e c k e r , Hermann Joseph: Das Nachrichtenwesen mittelalterlicher Körperschaften an der Saar, im Trierer und Pfälzer Raum sowie im Elsaß. – In: Postgeschichtl. Bll. d. Oberpostdirektion Saarbrücken 24. 1975, S. 1–11

3221. K l e i n , Günther: Telegraphenlinie Metz–Mainz. Mit Abb. – In: Saarbrücker Bergmannskal. 1976, S. 84–86

3222. W i n t e r s c h e i d , Theo: Die thurn- und taxischen Ringnummernstempel im Bezirk der Oberpostdirektion Koblenz. – In: MrhPo 24. 1976, H. 50, S. 29–30

3223. W i n t e r s c h e i d , Theo: 125 Jahre elektromagnetische Telegrafie und die Anfänge des Hochwassernachrichtendienstes am Rhein und anderen deutschen Strömen. – In: BRh 27. 1975, S. 19–27

3224. M o s e l , Gustav: Postgeschichte der Stadt Siegen und des Siegerlandes in Einzeldarstellungen. [Siegen 1975.] 270 S. [Zsstellung v. Einzelarbeiten d. Verf. zum Thema, nur in 1 Ex. in d. Stadtbücherei Siegen vorhanden]

3225. Hofmann, Alfred: Die Amtsboten der Post. Entwicklung d. Postversorgung im heimischen Land. Mit 1 Abb. – In: HLD 1974, Nr 47, S. 2 [Lahn-Dillgebiet]

3226. Herborn, Helmut: Das Postfreithum im Herzogthum Nassau. Mit 4 Abb. – In: HPo 21. 1976, S. 88–96

3227. Münzberg, Werner: Ältere Postgeschichte der deutschen Regionen bis etwa 1870. – In: ADPo 1974, H. 2, S. 34–49 [Betr. u.a. d. Großherzogtum Fft.]

3228. Münzberg, Werner: Thurn und Taxis. Landpostorte, Briefkasten und ihre Kontrollstempel im Ghzt. Hessen. Offenbach a.M. 1974. 44 S. [masch. schriftl. vervielf.]

3229. Doehm, Robert H.: Als das Posthorn durch die Lande klang. Gnädigster Befehl d. Großherzogs Ludwig v. Hessen. Mit 3 Abb. – In: HMRh 19. 1974, Nr 3/4, S. 1–2

3230. Koch, Ortwin: Dreihundert Jahre Post in Amöneburg. Ein Beitrag z. Geschichte d. Boten- u. Postwesens in Oberhessen. – In: HPo 20. 1975, S. 5–64

3231. Schultz, Robert: Binger Poststempel seit 225 Jahren. Mit Abb. – In: BiA 11. 1976, S. 15–17

3232. Bayer, Rudolf: Die Geschichte Büdingens (u. Die Post in Büdingen). – In: HPo 21. 1976, S. 60–82

3233. CAMBRIA 71. 1. Camberger Briefmarken-Ausstellung in der Turnhalle zu Camberg. Camberg: Briefmarkenfreunde Camberg e.V. 1971. 54 S., Abb. [Darin S. 13, 16–18: Aus der Postgeschichte d. Stadt Camberg. Nach Texten d. Sammlung Siegfried Nicklas, Camberg]

3234. Altmannsperger, Hans Joachim: Vom „Roten Haus" zum Hauptpostamt. – In: ADPo 1974, H. 2, S. 94–97 [Frankfurt a.M.]

3235. North, Gottfried: 1872–1972. Von der Plan- und Modellkammer zum Bundespostmuseum. Mit Abb. – In: ADPo 1973, 1, S. 2–12 [Frankfurt a.M.]

3236. North, Gottfried: Bundespostmuseum Frankfurt am Main. Ffm.: Bundespostmuseum 1974. 26 S., 26 Faltbl. Beil.

3237. Brauns-Packenius, Otfried: Luftpost 1911–1914. Hoffnungen, Erfolge u. Enttäuschungen d. ersten Postflüge. – In: Flughafen-Nachrr. 18: 1968, Nr 7/8, S. 30–35

3238. Brauns-Packenius, Otfried: 50 Jahre Luftpost. Rhein-Main führend im europäischen Luftpostverkehr u. Zentrale d. dt. Nacht-Luftpostnetzes. – In: Flughafen-Nachrr. 19. 1969, Nr 1/2, S. 38–41

## 5. Post u. Rundfunk

3239. Aerophila. Frankfurt am Main. 60 Jahre Flugpost am Rhein und am Main. 1. Luftpost-Ausstellung in Frankfurt 13.–15. Okt. 1972. Ausstellungskat. Ffm.: Interessengemeinschaft Ffter Luftpostsammler 1972. (Aerophila. Ausstellungskatalog 1)

3240. Festschrift anläßlich des 40jährigen Bestehens der Frankfurter Philatelisten Jugend ... Jubiläums-Jugend-Briefmarken Ausstellung ... Ffm. 1974. 32 S.

3241. H a u p t , Hans-Willi: Die Entwicklung der Post in F u l d a . Mit zahlr. Abb. – In: HPo 21. 1976, S. 5–49

3242. D e t i g , Eugen: Fünfzig Jahre Postbus Poppenhausen–Fulda. – In: BuBll. 47. 1974, S. 51–52

3243. Der letzte Postillion von G e l n h a u s e n . Mit 1 Bildn. – In: GelHJ 1974, S. 36–38

3244. D i n g e l d e y , Ronald: Zum 100. Todestag von Philipp Reis. Festvortrag, geh. am 14. 1. 1974 im Rathaus d. [Geburts]Stadt Gelnhausen. – In: GelGbll 1974/75, S. 3–10

3245. K l e i n , Wolfgang: Philipp Reis. Eine Kurzstudie über d. Erfindung d. Telefons u. d. Folgeentwicklung bis in d. Neuzeit. – In: ADPo 1974, H. 2, S. 106–108

3246. S c h l u c k e b i e r , Friedrich Wilhelm: Die letzten Lebenstage des Erfinders des Telefons (Philipp Reis † 1874). Mit 1 Bildn. u. Zeichn. von Rudolf Huxdorf. – In: GelHJ 1974, S. 33–35

3247. B a l l m e r t , Heinz: Wurde das Telefon vor 100 Jahren oder bereits früher erfunden? Telefon-Rowdys am Werk. Mit 1 Bildn. u. 7 Abb. – In: HPo 21. 1976, S. 50–59 [Philipp Reis]

3248. Der erste Bus hatte 26 Sitzplätze. 50 J. Kraftpost G i e ß e n –Krofdorf-Gleiberg. Mit 2 Abb. – In: HHGiess 1976, S. 13–14

3249. K l i t s c h , Ferdinand: 150 Jahre Postgeschichte G r o ß e n l ü d e r . – In: BuBll 47. 1974, S. 68

3250. HAPHILA 65. 75 Jahre Verein d. Briefmarkensammler H a n a u 1890. Landesverbandsausstellg. v. 15. 5.–23. 5. 1965 im Dt. Goldschmiedehaus, Hanau. Katalog: Herbert B a u m g ä r t e l . Hanau: Verein d. Briefmarkensammler 1965. 62 S., Abb.

3251. S c h ä f e r h o f f , Kaspar: Staatssekretär Carl August Kruckow. – In: HPo 21. 1976, S. 83–87 [Postbeamter in K a s s e l , Hanau u. Marburg 1898–1902]

3252. H e r b o r n , Helmut: Die Thurn und Taxissche Poststation in L i m b u r g an der Lahn und einige Schwierigkeiten am Postkurs Köln–Frankfurt 1739–1867. Mit 8 Abb. u. 2 Kt. – In: HPo 19. 1974, S. 5–36

3253. Lympurga 1. Limburger Postwertzeichen-Ausstellung mit internationaler Beteiligung. Rang 3. 3.–4. 11. 1973 im Georgshof Limburg a. d. Lahn anläßl. d. 50jähr. Bestehens d. Ver. f. Briefmarkenkunde Limburg [Festschrift]. Limburg a. d. L. 1973. 102 S. m. Abb. [S. 25–63: H e r b o r n , Helmut: Die Chronik d. Post in Limburg a. d. Lahn. 65–74: K r a t o c h v i l , Werner: Die Stempel d. Limburger Post]

3254. 90 Jahre Verein für Briefmarkenkunde von 1885 e. V. M a i n z . 1885–1975. Eine große Auswahl philatelist. Aufsätze zur Postgeschichte von Mainz. Mainz 1975. 80 S., Abb.

3255. H e r m a n n , Kurt: Die fürstlich Thurn und Taxis'sche Lehenspostanstalt M e e r h o l z und ihr Amtsbezirk. – In: GelHJ 1974, S. 97–98

3256. NIBRIA '73. Briefmarkenausstellung im Rang 3, 24. 11.–25. 11. 1973, Goetheschule, Neu-Isenburg anläßl. d. 25-jährigen Vereinsjubiläums. N e u - I s e n b u r g : Briefmarkensammler-Verein 1973. 24 S., Abb.

3257. ORPHILA '72. 19.–22. 10. 1972. Briefmarken-Ausstellung Rang 2, Bad Orb, Konzerthalle. 25 Jahre Briefmarkenfreunde Kinzigtal e. V. Bad O r b 1972. 56 S., Abb.

3258. S i e g e n s Post- und Fernsprechwesen. Zu Fuß ging's zuweilen schneller als mit d. Postkutsche. Mit Abb. – In: UHl 43. 1975, S. 73–78

3259. H u n d t , Manfred: Postgeschichtliches über S t e i n b a c h am Taunus und die postalische Entwicklung von Stierstadt und Weißkirchen. Steinbach a. Ts.: Geschichtskr. 1974. 79 S. m. Abb. (Steinbacher Hefte 1)

3260. H o f m a n n , Alfred: Die „Kulis" mit dem Posthorn. Als es in W e i l b u r g noch keine Postautos gab, wurde „getippelt". Mit 1 Abb. – In: RhLF 24. 1975, S. 87–89

3261. Festschrift zur Einweihung des neuen Postamts 1 W i e s b a d e n . Hrsg.: Arbeitsgemeinschaft „Festschrift Neubau Postamt Wiesbaden". Red.: Alfred E i d e n m ü l l e r , Josef B e h l e r t , Karl S i e b e n w u r s t . Wiesbaden 1975. 73 S. m. Abb. [S. 21–33: S c h l e i f f e r , Georg: Postgeschichtliches aus Wiesbaden. 71–75: O t t , Bruno: Bedeutende Ereignisse in Wiesbaden im Spiegel seiner Poststempel]

3262. S c h l e i f f e r , Georg: Von der Botenpost zur Beutelhängebahn. Postgeschichtliches aus Wiesbaden. Mit Abb. – In: WiL 24. 1975, Okt., S. 20–23; Nov., S. 20–23

3263. E i d e n m ü l l e r , Alfred: Das Postamt als ein komplexes Kommunikationssystem. Mit 1 Bildn. d. Verf. – In: WiL 25. 1976, 2, S. 24–27 [Wiesbaden]

3264. M ö n k , Herbert: Die Geburt des Telefons. Mit 5 Abb. – In: Wi int 1975, 4, S. 10–15 [Wiesbadener Telegraphenamt]

3265. M ö n k , Herbert, u. Herbert T r a u t m a n n : 100 Jahre Fernmeldeamt Wiesbaden 1876–1976. Wiesbaden: Fernmeldeamt 1976. 33 S.

3266. WIBRIA 73. Briefmarkenausstellung, Wiesbaden, Haus d. Heimat, 27.–28. 10. 1973. Wiesbaden: Wiesbadener Briefmarkensammler-Verein v. 1885 e.V. 1973. 33, VIII S., Abb. [Darin: S. 23, 25, 27, 29: Bruno Ott: Start zum Prinz-Heinrich-Flug 1913 in Wiesbaden[-Erbenheim]; S. 31, 33: Bruno Ott: Schiffspost für Wiesbaden]

3267. Diener, Walter: Wiesbadener Briefmarkensammler-Verein von 1885 e.V. im Bund Deutscher Philatelisten e.V. am 18. Mai 1975 90 Jahre. Festschrift zum 24. Mai 1975. Wiesbaden 1975. 36 S. m. 12 Abb.

3268. Wirtheim in postgeschichtlicher Sicht. – In: 1000 Jahre Kassel u. Wirtheim [Festschrift]. Biebergemünd 1976, S. 110–113 m. 4 Abb.

3269. Diller, Ansgar: Der Frankfurter Rundfunk 1923–1945. Unter besond. Berücks. d. Zeit d. Nationalsozialismus. o.O. 1975. IV, 392 S. m. Abb. Frankfurt a.M., Univ., Fachbereich Geschichtswiss., Diss. 1973

## 6. Fremdenverkehr und Gaststätten

3270. Becker, Christoph: Die strukturelle Eignung des Landes Hessen für den Erholungsreiseverkehr. Ein Modell zur Bewertung v. Räumen f. d. Erholung. Berlin: Geograph. Inst. d. Freien Univ. 1976. 155 S., 13 Tab., Kt. 1a–5. Erschien auch als Geowiss. Habil.-Schr. Berlin, Freie Univ., Fachbereich 24. 1976 (Abhandlungen d. Geograph. Inst. 23 = Anthropogeographie)

3271. Becker, Christoph: Ein Erklärungsmodell über die strukturelle Eignung von Gebieten für den Erholungsreiseverkehr. Am Beispiel d. Landes Hessen. Ein Beitr. z. Landschaftsbewertung f. d. Erholung. – In: 40. Dt. Geographentag Innsbruck 19.–25. Mai 1975. Tagungsber. u. wiss. Abhandlungen. Wiesbaden 1976. (Verhandlungen d. Dt. Geographentages 40) S. 653–659

3272. Eberle, Ingo: Die Bedeutung kleinerer Mittelgebirgstäler für den Naherholungsverkehr – mit Beispielen aus Hessen und Rheinland-Pfalz. Mit 4 Kt. – In: BDLK 50. 1976, S. 153–174

3273. Christmann, Karl-Heinz: Die Meldepflicht für den Kurgast in den hessischen Kur- und Erholungsorten. – In: GT 26. 1973, S. 134–135

3274. Watz, Barbara: Gästebeherbergung auf dem Bauernhof. Möglichkeiten d. Entwicklung landwirtschaftl. Haushalte. Wiesbaden 1975. X, 224 S. (AVA-Arbeitsgemeinschaft z. Verbesserung d. Agrarstruktur in Hessen e.V. Sonderh. 53). Ersch. auch als: Gießen, Univ., Fachbereich 20, Nahrungswirtschafts- u. Haushaltswiss., Diss. 1974 u.d.T.: Watz: Der Einfluß d. haushälter. Ressourcen auf d. Entwicklung d. Erwerbszweiges „Gästebeherbergung auf d. Bauernhof" im Planungsgeb. d. Hess. Rhön [Betr. d. Hess. Rhön]

3275. Becker, Josef: Fremdenverkehr – Wirtschaftszweig mit Zukunft. Vielfältiges Angebot f. d. Touristen. Mit 4 Abb. – In: Westerwaldkreis. Mühlheim/M. 1975, S. 127–130

3276. Wadepuhl, Heinz: Der Fremdenverkehr [im Unterlahnkr.] Mit zahlr. Abb. – In: Der Unterlahnkr. Mainz 1967, S. 89–96

3277. Schmidt, Ulrich: Die romantische Rheinfahrt und der Rheintourismus. Mit 5 Abb. – In: Museum Wiesbaden 4. 1975, 13–16

3278. Ihln, Anton: Ein Ausblick auf 1977. Fremdenverkehr im Rheingau-Taunus-Kreis. Mit Abb. – In: HJUTs 26. 1975, S. 149–155

3279. Schwarzenberg, Judith: Der Gast ist bei uns König. – In: Der Wetteraukreis. Frankfurt a.M. 1976, S. 133–134

3280. Schönfelder, Hermann: Wirtschaftsförderung durch Fremdenverkehr. Mit Abb. – In: Main-Kinzig-Kreis. Oldenburg (Oldb.) 1976, S. 14–21

3281. Gierhake, Ortwin: Probleme der Naherholung im Verdichtungsraum Rhein-Main, untersucht am Beispiel d. Campingplatzes „Bärensee" bei Hanau. – In: Geogr. Inst. d. Univ. Frankfurt a.M. Materialien 3, 1975, S. 1–75. Zugl. Frankfurt, Geogr. Staatsexamensarbeit 1971

3282. Festschrift zum 80jährigen Jubiläum des Hotel- und Gaststätten-Verbandes des Kreises Groß-Gerau. 1894–1974. Groß-Gerau 1974: Fink. 80 S. [S. 9–18: Ernst Schneider: 80 Jahre Gastwirte-Verein d. Kr. Gross-Gerau; S. 71–80: Ders.: Allerlei Beschauliches, Ernstes u. Besinnliches aus Gasthäusern d. Kr. Groß-Gerau]

3283. Struktur und Entwicklung von Freizeit und Fremdenverkehr im Odenwaldkreis. [Bearb. von] Klaus Wolf [u.a.] Frankfurt 1974. 239 S. m. 37 Abb. u. 12 Tab. (Geogr. Inst. d. Univ. Frankfurt – Kulturgeographie 1)

3284. Festschrift 75 Jahre Vereinigung der Hotels, Gaststätten und verwandten Betriebe e.V. Kreis Erbach/Odw. Erbach/Odw. [um 1969]. 60 S.

3285. Bender, Heinrich M.: Von Tavernen, Gasthäusern, Weinschänken und Straußwirten. – In: HJAlWo 15/16. 1975/76, S. 695–699

3286. Generalerholungsplan im Einflußbereich des Hochwasserrückhaltebeckens Ahl-Steinau. Projekt-Leitung: Chr. Kaiser [u.a.] Bad Homburg: Dt. Bauernsiedlung, Dt. Ges. f. Landentwicklung 1972. VII, 116 S. m. Abb.

3287. Matthes, Richard: Gaststätten und Gastlichkeit in Bensheim a.d. Bergstr. – In: BeHbll 1974, Nr 1–5; 1975, Nr 2. 3. 4

3288. Desch, Hermann: Biebergemünd als Fremdenverkehrsort. Mit 4 Abb. – In: 1000 Jahre Kassel u. Wirtheim [Festschrift]. Biebergemünd 1976, S. 147–149

3289. Dräger, Werner: Die Rheinterrassen in Wiesbaden-Biebrich – seit Generationen ein beliebtes Ausflugsziel. – In: WiL 25. 1976, 4, S. 18–19

3290. Kloos, Kaspar: 40 Jahre Verkehrsverein Erbach i. Rhg. – In: RhgHbr 92. 1975, S. 5–6

## 6. Fremdenverkehr u. Gaststätten

3291. K l u e s s , Sieglinde: Zahlen zur Entwicklung der Bettenkapazität und der Bettenbelegung in der Stadt F r a n k f u r t a.M. – In: FrStB 1975, H. 3, S. 69–87

3292. L e r n e r , Franz: Ein Jahrhundert Frankfurter Hof. 1876–1976. Ffm.: Kramer 1976. 48 S. [Grand-Hotel]

3293. T h e l e n , Peter: Einhundert Jahre Frankfurter Hof. – In: Frkf 21. 1976, H. 3, S. 14–15

3294. T h o m a s , Axel: 50 Jahre „Monte Scherbelino". Ein Restaurant zum Jubiläum. – In: Frkf 20, 1975. H. 3, S. 6–7 [In Frankfurt/M.]

3295. Vom Flugzeug ins Hotelzimmer. Frankfurt Sheraton Hotel nach nur 21 Monaten Bauzeit eröffnet. – In: Flughafen-Nachrr. 25. 1975, Nr 1, S. 21–29

3296. In Frankfurt wurde das größte Flughafenhotel auf dem Kontinent eröffnet. – In: Frkf 20. 1975, H. 1, S. 12

3297. J e s t a e d t , Aloys: Weinwirtschaft C. W. Schimmelpfeng in F u l d a . – In: BuBll 47. 1974, S. 1–2. 7–8. 11

3298. R ö s c h , Georg: G e l n h a u s e n hatte einmal eine „Hafenschenke". Mit 3 Zeichn. – In: GelHJ 1974. S. 64–67

3299. F a i l i n g , Adolf: Namen und Schilder sind verschwunden. Interessante Einzelheiten aus der Frühzeit der G i e ß e n e r Gastronomie. – In: HGiess 1974, Nr 20

3300. F a i l i n g , Adolf: Gießener Gaststätten um 1772. Zur Gesch. d. Gießener Gastronomie. – In: HGiess 1974, Nr 43

3301. S c h n e i d e r , Ernst: Die Gasthalter ‚Zum Hirschen' in G r o ß - G e r a u . – In: HspGer 1974, Nr 5

3302. D a s c h m a n n , Claus: Gasthöfe, Gaststätten und Kneipen. G u s t a v s - b u r g e r Gastronomie anno dazumal. – In: Burg 32. 1976

3303. E h l e r s , Eckart: Überlagerungsphänomene im Fremdenverkehr. Bad H e r s f e l d als Kur- u. Festspielstadt. Mit 5 Abb. – In: BDLK 48. 1974, S. 195–218

3304. W e s t e r f e l d , Karl-Adolf: Die H o m b u r g e r „Waldlust" steht seit 100 Jahren in Gonzenheim. Mit 2 Abb. – In: AHo 19. 1976, S. 92–93

3305. E m m e r l i n g , Ernst: Die Rheinklause bei I n g e l h e i m . Eine Stätte froher Begegnung. – In: HJMBi 19. 1975, S. 25–27 m. Abb.

3306. B o s s -Stenner, Helga: Ein unersetzlicher Verlust für Alt- K i r d o r f : „Die Krawall" ist zu. Nachruf auf e. gastl. Stätte. – In: AHo 19. 1976, S. 27 [Gaststätte in d. Grabengasse]

3307. S c h m i d t , Adam Franz Philipp: Der „Darmstädter Hof" und die Geschichte der L a m p e r t h e i m e r Gastwirtsfamilie Schmidt. Bearb. von Heinrich Friedrich Karb. Lampertheim 1975: Hübner. 116 S.

3308. Welker, August: Vom Wirtshaus an der Lahn. – In: HLD 1975, Nr 52, S. 4 [Marburg]

3309. Blumenröder, Gerhard: Bad Orb im Fremdenverkehr. Mit 1 Zeichn. – In: GelHJ 1975, S. 39–40

3310. Baaden, Franz: Vom Bannzapf und Feiern auf dem Erlenhof [bei Ransbach]. – In: Baaden: Ransbach-Baumbach im Spiegel d. Gesch. 1975, S. 47–51

3311. Krämer-Badoni, Rudolf: Warum ist es am Rhein so schön? Zum Beispiel Rüdesheim. Mit 4 Abb. – In: Museum Wiesbaden. 1. 1975, S. 4–7

3312. Bingel, Horst: In Sachsenhausens Äppelwoi-Paradiesen. – In: Cassella-Riedel Archiv 54. 1971, H. 1.: Frankfurt am Main, S. 45–47

3313. Scharfrichter war häufiger Gast in unserer Stadt. In: UHl 1974, S. 139/140 m. 2 Abb. [Betr. Gesch. d. Siegener Gaststättengewerbes]

3314. Meyer, Thomas: Bad Sooden-Allendorf. Fremdenverkehrsanalyse, Prioritätsüberlegungen f.d. künft. Förderung. Erstellt in d. Abt. Wirtschafts- u. Regionalforsch. Nov. 1975. Wiesbaden: HLT Ges. f. Forsch., Planung, Entwicklung mbH 1975. 31 Bl.

3315. Dehnert, Karl: Datterich in Drahse – Drahser Pannekuche. Geschichtl. Rückblick zur Eröffnung d. „Datterichschänke" in Traisa im Hause Ludwigstr. 87 [1971]. – In: JberVHORa 1971/72. 1973, S. 34–38

3316. Meyer, Thomas, u. Claus Oeser: Gutachten zur Errichtung eines Feriendorfes in Michelstadt-Vielbrunn. Erstellt in d. Abt. 2: Forschung, Planung, Entwicklung. Wiesbaden: Hess. Landesentwicklungs- u. Treuhandges. mbH 1974. 35 Bl., 2 Anl.

3317. Weihl, Otto: Chronik der Bad Vilbeler Gastwirtschaften in alter und neuer Zeit. (Stand 1973). – In: ViHbll 11. 1974, S. 4–20

3318. Meyer, Fritz: Aus Alt-Weilburg. Verordnung gegen die Besuchung d. Wirtshäuser. Mit 2 Abb. – In: WeilBll 8. 1976, S. 57–60

3319. Schwing, Heinrich: Der Kur- und Verkehrsverein (Taunusklub und Westerwaldverein) Weilburg e.V. in Vergangenheit und Gegenwart. Weilburg 1971, 12 S.

3320. Blohm, Hannelore: Spezialitäten und Schleckereien [in Wiesbaden]. Mit 5 Abb. – In: Wi int 1976, 1, S. 16–21

3321. Thomas, Kurt: Ein Stück Wiesbadener Geschichte. Vom Gasthof „Zum Schwarzen Bären" zum „Hotel Bären". Mit 3 Abb. – In: WiL 25, 1976, 11, S. 12–13

## 7. Schiffahrt

3322. Ellmers, Detlev: Frühmittelalterliche Handelsschiffahrt in Mittel- und Nordeuropa. Neumünster: Wachholtz 1972. 358 S., 193 Abb., 2 Kt. (Untersuchungen aus d. Schleswig-Holstein. Landesmuseum f. Vor- u. Frühgesch. 28) [Betr. u.a. den Rhein]

3323. Nusteling, Hubertus Petrus Hyginus: De Rijnvaart in het Tijdperk van Stoom en Steenkool 1831–1914. Een Studie van het Goederenverkeer en de Verkeerspolitiek in de Rijndelta en het Achterland. Zeehavens, Amsterdam: Holland Universiteits Pers 1974. XXI, 540 S., 1 Abb.

3324. Gröhn, Klaus-Dieter: Ursachen struktureller Wandlungen in der Rheinschiffahrt seit 1950. Mainz 1974. 158 S., S. A1–A57. Mainz, staatswiss. Diss. 1974

3325. Wanner, H.: Bedeutung der internationalen Rheinschiffahrt und Zukunftsprobleme nach Eröffnung der Rhône-Rhein- und der Rhein-Main-Donau-Verbindung. Mit 18 Abb. u. 4 Tab. – In: Wasser- u. Energiewirtschaft. Sonderh.: Der Rhein v. d. Quellen bis zum Meer. Baden/ Schweiz 1975, S. 186–195

3326. Korn, Werner: Rheinschiffe und ihre Namen im Wandel der Zeit. – In: RhgHbr 91. 1975, S. 13–14

3327. Milatz, Paul: Die Geschichte des Schiffes „Regierungsrat Milatz". Mit 1 Abb. – In: HJMBi 15. 1971, S. 102–106 [Betr. Fährverkehr zw. Bingen u. Rüdesheim im 20. Jh.]

3328. 150 Jahre Köln-Düsseldorfer. Mit 6 Abb. – In: BRh 28. 1976, S. 3–10

3329. Geburtsstunde der Köln-Düsseldorfer: Unsere Fahrt glich einem Triumphzug. Überall kamen die Einwohner und staunten das einherrauschende Mühlenschiff an, welches bei einer großen Überschwemmung, wo kein Schiff mit Pferden gezogen werden kann, seinen Weg durch die Wasserwogen ruhig fortsetzte. – In: MMag 1976, Aug., S. 3–8. 21

3330. Schmitt, Anton: Die Tauerei, ein vergessener Zweig d. Rheinschiffahrt. Mit 1 Abb. – In: RhgHbr 98. 1976, S. 12

3331. Engelhardt, Rudolf: Treidlerarbeit – Schwerarbeit [am Mittelrhein]. Mit 2 Abb. – In: HJMBi 17. 1973, S. 106–110

3332. Kimpel, Will: Die Bedeutung des Rheinstroms für Kaub. – In: Kaub. 1974, S. 45–67 m. Abb.

3333. Höck, Alfred: Eschweger Schiffer in der Mitte des 18. Jahrhunderts. – In: HH N. F. 24. 1974, S. 170 (Sonderh. „1000 Jahre Eschwege")

## 8. Wasserbau

3334. Klein, Hans-Achim: Der Ausbau des Rheins im Rheingau und in der Gebirgsstrecke. Mit 11 Abb. – In: BRh 26. 1974, S. 24–36

3335. Langschied, K., u. K. Neven: Wasserbauliche Maßnahmen in der Gebirgsstrecke des Rheins zwischen Bingen und St. Goar. Mit 6 Abb. – In: Wasser- u. Energiewirtschaft. Sonderh.: Der Rhein v. d. Quellen bis zum Meer. Baden/Schweiz 1975, S. 162–167

3336. Korn, Werner: Das Binger Loch – einst und heute. Der Ausbau d. Schiffahrtsweges f. d. modernen Verkehr. – In: RhgHbr 94. 1975, S. 4–8

3337. Kleiter, Heinz: Der Binger Mäuseturm im Ruhestand. Erinnerungen u. Beobachtungen bei einer Stipvisite im Binger Loch. Mit 8 Abb. – In: AlBLi 1975, S. 15–23

3338. Ulbricht, Friedrich: Die geschichtliche Entwicklung des Baggerwesens auf dem Rhein. Mit 11 Abb. – In: BRh 26. 1974, S. 37–50

3339. Mischewski, Günter: Schierstein, Hafen und Hafenfest. Mit 5 Abb. – In: Wi int 1976, 2, S. 24–29

3340. Hofmann, Hans Hubert: Kaiser Karls Kanalbau. „Wie Künig Carl d. Grosse unterstünde d. Donaw und d. Rhein zusammenzugraben". 2. Aufl. Sigmaringen: Thorbecke 1976, 68 S. m. Abb. (Kulturgeschichtl. Miniaturen)

3341. Reitzel, Adam Michael: Mainzer Hafengeschichten. Den Rhein-Main-Donau-Kanal hat sich Karl der Große ausgedacht. – In: MMag 1976, April, S. 3–8

3342. Schnelbögl, Fritz: Ein Kanalprojekt Rhein-Main-Donau im Jahre 1656. – In: Fürther Heimatbl. 23. 1973, S. 93–96

3343. Geer, Johann Sebastian: Zur Gründungsgeschichte der Rhein-Main-Donau AG. – In: Donauraum 17. 1972, 1/2, S. 30–47

3344. Böttger, Wilhelm: Die Rhein-Main-Donau-Wasserstraße als gesamteuropäisches Problem. Berlin: Forschungsstelle f. gesamtdt. wirtschaftl. u. soziale Fragen. 1975. 15 Bl. (FS-Analysen 1975, 3)

3345. Jaenicke, Günther: Die neue Großschiffahrtsstraße Rhein-Main-Donau. Eine völkerrechtl. Untersuchung über d. rechtl. Status d. künftigen Rhein-Main-Donau-Großschiffahrtsstraße. Sonderaufl. f. d. Dt. Kanal- u. Schiffahrtsver. Rhein-Main-Donau e. V. Nürnberg. Nürnberg: Dt. Kanal- u. Schiffahrtsver. Rhein-Main-Donau 1973. 120 S. (ursprüngl. Ausg. im Athenäum-Verl. als: Völkerrecht u. Aussenpolitik 21)

3346. Zemanek, Karl: Die Schiffahrtsfreiheit auf der Donau und das künftige Regime der Rhein-Main-Donau-Großschiffahrtsstraße. Eine völkerrechtl. Untersuchung. Wien, New York: Springer 1976. 73 S. (Österr. Zs. f. öffentl. Recht. Suppl. 4)

3347. Mittelstaedt, Ulrich: Die Verwaltung der Bundeswasserstraße Main. Die Aufgaben d. Wasser- u. Schiffahrtsamtes Frankfurt am Main. Frankfurt/M.: Bodet 1975. 12 S. (Frankfurter Wochenschau. Sonderdr. Sept. 1975)

3348. Die Häfen der Stadt Frankfurt am Main. Ffm.: Bodet u. Link 1970. 35 S. (Frankfurter Wochenschau. Sonderh. 41)

3349. Einwächter, Hellmut: Die Frankfurter Häfen im Wandel der Anforderungen. Erl. v. Hellmut Einwächter. Hrsg. v. Hafenbetrieben d. Stadt Frankfurt am Main anläßl. d. 90jähr. Bestehens d. Westhafens. Berlin: Länderdienst Verl. 1976. 52 S.

3350. Böttger, Wilhelm: Grundlagen, Wandlungen und Zukunftsaussichten der Frankfurter Binnenhafenwirtschaft. Gutachten, erstattet d. Magistrat d. Stadt Frankfurt am Main. Unter Mitarb. von Wolfgang Viernow. [Nebst] Anh. O.o. 1970. [Masch.] VI, 172 gez. Bl., Anh. Tabellenteil.

3351. Mittelstädt, Ulrich: Der Mainhafen Hanau. Mit Abb. – In: Main-Kinzig-Kreis. Oldenburg (Oldb.) 1976, S. 150–155

3352. Groscurth, Reinhard: Der Plan eines Werra-Main-Kanals. Ein fast vergessenes Stück Wirtschaftsgesch. Bremen: Weserbund 1970. 63 S. m. Abb. u. Kt. (Sorgen u. Schaffen f. d. Weser 9)

3353. Eine „neue" Fulda. Die Umkanalisierung der unteren Fulda zwischen Kassel und Hann. Münden. – In: JbLKa 1971, S. 38–40

XI.

KOMMUNALWESEN

1. Kreise

3354. Die hessischen Landkreise und kreisfreien Städte nach Abschluß der Gebietsreform am 1. Januar 1977. Wiesbaden: Hess. Statist. Landesamt 1975. 215 S., XX Taf. (BStH N. F. 68)

3355. Sieburg, Armin: Aktenablieferungen der Landratsämter im Zuge der Gebiets- und Verwaltungsreform. – In: MHSt 3. 1976, S. 11–12 [Betr. Regierungsbezirk Kassel]

3356. Nahm, Peter Paul: Dank an Heinrich Treibert, den Wiederbegründer des Deutschen Landkreistages. Mit 1 Abb. – In: LKr 44. 1974, S. 177 [nebst einem ungez. Nachruf auf S. 21 d. Beil.: Die hess. Landkreise] [Landrat d. Kr. Fritzlar 1929–33, d. Kr. Ziegenhain 1945–48]

3357. Polizei in Wiesbaden, Rheingau und Untertaunuskreis. Hrsg. u. red. Bearb. Karl Ender. Wiesbaden: Polizei-Technik-Verkehr-Verl. Ges. 1976. 80 S. m. Abb. (Polizei, Technik, Verkehr. Sonderausg. 1976, 4)

3358. C r u s i u s , Eberhard: Der Kreis A l s f e l d . [Nebst] Karten. Marburg: Elwert (in Komm.) 1974. VIII, 232 S., 5 Faltkt. in Mappe. (Untersuchungen u. Materialien zur Verfassungs- u. Landesgesch. 3) [Überarb. Diss. aus d. J. 1933]

3359. R a u s c h , Karl: Der Wiederaufbau der Verwaltungen im Kr. Alsfeld nach dem Zusammenbruch 1945. – In: MGAA R. 12. 1974, S. 69–80

3360. Der Landkreis A l t e n k i r c h e n . Hrsg. in Zsarbeit mit d. Landratsamt. Gesamtred.: Hermann K r ä m e r . Oldenburg/Oldb.: Stalling 1972. 183 S. m. Abb.

3361. K o p e t z k y , Friedrich: Kreis B e r g s t r a ß e . Mosaik einer vielgestaltigen Landschaft. Fotografiert von Friedrich Kopetzky, beschrieben von Hans T o d t . Weinheim a. d. B. 1975: Diesbach. XVI, 70 S. [Bildbd] [2. Aufl. 1975]

3362. Unser Kreis in dieser Zeit. Landratsamt d. Kreises Bergstraße. Ein Ber. üb. d. Tätigkeit in d. Kreisverwaltung während d. 7. Wahlperiode 1968–1972 d. Kreistages d. Kreises Bergstraße. Heppenheim: Kreisausschuß d. Kr. Bergstraße 1972. [272] S.

3363. Sammlung des Kreisrechts. Satzungen, Rechtsverordnungen, Polizeiverordnungen. Kr. Bergstraße. Heppenheim 1974. [Loseblattausg.]

3364. B l ö c h e r , Elsa: 142 Jahre lang bestand der Kreis B i e d e n k o p f . Eine Nachbetrachtung zur Auflösung. – In: HiGbll 53. 1974, S. 165

3365. Kasper's Einwohner-Adreßbuch Landkreis Biedenkopf. Nach amtl. Unterlagen. 1972/73 ff. Köln: Kasper 1972 ff.

3366. T i l l m a n n , Hugo: Das Büdinger Jahr des Wilhelm Haas. Ein Organisationstalent wird sichtbar. – In: BüGbll 8. 1974/75, S. 183–189 [Später Kreisrat, Präsident d. Zweiten Hess. Kammer u. Generalanwalt d. Reichsverbandes der deutschen landwirtschaftl. Genossenschaften e. V.; geb. 1839 in Darmstadt; betr. seine Tätigkeit in B ü d i n g e n als Regierungsreferendar am Kreisamt]

3367. K ö g l e r , Hans-Egon, u. Joachim L e i c h t : Das Ende, das ein Anfang ist. Hoffnungsvoller Abgesang auf den alten Landkreis D a r m s t a d t . Hrsg. Kreis Darmstadt. Darmstadt [um 1976]: Darmstädter Echo. 24 S.

3368. Aus der Geschichte des Kreises E r b a c h /Odw. – In: Festschrift 75 Jahre Vereinigung d. Hotels, Gaststätten u. verwandten Betriebe e. V. Kreis Erbach/Odw. Erbach/Odw. [um 1969]. S. 21, 23, 25, 27, 29, 42, 50, 54

3369. H a m m a n n , Gustav: Der Kreis F r a n k e n b e r g – ein Blick in seine Geschichte. [um 1973] 16 S. m. Abb.

3370. Verwaltungsbericht. Landkreis Frankenberg. Hrsg.: Der Kreisausschuß d. Landkr. Frankenberg. 1968/72. Frankenberg[-Eder] 1972. 142 S.

3371. Ide, Werner: Von Adorf bis Zwesten. Ortsgeschichtl. Taschenbuch f.d. Kr. Fritzlar-Homberg. Melsungen: Bernecker 1972. 464 S.

3372. Herr, Norbert: Struktur und Entwicklung des neuen Großkreises Fulda. Mit 6 Abb. – In: Jb. d. Landkr. Fulda 1974, S. 21–44

3373. Der Landkreis Gießen. Zwischen Lahn u. Vogelsberg. Hrsg.: Ernst Türk. Red.: Arno Schäfer [u. a.] Stuttgart u. Aalen: Theiss 1976. 336 S. m. Abb. (Heimat u. Arbeit)

3374. Orts-Chronik des Landkreises Gießen. – In: GiessKrKal 9. 1974, S. 106–120; 10. 1975, S. 105–119; 11. 1976, S. 106–120

3375. Kasper's Einwohner-Adreßbuch Landkreis Gießen. 1973 ff. Köln: Kasper 1973 ff.

3376. Görlich, Paul: Durch den Großkreis Hersfeld-Rotenburg. – In: HHGiess 1974, S. 17–20

3377. Türk, Ernst: Der Lahn-Dill-Kreis, sein Erfordernis und seine Chancen. – In: GiessKrKal 10. 1975, S. 23–26

3378. Kaspers Einwohner-Adreßbuch Landkreis Lauterbach. Nach amtl. Unterlagen 1972 ff. Köln: Kasper 1972 ff.

3379. Kreis Limburg vor dem Zusammenschluß. Verantw. f. d. Inh.: Erwin Kaiser. Limburg: Kreisausschuß d. Landkr. 1974. 24 S. m. Abb.

3380. Land an der Lahn. Gesch. u. Zukunft im Kr. Limburg-Weilburg. Hrsg.: Erich Landgrebe. Red.: Klaus Gelbhaar, Erwin Kaiser. Mühlheim/M.: Landgrebe 1976. 355 S. m. Abb. (Mensch + Werk)

3381. Main-Kinzig-Kreis. Lebensraum, Wirtschaftsraum, Verwaltungseinheit. Hrsg. in Zsarb. mit d. Kreisverwaltung. Oldenburg (Oldb.): Stalling 1976. 240 S. m. Abb.

3382. Main-Kinzig-Kreis, Teil Schlüchtern. Struktur u. Entwicklung v. Wirtschaft u. Bevölkerung. Wiss. Bearb.: Joachim Binder [u.a.] Wiesbaden: HLT-Ges. v. Forsch., Planung, Entwicklung [1975]. XIV, 232, 4 S. m. Kt.

3383. Kleipa, Dietrich: Die Ersterwähnungen der Orte des Main-Taunus-Kreises. – In: RSp 1. 1975, S. 4–13 [S. 11–13: Faksimile, Transkription u. Übersetzung d. Schloßborner Zehntregisters]

3384. Bölts, Reinhard A[lbert]: Main-Taunus-Portraits. Ein hess. Landkreis im Ballungsraum Rhein-Main. ... Fotos: Peter Schumacher. Zeichn.: Joachim Krämmer. Neuenhain im Taunus: Verlag 76 1976. 117 S. [Main-Taunus-Kreis]

3385. Eigner, Walter: Wechselvolle Geschichte kennzeichnet den Lebensraum am Main und im Taunus. Main-Taunus-Kr. ein internationaler hess. Landkr. Heute mit 29 Gemeinden u. Städten. – In: 125 Jahre Höchster Kreisblatt. (Höchster Kreisbl. 1974, Nr 246, Beil.) S. 36–37

3386. Kasper's Einwohner-Adreßbuch Main-Taunus-Kreis. 1973 ff. Köln: Kasper 1973 ff.

3387. P a l m , Claus: Von Wien nach Frankfurt. Eine territorialgeschichtl. Skizze f. d. Landkr. M a i n z - B i n g e n . – In: HJMBi 20. 1976, S. 146–150

3388. Kasper's Einwohner-Adreßbuch Kreis M a r b u r g . Nach amtl. Unterlagen. 1973 ff. Köln: Kasper 1973 ff.

3389. F e n g e , Wilhelm: Der neue Großkreis [ S c h w a l m - E d e r - K r e i s ] und seine Städte. – In: Felsberger Nachrr. 4. 1974, Nr 3 ff.

3390. L a m p e l , Gerd-Elgo: Der Preuße auf dem Landratsstuhl. Vor 50 J. übernahm Dr. Werner Pollack d. U n t e r t a u n u s k r . Mit 3 Bildn. – In: HJUTs 26. 1975, S. 61–64

3391. B e c k e r , Karl-Heinz: Der Untertaunuskreis geht wohlgerüstet in die Zukunft. – In: HJUTs 26. 1975, S. 33–34

3392. Großkreis W a l d e c k - F r a n k e n b e r g . Stand: 1. Januar 1974.(Beil. „Waldeckische Landesztg." Jg. 87, Nr 4 v. 5. 1. 1974)

3393. Wegweiser durch den W e r r a - M e i ß n e r - K r e i s . Bearb. von Erich F. F i s c h e r . Hrsg.: Verkehrs- u. Verschönerungs-Ver. Eschwege e.V. in Zsarb. mit d. Werratalver. e. V. Hauptleitung Eschwege. 6., erw. u. verb. Aufl. Eschwege 1974. 407 S. m. Abb. u. Kt.

3394. W e s t e r w a l d k r e i s . Aktivzone zwischen Ballungsräumen. Hrsg.: Erich L a n d g r e b e . Ltg.: Dieter R o l f e s . Mühlheim/M.: Landgrebe 1975. 303 S. m. Abb. (Mensch + Werk)

3395. Kasper's Einwohner-Adreßbuch Westerwaldkreis. Nach amtl. Unterlagen. 1976. Burscheid: Kasper 1976. Getr. Pag.

3396. Der W e t t e r a u k r e i s . Red.: Judith S c h w a r z e n b e r g . Frankfurt a.M.: Bund-Werbung 1976. 216 S. mit zahlr. Abb.

3397. Der Wetteraukreis stellt sich vor. o.O. u. J. [um 1976]. 26 ungez. Bl. mit Abb. [Kurzinformationen über d. Städte u. Gemeinden d. beiden Landkreise Friedberg u. Büdingen]

3398. Chronik der Städte und Gemeinden des Wetteraukreises. – In: WeKrKal 1. 1975, S. 119–128; 2. 1976, S. 125–136

3399. S c h o e n w e r k , August: Geschichte von Stadt und Kreis W e t z l a r . (Der Textteil: „Die Ur- u. Frühgeschichte" neugeschrieben von Heinrich Janke.) 2. überarb. u. erw. Aufl. von Herbert Flender. Wetzlar: Pegasus Verl. 1975. 380 S. m. Abb.

3400. S a u e r w e i n , Kurt-Wilhelm: Landkreis Wetzlar. Betrachtungen zum Vorabend d. Zusammenschlusses. – In: HKWe 26. 1976, S. 19–23

3401. Kasper's Einwohner-Adreßbuch Stadt und Kreis Wetzlar. Nach amtl. Unterlagen. 1973 ff. Köln: Kasper 1973 ff.

3402. Mayer, Fritz: Die Gendarmeriestation im Kreise Wetzlar von 1900 bis 1932. Geschildert nach Erinnerungen d. Justizamtmanns a.D. Erich Weinreich an seinen Vater u. nach anderen Quellen. Mit 1 Abb. – In: HKWe 24. 1974, S. 59–61 [Betr. insbes. Otto Weinreich als Leiter d. Gendarmerieinspektion Wetzlar]

2. Gemeinden und Städte allgemein

3403. Schlüsselverzeichnis Hessen. Verwaltungsbezirke u. Gemeinden. Stand 1. 7. 1974. Wiesbaden: Hess. Statist. Landesamt 1974. 111 S.

3404. Amtliches Verzeichnis der Gemeinden in Hessen. 1975. Wiesbaden: Hess. Statist. Landesamt 1975. 88 S.

3405. Hessische Gemeindestatistik. 1970. Wiesbaden: Hess. Statist. Landesamt 1970–74. 1. Gebäude u. Wohnungen. Ergebnisse d. Gebäude- u. Wohnungszählung am 25. Okt. 1968. 1970. 2. Bevölkerung u. Erwerbstätigkeit. Ergebnisse d. Volks- u. Berufszählung v. 27. Mai 1970. Gebietsstand: 27. Mai 1970. 1973. 3. Arbeitsstätten. Ergebnisse d. nichtlandwirtschaftl. Arbeitsstättenzählung v. 27. Mai 1970. Gebietsstand: 27. Mai 1970. 1972. 4. Landwirtschaftl. Ergebnisse d. im Mai 1971 durchgeführten Grunderhebung z. Landwirtschaftszählung 1971/72. Gebietsstand: 31. Mai 1971. 1972. 2. Ergebnisse d. in d. Monaten Jan. bis März 1972 durchgeführten Vollerhebung z. Landwirtschaftszählung 1971/72. Gebietsstand: 1. Jan. 1974. 1974. 5. Weitere Strukturdaten. Gebietsstand: 1. Jan. 1971. 1973

3407. Hessische Gemeindeordnung [(HGO) in d. Fassung vom 1. Juli 1960 mit d. späteren Änderungen]. Hess. Kommunalwahlgesetz. Gemeindehaushaltsverordnung. Wahlbeamtenbezügegesetz. Gesetz über Aufwandentschädigung u. Ehrensold f. ehrenamtl. Bürgermeister u. Kassenverwalter. Textausg. mit Einf., Verw. u. Sachreg. begr. von Karlheinz Müller. Fortgef. von Kurt Göbel. 8., neubearb. Aufl. Stuttgart: Boorberg 1974. 196 S.

3408. Hessische Gemeindeordnung. [(HGO) in d. Fassung v. 1. Juli 1960, zuletzt geänd. durch Gesetz v. 19. Nov. 1973.] Hessische Landkreisordnung. Textausg. mit erg. Rechts- u. Verwaltungsvorschriften. Bearb. von Klaus Muntzke. 6., überarb. Aufl. Wiesbaden: Dt. Gemeindeverl. 1975. VIII, 127 S.

3409. Hessische Gemeindeordnung (HGO in d. Fassung v. 1. Juli 1960, zuletzt geändert durch Gesetz v. 30. 8. 1976). Hess. Landkreisordnung (HKO in d. Fassung v. 1. Juli 1960, zuletzt geändert durch Gesetz v. 30. 8. 1976). Mit d. Änderungen z. 1. 1. 1977 u. 1. 4. 1977. Zsgest. von Rolf Groß. Mainz, Wiesbaden: Dt. Fachschriften-Verl. 1976. 96 S.

3410. Kraffke, Horst, u. August Sohnrey: Gemeindehaushaltsrecht Hessen. Vorschriftensammlung mit e. erl. Einf. Wiesbaden [usw.]: Dt. Gemeindeverl. 1973. VII, 222 S. (Kommunale Schriften f. Hessen 21)

3411. Das neue Haushaltsrecht der Gemeinden. HGO, GemHVO Verwaltungsvorschriften mit e. erl. Einf. Wiesbaden: Hess. Landesregierung, Presse- u. Informationsabt., Staatskanzlei [1974]. 158 S. (SHInf 11)

3412. S c h u b e r t , Walter: Gemeindliche Selbstverwaltung als Bauelement des Landes Hessen. Heut. Probleme d. kommunalen Selbstverwaltung. – In: 30 Jahre Hess. Verfassung 1946–1976. Wiesbaden 1976, S. 351–365

3413. Hessen und seine Gemeinden. [1.–2.] Wiesbaden: Der Hess. Min. d. Finanzen 1970–74. [1.] 15 Jahre kommunaler Finanzausgleich. 1970. 47 S. m. Abb. [2.] Partner f. d. Fortschritt. 1974. 48 S. m. Abb.

3414. Die Auswirkungen der Gemeindefinanzreform in Hessen. – In: GT 25. 1972, S. 334–338

3415. S c h m i d t , Kurt: Zur Aktivität der Gemeinden und Gemeindeverbände im Spiegel ihrer Einnahmen und Ausgaben. Unter Mitarb. von Hermann Josef Speth. – In: Beitrr. z. Raumplanung in Hessen, Rheinland-Pfalz, Saarland. Hannover 1974. (Veröffentlichungen d. Akad. f. Raumforsch. u. Landesplanung. Forschungs- u. Sitzungsberr. 91) S. 45–77. Mit Abb. u. Tab.

3416. Die Kommunalwahlen am 22. Oktober 1972. Ergebnisse d. Gemeindewahlen u. Kreiswahlen. Wiesbaden: Hess. Statist. Landesamt 1973. XII, 139 S. (BStH N. F. 54)

3417. E m r i c h , Ursula: Die Bedeutung des Hessischen Gemeindetages für die kreisangehörigen Städte und Gemeinden. – In: GT 25. 1972, S. 377–381; 26. 1973, S. 10–12

3418. B ö c h e r , Hermann: Der Ortsbeirat [in Hessen]. 3. neu bearb. Aufl. Stuttgart, München, Hannover: Boorberg 1976. 32 S.

3419. Landesprogramm für Gemeinschaftshäuser, Dorfgemeinschaftshäuser, Bürgerhäuser in Hessen. 1969 ff. Wiesbaden: Der Hess. Sozialminister 1969 ff.

3420. E c k h a r d t , Albrecht: Ortsjubiläen und Freiherr-vom-Stein-Plakette. – In: MHStDarm 6. 1974, S. 1–7; 7. 1974, S. 3–4

3421. W e h r h e i m , Rainer: Die Dienstabzeichen der Landgrafenschaft (sic!) Hessen-Homburg für Bürgermeister und Beigeordnete. Mit 2 Abb. – In: AHo 19. 1976, S. 68

3422. R e h m , Max: Rudolf Schwander und Kurt Blaum. Wegbahner neuzeitl. Kommunalpolitik aus d. Elsaß. Stuttgart: Kohlhammer 1974. 128 S., 5 Taf. [Betr. u. a. Hessen]

3423. Informationsschrift 5 Jahre Kommunales Gebietsrechenzentrum (KGRZ) Gießen. Datenverarbeitungszentrale d. öffentl. Verwaltung für Mittel-, Osthessen. Gießen 1975. 22 S. m. Abb.

3424. W a l k , Karl-Alexander: Untertaunusgemeinden erweisen sich als echte Europäer. Bisher 6 Partnerschaften mit Orten in Frankreich, Belgien u. d. Niederlanden besiegelt. Mit Abb. – In: HJUTs 26. 1975, S. 139–143

## 2. Gemeinden u. Städte allgemein

3425. M u n t z k e , Hans, u. Friedhelm F o e r s t e m a n n : Der Umlandverband Frankfurt. Handbuch f. Stadtverordnete, Gemeindevertreter u. Kreistagsabgeordnete. 2. unveränd. Aufl. Mühlheim a.M.: Der Gemeindetag 1975. XXIV, 137 S. (Schriftenreihe d. Freiherr-vom-Stein-Inst. Lindenfels/ Odenwald 12)

3426. Umlandverband Frankfurt. Zahlen u. Fakten. Schriftl.: Karl Heinz A s e m a n n . Ffm.: Statist. Amt u. Wahlamt 1976. 73 S.

3427. H i n k e l , Karl Reinhard: Der Umlandverband Frankfurt. Bedeutung u. Entwicklungsmöglichkeiten. – In: GT 27. 1974, S. 298–301

3428. H i l d e b r a n d , Lutz-Alexander: Statistische Daten zum Umlandverband Frankfurt. – In: FrStB 36. 1974, H. 3, S. 45–60

3429. B a l d a u f , Günter: Raumgerechtes Verbandsmodell mit überörtlicher Aufgabenbündelung für den Entwicklungsraum um Frankfurt/Main und Offenbach. – In: Bll. f. Grundstücks-, Bau- u. Wohnungsrecht, 1975, S. 64–69

3430. P a l m , Claus: Vom territorialen Amt zur rheinland-pfälzischen Verbandsgemeinde. Eine verwaltungsgeschichtl. Betrachtung. – In: HJMBi 19. 1975, S. 8–14 [Betr. Rheinhessen]

3431. S c h ö n b e r g e r , Hans: Das Ende oder das Fortleben spätrömischer Städte an Rhein und Donau. Mit Kt. – In: Vor- u. Frühformen d. europäischen Stadt im Mittelalter. Hrsg. von Herbert Jankuhn, Walter Schlesinger u. Heiko Steuer. T. 1. Göttingen 1973. (Abhandlungen d. Akad. d. Wiss. in Göttingen Phil.-hist. Kl. 3, 83) S. 102–109

3432. R o s l a n o v s k i j , Tadeuš: Zapadnogermanskie goroda v rannem srednevekove – opyt sravnitel'noj klassifikscii [Die westdt. Städte im frühen Mittelalter – Erfahrungen e. vergl. Kasssifikation]. – In: Srednie veka. Moskva 34. 1971, S. 238–255 [Betr. Mittelrhein]

3433. S c h e u e r b r a n d t , Arnold: Südwestdeutsche Stadttypen und Städtegruppen bis zum frühen 19. Jahrhundert. Ein Beitrag zur Kulturlandschaftsgeschichte u. zur kulturräumlichen Gliederung d. nördlichen Baden-Württemberg u. seiner Nachbargebiete. Heidelberg: Selbstverl. d. Geogr. Inst. d. Univ. 1972. XVII, 440 S., 22 Ktn., 49 Fig. (Stadtgrundrisse) (Heidelberger geographische Arbeiten. 32.) [Betr. auch Südhessen]

3434. K e l l e n b e n z , Hermann: Zur Sozialstruktur der rheinischen Bischofsstädte in der frühen Neuzeit. – In: Bischofs- u. Kathedralstädte d. Mittelalters u. d. frühen Neuzeit. Hrsg. von Franz Petri. Köln 1976. (Städteforsch. R. A Darstellungen, 1) S. 118–145 [Betr. u.a. Mainz u. Worms]

3435. L e s e r , Hartmut: Die rheinhessische Stadt als Typ. – In: GLa 14. 1976, S. 1–60

3436. Herrmann, Hans-Walter: Residenzstädte zwischen Oberrhein und Mosel. – In: RhVbll 38. 1974, S. 273–300 [Betr.: u.a. Saarbrücken, Ottweiler, Homburg/Saar, Kirchheimbolanden]

3437. Gensicke, Hellmuth: Lahnstein, St. Goarshausen, Kaub, Weisel, Bad Ems, Hadamar. Sie sind seit 650 Jahren Stadt. Mit 1 Abb. – In: RhLF 23. 1974, S. 118–123

3438. Püttner, Günter: Zur Einkreisung hessischer Städte. Ein Gutachten. Erstattet im Auftr. d. Hess. Städtetages. Wiesbaden: Hess. Städtetag 1972. 8 ungez. Bl. (Hess. Städtetag. Sonderdr. 3)

3439. Gilbert, Friedrich: Die Städtebauförderung in Hessen. Aktuelle Probleme d. Förderungspraxis. Vortrag, gehalten im 88. Kurs d. Inst., „Finanzierung d. Sanierung" vom 25. bis 29. Okt. 1976 in Frankfurt/M. Berlin: Inst. f. Städtebau Berlin d. Dt. Akad. f. Städtebau u. Landesplanung 1976. 24 Bl. (Inst. f. Städtebau Berlin d. Dt. Akad. f. Städtebau u. Landesplanung 88, 3)

3440. Finanzierung städtebaulicher Sanierungen. Forschungsbeauftragter: Inst. f. Städtbau Berlin d. Dt. Akad. f. Städtebau u. Landesplanung. Wiesbaden: Der Hess. Minister d. Innern 1976. XXX, 562 S. [Betr. u.a. Hessen]

3441. Fritz-Vietta, Rainer, Kröning, Wolfgang, u. Peter Müller: Probleme der Stadtsanierung nach dem Städtebauförderungsgesetz – StBauFG. Projektbericht. Darmstadt: Inst. Wohnen u. Umwelt 1975. IX, 259 S. m. Kt. u. Abb. u. Bibliogr.

3442. Müller, Fritz Heinz: Stadt- und Dorfsanierung in Hessen. Erste Erfahrungen u. Erkenntnisse. – In: GT 24. 1971, S. 43–46

3443. Kröning, Wolfgang u. Ilona Mühlich-Klinger: Zur Problematik des Zusammenhangs von Raumordnung und Sanierung. Einige Ergebnisse aus d. Untersuchung d. Sanierungspraxis in Hessen. – In: Bauwelt (= Stadtbauwelt) 1975, S. 30–32

3. Einzelne Orte

3444. Abenheim. Festbuch zur 1200-Jahrfeier... zsgest. von Ernstfried Töpfer. Worms-Abenheim 1974: Westbrock. 112 S. m. Abb. [S. 41–55: Fritz Reuter: Silberne Lilien zwischen blauen Rebmessern. Herrschaft, Ortsbild, Bevölkerung]

3445. 1200 Jahre Ulmtal-Orte Allendorf, Holzhausen, Ulm 774–1974 [Festschrift]. Eine Wanderung durch d. Gesch. bis zur Gegenwart. Zsstellung: Friedhelm Müller u. Helmut Krauß. Ulmtal: Ausschuß f. Sport, Kultur, Soziales u. Fremdenverkehr 1974. 156 S. m. Bildn. u. Abb. [S. 23–69: Schäfer, Otto: Aus d. Vor- u. Frühzeit der Ulmtalorte Allendorf, Ulm, Holzhausen u. Wallendorf (Beilstein) u. ihrer weiteren Umgebung. 79–105: Anschütz, Rudolf: Olmena wurde er genannt... Ein

Gang durch d. Ulmtal. 119–136: M ü l l e r , Friedhelm: Die Entwicklung der Ulmtalorte in d. letzten Jahrzehnten.]

3447. M ü l l e r , Friedhelm: Allendorf, Holzhausen und Ulm. Zu den 1200-Jahr-Feiern. Mit Abb. – In: HLD 1974, Nr 46, S. 2

3448. ( K u n z , Rudolf:) A l s b a c h . Hauschronik, Bevölkerungslisten, Flurnamen. Alsbach 1975: Otto. 160 S. m. Abb. [Nachtr. zu: Kunz: Heimatbuch d. Gemeinde Alsbach. Alsbach 1970] [S. 152–159: Günther B r e i t s t a d t : 30 Jahre Aufbauarbeit 1945–1975]

3449. Kasper's Einwohner-Adreßbuch Stadt A l s f e l d . Nach amtl. Unterlagen. 1974 ff. Köln: Kasper 1974 ff.

3450. G a l é r a , Karl Siegmar Baron von: Die Geschichte der Stadt Alsfeld. Von d. Anfängen bis zum Ende d. 7jähr. Krieges. Alsfeld: Stadt 1974. VIII, 291 S. m. Abb.

3451. J ä k e l , Herbert: Alsfeld im Wandel der Jahrhunderte. – In: KGB 1975, S. 56–57

3452. M ö h r l e , Wilfried: Stellungnahme zu: Städtebauliche Entwicklungsmaßnahme Alsfeld. Im Sept. 1973. Wiesbaden: Hess. Landesentwicklungs- u. Treuhandges. mbH 1973. 12 Bl.

3453. G o n s i o r , Georg: Die Sanierung des historischen Altstadtkerns von Alsfeld. Stuttgart: Krämer [in Komm.] 1973. VIII, 241 S. m. Abb. u. Kt. Erschien auch als Bonn, Landw. Fak., Diss. v. 1972

3454. J ä k e l , Herbert: Altstadtsanierung von Alsfeld. Eine Zwischenbilanz. – In: Alsfeld, europäische Modellstadt. Alsfeld: Gesch.- u. Museumsver. 1975, S. 115–159 m. Abb.

3455. G o n s i o r , Georg, Volker W a r l i t z e r u. Wilfried S t r ü c k e r : Grundsätze des Sozialplans nach § 4 (2) StBauFG für die Sanierung der Altstadt von Alsfeld, Hessen. Im Auftr. d. Stadt Alsfeld durchgeführt v. Planungsbüro Dr.-Ing. Gonsior, Köln. Köln 1974. 163 Bl. in getr. Zählung m. Kt. T.A. Analyse d. empir. Ergebnisse d. Haushaltsbefragung bei d. Betroffenen. T.B. Entwicklung d. Zielvorstellungen u. Maßnahmen f.d. Grundsätze d. Sozialplans aus d. Analyseergebnissen. Tab.-Teil

3456. R e u t e r , Reinhard: Objektsanierung in historischen Stadtvierteln. Untersuchungen zur Rentabilität. Mit 12 Abb. u. 4 Tab. – In: DKD 32. 1974, S. 53–62 [Beispiele aus Alsfeld u. Limburg]

3457. H a n x l e d e n , Erich von: A l t e n s t a d t , Hessen. Text u. Zsstellung f. d. Gesch. v. Altenstadt u. Oberau: Fritz Müller. Altenstadt: Gemeindevorstand; Altenstadt-Waldsiedlung, Philipp-Reis-Str. 2: H. Bauer [Vertrieb] 1976. 56 S. m. Abb.

3458. A l z e y 73. Hrsg. von d. Stadt Alzey. Alzey 1973. 182 S. m. Abb.

3459. Alzey. Eine Stadt in Bildern. Hrsg. von Herbert A h r e n s . Alzey: Verl. d. Rheinhess. Druckwerkstätte 1976. XLVIII, 118 S. zahlr. Ill. [Bildbd] [Der vorliegende Bildbd entstand auf Veranlassung d. Volksbank Alzey-Kirchheimbolanden EG, Alzey, aus Anlaß d. 50jährigen Bestehens d. Volksbank]

3460. B e c k e r , Friedrich Karl: 1750 Jahre Alzey. – In: LRhPf 10. 1973, S. 1–8 m. Abb.

3461. L i n c k , Hilmar: Alzey im Wandel der Zeit. – In: HJAlWo 13. 1973, S. 364–370

3462. Alzey, Bacharach und Heidelberg. Zu d. Residenzfrage in d. rhein. Pfalzgrafschaft. – In: Jb. z. Gesch. v. Stadt u. Landkr. Kaiserslautern 12/13. 1974/75, S. 69–83

3463. B e c k e r , Friedrich Karl: Alzey, die Geburtsstätte der Kurpfalz. – In: AlGbll 10. 1974, S. 44–48

3464. A h r e n s , Herbert: Loblied auf die Kleinstadt [Alzey] – In: AlGbll 10. 1974, S. 49–54

3465. W i l h e l m , Richard: Lebendige Geschichte. Ansprache anläßl. der Eröffnungsveranstaltung d. Festjahres „1750 Jahre Alzey" durch d. Altertumsver. f. Alzey u. Umgebung am 16. März 1973. – In: AlGbll 10. 1974, S. 7–18

3466. B ä r m a n n , Johannes: Alzey: Schöpferische Initiativen – histor. Horizonte. Festrede anläßl. d. Festaktes der Stadt Alzey zur 1750-Jahrfeier am 1. Sept. 1973. – In: AlGbll 10. 1974, S. 23–34

3467. S t r a u b , August: A m ö n e b u r g verfügt über mancherlei Besonderheiten. – In: Hess. Volkskal. 91. 1974, S. 17

3468. Liebe zu A m o r b a c h . Mit Bildern von Max Rossmann [u.a.] Hrsg. von Gisela B e r g s t r ä s s e r u. Hermann E m i g . Amorbach/Odenwald: Emig 1973. 110 S. m. zahlr. Abb.

3469. D i e h m , Götz: A n n e r o d – Perle am Erlenbach. – In: GiessKrKal 10. 1975, S. 73–75

3470. R o o s , Georg: A s t h e i m . Vom Bauerndorf zur modernen Wohngemeinde. Astheim 1976. 124 S. m. Abb.

3471. A t z b a c h 774–1974. Beitrr. z. Ortsgesch. Atzbach: Gemeindevorstand 1974. 203 S. m. zahlr. Abb. u. 1 Kt.

3472. L o t z , Arthur: Bemerkenswerte alte Briefe. [Betr. Atzbach] – In: Atzbacher Geschichtsbll. 2. 1975 (Mitt. Bl. d. Gemeinde Atzbach v. 10. 10. 1975, Beilage), S. 1–3

3473. S c h a d , Ernst: A u e r b a c h , wie es war. Eine Chronik. Bensheim-Auerbach: Verl. Auerbacher Leben 1975. 153 S. m. zahlr. Abb.

3474. M ü l l e r , Karl Anton: Kurmainzisch Land am Lahnberg: B a u e r b a c h/Ginseldorf. Marburg: Magistrat, Presseamt 1975. 363 S.

## 3. Einzelne Orte

3475. R o s e , Friedrich: 1200 Jahre Rittahe. Altenritte-Großenritte 775–1975. Eine Chronik d. ehemal. Dörfer Altenritte u. Großenritte, heute Stadtteile v. B a u n a t a l . Baunatal: Magistrat 1975. 168 S. m. Abb.

3476. D e m a n d t , Karl Ernst: Ritte – Baune – Baunatal: Festrede z. 1200-Jahrfeier d. Ortsteile Ritte d. Stadt Baunatal am 21. Juni 1975. Marburg/L., Witzenhausen: Trautvetter u. Fischer 1976. 39 S. m. Abb. u. 1 Kt. (Marburger Reihe 10)

3477. P f l u g , Henner: Rittahe – Ritte – Baunatal. Eine Besinnung z. 1200-Jahrfeier in 1975. – In: JbLKa 1976, S. 48–52

3478. M ö h r l e , Wilfried: Städtebauliche Entwicklungsmaßnahme Baunatal. Erstellt in d. Abt. Wirtschaftsforschung u. Regionalplanung. Wiesbaden: Hess. Landesentwicklungs- u. Treuhandges. mbH 1973. III, 31 Bl. (Gutachten. HLT) [Vgl. dass. i. d. Fassung von 1974. 29 Bl.]

3479. S c h m i d t , Wilhelm: Schicksalsmächte. Solingen: Selbstverl. d. Verf. [1975]. 216 S. [Darin: Rieser, Georg: Betrachtung d. „Schicksalsmächte"] [Erinnerungen an B e c h t h e i m ]

3480. R i c k , Josef: B e c h t o l s h e i m Anno 1771. Wie die Gemeinde Ämter und Arbeiten verteilte. – In: HJAlWo 11. 1971, S. 93–95

3481. K a y s e r , Wilhelm: B e e d e n k i r c h e n . Darmstadt 1853. [unveränd. Nachdr.] o. O. u. J. [um 1974]. 36 S. [Aus: AHG 1853, 7, S. 395–430]

3482. 800 Jahre B e l l i n g s : 1167–1967; vom 30. Juni–2. Juli 1967; [Festschrift z. Feier d. 800-jährigen Jubiläums d. Gemeinde Bellings]. Schlüchtern: Steinfeld, 1967. 76 S. m. Abb.

3483. B l ü m , Diether, Martin H e l l r i e g e l : B e n s h e i m anno… Bensheim: W. Hess 1976. 162 S. m. zahlr. Abb. (Bensheimer Bilderbücher 1)

3484. K u n z , Rudolf: Beschreibung der kulturellen und wirtschaftl. Verhältnisse Bensheimes beim Übergang an Hessen 1802/03. – In: Stark. 53. 1976, S. 57–60 [Abdr. d. Ber. des Bensheimer Ratschultheißen Gerhard Mändl v. 1. 1. 1803 an d. ghzgl. Regierung]

3485. Bensheim 1976. (Text: Erika E r t l .) Hrsg. v. Magistrat der Stadt Bensheim. Bensheim 1976. 46 S. mit Abb. [Informationsheft d. Stadt Bensheim]

3486. C h i o g n a , Albin: Das Bensheimer Gerbergässel. – In: BeHbll 1976, Nr 5

3487. H e n s c h k e , Werner: Lebendige Vergangenheit in B e r g e n - E n k h e i m . Geschichtl. Erl., Gestaltung u. Federzeichn. von Walter A. Günther. 2. Aufl. Bergen-Enkheim: Magistr., Amt f. Öffentlichkeit u. kulturelle Angelegenheiten 1976. 36 S. m. Abb. [1. Aufl. 1971]

3488. Orientierungs-Schrift der Stadt Bergen-Enkheim. Bergen-Enkheim: Magistrat [1976]. 31 S. [S. 5–10: Werner H e n s c h k e : Kurzgefaßter Überblick über d. Geschichte d. Stadt]

3489. F e y , Rudolf: 1946–1976. 30 Jahre Bergen-Enkheim. Ausschnitte aus d. Etatrede am 8. März 1976. Bergen-Enkheim: Magistrat 1976. 24 S.

3490. Bergen-Enkheim neuer Frankfurter Stadtteil. Ffm.: Presse- u. Informationsamt 1976. 31 S.

3491. E r n s t , Eugen: Willkommen Bergen-Enkheim in Frankfurt. Frankfurt a.M.: Presse- u. Informationsamt 1976. [12] S.

3492. A s e m a n n , Karl Heinz: Statistische Daten zur Eingliederung von Bergen-Enkheim. – In: FfStB 38. 1976, H. 3, S. 72–79

3493. O t t e n b e r g , Elisabeth: Wandern und Schauen. Kleiner Führer durch d. Landschaft von Bergen-Enkheim. Unter Mitarb. von Ludwig E m m e l . [Nebst] Beil. Ffm./Bergen-Enkheim: Büchse 1976. 56 S., 8 Abb. Beil.: Geschützte Pflanzen in d. Gemarkung Bergen-Enkheim

3494. K o l l m a n n , Karl: B e r n e b u r g nach dem Dreißigjährigen Krieg. Ein zäher Kampf um d. Wiederaufbau zwischen Pfarrer, Adel u. Gemeinde. – In: W 28. 1976, S. 37–38

3495. 850 Jahre B e t t e n h a u s e n . ([Hrsg. von d.] Arbeitsgemeinschaft d. Kirchen, Schulen, Vereine u. Verbände) Kassel-Bettenhsn 1976. 144 S. m. zahlr. Abb.

3496. D i e h m , Götz: Vor 160 Jahren: Als Russen um die Linden ritten ... B e t t e n h a u s e n s Wandel im Strom 1200jähr. Gesch. – In: GiessKrKal 9. 1974, S. 69–72

3497. D i e h m , Götz: In B e u e r n siegte die Vernunft. Der Wald, e. Säule d. Wohlfahrt. Bekannt durch reizvolle Landschaft u. internationale Moto-Cross-Rennen. – In: GiessKrKal 9. 1974, S. 89–92

3498. Kaspers Einwohner-Adreßbuch Gemeinde B i b l i s . Nach amtl. Unterlagen. 1973 ff. Köln: Kasper 1973 ff.

3499. 1100 Jahre b i c k e n b a c h uffm sand. Chronik d. Gemeinde Bickenbach 874–1974. Mit Beitrr. von Rudolf K u n z [u.a.] Zeichn.: Klaus Becker. Bickenbach: Gemeindevorstand 1974. 427 S. m. Abb.

3500. H o f m a n n , Ernst-Ludwig: B i e b e r . Ein Gang durch seine Gesch. – In: 90 Jahre Feuerwehr Bieber [Festschrift]. 1974

3501. B i e b r i c h am Rhein 874–1974. Chronik hrsg. im Auftr. d. Arbeitsgemeinschaft „1100 Jahre Biebrich" von Rolf F a b e r . Wiesbaden: Seyfried 1974. 184 S. m. Abb., 1 Faltkt.

3502. 1100 Jahre Biebrich am Rhein 874–1974 [Festschrift]. Festprogramm. Hrsg.: Arbeitsgemeinschaft „1100 Jahre Biebrich". Verantwortl.: Heinz B i e r - b r a u e r u. Egon G e r n e r . Wiesbaden-Biebrich 1974: Zeidler. 16 ungez. Bl. m. Abb. [Darin: F a b e r , Rolf: 1100 Jahre Biebrich am Rhein 874–1974]

3503. Führer zur Heimatausstellung „1100 Jahre Biebrich" 874–1974. Vom 1. Mai bis 31. Juli 1974 im Westflügel d. Biebricher Schlosses. Biebrich: Arbeitsgemeinschaft f. Biebricher u. nass. Gesch. 1974. 9 ungez. Bl.

3504. F a b e r , Rolf: Aus Biebrichs 1100 jähriger Geschichte. Mit Abb. – In: WiL 23. 1974, Jan., S. 18–20; Febr., S. 20–21; März, S. 22–25; Apr., S. 20–23; Mai, S. 16–19; Juni, S. 16–17; Juli, S. 10–13; Aug., S. 18–21; Sept., S. 22–24; Okt., S. 16–19; Nov., S. 18–21; Dez., S. 9–10; 24. 1975, Jan., S. 20–23; Febr., S. 16–18; März, S. 16–19

3505. H i l d e b r a n d , Alexander: Unter Krummstab, Zepter und Hammer. Mit zahlr. Abb. u. Bildn. – In: Wi int 1974, 2, S. 10–21 [Biebrich]

3506. B l ö c h e r , Elsa: Das Stadtbuch von B i e d e n k o p f 1324–1530. – In: ZHG 85. 1975, S. 25–88

3507. J ä g e r , Hans: So war es in Biedenkopf um die Jahrhundertwende. Erinnerungen an d. Jugendzeit. Mit 4 Abb. – In: HiGbll 53. 1974, S. 153–157

3508. Projekt B i e r s t a d t . Durchgeführt von Klassen d. Theodor Fliedner Schule. Wiesbaden-Bierstadt: Theodor-Fliedner-Schule 1974. 73 S. m. Abb.

3509. S e i b , Arthur: Bierstadter Porträt. – In: WiL 25. 1976, 1, S. 25–27

3510. A u e n e r , Reinhart: Stadtgeschichte [Bingens] in vielen Anläufen. Vom strateg. Punkt über d. Handelsstadt zum Mittelzentrum. – In: HMRh 21. 1976, Nr 9, S. 3

3511. Zwischen Geschichte und Sozialkritik. „Kunst um 1400 am Mittelrhein." Spuren d. Bauernauflehnungen in Bingens Stadtgesch. Mit 1 Abb. – In: HMRh 21. 1976, Nr 3/4, S. 3

3512. R e i d e l , Katharina Margareta: Bingen zwischen 1450 und 1620. Mainz 1963. XVIII, 174 S. Mainz, Phil. Diss. v. 21. 12. 1963

3513. E n g e l h a r d t , Rudolf: Bürgermeister Eberhard Soherr. Mit 1 Bildn. u. 1 Abb. – In: BiA 12. 1976, S. 18–19 [6. 9. 1812–25. 3. 1887. Bürgermeister v. Bingen 1859–1867]

3514. P a l m , Claus: Anton Trapp (1893–1967). Ein bedeutender Binger Kommunalpolitiker u. Landrat. Mit 1 Bildn. – In: BiA 2. 1973, S. 25–28

3515. L o o s , Josef: 50 Jahre SPD Bingen. Mit 1 Bildn. – In: HJMBi 17. 1973, S. 127–129

3516. E n g e l h a r d t , Rudolf: Der Freidhof [in Bingen] Anno dazumal und heute. Blick in d. Vergangenheit e. Freiraumes. – In: HMRh 21. 1976, Nr 9, S. 1–2

3517. 1976 B i r k e n a u im Odenwald. Ein Kalender mit Bildern aus d. Vergangenheit. Birkenau: Gemeinde 1976. 13 Bl. [Bildkalender]

3518. Bürgermeister a.D. Richard Schien. B i r s t e i n . 1904–1971. Mit 1 Bildn. – In: GelHJ 1975, S. 23

3519. Lippert, Herbert: Chronik der Gemeinde Bischofsheim Kreis Hanau. Bischofsheim: Gemeinde[verw.] 1975. 407 S. mit Abb.

3520. „Die Platzjers" von Bissenberg. Mit 1 Abb. − In: HLD 1974, Nr 41, S. 4

3521. Eichhorn, Rudi, u. Daniel Fenner: Chronik des Stadtteils Blankenheim der Stadt Bebra. Hrsg. aus Anlaß der 800-Jahrfeier. Bebra 1975. 81 S.

3522. Mandler, Friedrich: Ein Grenzdorf vergangener Herrschaftsbereiche. Aus der Gesch. d. Dorfes Blasbach. Mit 2 Abb. − In: Ww 68. 1975, H. 2, S. 1−3 [vgl. Festschrift d. Westerwaldver., Zweigver. Blasbach e. V. zum 50 jähr. Jubiläum. Blasbach 1975]

3523. Taunusstein − junge Stadt mit Tradition. 1200 Jahre Bleidenstadt [Festschrift]. Texte u. Red.: Gerhard Körner [u.a.] Taunusstein: Magistrat 1975. 116 S. m. Abb.

3524. Fink, Otto: Aus der Geschichte Taunusstein/Stadtteil Bleidenstadt. Mit 3 Abb. − In: HJUTs 1974, S. 151−159

3525. Zehnbauer, Friedrich: 1200 Jahre Bobstadt. Veröffentlichungen zur Geschichte d. ehemal. Gemeinde u. d. jetzigen Stadtteils Bobstadt. Hrsg. i. Auftr. der Stadt Bürstadt. Bürstadt/Bobstadt 1976. 251 S.

3526. Lerner, Franz: Bockenheim und der Bienenkorb. 3., erw. Aufl. Ffm.: Ffter Sparkasse von 1822 1976. 96 S.

3527. Huebner, Herbert, u. Walter Siebel: Stadtentwicklung − das Beispiel Bockenheim. − In: Baumeister. 1973, Nr 9, S. 1156−1162

3528. Stadtteilentwicklungsplan Bockenheim. Bearb.: Stadtplanungsamt, Entwurfsabteilung, Sachgebiet Sanierung. Ffm.: Dezernat Planung 1976. 59, 18 S., 4 Pl.

3529. Jubiläumstage und Heimatfest in Oberursel-Bommersheim vom 13.−16. Juni 1975 ... Oberursel 1975: Berlebach. 72 S. [S. 21−25: Heinrich Krämer: Bommersheim − einst u. heute; S. 27−33: Heinz Henning u. Heinrich Lotz: 75 Jahre Radfahrclub „Wanderlust 1900"; S. 47−51: 50 Jahre Freiwillige Feuerwehr O.-Bommersheim; S. 53−59: Hans Bind: 25 Jahre Spielmanns- u. Fanfarenzug]

3530. Schlicht, Lothar: Bonames. Die Frankfurter Pforte zur Wetterau. Ffm.: Ffter Sparkasse von 1822 1974. 144 S.

3531. 775. 1975. Festschrift zur 1200 Jahrfeier der Stadt Borken und der Stadtteile Großenenglis und Singlis. Borken 1975. 64 S.

3532. Menz, Cunold: 1476 wurde Brand wieder besiedelt. Zur Geschichte eines kleinen Rhönortes. − In: BuBll 49. 1976, S. 100

3533. Gensicke, Hellmuth: Geschichte der Stadt Braubach. Braubach: Stadt 1976. XVI, 344 S., 37 Abb.

3534. Braubach 1276–1976. 700 Jahre Stadtrechte. Festschrift z. 700-Jahrfeier d. Stadt Braubach. Braubach: Verkehrs- u. Verschönerungsver. e.V. 1976. 31 S. m. Abb. [S. 15–17: A v e n a r i u s , Wilhelm: Aus der Vergangenheit d. Stadt Braubach am Rhein]

3535. B r e c h e n stellt sich vor. Fotos: Dieter Ehrlich. Brechen: Gemeindevorstand [1975]. 33 S. m. Abb. u. 1 Kt.

3536. B r e c k e n h e i m . Wegweiser durch unsere Gemeinde. Breckenheim: Heimat- u. Verkehrsver. e.V. [1975]. 22 ungez. Bl. m. 1 Kt. [Darin: Aus Breckenheims Ortsgesch.]

3537. Chronik des Stadtteils B r e i t e n b a c h der Stadt Bebra. 2. veränd. Ausg. d. Chronik d. Gemeinde Breitenbach von Wilhelm I d e , Marburg 1953. Mit Änderungen/Ergänzungen von Daniel F e n n e r u. R. E i c h h o r n . Hrsg. aus Anlaß der 900-Jahrfeier. Bebra 1974. 52 S.

3538. B e n z , Georg: B r e i t e n b u c h . Das Höhendorf im Odenwald. Darmstadt-Arheiligen: Selbstverl. d. Verf. 1972. 128 S. m. Abb.

3539. H e n n , Ernst: Aus siebeneinhalb Jahrhunderten B r e i t s c h e i d e r Ortsgeschichte. – In: HJDi 19. 1976, S. 35–39

3540. H e n n , Ernst: Breitscheid/Dillkreis. Ein Westerwalddorf mit mancherlei Besonderheiten in reizvoller Umgebung. Mit 1 Abb. – In: Ww 67. 1974, H. 1, S. 7–8

3541. H o f m a n n , Willi: Der Meteorit von Breitscheid. Ein Steinmeteorit gab Aufschluß über die Entstehung d. Weltalls. Mit 3 Abb. – In: Ww 67. 1974, H. 4, S. 20–21

3542. Das ist B r u c h e n b r ü c k e n . Eine Dokumentation d. CDU-Ortsverbandes Friedberg-Bruchenbrücken über d. Friedberger Stadtteil Bruchenbrücken (Wetterau) gen. „Bärenschweiz" bearb. von Dieter Wolf [u.a.] Bruchenbrücken 1976. 105 S.

3543. S c h a u f u ß , Hans: Das ehemalige Reichsdorf B u b e n h e i m nach dem 30jährigen Kriege. – In HMRh 19. 1974, Nr 3/4, S. 4

3544. O b e r m a n n , Hans: 70 Jahre Waldgemeinde B u c h s c h l a g . Mit e. Vorw. von Propst Rainer Schmidt. Buchschlag/Sprendlingen 1975. 120 S. m. zahlr. Abb.

3545. B r a d e n , Karl: Aus B ü d e s h e i m e r Vergangenheit. – In: HMRh 20. 1975, Nr 5, Mai, S. 4 [Bingen-B.]

3546. H e u s o n , Hans-Velten: B ü d i n g e n . Bild: Erhard Jorde, Werner Kumpf. Frankfurt a.M.: Weidlich; Frankfurt a.M.: Umschau-Verlag [in Komm.] 1974. 74 S., überwiegend Ill.

3547. W o l f , Dieter: B u r g - G r ä f e n r o d e . – In: 5 Jahre Stadt Karben. Karben 1975, S. 20–24

3548. B u r g h a s u n g e n 1074–1974. Im Auftr. d. Stadt Zierenberg hrsg. von Karl Heinrich R e x r o t h u. Gerhard Seib. Zierenberg 1974. 98 S. m. Abb., 1 Falttaf.

3549. 1200 Jahre B u t z b a c h. 773–1973. Festschrift zur Erinnerung an d. 1200jähr. urkundl. Erwähnung. Butzbach 1975: Gratzfeld. 168, 76 S. [S. 7–39: Hermann B a n g : Struktur einer Stadt; S. 40–146: Walter H e y d : Die Geschichte d. Stadt Butzbach]

3550. 1200 Jahre Butzbach [Festschrift]. Festl. Tage v. 24. Aug. – 1. Sept. 1975. Sonderdr. d. Butzbacher Ztg., Wetterauer Bote. Butzbach: Gratzfeld 1975. 3, 40, 16 S. m. Abb.

3551. M e y r a h n , Werner: Butzbach. Perle der Wetterau. – In: WeKrKal 2. 1976, S. 47–57

3552. S c h w i n d , Fred: Zur Geschichte Butzbachs im Mittelalter. – In: WeGbll 24. 1975, S. 33–55

3553. S ö l l n e r , Max: Am 13. Juni 773 wurde Butzbach zum ersten Male schriftlich erwähnt. – In: HGiess 1975, Nr 24

3554. P l e s c h e r , Helmut, u. Alex G e m p p : Führer durch C a m b e r g . Gesch., Sehenswürdigkeiten, Spaziergänge u. Ausflüge in d. nähere Umgebung mit Bildern u. Stadtpl. [Camberg/Ts.: Städt. Kurverwaltung] 1975. 36 S.

3555. P l e s c h e r , Helmut: Camberg – Land und Leute. – In: Männergesangver. 1846 Camberg e. V. Festschrift zum 130jähr. Vereinsjubiläum. 1976

3556. K ü t h e r , Waldemar: C a p p e l . Ein Marburger Hausdorf. Marburg: Magistrat 1976. 408 S. m. Abb.

3557. S c h ü l e r , Wilhelm: Die Felsinschrift am C l e e b e r g e r Hellerhaus. – In: HHGiess 1975, S. 11–12

3558. K o c h , Horst Günther: D a a d e n . Portr. d. Gemeinde u. ihre Nachbarschaft im Alltag u. im Festglanz d. 750-Jahr-Feier. Siegen: Selbstverl. 1969. 80 S.

3559. 750 Jahre Daaden. 1219–1969 [Festschrift]. Wegweiser f. d. Festtage v. 22.–25. Aug. 1969. Daaden 1969. 39 S. m. Abb.

3560. Z i m m e r m a n n , Erich: D a r m s t a d t im Buch. Ein Führer durch d. Schrifttum über d. Stadt u. ihre Bürger. Darmstadt: Roether 1975. 228 S.

3561. Wo ist was? Ein Wegweiser durch Darmstadt. Hrsg.: Der Magistrat d. Stadt Darmstadt, Presse- u. Informationsamt 1974. 65 S.

3562. Darmstadt. Hrsg. v. Verkehrsamt d. Stadt Darmstadt. Texte: Heinz Winfried S a b a i s [u.a.] Darmstadt 1975. 25 S., überwiegend Abb.

3563. Darmstadt in Zahlen 1972 ff. Darmstadt: Statist. Amt u. Wahlamt 1973 ff.

## 3. Einzelne Orte

3564. W a g n e r , Georg Wilhelm Justin: Geschichte und Beschreibung von Darmstadt und seinen nächsten Umgebungen, von den ältesten bis auf die neuesten Zeiten. Nach den neuesten u. besten Hülfsmitteln verf. u. hrsg. Mit Stahlstichen. Darmstadt: Lange 1840. [unveränd. Nachdr.] [Pfungstadt: Aderhold 1976.] 228 S., VI

3565. S c h m i d t , Klaus: Darmstädter Bürgerbuch über die Geschichte, das politische, wirtschaftliche und geistige Leben der Stadt. Für d. Bürgerschaft im Auftr. d. Magistrats geschrieben. [Neuausg.] Darmstadt: Justus-v.-Liebig-Verl. 1976. 306 S. m. Abb.

3566. S a b a i s , Heinz Winfried [Hrsg.]: Vom Geist einer Stadt. Darmstadt: Roether 1969. 439 S. [Betr. Darmstadt]

3567. S a b a i s , Heinz Winfried [Hrsg.]: Lob der Provinz. Darmstadt: Roether 1969. 436 S. [Betr. Darmstadt]

3568. S c h m i d t , Klaus: Die Stadtreportage. Darmstädter Glossen. Darmstadt: Reba-Verl. 1975. 169 S.

3569. Ein halbes Jahrhundert Darmstadt. Paul F e c h t e r [u.a.] Sprendlingen (b. Frankfurt a.M.): Conté [um 1974]. 69 S. m. zahlr. Abb.

3570. B i l l e r b e c k , Ulrich: Stadtentwicklung und lokale Integration. Eine soziolog. Kritik kommunaler Infrastrukturpolitik. Das Beispiel Darmstadt. 1975. VI, 342, 84 S. Frankfurt a.M., Univ., Fachber. Gesellschaftswiss., Diss. 1974

3571. F l ä m i g , Christian: Gemeindefinanzen und kommunale Wirtschaftsentwicklungsplanung. Eine Fallstudie. Baden-Baden: Nomos 1974. 157 S. m. Abb. u. Tab. [Betr. Gemeindefinanzpolitik u. kommunale Wirtschaftspolitik Darmstadts]

3572. Stadt Darmstadt. Zur Verleihung der Ehrenbürgerschaft an Oberbürgermeister a.D. Ludwig Metzger am 10. Juni 1976. Darmstadt: Presse- u. Informationsamt der Stadt 1976. 24 S., 1 Foto. [Ludwig Metzger geb. am 18. März 1902 in Darmstadt; Rechtsanwalt u. Notar, Staatsminister a.D., Oberbürgermeister a.D.]

3573. Rahmenplan für die Sanierung Martinsviertel. Stadtplanungsamt Darmstadt. Darmstadt 1974–1975. [Hauptbd] 1975. 47 S. m. Kt. Anlage, Durchführungsabschnitte. 1975. 4 S., 1 Kt. Anlage, Kostenrahmen. 1974. 52 S., Kt. Anlage, Schallschutz an d. Osttangente. 1974. 48 S. (Arbeitsberr. z. Planung Martinsviertel)

3574. H i l s e , Martin: Rahmenplan Martinsviertel. Darmstadt: Magistrat, Stadtplanungsamt 1975. 28 S. m. Kt. u. Abb.

3575. Planung eines neuen Stadtteils. Beispiel: Darmstadt-Neu Kranichstein. Projektgruppe Anwaltsplanung. Darmstadt: Inst. Wohnen und Umwelt 1975. 14 ungez. Bl. m. Abb.

XI. Kommunalwesen

3576. L a m p r e c h t , Herbert: D a t t e r o d e . Ortsbeschreibung 1745. 1975. 55 Bl.

3577. S e i p , Günther: Aus der Geschichte von Schloß und Dorf D e h r n . Mit Abb. – In: MGV „Sängerbund" 1851 Dehrn. Festschrift zum 125. Jubiläum. 1976

3578. Stadt D i e b u r g . 700 Jahre erweiterte Stadtrechte. Hrsg.: Stadt Dieburg. Dieburg 1976. 38 ungez. Bl.

3579. B e c h e r , Wolfram: Die Herren von Büdingen und ihre Beteiligung an der Stadtgründung von Dieburg. – In: AHG N. F. 32. 1974, S. 81–102

3580. B r a u n s , Eduard: D i e m e l s t a d t ein „neuer Ort" im Waldecker Land. – In: Hess. Volkskal. 91. 1974, S. 9

3581. Adreßbuch der Stadt D i e t z e n b a c h . Auf Grund amtl. Unterlagen d. Stadtverwaltung Dietzenbach hrsg. 1972/73 ff. Offenbach a.M.: Bintz & Dohany. 1972 ff.

3582. H e c k , Hermann: Aus der Geschichte der Stadt D i e z . Diez: Meckel [1972]. 10 ungez. Bl. m. Abb. u. Bildn. Aus: Heck: Die goldene Grafschaft. 1956

3583. Z i m m e r , Erwin: D i n t e s h e i m vor 250 Jahren. – In: HJAlWo 11. 1971, S. 79–82

3584. P i e , Ernst: 1200 Jahre D o r h e i m . Ein Dorheimer Lesebuch. Friedberg: Magistrat 1975. 218 S.

3585. E w e r t , Franz: Bilder aus dem alten D o r l a r . 1–3. – In: HGiess 1974, Juni, Woche 24; Sept., Woche 35; Nov., Woche 48

3586. K l e i n , Armin: Verabschiedung von Ottomar Hiller. Mit 1 Abb. – In: AHo 18. 1975, S. 129–130 [Bürgermeister in D o r n h o l z h a u s e n ]

3587. Adreßbuch der Stadt D r e i e i c h e n h a i n . Auf Grund amtl. Unterlagen d. Magistrats d. Stadt Dreieichenhain Hessen. 1971/72 ff. Offenbach a.M.: Bintz & Dohany 1971 ff.

3588. Hainer Zeiten. Gesichter e. Stadt. Ins Bild gesetzt von Christoph, Martin, Mathias u. Hans Jürgen R a u . Beschrieben von Ulrich F e u e r e i s s e n u. Gottfried Z i m m e r . Im Auftr. d. Stadtverwaltung Dreieichenhain. Dreieichenhain: Rau 1976. 72 S. m. Abb.

3589. H i l g e r , Robert: In E c h z e l l läßt es sich leben. – In: WeKrKal 1. 1975, S. 61–64

3590. W i t t e k i n d t , Hanspeter: E h l e n . Vergangenheit u. Gegenwart. Ehlen: Kirchenvorstand d. Kirchengemeinde 1976. 103 S. m. Abb.

3591. B r a u n s , Eduard: Der Karlsbrunnen in E i c h e n b e r g . – In: HeG 75. 1974, S. 60–61 [Quelle]

3. Einzelne Orte

3592. 1000 Jahre E i c h e n z e l l. Gestalt u. Wandel einer Gemeinde in Vergangenheit u. Gegenwart. Festschrift anläßlich d. 1000-Jahr-Feier und d. Übergabe d. Bürgerhauses am 19. Juni 1971. Hrsg. v. d. Gemeinde Eichenzell. Idee, Gestaltung, Ges. Red.: W[infried] B ö h n e. Fotos: O. Herber [u.a.] Texte: W[infried] Böhne, K(arl) Ebert [und] O[tto] Schaffrath. Eichenzell 1971. 132 S. m. Abb.

3593. E b e r t, Karl: Wie Eichenzell zur Großgemeinde wurde. – In: RhW 1975, S. 33–34

3594. K o s o g, Herbert: E l p e n r o d, einst und jetzt. – In: Festschrift z. 25jähr. Bestehen d. Freiwill. Feuerwehr Elpenrod 25.–27. Juni 1976. Elpenrod 1976, S. 37–47

3595. B o r n h e i m gen. Schilling, Werner, Ernst W. H e i s s u. Friedrich Wilhelm D a h m e n: 650 Jahre Bad E m s. Stadt zwischen Tradition u. Fortschritt. Dokumentation anläßl. d. 650. Wiederkehr d. Tages der Stadtrechtsverleihung. 3 Vorträge. Bad Ems: Ver. f. Gesch., Denkmal- u. Landschaftspflege 1974. 77 S. m. Abb. [S. 29–49: Ernst W. H e i s s: Bad Ems: Stadtentwicklung u. Stadtgestaltung]

3596. B a c h, Gertrud: Kleine Chronik von Bad Ems. 3. Aufl. Bad Ems: Stadtverwaltung 1975. 44 S. m. Abb. [2. Aufl. 1968. 40 S. m. Abb.]

3597. G e i b e l, Karl: E m s t a l e r Bürgerbuch. 1200 Jahre Balhorn, 1000 Jahre Merxhausen, 900 Jahre Sand, 900 Jahre Riede. Emstal: Selbstverl. [1973]. 235 S., Abb.

3598. R o t h, Hans: Über E n g e n h a h n. Niedernhausen i. Ts., Neuhofer Str. 13: Selbstverl. [1976]. 72 S. m. 5 Abb., 1 Taf.

3599. K l e i p a, Dietrich: Zur Ersterwähnung von E p p e n h a i n. – In: RSp 2. 1976, H. 1, S. 19–20

3600. B e c h e r, Wolfram: Gedanken über eine Urkunde zur frühesten E r b a c h e r Gesch. – In: Odw 21. 1974, S. 111–120

3601. B e c h e r, Wolfram: Zur Geschichte Erbachs. – In: HErb 1975, Nr 7/8

3602. Untersuchung zur Sanierungsplanung der Altstadt von Erbach im Odenwald. Im Auftr. d. Stadt Erbach durchgef. v. Planungsbüro Dr.-Ing. Gonsior. Georg Gonsior ... Köln 1974. 256 Bl.

3603. B i n g e m a n n, Daniel: 700 Jahre E r k s h a u s e n. Festschrift z. 700-Jahrfeier d. Stadtteiles Rotenburg-Erkshausen v. 27. bis 29. Juli 1974. Rotenburg 1974. 29 S. m. Abb. Fotomechan. vervielf.

3604. Adreßbuch der Stadt E s c h b o r n / T s. Auf Grund amtl. Unterlagen d. Stadtverwaltung Eschborn/Ts hrsg. 1973/74 ff. Offenbach a.M.: Bintz & Dohany 1973 ff.

3605. L o e w e, Leopold: Eschborn. Informationen über e. dynam. Stadt. Fotos: Peter S c h u m a c h e r. Eschborn: Magistrat 1976. [12] S. überwiegend Abb.

3606. B ö l t s , Reinhard Albert: Eschborn. Das Bild einer dynamischen Stadt. Fotos von Peter S c h u m a c h e r . Neuenhain i. Ts: Verl. 76 1976. 110 S.

3607. Eschborn. 1972–1977. Bilanz erfolgreicher Jahre. Text. Team in Atelier 8, Eschborn. Eschborn: Magistrat 1976. 16 S. m. Abb.

3608. Entwicklungsplanung Stadt Eschborn. [T. 4. u. d. T.: Stadt Eschborn, Entwicklungsplanung] Verf.: Planungsgruppe 4, Berlin. P. D i t t m e r [u.a.] T. 1–4. Eschborn: Stadtplanungsamt; Berlin: Planungsgruppe 4, 1973–75. 1. Diskussionsgrundlage Aug. 1974. 1974. 214 S. – 2. Regionaler Straßenverkehr. Diskussionsgrundlage Aug. 1973. 1973. 37 S. – 3. Freizeit u. Grünordnung. Diskussionsgrundlage Mai 1975. 1975. 64 S. – 4. Verkehr, Ver- u. Entsorgung. (1975). 140 S.

3609. 850 Jahre E s c h e n s t r u t h 1126–1976. 100 Jahre Chorgesang in Eschenstruth. Festwoche vom 29. Mai bis 7. Juni 1976. Festschrift. Eschenstruth 1976. 203 S. m. Abb.

3610. Unser Heimatbuch. Beitrr. z. Gesch. d. Dorfes E s c h h o f e n . Hrsg. im Auftr. d. Gemeinde Eschhofen von Anton J u n g . Limburg-Eschhofen: Gemeindeverwaltung 1974. 199 S. m. 68 Abb., 1 Faltkt.

3611. M e t z , Ernst Christopher: Bilder einer alten Stadt. – E s c h w e g e : Rossbach 1973. 26 S., [18] Bl. Abb. in Mappe

3612. H e i n e m e y e r , Karl: Eschwege in seiner ältesten Geschichte. – In: HH N. F. 24. 1974, S. 74–78 (Sonderh. „1000 Jahre Eschwege")

3613. T o c h a , Michael: Hanc fieri inscriptionem iussimus. Erläuterungen zu d. Urkunde mit d. ersten Nennung Eschweges. – In: HH N. F. 24. 1974. S. 79–87. (Sonderh. „1000 Jahre Eschwege".)

3614. M e t z , Wolfgang: Eschwege unter der Herrschaft des Bistums Speyer. – In: HH N. F. 24. 1974, S. 88–91 (Sonderh. „1000 Jahre Eschwege")

3615. B e c k , Hanno: Das Werden des geographischen Selbstbewußtseins der Bürger einer deutschen Stadt. [Eschwege.] – In: HH N. F. 24. 1974, S. 92–101 (Sonderheft „1000 Jahre Eschwege")

3616. T o c h a , Michael: ... Wie lebten die Eschweger vor tausend Jahren? – In: W 26. 1974, S. 52–53

3617. R u e t z , Gottfried: Der Eschweger „Landfriedensbruch" von 1586. [Zug bewaffneter Eschweger Bürger vor d. Schloß der Herren v. Eschwege in Aue] – In: HFK 12. 1974, Sp. 271–276

3618. B r a u n s , Eduard: Eschwege heute „Grenzstadt" an der Werra. – In: Hess. Volkskal. 91. 1974, S. 11

3619. D i e h m , Götz: E t t i n g s h a u s e n , eine begehrte Gemeinde. Flurbereinigung ebnete Weg in bessere Zukunft. Räumlich klar gegliedert, vorbildl. Bürgersinn gewachsen. – In: GiessKrKal 11. 1976, S. 59–62

3. Einzelne Orte

3620. Von Ober- und Niederittingshusen zum heutigen Ettingshausen. – In: 50 Jahre Sportver. Ettingshausen 1921 e.V. Grünberg/Hess. 1971

3621. F a l k e n b a c h über der Lahn. Kleines Dorf im Wald ist 760 Jahre alt. Mit 1 Abb. – In: HLD 63. 1976, S. 3–4

3622. Ersterwähnung ist nicht Dorfgründungsjahr. Das Alter d. Dorfes Falkenbach hoch über d. Lahn. – In: HLD 68. 1976, S. 3

3623. 100 Jahre S[ozialdemokratische] P[artei] D[eutschland]-F e c h e n h e i m [Festschrift]. Fechenheim 1975. 18 S.

3624. H e y m a n n , Hugo Friedrich: Aus der Geschichte von F e l l i n g s h a u s e n . Mit 2 Abb. – In: HHGiess 1974, S. 82–84

3625. F e n g e , Wilhelm: Geschichte des Schlosses und der Stadt F e l s b e r g . – In: Felsberger Nachrr. 21. 1974, Nr 31 ff.

3626. F l a d u n g e n . Die mittelalterl. Stadt an d. Zonengrenze u. d. Rhön-Museum. (Texte: Georg T r o s t [u.a.]) Fulda: Parzeller [1975]. 35 S., zahlr. Abb.

3627. Q u a r t a , Hubert Georg: F l a m m e r s b a c h . Aus d. Gesch. eines kleinen Dorfes. [Haiger: Selbstverl.] 1975. 47 S. m. Abb.

3628. S t e i t z , Heinrich: Aus der Geschichte von F l o n h e i m . – In: HJAlWo 12. 1972, S. 228–241

3629. H e u s o n , Hans-Velten: Das Dorf F l o s s b a c h . Entstehung und Niedergang. – In: BüGbll 8. 1974/75, S. 190–197 [Wüstung i. d. Gemarkung von Wenings]

3630. K o l l m a n n , Karl: Zur frühen Geschichte von F r a n k e r s h a u s e n . – In: W 28. 1976, S. 51–52

3631. K o l l m a n n , Karl, u. York-Egbert K ö n i g : Frankershausen vor 200 Jahren. Ein Dorf im Spiegel seiner Zeit. – In: W 28. 1976, S. 6–7

3632. Adreßbuch der Stadt F r a n k f u r t  a m  M a i n . Unter Benutzung amtl. städt. Quellen. 1974/75 ff. Frankfurt a.M.: Dorn 1974 ff.

3633. Stadtkontakte. Frankfurt am Main. Hrsg. in Zsarb. mit d. Presse- u. Informationsamt d. Stadt Frankfurt am Main. Wiesbaden: Handels- u. Gewerbe-Verl. Klaus Eickenberg KG [1976.] 136 S. [Behördenführer]

3634. Straßenverzeichnis Frankfurt am Main. Statist. Amt u. Wahlamt. Schriftl. Karl A s e m a n n . 14., erw. Aufl. Stand: März 1974. Frankfurt a.M. 1974. 255 S. m. Kt.-Beil.

3635. B a e d e k e r , Karl: Frankfurt am Main. Stadtführer. Mit 24 Kt. u. Pl. u. 93 Zeichnungen. 4. Aufl. Freiburg: Baedeker 1976. 214 S. m. 93 Abb., 24 Kt., 1 Faltpl.

3636. Stubenvoll, Willi: Frankfurt. Metropole am Main. Der Stadtführer. Frankfurt a.M.-Schwanheim: Henrich 1975. 112 S. m. Abb. u. Kt.

3637. Frankfurt a.M. Leonberg: Verl. f. Wirtschaft, Reise u. Verkehr 1976. 60 S. m. Abb.

3638. Fast alles über die Stadt. Text: Thomas Darnstädt. Ffm.: Presse- u. Informationsamt d. Stadt 1975. 67 S. m. Kt. u. Abb. [Betr. Frankfurt a.M.]

3639. Frankfurt am Main. Am Puls der Welt. Ffm.: Amt f. Fremdenverkehr u. Kongreßwesen [1976]. 35 S. Text deutsch, engl. u. franz.

3640. Vogt, Günther: Genius Loci. Photogr. von Anselm Jaenicke. Nachw. von Benno Reifenberg. Frankfurt a.M.: Kramer 1966. 200 S. m. Abb. [Betr. Frankfurt a.M.]

3641. Kostbarkeiten im Stadtbild von Frankfurt am Main. Ein Bildband mit Farbaufn. von Anselm Jaenicke u. Klaus Meier-Ude u. alten Stadtansichten von Salomon Kleiner u. Matthäus Merian. Hrsg. von Waldemar Kramer. (Engl. Übers.: Karl Wolfgang Friedrichs u. Anthony Lewin. Franz. Übers.: Marie-Paule Babinger u. Waltraud Kramer.) Frankfurt a.M.: Kramer 1967. 85 S. Abb. mit Text

3642. Nebhut, Ernst: Treffpunkt Hauptwache. Frankfurt a.M.: Kramer 1972. 144 S.

3643. Kramer, Waldemar (Hrsg.): Frankfurt am Main. 112 Bilder aus d. alten u. neuen Frankfurt. Frankfurt a.M.: Kramer 1973. 128 S.

3644. Kramer, Waldemar (Hrsg.): Frankfurt am Main. 80 Bilder aus d. alten u. neuen Frankfurt. Frankfurt a.M.: Kramer 1976. 80 S.

3645. Elben, Stefan: Frankfurt am Main, alte Ansichtskarten. Brüssel: Sodim 1975. 124 Abb. m. e. Vorw.

3646. Gerteis, Walter: Das unbekannte Frankfurt. Mit Abb. Frankfurt a.M.: Verl. Frankfurter Bücher. F. 2 = N. F. 6. Aufl. 1976. 220 S.; F. 3. 3. Aufl. 1976. 240 S.; 7. Aufl. 1976. 248 S.

3647. Estenfelder, Estine: Frankfurt, die Stadt in 429 Bildern. Fotogr. u. Gestaltung: Estine Estenfelder. Text u. Konzeption: Joachim Peter. Ffm.: Presse- u. Informationsamt [1976]. 58 S.

3648. Bernatzky, Aloys: Frankfurt am Main und seine Umgebung. Als Ms. vervielf. Ffm. 1966. 95 Bl.

3649. Müller, Bernard: Bilderatlas zur Geschichte der Stadt Frankfurt am Main. Nachdr. d. Ausg. 1916. Ffm.: Weidlich 1976. 123 Taf. (Bothe, Friedrich, u. Bernard Müller: Geschichte d. Stadt Frankfurt am Main in Wort u. Bild 2a)

3650. Wynne, George G.: Frankfurt trough the centuries. Ed. by Heidi Andrien u. Albert E. Schrock. 2. ed. Ffm.: Kramer 1975. 200 S.

## 3. Einzelne Orte

3651. L e r n e r , Franz: Frankfurter Leichenpredigten als Quellen der Stadt- und Kulturgeschichte des 16.–19. Jahrhunderts. Mit 9 Tab. – In: Leichenpredigten als Quelle hist. Wissenschaften. 1. Marburger Personalschriftensymposion. Hrsg. v. Rudolf Lenz. Köln u. Wien 1975, S. 234–276

3652. T r u m p o l d , Ulrich: Heinrich Kellner 1536–1589. Studien zu Recht, Verwaltung u. Politik in Frankfurt am Main im 16. Jahrhundert. Ffm.: Kramer 1975. 129 S. Zugl. Diss. Frankfurt a.M. 1974 (Studien zur Ffter Geschichte 11)

3653. M ö l l e r , Hans-Michael: Reichswirren, Stadtpolitik und Kriegsregiment. Frankfurt in der Krise 1546–47. – In: AFGK 55. 1976, S. 39–66

3654. Frankfurt um 1600. Alltagsleben in d. Stadt. Konzeption u. Texte: Almut J u n k e r [u.a.] Ausstellungskat. Frankfurt a.M. 1976. 106 S. (Kleine Schriften d. Hist. Museums 7)

3655. S o l i d a y , Gerald Lyman: A community in conflict. Frankfurt Society in the 17$^{th}$ and 18$^{th}$ centuries. Hannover/New Hampshire: Univ. Pr. of New England; Brandeis: Univ. Pr. 1974. XVII, 252 S.

3656. K a r a s e k , Horst: Das Vincenz-Lied. – In: Der neue Egoist. Hannover: Egoist-Verl. 2. 1976. S. 169, 171, 173, 175 u. 176 [Betr. Aufstand des Vincenz Fettmilch in Ffm, 1612–1616]

3657. Die Frankfurter Stadtentwicklung vom Ende des Feudalismus bis zum Spätkapitalismus. Erster Zwischenbericht WS 74/75. Hrsg.: TU Berlin, Institut f. Stadt- u. Regionalplanung, Projekt Frankfurt a.M. Projektleitung: F. Gunkel. Frankfurt/M. 1975. ca. 220 S., Abb.

3658. Frankfurt um 1850. Hrsg. von Hans L o h n e . Frankfurt a.M.: Kramer 1967. 464 S.

3659. Frankfurt im Jahre 1915. Chronik d. Ereignisse. [Walter Hesselbach zum 60. Geburtstag. Ausz. aus d. „Kleine Presse" u. anderen Ffter Tageszeitungen.] Hrsg.: Siegfried B i r k n e r . Ffm.: Union-Druckerei 1975. 50 Bl.

3660. B i r k n e r , Siegfried: Frankfurt 1915. – In: Aktiva. Festschrift f. Walter Hesselbach ... 1975, S. 31–43

3661. L u c a s , Erhard: Frankfurt unter der Herrschaft des Arbeiter- und Soldatenrats 1918/19. Frankfurt/M.: Verl. Roter Stern 1973. 180 S.

3662. R e b e n t i s c h , Dieter: Ludwig Landmann. Frankfurter Oberbürgermeister d. Weimarer Republik. Wiesbaden: Steiner 1975. VIII, 321 S. (Ffter Hist. Abhandlungen 10) (Diss. Ffm. 1970)

3663. A s e m a n n , Karl Heinz: Professor Dr. Paul Flaskämper 90 Jahre. – In: FrStB 38. 1976, H. 1, S. 5–6 [Frankfurt a.M.]

3664. Luische, geh mal vor die Dier ... geboren zwischen 1873 und 1914: So sehen wir uns und unser Frankfurt. Eine Ausw. v. Arbeiten älterer Mitbürger. Zsgest. u. hrsg. v. Presse- u. Informationsamt d. Stadt Fft mit 28 Zeichn. v. Ferry A h r l é . Ffm.: Presse- u. Informationsamt d. Stadt Ffm. 1974. 87 S.

3665. Fetscher, Iring: Frankfurt – heute. – In: Aktiva. Festschrift für Walter Hesselbach ... 1975, S. 147–171

3666. Reifenberg, Benno: Eine Art Reichshauptstadt. – In: Cassella-Riedel Archiv 54. 1971, H. 1: Frankfurt am Main, S. 15–22

3667. Bericht der Kommission zur Prüfung der Angaben der Städte Bonn – Frankfurt/Main – Kassel und Stuttgart betr. vorläufigen Sitz des Bundes. – In: Bonn 1949–1974. 1974, S. 284–337

3668. Streeck, Sylvia, u. Wolfgang Streeck: Die „Gruppe 70" [in der Frankfurter CDU]. Grenzen konservativer Mobilisierung. – In: Streeck: Parteiensystem u. Status quo 1972. (Edition Suhrkamp. 576) S. 145–167

3669. Frankfurt am Main. Ein Vierjahresber. d. Stadtverwaltung Frankfurt am Main. 1969/72. Frankfurt/M.: Magistrat 1973. 224 S. m. Abb.

3670. Arndt, Rudi: Zur kommunalpolitischen Situation der Stadt Frankfurt am Main. Ffm.: Presse- u. Informationsamt d. Stadt Ffm. 1974. 23 S.

3671. Arndt, Rudi: Die regierbare Stadt. Warum die Menschen ihre Stadt zurückgewinnen müssen. Stuttgart: Verl. Bonn aktuell 1975. 98 S. (Bonn aktuell 36) [Frankfurt a.M.]

3672. Arndt, Rudi: Versprochen und gehalten. Frankfurter Kommunalpolitik in d. letzten 4 Jahren. Ffm.: Presse- u. Informationsamt 1976. 24 S.

3673. Stadtinformation. Die Frankfurter Bilanz. Städtevergleiche, Entwicklungen, Leistungsnachweise. Frankfurt die Stadt. Ffm.: Presse- u. Informationsamt 1976. 37 Bl.

3674. Dörrbecker, Klaus: Handbuch der Stadtverordnetenversammlung. Verantwortung für unsere Stadt. Das Parlament d. Stadt Frankfurt. Ffm.: AG Öffentlichkeitsarbeit d. Stadtverordnetenversammlung 1975. 118 S.

3675. Asemann, Karl Heinz: Die Kommunalwahl in Frankfurt a.M. am 22. Oktober 1972. Wahlstatist. u. wahlsoziolog. Feststellungen. Ffm.: Statist. Amt u. Wahlamt; Ffm.: Ffter Bücherstube Schumann & Cobet in Komm. 1974. 144 S. (FrStB Sonderh. 29)

3676. Asemann, Karl [Heinz]: Bundestagswahl 1972 und Landtagswahl 1974 in Frankfurt a.M. Statistiken u. Analysen. Ffm.: Statist. Amt u. Wahlamt Ffm. 1976. (FrStB. Sonderh. 31)

3677. Die Bundestagswahl vom 3. Oktober 1976 in Frankfurt a.M. Wahlergebnisse im Vergleich. Ffm.: Statist. Amt u. Wahlamt 1977. 69 S., 10 Kt. (FrStB Sonderh. 32)

3678. Asemann, Karl Heinz: Geschlecht und Alter als Determinanten des Wahlverhaltens. Repräsentativergebnisse d. Bundestagswahl vom 3.10.1976 in Frankfurt a.M. – In: FrStB 1976, H. 4, S. 93–109

3679. Frankfurt a.M., Ortsbezirke, Ortsteile, Stadtbezirke. Schriftl.: Karl Heinz Asemann. Ffm.: Statist. Amt u. Wahlamt 1975. 64 S.

3. Einzelne Orte

3680. Stadt Frankfurt am Main. Projektlisten u. Investitionsprogramm 1975–1978. Ffm. [um 1975]. 22 gez. Bl., Bl. 100–167, 200–254, 300–327, 401–453

3681. K r a u s , Kurt: Die Frankfurter Polizei in der Weimarer Republik. – In: Polizei in Frankfurt am Main 1976, Folge 11, S. 95–104

3682. K r a u s , Kurt: 50 Jahre Weibliche Kriminalpolizei in Frankfurt a.M. – In: Polizei in Frankfurt am Main 1976. Folge 11, S. 65–66

3683. Dynamik der Polizei in Frankfurt am Main 1970–1975. Hrsg.: Knut M ü l l e r . Schriftl. u. red. Gestaltung: Wolfhard H o f f m a n n . Ffm.: Polizei 1975. 71 S.

3684. Internationale Polizei Assoziation IPA, Verbindungsstelle Ffm. 15 Jahre IPA Frankfurt a. Main. Festwoche v. 4. bis 8. Sept. 1974. Ffm.: IPA Verbindungsstelle 1974. 60 S. m. Abb. (IPA-report. 3. 1974, H. 3) [Darin u.a.: K r a u s , Kurt: 15 Jahre IPA Fft, S. 51–52]

3685. H o f f m a n n , Hilmar: Frankfurter Modelle. Ein Gespräch mit Hilmar Hoffmann. – In: Frkf 21. 1076, H. 3, S. 20–21

3686. W e i t e n s t e i n e r , Hans Kilian: Karl F l e s c h . Kommunale Sozialpolitik in Frankfurt am Main. Frankfurt/Main: Haag & Herchen 1976. 280 S. Zugleich Frankfurt, Fachbereich 08, Geschichtswiss., Diss. 1976

3687. Stadtentwicklungsplanung Frankfurt am Main. Hrsg. v. d. Stadt Frankfurt a.M., Dezernat Planung u. Bau unter Leitung von Hans K a m p f f m e y e r , Hanns A d r i a n . Bearb. im Stadtplanungsamt. Hauptbd. 49 S. Vorbericht 2. [186] S. überwiegend Kt. Frankfurt/M. 1972

3688. B e c k e r , Karl: Stadtplanung wohin? Beispiel Untermain. [Stadtplanung in Ffm. u. Offenbach] – In: Bauverwaltung 1973, S. 252–254

3689. R a h e , Jochen: Neunzehn Monate Frankfurter Forum für Stadtentwicklung. – In: Baumeister. 1973, Nr 9, S. 1176–1182

3690. Aspekte der Frankfurter Stadtentwicklung. Ffm.: Ffter Forum f. Stadtentwicklung [um 1975]. 8 Bl. (Beitrr. z. Frankfurter Stadtentwicklung 5)

3691. A d r i a n , Hanns: Planen in Frankfurt. (Vortrag gehalten am 24. 2. 1975 f. d. Kuratorium Kulturelles Frankfurt, Polytechn. Ges.) Ffm.: KKF 1975. 32 S.

3692. A d r i a n , Hanns: Stadtplanung und Stadterhaltung in Frankfurt. – In: Die Kunst, unsere Städte zu erhalten. 1976, S. 168–181

3693. M u e h l i c h , Eberhard, u. Ilona M u e h l i c h - K l i n g e r : Zur öffentlichen Planung mit Alternativen. Erfahrungen mit der Frankfurter Strukturplanung für die Planungspraxis nach dem Novellierungsentwurf zum Bundesbaugesetz. – In: Stadtbauwelt 1975. H. 47, S. 183–188

3693a. Heiligenstock. Versuche in kirchl. Planung. Bericht u. Bilanz, vorgelegt von d. Planungsgruppe Heiligenstock d. Evang. u. Kath. Kirche in Frankfurt am

Main. Red.: Gottfried B e n d e r ... Ffm.: Evang. Erwachsenenbildung 1974. 48 Bl. (Evangelische Erwachsenenbildung. Materialien 1)

3694. M e c k s e p e r , Cord: Stadtgeschichte und Stadtentwicklung. – In: ZStG 1. 1974, S. 242–260 [Betr. u.a. Frankfurter City]

3695. K e h n e n , Peter: Stadtwachstum aus der Sicht der ökologischen Theorie. – In: ZStG 2. 1975, S. 80–92 [Betr. u.a. Frankfurt/M.]

3696. Konzepte zum Flächennutzungsplan. Diskussionsvorschlag. Frankfurt a.M.: Magistrat-Dezernat Planung 1975. 26 S.

3697. Büroflächennutzung und Büroflächenbedarf in der Stadt Frankfurt am Main. Kurzfassung. Ffm.: Der Magistrat. Dezernat Planung 1976. 30 S.

3698. Stadtteilentwicklungsplan Innenstadt. Gesamtred.: Nicolaus J ä g e r . Ffm.: Der Magistrat. Dez. Planung 1976. 151 S. 6 Pl. [Frankfurt a.M.]

3699. K i n g , Luise: Innenstadtprobleme. Analyt. u. planerische Ansätze. – In: Baumeister. 1973, Nr 9, S. 1126–1142 [Betr. Frankfurt a.M.]

3700. K i n g , Luise: Was wird aus der Innenstadt? Theoret. Notwendigkeiten u. prakt. Möglichkeiten. – In: Stadtbauwelt 1976, H. 49, S. 8–14 [Betr. Frankfurt a.M.]

3701. Zur Diskussion „Was kommt zwischen Dom und Römer". Eine Schrift d. Presse- u. Informationsamtes d. Stadt Frankfurt a.M. Frankfurt a.M.: Presse- u. Informationsamt 1975. 21 ungez. Bl. m. Abb.

3702. Frankfurt am Main. Vorbereitende Untersuchung im Bereich Hauptbahnhof. Bearb.: Stadtplanungsamt Frankfurt/M. Frankfurt/M. 1976. 195 S. m. Abb.

3703. S c h o m a n n , Heinz: Das Frankfurter Bahnhofsviertel. – In: Die Kunst unsere Städte zu erhalten. 1976, S. 161–167

3704. Das Bankenviertel. Bebauungsvorschlag f. d. City-West. Texte u. Pläne: Dezernat Planung. Ffm.: Presse- u. Informationsamt d. Stadt 1975. 22 S.

3705. Stadtteilentwicklungsplan Gallusviertel. Ffm.: Magistrat, Dezernat Planung 1976. 34 S., 11 Kt. [Frankfurt a.M.]

3706. City-Randgebiete. Beispiele Frankfurt, Hannover, Mannheim, Stuttgart, Wiesbaden. – In: Stadtbauwelt 1976, 49, S. 22–31

3707. Arbeitsgruppe Strukturplanung. ... Bericht (2: ... Bericht zur Stadtteil-Entwicklungsplanung). 1. 2. Ffm.: Dezernat Planung u. Bau 1972–74. 1. Bericht zu d. Strukturplänen f. Westend II, Nordend I, Nordend II, Bornheim, Ostend I u. II und Sachsenhausen. 2. Strukturplanung 2. Stufe. Westend II, Nordend, Bornheim, Ostend, Sachsenhausen. [Frankfurt a.M.]

3708. Stellungnahmen der VHS-Kurse zu den Stadtteilentwicklungsplänen für die Frankfurter Stadtteile Nordend/Westend, Ostend und Sachsenhausen. Ffm.: Volkshochschule Frankfurt 1974. 40 S.

## 3. Einzelne Orte

3709. Strukturplanung Wohngebiet Nordend. Von Karsten S c h i r m e r , Inge B r a u n - K r e b s [u.a.] – In: Baumeister. 1973, Nr 9, S. 1168–1174 [Frankfurt a. M.]

3710. V o i g t , Inge: 2 Projekte im Frankfurter Nordend. – In: Baumeister 71. 1974, H. 10, S. 1117–1120 [Betr.: Kindertagesstätte u. Spielstraße]

3711. H u t h , Axel: Verplante Planer, aufgezeichnet am Beispiel der Arbeitsgemeinschaft Westend (AGW). – In: Baumeister. 1973, Nr 9, S. 1164–1167

3712. Sanierung. Städte wandeln ihr Gesicht. Frankfurter Westend. [Mitarb.:] F. O. B l u m e r s [u.a.] – In: Das Haus. Ausg. Hessen, 1974, Nr 5, S. 4–9

3713. S c h r e g e n b e r g e r , Thomas: Der Tod einer Siedlung. Die Pioniere u. ihre Erben. Das Frankfurter Beispiel Hellerhof. – In: Werk u. Zeit 25. 1976, H. 3

3714. K i n g , Luise: Hellerhof 1929–1975. – In: Bauwelt. 66. 1975, Nr 27, S. 763–764

3715. L o c h t e , Rudolf: F r e i e n h a g e n im Waldecker Land. – In: Dt. Hauskal. 92. 1975, S. 9

3716. K a f k a , Klaus u. F. K. W i n k l e r : Rahmenplan für den alten Stadtkern F r e u d e n b e r g . – In: Bauen u. Wohnen 30. 1975, S. 403–406

3717. R o t h , Hermann: Burg und Stadt F r i e d b e r g . Ein Wegweiser durch ihre Sehenswürdigkeiten u. ihre Gesch. Friedberg: Bindernagel 1974. 63 S. m. Abb.

3718. G r e b , Werner: Die Kreisstadt Friedberg im Wandel der Zeiten. – In: WeKrKal 1. 1975, S. 39–51

3719. L i e b i g , M.: Kaiserbesuch in Friedberg 1874. – In: HHGiess 1974, S. 81–82

3720. L a n g e n b a c h , Wilhelm: Stadt F r i e d e w a l d 1324–1974. Friedewald: Gemeindeverwaltung 1974. 99 S. m. Abb.

3721. L a n g e n b a c h , Wilhelm: 650 Jahre Stadt Friedewald. Mit 1 Bildn. – In: Si 51. 1974, S. 130–133

3722. L a n g e n b a c h , Wilhelm: Friedewald feierte sein 650jähriges Stadtjubiläum. Wechselhafte Gesch. d. Westerwaldortes u. seines Schlosses. Mit 2 Abb. u. 1 Bildn. – In: UHl 44. 1976, S. 102–104

3723. M ö h r l e , Wilfried: Gutachten Städtebauliche Entwicklungsmaßnahme F r i e d r i c h s d o r f / T a u n u s . Erstellt in d. Abt. Wirtschaftsforschung u. Regionalplanung. Wiesbaden: Hess. Landesentwicklungs- u. Treuhandges. mbH 1974. 29 Bl., 4 S.

3724. 200-Jahrfeier in Trendelburg-F r i e d r i c h s f e l d 1.–5. Juli 1976. Trendelburg 1976. 48 S.

3725. F r i t z l a r im Mittelalter. Festschrift zur 1250-Jahrfeier. Hrsg. v. Magistrat d. Stadt Fritzlar in Verb. mit d. Hess. Landesamt f. geschichtl. Landeskde, Marburg. Fritzlar: Magistrat 1974. 323 S., 8 Bl. Abb., 5 Pl. u. Kt.

3726. D e m a n d t , Karl Ernst: Die Verfassungsgeschichte der Stadt Fritzlar im Mittelalter. − In: Fritzlar im Mittelalter. Festschrift z. 1250 Jahrfeier. Fritzlar 1974, S. 202−221

3727. D e m a n d t , Karl Ernst: Fritzlar in seiner Blütezeit. Festvortrag zur 1250-Jahrfeier ... Marburg u. Witzenhausen: Trautvetter & Fischer 1974. 40 S., 2 Bl. Abb., 1 Pl. (Marburger Reihe 5)

3728. K e r n , Johann P.: Zur 1250-Jahr-Feier in Fritzlar. − In: BuBll 47. 1974, S. 33−35. 37−39. 63−64. 67

3729. M e t z , Wolfgang: Fritzlar im Mittelalter. − In: BDL 111. 1975, S. 232−233

3730. Fritzlarer Heimatbüchlein. 1974. Eine Sammlung v. Fritzlarer Liedern, Gedichten, Berr., Anekdoten im Dialekt, Angaben u. Daten z. 1250-Jahr-Feier d. Stadt Fritzlar 724−1974. Von Franz Hermann F a u p e l . Fulda: Parzeller [in Komm.] 1974. 68 S. m. Abb.

3731. S c h m u t z l e r , Heinz Walter: Fritzlar erleben. Der Führer f. Urlaub u. Freizeit durch d. sehenswerte Stadt u. Umgebung, durch Küchen, Keller u. Vergnügen. (Mit Beitrr.) von Egon S c h a b e r i c k [u.a.] 2. erw. Aufl. Zwesten: Schmutzler 1974. 289 S. m. Abb.

3732. S c h m u t z l e r , Heinz Walter: Fritzlar intern. Der Erlebnisführer. Wo ist was los. Ausflugsziele, Cafés, Diskotheken, Gaststätten, Museen, Restaurants, Sehenswürdigkeiten, Tanzlokale. Zum Hessentag 1974 im 1250-jähr. Fritzlar zsgest. mit Egon S c h a b e r i c k [u.a.] 1. Aufl. Zwesten: Kirsten-Schmutzler 1974. 289 S. m. Abb. u. Kt.

3733. H a i n , Waldemar: Das untere Dietzhölztal. F r o h n h a u s e n u. Wissenbach im Wandel d. Zeiten. Ausgew. Bilder. Mit zahlr. Abb. − In: HJDi 19. 1976, S. 97−113

3734. K e l l e n b e n z , Hermann: Studien zur Typologie städtischer Gemeinwesen. − In: ZStG 3. 1976, S. 290−299 [betr. u. a. S. 292−294 F u l d a ]

3735. M a u e r s b e r g , Hans: Sozialökonomische Strukturen von Bischofs- und Abteistädten des 14.−17. Jahrhunderts. − In: Bischofs- u. Kathedralstädte d. Mittelalters u. d. frühen Neuzeit. Hrsg. von Franz Petri. Köln 1976. (Städteforsch. R. A Darstellungen, 1) S. 95−117 [Betr. u.a. Fulda]

3736. L o e h r , Bernhard: ... Betrachtungen zur Fuldaer Heimat- und Vereinsgeschichte im 19. Jahrhundert. − In: BuBll 48. 1975, S. 95−96

3737. Verwaltungsbericht der Stadt Fulda. Im Auftr. d. Oberbürgermeisters bearb. u. hrsg. v. Amt f. Wirtschaft, Statistik u. Presse. 1970/71. Fulda [1974]. 124 S. m. Abb.

## 3. Einzelne Orte

3738. 20 Jahre IPA-Verbindungsstelle Fulda-Hünfeld. Fulda: Internat. Polizei-Assoziation, Verbindungsstelle 1976. 48 S., Abb.

3739. M i c h e l , Dieter: F u l d a t a l – Tor zum Reinhardswald. Das Gemeindeporträt. – In: JbLKa 1975, S. 47–48

3740. G a r b e n h e i m . 776–1976. Ein Heimatbuch. Bearb. v. Waldemar K ü t h e r . Garbenheim: Gemeindeverw. 1976. 348 S. m. Abb.

3741. S t u m p f , Otto: Zur Geschichte von G a r b e n t e i c h . Zsgest. von Dietrich W i r k . – In: 75 Jahre Gesangverein „Liederblüte" Garbenteich. Garbenteich 1973, S. 17–25

3742. D i e h m , Götz: Des Garwarts Eichen standen hier. Garbenteich, einst fränkische Siedlung, jetzt zweitgrößter Stadtteil von Pohlheim. – In: GiessKrKal 11. 1976, S. 43–47

3743. B a s e n a u , Karl-Heinz: Kriege, Pest und andere Nöte hinterließen hier ihre Spuren. G e i ß - N i d d a : Aus d. Gesch. eines alten hess. Dorfes. – In: HGiess 1976, Nr 46

3744. U c k r o , Detlef von: G e l n h a u s e n – seit über 800 Jahren Stadt. Mit Abb. – In: Main-Kinzig-Kreis. Oldenburg (Oldb.) 1976, S. 198–216

3745. H e r o l d , G.: Gelnhausen vor 152 Jahren. Mit 1 Kt. – In: MDVW 25. 1974, H. 1, S. 47–48 [Mit Gemarkungskt v. 1822]

3746. H e i l m a n n , Johann Adam: Das Leben in Gelnhausen vor hundert Jahren. Hrsg. von Walter M o g k . – In: GelGbll 1974/75, S. 81–95

3747. W i l h e l m i , Hans, u. Peter H a m a n n : G i e ß e n wie es war. (3. Aufl.). Gießen: Brühl 1974. 78 ungez. Bl. [Bildbd]

3748. N a g e l , Wolfgang Arnim: Gießen. Einf.: Wilhelm Otto Hess. Bildtexte: Heinrich Bitsch. [Bildbd.] Hanau: Peters 1972. 100 S.

3749. B i t s c h , Heinrich: 2. Gießen Report. Gießen: Mittelhess. Druck- u. Verl. Ges. 1975. 162 S.

3750. K n a u s s , Erwin: Gießen. Geschichte u. Gegenwart. – In: Der Landkreis Gießen. Hrsg.: Ernst Türk. Stuttgart, Aalen: Theiss 1976, S. 218–228

3751. D e h l e r , Karl Heinz: Alternative Ziele der Stadtentwicklung Gießen. Ergebnisse u. Schlußber. d. Strukturuntersuchungen zur Stadtentwicklungsplanung. Gießen: Stadtplanungsamt 1975. XI, 82 Bl. m. Tab. u. Bibliogr.

3752. D e h l e r , Karl Heinz: Entwicklungsperspektiven der Gießener City. Planungsgutachten. Grundlagen d. Zieldefinition offenes Gutachterverfahren „Innenstadt Gießen". Gießen: Stadtplanungsamt 1976. 14 Bl.

3753. H u t h , Karl: G l a d e n b a c h , eine Stadt im Wandel der Jahrhunderte. Gladenbach: Magistrat 1974. 240 S. m. Abb., Ktn u. Pl.

3754. Willkommen im Luftkurort Glashütten-Hochtaunus. Glashütten, Schloßborn, Oberems. Hrsg.: Sportclub Glashütten e.V. Tennisabteilung in Zsarb. mit d. Bürgermeisteramt Glashütten/Ts. [Mit Abb.] Glashütten [um 1973]. 64 S.

3755. Leib, Jürgen: Das Werden von Burg und „Stadt" Gleiberg. Mit Abb. – In: HGiesss 1974, Woche 33

3756. Pichler, Otfried: Der Rest der Welt grüßt „Gunsenum" [Mainz-Gonsenheim]. – In: MMag 1975, April, S. 3–7

3757. Hoch, Günther, Karl Schnitzspan, Josef Plankensteiner: 750 Jahre Gräfenhausen. 1225–1975. Hrsg. anläßl. d. 750. Wiederkehr der urkundl. Ersterwähnung am 21. Nov. 1225. Hrsg.: Gemeindevorstand Gräfenhausen. Gräfenhausen 1975. 295 S. m. 121 Abb.

3758. Jost, Sebastian: Kneippkurort Grasellenbach. Das Nibelungendorf im Odenwald. Grasellenbach 1975. 6 ungez. Bl. [Festansprache zur Einweihung d. Nibelungenhalle am 21. Juni 1975]

3759. 1324–1974. 650 Jahre Stadtrecht. Festschrift der Stadt Grebenstein. Grebenstein 1974. 87 S., 9 Bl. Abb.

3760. Grebenstein. Portrait einer nordhessischen Kleinstadt. – In: JbLKa 1974, S. 44–46

3761. Chronik von Griesheim. Ffm.: Presse- u. Informationsamt [1976]. 4 Bl. (Stadtinformation)

3762. Festschrift anläßlich der 900-Jahrfeier des Ortsteiles Grifte der Gemeinde Edermünde 1074–1974 18.–26. August 1974. Edermünde 1974. 63 S. m. Abb.

3763. Wollenhaupt, Gustav: Beiträge zur Geschichte der Stadt Großalmerode und familienkundliche Nachrichten. T. 1. 2 Großalmerode, Postfach 1147: Selbstverl. d. Verf. 1974–1975

3764. 600 Jahre Almerode. 200 Jahre Stadt Großalmerode. Heimatfest 1975 vom 7.–16. Juni. Großalmerode 1975. 28 S. m. Abb.

3765. Großauheim. Heimatbuch z. 1150jähr. Bestehen im Auftr. d. Gemeinde hrsg. von Mathilde Hain. 2., erw. Aufl. Frankfurt a.M.: Kramer 1969. 312 S.

3766. Kurzschenkel, Heinrich u. Karl, u. Alois Wilhelm Funk: Mainzer Rad und Pilgermuscheln. Ges. Studien z. Großauheimer Gesch. u. Volkskde. Hrsg. v. Magistrat d. Stadt Hanau. Frankfurt: Kramer [in Komm.] 1976. 304 S. m. 5 Abb., 2 Kt., 1 Faltkt. u. 8 Taf.

3767. Herdmenger, Johannes: Aus Groß-Auheims Vergangenheit. Ein lohnendes Studienobjekt zur Heimatforschung. – In: HHGiess 1975, S. 8

3768. 1150 Jahre Großenlüder. Werden u. Wachsen einer Gemeinde in Vergangenheit u. Gegenwart. Festschrift aus Anlaß d. 1150-Jahr-Feier v.

1.–8. Sept. 1973. Hrsg. v. d. Gemeinde Großenlüder. Texte: Paul S c h l i t - z e r [u.a.] Fotos: Rolf K r e u d e r [u.a.] Idee, Gestaltung, Gesamtred.: Paul S c h l i t z e r. Fulda 1973: Parzeller. 123 S. m. Abb.

3769. W o l f, Dieter: G r o ß - K a r b e n. – In: 5 Jahre Stadt Karben. Karben 1975, S. 25–30

3770. G r o ß k r o t z e n b u r g. Eine Dokumentation z. 800-Jahr-Feier 1975 [Festschrift]. Hrsg. v. Gemeindevorstand. Bearb. von Alfred D i e l [u.a.] Großkrotzenburg 1975. 205 S. m. Abb.

3771. G r o ß - Z i m m e r n, Klein-Zimmern. Beitrr. zur Entwicklung in Vergangenheit u. Gegenwart. Hrsg. von d. Gemeindevorstand der Gemeinde Groß-Zimmern anläßl. d. 700-Jahrfeier 1976. Großzimmern 1976. 335 S., 28 Taf. [S. 32–40: Wilhelm L a c h n i t: Zimmern in der Dreieich; S. 42–48: Ders.: Die erste bekannte urkundl. Erwähnung d. Ortes „Zymmern"; S. 116–172: Walter T h ü n k e n: Groß-Zimmern im 19. u. 20. Jh.; S. 327–331: Ulrich P l e t t e n b e r g: Das Sanierungsgebiet „Ortskernerneuerung" in Groß-Zimmern]

3772. E c k h a r d t, Albrecht: Groß-Zimmern in seiner geschichtl. Entwicklung. – In: Odw 23. 1976, S. 75–95

3773. F u n k, Kurt: G r ü n b e r g, Text: Kurt Funk, Bild: Günther H a l b i c h. Frankfurt a.M.: Weidlich 1975. 71 S. m. Taf.

3774. S t i k a, Hermann: Grünberg in alten Ansichten. Hrsg. Stadt Grünberg. Zaltbommel, Niederlande: Europäische Bibliothek 1975. 76 S.

3775. B e t h k e, Martin: An Grünberg zog die große Welt vorbei. Aus d. Gesch. d. Stadt. – In: HHGiess 1974, S. 45–48

3776. D i e h m, Götz: Wo Fortschritt sich mit Tradition verbindet. 5 Jahre Großgemeinde Grünberg mit 14 Stadtteilen. – In: GiessKrKal 11. 1976, S. 33–40

3777. G r ü n d a u intern. Jb f. d. Ortsver. 1972/73. Eine Zsstellung v. rund 60 Dokumenten über d. Werden unseres Ortsver., seine Schwierigkeiten u. Erfolge seit seiner Gründung. Red.: Norbert B r e u n i g. Gründau: Ortsvereinsvorstand d. SPD 1974. 111 S.

3778. E r n s t, Eugen: Die Altstadtsanierung in G u d e n s b e r g, Bez. Kassel, im Blick auf geogr. Lernziele. Ein Planungsspiel. – In: GR 25. 1973, S. 178–193

3779. G u n d e r s h e i m 769–1969. Aus d. Gesch. e. rheinhess. Weindorfes. Festschrift z. 1200-Jahr-Feier. Gundersheim: Gemeindeverwaltung 1969. 79 S. m. Abb.

3780. H e c k, Erwin: Gundersheim – im Wandel der Zeit. – In: HJAlWo 13. 1973, S. 381–385

3781. N e l i b a, Erich: Vor 75 Jahren wurde G u s t a v s b u r g zu einem Ort. – In: Burg 30. 1974

3782. Wenke, Otto u. Claus Daschmann: Chronik von Ginsheim-Gustavsburg. Ginsheim-Gustavsburg: Gemeinde 1976. 179 S. zahlr. Ill.

3783. Dörr, Karl-Heinz: Aus der Vergangenheit Haarhausens. Die älteste Urkunde stammt aus 1354. – In: HGiess 1975, Nr 50

3784. Söhngen, Wilhelm: Geschichte der Stadt Hachenburg. Zugleich Festschrift zur 600jahrfeier d. Stadt. Neudr. T. 1. [Mehr nicht erschienen.] Wiesbaden: Söhngen 1973. 437 S. m. Abb.

3785. Stahl, Karl Joseph: Hadamar. Stadt u. Schloß. Eine Heimatgesch. anläßl. d. 650-Jahrfeier d. Stadtrechtsverleihung an d. Stadt Hadamar 1974. Hadamar: Magistrat 1974. 305 S. [Nebst] Beih. 1. Personenreg. 1974. 2. Ein Hadamarer Zunftbuch d. Faßbender, Schreiner, Schlosser, Glaser u. Spengler in d. J. 1703–1785. 1975. 3. Erstes Kopulationsbuch d. Stadt Hadamar. 1575–1663. 1975. 4. Erstes Totenregister d. Stadt Hadamar 1583–1658. 1975.

3786. Seibert, Horst: Ansichten über Hähnlein. Aus Originaldokumenten ausgew. u. komm. Fotos von Horst Karl. Hähnlein: Evang. Kirchengemeinde 1973. 52 S. m. zahlr. Abb.

3787. Bücking, Heinrich: Taunusstein-Hahn. Mit 9 Abb. – In: HJUTs 1974, S. 113–122

3788. Haiger. Stadt im grünen Mittelpunkt. Zentral zu allen Brennpunkten. Haiger: Magistrat [1972]. 39 S. m. Abb.

3789. Löber, Karl: Haiger. Stadt u. Raum. Aus Gesch. u. Volkskde d. Stadt am nordöstl. Westerwaldrand. Mit 3 Abb. u. 2 Ktn. – In: Ww 67. 1974, H. 3, S. 5–11

3790. 800 Jahre Haitz 1173–1973 [Festschrift]. Festtage v. 7. Sept. bis 10. Sept. 1973. Gelnhausen-Haitz 1973. 18 ungez. Bl. m. Abb. [Darin: H. Christe: Chronik von Haitz]

3791. Scheffer, F[ritz]: Haldorf. Die Gesch. eines Bauerndorfes u. seiner Bewohner. Göttingen 1972. e, 132, XII, A 57 S.

3792. Dielmann, Karl: Hanau am Main, mit Philippsruhe u. Wilhelmsbad. Bildführer. Fotos Wolfgang Arnim Nagel. 3. Aufl. Hanau: Kuwe-Verl. 1971. 72 S. m. 40 Abb.

3793. Hanau an dem Main. Einst u. jetzt. Bearb.: Peter Ansinn [u.a.] Hanau: Selbstverl. P. Ansinn 1976. 79 S. m. zahlr. Abb.

3794. Martin, Hans: Hanau – Zentrum im Main-Kinzig-Kreis. Mit Abb. – In: Main-Kinzig-Kreis. Oldenburg (Oldb.) 1976, S. 192–197

3795. Rosenbohm, Rolf: Das Ackerbuch der Bodeckischen Güter in Harheim. Siegel d. Harheimer Dorfgerichtes u. d. Schutzheilige d. Gotteshauses. Mit 1 Abb. – In: Tchr. 3. 1975, Nr 1, S. 4

3. Einzelne Orte 293

3796. 900 Jahre H a r l e s h a u s e n. 1074–1974. Festchronik. Kassel-Wilhelmshöhe: Thiele u. Schwarz 1974. 124 S. m. Abb.

3797. H u t h , Karl: H a r t e n r o d in Geschichte und Gegenwart. Hrsg. v. Gemeindevorstand Hartenrod. Wetzlar: Wetzlardruck 1974. 96 S. m. Abb.

3798. M e n n i n g e n , Berthold: Aus der Geschichte H a s s e l b a c h s. – In: 90 Jahre Männergesangver. 1885 „Liederkranz" Hasselbach. Festschrift zum 90-jähr. Vereinsjubiläum. 1975, S. 39–59

3799. L i s t m a n n , Heinrich: Aus der Geschichte von H a t t e n r o d. – In: HHGiess 1976, S. 45–47

3800. L a u n s p a c h , Willi: Aus der 750jährigen Geschichte der alten Gemeinde Hattenrod. – In: HGiess 1976, Nr. 38

3801. Kasper's Einwohner-Adreßbuch Stadt H a t t e r s h e i m. Nach amtl. Unterlagen. 1974. Köln: Kasper 1974

3802. H e r t l i n g , Edmund: Ein Beitrag zur Ortsgeschichte von H a u s e n ü b e r A a r. – In: 100 Jahre Männergesangver. „Union" 1875 Hausen über Aar [Festschrift]. 1975

3803. G e e s e , Wilhelm: H e i l i g e n r o d e 850 Jahre. 1123–1973. Eine Chronik d. Dorfes. Nach Archivquellen bearb. Hrsg. v. Gemeindevorstand Niestetal. Niestetal 1973. 243 S. m. zahlr. Abb.

3804. H e l f e r s k i r c h e n in Vergangenheit und Gegenwart. Wissenswertes, Lesenswertes, Bedenkenswertes aus d. Gemeinde, über d. Gemeinde, f. d. Gemeinde. Hrsg. von Alfred S c h i l l i n g. Helferskirchen: Gemeindeverwaltung. 1. 1973, Nr 3: Chronik d. Pfarrei Helferskirchen. 3. 1975, Nr 5: Schulchronik Helferskirchen.

3805. S c h m i d t , Hermann: Beiträge zur Geschichte der Stadt, der Reichsabtei und der Kunstwerkstätten H e l m a r s h a u s e n. 2. Aufl. Stadt Bad Karlshafen 1975. 56 S.

3806. Kasper's Einwohner-Adreßbuch Stadt H e p p e n h e i m. Nach amtl. Unterlagen. 1972 ff. Köln: Kasper 1972 ff.

3807. Das H e r b o r n e r Urkundenbuch. Schriftl.: Walter B a u m a n n . 1–3. Herborn: Geschichtsver. Herborn 1968–75

3808. H e r l e s h a u s e n 1748. Bearb. von Erich M a r s c h. Marburg/Lahn & Witzenhausen: Trautvetter & Fischer 1976. 48 S. (Hessische Ortsbeschreibungen 12)

3809. Z i e g l e r , Elisabeth: Daten aus H e r s f e l d s reicher Geschichte. Vor 1200 Jahren – vor 50 Jahren. – In: HJH 1975/76, S. 50–57

3810. Z i e g l e r , Elisabeth: Ein geschichtliches Jubiläum. Erste urkundliche Erwähnung Hersfelds am 5. Januar 775. – In: MHl 26. 1974/75, S. 49–50

3811. R a u c h e , Bernhard: ... Die Ehrenplakette der Stadt Bad Hersfeld und ihre 20 Träger. – In: HJH 1975/76, S. 63–69

3812. H e s s i s c h  L i c h t e n a u  1779. Hrsg. Georg H e y n e r . Marburg: Trautvetter & Fischer 1964. 40 S. (Hess. Ortsbeschreibungen 6)

3813. K l u g e , Kläre: Bad Schwalbach – Stadtteil H e t t e n h a i n . – In: HJUTs 27. 1976, S. 115–117 m. 1 Abb.

3814. D i e h m , Götz: H e u c h e l h e i m . Industriegemeinde mit starkem Selbstbewußtsein. – In: GiessKrKal 10. 1975, S. 33–38

3815. H e u s e n s t a m m . Lebendige Stadt im Bild. Ville pleine de vie par l'image. A lively town in pictures. Hrsg.: Heimatver. Heusenstamm. Heusenstamm 1971: Decker & Wilhelm. 126 S. [Bildbd]

3816. Kahlschlag im H i l c h e n b a c h e r  Stadtbild. 10 Häuser müssen d. Sanierung weichen. Städtebaulicher Verlust. Mit 3 Abb. – In: UHl 43. 1975, S. 139–140

3817. M o r i t z , H. D.: H i r z e n h a i n . – In: WeKrKal 1. 1975, S. 71–74

3818. H a r t m a n n , Michael: H o c h h e i m  in alten Ansichten. Die Weinstadt Hochheim in alten Ansichtskt. u. Bildern. Zaltbommel: Europ. Bibliothek 1976. 90 ungez. S.

3819. Hochheim im Zeitgeschehen. – In: HoM 492. 1975, S. 51–55

3820. 1000 Jahre H ö c h s t  im Kinzigtal [Festschrift]. Red.: Josef Worms [u.a.] Gestaltung: Festbuchausschuß d. Jubiläumsausschusses 1000 Jahre Höchst. Zeichn. Günter S c h m i d t  [u.a.] Höchst: Festbuchausschuß 1976. 286 S. m. Abb. [S. 12–17: Aus d. Vor- u. Frühgesch. unserer Heimat. 18–99: Die Gesch. von Höchst beginnt. 115–122: W o r m s , Josef: Die Bürgermeister- u. Gemeindewahlen in Höchst. 158–214: Höchst.]

3821. S [ c h ä f e r ] , R[udolf]: Synoptische Geschichtstafeln. – In: FHöSchl 18. 1974, S. 41–44 [H ö c h s t  a.M.] [Zsstellung einiger Daten aus: Lerner, Franz: Synopt. Tabellen z. Frankfurter Gesch. 1951]

3822. S [ c h ä f e r ] , R[udolf]: Höchst am Main wird Stadt in Pisa. – In: FHöSchl 1975, S. 44–45

3823. Die Eingemeindung von Höchst im Jahre 1928. – In: 125 Jahre Höchster Kreisblatt. (Höchster Kreisbl. 1974, Nr 246, Beil.) S. 16

3824. S c h ä f e r , Rudolf: Schwere Jahre auch für den Stadtteil Höchst nach dem Krieg. – In: 125 Jahre Höchster Kreisblatt. (Höchster Kreisbl. 1974, Nr 246, Beil.) S. 18

3825. S [ c h ä f e r ] , R[udolf]: Höchst am Main und Hoechst AG. Mit 5 Abb. – In: FHöSchl 18. 1974, S. 31–37

3826. S [ c h ä f e r ] , R[udolf]: Kontakte aus vier Jahrhunderten zwischen Belgien und Höchst. – In: FHöSchl 18, 1974, S. 40

## 3. Einzelne Orte

3827. Das neue Bezirksbad Höchst. Eröffnung 16. Okt. 1976. Ffm.: Magistrat d. Stadt 1976. 30 S.

3828. H e l s p e r , Hans: H ö h n in alten Zeiten. Mit 2 Abb. – In: Ww 68. 1975, H. 1, S. 15–17

3828a. J ä g e r , Herbert: Die Stadt H o f g e i s m a r um das Jahr 1780. – In: HeG 77. 1976, S. 106–107

3829. A n d r a e , Peter: Die Stadt Hofgeismar, wie sie sich uns heute zeigt. – In: JbLKa 1974, S. 25–27

3830. R ü h l , Günter: H o f h e i m in alten Ansichten. Zaltbommel: Europäische Bibliothek 1976. 40 ungez. Bl. m. 76 Abb.

3831. Schloß am Kellereiplatz wohl ältestes Gebäude. Name Hofheim wird erstmals 1294 urkundl. erwähnt. – In: 125 Jahre Höchster Kreisblatt (Höchster Kreisbl. 1974, Nr 246, Beil.) S. 34. 38

3832. B a a s , Friedrich-Karl: H o l z h a u s e n / Rhw. vor 120 Jahren – Holzhausen heute. – In: HeG 75. 1974, S. 31–33

3833. S t u r m , Erwin: 1200-Jahr-Feier in H o l z k i r c h e n . – In: BuBll 48. 1975, S. 41–42. 47–48

3834. K a i s e r , Erich: Ein Städtchen (H o m b e r g a. d. Efze) singt sein altes Lied. 3. Aufl. Homberg [1974]. 96 S., 8 Taf.

3835. Homberg. Studien, zeitgenössische Berr. u. hist. Bestandsaufnahmen. Red. Ausschuß Erich K a i s e r [u.a.] Homberg: Zweigver. Homberg an d. Efze d. Ver. f. hess. Gesch. u. Landeskde 1974. 133 S. (Homberger Hefte 12)

3836. Homberg. Erforschtes u. Erlebtes. Hrsg. v. Zweigver. Homberg an d. Efze d. Ver. f. Hess. Gesch. u. Landeskde. Red.: Erich K a i s e r . Homberg an d. Efze 1976. 94 S. m. Abb. u. 1 Kt. (Homberger Hefte 17)

3837. D ö r r , Karl-Heinz: Ein Blick in die H o m b e r g e r Geschichte. – In: HGiess 1976, Nr. 9 [Homberg a. d. Ohm]

3838. Adreßbuch für Bad H o m b u r g v. d. H. Mit Dornholzhausen, Ober-Eschbach u. Obererlenbach u. Stadt Friedrichsdorf mit d. Ortsteilen Burgholzhausen, Friedrichsdorf, Köppern u. Seulberg. Hrsg.: Taunus-Adreßbuchverl. A. Krebs. 1974 ff. Essen: Beleke 1974 ff.

3839. O c h s , Günther: Straßenverzeichnis der Stadt [Homburg v. d. H.] mit Erläuterungen. Neu überarb. von Hilde M i e d e l . Stand v. 1. Nov. 1975. – In: AHo 19. 1976, S. 71. 90–91. 110–111. 150–151. 190–191. 211; 20. 1977, S. 11 [Erschien auch selbständig: Bad Homburg v. d. H.: Magistrat 1975, 44 Bl., 1 Kt.]

3840. B a e d e k e r , Karl: Bad Homburg. Stadtführer. Freiburg/Br.: Baedeker 1975. 59 S. m. Abb.

3841. L o t z , Friedrich: Geschichte der Stadt Bad Homburg vor der Höhe. Hrsg. v. Magistrat d. Stadt Bad Homburg v. d. H. Bd 2. Die Landgrafenzeit. Frankfurt a. M.: Kramer 1972. 454 S., Abb.

3842. Sechs Jahrhunderte in Dokumenten des Stadtarchivs. Eine Auswahl von Urkunden, Schriften u. Bildern zur Geschichte Bad Homburgs vom 14.–19. Jh. Zus.stellg., Texte u. Gestaltg. d. Ausstellung: Hilde M i e d e l . Bad Homburg v. d. H. 1974. 8 S. [Maschinenschriftl. vervielf.; 2. Aufl. 1975]

3843. Bad Homburg v. d. H. Rund um d. Weißen Turm. [Fotos: Erich G u n k e l . Vignetten: H. Freder]. 4. Aufl. Bad Homburg v. d. H.: Kulturverl. Bethge 1973. 64 S. m. Abb.

3844. G u n k e l , Erich: Sonnentage in Bad Homburg. Frankfurt a. M.: Kramer 1975. 108 S.

3845. K l e i n , Armin: Ansprache zur Einweihung des Stadthauses am 15. Mai 1974. – In: AHo 17. 1974, S. 98–100. [Bad Homburg v. d. Höhe]

3846. K l e i n , Armin: Zur Einweihung des neuen Verwaltungsgebäudes der Stadtwerke und des Katasteramtes Bad Homburg am 16. Oktober 1974. Mit 1 Abb. – In: AHo 17. 1974, S. 173–177

3847. A s s m a n n , Helmut: Porträt einer Stadt – H ü t t e n t a l . Hüttental: Stadt Hüttental 1973. 76 Bl. m. zahlr. Abb.

3848. H a r d e s , Werner: Aus H ü t t e n t h a l s Vergangenheit. – In: HErb 1974, Nr 6, 7, 8; 1975, Nr 1–2

3849. E i c h h o r n , Rudi: I b a im Richelsdorfer Gebirge. – In: HeG 75. 1974, S. 18–19

3850. B o e t t g e r , Gerd Hermann: I d s t e i n um die Jahrhundertwende. 3000 Einwohner, 364 Häuser, 116 368 Mark Etat. In: HJUTs 27. 1976, S. 99–104

3851. 925 Jahre Gemeinde I h r i n g s h a u s e n [Festschrift]. Von Oskar Schade [u. a.] Ihringshausen 1968

3852. B u r g e r , Alexander: Streiflichter aus I n g e l h e i m s Vergangenheit. Ingelheim: Hist. Ver. 1968. 56 S. m. Abb. (BIG 18)

3853. W e y e l l , Franz: Ingelheimer Mosaik. Ingelheim: Hist. Ver. 1970. 80 S. m. Abb. (BIG 20)

3854. Ingelheim am Rhein 774–1974. Gesch. u. Gegenwart. Hrsg. von François L a c h e n a l u. Harald T. W e i s e . Ingelheim a. Rh.: Boehringer 1974. 468 S. m. zahlr. Abb. [S. 63–75: Ludwig P e t r y : Der Ingelheimer Grund vom 14. bis zum 18. Jh.; 77–88: Karl Heinz H e n n : Ingelheim auf d. Weg ins 20. Jh.; 89–101: Bernd L u d w i g : Ingelheim in seiner Stadtwerdung unter d. Einfluß d. Industrie; 121–392: Harald K o h t z : Stichwort Ingelheim (Name, I. in d. Sage, I. in Nachschlagewerken, im hist. Geschehen, I. in d. Reise-Literatur, Dichter über I., als Schauplatz in d. Dichtung)]

## 3. Einzelne Orte

3855. D i e h l , Wolfgang: Ingelheimer Chronik 1899–1950. Auszüge aus Ingelheimer Zeitungen. Offenbach a.M.: Giese 1974. 241 S.

3856. M e y e r , Otto: Festschrift anläßlich der Einweihung des Bürgerhauses in J e s b e r g am 17. August 1974 sowie Chronik verbunden mit geschichtlichen Längsschnitten und Kartenskizzen. Jesberg: Gemeindeverwaltung 1974. 108 S. m. Abb.

3857. Adreßbuch der Gemeinde J ü g e s h e i m . Auf Grund amtl. Unterlagen d. Gemeindeverwaltung Jügesheim. 1971/72 ff. Offenbach a.M.: Bintz & Dohany 1971 ff.

3858. 5 Jahre Stadt K a r b e n . Beitrr. zur Gegenwart u. Vergangenheit einer Stadt. Texte: Hist. Komm. Red.: Helmut H e i d e . Karben: Magistrat 1975. 101 S. (Karbener Hefte 2) [S. 7–15: Paul S c h ö n f e l d : Karben, Stadt im Aufbruch]

3859. M ö h r l e , Wilfried: Städtebauliche Entwicklungsmaßnahme Karben. Erstellt in d. Abt. Wirtschaftsforschung u. Regionalplanung. Wiesbaden: Hess. Landesentwicklungs- u. Treuhandges. mbH 1974. 29,4 Bl.

3860. D e s e l , Jochen: 275 Jahre K a r l s h a f e n . Vortrag... – In: HH N. F. 24. 1974, S. 217–219

3861. J ä g e r , Herbert: Aus Karlshafens Gründungszeit. – In: HeG 77. 1976, S. 14

3862. K a s s e l und Wilhelmshöhe. Ein Führer f. Gäste u. Bürger. Hrsg. in red. Zsarb. mit d. Stadt Kassel. Verantwortl. f. d. Text Kurt S c h a d e ... Neuausg. Kassel-Wilhelmshöhe: Bärenreiter-Verl. 1976. 144 S. m. Abb., 1 Kt. [Erstausg. 1974, 141 S.]

3863. Unsere Stadt Kassel. Red.: Klaus B e c k e r u. Rudolf S i e b e r t . Kassel: Magistrat 1976. 46 S. m. Abb.

3864. F r e n z , Wilhelm: Die politische Entwicklung in Kassel von 1945–1969. Eine wahlsoziologische Untersuchung. Meisenheim am Glan: Hain 1974. 463, [88] S. m. Abb. (Marburger Abhandlungen zur Politischen Wissenschaft 24) Ersch. auch als Phil. Diss. Marburg 1972

3865. Kasseler Statistik. Hrsg. v. Statist. Amt u. Wahlamt d. Stadt Kassel. 1971 ff. Kassel [1973] ff.

3866. Wahl zur Stadtverordnetenversammlung. Kassel. 1972. Wahl z. 7. Dt. Bundestag 1972 in Kassel. Hrsg. v. Magistrat d. Stadt Kassel, Dezernat f. Wirtschaft u. Verkehr. Kassel [1976]. 197 S. m. Kt. (Kasseler Statistik Sonderh. 9)

3867. Landtagswahl in Kassel 1974. Hrsg. v. Magistrat d. Stadt Kassel, Dezernat f. Wirtschaft u. Verkehr. Kassel 1975. 90 S. m. Kt. (Kasseler Statistik Sonderh. 10)

3868. M e t z , Ernst Christopher: Bilder aus Kassel. Kulturgeschichtl. Dokumentationen. Kassel: Lometsch 1974. 8 ungez. Bl. m. Abb.

3869. M ö t z i n g , Kurt: Die natürlichen Voraussetzungen für die Entstehung der Urzelle der Stadt Kassel. – In: HeG 77. 1976, S. 72–73

3870. D e m a n d t , Karl Ernst: Kassel und Marburg. Ein hist. Städtevergleich. Marburg/L., Witzenhausen: Trautvetter & Fischer 1975. 35 S., 2 Bl. Abb. (Marburger Reihe 7)

3871. C o o r d e s , Carsten: Private und öffentliche Steuerungsinstrumente der Stadtentwicklung. Mit 7 Abb. – In: Regionalpolitik am Wendepunkt? Wiesbaden 1976, S. 115–127 [Beispiel: Kassel]

3872. E m m e n t h a l , Wolfgang, u. Volker K l i e m t : Zeit- und Maßnahmenplan für die Entwicklungsmaßnahme Kassel/Lohfelden. März 1976. Wiesbaden: HLT Ges. f. Forsch., Planung, Entwicklung mbH 1976. 5,6 Bl., 1 Pl.

3873. [Festschrift] 976–1976. 1000 Jahre K a s s e l [Main-Kinzig-Kr.] und Wirtheim [Festschrift]. Hrsg. v. d. Gemeinde Biebergemünd anläßl. d. 1000-Jahrfeier unter Mitwirkung d. Geschichtsver. Gelnhausen. Bilder: Wolfgang B r u n n e r . Biebergemünd 1976. 190 S. [S. 4–29: Karl S c h r e i b e r : Aus d. Geschichte]

3874. K a u b . Eine kleine Stadt mit großer Gesch. Hrsg.: Stadtverwaltung Kaub. Verantwortl. f. d. Inhalt: Arthur E u l e r . Koblenz: Druckhaus Koblenz 1974. 68 S. m. Abb.

3875. Festschrift aus Anlaß der 1100-Jahr-Feier der Stadt K e l k h e i m und Festprogramm für die Veranstaltungen in der Festwoche am 23. August–1. September 1974. Kelkheim: Magistrat 1974. 26 S. m. Abb. [S. 6–7: K l e i p a , Dietrich: Die Ersterwähnung v. Hornau, Kelkheim u. Münster]

3876. Kelkheim feiert Geburtstag. Ein Bildbuch über d. 1100-Jahrfeier v. 23. Aug. – 1. Sept. 1974. Kelkheim: Arbeitsgruppe Kelkheimer Ztg 1974. [110] S. m. zahlr. Abb. (Fotografenteam: Thomas Smith & Co.)

3877. Kelkheim im Taunus. Die moderne Möbelstadt im Grünen mit 1100 Jahren Gesch. Kelkheim: Magistrat [1974]. 10 gez. Bl. m. zahlr. Abb.

3878. Kelkheimer Geschichte in Zahlen. – In: 125 Jahre Höchster Kreisblatt. (Höchster Kreisbl. 1974, Nr 246, Beil.) S. 46–47

3879. S c h n e i d e r , Ernst: Die „neue Handelsstadt und Festung" K e l s t e r b a c h anno 1698. – In: HspGer 1975, Nr 7, 8

3880. Kelsterbach gastliche Stadt am Main [Hrsg.: Magistrat d. Stadt Kelsterbach. Text: Heinrich H o f f m a n n ]. Kelsterbach: Context-Verl. [1971?]. 48 S. m. Abb.

3881. L o o s , Josef: Vom Dorf zum modernen Stadtteil. – In: HJMBi 17. 1973, S. 45–47 [Bingen- K e m p t e n ]

3882. L o o s , Josef: Die vier Kempten. – In: HMRh 21. 1976, Nr 5/8, S. 2–3 [Betr. u.a. Bingen-Kempten]

## 3. Einzelne Orte

3883. D i e h m , Götz: K e s s e l b a c h s [Kr. Gießen] Weg in eine bessere Zukunft. Doch älter als 700 Jahre? Immer Gemeinschaft mit Londorf. – In: GiessKrKal 10. 1975, S. 41–43

3884. H e i l h e c k e r , Adolf: K e s s e l b a c h [Untertaunus]. Informationen über ein Untertaunusdorf. Mit 1 Abb. – In: HJUTs 27. 1976, S. 105–110

3885. S t a a b , Josef: K i e d r i c h im Rheingau. T. 1–2. – In: RhgHbr 93. 1975, S. 14–16; 94. 1975, S. 11–14

3886. S i e m s , Siegfried: Kiedrich – gotisches Weindorf mit Charme. – In: WiL 25. 1976, 5, S. 22–23 m. 2 Abb.

3887. S t a a b , Josef: Baronet Sir John Sutton. Kiedrich: Chorschule 1974. 4 S. [Wohltäter Kiedrichs] [Vgl. MAmrhM 30. 1975, S. 97–99]

3888. E n g e l h a r d , Elmar: Baronet Sir John Sutton, Förderer und Wohltäter in Kiedrich. – In: RhgHbr 91. 1975, S. 2–3

3889. Die Chronik von K i r c h b r a c h t . – In: Festschrift. 40 Jahre Freiwill. Feuerwehr Kirchbracht. 1974, S. 39–55

3890. H a w e l k y , Willy: Ortschronik [ K i r c h - B r o m b a c h . ] – In: Festschrift zum 40jähr. Jubiläum d. DRK-Ortsvereinigung Kirch-Brombach v. 9. bis 12. Juni 1972

3891. G r ü n , Heinrich: Chronik der Stadt K i r c h h a i n . Aufzeichnungen u. gesammelte Nachrr. aus Kirchhains Vergangenheit. Kirchhain 1952. [Unveränd.] Nachruck. Kirchhain 1975. 308 S.

3892. K i r c h h e i m b o l a n d e n 600 Jahre Stadt. Festschrift u. Programm z. Jubiläumsjahr. Kirchheimbolanden: Stadtverwaltung 1968. 76 ungez. Bl. m. Abb.

3893. E n k e : Aus der Geschichte K i r d o r f s . – In: AHo 17. 1974, S. 102–104. 116–118

3894. H e t t , Heinrich: 1000 Jahre Kampf zwischen Homburg und Kirdorf. – In: AHo 19. 1976, S. 83–84; 20. 1977, S. 49

3895. B r ü c k n e r , Josef: Die Schultheißen und Bürgermeister von Kirdorf nach 1803. – In: AHo 18. 1975, S. 28–29

3896. K l e e n h e i m im Hüttenberger Land. Text: Karl H. G l a u m . Hrsg.: Gemeinde Kleenheim. Wetzlar 1974. 14 ungez. Bl., 88 Abb. [Kleenheim ist durch den Zusammenschluß der Gemeinden Ober- und Niederkleen entstanden]

3897. W o l f , Dieter: K l e i n - K a r b e n . – In: 5 Jahre Stadt Karben. Karben 1975, S. 35–38

3898. S e d l a t s c h e k , Gerhard: 800 Jahre K l e i n - K r o t z e n b u r g . 1175–1975. [Mitarb.:] Werner Zilg. Klein-Krotzenburg: Gemeinde Klein-Krotzenburg 1975. 183 S. m. zahlr. Abb.

3899. Felber, Edmund: Kloppenheim. – In: 5 Jahre Stadt Karben. Karben 1975, S. 41–43

3900. Weißbecker, Karl, Rudolf Krönke: Die Festung Königstein im Taunus. Kurze Gesch. d. Stadt u. Burg Königstein u. Beschreibung d. Festungsruine. 4. Aufl. Königstein/Ts: Ver. f. Heimatkunde 1974. 24 S. m. Abb.

3901. Stöhlker, Friedrich: Gedanken zur Gründungsgeschichte Königsteins. Mit 1 Abb. – In: FBKö 1974, S. 9–13

3902. Stöhlker, Friedrich: Königin Christine von Schweden in Königstein vom 5. bis 7. Oktober 1655. Gedanken zu e. hist. Ereignis in unserer Stadt. Mit 1 Abb. – In: FBKö 1976, S. 15–29

3903. Hellwig, Wilhelm: Stadtentwicklung am Beispiel Korbach. Text u. Zsstellung: Wilhelm Hellwig. Vorbemerkungen: Hans-Joachim Volkmer. Frankfurt a.M.: Staatl. Landesbildstelle Hessen 1976. 21 S. (Farblichtbildreihe H 94, Beih.)

3904. Stamm, Karl: Kostheim. Kurzgefaßte Gesch. Kostheim: Heimatver. 1974. 32 S. (Schriftenreihe d. Heimatver. Kostheim e.V. 1)

3905. Taranczewski, Bernhard: Beiträge zur Geschichte und Soziologie von Kriftel. H. 1. Kriftel: Arbeitsgemeinsch. f. Gesch. u. Soziol. 1974. 77 S. m. Abb.

3906. Musterbeispiel guter Planung (Kriftel). – In: 125 Jahre Höchster Kreisblatt. (Höchster Kreisblatt. 1974, Nr 246, Beil.) S. 31–32

3907. Leib, Jürgen: Krofdorf-Gleiberg zwischen Tradition und Fortschritt. Heimatbuch zur 1200-Jahrfeier d. Gemeinde Krofdorf-Gleiberg. Gießen 1974: Brühl. 688 S., 92 Abb., 1 Kt.

3908. Leib, Jürgen: Uralte Dörfer. Zu den 1200-Jahr-Feiern im Wetzlarer Land. Mit Abb. – In: HLD 1974. Nr 46, S. 1–2 [Betr. insbes. Krofdorf]

3909. Kronberg. Ein Führer durch d. Stadt im Taunus. In Zsarb. m. d. Stadt Kronberg hrsg. v. Ver. f. Gesch. u. Heimatkde Kronberg e. V. Frankfurt a.M.: Kramer 1974. 96 S. m. Abb.

3910. Ronner, Wolfgang: Als Kronberg hinter Mauern lag. Mit e. Nachw. von Helmut Bode. Zeichn. von Joachim Romann. F. 1. Frankfurt a.M.: Kramer 1975. 111 S.

3911. Jung, Wilhelm: Heimatliches Allerlei ab Anno dazumal im Mai. Kronberg: Selbstverl. 1976. 148 S. m. Abb. [Betr. Kronberg]

3912. ABC der Stadt Lahn. Verantwortl.: Bernd Schneider. Lahn: Zweckverband „Gründungsverband Stadt Lahn" 1976. 120 S. m. 1 Abb.

3913. Stöhner, Ulrich Klaus, u. Karl-Bernhard Netzband: Stadtentwicklungsplanung Stadt Lahn. Vorstudie. März 1976. Wiesbaden: HLT Ges. f. Forsch., Planung, Entwicklung mbH 1976. 51 Bl.

## 3. Einzelne Orte

3914. L a m p e r t h e i m . Unsere kleine Stadt. Hrsg. im Auftr. des Magistrates d. Stadt Lampertheim mit Unterstützung d. Arbeitskreises Heimatforschung u. Heimatpflege. Red. Heinrich Friedrich K a r b . Lampertheim 1974: Industrie- u. Werbedr. 123 S. m. zahlr. Abb. [Bildbd]

3915. K a r b , Heinrich Friedrich: Die Lampertheimer Eiskeller. – In: LaHbll 1976, Nr 17

3916. H i l b r i g , Wilfried: Flur und Dorf L a n d e n h a u s e n , Ortsteil von Wartenberg/Hessen. Lauterbach: Hohhausmuseum u. Hohhausbibliothek 1976. 238 S. m. Abb. u. Pl. (Lauterbacher Sammlungen 59)

3917. B a e u m e r t h , Karl: Alt- L a n g e n in Bildern. 6070 Langen, Friedrichstr. 14: K. Baeumerth 1974. 7 ungez. Bl. [Bildbd] (Schriften z. Langener Stadtgesch. 1)

3918. N e u s e l , Manfred: Langen 1819. Häuser u. ihre Besitzer. 6070 Langen, Mierendorfstr. 4: Neusel 1976. 50 S. m. Abb. u. Kt.

3919. Stadt Langen. Altstadt. Bestandsaufnahme. Aufgest. durch d. Stadtbauamt Langen. Langen 1974. 21 Bl, 15 Pl. Abb.

3920. T s c h e r n i c h , Wolfgang: Das Kirschendorf L a n g e n t h a l . [Ortsteil von Trendelburg im Landkreis Kassel.] – In: HeG 77. 1976, S. 74

3921. B a y e r , Johann: Zur Geschichte der Gemeinde L a n g - G ö n s : Gemeinde 1976. 203 S. m. Abb.

3922. P u h l , Reinhard K.: Lang-Göns. Vor d. Bildung d. Großgemeinde. Unter Mitarb. von Johann B a y e r , Heinz U l m u. d. Ortsvereinen. Lang-Göns: Gemeinde Lang-Göns 1976. 42 S. m. Abb. u. Kt.

3923. D i e h m , Götz: Lang-Göns, neue Großgemeinde und schon 1200 Jahre alt. – In: GiessKrKal 11. 1976, S. 81–82

3923a. L a u b a c h . Geschichte der Stadt in Bildern. Text: Trautel M e r l . Fotos: Richard S e m m l e r , Trautel Merl. Laubach: Selbstverl. Merl u. Semmler, 1976. [Bildbd mit 156 Abb. und Zwischentexten]

3924. H ä n s g e n , Ernst: 1200 Jahre L a u f d o r f . Wetzlar [1976]: Wetzlardr. 189 S. m. Abb.

3925. Vom Bauerndorf über Arbeiterwohngemeinde zur Industriegemeinde. Laufdorfs Entwicklung im letzten Jahrzehnt zum Ortsteil d. Großgemeinde Schöffengrund. Mit 1 Abb. – In: 60-jähr. Vereinsjubiläum. Turn- u. Sportver. 1912 Laufdorf [Festschrift]. 1972, S. 53–56

3926. R u n g e , Carola, u. Kurt V o l l m ö l l e r : L a u t e r b a c h , Tor zum Vogelsberg. Fulda: Parzeller [1974]. 39 S. m. Abb.

3927. Stadtentwicklungs- und Flächennutzungsplanung für die Stadt Lauterbach. Im Auftrag d. Stadt Lauterbach durchgeführt v. Planungsbüro Dr.-Ing. Gonsior. Georg Gonsior … Köln 1973. VI, 151 Bl. m. Kt.

3928. Grundsätze des Sozialplans nach § 4(2) StBauFG für die Sanierung der Altstadt von Lauterbach, Hessen. Im Auftr. d. Stadt Lauterbach bearb. v. Planungsbüro Dr.-Ing. Gonsior. Volker W a r l i t z e r [u. a.] Köln 1974. III, 51, 112 Bl.

3929. D i e h m , Götz: In L e i h g e s t e r n wird das Beste angestrebt. Blitzartiger Strukturwandel in traditionsbewußter u. wohlhabender Gemeinde, Anschluß an d. Kreisstadt ist nicht erwünscht. – In: GiessKrKal 9. 1974, S. 54–59 m. Abb.

3930. S c h n o r r , Hans: Verlorene L i c h e r Urkunden. Ein Beitr. zur Gesch. d. Stadt. – In: HHGiess 1975, S. 17–20

3931. W a g n e r , August: Aus den Straßen einer kleinen Residenz. Licher Kulturbilder aus dem 18. Jh. – In: HHGiess 1976, S. 105–107 m. Abb.

3932. A s s u m , Gernot: Aufgaben und Probleme der Sanierung in einer Kleinstadt, dargest. am Beispiel Lich. – In: Vermessungswesen u. Raumordnung. 37. 1975, S. 390–402 m. Abb. u. Bibliogr.

3933. L i e d e r b a c h s wechselvolle Geschichte. Mit 1 Bild. – In: 125 Jahre Höchster Kreisblatt. (Höchster Kreisbl. 1974, Nr 246, Beil.) S. 51

3934. G r o ß m a n n , Georg Ulrich: L i m b u r g an der Lahn. Führer durch d. Stadt u. ihre Gesch. Marburg a. d. L.: Trautvetter & Fischer 1976. 96 S. m. Abb. u. 1 Faltkt.

3935. M a i b a c h , Heinz: Limburg in alten Ansichten. Zaltbommel/Niederlande: Europäische Bibliothek 1976. 44 ungez. Bl. m. 81 Abb.

3936. Limburg. Stadtsanierung, Stadtentwicklung. Limburg: Magistrat 1972. ca. 160 S., Kt.

3937. S c h i r m a c h e r , Ernst: Limburg an der Lahn – Sanierung der Altstadt. Mit Abb. – In: Land an d. Lahn. Mühlheim/M. 1976, S. 107–114

3938. K o h l m a i e r , F. [vielm. Josef]: Sozialplanung Modell Limburg – finanzielle Probleme. Vortrag, geh. im 57. Kurs d. Inst.: „Sozialplanung nach d. Städtebauförderungsgesetz" v. 18.–22. Febr. 1974. Berlin: Inst. f. Städtebau d. Dt. Akad. f. Städtebau u. Landesplanung 1974. 10 Bl.

3939. W e b e r , Hans H.: L i n d e n f e l s , das Bild der Stadt in Vergangenheit und Gegenwart. Lindenfels: Selbstverl. d. Stadt 1975. 130 S. 59 Abb. (Lindenfelser Hefte 2)

3940. B e c h e r , Wolfram: Lindenfels. Ein Knotenpunkt d. frühen Territorialgesch. d. Odenwaldes. Mit Kt. – In: Odw 20. 1973, S. 3–21

3941. K u n z , Rudolf: Materialien zur Geschichte von Lindenfels. – In: GbllBe 9. 1976, S. 205–231

3942. D e m a n d t , Karl Ernst, u. Alexander D e m a n d t : L i n d h e i m e r Chronik. Lindheim; 6472 Altenstadt, Mittelstr. 38: Selbstverl. d. Hrsg. 1975. 86 S. m. Abb. (Schriften d. Altenstädter Ges. f. Gesch. u. Kultur 1)

## 3. Einzelne Orte

3943. S c h l e i c h e r t , Heinrich: L i p p o l d s b e r g /Weser, Gemeinde Wahlsburg. Wahlsburg-Lippoldsberg/Weser: Klosterhaus-Verl. 1972. 50 S.

3944. K u h n i g k , Armin M.: Die erste Erwähnung von L ö h n b e r g . Urkunde v. 24. Juni 1324 über e. Vergleich d. Grafen v. Weilburg u. Dillenburg. Mit 1 Abb. – In: Festschrift zum 75jähr. Bestehen d. Freiwill. Feuerwehr 1901 Löhnberg. 1976, S. 51–55

3945. D i e h m , Götz: Wo der Dom der Rabenau seinen Schatten schlägt. Vom Werden u. Wachsen von L o n d o r f . Zentraler Ort d. Großgemeinde Rabenau. – In: GiessKrKal 9. 1974, S. 35–38 m. Abb.

3946. H e u s o n , Hans-Velten: Aus der Geschichte des 1200jährigen L o r b a c h . – In: BüGbll 8. 1974/75, S. 11–24

3947. S c h u m a c h e r , Walter: L o r s c h . Bilder einer kleinen Stadt. Fotogr. von .., mit e. geschichtl. Einl. von Paul Schnitzer. Lorsch 1976. Einhausen 1976: Atelier Hübner. 168 S. [Bildbd]

3948. S c h n e i d e r , Gerhard: M a a r . Vom Untertanendorf zum Stadtvorort. Maar: Gemeinde 1971. 128 S., zahlr. Abb. [Umschlagt.: Chronik d. Gemeinde Maar]

3949. B a e d e k e r , Karl: M a i n z . Stadtführer. Freiburg im Br. 1975. 147 S. m. Abb. u. Kt.

3950. G e r i c k e , Peter: Mainz. Ill.: de Crignis. München: Bühn [1967]. [156] Bl.

3951. G o t t r o n , Adam: Mainz. 4. Aufl. Mainz: Kunze 1975. [127] S., überwiegend Abb.

3952. Mainz. Mit e. Essay von Ludwig Berger „Mainzer Schicksale", 94 Fotos von Hanne Z a p p - B e r g h ä u s e r [u.a.] Bilderl. von Elisabeth Darapsky. Berlin: Stapp 1975. 132 S. m. Abb.

3953. B e n z , Klaus: Mainz. Bilder aus e. geliebten Stadt. Fotos Klaus Benz. Text: Werner H a n f g a r n . Idee: Hermann S c h m i d t . 2. Aufl. Mainz: Krach 1976. 36, [84] S. überwiegend Abb. [1. Aufl. 1975]

3954. J u n g , Wilhelm: Mainz zwischen Dom, St. Stephan und Holzturm. 3. Aufl. Mainz: Krach 1976. 120 S. m. zahlr. Abb.

3955. D e m a n d t , Dieter: Stadtherrschaft und Stadtfreiheit im Spannungsfeld von Geistlichkeit und Bürgerschaft in Mainz. (11.–15. Jh.) Wiesbaden: Steiner 1977. VII, 186 S. m. Kt. (GLa 15) Zugl. Berlin, Freie Univ., Fachbereich 13 – Geschichtswiss., Diss. 1975

3956. S c h ö n t a g , Wilfried: Stadtherr und Stadtgemeinde im stauferzeitlichen Mainz. – In: BDL 112. 1976, S. 87–105

3957. F a l c k , Ludwig: Mainz in seiner Blütezeit als freie Stadt (1244–1328). Düsseldorf: Rau [1974]. XI, 235 S. m. 1 Kt. (Gesch. d. Stadt Mainz 3)

3958. F a l c k , Ludwig: Das spätmittelalterliche Mainz – Erzbischofsmetropole und freie Bürgerstadt. Vortrag am „Tag d. Landesgesch.", 18. Sept. 1975, in Mainz. – In: BDL 112. 1976, S. 106–122

3959. B a r t h , Reinhard: Argumentation und Selbstverständnis der Bürgeropposition in städtischen Auseinandersetzungen des Spätmittelalters. Lübeck 1403–1408 – Braunschweig 1374–1376 – Mainz 1444–1446 – Köln 1396–1400. Köln: Böhlau 1974. V, 403 S. (Kollektive Einstellungen u. sozialer Wandel im Mittelalter 3) Erschien auch als Hamburg, Univ., Fachbereich Geschichtswiss., Diss. 1975 [2. unveränd. Aufl. 1976]

3960. S c h ü t z , Friedrich: Die [städtische] Mainzer Deputation auf dem Wiener Kongreß. – In: MZ 69. 1974, S. 146–163

3961. H e i n z e l m a n n , Josef: Der erste Mainzer Oberbürgermeister war ein Kommunist. Vor 150 Jahren wurde Carl Wallau geboren. – In: NeuM 1973, 9. S. 3–5

3962. G l a u e r t , Barbara: Ein Mainzer über Mainz: Peter Cornelius. – In: NeuM 1971, 12. S. 2–3

3963. H e f n e r , Hanns: Alt-Mainzer Erinnerungen. – In: MA 1972/74 S. 87–97, 2 Abb.

3964. G ü t h , Eberhard: Hundert Jahre Mainzer Dreck. Eine Geschichte zum Naserümpfen. – In: MMag 1974, Okt, S. 3–10. 18–21 [Mainzer Stadtreinigung]

3965. Altstadtsanierung Mainz. Ausstellung. Erläuterungen. Mainz: Stadtverw. [1975]. 13 ungez. Bl.

3966. Altstadtsanierung Mainz. Eine Zwischenbilanz. Mainz: Stadtverw. 1976. 34 S. m. Abb.

3967. D u g a l l , Harry: Aus der Gesch. von M a i n z l a r . Neu zsgest. – In: Festschrift z. 25jähr. Bestehen d. Freiwill. Feuerwehr Mainzlar ... [o.O.] 1974, S. 23–43 [Erschien auch als Sonderdr. aus d. Festschrift]

3968. S c h i c k , Manfred: Bestand M a l c h e n schon im Jahre 1380? – In: Odw 21. 1974, S. 137–139

3969. B r u n o , Karl-Wilhelm: M a m m o l s h a i n , Königsteins Fenster nach Süden. Gesch. u. Gegenwart einer Taunusgemeinde. Frankfurt a.M.: Kramer 1975. 163 S., 1 Kt., 60 Abb.

3970. M ü l l e r , Karl Anton: M a r b a c h im Wandel und Werden 1272–1972. Hrsg. Gemeinde Marbach. Marburg: Magistrat 1972. 194 S.

3971. Kasper's Einwohner-Adreßbuch Stadt M a r b u r g a. d. L. Mit d. Gemeinden Cappel, Cölbe, Marbach u. Wehrda. Nach amtl. Unterlagen. 1974 ff. Köln: Kasper 1974 ff.

## 3. Einzelne Orte

3972. G r o ß m a n n , Georg Ulrich: Marburg an der Lahn. Führer durch d. Stadt u. ihre Geschichte. 2. Aufl. Marburg a. d. L.: Trautvetter & Fischer 1974. 126 S. m. Abb. [3. Aufl. 1976]

3973. G e r i c k e , Peter: Marburg. Ill.: de Crignis. München: Bühn [1967]. [66] Bl.

3974. S c h n a c k , Ingeborg: Marburg. Bild einer alten Stadt. Impressionen u. Profile. 3. durchges. u. verb. Aufl. Hanau: Peters 1974. 524 S. m. Abb.

3975. S w i r i d o f f , Paul: Marburg. Einl. Ingeborg Schnack. Pfullingen: Neske 1976. 78 S., überwiegend Abb. (Swiridoff-Bildbände)

3976. Statistischer Bericht der Universitätsstadt Marburg an der Lahn. Hrsg. v. Haupt- u. Personalamt d. Universitätsstadt Marburg a. d. L. 1970/71 ff. Marburg 1972 ff.

3977. E i c h l e r , Gert, u. Gerhard S t ä b l e i n : Quantitativ-geographische Analyse des Wahlverhaltens am Beispiel der Universitätsstadt Marburg. − In: Geogr. Zs. 63. 1975, S. 81−103 m. Abb.

3978. Tradition und Fortschritt. 30 Jahre Marburger LDP/F. D. P. Marburg 1975. 27 S. (Zur Diskussion. Sonderh. 1)

3979. F r i c k e , Wolfgang: Zur Geschichte und Tradition der Marburger FDP. − In: 25 Jahre liberale Politik. Festschr. f. Gertrud Röhr. Bonn 1975, S. 15−23

3980. Stadtentwicklung Marburg. Erstellt in d. Abt. Planung, Entwicklung. Fritz S t u b e r [u.a.] Juli 1975. [Nebst] Kt. u. Pl. Wiesbaden: HLT Ges. f. Forsch., Planung, Entwicklung mbH. 1975. [Losebl.-Ausg.]

3981. Stadtplanung Marburg-Lahn. Altstadterneuerung. Informationen zur Erneuerung d. nach StBauFG förml. festgelegten Sanierungsgeb. Oberstadt u. Weidenhausen. Bearb.: Christian K o p e t z k i [u.a.] Berlin: Freie Planungsgruppe 1973. getr. Pag. m. Kt. u. Abb.

3982. K l o t z , Heinrich, u. Diethelm F i c h t n e r : Die Mustersanierung der Marburger Altstadt. Mit 5 Abb. − In: KChr 29. 1976, S. 325−330

3983. J ü n g s t , Peter, Tilman R h o d e - J ü c h t e r n u. Hansjörg S c h u l z e - G ö b e l : Wider das Praxisdefizit der Geographieausbildung im Hochschulbereich. Ein Beitr. zu vernachlässigten Kooperations- u. Lernchancen zwischen Politik u. Wissenschaft am Beispiel d. Stadt Marburg. − In: GR 28. 1976, S. 27−28 [Betr. Marburger Stadtplanung]

3984. M ü l l e r , Karl Anton: Rund um Wall und Wehrturm. Das 1200 jähr. M a r d o r f in Gesch. u. Gegenwart. Hrsg. aus Anlaß d. 1200 jähr. Beurkundung. Fotomechan. Nachdr. Mardorf, Kr. Marburg: Gemeinde Mardorf; Amöneburg üb. Kirchhain: Bürgermeisteramt [in Komm.] 1974. 386 S. m. Abb. u. Kt.

3985. B a a s , Friedrich-Karl: M a r i e n d o r f im Jahre 1857. Eine Ortsbeschreibung. − In: GemNIm 1974, S. 7−10

3986. G i e g e r i c h , Willi: Aus der Geschichte des Stadtteiles Bad Vilbel-Massenheim. – In: ViHbll 9. 1974, S. 2–28

3987. G i e g e r i c h , Willi: Chronik Bad Vilbel-Massenheim. – In: ViHbll 12. 1975; zugl. Sonderh.: Zur 1200 Jahrfeier des Stadtteiles Bad Vilbel-Massenheim, S. 13–18. 7 Abb.

3988. B u s e m a n n , Ernst, Walter H e i l u. Heinz P e t e r s : Bilder aus dem alten Massenheim. – In: ViHbll 12. 1975; zugl. Sonderh.: Zur 1200-Jahrfeier d. Stadtteiles Bad Vilbel-Massenheim, S. 18–25, 14 Abb.

3989. B e r g m a n n , Waltari: In M e l s u n g e n vor 100 Jahren. – In: HeG 76. 1975, S. 82

3990. R i e b e l i n g , Heinrich: Melsunger Kuriositäten. – In: HeG 77. 1976, S. 96–97

3991. Untersuchung zur Sanierungsplanung der Altstadt von Melsungen. Im Auftr. d. Stadt Melsungen durchgeführt v. Planungsbüro Dr.-Ing. Gonsior. Bearb. von Georg G o n s i o r [u.a.] Köln 1972. 155 S. m. Abb.

3992. Grundzüge des Sozialplans nach § 4(2) StBauFG für die Sanierung der Altstadt von Melsungen. Im Auftr. d. Stadt Melsungen durchgeführt v. Planungsbüro Dr. Ing. Gonsior, Köln von Georg G o n s i o r [u.a.] Köln 1973. [63] Bl. in getr. Zählung m. 1 Kt. T. A. Analyse d. empir. Ergebnisse d. Haushaltsbefragung bei d. Betroffenen. T. B. Entwicklung d. Zielvorstellungen u. Maßnahmen f. d. Grundzüge des Sozialplans aus den Analyseergebnissen. Tab. Teil

3993. L e u n i n g e r , Alois: 1873–1973. Hundert Jahre M e n g e r s k i r c h e n . Dokumente, Gespräche, Erfahrungen. Mengerskirchen: Selbstverl. d. Verf. 1976. 121, 20 S. m. Abb.

3994. S c h w e n k , Walter, u. Hellmuth G e n s i c k e : M e n s f e l d e n 775–1975. Heimatbuch. Mit Graphiken u. Aufn. von Roland Schwenk. Mensfelden: Eigenverl. 1975. 230 S.

3995. [Festschrift] 1200 Jahre Mensfelden. 775–1975. Jubiläumsfest am 2., 3. und 4. Aug. 1975. Mensfelden: 1975. 20 ungez. Bl. m. Abb. [Darin: G e n s i c k e , Hellmuth: 1200 Jahre Mensfelden]

3996. G r o l l , Johann: ‚Genehmigt Horlebein'. – In: HErb 1975, Nr 5 [Leineweber Georg Wilhelm Horlebein, v. 1858 bis 1873 Bürgermeister v. M i c h e l s t a d t ]

3997. Die Stadtfarbe ist rot! (§ 8 der Mörfelder Stadtsatzung). Berr. aus d. Arbeiter-u. Sportgesch. M ö r f e l d e n s . Hrsg.: „blickpunkt", Stadtzeitung d. DKP, Mörfelden. Red.: Rudi H e c h l e r . Mörfelden: DKP 1976. 160 S.

3998. M o n t a b a u r . Hrsg.: Stadt Montabaur. Montabaur: Verkehrsver. Westerwald [1976]. 6 ungez. Bl. m. Abb.

## 3. Einzelne Orte

3999. M a y s , Ludwig: Aus dem Nachlaß des Geheimrats Gerhardus. M u d e r s b a c h e r Nachrichten aus Urkunden u. Archiven. Der Haigerer Sprengel. – In: UHl 44. 1976, S. 119

4000. Adreßbuch der Stadt M ü h l h e i m am Main. Auf Grund amtl. Unterlagen d. Stadtverwaltung Mühlheim am Main. 1972/73 ff. Offenbach a.M.: Bintz & Dohany 1972 ff.

4001. Zur Geschichte der Stadt Mühlheim. Hrsg. v. d. Geschichtsabteilg. d. Verkehrs- u. Verschönerungsvereins Mühlheim am Main. F. 1–4. 1975; [N. F.] 1. 1975. Steinerne Zeugen aus d. Gesch. Mühlheims [S. 4–8: Josef S c h i l p : Ein spätgot. Inschriftstein d. Pfarrkirche St. Markus; S. 9: Karl-Ernst H u n d e r t m a r k : Petrograph. Bemerkungen zum Inschriftstein in d. Kirchhofmauer von St. Markus; S. 11–12: Richard K r u g : Das Datum d. „Dienstag vor Pfingsttag" 1447; S. 12–17: Hartmut G r i e s : Die alte Dietesheimer Ringmauer]

4002. E w e r t , Franz: 1200 Jahre M ü n c h h o l z h a u s e n . Frei nach e. Zsstellung von Albert Malinovski. Mit 1 Abb. – In: HGiess 1974, Woche 32

4003. E w e r t , Franz: Münchholzhausen und die Herren von Schwalbach. – In: HGiess 1975, Woche 18 m. Abb.

4004. G r a e f e , Hans: Hann. M ü n d e n ... eine thüringische Stadtgründung. – In: Göttinger Jb. 20. 1972, S. 97–120 m. 2 Taf.

4005. B r e t h a u e r , Karl: Münden an Fulda, Werra, Weser – eine Gründung der Ludowinger? – In: Göttinger Jb. 1973, S. 75–94 m. 1 Taf.

4006. K u h n i g k , Armin M.: 1000 Jahre M ü n s t e r . Gesch. d. Grundherrschaft, Pfarrei u. Dorfgemeinde. 993–1973. Hrsg. v. d. Gemeinde Münster/Oberlahnkr./Weilburg. Münster 1974. 150 S. m. Abb.

4007. S c h ö n h a b e r , Wilhelm: Burg und Stadt N a s s a u . Mit 1 Abb. – In: Realschule Nassau. Festschrift zum 100jährigen Bestehen. 1972, S. 28–32

4008. N i e d e r h o f f , Ernst Robert: Bad N a u h e i m . Vergangenheit u. Gegenwart. Ein Wegweiser durch Stadt u. Bad. Frankfurt a.M. [um 1975]: Union-Dr. 122 S. m. Abb., 1 Pl.

4009. B e c k e r , Friedrich: Die Hiesbach. Zur Entstehung eines Bad Nauheimer Stadtteils um 1850. Bad Nauheim 1963. 50 S. m. Abb.

4010. Flächennutzungsplanung Bad Nauheim. Bearb.: Planergemeinschaft Strukturplanung-Flächennutzung Stadt Bad Nauheim, Goepfert-Hölzinger, Miehling-Müller. Arbeitsstand 1. 3. 1975 – 23. 8. 1975. Bad Nauheim: Stadt Bad Nauheim 1975. 4. Texte. 82 Bl. m. Abb. 5. Pläne. [53] Bl. m. Kt.; 1–3 u. d. T.: Strukturplanung Bad Nauheim. Bearb.: Goepfert-Hölzinger. Arbeitsstand: Sept. 1975. Bad Nauheim: Stadt Bad Nauheim 1975. 1. Texte. 127 Bl. m. Abb. 2. Pläne. [32] S. m. Kt. 3. Stadtbildpflege. 1. Arbeitsber. 49 Bl. m. Abb. u. Kt.

4011. B e c h t , Alwin, Christian Dorn u. Karl Dyx: N a u r o d . Portr. einer Taunusgemeinde. Naurod: Gemeindeverwaltung 1976. 64 S. m. Abb.

4012. F ü t t e r e r , Paul: N e c k a r h a u s e n . Gesch. u. Gegenwart. Neckarhausen: Gemeinde 1973. 299 S. m. Abb.

4013. E r n s t , Eugen: N e u - A n s p a c h . Werden u. Wirken. Ein chronist. Überblick z. 700-Jahrfeier d. Ortsteile Anspach u. Westerfeld v. 14.–24. Juni 1974. Neu-Anspach: Gemeindeverwaltung 1974. 538 S. m. 168 Abb. u. 29 Kt.

4014. 700 Jahre Anspach, Westerfeld. 14.–24. Juni 1974. Festzugprogramm. Neu-Anspach: Gemeindeverwaltung 1974. [49] S. m. Abb. u. Kt.

4015. L a u t e r b a c h , Joachim u. Wilfried M ö h r l e : Städtebauliche Entwicklungsmaßnahme Neu-Anspach. Erstellt i. d. Abt. Wirtschaftsforschung u. Regionalplanung. Wiesbaden: Hess. Landesentwicklungs- u. Treuhandges. 1973. III, 33 Bl., Kt. (Gutachten. HLT)

4016. „Nuwenhagen" um die Jahrtausendwende. N e u e n h a i n wird 1191 erstmals urkundl. erwähnt. Mit 1 Bild. – In: 125 Jahre Höchster Kreisblatt. (Höchster Kreisbl. 1974, Nr 246, Beil.) S. 57

4017. S c h a f f r a t h , Otto: N e u h o f [Kr. Fulda] einst und jetzt. – In: Jb. d. Landkr. Fulda 1974, S. 186–195

4018. S t r a u b , August: N e u s t a d t an der Main-Weser-Bahn. – In: Dt. Hauskal. 92. 1975, S. 17

4019. W a g n e r , Wilhelm: N i d d a , aufstrebende Stadt zwischen Vogelsberg und Wetterau. – In: WeKrKal 2. 1976, S. 69–77

4020. R e i n h a r d t , Volker: N i e d e r - B e e r b a c h . Darmstadt 1976. 83 S. (Kommunalwiss. Veröffentlichungen für d. Bereich Darmstadt-Dieburg. R. A.: Gemeinde-Soziogramme 2) [Staatsexamensarbeit d. TH Darmstadt, Fb Politologie v. 1976]

4021. 1200 Jahre N i e d e r e l s u n g e n 775–1975 [Festschrift]. Im Auftr. d. Jubiläumsausschusses Niederelsungen hrsg. von Gerhard Seib. Niederelsungen 1975. 161 S. m. Abb.

4022. W i t t e k i n d t , Heiner: Ober- und Niederelsungen 1200 Jahre alt. – In: JbLKa 1976, S. 35–37

4023. 1274–1974. 700 Jahre N i e d e r e m s im Taunus [Festschrift]. Niederems/Ts: Ortsbeirat 1974. 20 ungez. Bl. m. Abb.

4024. E r n s t , Eugen: Zur 700-Jahrfeier in Niederems. Mit 1 Abb. – In: UsL 1975, Nr 1 Sp. 82–89

4025. J a h n , Kurt: Kleine geschichtliche Begebenheiten um N i e d e r j o s s a . – In: HKH 18. 1974, S. 152–157

## 3. Einzelne Orte

4027. F a i l i n g , Adolf: N i e d e r k l e e n und das „Eselslehen". Mit 1 Abb. – In: HLD 1974, Nr 46, S. 3; HHGiess 1974, S. 30

4028. 900 Jahre N i e d e r m e i s e r vom 18. Juli–21. Juli 1974. Niedermeiser 1974. 23 Bl. u. Fotos

4029. N i e d e r r a d , Frankfurt 75 Jahre [Festschrift]. Eine Schrift z. 75. Jahrestag d. Eingemeindung Niederrads nach Frankfurt a. M. Red. Adolf K a r b e r . Frankfurt a. M.: Presse- u. Informationsamt [1975]. [4] S. m. Abb.

4030. K u n e r t , Peter: N i e d e r - R a m s t a d t mit Waschenbach. Darmstadt 1976. 195 S. (Kommunalwiss. Veröffentlichungen f. d. Bereich Darmstadt-Dieburg. R. A.: Gemeinde-Soziogramme 1) [Staatsexamensarbeit d. TH Darmstadt, Fb Politologie v. 1. Sept. 1975]

4031. Festschrift zur 700-Jahr-Feier der Gemeinde N i e d e r s c h e l d vom 20.–22. u. 26.–29. Sept. 1974. Niederscheld 1974. 96 S. m. Abb. [S. 17–37: Z i m m e r m a n n , Erich: 700 Jahre Niederscheld. 50–65: H e u s e r , Ulrich: Vereinsleben in Niederscheld. 67–69: Z i l s , Werner: Die Kirche muß im Dorf bleiben. 72–73: N i x , W.: Die Verbreiterung d. Rathausbrücke vor 41 Jahren. 74–76: Z i m m e r m a n n , Erich: Niederscheld 1932–1973]

4032. G e n s i c k e , Hellmuth: Zur nassauischen Ortsgeschichte. N i e d e r s e l t e r s . – In: NAN 87. 1976, S. 189–205

4033. G e r n e r , Manfred: N i e d e r u r s e l , Mittelursel. Chronikal. Aufzeichnungen zu e. Dorf. Frankfurt: Frankfurter Sparkasse v. 1822 (Polytechn. Ges.) 1976. 127 S. m. Abb.

4034. W o l f , Dieter: Vom alten N i e d e r - W ö l l s t a d t . Wöllstadt, Schmalwiesenweg 5: Selbstverl. d. Verf. 1976. 237 S. m. Abb. u. Kt. (Wöllstädter Heimatbuch 1)

4035. M ü l l e r , Hermann u. Karl: Altes und Neues aus N ö s b e r t s-Weid-Moos, einer Doppelortschaft, am Nordosthang des Vogelsberges. Lauterbach/Hessen: Hohhausmuseum u. Hohhausbibliothek 1975. 181 S., 3 Bl. Abb. (Lauterbacher Sammlungen 57)

4036. 1025 Jahre Gemeinde N o r d e n s t a d t [Festschrift]. Festveranstaltungen am 20./21. Dez. 1975 verbunden mit d. Einweihung d. Taunushalle. Nordenstadt 1975. 18 ungez. Bl. m. zahlr. Abb. [Darin: 1025 Jahre Gesch.]

4037. R i c h t e r , Friedrich Wilhelm: Zeitgeschichtl. Eintragungen in ein N o r d h e i m e r Kirchenbuch 1792/99. – In: WoG 11. 1974/75, S. 84–86

4038. B i t t e r , August: 900 Jahre N o r d s h a u s e n . 40 Jahre Stadtteil [von Kassel]. Hrsg. v. d. Arbeitsgemeinschaft Nordshäuser Vereine. Kassel 1976. 83 S.

4039. L e c h e n s , Wilhelm: O b e r - B e s s i n g e n , ein geschichtl. Abriß von 1260 bis zur Gegenwart. – In: HGiess 1976, Nr. 5

4040. Geschichte von Oberbrechen. Hrsg. im Auftr. d. Gemeinde Brechen von Hellmuth Gensicke u. Egon Eichhorn. Vorgelegt aus Anlaß d. 1200 jähr. Jubiläums d. ersten urkundl. Erwähnung d. Gemeinde Oberbrechen. Mit 42 Abb. im Text, 87 auf Kunstdrucktaf. u. 2 Faltkt. Brechen-Oberbrechen 1975. 542 S.

4041. 1200 Jahre Oberbrechen 16.–20. 8. 1974. Kirchweih 1974. [Festschrift.] Oberbrechen 1974. 33 S. m. Abb. [S. 17–19: Gensicke, Hellmuth: 1200 Jahre Oberbrechen]

4042. 1200 Jahre Oberelsungen 775–1975 [Festschrift]. Zierenberg; Oberelsungen: Selbstverl. d. Stadt 1975. 127 S. m. Abb.

4043. Bein, Fritz: Oberjosbach – einst und jetzt. Mit 7 Abb. – In: HJUTs 1974. S. 103–112

4044. Chronik von Oberrad. Ffm.: Presse- u. Informationsamt [1976]. 4 Bl. (Stadtinformation.)

4045. Oberrad, Frankfurt 75 Jahre [Festschrift]. Eine Schrift z. 75. Jahrestag d. Eingemeindung Oberrads nach Frankfurt am Main. Red.: Adolf Karber. Frankfurt a. M.: Presse- u. Informationsamt [1975]. [4] S. m. Abb.

4046. Stadtteilentwicklungsplanung Frankfurt/M-Oberrad. Stadtplanungsamt Frankfurt/M, Entwurfsplanung. Ffm.: Magistrat, Dezernat Planung 1976. 75 S.

4047. Reitz, Heinz: Ober-Ramstadt/Rohrbach im Luftbild. – In: Odw 21. 1974, S. 53–59, 2 Abb.

4048. Raven, Otto: 1663/1963. 300 Jahre Stadtrechte Ober-Rosbach. Gesch. u. Geschichten v. d. Entwicklung e. kleinen Stadt. Ms. u. Übers. d. Urkunden. Textbearb. u. Bilder: Gerhard Rieping, Walter Harny. Ober-Rosbach: Selbstverl. d. Stadt 1963. 85 S., 1 Faltpl.

4049. Henseling, Jakob: Oberrosphe im Burgwald. Stadtteil von Wetter. Festschrift zur 1200-Jahrfeier v. 28. Mai bis 31. Mai 1976. Wetter/Hessen: Magistrat 1976. 228 S. m. Abb.

4050. Adreßbuch der Gemeinde Obertshausen. Einwohnerzahl 10 500. Auf Grund amtl. Unterlagen d. Gemeindeverwaltung Obertshausen. 1973/74 ff. Offenbach a. M.: Bintz & Dohany 1973 ff.

4051. Quirin, Heinrich, Margarete Aumüller u. Aloys Henninger: Erinnerungen an Alt-Oberursel. Von Georg Dietrich hrsg., überarb. u. erg. Oberursel: Altkönig-Verl. 1974. 181 S. m. Abb. Erschien zuerst in: Taunus-Anzeiger 1950. [Darin: Quirin: Am Ackergässer Floss. Aumüller: Alte Oberurseler Erinnerungen. Ersch. zuerst in: Oberurseler Bürgerfreund. 1922. Henninger: Oberursel]

4052. Oberursel, das Tor zum Taunus. 2. Aufl. Bad Homburg v. d. H.: Bethge 1972. 72 S. m. zahlr. Abb. u. Kt. (Die Palette)

4053. Oberursel aktuell. Stand: 31. 8. 1972. Oberursel: Magistrat d. Stadt Oberursel 1972. 32 S.

4054. Oberursel. Drei Möglichkeiten einer geplanten Stadtentwicklung. Oberursel 1974: Carl F. Abt. 14 S.

4055. Rosenbohm, Rolf: Unsere Stock- und Lagerbücher. Zugl. e. Beitr. z. Schaller'-schen Mühle u. d. Judenschule/Synagoge (Oberursel). – In: MVGHOUr 18. 1974, S. 43–45

4056. Festschrift zur 1200 Jahrfeier von Oberweyer. Vom 9. bis 18. Sept. 1972. Verbunden mit d. Einweihung d. Dorfgemeinschaftshauses. Oberweyer 1972. 103 S. m. Abb.

4057. Eisenhardt, Georg: Wissenswertes aus der Geschichte von Ober-Wöllstadt. – In: Pfarrei zwischen gestern u. morgen. Wöllstadt 1974, S. 21–24

4058. Stöhlker, Friedrich: Gedanken zur Geschichte von Ober-Wöllstadt. – In: Pfarrei zwischen gestern u. morgen. Wöllstadt 1974, S. 31–36

4058a. Festschrift 800-Jahrfeier d. Gemeinde Oberzell [Main-Kinzig-Kr.]. Vom 23. Juni–25. Juni 1967. Oberzell 1967. 79 S., Abb.

4059. Grimmel, Johannes: Ockstadt im 19. und 20. Jh. – In: 100 Jahre Gesangverein Frohsinn Ockstadt. Festschrift ... am 20., 21., 22. u. 23. Juni 1969. Ockstadt 1969, S. 23–39

4060. Amtliches Adreßbuch der Stadt Offenbach am Main. 1976. Essen, Dortmund, Lübeck, Wiesbaden: Beleke 1976

4061. Offenbach am Main. München: Bühn [1971]. 70, [20] Bl. m. zahlr. Abb.

4062. Offenbach, was ist das? Offenbach: Magistrat, Presse- u. Informationsabt. [1973]. [49] S. m. zahlr. Abb.

4063. Nagel, Wolfgang Arnim: Offenbach. Hrsg. Magistrat d. Stadt Offenbach. 5. Aufl. Hanau: Kuwe-Verl. 1973. 178 S. m. 153 Abb.

4064. Braun, Lothar R.: Offenbacher gab's schon immer. Offenbach a.M.: Bintz-Verl. 1975. 160 S. m. Abb. [Zur Offenbacher Gesch.]

4065. Wingenfeld, Josef: und alle kamen nach Offenbach. Aufstieg zur Stadt vor 200 Jahren. 2. Aufl. Offenbach a.M.: Bintz-Verl. 1975. 256 S. m. zahlr. Abb.

4066. Kennen Sie Alt-Offenbach? Offenbach: BHF-Bank, Filiale Offenbach [um 1976]. 12 lose Faltbl.

4067. Schenck, Olga: Erinnerungen. (Offenbach) 1974. 61 S. mit Abb. (OGbll. 24) [Geb. Alewyn, geb. 1840; Erinnerungen an Alt-Offenbach u. d. Familien Alewyn u. Bernard-d'Orville]

4068. D u t h w e i l e r , Helmut, G r e b e , Reinhard u. Bettina S c h m i d t : Freiflächenkonzept Offenbach am Main. Nürnberg, Lange Zeile 8: Planungsbüro Grebe, Landschafts- u. Ortsplanung 1976. 143 S. m. zahlr. Abb. u. Kt.

4069. H o f m a n n , Otto: O k a r b e n . – In: 5 Jahre Stadt Karben. Karben 1975, S. 47–49

4070. L o o s , Heinz: Waren die Herren von Falkenstein die Gerichtsherren von O k r i f t e l ? Mit 1 Abb. – In: RSp 2. 1976, H. 2, S. 6–9

4071. O p p e n h e i m . Gesch. einer alten Reichsstadt. Eine hist. Monographie. Hrsg. im Auftr. d. Stadt Oppenheim von Hans L i c h t anläßl. d. 750 jähr. Wiederkehr d. Stadterhebung. Oppenheim: Stadtverwaltung 1975. XX, 336 S., 2 Falttaf. u. zahlr. Abb.

4072. R u t z e n h ö f e r , Hans: Aus der Geschichte von Oppenheim am Rhein. – In: HHGiess 1974, S. 57–60

4073. H u p a c h , Paul: Mainzer Kurfürst Erzbischof Daniel Brendel von Homburg, ein großer Förderer und Wohltäter der Stadt O r b . Mit 1 Abb. – In: GelHJ 28. 1976, S. 81–83

4074. F i g g e , Willi, u. Willi P i e h : Chronik der Gemeinde O s t h e i m . [Nidderau: Stadtverwaltung 1974.] 231 S. m. Abb.

4075. G r u n e r , Heinz-Felix von: P e t t e r w e i l . – In: 5 Jahre Stadt Karben. Karben 1975, S. 53–54

4076. E n g e l , Hermann: Die „Akzisestadt" P y r m o n t von 1720. – In: Niedersächs. Jb. f. Landesgesch. 45. 1973, S. 377–392

4077. K l u g e , Kläre: Bad Schwalbach – R a m s c h i e d . Mit Abb. – In: HJUTs 26. 1975, S. 103–111

4078. L u d w i g , Helmut: Aus der Geschichte von R a n s b a c h . – In: MHl 26. 1974/75, S. 28

4079. B a a d e n , Franz: R a n s b a c h - B a u m b a c h im Spiegel der Geschichte. Festbuch z. Verleihung d. Stadtrechte im Mai 1975. Ransbach-Baumbach: Stadt 1975. 86 S. m. Abb.

4080. L e h m a n n , Siegfried: R a u e n t h a l . Chronik e. Rheingauer Weinbaudorfes. 1225–1975. Zeichn.: Elfriede Michels, Flurkt., Profil u. Tab.: W. Dreher. Gießen: Schmitz 1976. 127 S. m. Abb. u. Ktn

4081. K a i s e r , Franz: R a u i s c h - H o l z h a u s e n , das ehemals freie Reichsdorf. Rauisch-Holzhausen: Selbstverl. d. Verf. [1975]. 187 S., 39 Taf. Fotomechan. vervielf.

4082. Festschrift anläßlich der 750-Jahrfeier des Ortsteiles R e d d i n g s h a u s e n der Gemeinde Knüllwald im Schwalm-Eder-Kreis. Knüllwald 1976. 36 S.

## 3. Einzelne Orte

4083. Schwinn, Karl: Reichelsheim im Naturpark Bergstraße-Odenwald. Reichelsheim i. Odw.: Gemeinde Reichelsheim 1975. 72 S. m. Abb.

4084. Wackerfuß, Winfried: Alte Heimat im Bild: Reinheim. – In: Odw 23. 1976, S. 26–32

4085. Festschrift 1000-Jahr-Feier der Gemeinde Reiskirchen. Vom 1. bis 11. Aug. 1975. Gießen 1975: Mittelhess. Druck- u. Verl. Ges. 164 S. m. Abb. [S. 17–48 Willi Launspach: Aus der 1000-jährigen Geschichte Reiskirchens; S. 50–75: Roman Kriesten: Die Entwicklung von Einwohnern u. Häusern Reiskirchens in den letzten 1000 Jahren]

4086. Renda, Ernst Georg: Aus der Geschichte des Ortes Renda im Ringgau. – In: W 26. 1974, S. 8–9

4087. 1200 Jahre Rendel. Beitr. z. Vergangenheit u. Gegenwart einer Stadt. Frankfurt a.M. 1974. 119 S. (Karbener Hefte 1) [S. 13–14: Heinrich Walter: Die erste Beurkundung der Gemeinde R.; S. 14–17: Wolfgang Kern: Warum begeht R. seine 1200-Jahr-Feier i. J. 1974?; S. 22–25: Heinrich Walter: R. im Lichte d. Gesch.; S. 25–26: Heinrich Walter: Rendeler Reichs- u. Landtagsabgeordnete; S. 31–34: Karl Schneider: Von d. Landgemeinde R. zum Karbener Stadtteil]

4088. Walter, Heinrich: Rendel. – In: 5 Jahre Stadt Karben. Karben 1975, S. 59–61

4089. Walter, Heinrich: Festvortr. anläßl. der 1200-Jahr-Feier Rendels. – In: 5 Jahre Stadt Karben. Karben 1975, S. 77–83

4090. Führer, Heinrich: Chronik der Gemeinde Rengershausen bis 1. Sept. 1970. Baunatal: Magistrat 1975. 73 S. m. Abb.

4091. Rennertehausen 1274–1974 [Festschrift]. 700 Jahre Gesch. e. Dorfes im Edertal. Hrsg. von Walter Sellmann in Zsarb. m. d. Festbuchausschuß. Rennertehausen 1974. XX, 274 S. m. Abb. u. Kt.

4092. Odenwald, Robert: Geschichte der Gemeinde Riedelbach. Mit 3 Abb. – In: 85 Jahre Chorgesang Riedelbach. Festschrift zum 85jähr. Vereinsjubiläum. 1976

4093. Schmidt, H. P.: 700 Jahre Rockensüß. – In: HKH 18. 1974, S. 130–132

4094. Bäppler, Wilhelm: Rod an der Weil. Beitrr. aus seiner Gesch. – In: 130 Jahre Chorgesang in Rod an d. Weil. Festschrift. 1974

4095. Martin, ...: Rod an der Weil, ein allgemeiner, kurzgefaßter Überblick. – In: 130 Jahre Chorgesang in Rod an d. Weil. Festschrift. 1974

4096. Herrmann, Karl, Rudolf Kunz: Stadtteil Rodau [Zwingenberg]. – In: Chronik v. Zwingenberg a. d. Bergstr. Zwingenberg 1974, S. 507–544 m. Abb.

4097. Kennen Sie das alte Rödelheim? Ffm., Berlin: BHF-Bank 1976. 12 Falttaf.

4098. Schäfer, Klaus: Der Anfang von Röllshausen. – In: SchwJb 1975, S. 33–37

4099. Fleck, Wilhelm: Geschichtliches über unser Dorf [Rohrbach] und unsere Feuerwehr. – In: Festschrift z. 25jähr. Gründungsfest mit Heimatfest v. 1. Juni bis 4. Juni 1973. Freiwillige Feuerwehr Reichelsheim/Rohrbach. Rohrbach 1973: Straub, S. 21, 23, 25, 27, 29

4100. Roßdorf. Beiträge zu seiner Geschichte. Red.: Karl Dehnert. Ober-Ramstadt: Ver. f. Heimatgesch. 1975. 149 S. m. Abb. [S. 15–24: Karl Dehnert: Roßdorf, ein geschichtl. Überblick; S. 41–46: Rolf Reutter: Die Roßdörfer Schultheißen, Oberschultheißen u. Bürgermeister; S. 58–60: Rolf Reutter: Roßdörfer Persönlichkeiten. 1. Historiker u. Advokat, Hofrat Johann Wilhelm Christian Steiner, 1785–1870]

4101. Rotenburg. Ein Kleinod im Fuldatal. Hrsg. vom Magistrat d. Stadt Rotenburg. Rotenburg/F. 1976. 96 S. m. zahlr. Abb.

4102. Fenner, Daniel: Wie kam Rotenburg an Hessen? – In: MHl 26. 1974/75, S. 63

4103. Metzger, Klemens: Rothenbacher Dorfchronik. Rothenbach (Westerwaldkr.): Selbstverl. 1969. 158, 15, 5 Bl., 1 Faltkt.

4104. 800 Jahre Rückingen [Festschrift]. Erlensee-Rückingen 1973. 21 S. m. Abb.

4105. Schmelzeis, Johann Philipp: Rüdesheim im Rheingau. Von seinen Anfängen bis z. Gegenwart. Unveränd. Neudr. d. Ausg. v. 1881. Walluf b. Wiesbaden: Sändig 1974. 224 S.

4106. Kratz, Werner: Rüdesheim mit Eibingen, Nothgottes und Niederwald. Landschaft, Gesch. u. Baudenkmale. Überarb. von Lepold Bausinger u. Anton Schmitt. Rüdesheim a. Rh. [1976]: Meier. 146 S. m. Abb.

4107. Rüsselsheim. Hrsg. v. Magistrat d. Stadt Rüsselsheim, Presseamt. Fotos: Willi Hamm. Rüsselsheim 1972. [40] S. m. zahlr. Abb.

4108. Schneider, Ernst: Die „große Handelsstadt" Rüsselsheim anno 1659. – In: HspGer 1975, Nr 6

4109. Diehl, Paul: „inter duos rivulos Hornipha et Selebah".... zwischen zwei Bächen Horloff und Silbach... Kleine Anm. zur Ruppertsburger Ortsgesch. – In: HGiess 1974, Nr 10

4110. Kloevekorn, Fritz: Saarbrückens Vergangenheit im Bilde. Unveränd. Nachdr. d. Aufl. von 1934. Frankfurt a. M.: Weidlich 1976. 333 S. m. 467 Zeichn. u. Fotos

4111. Klein, Hermann: Saarbrücken – territoriales und wirtschaftliches Zentrum der Saar. Eröffnungsvortrag z. Tagung d. Arbeitsgemeinschaften histor.

## 3. Einzelne Orte 315

Kommissionen u. landesgeschichtl. Institute u. d. Gesamtver. d. dt. Geschichts- u. Altertumsvereine in Saarbrücken 1974. – In: BDL 111. 1975, S. 138–158

4112. Kennen Sie Alt-S a c h s e n h a u s e n ? Ffm., Berlin: BHF-Bank 1976. 12 Falttaf.

4113. 1200 Jahre S a l z b ö d e n [Festschrift]. Die Chronik eines Dorfes. Lollar: Stadtverwaltung 1975. 218 S. m. zahlr. Abb.

4114. St. G o a r s h a u s e n 650 Jahre Stadtrechte [Festschrift]. Von Willy Franz M e n g e s [u.a.] Bad Ems 1974: Rhein-Lahnfreund-Verl. 71 S. m. Abb.

4115. B a u e r, Eberhard, u. Werner W i e d : S a ß m a n n s h a u s e n . Ein Dorf im Wittgensteiner Land. – In: Wi 38. 1974; 39. 1975. Ersch. auch als Sonderausg.: Laasphe: Wittgensteiner Heimatver. 1975. 203 S. m. Abb. u. Kt.

4116. S c h a a f h e i m zwischen gestern und heute. In: [Festschrift] Freiwillige Feuerwehr Schaafheim. Gegr. 1901–1976. Schaafheim um 1976, S. 19–25

4117. M i s c h e w s k i , Günter: 1926–1976. 50 Jahre Wiesbaden-S c h i e r s t e i n . Bilder: E. Post. Wiesbaden-Schierstein: Verkehrsver.; Wiesbaden: Presse- u. Informationsamt 1976. 32 S.

4118. D ö r f f e l d t , Siegfried: Die Gesamtgemeinde S c h l a n g e n b a d . Porträtskizze eines neuen Gemeinwesens. Mit 10 Abb. – In: HJUTs 1974, S. 133–150

4119. W e y r a u c h , Peter, u. Carola R u n g e : Burgenstadt S c h l i t z . 3. Aufl. Fulda: Parzeller [1973]. 31 S. m. Abb.

4120. Sanierung Altstadt S c h l ü c h t e r n . Erstellt in d. Abt.: Forschung – Planung – Entwicklung. Jochen B a u r [u.a.] [1.2.] Wiesbaden: Hess. Landesentwicklungs- u. Treuhandges. mbH. 1974–75. [Losebl. Ausg.]

4121. Beiträge zur Geschichte S c h m a l k a l d e n s . Schmalkalden: Museum Schloß Wilhelmsburg 1974. 103 S., Abb. [S. 6–11: Volker W a h l : Der Name Schmalkalden; S. 14–34: Ders.: Ursprung u. Entwicklung d. Stadt Schm. im Mittelalter; S. 36–55: Günther W ö l f i n g : Schm. in d. frühbürgerlichen Revolution; S. 58–73: Peter H a n d y : Der Schmalkaldische Bund u. d. Stadt Schm.; S. 76–88: Karl-Heinz M ü c k e : Der Kampf der Volksmassen gegen Unterdrückung u. napoleonische Fremdherrschaft in Schm.; S. 90–103: Ulrich H e s s : Die polit. Verhältnisse in d. Stadt u. im Krs. Schm. 1867–1914]

4122. W ö l f i n g , Günther: Die Bürgerkämpfe in den Städten Schmalkalden, Wasungen u. Meiningen von 1476 bis 1525. – In: Jb f. Regionalgeschichte 5, 1975, S. 73–91

4123. S c h n e i d e r , Ernst: Kleine Chronik S c h ö n b e r g s . Aus d. Gesch. eines Taunusdorfes. Bearb. u. erg. von Helmut Bode. Frankfurt a. M.: Kramer 1974. 128 S. m. Abb. (Kronberger Drucke)

4124. B a s e n a u , Karl Heinz: Die Geschichte des Vogelsbergs am Beispiel der Stadt S c h o t t e n . − In: HGiess 1976, Nr 21

4125. N a u , Peter, u. Karl S c h o b e r : S c h r ö c k e r Chronik. Entstehung u. Wachstum d. Dorfes Schröck bis zu seiner Eingliederung in d. Stadt Marburg im Jahre 1974. Marburg: Magistrat 1976. XI, 422 S. m. Abb.

4126. H e l l r i e g e l , Ludwig: Besitz der Herren von Greifenklau in S c h w a b e n h e i m . − In: Gesangverein „Harmonie" 1884 Schwabenheim. 1884−1974. Festschrift zum 90jähr. Bestehen ... Mainz 1974, S. 24−29

4127. B ö l t s , Reinhard A[lbert]: Modell einer Wohnstadt, S c h w a l b a c h am Taunus. Fotos: Günter Pfannmüller. 1. Aufl. Frankfurt a.M.: Redactor-Verl. 1975. 104 S. m. zahlr. Abb.

4128. S e c k b a c h , Frankfurt 75 Jahre [Festschrift]. Eine Schrift z. 75. Jahrestag d. Eingemeindung Seckbachs nach Frankfurt a.M. Red.: Adolf K a r b e r . Frankfurt a.M.: Presse- u. Informationsamt [1975]. [4 S.] m. Abb.

4129. Elfhundert Jahre S e e h e i m a.d. Bergstraße. 874−1974. Eine Festschrift, die nicht nur d. wechselvolle, reiche Gesch. Seeheims darstellen möchte − sie zeichnet auch die Gegenwart. [Darmstadt-Eberstadt 1974: H. Müller.] 132 S. m. Abb. [S. 10−17: Rudolf K u n z : Seeheimer Streiflichter]

4130. Adreßbuch der Stadt S e l i g e n s t a d t . Auf Grund amtl. Unterlagen d. Magistrats d. Stadt Seligenstadt. 1972/73 ff. Offenbach a.M.: Bintz & Dohany 1972 ff.

4131. S c h a u b , Franz: Seligenstadt. − In: Kleine Städte am Main. Würzburg: Echter Verl. 1975, S. 271−287

4132. R e n t e l , Rainer, Horst U l r i k s e n u. Gottfried Z a n t k e : Seligenstadt Altstadtsanierung. Darmstadt: Planungsbüro Prof. M. Guther, Dipl. Ing. F. Stracke 1971. 102 S. m. Abb. u. Ktn

4133. I r l e , Lothar: Aus der Chronik von S e t z e n . − In: UHl 43. 1975, S. 80

4134. S i e g e n e r Urkundenbuch. Hrsg. u. eingel. von Friedrich P h i l i p p i . Neudr. Abt. 1. 2. Osnabrück: Wenner 1975. 1. Bis 1350. Im Auftr. d. Ver. f. Urgesch. u. Alterthumskde zu Siegen. Neudr. d. Ausg. Siegen 1887. XXXVI, 246 S. m. Abb. u. Kt. 2. Die Urkunden aus d. Staatsarchiv Münster u. d. Stadtarchiv Siegen v. 1351 bis 1500. Im Auftr. d. Ver. f. Heimatkde u. Heimatschutz im Siegerlande samt Nachbargebieten e.V. zu Siegen bearb. von Walter u. Bernhard M e s s i n g . Neudr. d. Ausg. Siegen 1925 u. 1927. XVI, IV, 594 S. m. Abb.

4135. 750 Jahre Siegen. Siegener Zeitung, Sonderbeil., Mittwoch, d. 1. Mai 1974. Verantwortl. f. d. Inh. Adolf M ü l l e r . Siegen: Vorländer 1974. 119 S. m. Abb.

4136. 750 Jahre Stadt Siegen. Ein Portr. Ausstellungskatalog. Siegen: Foto-Fuchs 1974. 96 S. m. Abb.

3. Einzelne Orte 317

4137. S c h u l t e , Rolf: Siegen '74. Hrsg.: Stadt Siegen. Photogr., Konzeption/ Gestaltung: Bert B r ö s e l . Siegen 1974: Vorländer. 29 ungez. Bl.

4138. S c h ü r m a n n , Frank: Siegen 74. Versuch e. Ortsbestimmung. Konzeption/Gestaltung: Bert B r ö s e l . Siegen: Stadt 1974. 6 ungez. Bl., 24 ungez. Taf. [Darin: B r ö s e l , Bert: Augenblicke einer Stadt]

4139. B r o c k m e i e r , Friedrich u. Alexander W o l l s c h l ä g e r : Siegen. Bilder e. aufstrebenden Stadt. Siegen: Vorländer 1971. [112] S. überwiegend Abb.

4140. L ü c k , Alfred: Siegen. Ein Bildband mit Fotos von Bert B r ö s e l . Einl. von Otto Schulte. Frankfurt/M.: Weidlich [1974]. 77 S. m. Abb. [Text dt., engl. u. franz.]

4141. Aus der Geschichte der Stadt Siegen. Die sogenannte Gründungsurkunde von 1224 entfachte einen Streit der Gelehrten. Mit 3 Abb. – In: UHl 1974, S. 91/98

4142. Siegens Bebauungsplan vor 750 Jahren. Einheitl. Grundstücksgrößen v. 20 × 80 Fuß f. d. Hofstätten. Mit 2 Abb. – In: UHl 44. 1976, S. 16–17

4143. B a r t o n , Walter: Stadtgeschichte in Zeitungsmeldungen. Über Vorgänge in Siegen berichteten im 17. Jhdt. auswärtige Zeitungen. – In: UHl 1974, S. 113/114

4144. L ü c k , Alfred: Herrengarten, Tiergarten, alte Oberförsterei und Teehaus. Erinnerungen an d. verschwundene fürstl. Residenz Siegen. Mit 3 Abb. – In: Si 51. 1974, S. 126–130

4145. H u t h , Karl: S i l b e r g in Geschichte und Gegenwart. Silberg: Gemeindevorstand 1974. 71 S. m. Abb.

4146. 900 Jahre S i m m e r s h a u s e n . 1074–1974. Hrsg.: Gemeindevorstand Fuldatal u. Festausschuß [1974]. 56 S.

4147. M e t z , Karl: Aus der S i n n e r Chronik. – In: Festschrift z. 100jähr. Jubiläum d. Gesangver. „Sängerhain" 1874 Sinn. Sinn 1974, S. 75–93

4148. N i c k e l , Rudolf: Sinn nach den Kriegen. – In: Festschrift z. 100jähr. Jubiläum d. Gesangver. „Sängerhain" 1874 Sinn. Sinn 1974, S. 95–97

4149. 950 Jahre S o m b o r n . 1025–1975. Festschrift. Texte: Paul H u p a c h [u. a.] Fotos: Erich Hofmann [u. a.] Freigericht: Gemeindeverwaltung 1975. 121 S. m. Abb. [S. 19–73: H u p a c h , Paul: 950 Jahre Somborn. 74–84: Kirchengesch. v. Somborn. 85–94: Das Vereinsleben in Somborn. 95–121: Zwischen Vergangenheit u. Zukunft]

4150. H u p a c h , Paul: Erste urkundliche Erwähnung von Somborn vor 950 Jahren. – In: GelHJ 1975. S. 61–62

4151. 625 Jahre Stadtrechte. 50 Jahre Eingemeindung. 25 Jahre Heimatverein Sonnenberg. Festschrift. 27.–29. Aug. 1976. S o n n e n b e r g 1976. 40

ungez. Bl. m. Abb. [Darin: N e u m a n n , Heinrich: Geschichte d. Burg Sonnenberg. N e u m a n n : Aus der Chronik d. Heimatver. Sonnenberg. Zum 25jähr. Bestehen 1976. N e u m a n n : Zur Stadtrechtverleihung. E v e n , Pierre Alexandre: Die Eingemeindungsbestrebungen seit 1896 u. die Eingemeindung Sonnenbergs nach Wiesbaden i.J. 1926]

4152. E v e n , Pierre Alexandre: 850 Jahre Sonnenberg. Die erste schriftl. Erwähnung d. Namens Sonnenberg i. J. 1126. – In: EH 37. 1975, S. 13–14

4153. H i l d e b r a n d , Alexander: Im Schatten der Burg [in Sonnenberg]. Mit 3 Abb. – In: Wi int 1976, 3, S. 10–14

4154. B e s a n d , Adam: „ S o n t r a '76" – Portr. d. alten freien Berg- u. Hänselstadt in Kurhessen. – In: HH N. F. 26. 1976, S. 40–43

4155. S i p p e l , Wilm: Aus der Frühgeschichte der Stadt Sontra. – In: HH N. F. 26. 1976, S. 43–47

4156. S t r u b e , Hans: Die Bergstadt Sontra. – In: HH N. F. 26. 1976, S. 52–55

4157. B e s a n d , Adam: Sontra '76 – Portr. einer Stadt. – In: W 28. 1976, S. 17–19

4158. G ö r l i c h , Paul: Freie Berg- und Hänselstadt Sontra. – In: MHl 26. 1974/75, S. 52

4159. G r o m e s Ilse: Ein Bürgeraufstand zu Sontra im Jahr 1589. – In: W 28. 1976, S. 26

4160. G r o m e s , Ilse: Sontra 1777. Marburg, Witzenhausen: Trautvetter & Fischer 1974. 88 S., 1 Kt. (Hess. Ortsbeschreibungen 11)

4161. E c k h a r d t , Wilhelm Alfred u. Heinrich M a u s : Bad S o o d e n - A l l e n d o r f . Führer durch d. Stadt u. ihre Geschichte. 4. Aufl. Marburg: Trautvetter & Fischer 1976. 84 S. m. Abb., 1 Umschlagpl.

4162. Adreßbuch der Stadt S p r e n d l i n g e n . Auf Grund amtl. Unterlagen d. Magistrats d. Stadt Sprendlingen. 1972/73 ff. Offenbach a.M.: Bintz & Dohany 1972 ff.

4163. H e i l , Jakob: Sprendlingen. Sprendlingen: Verkehrsver. (1974). 144 S., 45 Fotos. [Jakob Heil, 15. Nov. 1893 – 4. Aug. 1973, ehem. Landrat in Sprendlingen] [S. 9–27: Hans O b e r m a n n : Jakob Heils Weg und Werden; 39–40: Heinrich S c h m i d t : Sprendlingen im Mittelalter]

4164. 1150 Jahre Sprendlingen, Teil der Dreieich. Verwaltungsbericht der Stadt Sprendlingen für d. letzte Legislaturperiode 1972–1976 als selbständiges Gemeinwesen. Sprendlingen: Magistrat 1976. 25 ungez. Bl. m. Abb.

4165. W e b e r , Ludwig: S t a d t A l l e n d o r f [Landkr. Marburg]. Eine junge Industriesiedlung. Marburg: Görich & Weiershäuser 1969. 159 S. m. Kt.

## 3. Einzelne Orte

4166. W o l f , Folkwin: Städtebauliche Entwicklungsmaßnahme Stadt Allendorf. Erstellt i. d. Abt. Wirtschaftsforschung u. Regionalplanung. Wiesbaden: Hess. Landesentwicklungs- u. Treuhandges. 1973. 32 Bl., Kt. (Gutachten HLT)

4167. B r ü h l , Christian: Die Geschichte des Dorfes S t e e d e n an der Lahn. – In: 40 Jahre Freiwillige Feuerwehr Steeden. Festschrift. 1974

4168. H e n r i c h , Hans: Vom Werden der Sozialdemokratie in S t e i n b a c h . Steinbach a. Ts: Geschichtskr. 1976. 32 S. m. Abb. (Steinbacher Hefte 3)

4169. I m m e l , Otto: Hüttenleute, Hammerschmiede und Haubergsbauern. Vorschau auf e. kommende Ortsgesch. – In: HJDi 19. 1976, S. 165–168 [ S t e i n b r ü c k e n ]

4170. I m m e l , Otto: Steinbrücken im Dietzhölztal. Mit 1 Abb. – In: HbllPFH 43. 1975, S. 48

4171. E n g e l h a r d t , Hans: Aus der Chronik von S t e r b f r i t z . – In: BeBo 19. 1967, S. 55–60; 20. 1968, S. 45–48; 22. 1970, S. 90–102; 23. 1971, S. 84–92

4172. S u l z b a c h am Taunus. Hrsg.: Gemeindevorstand d. Gemeinde Sulzbach. Hist. Texte: Erich Z i p p u. Peter K r i c k . Hochheim/M.: Verl. f. Direktwerbung [1970]. 25 ungez. Bl. m. Abb.

4173. H e e p , Heribert: Ortsgeschichte T h a l h e i m . – In: Männergesangver. Concordia 1901 Thalheim e.V. Festschrift z. 75jähr. Vereinsjubiläum. 1976, S. 33–39

4173a. D e h n e r t , Karl: T r a i s a – Geschichtl. Überblick. – In: Traisaer Grenzgang. 11. Sept. 1976. 2 S.

4174. B r a u n s , Eduard: T r e n d e l b u r g , kleine Stadt im Diemeltal. – In: Dt. Hauskal. 92. 1975, S. 15

4175. R e i n e r t , W.: Ein Blick in die frühmittelalterliche Geschichte T r e y s a s . – In: KGB 1976, S. 5–7

4176. D i e h m , Götz: Um T r o h e wurde viel gestritten. Fast lupenreine Wohngemeinde am Lauf d. unteren Wieseck. Heute Teil von Großen-Buseck. – In: GiessKrKal 11. 1976, S. 55–57

4177. B r o d h ä c k e r , Karl: Stadt U l r i c h s t e i n , Bestandsaufnahme einer kleinen Stadt. – In: HGiess 1976, Nr 37

4178. Vergangenheit und Gegenwart von U n t e r O s t e r n /Odw.– In: 100 Jahre Gesangverein „Liederkranz" Unter-Ostern, Odenwald. Festschrift zum 100jähr. Bestehen d. MGV Liederkranz Unter-Ostern.... Vom 18.–20. Juni 1976

4179. S i m o n , Julius: Beiträge zur Geschichte U n t e r s c h ö n m a t t e n w a g s . – In: GbllBe 8. 1975, S. 168–183

4180. Chronik Gemeinde U r b e r a c h . Hrsg.: Gemeindevorstand. Von Norbert W. A w e [u.a.] Urberach 1975. 299 S. m. Abb. u. Kt. [S. 19–71: Alfred H a n e l : Alt-Urberach]

4181. K l o f t , Jost: U s i n g e n und das Usinger Land im Wechsel der Geschichte. – In: UsL 1974, Nr 6, Sp. 61–69

4182. K l o f t , Jost: Entstehung und Entwicklung der Stadt Usingen. Mit 1 Flugkt. – In: NAN 87. 1976, S. 220–231

4183. K a e t h n e r , Rudi Hermann: Aus der Geschichte der Stadt Usingen. Mit 1 Abb. – In: UsL 1975, Sp. 106–113

4184. F e i x , Richard: Jahrhundertwende 1800 [in Usingen]. Erg. von Rudi Hermann Kaethner. – In: UsL 1975, Sp. 139–142

4185. Utpher Bürger sind stolz auf das Erreichte. (K.D.W.) – In: GiessKrKal 9. 1974, S. 65–66 m. Abb. [773–1973 = 1200 Jahre U t p h e , Stadtteil v. Hungen]

4186. 1200 Jahre V e l l m a r . 775–1975. Hrsg. vom Gemeindevorstand. Vellmar 1975. 135 S. m. Abb.

4187. B r e i t e r , Helmuth: Stadt Vellmar – 1200 Jahre jung. – In: JbLKa 1976, S. 41–42

4188. V e l m e d e n 775–1975 [Festschrift]. Beitrr. zur Geschichte eines niederhessischen Dorfes. Bearb. von H. S c h e n k l u h n [u.a.] Hrsg. vom Festausschuß d. 1200 Jahrfeier Velmeden. Velmeden 1975. 143 S. m. Abb.

4189. R i c k , Josef: Chronik des Lehrers Franz Joseph Kaupp [in V e n d e r s h e i m ]. – In: HJAlWo 12. 1972, S. 271–282; 13. 1973, S. 428–439; 14. 1974, S. 567–577; 15/16. 1975/76, S. 723–730 [Betr. d. Jahre 1769–1798]

4190. K n a p p , Hans: V i e r n h e i m in Wort und Bild. Daten, Fakten, Zahlen. Zeichnungen: Karl Fischer. Viernheim 1971: Stefan. 32 S. m. Abb.

4191. H a a s , Franz: Die Viernheimer Dorfbeschreibung von 1655. – In: HViern 6. 1974, Nr 17, S. 1–6

4192. K n a p p , Hans: Blick in Viernheims jüngere Vergangenheit. – In: HViern 6. 1974, Nr 17, S. 6–10

4193. G i e g e r i c h , Willi: Bad V i l b e l , eine Stadtgesch. in Zahlen. – In: ViHbll 10. 1974 = Sonderh.: Zur 1200-Jahrfeier d. Stadt Bad Vilbel, S. 20–29 m. Abb.

4194. Die Entwicklung unserer Stadt Bad Vilbel 1946–1976. Ein Rückblick d. Magistrats unter Mitarb. von Karl B ü c k i n g . Verantw. für d. Inh.: Erich G l ü c k . Mit Abb. Bad Vilbel: Magistrat d. Stadt 1976. 123 S.

4195. G i e g e r i c h , Willi: Die Gemeinde Vilbel in den Spannungen und Konflikten der Geschichte. Festvortrag, anläßl. d. 1200 Jahr-Feier d. Stadt Bad Vilbel. – In: GT 28. 1975, S. 122–125

## 3. Einzelne Orte

4196. K u h n i g k , Armin Matthäus: V i l l m a r . Gesch. u. Gestalt einer hessen-nass. Großgemeinde. Villmar: Gemeindevorstand 1976. 275 S. m. Abb.

4197. H a r t m a n n , Winfried: Villmar in Vergangenheit und Gegenwart. Mit 3 Abb. – In: Turnver. „Vorwärts" Villmar/L. Festschrift z. 75-jähr. Jubiläumsfeier 1966, S. 9–13

4198. W ü r t h , Karl: Aus der Geschichte W a c h e n h e i m s . – In: HJAlWo 12. 1972, S. 247–249

4199. B o h n s a c k , Jürgen: Die Siedlung W ä c h t e r s b a c h in ihrer Entwicklung von der ersten Erwähnung bis zur Gründung des Deutschen Reiches. Eine geschichtl. Studie v. 1236 bis 1871. – In: Bürgerfest Wächtersbach. 8. 1975, S. [17. 21. 29. 33. 37. 41. 45. 49. 53]; 9. 1976, S. 13. 19. 25. 29; 11. 1978, S. 47. 51. 55. 61. 63. 65. 67

4200. Festschrift zum Bürgerfest Wächtersbach vom 9.–11. Aug. 1975. Eine Gemeinschaftsveranstaltung d. Radfahrerverein 02 Wächtersbach u. d. Spielmanns- u. Fanfarenzuges Wächtersbach. Wächtersbach 1975. 28 ungez. Bl. m. Abb. [Darin: Die hist. Entwicklung d. Siedlung Wächtersbach v. den Anfängen d. Siedlungstätigkeit bis zum Beginn d. Wächtersbacher Industrialisierung. T. 1 u. 2 (bis 1247)]

4201. C a l a m i n u s , Anton: Wächtersbach im Jahre 1838. Urkunde zur Grundsteinlegung d. Volksschule. Hrsg. in Zsarb. d. Verkehrsver. u. d. Stadt Wächtersbach. Wächtersbach 1974. 8 ungez. Bl.

4202. S c h m i d t , Hedwig: Germitzer Marca. Heimatgeschichte von W a l d g i r m e s und Umgebung. Waldgirmes: Gemeindeverwaltung 1970. 231 S. m. Abb.

4203. J u n g m a n n , Georg: Fremdenführer W a l d - M i c h e l b a c h , Odenwald. Wald-Michelbach/Odw.: Gemeindeverwaltung 1976. 30 S. m. Abb.

4204. S c h l e i c h e r , Johann Philipp: W a l l a u . 1025 Jahre Gesch. einer Gemeinde. In d. Chronik d. Wallauer Ehrenbürgers geblättert von Wolfgang K a p p e l e r . Wallau: Gemeindeverwaltung 1975. 119 S. m. Abb.

4205. W i n k l e r , Konrad: W a l l d o r f . Stadt zwischen d. Wäldern. Walldorf: Stadtverwaltung 1969. 132 S. m. Abb. u. Kt.

4206. Urkunden und Dokumente zur Geschichte Walldorfs. Walldorf: Arbeitsgemeinschaft f. Walldorfer Gesch. u. Genealogie 1972. 68 S. m. Abb. (Beitrr. z. Gesch. Walldorfs 1)

4207. [Festschrift] Walldorf 275. Walldorf 1974. 56 ungez. Bl.

4208. B a s e n a u , Karl Heinz: Schenkung an den Johanniterorden wurde Geburtsurkunde eines Ortes. Aus d. wechselvollen Gesch. des Dorfes W a l l e r n h a u s e n . – In: HGiess 1976, Nr. 40, 41

4209. 1200 Jahre W a l s d o r f 774–1974. [Festschrift]. Illustr. u. Texte aus Urkunden, Chroniken u. Büchern. Walsdorf: Gemeindeverwaltung 1974. 72 S. m. Abb.

4210. I m m e l , Otto: W e h r d a , Weinstraße, Burg Weißenstein. Wehrda 1974. 374 S. m. Abb. 1 Kt. [2., überarb. Aufl. Marburg: Magistrat, Presseamt 1976. 391, [44] S. m. Abb. u. Kt. Beil.]

4211. R o s e n b o h m , Rolf: Die ältere Geschichte von W e h r h e i m . – In: WehrGbll 1. 1976, Nr. 1, Bl. 7–12

4212. W e h r s h a u s e n bei Marburg. Hrsg. von Wilhelm Alfred E c k h a r d t . Ill. von Reinhold G e l b e r t . [Nebst] Kt. Beil. Marburg: Trautvetter & Fischer 1974. 244 S., 12 Bl. Abb., 7 Kt. [S. 44–62: Willi G ö r i c h : Wehrshausen u. d. Marburger Land im Mittelalter; 222–239: Günther S t e g m a n n : Wehrshausen heute]

4213. K a m m e , Heinz G.: Stadtsanierung in W e i l b u r g . Mit 3 Abb. – In: NblWil 49. 1974, Nr 134, S. 171–173

4214. W e h r u m , Carl: Geschichte einer alten Gasse. Mit 4 Abb. – In: WeilBll 5. 1975, S. 35–36 [Schulgasse in Weilburg]

4215. F r e y b e , Otto: Die Hauslei. – In: WeilBll 5. 1975, S. 36–37 [Felsen bei Weilburg. Beitr. zuerst 1920 veröff.]

4216. K a e t h n e r , Rudi Hermann: W e i l r o d . Ein Überblick über seine geschichtl. Entwicklung. Gemünden: Verf. 1974. 13 Bl. m. 2 Kt. Skizz.

4217. M ü l l e r , Karl: Geschichte und Kirchengeschichte von W e i n h e i m bei Alzey. Erd- u. Frühgesch., mittelalterl. Gesch. u. evang. Kirchengesch. eines rhein-hess. Dorfes. Festschrift zur Wiederindienststellung d. evang. Kirche zu Weinheim. Offenheim/Rhh.: Ev. Pfarramt 1975. 96 S. m. Taf.

4218. G u t j a h r , Rainer: Hartmann Mathis von Lindenfels, Stadtschreiber und Keller in W e i n h e i m a.d. Bergstr. – In: Odw 22. 1975, S. 128–131 [Gestorben 1569]

4219. A l b r e c h t , Dietmar: Zur Geschichte von W e i n o l s h e i m . – In: HJMBi 15. 1971, S. 27–30

4220. H e n n i n g e r , Aloys: Kleine Chronik von W e i ß k i r c h e n . Entworfen 1856. Für d. Druck bearb. von Johann S c h m i d t . T. 1. 2. – In: TChr 1. 1973, Nr 4; 3. 1975, Nr 1

4221. S c h m i d t , Johann: Auszug aus der Chronik von Weißkirchen/Taunus. – In: Gesangver. „Germania 1873" Weißkirchen. Festschrift zur Feier d. 100 jähr. Bestehens 1973, S. 39–49

4222. S c h e i d t , Hermann: W e r d o r f . Die Geschichte eines Dorfes u. seiner Leute. Bd 1. Werdorf: Gemeindeverw. 1972. 223 S. m. Abb.

4223. K e y l , Werner: Alte Papiere im Turmknauf der Kirche Werdorf, Kreis Wetzlar. – In: HFK 13. 1976, Sp. 223–228

## 3. Einzelne Orte

4224. C h r i s t e n , Fridel v.: Aus der Geschichte des Dorfes W e r l e s - h a u s e n . – In: W 28. 1976, S. 43–45. 55–56

4225. Kasper's Einwohner-Adreßbuch Verbandsgemeinde W e s t e r b u r g . Nach amtl. Unterlagen. 1974 ff. Köln: Kasper 1974 ff.

4226. M e h r , Willy: Burg und Stadt. Westerburg: Westerwaldver., Zweigver. Westerburg 1975. 50 S. m. Abb. (Westerburger Hefte 1)

4227. G r ü n e w a l d , Julius: Seeheim- W e s t h o f e n , Frankendorf und Königshof am Seebachquell. – In: HJAlWo 14. 1974, S. 549–552

4228. G r ü n e w a l d , Julius: Bürger, Bauern und Rebellen. 50 Jahre Westhofener Ortsgeschichte. – In: HJAlWo 13. 1973, S. 395–406 [Im 19. Jh.]

4229. Adreßbuch der Stadt W e t t e r . Nach amtl. Unterlagen 1971 ff. Köln: Kasper 1971 ff.

4230. F l e n d e r , Herbert, Hanny Pfeiffer u. Walter Ebertz: Ein Stadtführer durch W e t z l a r . Umschlag: Ernst Albrecht. Fotos: Erich S c h i c k . Zsstellung: Klaus G e r l a c h . Wetzlar: Verkehrsamt [1976]. 28 S.

4231. F l e n d e r , Herbert: Wetzlar anno... Ein Spaziergang durch d. alte Wetzlar. Unter d. Beratung von Walter E b e r t z . Wetzlar 1975: Schnitzler. 70 S. m. Abb.

4232. B e t h k e , Martin: Eine kleine Stadt in der zweiten Hälfte des 19. Jahrhunderts. Auftrag f. e. Staatskommissar: Frankfurt u. Nassau dürfen auch nicht selbständig sein. Mit Abb. u. Bildn. – In: HGiess 1974, Woche 28 [Wetzlar]

4233. Adreßbuch der Landeshauptstadt W i e s b a d e n . 1966 ff. Wiesbaden: Beleke 1966 ff.

4234. B a e d e k e r , Karl: Wiesbaden. Stadtführer. Mit 14 Kt. u. Pl. u. 50 Zeichn. Freiburg: Baedeker 1976. 97 S.

4235. Geschichte der Stadt Wiesbaden. Hrsg. v. Magistrat d. Stadt Wiesbaden. Bd 1. Wiesbaden: Steiner 1974

4236. F i n k , Otto E.: Wiesbaden, so wie es war. Düsseldorf: Droste 1976. 100 S. m. Abb.

4237. F i s c h e r - D y c k , Marianne: Geschichten aus dem alten Wiesbaden. Mit Abb. – In: WiL 22. 1973, Dez., S. 6–7; 23. 1974, Jan., S. 10–12; Febr., S. 8–10; März, S. 8–10; Apr., S. 8–11. 15; Mai, S. 8–10; Juni, S. 8–9; Juli, S. 8–9; Aug., S. 8–9; Sept., S. 10; Okt., S. 10–13; Nov., S. 16–17; Dez., S. 16–17; 24. 1975, Jan., S. 8–9; Febr., S. 8–9; März, S. 10–11; Apr., S. 10–11; Mai, S. 24–25; Juni, S. 10; Aug., S. 10–12; Sept., S. 10–11; Okt., S. 12–13; Nov., S. 10–13; Dez., S. 10–11; 25. 1976, Jan., S. 10–12; Febr., S. 10–11; März, S. 8; Apr., S. 12–13; Mai, S. 10–11; Juni, S. 10–11; Juli, S. 10–12; Aug., S. 9–11; Sept., S. 10–11; Okt., S. 16–17; Nov., S. 9–11; Dez., S. 9–10

4238. H a s e , Ulrike von: Wiesbaden. Kur- u. Residenzstadt. – In: Die dt. Stadt im 19. Jahrhundert. Hrsg. von Ludwig Grote. 1974, S. 129–149

4239. F a b e r , Rolf: T. 1. Seit fünfzig Jahren liegt Wiesbaden am Rhein. Die Eingemeindung v. Biebrich, Schierstein u. Sonnenberg. T. 2. Wiesbadens erste Eingemeindungen vor fünfzig Jahren. Schierstein u. Sonnenberg. – In: WiL 25, 1976, 11, S. 16–18 u. 12, S. 20–22

4240. M i s c h e w s k i , Günter: Die Stadt [Wiesbaden] wächst und wächst. Mit 6 Abb. u. 1 Kt. – In: Wi int 1976, 4, S. 16–22

4241. R i t t e r , Gerhold: Landeshauptstadt Wiesbaden. Frankfurt a. M.: Staatl. Landesbildstelle Hessen 1973. 12 S. (Farblichtbildreihe d. Staatl. Landesbildstelle Hessen Beih. He 49)

4242. Wiesbaden. Großstadt im Grünen. City embedded in green. Métropole verdoyante. Wiesbaden: Falken-Verl. [1974]. 88 S. m. Abb.

4243. Wiesbaden. Red.: Erik E m i g . Wiesbaden: Magistrat d. Landeshauptstadt Wiesbaden, Presse- u. Informationsamt [1974]. 28 S. m. Abb.

4244. Statistisches Handbuch Wiesbaden. Hrsg.: Magistrat d. Landeshauptstadt Wiesbaden. 1965/1974. Wiesbaden 1974. 300 S. m. 1 Kt.

4245. Wiesbaden. Wegweiser durch d. Ämter d. Stadtverwaltung. Wiesbaden: Magistrat 1976. 40 S.

4246. Wiesbaden Report. Leistungen d. Stadt f. ihre Bürger. Ber. über d. Arbeit der städt. Körperschaften u. der Verwaltung d. Landeshauptstadt. Red. Erik E m i g . Gestaltung: Hermann Graap. Wiesbaden: Magistrat 1968/71. 1972. 1972/74. 1975. [1975/76. 1977]

4247. In memoriam Robert Krekel. Gedenkschrift f. d. am 21. 2. 1974 verstorbenen langjähr. Vorsteher d. Wiesbadener Stadtverordnetenversammlung Robert Krekel. Hrsg. v. d. Büro d. städt. Körperschaften u. d. Presse- u. Informationsamt d. Landeshauptstadt Wiesbaden. Wiesbaden 1975. 11 ungez. Bl. m. Abb.

4248. Stadtentwicklungsprogramm Wiesbaden. Zwischenberr. d. Projektgruppen – 1974. 1–6. Wiesbaden: Magistrat 1973/74. 1. Regionale Beziehungen d. Stadt Wiesbaden zu ihrem Umland. Verflechtungs-Studie. 1. Stufe. 2. Öffentl. Nahverkehr im Raume Wiesbaden. Analyse u. Planungsprogramm. 3. Wirtschaftl. Situation u. Arbeitsplatzanalyse f. Wiesbaden. Vorber. 4. Soziale Infrastruktur Wiesbadens. Zwischenber.

4249. Stadtentwicklung Wiesbaden. Umfrage zur Stadtentwicklung. Durchführung: Inst. f. angewandte Sozialwiss. Bonn-Bad Godesberg. Betreuung: Jürgen G e i s l e r u. Helmut H o c h g e s a n d , Planungsgruppe beim Oberbürgermeister, Wiesbaden. Wiesbaden: Magistrat 1976. 122 S.

4250. Forschungsvorhaben computer-orientiertes räumliches Bezugs-, Analyse- und Planungssystem (Geocode). Ber. Wiesbaden, gemeinsamer Ber. d. Fachgruppe Daten d. Arbeitsgruppe Stadtentwicklung d. Landeshauptstadt Wiesbaden u. d. Inst. Datum e. V. Bonn – Bad Godesberg, Wiesbaden 1976. 139 S., 47 Bl. m. graph. Darst. u. Kt.

4251. M i c h a e l s e n , Jutta, u. Stefan M i c h a e l s e n : Kranzplatz Wiesbaden. Bebauungs- u. Nutzungsstudie. Beauftragung v. Stadtentwicklungsdezernat u. v. Hochbauamt d. Landeshauptstadt Wiesbaden. Wiesbaden 1974, 29 Bl., 6 ungez. Pl

4252. W a g n e r , Herbert: Das eigentliche Ziel – mehr Wohnqualität im Innenstadtbereich – nicht vergessen. Architekt Herbert Wagner nimmt Stellung zum WL-Thema „Neugestaltung u. Wiederverwendbarkeit d. Palasthotels am Kranzplatz". – In: WiL 25. 1976, 5, S. 12–13 [Wiesbaden]

4253. Vorstellungen zur Planung der sozialen Infrastruktur im Sanierungsgebiet Wiesbaden-Bergkirche. Bearb. Clemens A l t s c h i l l e r [u.a.] Wiesbaden: Stadtverwaltung, Sozialdezernat 1974. II, 43, 6 Bl. 4 Tab. (Beitrr. z. Sozialplanung 1)

4254. Sanierungsgebiet Bergkirche. Stand d. Arbeiten 1976. In Zsarb. mit Presseu. Informationsamt u. Sanierungsträger Neue Heimat Südwest. Wiesbaden: Stadtverwaltung 1976. 24 S. m. Abb.

4255. R a m d o h r , Paul: Abschied von der Allee. Mit 4 Abb. – In: WiL 24. 1975, März, S. 20–23 [Biebricher Allee, Wiesbaden]

4256. K n a u ß , Erwin: Zwischen Kirche und Pforte. 775–1975. 1200 Jahre W i e s e c k . Gießen-Wieseck 1975: Brühl. VIII, 359 S. m. Abb. [Stadtteil v. Gießen]

4257. K n a u ß , Erwin: 1200 Jahre Wieseck. 775–1975. Festvortrag anläßl. d. Feierstunde in d. Friedrich-Ebert-Schule in Gießen-Wieseck am Samstag, d. 9. Aug. 1975. Gießen 1975. 16 S.

4258. B i c k e l , Johannes: Wieseck, einst und jetzt. Ein Beitr. zur Heimatgesch. Gießen: Mittelhess. Druck- u. Verl. Ges. 1975. 115 S., 6 Taf., 1 Kt.

4259. 1200 Jahre Wieseck. Sonderbeil. d. Gießener Allgemeinen u. Alsfelder Allgemeinen Ztg. Gießen. 1975, Nr 180

4260. W i l d s a c h s e n 1107–1976 [Festschrift]. Wildsachsen: Gemeindeverwaltung 1976. 44 S. m. 7 Abb. [S. 9–15: S c h ü l e r , Theodor: Kulturu. ortsgeschichtl. Skizzen aus d. Ländchen. 16–29: R o t h , Friedrich Wilhelm Emil: Aus d. Gesch. v. Wildsachsen]

4261. B a d  W i l d u n g e n in Wort und Bild. Ein Bildbuch. Hrsg. u. gestaltet von Ludwig B i n g . Korbach; Bad Wildungen: Bing 1974. 29 S. Text, 48 Bl. Abb.

4262. G ö ö c k , Roland: Bad Wildungen. Führer durch Bad, Stadt u. Umgebung mit zahlr. Bilderseiten, Stadtplan, Umgebungs- u. Wanderkarten. 7., verb. Aufl. Bad Wildungen: Bing [1973]. 88 S.

4263. M a u s , Moritz: Wildungen in alter Zeit. – In: MW 1975, Nr 11 v. 26. Juli

4264. K a e t h n e r , Rudi Hermann: Die Anfänge W i l h e l m s d o r f s . Mit Abb. u. Pl. – In: UsL 1976, Nr 3, Sp. 25–35; Nr 4, Sp. 47–48; Nr 5, Sp. 58–60; 1977, Nr 1, Sp. 76–81

4265. H a m m a n n , Gustav: Bilder aus W i l l e r s d o r f und seiner Umgebung. Bottendorf: Ev.-Luth. Pfarramt 1972. 32 S. m. 19 Abb. (Bottendorfer Briefe 29)

4266. S c h m i e d , Erich: Die staatsrechtliche Stellung der Stadt Bad W i m p f e n . – In: Zs. f. württemberg. Landesgesch. 31. 1972 (1973), S. 346–357

4267. K ö h l e r , Ernst: Geschichte von W i n n e r o d . – In: HHGiess 1975, S. 75–76

4268. D e t t w e i l e r , Rudolf: W i n t e r s h e i m , aus seiner Geschichte. – In: 100 Jahre MGV ‚Einigkeit' 1875 e. V. Wintersheim/Rhh. Festschrift. Wintersheim/Rhh. 1975. S. 105–119

4269. Stadt W i r g e s . Festschrift zur Stadterhebung. Wirges: Stadtverwaltung 1975. 28 S. m. 23 Abb. [S. 9–13: Wirgeser Stadtgesch. in Stichworten. 14–15: Wirges u. seine nachbarlichen Verflechtungen]

4270. S c h r e i b e r , Karl: Dreimal-tausend-Jahre. W i r t h e i m , Kassel, Höchst. Mit 4 Abb. – In: GelHJ 28. 1976, S. 49–54

4271. H e m p e l , Karl: Vom Ursprung des Ortes und dem Gang der Besiedelung seiner Mark. Ausz. aus d. „Gesch. d. Dorfes W i t t g e n b o r n ". – In: Festschrift zum Sängerfest d. Kultur-Gemeinschaft Wittgenborn 1975

4272. Studia Wizzenhusana (3–5: Wizzenhusana). Tractav. (1:) Wilhelm A. E c k h a r d t , (2–5:) Karl August E c k h a r d t . Bd 1–5. Aalen: Scientia-Verl. (3–5: Göttingen, Berlin, Frankfurt/M.: Musterschmidt) 1975. (Bibliotheca rerum historicarum. [1–2:] Studia 9. 10; [3–5:] Deutschrechtl. Archiv 12. 13. 16) 1. Das W i t z e n h ä u s e r Stadtbuch. 1530–1612 u. ergänzende Quellen 2. ed. X, 379 S., 1 Kt. 2. Die Witzenhäuser Bürgerschaft. 1543–1935. VIII, 214 S., 1 Kt. 3. Die Witzenhäuser Bürgerschaft. 1779 u. 1814. 2. ed. 92 S. 4. Die Witzenhäuser Bürgerschaft. 1796 u. 1809. 2. ed. 79 S. 5. Ältere Gesch. d. Landschaft an d. Werra u. d. Stadt Witzenhausen. 3. ed. 76 S.

4273. E c k h a r d t , Wilhelm A.: Witzenhausen. Vom Marktort zur Handelsstadt. Festvortrag z. 750-Jahrfeier d. Stadt Witzenhausen am 30. März 1975. (Marburg: Trautvetter & Fischer 1975). 32 S., 1 Stadtpl. (Marburger Reihe 8)

4274. Stadt Witzenhausen 750 Jahre. 1225–1975. Festschrift zur 750-Jahrfeier. Schriftl.: Walter Dietrich. Witzenhausen 1975. 72 S. m. Abb.

4275. H o m b u r g , Herfried: Witzenhausen. Portr. einer Stadt u. ihrer Landschaft. Mit Fotografien von Kurt W. L. M u e l l e r [u. a.] Kassel-Wilhelmshöhe: Thiele & Schwarz 1975. 50 S. Text, 31 Bl. Abb.

## 3. Einzelne Orte

4276. Dietrich, Walter: 750 Jahre Witzenhausen. Kurzer Abriß d. Stadtgeschichte. – In: W 27. 1975, S. 17–18

4277. Willkommen Wixhausen! Darmstadt: Presse- u. Informationsamt d. Stadt 1976. 15 S. m. Abb.

4278. Aledter, Christian: Das historische Wölfersheim. Bd 1: Von 1128 bis 1900. Hrsg.: Gemeindevorst. Wölfersheim 1. Friedberg/Hess. 1976: Demuth-Dr. 372 S., 4 Taf. [Rückent.:] Chronik Wölfersheim von 1128 bis 1900.

4279. Schlott, R. K.: Von Vullinestat zu Wöllstadt. – In: WeKrKal 2. 1976, S. 61–67

4280. Wolf, Werner: 1200 Jahre Wörrstadt. – In: HJAlWo 12. 1972, S. 215–217

4281. 1225–1975. 750 Jahre Worfelden vom 15.–24. August '75 [Darin: Ernst Schneider: Worfeldens Geschichte]. Darmstadt 1975: Fülbert. 64 ungez. Bl.

4282. Illert, Georg: Worms, so wie es war. Düsseldorf: Droste 1976. 100 S. m. Abb.

4283. Reuter, Fritz: Zollfreiheit und Pfeifergericht. 900 Jahre Rechts-, Wirtschafts- und Kulturgeschichte in Worms. – In: AHG N. F. 33. 1975, S. 9–26

4284. Kühn, Hans: Politischer, wirtschaftlicher und sozialer Wandel in Worms 1798–1866. Unter bes. Berücks. der Veränderungen in d. Bestellung, d. Funktionen u. d. Zusammenstellung d. Gemeindevertretung. Worms: Stadtbibliothek 1975. 268 S. m. Faltbl. (WoG Beih. 26) Erschien zugl. als Diss. Göttingen, Univ., Wirtschafts- u. Sozialwiss. Fak. 1975

4285. Dascher, Georg: Zur Geschichte des Weilers Wünschbach. – In: HErb 1975, Nr 3

4286. Tielmann, Klaus: Zehnhausen b. Rennerod. Gesch. eines Westerwalddorfes. – In: Festschrift zum 50 jähr. Bestehen d. Sportver. „Adler" Zehnhausen e. V. 1975, S. 39–45

4287. Bormuth, Heinz: Mangoldstein, Gottesackerkirche und Eisenwerk in Zell. – In: HErb 1974, Nr 2

4288. Reuter, Heinz: Ziegenhain, Hessen. Gesch. d. Stadt 782–1973. [Zeichn.: Wolfgang Findeisen.] Ziegenhain, Lüdertor 6: Selbstverl. d. Verf. [1974]. 75 S. m. Abb.

4289. Bickel, Johannes: Das Dorf Zotzenbach. Ein Beitr. zur Heimatgesch. Gießen: Mittelhess. Druck- u. Verl. Ges. 1975. 129 S., 5 Taf., 1 Kt.

4290. Ströhl, Gerd, u. Werner Brüschke: Sozialökonomische Verflechtungen der Gemeinde Züntersbach. Statistik: Johann Simon. Wiesbaden: HLT Ges. f. Forsch., Planung, Entwicklung mbH 1975. 47,7 S. m. Kt. u. Tab. Bd (165 S.)

4291. Chronik von Zwingenberg an der Bergstraße. 700 Jahre Stadtrechte 1274–1974. Hrsg. v. Geschichtsver. u. d. Magistrat d. Stadt Zwingenberg. Zwingenberg/Bergstraße 1974. 640 S. m. Abb. u. Kt. [Darin: Adam Höfle: Die Geschichte von Zwingenberg a. d. B.]

## XII.
## FAMILIENKUNDE
## [UND BIOGRAPHIEN]

### 1. Allgemeines, Sammelwerke, Quellenkunde

4292. Henseling, Jakob: 50 Jahre Gesellschaft für Familienkunde in Kurhessen und Waldeck. – In: HFK 12. 1974, Sp. 125–146

4293. Friederichs, Heinz Friedrich: Familiengeschichtsforschung an Fulda und Werra. Nach e. Festvortrag anläßl. d. 50jähr. Bestehens d. „Ges. f. Familienkde in Kurhessen u. Waldeck". – In: HFK 12. 1975, Sp. 337–342

4294. Friederichs, Heinz Friedrich: Familiengeschichtsforschung an Rhein und Mosel. Rückblick u. Ausblick. Nach e. Referat auf d. Jahresversammlung d. Westdt. Ges. f. Familienkde in Trier am 3. 4. 1978. – In: AfS 42. 1976, H. 62, S. 454–460

4295. Hessische Biographien. In Verbindung mit Karl Esselborn u. Georg Lehnert hrsg. von Hermann Haupt. Gesamtverz. (Namensreg.) zu d. Bden 1–3. Bearb. im Hess. Staatsarchiv Darmstadt. Walluf: Sändig 1974. 51 S. [Betr. Großherzogtum Hessen]

4296. Kurzbiographien vom Mittelrhein und Moselland. Hrsg. v. d. Gesellschaft f. nützl. Forsch. zu Trier u. d. landeskdl. Arbeitsgemeinschaften in d. Regierungsbez. Trier u. Koblenz. ... Trier: Selbstverl. d. Hrsg. 1967 ff. (LaVbll Sonderh. 1967 ff.) S. 1–76 = LaVbll Sonderh. 1967; S. 77–132 = LaVbll Sonderh. 1968; S. 133–196 = LaVbll Sonderh. 1969; S. 197–252 = LaVbll Sonderh. 1970; S. 253–316 = LaVbll Sonderh. 1971; Namen- u. Sachweiser zu S. 1–252. Von Alexander Stollenwerk = LaVbll Sonderh. 1971; S. 317–372 = LaVbll Sonderh. 1972; S. 373–435 = LaVbll Sonderh. 1973; S. 437–500 = LaVbll Sonderh. 1974/75

4297. So lebten sie am Rhein zwischen Mainz und Düsseldorf. Texte u. Bilder v. Zeitgenossen. Hrsg. von Willy Leson. Köln: Bachem 1976. 95 S. m. zahlr. Abb.

4298. Irle, Lothar: Siegerländer Persönlichkeiten- und Geschlechter-Lexikon. Siegen: Siegerländer Heimatver. 1974. 395 S.

4299. Stahler, F.: Studenten aus der Kurpfalz, Hessen und dem Oberrheingebiet an der Universität Greifswald zwischen 1456 und 1700. – In: Pfälz.-rhein. Familienkde 25. 1976. Bd 8, S. 268–72

4300. Die Rost-Sippen in Deutschland. Ein Beitr. z. Gesamtnamenforschung. Bd 1. D. Stammtaf. 34. Hitzerode in Hessen. 52. Viesebeck in Hessen (I) 68. Oberhone in Hessen (II) 80. Oberhone in Hessen. Bad Münder/Deister: Rost 1976.

4301. J a h r , Ilse: Vorfahren Großeltern Zander/Döscher. Cuxhaven (Kassel, Karthäuserstr. 25): Selbstverl. 1973. 156 S., 6 Bilds. [Betr. auch hess. Familien]

4302. Leichenpredigten als Quelle historischer Wissenschaften. Hrsg. von Rudolf L e n z . Köln & Wien: Böhlau 1975. XI, 557 S., 20 Abb., 7 Ktn [Betr. u.a. Hessen] [S. 492–557: Uwe B r e d e h o r n u. Rudolf L e n z : Die Ausstellung „Leben aus Leichenpredigten", veranstaltet von d. Universitätsbibliothek Marburg a.d.L.]

4303. M a h r e n h o l t z , Hans: Nachweise von Nekrologien und Memoirenbüchern im Bereich des Landes Niedersachsen und angrenzender Landesteile: Altmark, Harzgebiet, Hessen u. Westfalen sowie Bremen u. Hamburg. Im Anh. Schleswig-Holstein. Stand: 1. 3. 1976. Hannover-Kirchrode: Selbstverl. 1976. 15 Bl.

4304. D e i t m e r , Hermann: Die Kölner Generalvikariatsprotokolle als personengeschichtliche Quelle. Bd 3: Die Nicht-Kleriker in d. Protokollen v. 1726 bis 1740. Brühl: Personenstandsarchiv [in Komm.] 1975. 1032 S. (Veröffentlichungen d. Westdt. Ges. f. Familienkde N. F. 9) [Betr. auch Hessen]

4305. K i r c h n e r , Fritz: Das „Schuldenbuch" Graf Albrechts [v. Nassau-Weilburg] als familienkundliche Quelle. – In: SaFkde 2. Jg 8. 1975, H. 32, S. 485–490

4306. G e i s e l , Karl: Aus den Gästebüchern des „Ochsen" in Gais (Schweiz) 1822–1874. – In: HFK 13. 1976, Sp. 163–168 [Betr. Kurgäste aus Hessen]

2. Familienkunde einzelner Gebiete und Orte

4307. R i n g l e b , Arthur: Alte Steuerlisten aus dem Werraland. – In: HFK 12. 1974, Sp. 277–280

4308. R i n g l e b , Arthur: Aktivlehen der Frhn von Dörnberg im Amt Frankershausen im 16. und 17. Jahrhundert. – In: HFK 13. 1976, Sp. 139–146

4309. S i p p e l , Wilm: Respektspersonen im Raum Sontra. – In: HFK 12. 1974, Sp. 54–55

4310. M a u e r s b e r g e r , Johann Rolf: Das Amt Friedewald um 1724–1731. – In: HFK 13. 1976, Sp. 53–60. 95–102

4311. G e i s e l , Karl: Teilnehmer an der Badischen Mairevolution von 1849 aus dem Kreis Ziegenhain. – In: SchwJb 1976, S. 88–90

4312. Völker, Friedrich: Einwohner im okkupierten Teil des Amts Schönstein 1625–1635. Ergänzungen. – In: HFK 12. 1975, Sp. 509–514

4313. Imhof, Arthur Erwin: Kirchenbücher als historische Quellen. Eine Computerauswertung v. Kirchenbüchern im Raum Gießen. Mit 7 Fig. – In: HHGiess 1974, S. 69–72. 76

4314. Löber, Karl: Alte Einwohnerlisten aus Stadt und Amt Haiger. Haiger: Stadtverwaltung 1975. 103 S. m. Abb. (Haigerer Hefte 6)

4315. Lampert, Ulrich: Nachkommen der „von Buttlar'schen Rotte". – In: HFK 12. 1974, Sp. 239–248 [Betr. Wittgensteiner Land]

4316. Achenbach, Hermann: Von Wittgensteiner Müller-Familien. – In: Wi 40. Jg. 64. 1976, S. 79–81

4317. Luckenbill, Ludwig: Die Einwohner der ehemaligen Grafschaft Saarbrücken vor 1700. – Ernst Eckerle: Namenregister d. angeheirateten Frauen. Saarbrücken: Arbeitsgemeinschaft f. Saarländ. Familienkde 1971. 10 S. (SaFkde Sonderbd 1)

4318. Götz, Johannes: Familien im Gericht Gründau. Mit e. Einl. von Jürgen H. Frickel. – In: HFK 12. 1975, Sp. 443–454, 491–500; 13. 1976, Sp. 87–96

4319. Amberg, Heinrich: 100 Jahre Standesämter (im ehem. Landkr. Gelnhausen). – In: GelHJ 1975, S. 124–126

4320. Porschen, Margot: Musterungslisten aus der Zent Nieder-Roden 1554 und 1607. – In: HFK 12. 1975, Sp. 375–378

4321. Kunz, Rudolf: Kurpfälz. Landschatzung für die Kellerei Lindenfels (1439). – In: GbllBe 9. 1976, S. 118–137 [Schatzungsregister]

4322. Kunz, Rudolf: Alsbacher Bevölkerungslisten. – In: Kunz: Alsbach. Alsbach 1975: Otto, S. 77–112

4323. Erbe, Wulf: Auswertung eines Ortssippenbuches mit Hilfe der Familiennummern, dargestellt am Beispiel Altweilnau/Kreis Usingen in Hessen. – In: Gen 12. Jg. 23. 1974, S. 15–20

4324. Boss, Frieder: Die 1822 in Babenhausen und Sickenhofen lebenden Ortsbürger. – In: HFK 13. 1976, Sp. 161–164

4325. Herpel, Hans Peter: Ortsfremde in Bickenbach a.d. Bergstraße 1638–1731. – In: HFK 11. 1973, Sp. 206–212. 343–346; 12. 1974, Sp. 35–44

4326. Herpel, Hans Peter: Rekonstruktion der Kirchenbuchlücke 1731–1742 von Bickenbach. – In: HFK 12. 1975, Sp. 505–510

4327. Blöcher, Elsa: Biedenkopfer Bürger im 14. und 15. Jahrhundert. – In: HiGbll 55. 1976, S. 48

4328. K u n z , Rudolf: Bevölkerungsliste der Pfarrei B i r k e n a u (1822). – In: GbllBe 9. 1976, S. 235/6

4329. L a m p e r t , Ulrich: Heb-Register der Stadt D i l l e n b u r g [von 1723]. Über Schatzung u. Kriegsgelder. – In: HbllPFH 43. 1975, S. 19–20. 27

4330. R u e t z , Gottfried: D ü n z e b a c h e r Untertanenverzeichnis von 1626/ 1629. – In: HFK 12. 1975, Sp. 469–472 [Betr. Niederdünzebach u. Oberdünzebach]

4332. E i d e n m ü l l e r , Karl: Trauungen Ortsfremder in E s c h a u im Spessart 1644–1698. – In: HFK 13. 1976, Sp. 47–54

4333. I h l e , Fritz: In einem Kirchenbuch geblättert (1681–1774). – In: UsL 1976, Nr 1, Sp. 1–11 m. 3 Abb. [Eschbacher Kirchenbuch. Betr. Orts- u. Personengesch. von E s c h b a c h u. Michelbach, Kr. Usingen]

4334. B e c k , Hanno: E s c h w e g e r Profile. Eschweger Bürger unserer Zeit. Eschwege: Kluthe 1974. 132 S.

4335. H e n s e l i n g , Jakob: F r a n k e n b e r g s erste Bürgerfamilien. – In: UFrL 2. 1976, Nr 2 v. 21. Febr.

4336. S e e , Gottlieb: Familiennamen in F r i e d r i c h s d o r f im Taunus 1686– 1807. – In: HFK 12. 1975, Sp. 379–386

4337. F e l l e r , Wilhelm J.: Das Kirchenbuch der evangelischen Gemeinde F r o h n h a u s e n /Dill aus den Jahren 1580–1640. Ein Dokument d. Zeitgesch. Mit Abb. – In: HbllPFH 44. 1976, S. 10–11. 16. 19–20

4338. G r ä s e r , Franz: F u l d a s Straßennamen ein Personenlexikon. Eine Zsfassung v. Vorträgen vor d. Vereinigung f. Familien- u. Wappenkde. – In: HFK 13. 1976/77, Sp. 227–230; 289–292

4339. G r o s s , Ulrich: Fremde in den älteren Kirchenbüchern (1730–1830) in G e l n h a u s e n . – In: HFK 12. 1975, Sp. 327–338; 395–400

4340. S t u m p f , Otto: Das G i e ß e n e r Familienbuch (1575–1730). Zsgest. nach d. Tauf-, Trau- u. Beerdigungseintragungen d. Stadtkirche u. d. Burgkirche, erg. durch archival. u. literar. Quellenmaterial. T. 1–3. Gießen: Oberhess. Geschichtsver. 1974–76. 1. (Buchstabe A–H, Nrn 1–1866.) 1974. 59 S., 180 ungez. Bl., 2. (Buchstabe I–R, Nrn 1867–3578.) 1974. 72 S., 184 ungez. Bl. 3. (Buchstabe S–Z, Nrn 3581–5041 u. Anh., enth. d. Nichtseßhaften) 1976. 55 S., 220 ungez. Bl.

4341. O h r , Klaus-Uwe: Musterungsliste von Gießen 1606. – In: HFK 12. 1975, Sp. 501–502

4342. S t r u b e , Hans. Das älteste Kirchenbuch des ehemaligen Kreises Rotenburg a.d. Fulda. [ G i l f e r s h a u s e n 1575–1620] – In: HFK 12. 1975, Sp. 515–520

4343. S e e , Gottlieb: Sterbeeintragungen in G o n z e n h e i m . – In: HFK 13. 1976, Sp. 163–164

4344. B a u m a n n , Walther: Das H a i g e r e r Kirchenprotokollbuch 1630–1684. – In: MHG 24. 1976, S. 25–32 m. 1 Abb. [1975 auf d. Speicher der Herborner Stadtkirche wiedergefunden]

4345. B a u m a n n , Walther: Das Haigerer Kirchenprotokollbuch 1630–1684. – In: HFK 13. 1976, Sp. 211–218

4346. B a u m b a c h , Wilhelm: (Lager-, Stück- und Steuerbuch der Dorfschaft H a r l e s h a u s e n Kassel, Amts Ahna, verfertigt im Jahre 1747 durch d. Schreiber Embden.) Kassel 1974. 23 S. (Steuer-Kataster der Gemeinde Harleshausen, Landgerichts Kassel. Bd. 1)

4347. Z e i s , Friedrich: Zur H e l s a - Chronik des Bürgermeisters Vogt. Nach Aufzeichnungen von Kirchenrat D. Eduard G r i m m e l l († 1971). – In: Norddt. Familienkde 25. 1976, S. 454–460

4348. K u n z , Rudolf: Schatzungsregister für H e m s b a c h , Sulzbach und Laudenbach. (1496). – In: GbllBe 9. 1976, S. 138–147

4349. B a u m a n n , Walther: Das H e r b o r n e r „Uffruffs"-Buch 1585–1587. – In: MHG 8. 1960, S. 41–51. 79–85. 100–112; 9. 1961, S. 17–25. 42–49. 65–75. 93–104; 10. 1962, S. 23–33. 53–63. 77–87. 105–114; 11. 1963, S. 23–30. 48–55. 69–75. 89–96; 12. 1964, S. 12–19

4350. B a u m a n n , Walther: Das Herborner „Uffrufs"-Buch 1603–08. – In: MHG 13. 1965, S. 11–35. 46–61; 14. 1966, S. 9–21. 28–38. 46–55. 68–74; 15. 1967, S. 12–16. 46–51. 76–82; 16. 1968, S. 16–19. 54–59; 17. 1969, S. 17–21. 30–35. 51–56. 77–83; 18. 1970, S. 25–30. 37–41. 67–70; 19. 1971, S. 20–24; 20. 1972, S. 4–11. 24–28. 42–44. 61–65; 21. 1973, S. 52–54. 66–74; 22. 1974, S. 11–19. 33–37. 42–48; 23. 1975, S. 13–19. 36–42. 55–57; 24. 1976, S. 21–23. 58–60

4351. B i l l e r , Josef H.: Die Bevölkerung von H o c h h e i m am Main zur Zeit des Dreißigjährigen Krieges. – In: HFK 12. 1975, Sp. 311–322; 385–396

4352. S c h ä f e r , Rudolf: Geburt und Taufe in H ö c h s t am Main im 18. Jahrhundert. Mit 3 Abb. – In: RSp 2. 1976, H. 1, S. 20–26 [Betr. Kirchenbücher d. kathol. Gemeinde Höchst]

4353. S a u e r , Friedrich: H ö r i n g h a u s e n . Arolsen: Waldeck. Geschichtsver. 1975. 421 S. m. Kt. u. Abb., 6 S. Berichtigungen u. Nachtr. (Waldecksche Ortssippenbücher. 15)

4354. W a c k e r , Friedrich: Trauungen Auswärtiger in H o f h e i m im Ried von 1689–1800. – In: HFK 12. 1974, Sp. 105–112

4355. D e s e l , Jochen: Die H o l z h ä u s e r Töpferfamilien des 18. Jahrhunderts im Spiegel der Kirchenbücher. – In: HFK 12. 1975, Sp. 435–438 [Betr. Immenhausen-Holzhausen]

2. Familienkunde einzelner Gebiete u. Orte   333

4356. Meers, Karl: Das Homberger Gemeinderegister von 1811. Homberg an d. Efze: Zweigver. Homberg an d. Efze d. Ver. f. Hess. Gesch. u. Landeskde 1976. 148 S., 2 Bl. Abb. (Homberger Hefte 16)

4357. See, Gottlieb: Familiennamen aus dem franz.-reform. KB von Bad Homburg v. d. H. (Mit Eintragungen f. Friedrichsdorf v. 1686–1720 u. f. Dornholzhausen v. 1720–1756) 1686–1826. – In: HFK 13. 1976, Sp. 217–222

4358. 100 Jahre Homburger Standesamt. Mit 1 Abb. – In: AHo 17. 1974, S. 162–163

4359. Baas, Friedrich-Karl: Aus dem Immenhäuser Musterungsbuch vom Jahre 1598. – In: GemNlm 1974, S. 17–21

4360. Kümmel, Heinz Werner: 100 Jahre Standesamt Geisenheim-Johannisberg. – In: GeisLiBl 25. 1974, Nr 43

4361. Schlieper, Edith: Überlegungen und Bemerkungen zum Kasseler „Häuserbuch" von 1605. – In: HFK 12. 1974, Sp. 267–268

4362. Baumbach, Wilhelm: Lager-, Stück- und Steuerbuch der Dorfschaft Kirchditmold Kirchspiels Weißenstein zu Kassel, Amt Bauna gehörig; verfertigt im Jahre 1746 durch d. Schreiber Steinbach. Kassel 1974. 30 S.

4363. Brückner, Josef: Kirdorfer Familien 1571–1581. – In: AHo 18. 1975, S. 61

4364. See, Gottlieb: Familiennamen in Köppern 1676–1807 (Friedrichsdorf 2). – In: HFK 13. 1976, Sp. 41–48

4365. Thomas, Hermann: Die Häuser in Alt-Korbach und ihre Besitzer. Gesamtverz. f. H. 1–10. A–M (Müller). Korbach: Stadtarchiv 1971. 124 S.

4366. Zimmermann, Elisabeth: Was uns die dt., bes. die Altlampertheimer Familiennamen erzählen. – In: LaHbll 1974, Nr 5

4367. Maischein, K. A.: Lampertheimer Familien i. J. 1695. – In: LaHbll 1976, Nr 13

4368. Langens Familien i. J. 1817. Vollst. Abdr. d. i. J. 1817 aufgest. „Spezial-Musterliste" mit den in d. Gemeinde Langen wohnenden Familien. Hrsg. von Robert Baeumerth. 6070 Langen, Friedrichstr. 14: Baeumerth 1976. 76 S.

4369. Walter, Georg, u. Karl Eidenmüller: Familien aus dem vernichteten 2. Kirchenbuch Lengfeld/Odw. – In: HFK 12. 1974/75. Sp. 29–36; 91–106; 401–408; 453–470; 503–506

4370. Lampert, Ulrich: Gült-Verzeichnisse von Mudershausen. – In: HFK 12. 1975, Sp. 377–380

4371. See, Gottlieb: Familiennamen in Oberstedten (6370 Oberursel 4) von 1616–1807. – In: HFK 13. 1976, Sp. 145–154

4372. S e e , Gottlieb: Register zu den vier ältesten Kirchenbüchern von Oberstedten, 1616–1807. 4 Bde. Troisdorf 1975. [Maschinenschriftl. vervielf.]

4373. W e y r i c h , Wolfgang: Einwohner der Stadt R e i n h e i m in der Vorkirchenbuchzeit. – In: HFK 11. 1973, Sp. 341–344

4374. R i d d e r , Hermann: Ein Seelenregister der evang. Kirchengemeinde S c h e n k l e n g s f e l d aus dem Jahre 1675. – In: HFK 12. 1974, Sp. 115–122

4375. L u d w i g , Helmut: Heiratsakte aus dem Jahr 1809. Aus d. Zivilstandsregister d. Kirchspiels Schenklengsfeld. – In: MHl 26. 1974/75, S. 11

4376. M a r x , Norbert: Die ältesten Familien in S c h m i t t e n und Arnoldshain nach dem Arnoldshainer Kirchenbuch. Mit 2 Stammtaf. d. Familie Marx. – In: HTBll 2. 1974, Nr 1 = Nr 5, S. 2–7

4377. H e l l r i e g e l , Ludwig: S c h w a b e n h e i m e r Familien vor 1796. – In: Gesangverein „Harmonie" 1884 in Schwabenheim. 1884–1974. Festschrift zum 90jähr. Bestehen ... Mainz 1974, S. 38–55

4378. R o e d i g , Bernd: Von alten S i e g e n e r Familien, Bürgerhäusern und Wenden. Mit zahlr. Abb. – In: Si 52. 1975, S. 4–14

4379. I r l e , Lothar: Führende Geschlechter im alten Siegen. Sie haben viel zum Auf- u. Ausbau ihrer Vaterstadt beigetragen. Mit 1 Abb. – In: UHl 1974, S. 107/108

4380. 100 Jahre Standesamt V i e r n h e i m [Festschrift]. Viernheim 1976. 32 S.

4381. F a i l i n g , Adolf: Die Einwohner von W a l d g i r m e s . Aus den Archivalien d. Staatsarchivs Marburg. – In: HiGbll 53. 1974, S. 169

4382. K l i n k , Wilhelm, u. Jean B e c k e r : Das W a l l d o r f e r Familienbuch. T. 1: Dokumentation d. Familiengesch. d. Stadt Walldorf/Hessen v. 1699 bis 1875. Walldorf/Hessen: AG für Walldorfer Gesch. u. Genealogie d. Stadt Walldorf 1974. 195 S. (Beitrr. zur Gesch. Walldorfs 2). Erg.: Der Gründergedenkstein auf d. Walldorfer Bahnhofsplatz. Die Walldorfer Gründerfamilien. 1976. (Beitrr. z. Gesch. Walldorfs 3)

4383. S e y b , Carl W.: W a t t e n h e i m im Ried und seine Dorfbevölkerung seit dem 9. Jahrhundert. – In: HFK 13. 1976, Sp. 207–212

4384. S c h ü t t , Gerhard: Die Dammüller I. Ein genealog. Beitr. zur Gesch. d. Dammühle. Mit 2 Abb. – In: W e h r s h a u s e n bei Marburg. Marburg 1974, S. 169–184

4385. B e r n d , Hermann: Familienkunde in W e t z l a r . Mit 1 Abb. – In: HLD 1974. Nr 49, S. 4

4386. T h o m ä , Helmut: Ein W i e s b a d e n e r Steuerregister aus dem Anfang des Dreißigjährigen Krieges. – In: HFK 13. 1976, Sp. 223–224

4387. R i c h t e r , Friedrich Wilhelm: W o r m s e r in Frankfurt. – In: Pfälz.-rhein. Familienkde 23. 1974, Bd 8, S. 107–112 [Die Wormser hatten ihre im Zuge d. pfälz. Raubkrieges Ludwigs XIV. 1689 zerstörte Stadt verlassen müssen]

4388. R i c h t e r , Friedrich Wilhelm: Wormser Flüchtlinge in Frankfurt 1689–1697. – In: HFK 13. 1976/77, Sp. 153–160. 229–235. 291–300

3. Adlige Familien

4389. H e n s e l i n g , Jakob: Die ersten Burgmannenfamilien von Frankenberg. – In: UFrL 1. 1975, Nr 10 v. 18. Okt.

4390. H e r r m a n n , Karl: Adelige im Ried. Beurkundungen in d. Schwanheimer Kirchenbüchern. – In: Stark 51. 1974, S. 34–36

4391. W a c k e r f u ß , Winfried: Adel in „Zimmern". – In: Groß-Zimmern, Klein-Zimmern. Beitrr. zur Entwicklung in Vergangenheit u. Gegenwart. Groß-Zimmern 1976, S. 49–53

4392. Ministerialität im Pfälzer Raum. Referate u. Aussprachen d. Arbeitstagung vom 12. bis 14. Okt. 1972 in Kaiserslautern. Hrsg. von Friedrich Ludwig W a g n e r . Speyer: Verl. d. Pfälz. Ges. z. Förderung d. Wiss. 1975. 128 S. (Veröff. d. Pfälzer Ges. z. Förderung d. Wiss. in Speyer 64) [S. 23–33: Ernst V o l t m e r : Ministerialität u. Oberschichten in d. Städten Speyer u. Worms im 13. u. 14. Jh.; S. 95–127: Meinrad S c h a a b : Die Ministerialität d. Kirchen, d. Pfalzgrafen, d. Reiches u. d. Adels am unteren Neckar u. im Kraichgau]

4393. G e n s i c k e , Hellmuth: Zur Geschichte des nassauischen Adels. Die von A l l e n d o r f . – In: NAN 85. 1974, S. 208–219

4394. B e t h k e , Martin: Es begann in Wetzlar. 2. Ein Kammergerichtspedell Ahnherr Königlicher Hoheiten. – In: HHGiesss 1975, S. 1–3 [Betr. d. Familie Hauck u. d. Haus B a t t e n b e r g ]

4395. B e t h k e , Martin: Alexander von Battenberg. Schicksal im Spiel der Weltmacht-Politik. Seine Vorfahren waren Wetzlarer Gerichtsdiener. Mit 2 Abb. u. zahlr. Bildn. – In: HGiess 1976, Woche 48

4396. S a b e r , Eugene Francis: A History of the Schwerdt and related families. Ed. by Manya Winsted. Phoenix, Ariz.: Publ. Pr. 1975. 207 S. m. Abb. [Betr. u. a. Familien v. B r e n t a n o ]

4397. S c h e h , Ludwig: Die Goldene Hochzeit Allesina-Brentano in Sindlingen [1774]. – In: FHöSchl 1975, S. 47–49

4398. J ü r g e n s , Arnulf: Emmerich [Joseph] von D a l b e r g zwischen Deutschland und Frankreich. Seine polit. Gestalt u. Wirksamkeit. Stuttgart:

Kohlhammer 1976. XI, 224 S. (Veröffentlichungen d. Komm. f. geschichtl. Landeskde in Baden-Württemberg R. B. Forsch. 83) Zugl. Münster/W., Univ. Fachbereich 07, Phil. Diss. 1973

4399. M a y e r , Heinrich: Frhr von D r a i s – ein Erfinderschicksal. – In: HErb 51. 1976, Nr 8 [Karl Friedrich Frhr Drais von Sauerbronn, 1785 in Karlsruhe geb.; lebte 15 J. in Waldkatzenbach]

4400. H a m m a n n , Gustav: Die Klippelsäule bei Freudenthal. Ein Adliger aus Nassau in Österreich/Schlesien. Mit Abb. – In: HLD 1974, Nr 40, S. 3 [Georg Wilhelm von E l k e r h a u s e n ]

4401. M a y , Karl Hermann: Der E s c h e n a u e r Ortsadel und die nach ihm benannten Limburger Patrizier. Mit 6 Abb. u. 1 geneal. Taf. – In: NAN 86. 1975, S. 73–97

4402. F r i e d e r i c h s , Heinz Friedrich: Die Wigande von Eschenau, Limburg, Friedberg und Wetzlar. Ministerialität u. Patriziat im 12.–14. Jh. – In: HFK 13. 1976, Sp. 19–26

4403. K e u n e c k e , Hans Otto: Ein bislang verschollenes Manuskriptfragment des Mainzer und Pfälzer Geschichtsschreibers Georg Christian Joannis. – In: ArZ 72. 1976, S. 25–29 [Aus d. 18. Jh.; aufbewahrt im German. Nationalmuseum Nürnberg; Inhalt: Beitrr. z. Familiengesch. d. Reichsdienstmannenfamilie v. F a l k e n s t e i n u. d. Familie v. Trimberg]

4404. R ö s c h , Siegfried: Ein Wetzlarer in Salzburg. Grabstein auf e. Friedhof, wo Berühmte ruhen. Mit 2 Abb. – In: HLD 69. 1976, S. 4 [Betr. Albert von F r o h n u. Familie]

4405. M ü s s e l , Karl: Familie von G a g e r n und Bayreuth. Zum 175. Geburtstag Heinrich v. Gagerns. – In: Archiv f. Gesch. v. Oberfranken. 54. 1974, S. 123–155 m: Bildn.

4406. K ü t h e r , Waldemar: Die ritterliche Familie von G a r b e n h e i m . – In: Garbenheim. 776–1976. Garbenheim 1976, S. 68–88

4407. W e n t z e l , Erika: Die ebenbürtige Heirat. Maria Philippine Franziska v. Bicken u. Philipp Karl Anton Frhr v. G r o s c h l a g . T. 1. Die Familie d. Mannes. Mit 1 Abb. – In: Si 51. 1974, S. 158–163

4408. G u d e n u s , Philipp Georg Graf: Die Reichsunmittelbarkeit der (Grafen) G u d e n u s . – In: HFK 12. 1974, Sp. 25–30

4409. L u e b b e c k e , Fried: Das Haus G ü n d e r r o d e . – In: Vaterland auf d. Römerberg ... 1975, S. 95–98

4410. H e y d e n , Eduard: Friedrich Maximilian Freiherr von Günderrode. – In: Vaterland auf d. Römerberg ... 1975, S. 98–110 [Frankfurter Staatsmann, 13. 12. 1753–9. 5. 1824]

4411. K l e i p a , Dietrich: Die Adligen von H o r n a u . Herkunft u. Wappen. Mit 4 Abb. – In: 20 Jahre Fanfarenzug K.-Hornau e.V. Festschrift 1974, S. 17–23

4412. G e i s t , Wolfhard Andreas Pierce: Die Reichsfreiherren von H ü g e l . Eine Dokumentation. Ffm. 1975. 87 gez. Bl.

4413. S t r a u s s , David Friedrich: Ulrich von H u t t e n wollte eine Limpurgerin heiraten. – In: Vaterland auf d. Römerberg ... 1975, S. 205–208

4414. L e r n e r , Franz: zum J u n g e n . 1. Johann Maximilian zum Jungen. Diplomat, Gelehrter, 1596–1649. 2. Johann Hieronymus Frhr. v. u. zum Jungen. Generalfeldmarschall, 1660–1732. – In: Neue dt. Biographie 10. 1974, S. 682–683

4415. S c h m i d t - S i b e t h , Friedrich: Caroline von K a m e c k e geb. Wetzel von Marsilien, Freundin und Hofdame der „Großen Landgräfin". Zum 200jähr. Todestag d. Landgräfin Caroline v. Hessen-Darmstadt am 30. März 1774. Mit 1 Bildn. – In: Gen 12. Jg. 23. 1974, S. 69–77

4416. H e i d e n r e i c h , Friedrich Josef: Fritzlarer Patrizierfamilien des Mittelalters. T. 1: Die Familie (von) K a t z m a n n . – In: HFK 12. 1974, Sp. 173–206

4417. G e n s i c k e , Hellmuth: Zur Geschichte des nassauischen Adels. Die von K ö n i g s t e i n . – In: NAN 86. 1975, S. 252–260

4418. J u n g , Wilhelm: Gibt es Nachkommen der K r o n b e r g e r Ritter? – In: HGiess 1974, Woche 22

4419. M i c h a e l , R.: Aus der Geschichte. Die L a n g w e r t h s von Simmern. – In: RhgHbr 96. 1976, S. 14–15

4420. L e p e l , Oskar-Matthias von: Der erste Limpurger der Familie von L e p e l : Georg Ferdinand v. Lepel. – In: Vaterland auf d. Römerberg ... 1975, S. 149–155 [27. 11. 1779–10. 11. 1873. Kurfürstl.-hess. u. Frankfurter Staatsmann]

4421. L e r s n e r , Heinrich von: Aus der L e r s n e r ' schen Familiengeschichte. – In: Vaterland auf d. Römerberg ... 1975, S. 111–117

4422. M u e h l e i s e n , Horst: Kurt von Lersner und der Vertrag von Versailles. – In: Vaterland auf d. Römerberg ... 1975, S. 121–132 [Staatsmann, 12. 12. 1883 – 7. 6. 1954]

4423. N i e m a n n , Joachim: Von L o r e n t z . Stuttgart: Selbstverl. d. Verf. (7012 Fellbach 4, Postweg 9) 1976. XIX, 64 S. [Familie aus Homberg, Bez. Kassel]

4424. L ü t z o w , Konrad von: Die L ü t z o w 's. – In: Vaterland auf d. Römerberg ... 1975, S. 173–175

4425. H e n s e l i n g , Jakob, u. Gerhard B ä t z i n g : Die Familien (von) M a r d o r f in Hessen. – In: HFK 13. 1976, Sp. 1–18

4426. M a u c h e n h e i m gen. Bechtolsheim, Hermann Frhr von: Zusammenstellung der über die Familie der Freiherren von M a u c h e n h e i m gen.

Bechtolsheim bekannten Nachrichten. Rattenkirchen: Selbstverl. 1975. XIII, 155 S., 13 Abb. 3 Stammtaf.

4427. S c h u m a c h e r , Annemarie: Clemens Fürst von M e t t e r n i c h und seine Zeit. Aus d. Beständen d. Stadtbibliothek Koblenz. Koblenz: Stadtbibliothek 1973. 128 S. (Veröffentlichungen d. Stadtbibliothek Koblenz 10)

4428. M e t t e r n i c h , Tatiana: Tatiana. 5 passports in a shifting Europe. London: Heinemann 1976. 285 S. m. Abb.

4429. M ö t z i n g , Kurt, u. Jakob H e n s e l i n g : Die niederhessische Uradelsfamilie (von) M e y s e n b u g . – In: HFK 12. 1974, Sp. 1–4

4430. W i e b e r , Fritz: Vom Bauernstand über den Soldatenstand zum Adelstand. Die v o n M o h r in Leun, Braunfels, im Solmsbachtal u. in Odenhausen. – In: HKWe 24. 1974, S. 75–81

4431. M ü h l e n , Hellmuth von: „Kein Engel – Ein Soldath": Johann Jacob von M ü h l e n . – In: Vaterland auf dem Römerberg ... 1975, S. 165–168 [Generalmajor, 1702–1763]

4432. G e n s i c k e , Hellmuth: Zur Geschichte des nassauischen Adels. Die von M ü l l e n a r k (Molnark) zu Westerburg. – In: NAN 87. 1976, S. 183–188

4433. M u m m v. Schwarzenstein. – In: Genealog. Handbuch d. Adels. 57: Genealog. Handbuch d. Adeligen Häuser. Adelige Häuser. B, 11. 1974, S. 300–307

4434. W e n d e l , Horst: Christian Gottfried Daniel N e e s von Esenbeck. – In: HErb 51. 1976, Nr 2 [Geb. auf Burg Reichenberg bei Reichelsheim]

4435. K o s t o r z , Herbert: Ein R i e d e s e l Hofmarschall in Bulgarien. – In: HHGiess 1975, S. 63–64 [Volprecht Riedesel Freiherr zu Eisenbach]

4436. M o g k , Walter: Pierre de R o q u e s (1685–1748). – In: HFK 11. 1973, Sp. 247–250

4437. S a v i g n y . – In: Genealog. Handbuch d. Adels. 57: Genealog. Handbuch d. Adeligen Häuser. Adelige Häuser. B, 11. 1974, S. 352–357

4438. S c h u t t e , Kurt: Die von S c h e i d genannt Weschpfennig und das Siegerland. – In: Si 51. 1974, S. 87–93

4439. S c h r ö c k e r , Alfred: Besitz und Politik des Hauses S c h ö n b o r n vom 14. bis zum 18. Jahrhundert. – In: Mitteilungen d. Österr. Staatsarchivs 26. 1973, S. 212–234 m. Quellen- u. Literaturangaben

4440. S c h r ö c k e r , Alfred: Die Schönborn. Eine Fallstudie zum Typus „materiell-konservativ". – In: BDL 111. 1975, S. 209–231 m. Bibliogr.

4441. S c h o n a t h , Wilhelm: Geschichte der Grafen von Schönborn. Mit 4 Bildn. – In: Bad. Heimat 55. 1975, S. 291–304

4442. H e p d i n g , Ludwig: Ein Biograph des Grafen von Zinzendorf. Ludwig von S c h r a u t e n b a c h , Herr auf Lindheim. – In: HHGiess 1976,

S. 61–64 m. Abb. [Ludwig Carl von Weitolshausen gen. von Schrautenbach, 1724–1783]

4443. M a g d a n z , Ernst-Werner: Die Scheidung des [Grafen] Volkwin von S c h w a l e n b e r g [um 1150]. – In: GW 64. 1975, S. 112–115

4444. F e n d l e r , R.: Graf Karl Anton von S i c k i n g e n (1702–85). Aus seinen bisher unbekannten „hauswirtschaftl., heilkdl. u. alchimist. Aufzeichn." – In: Jb. z. Gesch. v. Stadt u. Landkr. Kaiserslautern 12. 1974/75, S. 358–71

4445. L i n d e i n e r - W i l d a u , Christoph von: S i e b o l d . Beitrr. zur Familiengesch. Bearb. im Auftr. von Friedrich-Karl von Siebold durch Christoph v. Lindeiner gen. v. Wildau unter Mitarb. von Hans Körner. T. 1. 2, Lfg 1. Neustadt a. d. Aisch: Degener 1962–1971. Aus: DtF 22. 1963. 34/35. 1967. 48. 1971

4446. R o s e n b o h m , Rolf: Wortwin v. S t e d e n und sein Geschlecht. – In: TChr 2. 1974, Dez. [Betr. auch Familie v. Hohenberg]

4447. K o e r n e r , Hans: Die Familie v. S t e i n zu Nord- und Ostheim. – In: Vaterland auf d. Römerberg ... 1975, S. 178–183

4448. K o e r n e r , Hans: [Ernst von] Bodelschwingh und [Elisabeth von] Stein. Die Geschichte einer Einheirat ins Haus Limpurg [1860]. – In: Vaterland auf d. Römberberg ... 1975, S. 198–203

4449. D o t z a u e r , Winfried: Die T r u c h s e s s e n von Alzey. Zur Geschichte einer Familie zwischen Adel u. Ministerialität. – In: Alzeyer Kolloquium 1970. Wiesbaden: Steiner 1974. (GLa 10) S. 97–124

4450. K l e i t e r , Heinz: Sie dienten der Kirche und dem Staat. Aus der Chronik d. Grafen v. W a l d e r d o r f f . Mit zahlr. Abb. u. Bildn. – In: AlBLiM 1976, S. 64–71

4451. M a t t h e s , Richard: Zur Geschichte der freiherrlichen Familie von W a m b o l t und ihres Adelshofes. – In: BeHbll 1976, Nr 6

4452. W e d e l - G o e d e n s , Wedigo von: Kleine Geschichte der Familie W e d e l . – In: Vaterland auf d. Römberberg ... 1975, S. 212–213

4453. K o e r n e r , Hans: Dr. Johann David W u n d e r e r – ein Limpurger in Rußland. – In: Vaterland auf d. Römerberg ... 1975, S. 17–20

4 . B ü r g e r l i c h e F a m i l i e n

4454. Elisabeth A l b r e c h t geb. Merck. Mit 1 Abb. – In: MerckFZs 24. 1971, S. 21–22 [14. 11. 1890–18. 2. 1970]

4455. S e i f e r t , Johannes: Auf Spuren. Ahnen- und Sippenforschung am Beispiel des Geschlechts A l t g e l t / Altgeld. Mit Abb. – In: AfS 41. 1975, H. 57, S. 74–80; 58, S. 120–129

XII. Familienkunde

4456. Maurer, Heinrich J.: Die Sprendlinger Schulmeisterfamilie Andreae. – In: HJMBi 18. 1974, S. 162–163

4457. Schäfer, Friedrich: Geschichte der Angele, und wie sie nach Erbach kamen. – In: HErb 1975, Nr 10

4458. Weyell, Franz: Die Familie Anspach aus Schwabenheim an der Selz. Mit 1 Bildn. – In: HJMBi 15. 1971, S. 63–65

4458a. Bätzing, Gerhard: Ahnenliste Bätzing. Ergänzungen u. Berichtigungen zu HAL 1 = HFK, Beih. 6, Sp. 573–588. – In: HAL 2, H. 8. 1974, Sp. 667–672

4459. Bickelhaupt, Helmut: Beiträge zur Geschichte der Beckenhub, Bickelhaub in Südhessen. – In: HFK 12. 1975, Sp. 285–288

4460. Bernbeck, Gerhard: Zu Pfingsten vor 100 Jahren wurde der Familienbund der Bernbecks gegründet. Menschen u. Schicksale im Spiegel von zwei Jahrhunderten oberhess. Kulturgesch. – In: HGiess 1976, Nr 23

4461. Schriftenreihe des Familienverbandes Besch e.V. Für d. Inh. verantwortl. Hans-Eberhard Besch. H. 6. Die Lebenserinnerungen des Helmut Besch. Marburg, Am Richtsberg 74: Selbstverl. 1975. 91 S. m. Abb.

4462. Thutewohl, Hermann: Wilhelm Betz aus Zehnhausen im Westerwald und seine Vorfahren. – In: HFK 12. 1974, Sp. 3–26. 65–92

4463. Braun, Gottfried: Reichstagsabgeordneter Dr. Fritz Bockius [aus Bubenheim]. Mit 1 Bildn. – In: HJMBi 20. 1976, S. 111–114 [11. 5. 1882–5. 3. 1945]

4463a. Bohris, Paul: Ahnenliste Bohris. – In: HAL 2, H. 8. 1974, Sp. 673–682

4464. Über Ferdinand Braun. Mit Abb. u. Bildn. – In: FuGbll 48. 1972, S. 41–69

4465. Thutewohl, Hermann: Die Anfänge der Familie Buchner aus Unnau im Westerwald. – In: HFK 12. 1975, Sp. 289–298

4466. Castritius, Helmut: Matthias Castritius, Rechtsgelehrter aus Darmstadt 1553. – In: HFK 12. 1975, Sp. 309–312

4467. Thoma, Hubert: Der Bach, die Bach, Dasbach... Vortrag anläßl. d. Mitgliederversammlung d. Westdt. Ges. f. Familienkde am 4. April 1976 in Trier. Mit 1 Bildn. – In: Mitteilungen d. Westdt. Ges. f. Familienkde 27. Jg. 64. 1976, S. 180–181

4468. Maurer, Heinrich J.: Die Schultheißenfamilie Daudistel [in Horrweiler]. – In: HJMBi 19. 1975, S. 123–124

4469. Faber, Rolf: Biebricher Lebensbilder: Hermann Diels. Mit 1 Bildn. – In: WiL 24. 1975, Aug., S. 16–18

4470. Dingedahl, Carl Heinz: Eine Familie Dienenthal aus Nassau (Lahn) in Gotha. – In: Mitteldt. Familienkde 5. Jg. 17. 1976, S. 134–136

4471. Faber, Rolf: Biebricher Lebensbilder: Wilhelm Dilthey. Mit 2 Bildn. u. 1 Abb. – In: WiL 24. 1975, S. 18–22

4472. Makkreel, Rudolf A.: Dilthey. Philosopher of the human studies. Princeton, N. J.: Princeton Univ. Pr. 1975. XV, 456 S.

4473. Giebel, Alfred: Pfarrer Johannes Dorfheiligen in Braach und das Testament seiner Witwe Kunigunde [von 1568]. – In: HFK 13. 1976, Sp. 109–110

4474. Könecke, Walter: Eine weitere Dryander-Tochter. – In: HFK 11. 1973, Sp. 249–250 [Martha Elisabeth Dryanderin, geb. 1660]

4474a. Dünzebach, Otto: Ahnenliste Dünzebach. – In: HAL 3, H. 1. 1975, Sp. 1–14

4475. Erbe, Wulf: Die Nachkommen von Johannes Erbe und Margarethe Luise Seitz aus Weilburg. Mit e. einleitenden Kap. z. Herkunft d. Erbe. Düsseldorf, Kirchfeldstr. 139 V: [Selbstverl. d. Verf.] 1976. X, 162 S. m. Abb., 1 Stammtaf.

4476. Feller, Wilhelm J.: Das Geschlecht Feller (Veller) aus Eibelshausen-Wissenbach. – In: HbllPFH 43. 1975, S. 26. 31. 36

4476a. Scheffer, Annemarie: Ahnenliste der Geschwister Fenge. – In: HAL 3, H. 1. 1975, Sp. 13–32

4477. Fredenhagen, Ludwig: Fredenhagen (Bredenhagen, Friedenhagen, Wredenhagen). – In: DtF 45. 1971, S. 177–220 [S. 200–201: Offenbacher Stamm.]

4478. Frieß, Herbert: Zu einigen Vorfahren des Philosophen Jakob Friedrich Fries in Hessen. Bedeutung u. Würdigung e. Familienüberlieferung. – In: Gen 12. Jg. 23, 1974, S. 1–14

4479. Wolf, Rudolf: Die Müllerfamilie Fuhr in Hohenstein und Umgebung. – In: HFK 13. 1976, Sp. 25–38. 79–88

4480. Geiger, George: Geiger with origin in Bad Orb (Way through 400 years). Ephraim/Wisconsin 54211 1972. 45 S.

4481. Saffenreuther, E., u. Willy Lizalek: Das Geschlecht Giegerich. T. 4. Neustadt a. d. Aisch: Degener 1974. 183 S., 32 Bildtaf. Aus: DtF 61. 1974

4482. Auras, Karl: Von Kiel zu Giel. Eine Fragestellung zu „Giel – Gelius – Chelius" von Ulrich Lampert in: HFK 9. 1969. – In: HFK 12. 1975, Sp. 373–376

4483. Glitsch, W. H.: Die Nachkommen des Heinrich Glitsch (1591–1669), Kochmüllers in Landenhausen. Bad Hersfeld (Eichhofstr. 9): Selbstverl. d. Verf. 1973. 58 S.

4484. G l ü c k , Heinrich: Ahnengeschichte der Familie G l ü c k . Mainz, Am Heiligenhaus 4: Selbstverl. d. Verf. 1976. 221 S. m. Abb. [Betr. u. a. Hessen u. Nassau]

4485. H e n s e l i n g , Jakob: Die hessische Familie G r e i n e i s e n . Nach Vorarbeiten von Kurt Genzel. – In: HFK 13. 1976, Sp. 69–76

4486. Marei G r o o s geb. Merck. Mit 1 Bildn. – In: MerckFZs 24. 1971, S. 16–21 [6. 6. 1890–4. 7. 1968]

4487. G r u n e l i u s , Sigmund von: Ein Zweig der Familie G r u n e l i u s in Amsterdam. – In: HFK 12. 1975, Sp. 367–370

4488. H a h n , Otto: Erlebnisse und Erkenntnisse. Mit e. Einf. von Karl-Erik Zimen. Hrsg. von Dietrich H a h n . Düsseldorf, Wien: Econ-Verl. 1975. 320 S.

4489. G u a i t a , Leberecht von: Ein Kämpfer für die „Vereinigten Staaten von Europa" – Prof. Dr. h. c. Walter H a l l s t e i n zu seinem 75. Geburtstag am 17. Nov. 1976. Mit 1 Bildn. u. Abb. – In: AfS 42. 1976. H. 64, S. 615–628 [Geb. 1901 in Mainz m. hess. Ahnen]

4489a. H a r t m a n n , Karl-Heinz: Ahnenliste H a r t m a n n . – In: HAL 2, H. 8. 1974, Sp. 681–694

4490. H o c h m a n n , Hans: H a s e n f u ß – Dasypodius – Hagenbusch. – In: HFK 12. 1975, Sp. 471

4491. L a m p e r t , Ulrich: Die Dillenburger Familien H e i d e r s d o r f und ihre Beziehungen zu Pfarrerfamilien in Wittgenstein. – In: Wi 40. Jg. 64. 1976, S. 110–115

4492. L a m p e r t , Ulrich: Eine H e y d e r s d o r f f - Familienüberlieferung und die Wirklichkeit. – In: HbllPFH 43. 1975, S. 10 u. 14

4493. M a u r e r , Heinrich J.: Drei Generationen Präzeptor H e l f f . Aus d. Gesch. einer rhein-hess. Schulmeisterfamilie. – In: HJMBi 18. 1974, S. 163–164

4494. S c h ä f e r , Richard, u. Willi Giegerich: Der märchenhafte Aufstieg von Marie H e n s e l , der Tochter des in Dortelweil geb. Schuhmachers zur Ehefrau des Spielbankbesitzers Blanc in Bad Homburg und Monte Carlo. – In: ViHbll 14. 1976, S. 23–25, 1 Abb.

4495. G o e b e l , Heinrich P.: Die Glasmacherfamilien H e n ß im Bieber- und Lohrgrund. – In: HFK 12. 1975, Sp. 363–368

4496. T r e i c h e l , Fritz: Zur Genealogie der Scharfrichtergeschlechter H i r s c h f e l d , Molter/Molitor und Göbel/Göpel. [Vornehmlich in Hessen] – In: Gen 24. 1975, S. 764–774

4497. F r i e d e r i c h s , Heinz Friedrich: Des Stifters Joseph H o c h Ahnen- und Sippengefüge in genealogisch-soziologischer Sicht. – In: Stiftung Dr. Hoch's Konservatorium. 1974, S. 17–27

4498. F r i e d e r i c h s, Heinz Friedrich: Eine spätmittelalterliche Frankfurter Glockengießerfamilie als Vorfahren der eppsteinischen Ahnfrau Agnes H o g e l i n. – In: HFK 13. 1976, Sp. 65–70

4499. B ä t z i n g, Gerhard: Die Lehrerfamilie H y n e r in Niederhessen. – In: HFK 12. 1974, Sp. 227–240

4500. B a u m a n n, Karl: Erbacher Erfinder durch ein Denkmal geehrt. Moritz Friedrich I l l i g u. sein Werk. – In: HErb 1974, Nr 1 [Erfinder d. pflanzl. Papierleimung]

4501. H e n s e l i n g, Jakob: Fritzlarer Patrizierfamilien des Mittelalters. 3. Die Familie I w a n. – In: HFK 12. 1975, Sp. 477–492

4502. S c h n e i d e r, Ernst: August K e k u l é s Weg zur Benzolformel. – In: HspGer 1975, Nr 6 [Chemiker, geb. 7. 8. 1829 in Darmstadt, gest. 13. 6. 1896 in Bonn]

4503. B r a u n s, Eduard: Hans Wilhelm K i r c h h o f, Burggraf in Spangenberg – Landsknecht und Schriftsteller. – In: HFK 12. 1974, Sp. 205–210

4504. G i e b e l, Alfred: K l a u h o l d (aus Hanau) in Kassel. – In: HFK 12. 1974, Sp. 53

4505. E n g e l h a r d t, Rudolf: Die Zollschreiber-Dynastien der K n e c h t l i n und Pfraumbaum. – In: BiA 12. 1976, S. 3–6 m. 2 Abb. [Betr. Bingen u. Burg Ehrenfels]

4506. H e n s e l i n g, Jakob: Fritzlarer Patrizierfamilien d. Mittelalters. Die Familie K n o r r e. – In: HFK 12. 1975, Sp. 413–428

4506a. K o c h, Fritz: Ahnenliste K o c h, Ergänzungen u. Berichtigungen zu HAL 2, Sp. 125 ff. – In: HAL 3, H. 1. 1975, Sp. 31–36

4507. L o t z, Arthur: Die K o d e r s, ein Alptraum der Gemeinde im 17. Jahrhundert. – In: Atzbacher Geschichtsbll. 3. 1975 (Mitt. Bl. d. Gemeinde Atzbach 24 v. 7. 11. 1975, Beilage), S. 2–3 [Betr. d. Atzbacher Linie d. Familie Koder]

4508. K o s t, Werner: Die K o s t aus Planig in Rheinhessen. Mit der Ahnenliste d. Verf., sowie topograph.-kartograph. u. landeskdl. Angaben über Planig. Neustadt a. d. Aisch: Degener 1973. S. 145–166 m. Abb. u. Kt. Vgl. a. DtF 59. 1974, S. 143–153

4509. H a r t m a n n, Wilhelm: Wo kamen sie her? – In: HErb 51. 1976, Nr 8 [Michelstädter Familie K r e d e l]

4510. S t u r m, Erwin: Die Eckweisbacher Glockengießerfamilie K r i c k. – In: BuBll 49. 1976, S. 45–46

4511. L e r n e r, Franz: Der Frankfurter Glasermeister und Sportsmann Julius Friedrich L e r n e r 1874–1925. Ein Lebensbild f. seine Nachkommen z. 100. Wiederkehr seines Geburtstages aufgezeichnet. Als Ms. vervielf. Ffm. 1974. 34 Bl. m. Abb.

4512. Ruetz, Gottfried: Lehrer Liebermann. [Waren an mehreren Schwälmer Orten im Schuldienst tätig.] – In: SchwJb 1975, S. 66–69

4513. Spalt, Georg: Das Geschlecht Liebig. Reinheim 1974: Lokay-Dr. 47 S. m. Abb.

4514. Weitershaus, Friedrich Wilhelm: Die Liebknechts. Eine thüringisch-hessische Beamtenfamilie. – In: MOHG N.F. 60. 1975, S. 95–143 m. Abb.

4515. Dittmann, Alden L.: Lindenkohl / Linnenkohl aus Ermschwerd bei Witzenhausen (Kurhessen). – In: HFK 13. 1976, Sp. 199–208

4516. Lucanus, Carl u. Gudenus, Philipp Georg Graf: Zur Familiengeschichte Lucanus. – In: HFK 12. 1975, Sp. 349–364. 521; 13. 1976, Sp. 110–111

4517. Jacobs, Johann Friedrich: Eine Aufzeichnung von 1654 zur Geschichte der Familie Lucan(us). Rijswijk: Verf. 1976. 14 S. [Betr. u.a. Hessen]

4517a. Uhlich, Diethild: Ahnenliste Majer-Leonhard. – In: HAL 3, H. 2. 1976, Sp. 113–148

4517b. Bätzing, Gerhard: Ahnenliste Mardorf aus Melsungen. 1. Teilliste: Matthäi aus Marburg. 2. Teilliste: Bang aus Hallenberg. – In: HAL 3, H. 1. 1975, Sp. 35–56; H. 2. 1976, Sp. 81–86

4518. Eser, Jacob: Die Familie Maurer vom Dornbacher Hof [in Springen]. Eine Baumeister- u. Fuhrunternehmerfamilie aus d. Grafschaft Katzenelnbogen. Mit 1 Kt. – In: HJUTs 26. 1975, S. 85–86

4519. Giebel, Alfred: Aus einer alten Treysaer Familienbibel. [Eintragungen d. Metzgermeisters May v. 1789–1830.] – In: SchwJb 1975, S. 54–57

4520. Henseling, Jakob: Die Meiger (Mey-g-er) von Wildungen. – In: HFK 13. 1976, Sp. 113–124

4521. Stangenberg, Karl: Eleanor Merck. Mit 1 Bildn. – In: MerckFZs 25. 1975, S. 18–20 [29. 5. 1893–23. 12. 1974]

4522. E[uler], F[riedrich] W[ilhelm]: Emanuel W. Merck. Mit 1 Bildn. – In: MerckFZs 24. 1971, S. 15–16 [22. 3. 1920–16. 4. 1969]

4523. E[uler], F[riedrich] W[ilhelm]: Dr. Fritz Merck. Mit 1 Bildn. – In: MerckFZs 24. 1971, S. 11–15 [3. 4. 1889–10. 4. 1969]

4524. Euler, Friedrich Wilhelm: Magdalena Merck, geb. Hoffmann und ihre Familie 1797–1877. Mit Bildn. u. Abb. – In: MerckFZs 25. 1975, S. 21–89

4525. Minster, Friedrich: Das Aufgabenheft. Lebensweg e. Frankfurter Pennälers. [Zeichn. von Archibald Bajorat.] Frankfurt a.M.: Kramer 1971. 96 S. m. Abb.

4526. E u l e r , Friedrich Wilhelm: Die Ahnen von Caroline Merck, geb. M o l l e r . Mit Bildn. u. Abb. – In: MerckFZs 25. 1975, S. 91–332

4527. K n a p p , Hans: Aus Karl M ü l l e r s Sippengeschichte. – In: Knapp: Viernheimer Auswandererbuch. Viernheim 1975: Benz, S. 33–48

4527a. M ü l l e r , Heinrich Wilhelm: Ahnenliste Müller aus Heidelbach. Ergänzungen u. Berichtigungen zu HAL 2, H. 6, Sp. 527–546. – In: HAL 2, H. 8. 1974, Sp. 693–706

4528. B u r m e i s t e r , Karl Heinz: Neue Forschungen zu Sebastian M ü n s t e r . Mit e. Anh. von Ernst Emmerling: Graphische Bildn. Sebastian Münsters. Ingelheim: Hist. Ver. 1971. 60 S. (BIG 21) [Geb. 20. 1. 1488 in Nieder-Ingelheim]

4529. B u r m e i s t e r , Karl Heinz: Sebastian Münster auf dem Augsburger Reichstag 1547. Zu e. neu aufgefundenen Bild d. Ingelheimer Humanisten. Mit 2 Abb. – In: HJMBi 15. 1971, S. 57–59

4530. S t o e c k e r , Hilmar G.: Philipp N i c o l a i [Hofprediger aus Mengeringhausen, 1556–1608] und seine Familie. – In: MW 1974, Nr 11 v. 24. Aug.

4531. W o l f , Rudolf: Die Familie O r d e n e c k in Würges. – In: HFK 11. 1973, Sp. 245–248 [Erg. u. Berichtigungen zu Port, Hans: Die Familie Ordeneck in Würges. – In: HFK 9. 1969, S. 429–432]

4532. O t t e r b e i n , Ludwig: Die Familie O t t e r b e i n . – In: HHGiess 1976, S. 88 [Gemünden (Felda)]

4533. Die Präceptoren-Dynastie O v e r k o t t in Daaden. 225-jähr. Lehrtätigkeit. Daadener Familiengeschichte. Mit 2 Bildn. u. 2 Abb. – In: UHl 43. 1975, S. 159–160

4534. H e n s e l i n g , Jakob: Die P i n t z i e r (Pincier) von Biedenkopf. – In: HFK 13. 1976, Sp. 177–198

4535. M a r t i n , Wolfgang: David P i s t o r i u s – ein schwäbischer und hessischer Ahn? – In: Südwestdt. Bll. f. Familien- u. Wappenkde 15. 1976, S. 226–230

4536. P l e s s n e r , Helmut: Wiesbadener Kinderszenen. – In: Philosophie in Selbstdarstellungen. 1. Hamburg 1975, S. 269–307

4537. K a e t h n e r , Rudi Hermann: Eine Balkeninschrift in Usingen – und was man dazu erfahren kann. Mit 1 Abb. – In: UsL 1976, Nr 2, Sp. 17–21 [Betr. Johann Lorenz P l e t z (1600–1731) aus Usingen u. seine Familie]

4538. P o r t , Hans: Meine Urgroßeltern Philipp P o r t und Eva Maria geb. Unkelbach, Andreas Benjamin Sternitzki und Sophie geb. Dietz, Joseph Rühl und Philippine geb. Birkenauer, Jacob Rath und Anna Maria geb. Wilhelm. Ihre Ahnen, ihr Leben, ihre Nachkommen. Wiesbaden 1975. 031 S., 2 ungez. Faltbl., 513 S. m. Abb.

4539. Wolf, Rudolf: Die Müllerfamilie Preuss (Preuß) in Camberg und Umgebung. – In: HFK 12. 1975, Sp. 297–306

4540. Paul, Herbert: Die mütterlichen Vorfahren von Friedrich Wilhelm Raiffeisen. Mit Abb. – In: Mitteilungen d. Westdt. Ges. f. Familienkde 27. Jg. 63 u. 64. 1975–1976, S. 85–92. 154 [Berichtigungen u. Erg. von Clemens Steinbicker]

4541. Obermann, Hans Ludwig: Die Schweizerfamilie Regitz auf den Hofgütern der Grafschaft Nassau-Ottweiler – In: SaFkde 2. Jg 7. 1974, S. 258–261

4542. Frankhäuser, Karl-Heinz: Die Geschichte der Sippe Reusch in Daaden. – In: HJAl 1975, S. 192–196 m. 3 Abb.

4543. Nachrichten der Familie Riebeling auf der Schwalm. Nr 28 ff. Alsfeld: Familie Riebeling auf d. Schwalm 1972 ff. [Später u. d. T. Riebeling auf d. Schwalm]

4544. Familienblatt des Verbandes der Familien Rieck. Lich/Oberhess. 40. 1974. 49 S.; 41. 1975. 64 S.

4544a. Rohde, Oskar: Ahnenliste Rohde. – In: HAL 3, H. 2. 1976, Sp. 147–156

4545. Thutewohl, Hermann: Vorfahren [von Sabine Gerdrut Runge] in Hofgeismar. – In: HFK 12. 1974, Sp. 217–226

4546. Heinz, Willi: Richard Saam zum Gedächtnis. Mit 1 Bildn. – In: NblWil 50. 1975. Nr 138, S. 304

4547. Koerner, Hans: Die Familie Schad (v. Mittelbiberach) in Frankfurt und die Schadsche Stiftung. – In: Vaterland auf d. Römerberg ... 1975, S. 284–289

4548. Euler, Friedrich Wilhelm: Anna Elisabeth (Annewies) Schädel, geb. Merck. Mit 1 Bildn. – In: MerckFZs 25. 1975, S. 12–15 [8. 12. 1892–25. 2. 1974]

4549. Frankhäuser, Karl-Heinz: Die Geschichte der Sippe Scheel aus Daaden. Mit 2 Abb. – In: HJAl 1976, S. 174–178

4549a. Scheffer, Annemarie u. Bernhard Scheffer: Ahnenliste der Brüder Scheffer aus Haldorf. – In: HAL 3, H. 2. 1976, Sp. 157–170

4550. Ruetz, Gottfried: Die Familie Scheibler-Scheibeler – In: HFK 13. 1976, Sp. 133–140 [Aus Gemünden an d. Wohra]

4551. Jacobs, Johannes Friedrich: Der Mann, der die Rebublik ausrief ... ein Kaisernachkomme. Zur Herkunft von Philipp Scheidemann [Betr. insbes. hess. Vorfahren]. – In: Gen 25. 1976, S. 129–133

4551a. Rösch, Siegfried: Zu Jacobs' Scheidemann-Aufsatz. – In: Gen 25. 1976, S. 305 f.

4551 b. Jacobs, Johannes Friedrich: Philipp Scheidemanns Abstammung von Kaiser Heinrich IV. – In: Gen 26. 1977, S. 520 f.

4552. Haller, Walter: Stammbaum der Familie Constantin Schmidt, und seiner Ehefrau Pauline geb. Zimmermann. Brombach/Ts. 1976. 22 gez. Bl. [Maschinenschr. vervielf.] [Betr. auch Familie Pfannmüller]

4553. Spalt, Georg: Die Schönberger – ein altes Schweizer Geschlecht. Groß-Bieberau [um 1974]. 47 S. m. Abb. [War auch im Odenwald ansässig]

4554. Kutscher, Fritz: Friedrich Schöndorf 1884–1941. – In: JbbNVN 103. 1976, S. 7–9

4555. Huebscher, Arthur: Denker gegen den Strom. Schopenhauer: gestern, heute, morgen. Bonn: Bouvier 1973. 355 S.

4556. Schopenhauer, Arthur: Briefe aus Schopenhauers Frankfurter Zeit und Selbstzeugnisse. Hrsg. u. mit e. Nachw. von Bertold Hack. Ffm. 1976: Weisbecker. 154 S. 1 Faks. Bl. (Briefe aus Frankfurt N. F. 6)

4557. Rudolph, Martin: Die Nachkommen des Curt Schumacher aus Eversberg (ca 1585 bis 1660) und seiner beiden Frauen Magd. Schreiber und Magd. Benn. Versuch e. Nachfahrentaf. Korbach: Stadtarchiv 1976. IX, 221 S. m. Abb. (Korbacher Bürgerfamilien)

4558. Hammann, Gustav: Troppau und Hessen – ein Stück Gemeinsamkeit. – In: Mährisch-schles. Heimat 18. 1973, S. 47–54 [Betr. Einwanderung der Familie Senckenberg in Hessen]

4559. Damm, Karlwilli: Die hessische Sippe Sinning. Bd 2. 3. Kassel: Familienverband Sinning 1971–74 m. Abb.

4560. Martin, Wolfgang: Vom Taunus zum Bodensee – eine familienkundliche „Odyssee". Zur Herkunft d. Familie Sommer in Wehrheim/Taunus. – In: Gen 12. Jg. 23. 1974, S. 137–141

4561. Emmerich, Eduard: Hermann Stamm zum Gedächtnis. Mit 1 Bildn. – In: NblWil 50. 1975, Nr 137, S. 283–284

4562. Schneidmüller, Bernd: Philipp Stamm, Untergrefe in Altenstadt. – In: HFK 12. 1975, Sp. 305–310 m. 1 Abb.

4563. Klein, Adolf: Der Stephany-Grabstein zu Ottweiler. Mit 6 Abb. – In: SaFkde 2. Jg. 6, 1973, S. 277–287 [Betr. Nassau u. Hessen]

4564. Krueger, Bernhard: Schulpolitik in Preußen. Zur Beurteilung d. Bestrebungen d. Geheimrats Stiehl. – In: MEKRh 24. 1975, S. 203–209 [Anton Wilhelm Ferdinand Stiehl, geb. 12. 4. 1812 in Arnoldshain i. Ts.]

4565. Guaita, Leberecht von: Elternhaus, Geschwister und Lebenswerk Adolph Stielers. Zu seinem 200. Geburtstag. Mit Abb. – In: AfS 41. 1975, H. 57, S. 1–20; 42. 1976, H. 61, S. 384 [Betr. u. a. Hessen]

4566. D a n z , Karl: ... Die Wildungen S t r a c k e n . Schicksale aus d. langen Geschlechterreihe e. alten waldeckischen Familie. – In: MW 1975, Nr 11 v. 26. Juli

4566a. S t r u b e , Liselotte: Ahnenliste S t r u b e , Teilliste Grenzebach. Teilliste Bock. – In: HAL 3, H. 1. 1975, Sp. 55–66; H. 2. 1976, Sp. 87–114

4567. G u d e n u s , Philipp Georg Graf: Johann Wilhelm Jacobi T a u t p h a e u s († 1705) kurfürstl. mainz. Kammerrat. – In: HFK 12. 1975, Sp. 369–370

4568. E c k h a r d t , Albrecht: Der hessische Kanzler Dr. Georg T e r h e l l (1576–1624). – In: HFK 13. 1976, Sp. 37–40

4569. B e c h e r , Werner A.: Gerhard Terhell. Ein Solms-Laubach'scher Rat u. Secretarius um 1540–1615. – In: HFK 12. 1975, Sp. 371–374

4569a. T h o m ä , Helmut: Ahnenliste T h o m ä . Forts. zu HAL 2, Sp. 161 ff. – In: HAL 2, H. 8. 1974, Sp. 707–712

4570. H a r t m a n n , Wilhelm: Wo kamen sie her? – In: HErb 51. 1976, Nr 3. 4 [Michelstädter Familie T r u m p f h e l l e r ]

4571. V a l e n t i n , Heinrich: Die „V a l e n t i n s " – ihr Sippenname geht auf römischen Ursprung zurück. Namensträgertreffen auf d. Gleiberg. Mit 1 Wappen. – In: HGiess 1974, Woche 12

4571a. V ö l k e r , Friedrich: Ahnenliste V ö l k e r . Schluß von HAL 2, Sp. 647 ff. – In: HAL 2, H. 8. 1974, Sp. 711–740

4572. T h o m ä , Helmut: Sippen- und Familiengeschichte. 150 Jahre Haus W a g n e r-Thomä in Aarbergen-Hausen ü. A. – In: HJUTs 27. 1976, S. 111–114 m. 1 Abb.

4573. K a e t h n e r , Martha u. Rudi Hermann: [ W e b e r ]. Eine alte Hundstadter Bauernfamilie. – In: UsL 1975. Nr 2, Sp. 98–101

4574. K r ü g e r , Ludwig: Ein Straßenname und seine Geschichte. Die W e i n r i c h s t r. in Schwingbach-Rechtenbach. – In: HHGiess 1975, S. 4 [Betr. Karl u. Alexander Weinrich]

4575. K r ü g e r , Ludwig: Wo die Weinrichs wohnten und wirkten. Ein dörfl. Straßenname ehrt d. Andenken zweier bedeutender Männer. Mit Abb. u. 2 Bildn. – In: HLD 1974, Nr 43, S. 1–2

4576. J a h n , Kurt: Neun Generationen [ W e p p l e r in Niederjossa] im Lehrerberuf. – In: MHl 27. 1976/77, S. 43–44

4576a. W o l f , Rudolf: Ahnenliste W o l f . – In: HAL 3, H. 1. 1975, Sp. 65–80

4577. R u e t z , Gottfried: Die Z o l l e r genannt Speckswinkel. – In: HFK 12. 1974, Sp. 153–174

# XIII.
# JUDENTUM

4578. N o a m , Ernst, u. Wolf-Arno K r o p a t : Juden vor Gericht 1933–1945. Dokumente aus hess. Justizakten mit e. Vorw. von Johannes Strelitz. Wiesbaden: Komm. f. d. Gesch. d. Juden in Hessen 1975. VIII, 327 S. (Justiz u. Judenverfolgung 1) (Schriften d. Komm. f. d. Gesch. der Juden in Hessen 1)

4579. R o s e n t h a l , Ludwig: Die deutschen Juden in der Wetterau und in den Reichsstädten Frankfurt, Gelnhausen, Wetzlar und Friedberg als Finanzobjekt der Wahlkönige von Rudolf I. (1273–91) bis Wenzel (1378–1400). – In: Udim. Zs. d. Rabbinerkonferenz in der Bundesrepublik Deutschland. 4. 1974, S. 67–95

4580. R o t h , Ernst: Zur Halachah des jüdischen Friedhofs [Betr. u.a. Frankfurt a. M. u. Mainz]. – In: Udim. Zs. d. Rabbinerkonferenz der Bundesrepublik Deutschland. 4. 1974, S. 97–120

4581. Dokumentation zur Geschichte der jüdischen Bevölkerung in Rheinland-Pfalz und im Saarland von 1800 bis 1945. Hrsg. v. d. Landesarchivverwaltung Rheinland-Pfalz in Verb. m. d. Landesarchiv Saarbrücken. Bd 4–7 Koblenz 1974–75. (Veröffentlichungen d. Landesarchivverwaltung Rheinland-Pfalz. 15–18) 4. Aufklärung, Gleichstellung, Reform u. Selbstbesinnung. Bearb. von Franz-Josef H e y e n . – Das Verhältnis zu d. christl. Religionsgemeinschaften. Bearb. von Karl Heinz D e b u s . 1974. VIII, 335 S. 5. Statist. Materialien z. Gesch. d. jüd. Bevölkerung. Bearb. von Werner K n o p p . 1975. 167 S. 6. Die nationalsozialist. Judenverfolgung in Rheinland-Pfalz 1933–1945. Bearb. von Johannes S i m m e r t . – Das Schicksal d. Juden im Saarland 1920–1945. Bearb. von Hans-Walter H e r r m a n n . 1974. 491 S. 7. Dokumente d. Gedenkens. Mit Beitrr. von Wilhelm D e n i g u. Henry R. H u t t e n b a c h . Hrsg. in Zsarb. mit Editha B u c h e r u. Franz-Josef H e y e n . 1974. X, 294 S.

4582. S a u e r , Paul: Zur Geschichte der jüdischen Gemeinden in Rheinland-Pfalz und im Saarland. – In: ZGO 123, 1975, S. 253–258 [Literaturbericht]

4583. H e u z e r o t h , Günter: Jüdisch-deutsche Bürger unserer Heimat. T. 1. 2. – In: HJAl 1975, S. 48–59; 1976, S. 45–59 m. Abb. [Kr. A l t e n k i r c h e n ]

4584. B ö c h e r , Otto: Die Geschichte der A l z e y e r Juden. Festvortrag anläßl. d. Gedenkfeier für die jüd. Mitbürger am 30. Sept. 1973 im Musiksaal d. Städt. Aufbaugymnasiums Alzey. – In: AlGbll 10. 1974, S. 37–43

4585. M i e l k e , Heinz-Peter: Gab es einen jüdischen Friedhof in A r n o l d s h a i n ? – In: UsL 1976, Nr 6, Sp. 67

4586. Lotz, Arthur: Die Atzbacher Judentaufe im Jahre 1666. – In: Atzbacher Geschichtsbll. 3. 1975 (Mitt. Bl. d. Gemeinde Atzbach 24 v. 7. 11. 1975, Beilage), S. 1–2

4587. Faber, Rolf: Biebricher Lebensbilder: Seligmann Baer. Mit 1 Bildn. u. 1 Abb. – In: WiL 24. 1975, Okt., S. 16–18

4588. Engelhardt, Rudolf: Der alte Judenfriedhof in Bingen im Jahre 1971. Mit 3 Abb. – In: HJMBi 16. 1972, S. 87–89

4589. Höreth, Friedrich: Die Geschichte der Juden im Kreis Erbach. – In: HErb 1975, Nr 4. 5. 6. 9. 11; 51. 1976, Nr 1–4

4590. Arnsberg, Paul: Neunhundert Jahre „Muttergemeinde in Israel": Frankfurt am Main 1074–1974. Chronik d. Rabbiner. Ffm.: Knecht 1974. 231 S. m. Abb.

4591. Jüdisches Leben im Alten Frankfurt. Dokumente zur Geschichte d. Frankfurter Juden. Ausstellung in d. Wandelhalle der Paulskirche vom 4.–22. 6. 1975. [Ffm.:] Evang. Arbeitskreis Kirche u. Israel in Hessen u. Nassau 1975. 38 S.

4592. Adler, Hans Günter: Deportation ist wichtiger als Arbeit. Die Frankfurter jüdischen Arbeiter 1940–1943 als Beispiel. – In: Adler: Der verwaltete Mensch. 1974, S. 221–223

4593. Metzger, Mendel: Style in Jewish Art of the 17th and 18th centuries, in relation to the Baroque and the Rococo. [Betr.: u.a. die Frankfurter Synagoge von 1711.] – In: Gazette des Beaux-Arts. 118: 1976, Nov., S. 181–193

4594. Altenzentrum der jüdischen Gemeinde Frankfurt am Main. (Vorr.:) Ignaz Lipinski. Ffm. 1974. 24 S.

4595. Reinemann, John Otto: Carried Away. Recollections and reflections. – Philadelphia: Verf. 1976. 216 S. [Autobiographie eines Frankfurters]

4596. Seligmann, Caesar: Caesar Seligmann <1860–1959>, Erinnerungen. Hrsg. von Erwin Seligmann. Ffm. Kramer 1975. 207 S. [Frankfurter Gemeinderabbiner]

4597. Häsler, Alfred A., u. Ruth K. Westheimer: Die Geschichte der Karola Siegel. Bern: Benteli 1976. 128 S. [Betr. Frankfurt a.M.]

4598. Adler, Hans Günter: Die Deportation Arthur Israel von Weinbergs. [Gründer u. Leiter der Fa. Cassella, Ffm.] – In: Adler: Der verwaltete Mensch. 1974, S. 337–339

4599. Marpert, Barbara: Das Judenbad in Friedberg. Einmaliger sakraler Tiefbau. – In: WeKrKal 2. 1976, S. 58–59

4600. Horn, Paul, u. Naftali Herbert Sonn: Zur Geschichte der Juden in Fulda. Ein Gedenkbuch. Tel-Aviv: Selbstverl. 1969. 90 S. m. Abb.

XIII. Judentum

4601. S c h a f f r a t h , Otto: Der Judenpogrom 1591 in Fulda. – In: FuGbll 50. 1974, S. 131–134

4602. K n a u s s , Erwin: Die jüdische Bevölkerung G i e ß e n s von 1933 bis 1942/45. Eine Dokumentation. – In: MOHG N. F. 59. 1974, S. 5–167 [Ersch. auch im Selbstverl. Wiesbaden: Komm. f. d. Gesch. d. Juden in Hessen 1974. 152 S. m. Abb.; 2. Aufl. 1976. 192 S. (Veröffentlichungen d. Komm. für d. Gesch. der Juden in Hessen 3)]

4603. E r t e l , K. F.: Wilhelm Liebknecht und die Juden. – In: HGiess 1975, Nr. 2

4604. A r n s b e r g , Paul: Zur Geschichte der jüdischen Gemeinde G r o ß - Z i m m e r n . – In: Groß-Zimmern, Klein-Zimmern. Beitrr. zur Entwicklung in Vergangenheit u. Gegenwart. Groß-Zimmern 1976, S. 194–197

4605. R o s e n t h a l , Ludwig: Der H a n a u e r Rabbiner Mosche Tobias Sondheimer und seine Nachfahren in der ehemaligen Frankfurter Metallfirma von Weltruf Beer, Sondheimer & Co. Hanau: Hanauer Geschichtsver. 1975. 44 S.

4606. R o s e n t h a l , Ludwig: Die Beteiligung von Juden an dem Unternehmen der Hanauer Turnerwehr in der Badischen Mairevolution 1849. – In: NMHaG 6. 1975, S. 65–68 [Eine Betrachtung zu Geisel, Karl: Die Hanauer Turnerwehr. – In: HaGbll 25. 1974]

4607. Franz Rosenzweig. [Jüdischer Religionsphilosoph aus K a s s e l ; 1886–1929] Kassel: Amt f. Kulturpflege [1974]. 10 Bl.

4608. A s c h o f f , Diethard: Schicksale K o r b a c h e r Juden im 16. Jahrhundert. – In: GW 65. 1976, S. 162–181

4609. K e i m , Anton Maria: Tausend Jahre jüdischer Geschichte. – In: NeuM 1973, 3, S. 4–5 [Betr. M a i n z ]

4610. M a c k , Rüdiger: Jüdische Universitätsverwandte und Studenten in M a r b u r g im 18. Jahrhundert. – In: HJL 24. 1974, S. 191–227

4611. H e r r m a n n , Fritz H.: Zur Geschichte der Juden in M ü n z e n b e r g . (Mit d. Entwurf einer Judenordnung aus d. Jahr 1562) – In: WeGbll 23. 1974, S. 23–30

4612. H e i d e , Helmut: Die R e n d e l e r Juden und ihre Schicksale. – In: 1200 Jahre Rendel. Frankfurt a.M. 1974, S. 94–104

4613. H e l l r i e g e l , Ludwig: Die jüdische Gemeinde S c h w a b e n h e i m . – In: Gesangverein „Harmonie" 1884 in Schwabenheim. 1884–1974. Festschrift zum 90jähr. Bestehen ... Mainz 1974. S. 30–37

4614. K l u g e , Kläre: Die jüdische Kultusgemeinde B a d - S c h w a l b a c h . Mit 1 Abb. – In: HJUTs 26. 1975, S. 75–79

4615. G r o m e s , Ilse: Der Judenschafft zu S o n t r a Besitz ... – In: W 28. 1976, S. 33–35

4616. Knapp, Hans: Exodus der 100 Viernheimer Juden. – In: Knapp: Viernheimer Auswandererbuch. Viernheim 1975: Benz, S. 147–150

4617. Thomä, Helmut: Juden in Wiesbaden. Mit 4 Abb. – In: Wi int 1976, 3, S. 27–31

4618. Reuter, Fritz: Leopold Levy und seine Synagoge von 1875. Ein Beitr. z. Gesch. u. Selbstverständnis der Wormser Juden im 19. Jh. – In: WoG 11. 1974/75, S. 58–59 m. Abb.

4619. Böcher, Otto: Die alte Synagoge in Worms am Rhein. 3. Aufl. München, Berlin: Dt. Kunstverl. 1974, 15 S. m. zahlr. Abb.

4620. Böcher, Otto: Der Alte Judenfriedhof zu Worms. 3., veränd. Aufl. Köln: Rhein. Ver. f. Denkmalpflege u. Landschaftsschutz 1976. 12 S. (Rhein. Kunststätten 148)

# XIV.
# RELIGIONS- UND KIRCHENGESCHICHTE
## A. ALLGEMEINES

4621. Mayer, Eugen: Die Unparteiische Universal-Kirchenzeitung. Ein ökumenischer Versuch 1837. – In: AFGK 55. 1976, S. 119–126

4622. Staat und Kirche in Hessen, Rheinland-Pfalz und dem Saarland. Ergänzbare Sammlung v. Rechtsquellen, sonstigen Bestimmungen u. Verlautbarungen. Hrsg. von Armin Füllkrug [u.a.] Neuwied: Luchterhand [1972]. [Losebl. Ausg.]

## B. KATHOLISCHE KIRCHE
### 1. Frühes Christentum

4623. Hartmann, Ernst: Bonifatius wirkte im Hessenland. – In: Vergangenheit 27. 1974, S. 24

4624. Lucas, Dieter: Beziehungen Rom–Fulda seit Bonifatius. – In: BuBll 49. 1976, S. 58

4625. Rosenbohm, Rolf: Bonifatius und die entschleierten Rätsel der Münster-Gründungen. Mit Abb. – In: HGiess 1974, Woche 39–41

4626. Rosenbohm, Rolf: Kirchenstandorte und mittelalterl. Texte. Zur „alteram ecclesiam quae est constructa in silva in Marchlicheo sive Luttenbach" der Beatus-Urkunde von 778. – In: HGiess 1975, Nr 3 [Zum Münster-Aufsatz in HGiess 1974, Nr 40]

4627. Rosenbohm, Rolf: Die irische Niederlassung Schotten im Lichte frühmittelalterl. religiöser Verhältnisse. – In: HGiess 1975, Nr 26. 42. 43. 44. 45

4628. Rosenbohm, Rolf: Frühmittelalterliche Gotteshäuser in und um Oberkaufungen. – In: Kaufunger Wald. Land u. Leute zwischen Fulda u. Werra. Nr 1 v. Okt. 1976, S. 1–3

4629. Volze, Fritz: Die Christianisierung unseres Heimatgebietes. – In: SchwJb 1974, S. 56–69

4630. Engelhardt, Rudolf: Rupertus von Bingen. Bingen u. d. Binger Land in rupertin. Zeit. Versuch e. hist. Schau über 200 Jahre v. 700–900. Volkstüml. dargest. nach d. Rupertus-Vita d. hl. Hildegard. (Hrsg. in Gemeinsch. mit d. Vereinigung d. Heimatfreunde am Mittelrhein u. mit d. Arbeitskreis d. Heimatfreunde in d. Volkshochschule Bingen. 72 Abb. Zeichn. u. Taf. Bd 1/2. Bingen a. Rh.: Engelhardt 1968. 361 S.

4631. Büchler, Roswitha: Eginhard. Maître d'oeuvre carolingien. – In: Archeologia 40. 1971

4632. Christe, Y.: La colonne d'Arcadius, Sainte Pudentienne, l'arc d'Eginhard et le portail de Ripoll. – In: Cahiers Archéol. 21. 1971, S. 35 ff.

4633. Belting, Hans: Der Einhardsbogen. Mit 11 Abb. – In: ZfKuG 36. 1973, S. 93–121

4634. Das Einhardkreuz. Vorträge u. Studien d. Münsteraner Diskussion zum arcus Einhardi. Hrsg. von Karl Hauck. Göttingen: Vandenhoeck & Ruprecht 1974. 220 S., 50 Taf. (Abhandlungen d. Akad. d. Wiss. in Göttingen. Phil.-hist. Klasse, 3, Nr 87) [S. 96–121: Josef Fleckenstein: Einhard, seine Gründung u. sein Vermächtnis in Seligenstadt]

4635. Hoch, Günther: Die Schenkungsurkunde Ludwigs des Frommen für Einhard. – In: Odw 21. 1974, S. 3–13

2. Geschichte, Verfassung und Verwaltung

4636. Jürgensmeier, Friedhelm: Das Schrifttum der Jahre 1971 bis 1975 zur mittelrheinischen Kirchengeschichte bis 1500. – In: AMrhKG 27. 1975, S. 281–328

4637. Pauly, Ferdinand: Siedlung und Pfarrorganisation im alten Erzbistum Trier. [10.] Zsfassung u. Ergebnisse. Koblenz: Selbstverl. d. Landesarchivverwaltung Rheinland-Pfalz, Landeshauptarchiv Koblenz 1976. XVIII, 519 S. m. 18 Kt. (Veröffentlichungen d. Landesarchivverwaltung Rheinland-Pfalz 25) (Veröffentlichungen d. Bistumsarchivs Trier 25)

4638. Rübsamen, Dieter: Über die mittelalterliche Kirchenorganisation im Hüttenberg. – In: HGiess 1976, Nr 47

4639. L i p p h a r d t , Walther: Die Mainzer Visitatio sepulchri. – In: Mediaevalia litteraria. Festschr. f. Helmut de Boor. Hrsg. von Ursula Hennig u. Herbert Kolb. München 1971, S. 177–191 [Betr. kirchl. Osterfeier im Mittelalter]

4640. L i e b e h e r r , Irmtraud: Das Mainzer Domkapitel als Wahlkörperschaft des Erzbischofs. – In: Willigis u. sein Dom. Hrsg. von Anton Philipp Brück. Mainz 1975. (Quellen u. Abhandlungen z. mittelrhein. Kirchengesch. 24), S. 359–391

4641. H u b e r , Augustinus Kurt: Die Metropole Mainz und die böhmischen Länder. – In: Archiv f. Kirchengesch. v. Böhmen-Mähren-Schlesien 3. 1973, S. 24–57

4642. F a t h , Helmut: Das archidiakonale Gericht des Propstes von St. Peter und Alexander zu Aschaffenburg. Die Iudices Ecclesie Aschaffenburgensis. – In: Aschaffenburger Jb. 5. 1972, S. 51–249

4643. L o t t e r , Friedrich: Der Brief des Priesters Gerhard an den Erzbischof Friedrich von Mainz. Ein kanonist. Gutachten aus frühotton. Zeit. Sigmaringen: Thorbecke 1975. 146 S. (Vorträge u. Forschgn. Konstanzer Arbeitskreis f. mittelalterl. Gesch. Sonderbd. 17)

4644. B r o m m e r , Peter: Kurzformen d. Dekrets Bischof Burchards von Worms. – In: JbwLa 1. 1975, S. 19–45

4645. M a y , Georg: Die Organisation der Erzdiözese Mainz unter Erzbischof Willigis. – In: Willigis u. sein Dom. Hrsg. von Anton Philipp Brück. Mainz 1975. (Quellen u. Abhandlungen z. mittelrhein. Kirchengesch. 24) S. 31–92

4646. H e r k e n r a t h , Rainer Maria: Zur Frage einer schismatischen Weihe des Bischofs Reinhard von Würzburg. – In: Mainfränk. Jb. f. Gesch. u. Kunst. 26. 1974, S. 1–23 [Betr. auch Gesch. d. Mainzer Kirchenprovinz im 12. Jh.]

4647. H a u b s t , Rudolf: Welcher „Frankfurter" schrieb die „Theologia deutsch"? – In: Theol. u. Philos. 48. 1973, S. 218–239 [Vermutlich der aus Dieburg stammende Heidelberger Theologieprofessor Johannes Lagenator (= Lägeler) „de Francfordia" († 13. 5. 1440)]

4648. B r o s i u s , Dieter: Zum Mainzer Bistumsstreit 1459–1463. – In: AHG N. F. 33. 1975, S. 111–136

4649. W o l t e r , Hans: Kardinal Albrecht von Mainz und die Anfänge der katholischen Reform. – In: Theol. u. Philos. 51, 1976, 4, S. 496–511

4650. T ü c h l e , Hermann: Das Mainzer Reformdekret des Kardinals Branda. – In: Von Konstanz nach Trient. Festgabe f. August Franzen. Hrsg. von Remigius Bäumer. München [usw.] 1972, S. 101–117

4651. B e u m e r , Johannes: Das Mainzer Provinzialkonzil aus dem Jahre 1549 und seine Beziehungen zu dem Trienter Konzil. – In: Annuarium historiae conciliorum 5. 1973, S. 118–133

4652. B e u m e r , Johannes: Die Privinzialkonzilien von Mainz und Trier aus dem Jahre 1549 und ihre Bedeutung für die Liturgiereform. – In: Trierer theol. Zs. 82. 1973, S. 293–303

4653. H e n g s t , Karl: Kirchliche Reformen im Fürstbistum Paderborn unter Dietrich von Fürstenberg (1585–1618). Paderborn: Schöningh 1974. 326 S., 8 Bilds. (Paderborner theol. Studien 2) [Betr. auch Nordhessen]

4654. D u c h h a r d t , Heinz: Ein Dokument zur Mainzer Willigis-Tradition im 18. Jahrhundert. – In: Willigis u. sein Dom. Hrsg. von Anton Philipp Brück. Mainz 1975. (Quellen u. Abhandlungen z. mittelrhein. Kirchengesch. 24), S. 437–438

4655. L a b o n t e , Christian: Rüdesheimer Gesangbuch-Streit [1787] und um den deutschen Gottesdienst. – In: RhgHbr 90. 1974, S. 2–4; 91. 1975. S. 9–11

4656. K u h n , Hans Wolfgang: Zur Geschichte des Trierer und des Limburger Domschatzes. Die Pretiosenüberlieferung aus d. linksrhein. Erzstift Trier seit 1792. – In: AMrhKG 28. 1976, S. 155–207 [Betr. auch d. Säkularisation u. Nassau-Weilburg]

### 3. Heilige und Heiligenverehrung

4657. Z i m m e r m a n n , Gerd: Strukturen der fuldischen Heiligenverehrung. – In: SMGBO 86. 1975, S. 816–830

4658. P r i n z , Friedrich: Topos und Realität in hagiographischen Quellen [in Fulda]. – In: Zs. f. bayer. Landesgesch. 37. 1974, S. 162–166

4659. B r ü c k , Anton Philipp: Die Dompatrone [von Mainz]. – In: 1000 Jahre Mainzer Dom. Hrsg. von Wilhelm Jung. Mainz 1975, S. 187–274

4660. B a r t h , Medard: Zum Kult der hl. Bischöfe A m a n d u s von Straßburg, Maastricht und Worms im deutschen Sprachraum. – In: Freiburger Diözesan-Archiv. 91 = F. 3, 23. 1971, S. 5–64

4661. G ö n n a , Sigrid von der: Das Leben der Hl. E l i s a b e t h . (Handschriftenfunde z. Literatur d. Mittelalters 39) – In: ZDAL 105. 1976, S. 258–262 [Handschriftenfragmente aus d. Hofbibliothek Aschaffenburg; Entstehung d. Hs. wohl im Raum Frankfurt–Mainz um d. Mitte d. 14. Jh.]

4662. S c h e r i n g , Ernst: Protest und Diakonie im Lebenswerk Elisabeths von Thüringen. – In: Solidarität u. Spiritualität-Diakonie. Stuttgart 1971, S. 119–132

4663. D i n k l e r – v o n S c h u b e r t , Erika: Der Elisabethschrein zu Marburg. 2., neubearb. Aufl. Marburg u. Witzenhausen: Trautvetter & Fischer 1974. 30 S. Text, 20 Bl. Abb. (Marburger Reihe 4)

4664. Görich, Willi, u. Karl A. Müller: Der Heiligen Elisabeth von Marburg Pilgerzeichen. – In: ZHG 85. 1975, S. 89–92

4665. Großmann, Dieter: Elisabeth-Darstellungen: Figur aus Laufen an der Salzach <um 1450>. – In: He 1976, Folge 21 v. 15. Dez.

4666. Eizenhöfer, Leo: Die Heiligen Philipp von Zell und Erkenbert von Worms in einem Litaneifragment aus Groß-Frankenthal zu Darmstadt. – In: Archiv f. Liturgiewiss. 15. 1973, S. 165–167 [Fragmentar. Zeugnis f. d. liturg. Verehrung d. hl. Erkenbert, aus dem Geschlecht d. bischöfl. Kämmerer v. Worms, gen. Dalberg, † 1132 als Propst d. Augustinerchorherrenstiftes Frankenthal, u. des in d. Pfalz einst hochverehrten Einsiedlerpriesters Philipp, 8. Jh.]

4667. Henkel, Raimund: Zur Sankt-Goar-Verehrung in Flieden. – In: BuBll 47. 1974, S. 71–72

4668. Gräser, Franz: Wie kam Kämmerzell zum Kirchenpatron St. Godehard? – In: BuBll 49. 1976, S. 33–34

4669. Loos, Josef: Hildegard von Bingen. – In: HJMBi 19. 1975, S. 122–123

4670. Führkötter, Adelgundis: Hildegard von Bingen als Lehrmeisterin. – In: HJMBi 17. 1973, S. 147–150

4671. Gertz, B.: Tönend vom lebendigen Licht. Hildegard v. Bingen u. das Problem d. Prophetie in d. Kirche. – In: Erbe u. Auftrag 49. 1973, S. 171–189

4672. Palm, Claus: Eine Dreiheit im hohen Mittelalter. Bonaventura von Bagnorea, Thomas von Aquin, Hildegard von Bingen. Die Äbtissin vom Rupertsberg erinnerte 1974 an Kulturzusammenhänge. Mit 1 Abb. – In: HJMBi 19. 1975, S. 119–122

4673. Berg, Ludwig: Die Mainzer Kirche und die Heilige Hildegard. – In: AMrhKG 27. 1975, S. 49–70

4674. Hotz, Walter: Sankt Nikolaus von Myra. Patron d. ersten Reinheimer Kirche. Mit 8 Taf. u. 2 Abb. im Text. Darmstadt 1974: Bender. 40 S. (Reinheimer Hefte 6) Aus: Heimatbote für d. evang. Gemeinde Reinheim. Jg. 20/21

4675. Jürgensmeier, Friedhelm: Das Fest des Heiligen Willigis von Mainz. – In: Willigis u. sein Dom. Hrsg. von Anton Philipp Brück. Mainz 1975. (Quellen u. Abhandlungen z. mittelrhein. Kirchengesch. 24) S. 425–435

4676. Weber, Heinz: Wallfahrten und Prozessionen auf dem Rhein. – In: Jb. d. Köln. Geschichtsver. 43. 1974, S. 49–62

4677. B r ü c k , Anton Philipp: Wallfahrten im Landkreis Mainz-Bingen. Mit 3 Abb. – In: HJMBi 20. 1976, S. 67–71

4678. L e i n w e b e r , Josef: Die Santiago-Wallfahrt in ihren Auswirkungen auf das ehemalige Hochstift Fulda. Zur Frömmigkeits- u. Kulturgesch. im Mittelalter. – In: FuGbll 52. 1976, S. 134–155

4679. S c h m i t t , Norbert: Prozessionen und Wallfahrten in Bürgstadt. – In: Odw 22. 1975, S. 16–28, 1 Abb.

4680. S t u r m , Erwin: Fuldaer Gehilfersberg – Wallfahrt vor 200 Jahren. Ein Beitr. zur religiösen Volkskunde. – In: BuBll 48. 1975, S. 21–22. 27. 31–32. 34–35

4681. S t u r m , Erwin: Maria Ehrenberg in der Rhön. Marienwallfahrt z. „Mutter d. Barmherzigkeit", Filialkirche d. Pfarrei bei Bad Brückenau (Kr. Bad Kissingen), Bistum Würzburg (1752–1821 Fürstbistum Fulda). Titularfest Mariä Himmelfahrt (15. Aug.) München, Zürich: Schnell & Steiner 1974. 21 S. m. zahlr. Abb. (Kunstführer 797)

4682. S t u r m , Erwin: Wallfahrt zum Maria Ehrenberg vor 200 Jahren. Ein Beitr. z. religiösen Volkskunde d. Fuldaer Landes. – In: BuBll 47. 1974, S. 9–11. 14–15

4683. F u c h s , Karl-Heinz: Die Wallfahrer von Marienstatt. Mit 2 Abb. – In: HJAl 1974, S. 76–78

4684. S c h ü ß l e r , Bernhard: Ein altes Kulturdenkmal im neuen Glanz. Mit 1 Abb. – In: RhgHbr 96. 1976, S. 9–10 [Marienthaler Wallfahrtskreuz]

4685. S c h m i t t , Anton: Ein vergessener Wallfahrtsweg. – In: RhgHbr 95. 1976, S. 15–16 [Von Rüdesheim nach Nothgottes]

4686. S c h ü ß l e r , Bernhard: Ein altes Geisenheimer Wahrzeichen in einer neuen Weinbergmauer. Mit 1 Abb. – In: RhgHbr 97. 1976, S. 16 [Roter Sandsteinbildstock d. ehem. Nothgotteser Wallfahrtsweges aus d. J. 1735]

4. Kirche und Bistümer seit dem 19. Jahrhundert

4687. H o m m e r , Josef von: 1760–1836. Meditationes in vitam meam peractam [deutsch]. Eine Selbstbiographie. Hrsg., übers. u. komm. von Alois T h o m a s . Mainz, Ges. f. mittelrhein. Kirchengeschichte 1976. XV, 566 S. mit Bildnis. (Quellen u. Abhandlungen zur mittelrhein. Kirchengeschichte. 25)

4688. G u g u m u s , Johannes Emil: Das Bistum Mainz im Jahre 1804. – In: AMrhKG 26. 1974, S. 243–268, Kt.

4689. M a y , Georg: Seelsorge an Mischehen in der Diözese Mainz unter Bischof Ludwig Colmar. Ein Beitr. z. Kirchenrecht u. Staatskirchenrecht im Rheinland unter französ. Herrschaft. Amsterdam: Grüner 1974. 172 S. (Kanonist. Studien u. Texte 27)

4690. Fischer-Wollpert, Rudolf: Wilhelm Emmanuel Freiherr von Ketteler, Bischof von Mainz. Bergen-Enkheim (b. Frankfurt a.M.): Kaffke 1974. 92 S. m. Abb.

4691. Iserloh, Erwin: Römische Quellen zur Bischofsernennung Wilhelm Emmanuel von Kettelers 1850. – In: Studia Westfalica. Festschr. f. Alois Schröer. Hrsg. v. Max Bierbaum. Münster i. W. 1973, S. 159–184

4692. Denzler, Georg: Die bayerische Bischofskonferenz des Jahres 1867 in Fulda. – In: Zs. f. bayer. Landesgesch. 35. 1972, S. 771–801

4693. Pollack, Werner: Die fünfte Kreuzwegstation in Kiedrich und der Preußische Kulturkampf. – In: RhgHbr 97. 1976, S. 14–15 [Darstellung v. Bismarck u. Kultusminister Falk als Zuschauer d. Not Christi]

4694. Gatz, Erwin: Zur Neubesetzung der Bistümer Limburg und Fulda 1885–1887. – In: Röm. Quartalschr. f. christl. Altertumskde u. Kirchengesch. 7. 1976, S. 78–112

4695. Volk, Ludwig: Die Fuldaer Bischofskonferenz von Hitlers Machtergreifung bis zur Enzyklika „Mit brennender Sorge". – In: Stimmen d. Zeit 183. 1969, 1, S. 10–31

4696. Straaten, Werenfried van: Ostpriesterhilfe in Königstein. Mit 6 Abb. – In: Weihbischof Dr. Adolf Kindermann. Königstein i. Ts. 1976. (Schriftenreihe d. Sudetendt. Priesterwerkes in Königstein 22) S. 73–78

4697. Zum 25. Bischofsjubiläum von Dr. Wilhelm Kempf [Festschrift]. Red.: Walter Bröckers. Frankfurt/M.: Knecht 1974. 72 ungez. Bl. m. Abb.

4698. Schreiber, Hermann: Das Porträt: Bischof Dr. Wilhelm Kempf. Mit 3 Abb. – In: Wi int 1976, 3, S. 36–39

4699. Weber-Fahr, Kirstin: Der Bischof und sein Berg. Gespräch mit Prof. Dr. Eduard Schick, d. Bischof aus Amöneburg [Bischof von Fulda]. Mit 1 Bildn. u. 3 Abb. – In: AlBLiM 1976, S. 38–45

4700. Koch, Rudolf: Die katholische Kirche im Main-Kinzig-Kreis. Mit Abb. – In: Main-Kinzig-Kreis. Oldenburg (Oldb.) 1976, S. 66–73

4701. Picard, Ewald, u. Heinrich Rhein: Die Kirchen in einer sich wandelnden Gesellschaft: Die kathol. Kirche. – In: Der Wetteraukreis. Frankfurt a.M. 1976, S. 35–36 [Im Wetteraukreis]

4702. König, August: Die katholische Kirche [im Unterlahnkr.] – In: Der Unterlahnkr. Mainz 1967, S. 57–61

## 5. Klöster, Stifte, Orden

4703. Hallinger, Kassius: Willigis von Mainz und die Klöster. – In: Willigis u. sein Dom. Festschrift zur Jahrtausendfeier d. Mainzer Domes. Hrsg. von Anton Ph. Brück. Mainz: Selbstverl. d. Ges. f. Mittelrhein. Kirchengesch. 1975, S. 93–134

4704. May, Karl Hermann: Emericus de Kemel. Emmerich von Kemel (um 1425–84), eine bemerkenswerte Gestalt des ausgehenden Mittelalters. – In: HJUTs 27. 1976, S. 125–130 [Franziskanermönch; Generalkommissar des Ordens]

4705. 800 Jahre Kloster Arnsburg. 1174–1974. Im Auftr. d. Freundeskreises Kloster Arnsburg hrsg. v. Willy Zschietzschmann. Lich 1974. 158 S., 1 Kt., XVI S. [S. 25–71: Simone Noehte-Lind: Aus d. Geschichte d. Klosters Arnsburg; S. 130–145: Hermann Augst u. Waldemar Küther: Bibliographie des Klosters Arnsburg]

4706. Zschietzschmann, Willy: Kloster Arnsburg in der Wetterau. – In: Der Landkreis Gießen. Hrsg.: Ernst Türk. Stuttgart, Aalen: Theiss 1976, S. 197–203

4707. Küther, Waldemar: 800 Jahre Kloster Arnsburg. – In: HHGiess 1974, S. 49–52

4708. Zschietzschmann, Willy: Das 800jährige Kloster Arnsburg. Ausgrabungen u. Erneuerungen seit 1958. – In: HHGiess 1974, S. 77–80

4709. Nachtigall, Helmut: Zwei Fachwerkbauten des Arnsburger Abtes Robertus Kolb. – In: HGiess 1975, Nr 11 [Klostermühle in Arnsburg (1675); Pfaffenhof in Eberstadt (1698)]

4710. Hinze, Kurt: Wetzlar – eine leere Fläche. Der „Arnsburger Hof" hinterließ hier keine Spuren. Mit 2 Abb. – In: HLD 1974, Nr 47, S. 1

4711. Wagner, Willi: Das Zisterzienserinnenkloster Kumbd/Hunsrück. Ratingen, Kastellaun, Düsseldorf: Henn 1973. 236 S. m. 10 Abb. u. 5 Kt. (Schriftenreihe d. Hunsrücker Geschichtsver. 6.) [V. Nonnen aus d. Konvent v. Aulhausen/Rhg gegr.]

4712. Kuntze, Günter: Das Stift St. Martin in Bingen, Gesch., Verfassung, Besitz. Mainz 1964. XII, 109 S. Mainz, Phil. Diss. v. 22. 2. 1964

4713. Krings, Bruno: Zur Ordenszugehörigkeit des Klosters Brunnenburg a.d. Lahn. – In: NAN 85. 1974, S. 243–244

4714. Maag, Günter u. Ingrid: Die Gebäude des Klausurbezirks des ehemaligen Klosters Brunnenburg a.d. Lahn. T. 1. Mit 10 Abb. u. 16 Abb. auf Taf., sowie d. Faltblatt 1. – In: NAN 87. 1976, S. 46–68

4715. Görlich, Paul: Kloster Cornberg in Nordhessen. Zur Gesch. eines ehemal. Benediktiner-Klosters. Mit Abb. – In: HHGiess 1976, S. 51–52. 57–59

4716. Görlich, Paul: Der Klosterbesitz von Cornberg. – In: MHl 27. 1976/77, S. 25–27

4717. Görlich, Paul: Das Nonnenkloster Cornberg und seine Beziehungen zu Hersfeld. – In: MHl 26. 1974/75, S. 77–79

4718. Curschmann, Dieter: Kloster Weidas. – In: Die Curschmanns H. 26. 1975, S. 17–38 [Verschwundenes Kloster in Dautenheim bei Alzey]

4719. Nigg, Walter: Die verborgene Heilige. Katharina Kasper 1820–1898. Dernbach/W.: Generalleitung d. Armen Dienstmägde Jesu Christi 1974. 88 S.

4720. Pöller-Salzmann, Marianne: Ein Dorf macht Geschichte [Dernbach]. – In: Ww 69. 1976, S. 159–161 m. 2 Abb.

4721. Karst, Valentin: Das Haus nächst der Pfarrkirch [!] [in Dieburg]. – In: Einweihung d. Pater-Delp-Hauses. Dieburg: Kathol. Pfarramt 1975, S. 4–9 [Betr. auch die Niederlassungen d. Franziskaner u. Kapuziner in Dieburg]

4722. Meyer zu Ermgassen, Heinrich: Untersuchungen zur Abtsserie von Kloster Eberbach im Rheingau. Mit 2 Abb. – In: NAN 85. 1974, S. 43–70 [Exkurs aus: Meyer zu Ermgassen: Der Oculus Memorie, ein Güterverzeichnis des Zisterzienserklosters Eberbach im Rheingau. Marburg, Phil. Diss. 1970]

4723. Demandt, Dieter: Kloster Eberbach und die Entstehung des Mainzer Stadtrates. Mit 1 Kt. – In: Zisterzienser Studien 3. Berlin 1976. (Studien z. europäischen Gesch. 13) S. 95–105

4724. Schnorrenberger, Gabriele: Größe und Rentabilität zweier Eberbacher Riedhöfe. Mit 5 Tab. – In: NAN 87. 1976, S. 123–134

4725. Heimerich, Gisela: Stift und Kartause Eppenberg in Hessen. Marburg, Diss. 1975 [Mschr.]

4726. Wolter, Hans: Die Bedeutung der geistlichen Orden für die Entwicklung der Stadt Frankfurt am Main. – In: AMrhKG 26. 1974, S. 25–43

4727. Rauch, Günter: Pröpste, Propstei und Stift von Sankt Bartholomäus in Frankfurt. 9. Jh. bis 1802. Frankfurt a.M.: Kramer 1975. 415 S., 5 Taf. (Studien z. Frankfurter Gesch. 8)

4728. Dietenberger, Johannes. 1475–1537. Dominikaner, 1510, Prior in Frankfurt, Bibelübersetzer. – In: Friedrich Wilhelm Bautz: Biograph.-bibliogr. Kirchenlex. 1975, Sp. 1296

4729. Schulze, Hans K.: Das Chorherrenstift St. Peter zu Fritzlar im Mittelalter. – In: Fritzlar im Mittelalter. Festschrift z. 1250 Jahrfeier. Fritzlar 1974, S. 144–167

## B. Katholische Kirche

4730. H a n n a p p e l , Martin: Johannes Haltupderheide, Propst des St. Peterstifts in Fritzlar 1505–1521. Ein Beitr. z. Ausgang d. geistlichen Gerichts in Hessen. – In: HJL 24. 1974, S. 37–139

4731. L e i n w e b e r , Josef: Der Fuldaer Stiftskustos Johann Knöttel. Ein Beitr. z. Gesch. d. Klosters F u l d a u. seiner Bibliothek im späten Mittelalter. – In: FuGbll 48. 1972, S. 126–137

4732. L e i n w e b e r , Josef: Ulrich von Hutten – ein Fuldaer Mönch? Ein Beitr. z. Biogr. d. jungen Ulrich v. Hutten u. z. Gesch. d. Klosters Fulda im Spätmittelalter. – In: Würzburger Diözesan-Geschichtsbll. 37/38. 1975, S. 541–556

4733. Über [Prof. Dr.] Ludwig Pralle. Mit 1 Bildn. – In: FuGbll 48. 1972, S. 101–121 [Domkapitular in Fulda]

4734. S c h a f f r a t h , Otto: Vor 400 J.: Gründung des Jesuitenkollegs in Fulda. – In: FuGbll 48. 1972, S. 145–146

4735. Abbatia ad Sanctam Mariam Fuldensis 1626–1976. Festgabe z. 350. Gründungstag d. Abtei. Hrsg. v. d. Abtei. Fulda: Parzeller 1976. 148 S. [Benediktinerinnenkloster]

4736. Der Natur auf der Spur. Allerlei Biologisches. Laurentia Dombrowski, OSB, zum 85. Geburtstag im Aug. 1973, 2. Aufl. Fulda: Benediktinerinnen-Abtei zur Heiligen Maria 1976. 79 S. m. Abb.

4737. P ü n d e r , Tilman: Zur Geschichte der Vinzentinerinnen in Fulda. Ansprache zur Verabschiedung d. Ordensfrauen am 13. 2. 1976. – In: FuGbll 52. 1976, S. 75–78

4738. H e i t z e n r ö d e r , Wolfram: Klöster und klösterliche Niederlassungen in G e l n h a u s e n und ihr Verhältnis zur Stadtgemeinde. Mit 1 Abb. u. 1 Kt. – In: GelGbll 1974/75, S. 11–80

4739. Renovation – nicht Restauration. Zum Umgang mit Bauten, Bildern u. Bekenntnissen. Hrsg. von Rainer V o l p u. Horst S c h w e b e l , Kassel 1974. 296 S. m. Abb. [Darin S. 118–139: Konventsbau d. Klosters G e r m e r o d e ]

4740. E c k h a r d t , Albrecht: Almosensammlungen der G r ü n b e r g e r Antoniter zwischen Mittelgebirge und Nordsee. Mit e. Beitr. zur Identifizierung des Bruderschaftsbuches in Bremen. – In: AHG N.F. 32. 1974, S. 113–160

4741. E c k h a r d t , Albrecht: Häuser der Grünberger Antoniter und des Bildschnitzers Ludwig Juppe in der Stadt Marburg. – In: ZHG 84. 1974, S. 59–68

4742. M i c h e l , Walter: Das Ende der Jesuitenniederlassung zu H a d a m a r . – In: AMrhKG 27. 1975, S. 107–129

4743. B r a n d t , Heinz: Das Kloster H a i n a . Die Zisterzienserabtei im hess. Kellerwald. [2. Aufl.]. Haina (Kloster): Gemeindeverwaltung 1976. 72 S. m. Abb.

4744. F r a n z , Eckhart Götz: Grangien und Landsiedel. Zur Grundherrschaft d. Zisterzienserklosters Haina in Hessen. – In: Dt. Bauerntum im Mittelalter. Darmstadt: Wiss. Buchges. 1976, S. 298–330

4745. S t r u v e , Tilman: Hersfeld, H a s u n g e n und die vita Haimeradi. – In: AfK 51. 1969, S. 210–233

4746. H e i n e m e y e r , Walter: Heimerad und Hasungen – Mainz und Paderborn. – In: Aus Reichsgesch. u. nord. Gesch. Karl Jordan z. 65. Geburtstag. Hrsg. von Horst Fuhrmann, Hans Eberhard Mayer u. Klaus Wriedt. Stuttgart 1972, S. 112–130

4747. H i l d e b r a n d , Georg: Das Kloster Hasungen in der Reichs- und Landesgeschichte. – In: JbLKa 1975, S. 107–111

4748. B r a u n s , Eduard: Kloster Hasungen wäre 900 Jahre alt. – In: HeG 75. 1974, S. 83–85

4749. S e i b , Gerhard: Materialien zur Baugeschichte des Klosters Hasungen. – In: Burghasungen 1074–1974. Hrsg. von Karl Heinrich Rexroth u. G. Seib. Zierenberg 1974, S. 40–69

4750. J a s p e r , Detlev: Die Papstgeschichte des Pseudo-Liudprand. – In: DA 31. 1975, S. 17–107. Verkürzte Fassung d. Diss. Tübingen, Univ., Fachbereich Gesch. 1972 [Darin S. 85 ff.: Die Zehntschenkungen an d. Klöster Corvey u. H e r s f e l d (c. 108)]

4751. F e l d t k e l l e r , Hans: Ein romanischer Wasserspeier aus dem Hersfelder Stift. – In: Hist. Forschungen f. Walter Schlesinger. Hrsg. von Helmut Beumann. Köln 1974, S. 548–554 m. 4 Abb.

4752. E c k h a r d t , Albrecht: Die Urkunden des Karmeliterklosters in H i r s c h h o r n am Neckar bis zum J. 1425. Regesten. – In: GbllBe 9. 1976, S. 44–88

4753. S c h ä f e r , Rudolf: Das Antoniterkloster zu H ö c h s t am Main. Seit 790 bekannt, Mönche 1441 mit Hospital, Hospiz u. Altersheim nachzuweisen. – In: Taunus-Report. Beil. z. Höchster Kreisblatt. 1974, v. 26. 6., S. 12–13

4754. K r a s e n b r i n k , Josef: Die Gründung des Bonifatius-Klosters zu H ü n f e l d im Jahre 1895. – In: FuGbll 52. 1976, S. 33–75

4755. H ö g y , Tatjana, u. Rainer Högy: Eine Aufgabe für den Denkmalschutz: Propstei J o h a n n e s b e r g . – In: HHGiess 1976, S. 9–12 [bei Fulda]

4756. Stift K e p p e l im Siegerlande 1239–1951 (2: –1971). Bearb. von (1. 3: Heinz F l e n d e r u.) Wilhelm H a r t n a c k (2: u. Juliane Freiin v. B r e d o w ) im Auftr. d. Stiftskurators d. vereinigten Stifte Geseke-Keppel.

Bd 1–3. Stift Keppel: Selbstverl. 1961–1971. 1. Gesch. v. Kloster u. Stift Keppel 1239–1951. 1963. XIII, 431 S. 2. Gesch. d. Schule u. d. Internats 1871–1971. 1971. 292 S. 3. Matrikel u. Übersichten zu Bd 1 u. 2. 1961. 501 S.

4757.  I m m e l , Otto: Biedenkopf und Nonnenkloster Keppel bei Hilchenbach. – In: HiGbll 55. 1976, S. 24–25 [Betr. hinterländ. u. siegerländ. Urkunden im Staatsarchiv Münster]

4758.  S c h m i d t , Aloys: Quellen zur Geschichte des St. Kastorstifts in K o b l e n z . Bd 1. 2. Köln, Bonn: Hanstein 1954–74. (Publ. d. Ges. f. rhein. Geschichtskde 53) 2. Urkunden u. Regesten 1401–1500. 1974. XXVI, 676 S., 10 Taf.

4759.  L ö h r , Valentin: Er verabscheute Frauen und Äpfel. Gedanken über Konrad Kurzbold notiert im Schatten d. L i m b u r g e r Doms. Mit 3 Abb. – In: AlBLi 1975, S. 73–76 [Betr. Georgstift in Limburg]

4760.  Institute der Vereinigung des Katholischen Apostolats. – In: PW 27. 1976, S. 4–10 [Betr. u.a. d. Limburger Pallottinerinnen u. d. Anfänge d. Hildegardis-Schwestern in Limburg]

4761.  M i n s t , Karl Josef, u. Hans H u t h : Kloster L o r s c h . Amtl. Führer. Mit e. Vorw. von Heinz Biehn. 6. Aufl. Bad Homburg v. d. H.: Verwaltung d. Staatl. Schlösser u. Gärten in Hessen [1973]. 20,8 S. m. Abb. (Staatl. Schlösser, Gärten u. Burgen in Südhessen)

4762.  F l e c k e n s t e i n , Josef: Erinnerung an Karl den Großen. Zur Torhalle von Lorsch u. zum Kaisertum Karls. – In: GbllBe 7. 1974, S. 15–28

4763.  M i n s t , Karl Josef: Heilige Wetzrillen [i. d. Lorscher Königshalle]. – In: GbllBe 8. 1975, S. 221–225

4764.  Z e i l i n g e r - B ü c h l e r , Roswitha: Kunstgeschichtl. Betrachtungen zur Datierung der Lorscher Königshalle. – In: GbllBe 9. 1976, S. 26–38

4765.  S c h n i t z e r , Paul: Für die Rettung der Lorscher Königshalle. – In: GbllBe 9. 1976, S. 38–40

4766.  W o r c h , Eberhard: Die Restaurierung der Natursteinteile der Lorscher Königshalle. – In: GbllBe 9. 1976, S. 40–43

4767.  Die Protokolle des M a i n z e r Domkapitels [seit 1450]. Unveränd. Nachdr. d. Ausg. von 1932. Darmstadt: Hess. Hist. Komm. Bd 1: Die Protokolle aus d. Zeit 1450–1484. In Regestenform bearb. von Fritz H e r r m a n n . Text d. Regesten m. d. Originalen der Protokolle vergl. u. zum Druck vorbereitet von Hans K n i e s . 1976. XXI, 682 S. Bd 3: Die Protokolle aus der Zeit d. Erzbischofs Albrecht von Brandenburg 1514–1545. In Regestenform bearb. u. hrsg. von Fritz H e r r m a n n . T. 1. 1514–1536. 1974. XXXVIII, 704 S. T. 2. 1537–1545. 1974. S. 705–1216.

4769.  L i e b e h e r r , Irmtraud: Das Domkapitel [Mainz]. – In: 1000 Jahre Mainzer Dom. Hrsg. von Wilhelm Jung. Mainz 1975, S. 115–125

4770. Johanek, Peter: Ein Brief zur Geschichte des Würzburger Domkapitels im 12. Jh. – In: Mainfränk. Jb. f. Gesch. u. Kunst 26. 1974, S. 24–34 [Betr. auch Domstift Mainz]

4771. Hartmann, Helmut: Die Domherren der 2. Hälfte d. 15. Jh. in Mainz, Worms und Speyer. – In: MZ 70. 1975, S. 148–160

4772. Mosel, Gustav: Das Grabmal des Siegeners Hermanus Hellingk auf der Insel Niederwerth. Mit 1 Abb. – In: Si 52. 1975, S. 40–42 [Grabmal des Mainzer Domvikars in d. ehem. Klosterkirche auf d. Rheininsel Niederwerth b. Koblenz]

4773. Rauch, Günter: Das Mainzer Domkapitel in der Neuzeit. Zu Verfassung u. Selbstverständnis einer adeligen geistl. Gemeinschaft. Mit 1 Liste d. Domprälaten seit 1500. T. 1. 2. – In: ZRG Kanon. Abt. 92. 1975, S. 161–227; 93. 1976, S. 194–278

4774. Brück, Anton Philipp: Die Wahl des Würzburger Domdekan Johann Konrad Kottwitz von Aulenbach zum Domdekan in Mainz 1585. – In: Würzb. Diözesangeschichtsbll. 35/36. 1974, S. 349–353

4775. Niederquell, Theodor: Zur sozialen und territorialen Herkunft Mainzer Domvikare im 18. Jh. – In: MZ 70. 1975, S. 161–172

4776. Götten, Josef: Christoph Moufang. Theologe u. Politiker 1817–1890. Eine biogr. Darst. Mainz: v. Hase & Koehler 1969. 318 S., 1 Abb. Erschien auch als Diss. Mainz, Kath.-theol. F. v. 31. 1. 1968 [Mainzer Domkapitular]

4777. Metz, Wolfgang: St. Alban in Mainz und die Liudolfinger. – In: AMrhKG 27. 1975, S. 27–34

4778. Curschmann, Dieter: Sankt Alban. Besitzungen, Rechte und Pflichten des Mainzer Klosters und nachmaligen Ritterstiftes im kurpfälzischen Undenheim. – In: AlGbll 10. 1974, S. 134–171

4779. Becher, Wolfram: Im Schatten der Heiligen Bilhildis: Gedanken über die Herkunft der Besitzungen des Alt- und Hagenmünsters zu Mainz im Bauland und östl. Odenwald. – In: Zu Kultur u. Gesch. d. Odenwaldes. Breuberg-Neustadt 1976, S. 29–40

4780. 50 Jahre Karmeliter wieder in Mainz 1924–1974 [Festschrift]. Mainz: Karmeliterkloster 1974. 70 S. m. Abb.

4781. Roth, Hermann Josef: Abtei Marienstatt. Werden u. Wirken. – In: Westerwaldkreis. Mühlheim/M. 1975, S. 31–39 m. 4 Abb.

4782. Roth, Hermann Josef: Denkmalpflege in Marienstatt. Innenbemalung der Abteikirche erneuert. Konventbau renoviert. Mit Abb. – In: Ww 68. 1975, H. 2, S. 15–17

4783. Trautmann, Dieter: Das abteiliche Hofgut zu Müschenbach. – In: HJAl 1976, S. 145–150 m. 2 Abb. [Kloster Marienstatt]

4784. K a p r , Albert: Die Ablaßbriefe für N e u h a u s e n bei Worms 1461 und 1462. Mit 2 Abb. – In: GuJb 1976, S. 101–108 [Betr. Stift Cyriakus b. Neuhausen u. Mainzer Druckgesch.]

4785. Geschichte des alten Klostergutes Rettershof, gegründet 1146. Mit 3 Abb. – In: 20 Jahre Fanfarenzug K.-Hornau e.V. Festschrift. 1974, S. 99–113 [ R e t t e r s , ehem. Kloster b. Fischbach]

4786. W i n n e n , August Peter: Aus dem Leben des Vereins für Geschichte und Kunst des Mittelrheins zu Koblenz. Kloster R o m m e r s d o r f . – In: LaVbll 22. 1976, S. 24–29

4787. H e r t e r , Inge: Der R u p e r t s b e r g im Wandel der Jahrhunderte. Anläßl. d. Wiederaufbaues d. Hauses „Am Rupertsberg" von Franz-Josef W ü r t h hrsg. Mainz 1976: Schmidt & Bödige. 40 ungez. Bl. m. 25 Abb.

4788. E n g e l h a r d t , Rudolf: Kloster Rupertsberg um 1600. Mit 1 Abb. – In: HJMBi 15. 1971, S. 42–44

4789. B r a u n s , Eduard: Die Stiftsruine S c h a a k e n bei Goddelsheim. – In: HeG 75. 1974, S. 51–53

4790. S c h i f f e n b e r g . Hausberg d. Gießener. Gießen: Magistrat [1974]. 12 ungez. Bl. [Darin: B l e c h s c h m i d t , Manfred: Geschichte d. Schiffenbergs]

4791. E u l e r , Karl Friedrich: Die Augustiner-Chorherren des Schiffenberges. – In: HHGiess 1974, S. 1–4

4792. B a c k e s , Magnus: Kloster S c h ö n a u im Taunus. Mit e. Beitr. von Arnold Schüller. 2., veränd. Aufl. Neuß: Ges. f. Buchdruckerei 1976. 20 S., 18 Abb. (Rhein. Kunststätten 91)

4793. M ü l l e r , Otto, u. Carsten W a l t j e n : S e l i g e n s t a d t , ehem. Benediktiner-Abtei. Amtl. Führer. Unter Mitarb. v. Wolfgang Einsingbach. Bad Homburg v. d. H.: Verw. d. Staatl. Schlösser u. Gärten Hessen 1975. 80 S. m. Ill.

4794. Überreste des Weißnonnenklosters [in S i e g e n ] entdeckt? Baggerlöffel lüftete stadtgeschichtliches Geheimnis – Kabelleger wurden fündig. – In: UHl 1974, S. 85

4795. K n i e r i m , Kurt: Das Karmeliterkloster zu S p a n g e n b e r g und seine Maßwerkfenster. – In: JbMels 43. 1974, S. 132–134

4796. V o l z e , Fritz: Kloster T r e y s a – Klosterkirche – Stadtkirche. – In: KGB 1976, S. 11–12

4797. M o n z , Heinz: T r i e r in Mainz. Mainz-Ebersheim als Beispiel auswärt. St. Maximiner Besitzes. Mit 1 Kt. u. 1 Ortswappen. – In: NTrJb 1976, S. 70–73

4798. S t r u c k , Wolf-Heino: Neue Quellen zur mittelalterlichen Geschichte des Reichsstifts [St. Marien] W e t z l a r . Vornehml. aus d. Nachlaß Allmenröder. – In: HJL 24. 1974, S. 1–36

4799. B e t h k e , Martin: Die legendären Stifter des Wetzlarer Domes. Hist. „Kriminalistik" versucht d. Ursprünge d. Marienstiftes zu enträtseln. Mit 6 Abb. u. 1 Kt. Skizze. – In: HHGiess 1974, S. 61–63

4800. B ö c h e r , Otto: Das St.-Andreas-Stift zu W o r m s . Neuß: Ges. f. Buchdr. A.G. 1975. 16 S. (Rhein. Kunststätten 1975, 4)

4801. K a r b , Heinrich Friedrich: Wie der Probst des Stiftes St. Andreas zu Worms letztmalig sein Atzungsrecht in Anspruch nahm. – In: LaHbll 1975, Nr 8 [Am 27. 5. 1750 in Lampertheim]

4802. S c h o l z , Klaus: Beiträge zur Personengeschichte des Deutschen Ordens in der ersten Hälfte des 14. Jahrhunderts. Untersuchungen zur Herkunft livländischer u. preuß. Deutschordensbrüder. Phil. Diss. Münster 1969. [Ersch. 1971]. IV, 425 S. [Betr. auch Ballei Marburg u. Ballei Hessen]

4803. H e r r m a n n , Axel: Der Deutsche Orden unter Walter von Cronberg <1525–1542>. Zur Politik u. Struktur d. „Teutschen Adels Spitale" im Reformationszeitalter. Bonn-Godesberg: Verl. Wissenschaftl. Archiv 1974. IX, 306 S. m. Abb. (Quellen u. Studien zur Gesch. d. Dt. Ordens 25) [Betr. u.a. Ballei Hessen: S. 164–174]

4804. M a r i g o l d , W. Gordon: „Die schöne Brunnenquell". Zu einigen Huldigungen f. Damian Hugo v. Schönborn. – In: ZGO 124 = N. F. 85. 1976, S. 335–361 [U.a. Komtur d. hess. Ballei des Dt. Ordens]

4805. W o l f , Dieter: Geschichte der Deutschordens-Besitzungen in Nieder-Wöllstadt. – In: WeGbll 24. 1975, S. 133–145

4806. B e t h k e , Martin: Die Deutschordensherren auf Schiffenberg. – In: HGiess 1975, Nr 10

4807. S a t t l e r , Peter W.: Das Komturgebäude auf dem Schiffenberg. Bau- u. kunstgeschichtl. Bemerkungen. – In: HGiess 1975, Nr 29

## C. REFORMATION UND GEGENREFORMATION

### 1. Gesamthessen u. einzelne Gebiete

4808. Luther. Museum d. Stadt Worms im Andreasstift, 17. April–31. Okt. 1971. Ausstellung Wege nach Worms, Wege aus Worms. Hrsg.: Stadt Worms a. Rh. Verantwortl. f. T. 1 d. Ausstellung: Karl Heinz E s s e r , f. T. 2: E. K r o n e b e r g . Worms 1971. [130] S. m. Abb.

4809. S t e i t z , Heinrich: Martin Luther auf dem Reichstag zu Worms 1521. – In: Bll. f. pfälz. Kirchengesch. u. religiöse Volkskde 39. 1972, S. 156–166

4810. S c h e i b l e , Heinz: Die Gravamina, Luther und der Wormser Reichstag 1521. – In: Bll. f. pfälz. Kirchengesch. u. religiöse Volkskde 39. 1972, S. 167–183

4811. M a u r e r , Wilhelm: Theologie und Laienchristentum bei Landgraf Philipp von Hessen. – In: Humanitas christianitas. Festschr. Walther v. Löwenich. Witten 1968, S. 84–110

4812. W o l t e r , Hans: Frühreformatorische Religionsgespräche zwischen Georg von Sachsen und Philipp von Hessen. – In: Testimonium veritati. Philosoph. u. theol. Studien zu kirchl. Fragen d. Gegenwart. Hrsg. von Hans Wolter. Franfurt/M. 1971. (Frankfurter theol. Studien 7) S. 315–333

4813. R o s e , Friedrich: Die Einführung der Reformation in der Landgrafschaft Hessen. – In: KaS 98. 1976, Nr 18 v. 2. Mai. Beil.

4814. S t a l n a k e r , John C.: Anabaptism, Martin Bucer, and the shaping of the Hessian protestant church. – In: Journal of modern history 48, 1976, 4, S. 601–643

4815. V o l z e , Fritz: Die Synode zu Homberg [im Jahre 1526]. – In: KGB 1976, S. 104–106

4816. E c k e r t , Brita: Der Gedanke des gemeinen Nutzen in der Staatslehre des Johannes Ferrarius. – In: JHKV 27. 1976, S. 157–209 [Johann Eisermann, gen. Ferrarius Montanus, Prof. d. Zivilrechts, 1. Rektor d. Univ. Marburg; betr. insbes. d. hess. Reformation]

4817. H o f f m a n n , Gottfried: Marburg 1529 – eine verpaßte Gelegenheit? Zur Interpretation d. letzten Sitzung d. Marburger Gesprächs durch Walther Köhler. Oberursel/Ts: Luther. Theol. Hochschule [1974]. 30 S. (Oberurseler Hefte 1)

4818. J a h n s , Sigrid: Frankfurt, Reformation und Schmalkaldischer Bund. Die Reformations-, Reichs- u. Bündnispolitik d. Reichsstadt Frankfurt am Main 1525–1536. Ffm.: Kramer 1976. 443 S. Erschien zuerst als Phil. Diss. Frankfurt a. M. 1972 (Studien zur Frankfurter Gesch. 9)

4819. P r ü s e r , Friedrich: England und Schmalkaldener. 1535–1540. New York: Johnson 1971. 342 S. (Quellen u. Forschungen z. Reformationsgesch. 11)

4820. Die Vorbereitung der Religionsgespräche von Worms und Regensburg 1540/41. Hrsg. von Wilhelm Heinrich N e u s e r . Neukirchen-Vluyn: Neukirchener Verl. d. Erziehungsver. 1974. 232 S. (Texte z. Gesch. d. ev. Theologie 4)

4821. M ü l l e r , Gerhard: Landgraf Philipp von Hessen und das Regensburger Buch. – In: Bucer und seine Zeit. Forschungsbeiträge u. Bibliogr. Hrsg. v.

Marijn de Kroon u. Friedhelm Krüger. Wiesbaden 1976, S. 101–116 [Stellungnahme zu dem 1540 in Worms zw. kathol. u. protestant. Theologen erarbeiteten Kompromiß]

4822. W o l t e r , Hans: Das Interim von 1548 und die Reichsstadt Frankfurt am Main. – In: Konzil u. Papst. Hist. Beitrr. z. Frage d. höchsten Gewalt in d. Kirche. Festgabe f. Hermann Tüchle. 1975, S. 343–356

4823. E v a n s , R. J. W.: The Wechel Presses. Humanism and Calvinism in Central Europe 1572–1627. Oxford: The Past and Present Society 1975. 74 S. (Past and Present Suppl. 2)

4824. G r o p p l e r - G ö r g e n , Renate: Johann VI. von Nassau-Dillenburg und die Einführung des Calvinismus. [Nebst] Zusatzbd. 173, 90 Bl. Heidelberg, Theol. Diss. v. 1974

4825. S c h ü l e r , Heinz: Die Konventsprotokolle der reformierten Klasse Bacharach 1587–1620. Köln: Rheinland-Verl. 1977. 246 S. m. Abb. (Schriftenreihe d. Ver. f. rhein. Kirchengesch. 51) [Betr. u. a. später nass. Gebiet auf d. rechten Rheinseite]

4826. S t u p p e r i c h , Robert: Die Reformationsbewegung an der mittleren Weser. – In: Jb. f. westfäl. Kirchengesch. 69. 1976, S. 115–32 [Betr. auch Hessen]

4827. G ö r l i c h , Paul: Die älteste Nachricht über den Beginn der Reformation in Hersfeld. – In: HHGiess 1976, S. 2–3 [I. J. 1523]

4828. P r a l l e , Ludwig: Reformation und Gegenreformation in der Pfarrei Eiterfeld. – In: FuGbll 48. 1972, S. 122–125

4829. Q u a s t , Bernd: Konfessionelle Entscheidungen der frühen Neuzeit im Siegerland. Siegen, Gesamthochschule, WS 1974/75, Examensarbeit [Vorhanden in d. Wiss. Stadtbibliothek im Oberen Schloß Siegen]

4830. H e r r m a n n , Hans-Walter: Die Reformation in Nassau-Saarbrücken und die nassau-saarbrückische Landeskirche bis 1635. Mit Abb. – In: Die evang. Kirche an d. Saar gestern u. heute. Saarbrücken 1975, S. 42–111

4831. R a h n e r , Wolfgang Friedrich: Zentren: Saarbrücken und Ottweiler. Die Reformation hatte viele Quellen im heut. Saarland. – In: Sonntagsgruß. Evang. Wochenbl. an d. Saar 30. 1975, Nr 43, S. IV–V m. Abb.

4832. R a h n e r , Wolfgang Friedrich: Vor 400 Jahren kam die Reformation an die Saar. Graf Philipp III. v. Saarbrücken führte sie ein. – In: Sonntagsgruß. Evang. Wochenbl. an d. Saar 30. 1975, Nr 45, S. 10–11 m. Abb.

## 2. Humanisten u. Geistliche

4833. Simoniti, Primož: Über die „Responsio contra Apologiam Melanchthonis". Ein wiedergefundenes Werk d. Augustiner-Eremiten Bartholomäus Arnoldi von Usingen. – In: Augustiniana 25. 1975, S. 48–57

4834. Kleineidam, Erich: Die Bedeutung der Augustinereremiten für die Univ. Erfurt im Mittelalter u. in der Neuzeit. – In: Cassiciacum 30. 1975, S. 395–422 [M. Bartholomäus Arnoldi von Usingen]

4835. Urban, Werner: Der Vater der Botanik. Der Humanist Otto Brunfels aus Braunfels. Mit 1 Bildn. u. 3 Abb. – In: HLD 1974, Nr 39, S. 1–2

4836. Kalkoff, Paul: W[olfgang Fabricius] Capito im Dienste Erzbischof Albrechts von Mainz. Quellen u. Forschungen zu d. entscheidenden Jahren d. Reformation (1519–1523). Nachdr. d. Ausg. Berlin v. 1907. Aalen: Scientia 1973. VI, 151 S. (Neue Studien z. Gesch. d. Theologie u. d. Kirche 1)

4837. Cochläus, Johannes. 1479–1552. Humanist. Gegner d. Reformation u. M. Luthers. 1518–1525 Dechant am Liebfrauenstift in Frankfurt. – In: Bautz, Friedrich Wilhelm: Biograph.-bibliograph. Kirchenlex. 1975, Sp. 1072–1074

4838. Schäfer, Walter: [Der Homberger Pfarrer] Leonhardus Crispinus. Studien zur Homberger Reformationsgesch. 1526–1976. (Als Ms. gedr.) Homberg 1976. 92 S.

4839. Hug, Erik: Ulrich von Hutten's Grab. – Berr. d. Phys.-med. Ges. zu Würzburg N. F. 83. 1975, S. 143–44 [Zsfg]

4840. Schäfer, Walter: Adam Krafft. Landgräfl. Ordnung u. bischöfl. Amt. Kassel: Verl. Evang. Presseverband Kurhessen-Waldeck 1976. 149 S. (Monographia Hassiae 4)

4841. Schäfer, Walter: Adam Krafft im Urteil seiner Zeitgenossen. Zur Charakteristik d. hess. Reformators. – In: JHKV 27. 1976, S. 147–156

4842. Görlich, Paul: Adam Krafft – Reformator in Hessen. – In: MHl 26. 1974/75, S. 9–10

4843. Siebert, Heinz-Martin: Adam Krafft – ein großer Sohn Fuldas. [Hofprediger Philipps d. Großmütigen.] – In: BuBll 49. 1976, S. 17–18

4844. Jung, Wilhelm: Hartmut XII. von Kronberg der Reformator. Ein zeitgemäßer Erinnerungsrückblick. Mit 1 Bildn. – In: HGiess 1976, Woche 44

4845. Praesent, Wilhelm: Nikolaus Lotichius, Reformator Steinaus. – In: BuBll 49. 1976, S. 41–42

4846. Schmerbach, Karl: Ludwig Mesomylius. Der Spielberger Pfarrer Mesomylius, ein Opfer d. Glaubenskämpfe im Jh. d. Reformation. Mit 1 Zeichn. – In: GelHJ 1974, S. 71–72

4847. Kinder, A. Gordon: Juan Morillo – catholic theologian at Trent, calvinist elder in Frankfurt. – Aus: Bibliothèque d'Humanisme et Renaissance. Travaux et Documents 38. 1976, S. 345–350

4848. Kinder, A. Gordon: Juan Pérez de Pineda (Pierius), a Spanish Calvinist minister of the Gospel in sixteenth-century Geneva. – In: Bulletin of Hispanic Studies. 53. 1976, S. 283–300 [Betr. u.a. Pérez Aufenthalt in Ffm. 1556–1558]

4849. Mitze, Walter: Melchior Rinck [1493–1545], Kaplan in Hersfeld – Reformator, Revolutionär und Rebell. – In: MHl 27. 1976/77, S. 21–23

4850. Sturm, Erwin: Ein Fuldaer [Moritz Schatz] als Reformationspfarrer in Bibra. – In: BuBll 48. 1975, S. 84

4851. Volze, Fritz: Tileman Schnabel. Mönch im Augustinerkloster zu Alsfeld, erster Superintendent der Diözese Alsfeld, vor 500 Jahren (1475) in Alsfeld geboren. – In: KGB 1975, S. 63–68

4852. Schriften zur Förderung der Georg-Witzel-Forschung. Quartalschr. Hrsg. von Bernhard Johannes Witzel. H. 1 ff. Hagen 1975 ff.

4853. Trusen, Winfried: [Der Pastoraltheologe] Georg Witzel. (1501–1573). Zur 400. Wiederkehr seines Todestages. [Mit] Robert Pessenlehner: Die Schriften Georg Witzels. – In: FuGbll 50. 1974, S. 50–72

4854. Witzel, Bernhard Johannes: Georg Witzel (1501–1573), Sekundärliteratur. – In: FuGbll 50. 1974, S. 73–79

## 3. Glaubensflüchtlinge

4855. Meinert, Hermann: Die Herkunft der niederländischen Flüchtlinge reformierten Bekenntnisses und ihre Eingliederung in das Frankfurter Bürgertum 1554–1585. – In: Reformiertes Kirchenbl. 48. 1974, Nr 6, S. 3–5; Nr 7, S. 4–5; Nr 8, S. 3–5

4856. Press, Volker: Graf Otto von Solms-Hungen und die Gründung der Stadt Mannheim. Mit 1 Abb. u. 1 Bildn. – In: MaH 1975, S. 9–23 [Betr. u.a. niederländ. Flüchtlinge in Frankfurt a. M.]

4857. Müller, Gisela: Zur Abstammung der Cornelia Brück geb. Heuss zu Saarbrücken. – In: SaFkde 2. Jg. 6. 1973, S. 404–407 [Betr. u.a. Frankfurt/M. als Zufluchtsort niederländ. Glaubensflüchtlinge]

4858. Debor, Herbert Wilhelm: Niederländische Glaubensflüchtlinge in Oberursel (Taunus)? – In: DtHu 40. 1976, S. 27–30

4859. Rosenbohm, Rolf: Niederländische Glaubensflüchtlinge in Oberursel im späten 16. Jahrhundert. Eine Nachbetrachtung zum Aufsatz von Herbert Wilhelm Debor. – In: DtHu 40. 1976, S. 126–129

4860. Eser, Jacob: Glaubensflüchtlinge im Rheingau und Untertaunus. Sie kamen aus Frankreich, d. Schweiz, d. Niederlanden. – In: HJUTs 27. 1976, S. 131–132

4861. Roosbroeck, Robert van: Niederländische Flüchtlinge im 16. Jahrhundert in Siegen, Dillenburg und Diez. Aus d. Fläm. übers. von Alfred Lück. – In: Si 53. 1976, S. 11–13

4862. Eyer, Frédéric: Die Einwanderung von Reformierten nach Nassau-Saarbrücken und ihr Verhältnis zur lutherischen Landeskirche. Mit Abb. – In: Die evang. Kirche an d. Saar gestern u. heute. Saarbrücken 1975, S. 112–121

4863. Hammann, Gustav: Mittelalterliche Waldenser in Hessen. Nachrr. u. Spuren. – In: JHKV 27. 1976, S. 93–128

4864. Müllhaupt, Erwin: Einflüsse des französischen Protestantismus auf Südwestdeutschland. – In: DtHu 38. 1974, S. 2–18 [Betr. auch Hessen]

4865. Desel, Jochen: Die zweite Einwanderungsperiode der Hugenotten und Waldenser in Hessen. Gründung d. Kolonien Karlshafen, Kelze, Leckringhausen, Schöneberg u. St. Ottilien 1699. – In: JbLKa 1975, S. 25–31

4866. Desel, Jochen: Kolonieliste der französischen Immigranten 1699. – In: JbLKa 1975, S. 103–104

4867. Desel, Jochen: Inschriften in den Hugenotten- und Waldenserorten des Landkreises Kassel. – In: JbLKa 1976, S. 81–86 u. in: DtHu 40. 1976, S. 50–55

4868. Beuleke, Wilhelm: Die Hugenotten im Hersfelder Land. – In: HFK 12. 1974, Sp. 247–262

4869. Soldan, Karl-Heinz: Besuch bei den Waldensern [in Waldensberg]. – In: GelHJ 1975, S. 33

4870. Beuleke, Wilhelm: Hugenotten auf der Durchreise durch Frankfurt/M. von und nach Preußen. – In: Altpreuß. Geschlechterkde N. F. 24. 1976, S. 319–322 [Auszüge aus den „Distributions-Listen" d. französisch-reformierten Gemeinde in Frankfurt/Main]

4871. Köhler, Brigitte: Probleme der Mischehen zwischen Waldensern und Deutschen (1752). – In: AHG N. F. 34. 1976, S. 495–502

4872. Beuleke, Wilhelm: Eine Handreichung zur Aufhellung der Gründungsgeschichte von Daubhausen-Greifenthal. – In: DtHu 39. 1975, S. 116–120

4873. Beuleke, Wilhelm: Die Gründer und Mitglieder der Hugenottenkolonie Daubhausen-Greifenthal. Mit Abb. – In: AfS 41. 1975, H. 59, S. 215–262

4874. Duvenbeck, Birgitta: Die Waldensersiedlung Dornholzhausen. Mit Abb. u. Kt. – In: MVGLHo 32. 1974, S. 25–84

4875. Appia, ...: Der Bericht des [Frankfurter] Pfarrers Appia [aus d. Jahre 1848] über die Waldenserkolonie Dornholzhausen. Hrsg. von Ernst Hirsch. – In: JHKV 26. 1975, S. 261–265

4876. Frankenhain [Hugenottenkolonie u. Stadtteil v. Schwalmstadt] 1701–1976. Eine Festschrift zur 275-Jahrfeier. Schwalmstadt 1976. 41 S. m. Abb.

4877. Milléquant, Marie-Carla: Die Hugenottenkolonie Friedrichsdorf am Taunus im Spiegel ihrer Gemeinde- und Gerichtsverfassung. – In: Sprache, Literatur, Kultur. Hrsg.: Dietrich Briesemeister. Bern u. Frankfurt/M. 1974, S. 171–182 (FAS. Publikationen d. Fachbereichs Angewandte Sprachwiss. d. Johann Gutenberg-Univ. Mainz in Germersheim. R. A, Bd 1)

4878. Rosenbohm, Rolf: Gemeinde- und Staatsbehörden in Friedrichsdorf in den letzten Jahren der Landgrafschaft. – In: SChr 7. 1976, Nr 1, Bl. 1–6

4879. Desel, Jochen: 200 Jahre Friedrichsdorf. 1775–1975. Festschrift. Hofgeismar 1975. 54 S. [Hugenottensiedlung im Kr. Hofgeismar]

4880. Beuleke, Wilhelm: Die Hugenotten in Hasselborn und Usingen am Taunus. – In: DtHu 38. 1974, S. 122–131

4881. Beuleke, Wilhelm: Johann Jacob (de, a) Bonorand(o) ein hugenottisches Passanten-Schicksal. – In: DtHu 40. 1976, S. 10–11 [1703–1705 Pfarrer in Hasselborn u. Usingen]

4882. Müller-Mulot, Wolfgang: Pierre de Beaumont, Ministre de la religion réformée, pasteur de Crépy et Laon und Pfarrer der Altstädter Gemeinde in Kassel. – In: DtHu 40. 1976, S. 22–26

4883. Desel, Jochen: Kelze-Schöneberg 275 Jahre. 1699–1974. Festschrift. Hofgeismar 1974. 55 S.

4884. Seibert, Walter: Die ersten Ansiedler der französischen Kolonie Louisendorf in Hessen. – In: DtHu 38. 1974, S. 53–58

4885. Baas, Friedrich-Karl: Die französischen Pfarrer und Lehrer Mariendorfs. [1686–1839.] – In: GemNlm 1975, S. 56–58

4886. Baas, Friedrich-Karl: Die Waldenserkirche in Mariendorf, Kreis Kassel. – In: HeG 75. 1974, S. 54–55

4887. Waldenser-Kolonie Rohrbach-Wembach-Hahn. Festschrift zur 275-Jahrfeier 24. bis 30. Juni 1974. Hrsg. v. Kirchenvorstand d. Ev. Kirchengemeinde Rohrbach-Wembach-Hahn. o.O. 1974. 53 S.

4888. Köhler, Brigitte: Die Waldenser-Kolonie Rohrbach, Wembach, Hahn im 18. Jh. Wembach-Hahn: Gemeindeverwaltung 1974. 84 S.

4889. Mogk, Walter: Die Waldenserkolonien Rohrbach-Wembach-Hahn. Ein Literaturbericht. – In: JHKV 27. 1976, S. 233–239

4890. A l l i é , J.: 275-Jahr-Feier der Kolonien Rohrbach-Wembach-Hahn. – In: DtHu 38. 1974, S. 112 f.

4891. 275 Jahre St. O t t i l i e n . 250 Jahre Hugenottenkirche St. Ottilien. St. Ottilien 1974. 36 S.

4892. M a g d a n z , Ernst-Werner: 250 Jahre Hugenottenkirche St. Ottilien. – In: DtHu 38. 1974, S. 73–74

4893. B e l l o n , Eugen: Die Einwanderung der Familien Bec in die Landgrafschaft Hessen-Kassel (1686–1720). – In: DtHu 40. 1976, S. 92–97

4894. B e u l e k e , Wilhelm: Ursprungsheimat, Zwischenaufenthalte und Verbleib der Hugenottenfamilie Fouquet. Mit Abb. – In: AfS 41. 1975, H. 59, S. 169–189 [Betr. u.a. Nordhessen]

4895. B e u l e k e , Wilhelm: Die Lapra – eine südfranzösische Réfugiésfamilie in Nordhessen. – In: DtHu 40. 1976, S. 84

4896. R i c h e l , Arthur: Salzburger Emigranten in Frankfurt a/d Main. 1. Mit Mitw. von Arthur Ehmer [holländisch]. – In: Salzburgers en Nederland 1732–1733. 4. 1975, Nr 3, S. 48–53

## D. EVANGELISCHE KIRCHE

### 1. Geschichte, Verwaltung, Recht

4897. K ö h n e , Hertha: Die Entstehung der westfälischen Kirchenprovinz. Witten: Luther-Verl. 1974. 192 S. (Beitrr. z. westfäl. Kirchengesch. 1) [Betr. auch Nassau-Oranien]

4898. Die evangelische Kirche an der Saar gestern und heute. Hrsg. v. d. Kirchenkreisen Ottweiler, Saarbrücken u. Völklingen d. Evang. Kirche im Rheinland. Schriftl.: Helmut F r a n z u. Hans-Walter H e r r m a n n . Saarbrücken: Selbstverl. d. 3 Kirchenkreise 1975. 428 S. m. Abb. [S. 202–220: Dieter Robert B e t t i n g e r : Die Verschiebung der Konfessionsverhältnisse im Saarland]

4899. H e r r m a n n , Hans-Walter: Quellen zur Geschichte der nassau-saarbrückischen Landeskirche. – In: ZGSa 23/24. 1975/76, S. 9–38

4900. S t a l l m a n n , Hermann: Lutherisches Bekenntnis in Hessen-Nassau und Sachsen vor 125 bzw. 100 Jahren. – In: Lutherischer Rundblick 19. 1971, S. 2–14

4901. Dokumentation zum Kirchenkampf in Hessen und Nassau. Bearb. u. hrsg. im Auftr. d. Evang. Landeskirche in Hessen u. Nassau von Martin Hofmann [u.a.] Bd 1. 2. Darmstadt: Hess. Kirchengeschichtl. Vereinigung 1974–76. (JHKV 25. 27) 1. Die Evang. Landeskirche in Hessen, d. Evang. Landeskirche in Nassau, d. Evang. Landeskirche Frankfurt a. M. bis zum fakt. Zsschluß am 8. Febr. 1934. 1974. 2, 1. Diakonissenhaus Elisabethenstift Darmstadt. Die Eingliederung d. evang. Jugend in d. Hitlerjugend. 1976.

4902. Hühne, Ulrich: 30 Jahre Kirchenzeitung für die Gemeinden der Evangelischen Kirche von Kurhessen-Waldeck. – In: EvSo 30. 1976, Nr 44, S. 12–13

4903. Wegweiser für die Evangelische Kirche in Hessen und Nassau. Hrsg. v. d. Kirchenleitung, Kirchenverwaltung. Darmstadt 1968; Ergänzung. Stand v. 31. Dez. 1972. 1973. VII, 334 S.

4904. Müller, Gerhard: Die Synode als Fundament der evangel. Kirche. – In: JHKV 27. 1976, S. 129–146

4905. Schneider, Ernst: Das „rationarium Synodi: Geravianae" (Die Rechnungsablage d. Synode Groß-Gerau). – In: Festschrift zum 80jähr. Jubiläum d. Hotel- u. Gaststätten-Verbandes d. Kr. Groß-Gerau. 1894–1974. Groß-Gerau 1974, S. 39–40 [Betr. Ausg. für Essen u. Trinken während der Amtszeit des Superintendenten Johannes Angelus]

4906. Volze, Fritz: Die Superintendentur Alsfeld und ihre Vorgeschichte. – In: SchwJb 1976, S. 32–50

4907. Das Recht der Evangelischen Kirche von Kurhessen-Waldeck. Ergänzbare Rechtsquellensammlung. Im Auftr. d. Landeskirchenamtes hrsg. von Armin Füllkrug. [Neuwied]: Luchterhand [1971 ff.] Losebl.-Ausg.

2. Geistliche Verhältnisse

4908. Partnerschaft in der Weltmission. Ein Arbeitsbuch d. Evang. Kirche v. Kurhessen-Waldeck. Kassel: Verl. Evang. Presseverband Kurhessen-Waldeck 1974. 204 S., m. Kt.

4909. Haebler, Hans Carl von: Geschichte der Evangelischen Michaelsbruderschaft. Marburg: Pfarramt Ost d. Universitätskirche 1975. 253 S.

3. Ordnungen, Visitationen, Zucht

4910. Herrmann, Hans-Walter: Die nassau-saarbrückische „Konformitätsordnung" vom Jahre 1617. – In: Bll. f. pfälz. Kirchengesch. u. religiöse Volkskde 43. 1976, S. 33–53

4911. Ordnung des kirchlichen Lebens der Evangelischen Kirche in Hessen und Nassau. Lebensordnung. Hrsg. v. d. Kirchenleitung d. Evang. Kirche in Hessen u. Nassau. Darmstadt. Neudr. in red. bericht. Fassung. Darmstadt: Kirchenverwaltung d. EKHN 1969. 63 S.

4912. Evangelische Kirche von Kurhessen-Waldeck. Grundordnung d. Evang. Kirche von Kurhessen-Waldeck v. 22. Mai 1967 (KA. 1969 S. 19) zuletzt geändert durch Kirchengesetz v. 15. März 1974 (KA. 1974 S. 93.) Kassel: Evang. Presseverb. Kurhessen-Waldeck 1974. 43 S.

4913. B a s e n a u , Karl-Heinz: Eine Kirchenvisitation im Vogelsberg vor 350 Jahren. – In: HGiess 1976, Nr. 22

4914. M ü n c h , Paul: Contribution à la théorie de la visite pastorale au Nassau-Dillenbourg au XVI$^e$ siècle. – In: Sensibilité religieuse et discipline ecclésiastique. Strasbourg 1975. (Publications de la Société savante d'Alsace et des régions de l'est. Recherches et documents 21) S. 78–89

4915. I m m e l , Otto: Die Visitation des Kirchspieles Ebersbach von 1753. Mit Abb. – In: HbllPFH 42. 1974. S. 21–22

4916. I m m e l , Otto: Pfarrer Müller und seine „Haubergswölfe". – In: HbllPFH 42. 1974, S. 31 [Betr. Kirchenvisitation des Kirchspiels Ebersbach vom 4. 10. 1772]

4917. I m m e l , Otto: Die Pfarrfrau von Bergebersbach mißhandelt ihren Ehemann. Mit 4 Abb. – In: HbllPFH 43. 1975, S. 29–30 [Kirchenvisitation 1776]

4918. W o l t e r , Hans: Die Visitation der drei Stiftskirchen von Frankfurt am Main im Jahre 1548. – In: AMrhKG 27. 1975, S. 81–105

4919. Z i l l i n g e r , Waldemar: Kirchenzucht und Kirchenstrafen [im 17. u. 18. Jh. in Hessen-Kassel]. – In: MHl 26. 1974/75, S. 95 [Beispiele aus d. Pfarrei Niederaula]

4920. B a c h m a n n , Georg: Einführung der Konfirmation in Hessen. Aus d. Ziegenhainer Kirchenzuchtordnung. – In: SchwJb 1974, S. 70–73

4921. S t r u c k , Wolf-Heino: Hofheim im Streit mit seinem Priester des St. Georg-Altars um 1470. Ein Zeugnis gemeindl. Sittenzucht. – In: NAN 87. 1976, S. 42–45

## 4. Sekten

4922. S t r u p p m a n n , Robert: Die Wiedertäufer im alten Lorch. – In: RhgHbr 93. 1975, S. 11–12

4923. Der Pietismus in Gestalten und Wirkungen. Martin Schmidt zum 65. Geburtstag. Bielefeld: Luther-Verl. 1975. 524 S. (Arbeiten zur Gesch. d. Pietismus 14) [S. 433–443: Ernst S t a e h e l i n : Aus d. Geschichte d. Frankfurter Christentumsgemeinschaft; S. 444–465: Heinrich S t e i t z : Das antipietistische Programm d. Landgrafschaft Hessen-Darmstadt von 1678; S. 466–484: Johannes W a l l m a n n : Postillenvorrede u. Pia Desideria Philipp Jakob Speners; S. 485–492: Winfried Z e l l e r : Johann Friedrich Starck u. sein Gedicht „Die überwundene Todesfurcht"]

4924. L e s s i n g , Eckhard: Die bleibende Bedeutung des Pietismus. – In: JHKV 27. 1976, S. 217–231

4925. B l a u f u s s , Dietrich: Spener-Arbeiten. Quellenstudien u. Untersuchungen zu Philipp Jacob Spener u. zur frühen Wirkung d. lutherischen Pietismus. Bern: H. Lang; Ffm.: P. Lang 1975. XIV, 263 S. (Europäische Hochschulschriften. R. 23, Bd 46)

4926. K r u s e , Martin: Speners Kritik am landesherrlichen Kirchenregiment und ihre Vorgeschichte. Witten: Luther-Verl. 1971. 205 S. (Arbeiten zur Gesch. d. Pietismus 10)

4927. L e r s n e r , Heinrich von: Philipp Jakob Spener – Prediger und Streiter. – In: Vaterland auf d. Römerberg ... 1975, S. 21–23

4928. S c h i c k e t a n z Peter: Carl Hildebrand von Cansteins Beziehungen zu Philipp Jacob Spener. Witten: Luther-Verl. 1967. 212 S. (Arbeiten zur Gesch. d. Pietismus 1) Zuerst Diss. Berlin. 1961

4929. R a i s i g , Gerhard Johannes: Theologie und Frömmigkeit bei Johann Philipp Fresenius. Eine Studie zur Theorie u. Lebenspraxis im Pietismus d. frühen Aufklärung. Bern: H. Lang; Ffm.: P. Lang 1975. 216 S. Zugl. Diss. Ffm. 1974. (Europäische Hochschulschriften R. 23, Bd 50) [Seit 1743 in Frankfurt an d. Peterskirche als Prediger, v. 1748–1761 als Senior d. Prediger-Ministeriums]

4930. K a n t z e n b a c h , Friedrich Wilhelm: Zinzendorf in der Gesellschaft seiner Zeit. – In: AfK 57. 1975, S. 363–411 [Betr. auch Brüderkolonie Herrnhaag b. Büdingen]

4931. M e r i a n , Hans: Herrnhaag. Zur Gesch. der ehemaligen Herrnhuter Siedlung. – In: BüGbll 8. 1974/75, S. 39–48

4932. S c h l u c k e b i e r , Friedrich Wilhelm: Der letzte „Profet" in der Gelnhäuser Burg. Mit 2 Zeichn. – In: GelHJ 1974, S. 87–90 [Inspirantenführer Johann Friedrich Rock]

4933. F e h r i n g e r , Norbert: „Teufelswerk Examen". Der Beginn d. Horchischen Streitigkeiten. – In: JHKV 21. 1970, S. 137–141

4934. F e h r i n g e r , Norbert: „Bleibet fest in der brüderlichen Liebe!" Der Eschweger Heinrich Horche u. d. Anfänge d. Philadelphentums in Hessen. – In: HH N. F. 24. 1974, S. 160–164 (Sonderheft „1000 Jahre Eschwege")

4935. Lehmann, Gerhard: Die Erweckungsbewegung im hessischen Hinterland. – In: JHKV 26. 1975, S. 267–336

4936. Idelberger, Hermann: Die Erweckungsbewegung im Hinterland. – In: HiGbll 54. 1975, S. 19

4937. Mohr, Helmut: Die Ausbreitung der Evangelischen Gemeinschaft in Nordhessen. Hrsg. v. d. Studiengemeinschaft f. Gesch. d. Evang.-methodist. Kirche. Stuttgart: Christl. Verlagshaus [in Komm.] 1975. VII, 372 S. (Beitrr. z. Gesch. d. Evang.-methodist. Kirche. Beih. 5) [Erschien auch als Theol. Diss. Heidelberg 1976] [Bis z. Zus.schluß mit d. Bischöfl. Methodistenkirche 1968]

4938. Voigt, Karl-Heinz: Die Anfänge des Methodismus in Frankfurt am Main. Darstellung u. Dokumentation. Frankfurt a.M. 1966. 60 Bl.

4939. Hartmann, Karl-Heinz: 100 Jahre Methodistische Kirchengemeinde Brombach/Ts. Festtage v. 15.–17. Juli 1966. Mitarb.: Walter Nöll [u.a.] Brombach 1966. 39 S. m. Abb.

4940. 40 Jahre Freie Christengemeinde Frankfurt. o.O. 1975. 8 ungez. Bl.

4941. Wie die Presse uns sieht. Ffm.: Vereinigungskirche 1976. 32 S. [Sekte]

E. PFARREIEN, GEMEINDEN, GEISTLICHKEIT

1. Pfarreien und Gemeinden

4942. Eisenberg, Hildegard: Neue Möglichkeiten der Kooperation in ländlichen Kirchengemeinden. Gießen 1975. VIII, 234 S. m. Kt. u. Tab. Gießen, Diss. 1975

4943. Fauser, Franz: Pfarrverband Obere Rhön. Strukturwandel in Gesellschaft u. Kirche auf d. Lande. Steppach: OSA-Verl. 1973. 51 S. (Informationen f. d. Seelsorge 4,73)

4944. Hufschmidt, Walter: Auszug aus der Kirchengeschichte. Mit Abb. – In: 1200 Jahre Ulmtal-Orte Allendorf, Holzhausen, Ulm [Festschrift]. 1974, S. 71–77

4945. Bringmann, Gottfried: Die evangelische Kirche [im Unterlahnkr.] Mit zahlr. Abb. – In: Der Unterlahnkr. Mainz 1967, S. 53–56

4946. Nicol, W.: Neue Gemeindezentren im Bistum Limburg. Mit zahlr. Abb. u. Pl. – In: Mü 24. 1971, S. 367–378 [Betr. Kath. Gemeindezentrum St. Hedwig, Wiesbaden-Biebrich, Kath. Gemeindezentrum u. Kindergarten St. Klara, Wiesbaden-Klarenthal; Kath. Gemeindezentrum Eschborn/Taunus u. Kath. Gemeindezentrum Schwalbach-Limes]

4947. S c h u b e r t , Berthold: Die Kirchen in einer sich wandelnden Gesellschaft: Die evang. Kirche. – In: Der Wetteraukreis. Frankfurt a.M. 1976, S. 31–32 [Im Wetteraukreis]

4948. G i e g e r i c h , Willi, in Zsarb. mit Willy H i n k e l u. Rolf R o s e n b o h m : Das Evang. Dekanat Bad Vilbel, seine Pfarreien, Kirchen und Orgeln. Bad Vilbel: Evang. Dekanat 1976. 98 S. m. Abb. [Umschlagt.:] 25 Jahre Evang. Dekanat Bad Vilbel

4949. R ö m h e l d , Karl: Die selbständigen evangelisch-lutherischen Gemeinden im Odenwald. – In: HErb 1975, Nr 2

4950. S c h m i e d , Gerhard: Der Pfarrgemeinderat als Kommunikationssystem. Eine empir. Untersuchung von 8 Pfarrgemeinderäten in Südhessen. Mainz 1974. 251 Bl. Mainz, Univ. Philos. Fak., Diss. 1974

4951. Film im Dienst der Gemeinde. 25 Jahre Matthias-Film. 1950–1975. Frankfurt a.M.: Gemeinschaftswerk d. Evang. Publizistik 1975. 82 S.

4952. Z e l l , Baldur: Kirche und Pfarrei [von A b e n h e i m ] . – In: Abenheim. Festbuch zur 1200-Jahrfeier. Worms-Abenheim 1974, S. 75–81

4953. W e g n e r , Ulrich: Evangelische in Abenheim. – In: Abenheim. Festbuch zur 1200-Jahrfeier. Worms-Abenheim 1974, S. 86–87

4954. D u m o n t , Franz: Die katholischen Gemeinden A p p e n h e i m und Oberhilbersheim im 17. und 18. Jahrhundert. Ein Beitr. z. kurpfälz. Kirchengesch. – In: AMrhKG 28. 1976, S. 101–128 [Erw. aus: Festschr. 200 Jahre Kath. Kirche St. Michael zu Appenheim. 1975, S. 18–33]

4955. Evangelisch-Katholisches Kirchenzentrum Baunatal- A l t e n b a u n a . Eröffnet am 11. Nov. 1973. Hrsg. v. Evang.-Kath. Kontaktausschuß in Baunatal-Altenbauna. Baunatal 1973. 32 S. m. Abb.

4956. H i n k e l , Helmut: Rekatholisierungsversuche der Pfarrei A l t h e i m [bei Dieburg]. – In: JHKV 27. 1976, S. 211–215

4957. Kleine Chronik der Evangelischen Gemeinde A l z e y . Worms: Verl. f. Kirchen- u. Gedenkschriften Deppner 1975, 28 S., Abb.

4958. C u n z , Johann Justus: Der „grobe Mann vom Westerwald". Aus der Chronik d. Pfarrers Johann Justus Cunz von B i c k e n . Mitget. von S. H. – In: HLD 61. 1975, S. 3 [Betr. Pfarrei Bicken]

4959. Kirchenführer. Evangelische Kirchengemeinde B i s c h o f s h e i m b. Mainz. Bischofsheim: Pfarramt [1969] [7] S. m. Abb.

4960. [Festschrift] zum 20jährigen Bestehen der Wartburggemeinde Frankfurt am Main- B o r n h e i m . 24 S. (Wartburgbote 21. 1975, Nr 2)

4961. H e n n , Ernst: Das Kirchspiel B r e i t s c h e i d wünschte sich 1636 einen „anderen tüchtigen Pfarrer". – In: HbllPFH 43. 1975, S. 32

4962. Stahl, Paul: Probleme der geistesgeschichtlichen Entwicklung der Kirchengemeinde Daaden. Dargest. an landes- u. freikirchl. Gemeinschaften. Siegen 1972. 4, 116 Bl. m. 3 Taf. [Masch.] Siegen, Päd. Hochschule, Hausarbeit z. 1. Staatsprüfung f. d. Lehramt 1972

4963. Südost-Kurier. Festschrift z. Einweihung des Hauses d. Evang. Südostgemeinde Darmstadt. Bearb. von Thea Budnick. Darmstadt 1971. 43 S. m. Abb.

4964. Einweihung des Pater-Delp-Hauses. Dieburg: Kathol. Pfarramt 1975. 19 S. (Sonderausg. Kontakte.) [Gemeindezentrum d. Kath. Kirchengemeinde St. Peter u. Paul in Dieburg]

4965. Evangelische Kirchengemeinden Dorlar u. Atzbach. Denk(Fest)schrift zur Einweihung des Gemeindehauses am 7. Dez. 1974. Dorlar: Ev. Pfarramt 1974. 31 S. [S. 13–31: Lotz, Arthur: Gesch. d. Pfarrei Dorlar/Atzbach]

4966. Festschrift zur Einweihung des evangelischen Gemeindehauses Schelmengraben. 10. Aubust 1975. Wiesbaden-Schelmengraben: Ev. Pfarramt 1975. 24 ungez. Bl. m. Abb. [Dotzheim] [Darin: Clotz, Paul Martin: Evang. Gemeindezentrum im Schelmengraben. Ein Haus im Herzen d. Siedlung]

4967. 1000 Jahre Burgkirche Dreieichenhain. Gemeinde im Spannungsfeld zwischen gestern u. morgen. Hrsg.: Evang. Kirchengemeinde Dreieichenhain. Hans Jürgen Rau. Dreieichenhain: Evang. Kirchengemeinde 1975. 48 S., zahlr. Ill., graph. Darst.

4968. Willius, Lothar: Gedanken zu einem Gemeindezentrum heute. Dreieichenhain am Main. Architekturbüro Professor Rolf Romero, Dipl.-Ing. Lothar Willius, Entwurf Dipl.-Ing. Lothar Willius. Mit zahlr. Abb. – In: Mü 24. 1971, S. 390–393

4969. Immel, Otto: [Johann Henrich] Klingelhöfer will nicht Kirchenältester werden. 3 Abb. – In: HbllPFH 43. 1975, S. 9–10 u. 13. [Betr. Eibelshausen]

4970. Festschrift zur Einweihung des Endbacher Gemeindezentrums am 30. November 1975 (1. Advent). Verantwortl. f. d. Inhalt: Gerhard Lehmann. Endbach 1975. 12 ungez. Bl. m. Bildn. u. Abb. [Evang. Kirchengemeinde] [Darin: Geschichtl. Rückblick]

4971. Picard, Bertold: Pfarrei St. Laurentius in Eppstein/Taunus 1848–1973. Eppstein/Ts: Kath. Kirchengemeinde 1974. 26 S. m. Abb.

4972. Schulz, Heinz-Manfred: Damit Kirche lebt. Eine Pfarrei wird z. Gemeinde. Mainz: Matthias-Grünewald-Verl. 1975. 123 S. [Betr. d. kath. Christkönigsgemeinde in Eschborn]

4973. Geschichte der Evangelischen Kirchengemeinde Flammersfeld. [Mitarb.:] Erich-Johannes Thomas, Erwin Katzwinkel [u.a.] Gemeindebuch hrsg. aus Anlaß d. Erneuerung d. Flammersfelder Kirche. Flammersfeld 1976. 86 S. m. Abb.

4974. Kinkel, Walter: Von der Domgemeinde zum katholischen Frankfurt heute. – In: FrKJb 1975, S. 30–37

4975. Wolter, Hans: Katholisches Leben im Frankfurt des 20. Jahrhunderts. – In: FrKJb 1975, S. 16–22

4976. Telschow, Jürgen: Organisatorisch-strukturelle Veränderungen im Frankfurter Kirchenwesen von 1899 bis 1974. – In: FrKJb 1975, S. 23–29

4977. Goebels, Karl: Evangelisches Leben in Frankfurt seit der Jahrhundertwende. – In: FrKJb 1975, S. 7–15

4978. Telschow, Jürgen: Vom [Evangelischen] Gemeindeverband zum [Evangelischen] Regionalverband [in Frankfurt a. M.] – In: FrKJb 1974, S. 38–43

4979. Kirche in Frankfurt. Sondernummer zum Kirchentag 1975. Ffm.: Ev. Regionalverband 1975. 12 S.

4980. Trautwein, Dieter: Kirche in Frankfurt: Ein Ausblick. – In: FrKJb 1975, S. 85–89

4981. Kropp, Walter: Jugend und Kirche in dieser Stadt. – In: FrKJb 1975, S. 51–60

4982. Ignatius-Gemeinde am Gärtnerweg. Ffm. [1975]. 12 ungez. Bl.

4983. Freie evangelische Gemeinde am Turm. 75-Jahr-Feier. Einweihung d. neuen Gemeindezentrums. Festschrift. Ffm.: Freie ev. Gemeinde am Turm [1976]. 31 S.

4984. Geissler, Rolf-Heinz, u. Fritz-Alfred Maglett: Krankenhausseelsorge am Klinikum der Johann Wolfgang Goethe-Universität. – In: FrKJb 1974, S. 32–37

4985. Pfarrei Froschhausen, Kr. Offenbach, Gem. Seligenstadt. Beitr. zur Gesch. d. Gemeinde u. Pfarrei. Hrsg.: Kath. Pfarrgemeinde Froschhausen. Verantwortl. f. d. Inhalt: Josef Gremm. Fotos: Willi u. Erhard Bonifer. Froschhausen [1971]. 152 S. m. zahlr. Abb.

4986. Küther, Waldemar: Die Garbenheimer Kirche im Mittelalter. – In: Garbenheim. 776–1976. Garbenheim 1976, S. 93–105

4987. Derschau, Alexander von: Die Geschichte der evangelischen Kirchengemeinde Garbenheim. – In: Garbenheim. 776–1976. Garbenheim 1976, S. 203–242

4988. Schlitzer, Paul: Frühmesserei und Kaplanei in Großenlüder. – In: BuBll 47. 1974, S. 59–60

4989. Klitsch, Ferdinand: Zur Geschichte der Kaplanei zu Großenlüder. – In: BuBll 49. 1976, S. 84

4990. Giegerich, Willi: Die 400jährige ev. Kirchengemeinde Groß-Karben und ihr soziales Wirken. Festvortr... – In: 5 Jahre Stadt Karben. Karben 1975, S. 63–73

4991. Unterleider, Franz, Günter Schroeder: Entwicklung der katholischen Kirchengemeinde zu Groß-Zimmern. – In: Groß-Zimmern, Klein-Zimmern. Beitrr. zur Entwicklung in Vergangenheit u. Gegenwart. Groß-Zimmern 1976, S. 178–187 m. Abb.

4992. Coors, Harry: Geschichte der evang. Kirchengemeinde Groß-Zimmern. – In: Groß-Zimmern, Klein-Zimmern. Beitrr. zur Entwicklung in Vergangenheit u. Gegenwart. Groß-Zimmern 1976, S. 188–193

4993. Coors, Harry: Aus Groß-Zimmern Pfarrchronik. – In: Evang. Kirche Groß-Zimmern 1475–1975. Groß-Zimmern 1975, S. 17–31

4994. Kuhnigk, Armin M.: Kulturkampf in Haintchen vor 100 Jahren. – In: HLD 1975, Nr 52, S. 3 m. Abb.

4995. Einweihung des Evangelischen Gemeindezentrums in Heidesheim. 2. Bauabschnitt. Heidesheim: Evang. Kirchenvorstand 1975. 12 Bl.

4996. Giebel, Alfred: Als Heina noch seinen eigenen Pfarrer hatte. – In: JbMels 43. 1974, S. 120–123

4998. Tausend Jahre Höchst – tausend Jahre Christentum. Gesch. d. Kirchengemeinde Höchst. Mit Abb. – In: 1000 Jahre Höchst im Kinzigtal [Festschrift]. Höchst 1976, S. 218–285

4999. Pfarrgemeinde St. Martin, Idstein. Idstein: Kath. Gemeinde St. Martin [1974]. 10 ungez. Bl.

5000. Aus der Geschichte der Pfarrgemeinde Kassel. Mit 1 Abb. – In: 1000 Jahre Kassel u. Wirtheim [Festschrift]. Biebergemünd 1976, S. 138–140

5001. 100 Jahre katholische Pfarrkirche Katzenelnbogen 17. 8. 1875 – 17. 8. 1975 [Festschrift]. Katzenelnbogen 1975. 10 ungez. Bl. m. 4 Abb. [Darin: Herold, Rudolf: Ein Rückblick auf 100 Jahre kath. Kirche in Katzenelnbogen 1875–1975. Pater Wilhelm Kratz SJ aus d. Diasporagemeinde Katzenelnbogen]

5002. Evangelische Stephanusgemeinde Kelkheim 1969 [Festschrift]. Hrsg. v. d. Evang. Pfarramt d. Stephanuskirche in Kelkheim. Worfelden: Vogt 1969. 10 ungez. Bl. m. Abb.

5003. Brückner, Josef: Aus der Geschichte der evang. Gedächtnis-Kirchengemeinde in Kirdorf. – In: AHo 18. 1975, S. 58–61

5004. Brückner, Josef: Aus der Geschichte der kath. Kirchengemeinde St. Johannes (Kirdorf). – In: AHo 18. 1975, S. 76–77

5005. Festschrift zur Einweihung des Gemeindezentrums St. Klara. Wiesbaden-Klarenthal 13. u. 20. April 1975. Wiesbaden-Biebrich 1975: Druckerei am Parkfeld. 40 S. m. Abb. [S. 5–8: T h e w s , D.: Geschichte Klarenthals. 9–14: W e l z e l , Bernhard: Der Aufbau d. Pfarrei St. Klara in d. neuen Siedlung Klarenthal. 15–19: W e b e r , Bernhard: Zum Neubau d. Pfarrzentrums St. Klara in Wiesbaden-Klarenthal. 20: W i r g e s , Heinz: Unsere Notkirche, ein Stück Geschichte. 21–22: K ö n i g - O c k e n f e l s , Dorothee: Klara v. Assisi, eine konsequente Frau]

5006. Evang. Gemeindezentrum K ö n i g s t ä d t e n . Hrsg. zur Einweihung d. Ev. Gemeindezentrums Königstädten am 19. Sept. 1971 v. d. Ev. Gesamtgemeinde Rüsselsheim/Main. Rüsselsheim/M. 1971. 14 ungez. Bl. [Darin: Karl W a l t h e r : Königstädter Kirchengeschichte]

5007. R e i c h a r d , Walter: Evangelische Kirchengemeinde L o r s c h . Wiesbaden: Libertas-Verl. Baum 1967. 32 S. m. Abb.

5008. H ö c k , Alfred: Aus alten Kirchenrechnungen von M a r j o ß . – In: BeBo 25. 1974, S. 83–84

5009. 1050 Jahre Kirche in M a s s e n h e i m [Main-Taunus-Kr.] [Festschrift]. Chronik mit Beiträgen zur Kirchen- u. Heimatgesch. Massenheim: Evang. Kirchengemeinde 1960. 58 S.

5010. G i e g e r i c h , Willi: Kirche und kirchl. Leben im Dorf M a s s e n h e i m im Blick der Geschichte. – In: ViHbll 12. 1975; zugl. Sonderh.: Zur 1200-Jahrfeier d. Stadtteiles Bad Vilbel-Massenheim, S. 42–51, 8 Abb.

5011. L u t z e , Robert: Aus vergangenen Tagen. Die Gesch. d. Kirchengemeinde M i t t e l b u c h e n . Mittelbuchen/Hanau: Evang. Kirchengemeinde [1974]. 88, [7] Bl.

5012. P r a e s e n t , Wilhelm: Die Kirche und Pfarrei in N e u e n g r o n a u . – In: BuBll 48. 1975, S. 81–82. 87–88

5013. T h i e m a n n , Walter: Johann Ludwig Künckel und der N e u n k i r c h e n e r Kirchenskandal. Neunkirchen: Braun 1975. 38 S. m. Umschlagbild

5014. St. Markus [Frankfurt-Nied]. 1871–1971. Festschrift zur 100-Jahrfeier. Hrsg. v. Pfarrgemeinderat d. Pfarrei St. Markus. Red.: Gerhard R e i c h w e i n . Frankfurt/M.- N i e d 1971. 27 S. m. zahlr. Abb.

5015. J a h n , Kurt: Kirchliche Ausgaben [in N i e d e r j o s s a ] von 1890 bis 1954. – In: MHl 26. 1974/75, S. 18–19

5016. Aus der N i e d e r - W ö l l s t ä d t e r Chronik. – In: Pfarrei zwischen gestern u. morgen. Wöllstadt 1974, S. 27–29

5017. B o r g e n h e i m e r , Heinz: 70 Jahre Kapelle in O b e r - L a u d e n b a c h . Chronik d. kathol. Filialgemeinde 1905–1975. – In: Stark 53. 1976, S. 53–56

5018. Auszüge aus der O b e r - W ö l l s t ä d t e r Pfarrchronik. – In: Pfarrei zwischen gestern u. morgen. Wöllstadt 1974, S. 42–60

E. Pfarreien, Gemeinden, Geistlichkeit

5019. Rutzenhöfer, Hans: Oppenheims evangelische Geschichte. – In: HJMBi 16. 1972, S. 37–38

5020. Koenig, Josef: Wegzeichen der Hoffnung. Vom Werden u. Wachsen d. Christkönigsgemeinde Frankfurt am Main- Praunheim. Ffm.-Praunheim: Pfarrgemeinderat d. Christkönigsgemeinde 1975. 240 S. [Masch.]

5021. Baaden, Franz: Ein Gang durch die Geschichte der Pfarrei St. Markus/Ransbach. – In: Baaden: Ransbach-Baumbach im Spiegel d. Gesch. 1975, S. 53–81 m. Abb.

5022. Das Martin-Luther-Haus zu Reinheim. Reinheim/Odw.: Ev. Gemeinde 1976. 20 S., Abb. (Reinheimer Hefte, H. 7.) [Sonderdruck aus: Heimatbote für d. Ev. Gemeinde Reinheim/Odw., Jg. 23]

5023. Trapp, Otto: Von der evangel. Kirchengemeinde [in Reiskirchen]. – In: Festschrift 1000-Jahr-Feier d. Gemeinde Reiskirchen. Gießen 1975, S. 76–88

5024. Bernhard, Klaus: Evangel. Kirchengesch. des Stadtteiles Rendel. – In: 1200 Jahre Rendel. Frankfurt a.M. 1974, S. 83–86

5025. Schön, Herbert: Die Katholiken in Rendel. – In: 1200 Jahre Rendel. Frankfurt a.M. 1974, S. 87–89

5026. Reinhardt, Arno Theodor: Die kirchlichen Verhältnisse der Dorfschaft Riede. Versuch einer Darstellung v. d. Anfängen bis zur Neuzeit. Aus d. Kirchenbuch zwischen 1668 u. 1678 hrsg. Kirchberg: Pfarramt 1973. 21 S. m. Fotokopien

5027. Kirchengeschichte von Somborn. Mit 2 Abb. u. 1 Bildn. – In: 950 Jahre Somborn. Festschrift. Freigericht 1975, S. 74–84

5028. Even, Pierre Alexandre: Aus der Geschichte der katholischen Kirchengemeinde Wiesbaden- Sonnenberg. – In: Echo d. Kath. Pfarrgemeinde „Herz-Jesu" Wiesbaden-Sonnenberg. 1973, Apr.

5029. Gerster, Wolfgang: Die Pfarrei Sternbach - Wickstadt. Eine fränkische Kirchengründung in ihren Beziehungen zu d. Abteien Honau bei Straßburg u. Arnsburg bei Gießen. Gießen [um 1974]: Chemoprint. 187 S. [Fotodr.]

5030. Festschrift d. evang. Kirchengemeinde Sulzbach aus Anlaß d. 250-jähr. Jubiläums des Wiederaufbaues d. Sulzbacher Dorfkirche in 1724. Sulzbach u. seine evang. Kirche 1724–1974. Sulzbach a. Ts. 1974. 79 S. m. Abb. [S. 13–17]: Eckhardt, Martin: Sulzbach u. seine Kirche. Ein geschichtl. Überblick f. d. Zeit v. 1035–1724. 19–24: Aus Sulzbachs Chronik. 25–26: Zipp, Erich: Auf ihrem Recht bestanden sie immer, d. Sulzbacher. 1724–26 bauten sie sich ihre Kirche aus eigenen Mitteln. 27: Zipp: Ärger mit Soden. Die Sulzbacher Gemeinde kämpft gegen d. Einsetzung d.

Adjunkten Peter Wirwatz. 28−29: Z i p p : Ordnung muß sein. Sulzbacher Bürger beschließen eine Sitzordnung in d. Kirche. 30−33: E c k h a r d t : Sulzbacher Familien. 34−35: E c k h a r d t : Pfarrer [Otto] Cretzschmar u. d. Feldmarschall Blücher. 36−48: P e c h t o l d , Friedrich: Die Orgel in d. evang. Kirche zu Sulzbach am Ts. 49−50: Sulzbachs Pfarrer. 51−54: E c k - h a r d t : 250 Jahre danach. Evang. Kirchengemeinde Sulzbach heute]

5031. L e i n w e b e r , Josef: Die Pfarrei T a n n bis zur Einführung der Reformation. − In: FuGbll 50. 1974, S. 21−46

5032. Katholische Pfarrgemeinde St. Johannes Apostel Frankfurt/M.- U n t e r l i e d e r b a c h . Red.: Maria B a n d e l , Mechtild R e u t e r u.a. Ffm.-Unterliederbach: Pfarrgemeinderat [1976]. 44 S.

5033. S c h m i d t , Johannes Felix: Katholische Kirchengeschichte [von U r b e r a c h ]. − In: Chronik Gemeinde Urberach. Offenbach a.M. 1975: Bintz-Verl., S. 243−261 m. Abb.

5034. T e e t z e n , Jörg-Rainer: Die evangelische Kirchengemeinde [von Urberach]. − In: Chronik Gemeinde Urberach. Offenbach a.M. 1975: Bintz-Verl., S. 263−266

5035. Katholische Pfarrgemeinde St. Laurentius U s i n g e n . Festschrift zum 100. Jahrestag der Kirchweihe am 24. Okt. 1976. Umschlaggestaltung: Lothar Ullmann. Usingen 1976. 16 ungez. Bl. m. Abb. [Darin: G ä r t n e r , Raimund: Die Usinger Laurentius-Gemeinde in Geschichte u. Gegenwart. Z a l u d , Josef: Unsere Pfarrkirche nach der Neuordnung d. Altarraumes u. d. Renovierung i. J. 1974]

5036. Evangelische Kirchengemeinde W a c k e r n h e i m . Wackernheim 1974. 4 Bl. m. Abb.

5037. S c h ü t t , Gerhard: W e h r s h ä u s e r Kirchengeschichte. Mit 1 Pl. − In: Wehrshausen bei Marburg. Marburg 1974, S. 95−126

5038. B l u m , Georg Günter: Die evangelisch-lutherische Kirchengemeinde Wehrshausen seit 1945. Mit 1 Abb. − In: Wehrshausen bei Marburg. Marburg 1974, S. 139−149

5039. T e e t z , Joachim: Das Kirchspiel W i e s e n f e l d mit seinen Kirchen in Wiesenfeld, Birkenbringhausen und Ernsthausen. Ernsthausen: Evang. Pfarramt Kirchspiel Wiesenfeld 1974. 68 S. m. Abb.

5040. Pfarrei zwischen gestern und morgen. Pfarrbuch d. Kath. Kirchengemeinde W ö l l s t a d t . Hrsg.: Kath. Pfarramt Wöllstadt, Hubert Thiel. Münsterschwarzach 1973: Vier-Türme-Verl. 122 S. m. Abb.

5041. K e ß l e r , Heinrich: 250 Jahre Kirche W o l f s a n g e r . Gesch. d. Kirchengemeinde Wolfsanger. Kassel-Wolfsanger 1975. 126 S. m. Abb.

5042. Freyer, V.: Zur Kirchengeschichte von Worfelden. – In: 750 Jahre Worfelden. Worfelden 1975

5043. 25 Jahre Friedenau. Jub.-Gemeindebrief. Schriftl.: Gerhard Gebauer u. Horst Tunger. Frankfurt/M.-Zeilsheim: Ev. Kirchengemeinde Zeilsheim-Friedenau, Kirchenvorstand 1975. 16 S. m. Abb.

## 2. Die Geistlichen

5044. Themel, Karl: Grundlagen der Presbyterologie. – In: Herold-Jb. 3. 1974, S. 74–120 [Betr. auch Hessen u. Nassau S. 91–94.]

5045. Schubert, Berthold: Dokumentationen zur Verbandsgeschichte evangelischer Pfarrervereine. Frankfurt a.M. 1974. 56 S. [Betr. u.a. Hessen]

5046. Immel, Otto: Vom „Betgeld" der Hütten in Eibelshausen und Ewersbach. Mit Abb. – In: HbllPFH 42. 1974, S. 28 [Pfarrerbesoldung]

5047. Börst, Hans, Fritz Kirchner u. Karl Rug: Die evangelischen Geistlichen in und aus der Grafschaft Nassau-Saarbrücken von Beginn der reformatorischen Bewegung bis zum Jahre 1635. – In: ZGSa 23/24. 1975/76, S. 39–93

5048. Mielke, Heinz-Peter: Notizen zum theologischen Werdegang der Arnoldshainer Pfarrer Nöll, Haupt und Stiehl. – In: HTBll 2. 1974, Nr 1=Nr 5, S. 8–9

5049. Görlich, Paul: Im 17. Jahrhundert: Auswärtige Pfarrer in Hersfeld. – In: MHl 26. 1974/75, S. 7–8

5050. Vogelsang, Hans Günter: Die Pfarrer von Hohenstein. Hrsg. v. Freundeskr. d. Gustav-Adolf-Kirche Burg Hohenstein. Burg-Hohenstein: Evang. Kirchengemeinde 1975. 24 S. m. Abb.

5051. Baas, Friedrich-Karl: Johann Christian Martin und Oskar Hütteroth – zwei bedeutende Holzhäuser Pfarrer. – In: HeG 75. 1974, S. 40–41

5052. Brückner, Josef: Die kath. Pfarrer von Kirdorf seit 1803. – In: AHo 18. 1975, S. 44

5053. Ludwig, I. u. H.: Ein Pfarrer-Register [der Kirchengemeinden Ransbach und Ausbach] über 300 Jahre. – In: MHl 27. 1976/77, S. 31–32

5054. Schmunk, Hans: Roßdörfer Pfarrer. – In: Roßdorf. Beitrr. zu seiner Geschichte. Ober-Ramstadt: Ver. f. Heimatgesch. 1975, S. 47–57

5055. Bätzing, Gerhard: Pfarrergeschichte des Kirchenkreises Wolfhagen von den Anfängen bis 1968. Marburg: Elwert 1975. XVIII, 316 S., 2 Stammtaf. (Kurhess.-waldeck. Pfarrerbuch 1) (VHKH 33)

5056. N a h m , Peter Paul: Erinnerungen an Dr. Peter B r u d e r . Mit 1 Bildn. – In: BiA 12. 1976, S. 29–32 [1872–1887 Kaplan in Bingen]

5057. T h o m a , Hubert: Georg Friedrich D a s b a c h , Priester, Publizist, Politiker. Trier: Paulinus-Verl. 1975. 342 S. m. Abb.

5058. Das Leichenbegräbnis des Pfarrers Johann Franz Theodor D i e t z in Frankfurt 1818. – In: HFK 13. 1976, Sp. 39–42

5059. M i e l k e , Heinz-Peter: Zur Erinnerung an J[akob] H a n n a p p e l ehemals Pfarrer in Oberreifenberg. – In: UsL 1976, Nr 2, Sp. 21–22

5060. G o e b e l , Karlfried: Johann Daniel H e r r n s c h m i d s Tätigkeit als Superintendent in Idstein (1712–1716). – In: JHKV 26. 1975, S. 243–260

5061. S c h [ l u c k e b i e r ] , F[riedrich] W[ilhelm]: Pfarrer Friedrich H u f n a g e l . Kirchbracht, Kesselstadt, Bad Orb. 1840–1916. Mit 1 Bildn. – In: GelHJ 28. 1976, S. 15

5062. L a m p e r t , Ulrich: (Johann) Andreas K e m p f f e r – Hebräist und Pfarrer 1655–1743. Mit 2 Abb. – In: AfS 39. 1973. H. 49, S. 36–42 [Seit 1701 Pfarrer in Billertshausen bei Alsfeld]

5063. V o l k , Hermann: Pfarrer Rolf L u t t e r zum Gedächtnis. Mit 1 Bildn. – In: NblWil 49. 1974, Nr 135, S. 218

5064. H a m m a n n , Gustav: Georg M a u s . Ein Glaubens- u. Blutzeuge d. evang. Kirche aus Bottendorf. Bottendorf: Ev.-Luth. Pfarramt 1975. 14 S. m. Abb. (Bottendorfer Brief 36)

5065. E m i g , Erik: Das Porträt: Martin N i e m ö l l e r . Mit 1 Bildn. u. 1 Abb. – In: Wi int 1976, 1, S. 36–39

5066. H e l w i g , August: Julius P a u l u s , Pfarrer. Geboren 1875 in Wippra/ Harz, gestorben 1961 in Ziegenhain. – In: SchwJb 1976, S. 11

5067. S c h [ l u c k e b i e r ] , F[riedrich] W[ilhelm]: Pfarrer Peter Wilhelm P f e i f f e r , Meerholz 1845–1914. Mit 1 Bildn. – In: GelHJ 28. 1976, S. 27

5068. M o h r , Rudolf: Über die „Historie der Wiedergebohrnen" von Johann Henrich R e i t z . – In: MEKRh 23. 1974, S. 56–104 [Pfarrer, Lehrer u. Schriftsteller]

5069. S c h l o s s e r , Georg: Lebenserinnerungen (1846–1926). Hrsg. von Ludwig Petry. – In: JHKV 26. 1975, S. 1–185 [Theologe; geb. in Darmstadt, Studium u.a. in Gießen, Pfarrer in Gießen, 1915 nach Frankfurt/M. übergesiedelt]

5070. B l ö c h e r , Elsa: Dekan i. R. Karl S c h m i d t †. Mit 1 Bildn. – In: HiGbll 55. 1976, S. 36

5071. W a m s e r , Karl Ernst: Der Gelnhäuser mit dem Krummstab. – In: GelHJ 28. 1976, S. 56 [S i e g f r i e d von Breitenbach resp. Siegfried von Gelnhausen, Bischof von Chur, † 1321]

5072. M e t z , Heinrich: Philipp Jakob S o l d a n (1676–1748). Ein streitbarer Pfarrer d. Schwalmtals zur Zeit d. Landgrafen Karl. – In: SchwJb 1974, S. 75–82

5073. K l e i n , Adolf: Der Superintendent Laurentius S t e p h a n i . – In: ZGSa 23/24, 1975/76, S. 94–133

5074. M e s s e r s c h m i d t , Heinrich: Pfarrer Otto S t u h l zum Gedächtnis. Mit 1 Bildn. – In: NblWil 50. 1975, Nr 137, S. 284

5075. K a i s e r , Wilhelm Bernhard: Aus der Frühzeit des Johannes T r i t h e m i u s [Seine Beziehgn. zu Steinheim/Main u. zu d. Landschaft am Main] – In: KTrJb 14. 1974, S. 74–82

5076. S c h a f f r a t h , Otto: Dr. Balthasar W i e g a n d , der erste Generalvikar von Fulda. [1545 oder 1546–1610.] – In: FuGbll 50. 1974, S. 94–102

## F. KIRCHEN UND KAPELLEN

(Geschichte, Bau u. Ausstattung)

### 1. Allgemeines

5077. H u c k r i e d e , Reinhold: Die neogenen Gyraulus-Kalke von Garbenteich (Oberhessen), Baustoff beim karolingischen (iroschottischen) und hochmittelalterlichen Kirchenbau. – In: Geologica et Palaeontologica 5. 1971, S. 171–173

5078. W a l t h e r , H.: Ein Erlaß des Landgrafen Ludwig IX. – In: HHGiess 1975, S. 70–72 [V. 18. 11. 1779 über Mißbrauch im geistl. Bauwesen]

5079. Fachwerkkirchen in Hessen. Hrsg. v. Förderkreis Alte Kirchen e.V., Marburg, unter Mitarb. von Irmgard B o t t [u.a.]. Königstein i. Ts: Langewiesche 1976. 80 S. m. Abb. u. 1 Kt. (Die Blauen Bücher)

5080. H o f m a n n , Ernst-Otto: Fachwerkkirchen des Zimmermeisters Hans Georg Haubruch. Vier Beispiele aus d. Vogelsbergkreis. – In: HH N. F. 24. 1974, S. 3–11

5081. S e i b , Gerhard: Erhaltung historischer Dorfkirchen. Insbesondere ehem. wehrhafter Kirchen in Hessen. Mit 3 Abb. – In: LKr 45. 1975, S. 350

5082. H ö g y , Tatjana u. Rainer: Drei gotische Steinreliefs an hessischen Dorfkirchen. Mit Abb. – In: HHGiess 1974, S. 93–95

5083. L u d w i g , Helmut: Älteste Barockkirchen Osthessens wurden renoviert. – In: HKH 18. 1974, S. 89–92; vgl. a. MHl 25. 1973/74, S. 77–78

5084. H ö g y , Tatjana u. Rainer: Russisch-orthodoxe Kirchen in Hessen. Mit 8 Abb. – In: HHGiess 1975, S. 25–28

5085. W e y r a u c h , Peter: Kirchliche Bau- und Denkmalspflege im Kreis Lauterbach. – In: Lauterbacher Sammlungen 56. 1974, S. 1–86

5086. H e i n r i c h s , Günter: Wertvolle evangelische Kirchen im Norden des Kreises. Mit 2 Abb. – In: Westerwaldkreis. Mühlheim/M. 1975, S. 41–44

5087. D i t t s c h e i d , Hans-Christoph: Evangelischer Kirchenbau in Nassau-Saarbrücken. Mit Abb. – In: Die evang. Kirche an d. Saar gestern u. heute. Saarbrücken 1975, S. 139–195

5088. P u r b s - H e n s e l , Barbara: Die protestantischen Schloßkapellen der Renaissance in Nassau-Saarbrücken. Mit 2 Abb. – In: Die evang. Kirche an d. Saar gestern u. heute. Saarbrücken 1975, S. 196–201

5089. H e d e r i c h , Michael: Verborgene Schätze. Sakrale Kunst aus Kurhessen-Waldeck. Kassel: Evang. Presseverb. 1975. 142 S. m. zahlr. Abb. (Monographia Hassiae. Sonderdruck)

5090. B a u e r , Walter: Kostbarkeiten unserer Landschaft. Spätgotische Konsolen in den Kirchen des Dillkreises. Mit 4 Abb. – In: HbllPFH 44. 1976, S. 40

5091. H i n k e l , Helmut: Drei Kircheninventare aus dem Mainzer Oberstift um 1600 (Hessenthal 1592, Sailauf 1595, Grubingen 1616). – In: AMrhKG 27. 1975, S. 243–252

2. Einzelne Kirchen

5092. F r i c k e l , Jürgen H.: Die Rechnungen von St. Martin in A l t e n h a ß l a u von 1548 bis 1620. – In: HFK 12. 1975, Sp. 437–443

5093. Festschrift. 200 Jahre Katholische Kirche St. Michael zu A p p e n h e i m . Appenheim 1975

5094. M i e l k e , Heinz-Peter: Beiträge zur Geschichte der Laurentiuskirche in Schmitten-A r n o l d s h a i n . Schmitten/Ts: Selbstverl. 1974. 69 S. m. Abb. (Veröffentlichungen z. Gesch. d. Hochtaunusgeb. 1)

5095. M i e l k e , Heinz-Peter: Zu den alten Fresken in der Laurentiuskirche [in Arnoldshain]. Mit 1 Abb. – In: HTBll 3. 1975, H. 6, S. 11

5096. W e y r a u c h , Peter: Die geistl. Versorgung A r n s b u r g s nach 1803 und sein Paradies als evang. Kirche. – In: 800 Jahre Kloster Arnsburg. Lich 1974, S. 105–122

5097. S c h o t e s , Paul: Die romanische Basilika St. Lambertus in B e c h t h e i m bei Worms. Mit 3 Abb. – In: AlBLi 1974, S. 73–77

5098. D ö l l i n g , Regine: Die Restaurierung der Simultanpfarrkirche St. Maria und St. Christophorus in B e c h t o l s h e i m (Rheinhessen). – In: Denkmalpflege in Rheinland-Pfalz. Jahresberr. 29–30: 1974–75. '76, S. 73–90

5099. P e t e r , Georg Adam: B e e d e n k i r c h e n – eine Kirche. Beedenkirchen: Selbstverl. d. Verf. 1974. 14 S. m. Abb.

5100. Kostbarkeiten unserer Landschaft. 1 Abb. – In: HbllPFH 42. 1974, S. 40 [Betr. d. Schloßkirche B e i l s t e i n]

5101. M i k a , Hans-Christian: Die Fachwerkkirche von B e l l n h a u s e n bei Gladenbach. Eine Schülerarbeit zum Europäischen Denkmalschutzjahr. Mit 2 Abb. – In: HH N. F. 26. 1976, S. 133–134

5102. B a u e r , Walter: Kostbarkeiten unserer Landschaft. Die Steinkanzel in der Kirche zu B e r g e b e r s b a c h . Mit 1 Abb. – In: HbllPFH 43. 1975, S. 32

5103. B a u e r , Walter: Kostbarkeiten unserer Landschaft. Die bemalten Fensterleibungen der ältesten Kirche zu Bergebersbach. Mit 1 Abb. – In: HbllPFH 44. 1976, S. 19

5104. 100 Jahre St. Bartholomäus B i b l i s . Festschrift zum 100. Jahrestag d. Konsekration d. kath. Pfarrkirche zu Biblis. Text: Carlo G o b s . Biblis 1976. 79 S. m. zahlr. Abb.

5105. R e u t h e r , Hans: Johann Dientzenhofers Schloßkapelle zu B i e b e r s t e i n in der Rhön. – In: ZDVKW 29. 1975, S. 44–58 m. 15 Abb.

5106. 1876–1976. 100 Jahre St. Marien B i e b r i c h [Festschrift]. Mit Beitrr. von Alfred B a u s c h . Biebrich 1976. 109 S. m. Abb.

5107. F a b e r , Rolf: Hundert Jahre St.-Marien-Kirche. Festl. Ereignis f. Biebrichs Katholiken. Mit 3 Abb. – In: WiL 25, 1976, 8, S. 12–14

5108. F a i l i n g , Adolf: Ein Kleinod aus Eisen in der Stadtkirche zu B i e d e n k o p f . Mit 1 Abb. – In: HLD 1974, Nr 44, S. 2 [Kruzifix]

5109. F i s c h e r - D y c k , Marianne: Die alte und die neue Kirche in B i e r s t a d t . Mit 2 Abb. – In: WiL 24. 1975, Juli, S. 9

5110. F ä t h k e , Bernd: Der Atavismus des Bierstädter „Türsturzes". Mit 7 Abb., darunter 2 Taf. – In: NAN 85. 1974, S. 12–20

5111. O t t o , Rita: Die Restaurierung der Kapuzinerkirche in B i n g e n . Mit 2 Abb. – In: HJMBi 15. 1971, S. 54–56

5112. E n g e l h a r d t , Rudolf: Die Rochuskapelle. Bingen: Engelhardt [1976]. 19 S. m. Abb. (Bingen am Rhein)

5113. E n g e l h a r d t , Rudolf: Geschichte der Rochuskapelle [bei Bingen]. – In: HMRh 20. 1975, Febr.

5114. E m m e r l i n g , Ernst: Binger Rochuskapelle. Eine alte Ansicht. Mit 1 Abb. – In: HJMBi 20. 1976, S. 15–17 [Neubau nach d. Brand v. 1889 durch d. Architekten Max Meckel]

5115. B i t z e r , Artur: Die Kirche in B i r n b a c h . – In: HJAL 1976, S. 60–63 m. 4 Abb.

5116. St. Bonifatius Frankfurt a. M.-B o n a m e s . Festschrift z. Einweihung d. Pfarrkirche 4. Juni 1966. Hrsg. v. Kath. Pfarramt St. Bonifatius Frankfurt a.M.-Bonames. Wiesbaden: Libertas-Verl. Baum 1966. 16 S. m. Abb.

5117. H a m m a n n , Gustav: Die B o t t e n d o r f e r Martinskirche in Geschichte und Gegenwart. Mit 23 Bildern. Bottendorf: Ev.-Luth. Pfarramt 1972. 48 S. (Bottendorfer Briefe 27)

5118. F a i l i n g , Adolf: Aus der Jugendzeit der B r e i d e n b a c h e r Kirche. – In: HiGbll 53. 1974, S. 166

5119. Mainz-B r e t z e n h e i m , St. Georg. 1200 Jahre Bretzenheimer Kirchenstiftung. München, Zürich: Schnell & Steiner 1975. 22 S. m. zahlr. Abb. (Kunstführer 1060)

5120. H e u s o n , Hans-Velten: Die Herrgottskirche vor B ü d i n g e n . – In: BüGbll 8. 1974/75, S. 127–146

5121. R e u t h e r , Hans: Johann Dientzenhofers Kirchenbau zu B u r g h a u n . München, Berlin: Dt. Kunstverl. 1974. [36] S., 30 Ill. u. graph. Darst. Aus: Niederdt. Beitrr. zur Kunstgesch. 13, 1974, S. 297–332

5122. V e t t e r , Ewald M.: Die Verklärung Christi Meister [Christian] Steffans in B u t z b a c h und Grünewalds Tafel für die Frankfurter Dominikanerkirche. – In: WeGbll 24. 1975, S. 93–98

5123. P e u s e r , Heinz Willi: Stadtpfarrkirche St. Peter und Paul, Kreuzkapelle und Hohenfeldtkapelle zu C a m b e r g . Kunstgeschichtl. Studie mit denkmalpflegerischer Inventarisation. Bern: Lang; Frankfurt: Lang 1975. 249 S. m. 15 Aufmaß- u. Bestandspl. u. 36 Abb. Erschien zugl. als Diss. Frankfurt a.M., Fachber. Klass Philologie u. Kunstwiss. u. d. T. Peuser: Kirchenbaukunst des 16.–20. Jahrhunderts im Goldenen Grund (Europ. Hochschulschriften 28, Kunstgesch. 5)

5124. P e u s e r , Heinz Willi: St. Peter und Paul zu Camberg im Taunus, Bistum Limburg. Kath. Stadtpfarrkirche. Camberg/Ts: Kath. Kirchengemeinde 1975. 31 S. m. Abb.

5125. S t e e g e , Rudolf, Erich N i c k e l , u. Alfred S c h n e i d e r : 250 Jahre ev. Barockkirche D a a d e n . Daaden: Presbyterium d. ev. Kirchengemeinden 1974. 15 S. m. Abb.

5126. Vermutlich ein Tiroler baute Daadens Barockkirche. Kirchengemeinde begeht 250-Jahr-Feier. Merkwürdigkeiten eines Gotteshauses. Mit 4 Abb. – In: UHl 1974, S. 136–138

5127. Orden in der Daadener Sakristei. Fundgrube f. Freunde d. Heimatgeschichte. „Bildergalerie" d. Daadener Pfarrer. Mit 1 Abb. – In: UHl 43. 1975, S. 97

5128. 150 Jahre St. Ludwigs-Kirche D a r m s t a d t [Festschrift]. Mit Beitrr. von Heinrich B a r d o n g , Manfred K n o d t [u.a.] Darmstadt [um 1975]. 63 S. m. Abb.

5129. K n o d t , Manfred: Die Russ. Kapelle zu Darmstadt. – In: KiJbDa 1974. S. 4–20 m. Abb.

5130. H ü b n e r , Rolf: D a u s e n a u an der Lahn und seine St. Kastor-Kirche. Neuß: Ges. f. Buchdr. 1974. 11 S. m. Abb. (Rhein. Kunststätten. Sonderh. 1974)

5131. S o m m e r , Johannes: Die Martinskirche in D i e t z e n b a c h . Ein Beitr. z. Erhellung ihrer Frühgesch. Darmstadt-Eberstadt, In d. Kirchtanne 27: J. Sommer [Selbstverl.] 1974. [6] S. m. Abb. (Beitrr. z. Gesch. d. Kirchenbaues 3)

5132. Die Evangelische Kirche zu Dietzenbach. 220. Kirchweihfest [Festschrift]. Hrsg. v. Evang. Kirchenvorstand anläßl. d. 220-Jahrfeier d. Evang. Kirche zu Dietzenbach v. 27. Okt.– 3. Nov. 1974. Textbeitrr.: Johannes Sommer [u.a.] Dietzenbach 1974. [16] S. m. Abb.

5133. B a u e r , Walter: Kostbarkeiten unserer Landschaft. Die alte Dorfkirche von D o r c h h e i m . Mit 3 Abb. – In: HbllPFH 43. 1975, S. 44

5134. Mariä Heimsuchung Wiesbaden-D o t z h e i m . Hrsg. von Ludwig W e r m e l s k i r c h e n . Wiesbaden-Dotzheim: Kath. Pfarramt „Sankt Josef" [1967]. 12 ungez. Bl. m. Abb.

5135. Z i m m e r , Gottfried: 1000 Jahre Hainer Burgkirche. – In: 1000 Jahre Burgkirche D r e i e i c h e n h a i n . Dreieichenhain: Evang. Kirchengemeinde 1975, S. 5–10

5136. H a g e n o w , Gerd: Die Bernhardskapelle beim Kloster E b e r b a c h . – In: RhgHbll 1974, Nr 1

5137. Die evangelische Gemeinde E i b e l s h a u s e n und ihre Kirche. Erbaut 1776/77, erweitert 1973/75 [Festschrift]. Eibelshausen 1975. 48 S. m. Abb. [S. 7–33: H e i n z , Friedrich R.: Aus der Gesch. d. evang. Kirche Eibelshausen. 35–41: S t ö h r , W.: Aus d. Gesch. d. evang. Kirchengemeinde. 43–46: T h o m a s , E. J.: Der Umbau u. d. Erweiterung d. evang. Kirche]

5138. H e i n z , Friedrich R.: Inventarium über das sämtliche Vermögen der Filial-Kirche zu Eibelshausen. Mit 3 Abb. – In: HbllPFH 44. 1976, S. 37–38

5139. W e y r a u c h , Peter: Die Kirche von E i c h e l s d o r f und ihre Kanzel. – In: BüGbll 8. 1974/75, S. 156–162

5140. K n i a z e f f , Cyrill: Die russisch-orthodoxe Kirche der hl. Alexandra in Bad E m s . Mit 1 Abb. – In: Der Unterlahnkr. Mainz 1967, S. 62

5141. Z i m m e r , Erwin: Der Neubau der E p p e l s h e i m e r Kirche [in d. Jahren 1790–1792]. – In: HJAlWo 12. 1972, S. 225–227

5142. Weyrauch, Peter: Ein spätmittelalterlicher Sakristeischrank in Eudorf. – In: HH N. F. 24. 1974, S. 25–28

5143. Kirchenruine von Feldbach soll restauriert werden. Sonntagsmessen noch bis zur Reformation. Erste Erwähnung 1287. Mit 1 Abb. – In: UHl 43. 1975, S. 141

5144. Emde, Alfred: Die Flechtdorfer Klosterkirche besaß zahlreiche Reliquien. – In: MW 1975, Nr 17 v. 15. Nov.

5145. Hotz, Walter: Die Kirche von Fränkisch-Crumbach und die Herren von Rodenstein. München, Berlin: Dt. Kunstverl. 1975. 15 S. m. Abb. (Große Baudenkmäler 292)

5146. Babzer, Heinrich: Die Liebfrauenkirche in Frankenberg-Eder. Hrsg. von d. Evang. Kirchengemeinde Frankenberg [1974]. 20 S. m. Abb.

5147. Pehl, Hans: Von der Pfalzkapelle zum Kaiserdom. Frankfurts mittelalterliche Kirchen. Mit Abb. Ffm.: Knecht 1975. 112 S.

5148. Goercke, Ernst: Das Bauen der evangelischen Kirche von 1900 bis 1975 in der Stadt Frankfurt. – In: FrKJb 1975, S. 38–43

5149. Maeckler, Hermann: Katholisches kirchliches Bauen in Frankfurt am Main in diesem Jahrhundert. – In: FrKJb 1975, S. 44–50

5150. Kinkel, Walter: Der Frankfurter Dom Sankt Bartholomäus. 5. Aufl. München, Berlin: Dt. Kunstverl. 1974. 15 S. (Große Baudenkmäler 230)

5151. Helmolt, Christa von: Der Kaiserdom. – In: Cassella-Riedel Archiv 54. 1971, H. 1.: Frankfurt am Main, S. 23–27

5152. Heym, Heinrich: Der Bischof von Mainz ließ den Frankfurter Dom [1410] verschließen. – In: Cassella-Riedel Archiv 54. 1971, H. 1.: Frankfurt am Main, S. 28–32

5153. Stubenvoll, Hans: Alte Nikolaikirche Frankfurt. 2. Aufl. München, Berlin: Dt. Kunstverl. 1975. 15 S. (Große Baudenkmäler 206)

5154. Natale, Herbert: Die St.-Leonhards-Kirche. 5. Aufl. München, Berlin: Dt. Kunstverl. 1976. 15 S. m. zahlr. Abb., 1 graph. Darst. (Große Baudenkmäler 198) [In Frankfurt]

5155. Knapp, Hans: Jets und Seelsorge. Ökumen. Kapelle auf d. Rhein-Main-Flughafen. – In: AlBFuLiM 1974, S. 5–7

5156. Festschrift der Evang. Kirche Freienseen. Zur Wiedereinweihung ihres Gotteshauses am 19. Dez. 1976. Freienseen: Evang. Kirchenvorst. 1976. 82 S., 1 Kt.

5157. Götz, Ernst: Die Stadtkirche Unserer Lieben Frau zu Friedberg. Aufn. von Hermann Hessler. 2., veränd. Aufl. München, Berlin: Dt. Kunstverl. 1974. 14 S. m. zahlr. Abb. (Große Baudenkmäler 203)

5158. K ü h n , Fritz: Kunstwerke aus der Stadtkirche zu Friedberg. – In: HHGiess 1976, S. 85–87 m. Abb.

5159. B ä t z i n g , Gerhard, u. Karl Ludwig B r a n d : Die evangelischen Kirchen in F r i t z l a r (Fritzlar: Evang. Kirchengemeinde [1976]) 18 Bl. m. Abb.

5160. St. Peter Fritzlar. Bilder aus seiner 1250-jähr. Gesch. Hrsg.: Kath. Kirchengemeinde Fritzlar. Fulda: Parzeller 1974. 206 S. m. Abb.

5161. O s w a l d , Friedrich: Die bauliche Entwicklung des Fritzlarer Domes nach den Untersuchungen von 1969. Ein Kurzber. Mit 4 Abb. – In: Fritzlar im Mittelalter. Festschrift z. 1250 Jahrfeier. Fritzlar 1974, S. 59–68

5162. S p r i n g e r , Peter: Zur Ikonographie des Portatile in Fritzlar. – In: Anzeiger d. German. Nationalmuseums 1975, S. 7–41 m. Abb. [Aus d. Domschatz]

5163. E i c k e r m a n n , Norbert: Zur Rekonstruktion der Inschrift des Fritzlarer Tragaltars. – In: Soester Zs. 86. 1974, S. 43–45

5164. P r a l l e , Ludwig: F u l d a : Dom u. Abteibezirk. Aufnahmen von Rolf Kreuder. Königstein im Taunus: Langewiesche [1974]. 80 S. m. zahlr. Abb. (Die blauen Bücher)

5165. S c h m i t t , Anton: Der Dom zu Fulda. Grabeskirche d. heiligen Bonifatius. 12. Aufl. Fulda: Parzeller 1974. 31 S. m. Abb.

5166. P r a l l e , Ludwig: Die „baufällige" Ratgar-Basilika [in Fulda]. – In: BuBll 47. 1974, S. 49–51

5167. S c h ü t z , Anton: Die Michaelskirche zu Fulda. Gedanken z. Gesch. u. Bedeutung eines künstler. Kleinods. Mit 3 Abb. – In: AlBLiM 1976, S. 23–27

5168. J e s t a e d t , Aloys: Die Baugeschichte der Stadtpfarrkirche zu Fulda 1767–1792. T. 1. 2. Fulda: Parzeller 1970–75. (Veröffentlichungen d. Fuldaer Geschichtsver. 46. 50)

5169. S ä g e r , Palmatius, u. Karl Suso F r a n k : Der Frauenberg. Bildbd über Kirche u. Konvent d. Fuldaer Franziskaner. Fulda: Parzeller 1976. 96 S.

5170. Der Frauenberg [in Fulda]. Hrsg. von Sigfrid K l ö c k n e r . Fotos: Rolf Kreuder. Fulda: Parzeller [1976]. 29 S. Text, 32 Bl. Abb. mit Erl.

5171. F r a n k , Karl Suso: Die Franziskanerkirche auf dem Frauenberg in Fulda. München [usw.]: Schnell & Steiner 1975. 14 S. m. zahlr. Abb. (Kunstführer 1023)

5172. S c h u b o t z , Eduard: Die Marienkirche in G e l n h a u s e n . 6. Aufl. München, Berlin: Dt. Kunstverl. 1974. 27 S. m. Abb. (Große Baudenkmäler 168)

5173. D ö l l i n g , Regine: Die evangelische Pfarrkirche St. Severus in G e m ü n d e n (Westerwald). Neuß: Ges. f. Buchdr. 1976. 15 S. m. Abb. (Rhein. Kunststätten 184 [vielmehr 183])

5174. D ö l l i n g , Regine: Die Restaurierung der ev. Kirche (ehem. Stiftskirche St. Severus) in Gemünden/Westerwald. – In: Denkmalpflege in Rheinland-Pfalz 23–28: 1968–73. 1974, S. 21–37 m. 8 Abb.

5175. M e r t e n , Willi Hermann: Aus der Geschichte der Evangelischen Kirche in G o n z e n h e i m . – In: AHo 18. 1975, S. 168–170 m. 1 Abb. S. 195

5176. V e s p e r , Willi: Die evangelischen Kirchen der Stadt G r e b e n s t e i n und ihre Geschichte. Grebenstein 1974. 102 S. m. Abb.

5177. B a u e r , Walter: Kostbarkeiten unserer Landschaft. Die Stuckdekoration der G r e i f e n s t e i n e r Kirche. 1 Abb. – In: HbllPFH 43. 1975, S. 12 [Schloßkirche]

5178. S c h o t t m ü l l e r , Ursula: Die Kirche zu G r o ß e n - L i n d e n . Ein Beitr. zu ihrer Baugesch. – In: HHGiess 1976, S. 73–75 m. Abb.

5179. B a u e r , Walter: Geburt Christi. Eine spätmittelalterliche Darstellung in der Kirche zu Großenlinden bei Gießen. – In: HbllPFH 42. 1974, S. 45–46, 1 Abb.

5180. E m m e r l i n g , Ernst: Die Evangelische Kirche in Ingelheim-G r o ß - W i n t e r n h e i m . Mit 2 Abb. – In: HJMBi 17. 1973, S. 90–92

5181. Evangelische Kirche G r o ß - Z i m m e r n 1475–1975. Festschrift d. Evang. Kirchengemeinde Groß-Zimmern aus Anlaß des 500jährigen Kirchbaujubiläums. [Red.:] Harry C o o r s . Groß-Zimmern: Evang. Kirche 1975. 64 S. m. Abb. [S. 9–16: Walter H o t z : Von Baugestalt u. Ausstattung d. Evang. Kirche.[Groß-Zimmern]]

5182. B a u e r , Walter: Kostbarkeiten unserer Landschaft. Die evangelische Kirche zu H a i g e r . – In: HbllPFH 43. 1975, S. 20

5183. 50 Jahre evangelische Kirche H e u s e n s t a m m . 60 Jahre Kirchenchor [Festschrift]. Red.: Günther W i l k e n s . Heusenstamm 1973. 44 S. m. Abb.

5184. M o r i t z , H.-D.: Die evangelische Kirche zu H i r z e n h a i n (ehemalige Klosterkirche). Hirzenhain: Evang. Kirchengemeinde [1966]. 8 ungez. Bl. m. Abb.

5185. 120 Jahre Evangelische Kirche H o c h h e i m [Festschrift]. Hrsg.: Evang. Pfarramt Hochheim. Worfelden: Vogt 1969. 13 S. m. Abb.

5186. 125 Jahre Evangelische Kirche Hochheim am Main [Festschrift]. [Worfelden:] Vogt 1974. 5 ungez. Bl. m. Abb.

5187. A n d r a e , Peter: Die Altstädter Kirche von H o f g e i s m a r . Kunstführer. Aufn.: Fritz Brill. Hofgeismar-Altstadt: Evang. Kirchengemeinde

## F. Kirchen u. Kapellen

1969. [30] S. überwiegend Abb. [Ehem. Stiftskirche Liebfrauen, jetzt ev. Pfarrkirche]

5188. Der Hofgeismarer Passionsaltar. Hofgeismar: Dekanat 1975. 32 S., Abb. [Ehem. Stiftskirche Liebfrauen] [Gotische Tafelmalerei]

5189. S c h u l z e - W e g e n e r , Günther: Die H o m b e r g e r Marienkirche. Reformationskirche Hessens. Kassel: Evang. Presseverb. 1976. 20 S. (Heimat, Kunst, Gesch. 2) [Homberg a.d. Efze]

5190. B r ü c k n e r , Josef: 85 Jahre Russische Kapelle. – In: AHo 17. 1974, S. 128–129 [H o m b u r g v. d. H.]

5191. Heilig-Kreuz I h r i n g s h a u s e n . Hrsg. v. Pfarrkuratieamt Heilig-Kreuz Ihringshausen. Wiesbaden: Libertas-Verl. Baum 1967. 12 S.

5191a. P o h l , Hermann: Das Bildwerk in der Apostelkapelle zu K a s s e l . Fotos von Gerhard Jost. Mit e. Einf. von Dietrich Frindte. Kassel: Verl. Evang. Presseverband Kurhessen-Waldeck [1971?]. 68 S., zahlr. Abb.

5192. B i b o , Walter: Die Michaelskapelle zu K i e d r i c h . Mit 1 Abb. – In: RhgHbr 92. 1975, S. 14–15

5193. H e m b u s , Julius: Sankt Johann in K i r d o r f . Zur Feier d. 100jährigen Bestehens restauriert im Jahre 1961. Kronberg i. Ts., Ffm: Selbstverl. d. Verf. 1966. 6 S., Abb.

5194. 1774–1974. Festschrift zur Zweihundertjahrfeier der Barock-Kirche „Sankt Peter und Paul" K l e i n h o l b a c h vom 29. Juni bis 1. Juli 1974. Zsgest. u. bearb. von Bruno D i e d e r t . Kleinholbach: Kath. Pfarramt 1974. 9 ungez. Bl. m. Abb. [Darin: Geschichtl. Rückblick]

5195. L a c h n i t , Wilhelm: Die Kirchen in K l e i n - Z i m m e r n . – In: Groß-Zimmern. Beitrr. zur Entwicklung in Vergangenheit u. Gegenwart. Groß-Zimmern 1976, S. 198–204

5196. H e r o l d , Rudolf: Festschrift zum 200jährigen Jubiläum der Kirche in K l i n g e l b a c h . Klingelbach: Evang. Kirchengemeinde 1974. 66 S. m. Abb.

5197. Die evangelischen Kirchen K ö n i g s t e i n s . Kirchenführer. Erw. Bearb. hrsg. von Maximilian C. Frhr von H e y l . Königstein i. Ts. 1974. 28 S. m. Abb. [Immanuelkirche in Königstein, Johanniskirche in Schneidhain u. Martin-Luther-Kirche in Falkenstein]

5198. A l t m a n n , Lothar: St. Marien, Königstein, Taunus. Kath. Pfarrkirche, Bistum Limburg (früher Mainz), Kr. Hochtaunus. 1. Aufl. München, Zürich: Schnell & Steiner 1975. 10, 4 S. m. zahlr. Abb. (Kunstführer 1037)

5199. S t u r m , Erwin: Pfarrkirche von K o t h e n wurde renoviert. – In: BuBll 47. 1974, S. 21–22

5200. H e m b u s , Julius: Die Johanniskirche in K r o n b e r g . Kronberg 1966. 4 ungez. Bl.

5201. A z z o l a , Juliane u. Friedrich Karl: Ein Lepröser – kein Wotan – an der Kirche zu L a n g e n s t e i n  im Kreis Marburg. – In: ZHG 84. 1974, S. 207–208 u. 1 Taf.

5202. S t e i n h ä u s e r , Armine Eleonore: Die evangelisch-reformierte Kirche zu L a n g s d o r f . – In: HGiess 1976, Nr 15

5203. H e n s l e r , Joseph: Der Dom zu L i m b u r g . Patrozinium St. Georg (23. April). Kirchweihfest am 11. Aug. 8. Aufl. München & Zürich: Schnell & Steiner 1975. 13 S. m. Abb. (Kunstführer 590)

5204. K u h n i g k , Armin M.: Schönste Kirche im Land. Der St.-Georgs-Dom, ein Zeuge Limburger Bürgerkraft. Mit Abb. – In: HLD 1974, Nr 44, S. 1–2

5205. K l o f t , Gerhard: Mit Pinsel und Skalpell. Im Limburger Dom wird d. ursprüngl. Raumfassung v. 1235 wiederhergestellt. Mit Abb. – In: AlBLi 1976, S. 28–34

5206. M i c h e l , Walter: Die Inschriften der Limburger Staurothek. Mit 4 Abb. – In: AMrhKG 28. 1976, S. 23–43

5207. Der Syrlin-Altar zu L o r c h  im Rheingau. Mit 1 Abb. – In: LKr 44. 1974, S. 182 [In d. kathol. Pfarrkirche St. Martin]

5208. 1200 Jahre seit der Weihe der Klosterbasilika L o r s c h . 1. Sept. 774–1974. Programm, Gesch., Gottesdienst. Lorsch 1974. 48 S. [S. 9–14: Karl Josef M i n s t : Weihe d. Lorscher Basilika am 1. Sept. 774; S. 17–24: Ders.: Baubestand d. Lorscher Basilika vor 1200 Jahren]

5209. Willigis und sein Dom. Festschrift zur Jahrtausendfeier d. M a i n z e r  Domes 975–1975. Hrsg. von Anton Philipp B r ü c k . Mainz: Ges. f. mittelrhein. Kirchengesch.; Trier: Bistumsarchiv [in Komm.] 1975. X, 543 S., 54 Taf. (Quellen u. Abhandlungen z. mittelrhein. Kirchengesch. 24) [S. 135–184: Karl Heinz E s s e r : Der Mainzer Dom des Erzbischof Willigis; S. 185–249: Fritz A r e n s : Die Raumaufteilung des Mainzer Domes u. seiner Stiftsgebäude bis zum 13. Jh.; S. 331–357: Wilhelm J u n g : Aus d. Geschichte d. Mainzer Domschatzes; S. 393–424: Ottmar K e r b e r : Denkmäler des Domes in Mainz; S. 439–499: Sigrid D u c h h a r d t - B ö s k e n : Der Mainzer Dom im 19. Jh.; S. 515–543: Jakob S t o c k i n g e r : Die Domrenovationen des 20. Jh.]

5210. 1000 Jahre Mainzer Dom 975–1975. Werden u. Wandel. Ausstellungskatalog u. Handbuch hrsg. von Wilhelm J u n g  im Auftr. d. Diözesanbischofs u. d. Domkapitels. Ausstellung d. Bischöfl. Dom- u. Diözesanmuseums v. 31. 5.–31. 8. 1975. Mainz 1975. 330 S., 112 Taf. [S. 127–160: Wilhelm J u n g : der Mainzer Dom als Bau- u. Kunstdenkmal]

5211. S c h u c h a r t , August, u. Wilhelm J u n g : Der Dom zu Mainz. Ein Handbuch. 2. Aufl. Mainz: Schmidt & Bödige 1975. 125 S. überwiegend Abb.

5212. J u n g n i t z , Ingobert: Im 1000jährigen Mainzer Dom. Aufn.: Winfried Georg Popp. Tübingen: Metz 1975. 63 S., überwiegend Abb.

5213. J u n g , Wilhelm, u. Anton Maria K e i m : Der 1000jährige Dom des hl. Martinus zu Mainz, ein Bau- und Kunstdenkmal von abendländischem Rang. Mit zahlr. Abb. − In: LRhPf 12. 1975, S. 34−42

5214. J u n g , Wilhelm: Der 1000jährige Dom des hl. Martinus zu Mainz. − In: Eichsfelder Heimatstimmen 1975, S. 150−154

5215. G e i ß l e r , Veit: Tausend Jahre Mainzer Dom 975−1975. Mit 1 Abb. − In: Mü 28. 1975, S. 235−237

5216. B a r o n , Ruth: 1000 Jahre Mainzer Dom. − In: MMag 1975, März, S. 3−4

5217. J u n g n i t z , Ingobert: Menschen in Gottes Haus. Bildmeditationen über Gesichter im Mainzer Dom. Mit Fotos von Winfried Georg Popp. Mainz: Matthias-Grünewald-Verl. 1975. 46 S. m. zahlr. Abb. [Plastik]

5218. A r e n s , Fritz: Neue Forschungen und Veränderungen an der Ausstattung des Mainzer Domes. − In: MZ 70. 1975, S. 106−140

5219. I m i e l a , Hans Jürgen: Martinschörlein und Nassauer Unterkapelle im Mainzer Dom. Mit 1 Abb. − In: MZ 70. 1975, S. 101−105

5220. C o e s t e r , Ernst: Die frühgotische Mainzer Domsakristei. Ein Bauwerk aus dem Hüttenkreis d. rhein. Cistercienser. − In: MZ 70. 1975, S. 80−84

5221. B i c k e l , Wolfgang: Sechs Kapitel über das Marktportal des Mainzer Domes. − In: ZDVKW 27. 1973, S. 3−23

5222. B i c k e l , Wolfgang: Der thronende Christus mit der Taube des Geistes. Ein Essay zur Ikonologie d. Marktportals am Mainzer Dom. − In: MA 1972/74, S. 58−67, 1 Abb.

5223. B ö c h e r , Otto: Agnus inter bestias. Zur Deutung e. ikonograph. Programms [am Mainzer Dom]. − In: MZ 70. 1975, S. 73−79

5224. D o b e r e r , Erika: Zur Wiederverwendung frühgotischer Lettnerfragmente aus dem Mainzer Dom. − In: MZ 70. 1970, S. 89−93

5225. J u n g n i t z , Ingobert: Die Nazarener-Fresken im Mainzer Dom. Zum 100. Todestag von Philipp Veit. Mainz: Krach 1976. 64 S. m. Abb.

5226. O t t o , Rita: Zu einem frühottonischen Goldschmiedekreuz im Mainzer Domschatz. − In: MZ 70. 1975, S. 63−66

5227. G e i ß l e r , Veit: Die Mainzer Domplätze. Mit 8 Abb. − In: Mü 28. 1975, S. 31−38

5228. Kirche aus lebendigen Steinen. Hrsg.: Walter S e i d e l . Mit Beitrr. von Hans Urs v. B a l t h a s a r [u.a.] Fotos: Ludwig Richter. Mainz: Matthias-Grünewald-Verl. 1975. 111 S. m. Abb. [Mainz]

5229. F r i t z e n , Hans: Die Baugeschichte der St. Ignazkirche in Mainz. Mit Beitrr. von Fritz A r e n s [u. a.] Hrsg. von Fritz Arens. Die Urkunden des Pfarrarchivs von St. Ignaz in Mainz. Regesten von Elisabeth D a r a p s k y

u. Richard D e r t s c h . Mainz: Stadtbibliothek 1974. 275, 127, 36 S. m. Abb. (Beitrr. z. Gesch. d. Stadt Mainz 22)

5230. St. Stephanskirche Mainz [ehemals Stifts- jetzt Pfarrkirche]. 2. völlig neubearb. Aufl. München [usw.]: Schnell & Steiner 1971. 21 S. m. Abb. (Kunstführer 523)

5231. B e i e r , Ludwig: St. Bonifatius Mainz. Wiesbaden: Libertas-Verl. Baum 1967. 28 S. m. Abb.

5232. L e p p i n , Eberhard: Die Elisabethkirche in M a r b u r g an der Lahn. Königstein: Langewiesche 1974. 80 S. m. 82 Abb. (Die blauen Bücher)

5233. G r o ß m a n n , Dieter: Die Elisabethkirche zu Marburg, Lahn. München, Berlin: Dt. Kunstverl. 1975. 14 S. m. zahlr. Abb. (Große Baudenkmäler 296)

5234. S c h o t t m ü l l e r , Ursula: Die Elisabethkirche in Marburg. 1. Die Vorgängerbauten. – In: HHGiess 1976, S. 101–103 m. Abb.

5235. G r o s s m a n n , Georg Ulrich: Die Pfarrkirche in Marburg. München, Berlin: Dt. Kunstverl. 1976. 14 S. m. zahlr. Abb. (Große Baudenkmäler 304)

5236. M i c h l e r , Jürgen: Studien zur Marburger Schloßkapelle. – In: Marburger Jb. f. Kunstwiss. 19. 1974, S. 33–84 m. 59 Abb.

5237. G r a e p l e r , Carl: Die Gewölbeschlußsteine der ehemaligen Firmanei-Kapelle in Marburg. – In: HM 1. 1975, S. 91–98

5238. K e s s l e r , Karl: Taufstein und Kirche – Wahrzeichen von Bad M a r i e n b e r g . Von d. Romantik zum Klassizismus. Mit 2 Abb. – In: Ww 67. 1974, H. 4, S. 8–10

5239. M ü l l e r , Winfried: Die Martinskirche [im Marburger Stadtteil] M i c h e l b a c h . – In: He 23. 1975, Folge 7 v. 5. Juli

5240. S c h ä f e r , Rudolf: Der Hochaltar der Ägidius-Basilika in M i t t e l h e i m . Mit 4 Abb. – In: AMrhKG 26. 1974, S. 45–48

5241. S e i b , Gerhard: Die Kirche in M i t t e r o d e – Neue Erkenntnisse zur Baugeschichte. – In: HH N. F. 26. 1976, S. 24–28

5242. 100 Jahre Pauluskirche der Evangelischen Kirchengemeinde M o n t a b a u r [Festschrift]. 27. Okt. 1975. Montabaur 1975. 12 ungez. Bl. m. Abb.

5243. K r u g , Richard: Das Datum des „Dienstag vor Pfingsttag" 1447. – In: Steinerne Zeugen aus d. Gesch. Mühlheims. Mühlheim/M.: Geschichtsabt. d. Verkehrs- u. Verschönerungsver. 1975, S. 11 [Grundsteinlegung d. Kirchenerneuerungsbaus v. St. Markus in M ü h l h e i m / M .]

5244. Festschrift „Kontakte" zur Einweihung der Dreifaltigkeitskirche mit Gemeindezentrum Frankfurt am Main-N i e d , Oeserstraße 126. 10. April 1976. Red.: Irmengard Hartinger. Ffm.: Pfarrei Dreifaltigkeit 1976. 29 S.

5245. Bezzenberger, Günter: Kaiserin Kunigunde, die Stifterin der Kirche des Heiligen Kreuzes zu [Ober-]Kaufungen. Kassel: Evang. Presseverb. 1975. 18 S. m. Abb. (Heimat, Kunst, Gesch. 1)

5246. Bezzenberger, Günter: Baugeschichte der Stiftskirche in Oberkaufungen. – In: Kaufunger Wald. Land u. Leute zwischen Fulda u. Werra 1. 1976, S. 7–8

5247. Maurer, Hans A.: Die Stiftskirche zum Heiligen Kreuz in Kaufungen. – In: JbLKa 1974, S. 85–86

5248. Brauns, Eduard: Die St. Georgskapelle in Oberkaufungen. – In: HeG 76. 1975, S. 18–19

5249. Krähe, Herbert: Geschichte der evangelischen Kirche Oberlahnstein 1875–1975. Oberlahnstein 1975. 56 S. m. Abb.

5250. Dörr, Karl-Heinz: Die alte Wehrkirche von Ober-Ofleiden. – In: HGiess 1975, Nr 23

5251. Dörr, Karl-Heinz: Die alte Kirche von Ober-Ofleiden. – In: HHGiess 1976, S. 83–84

5252. Azzola, Friedrich Karl, u. Rolf Rosenbohm: Die romanische Kreuzplatte in der evangelischen Kirche zu Oberstedten. Mit 6 Abb. – In: MGVHOUr 20. 1976, S. 20–26 [Betr. auch Familie v. Steden]

5253. Beck, Herbert: Fragmente einer spätgotischen Kreuzigung in Oberursel. Mit 19 Abb. – In: MVGHOUr 20. 1976, S. 1–14 [Ursulakirche]

5254. Die Ampel von Ockenheim – eine individualistische Meisterarbeit. Mit 1 Abb. – In: LKr 44. 1974, S. 378

5255. Neuausstattung der Nothelferkapelle. Veränderungen auf d. Jakobsberg [bei Ockenheim]. – In: HMRh 20. 1975, Febr.

5256. Steinhäuser, Armine Eleonore: Die Kirche von Odenhausen. – In: HHGiess 1976, S. 53–54 m. Abb.

5257. Bauer, Walter: Von der Instandsetzung der Kirche zu Offenbach [Dillkr.] in den Jahren 1854/55. Mit 1 Abb. – In: HbllPFH 44. 1976, S. 4

5258. Arens, Fritz: Die Katharinenkirche zu Oppenheim am Rhein. 6. Aufl. München, Berlin: Dt. Kunstverl. 1971. 12 S. m. zahlr. Abb. (Große Baudenkmäler 59)

5259. Emmerling, Ernst: Die Katharinenkirche in Oppenheim. Mit 2 Abb. – In: HJMBi 15. 1971, S. 33–36

5260. Brück, Anton Philipp: Um die Restauration der Katharinenkirche in Oppenheim. Probleme der Denkmalpflege vor 100 Jahren. – In: AHG N. F. 32. 1974, S. 539–556

5261. Hardt, Heinrich: Die Pfarrkirche Sankt Martin zu Bad Orb. Führer durch d. Pfarrkirche St. Martin u. d. Kirche St. Michael Bad Orb. Neubearb.: Kurt Kaczor. 5. Aufl. Bad Orb: Kath. Kirchengemeinde 1973. 44 S. m. Abb.

5262. Unsere evangelische Kirche in Ortenberg. Ortenberg um 1974. 12 Bl.

5263. Roth, Walther: Ostheimer Wehrkirche. Ostheim v. d. Rhön: [Evang. Pfarramt 1975]. 8 Bl. m. Abb.

5264. Der staufische Chor von Pfaffenschwabenheim. Mit 1 Abb. — In: LKr 44. 1974, S. 76

5265. 100 Jahre Pfarrkirche in Pohl [Festschrift]. Pohl/üb. Nastätten [1975]. 2 Bl.

5266. Dörr, Hans: Die Herkunft der Radheimer Altäre. — In: Odw 21. 1974, S. 120—123

5267. Römheld, Karl: Die Kirche zu Rai-Breitenbach. o. O. 1976. 7 S. m. Abb.

5268. Prenntzell, Konrad: Herkunft der Richelsdorfer Kirche. — In: MHl 26. 1974/75, S. 61—62

5269. Gieg, Wilhelm: Die Geschichte der Rimhorner Kirche. — In: HErb 1974, Nr 3

5270. Giebel, Alfred: Röllshausen baut eine neue Kirche. — In: SchwJb 1976, S. 20—30

5271. Schmunk, Hans: Die alte und neue Kirche zu Roßdorf. — In: Roßdorf. Beitrr. zu seiner Gesch. Ober-Ramstadt: Ver. f. Heimatgesch. 1975, S. 29—32

5272. Reutter, Rolf: Wagners Urkunden-Entwurf zur Grundsteinlegung 1849 [zur neuen Kirche in Roßdorf]. — In: Roßdorf. Beitrr. zu seiner Gesch. Ober-Ramstadt: Ver. f. Heimatgesch. 1975, S. 33—35 [Hofrat Georg Wilhelm Justin Wagner, 1793—1874, hess. Geschichtsforscher]

5273. Palm, Claus: Die Nikolaus-Kapelle am Rupertsberg. Hist. Datum erinnert an untergegangenes Binger Baudenkmal. Mit 1 Abb. — In: HMRh 19. 1974, Nr. 7 [Stadtteil Bingerbrück]

5274. Volkelt, Peter: Saarbrücken — Stiftskirche St. Arnual. 2., verb. Aufl. Köln: Rhein. Ver. f. Denkmalpflege u. Landschaftsschutz 1974. 15 S. m. Abb. (Rhein. Kunststätten)

5275. Böker, Hans Josef: Zur Datierung der Stiftskirche St. Arnual in Saarbrücken. — In: Ber. d. Staatl. Denkmalpflege im Saarland. Abt. Kunstdenkmalpflege 22. 1975, S. 39—43 m. Taf. 15—22

5276. H e l l w i g , Friedrich: Die bauliche Entwicklung St. Arnuals. [1. 2.] – In: Rund um d. Stift. Mitt. d. Verschönerungsver. St. Arnual. Saarbrücken 1. 1976, H. 1, S. 3–5; H. 2, S. 3–5 m. Abb.

5277. Dokumentation Kath. Pfarrkirche St. Johann, Saarbrücken. Erbaut von Friedrich Joachim Stengel 1754–1758. Renovation 1964–1975. Saarbrücken: Kath. Pfarramt St. Johann 1975. 135 S., 90 Abb.

5278. S c h u b a r t , Robert Heinz: Ludwigsplatz und Ludwigskirche in Saarbrücken. – In: Ber. d. Staatl. Denkmalpflege im Saarland 21. 1974, S. 55–66

5279. S c h u b a r t , Robert Heinz: Von den „gultenen, stralenten Sonnen" Saarbrückens und dem Feuerofen-Relief der Ludwigskirche. Zur Erinnerung an d. vor 200 Jahren erfolgte glücklich vollendete Erbauung u. hiernächstige solenne Einweyhung – 25. Aug. 1775 – d. Neuen Evangel.-Luther. Kirche zu Saarbrücken, d. Ludwigs-Kirche genanndt. – In: ZGSa 23/24. 1975/76, S. 141–156 m. 2 Pl.

5280. H e i n z , Dieter: Die Einweihungskantate der Saarbrücker Ludwigskirche vom 25. August 1775. – In: SaH 41. 1975, S. 49–51. Mit d. Text im Anh.

5281. L e r n e r , Franz: St. Wendelin am S a c h s e n h ä u s e r Berg. – In: AFGK 55: 1976, S. 67–79 [Frankfurter Stadtteil]

5282. G r a t i a s , Ralf: Die evangelische Pfarrkirche in S a c h s e n h a u s e n [Kr. Waldeck] – In: MW 1974, Nr 5 v. 27. Apr.

5283. E m m e r l i n g , Ernst: Die Kirche in S t . J o h a n n Landkr. Mainz-Bingen. Mit 2 Abb. – In: HJMBi 16. 1972, S. 41–43

5284. R e u t h e r , Hans: Die Pfarrkirche zu S c h l e i d im Fuldaer Land. Ein Gewölbebau d. mainfränk. Barock. – In: ZDVKW 30. 1976, S. 26–43

5285. W e y r a u c h , Peter: Zur Baugeschichte der Stadtkirche in S c h l i t z . Vortrag, gehalten am 12. Okt. 1975 in Schlitz. o.O. 1975. 18 Bl.

5286. W e y r a u c h , Peter: Die Fassadensicherung an der Liebfrauenkirche in S c h o t t e n . – In: BüGbll 8. 1974/75, S. 147–155

5287. H ä r i n g , Friedhelm: Der Schottener Altar. 1976. 197 S., 37 Ill. Gießen, Fachber. Geschichtswiss., Diss. v. 1977

5288. T h i e m a n n , Walter: Zur Geschichte der S i e g e n e r Martinikirche. Siegen: Evang. Martini-Kirchengemeinde 1976. 20 S. m. Abb.

5289. E v e n , Pierre Alexandre: Die Burgkapelle, das älteste Gotteshaus S o n n e n b e r g s . – In: Echo d. Kath. Pfarrgemeinde „Herz-Jesu" Wiesbaden-Sonnenberg. 1974, Mai

5290. W o l t e r , Rudolf: 80 Jahre Herz-Jesu-Pfarrkirche. Rückblick u. Ausblick. – In: Echo d. Kath. Pfarrgemeinde „Herz-Jesu" Wiesbaden-Sonnenberg. 1970, Weihnachten, S. 2–3

5291. S c h ä f e r s , Dorothea: St. Marien – die Stadtpfarrkirche von S o n t r a . – In: W 28. 1976, S. 36

5292. Die alten Kirchen der Sontraer Stadtteile. Kleinode ländl. Handwerkskunst aus vielen Jahrhunderten. – In: W 28. 1976, S. 22–25

5293. G r o m e s , Ilse: Salvatorkapelle und Hülfensberg bei Sontra. – In: W 28. 1976, S. 19–21

5294. S c h m e r b a c h , Karl: Die Katharinenkirche in S t e i n a u an der Straße. Beitrr. zu ihrer Gesch. – In: Vergangenheit 26. 1973, S. 37. 41–43. 48; 27. 1974, S. 2–3. 8. 12

5295. S p i e ß , Herwig, u. Georg Z i m m e r m a n n : Die Sicherung der Einhards-Basilika zu Michelstadt-S t e i n b a c h im Odenwald. Mit Abb. u. Pl. – In: Bauwelt. 66. 1975, S. 984–989

5296. B i t t n e r , Christoph: Zur Geschichte T h a l a u s und seiner Kirche. T. 1. 2. – In: Rhw 1974, S. 26–27 u. 42–43

5297. C o r n e l i u s , Werner: Dörfliche Probleme Anno dazumal. Als vor 260 Jahren d. Kirche in T i e f e n b a c h erweitert wurde. Mit 2 Abb. – In: HLD 1974, Nr 50, S. 3

5298. K a e t h n e r , Rudi Hermann: Die reformierte Kirche zu U s i n g e n . Mit Abb. – In: UsL 1975, Sp. 118–123. 145–153

5299. G ä r t n e r , Raimund: Aus der Baugeschichte der alten katholischen Pfarrkirche Usingen (1873–1876). Zum 100. Jahrestag d. Kirchweihe am 24. Okt. 1976. – In: UsL 1976, Nr 5, Sp. 49–57

5300. S e i b , Gerhard: Die Pfarrkirche in V e l m e d e n . – In: Velmeden 775–1975. Velmeden 1975, S. 89–104

5301. Evangelische Kirche W a c k e r n h e i m . Hrsg.: Evang. Kirchengemeinde Wackernheim-Heidesheim. Worfelden: Vogt [um 1970]. 12 S.

5302. K o n i t z k y , Gisela: Die W e h r s h ä u s e r Kirche. Mit 1 Pl. – In: Wehrshausen bei Marburg. Marburg 1974, S. 127–138

5303. B r ü c k , Anton Philipp: Das Kircheninventar der Gemeinde W e i l e r im Jahre 1781. – In: HJMBi 16. 1972, S. 39–40

5304. M e h r , Willy: Die Liebfrauenkirche zu W e s t e r b u r g /Westerwald. 1899–1974. Westerburg/W.: Kath. Pfarramt 1974. 65 S. m. Abb.

5305. M e h r , Willy: Die Liebfrauenkirche zu Westerburg. Eine der frühmittelalterl. Wallfahrtskirchen d. Westerwaldes. Mit 3 Abb. – In: Ww 68. 1975, H. 3, S. 10–12

5306. Die Schloßkirche [in Westerburg]. Fotos: Klaus Ahlschwede [u.a.] Westerburg: Westerwaldver., Zweigver. Westerburg 1976. 55 S. (Westerburger Hefte 3)

5307. K u n s t , Hans Joachim: Der Dom zu W e t z l a r . Aufn.: Gerd Scharfscheer. München, Berlin: Dt. Kunstverl. 1975. 15 S. m. zahlr. Abb. (Große Baudenkmäler 284)

5308. S t r u c k , Wolf-Heino: Über die Baufabrik der Pfarr- und Stiftskirche zu Wetzlar im Mittelalter. 2 Gültregister d. Chorgeleuchts aus d. 14. Jh. – In: NAN 86. 1975, S. 40–72

5309. F a b e r , Rolf: Als W i e s b a d e n s Stadtkirche ein Opfer der Flammen wurde. Zum Brand d. Mauritiuskirche vor 125 Jahren. Mit 2 Abb. – In: WiL 24. 1975, Juli, S. 10–11

5310. A l b i g , Helmut: Stephanus-Kirche Wiesbaden. Hrsg. v. d. Evang. Pfarramt d. Stephanuskirchengemeinde Wiesbaden. Worfelden: Vogt 1969. 14 S. m. Abb.

5311. St. Andreaskirche. Matthäuskirche. 10 Jahre [Festschrift]. Wiesbaden: Evang. Matthäuskirchengemeinde; Kath. Pfarrgemeinde St. Andreas [1975]. 21 S.

5312. P o d e h l , Wolfgang: Griechische Kapelle – russische Kunst. Ausstellung d. Hess. Landesbibliothek Wiesbaden v. 1. 11. 1976 bis zum 26. 2. 1977. Idee, Organisation u. Aufbau d. Ausstellung: Stefanie Petrich u. Wolfgang Podehl. Katalogbearb.: Wolfgang Podehl. Wiesbaden 1976. 12 Bl. [In Wiesbaden]

5313. H i l d e b r a n d , Alexander: Mahnmal einer Liebe. Mit 5 Abb. u. 4 Grundrissen. – In: Wi int 1975, 3, S. 17–24 [Griech. Kapelle in Wiesbaden]

5314. 120 Jahre Griechische K a p e l l e . Mit 1 Bildn. u. 2 Abb. – In: WiL 24. 1975, Juni, S. 16–18 [In Wiesbaden]

5315. F a b e r , Rolf: Die Englische Kirche in Wiesbaden. Mit 5 Abb. – In: WiL 24. 1975, Sept., S. 16–19

5316. F l e i g , Lina: Alt-W i e s e c k s Wohl und Wehe im Spiegel der Geschichte seiner Kirche. – In: HGiess 1974, Nr 19. 20

5317. Die St.-Martinskirche in Worms-W i e s o p p e n h e i m . Hrsg. aus Anlaß d. Renovation 1972/73 z. Tage d. Weihe d. Altares am 24. Juni 1973 durch Weihbischof Josef Maria R e u s s . Worms-Wiesoppenheim: Pfarrgemeinderat Wiesoppenheim 1973. 38 S. m. Abb.

5318. B r a u n s , Eduard: Die ehemalige Klosterkirche W i l h e l m s h a u s e n . – In: HeG 75. 1974, S. 13–14

5319. D e s c h , Hermann: Die Pfarrkirche zu W i r t h e i m . Mit 1 Abb. u. 4 Grundrissen. – In: 1000 Jahre Kassel u. Wirtheim [Festschrift]. Biebergemünd 1976, S. 141–146

5320. S c h n o r r , Wilhelm: Die klassizistische Kirche in W i ß m a r . Mit 6 Abb. u. 1 Grundriß. – In: HHGiess 1976, S. 17–19

5321. Evangelische Kirche W ö l l s t e i n 1970. Verf. anläßl. d. Wiederindienstnahme am 24. 5. 1970. Bad Kreuznach: Repr. Staadt 1970. 56 S. m. Abb.

5322. Hildebrandt, Johannes: Renovierung der Wörsdorfer Kirche. Mit 3 Abb. – In: HJUTs 1974. S. 89–93

5323. Villinger, Carl Johann Heinrich: Der Dom zu Worms. Wegweiser u. Deutung. Fotos: Robert Schmitt, Norbert Seilheimer. Hrsg.: Propsteipfarramt Dom St. Peter Worms. 18., durchges. u. verb. Aufl. Worms 1975. 40 S. m. Abb.

5324. Schmidt, Aloys: Die allegorischen Bildwerke am Südportal des Wormser Domes. – In: WoG 11. 1974/75, S. 69–73 m. Abb.

5325. Müller-Dietrich, Norbert: Das Tympanon im Wormser Dom und seine Beziehung zur Buchmalerei. – In: Beitrr. z. Kunst d. Mittelalters. Festschrift f. Hans Wentzel z. 60. Geburtstag. Hrsg. von Rüdiger Becksmann, Ulf-Dietrich Korn [u.a.] Berlin 1975, S. 145–156

5326. Böcher, Otto: Die St.-Martins-Kirche zu Worms. 2., veränd. Aufl. Neuß: Ges. f. Buchdr. 1976. 24 S., 32 Abb. (Rhein. Kunststätten 131)

### 3. Glocken und Türme

5327. Köhler, Gustav Ernst: Ein altes Handwerk stellt sich der neuen Zeit [Glockengießerhandwerk]. Mit 7 Abb. – In: HJDi 18. 1975, S. 148–153

5328. Schliephake, Hellmut: Glocken künden vom Gekreuzigten. Kruzifixe auf Kirchenglocken in unseren Landen. Mit 6 Abb. – In: HLD 66. 1976, S. 1–2 [Lahn-Dill-Gebiet]

5329. Sturm, Erwin: Von den Glocken des Fuldaer Domes. – In: BuBll 49. 1976, S. 77–78. 80

5330. Sturm, Erwin: Von den Glocken der Fuldaer Stadtpfarrkirche. – In: BuBll 49. 1976, S. 97–98

5331. Dreier, Bernhard: Die Glocken der evangelischen Kirche in Gladenbach. Mit 3 Abb. – In: HiGbll 55. 1976, S. 45–46

5332. Freimuth, Philipp Martin: Das Glockengeläut der Pfarrkirche zu Hallgarten. – In: RhgHbr 92. 1975, S. 12

5333. Bauer, Walter: Kostbarkeiten unserer Landschaft. Ein spätgotisches Relief auf der Glocke der Holzhausener Kirche (Kreis Siegen). Mit 1 Abb. – In: HbllPFH 44. 1976, S. 7

5334. Gottlieb, Karl: Die Glocken der evangelisch-lutherischen Kirche Bad Orb. Mit 1 Zeichn. – In: GelHJ 1974, S. 68–70

5335. Gottlieb, Karl: Der Turm der Martinskirche von Bad Orb und seine alten Glocken. Mit 1 Abb. – In: GelHJ 1975, S. 76–77

5336. Hupach, Paul: Die Türme der Somborner Pfarrkirche und ihre Glocken. Mit 1 Zeichn. – In: GelHJ 1974, S. 84–86

5337. S c h l i e p h a k e , Hellmut: Sie läutet seit 500 Jahren. Die älteste Ulmtal-Glocke im Kirchturm zu Ulm. – In: HLD 57. 1975, S. 4 m. 3 Abb.

5338. S c h l i e p h a k e , Hellmut: Die Glocken im Wetzlarer Dom. Die älteste läutet seit 700 bis 800 J. Ein Gang durch d. Glockengesch. Mit zahlr. Abb. – In: HLD 62. 1975, S. 1–3

5339. S c h l i e p h a k e , Hellmut: Als die große Glocke sprang. „Zum Leydwesen der gantzen Stadt" vor 200 Jahren im Turm der Wetzlarer Doms. Mit 1 Photogr. – In: HLD 54. 1975, S. 1–2

5340. K n o r r e , Alexander von: Turmvollendungen deutscher gotischer Kirchen im 19. Jahrhundert. Unter besond. Berücks. von Turmabschlüssen mit Maßwerkhelmen. Köln 1974. IV, 404 S., 18 Taf. (Veröffentlichung d. Abt. Architektur d. Kunsthist. Inst. d. Univ. Köln 5) [Betr. u.a. Heilig-Kreuz-Kirche in Geisenheim u. Nikolaikirche in Frankfurt/M.]

5341. H e m b u s , Julius: Der Turm des Domes zu Frankfurt am Main. Kronberg/Ts., Ffm.: [Selbstverl.] 1975. 10 Bl.

5342. K a r b , Heinrich Friedrich: Kirchturmbau 1715/16 [Lampertheimer Kirche]. – In: LaHbll 1975, Nr 8

5343. S e i b , Gerhard: Der Turm der Stadtpfarrkirche zu Sontra. Ein Werk d. Maurermeisters Peter Fleischhut aus Neumorschen. – In: HH N. F. 26. 1976, S. 64–69

4. Kirchenmusik, Orgelkunde

5344. H a m a n n , Gustav: Amtmann Johann Christoph Rube. Ein Kirchenlied-Dichter aus Battenberg (EKG 412). Bottendorf: Ev.-Luth. Pfarramt 1973. 32 S. m. 10 Abb. (Bottendorfer Brief 34)

5345. G i e b e l , Alfred: Die Pflege der Kirchenmusik in der Schwalmstadt Treysa. – In: SchwJb 1974, S. 148–161 – [Erw. Sonderdr. 1974. 22 S. m. Abb.]

5346. B i l l , Oswald: „Mein Seel, o Herr, muß loben dich" von Erasmus Alber. – In: Jb. f. Liturgik u. Hymnologie 19. 1975, S. 214–221

5347. G o t t r o n , Adam: „Capella Fuldensis" und die Fuldaer Dommusik im 19. Jahrhundert. – In: FuGbll 50. 1974, S. 110–116

5348. R ü b s a m , Paul: Zeittafel zur Chronik des Fuldaer Domchores. – In: BuBll 49. 1976, S. 99–100

5349. 10 Jahre Jugendkapelle der Kath. Kirchengemeinde Meerholz-Hailer [Festschrift]. Festtage 10. u. 11. Mai 1975. Meerholz-Hailer/üb. Gelnhausen 1975. 11 ungez. Bl. m. Abb.

5350. K n o d t , Manfred: 100 Jahre Chorarbeit an der Ev. Stadtkirche zu Darmstadt. – In: KiJbDa 1974, S. 50–51

5351. S u r k a u , Hans Werner: Zeugnisse der Liebe zur Gottseligkeit. Die Lieder d. Johann Adam Hasslocher aus Weilburg. – In: Traditio – Krisis – Renovatio aus theolog. Sicht. Marburg 1976, S. 225–240 m. 2 Abb.

5352. Ely, Norbert: Das Porträt: Martin Lutz. Mit 1 Bildn. u. 1 Abb. – In: Wi int 1976, 4, S. 36–38 [Kantor d. Christophoruskirche Schierstein]

5353. R e i f e n b e r g , Hermann: Der Mainzer Dom als Stätte des Gottesdienstes. 1000 Jahre Liturgie im Koordinatensystem v. Kirche u. Welt. – In: Willigis u. sein Dom. Hrsg. von Anton Philipp Brück. Mainz 1975. (Quellen u. Abhandlungen z. mittelrhein. Kirchengesch. 24) S. 251–330 m. 2 Abb.

5354. R e i f e n b e r g , Hermann: Liturgie im Dom [Mainz]. – In: 1000 Jahre Mainzer Dom. Hrsg. von Wilhelm Jung. Mainz 1975, S. 161–173

5355. R e i f e n b e r g , Hermann: Mainzer Liturgie vor dem Hintergrund des „Mainzer Chorals". Wurzeln, schöpferisches Zentrum, Strahlungsherd. – In: AMrhKG 27. 1975, S. 9–17

5356. S c h l a g e r , Karlheinz: Über den Choralgesang in Mainz. Referat zum Symposion „Gibt es einen Mainzer Choral?" anläßl. der 27. Jahrestagung d. Ges. f. mittelrhein. Kirchengesch. 1975 in Mainz. – In: AMrhKG 27. 1975, S. 19–26

5357. L i p p h a r d t , Walther: Gesangbuchdrucke in Frankfurt am Main vor 1569. Ffm.: Kramer 1974. 226 S., 10 Taf. (Studien zur Ffter Geschichte 7)

5358. H e i n e , Herbert: Die Melodien der Mainzer Gesangbücher in der ersten Hälfte des 17. Jahrhunderts. Mainz: Selbstverl. d. Ges. f. mittelrhein. Kirchengesch. 1975. XII, 382 S. m. Abb. (Quellen u. Abhandlungen z. mittelrhein. Kirchengesch. 23). Erschien zuerst als Phil. Diss. Mainz 1973

5359. E r b a c h e r , Hermann: Die nassau-saarbrückischen Gesangbücher von 1746 bis 1779. Mit Abb. – In: Die evang. Kirche an d. Saar gestern u. heute. Saarbrücken 1975, S. 122–138

5360. R e h m , Gottfried: Die Orgeln im Südteil des Kreises Hersfeld-Rotenburg. – In: MHl 26. 1974/75, S. 37–39

5361. R e h m , Gottfried: Orgelbauten (Georg Friedrich) Wagners in Osthessen [im 19. Jh.]. – In: MHl 26. 1974/75, S. 69–71; vgl. a. BuBll 48. 1975, S. 75

5362. R e h m , Gottfried: Der Fuldaer Orgelbauer Fritz Clewing. [1851–1906] – In: BuBll 48. 1975, S. 91–92; 49. 1976, S. 4

5363. R e h m , Gottfried: Die Orgeln des ehemaligen Kreises Schlüchtern. Mit Erg. zu Bd Kr. Hünfeld, Landkr. Fulda, Stadt Fulda. Berlin: Pape 1975. 340 S. m. Abb. u. 1 Kt. (Norddt. Orgeln 10)

5364. R e h m , Gottfried: Zur Orgelbau-Geschichte des Kreises Schlüchtern. – In: BuBll 48. 1975, S. 11–12

5365. R e h m , Gottfried: Statistische Angaben über die Orgeln des Kreises Schlüchtern. – In: BuBll 47. 1974, S. 72

5366. B u s c h , Hermann Josef: Die Orgeln des Kreises Siegen. Berlin: Pape 1974. 241 S. (Norddt. Orgeln 8)

5367. B ö s k e n , Franz: Quellen und Forschungen zur Orgelgeschichte des Mittelrheins. Bd 2. Das Gebiet d. ehem. Regierungsbezirks Wiesbaden. T. 1. 2. Mainz: Schott 1975. 948 S. m. Abb.

5368. M a t h y , Helmut: Franz Bösken zur Vollendung des 65. Lebensjahres. Veröffentlichungen v. Franz Bösken seit 1969. – In: MAmrhM 28. 1974, S. 37–40. 41 [Rheinhess. Orgelhistoriker]

5369. H [ i n ] z [ e ], [Kurt]: Diese Orgel baute Johann Wilhelm Schöler. Ein denkwürd. Dokument im Blasebalg d. A l t e n b e r g e r Barockorgel. Mit 1 Abb. – In: HLD 60. 1975, S. 4

5370. H e n n , Ernst: Orgel der evangelischen Kirche zu B r e i t s c h e i d . Mit 2 Abb. – In: HbllPFH 44. 1976, S. 27–28

5371. B r a d e n , Karl: Kirchenorgel in Bingen-B ü d e s h e i m . – In: HMRh 19. 1974, Nr 2, S. 3

5372. T r i n k a u s , Eckhard: Die Orgel in der Kirche des Prämonstratenserklosters C a p p e l , [Spieskappel]. – In: HH N. F. 24. 1974, S. 51–52

5373. K w a s n i k , Walter: Die alte Orgel der ev. Stadtkirche zu D i l l e n b u r g . Besichtigung d. Orgeltorsos in Niederlibbach. Mit 3 Abb. Bauer, Walter: Zwei Schnitzereien von der einstigen Dillenburger Orgel. Mit 2 Abb. – In: HJDi 18. 1975, S. 38–42

5374. G r o ß m a n n , Dieter: Die E s c h w e g e r Orgeln und ihre Erbauer. – In: HH N. F. 24. 1974, S. 150–159 (Sonderheft „1000 Jahre Eschwege")

5375. B r a n d , Klaus-Günter: Die Stumm-Orgel der Evangelischen Kirche in F l o m b o r n /Rh. Tübingen: Metz 1975. 4 Bl. m. Abb.

5376. R e h m , Gottfried: Abenteuerliche Geschichte der Frauenberger Orgeln [F u l d a ] . – In: BuBll 48. 1975, S. 85

5377. S c h u l z , Jakob: Die Orgeln der katholischen Kirche zu G a u - B i s c h o f s h e i m . – In: HJMBi 17. 1973, S. 48–49

5378. S c h n e i d e r , Dieter: Die Emmaus-Kapelle und die Rindt-Orgel [auf dem Friedhof zu H a t z f e l d ]. – In: HiGbll 53. 1974, S. 170. 167

5379. Die Orgeln der H e r s f e l d e r Stadtkirche. Red.: Christa H e i n r i c h , Hans A r e n s . Hersfeld: Arbeitskr. f. Musik e.V. [1974]. 38 S. m. Abb.

5380. R e h m , Gottfried: Die historischen Orgeln der Bad Hersfelder Stadtkirche. – In: MHl 26. 1974/75, S. 25–27

5381. R e h m , Gottfried: Orgeln der Stadtkirche zu Bad Hersfeld. – In: BuBll 47. 1974, S. 83–84

5382. R e h m , Gottfried: „Eine Oestreich-Orgel in K a s s e l". – In: BuBll 49. 1976, S. 30

5383. M e n g e r , Reinhardt: Die Schöler-Orgel der Evangelischen Kirche in K l i n g e l b a c h (Taunus). Mit 1 Abb. – In: Ars organi 46. 1975, S. 2112–2115

5384. R ö m h i l d , Hans: Engelhard Peter, der Orgelstifter von K ö r l e . [1758–1831.] – In: Jb. f. d. Schwalm-Eder-Kreis 1. 1975, S. 148–152

5385. S c h n e i d e r , Dieter: Die Kirche zu L a i s a und ihre Barockorgel. Mit 3 Abb. – In: HiGbll 54. 1975, S. 13–14

5386. R e h m , Gottfried: Zur Orgelgeschichte der Stadtkirche L a u t e r b a c h . – In: BuBll 48. 1975, S. 28. 36

5387. B u s c h , Hermann Josef: Die Orgeln der evangelisch-reformierten Kirche M ü s e n (Kr. Siegen). Zur Wiederindienststellung d. restaurierten Ladegast-Orgel am 23. Febr. 1975. Netphen-Afholderbach: Selbstverl. d. Verf. 1975. 12 S. m. Abb.

5388. R e h m , Gottfried: Weitere Oestreich-Orgel [in O b e r r o d e n b a c h bei Hanau] entdeckt. – In: BuBll 49. 1976, S. 56

5389. K n i e r i m , Kurt: Die Orgeln in der Stadtkirche St. Johannes zu S p a n g e n b e r g . – In: HeG 77. 1976, S. 12–14

5390. R e h m , Gottfried: Die Odyssee der Orgel von T a n n . – In: MHl 26. 1974/75, S. 29–30

## 5. Begräbniswesen

5391. B i n d i n g , Günther: Quellen, Brunnen und Reliquiengräber in Kirchen. – In: ZAM 3. 1975, S. 37–56 m. 13 Abb. [Betr. u. a. auch d. Stiftskirche in Hersfeld u. d. Ratgar-Kirche in Fulda]

5392. A r e n s , Fritz: Gotische Grabmäler mit der Darstellung der „ewigen Anbetung" in Deutschland. Mit zahlr. Abb. – In: Mü 25. 1972, S. 333–340 [Betr. u.a. Hessen u. Nassau]

5393. M i e l k e , Heinz-Peter: Gußeiserne Grabkreuze im Hochtaunus. – In: HTBll 3. 1975, H. 6, S. 18–23. Taf. 2–5 [Gekürzt in: UsL 6. 1974, Sp. 68–72]

5394. S c h ü t z , Ernst: Der Sarkophag von „Heilig Grab" bei Diedenbergen. – In: HMDie 6. 1976, S. 135–154 [Herkunft verm. Odenwald; aufbewahrt im Museum Wiesbaden]

5395. H a f f k e , Wilhelm: Der Kriegsopferfriedhof im Kloster A r n s b u r g. – In: 800 Jahre Kloster Arnsburg. Lich 1974, S. 123–129

5396. S t a a t , Anton: Grabplatten [der Familie] von Hattstein [in C a m b e r g ]. Nebst Anm. von Hans-Peter Mielke. – In: UsL 1974, Nr 2, Sp. 23–24; Nr 4, Sp. 42

5397. S c h m i d t , Thomas: Die Begräbnisstätten in der evangelischen Kirche zu D i l l e n b u r g. Aufnahmen: Eberhard Hain [u.a.] Dillenburg: Selbstverl. d. Verf. [1976]. 32 S. m. Abb. [Betr. d. Haus Nassau]

5398. A t z e r t , Walter: Grabplattenfunde in der St. Katharinenkirche zu F r a n k f u r t a.M. im Jahre 1966. – In: AFGK 55. 1976, S. 81–100

5399. L e r n e r , Franz: Wo ist Justina Katharina Steffan von Cronstetten begraben? – In: Vaterland auf d. Römerberg ... 1975, S. 242–245 [Peterskirchhof in Frankfurt a.M.]

5400. H a g e n o w , Gerd: Die Grabmäler des Rheingauer Domes. – In: GeisLiBl 26. 1975, Nr 43. 46. 49. 50 [ G e i s e n h e i m ]

5401. H a g e n o w , Gerd: Das Grabmal des Grafen Johann Heinrich Karl von Ostein in der katholischen Pfarrkirche zu Geisenheim a. Rhein. – In: NAN 85. 1974, S. 114–132

5402. H a g e n o w , Gerd: Ein Schönborn in Geisenheim a. Rh. – Mit Abb. – In: RhgHbll 1974, Nr 4; 1975, Nr 1. 2 [Grabmal d. Philipp Erwin v. Sch. im Rheingauer Dom]

5403. H a g e n o w , Gerd: Ein verdienter Mann (Frhr. Eduard v. Lade) und sein Grab [auf d. alten Friedhof in Geisenheim]. – In: RhgHbr 90. 1974, S. 6

5404. B e r n b e c k , Gerhard: „Krieg ist leicht anzufangen, die Mitte aber schwer und mühsam, der Ausgang ungewiß". Ein Grabmal auf d. Alten Friedhof u. d. Schicksale d. 1622 in G i e ß e n gestorbenen Johann Georg von Tschernembl. – In: HGiess 1975, Nr 51. 52

5405. L i z a l e k , Willy: Die Grabmäler des Amtskellers Josef Weber und seiner Frau [in H e p p e n h e i m ]. – In: Stark 51. 1974, S. 21–22, 2 Abb.; [auch in: GbllBe 7. 1974, S. 187–190]

5406. B r i n g e z u , Maria: Ein Grabstein als Dokument. Mit 2 Abb. – In: MVGLHo 32. 1974, S. 20–24 [in Bad H o m b u r g ]

5407. F a b e r , Rolf: Das Grabmal des Fürsten Georg August Samuel von Nassau-Idstein und seiner Familie in der Unionskirche zu I d s t e i n . Mit 4 Abb. – In: HJUTs 1974, S. 83–88

5408. S e i b , Gerhard: Rettung zweier barocker Särge aus dem Altmetall. Mit 2 Abb. – In: HH N. F. 26. 1976, S. 29–30 [Ursprüngl. Standort: Gruft d. Hauses Sayn-Wittgenstein-Hohenstein in L a a s p h e ]

5409. A r e n s , Fritz: Das Würzburger Rationale an einem Mainzer Erzbischofsgrabmal [Konrad v. Weinsberg]. – In: Mainfränk. Jb. f. Gesch. u. Kunst 27 = Archiv d. Hist. Ver. f. Unterfranken u. Aschaffenburg 98. 1975, S. 82–86 [Im M a i n z e r Dom]

5410. S e i b , Gerhard: Zwei gegossene Epitaphien in M a r b u r g [aus Ende 17. u. Anfang 18. Jh.] und ihre Model in Kleinvach an der Werra. – In: HH N. F. 25. 1975, S. 108–113

5411. S c h i l p , Josef: Ein spätgotischer Inschriftstein der Pfarrkirche St. Markus, M ü h l h e i m am Main. – In: Steinerne Zeugen aus d. Geschichte Mühlheims. Mühlheim/M.: Geschichtsabt. d. Verkehrs- u. Verschönerungsver. 1975, S. 4–8

5412. H u n d e r t m a r k , Karl-Ernst: Petrographische Bemerkungen zum Inschriftstein in der Kirchhofmauer von St. Markus, Mühlheim am Main. – In: Steinerne Zeugen aus d. Geschichte Mühlheims. Mühlheim/M.: Geschichtsabt. d. Verkehrs- u. Verschönerungsver. 1975, S. 9–10

5413. M i e l k e , Heinz-Peter, u. Bernd Schneidmüller: Zur Bassenheimer Grabkapelle in O b e r r e i f e n b e r g . Mit 1 Bildn. u. 8 Abb. – In: HTBll 8. 1976, S. 25–36

5414. S c h w i n n , Karl: Grabmäler und Wappen in der R e i c h e l s h e i m e r Kirche. – In: Odw. 22. 1975, S. 99–104 m. Abb.

5415. S a t t l e r , Peter W.: Die (Grab-)Denkmäler in der Basilika auf dem S c h i f f e n b e r g . – In: HGiess 1976, Nr. 33. 34

5416. G r e g o r , Heinz: Ein kleiner Friedhof mit großer Geschichte. Aus der Vergangenheit d. Friedhofs auf d. Schiffenberg. – In: HGiess 1976, Nr. 1

5417. Friedhöfe – Wegweiser in die Vergangenheit. Hist. Rückschau u. Ausblick auf d. Begräbniswesen d. Stadt S i e g e n . Mit 4 Abb. – In: UHl 44. 1976, S. 146–149

5418. R e u t t e r , Rolf: Eine wenig bekannte Darstellung des „Schlangensteins" aus dem Jahre 1829. – In: GbllBe 8. 1975, S. 225–228 [Grabdenkmal Ulrichs III. von Kronberg bei U n t e r - L a u d e n b a c h ]

5419. G i e g e r i c h , Willi: Das Epitaph des Sebastian Wilhelm Weber in der St. Nikolaus-Kirche, Bad V i l b e l († 1704). – In: ViHbll 14. 1976, S. 21–23, 1 Abb.

5420. W e h r u m , Carl: Die Heiliggrab-Kapelle auf dem alten Friedhof [in W e i l b u r g]. Mit 2 Abb. – In: WeilBll 12. 1976, S. 89–90

5421. B r a u n s , Eduard: Ein vergessener Friedhof [im Park W i l h e l m s - h ö h e unterhalb von Mulang]. – In: HeG 75. 1974, S. 88–89

## XV.
## ERZIEHUNG UND BILDUNG

### A. SCHULWESEN

#### 1. Allgemeines

5422. W r i g h t , William John: Reformation influence on Hessian education. The Ohio State Univ., Phil. Diss. v. 1969 [Betr. Landgrafschaft Hessen]

5423. J a h n , Kurt: 400 Jahre Heimat-Schulgeschichte [im Hersfelder Raum]. – In: MHl 26. 1974/75, S. 73–76

5424. J a h n , Kurt: Das dreiklassige Schulsystem [des 19. u. 20. Jahrhunderts im Kreisgebiet Hersfeld]. – In: MHl 26. 1974/75, S. 93–94

5425. 130 Jahre berufliche Schulen des Landkreises 1837–1967. Die Gesch. e. berufl. Schule. Hrsg.: Kreisausschuß d. Landkreises Melsungen. Unter Mitarb. von Franz B a i e r . Melsungen: Kreisausschuß d. Landkr. Melsungen 1967. 62 S. m. Abb.

5426. B r e s s l e r , Hannes: Das Volksschulwesen in Südhessen zwischen 1803 und 1874. Ein Beitr. z. hess. Schulgesch. Bamberg: Rodenbusch 1969. 182 S. m. Abb. Frankfurt, Phil. Diss. v. 1969

5427. B r ü c k , Anton Philipp: Schulen an Rhein und Nahe bis zum Jahre 1800. – In: HJMBi 18. 1974, S. 8–11

5428. R o o s , Franz: Alte Schulhäuser im Landkreis Mainz-Bingen. Mit Abb. – In: HJMBi 18. 1974, S. 15–19

5429. S c h m i d t , Gerhard: Die nassauische Schulpolitik und das Schullehrerseminar in Usingen im 19. Jahrhundert. – In: UsL 1974, Nr 5, Sp. 56–59

5430. W ü r z , Heinz: Das Volksschulwesen in Vergangenheit und Gegenwart. Mit 2 Abb. – In: Der Unterlahnkr. Mainz 1967, S. 63–67 [Im Unterlahnkr.]

5431. B a l t e s , Alois: Zur Geschichte und Situation der höheren Schulen im Raum Montabaur. Mit 2 Abb. – In: Westerwaldkreis. Mühlheim/M. 1975, S. 139–141 [Betr. u.a. Gymnasium in Montabaur]

5432. P a l m , Claus: Schulgeschichtliche Entwicklung im 19. und 20. Jahrhundert. Mit 1 Skizze. – In: HJMBi 18. 1974, S. 12–14 [Betr. Mittelrhein]

5433. S c h u l t z e , Walter: Das Bildungskonzept der Hessischen Verfassung und seine Verwirklichung im Schulwesen und in der Lehrerbildung. – In: 30 Jahre Hess. Verfassung 1946–1976. Wiesbaden 1976, S. 230–252

5434. Schulentwicklung in Hessen. Wiesbaden: Hess. Kultusmin. 1974. 80 S.

5435. Bilanz des hessischen Schulwesens. Hrsg. v. d. Presse- u. Informationsabt., Staatskanzlei Wiesbaden. Wiesbaden: Hess. Landesregierung, Presse- u. Informationsabt., Staatskanzlei [1973]. 38 S. m. Abb. u. Kt. (SHInf 7) [2. überarb. Aufl. [1974.] 39 S.]

5436. Landesentwicklungsplan ([teilw.:] Hessen '80) [1.] Investitionsplan 1971. Schulbau in Hessen. [2.] Schulen in Hessen. Investitionen 1971, 1972. Wiesbaden: Der Hess. Kultusmin. 1971

5437. R e i t z , Heribert: Entwicklungen und Perspektiven im Bildungsbereich. Eine Betrachtung aus finanzpolit. Sicht. Wiesbaden: Hess. Landesregierung, Presse- u. Informationsabt., Staatskanzlei 1976. 16 S., 1 Abb. (SHInf 24)

5438. Der Prozeß Gingold gegen den hessischen Kultusminister. Krollmanns Berufsverbotepraxis auf d. Anklagebank. Dokumentation. Hrsg. von hess. Komitees gegen Berufsverbote. Marburg: An d. Berghecke 22, J. Kahl [Selbstverl.] 1976. 16 S., Abb.

5439. S e w e r i n , Werner: Schulrecht in Hessen. Ein Grundriß. Neuwied & Darmstadt: Luchterhand 1976. Getr. Zählung

5440. H e s s , Karlernst: Das Recht der hessischen Schülervertretung. Komm. 2., erw. Aufl. Wiesbaden: Kommunal- u. Schul-Verl. Heinig 1976. 91 S. (Praxis d. Gemeindeverwaltung)

5441. Schule und Datenverarbeitung in Hessen. H. 1–5. Wiesbaden: Hess. Kultusmin. 1975–76. 1. Hess. Schulinformationssystem. Grundlagen. 1975. 74 S. 2. Stundenplanprogramm Schola 60. Benutzungshandbuch. 1975. 68 S. 3. Stundenplanprogramm Schola 60. Hinweise f. Anwender. 1976. 114 S. 4. L a u x , Heinz-Günther, u. Richard B e s s o t h : Schulinformationssysteme. Eine Literaturanalyse zum Stand u. d. Möglichkeiten d. Entwicklung. 1977. 155 S. 5. Schülerstammdatei. Anwendungsbuch. 1976. 119 S.

5442. Das Bildungstechnologische Zentrum Wiesbaden. Entwicklung, Arbeit, Ergebnisse. [Red.: Edgar S c h m i d t .] Wiesbaden: Bildungstechnolog. Zentrum 1974. 45 S. m. Abb.

5443. B o e t t g e r , Gerd Hermann: 50 Jahre Bildstellenarbeit. 25 Jahre Staatl. Landesbildstelle Hessen in Frankfurt a.M. [Mit Abb.] Frankfurt: Staatl. Landesbildstelle Hessen 1974. 26 Bl.

5444. G e i s s , Jakob: Darmstädter Bildstellen, ein halbes Jahrhundert Medien für Schule u. Öffentlichkeit. Eine Information d. Stadt- u. Kreisbildstelle Darmstadt. Darmstadt 1976. 10 S., Abb.

5445. Verzeichnis der allgemeinbildenden Schulen in Hessen (Grund- u. Hauptschulen, Sonderschulen, Realschulen u. Gymnasien, Gesamtschulen, Einrichtungen d. 2. Bildungsweges). 1975. Wiesbaden: Hess. Statist. Landesamt 1976. 235 S.

5446. Schulentwicklungsplan Schwalm-Eder-Kreis. Homberg/Efze: 1976. 90 S., Kt.

5447. M ü l l e r , Alfred, Karl G r e i f f : Große Erfolge der Schulreform. Mit 2 Abb. – In: Westerwaldkreis. Mühlheim/M. 1975, S. 131–134 [Im Westerwald]

5448. B l ä t t e l , Karl Heinz: Grund-, Haupt-, Real- und Sonderschulen im Landkreis Limburg-Weilburg. Mit 2 Abb. – In: Land an d. Lahn. Mühlheim/L. 1976, S. 212–219

5449. Jugendbildungswerk Main-Taunus. Selbstverständnis, Inhalte, Arbeitsbereiche, Ziele. Hrsg.: Main-Taunus-Kr., d. Kreisausschuß Jugendbildungswerk Frankfurt/M.-Höchst. Frankfurt/M.-Höchst 1976. 50 Bl.

5450. Z w e r g e l , Helmut: Ein breites Angebot an Bildung. Neue Aspekte in d. Bildungspolitik. Mit Abb. – In: Main-Kinzig-Kreis. Oldenburg (Oldb.) 1976, S. 40–62

5451. M o m b e r g e r , Eckhard: Schulentwicklung, eine Aufgabe für den Kreis Schlüchtern. – In: Jb. d. Ulrich-v.-Hutten-Schule Schlüchtern 20. 1972, S. 7–11

5452. G l a s b r e n n e r , Walter: Bildung und Wissen – Schulentwicklung und Planung. – In: Der Wetteraukreis. Frankfurt a.M. 1976, S. 109–110

5453. S k a l a , Franz, u. Werner D i l l e r : Entwicklungsplan für den Landkreis Groß-Gerau. Fachplan f. d. Schulwesen. Groß-Gerau: Landkreis, Kreisausschuß 1976. 206 S. m. Kt. u. Abb.

5454. L i l l i n g e r , Hans, Helmut R i c h t e r u. Heinz S c h n e i d e r : Grundschulreform im Brennpunkt von Bildungsforschung und Politik. Braunschweig: Braunschweiger Verl. Anst. 1976. 127 S. m. Abb. (Schriftenreihe z. pädagog. Information 6)

5455. R a u s c h , Karl: Der Wiederaufbau des Volksschulwesens im Kreise Alsfeld nach dem Zusammenbruch im Frühjahr 1945. – In: MGAA R. 12. 1976, S. 83–91

5456. G e i s s l e r , Erich Eduard, Richard Ph. K r e n z e r u. Adalbert R a n g : Fördern und Auslesen. Eine Untersuchung an hess. Schulen mit Förderstufe. Zeichn. Karl Schilling. 2., erw. Aufl. Frankfurt a.M. [usw.]: Diesterweg 1969. 129 S., 16 graph. Darst. (Diesterwegs rote Reihe)

5457. B ä s t l e i n , Jörg, Alfons G e r h a r z : Realschulen im Westerwaldkreis – gestern und heute. – In: Westerwaldkreis. Mühlheim/M. 1975, S. 135–138 m. 2 Abb.

5458. Althoff, Friedrich: Das Realschulwesen [im Unterlahnkr.] Mit 2 Abb. – In: Der Unterlahnkr. Mainz 1967, S. 68–71

5459. Zielsetzungen der neu organisierten fachbezogenen Modellversuche an hessischen Gesamtschulen. Text d. Versuchsanträge an d. Bund-Länder-Komm. f. Bildungsplanung. Hrsg.: Koordination d. Modellversuche an Gesamtschulen. Fuldatal (Kassel): Hess. Inst. f. Lehrerfortbildung, Hauptstelle Reinhardswaldschule 1975. 237 S. m. graph. Darst.

5460. Hasselberg, Joachim: Dialekt und Bildungschancen. Eine empir. Untersuchung an 26 hess. Gesamtschulen als Beitr. zur soziolinguist. Sprachbarrierendiskussion. Weinheim [usw.]: Beltz 1976. XVI, 200 S. (Untersuchungen z. in- u. ausländ. Schulwesen 16)

5461. La Vern Buckley, Dennis: Gymnasium im Wandel [The German gymnasium in flux, dt.]. Interna d. Schulreform an e. hess. Gymnasium beobachtet. [Übers. von Sabine Gerbaulet.] Weinheim, Basel: Beltz 1975. VIII, 204 S.

5462. Wolf, Willi: Selektionsprozesse im Zweiten Bildungsweg. Untersucht am Beisp. d. Hessenkollegs. Kronberg Ts.: Scriptor-Verl. 1975. 434, 38 S. m. Kt. Marburg, Univ., Fachbereich Gesellschaftswiss., Diss. 1974 (Skripten Pädagogik 4)

5463. Helfenbein, Karl-August: Frühe Versuche zur Schulreform. Ein Ber. über ehemal. Landerziehungsheime in Hessen. – In: Päd. Rundschau 27. 1973, S. 183–190

5464. Wagner, Almuth: Die Schule für Geistigbehinderte. Eine Bestandsaufnahme d. Schulen f. Praktisch Bildbare in Hessen. – In: Wagner u. Klaus Bätcke: Beiträge z. Schule f. Geistigbehinderte. 1976. (Arbeiten z. Theorie u. Praxis d. Rehabilitation in Medizin, Psychologie u. Sonderpädagogik. 4) S. 13–125

5465. Diskussionsentwurf zur Sonderschulentwicklungsplanung im Bereich der Stadt u. d. Landkreises Marburg. Marburg: Schul- u. Kulturamt 1974. 127 S. in getr. Zählung

5466. Rahmenrichtlinien d. Hess. Kultusmin. Frankfurt a. M.: Diesterweg [in Komm.] 1976. Primarstufe. Mathematik. Wolfgang Schmittdiel [u.a.] 35 S. Musik. Harry Liebers [u.a.] 44 S. Sachunterricht. Naturwiss.-techn. Aspekt. Claus Clausen. 202 S. Sekundarstufe I. Chemie. Kurt Freytag [u.a.] 32 S. Griechisch. Wolfgang Bruckmann [u.a.] 52 S. Latein. Wilhelm Höhn [u.a.] 127 S. Mathematik. Helmut Postel [u.a.] 235 S. Musik. Heinz Jung [u.a.] 68 S. Physik. Willy Hoffmann [u.a.] 76 S.

5467. Beim Hessischen Kultusminister eingegangene Stellungnahmen zu den Rahmenrichtlinien. Primarstufe u. Sekundarstufe I. Hrsg. v. Hess. Kultusmin. Bd 1–5. Wiesbaden 1974. 1. Grund-, Haupt-, Realschulen. V, 445 Bl. 2.

## A. Schulwesen

Gesamtschulen. III, 227 Bl. 3. Gymnasien. T. A. III, 434 Bl. T. B. III, 460 Bl. 4. Universitäten. II, 127 Bl. 5. Sonstige. VI, 672 Bl.

5468. Beim Hessischen Kultusminister eingegangene Erprobungsberichte zu den Rahmenrichtlinien. Primarstufe u. Sekundarstufe 1. Hrsg. v. Hess. Kultusmin. Wiesbaden 1975. 1. Grund-, Haupt-, Realschulen. 708 Bl. 2. Gesamtschulen 634 Bl. 3. Gymnasien. 191 Bl.

5469. D i e t z e , Lutz: Die Reform der Lerninhalte als Verfassungsproblem. Rechtsgutachten über d. Verfassungsmäßigkcit d. Hess. Rahmenrichtlinien Gesellschaftslehre Sekundarstufe 1973. Erstattet im Auftr. d. Hess. Kultusmin. Frankfurt a.M.: Diesterweg 1976. 285 S.

5470. Schule am Scheideweg. Die hess. Rahmenrichtlinien in d. Diskussion. Hrsg. von Bernhard V o g e l . München, Wien: Olzog 1974. 271 S.

5471. N i p p e r d e y , Thomas: Konflikt, einzige Wahrheit der Gesellschaft? Zur Kritik d. hess. Rahmenrichtlinien. Osnabrück: Fromm 1974. 151 S. (Texte u. Thesen 48)

5472. B o n n , Peter: Entstehung und Konzeption des Modellversuchs zur „Konkretisierung der Rahmenrichtlinien an Gesamtschulen" in Hessen (1972/1973). 1. Aufl. Frankfurt/M.: Projektgruppe Konkretisierung d. Rahmenrichtlinien an Gesamtschulen 1974. 113 S. (Beitrr. z. Modellversuch 1)

5473. T h e i s , Hans-Herbert: Die politischen Auseinandersetzungen um die Rahmenrichtlinien Gesellschaftslehre Sekundarstufe I in Hessen bis Dezember 1973. Marburg 1974. 160 S. Marburg, Univ., Fachbereich Gesellschaftswiss., Mag. Schr.

5474. Arbeitsgruppe Kunsterziehung an der Universität Frankfurt/M. Vorschlag f. Rahmenrichtlinien bildende Kunst. Zur Diskussion. Ffm. [um 1975]. 51, XXI S.

5475. W o l f , Hartmut: Curriculare Entwicklungsarbeit, die organische Tabulierung des Konflikts. Vorläuf. Anm. zur Dokumentation u. Analyse curricularer Praxis in d. BRD am Beispiel d. Hess. Komm. zur Reform d. Bildungspläne. Frankfurt a.M.: Selbstverl. d. Verf. [1975]. 226 S. (Lehrplanrevision in Hessen 1) [S. 215–226: Literaturverz.]

5476. Politische Bildung als politischer Konflikt. Reformversuche in Hessen u. Nordrhein-Westfalen. 10. Woche d. Wiss., 10.–13. Juni 1974. Ruhrfestspiele Recklinghausen. Hrsg. von Rudolf K o s c h n i t z k e im Auftr. d. Dt. Gewerkschaftsbundes, d. Gewerkschaft Erziehung u. Wiss. Düsseldorf 1975. XVIII, 190 S.

5477. L a u t e r , Werner, u. Hans-Joachim K i l l m a n n : Russischunterricht an hessischen Gymnasien 1971. Eine Statistik. [Frankfurt/M.: Selbstverl. W. Lauter] 1971. 18 Bl.

5478. Ortmann, Hans-Jürgen: Auswirkung von Maßnahmen zur Förderung des Schulsports in Hessen aufgezeigt am Beispiel des Dillkreises. Marburg 1975. 95 S., 75 Bl., 4 Faltbl. Marburg, Univ., Fachbereich Gesellschaftswiss., Dipl. Schr. v. 1975

5479. Das berufliche Schulwesen in Hessen. Wiesbaden: Hess. Landesregierung, Presse- u. Informationsabt., Staatskanzlei [1974]. 24 S. m. Kt. (SHInf 10)

5480. Schwertel, Peter: Das berufliche Schulwesen. Mit 3 Abb. − In: Land an d. Lahn. Mühlheim/L. 1976, S. 220−225

5481. Thorn, Alwin: Das berufsbildende Schulwesen [im Unterlahnkr.] Mit 2 Abb. − In: Der Unterlahnkr. Mainz 1967, S. 77−78

5482. Wilke, Reinhard: Kulturelle Erwachsenenbildung. Zum 25jähr. Jubiläum d. Hess. Blätter f. Volksbildung. − In: HBllVoB 26. 1976, S. 292−296

5483. Horn-Staiger, Ingeborg: 25 Jahre Erwachsenenbildung im Spiegel der Hessischen Blätter für Volksbildung 1951−1976. − In: HBllVoB 26. 1976, S. 289−291

5484. Frühauf, Klaus Dieter: Ziele und Aufgaben der Erwachsenenbildung. Darst. u. Diskussion auf d. Grundlage d. Hess. Bll. f. Volksbildung f. d. Zeitraum 1951−1960. Marburg 1975. 93, 21 S. Marburg, Univ., Fachbereich Erziehungswiss., Dipl. Schr. v. 1975

5485. Die Zustände im hessischen Volksbildungswesen und das Schulprogramm der Arbeiterklasse. Kommunist. Bund Westdeutschland. Hrsg. von Landtagskandidaten u. Mitgliedern d. KBW in Hessen. Verantwortl.: Hans-Jörg Hager. Mannheim: Kühl 1974. 21 S.

5486. Erwachsenenbildung in der Evangelischen Kirche in Hessen und Nassau. Hrsg. von Dietrich v. Heymann. Darmstadt: Arbeitsgemeinschaft f. Erwachsenenbildung 1973. 63 S.

5487. Baumann, Werner: Bildung und Wissen. Man lernt nie aus. − In: Der Wetteraukreis. Frankfurt a.M. 1976, S. 113−114

5488. Bentin, Lothar: Verwirklichung des Rechts auf Weiterbildung. − In: Westerwaldkreis. Mühlheim/M. 1975, S. 157−162 [Volkshochschulen im Westerwaldkr.]

5489. Zipp, Paul: Chancen der Erwachsenenbildung. Die Kulturvereinigung Bad Schwalbach e. V. ist vorbereitet auf d. größeren Aufgaben d. Kreisstadt im zukünftigen Rheingau-Taunus-Kr. Mit Abb. − In: HJUTs 26. 1975, S. 55−60

## 2. Lehrer

5490. J a h n , Kurt: Lehrer [im Kreisgebiet Hersfeld], die keiner bezahlen wollte. – In: MHl 26. 1974/75, S. 83–84

5491. F l e i g , Lina: Als die Schulmeister Ortsarme waren. – In: HGiess 1974, Nr 6 [Zur Schulgeschichte von Gießen-W i e s e c k ]

5492. C o r n e l i u s , Werner: Für einen „halben Toten" wird nicht geläutet. Ein originelles Zeitdokument aus d. 18. Jh. – In: HLD 67. 1976, S. 2 [Betr. Schullehrerbesoldung; Beispiel aus Tiefenbach]

5493. R i m r o d , Friedrich August: [Lehrer-]Altersversorgung 1808. Brief an den „Fürstprimas" d. Rheinbundes u. damal. Landesherrn v. Wetzlar Karl Theodor Frhrn v. Dalberg. Mitget. von Fritz Glöckner. – In: NblWil 49. 1974, Nr 136, S. 239–240

5494. B e r g m a n n , Waltari: Die Spangenberger Lehrerwitwenkasse – eine hessische soziale Tat. [1818 von Metropolitan Hupfeld gegründet.] – In: HeG 77. 1976, S. 100–101

5495. J a h n , Kurt: Wie einer [im Kreisgebiet Hersfeld] früher Lehrer wurde. – In: MHl 26. 1974/75, S. 86–87

5496. J a h n , Kurt: Lehrerausbildung [in Hessen] von 1698 bis 1920. – In: MHl 26. 1974/75, S. 89–91

5497. V e s p e r , Otto: Geschichte des Lehrerseminars Homberg. Zum Gedenken aus Anlaß d. 50jähr. Wiederkehr d. Tages d. Auflösung d. Seminars im Jahre 1925. Homburg d. d. Efze: Zweigver. Homberg an d. Efze d. Ver. f. Hess. Gesch. u. Landeskde 1975. 102 S. m. Abb. (Homberger Hefte 15)

5498. W a l t e r , H.: Lich und seine Präparandenanstalt. Erinnerungen an die Zeit d. Jahrhundertwende. – In: HHGiess 1975, S. 35–36

5499. R u p p e r s b e r g e r , Lutz: Die ghzgl. Präparandenanstalt zu Wöllstein. – In: HJAlWo 12. 1972, S. 261–264; 13. 1973, S. 407–414

5500. M a t h y , Helmut: Pädagogisches Institut in der Weimarer Zeit: Lehrer für Danzig und die Saar. – In: MMag 1975, Juli, S. 16 [In Mainz; gehörte zur kultur- u. staatswiss. Abt. d. TH Darmstadt]

5501. Das verwaltete Chaos. Wie in Frankfurt u. andernorts Lehrerstudenten lernen müssen. – In: betrifft: erziehung 7. 1974, H. 12, S. 31–41

5502. C o n r a d t , Horst: Die Situation der Lehramtskandidaten in Hessen. – In: Frankfurter Hefte 30. 1975, Nr 8, S. 3–5

5503. Hessisches Institut für Lehrerfortbildung 1951–1976 [Festschrift]. Red.: Klaus S c h ä f e r . Fuldatal 1: Reinhardswaldschule 1976. 99 S. m. Abb.

5504. L o t z , Kurt: Ansprache [anläßl. d. Verabschiedung v. Oberstudiendirektor Dr. Karl A l e y ]. – In: Jb. d. Ulrich-v.-Hutten-Schule Schlüchtern 20. 1972, S. 19–24

5505. S c h w i n g , Heinrich: Adam A l t e n k i r c h zum Gedächtnis. Mit 1 Bildn. – In: NblWil 51. 1976, Nr 142, S. 426 [Hauptlehrer u. Schulleiter in Altenkirchen]

5506. M a y e r , Fritz: Dr. Theodor A r z t zum Gedenken (1905–1973). Mit 1 Bildn. – In: HKWe 24. 1974, S. 19–20 [Oberstudienrat in Wetzlar]

5507. L e u s c h n e r , Bruno: Nachruf auf Oberstudienrat Dr. Max A s c h k e w i t z . – In: Jb. d. Ulrich-v.-Hutten-Schule Schlüchtern 20. 1972, S. 53–54

5508. P u l v e r , Hans: Johann Christoph D i e h l . Lehrer in Frankfurt und Rechtsberater in Steinbach. Eine Biographie. Steinbach a. Ts: Geschichtskreis 1976. 22 S. m. Abb. (Steinbacher Hefte 2)

5509. D i e s t e r w e g , Adolf. 1790–1866. Pädagoge, 1813 Lehrer an d. Ffter Musterschule. Mitgl. d. Ffter Nationalversammlung. – In: Friedrich Wilhelm Bautz: Biograph.-bibliogr. Kirchenlex. 1975, Sp. 1294–1295

5510. S c h w i n g , Heinrich: Oberstudienrat Dr. phil. Hermann E b e r h a r t . Mit 1 Bildn. – In: NblWil 49. 1974, Nr 134, S. 189–190 [Geb. 1909 in Weilburg]

5511. M e u s e r , Werner: Helmut F ä r b e r zum Gedächtnis. Mit 1 Bildn. – In: NblWil 50. 1975, Nr 139, S. 341–342

5512. L e r n e r , Franz: Carl, Friedrich und Adolph v. Holzhausen – Pestalozzis und F r ö b e l s Schüler. – In: Vaterland auf d. Römerberg ... 1975, S. 79–86 [Friedrich Fröbel, Hauslehrer in Frankfurt a. M.]

5513. W e h r h e i m , Waldemar: Eine liebenswerte Kirdorferin lebt nicht mehr (Studienrätin a.D. Maria G ö b e l ). Mit 1 Bildn. – In: AHo 18. 1975, S. 161

5514. F r a n k h ä u s e r , Karl-Heinz: Heinrich G r o h . Mit 1 Bildn. – In: HJAl 1975, S. 20

5515. J a n , Helmut von: Georg Friedrich G r o t e f e n d . Ein Bild seiner Persönlichkeit. – In: Grotefend-Festschrift 1775–1975, S. 5–24 [Gymnasiallehrer in Frankfurt a.M.]

5516. S c h a c k , Ingeborg-Liane: Georg Friedrich Grotefend 1775–1853. Göttingen, Frankfurt a.M., Hannover. Zum 200. Geburtstag d. Sprachwissenschaftlers u. Pädagogen. – In: AFGK 55. 1976, S. 143–158

5517. Die Welt des Alten Orients. Keilschrift, Grabungen, Gelehrte. Veranstaltungen zum 200. Geburtstag d. Entzifferers d. Keilschrift Georg Friedrich Grotefend. Göttingen: Städtisches Museum 1975. 91 S.

5518. G r u p e , Heinrich: Ein Leben für die Volksschule. – In: JbLKa 1973, S. 80–91. 93–99; 1974, S. 54–59. 107–112

5519. L i p p e r t , Hans-Joachim: Dr. Friedrich H e i n e c k zum 95. Geburtstag. – In: JbbNVN 103. 1976, S. 5–6

5520. B e y e r , H.: Josef H o f f m a n n . Mit 1 Abb. – In: HJAl 1975, S. 21 [Lehrer u. Schriftsteller]

5521. B r ü c k , Anton Philipp: Bartholomäus H o l z h a u s e r (1613–1658), der Gründer der Binger Lateinschule. Mit 1 Bildn. – In: HJMBi 18. 1974, S. 157–161

5522. E n g e l h a r d t , Rudolf: Bartholomäus Holzhauser. Geb. 1613 in Laugna, gest. 20. 5. 1658 in Bingen. [Gründer d. Binger Lateinschule]. Mit 1 Bildn. – In: HMRh 19. 1974, Nr 1, S. 4

5523. R o s e n b o h m , Rolf: Johann Baptist J u n k e r . Versuch einer Würdigung eines vergessenen nass. Schulmeisters u. Historikers. – In: TChr 2. 1974, Dez.; 3. 1975, Nr 1

5524. W e l k e r , August: Ein Volkstumsforscher. Vor 100 Jahren starb Josef K e h r e i n , e. Schulmann u. Gelehrter im Nassauer Land. Mit 1 Bildn. – In: HLD 65. 1976, S. 2

5525. F a b e r , Rolf: Ein ganzer und darum seltener Mensch. Zum 150. Todestag des Pädagogen Johannes de L a s p é e . Mit 1 Bildn. – In: WiL 24. 1975, März, S. 8–9

5526. H a r r i e r s , Ronald u. Brita: Oberstudiendirektor i. R. Fritz L a u zum Gedächtnis. Mit 1 Bildn. – In: NblWil 50. 1975, Nr 137, S. 281

5527. L e u s c h n e r , Bruno: Nachruf auf Frau Oberstudienrätin i. R. Margarete L ö w . – In: Jb. d. Ulrich-v.-Hutten-Schule Schlüchtern 22. 1974, S. 64–65

5528. M e t z , Albert: Zum Gedenken an Rektor Fritz M a y e r 1902–1974. Mit 1 Bildn. u. 1 Abb. – In: HKWe 25. 1975 S. 19–20

5529. K u n z , Rudolf: Schulmeister, Kunstschreiner und Orgelbauer. Johann Philipp O b e r n d ö r f e r unterrichtete von 1736 bis 1773 in Jugenheim. – In: DarmKrbl 11. 8. 1976, S. 6

5530. H a n e , Karl: Johann P a u s a c k e l , ein Kämpfer für bessere Schulverhältnisse in Oppenheim. – In: HJMBi 18. 1974, S. 165–166

5531. R e i c h w e i n , Adolf: Ein Lebensbild aus Briefen und Dokumenten. Ausgew. von Rosemarie Reichwein. Hrsg. u. kommentiert von Ursula S c h u l z . München: G. Müller 1974. 375 S., 7 Abb.

5532. Die Keimzelle des Schulwesens in Siegen. Erasmus S a r c e r i u s , d. erste in e. Reihe bedeutender Schulmänner. Mit Abb. – In: UHl 44. 1976, S. 137–142

5533. May, Karl Hermann: Ehrenmitglied Oberstudiendirektor i.R. Hermann Schlitt hat seinen 90. Geburtstag gefeiert. Mit 1 Abb. – In: NblWil 49. 1974, Nr 134, S. 190–191 [Seit 1935 am Weilburger Gymnasium, 1945–1949 Oberstudiendirektor]

5534. Discher, Rudolf: Johann Schmitt, ein Vorkämpfer für den Lehrerstand. – In: HJAlWo 15/16. 1975/76, S. 745–749 [1815–1893]

5535. Kuhnigk, Armin Matthäus: Republikaner der ersten Stunde als Pädagoge und Politiker: Friedrich Gottlob Schulz, Konrektor des Weilburger Gymnasiums. – In: NblWil 50. 1975, Nr 137, S. 271–272

5536. Schutzbach, Karl: Fünfzig Jahre Lehrer in Weilburg. Mit 4 Abb. – In: NblWil 50. 1975, Nr 137, S. 274–276

5537. Ehrenteich, Alfred: Wilhelm Schwaner [aus Korbach] (1863–1944) u. die Volkserzieherbewegung. – In: Jb. d. Archivs d. dt. Jugendbewegung. 7. 1975, S. 75–97

5538. Brückner, Josef: Nachruf für Herrn Studienrat a.D. August Seybold. – In: AHo 17. 1974, S. 59

5539. Kolberg, Rosa: Leben und Wirken von Rektor Wilhelm Söhngen. Mit 1 Bildn. – In: AlBFuLiM 1974, S. 84–85 [† 14. 11. 1943 in Wiesbaden]

5540. Löber, Karl: [Die Lehrer] August Straub, Hans Jung, Richard Groß. Ein Dichter, ein Maler u. ein Musiker an einem Werk. Mit 4 Zeichn. u. 2 Notenbeisp. – In: HJDi 17. 1974, S. 97–104

5541. Podskalsky, Gerhard: Drei Frankfurter Byzantinisten des 19. Jahrhunderts: Johann Theodor Voemel, Johannes Classen, Tycho Mommsen. – In: AFGK 55. 1976, S. 127–141 [Rektoren am Stadtgymn. in Ffm]

5542. Wacket, Manfred: Arno Weisheit zum Gedächtnis. Mit 1 Bildn. – In: NblWil 51. 1976, Nr 142, S. 428–429 [Realschullehrer]

3. Einzelne Schulen

5543. Schätzler, Wolfgang: Über die Entwicklung der Schule [in Abenheim]. – In: Abenheim. Festbuch zur 1200-Jahrfeier. Worms-Abenheim 1974, S. 91–96

5544. Rausch, Karl: Die Albert-Schweitzer-Schule, Gymnasium, Alsfeld am Kriegsende 1945 und ihr Wiederaufbau. – In: MGAA R. 12. 1976, S. 91–94

5545. Rausch, Karl: Von den Fortbildungsschulen zur Kreisberufsschule Alsfeld. – In: MGAA R. 12. 1976, S. 97–118

5546. Raven, Otto: Zweihundert Jahre Schule in Altenhain 1775 bis 1975. Ein Beispiel d. Schulentwicklung im Main-Taunus-Gebiet. Mit 3 Abb. – In: RSp 2. 1976, H. 1, S. 3–19

## A. Schulwesen

5547. 25 Jahre in der Schule für Lernbehinderte A r o l s e n . Arolsen 1976. 33 Bl., Abb.

5548. 75 Jahre St. Vincenzstift A u l h a u s e n/Rheingau 1893 — 3. Juni—1968 [Festschrift]. Bildungsheim mit Sonderschulen, Anlern- u. Beschäftigungswerkstätten f. lern- u. geistig behinderte Kinder u. Jugendliche. Aulhausen 1968. 18 ungez. Bl. m. Abb. [Darin: M ü l l e r , Rudolf: 75 Jahre St. Vincenzstift Aulhausen 1893—1968]

5549. S c h e f e r - V i e t o r , Gustava: Gesellschaftliches Bewußtsein von Arbeiterkindern an Gesamtschulen. Empir. Untersuchungen an d. Theodor-Heuß-Schule B a u n a t a l bei Kassel. Diss. Marburg 1976

5550. K u n z , Rudolf: Erschütternde Schulzustände in B i b l i s i. J. 1837. – In: Stark 52. 1975, S. 46—47

5551. R i c k , Josef: 200 Jahre B i e b e l n h e i m e r Schulgeschichte. – In: HJAlWo 14. 1974, S. 529—533

5552. Theodor-Fliedner-Schule 1965—1974. Wiesbaden- B i e r s t a d t : Theodor-Fliedner-Schule 1974. 83 S. m. Abb.

5553. H e n n , Ernst: 100 Jahre B r e i t s c h e i d e r Schule in nassauischer und preußischer Zeit. Mit 4 Abb. – In: HbllPFH 43. 1975, S. 46—47

5554. J u n g , Rosel: Geschichte der Taubstummenschule in C a m b e r g / Taunus. Mehr als 150 Jahre Gehörlosenbildung an e. d. ältesten Taubstummenschulen im deutschsprachigen Raum u. d. ältesten im ehemaligen Nassau. 2., geringfügig erg. Aufl. Camberg 1975. 128 S. m. 9 Abb. (Schriftenfolge Goldener Grund 7—8)

5555. K r ä m e r , Helmut: Schulprobleme vor 150 Jahren im Kirchspiel D a a d e n . – In: HJAl 1975, S. 141—142

5556. Schulentwicklungsplan der Stadt D a r m s t a d t . Entwurf. 3. Darmstadt: Stadt 1974. 40 S. m. Kt.

5557. H o f e r i c h t e r , Carl Horst: Das alte Pädagog in Darmstadts Geschichte. Ausstellung d. Stadtarchivs Darmstadt. 14. April – 30. Mai 1975. Darmstadt 1975. 21 S. [masch.schr. vervielf.]

5558. Das Darmstädter Pädagog. Hrsg. von der Bürgeraktion Wiederaufbau Altes Pädagog e. V. unter Vorsitz von Friedrich Seipp. Darmstadt: Roetherdr. 1974. 14 ungez. Bl. m. Abb.

5559. Zur Einweihung des naturwissenschaftlichen Traktes der Georg-Büchner-Schule [in Darmstadt] am 6. März 1975. Darmstadt 1976: Reinheimer. 43 S. [S. 21—43: Adolf H o m m e s : Naturwissenschaften u. Schule aus d. Sicht d. Georg-Büchner-Schule]

5560. L i n g - H e s s , Otti: Schulzeit vor 30 Jahren. Erinnerungen an die Zeit von 1944—47. – In: Viktoria einst u. jetzt. Mitt. f. ehemalige u. jetzige Schülerinnen 1974, Nr 45, S. 3—6 [Viktoria-Schule in Darmstadt]

5561. 50 Jahre Seminar Marienhöhe [Festschrift]. 1924–1974. Darmstadt: Seminar Marienhöhe 1974. 138 S. m. Abb. [Adventist. Prediger- und Missionsseminar u. Aufbaugymnasium in Darmstadt]

5562. E i t e l , Helmut: Die Darmstädter Realanstalten. GBS, LiO und LuO wurden gemeinsam vor 150 Jahren gegründet. – In: DE 1976, 18, Sept., S. 8

5564. S c h ä f e r , Heinrich: Das Staatliche Neusprachliche und Mathematisch-Naturwissenschaftliche Gymnasium – im Aufbau – in D i e z (Lahn). – In: Der Unterlahnkr. Mainz 1967, S. 75–76

5565. L e s s i n g , Clemens: Das Staatliche Goethe-Gymnasium (neusprachlich) zu Bad E m s . Mit 1 Abb. – In: Der Unterlahnkr. Mainz 1967, S. 73–75

5566. Bildung in F r a n k f u r t . Hrsg.: Peter R h e i n , Idee: Klaus D ö r r b e c k e r . Bd. 1. Vom Kindergarten bis zur Hochschule. Ffm.: Dezernat Schule u. Sport [1976]. 212 S.

5567. B e c h e n t , Hermann: Aus der Geschichte des „Gymnasium Francofurtanum". – In: Vaterland auf d. Römerberg . . . 1975, S. 13–16

5568. 10 Jahre Ernst-Reuter-Schule, Gesamtschule in d. Nordweststadt Frankfurt a.M. Eine Zwischenbilanz. 1. Aufl. Ffm: Ernst-Reuter-Schule 1974. 181 S., Abb.

5569. Die Schulverfassung der Ernst-Reuter-Schulen. Organisationsmodell „Kollegiale Schulleitung u. Konferenzordnung". 2. überarb. u. erw. Materialsammlung. Ffm.: Ernst-Reuter-Schulen 1976. 53 S., Anhg. (Material Gesamtschule 14)

5570. T e i c h l e r , Klaus: Schule hat viele Gesichter. Bilder aus d. Ernst-Reuter-Schule. Ffm.: Ernst-Reuter-Schule 1976. 84 S. (Material Gesamtschule 16)

5571. F e s e l , Gerd: Grundsatzuntersuchung zum Bau von Sekundarstufen I mit hohem Kompaktheitsgrad in Frankfurt am Main. Projektbearb.: Heinz Braun. In Zsarb. m. d. Hochbauamt-Schulbauteam d. Stadt Frankfurt. Bd A.B. Darmstadt 1974. A. Grundlagen. B. Systementwürfe

5572. Elisabethenschule 100 Jahre selbständig. Momentaufnahme 1976. Red.: Ruth R a h m e l , Ruth Z i p f . Fotos: G. A. Sietzen. [Ffm.] 1976. 40 S.

5573. L a m m e r t , Hermann: Frankfurt: Pädagogische Werkstatt. – In: Frkf 19. 1974, H. 1, S. 8–11 [Erziehung von Kleinkindern]

5574. Die Kaufmännische Berufsschule 7 [Sieben] Frankfurt, Main. 1965–1967. Obertshausen 1976. 35 S.

5575. Perspektivplan der öffentlichen Erwachsenenbildung in Frankfurt am Main. Bd 1–2. Ffm.: Dez. Kultur u. Freizeit 1975

5576. M a u b a c h , Fritz (Pseud.: Caspar Reiserecht), u. Günther W i l l m s : K o n v i k t o r i s t e n . Friedliche Satire. Fulda: Parzeller 1972. 49 S. [Betr. F u l d a e r Bischöfl. Knabenkonvikt]

5577. W e b e r , Wilhelm: Aus der Geschichte der Schule in G a r b e n h e i m .
– In: Garbenheim. 776–1976. Garbenheim 1976, S. 245–263

5578. V a u b e l , Hermann Otto: Schuljahre am Ende der Wilhelminischen Zeit [in Gießen]. Erinnerungen. – In: HHGiess 1976, S. 69–72 m. Abb.

5579. 75 Jahre Höhere Bürgerschule, Realgymnasium, Gymnasium, Gesamtschule in G r o ß - B i e b e r a u [Festschrift]. 1900–1975. Groß-Bieberau 1975. 83 S. m. Abb.

5580. C o o r s , Harry: Die Anfänge des G r o ß - Z i m m e r n e r Schulwesens.
– In: Groß-Zimmern, Klein-Zimmern. Beitrr. zur Entwicklung in Vergangenheit u. Gegenwart. Groß-Zimmern 1976, S. 205–207

5581. R e i c h s t e i n , Erich: Groß-Zimmerns Schule in den letzten 150 Jahren.
– In: Groß-Zimmern, Klein-Zimmern. Beitrr. zur Entwicklung in Vergangenheit u. Gegenwart. Groß-Zimmern 1976, S. 208–219

5582. H e l d , Johannes: Die Albert-Schweitzer-Schule [in Groß-Zimmern]. – In: Groß-Zimmern, Klein-Zimmern. Beitrr. zur Entwicklung in Vergangenheit u. Gegenwart. Groß-Zimmern 1976, S. 220–225

5583. 1876–1976. Weiterführendes Schulwesen in G r ü n b e r g . Red.: H. J. Häuser. Grünberg: Theo-Koch-Schule 1976. 65 S.

5584. H e l f e r s k i r c h e r Schulchronik. Hrsg. von Alfred S c h i l l i n g . T. 1 (bis 1884). – In: Helferskirchen in Vergangenheit u. Gegenwart. 5. = Jg. 3. 1975, S. 1–47

5585. S t r u v e , Tilman: Zur Geschichte der H e r s f e l d e r Klosterschule im Mittelalter. – In: DA 27. 1971, S. 530–543

5586. W a g n e r , August: Landerziehungsheim im Vogelsberg. Klaus u. Erika Mann in d. Bergschule H o c h w a l d h a u s e n . – In: HHGiess 1974, S. 37–39

5587. 100 Jahre Helene-Lange-Schule, Gymnasium für Mädchen. 1874–1974 [Festschrift]. Verantw. f. d. Inh.: Theo W a d e . Red.: Jürgen H u p e . Ffm.- H ö c h s t 1974. 72 S.

5588. Die Geschichte der Volksschule H ö c h s t . Mit Abb. – In: 1000 Jahre Höchst im Kinzigtal [Festschrift]. Höchst 1976, S. 103–114

5589. Albert-Schweitzer-Schule H o f g e i s m a r . 1856, 1901, 1926. Hofgeismar 1976. 44 S., Abb.

5590. F u c k e , Eberhard: Berufliche und allgemeine Bildung in der Sekundarstufe II. Ein Modell. Mit einem Beitr. von M. v. Mackensen. Stuttgart: Klett 1976. 174 S. [Behandelt ein Integrationsmodell an d. Freien Waldorfschule K a s s e l ]

5591. G ä r t n e r , Johannes: Die Schule in K a s s e l [Kr. Gelnhausen]. Mit 2 Abb. – In: 1000 Jahre Kassel u. Wirtheim [Festschrift]. Biebergemünd 1976, S. 114–126

5592. L a c h n i t , Wilhelm: Die Schulen in K l e i n - Z i m m e r n . − In: Groß-Zimmern, Klein-Zimmern. Beitrr. zur Entwicklung in Vergangenheit u. Gegenwart. Groß-Zimmern 1976, S. 226−236

5593. S t o e c k e r , Hilmar-G.: Die Lehrer des Gymnasiums zu K o r b a c h (1579−1900). − In: GW 65. 1976, S. 5−102

5594. L e i b , Jürgen: Von der Lateinschule zur Gesamtschule. Zur Schulgesch. K r o f d o r f - G l e i b e r g s . Mit 3 Abb. − In: HLD 1974, Nr 47, S. 3

5595. B r o d e - g r o ß e A u s t i n g , Agnes: Zur Situation der ausländischen Arbeiterkinder. Dargest. am Beispiel d. türk. Kinder in L o l l a r . Marburg 1975. 136 S., 19 ungez. Bl. Marburg, Univ., Fachbereich Erziehungswiss., Dipl. Schr. v. 1975

5596. H a r t m a n n , Klaus: Untersuchung zur Entwicklung privatorganisierter Eltern-Kind-Gruppen in M a r b u r g/Lahn. Marburg 1975. 78, 5, 22 S. Marburg, Univ., Fachbereich Erziehungswiss., Dipl. Schr. v. 1975

5597. M ü l l e r , Wolfgang: Berufsbildungszentrum M o n t a b a u r . − In: Westerwaldkreis. Mühlheim/M. 1975, S. 135−156

5598. F e s t s c h r i f t zum 100jährigen Bestehen (1872−1972). 100 Jahre Realschule N a s s a u . Nassau/L. 1972. 54 S. m. Abb. [S. 6−22: B ö t t g e r , Helmut, u. W. M e y e r : Die Gesch. d. Realschule Nassau. 23−28: H ü b n e r , Rolf: Die Nassauer Landschaft. 28−32: S c h ö n h a b e r , Wilhelm: Burg u. Stadt Nassau]

5599. G i e g e r i c h , Willi: Ein altes Rechenbuch vom Jahre 1753 aus dem Stadtteil Bad Vilbel-Dortelweil. − In: ViHbll 14. 1976, S. 25−26, 3 Abb. [Betr. Schule in N i e d e r - E r l e n b a c h ]

5600. Zum 50jährigen Jubiläum des Landschulheims Burg N o r d e c k . − In: Die Burg. Jahreszs. d. Landschulheims Burg Nordeck 1975, S. 3−156

5601. Festschrift zur 100-Jahr-Feier der Grundsteinlegung der Volksschule-Mitte O b e r u r s e l /Taunus, 6. Juni 1975. Frankfurt/M.: MT-Druck 1975. 48 S. m. Abb. [S. 9−19: B e c k , Gertrud: Festrede zur 100jähr. Grundsteinlegung d. Grundschule-Mitte. S. 21: R o s e n b o h m , Rolf: Die geistige Situation unserer Stadt im 15.−16. Jh. (Aus d. Chronik). S. 22−37: U r b a n e k , Anna Maria: Die Entwicklung d. Oberurseler Schulwesens bis zu d. Eingemeindungen d. Jahres 1972 (Aus d. Chronik)]

5602. T r u b e l , Joachim: Geschichte der Städt. Berufs- und Berufsfachschule Oberursel/Taunus. Oberursel 1968. 151 gez. Bl. [maschinenschriftl. vervielf. wiss. Abschlußarbeit TH Darmstadt]

5603. K r i e s t e n , Roman: Das Bildungswesen im Spiegel von 10 Jahrhunderten in R e i s k i r c h e n . − In: Festschrift 1000-Jahr-Feier der Gemeinde Reiskirchen. Gießen 1975, S. 90−102

5604. Schönherr, Eberhard: Hof Reith – 120 Jahre im Dienste der Jugend. – In: Jb. d. Ulrich-v.-Hutten-Schule Schlüchtern 22. 1974, S. 38–41 m. Abb. [Schülerheim]

5605. Albert, Richard: Landgraf Carl zu Hessen läßt in seinem adl. Gut Roest zwei Schulen bauen. Ein Kapitel aus d. Roester Gutsgesch. – In: Jb. d. Heimatver. d. Landschaft Angeln 38. 1974, S. 51–66

5606. Brauns, Eduard: Über das alte Rotenburger Schulwesen. – In: HeG 75. 1974, S. 14–15

5607. 50 Jahre Jakob-Grimm-Schule Rotenburg 1924–1974. Melsungen 1974. 115 S., 8 Bl. Abb.

5608. Kramer, Dieter: „Volksbildung" in der Industriegemeinde. Theorie u. Praxis bürgerl. Volksbildungsarbeit zwischen 1871 u. 1918 am Beisp. Rüsselsheim am Main. Rüsselsheim: Magistrat d. Stadt, Museum 1975. 478 S. [masch. schr.] [Erschien auch als Phil. Diss. Marburg 1973]

5609. Carl-Schurz-Schule, vormals Sachsenhäuser Oberrealschule Frankfurt am Main. 1901–1976. Festschrift zum 75jährigen Jubiläum. Hrsg. von Günter Keller. Red.: Günter Scheibel. Ffm. 1976: Kumpf u. Reis. 48 S.

5610. Lotz, Kurt: Zur Schulentwicklung (d. Ulrich-von-Hutten-Schule Schlüchtern). – In: Jb. d. Ulrich-v.-Hutten-Schule Schlüchtern 20. 1972, S. 11–16

5611. Lotz, Kurt: Die Entwicklung der Ulrich-von-Hutten-Schule [in Schlüchtern]. – In: Jb. d. Ulrich-v.-Hutten-Schule Schlüchtern 22. 1974, S. 41–60

5612. Schmerbach, Karl: Der Hirte galt mehr als der Schulmeister. Aus d. Streitberger Schulgesch. Mit 1 Abb. – In: GelHJ 28. 1976, S. 73–75

5613. Ludwig, Helmut: ... Akten aus den Jahren 1228–1843 über die Unterneuröder Schule. – In: MHl 26. 1974/75, S. 24

5614. Hanel, Alfred; Hübner, Christian: Aus der Schulgeschichte [von Urberach]. – In: Chronik Gemeinde Urberach. Offenbach a.M. 1975: Bintz-Verl. S. 267–272

5615. Eisenberg, Emil: Die Geschichte der dorfeigenen Schule. Mit Abb. – In: Wehrshausen bei Marburg. Marburg 1974, S. 150–159

5616. Wehrum, Carl: Aus Weilburgs Schulgeschichte. Mit 3 Abb. – In: WeilBll 9. 1976, S. 65–67

5617. Schwing, Heinrich: Geschichte des Gymnasium Philippinum zu Weilburg 1890–1950. Weilburg: „Wilinaburgia" Ver. ehem. Angehöriger d. Gymnasiums zu Weilburg e.V. 1974. 192 S.

5618. May, Karl Hermann: Ergänzungen und Berichtigungen zur Matrikel der Weilburger Lateinschule. – In: NblWil 50. 1975, Nr 138, S. 302–303

5619. S c h w i n g , Heinrich: Nachrichtenblatt der Wilinaburgia 50. Jahrgang. Mit 2 Abb. – In: NblWil 50. 1975, Nr 137, S. 257–258

5620. C a s p a r y , Eugen: Aus Publikationen ehemaliger Schüler des Gymnasium Philippinum. 2. Dr. Karl Braun. Mit 1 Bildn. – In: NblWil 49. 1974, Nr 134, S. 179–182. 3. Prof. Dr. Johann Jakob Fluck. – In: NblWil 50. 1975, Nr 139, S. 328–335; [4.] Professor Dr. Walter Kühnel. – In: NblWil 51. 1976, Nr 141, S. 377–381; [5.] Thomas Valentin. – In: NblWil 51. 1976, Nr 142, S. 408–413 m. 1 Bildn.

5621. H e i n z e l , Martin: Das staatliche Gymnasium W e s t e r b u r g . – In: Westerwaldkreis. Mühlheim/M. 1975, S. 143–144

5622. F r i e s e , Paul, Wilhelm Frisch: Die berufsbildende Schule Westerburg. – In: Westerwaldkreis. Mühlheim/M. 1975, S. 147–148

5623. Gesellschaft Natalia. Gesch. u. Wesen e. Schüler-Verbindung am Gymnasium zu W e t z l a r . Festschr. 100. Stiftungsfest. Ed. Theodor Arzt. Wetzlar 1968

5624. P u s c h , Werner: Zehn Jahre Hessenkolleg Wetzlar (1963–1973). Ein Ber. Wetzlar: Hessenkolleg Wetzlar 1974. 23 S.

5625. 50 Jahre Volkshochschule Wetzlar [Festschrift]. Wetzlar 1969. 20 S. [S. 2–9: F l e n d e r , Herbert: Die Gründung d. VHS in Wetzlar i.J. 1919]

5626. B e r t r a m , Franz: Neue Schulen – wozu? Mit 5 Abb. – In: Wi int 1974, 3, S. 32–36 [In W i e s b a d e n ]

5627. Schulbau in Wiesbaden. Hrsg. v. Presse- u. Informationsamt u. d. Hochbauamt d. Landeshauptstadt Wiesbaden. Wiesbaden: Eickenberg 1974. 13 ungez. Taf.

5628. G e r l o f f , Ilsemarie: Abenteuerspielplatz als pädagogisches feld, z. b. alter friedhof Wiesbaden. Wiesbaden: Hess. landeszentrale f. polit. bildung 1975. 126 S. m. Abb. (Arbeitshefte 15)

5629. O b e r m a y r , Karl: Rhein-Main-Schule [in Wiesbaden] feiert 20jähriges Bestehen. Dr. Karl Obermayr bietet breitgefächerte Skala von Aus- und Fortbildungsmöglichkeiten. – In: WiL 25. 1976, 6, S. 13

5630. H a b i g e r , Josef: Die schulische Entwicklung in W i r t h e i m . Mit 2 Abb.– In: 1000 Jahre Kassel u. Wirtheim [Festschrift]. Biebergemünd 1976, S. 127–137

5631. D i e t r i c h , Walter: Vom Wilhelmitenkloster zur Kolonialschule [in W i t z e n h a u s e n ] . – In: W 27. 1975, S. 33–34

5632. H e r b s t , Waltraud: Über die Entwicklung der Kolonialschule Witzenhausen. – In: W 27. 1975, S. 49–52

5633. R i t z k o w s k i , Erhard: Die Geschichte der Z w i n g e n b e r g e r Schule. – In: Chronik von Zwingenberg a. d. Bergstraße. Zwingenberg 1974. S. 281–314 m. Abb.

## B. UNIVERSITÄTEN UND GESAMTHOCHSCHULEN

### 1. Allgemeines

5634. Hochschulentwicklung in Hessen. Hrsg. v. Hess. Kultusmin. Wiesbaden. Wiesbaden: Hess. Kultusmin. 1974. 76 S. m. Abb.

5635. K r ö g e r , Klaus: Marginalien zur Novelle des Hessischen Universitätsgesetzes. – In: D. Dt. Univ.-Zeitung 1975, S. 122–124

5636. N e u m a n n , Franz: Von der Gruppen- zur Hochschullehreruniversität. Hess. Universitätsrecht 1974. – In: Frankfurter Hefte 30. 1975, Nr 1, S. 41–48

5637. B a r t h o l d , Werner: Die hessische Hochschulgesetzgebung, Modell einer verfassungswidrigen und revolutionären Utopie und des marxistischen Staatsabsolutismus. Eine verfassungsrechtl. u. verfassungspolit. Untersuchung. Als Ms. gedr. 2. Aufl. München: Hirthammer [in Komm.] [1975]. 49 S.

5638. Hochschule 1976: Hess. Präsidenten über ihre Universitäten. – In: GiessUbll 9. 1976, 2, S. 7–23 [Beiträge von Helmut Böhme, Hans-Jürgen Krupp, Paul Meimberg, Ernst von Weizsäcker, Rudolf Zingel]

5639. Studienplanung und Organisation der Lehre. Ergebnisse einer empirischen Untersuchung in d. Hochschulregionen Frankfurt u. Darmstadt. Eine Unters. im Auftr. d. Bundesmin. f. Bildung u. Wiss. München: Verl. Dokumentation 1976. XVII, 538, 7 S.

5640. Empirische Untersuchungen zu Studienangebot und Studienverhalten im Raum Mainz-Wiesbaden. Wiss. Bearb.: Rainer B r e c h m a c h e r ... EDV u. Systemtechnik: Heinrich Hansen, Heinrich Hugo. Braunschweig: Westermann 1976. 196 S. m. graph. Darst. u. Kt. (Regionale u. organisator. Bedingungen d. Studiengangplanung 3) (Materialien z. regionalen Bildungs- u. Entwicklungsplanung 92)

### 2. Technische Hochschule Darmstadt

5641. Bibliographie der Technischen Hochschule Darmstadt 1973. 1974. – In: JbTHDarm 1974, S. 133–175; 1975, S. 127–199

5642. G r o s s e - Brauckmann, Gisbert: Botanischer Garten Darmstadt – aus seiner 160jährigen Vergangenheit und von seiner Rolle heute. – In: JbTHDarm 1974, S. 17–30, 4 Abb.

5643. 160 Jahre Botanischer Garten. – In: Die Hochschule 4. 1974, Nr 34. S. 3 [In Darmstadt]

5644. Dierks, Margarete: H(ermann) Geibel. Darmstadt: Bläschke 1974. 136 S. m. Abb. (Darmstädter Monographien 2) [Bildhauer u. Professor an d. TH Darmstadt]

5645. Ehlers, Otto: Von alten Corpsverbindungen in Darmstadt. – In: Einst u. jetzt 16. 1971, S. 105 ff.

5646. Hessler, Richard: Hundert Jahre Landsmannschaft Normannia im Coburger Convent zu Darmstadt. Darmstadt: Altherrenverband d. Landsmannschaft Normannia im CC 1972. 199 S. m. Abb.

5647. Geschichte der „Alten Darmstädter Burschenschaft Germania" 1869–1969. Hrsg. v. d. Altherrenschaft d. Alten Darmstädter Burschenschaft Germania. Darmstadt, Alexandraweg 6: Germania 1976. 53 S.

5647a. Festschrift zum 75. Stiftungsfest des Darmstädter Wingolfs: vom 23.–26. 5. 1974. Darmstadt 1974. 63 S., Abb.

## 3. Universität Frankfurt

5648. Zehn Jahre Austausch, 1963/64–1973/74, Trenton State College, New Jersey (USA), Johann Wolfgang Goethe-Universität Frankfurt/M. Hrsg.: Didaktisches Zentrum d. J. W. Goethe-Univ. Frankfurt/M. Red.: Ruth Sommer. Ffm. 1974. 104 S. (DZ-Information 7)

5649. Ordnung des Didaktischen Zentrums der J. W. Goethe-Universität, Frankfurt/Main. Mit Kommentar. Ffm.: Didaktisches Zentrum 1973. 90 S. (DZ Informationen 6)

5650. Jay, Martin: Dialektische Phantasie. Die Geschichte d. Frankfurter Schule u. d. Inst. f. Sozialforsch. 1923–1950. Ffm.: S. Fischer 1976. 435 S.

5651. Negt, Oskar: 50 Jahre Institut für Sozialforschung. – In: Der neue Egoist. 2, 1976, S. 18–22

5652. Radkau, Joachim: Horkheimers Institut für Sozialforschung. – In: Radkau: Die deutsche Emigration in d. USA. 1971, S. 39–43

5653. Gumnior, Helmut, u. Rudolf Ringguth: Max Horkheimer in Selbstzeugnissen und Bilddokumenten. Reinbek bei Hamburg: Rowohlt 1973. 148 S. (Rowohlts Monographien 208)

5654. Hübscher, Arthur: Zum Tode Max Horkheimers. – In: SchoJb 55. 1974, S. 86–89

5655. Oechelhaeuser, Gisela: Zu Problemen der ästhetischen Theorie der „Kritischen Theorie" der Frankfurter Schule: Darstellung u. Kritik. Diss. Leipzig 1975. 200 Bl. [Masch.]

5656. Schweizer, Gottfried: Das Frankfurter „Institut für Musikerziehung" an der Johann Wolfgang Goethe-Universität. – In: Musik im Unterricht 58. 1967, H. 3, S. 98–99

5657. B u b e r , Martin: Briefwechsel aus sieben Jahrzehnten. Hrsg. u. eingel. von Grete S c h a e d e r . Bd 1–3. Heidelberg: L. Schneider 1972–1975 [Prof. an d. Univ. Frankfurt]

5658. S a n d t , Rita van de: Martin Buber an der Universität Frankfurt am Main. – In: Emuna 10. 1975, H. 1, S. 2–11

5659. Martin Buber zum Gedächtnis. Was kann uns Martin Buber heute lehren? Eine vorläufige Bilanz. Vorträge u. Berr. in d. Univ. Frankfurt anläßl. d. Symposions zum 10. Todestag. Hrsg.: Didakt. Zentrum d. Johann-Wolfgang Goethe-Univ. Ffm. 1976. 92 S. (DZ-Information 1976, Nr 11)

5660. R a d k a u , Joachim: Paul Tillich. Ansätze einer Sammlung u. philos. Sinngebung d. USA-Exils. – In: Radkau: Die deutsche Emigration in d. USA. 1971, S. 43–50 [Prof. an d. Univ. Frankfurt]

5661. Studentenwohnheime in Frankfurt am Main. – In: Bauwelt 65. 1974, S. 326–327

### 4. Universität bzw. Gesamthochschule Fulda

5662. P ü n d e r , Tilman: Von der „Alma Adolphiana" zur Gesamthochschule Fulda. Vortrag – In: FuGbll 49. 1973, S. 57–62

5663. W e b e r , August: Seit 1830 vergeblicher Kampf um eine katholische Universität in Fulda. – In: BuBll 49. 1976, S. 29–30. 42–43. 48. 51–52

5664. Hochschulstandort Fulda. Beitrr. u. Referate zur Hochschulsituation in Stadt u. Region Fulda. Hrsg. v. Vorstand d. Hochschulbundes Fulda e.V. (Red.: Tilman P ü n d e r . ) Fulda 1973. 47 S. (Schriftenreihe d. Hochschulbundes Fulda e.V. 1) [S. 16–30: Wolfgang-Hans M ü l l e r : Fulda als Hochschulstandort. Hochschul- u. regionalpolit. Überlegungen u. ihre Konsequenzen]

### 5. Universität Gießen

5665. K ö s s l e r , Franz: Justus Liebig-Univ. Gießen. Jahresbibliographie. 1971 ff. Zsgest. in d. Univ. Bibliothek. Gießen 1972 ff.

5666. S c h ü l i n g , Hermann: Die Dissertationen und Habilitationsschriften der Universität Gießen im 18. Jh. Gießen: Universitätsbibliothek 1976. 317 S. (Berr. u. Arbeiten aus d. Univ.-Bibl. Gießen 26)

5667. H o e v e l , Ruth: Professorenbildnisse der Universitäten Gießen und Marburg. – In: Gen 12, Jg. 23. 1974, S. 366–368

5668. W e b e r , Karl: 17 Jahre Partnerschaft zwischen der Kansas State University und der Justus Liebig-Univ. – In: GiessUbll 9. 1976, 2, S. 31–37

5669. L e i b , Jürgen: P r o b l e m e des Zusammenhangs zwischen Hochschul- und Stadtentwicklung aufgezeigt am Beispiel der Universitätsstadt Gießen.

Gießen 1975. 192 S. (Schriftenreihe d. Justus-Liebig-Univ. Gießen 1; vgl. a. Gießener Geograph. Schriften 39)

5670. P i a , Hans Werner: 20 Jahre Neurochirurgie in Gießen. – In: GiessUbll 7. 1974, 1, S. 61–67 m. 4 Abb.

5671. T h a u e r , Rudolf: Die Physiologie in Gießen seit dem zweiten Weltkrieg. – In: GiessUbll 8. 1975, 1, S. 70–77

5672. B u r g e r , Hans-Georg: Anfänge und Bedeutung der experimentellen Psychologie in Gießen. – In: GiessUbll 8. 1975, 1, S. 78–98

5673. S i m o n , Uwe: 25 Jahre Institut für Grünlandwirtschaft und Futterbau der Justus Liebig-Universität Gießen. – In: Arbeitsgem. Grünland u. Futterbau d. Ges. f. Pflanzenbauwiss. Vorträge a.d. Jahrestagung 1976. Als Ms vervielf. Gießen 1976, S. 5–10

5674. 15 Jahre Institut für Tierernährung an der Justus Liebig-Universität Gießen. Herrn Prof. Dr. rer. nat. Heinrich Brune zum 60. Geburtstag. Von seinen Schülern u. Mitarb. gewidmet. Gießen 1976. 143 S. m. 1 Portr.

5675. K a n t z e n b a c h , Friedrich Wilhelm: Gottfried A r n o l d s Weg zur Kirchen- und Ketzerhistorie 1699. – In: JHKV 26. 1975, S. 207–241 [Prof. in Gießen]

5676. O t t , Victor R.: Professor Dr. Friedrich B e c k e r , Offenbach a.M. zum 65. Geburtstag. Mit 1 Bildn. – In: HK 27. 1975, S. 235–236 [Präsident d. Abt. Klimatologie d. Dt. Wetterdienstes in Offenbach/M., Prof. in Gießen]

5677. W i n k e s , Rolf: Margarete B i e b e r , zum 95. Geburtstag. – In: GiessUbll 7. 1974, 1, S. 68–75 [Mit Portr. u. Bibliogr.] [Kunsthistorikerin; geb. am 31. Juli 1879 in Schönau/Westpr. Lehrte an d. Univ. Gießen]

5678. B e l l , Gerda: Ultima Thule. Ernst D i e f f e n b a c h . – In: Bis zu d. Erdballs letztem Inselriff. Reisen u. Missionen. Hrsg. von Kurt Schleucher. Darmstadt. Turris-Verl. 1975. S. 137–169. (Deutsche unter anderen Völkern 6) [Prof. in Gießen]

5679. Friedrich E r b s l ö h zum Gedächtnis. Mit Beitrr. von... – In: GiessUbll 8. 1975, 1, S. 11–35 [Friedrich Erbslöh, Prof. für Neurologie 1918–1974]

5680. G u n d e l , Hans Georg: Hermann von I h e r i n g 1850–1930. Ein Gießener Honorarprofessor d. Zoologie. – In: Der Alemanne. Bundesnachrr. d. Gießener Burschenschaft Alemannia. 71. 1976, S. 35–39

5681. S t r u b e , Irene: Justus von L i e b i g . 2. Aufl. Leipzig: Teubner 1975. 110 S. m. Abb. (Biographien hervorragender Naturwissenschaftler, Techniker u. Mediziner 12) [1. Aufl. 1973]

5682. S t r u b e , Irene: Justus von Liebig. Sein Werden u. Wirken in d. Zeit der industriellen Revolution. – In: NTM. Schriftenr. f. Gesch. d. Naturwiss., Technik u. Medizin 11. 1974, 1, S. 106–14

5683. H a f n e r , Klaus: Justus von Liebig und unsere Zeit. Vortr. gehalten in Darmstadt aus Anlaß d. 100. Todestages Justus v. Liebigs. Frankfurt a. M.: Sauerländer 1973. 48 S. m. 1 Abb. (Landwirtschaftl. Forschung. Sonderh. 29)

5684. H a f n e r , Klaus: Justus von Liebig. Leben u. Wirken. – In: JbTHDarm 1974, S. 115–122

5685. L i n s e r , Hans: Die Chemie Liebigs, das Machbare und die Chemie der Zukunft. – In: GiessUbll 8. 1975, 2, S. 31–43

5686. K l ö t z e r , Wolfgang: Vom Kunstdünger zum Fleischextrakt. Unbekannte Liebigbriefe im Nachlaß d. Deidesheimer Weingutbesitzers Franz Peter Buhl 1857–1866. – In: AHG N. F. 32. 1974, S. 517–537

5687. R e i s m a n n , Otto: Justus Liebig in Heppenheim. – In: HH Giess 1976, S. 1

5688. L a s s a h n , Rudolf: Zur Popularität Justus von Liebigs. Eine Würdigung d. Chemikers durch d. illustr. Familienblatt „Die Gartenlaube" 1854. – In: GiessUbll 9. 1976, 2, S. 66–72

5689. R o b e r t , Dieter: Zur 100. Wiederkehr des Geburtstages von Paul M o m b e r t . – In: GiessUbll 9. 1976, 2, S. 85–87 [Nationalökonom; 1876–1938]

5690. O e h l e r , Lisa: In Memoriam Christian R a u c h . – In: GiessUbll 9. 1976, H. 2, S. 73–80 [Kunsthistoriker 1877–1976]

5691. S c h e u r e r , Adam: Zum Tage meines goldenen Doktorjubiläums am 31. Juli 1974. – In: GiessUbll 7. 1974, 2, S. 147–154

5692. A s m u s , Walter: Prof. Dr. Gustav S c h i l l i n g , der Gießener Herbartianer (1815–1872). Ein Lebensbild. Gießen: Universitätsbibliothek 1974. 102 S., 2 Taf., vgl. a. Sonderdr. aus: GiessUBll 8. 1975, S. 83–94

5693. A n k e l , Wulf Emmo: Prof. Dr. Wilhelm Joseph S c h m i d t in memoriam. – In: GiessUbll 7. 1974, 1, S. 87–88 [Ordinarius für Zoologie u. vgl. Anatomie in Gießen v. 1926–1952; gest. am 14. 2. 1974]

5694. B u c h h o l z , Hans-Günter: Willy Z s c h i e t z s c h m a n n . Geb. am 15. 2. 1900 in Bautzen, gest. am 4. 10. 1976 in Gießen. – In: GiessUbll 9. 1976, 2, S. 81–84 [Archäologe]

5695. K ö s s l e r , Franz: Register zu den Matrikeln und Inscriptionsbüchern der Universität Gießen WS 1807/08 – WS 1850. Gießen. Univ. Bibl. 1976. IV, 221 S. (Berr. u. Arbeiten aus d. Univ. Bibliothek Gießen 25)

5696. C a l l m e r , Christian: Svenska studenter i Gießen. – In: Lychnos. Stockholm 1969/1970. '71, S. 171–199 [Mit dt. Zsfassung]

5697. Hallenser Turnerschaft im CC zu Gießen. Saxo-Thuringia-Marchia-Vandalia et Hasso-Nassovia. Festschrift anläßl. d. Wiederkehr d. Gründungstage ihrer Stammbünde. Hrsg.: Altherrenvereinigung. Verf.: Kurt G i e s e l e r [u.a.] Als Ms. vervielf. Gießen 1975. 225 S. m. Abb.

## 6. Hohe Schule Herborn

5698. Hohe Schule – Hort der Flora. Bekannte Pflanzenkundler in Herborn. – In: HLD 1975, Nr 56, S. 3 m. 1 Abb.

5699. M e n k , Gerhard: Der doppelte Johannes Althusius – eine ramistische Dichotomie? Ein biograph. Beitr. – In: NAN 87. 1976, S. 135–142

5700. F r i e d r i c h , Carl Joachim: Johannes Althusius und sein Werk im Rahmen der Entwicklung der Theorie von der Politik. Berlin: Duncker & Humblot 1975. 161 S. m. Abb.

5701. H o l l e r , Siegfried: Theologe und Historiker. Vor 160 Jahren starb [der Herborner Professor] J[acob] W[ilhelm] Grimm. Mit 1 Bildn. – In: HLD 1974, Nr 50, S. 4

5702. Herborner theologisch-politische Texte. Martinius, Matthias: Über den Bund. – In: MHG 22. 1974, S. 39–41

5703. Herborner theologisch-politische Texte. Ravensberger, Hermann: Wegweiser. Daß ist Schlechte u. Rechte erklärung aller notwendiger Lehrpuncten christl. Religion: Auss d. unfehlbaren Wort Gottes, in form eines vernunfftigen gesprächs mit Frag u. Antwort. – In: MHG 24. 1976, S. 1–8

## 7. Universität bzw. Gesamthochschule Kassel

5704. B r a u n s , Eduard: Kassel besaß vor 300 Jahren eine Universität. – In: HeGe 75. 1974, S. 55–56

5705. F r i e d e b u r g , Ludwig von: Der bildungs- und regionalpolitische Effekt von Universitätsneugründungen (Beispiel Kassel). – In: VDGT 39. 1973, S. 47–52

5706. G e i p e l , Robert: Der bildungs- und regional-politische Effekt von Universitätsneugründungen (Beispiel Kassel). Mit 1 Kt. – In: VDGT 39. 1973, S. 53–65

5707. R ü d i g e r , Vera: Die Errichtung der Gesamthochschule Kassel und ihre Bedeutung für den nordhessischen Raum. – In: Hessentag 1974 (SHInf 17)

5708. Hochschul- und Stadtentwicklung in Kassel. Planungsgutachten zu d. Mikrostandorten e. Gesamthochschule u. Landschaftsgutachten. Mitarb.: Hans-Joachim A m i n d e [u.a.] Stuttgart: Selbstverl. 1974. 314 S. m. Kt., Abb. u. Bibliogr.

## 8. Universität Mainz (bis 1798)

5710. D i e n e r , Hermann: Die Gründung der Universität Mainz 1467–1477. Wiesbaden: Steiner [in Komm.] 1974. 57 S. (Akad. d. Wiss. u. d. Lit. Mainz. Abhandlungen d. Geistes- u. sozialwiss. Kl. 1973, 15)

5711. M a t h y , Helmut: Die Vorschläge des Historikers und Juristen Franz Anton Dürr zur Reform der Mainzer Universität (1782). – In: JbVFUM 19. 1970, S. 72–87

5712. H i n k e l , Erich: Rudolf Eickemeyer. – In: HJMBi 19. 1975, S. 125–128 [2. 3. 1753–9. 9. 1825. Prof. an d. Univ. Mainz, Bürgermeister d. Stadt Gau-Algesheim]

5713. B e n z i n g , Josef: Studenten aus Oberursel, Bommersheim, Stierstadt, Weißkirchen und Kalbach auf der alten Universität zu Mainz. – In: MVGHOUr 19. 1975, S. 9–22

5714. T e r h a l l e , Hermann: Beziehungen zwischen der kurfürstlichen Universität Mainz und Westfalen. – In: JbVFUM 19. 1970, S. 59–71

5715. T e r h a l l e , Hermann: Studenten an der kurfürstlich Mainzer Universität aus dem Kr. Olpe. – In: Heimatstimmen aus d. Kr. Olpe. 1975, S. 152–160

5716. P o r t , Peter: Beziehungen zwischen den Universitäten Mainz und Göttingen in der zweiten Hälfte des 18. Jahrhunderts. – In: JbVFUM 19. 1970, S. 21–58

## 9. Universität Marburg

5717. Philipps-Univ. Marburg. Marburger Bibliographie. Red.: Herwig G ö d e - k e , Christa U h l i c h . Bd. 1. 1974 ff. Marburg 1975 ff.

5718. B r a n d t , Reinhard: Widersprüche. Eine Marburger Universitätsgesch., dargest. mit Briefen, Erklärungen etc. Marburg/L. 1975: Symon. 25 S.

5719. M a z z a c a n e , Aldo: Contrasti di scienza e rivalità accademiche in una lite del sec. XVI. – In: Ius commune, Frankfurt/M. 3. 1970, S. 10–32 [Betr. u.a. Univ. Marburg]

5720. M a s c o s , Werner: Marburg ist eine Universität. Die älteste protestant. Univ. wird 450 Jahre alt. – In: HGiess 1975, Nr 8

5721. K r ö t e r , Thomas: Marburg ist eine Universität. – In: Marburger Bll. 25. 1974, 5/6, S. 9–12

---

5709. B e r n a r d , Ulrich u. Donata V a l e n t i e n: Landschaftsraum Kassel. Untersuchung z. Standortgutachten Gesamthochschule Kassel. Stuttgart: Inst. f. Landschaftsplanung 1974. S. 55–85 m. zahlr. Kt. u. Lit. Verz. (Arbeitsberr. Inst. f. Landschaftsplanung, Univ. Stuttgart 4)

5722. Zingel, Rudolf: Zur Situation der Philipps-Universität Marburg. Alma mater philippina WS 1974/75, S. 1–2; WS 1975/76, S. 1–3

5723. Winnacker, Karl: Der Marburger Universitätsbund. – In: Winnacker: „Nie den Mut verlieren. Erinnerungen an Schicksalsjahre d. dt. Chemie". Düsseldorf/Wien 1971, S. 327–331; Alma mater philippina WS 1973/74, S. 1–3 m. 1 Bildn.

5724. Jüngst, Peter, u. Hansjörg Schulze-Göbel: Zur Integrationsleistung von Wohnformen in die Stadtgesellschaft. Probleme d. Wohnungsbaupolitik in universitären Mittelstädten. Mit 4 Tab. – In: Alma mater philippina WS 1974, S. 27–29 [Betr. u. a. Marburg]

5725. Heinz, Ulrich: Marburger Hochschuldidaktik. Ein Diskussionsbeitrag. – In: Hess. Lehrerztg 28. 1975, H. 11, S. 14–15

5726. Heinz, Ulrich: Hochschuldidaktik und Weiterbildung an der Universität Marburg. – In: aue-Informationen. Hrsg. v. Arbeitskr. Universitäre Erwachsenenbildung. S. H. 12. 1975, S. 144–150

5727. Tücke, Manfred, Helge Prinz u. Reinhard Wittich: Das Marburger Universitäts-Klinikum und sein Neubau im Spiegel der Meinungen seiner Beschäftigten und der Studenten. Marburg: Inst f. Med.-Biolog. Statistik u. Dokumentation 1974. 125 S. (IMBIS 4)

5728. Universitätsklinikum auf den Lahnbergen in Marburg. T. 1. Marburg 1974: Wenzel. 21 ungez. Bl.

5729. Nitschke, Heinrich: Das Klinikum wird auf die Lahnberge verlegt. Informationen über d. Planung u. d. Bauprojekt. Mit Abb. u. Pl. – In: Alma mater philippina SS 1975, S. 9–12

5730. Klaus, Dieter: Die Medizinische Universitäts-Poliklinik, Marburg: Ihre Aufgabe heute. Mit 1 Abb. – In: Alma mater philippina WS 1974/75, S. 14–15

5731. Nitschke, Heinrich, u. Karlheinz Schade: Neubau der Medizinischen Poliklinik der Philipps-Universität Marburg/Lahn. Mit 3 Abb. – In: Alma mater philippina WS 1974/75, S. 16–18

5732. Festschrift zur Einweihung des Neubaus der Medizinischen Universitätspoliklinik Marburg am 5. Sept. 1974. Vorr. Dieter Klaus. Marburg/L. 1974. 42 S.

5733. Exner, Gerhard: Zwanzig Jahre Orthopädische Klinik und Poliklinik an der Philipps-Universität. Mit 4 Abb. – In: Alma mater philippina WS 1974/75, S. 25–27

5734. Schröter, Peter: Frauenklinik und Hebammenanstalt der Philipps-Universität Marburg 1792–1967. Marburg 1969. 289 S. Marburg, Med. F., Diss. v. 24. 4. 1969

B. Universitäten u. Gesamthochschulen 435

5735. S c h u l t e , Kai-Kristian: Geschichte des Lehrstuhls und des Institutes für gerichtliche Medizin (Rechtsmedizin) an der Universität Marburg. Marburg 1973. 92 S. Marburg, Humanmed. Diss. v. 1973

5736. H o f , Dieter: Die Entwicklung der Naturwissenschaften an der Universität Marburg/Lahn zur Zeit des Cartesianismusstreites bis 1750. Marburg 1971. 185 S. Marburg, Naturwiss. Diss. v. 1971

5737. H a c k e n b e r g , Roslind: Die Entwicklung der Naturwissenschaften an der Universität Marburg von 1750 bis zur westfälischen Zeit. Marburg 1972. 262 S. m. Abb. Marburg, Fachbereich Pharmazie u. Lebensmittelchemie, Diss. v. 1972

5738. S c h m i t z , Rudolf: Die physikalische Gerätesammlung der Universität Marburg im 17. und 18. Jahrhundert. – In: Sudhoffs Archiv 60. 1976, S. 375–403

5739. S c h m i t z , Rudolf: 125 Jahre Pharmazeutisch-chemisches Institut [der Philipps-Universität Marburg]. – In: Alma mater philippina WS 1976/77, S. 25–27

5740. L e h m a n n , Barbara: 120 Jahre Institut für Pharmokognosie in Marburg. – In: Pharmazeut. Ztg 119. 1974, S. 328–331

5741. [Festschrift] 10 Jahre Institut für Geschichte der Pharmazie der Philipps-Universität Marburg/Lahn. 1965–1975. Ein Ber. Hrsg.: Rudolf S c h m i t z u. Peter D i l g . Marburg 1975. 44 S.

5742. 10 Jahre Institut für Pharmaziegeschichte in Marburg [Festschrift]. Stiftungslehrstuhl d. Dt. Apothekerschaft feiert Geburtstag. – In: Pharmazeut. Ztg 120. 1975, S. 898–902

5743. W e n d t , G. Gerhard: Bericht über den dreijährigen Modellversuch „Genetische Beratungsstelle für Nordhessen" am Humangenetischen Institut der Philipps-Universität Marburg/Lahn. – In: Erbkrankheiten. Hrsg. von G. Gerhard Wendt. Marburg/L. 1975, S. 157–193

5744. K a r l s o n , Peter: Sonderforschungsbereich 103 an der Philipps-Universität Marburg. Mit 3 Abb. – In: Alma mater philippina WS 1973/74, S. 10–14

5745. Dammann, Ernst: Religionsgeschichte in Marburg. Mit 6 Abb. – In: Alma mater philippina WS 1973/74, S. 4–9

5746. J a s p e r t , Bernd: Das Lebenswerk Rudolf B u l t m a n n s . Zum 20. Aug. 1974. Mit 1 Bildn. – In: Alma mater philippina WS 1974/75, S. 11–13; WS 1975/76, S. 16–18

5747. M ü l l e r - J a h n c k e , Wolf-Dieter: Johannes D r y a n d e r [Prof. d. Medizin in Marburg, 1500–1560] und Heinrich Cornelius Agrippa von

Nettesheim [Kölner Humanist, 1486–1535] in ihrem Briefwechsel. – In: HH N. F. 25. 1975, S. 91–98

5748. D e i c h , Friedrich: Paul Leopold F r i e d r i c h besucht Louis Pasteur. Mit 1 Bildn. – In: Alma mater philippina WS 1973/74, S. 27–29

5749. G a d a m e r , Hans Georg: Marburger Erinnerungen. Mit Bildn. – In: Alma mater philippina SS 1973, S. 23–27; WS 1973/74, S. 19–24; SS 1974, S. 15–19; WS 1974/75, S. 21–24

5750. A p e l , Heinrich: Christian Ludwig G e r l i n g . Ein Wegbereiter d. dt. Landesvermessung. – In: MDVW 27. 1976, H. 2, S. 5–12 [21. 7. 1788–15. 1. 1864. Prof., wirkte in Kassel u. Marburg]

5751. S e i b , Gerhard: Gerhard H e i l f u r t h . Zur Kultur d. Bergbaus. Eine Bibliogr. zu seinem 65. Geburtstag. Wien: Montan-Verl. 1974. 77 S., Abb. (Leobener grüne H. 154)

5751a. M a r t i n , Bernhard: Gerhard Heilfurth. Leben u. Werk. – In: HBV 64/65. 1974, S. XI–XVIII

5752. K r ü s s e l b e r g , Hans-Günter: Abschied von Karl Paul H e n s e l . Mit 1 Bildn. – In: Alma mater philippina WS 1975/76, S. 8–9 [Vollst. Wortlaut d. Rede in: Fragen d. Freiheit 115. 1975, S. 74 ff.]

5753. H o f e r i c h e r , Carl Horst: Ein unbekannter Brief Sylvester J o r d a n s aus der Zeit seiner Gefangenschaft [an den Staatsrat Jaup in Darmstadt 1842]. – In: ZHG 85. 1975, S. 193–197

5754. H o f e r , Hermann: Bekenntnis zu Werner K r a u s s . – In: Alma mater philippina SS 1976, S. 24–26

5755. G e u s , Armin: Blasius M e r r e m 1761–1824 und das System der Wirbeltiere. Aus d. Inst. f. Gesch. d. Medizin d. Philipps-Univ. Mit 1 Bildn. u. 2 Abb. – In: Alma mater philippina SS 1974, S. 23–26

5756. H e e r m a n n , Adolf: Friedrich Wilhelm R ö s t e l l . Professor in Marburg 1847–1886. – In: ZHG 84. 1974, S. 209–214

5757. N i e m e i e r , Georg: Karl S c h o t t und die deutsche Landeskunde. Mit 1 Bildn. – In: BDLK 48. 1974. S. 7–15. [Prof. an d. Univ. Marburg]

5758. R i c h t e r , Gerold: Carl Schott zum 70. Geburtstag. Mit 1 Bildn. – In: BDLK 48. 1974, S. 3–5

5759. S c h a u e r , Maike: Johann Balthasar S c h u p p [ i u s ] , Prediger in Hamburg 1649–1661. Eine volkskdl. Untersuchung. Hamburg: Museum f. Hamburg. Gesch. 1973. 454 S. (Volkskdl. Studien 6) [Geb. 1610 in Gießen; 1635–46 Prof. in Marburg]

5760. K o c h , Paul: Laudatio für Friedrich S e i d e l , zum goldenen Doktorjubiläum. Mit 1 Bildn. – In: Alma mater philippina WS 1974/75, S. 19–20 [Prof. d. Zoologie, Marburg]

5761. Karpenko, Vladimir: Chymisches Lustgärtlein des Daniel Stolcius. Mit 4 Abb. – In: Alma mater philippina SS 1974, S. 20–23 [Doktorand an d. Univ. Marburg]

5762. Weyer, Martin: Universitätsmusikdirektor Karl Utz (1901–1974). Mit 1 Bildn. – In: Alma mater philippina WS 1975/76, S. 25–26

5763. Lehmann, Barbara: Julius Wilhelm Albert Wigand (1821–1886) Professor der Botanik und Pharmakognosie zu Marburg. Marburg/L. 1973. 260 S., 11 Abb., Handschriftenproben, 1 Verwandtschaftstaf. Marburg, Univ., Fachbereich Pharmazie u. Lebensmittelchemie, Diss. 1973

5764. Traditio-Krisis-Renovatio aus theologischer Sicht. Festschrift Winfried Zeller zum 65. Geburtstag. Hrsg. von Bernd Jaspert u. Rudolf Mohr. Marburg: Elwert 1976. XVIII, 676 S., 1 Bildn.

5765. Nagy, Jukunda: Ungarische Studenten an der Universität Marburg 1571–1914. Studien zur hess. Stipendiatengesch. Darmstadt & Marburg: Selbstverl. d. Hess. Hist. Komm. Darmstadt u. d. Hist. Komm. f. Hessen 1974. VIII, 318 S., 4 Faltktn [Fotodr.] Zugl. Diss. Marburg, Fachber. Geschichtswiss. 1974 (Quellen u. Forschungen zur hess. Gesch. 27)

5766. Pietzsch, F. A.: Studentengeschichtliche Auswertung des Stammbuches Adam Mannel, Marburg 1778–1782. – In: Einst u. jetzt 14. 1969, S. 116 ff.

5767. Sassenberg, Irmgard: „Unsere Anatomie braucht Leichen". Marburger STUKOMA im Einsatz. – In: Marburger Bll. 25. 1974, Nr 5/6, S. 25–28 [Betr. d. Verhalten Marburger Studenten im Kapp-Putsch 1919 u. d. Einsatz v. Studentenkompanien in Thüringen 1920]

5768. Weingartner, J. J.: Massacre at Mechterstädt. The case of the Marburger Studentencorps 1920. – In: Historian 37. 1975, S. 598–618

5769. Zinn, Christa: Student in Marburg 1945/46 – unser Alltag. Mit 1 Abb. – In: Alma mater philippina WS 1973/74, S. 32–33

5770. Studenten in Marburg. Sozialgeogr. Beiträge zum Wohn- u. Migrationsverhalten in e. mittelgroßen Universitätsstadt. Von H. Dickel [u.a.] Marburg: Selbstverl. d. Geogr. Inst. d. Univ. Marburg 1974. 208 S. (Marburger geograph. Schriften 61)

5771. Leib, Jürgen: Zur wirtschaftlichen Bedeutung der Marburger Studentenschaft für Stadt und Region. – In: Marburger Studentenztg 1976, Nov.

10. Universität Rinteln

5772. Jähnig, Bernhart: Universität Rinteln 1621–1810. Eine Archivalienausstellung d. Niedersächs. Staatsarchivs in Bückeburg. Göttingen: Vandenhoeck & Ruprecht 1971. 31 S., 3 Abb. (Veröff. d. Niedersächs. Archivverwaltung Beih. 17)

## C. FACH(HOCH)SCHULEN, WISSENSCHAFTLICHE INSTITUTE UND VEREINIGUNGEN

[Geschichtsvereine s. I 4]

5773. R e i d e l , Katharina: Wissenschaftliches Streben der bürgerlichen Gesellschaft des 19. Jahrhunderts im heutigen Rheinland-Pfalz. – In: GLa 14. 1976, S. 188–227 [Betr. u. a. den Mainzer Altertumsver.]

5774. Studium an hessischen Fachhochschulen. Hrsg.: Kooperationssystem Studienberatung, Arbeitsbereich Zentrale Informationsdienste. Wiesbaden 1975. 159 S.

5775. Festschrift zur 100-Jahrfeier der Fachbereiche Architektur und Bauingenieurwesen in der Fachhochschule D a r m s t a d t am 5. und 6. 11. 1976. Darmstadt 1976: Roether. 106 S.

5776. 100. Jubiläum des Fachbereichs Architektur der Fachhochschule Darmstadt. 1976. Wegweiser durch d. Ausstellung. Darmstadt 1976. 18 ungez. Bl.

5777. B o t t , Gerhard: Hermann Bahr, „Organisationsentwurf der Darmstädter Schule für Schauspielkunst", ein Schreibmaschinenmanuskript aus dem J. 1900. – In: KHMrh 14. 1974, S. 109–117. 2 Abb.

5778. R e b e n t i s c h , Dieter: Stadtverwaltung und Hochschulgründungen. F r a n k f u r t e r Hochschulpläne u. d. preuß. Staat zur Zeit d. Weimarer Republik. – In: AFGK 55. 1976, S. 203–233

5779. Sankt Georgen. Frankfurt am Main 1926–1976. Red.: Ludwig B e r t s c h . Konzeption u. Gestaltung: Helmut A u e r . Ffm.: Philosophisch-Theologische Hochschule Sankt Georgen 1976. 119 S.

5780. W o l t e r , Hans: Sankt Georgen, Philosophisch-theologische Hochschule und theologische Fakultät SJ, Frankfurt a.M. – In: AMrhKG 26. 1974, S. 297–298

5781. 30 Jahre Deutsche Buchhändlerschule. – In: Börsenbl. f. d. Dt. Buchhandel 89. 1976, Nr 89, S. 1667–1698

5782. Stiftung Dr. Hoch's Konservatorium. Joseph Hoch z. 100. Todestag. Ffm.: Kramer 1974. 55 S. m. Abb. [Darin u. a.: F l e s c h - T h e b e s i u s , Max: Der Mäzen u. sein Konservatorium, S. 9–16. – C a h n , Peter: Zur Vorgesch. u. Frühzeit d. Hochschen Konservatoriums, S. 37–53. – D. September-Konzerte d. Konservatoriums z. 100sten Todestag v. Dr. Joseph Hoch, S. 55] [Betr. Frankfurt/M.]

5783. S c h w e i z e r , Gottfried: Zehn Jahre Frankfurter Jugendmusikschule. – In: Das Musikinstrument 18. 1969, H. 6, S. 797–798

5784. H o m m e l , Friedrich: Frankfurt a.M. Paul-Hindemith-Institut eröffnet. – In: Neue Zs. f. Musik 135. 1974, H. 10, S. 634–636

5785. K o c h , Gerhard R.: Kein Pro und Contra mehr? Das neue Paul-Hindemith-Inst. in Frankfurt. – In: Musica 28. 1974, H. 6, S. 553–554

5786. D a n n e n b e r g , Peter: Ein Musiker, der noch zu entdecken ist. In Frankfurt wurde d. Hindemith-Institut eröffnet. – In: Neue Musikztg 23. 1974, H. 5, S. 2

5787. S i e d h o f f , Thomas: Das Hindemith-Institut in Frankfurt am Main. – In: Ztg. 1976, Nr 4, Bl. 8

5788. A h r e n s , Helmut: 50 Jahre Schopenhauer-Archiv. Welcher Setzer kann schon Alt-Griechisch? – In: Börsenbl. f. d. Dt. Buchhandel. 31. 1975, Nr 73, S. 1208–1209

5789. Schopenhauer ist dabei. Ausstellung aus Anlaß des Besuchs d. Bundespräsidenten, Herrn Walter Scheel, bei d. Schopenhauer-Ges. e. V. . . . in d. Schopenhauer-Archiv bei d. Stadt- u. Universitätsbibliothek. [1. Dez. 1976. Ausstellungsführer.] Ffm. 1976. 3 gez. Bl.

5790. F r i c k e , Heinz: 150 Jahre Physikalischer Verein Frankfurt a. M. [Ffm.: Physikal. Ver. 1974.] 246 S. m. Abb.

5791. Gmelin-Institut für Anorganische Chemie und Grenzgebiete der Max-Planck-Gesellschaft zur Förderung der Wissenschaften Frankfurt am Main. Vorr.: Margot Becke-Goehring. Ffm. 1974. 35 S., 43 Bl.

5792. L e n z , Rudolf: Tradition und Zukunft. Ein kurzgefaßter Ber. über d. Wirken u. d. Ziele d. Polytechn. Ges. Ffm.: Ffter Sparkasse von 1822 (Polytechn. Ges.) 1976. 47 S.

5793. T h o m a s i u s , Jutta W.: Dr.-Karl-Egle-Haus im Palmengarten. – In: Frkf. 21. 1976, H. 3, S. 29

5794. Zur Struktur einer Fachhochschule F u l d a auf der Grundlage eines vom „Ausschuß zur Errichtung einer Fachhochschule Fulda" erarb. Modellentwurfs. Hrsg. v. Vorstand d. Hochschulbundes Fulda e..V. (Red.: Ekkehard M e i n h a r d t [u.] Tilman P ü n d e r .) Fulda 1974. 88 S. (Schriftenreihe d. Hochschulbundes Fulda e. V. 2)

5795. S a m u l s k i , Robert: Georg Siegmund. Leben und Schaffen. [Mit Bibliogr.] – In: KöSt 19. 1973, S. 103–121 [Prof. an d. Philosoph.-Theolog. Hochschule Fulda]

5796. 25 Jahre Staatliche Glasfachschule H a d a m a r [Festschrift.] 1949–1974. Hrsg.: Staatl. Glasfachschule Hadamar. Limburg/L. 1974: Jaeger. 12 ungez. Bl. m. Abb.

5797. F r i e s , Heribert: Das Ausbildungszentrum für Keramik. Mit 4 Abb. – In: Der Westerwaldkreis. Mühlheim/M. 1975, S. 103–107 [In H ö h r - G r e n z h a u s e n ]

5798. Festschrift anläßlich des 100./20. Stiftungsfestes vom 13.–16. Juni 1974. Landsmannschaft Westphalia e.V. I d s t e i n /Taunus. Student. Verbindung an d. Fachhochschule Wiesbaden, Fachbereiche Architektur u. Bauingenieurwesen. Idstein 1974. 65 S. m. Abb. [S. 11–19: Gerhard S c h m i d t (al. Wotan): Über 100 Jahre Studenten in Idstein im Taunus; S. 21–23: Felix S t e i n b e r g e r : Von der Ingenieurschule zur Fachhochschule. Die Entwicklung im Idsteiner Fachbereich Bauingenieurwesen]

5799. B o e t t g e r , Gerd Hermann: Philipp Keim und die Idsteiner Bauschule. – In: HJUTs 26. 1975, S. 81–84

5800. J a n k o , Anton: 25 Jahre Hochschule und Priesterseminar K ö n i g s t e i n . Geschichtl. Rückblick. Ansprache bei d. Festakad. anläßl. d. 25jähr. Jubiläums am 29. 6. 1974. – In: KöSt. 20. 1974, S. 3–6

5801. J a n k o , Anton: In memoriam Prof. Dr. theol. Paul Hadrossek. – In: KöSt 18. 1972, S. 1–3 [Philosoph.-Theolog. Hochschule Königstein]

5802. Weihbischof [Prof.] Dr. Adolf Kindermann. Leben, Werk u. Wirken. Dargest. von Mitbrüdern, Mitarb. u. Freunden. Beitrr. u. Bilder ges. v. Inst. f. Kirchgesch. v. Böhmen-Mähren-Schlesien e.V., Königstein unter Mitarb. von J. L i e b a l l . Königstein i.Ts: Sudetendt. Priesterwerk [1976]. 120 S. m. Abb. (Schriftenreihe d. Sudetendt. Priesterwerkes in Königstein 22) [Leiter d. Königsteiner Anstalten seit 1966; Weihbischof von Hildesheim mit Amtssitz Königstein; Prof. an d. Philosoph.-Theolog. Hochschule Königstein]

5803. Johann-Gottfried-Herder-Forschungsrat, Johann-Gottfried-Herder-Institut. Aufgaben, Einrichtungen, Arbeiten. M a r b u r g a.d.L 1975. 28 S. m. Abb.

5804. 25 Jahre Lutherische Theologische Hochschule O b e r u r s e l . Hrsg. von Gottfried H o f f m a n n . Oberursel 1974. 34 S.

5805. G r i e s , Gundolf: Von der Handwerkerschule zur Hochschule für Gestaltung. Ein Beitr. zur Gesch. d. techn. Lehrwesens in O f f e n b a c h a.M. Offenbach: Offenbacher Geschichtsver. 1975. 97 S., Abb. (OGbll 25)

5806. S c h u t z b a c h , Karl: 100. Geburtstag der W e i l b u r g e r Landwirtschaftsschule. – In: NBlWil 51. 1976, Nr 141, S. 374–375

5807. H i l d e b r a n d , Alexander: Formen und Gestalten. Mit 6 Abb. – In: Wi int 1974, 4, S. 21–27 [In d. Werkkunstschule W i e s b a d e n ]

5808. R ü s t e r , Helmut: Modernes Kammerballett. Bühnentanzschule Charlott Reichardt präsentiert zeitnahe Bewegungskunst. – In: WiL 25. 1976, 4, S. 21 m. 1 Abb. [Wiesbaden]

5809. A l t s t a d t - G r u p p , Grete: 50 Jahre Musikseminar Güntzel. „Musische Vorschule" zur Früherziehung von Drei- bis Sechsjähr. findet starken Anklang. – In: WiL 25. 1976, 4, S. 20 [Wiesbaden]

5810. 25 Jahre Hessische Polizeischule. Wiesbaden: Polizei-Technik-Verkehr-Verlagsgesellschaft 1976. 80 S., Abb. (Polizei, Technik, Verkehr. Sonderausg. 1976, 3)

A. Sprache 441

XVI.

SPRACHE UND LITERATUR

A. SPRACHE

1. Allgemeines

5811. Tiefenbach, Heinrich: Der Name der Wormser im Summarium Heinrici. – In: Beitrr. z. Namenforsch. N. F. 10. 1975, S. 241–80 [Verf. verwirft als Entstehungsort des Summariums Worms bzw. Lorsch zugunsten von Würzburg]

5812. Merkel, Bertha: Die Sprache der Mutter Goethes. Ein Beitr. z. Gesch. d. rhein. Schriftsprache im 18. Jh. Reprograph. Nachdr. d. Ausg. Frankfurt a.M. 1938. Hildesheim: Gerstenberg 1974. VIII, 150 S.

5813. Mielke, Heinz-Peter: Die Geheimschrift der Reifenberger Kanzlei in den Jahren 1675–1678. Zur Methodik d. Kryptographie d. späten 17. Jh. Mit 3 Abb. – In: ArZ 72. 1976, S. 21–24

5814. Lerch, Hans-Günter: Das Manische in Gießen. Die Geheimsprache einer gesellschaftl. Randgruppe, ihre Gespräche u. ihre soziolog. Hintergründe. Gießen: Anabas-Verl. 1976. 376 S. m. Abb. [Erw. u. neubearb. Diss., zuerst ersch. in MOHG N. F. 58. 1973]

2. Mundarten

5815. Witte, Hedwig: Hessisch, wie es nicht im Wörterbuch steht. Ffm.: Societäts-Verl. 1974. 165 S.

5816. Hasselberg, Joachim, u. Klaus-Peter Wegera: Hessisch. Düsseldorf: Schwann 1976. 88 S. (Dialekt/Hochsprache – kontrastiv 1)

5817. Mitzka, Walther: Wortgeographie aus Hessen in Altpreußen. – In: Muttersprache 86. 1976, S. 66–68

5818. Dietz, Martin: Dehaam im Ort. Ernste u. heitere Gedichte in hess. Mundart. Mit Ill. von Rudi Gerlach. Bearb. von Horst R. Becker. 2., erw. Aufl. Bergen-Enkheim: Schubert 1976. 95 S.

5819. Martin, Bernhard: Zur Wortgeographie des waldeckisch-westfälischen Grenzraums. – In: Festschr. f. Gerhard Cordes z. 65. Geburtstag. 2. Neumünster 1976, S. 187–192

5820. Martin, Bernhard: Studien zur Dialektgeographie des Fürstentums Waldeck und des nördlichen Teils des Kreises Frankenberg. Neudr. d. Ausg.

von 1925. Walluf, Nendeln: Sändig 1974. VIII, 295 S. m. Kt. Beil. (Dt. Dialektgeogr. 15)

5821. Hofmann, Karl: Mundartgliederung Niederhessens südlich von Kassel. Neudr. d. Ausg. v. 1941. Walluf, Nendeln: Sändig 1974. VIII, 71, 25 S. m. 25 Kt. (Dt. Dialektgeogr. 39)

5822. Martin, Lothar: Die Mundartlandschaft der mittleren Fulda. Kr. Rotenburg u. Hersfeld. Neudr. d. Ausg. v. 1957. Walluf, Nendeln: Sändig 1974. 154 S., 55 Kt. (Dt. Dialektgeogr. 44)

5823. Rehm, Gottfried: Fuldamundart oder Niederhesssisch. – In: MHl 26. 1974/75, S. 59–60

5824. Noack, Fritz: Die Mundart der Landschaft um Fulda. Neudr. d. Ausg. von 1938. Walluf, Nendeln: Sändig1974. 52 S., 20 Bl., 20 Kt. (Dt. Dialektgeogr. 27)

5825. Schwank, Adam Joseph: Kleines Wörterbuch der Fuldaer Mundart. Aus d. Nachlaß hrsg. von Christoph Michel. – In: BuBll 46. 1973, S. 59–60. 66–67. 71. 79–80. 84. 86. 91–92. 94–95. 100; 47. 1974, S. 3. 12

5826. Krafft, Matthias: Studien zu einem Wörterbuch der Schlitzerländer Mundart nach Sachgruppen. Gießen 1969. 243 S. m. Abb. Gießen, Univ., Phil. Fak., Diss. 1969

5827. Bromm, Ernst: Studien zur Dialektgeographie der Kreise Marburg, Kirchhain, Frankenberg. Studien zur Dialektgeographie d. ehemal. Grafschaft Ziegenhain u. benachbarter Gebietsteile. Von Hans Corell. Neudr. d. Ausg. von1936. Walluf, Nendeln: Sändig 1974. VI, 215 S. m. Kt. (Dt. Dialektgeogr. 7)

5828. Leinweber, Walter: Wortgeographie der Kreise Frankenberg, Kirchhain, Marburg. Neudr. d. Ausg. von 1936. Walluf, Nendeln: Sändig 1974. 95, 67 S., 67 Kt. (Dt. Dialektgeogr. 10)

5829. Bender, Heinrich: Die Gliederung der Mundarten um Marburg a. d. L. Neudr. d. Ausg. v. 1938. Walluf, Nendeln: Sändig 1974. 58 S., 44 Kt. (Dt. Dialektgeogr. 29)

5830. Wenzel, Walter: Wortatlas des Kreises Wetzlar und der umliegenden Gebiete. Neudr. d. Ausg. von 1930. Walluf, Nendeln: Sändig 1974. 144 S., 104 Kt. (Dt. Dialektgeogr. 28)

5831. Glück, Heinrich: Die Koarteschlächern Disterberg. In oberhess. Mundart erzählt. Gießen: Brodhäcker 1974. 16 S. (Ulrichsteiner Bücherei 10)

5831a. Fuchs, Peter: Daich kenn aich oh de Foarb: Vogelsberger Mundartgedichte. Gießen: Brodhäcker 1966. 31 S. (Ulrichsteiner Bücherei 2)

5832. E r b , Karl: Durch ihn wurde einst die Vogelsberger Mundart „salonfähig". Carl Ludwig Feldmann, unvergessener Lehrer, Dichter u. Sänger. – In: HGiess 1975, Nr 38 [Geb. am 19. 8. 1852 in Trais; gest. am 26. 9. 1909 in Frankfurt a. M.]

5833. W a l z , Brigitte: Mundart, das Spiegelbild der Kultur und Geisteshaltung ihrer Sprecher mit Beispielen aus dem Vilbeler Dialekt. – In: ViHbll 10. 1974 = Sonderh.: Zur 1200-Jahrfeier d. Stadt Bad Vilbel, S. 48–50

5834. B e c k e r , I. u. H.: Verzeichnis der in Kassel gebräuchlichen Wörter und Ausdrücke. – In: 1000 Jahre Kassel u. Wirtheim [Festschrift]. Biebergemünd 1976, S. 183–190

5835. D i e t z , Rudolf: Die schönsten Gedichte in nassauischer Mundart. Mit Bildern von Carl Jakob Frankenbach u. Ferdinand Nitzsche u. e. Einführung von Marguerite Dietz. Frankfurt a.M.: Kramer 1975. 168 S. m. Abb.

5836. H i e s , Arnold: Unsere nassauische Mundart. – In: HJUTs 26. 1975, S. 113–115

5837. H i e s , Arnold: Alde Schwalbacher. – In: HJUTs 26. 1975, S. 117–121

5838. S c h m i d t , Wilhelm: Georg Rieser – 75 Jahre. (11. Febr. 1975.) Mit 1 Bildn. – In: HJUTs 26. 1975, S. 93–94 [Mundartdichter]

5839. H o m m e r , Emil, u. Wilhelm K r o h : Studien zur Dialektgeographie des Westerwaldes. Beitr. z. nass. Dialektgeographie. Neudr. d. Ausg. 1915. Walluf b. Wiesbaden, Nendeln [Liechtenstein]: Sändig 1974. VII, 381 S., 2 Kt. (Dt. Dialektgeogr. 4)

5840. R a s b a c h , Alois Marzellin: Hillscheider Mundart. Etymologisch Interessantes u. was im einzelnen damit zshängt. Höhr-Grenzhausen: Breiden 1974. 59 S.

5841. I m m e l , Otto: „Kringe" und „Riebelkuchen". „Unser täglich Brot" in der Mundart des Dillkreises. – In: HLD 1974, Nr 39, S. 4

5842. I m m e l , Otto: „Läusblomm". Wildkräuter in der Dillkreis-Mundart. Mit 1 Abb. – In: HLD 1974, Nr 45, S. 4

5843. H a c k l e r , Christian: Feudingen in seiner Mundart. [Wörterbuch.] Feudingen: Wittgensteiner Heimatver. 1974. XVI, 271 S. (Wi Beih. 4)

5844. S c h a n z e , Rosemarie: Das Frankfurter Wörterbuch – auch eine historische Quelle. – In: AFGK 55. 1976, S. 159–176

5845. B r u e c k n e r , Wolfgang: Probleme und Ergebnisse des Frankfurter Wörterbuchs. Halbzeitbilanz der Edition. – In: ZDL Beihefte N. F. 17. 1976, S. 105–121

5846. A s k e n a s y , Alexander: Die Frankfurter Mundart und ihre Literatur. Frankfurt 1904. Neu verlegt. Wiesbaden: Suchier 1976. VIII, 359 S.

5847. Ausgewählte Frankfurter Mundart-Dichtung. Hrsg.: Waldemar K r a m e r . Frankfurt a.M.: Kramer 1966. 596 S. m. Abb.

5848. B r ü c k l , Reinhold: Nix Gewisses waas mer net! Frankfurter Mundartgedichte. Umschlaggestaltung u. Zeichn. von Edwin Grazioli. Ffm.: Haag u. Herchen 1976. 108 S. m. Abb.

5849. B r ü c k l , Reinhold: U-Bahn-Gebuddel am Maa. Wie erlebt in Mundart weitergegeben von Reinhold Brückl. Einbandgestaltung u. 12 Zeichn. von Edwin Crazioli. Ffm.: Haag u. Herchen 1976. 62 S. m. Abb.

5850. F r i e s , Erich: Vaddersorje. Frankfurt a.M.: Kramer 1975. 80 S.

5851. L ö h r , Jakob: Drei Blimcher aus Frankfort. Hanau: König 1857. Faks. mit Stichen von Johann Friedrich Morgenstern. Nachw.: W[alter] Ho[rn]. Ffm.: Dt. Fachverl. 1974. 23 S.

5852. S i g e l , Kurt: Zuschdänd in Frankfort un annerswo. Neue Prosa im Frankfurter Dialekt. Rothenburg o.d. Tauber: Peter 1975. 60 S., 1 Schallplatte. (Mundartliterar. Reihe 13)

5853. S i g e l , Kurt: Uff Deiwelkommraus. Gedichte von heute auf Frankfurterisch mit 10 Zeichn. von Gertrude Degenhardt. Ffm.: Gierig 1975. 69 S.

5854. S t o l t z e , Friedrich: Die schönsten Dichtungen in Frankfurter Mundart. Frankfurt a.M.: Kramer 1973. 144 S.

5855. M u l c h , Roland: Das Südhessische Wörterbuch. – In: ZDL Beih. 17. 1976, S. 79–90

5856. D a n g , Johann Sebastian: Darmstädter Wörterbuch. Mit 13 ‚Originalen' aus d. Darmstädter Skizzenbuch von Hermann Müller. 3. Aufl. Darmstadt: Roether 1974. 270 S. m. Abb.

5857. B e n z , Georg: Ruthsebachgeplüddscher. 100 Gedichte in Darmstädter Mundart. Darmstadt: Roether 1975. 204 S. m. Abb.

5858. B a u e r , Erika: Dialektgeographie im südlichen Odenwald und Ried. Neudr. d. Ausg. v. 1957. Walluf; Nendeln: Sändig 1974. XV, 147, 30 S., 53 Kt. (Dt. Dialektgeogr. 43)

5859. B i c k e l h a u p t , Philipp: Mer sin all vum Ourewald. Mundartlieder, Heimatlieder. Lindenfels: Selbstverl. d. Stadt 1976. 44 S.

5860. Matthes, Richard: Die bestroopt Neugier. Eine Fastnachtsposse in Mundart in 3 Bildern. – In: BeHbll 1975, Nr 5. 6

5861. S c h r a m m , Karl: Dialekt in Rheinhessen. Mit 14 Zeichn. von Hannes Gaab. Mainz: Krach 1973. 28 S. m. Abb.

5862. K a b a u s c h e , Jean V.: Mer heert so ebbes rausche. Geschichten u. Gedichte in Wormser Mundart. Zeichn. von G. Pallasch. Worms: Norberg 1971. 81 S.

3. P e r s o n e n - u n d F a m i l i e n n a m e n ;
H a u s n a m e n

5863. M u l c h , Roland: Arnsburger Personennamen. Unters. zum Namenmaterial aus Arnsburger Urkunden vom 13.–16. Jh. Darmstadt & Marburg: Hess. Hist. Komm. Darmstadt & Hist. Komm. f. Hessen 1974. 420 S. Zugl. Diss., Gießen, Univ., Fachber. Germanistik 1974 (Quellen u. Forschungen zur hess. Gesch. 29)

5864. M u l c h , Roland: Arnsburger Personennamen im Mittelalter. – In: 800 Jahre Kloster Arnsburg 1174–1974. Lich 1974, S. 72–104

5865. P a u l , Herbert: Kleine heimatliche Namenkunde. – In: HJAl 1976, S. 172–173 [Familiennamen im Kr. Altenkirchen]

5866. I r l e , Lothar: Deutungen Siegerländer Familiennamen auf genealogischer Grundlage. – In: AfS 41. 1975, H. 58, S. 156–160

5867. R e u ß , Hans: Über den Familiennamen Ofenloch. – In: Stark 51. 1974, S. 32

5868. G e u e n i c h , Dieter: Die Personennamen der Klostergemeinschaft von Fulda im früheren Mittelalter München: Fink 1976. 300 S. (Münstersche Mittelalter-Schriften 5), zgl. Münster, Phil. F., Diss. 1972

5869. H a a s , Daniel: Gelnhäuser Un-Namen < Beinamen >. – In: GelHJ 1974, S. 110–112

5870. E r n s t , Eugen: Neu-Anspacher Familiennamen. – In: Neu-Anspacher Gemeinde-Nachrr. 15. 1975, Nr 2. 3

5871. S e e , Gottlieb: Familiennamen 1654–1807 in Niederrosbach. – In: HFK 12. 1974, Sp. 113–116

5872. J e c k , Bernhard: Pirrewilhelms, Wolfskauter und Hälmese. Oberbrechener Hausnamen zeugen v. Erfindungsreichtum u. Phantasie. – In: RhLF 24. 1975, S. 71–75

5873. Z e r n e c k e , Wolf Dietrich: Die Hausnamen in Oppenheim. – In: Festschrift f. Karl Bischoff z. 70. Geburtstag. Hrsg. von Günter Bellmann [u.a.] Köln 1975, S. 245–270

5874. H o f f m a n n , Martin: Die ältesten Schmittener Familiennamen. – In: UsL 1974, Nr 6, Sp. 71–72

4. Ortsnamen

5875. Ihle, Fritz: Über hessische Ortsnamen, die von Katzen, Kelten und Ketzern sprechen. – In: HGiess 1976, Woche 44

5876. Rosenbohm, Rolf: „Hungeses" und die – Gesesse – Siedlungsnamen im allgemeinen. – In: UsL 1975, Sp. 143–144

5877. Volze, Fritz: Ortsnamen im Knüllgebiet und geschichtliche Überlieferung. – In: KGB 1975, S. 87–91

5878. Gadow, H. von: Rheinische Ortsnamen und Quellenkritik. – In: Beitrr. z. Namenforsch. NF. 10. 1975, S. 45–63

5879. Wirtz, Joachim: Die Verschiebung der germ. p, t und k in den vor dem Jahre 1200 überlieferten Ortsnamen der Rheinlande. Mit 13 Ktn. Heidelberg: Winter 1972. 184 S. (Beitrr. zur Namenforschung N. F. Beih. 9)

5880. Kaufmann, Henning: Gibt es in den Rheinlanden rechtsrheinische acum-Namen? – In:RhVbll 38. 1974, S. 32–53 [Betr.: Mittelrheingeb.]

5881. Kuhn, Hans: Die -acum-Namen am Rhein. – In: RhVbll 39. 1975, S. 391–395

5882. Kaufmann, Henning: Rheinhessische Ortsnamen. Die Städte, Dörfer, Wüstungen, Gewässer u. Berge d. ehemal. Provinz Rheinhessen u. d. sprachgeschichtl. Deutung ihrer Namen. München: Fink 1976. IV, 264 S.

5883. Stein, Ferdinand: „Sleraffa": Altenschlirf? Salzschlirf? Ein Beitr. z. Ausdeutung d. Lorscher Kodex. – In: HGiess 1975, Nr 8, vgl. a. BuBll 48. 1975, S. 17–18

5884. Faulstich, Josef: Woher kommt der Name Bimbach? Ein Beitr. z. Bimbacher Ortsgesch. – In: BuBll 47. 1974, S. 19. 23

5885. Neumann, G.: Der Ortsname Bingen. – In: Beitrr. z. Namenforschung 9. 1974, S. 253–256

5886. Freiling, Paul: Woher kommt der Name Erbach?. – In: HErb 1974, Nr 5, S. 3–4

5887. Emde, Carl: Warum Ingelheim früher Engelheim geheißen haben soll. Einer mittelalterl. Sage nacherzählt. – In: HMRh 19. 1974, S. 4

5888. Müller, Karl Friedrich: Der Name Limburg. – In: Der Sprachdienst 17. 1973, S. 35–38

5889. Jänichen, Hans: Zum Namen Limburg/Limpurg. – In: Zs. f. württ. Landesgesch. 32. 1973, S. 529–531

5890. S c h l i t z e r , Paul: Der Fluß- und Ortsname L ü d e r . – In: BuBll 47. 1974, S. 39–40

5891. H e i l a n d , Wilhelm: Sambatje. Erklärung e. 100 jähr. Ortsbeinamens [d. Dorfes N a u b o r n ]. – In: HKWe 24. 1974, S. 71–73 [Spottname]

5892. L u n g e r s h a u s e n , Karl: ... Wie entstand der Name O b e r k a u f u n g e n ? – In: HeG 76. 1975, S. 9–10

5893. E n g e l , Hermann: Wie der Name P y r m o n t entstand. Ein jahrhundertelanges Rätsel gelöst. – In: MW 1975, Nr 16 v. 7. Nov.

5894. M i e l k e , Heinz-Peter: R e i f e n b e r g . Ein Derivationsversuch. – In: HTBll 2. 1974, Nr 1 = Nr 5, S. 9

5895. S t r a u b , August: S c h w a r z e n b o r n hat einen „besonderen" Namen. – In: Hess. Volkskal. 91. 1974, S. 15

5896. R o s e n b o h m , Rolf, u. Friedrich Wilhelm Jeckel: Was bedeutet der Name S e u l b e r g ? – In: SChr 6. 1975, Nr 3, Bl. 1–6

5897. E n g e l h a r d t , Hans: Der Ortsname S t e r b f r i t z und seine Entstehung. – In: Vergangenheit 27. 1974, S. 17–18

5898. K i p p i n g , Otto: Gab Hütte in der Struth S t r u t h ü t t e n seinen Namen? Schlackenfunde in d. Ortsmitte deuteten auf ihr Vorhandensein hin. Mit 1 Abb. – In: UHl 43. 1975, S. 111–112

5899. W o l f , Herbert: V e l m e d e n . Zur Bedeutung u. Herkunft des Namens. – In: Velmeden 775–1975. Velmeden 1975, S. 18–20

5900. S c h o o f , Wilhelm: Der Name Z i e g e n h a i n . – In: SchwJb 1975, S. 28–30

5. Flurnamen, Straßennamen

5901. B i s c h o f f , Karl: Germ. haugaz, Hügel, Grabhügel im Deutschen. Eine Flurnamenstudie. Mainz: Akad. d. Wiss. u. Lit.; Wiesbaden: Steiner [in Komm.] 1975. 73 S., 1 Kt. (Akad. d. Wiss. u. Lit. Abhandlungen d. Geistes- u. Sozialwiss. Klasse. 1975, 4) [Betr. auch Hessen]

5902. R o s e n b o h m , Rolf: Über unsere Burg-Flurnamen im allgemeinen und die Alte Burg im besonderen. – In: HGiess 1975, Woche 20 [Gemarkung Usingen]

5903. M ü l l e r , Konrad: Zum Namen der Kesterburg im Burgwalde. – In: Mannus 40. 1974, S. 179–186

5904. I m m e l , Otto: „Jungfernbuchen" und „Annamareis Eckelche". Merkwürd. Besitzer-Flurnamen im Kreise Biedenkopf. – In: HLD 1974, Nr 41, S. 2

5905. S c h o o f , Wilhelm: Der Name Buchonia. < Das wirkende Wort eines Flurnamens. > – In: FuGbll 49. 1973, S. 87–88

5906. Rosenbohm, Rolf: Etwas über Gassen und Gassennamen. Mit 1 Abb. – In: HGiess 1976, Woche 10

5907. Rosenbohm, Rolf: Die „Schöne Aussicht" in Frankfurt, Friedrichsdorf und anderswo. Mit 2 Abb. – In: HGiess 1976, Woche 9

5908. Dambron, Albert, u. Rolf Rosenbohm: Über Flurnamen und Flurbezeichnungen. T. 1.2. Unter Auswertung d. Harheimer Steinbuches v. 1625. – In: TChr 2. 1974, Dez.; 3. 1975, Nr 1

5909. Kaufmann, Henning: Der rheinhessische und pfälzische Flurname die Heyer als „Gehegter Bezirk". – In: MHVPf 73. 1976, S. 179–182

5910. Schwinn, Karl: Flurnamen erinnern an alte Feldfrüchte. – In: Unter d. Dorflinde 57. 1975, S. 58–60 [Im Odenwald]

5911. Weiler, Heinz: Straßen- und Flurnamen [von Abenheim]. – In: Abenheim. Festbuch zur 1200-Jahr-Feier. Worms-Abenheim 1974, S. 63–70

5912. Kunz, Rudolf: Die Alsbacher Flurnamen und ihre Deutung. – In: Kunz: Alsbach. Alsbach 1975: Otto, S. 113–151

5913. Müller, Konrad: Versuch einer Deutung des Namens des Marksteins oder Markussteins im Tiergarten bei Arolsen. – In: Mannus 40. 1974, S. 51–59

5914. Flurnamen des Odenwaldes und seiner Randlandschaften. Die Gewannkarte v. Beerfelden. – In: Odw 23. 1976, S. 66–67

5915. Weyrauch, Wilhelm: Alengasse oder Altengasse? Ein Beitr. zur Deutung dieses Flurnamens. – In: GbllBe 8. 1975, S. 232–234 [b. Bensheim]

5916. Schüler, Wilhelm: Cleeberger Flurnamen als Zeugen der Ortsgeschichte. – In: HKWe 26. 1976, S. 49–59 m. 1 Abb.

5917. Rauch, Hans: Deutung der Namen einiger alter Waldfluren in den Gemarkungen Darmstadt und Ober-Ramstadt. – In: JberVHORa 1973. 1975, S. 33–35

5918. Schütz, Klara u. Ernst: Die Flur- und Gewann-Namen der Gemarkung Diedenbergen. Zum 100. Gründungstag d. Katasteramtes d. Main-Taunus-Kr. am 1. Jan. 1976. Mit Kt. Skizz. – In: HMDie 4. 1975, S. 64–126

5919. Ihle, Fritz: Was sagt der Eschbacher Flurname „die Plank" aus? Mit 1 Kt. Skizze. – In: UsL 1974, Nr 3, Sp. 32–36

5920. Hammann, Gustav: Wendische Mark oder Wendischer Markt in Eschwege? Neue Erwägungen zu e. umstrittenen Straßennamen. – In: W 26. 1974, S. 54–55

5921. Gräser, Franz: Fuldas Straßennamen ein Personenlexikon. Eine Zsfassung von Vorträgen... – In: HFK 13. 1976, Sp. 227–230, vgl. BuBll 49. 1976, S. 78–79

5922. Hagenow, Gerd: Der Name des ehemaligen Hofgutes Plixholz bei Geisenheim. – In: NAN 87. 1976, S. 215–220

5923. Knöpp, Friedrich: Betrachtungen zu den Gewannamen von Groß- und Klein-Zimmern. – In: Groß-Zimmern, Klein-Zimmern. Beitrr. zur Entwicklung in Vergangenheit u. Gegenwart. Groß-Zimmern 1976, S. 237–242

5924. Kläger, K. Michael: Gundersheimer Flurnamen. – In: HJAlWo 11. 1971, S. 83–85

5925. Heuson, Hans-Velten: Die Flurnamen der Gemarkung Hardeck. – In: BüGbll 8. 1974/75, S. 36–38 [Teil d. ehemal. Büdinger Markwaldes]

5926. Rosenbohm, Rolf: Über Hungener Flur- und Gassennamen und ihre historische Auswertung. – In: HGiess 1976, Nr 19./20. 28. 29

5927. Denfeld, Heinrich: Die Kirdorfer Flurnamen. – In: AHo 18. 1975, S. 90

5928. Heuson, Hans-Velten: Die Flurnamen der Gemeinde Lorbach. – In: BüGbll 8. 1974/75, S. 25–36

5929. Rosenbohm, Rolf: Was unsere Gassen- und Flurnamen erzählen. – In: Oberurseler Kurier. Jg. 1972, Nr 19, S. 5 ff.; Nr. 20, S. 4; Nr. 21, S. 4; Nr. 24, S. 9; Nr. 28, S. 6; 1973, Nr. 1; Nr. 2, S. 7; Nr. 16, S. 6

5930. Scholl, Gerhard: Es sind die alten Straßen noch ... Siegens Straßennamen als Zeugen e. lebendig gebliebenen Vergangenheit. Mit 6 Abb. – In: UHl 44. 1976, S. 73–80

5931. Rosenbohm, Rolf: Gassen als Flurbezeichnung und die Vilbeler „Hanegass". – In: ViHbll 15. 1976, S. 12–13

5932. Müller, Karl Anton: Unsere Flurnamen. – In: Wehrshausen bei Marburg. Marburg 1974, S. 63–79

5933. Knöpp, Friedrich: Was die Gewannamen Worfeldens aussagen. – In: 750 Jahre Worfelden. Worfelden 1975

6. Sonstige Namen

5934. Kramer, Wolfgang: Das Flußgebiet der Oberweser. Wiesbaden: Steiner 1976. VII, 84 S., 1 Kt. (Hydronymia Germaniae. R. A, Lfg10)

5935. Hammann, Gustav: Vier Namen hat der Kaltenbach im Burgwald. – In: UFrL 2. 1976, Nr 1 v. 17. Jan.

5936. S c h w i n g , Heinrich: Die Lahn. Die sprachl. Entwicklung d. Wortes. – In: WeilBll 4. 1975, S. 30–32

5937. B a r t h , Erhard: Die Gewässernamen im Flußgebiet von Sieg und Ruhr. Gießen: Schmitz 1968. 198 S., 2 Ktn. (Beitrr. zur dt. Philologie. N. F. d. Gießener Beitrr. zur dt. Philologie 39)

5938. I h l e , Fritz: Die Gewässernamen Usa und Nidda. Herkunft u. Alter. Mit 2 Abb. – In: HGiess 1974, Woche 43

5939. R o s e n b o h m , Rolf: Über die Namen unserer Bäche. – In: WehrGbll 1. 1976, Nr 1, Bl. 3–6 [Gemarkung Wehrheim]

5940. K a e r g e r , Günther: Was heißt und was hieß „Kaufunger Wald". – In: Kaufunger Wald. Land u. Leute zwischen Fulda u. Werra. 1. 1976, S. 5–6

5941. H e n n , Ernst: Barstein, Bardenstein, Bartenstein. 3 Namen f. einen Westerwaldberg. – In: Ww 69. 1976, S. 54–55

5942. M a u r e r , Wilhelm: Alte Bäume und „ale Miern" (alte Mären). – In: UsL 1975, Nr 2, Sp. 98–99 [Deutung von Baumnamen in d. Gemarkg. Brandoberndorf]

## B. LITERATUR UND DICHTUNG

5943. S t e i n e r , Katharina: Kleine Bettlektüre für getreue Hessen. Bern, München, Wien: Scherz [1976]. 158 S.

5944. R ü b s a m , Paul: Dichtung und Musik der Rhönlandschaft. – In: BuBll 49. 1976, S. 66

5945. Das Waldidyll Dianaburg. Ein Heimatbuch mit Erzählungen aus d. Ulmtal. Hrsg.: Friedhelm M ü l l e r u. Walter K o c h . Ulmtal: Hrsg. 1975. 61 S. m. Abb.

5946. Q u i n t e n , Rainer: Der Rhein in Dichtung und Farbaufnahmen. Luzern & Frankfurt/M.: Bucher 1976. 78 S. (Buchers Miniaturen 34)

5947. J u n k e r , Ernst Wiegand, u. Robert W o l f f : Der Rhein im Spiegel deutscher Dichtung von Goethe bis George. Mit e. Geleitw. von Michael Stettler. Hrsg. v. Stefan-George-Gymnasium Bingen. Bingen: Stefan-George-Gymnasium; Heidelberg: Stiehm [in Komm.] 1974. 56 S. m. Abb.

5948. N e u , Heinrich: Der Rhein in Schrifttum und Kunst der ersten Hälfte des 19. Jahrhunderts. – In: Neu: Rheinland – Reich – Westeuropa. Ges. Schriften. Bonn 1976, S. 297–304

5949. K l e i s s , Marietta: Dichter der deutschen Romantik. [Eine Ausstellung d. Freien Dt. Hochstifts in Ffm. 1976.] – In: Aus d. Antiquariat. 1976, Nr 7, S. A 224–227

B. Literatur u. Dichtung        451

5950. S c h w i t z g e b e l , Helmut: Die Romantisierung des Rheins. Mit 3 Bildn. – In: Museum Wiesbaden. 2. 1975, S. 3–8

5951. P a l m , Claus: Von der Rheinromantik zur Rheinentfremdung. Der Rhein verblaßt im Bewußtsein unserer Zeit. Gründe u. Auswege. Mit 2 Abb. – In: HMRh 19. 1974, Nr 2, S. 1–2

5952. P a l m , Claus: „In Bacharach am Rheine …" Zu e. Ausstellung in Frankfurt. – In: HMRh 21. 1976, Nr 9, S. 4 [Betr. romant. Rheindichtung]

5953. T h o m ä , Helmut: Blick von der Bubenhäuser Höhe. Aus Briefen u. Schriften d. Romantik. – In: RhgHbr 90. 1974, S. 4–6


5954. Butzbacher Autoren-Interviews. Hrsg. von Hans-Joachim M ü l l e r … 1. Darmstadt: Ges. Hess. Literaturfreunde 1976. 165 S. (Hessische Beiträge zur deutschen Literatur)

5955. Die Dachstube. Flugblätter. (Repr.) Nendel, Liechtenstein: Kraus Repr. 1975. 76 ungez. Bl. 1/4. 1915/1918. 1975 [Literar. u. künstler. Darmstädter Zeitschrift des Expressionismus]

5956. B r e i t w i e s e r , Ludwig, Fritz U s i n g e r u. Hermann K l i p p e l : Die Dachstube. Das Werden d. Freundeskreises u. seiner Zeitschrift. Darmstadt: Justus-von-Liebig-Verl. 1976. 100 S. (Darmstädter Schriften 38) [S. 7–13: Fritz U s i n g e r : Die literarischen Arbeiten der „Dachstube"; S. 15–59: Ludwig B r e i t w i e s e r : Das Werden d. Freundeskreises u. seiner Zeitschrift; S. 61–73: Hermann K l i p p e l : Die Zeitschriften: Die Dachstube, Das Tribunal u. Hessenborn 1915–1921]

5957. J u r i t z , Hanne F.: Dichterburg, Dichterkeller, Dichterberg, Dichterhain. Begegnung mit 22 Schriftstellern in Dreieichenhain. Ill. von Sascha Juritz, typograph. gestaltet von Michel Cevey. Dreieichenhain: pawel pan presse 1976. 59 S. in Blockbuchfaltung

5958. W e i s s g e r b e r , Wolfgang: Eberstädter Geschichtenbuch aus 12 Jhh. Darmstadt: Roether 1974. 224 S. m. Abb.

5959. Frankfurt am Main in der Literatur. Ffm.: Presse- u. Informationsamt d. Stadt 1975. 6 Bl.

5960. H o f f m a n n , Dieter: Dichter in Frankfurt. – In: Frkf 20. 1975, H. 1., S. 30–31. [Betr.: Marie Luise Kaschnitz, Elisabeth Borchers, Paul Gerhard Hübsch, Günter Ernst Bauer-Rabé]

5961. N e u m a n n , Bernd: Geistliches Schauspiel im spätmittelalterlichen Friedberg. – In: WeGbll 24. 1975, S. 113–131

5962. B a e s e c k e , Georg: Fulda und die altsächsischen Bibelepen. In: Der Heliand. Hrsg. von Jürgen Eichhoff u. Irmengard Rauch. Darmstadt: Wiss. Buchges. 1973. (Wege der Forschung 321) S. 54–92 [Erschien zuerst in: Niederdeutsche Mitteilungen 4. 1948, S. 5–43]

5963. Gießen – ich lieg dir zu Füßen. Gedichte u. Lieder an die Stadt an d. Lahn. Zsgest. u. mit alten Bildern vers. von Karl B r o d h ä c k e r. Gießen-Wieseck: Gießener Anzeiger 1975. 48 S. m. Fotos (Gießener Beitrr. zur Literatur u. Unterhaltung 1)

5964. H e i s t , Walter: Dichter im Umkreis des Mainzer Domes. – In: Willigis u. sein Dom. Hrsg. von Anton Philipp Brück. Mainz 1975. (Quellen u. Abhandlungen z. mittelrhein. Kirchengesch. 24), S. 501–514

5965. H i l d e b r a n d , Alexander: Autoren. Autoren. Zur literar. Szene in Wiesbaden. Mit 20 Bildn. Wiesbaden: Seyfried 1974. 93 S. [S. 9–12: Rolf Biebricher. 13–17: Irma Brandes. 18–20: Helmut Wilhelm Brinks. 21–24: Angela v. Britzen. 25–28: Liselotte Burger. 29–32: Rudolf Cyperrek. 33–36: Doris Deinhard. 37–38: Carl Emde. 39–42: Reinhart Hoffmeister. 43–46: Susanne Kilian. 47–51: Hans-Christian Kirsch. 52–54: Gerhard Kloss. 55–59: Esther Knorr-Anders. 60–64: Rudolf Krämer-Badoni. 65–71: Friedrich Michael. Mit Hs-Probe. 72–76: Gerhard Neumann. 77–81: Wolfgang M. Rauch. 82–85: Eva Marianne Saemann. 86–89: Marguerite Schlüter. 90–93: Lieselotte Schwarz]

5966. S c h w i t z g e b e l , Helmut: Die erzählte Stadt. Wiesbaden im Spiegel d. Romanliteratur d. 19. u. 20. Jahrhunderts. – In: NAN 85. 1974, S. 188–207

5967. B a g i n s k i , Olli: Traumbuch einer Mutter. Entstanden in d. Jahren 1944–1946. 3. Aufl. [Bad Soden/Ts: Selbstverl.] 1975. 38 Bl.

5968. B a y e r , Rupprecht: Geliebte Heimat. Heitere u. besinnliche Lyrik. Weinheim: Diesbach 1976. 80 S. [Betr. Odenwald]

5969. E r t e l , Kurt Friedrich: Ludwig B e i l , ein Gießener Dichter. – In: HHGiess 1975, S. 36 [1890–1961]

5970. H a g e n , Siegfried: Henry B e n r a t h – Fritz Usinger. Dichtung u. Wirklichkeit. – In: WeGbll 23. 1974, S. 99–112

5971. W a g n e r , Georg: Der Schnellerts in B e r g e n g r u e n s : Das Buch Rodenstein. – In: SchnBer 1976, S. 27–30

5972. F e c h n e r , Jörg-Ulrich: Erfahrene und erfundene Landschaft. Aurelio de'Giorgi B e r t ò l a s Deutschlandbild u. d. Begründung der Rheinromantik. Opladen: Westdt. Verl. 1974. 360 S. m. 5 Abb. (Abhandlungen d. Rhein.-Westfäl. Akad. d. Wiss. 52)

5973. W o l f f , Robert: Robert B o e h r i n g e r verstorben. Erbe Stefan Georges, Ehrenbürger v. Bingen. Mit 1 Bildn. – In: HMRh 19. 1974, Nr 7

5974. S c h a e f e r , Albert: Das B r e n t a n o haus in Winkel/Rheingau. Hrsg. v. d. Mittelrhein. Ges. zur Pflege alter u. neuer Kunst. 2. Aufl., erw. von Alexander H i l d e b r a n d . Wiesbaden: Seyfried 1976. 28 S. m. Abb.

5975. Feilchenfeldt, Konrad: Clemens Brentanos publizistische Kontakte mit Hamburg. Neuentdeckte Beitrr. zum „Franckfurter Staats-Ristretto" u. zu „Der dt. Beobachter" i. J. 1815. – In: Aurora 36. 1976, S. 47–60

5976. Bartsch-Hofer, Fritz: Politiker im Spiegel der Karikatur. Gezeichnet von ... mit Versen vers. von Karl Brodhäcker. Gießen-Wieseck: Gießener Anzeiger (1975). 24 ungez. Bl. (Gießener Beitrr. zur Literatur u. Unterhaltung 2)

5977. Buchmann, Gottfried: Wir leben alle auf einem Stern. Eine Auswahl besinnlicher Lyrik aus d. Nachlaß. Kassel-Wilhelmshöhe: Thiele & Schwarz 1974. 185 S.

5978. Bräuning-Oktavio, Hermann: Georg Büchner. Gedanken über Leben, Werk und Tod. Bonn: Bouvier Verl. 1976. 79 S. (Abhandlungen zur Kunst-, Musik- u. Literaturwiss. 207)

5979. Schaub, Gerhard: Georg Büchner und die Schulrhetorik. Untersuchungen u. Quellen zu seinen Schülerarbeiten. Bern: H. Lang; Frankfurt a.M.: P. Lang 1975. 126 S. (Regensburger Beitrr. zur dt. Sprach- u. Literaturwiss. 3) [Büchner war vom Frühjahr 1825 bis Ostern 1831 Schüler d. ghzgl. humanist. Gymnasiums in Darmstadt]

5980. Wetzel, Heinz: Dantons Tod und das Erwachen von Büchners sozialem Selbstverständnis. – In: Dt. Vierteljahrsschr. f. Literaturwiss. u. Geistesgesch. 50. 1976, 3, S. 434–448

5981. Creter, Fritz: Die Hexe vom Hayn. Roman. Neuaufl. zur Hayner Weiberkerb 1976. Vorm. ersch. in d. Mushakeschen Verl.anst. [1951]. Langen 1976: Spielvogel. 298 S. [Dreieichenhain]

5982. Jost, Dominik: Die Dichtung Ludwig Derleths. Einf. in d. Werk. Gladenbach (Hessen): Hinder u. Deelmann 1975. 104 S. m. Ill.

5983. Thomä, Helmut: Dostojewskijs Wiesbadener Tage. Mit 5 Abb. – In Wi int 1976, 1, S. 28–34

5984. Seibig, Adolf: Der Dramatiker in Frammersbach. Michael Druida aus Gelnhausen. – In: GelHJ 1975. S. 149

5985. Faber, Rolf: Journalist, Feuilletonist, Literat: Carl Emde zum Gedächtnis. Mit 1 Bildn. – In: WiL 25. 1976, 1, S. 9

5986. Rüster, Helmut: Im Herzen ein junges Mädchen. Die Schriftstellerin Marianne Fischer-Dyck feiert ihren 80. Geburtstag. Mit 1 Bildn. – In: WiL 25, 1976, 7, S. 22–23

5987. Mathy, Helmut: Ferdinand Freiligrath am Rhein. – In: MA 1972/74, S. 47–57

5988. Stosch, Albrecht von: Albrecht von Stosch an Gustav Freytag. Briefe aus d. Jahren 1871–1877. 2. 1877–1883. 3. 1884–1889. Mitgeteilt von Ekkhard V e r c h a u . – In: GFBll 17/18. 1973/74, Nr 32/33, S. 2–26; 19. 1975, Nr 34/35, S. 2–28; Nr 36/37, S. 3–30

5989. F r a n z , Eckhart Götz: Heidelberg und Heppenheim in Erzählungen und Briefen der englischen Schriftstellerin Elizabeth G a s k e l l (1810–1865). – In: AHG N. F. 32. 1974, S. 477–516

5990. B a u m , Herbert: Zwei unbekannte Gedichte von Emanuel G e i b e l und sein Besuch in Bergheim [bei d. Grafen Waldeck im Nov. 1841]. – In: GW 64. 1975, S. 116–120

5991. M u e h l e n , Hellmuth von: Zwei Dichter aus dem Hause G e m m i n - g e n . [Eberhard Friedrich Frhr v. Gemmingen u. Otto Heinrich Frhr v. Gemmingen.] – In: Vaterland auf d. Römerberg... 1975, S. 146–148

5992. S c h o n a u e r , Franz: Stefan G e o r g e in Selbstzeugnissen und Bilddokumenten. (Den dokumentar. u. bibliograph. Anh. bearb. Paul Raabe.) 4. Aufl. Reinbek b. Hamburg: Rowohlt 1974. 176 S. m. zahlr. Abb. (Rowohlts Monographien 44)

5993. Neue Beiträge zur George-Forschung. [Hrsg.: Rudolf E n g e l h a r d t . ] Bingen: Engelhardt 1975. 67 S. m. Abb. (BiA 7)

5994. G e e r d t s , Hans-Juergen: Johann Wolfgang G o e t h e . 2. Aufl. Leipzig: Reclam 1974. 346 S. (Reclams Universal-Bibliothek. 77. Biografien u. Dokumente)

5995. P a s c h e k , Karl, u. Wolfgang K l ö t z e r : Goethe und seine Wirkung heute. Ausst. d. Stadt- u. Universitätsbibl. Ffm. mit e. erg. Beitr. d. Stadtarchivs v. 30. Aug. bis 25. Sept. 1974. Ffm. 1974: Kramer. 35 S., 2 Taf. [Umschlagt.:] 225 Jahre Goethe. Stadt Ffm. Stadt- u. Universitätsbibl. u. Stadtarchiv. Goethe u. seine Wirkung heute

5996. L ü d e r s , Detlev: Zu Goethes 225. Geburtstag. – In: JbFDH 1974, S. 71–74

5997. B e h r e n s , Jürgen, Doris H o p p u. Angelika L e n z : Der junge Goethe. Ausst. im Freien Deutschen Hochstift, Frankfurter Goethe-Museum v. 27. Aug. bis 31. Dez. 1974. Hrsg. v. Detlev Lüders. Ffm. 1974. 54 S. m. Abb. [Umschlagt.:] 225 Jahre Goethe. Stadt Ffm. Freies Dt. Hochstift, Ffter Goethe-Museum. Der junge Goethe

5998. Geh vom Häuslichen aus ... – In: Cassella-Riedel Archiv 54. 1971, H. 1.: Frankfurt a. M., S. 35–40 [Goethes Elternhaus]

5999. J a e n i c k e , Anselm: Das Goethehaus in Frankfurt am Main. Fotos von Anselm Jaenicke. Einf. u. Erl. von Detlev Lüders. [Texte dt., engl. u. franz.] 2. Aufl. Ffm.: Umschau Verl. 1975. 96 S.

6000. W e b e r - F a s , Rudolf: Goethe als Jurist und Staatsmann. Ffm.: Metzner 1974. 16 S.

6001. (M ü n z b e r g , Werner:) Goethe und Lili 1775. Ausstellung Stadtmuseum Offenbach am Main. Offenbach a. M. 1975. 72 S. [Kat.] [Anna Elisabeth Schönemann 1758–1817]

6002. Briefe an Johann Wolfgang von Goethe, geschrieben aus Frankfurt von Catharina Elisabeth Goethe, dem Herzog Carl August, Friedrich Hölderlin, Clemens und Bettina Brentano, Wilhelm von Humboldt, Ludwig Börne u. dem Grafen Karl Friedrich Reinhard in den Jahren 1792–1829. Hrsg. von Bertold H a c k . Ffm. 1975: Weisbecker. 211 S. (Briefe aus Frankfurt N. F. 5)

6003. M u e h l e n , Hellmuth von: Goethe und das Haus Alten Limpurg. – In: Vaterland auf d. Römerberg... 1975, S. 28–31

6004. P e s s e n l e h n e r , Robert: Goethes im Jahre 1814 in Fulda entstandene Gedichte. – In: FuGbll 49. 1973, S. 22–50

6005. S t i p p , Hermann Josef: Goethe im Rheingau. Ein vergessener Besuch d. Dichters in Bingen u. auf d. Rochusberg am 5. Sept. 1814. – In: HJMBi 15. 1971, S. 100–101

6006. L a m p e l , Gerd Elgo: Goethe in Bad Schwalbach. Kronzeuge ist d. Herr Hofrath v. G. Zu einem Brief Goethes an seine Frau v. Aug. 1814. – In: HJUTs 1974, S. 217–220

6007. S t e f f e n s , Max: Goethe besucht Neuwied und den Mittelrhein. – In: HJNeu 1976, S. 74–78

6008. S c h w i n g , Heinrich: Goethe im Lahntal. – In: HLD 1974, Nr 48, S. 1–2 m. Abb.

6009. M i g n o n , Heinrich: Goethe in Wetzlar. Kleine Chronik aus d. Sommer 1772. 2. verb. u. erw. Aufl. Wetzlar: Pegasus-Verl. 1972. 111 S. m. 8 Abb.

6010. B e t h k e , Martin: Es begann in Wetzlar... T. 1.: Johann Wolfgangs Großmutter u. d. Tante, die am Kornmarkt aufpaßte. Mit 3 Bildn. u. 3 Abb. – In: HHGiess 1974, S. 85–87. T. 2.: Ein Kammergerichtspedell Ahnherr Königlicher Hoheiten. Mit 6 Bildn. – In: HHGiess 1975, S. 1–3

6011. B i t t e n s , Gerhard: Goethe und Garbenheim. – In: Garbenheim. 776–1976. Garbenheim 1976, S. 276–289

6012. G o e t h e , Johann Wolfgang von: Drei Briefe von Goethe, in denen Atzbach erwähnt wird. Erl. von Arthur L o t z . – In: Atzbacher Geschichtsbll. 2. 1975 (Mitt. Bl. d. Gemeinde Atzbach 22 v. 10. 10. 1975), S. 2–3

6013. Siegerländer im Umgang mit Goethe. Jung-Stilling, Prof. Lorsbach u. Oberbergrat Cramer gehörten zum Bekanntenkreis. Mit 1 Bildn. – In: UHl 1974, S. 143/144 [Georg Wilhelm Lorsbach; Ludwig Wilhelm Cramer]

6014. M e t z , Wolfgang: Eine Verwandtschaft Goethes und Hegels am Reichskammergericht zu Speyer. – In: Jahrbuch z. Gesch. v. Stadt u. Landkr. Kaiserslautern 12. 1974/75, S. 328–33 [Betr. auch hess. Familienkunde]

6015. Huschke, Wolfgang: Johann Heinrich Tabor (1728–1802), reichsritterschaftlicher Syndikus zu Friedberg. Die Lösung eines personengeschichtl. Problems d. Goetheforschung. – In: AHG N. F. 32. 1974, S. 283–326

6016. Garnerus, Hartwig: „... aus Verehrung für Goethe..." Zwei unbekannte Briefe von Ludwig Schwanthaler [an Wilhelm von Harnier, ein Goethedenkmal in Frankfurt betreffend]. – In: Die Kunst u. d. schöne Heim. 87. 1975, H. 3, S. 143–144

6017. Lüders, Detlev: Das Freie Deutsche Hochstift. Frankfurter Goethe-Museum – In: NM 104. 1974, H. 3, S. 79–82

6018. Lüders, Detlev: Das Goethe-Museum des Freien Deutschen Hochstifts in Rom. Ber. über seine Gründung am 29. Oktober 1973. – In: JbFDH 1974, S. 377–392

6019. Lüders, Detlev: Goethes „Biographisches Schema". [e. Neuerwerbung d. Goethe-Museums.] – In: Ztg 1975. Nr 1, Bl. 4–5

6020. Förschner, Gisela: Goethes Porträt auf Medaillen und Plaketten. Ausst. d. Hist. Museums, Münzkabinett, Ffm. v. 28. 8.–31. 12. 1974. Ffm.: Hist. Museum, Münzkabinett 1974. 36 S. m. Abb. [Umschlagt.:] 225 Jahre Goethe. Stadt Ffm. Hist. Museum

6021. Unseren Mitgliedern u. Freunden zum 25jährigen Bestehen der Wiesbadener Goethe-Gesellschaft. Ortsvereinigung d. Goethe-Gesellschaft in Weimar 1949–1974 [Festschrift]. Hrsg.: Albert Schaefer. Wiesbaden: Wiesbadener Goethe-Ges. 1974. 24 S.

6022. Schaefer, Albert: Wege mit Goethe. Mit 4 Abb. – In: Wi int 1974, 1, S. 17–24 [Betr. Wiesbadener Goethe-Gesellschaft]

6023. Mathern, Willy: Einem Wormser Dichter zum Gedenken. – In: HJAlWo 14. 1974, S. 579–582 [Johann Nikolaus Götz; geb. 1721 in Worms, gest. 1781 in Winterberg am Soonwald]

6024. Brüder Grimm-Gedenken. Hrsg. von Ludwig Denecke. Bd 2. Marburg: Elwert 1975. IX, 304 S., 8 Taf. Zugl. HBV 64/65

6024a. Stockmann, Herbert: Wilhelm Grimm und sein Herzleiden. – In: HBV 64/65. 1974, S. 246–262

6025. Schoof, Wilhelm: Karl Bernhardi und die Brüder Grimm. Ein Schwälmer bekam d. Stelle von Jacob Grimm. – In: SchwJb 1975, S. 82–85

6026. Hennig, Dieter: Die Brüder Grimm-Gesellschaft Kassel. – In: Inf 7. 1976, Nr 11, S. 14

6027. Hennig, Dieter: Katalog der Ausstellung im Palais Bellevue, Brüder-Grimm-Museum Kassel. Kassel: Bärenreiter-Verl. 1973. 159 S. m. Abb. (Kasseler Quellen und Studien. Bd. 4)

6028. H e n n i g , Dieter: Ein Märchenmanuskript im Brüder-Grimm-Museum Kassel. [Ferdinand getreu u. Ferdinand ungetreu] — In: HbrKNie 19. 1975, Folge 4, S. 13—21

6029. B r a u n s , Eduard: Die Märchenfrau Dorothea Viehmann. — In: HeG 75. 1974, S. 38—39

6030. B e r g h a u s , Peter u. Günther Weydt: Simplicissimus. G r i m m e l s - h a u s e n u. seine Zeit. Westfäl. Landesmuseum f. Kunst u. Kulturgesch. Münster in Zsarb. mit d. Germanist. Inst. d. Westfäl. Wilhelms-Univ. Ausstellung u. Katalog. Münster: Landschaftsverb. Westfalen-Lippe 1976. XVII, 307 S. m. Abb.

6031. P r e i t z , Max, u. Doris H o p p : Karoline von G ü n d e r r o d e in ihrer Umwelt. 1. Briefe v. Lisette u. Christian Gottfried Nees v. Esenbeck, Karoline v. Günderrode, Friedrich Creuzer, Clemens Brentano u. Susanne v. Heyden. 2. Karoline v. Günderrodes Briefwechsel mit Friedrich Karl und Gunda v. Savigny. 3. Hopp, Doris u. Max Preitz: Karoline v. Günderrodes Studienbuch. — In: JbFDH 1962, S. 208—306; 1964, S. 158—235; 1975, S. 223—323

6032. G ü n z e l , Manfred: 3 Parodien. Wiesbaden: Kubatzki 1974. 12 ungez. Bl. m. Abb. (Pro lectore 4)

6033. H ä f f n e r (-Pilgrim), Maria: Gedichtband. Lebensschule und Betrachtung. Gelnhausen: Selbstverl. d. Verf. [1976]. 56 S. m. Abb.

6034. H i l d e b r a n d , Alexander: Wieviel vom Vater auf seinen zweiten Sohn gekommen ist... Eckart H a u p t m a n n 75 Jahre alt. Mit 1 Bildn. — In: Wiesbadener Kurier. 28. 1972, Nr 93, v. 21. 4.

6035. H i l d e b r a n d , Alexander: Seht den Himmel, wie heiter. Porträt Juliane H e i t h e c k e r . — In: Unseren Mitgliedern u. Freunden z. 25jähr. Bestehen d. Wiesbadener Goethe-Ges., Ortsvereinigung d. Goethe-Ges. in Weimar. 1949—1974 [Festschrift]. Wiesbaden 1974, S. 9—13

6036. M i e d e l , Hilde: H ö l d e r l i n und Homburg. Katalog. 1798—1800, 1804—1806. Bilder u. Dokumente. Ausstellung anläßl. d. 14. Jahresversammlung d. Hölderlin — Ges. in Bad Homburg v. d. H. 1976. Pavillon im Stadthaus, v. 12.—27. Juni 1976. Bad Homburg v. d. H.: Magistrat, Stadtarchiv 1976. 48 S.

6037. F e c h t n e r , Harald: Ein Sohn der Erde. Hölderlin u. Homburg. — In: AHo 19. 1976, S. 123—124

6038. B o r r m a n n , Gottfried: Der Anatom und der Dichter. Samuel Thomas Sömmering u. Hölderlin im Hause Gontard. — In: JbVFUM 23/24. 1974/75, S. 73—79

6039. E n g e l h a r d t , Rudolf: [August Heinrich] H o f f m a n n von Fallersleben in Bingerbrück. Mit 5 Abb. u. 3 Bildn. — In: BiA 8. 1975, S. 3—18

6040. Koenneker, Marie Luise: Zwischen Burzelbaum und Freiheitsbaum. Heinrich Hoffmann, Arzt u. satir. Autor − ein Frankfurter Bürger d. 19. Jh. [Sendemanuskript]. Berlin: Sender Freies Berlin 1975. 23 gez. Bl. [Masch.]

6041. Jung, Wilhelm: Struwwelpeter-Hoffmann, hess. Arzt und Poet. Zur 165. Wiederkehr seines Geburtstages. − In: HGiess 1974, Nr 25

6042. Nicolas, Waltraud: Wir jedoch, wir sind nicht so. Eine aktuelle Struwwelpeterschau moral. Geschichte f. Kinder von 18 bis 80 Jahren frei nach Dr. Heinrich Hoffmann. 3. Aufl. (Als Ms gedr.) Weinheim/Bergstr.: Dt. Laienspiel-Verl. [1969]. 46 S. (Die Spielschar 75)

6043. Struwwelpeter garstig, macht die Kinder artig? Bilderheft zur Struwwelpeter-Ausstellung d. Kindermuseums im Histor. Museum Juni-Okt. 1976. Idee: Heike Kraft u. Renate Schlicht. Ffm.: Dezernat f. Kultur u. Freizeit 1976. 12 Bl. (Kinder im Museum 1)

6044. Hoffmann, Josef: Was mir der Westerwald war. Ein Leben lang d. Natur u. d. Menschen als Schriftsteller verbunden. Mit 1 Bildn. − In: Ww 67. 1974, H. 3, S. 18−19 [Josef Hoffmann]

6045. Hofmann von Nauborn. Zum 100. Todestag eines Poeten aus diesem Land. Mit 1 Bildn. u. 1 Abb. − In: HLD 1974, Nr 51, S. 4 [Konrad Hofmann]

6046. Rabl, Herbert: Nieder-Olm als literarischer Humus. Wilhelm Holzamer schrieb ländl. Realismus. Mit 1 Bildn. − In: HJMBi 20. 1976, S. 119−120 [28. 3. 1870−28. 8. 1907]

6047. Hoefer, Peter: „Ich kann doch meine Seele nicht verkaufen". Wilhelm Holzamer: Auf den Lebensspuren eines vergessenen Dichters der Jahrhundertwende, dem eine Frau zum Schicksal wurde. − In: DE 32. 1976, Nr 236 [Wilhelm Holzamer, Schriftsteller, geb. am 28. März 1870 in Niederolm; gest. am 28. Aug. 1907 in Berlin]

6048. Schirmbeck, Heinrich: Nachruf auf Karl August Horst. − In: Jb. d. Akad. d. Wiss. u. Lit. 1974, S. 74−81 [1913−1973; gebürt. Darmstädter Schriftsteller]

6049. Hué, Friedrich: Kampf um Hohenseelbach. Abenteuerliche Erzählung aus d. Mitte des 14. Jh. Neue Aufl. Überarb.: Adolf Müller. Siegen: Vorländer 1973. 290 S.

6050. Hué, Friedrich: Der Simmel. Gesch. e. Heimatsuchers im 30jähr. Krieg. Neue Aufl. Überarb.: Adolf Müller. Ill.: Gerhard Reipert. Siegen: Vorländer 1974. 210 S.

6051. Hühn, Heinrich: Datterich auf der Ludwigshöhe. Darmstädter Lokalposse in 6 Bildern. Darmstadt: Selbstverl. 1975. 79 S.

6052. Ertel, Kurt Friedrich: Der hess. Dadasoph. Notizen über Richard Huelsenbeck. − In: HHGiess 1975, S. 32 [1892−1974, Schriftsteller u. Arzt, geb. in Frankenau]

6053. J a c o b s , Josef: Mord am Deutschen Seminar. Ein Uni-Triller. [Ffm.: Selbstverl. 1976.] 95 Bl. [Masch.]

6054. W i n t e r , Hans-Gerhard, u. Markwart Michler: Johann Heinrich J u n g gen. S t i l l i n g , pietistischer Schriftsteller, Augenarzt, Kameralist, * 12. 9. 1740 Grund b. Hilchenbach Kr. Siegen, † 2. 4. 1817 Karlsruhe. – In: Neue dt. Biographie 10. 1974, S. 665–667

6055. J u n g - S t i l l i n g , Johann Heinrich: Lebensgeschichte. Vollst. Ausg. mit Anm. hrsg. von Gustav Adolf Benrath. Darmstadt: Wiss. Buchges. 1976. XXXI, 784 S.

6056. B e n r a t h , Gustav Adolf: Jung Stillings Tagebuch 1803. – In: Der Pietismus in Gestalten u. Wirkungen. Bielefeld 1975. (Arbeiten z. Geschichte d. Pietismus) S. 50–83

6057. B e n r a t h , Gustav Adolf: Die Freundschaft zwischen Jung-Stilling und Lavater. – In: Bleibendes im Wandel d. Kirchengesch. Tübingen 1973, S. 251–305

6058. K a l b f u s s , Friedrich: Wolkenschiffe. Gedichte. Mit e. Vorw. von K. H. Ruppel. Darmstadt: Ges. Hess. Literaturfreunde 1975. 123 S. (Hess. Beitrr. z. dt. Literatur)

6059. H e i n z e l m a n n , Josef: Verbannt aus dem Bewußtsein einer Stadt [Ludwig K a l i s c h ]. – In: NeuM 1971, 7, S. 4–5

6060. D e s c h l e r ,, Ralph: Zum 120. Geburtstag von Adam K a r i l l o n . – In: Rod 35. 1974, Nr 2 [Schriftsteller; geb. in Waldmichelbach]

6061. H o f f m a n n , Dieter: Marie Luise K a s c h n i t z . – In: Frkf 10. 1974, H. 4, S. 37

6062. K i r n , Richard: Eine Kindheit in Worms. Kransberg: Petri Presse 1975. 75 S. (Buch d. Petri Presse Kransberg 11) [Verf. geb. am 9. 4. 1905 in Worms]

6063. K ü h n , Gertrud u. Udo: Frederik Hetmann (d. i. Hans-Christian K i r s c h ). Verz. seiner Arbeiten bis 1976. Nach Unterlagen d. Autors u. d. Stadtbücherei Wiesbaden. Wiesbaden 1976: uk-werkstattdr. 16 ungez. Bl.

6064. K n o r r - A n d e r s , Esther: Frau Models Haus am Wasser. Novelle. Mit Lithogr. von Güdny Schneider-Mombaur. Leverkusen: H. Braun 1976. 14 ungez. Bl., 6 ungez. Taf.

6065. H a r t e r t , Wilhelm: Karl K n o r t z . 1846–1918. Der Weise v. Tarrytown. – In: Garbenheim. 776–1976. Garbenheim 1976, S. 302–304

6066. K o r n , Karl: Lange Lehrzeit. Ein dt. Leben. Frankfurt a. M.: Societäts-Verl. 1975. 314 S.

6067. Erinnerungen an Arnold K r i e g e r . Darmstadt: Studio Schaffen u. Forschen 1976. 98 S. m. Abb. [Seit 1953 Schriftsteller in Darmstadt]

6068. L a n g e r , Matthias: Aus der Lebensgeschichte des aus Siegen stammenden Matthias Langer (1765–1821). Auszüge aus d. 1821 erschienenen Buch „Selbstbiogr. u. Gedichte von Matthias Langer zu Montabaur". – In: Schicksale u. Abenteuer um 1800. Siegen 1975, S. 181–245

6069. H a e u s e r , Helmut: Zur Verfasserfrage des Faustbuchs von 1587: Konrad L a u t e n b a c h . – In: Euphorion 66. 1972, S. 151–173

6070. L e u c h s e n r i n g , Franz Michael: Briefe von und an F. M. Leuchsenring 1746–1827. Hrsg. u. komm. von Urs Viktor K a m b e r . Stuttgart: Metzler 1976. 1. Halbbd: Briefe. XIV, 147 S. 2. Halbbd: Kommentar. V, S. 149–331. (Metzler Quellentexte 1) [Empfindsamer Literat, 1769 Unterhofmeister d. Erbprinzen in Darmstadt, Beziehungen zum Kreis um Merck]

6071. Das 1. Lichtenberg-Gespräch in Ober-Ramstadt 1972. Hrsg. von Karl Dehnert. Ober-Ramstadt 1974. 91 S. m. Abb. [Georg Christoph L i c h t e n b e r g ]

6072. D e h n e r t , Karl: Das „1. Lichtenberg-Gespräch" am 1. Juli 1972 in Ober-Ramstadt im Prälat-Diehl-Haus. – In: JberVHORa 1971/72. 1973, S. 39–42

6073. W e b e r , Otto: Der Physiker [u. Schriftsteller] Georg Christoph Lichtenberg. Nach e. Vortrag, gehalten am 1. 11. 1972 beim Ver. f. Heimatgesch. in Ober-Ramstadt. Ober-Ramstadt: Ver. f. Heimatgesch. 1972. 15 S.

6074. W e b e r , Otto: Lichtenberg und Darmstadt. – In: JberVHORa 1973. 1975, S. 19–32

6075. Museum Ober-Ramstadt. Ausstellung 26. 6. bis 15. 10. 1976. (Georg Christoph) Lichtenberg – Bildnisse. Kat. . . . (Einl.: Claus K. Netuschil.) Ober-Ramstadt: Ver. f. Heimatgesch. 1976. 19 S., Taf.

6076. W e b e r , Otto: Eine Vase mit dem Bildnis von Georg Christoph Lichtenberg. – In: InfLiFr 1975, 1, S. 3–6

6077. E b n e r , Fritz: Lichtenberg und Merck – zwei Bürgersöhne des 18. Jh. – In: Das 1. Lichtenberg-Gespräch in Ober-Ramstadt 1972. Ober-Ramstadt 1974, S. 47–60

6078. D e h n e r t , Karl: [Georg Christoph] Lichtenberg und [Johann Heinrich] Voss. – In: InfLiFr 1976, 2, S. 21–24

6079. L i e s e r , Friedrich: Erlebnis und Reflexion. Lyrik. Darmstadt: Bläschke 1974. 45 S.

6080. L ü c k , Alfred: Die große Reise des Tillmann Hammerschmied. Roman. Kreuztal: Verl. die wielandschmiede 1973. 151 S. m. Abb.

6081. M e n z e l , Peter: Darmstädter Bilderbogen. Vorgelegt von Dolf Sternberger. Darmstadt: Justus von Liebig Verl. 1974. 60 S. m. Abb. (Darmstädter Schriften 36) [Zuerst 1934 in der „Frankfurter Zeitung" erschienen; sieben literar. Essays über Darmstadt]

6082. Haas, Norbert: Die Flucht zu den Dingen. Johann Heinrich Mercks erster Landroman. – In: Literatur d. bürgerl. Emanzipation im 18. Jh. Hrsg. von Gert Mattenklott u. Klaus R. Scherpe. Kronberg/Ts.: Scriptor Verl. 1973, S. 111–136

6083. Moder, Josef: Der Kaiser am Main. Spessartgeschichten. Balladen, Gedichte, Histörchen. Aschaffenburg: Pattloch 1973. 111 S. m. Abb.

6084. Monteilhet, Hubert: Mourir à Francfort ou le malentendu. Roman. Paris: Denoel 1975. 258 S. (Sueurs froides)

6085. Monteilhet, Hubert: Der Mord auf der Buchmesse (Mourir à Francfort, dt.). Ein satir. Roman. Aus d. Franz. übertr. von Julia Sebestyen. Wien, München: Molden-Taschenbuch-Verl. 1976. 202 S. (Molden-Taschenbuch 50)

6086. Fluck, Hans Rüdiger: „Ergezlichkeit in der Kunst". Zum literar. Werk Quirin Moscheroschs (1623–1675). – In: Daphnis 4. 1975, S. 15–42 [1650 ersch. Quirins 1. selbst. Werk, vorhd in d. HLB Darmstadt]

6087. Niebergall, Ernst Elias: Der Datterich im Darmstädter Biedermeier. Hrsg. von Georg Hensel. (Dem Text liegt die Erstausg. von 1841 zugrunde.) Darmstadt: Roether 1975. 195 S. m. Abb. [S. 115–195 Anh. mit Lebensdaten Niebergalls, Kritiken, Schriften zum Zeitgeist d. Biedermeier]

6088. Niebergall, Ernst Elias: Datterich. Lokalposse in 6 Bildern in d. Mundart der Darmstädter. Darmstadt: Schlapp 1976. 73 S., 57 Schattenrisse

6089. Oppitz, Ulrich-Dieter: Petrus Paganus – poeta laureatus aus Wanfried. Ein Dichter d. 16. Jh. Wanfried: Hessenland-Verl. Braun 1974. 86 S. m. Abb. (Forschungsunternehmen d. Humboldt-Ges.) [S. 65–76: Bibliographie Petrus Paganus]

6090. Rölleke, Heinz: Petrus Paganus aus Wanfried, Humanist und Poet dazu. Festvortrag am 23. Mai 1976 anläßl. d. 400. Wiederkehr d. Todestages von Petrus Paganus im Saal d. Bürgerhauses zu Wanfried, gehalten auf Einladung d. Stadt Wanfried d. Hist. Ges. d. Werralandes in Verb. m. d. Volksbildungswerk Kreis u. Stadt Eschwege. Sontra: Stadt Sontra [1976?] 43 Bl.

6091. Pasqué, Ernst: Es steht ein Baum im Odenwald. Eine Erzählung von der Bergstr. 4. Aufl. Bensheim [um 1976]: Hess. 55 S.

6092. Bernáth, Arpád: [Sándor] Petöfi in Frankfurt am Main. – In: AFGK 54. 1974, S. 237–246

6093. Mayer, Gaston: Rudolph Erich Raspe Naturalienlieferant der Markgräfin Caroline Louise von Baden 1769. – In: ZHG 85. 1975, S. 185–188

6094. Rauch, Wolfgang Maximilian [Pseud.: Anders C. Tornwyk]: Zwischen Troja und der Fünften Avenue. Vigilien u. Gedichte. Wiesbaden & München: Limes Verl. 1975. 48 S. (Limes nova 41)

6095. Reich-Ranicki, Marcel: Frankfurter Anthologie. Gedichte u. Interpretationen. Mit e. Nachbemerkung. [1.] Frankfurt a.M.: Insel-Verl. 293 S.

6096. Benno Reifenberg. 1892–1970. Worte des Gedenkens. Ffm.: Societäts-Verl. 1970. 51 S.

6097. MacCort, Dennis: Perspectives on music in German fiction. The music-fiction of Wilhelm Heinrich Riehl. Bern & Frankfurt/M.: H. Lang 1974. 154 S. (German Studies in America 14)

6098. Schäfer, Rudolf: J[ohann] K[aspar] Riesbeck, der „reisende Franzose" aus Höchst. Mit 1 Bildn. – In: FHöSchl 15. 1971, S. 38–58

6099. Heydorn, Ernst: Ein Leben für den Westerwald. Otto Runkel, einem großen Freund u. Schriftsteller unserer Heimat zu seinem 100. Geburtstag. Mit 1 Abb. – In: HJNeu 1974, S. 25–27

6100. Schäfer, Georg: Die Falschmünzer im Weschnitztale oder die silbernen Glocken von Mörlenbach. Volkserzählung. Bearb. von Karl Esselborn. [Nachdr. d. Ausg. 1896]. Rimbach: Kammer [1976]. 370 S.

6101. Schäfer, Georg: Die Hexe von Bingenheim. Oberhess. Volksroman aus den Zeiten d. Hexenprozesse unter Benutzung d. vorhandenen Originalakten von 1652 bis 1660. (Hrsg. von Karl Heinz Müller u. mit e. Nachw. vers. v. Rudolf Kiessling.) Echzell: Heiderhoff 1975. 287 S. (Eidos 30)

6102. Schäfer, Karl: Der Einsiedler von Auerbach. Erzählung aus d. Zeit Karls des Großen. Bensheim [um 1976]: Hess. 183 S. [Neuaufl.]

6103. Lück, Alfred: Der Dichter Arnold Schlönbach aus Wissen. Mit 1 Bildn. – In: Si 52. 1975, S. 22–26

6104. Schlüter, Wilhelm: Der Hufschmied von Freudenberg. Eine Erzählung um den Raub d. französ. Kriegskasse am 8. u. 9. Sept. [1796] im Freudenberger Land. Neue Aufl. Überarb. u. Anh.: Adolf Müller. Ill.: Gerhard Reipert. Siegen: Vorländer 1972. 222 S.

6105. Huttarsch, Reinhold: Der Heimatschriftsteller Ernst Schneider. Eine Biographie in Selbstzeugnissen u. Aussagen anderer. – In: HGiess 1975, Nr 20 [Geb. 4. 2. 1903 in Ruttershausen, gest. 1975]

6106. Mehr, Willy: Über Johann Georg Schoch, einen deutschen Poeten des 17. Jahrhunderts, und andere Westerwälder Dichter um die letzte Jahrhundertwende [aus Westerburg]. – In: Ww 69. 1976, S. 79–80

6107. Huttarsch, Reinhold: Ludwig Schön, ein Bauerndichter aus Lollar. – In: GiessKrKal 10. 1975, S. 79–80 [1828–1910.]

6108. Marigold, W. Gordon: Evangelien- u. Episteldichtung des 16. u. 17. Jhs. Textproben u. Bibliographisches. – In: Semasia. Beitr. z. german.-roman. Sprachforschung 2. 1975, S. 197–231 [Mit Johann Philipp von Schönborn]

6109. M a r i g o l d , W. Gordon: Katholische Evangelien- u. Episteldichtung. Die Schriften d. Kurfürsten Johann Philipp von Schönborn 1605–1673. – In: Daphnis 3. 1974, S. 41–59 [Melodien von Philipp Friedrich Buchner 1614–1668]

6110. S c h ö n e b e r g , August: Hitlerfahnen über dem Westerwald. Roman. Schicksal einer Westerwälder Bauernfamilie unter d. Hakenkreuzfahne. Hachenburg: Hähnel 1974. 192 S.

6111. N e u m a n n , Heinrich: Der Volksschriftsteller Ottokar S c h u p p , Pfarrer in Sonnenberg von 1872 bis 1905. Mit 1 Bildn. u. 1 Abb. – In: EH 37. 1975, S. 33–37

6112. N [ e u m a n n ] , H[einrich]: Nachkommen des früheren Sonnenberger Pfarrers und Volksschriftstellers Ottokar Schupp. Geb. 1834 zu Grebenroth, gest. 1911 zu Sonnenberg. – In: EH 38. 1976

6113. G r ü n h o l z - S c h w a r z k o p f , Hildegard: Erinnerungen an meinen Vater. – In: Chronik Gemeinde Urberach. Offenbach a. M. 1975: Bintz-Verl., S. 281–288 [Nikolaus S c h w a r z k o p f , 1884–1962, Lehrer, Heimatdichter u. Büchner-Preisträger]

6114. S c h w e i t z e r , Friedrich: Gedichte und Lieder der Heimat. Westerburg: Westerwaldver., Zweigver. Westerburg 1976. 50 S. m. Abb. (Westerburger Hefte 5)

6115. H e i s t , Walter: Anna S e g h e r s aus Mainz. Fotos: Klaus Benz [u. a.] Mainz: Krach 1973. VIII, 78 S. (Kleine Mainzer Bücherei 5)

6116. S i m r o c k , Karl: Das malerische und romantische Rheinland. Nachdr. d. Ausg. Leipzig: Wigand [1838–40]. Hildesheim [usw.]: Olms 1975. 488 S.

6117. H e g e l , Hannelore: Reflexion und Einheit. [Isaac v.] S i n c l a i r und der „Bund der Geister" – Frankfurt 1795–1800. – In: Hegel-Studien. Beih. 9. 1973, S. 91–106

6118. W [ e l k e r ] , A[ugust]: Ein nassauischer Literat. Vor 100 Jahren wurde Leo S t e r n b e r g geboren. – In: HLD 71. 1976, S. 2

6119. W e l k e r , [August], u. [Willy] Mehr: Leo Sternberg und der Westerwald. – In: Ww 69. 1976, S. 85

6120. L e h m a n n , Matthias: Adelheid von S t o l t e r f o t h (1800–1875). Der Dichterin d. Rheingaus z. 100. Geburtstag. Mit 1 Bildn. u. 1 Abb. – In: RhgHbr 95. 1976, S. 9–13

6121. S t o l t e r f o t h , Adelheid von: Rheinischer Sagenkreis. Ein Ciclus v. Romanzen, Balladen u. Legenden d. Rheins nach hist. Quellen bearb. Nachdr. v. 1835. Walluf b. Wiesbaden: Sändig 1973. 65 S. m. Abb.

6122. T r e g u b o v , Jurij Andreevič: Gespenster in Frankfurt. Roman. Ffm.: Feuervogel-Verl. 1974. 386 S.

6123. Muehlen, Hellmuth von: Der Germanist [Joseph Frhr] von Laßberg und der Dichter Ludwig Uhland. – In: Vaterland auf d. Römerberg ... 1975, S. 162–164

6124. Die Götter lesen nicht. Fritz Usinger zum 80. Geburtstag am 5. März 1975. Hrsg. von Siegfried Hagen. Bonn: Bouvier 1975. 247 S. [S. 144–150: Lore Herrmann: Das Wohnhaus d. Dichters. Ein Überblick über seine Gesch.; S. 151–154: Wilhelm Hans Braun: Fritz Usinger u. seine Ahnen; S. 177–245: Wilhelm Hans Braun: Bibliographie Fritz Usinger]

6125. Fritz Usinger, Leben und Werk. Ausstellung zum 80. Geburtstag d. Dichters in d. Hess. Landes- u. Hochschulbibliothek, Darmstadt, Schloß v. 8. März–17. Mai 1975. [Hauptbd] Darmstadt 1975. 10 S. Katalog. Unter Mitarb. von Jürgen Vorderstemann zsgest. von Werner Wegmann. Darmstadt 1975. 35 S.

6126. Herrmann, Lore: Die Freundesecke eines Dichters. [Betr. Fritz Usinger.] – In: HHGiess 1974, S. 13–16

6127. Völpel, Wilhelm: [Teils.] Hurra, heissa, hopsasa ... Hrsg. von Lothar Schlicht. Frankfurt a.M.: Hrsg. 1976. 48 S. m. Abb. [13. 3. 1853–29. 12. 1921. Heimatdichter aus Weilburg-Hasselbach]

6128. Engelhardt, Rudolf: Niklas Vogt [6. 12. 1756–19. 3. 1836]. Mit 2 Bildn. u. 3 Abb. – In: BiA 12. 1976, S. 11–17 [Schriftsteller u. Historiker aus Mainz; Grabstätte in Johannisberg]

6129. Grau, W. J.: Volker von Alzey. Strophen über Volker im Nibelungenlied. Mittelhochdt. u. in d. Übertr. von Helmut Brackert. Alzey: Rheinhess. Druckwerkstätte 1973. 79 S., 1 Abb.

6130. Armknecht, Karl Heinz: Volker von Alzey, Ministeriale und Minnesänger. – In: AlGbll 10. 1974, S. 93–110 m. 2 Abb.

6131. Keim, Anton Maria: Philipp Wasserburg: Domtürme und Fabrikschlote. – In: NeuM 1972, 4, S. 2–3 [Republikaner, Kommunist, später sozialkrit. kath. Schriftsteller u. Zentrumsabgeordneter; geb. Mainz 11. 10. 1827, gest. ebenda 13. 4. 1897]

6132. Keim, Anton Maria: (Ludolf) Wienbarg – ein revolutionärer Literat. – In: NeuM 1972, 1, S. 2–3 [Aufenthalte in Mainz u. Nieder-Ingelheim]

6133. Wolf, Lore: Ein Leben ist viel zuwenig. Ffm.: Röderberg-Verl. 1974. 184 S.

6134. Glauert, Barbara: Carl Zuckmayer auf der Bühne. Eine Ausstellung z. 80. Geburtstag d. Dichters am 27. Dez. 1976. Foyer d. Rathauses zu Mainz, 17. Dez. 1976–27. Febr. 1977. Die Ausstellung findet statt in Verbindung mit d. Dt. Literaturarchiv Marbach. Mainz: Landeshauptstadt Mainz 1976. 76 S.

6135. G l a u e r t , Barbara: Carl Zuckmayer auf der Bühne. Ber. über d. Fundorte der Materialien einer Ausstellung. – In: Festschrift für Carl Zuckmayer. Mainz: Krach 1976, S. 102–115

6136. G l a u e r t , Barbara: Carl Zuckmayer zum 80. Geburtstag. Sein Werk in deutschsprachigen Literatur- und Theatersammlungen. – In: Aus d. Antiquariat 1976, 12, S. 419–427 [Betr. auch StuUB Frankfurt u. HLB Darmstadt]

# XVII.
## BILDENDE KUNST
### A. ALLGEMEINES

6137. K l ö c k n e r , Karl: Romanik in Hessen. Frankfurt a.M.: Staatl. Landesbildstelle Hessen 1970. 60 S., Abb. (Beih. zur Farblichtbildreihe. He 48)

6138. K l ö c k n e r , Karl: Gotik in Hessen. Frankfurt a.M.: Staatl. Landesbildstelle Hessen 1971. 55 S. (Beih. zur Farblichtbildreihe. He 87)

6139. B e c k , Herbert, Wolfgang B e e h u. Horst B r e d e k a m p : Kunst um 1400 am Mittelrhein. Ein Teil d. Wirklichkeit. Ausstellung im Liebieghaus Museum alter Plastik. Frankfurt a.M. v. 10. Dez. 1975 bis zum 15. Febr. 1976. Frankfurt a.M.: Liebieghaus 1975. XI, 184 S. m. Abb.

6140. H i l g e r , Hans Peter: Kunst 1400 am Mittelrhein – ein Teil der Wirklichkeit. Zur Ausstellung im Liebieghaus in Frankfurt, 10. 12. 1975–7. 3. 1976. – In: KChr 29. 1976, S. 182–198

6141. B e c k , Herbert, Horst B r e d e k a m p u. Michael M ü l l e r : Landschaft und Kunst am Mittelrhein. Konzeption e. Ausstellungsprojekts in Frankfurt a.M. – In: Das Museum: Lernort contra Musentempel. Hrsg. von Ellen Spickernagel u. Brigitte Walbe. Gießen 1976. (Krit. Berr. Sonderbd) S. 149–156

6142. K l ö c k n e r , Karl: Renaissance in Hessen. Frankfurt a.M.: Staatl. Landesbildstelle Hessen 1973. 53 S., Abb. (Beih. zur Farblichtbildreihe. He 89)

6143. Zehn Jahre Marielies Hess-Stiftung e. V. Rückblick 1966–1976. Kat. zur Ausstellung neuer Arbeiten d. Preisträger der Wettbewerbe „Junge Kunst in Hessen" 1966, 1970 u. 1974: ... Vom 18. Nov. bis 22. Dez. 1976 im Hess. Rundfunk. Katalogred.: Hans P r e s c h e r . Ffm. 1976: Pullmann u. Stevermüer. 18 gez. Bl.

6144. G r o s s m a n n , Georg Ulrich: Kunstgeschichte des Kreises Gießen. – In: Der Landkreis Gießen. Hrsg.: Ernst Türk. Stuttgart, Aalen: Theiss 1976, S. 137–153

6145. Deutsche Künstlerkolonien und Künstlerorte. Hrsg. von Gerhard W i e t e k. München: Thiemig 1975. 215 S. m. Abb. [S. 14–27: K a i s e r, Konrad: Willlingshausen in d. hess. Schwalm. 36–45: G i e s s e n, Josef: Kronberg im Taunus. 154–161: B o t t, Gerhard: Darmstadt u. d. Mathildenhöhe]

6146. Ein Dokument deutscher Kunst. Darmstadt. 1901–1976. 22. Okt. 1976 bis 30. Jan. 1977. Bd 1–5. Darmstadt: Roether 1976 [Ausstellungskatalog] 1. Ein Dokument deutscher Kunst. Mathildenhöhe, Hess. Landesmuseum, Kunsthalle. 78 S. 2. Kunst u. Dekoration 1851–1914. 207 S. 3. Akademie, Sezession, Avantgarde. Kunsthalle Darmstadt. 192 S. 4. Die Künstler d. Mathildenhöhe. Mathildenhöhe. 232 S. 5. Die Stadt d. Künstlerkolonie. Darmstadt 1900–1914. Künstlerkolonie Mathildenhöhe 1899–1914. Die Buchkunst d. Darmstädter Künstlerkolonie. 226 S.

6147. S i m o n, Hans-Ulrich: Sezessionismus. Kunstgewerbe in literarischer und bildender Kunst. Mit 14 Abb. Stuttgart: Metzler 1976. 338 S. [S. 137–172 Darmstadt 1901, Jugendstil in Darmstadt.]

6148. K l e i n s t ü c k, Hermann: Der Kunstverein Darmstadt um 1900 als Wegbereiter der Mathildenhöhe. – In: Ein Dokument deutscher Kunst. Darmstadt 1901–1976. Darmstadt: Roether 1976, Bd 3, S. 9–11

6149. F r a n z, Eckhart Götz: Die Stadt der Künstlerkolonie. Darmstadt 1901–1914. – In: Ein Dokument deutscher Kunst. Darmstadt 1901–1976. Darmstadt: Roether 1976, Bd 5, S. 8–35

6150. W i e s t, Ekkehard: Das soziale Umfeld des Jugendstils [in Darmstadt]. – In: Ein Dokument deutscher Kunst. Darmstadt 1901–1976. Darmstadt: Roether 1976, Bd 5, S. 36–39

6151. W o l d e, Annette: Daten zur Geschichte der Darmstädter Künstlerkolonie. – In: Ein Dokument deutscher Kunst. Darmstadt 1901–1976. Darmstadt: Roether 1976, Bd 5, S. 41–48

6152. W o l d e, Annette: Der ökonomische Hintergrund der Künstlerkolonie [in Darmstadt]. – In: Ein Dokument deutscher Kunst. Darmstadt 1901–1976. Darmstadt: Roether 1976, Bd 5, S. 49–55

6153. H u b e r, Eva, u. Annette W o l d e: Die Darmstädter Künstlerkolonie. Anspruch u. Verwirklichung ihrer künstlerischen Zielsetzung. – In: Ein Dokument deutscher Kunst. Darmstadt 1901–1976. Darmstadt: Roether 1976, Bd 5. S. 56–107

6154. R e c h b e r g, Brigitte: Die Künstler-Kolonie-Ausstellung 1901 in zeitgenössischer Kritik. Zsgestellt von Brigitte Rechberg. – In: Ein Dokument deutscher Kunst. Darmstadt 1901–1976. Darmstadt: Roether 1976, Bd 5, S. 179–182

6155. R e c h b e r g, Brigitte: Das Überdokument 1901 auf der Mathildenhöhe. – In: Ein Dokument deutscher Kunst. Darmstadt 1901–1976. Darmstadt: Roether 1976, Bd 5, S. 175–178

6156. Geelhaar, Christiane: Ausbau und Renovierung der Ausstellungshallen. – In: Ein Dokument deutscher Kunst. Darmstadt 1901–1976. Darmstadt: Roether 1976. Bd 5, S. 186–191

6157. Kunstverein Darmstadt e.V. Darmstädter Bürger sammeln Kunst des 20. Jh. 1. Kunsthalle Darmstadt am Steubenplatz, 13. April bis 11. Mai 1975. Darmstadt 1975. 34 S. m. Abb.

6158. Huber, Eva, u. Elisabeth Krimmell: Realismus und Realität. Ausstellung z. 11. Darmstädter Gespräch, veranst. v. d. Stadt Darmstadt zusammen mit d. Kunstver. Darmstadt. Kunsthalle Darmstadt, 24. Mai bis 6. Juni 1975, Darmstadt 1975. 244 S. überwiegend Abb.

6159. Gwinner, Philipp Friedrich: Kunst und Künstler in Frankfurt a.M. vom 13. Jahrhundert bis zur Eröffnung des Städel'schen Kunstinstituts. Zusätze u. Berichtigungen. Bd 1. 2. Nachdr. d. Orig. Ausg. Frankfurt a.M. 1862–67. Leipzig: Zentralantiquariat d. DDR; Ffm.: Keip 1975. XVI, 577, 142 S. m. Abb.

6160. Lichtwark, Alfred: Frankfurter Kunst und Leben um die Jahrhundertwende. Aus d. Briefen von Alfred Lichtwark. Ausgew. von Margit Dibbern. Ffm. 1974: Weisbecker. 162 S. (Briefe aus Frankfurt N.F. 4)

6161. Betrifft: Reaktionen. Anlaß: Kunst im 3. Reich – Dokumente d. Unterwerfung. Ort: Frankfurt. Red.: Georg Bussmann. Ffm.: Ffter Kunstverein [1974.] 263 S., Abb.

6162. Mueller-Hanpft, Susanne: Interessengemeinschaft „Bildende Kunst": Das Frankfurter Künstler Syndikat. – In: Ztg 1975, Nr 4, Bl. 2

6163. Jahresausstellung Frankfurter Künstler '74 im Steinernen Haus (Kunstver.) am Römerberg Ffm mit Sonderausstellung – Frankfurt – Probleme u. Visionen. Ffm.: Berufsverband Bildender Künstler 1974. 21 S.

6164. Helmolt, Christa von: Kunstwerke als Botschafter. Wechselseit. Ausstellungen in Lyon u. Frankfurt. – In: Frkf 20. 1975, H. 1., S. 14–15

6165. Künstler aus Mainz und Wiesbaden. 17. April – 31. Mai 1971. Wiesbaden: Städt. Museum 1971. 64 S. m. Abb.

B. MALEREI UND PLASTIK

1. Malerei

(s. a. XIV F)

6166. Schulze, W. A.: Die Wandlung des Dreikönigsbildes im nördlichen Hessen. Mit Abb. – In: HH N.F. 21. 1971, S. 14–17 [vgl. Schrifttum zur Geschichte u. geschichtl. Landeskunde von Hessen, Bd 3: 1971–73, Nr. 3814]

6167. Frommberger-Weber, Ulrike: Spätgotische Tafelmalerei in den Städten Speyer, Worms und Heidelberg (1440–1500). – In: KHMrh 14. 1974, S. 49–79 m. Abb. [Betr. u. a. Kreuzaltar i. d. Justinuskirche in Höchst S. 61–64]

6168. Schmidt, Hans Martin: Zum Meister der Darmstädter Passion. – In: KHMrh 14. 1974, S. 9–48, 36 Abb. [Tafelmalerei aus d. Mitte d. 15. Jh.; Benennung des Meisters nach 2 Tafeln im Hess. Landesmuseum Darmstadt]

6169. Böhme, Winfried: Zur Bedeutung und Entwicklung der Fuldaer Malschule in karolingischer und ottonischer Zeit. – In: FuGbll 49. 1973, S. 113–136

6170. Lauer, Rolf: Mainzer Buchmalerei der Willigiszeit. – In: 1000 Jahre Mainzer Dom. Hrsg. von Wilhelm Jung. Mainz 1975, S. 58–69

6171. Vaassen, Elgin: Zur mittelrheinischen Buchmalerei um 1400: Handschriften in Aschaffenburg u. Mainz. – In: MZ 70. 1975, S. 97–100

6172. Schenk zu Schweinsberg, Eberhard Frhr: Das Gebetbuch für Graf Engelbert II. von Nassau[-Dillenburg] und seine Meister. Mit 8 Taf. – In: NAN 86. 1975, S. 139–157

6173. Wagner, August: Kupferstiche als Illustrationen. Aus d. ghzgl. hess. Hofkalender 1813. – In: HHGiess 1974, S. 65–67

6174. Wagner, August: Landschaftskupfer von Haldenwang/Fohr. Aus d. ghzgl. hess. Hofkal. f. d. J. 1813. – In: HHGiess 1975, S. 33–35 [Karl Philipp Fohr, 1795–1818; Christian H. Haldenwang, Kupferstecher, 1770–1831]

6175. Kupferberg Gold Graphik um die Jahrhundertwende. Mit e. Einl. von Eberhard Hölscher. Mit 65 Abb. nach Orig. d. Sammlung Kupferberg, Mainz. 2. Aufl. Mainz: Kupferberg 1976. 14, 65 S. (Schriften d. Hauses C. A. Kupferberg & Cie.)

6176. Hinterglasmalereien aus dem Hause Hessen-Darmstadt. Aus e. Folge zeitgenöss. Kostbarkeiten. (Gudrun Ilgen.) [Mit farb. Abb.] Darmstadt: Südhess. Gas u. Wasser AG 1976. 32 S.

6177. Herzog, Erich: Hessische Landschaften und Stadtansichten von 1650–1950. 2., verb. Aufl. Hanau: Peters 1975. 188 S. m. 85 Farbtaf.

6178. Hessen in alten Ansichten. Planung u. Gestaltung: Wolfgang Arnim Nagel. Texte zu d. Bildern: Gerhard Bott. Wiesbaden: Hess. Landesbank, Girozentrale; Hanau: Peters [in Komm.] [1974]. 20 B. Text, 18 Bl. Ill.

6179. Das Kurfürstentum Hessen in malerischen Original-Ansichten in Stahl gestochen von verschiedenen Künstlern. Von e. hist.-topograph. Text begleitet von Georg Landau [u. a.] Faks.Dr. d. Orig.-Ausg. aus d. J. 1850. Kassel: Thiele & Schwarz 1973. 608 S. m. zahlr. Abb.

B. Malerei u. Plastik

6180. G a n s s a u g e , Gottfried: Eine romantische Topographie von Kurhessen. Mit 9 Abb. – In: HH N. F. 26. 1976, S. 3–19 [Betr. Zeit um 1850]

6181. K a i s e r , Konrad: Maler der Schwalm. Zum 14. Hessentag 1974 im 1250jähr. Fritzlar. Kassel: Neue Galerie; Ziegenhain: Kunstkabinett 1974. 32 gez. Bl.

6182. Das Großherzogtum Hessen in malerischen Originalansichten. Faks.-Dr. d. Orig. Ausg. aus d. J. 1849. Kassel-Wilhelmshöhe: Thiele & Schwarz 1975. 611 S. in getr. Zählung (Faksimile-Nachdrucke) [Enth. Bd. 1. Starkenburg u. Rheinhessen. 2. Oberhessen]

6183. H ö g y , Tatjana u. Rainer: Malerische Original-Ansichten [von Hessen]. Stahlstiche um 1850. Mit 10 Abb. – In: HHGiess 1974, S. 41–44

6184. F ä t h k e , Bernd: Das Bild vom Rhein. Mit 5 Abb. – In: Museum Wiesbaden. 3. 1975, S. 1–7; vgl. a. Wi int 1975, 3, S. 28–29

6185. B i e h n , Heinz: Romantiker malen am Rhein. Auf schicksalreichen Spuren vergangener Macht u. Herrlichkeit. Amorbach i.O.: Emig 1975. 138 S. m. Abb.

6186. H e u s i n g e r  v o n  W a l d e g g , Joachim: Gemalte Fotografie – Rheinlandschaften. Theo Champion, F. M. Jansen, August Sander (Fotografien). Rhein. Landesmuseum Bonn. Ausstellung 11. 12. 1975–26. 1. 1976. Red.: Christian A n d r e e . Köln: Rheinland-Verl.; Bonn: Habelt in Komm. 1975. 57 S. (Kunst u. Altertum am Rhein. Führer d. Rhein. Landesmuseums in Bonn 60)

6187. Montabaur und der Westerwald. Eine hist. Bilderschau in Originalen. Ausschellungskat. Montabaur: Heimatgeschichtl. Arbeitsgruppe im Westerwald-Ver. e. V. 1975. 13 S.

6188. B l ö c h e r , Elsa: B i e d e n k o p f in alten Ansichten. Zaltbommel: Europäische Bibliothek 1976. 40 ungez. Bl. m. 76 Abb.

6189. B a c h , Gertrud: Bad E m s in alten Ansichten. Zaltbommel/Niederlande: Europäische Bibliothek 1976. 2 ungez. Bl., 76 Abb.

6190. V o g t , Günther: Erinnerungen an die Altstadt. (Bilder aus d. Sammlung Joachim Frey.) [Ausst. in d. Stadtsparkasse, Ffm.] [Ffm.: Stadtsparkasse 1974.] 4 Bl. m. Abb. [ F r a n k f u r t  a. M.]

6191. S c h a d e , Oskar: F u l d a t a l in alten Ansichten. Zaltbommel: Europäische Bibliothek 1976. 84 S.

6192. K a i s e r , Erich: Bild und Abbild einer Stadt. H o m b e r g [a. d. Efze] in d. zeichner. Darst. v. 4 Jh. Homberg: Stadtverwaltung 1976. 99 S. m. Abb.

6193. M i e d e l , Hilde: Ausstellung zum 100jährigen Jubiläum des Vereins für Geschichte und Landeskunde e.V. Bad H o m b u r g im 19. Jahrhundert.

Ölgemälde, Aquarelle, Zeichnungen, Lithographien u. Stiche. 24. Mai bis 8. Juni 1975 im Stadthaus. Bad Homburg v. d. H. 1975. 23 S. m. Abb.

6194. F e c h t n e r , Harald: Bad Homburg im 19. Jahrhundert. Zur Bilderausstellung d. Geschichtsver. im Stadthaus v. 23. Mai bis 1. Juni 1975. Mit 1 Abb. – In: AHo 18. 1975, S. 65–67

6195. D a m b r o n , Albert: Zur Ausstellung „Bad Homburg im 19. Jahrhundert" vom 23. 5. bis 1. 6. 1975. Die Meierei im Kleinen Tannenwald. Mit 1 Abb. – In: AHo 18. 1975, S. 85–88

6196. K a s s e l und Wilhelmshöhe in alten Stichen und Lithographien. Mit Erl. herausgebracht von Fritz L o m e t s c h . Neue erw. Ausg. Kassel: Lometsch 1975. 40 farb. Bildtaf. (Druck d. Arche 73)

6197. W i e d e r s p a h n , August: Die K r o n b e r g e r Malerkolonie. Mit dokumentar. Beitrr. von Julius Neubronner u. Philipp Franck. 2., erw. Aufl. hrsg. von Helmut Bode. Frankfurt a.M.: Kramer 1976. 503 S. m. zahlr. Abb. (Kronberger Drucke)

6198. G i e s s e n , Josef: Kronberg im Taunus. Mit 12 Abb. – In: Dt. Künstlerkolonien u. Künstlerorte. Hrsg. von Gerhard Wietek. München 1975, S. 36–45

6199. J u n g , Wilhelm: Heitere Episoden aus der Kronberger Malerkolonie. Mit 1 Abb. – In: HGiess 1974, Woche 24

6200. R o e d i g , Bernd: Segena Famosum Oppidum. Das hist. Stadtbild von Dilich bis Scheiner. Mit 21 Abb. – In: Si 51. 1974, S. 3–21 [ S i e g e n ]

6201. Die Malerkolonie W i l l i n g s h a u s e n . 2. Hrsg. von Fritz L o m e t s c h . Einf. von Alfred Höck. Kassel: Lometsch 1975. 12 Taf. (Druck d. Arche 71)

6202. R ü b e l i n g Heinz: Die Willingshäuser Malerschule. – In: HGiess 1974, Nr 29

6203. S t r a u b , August: Die Malerkolonie Willingshausen von 1900 bis zur Gegenwart. – In: HHGiess 1975, S. 41–43

## 2. Einzelne Maler und Zeichner und ihre Werke

6204. T h o m a s i u s , Jutta W.: Ferry A h r l é stets unterwegs. Frankfurter Maler wird 50. – In: Frkf 19. 1974, H. 2, S. 30–31

6205. H i l d e b r a n d , Alexander: Erinnerung und Vision. Mit 7 Abb. von Werken Alo A l t r i p p s . – In: Wi int 1976, 3, S. 32–35

6206. Für Thomas B a y r l e . [Dozent an d. Städelschule. Verschiedene Beitrr. über ihn.] Mit e. Orig. Lithographie. – In: Der neue Egoist. 2. 1976, S. 176–185

6207. R ö s c h , Georg: Ein Besuch bei Adam B e c h t o l d in Gelnhausen-Roth. Vom Gebrauchsgraphiker zum Landschaftsmaler. Mit 2 Abb. – In: GelHJ 28. 1976, S. 46–48

6208. Max B e c k m a n n . Druckgraphik. Adolf u. Luisa Haeuser-Stiftung Farbwerke Hoechst AG, Jahrhunderthalle Hoechst 4. 3.–5. 4. 1974. Ffm. 1974. 34 S.

6209. L e n z , Christian: Max Beckmann und Italien. Ffm.: Deutsch-Italien. Vereinigung 1976. 72 S.

6210. L i c h , Walter: Das Porträt des Vaters. Zu einem Bild d. Herborner Malers Fritz B e n d e r . Mit 2 Bildn. – In: HJDi 18. 1975, S. 13–14

6211. Arnold B o d e zum 75. Geburtstag ... Eine Ausstellung des Kasseler Kunstvereins. Kat. Kassel 1975. 96 Bl. m. Abb.

6212. Klaus B ö t t g e r . Werkverzeichnis der Radierungen v. 1964–1975. Red. Bearb.: Norbert H a u n . Wiesbaden: Nass. Kunstver.; Frankfurt/M.: Draier 1975. 69 ungez. Bl. [Darin: Böttger: Radierungen von 1964–1975. Teils.]

6213. B a c h m a n n , Christoph: Vincent B u r e k , Maler und Grafiker. Geboren 1920 in Ruda/Oberschlesien, gestorben 1975 in Ziegenhain. – In: SchwJb 1976, S. 9–10

6214. C o o k e - L a m b e r t , George: Panorama der Bergstraße. Gezeichnet u. gestochen. Beschr. von Albert Ludwig G r i m m . Darmstadt: Leske 1842. [Faks.-T.] [Pfungstadt: Aderhold 1976.] 14 S., 18,7 × 13 cm

6215. L [ ö b e r ], K[arl]: Annelise D e u s i n g . Dem Gedächtnis einer Frühvollendeten. Mit 1 Bildn. u. 1 Abb. – In: HJDi 17. 1974, S. 59–64

6216. H i l d e b r a n d , Alexander: Gemalte Kammermusik. Mit 4 Abb. von Werken Edgar [Friedrich] E h s e s ʼ . – In: Wi int 1976, 2, S. 34–39

6217. A n d r e w s , Keith: E l s h e i m e r s illustrations for Houtmans Journey to the East Indies [in der Frankfurter Messerelation 1598] – In: Master Drawings 13. 1975, H. 1, S. 3–7

6218. F ä t h k e , Bernd: Dekorativ und konservativ. Mit 2 Abb. – In: Wi int 1975, 4, S. 22–23 [Fritz E r l e r 1868–1940; Fresken d. Wiesbadener Kurhauses]

6219. S c h a u z , Volkmar: Ferdinand F e l l n e r . 1799–1859. Ein Beitr. zur illustrativen Kunst d. 19. Jh. Stuttgart, Univ., Diss. 1976. 179 S.

6220. S e i b , Gerhard: Über den Kunstmaler Wilhelm F i s c h e r [in Wolfhagen]. Zu seinem 80. Geburtstag [am 10. Mai 1974]. – In: HH N. F. 24. 1974, S. 220

6221. L a u t e r , Werner: Hanny F r a n k e . Mit 1 Bildn. u. Abb. – In: BiA 2. 1973, S. 29–32 [Johann Emil (gen. Hanny) Franke 2. 9. 1890–15. 1. 1973. Maler in Frankfurt a.M. u. Eschborn]

6222. L a u t e r , Werner: Meine Fotoaufnahmen von Hanny Franke. [Ffm. 1976]. 3 S., 4 Fotos. Ms.

6223. H e c k , Hermann: Der Diezer Maler Rudolf F u c h s . Mit 2 Abb. – In: Der Unterlahnkr. Mainz 1967, S. 103–104

6224. T ü m m e r s , Horst-Johs: Der Landschaftsmaler Robert G e r s t e n k o r n . Mit 2 Abb. – In: Der Unterlahnkr. Mainz 1967, S. 101–102

6225. L a n g , Amalie: Gotthelf Leberecht G l a e s e r . 1784–1851. Ein Malerschicksal aus der Zeit d. Darmstädter Biedermeier. Umriß seines Lebens u. Wirkens aufgez. von seiner Urenkelin. Darmstadt 1975: Anthes. 50 S. m. Abb.

6226. B a u e r , Walter: Rudolf G o e p e l , der erste Fotograf Dillenburgs. Mit 2 Abb. – In: HbllPFH 44. 1976, S. 33–34

6227. H a n e , Karl: Die Wandmalereien [Jakob G ö t z e n b e r g e r s ] im ehemaligen von Herdingschen Schloß zu Nierstein. Mit 5 Abb. – In: HJMBi 17. 1973, S. 51–54

6227a. H ö c k , Alfred: Ludwig Emil G r i m m s Aquarell der Schwälmerin Annels (1829). – In: HBV 64/65. 1974, S. 263–268 [Betr. u.a. Frauentracht]

6228. R i e c k e n b e r g , Hans Juergen: Matthias G r ü n e w a l d . Name u. Leben neu betrachtet. – In: Jb. d. Staatl. Kunstsammlungen in Baden-Württemberg 11. 1974, S. 47–120

6229. R u t b o r g , Nora: Kunst im Dienst der Wissenschaft. Expeditionszeichnungen von Albert H a h n . – In: Frkf 20. 1975, H. 3., S. 44–45

6230. H a i n d l , Hermann: Hofheimer Altstadt. Vergangenheit u. Zukunft. 50 Zeichn. Text von Detlev Kiekheben-Schmidt nach Erinnerungen von Gustav Kyritz. Mit e. Nachw. von Gert Reising. Neuenhain i. Ts.: Verl. 76. 1976. 80 S.

6231. B o t t , Gerhard: Wilhelm von H a r n i e r . 1800–1838. Ein Maler u. Zeichner d. frühen Realismus. Hrsg. v. Hess. Landesmuseum. Darmstadt: Roether 1975. 135 S. [Katalog]

6232. Der Maler Richard H e r b e r . Ausstellungskatalog. Mainz: Kulturdezernent 1975. 36 S. m. zahlr. Abb.

6233. D i e t r i c h , Margot: Der Expressionist Richard Herber. Mit 1 Bildn. u. 2 Abb. – In: Wi int 1975, S. 21–25

6234. L i c h , Walter: Vom Abbild zum Sinnbild. Entwicklungsstufen im Werk e. jungen Herborner Malers. Mit 7 Abb. – In: HJDi 19. 1976, S. 116–124 [Josef Walter H e r m a n n ]

6235. R e b e r , Horst: Der Frankfurter Maler und Zeichner Adolf H o e f f l e r . Eine Ausstellung d. Frankfurter Sparkasse v. 1822. Polytechn. Ges. 20. Sept.–8. Okt. 1976. Ffm. 1976: Kramer. 22 S.

6236. S c h l é g l , Istvàn: Samuel H o f m a n n , ein Schweizer Maler in den Niederlanden. – In: Bull. van het Rijksmuseum. 15. 1967, H. 1., S. 3–19 [S. Hofmann, tätig u. gest. in Ffm.]

6237. K o r n , Hans-Enno: Otto H u p p . 1859–1949. Wappenkunst, Schriftgestaltung, Gebrauchsgraphik, Kunsthandwerk, Exlibris. Ausstellung d. Hess. Staatsarchivs Marburg. 2.–31. Mai 1975. Marburg/L., Witzenhausen: Trautvetter & Fischer 1975. 48 S. m. Abb. (Marburger Reihe 9)

6238. K o r n , Hans-Enno: Otto Hupp, Hessen und das Marburger Universitätswappen. Zu e. Ausstellung im Hess. Staatsarchiv Marburg im Mai 1975. Mit 2 Wappen. – In: Alma mater philippina WS 1975/76, S. 23–24

6239. I l l g e n , Volker: Der Maler Franz H u t h . Ein Querschnitt durch seine Darmstädter Schaffenszeit. Ausstellung im Schloßmuseum zu Darmstadt. Vom 4. Juli bis 17. August 1975. Darmstadt 1975: Nover & Schubert. 19 S. [Ausstellungskat.] [Von 1914–1918 in Darmstadt]

6240. I l l e r t , Georg: Worms. Chronik. Ausf.: Maler J a k s c h . München: Kunstverl. Bühn [1974]. 145 ungez. Bl. m. Abb.

6241. K a l b , Walter: Rund um den Mons-Tabor. Federzeichn. Bad Ems: Heil [1973]. 31 Bl. nur Abb.

6242. G e n s i c k e , Hellmuth: Die Malerfamilie K a u l b a c h aus Dierdorf – ein Westerwälder Geschlecht. – In: HJNeu 1975, S. 101–103

6243. K o b o l d , Johann Gottlieb: Wilhelmshöhe bey Cassel. 10 Zeichn. Gestochen von Friedrich S c h r o e d e r 1797–1806. Kassel: Lometsch 1974. 11 ungez. Bl. nur Ill. (Drucke d. Arche 69)

6244. V o g t , Günther: Betrachtungen zur Emigration der Frankfurter Quadriga. Die Kunst geht, d. Politik kommt. – In: KuJ 1974, März/Apr., S. 32–34 [Betr. d. Maler Heinz K r e u t z ]

6245. H e l m o l t , Christa von: Wilhelm L e f è b r e [1874–1974]. – In: NM 105. 1975, H. 2, S. 59–61 [Frankfurter Maler]

6246. E r t e l , K. F.: Der Maler Ulrich L e m a n . Mit 3 Abb. – In: HHGiess 1974, S. 99–100

6247. S t r a u b , August: Was bleibt, ist farbiges Licht. Aus dem Werk d. Kasseler Grafikers u. Aquarellisten Fritz L o m e t s c h . – In: HHGiess 1976, S. 21–23 m. Abb. [Geb. am 21. Okt. 1900 in Kassel]

6248. E r t e l , K. F.: Helmuth M a c k e malte Limburger Dom. Mit 1 Abb. – In: HHGiess 1976, S. 15–16 [Ölbild 1920]

6249. B e r g s t r ä s s e r , Gisela: Erich M a r t i n . Zeichnungen u. Temperabilder. Ausstellung im Hess. Landesmuseum in Darmstadt. 2. Okt. bis 23. Nov. 1975. Darmstadt 1975. 21 S. [Ausstellungskat.] [Geb. in Büdingen]

6250. Gerke, Friedrich: Die Mainzer Marienauffahrt des Franz Anton Maulbertsch und ihr Ort in der Geschichte seiner Assunta-Darstellungen. Mainz 1966. 151 S. m. 98 Abb. (Kleine Schriften d. Ges. f. bildende Kunst in Mainz 32) [Hochaltarbild der Altmünsterkirche in Mainz, 1758]

6251. Schneider, Ernst: Ein kleines Präsent an den Kreis Groß-Gerau. – In: HspGer 1974, Nr 6 [Bild v. Innenhof d. alten Schlosses Dornberg am 1. 9. 1809 gemalt von Wilhelm Merck]

6252. Stromeyer, Manfred: Merian-Ahnen aus dreizehn Jahrhunderten. Bd 6 ff. Limburg/L.: Starke 1966 ff. [in Komm.]

6253. Fischer, Béat de: A propos de quelques femmes suisses, à l'étranger, dans les siécles passés. Une femme artiste: Marie Sibylle Merian. – In: Versailles. 1973, H. 50. S. 66–68

6254. Geus, Armin: Der Laternenträger von Maria Sibylla Merian. – In: Medizinhist. Journal. 10, 1975, S. 229–232

6255. Metz, Albert: Leben und Werk des Kupferstechers Matthäus Merian. – In: HKWe 26. 1976, S. 71–78 m. Abb.

6256. Huttarsch, Reinhold: Oft irrte sich der Kupferstecher. Betrachtungen zu 5 heimischen Städtekupfern d. Matthäus Merian. – In: GiessKrKal 9. 1974, S. 39–44 m. Abb.

6257. Minst, Karl Josef: Merians Kupferstich ‚Closter Lorsch'. – In: GbllBe 8. 1975, S. 118–129

6258. Metz, Ernst Christopher: Stadt und Land im Zauber der Vergangenheit. Mit d. Text „Rettende Bilder" von Rolf Hochhuth. München: Winkler 1976. 79 S., 24 Vierfarb- u. 35 Schwarzweißbilder. [Hess. Städteansichten d. Eschweger Kunstmalers]

6259. Seib, Gerhard: Ernst Metz in menoriam [Eschweger Kunstmaler; 1891–1973]. – In: HH N.F. 24. 1974, S. 59–60

6260. Straub, August: Bilder aus Kassel. In mem. Ernst Christopher Metz (1892–1973). – In: HHGiess 1975, S. 21–23

6261. Wagner, August: Ein Bildnis des Grafen Reinhard zu Solms[-Lich]. War es d. Maler Anthonis Mor? Mit zahlr. Bildn. u. 1 Abb. – In: HHGiess 1976, S. 77–79

6262. Eichler, Inge: Carl Morgenstern. Unter bes. Berücks. seiner Schaffensphase von 1826–1846. Darmstadt: Roether 1976. 166 S. Erschien u. d. T.: Eichler: Der frühe Frankfurter Morgenstern, 1826–1846 zuerst als Diss. Frankfurt 1971 (1974). (KHMrh 15/16)

6263. Eichler, Inge: Seine Liebe galt der Frankfurter Stadtlandschaft. Carl Morgenstern u. seine berühmten Mainansichten. – In: KuJ 1974, Mai/Juni, S. 33–37

6264. E i c h l e r , Inge: Die Auftragsgemälde Carl Morgensterns für den Grafen Schnack. – In: StäJb N. F. 5. 1975, S. 135–158

6265. L e h m a n n , Evelyn: Der Frankfurter Maler Victor M ü l l e r 1830–1871. Ffm.: Kramer 1976. 367 S. Zugleich Diss. Ffm., Univ., Philos. Fak., 1972

6266. F e r b e r , Karlheinz: Ein Maler, zerrieben von der Zeit. Der Ffter Victor Müller u. seine Bilder im Städel. – In: KuJ 1974, Jan./Febr., S. 38–39

6267. Bruno M ü l l e r - L i n o w . 11. Jan. bis 15. Febr. 1976. Darmstadt: Kunsthalle 1976. 21 ungez. Bl. [Ausstellungskat.] [Seit 1953 Prof. an d. TH Darmstadt, Lehrstuhl f. Zeichnen, Malen u. Graphik]

6268. D r e i h e l l e r , Fritz: Vorfahren der Künstlerfamilie N a h l in Kassel. – In: HFK 12. 1974, Sp. 211–216

6269. P l a m p e r , Egon: Frankfurt am Main. Gezeichnet von Egon P l a m p e r . Text: Peter Gerisch. Karlsruhe, Wolfartsweier: Plamper [1968]. 30 Bl.

6270. Emil P r e e t o r i u s . Grafiker, Bühnenbildner, Sammler. Textred.: Walter Heist. Mainz: Krach 1976. 80 S. mit 1 Bildn. u. Abb. (Kleine Mainzer Bücherei 10) [Geb. 1883 in Mainz, gest. 1973 in München. Betr. u. a. Mainz u. Darmstadt]

6271. S t ü r z , Hans Karl: „Ich werde täglich berühmter". Selbstzeugnisse von Emil Preetorius über seine künstlerischen Anfänge. – In: Imprimatur N. F. 8. 1973/76, S. 209–224 [Graphiker, Plakat-, Buch- u. Exlibriskünstler. Geb. am 21. 6. 1883 in Mainz]

6272. H i l d e b r a n d , Alexander: Stilistische Vielfalt [Adolf P r e s b e r s]. Mit 2 Abb. – In: Wi int 1976, 4, S. 23–27

6273. H e y m , Heinrich: Jörg R a t g e b s Fresken durch Verglasung sichern. Eine Empfehlung d. Denkmalpflegekommission. – In: KuJ 1974, Jan./Febr., S. 3–4

6274. B i e h n , Heinz: Zwei Interieurs aus dem Landgrafenschloß in Homburg vor der Höhe. Bisher unbekannte Aquarelle von Carl Theodor R e i f f e n s t e i n . Mit 2 Abb. u. 1 Pl. – In: HM 1. 1975, S. 131–142

6275. H i l d e b r a n d , Alexander: Otto R i t s c h l und die reine Malerei. Mit mehreren Abb. – In: Wi int 1974, 1, S. 25–30

6276. Otto Ritschl. Gemälde 1927–1972. [Teils.] Einl. Alexander Hildebrand. Ausstellung 2. Apr.–12. Mai 1974 im Museum Wiesbaden. Veranstaltet v. d. Landeshauptstadt Wiesbaden u. d. Nass. Kunstver. Wiesbaden 1974. 8 S., XXIV Taf. ([Ausstellungskataloge d. Nass. Kunstver. zu Wiesbaden 10])

6277. L ü c k , Alfred: Die Geburt des Peter Paul R u b e n s in Siegen. Mit 4 Abb. – In: Si 53. 1976, S. 53–59

6278. L ü c k , Alfred: Zur Genealogie des Peter Paul Rubens. Mit 4 Bildn. – In: Si 53. 1976, S. 95–98

6279. R o e d i g , Bernd: Die Siegener Rubensgemälde. Mit zahlr. Abb. – In: Si 53. 1976, S. 69–81

6280. R o e d i g , Bernd: Die Rubensgraphik im Oberen Schloß [in Siegen]. Mit zahlr. Abb. – In: Si 53. 1976, S. 82–94

6281. R e d e n b a c h e r , Fritz: [Joachim v.] S a n d r a r t s „Teutsche Academie". Kunstgesch. im Barockzeitalter. – In: JbfrLF 34/35. 1975. Festschrift f. Gerhard Pfeiffer, S. 309–323

6282. D i e t r i c h , Margot: Hintergründige Idylle. Mit 2 Abb. von Werken Jörg S c h e r b a r t h s . – In: Wi int 1976, 3, S. 20–22

6283. S l a r k , Dittker [d. i. Dieter S c h l o r k e]: Der Rhein. Von d. Quellen bis z. Mündung. Ein Zyklus. Dörnigheim a.M., Westendstr. 75: [Selbstverl.] Schlorke 1971. 41 Bl. m. Abb.

6284. H o f m a n n , Ernst A.: Peter S c h n e i d e r – Maler unserer Heimat. Versuch eines Künstlerportr. Mit 1 Bildn. u. 1 Abb. – In: HJUTs 27. 1976, S. 143–144

6285. L a m b e r t , Ulrich: Die Malerfamilien S e e k a t z . Mit Abb. – In: AfS 42. 1976, H. 61, S. 345–374 [Betr. Nassau u. Hessen, insbes. Westerburg]

6286. L a m p e r t , Ulrich: Philipp Christian I. Seekatz. – In: PfH 27. 1976, S. 16–17 [Maler in Worms, Dürkheim u. Darmstadt]

6287. L e h m a n n , Matthias: Rheingauer Künstler: Maler Friedrich S i m m l e r aus Geisenheim. Unter Mitw. von Gertrud Oberländer. Mit 1 Abb. – In: RhgHbr 89. 1974, S. 12–14

6288. L e h m a n n , Matthias: Friedrich Simmler, ein Maler von Geisenheim. Ein Stück Geisenheimer Familienchronik aus d. 19. Jh. Mit 1 Abb. – In: GeisLiBl 25. 1974, Nr 32, S. 2–3

6289. S p e c h t , A.: Historische und architektonische Merkwürdigkeiten von Cassel in seiner Vorzeit & Gegenwart. 12 Lithogr. von A. Specht. Verf. d. Bildtexte: Jacob Hoffmeister. Nachdr. d. Ausg. Kassel 1843 u. 1844. Kassel: Lometsch 1976. [4] S., 12 Bl. m. Abb. (Druck d. Arche 74)

6290. H a l l a s c h k a , Paul: Oskar S t a r k , ein Kasseler Maler. – In: HH N.F. 24. 1974, S. 57–58

6291. B r a n d t , Willi: Die erste T i s c h b e i n -Generation in Haina [nach d. Kirchenbüchern ab 1690 u. d. Abendmahlslisten ab 1717]. – In: HFK 12. 1975, Sp. 433–436

6292. B r a n d t , Willi: Die zweite Tischbein-Generation in Haina. Die erste Maler-Generation [mit Johann Valentin Tischbein, getauft 12. 12. 1715, gest. 24. 4. 1768]. – In: HFK 13. 1976, Sp. 75–80

6293. B r a n d t , Willi: Johann Valentin Tischbein [1715–1768]. (Tischbein 4.) – In: UFrL 1. 1975, Nr 11 v. 15. Nov.

6294. B r a n d t , Willi: Die Geburtsstunde der Maler-Dynastie. Ein Darmstädter Rat erkannte [1729] das Genie d. jungen Hainaers Valentin Tischbein. – In: UFrL 1. 1975, Nr 1 v. 18. Jan.

6295. B r a n d t , Willi: Die Tischbeins aus Haina Nr 5: Johann Anton Tischbein [1720–1784]. – In: UFrL 2. 1976, Nr 1 v. 17. Jan.

6296. K e m p , Wolfgang: Die Beredsamkeit des Leibes. Körpersprache als künstler. u. gesellschaftl. Problem d. bürgerlichen Emanzipation. [Betr.: Johann Heinrich Wilhelm Tischbein.] – In: StäJb N. F. 5. 1975, S. 111–134

6297. S p i c k e r n a g e l , Ellen: Goethe gemalt von [Johann Heinrich Wilhelm] Tischbein – ein Porträt und seine Geschichte. Ausst. d. Städelschen Kunstinst. u. d. Städt. Galerie Ffm. v. 2. 10. bis 1. 12. 1974. Ffm.: Städelsches Kunstinst. u. Städt. Galerie 1974. 40 S. m. Abb. [Umschlagt.:] 225 Jahre Goethe. Stadt Ffm. Städelsches Kunstinst. u. Städt. Galerie. Goethe gemalt v. Tischbein – e. Porträt u. seine Gesch.

6298. F a b e r , Konrad: Quo vadis Städelsches Kunstinstitut? Eine Ausst. unter d. Motto: „Goethe gemalt v. Tischbein". – In: KuJ 1974, 5, Nov./Dez., S. 29–30

6299. P a l m , Claus: Ein Engländer am Rhein. Der Maler William T u r n e r wurde 1775 geb. Mit 1 Abb. – In: HMRh 20. 1975, Nr 6, Juni, S. 2

6300. W a g n e r , Karl Heinz: Dietzenbacher Motive und Idylle. Dietzenbach: Galerie Wagner 1976. 24 S. überwiegend Zeichn.

6301. B i n g , Ludwig: Ludwig W a l d s c h m i d t – Soldat, Maler und Zeichner. [Geb. 1821 in Sachsenhausen, gest. 1895 in Wega] – In: MW 1975, Nr 9 v. 28. Juni

6302. G l a e s e m e r , Jürgen: Joseph W e r n e r . 1637–1710. Zürich: Schweizerisches Inst. f. Kunstwiss.; Mchn: Prestel 1974. 260 S. m. Abb. (Oeuvrekataloge Schweizer Künstler 3) [Werner arbeitete 1650–54 im Atelier der Merians in Ffm.]

6303. H o f f m a n n , Dieter: Die Frankfurter Malerin Karin W i e s m a n n und ihre Bilder. Ein Puppenheim im Trutz. – In: Frkf 20. 1975, H. 2., S. 22–23

3. Plastik
(s. a. XIV F)

6304. B ö c h e r , Otto: Löwentaufsteine in Hessen und Rheinfranken. Nachtr. u. Bestandsaufnahme. – In: WoG 11. 1974/75, S. 74–78 m. Abb.

6305. B a u e r , Walter: Kostbarkeiten unserer Landschaft. Ein spätgotisches Tonfigürchen aus d. Burg B e i l s t e i n . Mit 3 Abb. – In: HbllPFH 43. 1975, S. 39

6306. B [ a u e r ], W[alter]: Ein Weihnachtsrelief aus dem Rheingau. Mit Abb. – In: HbllPFH 44. 1976, S. 45–46 [ E l t v i l l e ]

6307. F e s s e l, Leonhard: Der [1973/74] zerstörte Bildstock von E s e l s - b r u n n. – In: BuBll 48. 1975, S. 29

6308. K l e i p a, Dietrich: Barocke Bildstöcke und Wegkreuze in K e l k h e i m. Mit 6 Abb. – In: RSp 2. 1976, S. 9–16

6309. B o e c k, Wilhelm: Beobachtungen zum Werk des Naumburger Meisters. – In: MZ 70. 1975, S. 85–88 [Im Zusammenhang mit dem Westlettner des M a i n z e r Doms]

6310. R i e b e l i n g, Heinrich: Zwei Löwen und ein rundes Ding. [Sockelstein d. Hessenmühle bei W i l l i n g s h a u s e n, jetzt in e. Willingshäuser Gartenmauer.] – In: SchwJb 1975, S. 61–63

6311. W e i l e r, Clemens: Das Niederwalddenkmal. Mit 7 Abb. u. 1 Bildn. – In: BRh 2, 26. 1974, S. 3–23

6312. K l e i n e b e r g, Günther: Die Wacht am Rhein. Mit 5 Abb. – In: Museum Wiesbaden. 3. 1975, S. 8–16

6313. E n g e l h a r d t, Rudolf: Das geplante Bismarck-Denkmal bei Bingen. Mit 8 Abb. – In: BiA 6. 1974, S. 3–13

6314. D i e l m a n n, Karl: Die preisgekrönten Modelle für das Nationaldenkmal der Brüder Grimm in Hanau. Mit 5 Abb. – In: HM 1. 1975, S. 143–154

### 4. Bildhauer und -schnitzer

6315. N i e s c h a l k, Albert: Meister Josias Wolrat B r ü t z e l, Barockbildhauer in Waldeck. – In: WLKa 248. 1975, S. 85–94

6316. L e h m a n n, Evelyn: Zum 100. Geburtstag des Kasseler Bildhauers Hans E v e r d i n g (1876–1914). – In: Inf 6. 1976, Nr 11, S. 12–13

6317. B a u m a n n, Rosmarie: Künstlerporträt. Hermann G o e p f e r t. – In: Ztg 1974, Nr 3, Bl. 7

6318. E s s e r, Karl Heinz: Philipp H a r t h. Tierplastiken u. Zeichn. Ausstellung d. Mittelrhein. Landesmuseums Mainz. Mainz 1975. 53 ungez. Bl. m. Abb. (Mainzer Schriften z. Kunst u. Kultur in Rheinland-Pfalz 4) [Philipp Harth: 9. 7. 1885 in Mainz geb.]

6319. S c h m i d t, Ulrich: Das Symbol der Ewigkeit auf dem Rücken. Das „Dromedar" v. Philipp Harth im Museum Wiesbaden. Mit 8 Abb. – In: Museum Wiesbaden 5. 1975, S. 5–12

6320. M o z e r , Ubbo: Zur Geschichte der Bildhauerfamilie H e p p . – In: BuBll 47. 1974, S. 75–76

6321. Z a n d e r , Anne-Marie: Über Geburtsort und Lehrmeister des kurtrierischen Bildhauers Hans Ruprecht H o f f m a n n . – In: KTrJb 16. 1976, S. 38–39 [Geb. 1543 in Worms, Lehre beim Mainzer Bildhauer Dietrich Schro]

6322. L a n d e r , Helmut: Plastiken und Zeichnungen. 19. Okt. bis 16. Nov. 1975. Darmstadt: Kunsthalle 1975. 24 ungez. Bl. [Ausstellungskat.] [Künstler lebt seit 1951 in Darmstadt]

6323. K e h l , Robert: Eine Plastik der Bildhauerin Helene L e v e n - I n t z e [v. Prof. Dr. med. Hermann Kehl, geb. Hanau 5. 7. 1886] im Historischen Museum Hanau. – In: NMHaG 6. 1976, S. 83–87

6324. K e r b e r , Ottmar: Gerhard M a r c k s . Zur Übernahme seines Pferdes in Bronze durch d. Univ. – In: GiessUbll 7. 1974, 2, S. 90–101 m. Abb.

6325. E m m e r l i n g , Ernst: Conrat M e i t am Mittelrhein. – In: HJAlWo 13. 1973, S. 419–423 [Bildhauer, um 1485 geb.]

6326. A r e n s , Fritz: Die Amorbacher Josephsfigur von J(ohann) S(ebastian) P f a f f . – In: MZ 69. 1974, S. 190–196

6327. L ü h m a n n - S c h m i d , Irnfriede: Peter S c h r o . Ein Mainzer Bildhauer u. Backoffen-Schüler. – In: MZ 70. 1975, S. 1–62. Zugl. Diss. Mainz, Univ., v. 1970

6328. W i e d e r h o l d , Konrad: Zum Bildnis von Carl S c h u l z [waldeck. Bildhauer in Arolsen] u. seiner Frau. Ein weiterer Nachtr. – In: GW 64. 1975, S. 107–111

6329. S c h ä f e r , Karl: Archivalische Funde zu Philipp S o l d a n und Kurt Scharf. – In: HH N. F. 24. 1974, S. 29–31

6330. S e i b , Gerhard: Die Wappentafel in Schiffelbach. Ein mögliches weiteres Werk von Philipp Soldan oder seinem Umkreis. – In: HH N. F. 24. 1974, S. 31–33


## C. MUSEEN UND KUNSTSAMMLUNGEN, AUSSTELLUNGEN

6331. S c h ä f e r , Wilhelm: Objekt & Bild. Beitrr. zu e. Lehre v. Museum. Ffm.: Kramer 1974. 290 S. m. Abb. (Kleine Senckenberg-Reihe 6)

6332. T h o m a s , Harry: Vom Regionalverband zum Landesverband. Chronik d. Museumsverbandes. – In: HM 1. 1975, S. 213–223

6333. R o h l m a n n , Rudi: Die Stellung der Museen in der Kulturpolitik Hessens. – In: Das Museum: Lernort contra Musentempel. Hrsg. von Ellen Spickernagel u. Brigitte Walbe. Gießen 1976. (Krit. Berr. Sonderbd) S. 163–166

6334. K r a m e r , Dieter: Kulturgeschichtliche Museen und Sammlungen im hessischen Museums-Entwicklungsplan. – In: Volkskde im Museum. Würzburg 1976. (Veröffentlichungen z. Volkskde u. Kulturgesch. 1) S. 177–217

6335. J u n g h a n s , Günther: Museen und Raumordnung. Einige Überlegungen zum „Entwicklungsplan f. d. Museen d. Landes Hessen" u. z. Bildungsauftrag d. Museen. – In: HH N. F. 25. 1975, S. 63–67 m. 1 Umrißkt.

6336. E i n s i n g b a c h , Marianne: Fast polemische Skizzen aus der (Museums-) Provinz. Betrachtungen eines „Laien". – In: HBVK 1. 1976, S. 73–76 [Betr. Hessen; Museen in d. Schlössern]

6337. E i n s i n g b a c h , Wolfgang: Schlösser in Hessen. Erinnerung an den entlegensten Teil d. Museumsprovinz oder: Sind d. Museen in d. Schlössern Bestandteile d. öffentl. Bildungswesens? – In: HBVK 1. 1976, S. 12–31

6338. Dokumentation der Umfrage zur volkskundlichen Sammlungsgeschichte. – In: Volkskde im Museum. Würzburg 1976. (Veröffentlichungen z. Volkskde u. Kulturgesch. 1) S. 278–325 [Betr. u.a. Hess. Landesmuseum Darmstadt (S. 283–284); Hist. Museum Frankfurt (S. 288–289); Staatl. Kunstsammlungen Kassel (S. 298–299); Marburger Universitätsmuseum (S. 304–305)]

6339. D ö r i n g , Carla: Volkskundliches in stadthistorischen Landesmuseen am Beispiel Frankfurts und Hessens. – In: Volkskde im Museum. Würzburg 1976. (Veröffentlichungen z. Volkskde u. Kulturgesch. 1) S. 120–132 [Betr. Frankfurter Hist. Museum; Darmstädter Landesmuseum; Marburger Universitätsmuseum]

6340. Freilichtmuseum Hessenpark in Neu-Anspach, Hochtaunuskreis. Bad Homburg v. d. H.: Hochtaunuskreis, Der Kreisausschuß 1974. 20 S., Abb., 1 Kt.

6341. E r n s t , Eugen: Das Freilichtmuseum „Hessenpark" als siedlungsgeographische Aufgabe im Rahmen des Denkmalschutzes. Mit Abb. 15–23. – In: HH N. F. 25. 1975, S. 34–43

6342. E r n s t , Eugen: Hessenpark-Nostalgie oder gesellschaftliche Verpflichtung? Mit 3 Abb. – In: Hessenpark 1. 1976, S. 10–12

6343. S c h w a r z e r , Erwin: Hessenpark als überregionales Freizeitzentrum. – In: Amusement-Industrie ·1975, S. 1180–1182

6344. S e l z e r , Rudolf: Der Hessenpark und die Gemeinde Neuanspach. Mit 1 Bl. – In: Hessenpark 1976, 2, S. 24–25

6345. B i m m e r , Andreas C., u. Gitta Böth: Das Tor zum Hessenpark. – In: HBVK 1. 1976, S. 84–90

6346. E r n s t , Eugen: Über den Marktplatz zu den Weilern! Mit 2 Abb. – In: Hessenpark 1. 1976, S. 17–19
6347. E r n s t , Almuth: Die Kirche von Niederhörlen und die Schmiede von Weinbach. Die ersten Gebäude im Hessenpark. Mit 3 Abb. – In: Hessenpark 1. 1976, S. 22–24
6348. H u t t a r s c h , Reinhold: Am guten Alten in Treue halten. Auch Häuser wandern von Ort zu Ort. Lollarer Kapelle für Freilandmuseum. – In: GiessKrKal 9. 1974, S. 93–94
6349. E r n s t , Eugen: Die Zehntscheune und ihre vormalige Bedeutung. Mit 3 Abb. – In: Hessenpark 1976, 2, S. 16–18 [Ursprüngl. Teil d. herrschaftl. Vorwerks Trendelburg; 1975 übernommen in d. Freilichtmuseum Hessenpark]
6350. E r n s t , Almuth: Konstruktion, Rekonstruktion, Zehntscheune Trendelburg. Mit 3 Abb. – In: Hessenpark 1976, 2, S. 19–22

6351. R o l a n d , Berthold: Museen in Rheinland-Pfalz. Kostbarkeiten aus d. Museen d. Landes. Hrsg. v. d. Landesbank Rheinland-Pfalz, Girozentrale, Mainz. Mainz am Rh.: Krach 1973. 216 S. m. zahlr. Abb.
6352. Heimatstuben – Denkmäler des Lebens. Fesselnde Bilder d. Erinnerung an unsere Vorfahren. – In: UHl 1974, S. 22–26 m. 5 Abb. [Siegerland]
6353. Museen im Main-Kinzig-Kreis. Red.: Kurt H e r m a n n . Hanau: Kreisausschuß d. Main-Kinzig-Kr. 1976. 47 S. m. Abb.
6354. D i e l m a n n , Karl: Museen, Büchereien, Theaterwesen. Mit 2 Abb. – In: Main-Kinzig-Kreis. Oldenburg (Oldb.) 1976, S. 37–39

6355. K l o s t e r , Hans: Das Heimatmuseum [von A b e n h e i m]. – In: Abenheim. Festbuch zur 1200-Jahrfeier. Worms-Abenheim 1974, S. 37–40
6356. D i e h l , Otto: Das Heimatmuseum des Geschichts- und Altertumsvereins A l s f e l d . – In: KGB 1975, S. 61
6357. A l z e y e r Museum. Hrsg. v. Kuratorium Museum Alzey. 2., erw. Aufl. Alzey: Verl. d. Rheinhess. Druckwerkstätte 1973. 116 S. m. zahlr. Abb. u. Kt. (AlGbll Sonderh. 1)
6358. W e i s g e r b e r , Gerd: Terrakotten im Museum Alzey. – In: AlGbll 10. 1974, S. 123–133 m. 4 Taf.
6359. Felsberg-Museum B e e d e n k i r c h e n . Hrsg.: Arbeitsgemeinschaft Felsberg-Museum Beedenkirchen. Beedenkirchen: Bönsel 1976. 11 S. m. Abb.
6360. E m m e l , Ludwig: Die Erdgeschichte im Raum B e r g e n - E n k h e i m dargestellt an Belegstücken der geologischen Sammlung im Heimatmuseum von Ludwig Emmel unter Mitarb. von Elisabeth O t t e n b e r g . Bergen-Enkheim: Die Stadt 1974. 31 S.

6361. S t e i n h ä u s e r , Armine Eleonore: Neues und Altes vom Hof Haina. Das B i e b e r t a l e r Heimatmuseum im Schneiderschen Stammhaus. Mit 5 Abb. − In: HHGiess 1975, S. 29−30

6362. N a c h t i g a l l , Helmut: Das Biebertaler Heimatmuseum und seine bemerkenswerten Bauten. Echte Dokumentation d. einstigen bäuerl. Lebens- u. Arbeitswelt. Mit Abb. − In: HGiess 1976, Woche 50

6363. L o o s , Josef: Heimatmuseum der Stadt B i n g e n . Mit 3 Abb. − In: HJMBi 18. 1974, S. 137−139

6364. Vernichtung von Kulturschätzen. Von Peter K o e n e n [u.a.] − In: BiA 10. 1976, S. 41−46 [Betr. Gesch. d. Binger Heimatmuseums]

6365. B a u e r , Walter: Die Anbetung der Heiligen Drei Könige aus der Klosterkirche Altenberg bei Wetzlar. Mit 1 Abb. − In: HbllPFH 43. 1975, S. 45−46 [Gemälde, aufbewahrt im B r a u n f e l s e r Schloßmuseum]

6366. Heuson-Museum im Rathaus [ B ü d i n g e n ]. Büdingen 1975. 17 ungez. Bl. [maschinenschriftl. vervielf.]

6367. B e e h , Wolfgang: Hessisches Landesmuseum in D a r m s t a d t 1960−1975. Ein Ber. Darmstadt: Roether 1975. 60 S. (KHMrh 15. 1975. Beih.)

6368. B o t t , Gerhard: Die Gemäldegalerie des Hessischen Landesmuseums Darmstadt. Hanau: Peters 1968. 50 S., 112 Taf. (Meisterwerke deutscher Museen)

6369. S c h o c h , Rainer, u. Hans Martin S c h m i d t : Repräsentation und Selbstverständnis. Bildnisse vom 16.−20. Jh. Gemälde aus eigenem Bestand. Ausstellung 8. 3.−19. 5. 1974. Darmstadt 1974. 24 Bl. (Hess. Landesmuseum in Darmstadt) [Ausstellungskatalog]

6370. S c h m i d t , Hans Martin: Allegorische, mythologische und religiöse Darstellungen. Gemälde d. 16.−18. Jh. aus eigenem Bestand. Ausstellung 8. 8.−12. 10. 1975. Darmstadt: Hess. Landesmuseum 1975. 22 ungez. Bl. [Ausstellungskat.]

6371. R e c h b e r g , Brigitte: Landschaften des 19. Jh. − Sinngebung der Natur. Gemälde aus d. Bestand d. Hess. Landesmuseums. 4. 10.−24. 11. 1974. Darmstadt 1974. 12 ungez. Bl. [Ausstellungskat.]

6372. B e e h , Wolfgang: Bildwerke um 1800 bis 1970. Darmstadt: Hess. Landesmuseum 1974. 150 S. (Kataloge d. Hess. Landesmuseums 6)

6373. B o t t , Barbara: Carl Rottmann − 11 Briefe an den „Ghzgl. Hess. Gallerie Inspector" Carl Ludwig Seeger (1837−1842). − In: KHMrh 14. 1974, S. 89−100, 4 Abb.

6374. B e r g s t r ä s s e r , Gisela: Michelangelo, seine Zeitgenossen, seine Wirkung. 11. 7. 1975 − 14. 9. 1975. [Ausstellungskatalog]. Darmstadt: Hess. Landesmuseum 1975. 30 ungez. Bl. (Aus den Beständen d. Graph. Sammlung)

6375. B e r g s t r ä s s e r , Gisela: Deutsche Handzeichnungen. 17. Jh. 13. 12. 1974–9. 2. 1975. Darmstadt 1975. 22 ungez. Bl. (Hess. Landesmuseum in Darmstadt. Aus den Beständen d. graph. Sammlung) [Ausstellungskatalog]

6376. B e r g s t r ä s s e r , Gisela: Deutsche Zeichnungen. 18. Jh. 21. 2. 1975–20. 4. 1975. Darmstadt: Hess. Landesmuseum 1975. 19 ungez. Bl. [masch. schriftl. vervielf.] (Aus den Beständen d. Graph. Sammlung) [Ausstellungskatalog]

6377. B e r g s t r ä s s e r , Gisela: Genueser Zeichnungen des Barock. 5. 12. 1975–25. 1. 1976. Darmstadt 1975. 18 ungez. Bl. (Hess. Landesmuseum in Darmstadt. Aus den Beständen d. Graph. Sammlung) [Katalog]

6378. R e c h b e r g , Brigitte: Reproduktionsstiche aus 3 Jh. Ausstellung aus dem Bestand der Graphischen Sammlung des Hess. Landesmuseums in Darmstadt. 2. 5. bis 29. 6. 1975. Darmstadt: Landesmuseum 1975. 27 ungez. Bl. [Ausstellungskat.]

6379. B e r g s t r ä s s e r , Gisela: Von Rodin bis Chillida. Zeichnungen u. Graphiken von Bildhauern. Ausstellung d. Hess. Landesmuseums vom 9. Aug. bis 29. Sept. 1974. Darmstadt 1974. 15 ungez. Bl. (Aus den Beständen d. Graph. Sammlung) [Katalog]

6380. B e r g s t r ä s s e r , Gisela: Die Ölstudie. Ausstellung d. Hess. Landesmuseums aus den eigenen Beständen. 1. 2.–16. 4. 1974. Darmstadt 1974. 20 Bl. (Aus den Beständen d. Graph. Sammlung) [Ausstellungskatalog]

6381. Bilder aus Darmstädter Wohnzimmern. Malerei 1750–1910. Aus d. Bestand d. Hess. Landesmuseums v. 5. 11. 1973–13. 1. 1974. Aus d. Beständen d. graph. Sammlung. Darmstadt: Hess. Landesmuseum 1973. 46 ungez. Bl.

6382. B e r g s t r ä s s e r , Gisela: Das Interieur. Ausstellung vom 11. Okt. bis 1. Dez. 1974. Darmstadt 1974. 16 ungez. Bl. (Hess. Landesmuseum in Darmstadt. Aus den Beständen d. Graph. Sammlung) [Ausstellungskat.]

6383. B e e h - L u s t e n b e r g e r , Suzanne: Glasmalerei um 800 bis 1900. Textteil. Hanau: Peters 1973. 374 S., 161 Abb. (Kataloge d. Hess. Landesmuseums Darmstadt 2)

6384. G r a p e , Wolfgang: Zur Frage des byzantinischen Einflusses auf die karolingische Kunst. Mit 19 Abb. – In: Mü 27. 1974, S. 1–16 [Betr. u. a. Lorscher Evangeliareinband u. Himmelfahrtstafel im Hess. Landesmuseum in Darmstadt]

6385. B e e h , Wolfgang: Grabsteine und Taufsteine im Hess. Landesmuseum. – In: KHMrh 14. 1974, S. 119–142, 30 Abb.

6386. B e e h , Wolfgang: Architekturfragmente vom Schloß in Offenbach. Ein Nachtr. zum Katalog der Architekturfragmente im Hess. Landesmuseum. – In: KHMrh 14. 1974, S. 143–149, 16 Abb.

6387. B o t t , Gerhard: Prunkkassette für Ferdinand von Orleans, John Fox Burgoyne und Horatio Herbert Kitchener. Zu Neuerwerbungen d. Hess. Landesmuseums Darmstadt. – In: KHMrh 14. 1974, S. 81–88, 14 Abb.

6388. P r i e g e r , Ernst: Büromaschinen aus 3 Jahrhunderten. Erl. zur Sonderausstellung d. Physikal. Kabinetts im Hess. Landesmuseum Darmstadt. Darmstadt 1976. 5 Bl.

6389. E u w , Anton von: Elfenbeinarbeiten von der Spätantike zum hohen Mittelalter. Aus d. Samml. Hüpsch d. Hess. Landesmuseums Darmstadt. Ausstellung 5. 11. 1976–27. 2. 1977. [Kat.] Ffm.: Liebieghaus [1976]. XII S. 26 Bl. Abb.

6390. B o t t , Gerhard: Das Museum und ein Mäzen. Die Sammlung Karl Ströher im Hess. Landesmuseum Darmstadt. Kommentare u. Berr. 1970–74. Darmstadt 1974. 25 ungez. Bl. mit Abb. [masch. schriftl. vervielf.]

6391. I l l g e n , Volker: Zur Ausstellung „Darmstadts Wälder im Wandel des 18. und 19. Jh." im Darmstädter Schloßmuseum anläßl. des Heinerfestes 1976. Darmstadt 1976. 4 ungez. Bl. [masch. schr.]

6392. Die Museumsbahn e. V. Darmstadt und ihre Fahrzeuge. Gestaltung: Wolfgang D i e n e r . [Mit Abb.] Stand: April 1976. Darmstadt: Museumsbahn e. V. 1976. 38 S.

6393. Führer durch das Deutsche Elfenbeinmuseum E r b a c h /Odenwald. Erbach: Dt. Elfenbeinmuseum 1975. 12 S., Abb.

6394. S e i b , Gerhard: Zum Gedächtnis an den 100. Geburtstag Dr. phil. Ernst Wenzels. [1876–1957; Ingenieur, Architekt, Museumsleiter in E s c h w e g e .] – In: HH N. F. 26. 1976, S. 137–138

6395. H e l m o l t , Christa von: Im Blickpunkt: Das Städel, Museum und Kunst-Akademie. – In: Frkf 20. 1975, H. 3., S. 24–25 [ F r a n k f u r t a.M.]

6396. S t o f f m a n n , Margaret: Das Städelsche Kunstinstitut. – In: Die Weltkunst 43. 1973, Nr 14, S. 1147

6397. B r a c k e r t , Gisela: Mein Museum am Main. [Städel]. – In: Der neue Egoist. 2. 1976, S. 104 u. 106

6398. S t e r n b e r g e r , Dolf: Leopold Sonnemann, Bürger und Gründer. Vortrag zur 75jahrfeier d. Städelschen Museumsver. in Frankfurt, gehalten am 30. Juni 1974. – In: Ffter Allg. Ztg. 13. 7. 1974, Bilder u. Zeiten

6399. O r m o n d , Leonée u. Richard: Lord Leighton. New Haven: Yala Univ. Pr. 1975. XV, 200 S. [Betr.: Frederic Leighton, Schüler an d. Städelschule, 1846–1852 in Ffm.]

6400. [ S c h i l l i n g , Rosy:] Bibliographie Edmund Schilling (1888–1974). o.O. [um 1974]. 7 S. [Masch.] [Frankfurter Kunsthistoriker]

6401. Neuerwerbungen der Frankfurter Museen. Städelsches Kunstinst. u. Städt. Galerie. – In: StäJb N. F. 5. 1975, S. 297–307

6402. Gallwitz, Klaus, Schürmann, Carl Wolfgang u. Hans-Jochen Ziemke: Deutsche Malerei im 19. Jahrhundert. Eine Ausstellung für Moskau u. Leningrad. Städt. Galerie im Städelschen Kunstinst. Frankfurt a. M., 14. 2.–20. 4. 1975. Katalog. Ffm. 1975. 246 S.

6403. Loeckle, Werner Ernst: Das Frankfurter Paradiesgärtlein als Meditationsbild. 2., erw. Aufl. Freiburg: Verl. Die Kommenden 1976. 169 S. m. Abb. [Tafelgemälde im Städelschen Kunstinstitut]

6404. Hinz, Berthold: Innerlichkeit und ihre äußerlichen Bedingungen. Das humanist. Bildnis d. Justinian u. d. Anna von Holzhausen. [Doppelporträt von Konrad Faber von Kreuznach.] – In: StäJb N. F. 5. 1975, S. 97–110

6405. Eich, Paul: Der Johannesaltar von Hans Baldung Grien. [Städelsches Kunstinst.] – In: StäJb N. F. 5. 1975, S. 85–96

6406. Bindman, David: William Blake, 1757–1827. Städelsches Kunstinst. u. Städt. Galerie Frankfurt a.M. Hrsg.: Werner Hofmann u. Klaus Gallwitz. Katalog: David Bindman. München: Prestel 1975. 248 S., 506 Abb.

6407. Lotz, Kurt: Kommunale Galerie. Neues Modell städt. Künstlerförderung. – In: Ztg 1974, Nr 2, Bl. 1

6408. Beck, Herbert: Das Liebieghaus – das Museum alter Plastik in Frankfurt am Main. – In: Die Kunst u. das schöne Heim 87. 1975, H. 7, S. 397–401

6409. Andreae, Bernard, Georg Oehlschlegel u. Klaus Weber: Zusammenfügung der Fragmente eines Meleagersarkophags in Frankfurt und Kassel. Mit 39 Abb. u. 5 Tab. – In: JbDtArInst 87. 1973, S. 388–432 [Frankfurt, Liebieghaus; Kassel, Antikensammlung]

6410. Fittschen, Klaus: Meleagersarkophag. Ffm.: Liebieghaus 1975. 40 S. m. 10 Abb. (Liebieghaus Monographie 1)

6411. Eckstein, Felix: Originaler weiblicher Marmorkopf im Liebieghaus Inv. Nr 968. – In: StäJb N. F. 5. 1975, S. 17–26

6412. Bol, Peter Cornelius: Bronzestatuette einer Athena im Liebieghaus Inv. Nr 1542. – In: StäJb N. F. 5. 1975, S. 27–30

6413. Bol, Peter Cornelius: Olympia in der Städtischen Galerie Liebieghaus. – In: Ztg 1976, H. 5, Bl. 6

6414. Legner, Anton: Das Bronnbacher Wanddenkmal im Liebieghaus. – In: Kunstgeschichtl. Studien f. Kurt Bauch. 1967, S. 29–42

6415. Sterik, Edita: Das Besucherbuch des Frankfurter Ariadneums, 1812–1827. Versuch einer Analyse. – In: AFGK 55. 1976, S. 101–117 [Bethmannsches Museum]

6416. M e i s t e r , Peter Wilhelm: Das Museum für Kunsthandwerk in Frankfurt a.M. – In: Die Weltkunst. 43. 1973, Nr 14, S. 1149

6417. L e r n e r , Franz: Ein Werk beständigen Gemeinsinnes. Der Kunstgewerbever. zu Frankfurt am Main u. sein Museum. – In: Festschrift f. Peter Wilhelm Meister. 1975, S. 283–288

6418. Festschrift für Peter Wilhelm Meister zum 65. Geburtstag am 16. Mai 1974. Hrsg. von Annaliese O h m u. Horst R e b e r . Hamburg: Hauswedell 1975. 331 S. [Kunsthistoriker, Direktor des Museums für Kunsthandwerk in Ffm]

6419. Kirchliche Geräte vom Mittelalter bis zum Jugendstil. Ausstellung vom 31. Mai bis 26. Juli '75. [Kat.] Ffm.: Dezernat Kultur u. Freizeit 1975. 8 Bl. (Museum f. Kunsthandwerk Frankfurt am Main. Kleine Hefte 1)

6420. M ä r k e r , Peter: Eisenkunstguß aus der ersten Hälfte des 19. Jahrhunderts. Kleingerät u. Schmuck. Ausstellung 16. Aug. bis 20. Okt. 1975. [Kat.] Ffm.: Dezernat Kultur u. Freizeit 1975. 16 S. (Museum f. Kunsthandwerk Frankfurt a.M. Kleine Hefte 2)

6421. M ä r k e r , Peter: Innenräume um 1800. Ausstellung vom 24. Sept. 1976 bis 16. Jan. 1977. [Ausstellungskat.] Ffm.: Dezernat Kultur u. Freizeit 1976. 8 Bl. (Museum für Kunsthandwerk Ffm. Kleine Hefte 3)

6422. B a u e r , Margit, Peter M ä r k e r u. Annaliese O h m : Europäische Möbel von der Gotik bis zum Jugendstil. Katalog. Ffm.: Museum f. Kunsthandwerk 1976. 195 S.

6423. Möbel. Museum für Kunsthandwerk Frankfurt am Main. Verantw.: Annaliese O h m . Ffm.: Dezernat Kultur u. Freizeit [1976]. 16 Farbtaf., 6 Faltbl.

6424. B a u e r , Margit: Europäisches und außereuropäisches Glas. Curt Muzzi Pfoh-Stiftung. [Ausstellungskat.] Ffm.: Museum f. Kunsthandwerk 1975. 44 S.

6425. F i s c h e r , Ulrich: Einführung in die Ausstellung des Museums für Vor- und Frühgeschichte zu Frankfurt am Main. 6., verb. Aufl. Frankfurt a.M. 1975. 48 S. (Bildheftchen d. Frankfurter Museums f. Vor- u. Frühgesch. 3)

6426. H e l m o l t , Christa von: Neu am Museumsufer. Nida, das antike Frankfurt. [Museum für Vor- u. Frühgesch. Ausstellung.] – In: Frkf 21. 1976, H. 1, S. 24–27 m. zahlr. Abb.

6427. F i s c h e r , Ulrich: Eine [bronzene] Zikadenfibel [aus d. 1. Hälfte d. 5. Jh.] in Frankfurt am Main. – In: Festschrift f. Peter Wilhelm Meister. 1975, S. 252–255 [Aufbewahrt im Museum für Vor- und Frühgeschichte]

6428. S t u b e n v o l l , Hans, u. Detlef H o f f m a n n : Das Historische Museum in Frankfurt. – In: NM 104. 1974, H. 3, S. 76–78

6429. H o f f m a n n , Detlef: Überlegungen zur Diskussion um das Historische Museum [in Frankfurt a.M.] – In: Volkskde im Museum. Würzburg 1976. (Veröffentlichungen z. Volkskde u. Kulturgesch. 1) S. 237–244

6430. D ö r i n g , Carla, u. Heidemarie G r u p p e : Zur Museumsdiskussion. – In: HBVK 1. 1976, S. 91–98 [Betr. d. Hist. Museum in Frankfurt/M.: S. 91–95]

6431. Geschichte als öffentliches ärgernis, oder: ein museum für die demokratische gesellschaft. Das hist. museum in ffm. u. d. streit um seine konzeption. Hrsg.: Detlef H o f f m a n n , Almut J u n k e r , Peter S c h i r m b e c k . Fernwald-Steinbach u. Wißmar: anabas-verl. Günter Kämpf 1974. 298 S. m. Abb. [Darin u.a.: G e i s s , Imanuel: Z. Streit ums Hist. Museum in Fft., S. 7–13. – H o f f m a n n , Detlef: Ein demokrat. Museum (1): Gesch. u. Konzeption, S. 15–24. – J u n k e r , Almut: Hist. Dokumentation 9.–15. Jh., S. 27–66. – S t e e n , Jürgen: Hist. Dokumentation 16.–18. Jh., S. 69–110. – M a t t a u s c h , Roswitha: Abt. 19. Jh. u. Erster Weltkrieg, S. 113–150. – S t u b e n v o l l , Hans, Peter S c h i r m b e c k : Dokumentation 20. Jh., S. 153–216. – H o f f m a n n : E. demokrat. Museum (2): Reaktionen, S. 219–229. – Presseberr. (Faks.), S. 230–258. – M e r k e l b a c h , Valentin: Pressekampagne gegen d. Konzept e. hist. Museums. S. 259–266. – W a r n k e , Martin: Das neue Hist. Museum in Fft. S. 267–273. – H e l d , Jutta: Bourgeoiser Bildungsbegriff u. hist. Aufklärung. Zur Diskussion um d. Ausstellungspraxis d. Hist. Museums in Fft. S. 274–280. – S c h i r m b e c k : Z. Museumsdidaktik, S. 283–297]

6434. S e i d e , Adam: Vorbild oder Ärgernis? Das Hist. Museum Frankfurt. – In: Der neue Egoist. 2. 1976. S. 106, 108 u. 110

6435. H a r t m a n n , Rainer: „Eine Klippschule der Geschichte". Didaktik u. Design d. neuen Hist. Museums in Frankurt. – In: Form. Zs. f. Gestaltung 1973, Nr 62, S. 18–22

6436. F ö r s c h n e r , Gisela: Zeugnisse kirchlichen Lebens in Frankfurt am Main. Eine Ausstellung im Münzkabinett d. Hist. Museums v. Juni bis Nov. 1975. Kat. Ffm.: Hist. Museum 1975. 44 S.

6437. Frankfurt um 1600. Alltagsleben i. d. Stadt. Hist. Museum Frankfurt am Main 25. 4.–18. 7. 1976. Konzeption u. Texte: Almut J u n k e r [u.a.] [Ausstellungskat.] Ffm.: Dezernat f. Kultur u. Freizeit 1976. 106 S. (Kleine Schriften d. Hist. Museums 7)

6438. D i e h l , Ruth, Detlef H o f f m a n n u. Ingrid T a b r i z i a n : Ein Krieg wird ausgestellt. Die Weltkriegssammlung d. Hist. Museums (1914–1918). Themen e. Ausstellung. Inventarkat. Zeichn.: Renate Schlicht. Frankfurt 1976. 569 S. (Kleine Schriften d. Hist. Museums 8)

6439. Č e r v i č e k , Pavel: Cataloque of the rock art collection of the Frobenius Institute. Wiesbaden: Steiner 1976. XV, 306 S., 446 Zeichn., 24 Taf.

6440. Natur-Museum, Senckenberg. 18. Aufl. d. Museumsführers. Dt. u. Engl. Ausg. Ffm.: Kramer 1974. 148 S.

6441. Senckenberg Natural History Museum of the Senckenberg Natural History Research Society. 3. ed. Ffm.: Kramer 1975. 136 S. (Kleine Senckenberg-Reihe 2)

6442. Klausewitz, Wolfgang: Bildungsfaktoren im Naturhistorischen Museum, dargestellt am Frankfurter Senckenberg-Museum. – In: Das Museum: Lernort contra Musentempel. Hrsg. von Ellen Spickernagel u. Brigitte Walbe. Gießen 1976. (Krit. Berr. Sonderbd) S. 36–42

6443. Türkay, Michael: Dr. Richard Bott. 1902–1974. – In: NM 104. 1974, H. 4, S. 135–136

6444. Klemmer, Konrad: Robert Mertens (1894–1975). Mit 1 Abb. – In: NM 106. 1976, S. 252–255 [Zoologe, Professor, seit 1919 am Senckenberg-Museum Frankfurt/M., seit 1947 Direktor d. Forschungsinst. u. Natur-Museums Senckenberg]

6445. Schäfer, Wilhelm: 65. Geburtstag von Dr. Joachim Steinbacher. Mit 1 Bildn. – In: NM 106. 1976, S. 385 [Ornithologe, Kustos im Senckenberg-Museum]

6446. Nold, Angelika: Gedanken zur Neuordnung der Fritzlarer Museen. – In: HH N. F. 24. 1974, S. 187–194

6447. Heintel, Hans: Schwerpunkt Museum Fritzlar. Von d. Eiszeit zur Gegenwart. – In: Jb. f. d. Schwalm-Eder-Kreis 1. 1975, S. 131–132

6448. Bergmann, Joseph: Vor- und frühgeschichtliche Sammlung im Heimatmuseum Fritzlar. Führer durch d. Ausstellung. Kassel: Hess. Museumsverband 1975. 50 S. m. Abb.

6449. Pralle, Ludwig: Ars sacra. Das Dom-Museum in Fulda. Fotos: Rolf Kreuder. 2. Aufl. Königstein i. Ts.: Langewiesche 1974. 80 S. m. 49 Abb.

6450. Ertel, Kurt Friedrich: Eine Schenkung an die Vaterstadt. Die Sammlung [Gustav] Bock im Oberhess. Museum Gießen. – In: HHGiess 1975, S. 57–59

6451. H[in]z[e], [Kurt]: Die „äußere Talpforte". Beginn eines Greifenstein-Museums im Denkmalschutz-Jahr. Mit 2 Abb. – In: HLD 62. 1975, S. 4

6452. Hinze, Kurt: Das Museum an der Burgpforte. Greifenstein ist nicht nur d. Burg. Mit 2 Abb. – In: HLD 66. 1976, S. 4

6453. Hinze, Kurt: Glocken auf Greifenstein. – In: HLD 1974, Nr 48, S. 4 m. 1 Abb.

6454. Schliephake, Hellmut: Glocken aus 10 Jahrhunderten. Das denkwürdige Museum in d. Burggewölben auf Greifenstein. – In: HLD 1975, Nr 55, S. 3 m. Abb.

6455. Roth, Hermann Josef: Bildung ist nicht billig! Was die Behörden sich zur Planung eines Westerwald-Museums wünschen könnten. Mit 3 Abb. – In: Ww 66. 1973, H. 2, S. 15–18 [Das geplante Museum wurde in Hachenburg eingerichtet]

6456. L ö b e r , Ulrich: Das Museum der Gegenwart. Gedanken zu einem Westerwald-Museum. Ausz. aus einem Referat, gehalten vor d. „Hachenburger Kreis" d. Westerwald-Ver. – In: Ww 67. 1974, H. 2, S. 15–17

6457. P a n t h e l , Reinhard: Ein Westerwald-Museum? Standort noch ungeklärt / Chance für Hachenburg. – In: HLD 1974, Nr 40, S. 2

6458. Landschaftsmuseum Westerwald. Im Burggarten 5238 Hachenburg. Red.: Karl-R. H e n k e s , Karl K e s s l e r . Montabaur: Westerwald-Ver. e.V. 1976. 14 S. m. Abb.

6459. B r a u n , Rudolf: Weißes Gold. Münzen, Medaillen u. Plaketten aus Porzellan u. Böttgersteinzeug. Privatsammlung [R. Braun]. Ausstellung im Dt. Goldschmiedehaus H a n a u v. 23. Febr. bis 6. Apr. 1975. Hanau: Magistrat, Dt. Goldschmiedehaus 1975. 24 ungez. Bl. m. Abb.

6460. W i e n e c k e , Joachim: Unsere Museumsausstellung Militärwesen vom Niederländischen Befreiungskrieg bis zum 1. Weltkrieg. – In: MHG 23. 1975, S. 59–62 [ H e r b o r n ]

6461. S c h ä f e r , Rudolf: Das Museum für H ö c h s t e r Geschichte. Mit 1 Abb. – In: RSp 2. 1976, H. 2, S. 22–24

6462. S c h a u e r , Peter: Das neue Museum für Höchster Geschichte. Mit 5 Abb. – In: Ztg 1976, Nr 5

6463. H e n k e s , Karl-R.: Keramikmuseum Westerwald, H ö h r - G r e n z h a u s e n . Dt. Sammlung f. hist. u. zeitgenöss. Keramik. – In: Ww 69. 1976, S. 57–58

6464. S t ü b i n g , Gerhard: Das Dorfmuseum in H o l z b u r g . – In: SchwJb 1974, S. 34–36

6465. K a i s e r , Erich: Das H o m b e r g e r Heimatmuseum. – In: Jb. f. d. Schwalm-Eder-Kreis 1. 1975, S. 135–138

6466. E m m e r l i n g , Ernst: Das historische Museum in I n g e l h e i m . Mit 2 Abb. – In: HJMBi 18. 1974, S. 139–140

6467. W e r n e r , Karl-Walter: Naturkundliches Museum Ingelheim. Bemerkungen zur Sammlung Carlo v. Erlanger. Mit 2 Abb. – In: HJMBi 18. 1974, S. 141–143

6468. Staatliche Kunstsammlungen K a s s e l . Museumsführer durch alle Abteilungen. (Texte: J. B e r g m a n n [u.a.]) Kassel [1975]. 48 S. m. Abb.

6469. Kassel, Antikenabt. d. Staatl. Kunstsammlungen. Bd 1. 2. München: Beck (Corpus vasorum antiquorum. Deutschland. 35. 38) (Union académique internationale) 1. Bearb. von Reinhard L u l l i e s . 1972. 77 S., 22 Textabb., 48 Taf. 2. Bearb. von Peter K r a n z u. Reinhard L u l l i e s . 1975. 76 S., 50 Textabb., 44 Taf.

6470. Gercke, Peter: Antiken in Kassel. Aus dem Alltag d. Griechen u. Römer. Fotos: Winfried Schurm. Kassel 1975. 28 S., 30 Taf. (Jahresgabe d. Hess. Brandversicherungsanstalt für 1976)

6471. Staatliche Kunstsammlungen Kassel. Gemäldegalerie Alte Meister Schloß Wilhelmshöhe. Bildheft mit 100 Meisterwerken, dt./engl./franz. Text: Jürgen M. Lehmann. Kassel 1975. XXXIII S. Text, 50 Bl. Abb.

6472. Passavant, Günter: Die Kasseler Gemäldegalerie in Wilhelmshöhe. – In: KChr 27. 1974, S. 301–314

6473. Lehmann, Jürgen M.: Schloß Wilhelmshöhe und seine Sammlungen. – In: Kurhess. Wirtschaft 29. 1974, S. 268–270

6474. Herzog, Erich: Die Hängung der Kasseler Galerie im Verlauf ihrer Geschichte. – In: HH N. F. 24. 1974, S. 16–24

6475. Haussherr, Reiner: Rembrandts Jacobssegen. Überlegungen zur Deutung d. Gemäldes in d. Kasseler Galerie. Opladen: Westdt. Verl. 1976. 61 S., 19 Bl. Abb. (Wiss. Abhandlungen d. Rhein.-Westfäl. Akad. d. Wiss. 60)

6476. Kaiser, Konrad: Ein Gang durch Kassels Neue Galerie. Mit Farbtaf. T. 1. 2. Kassel: Selbstverl. d. Hess. Brandversicherungsanst. 1976–77. (Jahresgabe d. Hess. Brandversicherungsanstalt 1977)

6477. Herzog, Erich: Die Sammlungen der Neuen Galerie [in Kassel] – ihre Geschichte. – In: Inf 5. 1974, Nr 7/8, S. 2–4

6478. Kaiser, Konrad: Die Kasseler Malerei in der Neuen Galerie Kassel. – In: Inf 5. 1974, Nr. 7/8, S. 6–14

6479. Link, Eva: Die Landgräfliche Kunstkammer Kassel. Kassel 1974. 33 S. Text, 36 Bildtaf. (Jahresgabe d. Hess. Brandversicherungsanstalt f. 1975)

6480. Mick, Ernst Wolfgang: Deutsches Tapetenmuseum Kassel. 12 Bildtaf. aus d. Molière-Tapete. Begleitheft durch d. Schauräume. Kassel: Lometsch 1976. 16 S. m. Abb. (Druck d. Arche 75)

6481. Mick, Ernst Wolfgang: Das Deutsche Tapetenmuseum. Über 50 Jahre in Kassel. – In: Inf 7. 1976, Nr 1, S. 17

6482. Mick, Ernst Wolfgang: Eine alte Tapete und ihre Bewunderer. Plauderei aus Anlaß d. Wiedereröffnung d. Dt. Tapetenmuseums in Kassel. – In: HeG 77. 1976, S. 36–37

6483. Eckoldt, Martin: Eine Führung durch das Rhein-Museum. Mit 5 Abb. – In: BRh 28. 1976, S. 35–46 [In Koblenz]

6484. Faber, Erich: Der Hüttenberg und sein Museum [in Leihgestern]. – In: Der Landkreis Gießen. Hrsg.: Ernst Türk. Stuttgart, Aalen: Theiss 1976, S. 107–117

6485. Schnorr, Hans: Neuaufstellung der Licher heimatkundl. Sammlung. – In: HGiess 1975, Nr 23

6486. K o e p p e l , Gerhard: A Roman Terracotta Cantharus with battle scenes [im Römisch-Germanischen Zentralmuseum] in M a i n z . – In: JbRGZM 19: 1972. '74, S. 188–201 m. 5 Taf.

6487. G a b e l m a n n , Hanns: Zur hellenistisch-römischen Bleiglasurkeramik in Kleinasien. Mit 38 Abb. – In: JbDtArInst 89. 1974, S. 260–307 [Betr. u.a. Skyphos mit Reiterkampf aus d. Röm.-Germ. Zentralmuseum Mainz [Nr 81] u. Skyphos mit Weinreben aus d. Staatl. Kunstsammlungen in Kassel [Nr 104]]

6488. E s s e r , Karl Heinz: 10 Jahre Ausgrabungen in Mainz 1965–1975. Grabungspläne u. -photos: A. do Paço. Wiss. Bearb. u. Katalogtext: K. H. Esser. Ausstellungs- u. Kataloggestaltung: W. Paritschke. Mainz: Mittelrhein. Landesmuseum 1975. 28 ungez. Bl. (Mainzer Schriften zur Kunst u. Kultur in Rheinland-Pfalz 3)

6489. C h r i s t o l , Michel: C. I. L., XIII, 6754 (Mayence). Caracalla en Germanie Supérieure: empereur-soleil ou empereur victorieux? – In: BoJbbRhLM 175. 1975, S. 129–139 [Aus d. Mittelrhein. Landesmuseum Mainz]

6490. R e b e r , Horst: Die Neuaufstellung der Porzellanabteilung im Altertumsmuseum[, jetzt Mittelrhein. Landesmuseum] in Mainz. Mit 3 Abb. – In: Museumskde 34. 1965, S. 115–118 [Höchster Porzellan. Ankauf d. Slg Michel Oppenheim 1963]

6491. J u n g , Wilhelm: Mainz. Führer durch d. Bischöfl. Dom- u. Diözesanmuseum. Hrsg. v. Bischöfl. Dom- u. Diözesanmuseum Mainz. Mainz: Krach 1971. 63 S. m. zahlr. Abb.

6492. S t r a t e , Ursula, u. Angela V ö l k e r : Die Kasel des hl. Willigis aus St. Stephan, heute im Bischöfl. Dom- und Diözesanmuseum, Mainz; Byzanz 10. Jh. – In: 1000 Jahre Mainzer Dom. Hrsg. von Wilhelm Jung. Mainz 1975, S. 54–58

6493. G r a e p l e r , Carl: Museen für jedermann in M a r b u r g . T. 1. 2. – In: He 22, F. 10. 11. 1974

6494. G r a e p l e r , Carl: Marburger Universitätsmuseum für Kunst und Kulturgeschichte. Auswahl aus d. Sammlungen. Veränd. Neuaufl. Marburg/L.: Trautvetter & Fischer 1975. 82 S. m. Abb.

6495. Vortaunusmuseum des Vereins für Geschichte und Heimatkunde. O b e r u r s e l 1976. 9 S. [maschinenschriftl. vervielf.]

6496. (M ü n z b e r g , Werner:) Kalender aus Offenbach. Ausstellung. Stadtmuseum O f f e n b a c h am Main. Offenbach a. M. 1976. 48 S. [Kat.]

6497. Klingspor-Museum. Offenbach [1973]. 8 S. m. Abb.

6498. G a l l , Günter: Leder, Bucheinband, Lederschnitt, Handvergoldung, Lederwaren, Taschen. Offenbach a.M.: Dt. Ledermuseum 1974. 65 ungez. Bl. m. Abb. (Dt. Ledermuseum. Kat. 1)

6499. Grein, Gerd Jürgen: Das Museum im Alten Rathaus [Otzberg-Lengfeld]. – In: HH N. F. 26. 1976, S. 135–136

6500. Lange, Horst: Das Museum in Reinheim. – In: HErb 51. 1976, Nr 3

6501. Museum der Stadt Rüsselsheim. Neueröffnung 29. April 1976. Rüsselsheim: Magistrat d. Stadt 1976. 8 ungez. Bl. [Kat.]

6502. Dambmann, H.: Das Vogelsberg-Museum in Schotten. Schotten: Verl. Vogelsberg-Museum 1974. 30 S.

6503. Führer durch das Museum des Siegerlandes im Oberen Schloß zu Siegen. Siegen 1968. [10] S. m. Abb.

6504. Roedig, Bernd: Die Schatzkammer im Oberen Schloß. Heimatgeschichte u. Volkstum in fesselnder Schau – Streifzug durch d. Museum. Mit 5 Abb. u. 1 Bildn. In UHl 1974, S. 19–22

6505. Genther, Wolfgang: Museum für Sprendlingen und Umgebung. Mit 1 Abb. – In: HJMBi 18. 1974, S. 144–145

6506. Karwecki, Bernhard: In der Bad Vilbeler Burg ist das einzige deutsche Brunnenmuseum beheimatet. – In: WeKrKal 2. 1976, S. 79–80

6507. Böhm, Berthold: Die röm. Münzen im Bad Vilbeler Brunnen- und Heimatmuseum. – In: ViHbll 10. 1974 = Sonderh.: Zur 1200-Jahrfeier d. Stadt Bad Vilbel, S. 32–44 m. Abb.

6508. Ohse, Peter: Führer durch das Heimat- und Bergbaumuseum mit Schaustollen der Stadt Weilburg a. d. Lahn. Stand 1975/76. Weilburg 1976. 23 S.

6509. Meyer, Fritz: Das Bergbaumuseum Weilburg an der Lahn. – In: Festschrift z. Sonderschau Bergbau u. Philatelie im Bergbau-Museum Weilburg/L. 1975, S. 17–19

6510. 150 Jahre Museum in Wiesbaden. Von Ulrich Schmidt [u.a.] – In: WiL 24. 1975. [1.] Schmidt, Ulrich: Schilderung v. Goethes Beziehungen zu Wiesbaden, seinem Hinwirken auf d. Einrichtung d. Museums u. die Anfangsjahre d. Gesellschaft d. Nass. Altertumskde. – In: Apr., S. 12–13 – 2. Mandera, Heinz-Eberhard: Sammlung Nassauischer Altertümer. – In: Mai, S. 10–13 – 3. Mentzel, R.: Die naturwissenschaftl. Sammlung. – In: Juni, S. 12–13. 20 – 4. Schmidt, Ulrich: Kunstsammlungen. – In: Juli, S. 16–18

6511. Schule und Museum. Von Ulrich Meyer-Husmann, Gerd Weber u. Jens Hemmen. Mit Abb. – In: Museum Wiesbaden 10. 1976, S. 1–20. Darin: 1. Meyer-Husmann, Ulrich: Zur museumspädagog. Arbeit im Museum Wiesbaden. S. 2–4 – 2. Meyer-Husmann, Ulrich: Kunstsammlungen. S. 5–9 – 3. Weber, Gerd: Sammlung Nass. Altertümer. S. 10–13 – 4. Hemmen, Jens: Naturwissenschaftl. Sammlung. S. 13–19

6512. S [ c h m i d t ] U[lrich]: 150 Jahre Museum Wiesbaden. Mit 1 Abb. u. 1 Bildn. – In: Museum Wiesbaden. 2. 1975, S. 1–2

6513. M a n d e r a , Heinz-Eberhard: Wiesbadener Museumsschätze. Mit Abb. Blick in d. Galerien. Eine eisenzeitl. Situla aus d. Lahngeb. – In: WiL 2 3 . 1 9 7 4 , Jan., S. 6–7.
Ein Weihrelief an Jupiter Dolichenus – In: Febr., S. 6–7
Altsteinzeitl. Funde aus Steeden a. d. L. – In: Apr., S. 6–7
Eine jungsteinzeitl. Kleinplastik aus Wiesbaden-Biebrich. – In: Juli, S. 6–7
Ein römischer Reitergrabstein aus Wiesbaden. – In: Aug., S. 6–7
Eine spätbronzezeitl. Tasse aus „Bad Weilbach". – In: Nov., S. 6–7
Tonschale d. älteren Latènezeit aus Braubach. – In: 2 4 . 1 9 7 5 , Jan., S. 6–7
Ein Weihrelief d. Göttin Espona. – In: Febr., S. 6–7
Jungsteinzeitl. Keramik aus Flörsheim a. M. – In: Juli, S. 6–8
Ein frühbronzezeitl. Hortfund aus Rheinhessen. – In: Nov., S. 6–8
Der Grabstein d. Titus Flavius Celsus. – In: WiL 2 5 . 1 9 7 6 , Febr., S. 7–8
Die Jupiter-Gigantensäule aus Wiesbaden-Schierstein. – In: Mai, S. 7–9

6514. K l e i n e b e r g , Günther: Wiesbadener Museumsschätze. Mit Abb. – In: WiL 2 3 . 1 9 7 4 , Mai, S. 7–8 [usw.]
Der Geisenheimer Türsturz. – In: Mai, S. 7–8;
2 bedeutende Münzfunde aus Herborn u. Bremthal. – In: Juni, S. 6–7;
Das Walsdorfer Kruzifix. – In: Sept., S. 6–7;
Das Goethe-Denkmal v. Hermann Hahn. – In: Okt., S. 6–8;
4 Altartafeln aus Oberauroff. – In: Dez., S. 6–8;
Religiöse Plastik in Westerwälder Steinzeug. – In: 2 4 . 1 9 7 5 , März, S. 6–8;
Caspar Scheurens Zeichnung d. Germania auf d. Niederwald. – In: Apr., S. 6–8;
Die „Loreley" v. Wilhelm Kray. – In: Mai, S. 6–8;
3 Altarfiguren aus Walsdorf. – In: Juni, S. 6–8;
Die Holztafeln v. alten Rathaus zu Wiesbaden. – In: Aug., S. 6–9. 12;
„Der Berg d. Künste u. Wissenschaften" v. Johann Peter Melchior aus Höchst. – In: Sept., S. 6–9;
3 spätgot. Figuren aus Strinz-Trinitatis. – In: Okt., S. 6–9.
3 Rheinburgen-Ansichten v. Merian, Bodenehr u. Gardnor. Zur Ausstellung im Museum v. 26. 11. 1975–8. 2. 1976. – In: Dez., S. 6–9;
Die Steinskulptur eines sitzenden Mönches. – In: 2 5 . 1 9 7 6 , Jan., S. 7–8;
Das Leuchterweibchen aus Kiedrich. – In: März, S. 6–7;
3 Pieta-Darstellungen des 15. Jahrhunderts aus Lorch, Kestert und Niedermeilingen. In: April S. 7–10;
3 Madonnen aus romanischer und gotischer Zeit. – In: Juni, S. 6–9;
Der Grabstein Philipps des Jungherrn (gest. 1566) von „Meister Christoph Goltsmit von Andernach". – In: Juli, S. 7–9;
Der Altar aus Burg-Schwalbach. – In: Aug., S. 6–8;
Schlachten bei Höchst in zeitgenössischen Ansichten. – In: Sept., S. 6–9;

Ein Fayence-Rahmen aus Flörsheim mit d. Gemälde eines hl. Michael. – In: Okt., S. 7–9;
3 spätgot. Holzskulpturen aus Dasbach. – In: Nov. S. 6–8;
Der romanische Taufstein aus Kloster Arnstein. – In: Dez., S. 6–8

6515. S c h o p p a , Helmut: Ein „brittonisches" Relief im Museum Wiesbaden. Mit 2 Abb. – In: HM 1. 1975, S. 69–76 [Victoria-Relief]

6516. F ä t h k e , Bernd: Zur stilistischen Einordnung zweier christologischer Fenster aus dem 12. Jahrhundert im Museum Wiesbaden. Mit 8 Abb. – In: HM 1. 1975, S. 79–90 [Glasfenster]

6517. P a u l u s , Adolf: Der Geist aus der Flasche. Mit zahlr. Abb. – In: Museum Wiesbaden 1. 1975, S. 8–12 [Weingläser]

6518. G e i s t h a r d t , Michael: Die Arthropoden-Sammlung im Museum Wiesbaden. – In: JbbNVN 103. 1976, S. 73–79

6519. T ü r k a y , Michael: Die Crustacea Decapoda des Wiesbadener Museums. – In: JbbNVN 103. 1976, S. 69–72 (Decapodensammlungen in d. Bundesrepublik Deutschland 1)

6520. K l e i n e b e r g , Günther: Burgen am Rhein. Zur Ausstellung im Museum Wiesbaden v. 26. Nov. b. 8. Febr. 1976. Mit 13 Abb. – In: Museum Wiesbaden 6. 1975, S. 1–16

6521. C h r i s t m a n n , Karl-Heinz: Das W i l l i n g e r Waldmuseum. – In: GT 24. 1971, S. 74–76

6522. I l l e r t , Georg: Führer durch das W o r m s e r Museum. Worms: Städt. Kultur-Inst. 1974. 92 S.

6523. I l l e r t , Georg: Das Museum der Stadt Worms und die Erfahrungen mit dem Unterricht im Museum. – In: Gesch. in Wiss. u. Unterricht 26. 1975, S. 548–556

6524. F r i a u f , Waldemar: Kunstkabinett mit Museum kombiniert. [„Steinernes Haus" in Schwalmstadt-Z i e g e n h a i n .] – In: HGiess 1975, Nr 40

6525. M a n g o l d , Hans: Heinrich Brück, Studienrat i. R. [Leiter des Museums d. Schwalm in Ziegenhain] geb. 1887 in Oberursel, gest. 1975 in Rüsselsheim-Königstädten. – In: SchwJb 1976, S. 12–13

## D. BAU- UND KUNSTDENKMÄLER

### 1. Allgemeines, Inventare

6526. Hessen. Hrsg. Reinhard H o o t z . 2. neubearb. Aufl. München: Dt. Kunstverl. 1974. XIX, 428 S. m. Abb. (Dt. Kunstdenkmäler 9)

6527. Zweitausend Jahre Baukunst in Rheinland-Pfalz. Von Werner B o r n - h e i m gen. S c h i l l i n g [u.a.] Einf. von Berthold Roland. Fotos: Michael Jeiter. Hrsg. v. d. Landesbank Rheinland-Pfalz Girozentrale. Mainz: Krach 1976. 256 S. m. zahlr. Abb.

6528. K u b a c h , Hans Erich, u. Albert V e r b e e k : Romanische Baukunst an Rhein und Maas. Katalog d. vorroman. u. roman. Denkmäler. Bd 1. A–K. 2. L–Z. 3. Taf. Berlin: Dt. Verl. f. Kunstwiss. 1976. (Denkmäler deutscher Kunst)

6529. M a u é , Hermann: Rheinisch-staufische Bauformen und Bauornamentik in der Architektur Westfalens. Köln 1975. 293 S. (Veröff. der Abt. Architektur d. kunsthist. Inst. d. Univ. Köln 7)

6530. P e t e r s e n , Doris: Mittelalterl. Tiefbauten bei Gießen. Das Friedberger Judenbad, die Brunnenstube auf d. Wirberg u. d. unterird. Gewölbe v. Dillenburg. – In: HHGiess 1974, S. 33–36

6531. Auszeichnung vorbildlicher Bauten in Hessen von 1966–1973. [Red.: Jochen R a h e . Hrsg.: Architektenkammer Hessen] Frankfurt a. M.: Architektenkammer Hessen [1974]. [44] S. m. zahlr. Ill. u. graph. Darst. (Schriftenreihe der Architektenkammer Hessen 1)

6532. K r e f t , Herbert, u. Jürgen S o e n k e : Die Weserrenaissance. 4 überarb. u. erw. Aufl. Hameln: Niemeyer 1975. 312 S. m. Abb., 26 Grundrissen u. 2 Landkt.

6533. G r o s s m a n n , Georg Ulrich: Topographie der Kunstdenkmäler. Albach bis Wirberg. – In: Der Landkreis Gießen. Hrsg.: Ernst Türk. Stuttgart, Aalen: Theiss 1976, S. 141–171

6534. S c h a u b , Franz: Lebendige Zeugen der Vergangenheit. Mit Abb. – In: Main-Kinzig-Kreis. Oldenburg (Oldb.) 1976, S. 26–36

6535. H o t z , Walter: Odenwald und Spessart. Aufn. v. Lala Aufsberg. 2. bearb. Aufl. München, Berlin: Dt. Kunstverl. 1974. 68 S., 152 Taf. (Dt. Lande, dt. Kunst)

6536. H o t z , Walter: Die Kunstdenkmäler. – In: Der Odenwaldkr. Erbach 1972, S. 121–146

6537. E m m e r l i n g , Ernst: Die Kunstdenkmäler des Landkreises Mainz-Bingen. Mit 2 Abb. – In: HJMBi 17. 1973, S. 42–45

6538. Z i m m e r m a n n , Walther: Die Kunstdenkmäler der Stadt und des Landkreises Saarbrücken. Hrsg. v. d. Saarforschungsgemeinschaft im Auftr. d. Stadt u. d. Landkr. Saarbrücken. Mit 7 Taf. u. 205 Abb. im Text. Saarbrücken: Ver. f. Denkmalpflege im Saarland 1975. VIII, 302 S. Unveränd. Nachdr. d. Ausg. Düsseldorf 1932

6539. Z i m m e r m a n n , Walther: Die Kunstdenkmäler der Kreise Ottweiler und Saarlouis. Hrsg. v. d. Saarforschungsgemeinschaft mit Unterstützung d.

Kreise. Mit 5 Taf., 237 Abb. im Text u. 2 Kt. Saarbrücken: Ver. f. Denkmalpflege im Saarland 1976. VIII, 347 S.

6540. F u c h s , Konrad: Kunstdenkmäler des Kreises Altenkirchen. Mit 4 Abb. – In: HJAl 1974. S. 29–37; 1976, S. 21–32

6541. G r o s s m a n n , Dieter: A l s f e l d . Aufnahmen von Erich Müller. Mit Abb. 2., veränd. Aufl. München, Berlin: Dt. Kunstverl. 1976. 42 S., 27 Taf. (Dt. Lande, dt. Kunst)

6542. B e c k e r , Friedrich Karl u. Regine D ö l l i n g : A l z e y . Neuß: Ges. f. Buchdruckerei 1973. 22 S. m. Abb. (Rhein. Kunststätten 1973, 5)

6543. E m m e r l i n g , Ernst: Stadt B i n g e n . Neuß: Ges. f. Buchdruckerei 1974. 23 S. m. Abb. (Rhein. Kunststätten 1974, 2)

6544. N a h m , Peter Paul: Empirestil in Bingen. Mit 1 Abb. – In: Mozart in Bingen. Bingen 1976. (BiA 11) S. 18–19

6545. W i n t e r , Karl: B ü d i n g e n . Aufn. von J. Jeiter. 3. Aufl. Bearb. von Hans-Velten Heuson. München, Berlin: Dt. Kunstverl. 1976. 15 S. m. zahlr. Abb., 1 graph. Darst. (Große Baudenkmäler 192)

6546. K a l u s c h e , Bernd: Baurecht und Bauästhetik seit dem 15. Jahrhundert unter besonderer Berücksichtigung süddeutscher Städte. Heidelberg 1976. XXXIX, 268 S. m. Abb. [Betr. u.a. D a r m s t a d t ]

6547. S t u r m , Erwin: Bau- und Kunstdenkmale in D e r m b a c h . – In: BuBll 49. 1976, S. 1–3. 7–8. 11–12

6548. C u s t o d i s , Paul-Georg: Bad E m s . Köln: Rhein. Ver. f. Denkmalpflege u. Landschaftsschutz; Neuß: Ges. f. Buchdr. 1975. 23 S. m. Abb. (Rhein. Kunststätten 1975, 6)

6549. B o r n h e i m gen. S c h i l l i n g , Werner: Bad Ems als Kunstwerk. Kurzfassung e. Vortr., geh. am 29. 9. 1973 vor d. Ver. f. Gesch., Denkmal- u. Landschaftspflege e.V. Bad Ems. Mit zahlr. Abb. – In: Bornheim gen. Schilling, Ernst W. Heiss u. Friedrich Dahmen: 650 Jahre Bad Ems. 1974, S. 9–28

6550. K o s z k a , Christiane: Gedanken zur baulichen Entwicklung der Stadt E s c h w e g e nach dem 2. Weltkrieg. – In: HH N. F. 24. 1974, S. 171–178 (Sonderheft „1000 Jahre Eschwege")

6551. M e r t e n , Klaus, u. Christoph M o h r : Das F r a n k f u r t e r Westend. Eine Dokumentation d. Kuratoriums Kulturelles Frankfurt. München: Prestel 1974. 210 S. m. Abb. (Materialien z. Kunst d. 19. Jhs 10)

6552. Das neue Frankfurt [Ausz., ital.] 1926–1931. (Scritti di Ernst M a y [u.a.] A cura di Giorgio Grassi. Bari: Dedalo libri 1975. 397 S., Abb. (Architettura e città 8)

6553. V o g t , Günther, u. Gabriele L o r e n z e r : Kunst u. Bau in Frankfurt am Main. Frankfurt/M.: Presse- u. Informationsamt 1971. 72 S. m. Abb.

6554. K a t z m a n n , Volker: F r i t z l a r . Die alte Dom- u. Kaiserstadt u. ihre Kunstschätze. Ein Kunstführer begr. von Christian Rauch. Fotos von Hellmut Hell. Tübingen: Katzmann 1974. 108 S. m. 88 Abb.

6555. B i t t e n s , Gerhard: Besuch in Fritzlar. Mit 1 Abb. — In: Fritzlar im Mittelalter. Festschrift z. 1250 Jahrfeier. Fritzlar 1974, S. 1—9 [Betr. Bau- u. Kunstdenkmäler]

6556. E m m e r l i n g , Ernst: G u n t e r s b l u m [Baudenkmäler]. Mit 2 Abb. — In: HJMBi 16. 1972, S. 32—34

6557. D ö l l i n g , Regine: Bau- und Kunstdenkmäler in I n g e l h e i m . — In: Ingelheim am Rhein 774—1974. Hrsg. von François Lachenal u. Harald T. Weise. Ingelheim: Boehringer 1974. S. 103—117 m. Abb.

6558. H i s t o r i s c h e und architektonische Merkwürdigkeiten von Cassel in seiner Vorzeit und Gegenwart. Cassel 1843/44. Nachdr. [hrsg. von Fritz L o m e t s c h ]. Kassel 1976. 12 Taf. (Druck d. Arche 74) [ K a s s e l ]

6559. B a c k e s , Magnus: K a u b mit Burg Gutenfels und dem Pfalzgrafenstein. 2., veränd. Aufl. Neuß: Ges. f. Buchdr. 1976. 32 S., 28 Abb. (Rhein. Kunststätten 43)

6560. „Lahn" — junge Stadt mit Zeugen einer großen Vergangenheit. Mit Abb. — In: HGiess 1976, Woche 53

6561. F a l c k , Ludwig u. Wilhelm J u n g : Mainz. Gesch. u. Stadtbauentwicklung. 3., veränd. Aufl. Neuß: Ges. f. Buchdruckerei 1976. 32 S., 22 Abb. (Rhein. Kunststätten 72)

6562. M e y e r - B a r k h a u s e n , Werner: M a r b u r g /Lahn. Bearb. von Dieter Großmann. 4. Aufl. München: Dt. Kunstverl. 1969. 41 S., 72 S. Abb. (Dt. Lande, dt. Kunst)

6563. N i e d e r h o f f , Ernst Robert: Jugendstil in Bad N a u h e i m . Friedberg/Hess.: Bindernagel 1974. 59 S. m. Abb. [Ersch. zuerst als Sonderdr. d. Bad Nauheimer Kurztg 1968]

6564. S t u r m , Erwin: Bau- und Kunstdenkmale in Fulda- N e u e n b u r g . — In: BuBll 48. 1975, S. 1—3. 6—7

6565. R e c k , Hans-Hermann: Die bauliche Entwicklung der O b e r u r s e l e r Stadterweiterungen des 19. Jahrhunderts. Oberursel 1975. [maschinenschriftl. vervielf.] [A.] 1975. B. Die einzelnen Grundstücke. T. 1. Vor 1875 neu bebaute Straßen. Lfg. 1—3. 1975. T. 2. Nach 1875 neu bebaute Straßen. Lfg. 1 [abgeschlossen]. 1975. Namensreg. zu T. 1—2

6566. E m m e r l i n g , Ernst: O p p e n h e i m am Rhein. Neuß: Ges. f. Buchdr. 1972. 31 S. m. zahlr. Abb. (Rhein. Kunststätten 1972, 3/4)

6567. Bertsch, Robert: Seeheims bauliche Entwicklung seit 100 Jahren. – In: 1100 Jahre Seeheim a. d. Bergstr. Darmstadt-Eberstadt 1974, S. 19–25. 52. 53. 56–61. 64–66 m. Abb.

6568. Bittner, Christoph: Die Geschichte Thalaus und seiner Kunstdenkmäler. Fotos: Winfried Bittner. Thalau/Rhön: Verkehrsver. 1974. 19 S. m. Abb.

6569. Die historisch und kunstgeschichtlich bedeutsamen Bauwerke der Stadt Bad Vilbel (Stand 1975). – In: ViHbll 13. 1975 = Sonderh. zum Denkmalschutzjahr 1975. S. 4–40, 45 Abb., 1 Taf.

6570. Einsingbach, Wolfgang: Weilburg – Stadt und Schloß als Gesamtanlage. Mit 1 Pl. u. 2 Abb. – In: Land an d. Lahn. Mühlheim/M. 1976, S. 115–120

6571. Backes, Magnus: Wellmich am Mittelrhein mit Burg Maus und Kloster Ehrenthal. Neuß: Ges. f. Buchdr. 1974. 19 S. m. Abb. (Rheinische Kunststätten 1974, 4)

6572. Reuter, Heinz: Die bauliche Entwicklung Ziegenhains. Burg, Stadt, Wasserfestung. – In: SchwJb 1974, S. 47–55

6573. Zeilinger-Büchler, Roswitha: Die bauliche Entwicklung der Stadt Zwingenberg vom Mittelalter bis 1850. – In: Chronik v. Zwingenberg a. d. Bergstraße. Zwingenberg 1974, S. 141–175 m. Abb.

6574. Scheper, Gerhard: Bauwesen im 19. und 20. Jh. [in Zwingenberg] – In: Chronik v. Zwingenberg a.d. Bergstraße. Zwingenberg 1974, S. 177–194 m. Abb.

## 2. Denkmalpflege

6575. Nold, Angelika, u. Gerhard Seib: Anmerkungen zur Hessen-Kasselischen Denkmalschutz-Verordnung vom 22. Dezember 1780. – In: HH N. F. 25. 1975, S. 3–6

6576. Schuchard, Jutta: Denkmalschutz und Denkmalpflege in Hessen im 19. Jahrhundert. Ein hist. Abriß. Mit 5 Abb. – In: HH N. F. 25. 1975, S. 9–17

6577. Feldtkeller, Hans: Aus der Geschichte der Denkmalpflege in Hessen. Die Zeit bis 1945. – In: HH N. F. 25. 1975, S. 18–23

6578. Bentmann, Reinhard: Zur Problematik des Denkmalbegriffs. Mit 7 Abb. – In: HH N. F. 25. 1975, S. 51–62

6579. Böhm, Otto: Das Hessische Denkmalschutzgesetz. – In: GT 28. 1975, S. 93–98

6580. Kiesow, Gottfried: Denkmalschutz in Hessen. – In: 30 Jahre Hess. Verfassung 1946–1976. Wiesbaden 1976, S. 253–268

6581. Kiesow, Gottfried: Europäisches Denkmalschutzjahr 1975. Versuch einer Bilanz f. Hessen. – In: HBVK 2/3. 1976, S. 247–262

6582. Kiesow, Gottfried: Organisation und Arbeitsweise der staatlichen Denkmalpflege in Hessen. – In: HH N. F. 25. 1975, S. 23–25

6583. Wildenhof, Hilka: Methoden der Denkmälererfassung in verschiedenen Bundesländern. Hessen. – In: DKD 32. 1974, S. 111–114

6584. Denkmalräume – Lebensräume. Hrsg. von der Hess. Vereinigung für Volkskunde durch Ina-Maria Greverus. Gießen: Schmitz 1976. 308 S. (HBVK 2/3)

6585. Kiesow, Gottfried: Denkmalpflege und Umweltgestaltung. Mit Abb. – In: HLD 1974, Nr 40, S. 1–2

6586. Krafft, Gerda: Bürgerinitiativen für Denkmalschutz – noch aktuell? Mit 3 Abb. u. 1 Kt. – In: HBVK 2/3. 1976, S. 191–201 [Beispiele aus Hessen]

6587. Denkmalpflege in Hessen. Was wird aus unseren alten Städten? [Hrsg. vom] Landesamt für Denkmalpflege Hessen. Wiesbaden 1975. 54 S. m. zahlr. Abb.

6588. Städtebaupolitik und Denkmalschutz. Ber. über Programme u. Maßnahmen d. Bundes zur Stadterhaltung. BMBau-RS III 7 – 70 20 72 – 13/1 –. [Mit zahlr. Abb.] Bonn-Bad Godesberg 1976. 135 S. (Schriftenreihe d. Bundesministers f. Raumordnung, Bauwesen u. Städtebau. 2: Stadtentwicklung 6) [Mit Berichten aus Alsfeld, Eschwege, Marburg, Wetzlar, Wiesbaden]

6589. Kiesow, Gottfried: Restaurierung und moderne Nutzung historischer Profanbauten. Mit Abb. – In: LKr 45. 1975, S. 328–331 [Betr. u. a. Hessen]

6590. Fichtner, Friedhelm: Modernisierung und Denkmalschutz im Fachwerkbau. Der Weg unserer Altstädte. Mit 4 Abb. – In: HH N. F. 26. 1976, S. 130–132

6591. Höck, Alfred: Notizen zur Erhaltung und Veränderung von Häusern und Ortsbildern. – In: HBVK 2/3. 1976, S. 183–190 [Beispiele aus Hessen]

6592. Klotz, Heinrich, Roland Günter u. Gottfried Kiesow: Keine Zukunft für unsere Vergangenheit? Denkmalschutz u. Stadtzerstörung. Giessen: W. Schmitz 1975. 156 S. m. Abb. [Betr. u. a. Frankfurt a. M., Frankenberg a. d. Eder, Kassel-Wilhelmshöhe, Bürgeln b. Marburg]

6593. Seib, Gerhard: In memoriam Friedrich Bleibaum 1885–1974. [Landeskonservator a. D.] – In: HH N. F. 24. 1974, S. 181. (Sonderheft „1000 Jahre Eschwege")

6594. Bentmann, Reinhard: Der Nestor der hessischen Denkmalpflege im Ruhestand (Wilhelm Schäfer). Mit 1 Bildn. u. 1 Abb. – In: HH N. F. 26. 1976, S. 138–139

6595. Denkmalschutz und Denkmalpflege in Rheinland-Pfalz. Erreichtes, Verluste, Aufgaben. Red.: Hans-Jürgen Imiela. Zsgest. von Joachim

Glatz u. Ulrich Kleine-Hering. Speyer: Zechner 1976. 128 S. m. Abb. (Kunst u. Künstler in Rheinland-Pfalz 6)

6596. Korn, Ulf-Dietrich: Jahrestagung der Vereinigung der Landesdenkmalpfleger in Rheinland-Pfalz 1974. Mit 4 Abb. − In: DKD 32. 1974, S. 142−146 [Betr. u. a. Pfalzgrafenstein b. Kaub, Burgruine Burg-Schwalbach, Schloß Montabaur, Schloß Molsberg, Stiftskirche Gemünden/Westerwald]

6597. Bornheim gen. Schilling, Werner: Denkmalpflege heute − in Rheinland-Pfalz. Mit 4 Abb. − In: LRhPf 12. 1975, S. 88−92

6598. Thiersch, Katharina: Dörflicher Kultur- und Lebensraum und die Probleme seiner Erhaltung und Wiederbelebung. Erfahrungen aus d. nordhess. Denkmalpflege. Mit 36 Abb. − In: HBVK 2/3. 1976, S. 143−158

6599. Kiesow, Gottfried: Denkmalpflege im Landkreis Fulda. − In: Jb. d. Landkr. Fulda 1974, S. 77−81 m. 7 Abb.

6600. Wollschläger, Alexander: Der baulichen Vergangenheit eine Zukunft? Gedanken zum europäischen Denkmalschutzjahr − Erfolgversprechende Bemühungen. Mit Abb. − In: UHl 43. 1975, S. 125−128 [Kr. Siegen]

6601. Denkmalpflegerische Vereinigungen im Westerwald. Zahlreiche Vereine, Bürgerinitiativen u. Stiftungen bemühen sich um die Erhaltung d. hist. Bausubstanz. Mit 1 Abb. − In: Ww 68. 1975, H. 1, S. 10−14

6602. Der Rheinische Verein und der Westerwald. Lebendiges Engagement f. Denkmalpflege u. Landschaftsschutz. Mit 1 Abb. − In: Ww 66. 1973, H. 2, S. 7−10

6603. Bentmann, Reinhard: Denkmalpflege im hessischen Westerwald. Ein Rechenschaftsber. − In: Ww 68. 1975, H. 1, S. 5−9; H. 2, S. 9−13 m. Abb.

6604. Custodis, Paul-Georg: Denkmalpflege im rheinland-pfälzischen Westerwald. „Fortschritt" u. falsch verstandene Modernisierungssucht bringen viele Gefahren mit sich. Mit Abb. − In: Ww 68. 1975, H. 1, S. 2−4

6605. „... Zum Beispiel Rheingau − bedrohte Kulturlandschaft". Mit Beitrr. von Heinz Biehn [u. a.] Schmitten/Ts.: Evang. Akad. Arnoldshain 1975. 128, 24 S. m. 18 Abb. u. 1 Tab. (Arnoldshainer Protokolle 1975, 5)

6606. Hagenow, Gerd: Erhaltung und Pflege unserer Kulturgüter. Mit 3 Fotos von Paul Claus. − In: RhgHbr 88. 1974, S. 11−13; GeisLiBl 25. 1974, Nr 15 [Rheingau]

6607. Alsfeld, europäische Modellstadt. Hist. Altstadt v. gestern, Denkmalpflege u. Sanierung heute, lebendige Stadtmitte v. morgen. Ein Beitr. zum Europäischen Denkmalschutzjahr 1975. Alsfeld: Gesch.- u. Museumsver. 1975. 162 S. m. Abb. [S. 23−24: Herbert Jäkel: Alsfeld. Ein beispielhaftes Stadtensemble; S. 101–113: Ders.: Denkmalschutz u. Denkmalpflege in Alsfeld]

6608. J ä k e l , Herbert: Alsfeld. Europ. Modellstadt. – In: HGiess 1975, Nr 37

6609. Alsfeld. Europäisches Denkmalschutzjahr 1975. Hrsg. vom dt. Nationalkomitee für d. europ. Denkmalschutzjahr 1975. Berlin: Bertelsmann Fachzss. 1975. 32 S. mit zahlr. Abb. (Europäisches Denkmalschutzjahr 1975. Land Bundesrepublik Deutschland D 1)

6610. B o r n h e i m gen. S c h i l l i n g , Werner: E r b a c h im Odenwald. – In: NM 105. 1975, S. 119–121 m. 1 Abb. [Betr. Denkmalschutz bei d. Stadtplanung]

6611. Rettet Erbach. Dokumentation 7 c der Zeit vom 26. August 1972 bis März 1975 von der Bürgerinitiative Erbach, Odenwald. Erbach/Odw. 1975. 183 S. in getr. Zählung m. Abb. u. Kt.

6612. M o h r , Christoph: Bürgerinitiative und Denkmalschutz. Das F r a n k f u r t e r Westend. – In: Die Kunst unsere Städte zu erhalten. 1976, S. 145–160

6613. K i e n z l e r , Herbert: Erhaltung „alter Flecken". Das Beispiel F r e u d e n b e r g im Siegerland. Mit 4 Abb. – In: LKr 45. 1975, S. 350–352

6614. Eine Zukunft für die Vergangenheit. G i e ß e n : Magistrat 1975. 29 S. [Betr. Denkmalschutz in Gießen]

6615. G a l l w i t z , Ulrike u. Peter: Denkmalpflege als politische Aufgabe der Gemeinden. Das Beispiel Bad H o m b u r g v. d. H. Mit Abb. – In: HBVK 2/3. 1976, S. 203–208

6616. S t u r m - G o d r a m s t e i n , Heinz: K ö n i g s t e i n und seine Aufgaben im Bereich der Denkmalpflege. – In: FBKö 1976, S. 31–35

6617. K e i m , Anton Maria: Plädoyer für einen verstärkten Denkmalschutz. Beispiel M a i n z . Mit Abb. – In: LRhPf 12. 1975, S. 67–70

6618. W i e s b a d e n – und nun? Ausstellung z. 100jähr. Bestehen d. Architekten- u. Ingenieurver. Veranstalter: Architekten- u. Ingenieurver., Wiesb., Bund Dt. Architekten, Gruppe Wiesbaden, Landeskonservator v. Hessen, Museum Wiesbaden, Nass. Kunstver., Wiesbaden unterstützt v. Magistrat d. Landeshauptstadt Wiesbaden. 25. Mai 1974 – z. 14. Juli 1974. Wiesbaden: Architekten- u. Ingenieurver. [usw.] 1974. 20 S. m. Abb.

6619. H o f f m a n n , Hans A.: Denkmalschutz – eine Chance. Mit 4 Abb. – In: Wi int 1974, 4, S. 10–16 [In Wiesbaden]

6620. C y p e r r e k , Rudolf: Stadtbild und Stadtgefühl. Mit 5 Abb. – In: Wi int 1974, 1, S. 10–16 [In Wiesbaden]

6621. Fassadenwettbewerb 1975. Wiesbaden: Magistrat 1975. 24 S. m. Abb.

6622. D r ä g e r , Werner: Objektsanierung, ein lohnender Weg in die Innenstadt-Zukunft. Wiesbaden im Jahr d. Denkmalschutzes. Mit 4 Abb. – In: WiL 24. 1975, Aug., S. 20–22

6623. J o r d a n , Jörg: Denkmalpflege und Stadtentwicklung. Mit 6 Abb. – In: Wi int 1976, 2, S. 10–18

6624. D r ä g e r , Werner: Umweltschutz und Denkmalschutz gehören zusammen. Mit 2 Abb. – In: WiL 25. 1976, 11, S. 21 [Betr.: Wiesbaden; Beispiel Villa Clementine]

3. Burgen und Schlösser

6625. Die Burgen im deutschen Sprachraum. Ihre rechts- u. verfassungsgeschichtl. Bedeutung. Hrsg. von Hans P a t z e . Bd 1. 2. Sigmaringen: Thorbecke 1976. (Vorträge u. Forschungen 19) [Burgen d. Großraumes Hessen u. Nassau werden insbesondere in folgenden Beiträgen behandelt: aus Bd 1: Fred S c h w i n d : Zur Verfassung u. Bedeutung d. Reichsburgen, vornehmlich im 12. u. 13. Jh, S. 85–122; Johanna N a e n d r u p - R e i m a n n : Weltliche u. kirchliche Rechtsverhältnisse d. mittelalterl. Burgkapellen, S. 123–153; Ursula L e w a l d : Burg, Kloster, Stift, S. 155–180; Fritz A r e n s : Die Datierung staufischer Pfalzen u. Burgen am Mittelrhein mit Hilfe d. Stilvergleichs, S. 181–196; Fritz A r e n s : Staufische Pfalz- u. Burgkapellen, S. 197–210; aus Bd 2: Hans-Martin M a u r e r : Rechtsverhältnisse d. hochmittelalterlichen Adelsburg vornehmlich in Südwestdeutschland, S. 77–228]

6626. W e l c h e r t , Hans-Heinrich: Wanderungen zu den Burgen und Schlössern in Hessen. Mit 16 Taf., Bildern u. 21 Textabb. Frankfurt/M.: Societäts-Verl. 1976. 291 S.

6627. B i e h n , Heinz: Schloßbauten der Romantik in Hessen und der Historismus. – In: Historismus u. Schloßbau. Hrsg. von Renate Wagner-Rieger u. Walter Krause. München 1975, S. 103–118; Abb. S. 255–270

6628. Schlösser in Hessen. Hrsg. von der Hess. Vereinigung f. Volkskde durch Helmut B u r m e i s t e r , Alfred H ö c k u.a. Gießen: Schmitz 1976. 134 S. (HBVK 1) [S. 32–50: Joachim G e s i n n u. Rolf K a u k e : Burgen u. Schlösser im Bewußtsein hessischer Schüler. E. Pilotstudie; S. 53–64: Manfred S c h u r i g : „Schlösser" für d. Schule; S. 65–72: Werner R ö h r i g : Alternatives Beispiel für eine Schloßbesichtigung. Exkursion zum Weilburger Schloß im Rahmen d. Unterrichtseinheit „Die Rolle von Mann u. Frau an ausgewählten histor. Beispielen"; S. 77–80: Helmut B u r m e i s t e r : Neue Veröffentlichungen zu „Burgen und Schlössern in Hessen"; S. 81–83: Willi S t u b e n v o l l : „Hessische Blätter" u. „Schlösser in Hessen". Editor. Notizen]

6629. E i n s i n g b a c h , Wolfgang, u. E. J ä g e r : Informationen. Verwaltung d. Staatl. Schlösser u. Gärten. Hessen. 1. Aufl. Bad Homburg 1974. 14 ungez. Bl. m. Abb.

6630. E i n s i n g b a c h , Wolfgang: Verwaltung der Staatlichen Schlösser und Gärten Hessen. Eine krit. Bestandsaufnahme. Mit 1 Abb. – In: HH N. F. 25. 1975, S. 30–34

6631. E i n s i n g b a c h , Wolfgang: Heinz Biehn †. – In: DKD 34. 1976, S. 101–102 [1961–73 Direktor d. Staatl. Schlösser u. Gärten in Hessen, Bad Homburg]

6632. B o r n h e i m gen. S c h i l l i n g , Werner, u. Hans C a s p a r y : Staatliche Burgen und Schlösser in Rheinland-Pfalz. Mainz: Landesamt f. Denkmalpflege Rheinland-Pfalz 1976. 96 S. m. Abb., 1 Faltkt. (Führer d. Verwaltung d. Staatl. Schlösser Rheinland-Pfalz 7)

6633. A v e n a r i u s , Wilhelm: Burgen und Schlösser in Rheinland-Pfalz. Koblenz: Fremdenverkehrsverb. Rheinland-Pfalz 1976. 28 S.

6634. L a n d a u , Georg: Die hessischen Ritterburgen und ihre Besitzer. Cassel: Luckhard (3. 4: Bohné) 1832–39. Unveränd. Neudr. d. Ausg. v. 1832–39. Bd 1–4. Walluf, Nendeln/Liechtenst.: Sändig-Repr. 1976

6635. S t r a u b , August: Burgen und Schlösser im Hessenland. Mit 54 Tuschzeichn. von Herbert Geyer. Melsungen: Bernecker 1976. 335 S. [Betr. Kft. Hessen] [Ausg.: mit 52 Tuschzeichn. von Herbert Geyer. 1975. 328 S.]

6636. B r a u n s , Eduard: Kurhessen-Waldeck. Besucht u. beschrieben. Ill.: Wilfried Pfefferkorn. Stuttgart: Fink 1975. 62 S. m. Abb. u. Kt. (Skripta-Reihe. Burgen unseres Landes)

6637. G u t b i e r , Reinhard: Zwinger und Mauerturm. Ihre Wandlungen im späten Mittelalter, dargest. an nordhess. Beispielen. Mit 13 Abb. – In: BS 17. 1976, S. 21–29

6638. Inventarissen van de inboedels in de verblijen van de Oranjes en daarmede gelijk te stellen stukken 1567–1795. Bewerkt door S. W. A. D r o s s a e r s en Th. H. L u n s i n g h S c h e u r l e e r . D. 1. Inventarissen Nassau-Oranje 1567–1712. 's Gravenhage: Nijhoff 1974. XXXVII, 700 S. (Rijks Geschiedkundige Publicatiën. Grote Ser. 147)

6639. K r a c h t , August: Burgen und Schlösser im Sauerland, Siegerland, Hellweg, Industriegebiet. Ein Handbuch. Mit 16 Aufnahmen u. 8 Farbtaf. Frankfurt a.M.: Weidlich 1976. 326 S. (Schlösser u. Burgen in Westfalen 2)

6640. H u c k e , Hermann-Josef u. Magda: Westerwald mit Lahntal und Siegtal. Ill.: Wilfried Pfefferkorn. Stuttgart: Fink 1975. 62 S. m. Abb. u. Kt. (Skripta-Reihe: Burgen unseres Landes)

6641. B e n t m a n n , Reiner, u. Klaus G e l b h a a r : Burgen und Herrschaftssitze. Mit 4 Abb. – In: Land an d. Lahn. Mühlheim/M. 1976, S. 96–103 [Kr. Limburg-Weilburg]

6642. G e n s i c k e , Hellmuth: Burgen und Schlösser. Mit zahlr. Abb. – In: Der Unterlahnkr. Mainz 1967, S. 29–40

6643. Welchert, Hans-Heinrich: Wanderungen zu den Burgen und Domen am Rhein. Frankfurt a.M.: Societäts-Verl. 1975. 254 S.

6644. Heilmann, My: Burgen und Ritter am Rhein. Ein hist. Führer zwischen Bingen u. Koblenz. Ratingen, Kastellaun, Düsseldorf: Henn 1974. 233 S. m. zahlr. Abb.

6645. Binding, Günther: Rheinische Höhenburgen in Skizzen des 19. Jahrhunderts. Mit 90 Zeichn. von Theodor Scheppe u. Leopold Eltester. Köln: Bachem 1975. 96 S.

6646. Rathke, Ursula: Ein Sanssouci am Rhein. Bemerkungen zur Entwicklung d. preuß. Burgenromantik am Rhein. – In: Historismus u. Schloßbau. Hrsg. von Renate Wagner-Rieger u. Walter Krause. München 1975, S. 87–102; Abb. S. 251–254

6647. Purbs-Hensel, Barbara: Verschwundene Renaissance-Schlösser in Nassau-Saarbrücken. Saarbrücken: Inst. f. Landeskde d. Saarlandes; Saarbrücker Ztg in Vertrieb 1975. 223 S., 37 ungez. Taf. Erschien zuerst als Phil. Diss. Saarbrücken 1973 (Veröffentlichungen d. Inst. f. Landeskde d. Saarlandes 24)

6648. Hofmann, Ernst: Interieurs aus dem Hause Hessen-Darmstadt. Aus e. Folge zeitgenöss. Kostbarkeiten. Darmstadt: Roether 1975. 15 ungez. Bl.

6649. Brauns, Eduard: Die Altenburg an der Eder. – In: HeG 77. 1976, S. 15–16

6650. Grossmann, Dieter: Schloß Arolsen. 5. Aufl. München, Berlin: Dt. Kunstverl. 1976. 15 S. m. Abb. (Große Baudenkmäler 147)

6651. Matthes, Richard: Die „adlige Burg" zu Bensheim. – In: BeHbll 1974, Nr 1

6652. Koch, Herbert: Schloß Berleburg. 4. Aufl. München, Berlin: Dt. Kunstverl. 1974. 15 S. m. zahlr. Abb. (Große Baudenkmäler 217)

6653. Brauns, Eduard: Die Kemenate in Berneburg. – In: HeG 75. 1974, S. 8–9

6654. Einsingbach, Wolfgang: Das Biebricher Schloß. Vom Gartenhaus zur Residenz. Mit 14 Abb. – In: Biebrich am Rhein 874–1974. Chronik. Wiesbaden 1974, S. 93–115

6655. Einsingbach, Wolfgang: Das Biebricher Schloß seit seinem Übergang an Fürstinwitwe Charlotte Amalie von Nassau-Usingen 1728 bis zur Gegenwart. Mit 24 Abb. – In: NAN 86. 1975, S. 178–232

6656. Schmerbach, Karl: Die Burg Brandenstein [bei Elm]. – In: Vergangenheit 27. 1974, S. 5. 8

6657. Herzog, Erich: Schloß Braunfels. 4. Aufl. München, Berlin: Dt. Kunstverl. 1965. 14 S. m. Abb. (Große Baudenkmäler 141) [7. Aufl. 1974. 14 S. m. 7 Abb.] [8. Aufl. 1976]

6658. Fischer, Karl: Das neue Wasserhebewerk auf dem Breuberg. – In: Odw 23. 1976, S. 105–111 m. Abb. [Instandsetzung u. Wiederaufbau der Burg Breuberg]

6659. Winter, Karl-Heinz: Burg Brombach. – In: HErb 1974, Nr 1 [Kirch-Brombach]

6660. 400 Jahre Schloß Burgjoß und Eröffnung der Erholungsanlage. Mit 1 Zeichn. – In: GelHJ 1975, S. 34–45

6660a. Bing, Ludwig: Das Torhaus [von Haus Sand] in Dalwigksthal. – In: MW 1975, Nr 17 v. 15. Nov.

6661. Bauer, Walter: Von der Dillenburg im Mittelalter und in der Neuzeit. Mit 4 Abb. – In: HbllPFH 44. 1976, S. 22–24

6662. Bauer, Walter: Kostbarkeiten unserer Landschaft. Die Verteidigungsanlagen auf d. Dillenburger Schloßberg. – In: HbllPFH 43. 1975, S. 16

6663. Bauer, Walter: 100 Jahre Dillenburger Wilhelmsturm. Mit zahlr. Abb. – In: HbllPFH 43. 1975, S. 21–24

6664. Polke, Johannes: Das Ende der Ebernburg 1523 im Spiegel hessischer Dokumente. – In: Bll. f. pfälz. Kirchengesch. 41. 1974, S. 133–197

6665. Post, Hans: Das Schloß zu den Eichen. Geschichte u. Geschichten um den Eichhof [bei Bad Hersfeld]. – In: MHl 27. 1976/77, S. 33–36; vgl. a. KGB 1976, S. 53–57

6666. Bingemann, Daniel: Eine Wasserburg auch in Erkshausen. – In: MHl 26. 1974/75, S. 31

6667. Brauns, Eduard: Burgruine Falkenberg bei Wabern. Die Geschichte d. alten Oberburg u. d. neuen Unterburg. – In: Neue hess. Ztg 86. 1976, Nr 44 v. 5. Nov.

6668. Schlott, Christoph: Untersuchungen an der Burg der Nüringer Gaugrafen, Falkenstein, Taunus. Vorläufiger Ber. Grafiken: Fritz Schummer. 1. Aufl. Königstein, Am Bergschlag 7: Selbstverl. d. Verf. 1976. 23 Bl. m. Abb. (Falkensteiner Schriften 1)

6669. Schenk zu Schweinsberg, Eberhard Frhr: Schloß Fasanerie vor Fulda. München [usw.]: Schnell & Steiner 1974. 22 S. m. zahlr. Abb. (Kunstführer 973)

6670. Schenk zu Schweinsberg, Eberhard Frhr: Schloß Fasanerie und seine Sammlungen. Frankfurt a.M.: Ariel-Verl. 1976. 120 S. (Erlesene Liebhabereien)

6671. R e u t t e r , Rolf: Das Schloß F r e i e n s t e i n i. J. 1804/05. – In: Odw 22. 1975, S. 61 [Burg in Gammelsbach, Kr. Erbach]

6672. S c h m i t t , Helmut: Ist die Ruine Freienstein noch zu retten? Über Gammelsbach vergammelt ein Stück Odenwälder Geschichte. – In: DE 1976, v. 2. Okt., S. 21 [Über Beerfelden, Ortst. Gammelsbach]

6673. S i e b e l , Gustav: Burg F r e u d e n b e r g Eckpfeiler an der Grenze. In 300 Jahren nicht in Feindesland gefallen. Ende durch Feuer u. Abbruch. Mit 1 Abb. – In: UHl 44. 1976, S. 108–110

6674. S c h n e i d e r , Ernst: Schloß F r i e d e l h a u s e n und das Dorf Diekenbach. – In: HGiess 1974, Nr 14

6675. B a r t o l o s c h , H.: Der Graf [Alexander von Hachenburg] und das F r i e d e w a l d e r Schloß. – In: HJAl 1975, S. 79–81

6676. Schloß F ü r s t e n a u . Angaben zur Gesch.: Alexander R ö d e r , Baubeschreibung u. Lagepläne: Falk-Eckhard K r e b s . Hrsg.: Gräfl. Erbach-Fürstenau. Verw., Beerfelden. Michelstadt 1976: Odenwälder Schnelldruck & Bürobedarf. [1. Ausg. 25. Juni 1976. 6 ungez. Bl.; 2. Ausg. 20. Aug. 1976. 8 S.]

6677. S c h n e i d e r , Josef: Der Ankauf des F u l d a e r Schlosses [im Jahre 1894]. – In: BuBll 47. 1974, S. 32

6678. K r a m e r , Ernst: Die Spiegelsäle im Stadtschloß zu Fulda. Gedanken zu ihrer Wiederherstellung. – In: Raumausstatter 25. 1972, H. 8, S. 79–80 m. Abb.

6679. E m m e r l i n g , Ernst: Schloß Ardeck in G a u - A l g e s h e i m . Mit 2 Abb. – In: HJMBi 15. 1971, S. 44–47

6680. B i n d i n g , Günther: Kaiserpfalz in G e l n h a u s e n . Mit e. Vorw. von Heinz Biehn. 4. Aufl. Bad Homburg v. d. H.: Verwaltung d. Staatl. Schlösser u. Gärten in Hessen [1971]. 20 S., 8 Taf.

6681. E i n s i n g b a c h , Wolfgang: Gelnhausen Kaiserpfalz. Amtl. Führer. Bad Homburg v. d. H.: Verwaltung d. Staatl. Schlösser u. Gärten Hessen 1975. 49 S. m. 36 Abb.

6682. H e r m a n n , Kurt: Die Unterhaltung des Brückenkanals in der Burg zu Gelnhausen. – In: GelHJ 28. 1976, S. 102

6683. O l b r i c h , Joseph Maria: Die ghzgl. Wohnung im G i e ß e n e r Alten Schloß. 22. Juni bis 14. Juli 1974, Bürgerhaus Gießen. [Text:] Robert Judson Clark. Gießen: Magistrat 1974. 10 ungez. Bl. m. Abb. [Katalog]

6684. F a b e l , Walther: „Öffnet gastlich mir das Tor!" Ein „Geselligkeitsverein" begann vor 135 Jahren mit der Restaurierung der Burgruine G l e i b e r g . Mit Abb. – In: HLD 1974, Nr 41, S. 1–2

6685. F a b e l , Walther: Gäste auf Burg Gleiberg. Vergilbte Blätter eines Buches als Dokumente vergangenen Lebens. – In: HLD 1975, Nr 56, S. 1–2 m. Abb.

6686. H i n z e , Kurt, u. Bernd Reese: G r e i f e n s t e i n . Die Burg u. ihre Kirche. Wetzlar: Wetzlardr. [1973]. 32 S. m. Abb. [Neuaufl. 1974]

6687. S e i l e r , C[arl]: Burg Greifenstein im Westerwald. Kurze, nach neueren Forschungen im Braunfelser Archiv ergänzte baugeschichtl. Beschreibung. Unter Mitwirkg. v. H. Schellenberg. 6. Aufl. [Greifenstein: Greifenstein-Verein ca. 1975]. 4 S.

6688. H i n z e , Kurt: Die Türme von Greifenstein. Markantes Wahrzeichen aus ältesten Zeiten. Mit 1 Abb. – In: HLD 1974, Nr 43, S. 4

6689. H i n z e , Kurt: Gäste auf dem Greifenstein. Mit 4 Abb. – In: HKWe 24. 1974, S. 39–42

6690. H i n z e , Kurt: Burgruine Greifenstein noch größer. Im „Europäischen Denkmalschutzjahr" wird d. Südflanke freigelegt. Mit 1 Abb. – In: HKWe 25. 1975, S. 97–98

6691. H i n z e , Kurt: Burgruine Greifenstein. Letzter Abschnitt d. Restaurierung im Europäischen Denkmalschutzjahr. Mit 3 Abb. – In: Ww 68. 1975, H. 2, S. 13–14

6692. S a t t l e r , Peter W.: Die Burg G r ü n i n g e n [i. d. Wetterau]: versunken u. vergessen. – In: HGiess 1975, Nr 9

6693. M i e l k e , Heinz-Peter: Über die Kachelöfen von Burg H a t t s t e i n , Gemeinde Schmitten. Mit 2 Abb. – In: NAN 86. 1975, S. 278–280

6694. S t e i n , Ferdinand: Die H e n n e b u r g . Eine fast vergessene wüste Burgstelle zwischen Bad Salzschlirf und Landenhausen. – In: HGiess 1975, Nr 39; vgl. a. BuBll 48. 1975, S. 13

6695. I l l e r t , Georg: Schloß H e r r n s h e i m . Worms: Städt. Kultur-Inst. 1974. 16 S.

6696. K i p p i n g , Otto: Kampf um H o h e n s e e l b a c h . – In: HJAl 1975, S. 138–140

6697. B i e h n , Heinz: Schloß H o m b u r g v. d. H. Amtl. Führer. 2. Aufl. Bad Homburg v. d. H.: Verwaltung d. Staatl. Schlösser u. Gärten in Hessen 1972. 40 S. m. Abb. (Staatl. Schlösser, Gärten u. Burgen in Südhessen)

6698. K l e i t e r , Heinz: Fürst im Jahre 1974. Schloß J o h a n n i s b e r g und seine Bewohner. Mit 5 Abb. u. 2 Bildn. – In: AlBFuLiM 1974, S. 53–62 [Fürst Paul Alfons v. Metternich-Winneburg u. Fürstin Tatiana]

6699. S c h o l l , Gerhard: Unsere J u n k e r n h e e s . Kreuztal: Stadtverwaltung 1974. 24 S. m. Abb.

6700. Glanzvolle Festtage auf Schloß Junkernhees. 450-Jahrfeier im Licht neuer Forschungsergebnisse. – In: UHl 1974, S. 60–62 m. 3 Abb.

6701. B e c h e r , Wolfram: Die alte K l i n g e n b u r g : eine Ergänzung und Berichtigung. – In: Odw 23. 1976, S. 135–144 [zu Odw 1967, S. 76 ff.]

6702. Stöhlker, Friedrich: Ein Blick in die Schatzkammern des Schlosses Königstein in den Jahren 1576 und 1581. – In: FBKö 1975, S. 29–33 m. 1 Abb.

6703. Biehn, Heinz: Schloß Friedrichshof und seine Erbauerin. Fotos: Werner Tippmann. München: Schnell & Steiner 1975. 22 S. (Kunstführer 974) [Kronberg]

6703a. Bing, Ludwig: Das Landauer Torhaus. – In: MW 1975, Nr 20 v. 24. Dez.

6704. Brauns, Eduard: Die Landsburg bei Ziegenhain. – In: SchwJb 1976, S. 109–112

6705. Becker, Karl: Von der Ruine Landskrone bei Oppenheim. Mit 1 Abb. – In: HJMBi 15. 1971, S. 36–37

6706. Weber, Hans H.: Die Wehranlage auf dem „Alten Köpfchen" über Lindenfels. Ein Beitr. z. Kleinburgenforsch. d. Odenwaldes. – In: Odw 22. 1975, S. 75–86

6707. Güth, Eberhard: Wahrhafte und eigentliche Abbildung der wegen ihrer schönen und zierlichen Architektur und angenehmen Situation nicht genug zu bewundernden Churfürstlich-Mayntzischen Favorita. – In: MMag 1976, Dez., S. 3. 7–10. 15 m. Abb. [Mainz]

6708. Meyer-Barkhausen, Werner: Das Schloß zu Marburg an der Lahn. Bearb. von Dieter Grossmann. 7., veränd. Aufl. München, Berlin: Dt. Kunstverl. 1974. 15 S. m. Abb. (Große Baudenkmäler 137)

6709. Backes, Magnus: Die Marksburg. Bau- u. Kunstgesch. einer rhein. Burganlage. Mit 28 Abb. – In: BS 15. 1974, S. 67–86

6710. Nebe, Gustav Adolf: Burg Maus. Wellmich: Verwaltung Burg Maus 1974. 32 S. m. 17 Abb.

6711. Straub, August: Das Landgrafenschloß zu Melsungen. – In: HeG 77. 1976, S. 76–77

6712. Hahn, Heinrich: Der Morsberg bei Rasdorf. Mit 3 Abb. – In: FuGbll 48. 1972, S. 137–145 [Burganlage der Stauferzeit]

6713. Binding, Günther: Burg Münzenberg in der Wetterau. Amtl. Führer. Mit e. Vorw. von Heinz Biehn. 4. Aufl. Bad Homburg v. d. H.: Verwaltung d. Staatl. Schlösser u. Gärten in Hessen [1971]. 15, 12 S. m. Abb. (Staatl. Schlösser, Gärten u. Burgen in Südhessen)

6714. Görlich, Paul: Ein Raubnest der Wallensteiner. Aus d. Gesch. v. Neuenstein. – In: MHl 26. 1974/75, S. 21–22

6715. Karb, Heinrich Friedrich: Das kurpfälz. Jagdschloß Neuschloß. – In: GbllBe 9. 1976, S. 89–117 [Bei Lampertheim]

6716. K u n z , Rudolf: Die Burg auf dem Schloßberg bei N i e d e r - M o d a u . – In: DarmKrbl 13. 1976, 26

6717. B i n g , Ludwig: Die Talburg N o r d e n b e c k . – In: MW 1975, Nr 18 v. 18. Nov.

6718. D ö l l i n g , Regine: Kaub: P f a l z g r a f e n s t e i n . Ein Wehrbau als Wahrzeichen d. Fremdenverkehrs. Mit Abb. – In: Denkmalpflege in d. Bundesrepublik Deutschland. München 1974, S. 44–45

6719. K a i s e r , Gertrud: Zur Person des Baumeisters [Jacques Antoine Vith] Girard. Ein Beitr. z. Baugesch. v. Schloß P h i l i p p s r u h e . – In: NMHaG 6. 1975, S. 58–61

6720. F a b e r , Rolf: Das Jagdschloß P l a t t e . Zur Erinnerung an d. Errichtung vor 150 Jahren. Mit 3 Abb. – In: HJUTs 1974, S. 99–101

6721. F a b e r , Rolf: 150 Jahre Jagdschloß Platte. Mit 3 Abb. – In: WiL 23. 1974, S. 24–25

6722. K n o p f , P.: Rund um die Burg R e i c h e n b e r g . – In: Rod 35. 1974, Nr 5; 36. 1975, Nr 1 [Bei Reichelsheim, Odw.]

6723. N i e s s , Walter: Hessische Geschichte, verdeutlicht in den Schicksalen der R o n n e b u r g . – In: HGiess 1976, Nr 26. 27

6724. F e n n e r , Daniel: Die Thüringer auf der R o t e n b u r g . Forschungen nach d. Alter d. großen Bergfestung. – In: MHl 26. 1974/75, S. 72

6725. D e m a n d t , Karl Ernst: Die S a b a b u r g im Reinhardswald in Geschichte, Kultur und Legende. – In: HJL 24. 1974, S. 140–190

6726. B r a u n s , Eduard: Die Sababurg und der Reinhardswald. Gesch. u. Gegenwart. 2., verb. Aufl. Mit Wanderkarte 1 : 50 000. Kassel: Grothus 1975. 43 S.

6727. B ö t t g e r , Erich: S c h a u e n b u r g . – In: JbLKa 1974, S. 36–37

6728. B e c h e r , Wolfram: Die Burg auf dem S c h n e l l e r t s , ein unlösbares Rätsel? – In: SchnBer 1976, S. 12–20

6729. B o r m u t h , Heinz: Steinerne Spuren des Schnellertsherrn. – In: SchnBer 1976, S. 24–26

6730. B r a u n s , Eduard: Burg S c h ö n s t e i n am Kellerwald. – In: Neue hess. Ztg 86. 1976, Nr 50 v. 17. Dez.

6731. O e s t r e i c h , Werner: Die „Alte Mauer" oder [Ruine] „ S e e b u r g " bei Hartershausen. – In: Vergangenheit 27. 1974, S. 1

6732. M e i x l s p e r g e r , Alois: Die S e e h e i m e r Burg auf dem Tannenberg. – In: 1100 Jahre Seeheim a. d. Bergstraße. Seeheim 1974, S. 73–80

6733. B r a u n s , Eduard: Die Ruine S i c h e l n s t e i n im Obergericht. – In: Kaufunger Wald. Land u. Leute zwischen Fulda u. Werra. Nr 1 v. Okt. 1976, S. 4

6734. Siegens Schlösser im Wandel der Zeiten. Vor 750 Jahren entstand das feste Haus der Nassauer Grafen. – In: UHl 1974, S. 99/103 m. 4 Abb.

6735. Hildebrand, Alexander: 775 Jahre Burg Sonnenberg. Mit 3 Abb. u. 1 Grundriß. – In: Wi int 1975, 2, S. 16–20

6736. Neumann, Heinrich: Geschichte der Burg Sonnenberg. – In: 25 Jahre Heimatver. Sonnenberg. Festschrift. 1976

6737. Neumann, Heinrich: Besuch der Burg Sonnenberg. Sonnenberger Jubiläen des Jahres 1976. Mit 2 Abb. – In: WiL 25, 1976, 7, S. 16–17

6738. Knierim, Kurt: Untergegangene und verschwundene Kunstwerke aus dem Spangenberger Schloß. – In: Jb f. d. Schwalm-Eder-Kreis 1. 1975, S. 138–141

6739. Görlich, Paul: „Alt-Wallenstein" und „Neu-Wallenstein". Zur Gesch. zweier Burgen im Grenzgebiet von Hessen u. Hersfeld. – In: HHGiess 1976, S. 37–39 m. Abb.

6740. Görlich, Paul: Geschichte der Burg Wallenstein. – In: MHl 26. 1974/75, S. 17–18

6741. Einsingbach, Wolfgang: Verwaltung d. Staatl. Schlösser u. Gärten Hessen. Weilburg. Schloß u. Garten. Amtl. Führer. Bad Homburg v. d. H. 1974. 112 S. m. Abb.

6742. Glöckner, Fritz: Hab' Schildwach gestanden ... Mit 4 Abb. – In: NblWil 49. 1974, Nr 135, S. 202–203 [Betr. Schnitzereien am Weilburger Schloßtor]

6743. Dräger, Werner: Das Schloß Wiesbaden, eine noch wenig bekannte Sehenswürdigkeit. Mit 4 Abb. – In: WiL 25, 1976, 12, S. 16–18

6744. Keller, Karl: Die Wildenburg, von Goethe um den Götz gebracht. – In: Odw 23. 1976, S. 14–18 [Zerstörung im Bauernkrieg]

6745. Schenk zu Schweinsberg, Eberhard Frhr: Schloß Wilhelmshöhe. [Neuaufl.] Bad Homburg v. d. H.: Verwaltung d. Staatl. Schlösser u. Gärten in Hessen 1974. 28, [20] S. m. 17 Abb. (Staatl. Schlösser, Gärten u. Burgen in Nordhessen)

6746. Grebe, Reinhold: Der Wiederaufbau von Schloß Wilhelmshöhe [bei Kassel]. – In: HH N. F. 24. 1974, S. 12–15

6747. Dittscheid, Christoph, Wolfgang Einsingbach u. Adolf Fink: Kassel, Löwenburg im Bergpark Wilhelmshöhe. Amtl. Führer. Bad Homburg v. d. H.: Verwaltung d. Staatl. Schlösser u. Gärten Hessen 1976. 80 S. m. 51 Abb.

6748. Desch, Hermann: Das Wirtheimer Schloß. Mit 1 Abb. – In: 1000 Jahre Kassel u. Wirtheim [Festschrift]. Biebergemünd 1976, S. 62–63

### 4. Parks und Gartenanlagen, Brunnen

6749. R i c h a r d i , Hans-Günter: Die schönsten Gärten und Parks. Ein Reiseführer durch Deutschland. (München, Bern, Wien: BLV-Verlagsges. 1975). 167 S. m. Abb. [Darin S. 94–114: Gärten u. Parks in Hessen]

6750. La C h e v a l l e r i e , Hildebert de: Mehr Grün in die Stadt. Freiraumplanung im Wohnungs- u. Städtebau. Wiesbaden, Berlin: Bauverl. 1976. 97 S. m. 73 Abb. [Betr. u. a. Hessen]

6751. B a u e r , Walter: Vom Orangeriegebäude und seinem Dachreiter im D i l l e n b u r g e r Hofgarten. – In: HbllPFH 42. 1974, S. 46–48, 2 Abb.

6752. D e r r e t h , Otto: Gärten im alten F r a n k f u r t . Eine Dokumentation d. Kuratoriums Kulturelles Frankfurt. Ffm.: Kramer 1976. 228 S. m. Abb.

6753. K l ö t z e r , Wolfgang: Eine Orangerie im maurischen Stil von Nicolas Alexandre Salins de Montfort für Frankfurt am Main? Ein Beitr. zur Gesch. d. Louisaparks. – In: Festschrift f. Peter Wilhelm Meister. 1975, S. 195–200

6754. W o l f , Klaus: Die Frankfurter Grünflächen. – In: Städt. Grün in Gesch. u. Gegenwart. 1975. (Veröffentlichungen d. Akademie f. Raumforschung u. Landesplanung. Forschungs- u. Sitzungsberr. 101) S. 147–153

6755. R e i t z , Heinz: Die Erbauung eines Eisbehälters im F ü r s t e n a u e r Hofgarten (1839). – In: Odw 22. 1975, S. 64–67

6756. E n g e l h a r d t , Rudolf: Ein alter Brunnen [in B i n g e n ] freigelegt. Ber. u. Einordnung d. Fundes. – In: HMRh 20. 1975, Apr.

6757. Der Marktbrunnen in Bingen. Wasser floß v. Druse- oder Draisbrunnen. – In: HMRh 21. 1976, Nr 3/4, S. 1–2

6758. K r a m e r , Ernst: Das steinerne Brunnengehäuse in der F u l d a e r Petersgasse von 1860. – In: BuBll 48. 1975, S. 59–60. 63

6759. B o t t , Gerhard: Der Gesundheitsbrunnen zu H o f g e i s m a r . Aufn.: Fred Kochmann [u.a.] 2. Aufl. München, Berlin: Dt. Kunstverl. 1975. 11 S. m. Abb. u. 1 Kt. (Große Baudenkmäler 213)

6760. B a e u m e r t h , Karl: Vierröhrenbrunnen – Kostbarkeit der Renaissance im Stadtbild von L a n g e n seit 1553. 6070 Langen, Friedrichstr. 14: Baeumerth 1976. 8 ungez. Bl. m. Abb. (Schriften zur Langener Stadtgesch. 2)

6761. S c h n e i d e r , Ernst J.: Die Brunnen der Stadt M a i n z . Eine Betrachtung über ihre 2000jähr. Gesch. Mit 21 Abb. – In: JbVFUM 23/24. 1974/75, S. 21–45

6762. S c h r a m m , Karl: Der Fastnachtsbrunnen in Mainz. 2. Aufl. Mainz: Krach 1971. 124 S. m. Abb.

6763. Lühmann-Schmid, Irnfriede: Der Mainzer Marktbrunnen, seine Denkmals- und Bildideen. – In: MZ 69. 1974, S. 180–186

6764. Hofmann, Karl: Der Schwiegermütterbrunnen in Michelstadt. – In: HErb 1975, Nr 5 [Beschreibung e. vierröhr. Laufbrunnens vor d. Fachwerkhaus Große Gasse 14]

6765. Seib, Gerhard: Der Brunnen auf dem Kirchberg [von Niedergründau]. Mit 2 Abb. – In: GelHJ 1975, S. 95–97

6766. Schallmayer, Egon: Spätmittelalterliche und neuzeitliche Brunnenfunde aus Rödermark-Ober-Roden, Kr. Offenbach a.M. Mit 12 Abb. – In: StFOff N. F. 7. 1976, S. 29–52

6767. Einst Lebensspender für die Bürger. Alte Siegener Brunnen unter d. Trümmern wieder ausgegraben. Mit 1 Abb. – In: SiHK 49. 1974, S. 63–64

6768. Der alte Mühlenborn an der Roßmühle. Er wurde 1949 bei Kabelarbeiten in der Nähe d. Rathauses wiederentdeckt. – In: UHl 1974, S. 64 m. 1 Abb. [Siegen]

6769. Wehrum, Carl: Brunnen im alten Weilburg. Mit 6 Abb. – In: WeilBll 4. 1975, S. 26–28

## 5. Haus und Hausbau

6770. Seib, Gerhard: Das hessische Fachwerk und seine Pflege. – In: Arbeitskreis f. dt. Hausforschung e. V. Ber. üb. d. Tagung in Eschwege 1971, S. 35 ff.

6771. Böttger, Erich: Die Plattenpest geht um. Ein Beitr. z. Sterben unserer hess. Fachwerkhäuser. – In: JbLKa 1975, S. 73–74

6772. Höck, Alfred: Instruktion für die Zimmermeister hinsichtlich der Neubauten 1826. Ein Beitr. z. Lenkung d. Bauwesens in Kurhessen. – In: JbLKa 1975, S. 70–72

6773. Höck, Alfred: Speicher (Spiker) und Gaden im niederhessischen Gebiet. Raum Hofgeismar, Kassel, Wolfhagen. – In: JbLKa 1974, S. 99–103

6774. Höck, Alfred: Dörfliche Fachwerkhäuser des 17. Jahrhunderts aus der Schwalm. – In: SchwJb 1976, S. 70–80 m. 3 Zeichn. u. 1 Foto von Karl Rumpf

6775. Höck, Alfred: Das Auszugshaus in der Schwalm, am Beispiel von Wasenberg i. J. 1782. (Zugleich ein Beitr. z. Gesch. d. älteren bäuerlichen Familie) – In: SchwJb 1976, S. 65–68

6776. Bleibaum, Friedrich: Fachwerk: Mannigfaltige Baukunst im Herzen Deutschlands [in Oberhessen.] – In: HGiess 1975, Nr 27

6777. Nachtigall, Helmut: Rheinische Fachwerkeinflüsse im Raume Gießen. Mit zahlr. Abb. – In: MOHG N. F. 59. 1974, S. 273–318

6778. N a c h t i g a l l , Helmut: Rheinische Gefachauszier an heimischen Fachwerkhäusern. – In: HGiess 1975, Woche 21 [Betr. Raum Gießen, einschl. Hüttenberger Land]

6779. N a c h t i g a l l , Helmut: Fachwerk und ornamentale Gestaltung [im Landkreis Gießen]. – In: Der Landkreis Gießen. Hrsg.: Ernst Türk. Stuttgart, Aalen: Theiss 1976, S. 172–181

6780. N a c h t i g a l l , Helmut: Schutzwürdiges Fachwerk – nicht mehr erhalten. Mit 4 Abb. – In: HHGiess 1975, S. 97–98 [Großen-Linden, Lollar, Niederkleen]

6781. N a c h t i g a l l , Helmut: Figürliche Schnitzereien an Eckständern. Mit 2 Abb. – In: HHGiess 1976, S. 33–34 [Betr. u.a. Niederkleen u. Oberkleen]

6782. N a c h t i g a l l , Helmut: Was die alten Hofformen im Raume Laubach Interessantes aussagen. Neue Erkenntnisse über d. Grenzen zwischen Einhaus u. Gehöft. – In: HGiess 1976, Nr 42

6783. S p r u c k , Arnold: Fachwerkerhaltung. – In: Der Wetteraukreis. Frankfurt a.M. 1976, S. 40

6784. H e u s o n , Hans-Velten: Fachwerkhäuser in Wetterau und Vogelsberg. – In: Der Wetteraukreis. Frankfurt a.M. 1976, S. 37–38

6785. K i e n z l e r , Herbert: Siegerländer Fachwerkhäuser. Eine Darstellung nach d. noch vorhandenen Beisp. im Kr. Siegen unter besond. Berücks. ihres konstruktiven Gefüges u. ihrer städtebaulichen Bedeutung. Siegen: Kreisverwaltung; Vorländer im Vertrieb 1974. 96 S., 32 ungez. Taf.

6786. K e s s l e r , Karl: Die Hausentwicklung im Westerwald. Von d. Wohnhöhle zum Westerwaldhaus. Mit Abb. – In: Ww68. 1975, H. 3, S. 1–3

6787. N e b e l , Herbert: Fachwerkbauten im Ortsbild am Mittelrhein. Ein Beitr. z. Erhaltung u. Erneuerung d. Ortskerne im Regionalraum Mittelrhein. Kaiserslautern 1976. 356 S., 111 Bl. m. Abb. Kaiserslautern, Univ., Fachbereich Architektur, Raum- u. Umweltplanung, Erziehungswiss. Begleitstudiengänge, Diss. 1976

6788. H e m b u s , Julius: Das Fachwerk. Seine Historie u. Bedeutung f. d. Kirche, den Fürsten, den Ritter, den Bürger u. den Bauern. Frankfurt a.M. [1972]: Lohse. 12 ungez. Bl. m. Abb. [Betr. u.a. Gelnhausen, Kronberg u. Oberursel]

6789. H ö c k , Alfred: Archivalische Notizen zur Gestaltung von Haus und Straße. Mit 1 Abb. – In: HH N.F. 25. 1975, S. 7–9 [Betr. u.a. Grafschaft Hanau]

6790. R e u t t e r , Rolf: Die Hausforschung zwischen Rhein, Main und Neckar. Stand u. Aufgaben. Mit 2 Schaubildern. – In: GbllBe 7. 1974, S. 136–145; vgl. a. Neue Wege in d. geogr. Erforschung städt. u. ländl. Siedlungen. Hrsg. von Werner Fricke u. Klaus Wolf. Frankfurt a.M. 1975. (Rhein-main. Forschungen 80) S. 113–127

6791. Details am hessischen Fachwerkhaus. 1. 2. Otzberg-Lengfeld: Sammlung zur Volkskde in Hessen [1975]–76. (Sammlung z. Volkskde in Hessen 4. 5) [1, S. 12–13: Gotthilde Güterbock: Ein Hausopfer von 1760 aus d. Ried; S. 14–16: Werner H a a s : Der Kopf als Schmuck am Fachwerkhaus [im Odenwald]; S. 17–23: Gerd Jürgen G r e i n : Kratzputz im Odenwald; 2, S. 3–18: Rolf R e u t t e r : Das Strohdach im Gebiet zw. Rhein, Main u. Neckar; S. 21: Karl B a e u m e r t h : Ornamentierte Bodenfliesen vom Forsthaus Philip[p]seich]

6792. W a c k e r f u ß , Winfried: Die Neidköpfe des Odenwaldes. Schreckfratzen u. Spottfiguren zwischen Neckar, Rhein, Main und Mud. – In: Zu Kultur u. Gesch. d. Odenwaldes. Breuberg-Neustadt 1976, S. 199–218

6793. S c h w i n n , Karl: Kratzputz im oberen Gersprenztal. – In: Odw 23. 1976, S. 39–47 m. Abb.

6794. H u t t a r s c h , Reinhold: Von Dachreitern, Pfefferbüchsen und welschen Hauben. – In: GiessKrKal 11. 1976, S. 83–87 [In Oberhessen]

6795. B a u e r , Walter: Von den Dachreitern unserer Heimat. Mit 22 Abb. – In: HJDi 17. 1974, S. 105–118 [Dillgebiet]

6796. Vier „Veteranen" halten Nase in den Wind. Daadener Heimatfreunde pflegen d. letzten Wetterfahnen auf d. Häusergiebeln. Mit 1 Abb. – In: UHl 44. 1976, S. 111

6797. D i e l m a n n , Karl: Baumeister Girard führte das Mansardendach im Hanauer Land ein. Mit 1 Abb. – In: NMHaG 6. 1975, S. 62–65

6798. P i c h l , Otto: Alte Dachziegel aus Bad König und Erbach. – In: HErb 51. 1976, Nr 8

6799. N a c h t i g a l l , Helmut: Alte Haustüren. Ein Bildber. Fotos: K. Böcher. – In: HGiess 1975, Nr 41

6800. N a c h t i g a l l , Helmut: Das Hüttenberger Hoftor. Mit 4 Abb. – In: HHGiess 1975, S. 49–51

6801. N a c h t i g a l l , Helmut: Zwei alte, bemerkenswerte Scheunentore. Mit 3 Abb. – In: HHGiess 1975, S. 69–70 [In Gießen-Wieseck u. Niederkleen]

6802. N a c h t i g a l l , Helmut: Alte bäuerliche Möbel und Geräte [im Landkreis Gießen]. – In: Der Landkreis Gießen. Hrsg.: Ernst Türk. Stuttgart, Aalen: Theiss 1976, S. 182–185

6803. N a c h t i g a l l , Helmut: Alte bäuerliche Möbel und Geräte. – In: HHGiess 1974, S. 21–27. 31

6804. N a c h t i g a l l, Helmut: Hessische Brettstühle. Mit Abb. – In: HGiess 1975, Woche 46

6805. D e c h e r, Klaus: Alte oberhess. Bauerntische. – In: HHGiess 1975, S. 5–7

6806. D e c h e r, Klaus: Bauernschränke des nördl. Vogelsberges. – In: HHGiess 1975, S. 81–82

### 6. Einzelne Amts-, Adels-, Bürger- und Bauernhäuser

6807. B a u e r, Walter: Wichtiges Fachwerkhaus aus dem frühen 17. Jh. in A l l e n d o r f [Dillkreis, Mittelstr. 16]. Mit 4 Abb. – In: HbllPFH 43. 1975, S. 33–34

6808. H o f m a n n, Ernst-Otto: Die Fachwerkbauten der Stadt A l s f e l d. – In: Alsfeld, europäische Modellstadt. Alsfeld: Gesch.- u. Museumsver. 1975, S. 25–82, 18 Taf., 1 Kt.

6809. B l ü m, Diether: Die Geschichte der Häuser Bormuth und Schröck am B e n s h e i m e r Marktplatz. – In: GbllBe 9. 1976, S. 167–173

6810. C h i o g n a, Albin: Der Bollerhof in Bensheim. – In: BeHbll 1976, Nr 1

6811. E n g e l h a r d t, Rudolf: Das alte Amtshaus [in B i n g e n ]. Mit 2 Abb. – In: HMRh 19. 1974, Nr 2, S. 4

6812. F a l c k, Ludwig: Vierhundert Jahre B r e t z e n h e i m e r Rathaus. 1975. Mainz-Bretzenheim: [Ortsverwaltg.] 1975. 30 S. m. Abb.

6813. P i c h l e r, Otfried: Das Herz von Bretzenheim. – In: MMag 1975, Juni, S. 19–21 [Betr. d. Rathaus]

6814. B a u e r, Walter: Kostbarkeiten unserer Landschaft. Aufwendige Rokokotür in B u r b a c h. 1 Abb. – In: HbllPFH 43. 1975, S. 7

6815. P l e s c h e r, Helmut: Der Amtshof in C a m b e r g. Mit Abb. – In: Land an d. Lahn. Mühlheim/M. 1976, S. 121–123

6816. Wo Historie und Histörchen eine Heimstatt haben. In D a a d e n lohnt sich das Anklopfen – Fundgrube f. d. Landeskonservator. – In: UHl 1974, S. 27–29 m. 6 Abb. [Türen]

6818. N o l d, Angelika: Das Empfangsgebäude des Hauptbahnhofes in D a r m s t a d t. Ein Pyrrhussieg d. Jugendstils. Mit 9 Abb. – In: HH N. F. 26. 1976, S. 115–125

6819. M e n d e, Ursula: Der Löwenkopf-Türzieher in D i c k s c h i e d. Mit 2 Abb. – In: HJUTs 1974, S. 95–98

6820. M i c h e l s , Hermann: Zur Baugeschichte des D i l l e n b u r g e r Gestüts. Mit Abb. – In: HbllPFH 44. 1976, S. 5–6. 9–10. 13–16. 17–19. 21–22

6821. B a u e r , Walter: Ein wichtiges Fachwerkhaus in der Dillenburger Altstadt. Zur Instandsetzung d. alten Pfarrhauses Kirchberg 16. Mit 5 Abb. – In: HbllPFH 44. 1976, S. 1–3

6822. B a u e r , Walter: Kostbarkeiten unserer Landschaft. Vom Rest eines interessanten spätmittelalterlichen Fachwerkhauses in Dillenburg. Mit 2 Abb. – In: HbllPFH 44. 1976, S. 11–12

6823. Abwicklung der Objektsanierung eines Fachwerkhauses in D r e i e i c h e n h a i n (Hessen). Ber. d. Gemeinnütz. Baugenossenschaft „Dreieich" in Sprendlingen. Planung: Rolf Romero u. Lothar Willius. Statik: Emil Hargesheimer. – In: DKD 32. 1974, S. 63–69 m. 5 Abb.

6824. S c h o t h , Willi: Das E l z e r Rathaus. Mit 1 Abb. – In: RhLF 24. 1975, S. 81–83

6825. S e i b , Gerhard: Der älteste Fachwerkbau der Stadt E s c h w e g e [am Neustädter Kirchplatz]. – In: HH N. F. 1974, S. 132–136 (Sonderheft „1000 Jahre Eschwege")

6826. Ornamentik am Eschweger Fachwerk. Eine Bilddokumentation mit Zeichnungen von Eckhardt Krüger. – In: HH N. F. 24. 1974, S. 137–147 (Sonderheft „1000 Jahre Eschwege")

6827. Zur Gestaltung öffentlicher Räume. Freilegung v. Fachwerkhäusern – Zerstörungsfreie Untersuchung verputzter Fachwerkhäuser durch Infrarot-Messung. Bearb. v. d. Planergruppe [Reinhold] H y t r e k [u.a.] Flörsheim: Magistrat 1976. 20 Bl. [Betr.: insbes. F l ö r s h e i m ]

6828. H o y e r , A.: Das F r a n k e n b e r g e r Rathaus. – In: Der Burgwald 2. 1975, S. 154 f.

6829. S t a m m , Otto: Der Kranichhof am Roßmarkt im Wandel der Zeiten. – In: Vaterland auf d. Römerberg ... 1975, S. 246–263 [ F r a n k f u r t a . M . ]

6930. H o l z h a u s e n , Friedrich von: Das neue Stiftshaus [Cronstettstift] – In: Vaterland auf d. Römerberg ... 1975, S. 280–283

6831. J u n g , Rudolf, u. Julius H u e l s e n : Paradies und Grimmvogel. – In: Vaterland auf d. Römerberg ... 1975, S. 289–294 [Zwei ehem. Häuser am Liebfrauenberg in Ffm]

6832. P r i n t z , Erwin: Die Zerstörung des Hauses Zum Grimmvogel und Paradies. – In: Vaterland auf d. Römerberg ... 1975, S. 294–295

6833. V o g t , Günther: Frankfurter Bürgerhäuser des neunzehnten Jahrhunderts. Frankfurt a.M.: Societäts-Verl. 1972. 307 S.

6834. Merten, Klaus: Die großbürgerliche Villa im Frankfurter Westend. – In: Die dt. Stadt im 19. Jh. 1974, S. 257–272

6835. Sonderhefte Alte Oper. Zum 30jährigen Bestehen der Frankfurter Neuen Presse. Ffm.: Ffter Societäts-Dr. 1976. 46 S. (Frankfurter Illustrierte 1976, Ostern)

6836. Yehudi Menuhin spielt für den Wiederaufbau der „Alten Oper". 19. Mai 1974. Ffm.: Aktionsgemeinschaft Opernhaus Ffm. e. V. 1974. 10 Bl. m. Abb. [Darin u.a.: D. Wiederaufbau d. Alten Oper als Konzert- u. Kongreßhaus. – Reifenberg, Benno: Alte Oper – eine bindende Kraft]

6837. Von der Kreuzmühle zum Hochhaus Taunusstraße. – In: Holzmann-Kurier 3. 1974, S. 10–17 [Frankfurt a. M.]

6838. Kürkchübasche Raman, Wolfgang Corsepius u. Gerhard Beese: Hochhaus „Platz der Republik" Frankfurt am Main. Oberursel/Ts.: Kürkchübasche 1975. 55 S., 4 Bl. Beil. (Erschien zuerst in: Beton- und Stahlbetonbau 1975, 7. 8)

6839. Moos, Gerhard: Hochhaus Senckenberganlage in Frankfurt am Main. – In: TeB Sept. 1976. 25 S.

6840. Moos, Gerhard, Heinz-Peter Hoffmann u. Gerhard Dämgen: Hochhaus Senckenberganlage, Frankfurt am Main. – In: Beton- u. Stahlbetonbau 70. 1975, H. 9, S. 205–211

6841. Ausstellung Gartenhallenbad Rebstockpark. Der Magistrat d. Stadt Frankfurt stellt d. 10 Preisträger d. Architektenwettbewerbes vor. Ffm.: Der Magistrat d. Stadt Ffm. 1976. 34 S.

6842. Nachtigall, Helmut: Freienseen, ein Kleinod der Holzarchitektur. – In: HGiess 1976, Nr 3

6843. Bauer, Walter: Kostbarkeiten unserer Landschaft. Ein geschnitzter Treppenverschlag des 18. Jahrhunderts in Frohnhausen. Mit 1 Abb. – In: HbllPFH 44. 1976, S. 32

6844. Jestaedt, Aloys: Aus der Geschichte der Bäckerei Hammer. Bürgerhaus an d. Stadtmauer beim inneren Peterstor [in Fulda] – In: BuBll 47. 1974, S. 36

6845. Sturm, Erwin: Baudenkmale der Stadt Fulda: Das Institut der Englischen Fräulein (heute Maria-Ward-Schwestern) (Marienschule). – In: BuBll 48. 1975, S. 49

6846. Reutter, Rolf: Das herrschaftl. Jagdhaus Steingrund in Beerfelden-Gammelsbach, ein barockes Kleinod des Odenwaldes. – In: HErb 1974, 4

6847. Rösch, Georg: Graf Zeppelin. Das Kinzigtal, d. „Weiße Villa" u. d. „Bergschlößchen" in Gelnhausen. Mit 2 Abb. – In: GelHJ 28. 1976, S. 59–62

6848. H a a s , Daniel: Das Ziegelhaus [in Gelnhausen] einst und jetzt. – In: GelHJ 28. 1976, S. 72

6849. H ö c k , Alfred: Das neue Hirtenhaus aus dem Jahr 1811 zu G o t t s b ü r e n . – In: JbLKa 1975, S. 68–69

6850. V e s p e r , Willi: Das Rathaus der Stadt G r e b e n s t e i n 1672–1972. – In: JbLKa 1974, S. 87–92. 105–106

6851. H e l m e r , Wilhelm: Zur Geschichte des Amtshauses in G r o ß e n l ü d e r . – In: BuBll 47. 1974, S. 17–19

6852. R e i t z , Heinz: Die ältesten Zimmerner Häuser und ihre Besitzer. – In: G r o ß - Z i m m e r n , Klein Zimmern. Beitrr. zur Entwicklung in Vergangenheit u. Gegenwart. Groß-Zimmern 1976, S. 262–326

6853. M ö t z i n g , Kurt: ... Vom Bahnhofshotel über Reitschule und Erziehungsanstalt zum Diakonissenhaus [in G u n t e r s h a u s e n ]. – In: HeG 77. 1976, S. 97

6854. W e r l e , Hans: Die Ruppertinervilla an der Selz [zu H a h n h e i m ]. – In: HJMBi 16. 1972, S. 14–18

6855. D i e l m a n n , Karl: Vom Altstädter Rathaus zum Deutschen Goldschmiedehaus. Mit 4 Abb. – In: NMHaG 6. 1974, S. 41–50 [ H a n a u ]

6856. S t ö r k e l , Rüdiger: Zwei H e r b o r n e r Häuser, ihre Baugeschichte und die Geschichte ihrer Bewohner im 17. und 18. Jahrhundert. Mit Abb. – In: MHG 23. 1975, S. 1–13; 20–32; 74–94

6857. S t ö r k e l , Rüdiger: Das Haus Schupp auf dem Kornmarkt. – In: MHG 23. 1975, S. 34–36 [Herborn]

6858. B a u e r , Walter: Kostbarkeiten unserer Landschaft. Ein figürliches Stützholz am Haus Bast zu Herborn. Mit 1 Abb. – In: HbllPFH 43. 1975, S. 28

6859. M ü l l e r , Karl: H o c h h e i m s Zehntscheuer. – In: HoM 492. 1975, S. 76–79 [Aufsatz zuerst 1930 in „Nass. Heimat" veröff.]

6860. G e r n e r , Manfred: Fachwerke in H ö c h s t am Main. Frankfurt a. M.-Höchst: Ver. f. Gesch. u. Altertumskde e.V. 1976. 52 S. m. Abb. (HöGH 26/27)

6861. S c h ä f e r , Rudolf: Die Höchster Neustadt und der Bolongaropalast. Frankfurt a. M.-Höchst: Ver. f. Gesch. u. Altertumskde e.V. 1975. 68 S. m. Abb. (HöGH 24/25)

6862. S [ c h ä f e r ] , R[udolf]: Der Bolongaropalast zu Höchst. Mit 1 Abb. – In: FHöSchl 1975, S. 28–31

6863. J u n g , Heinrich: Das „Alte Haus" im Ulmtaler Ortsteil H o l z h a u s e n . Mit 2 Abb. – 1200 Jahre Ulmtal-Orte Allendorf, Holzhausen, Ulm [Festschrift]. 1974, S. 137–140

6864. M ü l l e r , Friedhelm: Das „Alte Haus" in Ulmtal, Ortsteil Holzhausen. Hier kann ein Westerwälder Fachwerkhaus mit seiner ursprüngl. Einrichtung besichtigt werden. Mit 2 Abb. – In: Ww 68. 1975, H. 3, S. 4–5

6865. S e i b , Gerhard: Studien zur Geschichte der Industriearchitektur in Hessen (II): Der „Roßgang" (Pferdegöpel) bei K a u f u n g e n . – In: HH N. F. 24. 1974, S. 53–56

6866. Das neue Rathaus K e l k h e i m /Taunus. Gestaltung: Kaminski. Kelkheim: Magistrat 1974. 56 S. m. Abb. [S. 7–15: K l e i p a , Dietrich: Rathäuser in Kelkheim. 17–21: K l u g , Karlheinz: Der Weg zum neuen Rathaus. E b i n g e r , Wolfgang: Der Entwurf d. neuen Rathauses]

6867. H e m b u s , Julius (Hrsg.) Der Hellhof in K r o n b e r g . Frankfurt a. M. ca. 1968: Lohse. 8 ungez. Bl.

6869. Rathaus L a n g e n . Hrsg.: Magistrat d. Stadt Langen. Langen 1974. 42 S. m. Abb. [S. 5–16: Georg H e i n e n : Das Rathaus im Wandel d. Zeiten]

6870. F i s c h e r , Karl: Das ehemalige Gemeinde-Hirtenhaus in L a n g e n t h a l , Hauptstr. 50. – In: GbllBe 8. 1975, S. 184–195 [vgl. Odw 22. 1975, S. 86–92]

6871. N a c h t i g a l l , Helmut: Bedeutsames Fachwerk in L a n g s d o r f . – In: HHGiess 1976, S. 89–92 m. Abb.

6872. F i s c h e r , Karl: Haus Hedderich in L a n g w a d e n , Hauptstr. 17. – In: Details am Hess. Fachwerkhaus. 1. Otzberg-Lengfeld: Museum im alten Rathaus 1975, S. 3–8 m. Abb.

6873. N a c h t i g a l l , Helmut: Die Fachwerkhäuser Alt- L a u b a c h s . Führer durch d. Holzarchitektur Alt-Laubachs mit 2 Bildtaf. u. 24 Fotos, dazu 1 Stadtplan von 1756. Laubach: Eduard Göbel. 1975. 53 S.

6874. N a c h t i g a l l , Helmut: Die Fachwerk-Wehrbauten Laubachs. – In: HHGiess 1975, S. 31–32

6875. N a c h t i g a l l , Helmut: Bürger- und Bauernhäuser Alt-Laubachs bis zum Ende des 30jährigen Krieges. Ein Beitr. z. Fachwerkgesch. Laubachs. – In: HGiess 1975, Nr 6

6876. Das Bild aus der Heimat. Laubacher Fachwerk aus dem Jahre 1744. Mit 1 Abb. – In: UsL 1974, Nr 4, Sp. 40–41

6877. N a c h t i g a l l , Helmut: Bilgens Haus und Scheune. Zwei Fachwerkbauten Alt-Laubachs. – In: HHGiess 1974, S. 95–96

6878. R u n g e , Carola: Die Restaurierung des Hohhaussaales [in L a u t e r b a c h ] und die beiden Stukkateure Andreas Wiedemann und Johann Michael Hoys. – In: Lauberbacher Sammlungen. 56. 1974, S. 87–100

6879. W a g n e r , August: Die romantische Gasse. Schöne Erker an L i c h e r Bürgerhäusern. – In: HHGiess 1974, S. 9–12

6880. K u n z , Rudolf: Das ehemalige Rathaus zu L i n d e n f e l s . – In: GbllBe 7. 1974, S. 177–179 m. Abb.

6881. D ö l l i n g , Regine: M a i n z , die Palais des Barock. Neuß: Ges. f. Buchdr. 1970. 39 S. m. zahlr. Abb. (Rhein. Kunststätten 1970, 5/6)

6882. S t e p h a n , Ernst: Das Bürgerhaus in Mainz. Tübingen: Wasmuth 1973. 120 S. m. 127 Abb., 56 Taf., 2 Falttaf. (Das dt. Bürgerhaus 18)

6883. K l e i n e - H e r i n g , Ulrich: Die Villen auf der Bastei in Mainz. – In: MZ 69. 1974, S. 206–219 m. 4 Abb.

6884. A r e n s , Fritz: Die Professorenhäuser in Mainz. – In: MZ 69. 1974, S. 291–300 m. 7 Abb.

6885. C u s t o d i s , Paul-Georg: Ein Baublock des späten 19. Jahrhunderts im Zentrum von Mainz. Exemplar. Beispiel f. ein schutzwürd. Ensemble. Mit 6 Abb. – In: RhHpfl 11. 1974, S. 188–194 [Betr. d. Häuser Fischtorplatz 13–23]

6886. K e i m , Anton Maria: Grundsteinlegung zum Mainzer Rathaus – 1866. – In: NeuM 1972, 2, S. 4–6 [Fastnachtsscherz d. J. 1866]

6887. Das Mainzer Rathaus. Hrsg. von Bruno F u n k , Wilhelm J u n g . Mit Beitrr. von Helmut N e u b a c h u. Otto Weitling. Mainz: Stadtverwaltung 1974. 215 S. m. zahlr. Abb.

6888. Die Stadt M a r b u r g . Gesamtdokumentation. 1. Bürgerhäuser der Altstadt. Bildband bearb. von e. Arbeitsgruppe d. Kunstgeschichtl. Inst. d. Philipps-Univ. in Zsarb. mit d. Stadtplanungsabt. d. Stadt Marburg. Marburg: Kunstgeschichtl. Seminar d. Univ.; Gießen: Schmitz in Komm. 1976. XIV, 341 S. m. 1342 Abb. u. Faltpl. (Veröff. d. Forschungsinst. f. Kunstgesch. d. Philipps-Univ. Marburg)

6889. N a c h t i g a l l , Helmut: Ohlys Haus in N i e d e r k l e e n . Überlegungen z. Frage nach einem Erbauer. Mit 3 Abb. – In: HHGiess 1974, S. 5–7

6890. B a c k e s , Magnus: Das romanische Heimbachhaus in N i e d e r l a h n s t e i n . Baugeschichtl. Beobachtungen anläßl. d. Renovierung 1972. Mit 5 Abb. – In: Denkmalpflege in Rheinland-Pfalz 23–28: 1968–73. 1974, S. 38–44

6891. F i s c h e r , Karl: Das Haus Lösch in N o r d h e i m , Waldtstr. 13. – In: GbllBe 7. 1974, S. 126–135 m. Abb.

6892. R e u t e r , Reinhard: Können alte Bauernhöfe erhalten werden? Bestandsaufnahme eines Hofes u. Überlegungen zu seiner Erneuerung. – In: Odw. 21. 1974, S. 39–53 m. 7 Abb. [Hof Neckarstr. 4 in O b e r - K l i n g e n , Großgemeinde Otzberg, ehemal. Hof Johannes Amend II.]

6893. R e u t t e r , Rolf: Die O b e r - R a m s t ä d t e r Häuser und ihre Besitzer i.J. 1805. – In: JberVHORa 1971/72. 1973, S. 29–33

6894. R e c k , Hans-Hermann: Gedanken zur Behandlung von Fachwerkbauten in O b e r u r s e l . Oberursel: [Verf.] 1976. 4 Bl. [Masch. vervielf.]

6895. R e c k , Hans-Hermann: Baugeschichtliche Untersuchungen von Oberurseler Hofreiten. 1–9. Oberursel 1974–75 [maschinenschriftl. vervielf.] [1.] Hospitalgasse 20 u. Schulstraße 26. [Eigentümer: Weinhandlung Simon. Radgen.] 1974. 8 S., 4 Taf.; 1 a. Hospitalstraße 20, jetzt 18 (Anton Simon) u. Schulstraße 26 (Viktor Radgen). [Neufassg.]. 1974/75. 8 S., 4 Taf.; 2. Vorstadt 25 a u. 27. [Eigentümer: Spirituosenhändler Weigand (27); Warenhaus IN (25 a).] 7 S.; 3. Vorstadt 20 (Franz Ruppel). 1974. 6 S., 12 Abb.; 4. Vorstadt 31 (Ernst Theodor Kügel). Feb. 1975. 3 S., 4 ungez. Taf.; 5. Ehemals Hollerberg 1. März 1975. 1 ungez. Bl.; 6. Hollerberg 3 (Stadt Oberursel). Mai 1975. 3 Bl.; 7. Hollerberg 8 (Stadt Oberursel). Mai 1975. 4 Bl., 5 Taf.; 8. Hollerberg 6. (Stadt Oberursel). 1975. 3 S., 1 Taf.; 9. Marktplatz 1. Schulstraße 22 a u. b. (Stadt Oberursel). 2 Tle. Okt. 1975. 6 Bl.

6896. M a t t h e s , Richard: Eine Rathaus-Einweihungsrede aus d. J. 1601 [ R e i c h e n b a c h ] – In: BeHbll 1974, Nr 5

6897. R e u t t e r , Rolf: Das 400-jährige Rathaus [in R o ß d o r f ] , ein Kleinod bäuerlicher Renaissance. – In: Roßdorf. Beitrr. zu seiner Geschichte. Ober-Ramstadt: Ver. f. Heimatgesch. 1975, S. 26–28

6898. R e u t t e r , Rolf: Zur älteren Baugeschichte der Pfarrhofreite [Roßdorf] (1630–1800). – In: Roßdorf. Beitrr. zu seiner Geschichte. Ober-Ramstadt: Ver. f. Heimatgesch. 1975, S. 36–40

6899. Vom alten zum neuen Rathaus. Rathausneubau d. Stadt S c h l ü c h t e r n 1975/76. Schlüchtern: Magistrat 1976. [36] S. m. Abb.

6900. F i s c h e r , Karl: Das Fachwerkhaus Freihofstr. 6 in S e l i g e n s t a d t . – In: Odw 23. 1976, S. 18–25

6901. F i s c h e r , Karl: Zwei Ackerbürgerhäuser in Seligenstadt, Spitalgasse 2–4. – In: Details am Hess. Fachwerkhaus. 2. Otzberg-Lengfeld: Museum im Alten Rathaus 1976, S. 19

6902. N e u m a n n , Heinrich: Altes Fachwerkhaus in S o n n e n b e r g , An der Stadtmauer 15, mit verziertem Eckbalkon. Mit 2 Abb. – In: EH 37. 1975, S. 20–21

6903. K l e p s c h , Hugo: Das erste Bürgerhaus in Bad S o o d e n - A l l e n d o r f . – In: W 26. 1974, S. 5–7

6904. K l e p s c h , Hugo: Das zweite Bürgerhaus in Bad Sooden-Allendorf [1572/73 erbaut, heute Kurhaus]. – In: W 26. 1974, S. 23–25

6905. N a c h t i g a l l , Helmut: Jungs Haus in T r a i s - M ü n z e n b e r g . Ein beachtenswertes Denkmal d. Volkskunst wurde restauriert. – In: HHGiess 1975, S. 9–10 [Römerstr. 13]

6906. F i s c h e r , Karl: Das letzte Kleinbauernhaus [in V i e r n h e i m ]. In der Schulstraße. Das Anwesen von Nikolaus Winkler. – In: HViern 6. 1974, Nr 16, S. 13–16 m. Abb.

6907. F i s c h e r , Karl: Das Schultheißenhaus „Zum Schwert" Haus Dr. Kienle, Rathausstr. 42 – Erbaut um 1720–1740. – In: HViern 6. 1974, Nr 17, S. 12–16 m. Abb. [Viernheim]

6908. F i s c h e r , Karl: Das Stammhaus der Kirchner in Viernheim, in der Schulstr. 9 (ehemal. Feuergass). – In: HViern 7. 1975, Nr 18, S. 11–16 m. Abb.

6909. W e h r u m , Carl: Alt- W e i l b u r g e r Bürgerhäuser. Mit Abb. – In: WeilBll 1. 1975, S. 1–4; 2. 1975, S. 9–15; 3. 1975, S. 18–19

6910. Weilburg eine Fachwerkstadt? Die Ergebnisse d. ersten Infrarot-Vermessung durch d. Bürgerinitiative „Alt-Weilburg". – In: WeilBll 11. 1976

6911. H a m m , Franz Josef: Die vorbildliche Haussanierung. Die Sanierung d. Hauses Gartenstr. 21. Mit 5 Abb. – In: WeilBll 12. 1976, S. 91–95 [Weilburg]

6912. Bleibende Schönheit handwerklicher Baukunst. „Fürschtersch Hus" ein Kleinod unter Siegerländer Fachwerkhäusern. Mit 3 Abb. – In: UHl 43. 1975, S. 131–132 [ W e n k e r s d o r f ]

6913. H e y d o c k , Edgar A.: Gemütlichkeit im Baustil. Mit Abb. – In: Wi int 1975, 4, S. 24–27 [Betr. Block zw. d. Grabenstr. u. Wagemannstraße in W i e s b a d e n ]

6914. K ü h n a u , Wolfram: Schmerzlicher Abschied von zwei historischen Gebäuden. Wurden d. „Weiße Roß" u. d. „Römerbad" leichtfertig abgerissen? – In: WiL 25. 1976, 3, S. 10–11

6915. J a e g e r , Ekkehard: Die Wiederherstellung der Villa Clementine in Wiesbaden. Mit 9 Abb. – In: DKD 33. 1975, S. 29–38

6916. Ein Haus für die Sicherheit. Neues Verwaltungsgebäude d. Berlinischen Lebensversicherung eine positive Bereicherung d. Wiesbadener Stadtbildes. Mit Abb. – In: WiL 23. 1974, Mai, S. 20–23. 26

6917. N a c h t i g a l l , Helmut: W i e s e c k s Fachwerkhäuser: nur noch wenige Zeugen von schöpferischer Handwerkskunst. – In: HGiess 1975, Nr 40

6918. N a c h t i g a l l , Helmut: Ein aufschlußreiches Fachwerkgefüge [in Wieseck]. – In: HGiess 1975, Nr 44

6919. V i l l i n g e r , Carl Johann Heinrich: Abschied und Heimkehr. Die geschnitzte Tür am Heylshof in W o r m s . Mit 1 Abb. – In: MrhPo 24. 1976, H. 50, S. 20

## 7. Baumeister

6920. S c h a e t z e l l , Johannes: Das Architektenrecht in Hessen. Hess. Architektengesetz v. 11. Sept. 1974 m. Ausführungsvorschriften. Gebührenordnung f. Architekten. Ausw. aus d. Rechtsprechung. Kommentar. 2. Aufl. Wiesbaden: Kommunal- u. Schul-Verl. Heinig 1975. 138 S. (Gesetze, Verordnungen, Vorschriften)

6921. S t o e c k e r , Hilmar-G.: Die waldeckischen Baubeamten. – In: GW 63. 1973/74, S. 7–142

6922. E m m e r l i n g , Ernst: Der Erbauer des Ingelheimer Rathausbrunnens. Mit 1 Bildn. u. 2 Abb. – In: HJMBi 16. 1972, S. 91–93 [Georg A r n o l d . 22. 2. 1764–10. 6. 1844]

6923. I s b e r t , Heimo: Wolfgang B a n g e r t , der Baumeister des neuen Kassel. – In: Jb. d. Archivs d. dt. Jugendbewegung. 7. 1975, S. 169–73

6924. E b h a r d t , Klaus: Bodo E b h a r d t 1865–1945. Mit 4 Abb. – In: BS 15. 1974, S. 141–144

6925. M e y e r , Werner: Zur Eröffnung der Bodo-Ebhardt-Ausstellung anläßlich d. 75-Jahrfeier am 8. Sept. 1974 im renovierten Dachgeschoß d. Palas d. Marksburg. – In: BS 15. 1974, S. 139–140

6926. Z i m m e r , Erwin: Auf den Spuren der E s e l e r . – In: HErb 1975, Nr 1 [Steinmetzen- u. Baumeistersippe d. 15. u. 16. Jh., stammte aus Alzey]

6927. Johann Baptist F a y . Mit 1 Bildn. u. 1 Abb. – In: Menschen d. Heimat. Bingen 1975. (BiA 9) S. 13–14 [Geb. 26. 4. 1896 in Mainz, Architekt]

6928. Die Werkstatt Madern G e r t h n e r s [in Frankfurt a. M.] – In: Herbert Beck: Kunst um 1400 am Mittelrhein. 1975, S. 49–56

6929. N i e d e r h o f f , Ernst Robert: Wilhelm J o s t , der Schöpfer der Bad Nauheimer Jugendstilbauten. – In: WeGbll 23. 1974, S. 87–98 m. Abb. u. Taf. [Geb. am 2. Nov. 1874 in Darmstadt; gest. in Halle am 6. Juni 1944]

6930. H a m b e r g e r , Wolfgang: Kulturpreis der Stadt Fulda für Ernst K r a m e r . Aus der Laudatio d. Fuldaer Oberbürgermeisters. Mit 1 Abb. – In: FuGbll 52. 1976, S. 130–133 [Regierungsbaurat a. D. Dipl. Ing.]

6931. J o u r d a n , Jochem: Ferdinand – Kramer – Werk – katalog. Ffm.: Architektenkammer Hessen 1975. 48 Bl. (Schriftenreihe d. Architektenkammer Hessen 3)

6932. K r a m e r , Ferdinand: 50 Jahre Architektur. Ber. aus meinem Leben. – In: Der neue Egoist. 2. 1976, S. 84–87

6933. D i e h l , Ruth: Die Tätigkeit Ernst M a y s in Frankfurt am Main in den Jahren 1925–30. Unter bes. Berücks. des Siedlungsbaus. 1976. VII, 251 S. Diss. Ffm., Fachber. Klass. Philol. u. Kunstwiss. 1975

6934. Einsingbach, Wolfgang: Zu den Ausführungsplänen der Mainzer Jesuitenkirche Balthasar Neumanns. – In: MZ 69. 1974, S. 289–290

6935. Oberregierungsbaurat Franz Noll. Hanau. 1900–1973. Mit 1 Bildn. – In: GelHJ 1975, S. 21

6936. Sperlich, Hans-Günter: Peter Behrens und Joseph Maria Olbrich. – In: Ein Dokument deutscher Kunst. Darmstadt 1901–1976. Darmstadt: Roether 1976, Bd 5, S. 166–171

6937. Paris, Henry: Einige Stunden bei Professor [Joseph Maria] Olbrich. Interview mit d. Ztg „Echo de Paris" 1906. Aus d. Franz. übers. von Micheline Schöffler. – In: Ein Dokument deutscher Kunst. Darmstadt 1901–1976. Darmstadt: Roether 1976, Bd 5, S. 172–174

6938. Bourjau, Christian: Die Baumeister Johann Adam und Peter Richter [aus Gersfeld, 18./19. Jh]. – In: BuBll 48. 1975, S. 77–78

6939. Schwing, Heinrich: Der Graf und sein Baumeister. Mit Abb. – In: HLD 1974, Nr 49, S. 3–4 u. Nr 50, S. 2–3 [Julius Ludwig Rothweil]

6940. Meunier, Franz: Zum Werk von Hans Schädel. Mit Abb. – In: Mü 27. 1974, S. 358–396 [u.a. Architekt d. Kath. Gemeindezentrums St. Wolfgang, Dieburg [S. 366–369] u. d. Kath. Gemeindezentrums Hofheim/Ts [S. 390–394]]

6941. Custodis, Paul Georg: Der Architekt Heinrich v. Schmidt und seine Tätigkeit in Rheinhessen zwischen 1878 und 1889. – In: Denkmalpflege in Rheinland-Pfalz. Jahresberr. 29–30: 1974–75. '76, S. 148–89

6942. Heinz, Dieter: Ein städtebauliches Gutachten Balthasar Wilhelm Stengels zur Erweiterung der Stadt St. Johann aus dem Jahre 1800. – In: Ber. d. Staatl. Denkmalpflege im Saarland. Abt. Kunstdenkmalpflege 22. 1975, S. 95–104 m. Taf. 37–40

6943. M[ichaely], P[etra]: Friedrich Joachim Stengel in Saarbrücken. Ein großer Baumeister arbeitete unter e. kunstsinn. Fürsten. Mit Abb. – In: Sonntagsgruß. Evang. Wochenbl. an d. Saar 30. 1975, Nr 29/30, S. IV–V

6944. Schubart, Robert Heinz: Friedrich Joachim Stengels „instruction" für den „Bauaufseher" der Ludwigskirche Heinrich Kahm. – In: Ber. d. Staatl. Denkmalpflege im Saarland. Abt. Kunstdenkmalpflege 22. 1975, S. 63–67

6945. Reutter, Rolf: Heinrich Winter in memoriam. Mit 1 Bildn. – In: Hessenpark 1976, 2, S. 7–8 [Oberbaurat, Dozent an d. Staatsbauschule Darmstadt 4. 10. 1898–17. 1. 1964]

6946. Keyl, Werner: Eduard Zais (1804–1895), sein Leben und seine Kirchenbauten. – In: RhHpfl N. F. 13. 1976, S. 255–258 m. 4 Abb.

## E. KUNSTHANDWERK, VOLKSKUNST

### 1. Keramik, Porzellan und Glasarbeiten

6947. Dt. Goldschmiedehaus Hanau. Vom 7. Jan. bis 11. Febr. 1967. Konrad Quillmann. Keramik u. junge Dokumente. Keramiken von Ortrun Dammann, Kassel, Ernst Guggenberger, Frankfurt, Hagen F. Häuser, Hanau, Ingeborg Morgenstern, Frankfurt a. M., Barbara De Riz, Hausen Kr. Offenbach, Hans-Joachim u. Heidrun Wagner, Bensheim/Bergstraße, Helmut Wagner, Kassel. Hrsg. u. gestaltet von Konrad u. Elfriede Quillmann. Fotos: Konrad Quillmann. Hanau 1966. 31 ungez. Bl. [Keramiker in Hainstadt/Main]

6948. Staatl. Museen Preuß. Kulturbesitz. Fayencen. Ausstellung im Kunstgewerbemuseum, Berlin, in Verb. mit d. Kunsthist. Inst. d. Freien Univ. v. 13. März bis 14. Aug. 1976. Red. u. Überarb. d. Texte Franz-Adrian Dreier [u.a.] (Katalog.) Berlin 1976. 259 S., XVI Taf. [Betr. u.a. Manufakturen in Hanau, Frankfurt a. M., Kassel, Höchst a. M.]

6949. Haarberg, Rudolf: Eine mittelalterliche Töpferei bei der Igelsburg im Habichtswald. – In: HeG 76. 1975, S. 78–79

6950. Hessische Töpferei zwischen Spessart, Rhön und Vogelsberg. Hrsg. von Joachim Naumann. Kassel: Staatl. Kunstsammlungen 1975. 57 S. (Kataloge d. Staatl. Kunstsammlungen Kassel 7)

6951. Höck, Alfred: Zunftbrief der Häfner und Ziegler in der Grafschaft Ysenburg-Büdingen vom Jahre 1711. – In: BüGbll 8. 1974/75, S. 163–173

6952. Heinen, Norbert: Westerwald – Landschaft der Keramik. Mit 1 Abb. – In: Westerwaldkreis. Mühlheim/M. 1975, S. 57–60

6953. Baaden, Franz: Entstehung und Entwicklung der keramischen Industrie im Kannenbäckerland. Mit Abb. – In: Baaden: Ransbach-Baumbach im Spiegel d. Gesch. 1975, S. 83–86

6954. Fries, Heribert: Ein Jahr „Dokumentationszentrum Kannenbäckerland e.V." Sein Ziel ist die Erforschung u. Publizierung d. Keramiktradition. Mit 4 Abb. – In: Ww 66. 1973, H. 4, S. 12–15

6955. Heinen, Norbert: Der Westerwaldpreis für Keramik. Mit 3 Abb. – In: Westerwaldkreis. Mühlheim/M. 1975, S. 89–92

6956. Grein, Gerd Jürgen u. Karl Baeumerth: Keramik aus dem Odenwald. 2. Aufl. Otzberg-Lengfeld: Museum im alten Rathaus 1975. 30 S. m. Abb. (Sammlung z. Volkskunde in Hessen 2) [S. 16–18: Karl Baeumerth: Urberacher u. Eppertshäuser Töpferei d. 18. u. 19. Jhs.]

6957. Reutter, Rolf: Zur Geschichte der Ziegelproduktion im Rhein-Main-Neckar-Gebiet. – In: Zu Kultur u. Gesch. d. Odenwaldes. Breuberg-Neustadt 1976, S. 137–154

6958. B a a s , Friedrich-Karl: Die A h l b e r g e r Töpferei vom 11. bis 17. Jahrhundert. – In: JbLKa 1975, S. 82–88; vgl. a. HJHofgeis 1975, S. 82–88

6959. H e n n , Ernst: 260 Jahre Häfnerhandwerk in B r e i t s c h e i d . Breitscheid: Gemeindeverwaltung 1976. 52 S. m. Abb.

6960. H e l l e r , Carl Benno: Johann Julius Scharvogel und die Gründung der Ghgl. keramischen Manufaktur D a r m s t a d t . – In: KHMrh 14. 1974, S. 101–107. 12 Abb.

6961. H e n n , Ernst: Die Ansiedlung von Häfnereien, Töpfereien in und um D r i e d o r f im 18. Jahrhundert. – In: HbllPFH 44. 1976, S. 31

6962. H e n n , Ernst: Die Häfnerei in E r d b a c h im 18. und 19. Jahrhundert. Mit 2 Abb. – In: HJDi 18. 1975, S. 134–137

6963. H ö c k , Alfred: E s c h w e g e r Töpfer und die „Töpferzunft am Werrastrom". – In: HH N. F. 24. 1974, S. 165–169 (Sonderheft „1000 Jahre Eschwege")

6964. T r u e b y , Jochen: Bembel wie aus alten Zeiten [F f t e r Töpfermeister] – In: Frkf 21. 1976, H. 4, S. 7–9

6965. H ö c k , Alfred: G r o ß a l m e r o d e . Entwicklung eines niederhess. Gewerbeorts zur Stadt d. Tiegelmacher. – In: Volkstüml. Keramik aus Europa. München, Berlin 1976, S. 71–87

6966. H e u s o n , Hans-Velten: Eine Wölbtopfanlage in Büdingen- G r o s s e n d o r f . – In: BüGbll 8. 1974/75, S. 174–175

6967. H e n n , Ernst: H e r b o r n e r Meister in der Häfnerzunft. – In: MHG 24. 1976, S. 54–57

6968. H ö c k , Alfred: H e r s f e l d e r Töpfer und Ziegler im 18. und 19. Jahrhundert. – In: MHl 26. 1974/75, S. 5–6

6969. G r a e p l e r , Carl: K a s s e l e r Fayence-Fliesen. – In: HH N. F. 24. 1974, S. 212–214

6970. H e i l , Walter: Die M a s s e n h e i m e r Ziegelei. Von der Handziegelei zum modernsten Werk. – In: ViHbll 15. 1976, S. 5–10, 8 Abb.

6971. P l e t s c h , Alfred: Das Töpferdorf M i c h e l s b e r g . Ein Beitr. z. Kulturlandschaftsgenese Nordhessens. – In: SchwJb 1975. '74, S. 72–78, 4 Kt.

6972. H ö c k , Alfred: Anlage eines Töpferofens in Michelsberg 1845. – In: SchwJb 1975, S. 70–71

6973. G u n k e l , Heinrich: Die Töpferei zu R o ß d o r f . 6101 Roßdorf, Steingasse 5: Selbstverl. d. Verf. 1976. 154 S., 82 Abb.

6974. R e u t t e r , Rolf: 320 Jahre Häfnerei in Roßdorf. – In: Roßdorf. Beitrr. zu seiner Geschichte. Ober-Ramstadt: Ver. f. Heimatgesch. 1975, S. 119–126

6975. W e n d e l , Heinrich: Kunsttöpferei in Emstal – S a n d zur Zeit der Renaissance. – In: JbLKa 1975, S. 81

6976. H e n n , Ernst: Einführung der Häfnerei/Töpferei in S c h ö n b a c h . Mit 1 Abb. – In: HbllPFH 44. 1976, S. 12

6977. G i e b e l , Alfred: Töpfer und Ziegler auf dem Klaushof und in S e i g e r t s h a u s e n . – In: HFK 12. 1974, Sp. 145–154

6978. D ö l l e , Minna: Die Töpferei meines Vaters in U d e n h a u s e n . – In: JbLKa 1976, S. 116–117 u. 2 Bildbl. mit Text von H. Burmeister

6979. M i c k l e r , Emil: Geschichte der Töpfereien [in U r b e r a c h ] . – In: Chronik Gemeinde Urberach. Offenbach a. M. 1975: Bintz-Verl., S. 211–223 m. Abb.

6980. Meisterwerke hessischer Töpferkunst. W a n f r i e d e r Irdenware um 1600. Hrsg. von Joachim N a u m a n n . Kassel: [aufgekl.:] Röth [in Komm.] 1974. 59 S. m. Abb. (Kataloge d. Staatl. Kunstsammlungen 5) [S. 7–14: H ö c k , Alfred: Wanfried u. seine Töpferei in d. Zeit um 1600. 15–19: D a s s e l , Jochen: Export u. Verbreitung d. Wanfrieder Irdenware. Mit Kt.]

6981. N a u m a n n , Joachim: Forschungsprojekt und Dokumentationskartei „Wanfrieder Irdenware um 1600". – In: HBVK 1. 1976, S. 104–105

6982. N a u m a n n , Joachim: Zur Bedeutung der Wanfrieder Irdenware in den Niederlanden. Mit 2 Abb. – In: Rhein.-westfäl. Zs f. Volkskde 21. 1974, S. 82–97

6983. D e s e l , Jochen: Neue Funde der Wanfrieder Keramik. – In: HH N. F. 26. 1976, S. 126–129

6984. Die erste W e i l b u r g e r Steingutfabrik. Mit 2 Abb. – In: WeilBll 6. 1975, S. 41–44

6985. W e i l e r , C.: Die Wimpf'sche Steingutfabrik auf der Guntersau. Mit Abb. – In: WeilBll 10. 1976, S. 73–76; 11. 1976, S. 81–83 [Weilburg]

6986. S c h n o r r , Wilhelm: Mittelalterl. Keramik in W i ß m a r . – In: HHGiess 1975, S. 67–68

6987. H ö c k , Alfred: Z i e g e n h a i n e r Ofenkacheln für Schloß Friedewald. – In: MHl 26. 1974/75, S. 12

6988. S c h n o r r v o n C a r o l s f e l d , Ludwig: Ein Handbuch für Sammler u. Liebhaber. Porzellan der europäischen Fabriken. 6. von Erich K ö l l m a n n völl. neu bearb. Aufl. Bd 1. 2. Braunschweig: Klinkhardt & Biermann 1974. (Bibliothek f. Kunst- u. Antiquitätenfreunde 3) [In: 1. S. 321–346: Die Porzellanmanufaktur zu Höchst seit 1746; 2. S. 99–101: Die kleinen deutschen Porzellanfabriken. Nassau-Saarbrücken Ottweiler.]

6989. Meyer, Thomas: Produktplanung und Produktgestaltung im Zeitalter des Merkantilismus am Beispiel der Manufaktur Höchst. Ein Beitr. z. Kunst- u. Designgesch. Frankfurt a.M., Fichardstr. 27: Selbstverl. d. Verf. 1976. 236 S. m. Abb. Offenbach, Hochschule f. Gestaltung, Diplomarbeit v. 1976

6990. Meister, Peter Wilhelm: Sammlung Pauls, Riehen, Schweiz. Porzellan d. 18. Jh. Hrsg. u. eingel. v. Peter Wilhelm Meister. Bd [2.] Höchst, Frankenthal, Ludwigsburg. [Mit zahlr. Abb.] Ffm.: Osterrieth 1967. 276 S.

6991. Schmitt, Robert: Ein Höchster Porzellan-Service. Frankfurt a.M.: Mitteldt. Kunstgewerbe-Ver. 1970. 8 ungez. Bl. m. Abb.

6992. Porzellan mit Tradition. Nach 200 Jahren wieder „weißes Gold" aus Höchst. – In: Hessen heute 1974, Nr 1, S. 6–7

6993. Schäfer, Rudolf: Beziehungen der alten Höchster Porzellanmanufaktur zu Frankreich. – In: FHöSchl 16. 1972, S. 66–70

6994. Schoppa, Helmut: Eine Flörsheimer [Porzellan-]Figur in Wiesbadener Privatbesitz. Mit 1 Abb. – In: WiL 25. 1976, 6, S. 12

6995. Mangan, Markus, Hermann Kissling u. Marcel Coulon Rigaud: Neue Arbeiten aus den Werkstätten Derix Rottweil-Wiesbaden. Mit zahlr. Abb. – In: Mü 24. 1971, S. 125–140 [Kirchenfenster]

2. Sonstige künstlerische Arbeiten

6996. Scheffler, Wolfgang: Goldschmiede Hessens. Daten, Werke, Zeichen. Berlin, New York: de Gruyter 1976. XII, 848 S., XXXII Taf. u. 1 Kt.

6997. Kirchner, Fritz: Saarbrücker Goldschmiede und ihre Familien in der 2. Hälfte des 16. und der 1. Hälfte des 17. Jahrhunderts. – In: Saarheimat 19. 1975, S. 234–236

6998. Hofmann, Ernst: Kostbarkeiten aus der ehemaligen Silberkammer der Landgrafen von Hessen-Darmstadt. [Vorr.:] Margaret Prinzessin von Hessen u. bei Rhein; fotogr. Aufn.: Friedrich Emich. Darmstadt 1974: Roether. 16 ungez. Bl. m. Abb.

6999. Schonath, Wilhelm: Prunkstücke aus dem Besitz der Mainzer Schönborn-Kurfürsten. – In: MZ 70. 1975, S. 141–144 [In der Schloßbibliothek Pommersfelden]

7000. Brauns, Eduard: Eine 300jährige Ratskanne im Kasseler Silberschatz. – In: HeG 75. 1974, S. 62–63

7001. Schneider, Ernst: Der Silberbecher des Kreises Groß-Gerau. – In: HspGer 1975, Nr 2 [Gestiftet von Kreisrat Dr. Eduard Wallau am 12. April 1911 f. d. Bürgermeister d. Kreises Groß-Gerau]

7002. S c h n e i d e r , Ernst: Eine echte Handwerksarbeit aus dem alten Groß-Gerau vom Jahre 1905. – In: HspGer 1975, Nr 3 [Kronleuchter d. Schlossermeister Jakob Faulstroh]

7003. M e y e r , Fritz: Künstlerischer Eisenguß. Mit 4 Abb. – In: NblWil 49. 1974, Nr 134, S. 177–179 [Betr. eine Ausstellung d. Buderus'schen Eisenwerke, Wetzlar, über d. Kunstgußprogramm der Buderus-Kunstgießerei in Hirzenhain]

7004. Der künstlerische Eisenguß in Siegen. Dargestellt an Ofen- u. Wandplatten im Museum d. Oberen Schlosses. Mit Abb. – In: UHl 43. 1975, S. 45–48

7005. N i e s c h a l k , Albert: Ofenfußsteine aus Nordhessen. – In: HH N. F. 24. 1974, S. 194–198

7006. S t e i n , Ferdinand: Zwei Ofenfußsteine aus Bad Salzschlirf. – In: BuBll 49. 1976, S. 73–74

7007. M i e l k e , Heinz-Peter: Der Ofenplattenfund von Treisberg. Mit 1 Abb. – In: HTBll 4. 1973, S. 21

7008. B a u e r , Walter: Vom alten Schreinerhandwerk: Kanzeln im Dillkreis. Mit 9 Abb. u. 16 Taf. – In: HJDi 18. 1975, S. 55–64

7009. W o l f , Peter A.: Das Meisterstück des Mainzer Schreiners Franz Ortlauff im Aschaffenburger Museum. – In: Aschaffenburger Jb 5. 1972, S. 343–357 [Schreibschrank d. Rokokozeit]

7010. H e g e m a n n , Hans-Werner: Elfenbeinschnitzer in Offenbach und Baden-Baden im 19. und 20. Jahrhundert. Mit Abb. – In: Tradition u. Erneuerung. Erinnerungsgabe f. Friedrich Hengst z. 80. Geburtstag. Hrsg. von Erwin Stein. Frankfurt/M. 1972, S. 96–105

7011. S p i e s s , Anneliese: Hinterländer Stickereien in alter und neuer Zeit. Untersuchung u. Verwendung alter Vorbilder aus d. Breidenbacher Grund im alten Kr. Biedenkopf. Mit e. Vorw. von Alfred Höck. Marburg: Elwert 1975. 85 S. m. Abb. von Katharina Gottfried

7012. W i l c k e n s , Leonie von: Zwei hessische Leinenstickereien in der zweiten Hälfte des 13. Jahrhunderts. – In: Festschr. f. Peter Wilhelm Meister z. 65. Geburtstag am 16. Mai 1974. Hamburg 1975, S. 121–126

7013. K ö r b e r , Hans: Der Mainzer Meister Hans Plock (1490–1570), Seidensticker am Hofe Kardinal Albrechts in Halle. Seine Person, sein Wappen u. sein Werk. Eine Studie z. Hans-Plock-Bibel u. z. Halleschen Heiltum. – In: Bll. f. pfälz. Kirchengesch. 41. 1974, S. 104–123

7014. E r t e l , K. F.: Ein Künstler in Hadamar. Ernst Moritz Engert u. seine Scherenschnitte. Mit 5 Abb. – In: HHGiess 1974, S. 53–54

7015. E b e r t z , Walter: Alte Uhren im Palais Papius in Wetzlar. Mit Abb. – In: HKWe 26. 1976, S. 79–81

## XVIII.
## KULTURGESCHICHTE

### A. THEATER UND MUSIK

#### 1. Theater

7016. R u e f f e r , Alwin Michael: Die A l s f e l d e r Weihnacht 1517. Ein Marionettenbuch. Übertr. d. mitteldt. Textes von Rudolf Hagelstange. Kurt Vonrhein fotografierte e. Aufführung d. Steinauer Marionettentheaters. Königstein i. Ts: Langewiesche 1976. 47 S. [Weihnachtsspiel, vermutl. 1517 in Alsfeld aufgeführt; Bearbeitung als Marionettenspiel]

7017. S c h w e i t z e r , Philipp: Theaterliteratur D a r m s t a d t . Literaturverz. zur Darmstädter Theatergesch. Darmstadt 1976. 3 gez. Bl. [Maschinenschr.]

7018. K a i s e r , Hermann: Meine Freunde beim Darmstädter Theater. Bruchstücke e. Autobiographie. Darmstadt 1975. 34 Bl., 17 Taf. [masch.schr. vervielf.] [Theaterkritiker u. -historiker]

7019. L u d w i g , Pit: Lichtbilder. 1951–1976. 25 Jahre Theater in Darmstadt. Sellner, Hering, Beelitz. Darmstadt: Roether 1976. [138] S., überwiegend Abb.

7020. K a i s e r , Hermann: Das Darmstädter Mundartstück und die Hess. Spielgemeinschaft. Eine Dokumentation. Darmstadt 1974. 56 S. m. Abb.

7021. S t e i n b a c h , Rolf: Die Entwicklung der deutschen Passionsspiele, dargestellt an den F r a n k f u r t e r Spielen. – In: Rolf Steinbach: Die dt. Oster- u. Passionsspiele d. Mittelalters. 1970, S. 141–161

7022. M e n t z e l , Elisabeth: Geschichte der Schauspielkunst in Frankfurt am Main von ihren ersten Anfängen bis zur Eröffnung des städtischen Komödienhauses. Ein Beitr. z. dt. Kultur- u. Theatergesch. Nachr. d. Orig.-Ausg. Frankfurt a.M.: Völcker 1882. Leipzig: Zentralantiquariat d. DDR; Ffm.: Keip 1974. VIII, 544 S. (AFGK N. F. 9)

7023. S c h a n z e , Helmut: Drama im Bürgerlichen Realismus 1850–1890. Theorie u. Praxis. Ffm.: Klostermann 1973. VIII, 271 S. [Enthält u.a. Aufführungsliste d. Ffter Theaters 1849–1886 u. d. Ffter Theaterpolitik] (Studien zur Philosophie u. Literatur d. 19. Jh. 21)

7024. M o h r , Albert Richard: Das Frankfurter Schauspiel 1929–1944. Eine Dokumentation zur Theatergesch. m. zeitgenöss. Berr. u. Bildern. Ffm.: Kramer 1974. 656 S.

7025. R o l f s , Rudolf: Pfui! Ein Vierteljahrhundert schlechtes Welttheater am Beispiel Schmiere. Texte: Rudolf Rolfs. Satir. Theater, Die Schmiere. ... Neumünster 1975: evert-dr. 101 ungez. Bl.

7026. R o l f s , Rudolf: Inventur eines Hirns. Ffm.: Die Schmiere [1976]. 196 S.

7027. R o l f s , Rudolf: Schlag nach bei Rolfs. 3., erw. Aufl. Ffm.: Die Schmiere 1976. 200 S.

7028. K n o e d g e n , Marie-Luise: Ein Jahr Frankfurter Figurentheater. – In: Ztg M 1974, Nr 1, Bl. 4

7029. B u s s m a n n , Georg: Der Frankfurter Kunstverein zur Experimenta 4. [Ausstellung] 28. 5.–6. 6. 1971. Kat. Bearb.: Georg Bussmann. Ffm.: Ffter Kunstverein 1971. 15 Bl. [Kindertheaterfestival]

7030. Experimenta 5. [Kindertheaterfestival in Ffm.] – In: Ztg 1975, Nr 2, Bl 1–6

7031. „Das Verschwinden durch das offene Fenster". G e l n h ä u s e r Humoristen von einst „auf Tournée". – In: GelHJ 1974, S. 82–84 m. 3 Bildn. [Schwager-Club]

7032. W a g n e r , August: Die Aera des Dr. Rolf Prasch (1928–33). Ein Beitr. zur Gesch. d. Stadttheaters G i e ß e n . – In: HHGiess 1974, S. 89–92

7033. 50 Jahre Volksbühne H a n a u e. V. Verantwortl.: Friedrich Wilhelm A d a m i u. Heinz N i e d e n t h a l . [Festschrift] Hanau [1975]. 48 S. m. Abb.

7034. K a i s e r , Erich: Die H o m b e r g e r Marktplatzspiele. Mit e. Nachw. über d. Homberger Marktplatz u. d. Laienspiel Homberg. Homberg 1974. 80 S. (Homberger Hefte 13)

7035. 20 Jahre Schultheater an der tilemannschule. 1952 spielschar gymnasium l i m b u r g [Festschrift]. Limburg 1972. 75 S. m. Abb.

7036. U n v e r r i c h t , Hubert: Nicolaus Simrock als Lieferant von Opernpartituren für die M a i n z e r Bühne 1788–1792. – In: MAmrhM 20. 1970, S. 202–209

7037. W a g n e r , August: Bad N a u h e i m s Kurtheater. Erinnerungen an d. zwanziger Jahre. – In: HHGiess 1975, S. 45–47

7038. L e i n w e b e r , Berthold: Mein Freund, der Puppenspieler. Mit Abb. Gladenbach/Hessen: Kempkes [1975]. 121 S. [Über Karl Magersuppe u. sein S t e i n a u e r Marionettentheater]

7039. M e y e r , Johannes: Theatergemeinde W e i l b u r g . Kulturarbeit in d. Provinz. Mit 2 Abb. – In: NblWil 50. 1975, Nr 139, S. 319–320

7040. G o s e b r u c h , Ernst: In memoriam Carl Hagemann. – In: Lenz, Christian: Ernst Ludwig Kirchner. 1974, S. 35–40 [Theaterintendant in W i e s b a d e n ]

7041. D i e l m a n n , Karl: Theater in W i l h e l m s b a d . Wilhelmsbad u. sein Theater. – In: Festschrift z. Einweihung d. restaurierten Theaters Hanau. 1969. S. 34–45

7042. Daubeny, Peter: Der Traum vom Welttheater (My World of theatre [dt.]) Mit e. Einf. von Martin Esslin u. e. Vor- u. Nachw. von Ronald Bryden. Übers. von Edda Werfel. Wien: Europaverl. 1975. 400 S. [Schauspieler u. Theaterleiter, geb. in Wiesbaden]

7043. Goertz, Heinrich: Erwin Piscator in Selbstzeugnissen und Bilddokumenten. Reinbek b. Hamburg: Rowohlt 1974. 153 S. (Rowohlts monographien 221) [Regisseur u. Theaterleiter, geb. in Ulm/Kr. Wetzlar]

7044. Wolff, Robert: Zum Gedenken an Prof. Dr. Saladin Schmitt [18. 9. 1883–14. 3. 1951]. Zum 25. Todestag d. großen Bühnenleiters aus Bingen. Hrsg. zum 4. Dez. 1976 v. d. Ges. zur Förderung d. Stefan-George-Gedenkstätte u. d. Hist. Ges. Bingen e. V. Bingen 1976. 8 ungez. Bl. m. Abb. (Binger Gesch.Bll. 1)

## 2. Musik

7045. Rehm, Gottfried: Verzeichnis der Veröffentlichungen über Musik in der Rhön. (Bibliographie Rhöner Musik.) – In: FuGbll 50. 1974, S. 177–196

7046. Musik und Musiker am Mittelrhein. Ein biogr., orts- u. landesgeschichtl. Nachschlagewerk. In Verbindung mit den Musikwiss. Instituten d. Univ. Frankfurt/M. [u.a.] Hrsg. von Hubert Unverricht. Bd 1. Mainz: Schott 1974. 183 S. (Beitrr. z. mittelrhein. Musikgesch. 20) [Darin: S. 11–12: Philipp Schweitzer: Georg Valentin Appold [1793–1825, Hofkapellmeister in Darmstadt]; S. 15–24: Karlhans Weber: Büdingen; S. 26–33: Hans-Christian Müller: Christian Egenolff [1502–1555, Buchdrucker in Ffm]; S. 33–40: Marianne Reißinger: Ernst Dietrich Adolph Eichner [1740–1777, Komponist, geb. in Arolsen]; S. 69–71: Egmont Michels: Johann Heinrich Anton Hoffmann [1770–1842, Komponist in Mainz u. Ffm]; S. 71–73: Hubert Unverricht: Roman Hofstetter [1742–1815, Regens chori d. Abtei Amorbach]; S. 74: Philipp Schweitzer: Willy Hutter [1875–1960, Musikpädagoge in Darmstadt]; S. 86–90: Josef Staab: Kiedrich; S. 90–96: Ulf Scharlau: Athanasius Kircher [1601–1680, geb. in Geisa/Rhön]; S. 97–99: Volker David Kirchner: Volker David Kirchner [geb. 1942 in Mainz, Komponist]; S. 99–101: Franz Bösken: Georg Paul Köllner [1902–1971, Domkapellmeister in Mainz]; S. 111–112: Hubert Unverricht: Wolfgang Matthäus [1913–1970, Musikhistoriker aus Offenbach]; S. 112–120: Günter Wagner: Franz Joseph Messer [1811–1860, Komponist in Mainz u. Ffm]; S. 120–123: Renate Günther: Philipp Mohler [geb. 1908, Komponist in Ffm]; S. 124–126: Philipp Schweitzer: Elisabeth Noack [1895–1974, Musikerzieherin aus Mainz]; S. 126–129: Philipp Schweitzer: Friedrich Noack [1890–1958, Darmstädter Musikerzieher u. Komponist]; S. 130–133: Philipp Schweitzer: Philipp Orth [1844–1903, Männerchorkomponist in Darmstadt]; S. 133–138: Ekard Stark: Joseph Panny [1794–1838, Komponist in Mainz]; S. 138–139: Hans Radke: Hans Radke [geb. 1894, Musikerzieher in Hanau u. Arolsen]; S. 146–149: Philipp

Schweitzer: Familie Schmitt [in Darmstadt]; S. 149–154: Albert D u n n i n g : Joseph Schmitt [1734–1791; Regens chori im Kloster Eberbach/Rhg.]; S. 154–157: Hans Oskar K o c h u. Hermann J. B u s c h : Johann Friedrich Schmoll [1739–1794, Komponist aus Nieder-Saulheim]; S. 165–166: Magda M a r x - W e b e r : Benedict Stadtfeld (Stadfeld) [1788–1878, Kapellmeister u. Komponist in Wiesbaden]; S. 166–167: Magda M a r x - W e b e r : Christian Josef Anton Franz Alexander Stadtfeld [1826–1853, Komponist aus Wiesbaden]; S. 167–171: Arno L e m k e : Jacob Gottfried Weber [1779–1839, Jurist u. Komponist u. a. in Mainz u. Darmstadt]

7047. M i c h a e l , Erika: Im Musikantenwinkel des Untertaunus. Renaissance hist. Instrumente durch Meister Hoyer u. Meister Seiffert. – In: HJUTs 25. 1974, S. 175–180, 4 Abb. [Wehen]

7048. Festschrift Gesangverein „Sängerlust" A u f e n a u 70 Jahre. Vom 25.–28. Juli 1975. Aufenau 1975. 52 S. m. Abb. [S. 21–27: S t u h l , Benno: Chronik d. Gesangver. „Sängerlust" Aufenau, aufgestellt aus Anlaß d. 70jähr. Vereinsjubiläums zur Kommersfeier am 17. 5. 1975. 31–33: S t u h l : Aufenau – ein geschichtl. Rückblick]

7049. 50 Jahre Männergesangverein „Treue" Darmstadt- B e s s u n g e n 1924–1974 [Festschrift]. Darmstadt-Bessungen 1974. 40 S. m. Abb.

7050. Festschrift 25 Jahre Musikzug B i c k e n 1950–1975. Bicken 1975. 16 ungez. Bl. m. Abb. [Darin: Bicken im Aartal. Aus der Gesch. d. Vereins]

7051. 100 Jahre Concordia B i e b e r . Festschrift zum 100jähr. Jubiläum vom 24.–27. Mai 1974. Offenbach-Bieber 1974. 175 S. m. Abb.

7052. Festschrift zum 100jährigen Vereinsjubiläum des Gesangvereins „Liederkranz" 1874 e. V. B i e b e r g e m ü n d /Kassel. Red.: Karl S t a a b [u.a.] Kahl/M. 1974: Offset-Steiner. 107 S. m. Abb. [S. 25–31: R i e s b e c k , Linus, u. Walter K l e e s p i e s : Einst Kassel, jetzt Biebergemünd. 49–53: K l e e s p i e s , Walter: Vereinsgesch.]

7053. 80 Jahre Sängervereinigung B l e i d e n s t a d t . Festschrift 3.–5. Juli 1971. Bleidenstadt 1971. 49 S. m. Abb.

7054. 900 Jahre B ö d d i g e r . 100 Jahre Männer- u. Gemischter Chor Böddiger. 13. bis 16. Juni 1975. Felsberg 1975. 35 Bl. m. Abb.

7055. W e b e r , Karlhans: Musik in der Residenz B ü d i n g e n zur Zeit der Renaissance. Mit 1 Bild. – In: MAmrhM 21. 1970. S. 225–232; 22. 1971. S. 247–254

7056. Männergesangver. 1846 C a m b e r g e.V. Festschrift zum 130jährigen Vereinsjubiläum. Verbunden mit e. Pokal-Punktwertungssingen v. 27.–30. Aug.

1976. Camberg 1976. 106 S. m. Abb. [S. 23−27: 130 Jahre Männergesangver. 1846 Camberg. 29−30: P l e s c h e r , Helmut: Camberg. Land u. Leute]

7057. S c h w e i t z e r , Philipp: D a r m s t ä d t e r Musikleben im 19. Jh. Darmstadt: Justus-von-Liebig-Verl. 1975. 189 S. (Darmstädter Schriften 37)

7058. K a i s e r , Hermann: Freie Gesellschaft für Musik. Ein Kapitel Darmstädter Musikgesch. d. jüngsten Vergangenheit (1921−1926). Darmstadt 1976. 38 S. [masch.schr.]

7059. MGV „Sängerbund" 1851 D e h r n . Festschrift zum 125. Jubiläum. Festtage v. 11.−14. Juni 1976. 1851−1976. Dehrn/Lahn 1976. 40 ungez. Bl. [Darin: S e i p , Günther: Aus d. Gesch. v. Schloß u. Dorf Dehrn. S e i p : Aus der Gesch. d. MGV „Sängerbund" 1851 Dehrn]

7060. Festschrift des Kellerschen Männergesangvereins 1875 D i e b u r g . Dieburg 1975. 102 S., zahlr. Abb.

7061. Sängervereinigung Sängerlust. Arion 1875 e.V. Wiesbaden- D o t z h e i m . Festschrift zum 100jähr. Jubiläum mit Freundschaftssingen v. 6.−9. Juni 1975. Wiesbaden-Dotzheim: Sängervereinigung Sängerlust Arion 1975. 44 ungez. Bl. m. Abb. [Darin: Aus d. Gesch. Dotzheims. Rückblick auf 100 Jahre Vereinsgesch.]

7062. Festschrift 110 Jahre MGV Sängerbund 1872 Mainz- D r a i s . 2.−5. Juni 1972. Mainz-Drais 1972. [74] S. m. Abb.

7063. Festschrift 75 Jahre E b e r s t ä d t e r Spielmannszug. 1901−1976. 25 Jahre Leonhard-Bessler-Spielmannszug. (Bearb. von Ernst G ü n t h e r u. Friedhelm V o n b ü h r e n .) Darmstadt-Eberstadt 1975: Müller. 80 S., Abb.

7064. 140 Jahre Chorgesang in E c h z e l l . Festschrift zum Jubiläumsfest vom 30. Mai bis 2. Juni 1975. Echzell: Männerchor Einheit 1835, 1975. 60 S. m. Abb.

7065. Festbuch zum 90jährigen Jubiläum des MGV „Liederkranz" 1884 E i b e l s h a u s e n V. 17.−19. Aug. 1974 [Festschrift]. Eibelshausen 1974. 49 S. m. Abb. [S. 17−25: H e i n z , Fr. R.: 90 Jahre MGV „Liederkranz" 1884 Eibelshausen. 43−49: H e i n z : Eibelshausen u. seine Gesch.]

7066. Festschrift. 75 Jahre MGV „Cäcilia" 1899 Rüdesheim- E i b i n g e n 22., 23. u. 24. Juni 1974. Rüdesheim-Eibingen 1974. 36 S. m. Abb. [S. 13−27: D r i e s , Heinrich: Die Gesch. d. Ver.]

7067. Mandolinen- u. Wanderclub „Frisch auf" E l z . Festschrift zum 50jährigen Bestehen. Elz 1976. 81 S. m. Abb. [S. 27−39: L a u x , Irene: Aus der Gesch. d. Vereins]

7068. B a c h , Gertrud: Kur-, Konzert- und Operettenmusik in Bad E m s während seiner Glanzzeit. Mit 3 Abb. − In: RhHpfl N.F. 13. 1976, S. 118−123

7069. 1926–1976. 50 Jahre Männer-Gesang-Verein „Heimatliebe" E w e r s - b a c h [Festschrift]. Ewersbach 1976. 83 S. m. Abb. [S. 15–27: R e i n - h o l d t , Peter: Vereinsgesch. 43–47: H o f m a n n , Heinz: Die Margarethenkirche in Bergebersbach. 49–56: H e r d e n , W.: Waldwirtschaft im oberen Dietzhölztal. 57–71: K o h l , Manfred: Das Amt Ebersbach zu Beginn d. 19. Jh. 73–80: C o r d t , Friedrich: Die Buderus'sche Neuhütte zu Ewersbach]

7070. Festschrift zum 50-jährigen Jubiläum des Clubs „Harmonie" F l ö r s h e i m am Main am 12., 18. und 20. Mai 1974. Flörsheim 1974. 16 S.

7071. 1930–1975. 10. Landeswertungsspielen der hess. Feuerwehr-Spielmanns-, Fanfaren- und Musikzüge verbunden mit dem 70jährigen Bestehen der Freiwilligen Feuerwehr und dem 45jährigen Bestehen des Spielmannszuges vom 30. Mai–2. Juni 1975 in F r ä n k . C r u m b a c h . Hrsg.: Freiwillige Feuerwehr Fränk.-Crumbach. Fränkisch-Crumbach 1975. 41 ungez. Bl.

7072. M o h r , Albert Richard: Musikleben in F r a n k f u r t am Main. Ein Beitrag zur Musikgesch. vom 11. bis 20. Jh. Ffm.: Kramer 1976. 405 S. m. Abb.

7073. T h o m a s i u s , Jutta W.: In Frankfurt wird Musik gemacht. – In: Frkf 20. 1975, H. 3, S. 8–11

7074. S c h w e i z e r , Gottfried: 100 Jahre Frankfurter Palmengarten-Orchester. – In: Das Orchester 19. 1971, H. 6, S. 313–314

7075. K u l e n k a m p f f , Hans-Wilhelm: 25 Jahre Frankfurter Funksinfoniker. [Sinfonieorchester d. Hess. Rundfunks.] – In: Das Orchester 19. 1971, H. 1, S. 24–25

7076. S c h w e i z e r , Gottfried: 25 Jahre Rundfunkorchester und Tanzorchester Frankfurt a.M. – In: Das Orchester 19. 1971, H. 7/8, S. 364–365

7077. 150 Schalterhallenkonzerte in der Frankfurter Sparkasse von 1822. Polytechnische Gesellschaft. [Überblick u. Ber.] Ffm.: Ver. zur Pflege u. zur Förderung junger Musiker 1975. 8 Bl.

7078. E n d r e s s , Gudrun: 15 Jahre Jazz im Palmengarten. Ein Gespräch mit Heinz Werner Wunderlich. – In: Jazz-Podium 22. 1973, H. 9, S. 30–31

7079. W o l f , Eugene K.: Fulda, Frankfurt, and the Library of Congress. A recent discovery. – In: Journal of the American musicological society 24. 1971, S. 286–291 [Geschichte Fuldaer Musikhandschriften des 18. Jh., die heute in der Landesbibliothek Fulda, Stadt- u. Universitätsbibliothek Frankfurt a.M. u. Library of Congress in Washington aufbewahrt werden]

7080. R ü b s a m , Paul: Ein Beitrag zur F u l d a e r Musikgeschichte. Chronik d. konzertlichen Entwicklung seit d. Säkularisation. – In: BuBll 49. 1976, S. 75–76

7081. R ü b s a m , Paul: Musikalische Chronik der Stadt Fulda. – In: BuBll 49. 1976, S. 85–86

7082. 75 Jahre Gesangverein „Liederblüte" G a r b e n t e i c h . Festschrift zur Erinnerung an d. 75jähr. Jubiläumsfest … veranstaltet am 2. bis 4. Juni 1973. Garbenteich 1973. 88 S.

7083. G r o s s , Ulrich: Musikpflege im alten G e l n h a u s e n . – In: GelHJ 1975, S. 134

7084. 70 Jahre Männergesangverein „Eintracht" e.V. 1906–1976. Freundschaftssingen H a h n i.T. 14.–16. Mai 1976 [Festschrift]. Hahn i. T. 1976. 17 ungez. Bl. [Darin: Aus der Vereinsgesch. d. Männergesangver. Eintracht Hahn]

7085. 1886–1976. 90 Jahre Sängerkranz 1886 H a i n t c h e n e.V. Gesangver. „Sängerkranz" 1886 Haintchen e.V. [Festschrift]. Jubiläumsfest v. 30. 7.–1. 8. 1976. Haintchen 1976. 11 ungez. Bl. m. Abb.

7086. Festschrift zum 50jährigen Jubiläum verbunden mit d. Kreis-Sängerfest d. D. A. S. Hanau Stadt u. Land v. 30. Mai bis 2. Juni 1975. Männerquartett Frohsinn 1925 H a n a u . Hanau 1975. 30 ungez. Bl. m. Abb.

7087. 1885–1975. 90 Jahre Männergesangver. 1885 „Liederkranz" H a s s e l b a c h . Mitglied d. Hess. Sängerbundes im dt. Sängerbund. Festschrift zum 90-jähr. Vereinsjubiläum verbunden mit Gruppensingen d. Gruppe I „Goldener Grund" Pokal- u. Freundschaftssingen. Hasselbach 1975. 128 S. m. Abb. [S. 25–33: B e c k e r , Werner, u. Reinhold O c h s : Vereinschronik d. MGV „Liederkranz" Hasselbach e.V. 39–59: M e n n i n g e n , Berthold: Aus d. Gesch. Hasselbachs]

7088. 100 Jahre Männergesangverein „Union" 1875 H a u s e n über Aar [Festschrift]. Vom 6. bis 8. Juni 1975. Hausen üb. Aar 1975. 40 ungez. Bl. [Darin: S c h ö n b o r n , Alwin u. Josef R i e d l : Chronik d. Männergesangver. „Union" Hausen üb. d. Aar, gegr. 1875. H e r t l i n g , Edmund: Ein Beitrag zur Ortsgesch. v. Hausen üb. Aar]

7089. Hessische Landesmeisterschaft am 26. Sept. 1976 in d. Jahrhunderthalle zu Ffm.- H ö c h s t [Festschrift]. Ausrichter Hoechster Schloßgarde 1956 e.V. Red.: Max Feilscher, Horst Steinbrech. Ffm.-Höchst 1976. 11 ungz. Bl. m. Abb. [Darin: Der Fanfarenzug d. Hoechster Schloßgarde 1956 e.V.]

7090. 125 Jahre Herbertscher Chor „Eintracht 1847" H ö c h s t . Festschrift zum Jubiläum vom 1.–4. Juni 1972. Höchst 1972. 28 ungez. Bl. [Höchst im Odenwald]

7091. D ö r i n g , Reinhard: Musikhaus Grützner – wieder ging ein Stück „Alt H o m b u r g " dahin. Mit 2 Bildn. – In: AHo 19. 1976, S. 143–144

7092. 20 Jahre Fanfarenzug K.- H o r n a u e.V. Festschrift zum Spielmanns- und Fanfarenzug. Wettstreit vom 24.–26. Mai 1974. Kelkheim/Ts 1974: Jost. 115 S. m. Abb. [S. 17–23: K l e i p a , Dietrich: Die Adligen v. Hornau. 25–27: R e u s s , Herbert: Das älteste Haus in Kelkheim-Hornau. 29–31: R e u s s : Rote Mühle. Idyll im Liederbachtal. 35–37: L a u n , Wilhelm: Fanfaren- u. Spielmannszüge. 99–113: Geschichte d. alten Klostergutes Rettershof gegr. 1146]

7093. B o e t t g e r , Gerd Hermann: Die Gesichter mögen fröhlich bleiben. 25 Jahre Musikfreunde I d s t e i n . Mit 2 Abb. – In: HJUTs 27. 1976, S. 187–191

7094. Ein Verein im auf und ab der Zeit ... am Beispiel d. Gesangver. K e t t e n b a c h . – In: HJUTs 26. 1975, S. 123–125

7095. Festschrift zum 110jährigen Jubiläum. Gesangverein Frohsinn 1857 K l e i n - K r o t z e n b u r g am Main. Klein-Krotzenburg 1967. 52 S., Abb.

7096. 50 Jahre Männer-Gesangverein „Sängerkranz" L a n g e n a u b a c h [Festschrift]. Jubiläum v. 4.–7. Juni 1976. Langenaubach 1976 [Darin: H e i d e r s d o r f , Erich: Aus der Gesch. d. MGV „Sängerkranz"; Langenaubach in seiner Entwicklung]

7097. Festschrift zum 100jährigen Jubiläum des „Männergesangvereins 1868" L a n g e n - B r o m b a c h vom 6. Juli bis 8. Juli 1968. Red.: Adam R i p p e r u. Heinz G r ü n e w a l d . Bad König 1968: Stockert. 88 S.

7098. 50 Jahre Männergesangverein „Sängerlust" 1924 e.V. L a n z i n g e n [Festschrift]. Lanzingen 1974. 17 ungez. Bl. m. Abb. [Darin: Vereinschronik d. M.G.V. „Sängerlust" 1924 e.V. Lanzingen]

7099. 100 Jahre Singverein 1870 L a u d e n b a c h [a. d. Bergstraße] 1870–1970 [Festschrift]. Zum 100 jähr. Jubiläum mit Fahnenweihe verbunden mit Punktwertungs-, Prädikat- u. Freundschaftssingen v. 13.–15. Juni 1970. Laudenbach 1970. 172 S. m. Abb.

7100. Festschrift 90 Jahre Einigkeit L i e b l o s . 1881–1971. Vom 25.–28. 6. 1971. Lieblos 1971. 84 S., Abb.

7101. 1880–1975. Festschrift 95jähriges Bestehen Gesangverein „Einigkeit" e.V. Gründau-Lieblos v. 13. bis 16. Juni 1975. Lieblos/üb. Gelnhausen 1975. 28 ungez. Bl. m. Abb. [Darin: M e y e r , Georg, u. Reinhard W e i s : Die Geschichte d. Jubilarvereins]

7102. Männerchor „Cäcilia" L i n d e n h o l z h a u s e n . Festschrift zum 75jährigen Stiftungsfest vom 27. bis 31. Mai 1976. Lindenholzhausen 1976. 163 S. m. Abb. [S. 25–31: Aus d. Vereinsgesch.]

7103. Männergesangver. „Eintracht" 1875 M e d e n b a c h . Mitglied d. Hess. Sängerbundes im DSB. Festschrift zum 100jährigen Jubiläum verbunden mit einem Freundschaftssingen 16. bis 19. Mai 1975. Pfingsten. Medenbach 1975. 63 S. m. Abb. [S. 44–53: Aus der Gesch. d. MGV Eintracht Medenbach. 57–63: Interessantes aus Medenbachs Vergangenheit u. Gegenwart]

7104. Festschrift zum 120-jährigen Bestehen. Gesangverein 1846 M e e r h o l z . Festtage vom 3.–6. 6. 1966. Meerholz 1966. 68 S., Abb.

7105. Gesangverein 1845 Meerholz e.V. Festschrift zum 130jährigen Bestehen verbunden mit Jubiläumsliederabend u. Gesangswettstreit. Festtage v. 30. Mai

– 2. Juni 1975. Meerholz 1975. 99 S. m. Abb. [35–49: Gesangver. 1845 Meerholz: Vergangenheit u. Gegenwart. 57: H e r m a n n , Kurt: 800 Jahre Meerholz]

7106. Festschrift anläßl. der Feier des 25jährigen Bestehens des Gesangvereins ‚Glück auf' Grube M e s s e l am 16., 17. und 18. Aug. 1974. Messel (b. Darmstadt) 1974. 9 ungez. Bl.

7107. 75 Jahre 1901–1976. Festschrift zum 75jährigen Jubiläum des Gesangvereins Concordia 1901 M ü n c h h o l z h a u s e n e.V. vom 11. bis 14. Juni 1976. Verbunden mit e. Pokalwertungssingen am 13. Juni 1976. Münchholzhausen 1976. 134 S. m. Abb. [S. 35–69: K a u f m a n n , Willi: Chronik d. Gesangver. „Concordia 1901 e.V."; S. 71–75: J a n k e , Heinrich: Zur Vorgesch. d. Gemarkung Münchholzhausen]

7108. Gesangver. „Liederblüte" 1884 N a u r o d i. Ts. Festschrift zur Feier des 90jährigen Bestehens verbunden mit Festkommers u. Freundschaftssingen am 31. Aug. u. 1. Sept. 1974. Nordenstadt 1974: „Erbenheimer Anzeiger". 54 S. [S. 43–47: Chronik d. Gesangver.]

7109. Fünfzig Jahre Mandolinen-Orchester 1924 e.V. N e u e n h a i n /Taunus. 28. Apr. u. 17.–19. Mai 1974. Neuenhain (Taunus) 1974. 128 S. m. Abb.

7110. 115 Jahre Chorgesang von 1853 bis 1968 in N i e d e n s t e i n [Festschrift]. Jubiläumsfest d. Volkschores, ehemals Liedertafel, mit Bannerweihe, verbunden mit d. Gruppenfest d. Gruppe Falkenstein. Niedenstein 1968. 56 S. m. Abb.

7111. N i e d e r g r ü n d a u Musik- u. Vogelschutz Vereinigung. 10jähriges Jubiläum [Festschrift]. Musikfest 20.–23. Juni 1975. Sonnenwende auf d. Berg. Niedergründau 1975. 5 ungez. Bl. m. Abb. [Darin: Chronik d. Musikgruppe]

7112. Männergesangverein „Liederkranz" 1880 N i e d e r r e i f e n b e r g ... Festschrift zum 95jährigen Jubiläum ... vom 13.–15. Sept. 1975. Usingen 1975: Wagner Druck. 48 ungez. Bl.

7113. MGV „Liederkranz" N i e d e r s e l t e r s e.V. Mitglied d. Hess. Sängerbundes im D. S. B. 75 Jahre Chorgesang 1897–1972 [Festschrift]. Festtage v. 9.–12. Juni 1972. Zsstellung: Ernst G a b r i e l . Niederselters 1972. 104 S. m. Abb. [S. 27–33: S t i l l g e r , F. J.: Sag mir, wo d. Lieder sind ... Versuch e. Anregung, verlorene Volkslieder zu finden. 35–41: I r m t r a u t , Liebmut v.: „Geplündert u. gewürgt". 2 Briefe aus d. 30jähr. Krieg. Hrsg. von Armin Matthäus K u h n i g k . 43–101: 75 Jahre Männergesangver. „Liederkranz" Niederselters]

7114. Ver. Frohsinn 1890 e.V. O b e r u r s e l . 25 Jahre Damenrat. 25 Jahre Fanfarenzug [Festschrift]. Programm u. Liederheft zu d. Jubiläumssitzungen d. Kampagne 1973 am 3. u. 10. Febr. Oberursel 1973. 29 S. m. Abb. [Darin: Kleine Chronik unseres Fanfarenzuges]

7115. Männer-Gesangver. „Cäcilia" 1874 e.V. O b e r w a l l u f im Rheingau. Festschrift zum 100jährigen Jubiläum mit Freundschaftssingen am 8., 9. u.

10. Juni 1974. Oberwalluf/Rhg.: Männergesangver. „Cäcilia" 1874 e.V. 1974. 71 S. m. Abb. u. Bildn. [S. 17–21: Aus der Gesch. d. Männergesangver. Cäcilia]

7116. 100 Jahre Gesangverein „Frohsinn", O c k s t a d t. Festschrift zum 100jährigen Jubiläum ... am 20., 21., 22. u. 23. Juni 1969. Ockstadt 1969. 176 S.

7117. R i e d e l , Friedrich W.: Zur Musikgeschichte der Stadt O f f e n b a c h. – In: MAmrhM 29. 1974, S. 62–63

7118. 85 Jahre Chorgesang R i e d e l b a c h. Sängerfest v. 10.–13. Sept. 1976. Festschrift zum 85jährigen Vereinsjubiläum verbunden mit Prädikat-Wertungssingen d. Sängerkreises Usingen im HSB Freundschaftssingen. Usingen 1976: Wagner. 40 ungez. Bl. m. Abb. [Darin: H ö l z e l , Tharko: Chronik d. Chorvereinigung „Sängerlust" Riedelbach 1891. O d e n w a l d , Robert: Gesch. d. Gemeinde Riedelbach]

7119. 130 Jahre Chorgesang in R o d an der Weil. Festschrift. 21.–22. Sept. 1974. Rod a. d. W.: Sängervereinigung 1974. 42 ungez. Bl. [Darin: M a r t i n : Rod an d. Weil, ein allgem. kurzgefasster Überblick. B ä p p l e r , Wilhelm: Rod a. d. Weil. S c h m i d t , I., u. H. S e i b e r t: 130 J. Chorgesang in Rod a. d. Weil]

7120. Festschrift 100 Jahre R ü d e s h e i m e r Männergesangverein 1875 e.V. Freundschaftssingen am 7., 8. u. 9. Juni 1975. Rüdesheim a. Rh. 1975. 61 ungez. Bl. m. Abb. [Darin: Aus Rüdesheims Gesch. Gesch. d. Rüdesheimer Männergesangver. 1875 e.V.]

7121. H o f m a n n , Heinrich: Das Musikleben des Stiftes S a l m ü n s t e r im Einflußbereich der Gregorianik. Mit 2 Abb. u. 3 Notenbeispiele. – In: BeBo 25. 1974, S. 102–114

7122. G[esang]V[erein] „Harmonie" 1884 S c h w a b e n h e i m. 1884–1974. Festschrift zum 90jährigen Bestehen verbunden mit einem großen Gesangswettstreit. ... Mainz 1974: Kunze. 178 S. m. Abb.

7123. E s c h e n a u e r , Friedhelm: Studien zur Musikpflege in L a n g e n s c h w a l b a c h bis zum Ausgang des 17. Jahrhunderts. Mit 2 Abb. – In: HJUTs 1974, S. 221–230

7124. 1874–1974. 100 Jahre Männer-Gesang-Verein „Germania" S e c h s h e l d e n [Festschrift]. Sechshelden üb. Dillenburg 1974. 100 S. m. Abb. [Darin: Gesch. d. MGV „Germania" Sechshelden]

7125. Festschrift zum 100jährigen Jubiläum des Gesangvereins „Sängerhain" 1874 S i n n . Festtage am 7., 8., 9. u. 10. Juni 1974. 100 S. m. Abb.

7126. Festschrift zum 100-jährigen Vereinsjubiläum des MGV Concordia Wiesbaden- S o n n e n b e r g. 8. Juni u. v. 13. Juni – 16. Juni 1975. Wiesbaden-Sonnenberg 1975. 37 ungez. Bl. m. Abb. [Darin: S o l i n g e r , Adolf: 100 Jahre Männergesangver. „Concordia" Wiesbaden-Sonnenberg]

7127. Männergesangverein Concordia 1901 T h a l h e i m e. V. Festschrift zum 75jährigen Vereinsjubiläum. Festtage v. 11. bis 14. Juni 1976. Thalheim 1976. 134 S. m. Abb. [S. 33–39: H e e p , Heribert: Ortsgesch. 45–51: S c h m i d t , Herbert: Vereinsgesch.]

7128. Männerchor 1864 Ffm.- U n t e r l i e d e r b a c h .... 110 Jahre, 1864– 1974. Festschrift zum 110jähr. Jubiläum v. 18. bis 20. Mai 1974. ... Ffm.- Unterliederbach 1974. 88 S.

7129. 100 Jahre Gesangverein „Liederkranz" U n t e r - O s t e r n , Odenwald. Festschrift zum 100jähr. Bestehen d. MGV Liederkranz Unter-Ostern. ... Vom 18.–20. Juni 1976. 36 ungez. Bl.

7130. Festschrift 27., 28. 29. Aug. 1976. 120 Jahre Männergesangverein 1856 W e h e n . Wehen 1976. 68 S. [S. 19–42: Aus d. Vereinsgesch.]

7131. G r o ß , Karl, u. Ludwig Michel: Die Geschichte des Männergesangvereins W e h r s h a u s e n . – In: Wehrshausen bei Marburg. Marburg 1974, S. 193–195

7132. M e y e r , Johannes: W e i l b u r g auf dem Weg zur Festspielstadt. Mit 4 Abb. – In: NblWil 49. 1974. Nr 134, S. 169–171 [Betr. Schloßkonzerte]

7133. 100 Jahre Männergesangverein „Liedertafel" W i c h d o r f [Festschrift]. Vom 17.–20. Juni 1976. [Mit geschichtl. Abriß über Wichdorf von Emil G r ö ß e l . ] Niedenstein 1976. 84 S.

7134. W i e s b a d e n e r Bachwoche vom 23. bis 30. November 1975. Veranstalter: Schiersteiner Kantorei Wiesbaden, Ver. d. Freunde u. Förderer d. Schiersteiner Kantorei e. V. Programm, Mitwirkende, Texte. Wiesbaden-Schierstein 1975. 75 S. m. Abb.

7135. Männergesangverein Germania 1875 Wiesbaden. 1875–1975. Festschrift zum 100-jähr. Jubiläum am 12., 18. u. 19. Okt. 1975 mit Freundschaftssingen. Wiesbaden 1975. 39 S. m. Abb. [S. 17–23: Chronik]

7136. 100 Jahre MGV ‚Einigkeit' 1875 e.V. W i n t e r s h e i m /Rhh. Festschrift. Wintersheim/Rhh. 1975. 152 S. m. Abb.

7137. 90 Jahre Chorgesang 1885–1975. Festschrift zum Sängerfest der Kultur-Gemeinschaft W i t t g e n b o r n am 20.–21. u. 22. Juni 1975. Wittgenborn 1975. 36 S. m. Abb. [S. 12: 90 Jahre Vereinstätigkeit. 32–36: H e m p e l , Karl: Vom Ursprung d. Ortes u. dem Gang d. Besiedlung seiner Mark]

7138. R e u t e r , Fritz: W o r m s e r Stadtmusikanten im 18. Jh. – In: AHG N. F. 32. 1974, S. 257–282

7139. K r a n e i s , Oskar: Der Musikalienhandel in Frankfurt am Main von seinen Anfängen bis zum Jahr 1700. o. O. 1974. 245 S. Frankfurt/M., Fachbereich Klass. Phil. u. Kunstwiss., Diss. 1973

7140. S c h a e f e r , Hartmut: Die Notendrucker und Musikverleger in Frankfurt am Main von 1630 bis um 1720. Eine bibliograph.-drucktechn. Untersuchung. Bd 1. 2. Kassel: Bärenreiter 1975. /11 S. (Catalogus Musicus 7). Phil. Diss. Ffm. 1971

7141. B i l l , Oswald: Die Spalttypen des Johannes Wolff. Ein bisher unbekanntes Notendruckverfahren d. 16. Jh. in Frankfurt/M. – In: MAmrhM 32. 1976, S. 161–167 m. 12 Abb.

7142. M a t t h a e u s , Wolfgang: Der Musikverlag von Wolfgang Haueisen zu Frankfurt am Main 1771–1789. – In: Die Musikforschung. 22. 1969, S. 421–442

7143. S c h r o t h , Gerhard: 1876–1976. Die Geschichte des Musikverlags Zimmermann. Der Weg von Newa an d. Main, nach Titelblättern zsgest. Ffm.: Zimmermann [1976]. 24 S.

7144. W i n t e r , Theodor: Ein halbes Jahrhundert Bärenreiter-Verlag [Kassel]. – In: Jb. d. Archivs d. dt. Jugendbewegung 8. 1976. S. 104–13

7145. R e h m , Wolfgang: Musik und Verlag. Dargest. am Bärenreiter-Verl. Kassel. – In: Inf 6. 1976, Nr 11, S. 16–17

7146. Musikverlag B. Schott's Söhne, Mainz. Kurze Verlagsgesch. Text in dt., franz. u. engl. Sprache. Mainz 1971. 36 S. m. Abb.

7147. H o r t s c h a n s k y , Klaus: Die Andrés. Familie u. Verlag. Ihr Beitr. z. Musik-, Druck-, Stadtgesch. Ausst. Stadtmuseum Offenbach a.M. Offenbach a.M.: Stadtarchiv 1974. 64 S.

7148. A n d r é , Johann: 1774. Johann André, Musikverlag 1974. Mitarb.: Hubert Unverricht, Klaus Hortschansky. Festschr. d. Musikverl. Johann André in Offenbach z. 200-jähr. Firmenjubiläum am 1. Aug. 1974. Offenbach a. M. 1974. 13 Bl. m. Abb.

7149. H o r t s c h a n s k y , Klaus: 200 Jahre Musikverlag Johann André in Offenbach am Main. Festvortrag anläßl. d. Jubiläumsfeier am 6. Sept. 1974. Gekürzte Fassung. – In: MAmrhM 29. 1974, S. 54–62

7150. U n v e r r i c h t , Hubert: Vier Briefkopierbücher des Offenbacher Musikverlags André aus dem ersten Fünftel des 19. Jahrhunderts. – In: Quellenstudien zur Musik. 1972, S. 161–170

7151. U n v e r r i c h t , Hubert: Drei Briefe von J. Fr. X. Sterkel an seine Verleger. – In: MAmrhM 29. 1974, S. 64–65 [Betr. u. a. Musikverlage André in Offenbach u. Schott in Mainz]

3. M u s i k e r

7152. M i c h e l s , Egmont: Kurmainzer Hofmusiker in Frankfurter Orchestern. 3 Orchesterlisten im Vergleich. – In: MAmrhM 33. 1976, S. 217–228

7153. M o s e r , Hans Joachim: Leben und Lieder des A d a m von Fulda. Reprograf. Nachdr. [d. Ausg.] Bärenreiter, Kassel, 1929. Kassel [u.a.]: Bärenreiter, 1974. 48 S. m. zahlr. Noten (bärenreiter-reprints). Enthält außerdem: Die weltl. Liedsätze d. Adam von Fulda. − Reprogr. Nachdr. aus: Jb. d. Staatl. Akad. f. Kirchen- u. Schulmusik Berlin, 1, Kassel 1929

7154. K ö h l e r , Herbert: Albrecht B r e d e − Lehrer und Kantor zu Sontra. [1834−1920; auch Dirigent u. Komponist; 1880 Musikdirektor] − In: W 28. 1976, S. 35

7155. C o r n e l i u s , Peter: Spuren eines bewegten Lebens. Verschollenes u. Unveröffentlichtes. Vorgestellt von Barbara Glauert. Textred.: Walter Heist. Mainz a. Rh.: Krach 1974. 102 S. m. Bildn. u. Abb. (Kleine Mainzer Bücherei 9)

7156. G l a u e r t , Barbara: Peter Cornelius und seine Zeit. Dokumente aus Mainzer Besitz. Katalog d. gleichnamigen Ausstellung im Foyer d. Rathauses u. im Foyer d. Städt. Bühnen Mainz. Mainz: Krach 1974. 48 S. m. Abb.

7157. G l a u e r t , Barbara: Peter Cornelius, „Lehrer der Harmonie und Rhetorik". Ein Rückblick anhand unveröff. Dokumente. Mit zahlr. Bildn. u. Abb. − In: LRhPf 11. 1974, S. 141−146

7158. G l a u e r t , Barbara: Peter Cornelius. Musik aus d. Schatten. − In: MMag 1974, Dez. S. 3−10

7159. J a c o b , Paul Walter: Der beschwerliche Weg des Peter Cornelius zu Liszt und Wagner. Textred.: Walter Heist. Mainz a. Rh.: Krach [1974]. 90 S. m. Bildn. u. Abb. (Kleine Mainzer Bücherei 8)

7160. W a g n e r , Günter: Unbekannte Briefe von Peter Cornelius. − In: MAmrhM 30. 1975, S. 88−96. 125−31

7161. G o t t r o n , Adam: Christian E r b a c h (1570 bis 1635). Ein bedeutender Musikpädagoge aus Gau-Algesheim. Mit 2 Notenbeisp. − In: HJMBi 18. 1974, S. 155−157

7162. A l t s t a d t - G r u p p , Grete: Hans F l e i s c h e r . Wiesbadener Komponist 80 Jahre. Mit 1 Bildn. − In: WiL 25, 1976, 11, S. 24

7163. W a g n e r , Günter: Die Musikerfamilie G a n z aus Weisenau. Ein Beitr. z. Musikgesch. d. Juden am Mittelrhein. Mainz: Schott 1974. 72 S., 6 ungez. Taf., S. 73−127, 1 Faltbl. (Beitrr. z. mittelrhein. Musikgesch. 14)

7164. Verzeichnis des Schrifttums von Adam G o t t r o n . − In: MAmrhM 19. 1969, S. 184−190

7165. G o t t r o n , Adam: Im Schatten des Domes. Bubengeschichte aus d. alten Mainz. 2. Aufl. Mainz: Krach 1974. 128 S.

7166. F e d e r h o f e r , Hellmut: Adam Gottron 80 Jahre alt. − In: MAmrhM 19. 1969, S. 182−184

7167. Noack, Elisabeth: Kantaten [Christoph] Graupners für die Stadt Worms. – In: MAmrhM 1972, S. 293–4

7168. Rehm, Gottfried: Die Fuldaer Musikerfamilie Henkel [im 18. u. 19. Jh.]. – In: BuBll 48. 1975, S. 64

7169. Vierling, Johann Gottfried: Michael Henkels Briefwechsel mit Johann Gottfried Vierling. Von Gottfried Rehm. – In: FuGbll 52. 1976, S. 156–171 [Michael Henkel: Fuldaer Musiker, 1780–1851; Johann Gottfried Vierling: Organist, Lehrer u. Komponist in Schmalkalden] [Briefe Vierlings an Henkel]

7170. Sietz, Reinhold: Ferdinand Hiller. 1811–1885. – In: Rhein. Lebensbilder 6. 1975, S. 89–96 [Komponist aus Ffm]

7171. Cahn, Peter: Hindemiths Lehrjahre in Frankfurt. – In: Hindemith-Jb. 1972, 2, S. 23–47

7172. Friederichs, Heinz Friedrich: [Joseph] Hochs Persönlichkeit. – In: Stiftung Dr. Hoch's Konservatorium. 1974, S. 28–33

7173. Scharlau, Ulf: Athanasius Kircher (1601–1680) als Musikschriftsteller. Ein Beitr. z. Musikanschauung d. Barock. Marburg: Görich & Weiershäuser; Kassel: Bärenreiter-Antiquariat [in Komm.], 1969. X, 405, 19 S. (Studien zur hess. Musikgesch. 2) Literaturverz. S. 376–392

7174. Eschenauer, Friedhelm: Stammgast in Langenschwalbach: Giacomo Meyerbeer. Mit 1 Bildn. – In: HJUTs 26. 1975, S. 73–74

7175. Engelhardt, Rudolf: Mozart in Bingen. Mit 4 Bildn. u. 6 Abb. – In: BiA 11. 1976, S. 3–13

7176. Rehm, Gottfried: Die Kompositionen von H. Fidelis Müller [in Fulda, 1837–1905]. – In: BuBll 48. 1975, S. 48

7177. Schweitzer, Philipp: Elisabeth Noack 75 Jahre alt. – In: MAmrhM 21. 1970, S. 235–236 [Musikzieherin aus Mainz]

7178. Schweitzer, Philipp: Elisabeth Noack gestorben. – In: MAmrhM 29. 1974, S. 71–72

7179. Rehm, Gottfried: Freiherr von Redwitz wird [1792] Musikdirektor der Fuldaer Hofkapelle. – In: BuBll 49. 1976, S. 79

7180. Grosheim, Georg Christoph: Das Leben der Künstlerin Mara. Nachdr. d. Ausg. Cassel: Luckhardt 1823. Kassel: Hamecher 1972. 72 S. [Gertrud Elisabeth Schmeling, gen. Mara, Sängerin in Kassel]

7181. Michels, Egmont: Die Streichduos von Johann Nepomuk Stiastny [Cellist der Hofkapelle d. letzten Mainzer Kurfürsten Friedrich Karl Joseph

v. Erthal, später Mitgl. d. Großherzgl. Kapelle in Frankfurt/M.]. – In: MAmrhM 31. 1975, S. 115–124

7182. E u l e r , Friedrich Wilhelm: Ludwig S t r e c k e r , 92 Jahre alt. Mit 1 Abb. – In: MerckFZs 25. 1975, S. 357–364 [Geb. 13. 1. 1883 in Mainz. Komponist]

7183. Ludwig Strecker zum 90. Geburtstag. Festschr. f. e. Verleger. Hrsg.: Conrad D a h l h a u s . Mainz: Schott 1972. 428 S. m. Abb.

7184. F r a u n d , Adolf: Ilse Daniela U n g e r e r in memoriam. Mit 1 Bildn. – In: WiL 25, 1976, 12, S. 19 [Wiesbadener Musikschriftstellerin]

7185. K i r c h e r - U r s p r u c h , Theodora: Gedenkschrift zum 125. Geburtstag Anton U r s p r u c h 17. 2. 1850–11. 1. 1907. Lebens- u. Werkskizze e. Komponisten um d. Jahrhundertwende. [Zürich, um 1975.] 14 ungez. Bl. [Maschinenschr.]

7186. P r a e s e n t , Wilhelm: Aus C. M. von W e b e r s Tagebuch. Der berühmte Komponist besuchte 1825 Fulda, Schlüchtern u. Gelnhausen. – In: BuBll 47. 1974, S. 24

## B. KULTURELLES LEBEN

### 1. Feste, Spiele

7187. B r u n n e r , Heinz-Rudi: Volksfeste zwischen Rhein, Main und Neckar. Studien z. Folklorismus in d. Gegenwart. Bern & Frankfurt: Lang 1974. 212 S. m. Abb. (Europ. Hochschulschrr. R. 19: Ethnol., Kulturanthropol.: Abt. A. Volkskde. 7) Ersch. auch als Phil. Diss. Frankfurt/M. 1972

7188. H e r d e r , Hans, u. Hans P i p p e r t : 15 Jahre Hessentag. Eine Dokumentation. Wiesbaden: Presse- u. Informationsabt. d. Staatskanzlei [1975]. 71 S.

7189. Hessentag 1974. Wiesbaden: Hess. Landesregierung, Presse- u. Informationsabt., Staatskanzlei 1974. 40 S. m. Abb. u. Bildn. (SHInf 17)

7190. Festzug 15. Hessentag Wetzlar. Europäische Lahnwoche. 7. bis 15. Juni '75. Friedberg/Hessen: Wetterauer Dr. u. Verl. 1975. 1 Faltbl.

7191. T h o m a s , Axel: Das Mainfest [in Ffm]. Rummel, Tanz u. Ebbelwei. – In: Frkf 19. 1974, H. 3, S. 6–9

7192. B r a u n , Kurt: Entwicklung und historische Schichtung einzelner Elemente innerhalb eines Brauchkomplexes am Beispiel des „Lullusfestes" zu Bad Hersfeld. Marburg 1975. 203 S. m. Abb. Marburg, Univ., Fachbereich Gesellschaftswiss., Diss. v. 1975

7193. R o t h , Heinz: 25 Jahre Burgfest in Königstein. – In: FBKö 1975, S. 15–22

7194. 50 Jahre Wiesbaden-Schierstein 1926–1976. Festschrift u. Programm. Schiersteiner hafenfest am 9., 10., 11. u. 12. Juli 1976. Wiesbaden-Schierstein 1976. 48 S. m. Abb. [S. 33–34: Wieder Jungstörche in Schierstein]

7195. Volksfest zum Siegener Stadtjubiläum (750-Jahr-Feier 1974). – In: UHl 43. 1975, S. 3–7 m. zahlr. Abb.

7196. Podehl, Wolfgang: Zur Ausstellung d. Hess. Landesbibliothek Wiesbaden. Spielbanken – Spielhöllen. Katalog. Wiesbaden: Hess. Landesbibliothek 1975. 20 Bl. [Betr. insbes. Nassau]

7197. Brückner, Josef: 25 Jahre neue Bad Homburger Spielbank. – In: AHo 17. 1974, S. 93

## 2. Reisen, Wandern, Sport

7198. Staden, Hans: Zwei Reisen nach Brasilien 1548–1555 (Wahrhaftige Historia u. Beschreibung eyner Landtschafft der wilden, nacketen, grimmigen Menschfresserleuthen, in der Newenwelt [newen Welt] America gelegen, vor und nach Christi Geburt im Land zu Hessen unbekat, biss uff dise 2 nechst vergangene Jar, da sie Hans Staden von Homberg auss Hessen durch sein eygne Erfarung erkant). In d. Sprache d. Gegenwart übertr., mit e. Nachw. u. mit Erl. vers. von Karl Fouquet. 3., erg. Aufl. Marburg a. d. Lahn: Trautvetter u. Fischer 1970. 198 S. m. Abb. u. Ktn.

7199. Giebel, Horst: Hans Staden und die „wilden, nacketen, grimmigen Menschenfresser Leuthe". – In: WLKa 248. 1975, S. 59–63

7200. Schilly, Ernst: Saarbrücken und das Saarland in der Reiseliteratur des 17. und 18. Jahrhunderts: Thomas Carve, Martin Zeiller, Abraham Ortelius und Abraham Saur. – In: SaH 41. 1975, S. 5–25

7201. Wilk, Gerhard H.: Thomas Jefferson am Rhein. – In: NeuM 1973, 8, S. 7–8 [Deutschlandreise 1788]

7202. Lang, Joseph Gregor: Reise auf dem Rhein. Von Mainz bis zum Siebengebirge. Eingel. u. hrsg. von Willy Leson. Köln: Bachem 1975. 205 S. m. Abb.

7203. Richter, Georg: Die Reise nach Frankfurt. Der Leibdiener Goethes Wilhelm Stadelmann. Bilder von Georg Hetzelein. Nürnberg: Glock & Lutz 1971. 63 S. m. Abb. (Die fränkische Schatulle)

7204. Morgenstern, Johann Friedrich: Malerische Wanderung auf den Altkönig und einen Theil der umliegenden Gegend im Sommer 1802. Frankfurt 1803. Unveränd. Neudr. Kelkheim i. Ts: Kleipa 1976. 29 ungez. Bl. m. Abb.

7205. Pohl, Rudolf: Homberger Wanderverein ... [Zweigver. d. Knüllgebirgsver.] – In: KGB 1976, S. 82–103

7206. Sauer, Josef-Hans: 100 Jahre Rhönklub – 100 Jahre Arbeit für die Heimat. Betrachtungen z. Gesch. d. Rhönklubs. – In: RhW 1976, S. 34–41

7207. Zöller, L. u. Rudolf: Rhönklub-Geschichte in Porträts seiner fünf Präsidenten. – In: RhW 1976, S. 44–46

7208. Ertel, Kurt Friedrich: Der Gießener Wandervogel. – In: HHGiess 1976, S. 29–32. 36

7209. Festschrift des Westerwald-Vereins, Zweigverein Blasbach e.V. zum 50jährigen Jubiläum am 19. April 1975. Verbunden mit d. Einweihung d. Wanderheimes am 8. Mai 1975. Verantwortl. f. Text u. Inhalt: Gerd Pfeiffer u. Eberhard Peter. Blasbach 1975. [Darin u.a.: 50 Jahre Westerwaldver. Blasbach 1925–1975. Pfeiffer, Gerd: Wanderheim „Waldfriede"]

7210. Hucke, Hermann-Josef: Der Westerwald-Verein im Westerwaldkreis. Wandern u. Heimatpflege, d. tragenden Beine eines starken Ver. Mit 8 Abb. – In: Westerwaldkreis. Mühlheim/M. 1975, S. 201–208

7211. Gress: Schriften und Bilder zur Geschichte des Taunusklub Stammklub e.V. Frankfurt a.M.: Taunusklub 1974. 11 S.

7212. Klein, Armin: Ansprache anläßlich des 100jährigen Bestehens des Taunus-Klubs Bad Homburg am 5. Juli 1975. Mit 1 Abb. – In: AHo 19. 1975, S. 135–139

7213. 1894–1969. Sektion Hanau des Deutschen Alpenvereins (DAV) e.V. [Festschrift]. Hanau 1969. 42 S. m. Abb.

7214. Thielke, Dieter: Moderne Sportförderung im Untertaunuskreis. Mit zahlr. Abb. – In: HJUTs 27. 1976, S. 161–177

7215. Dietrich, Karl: Der Sport [im Unterlahnkr.] Mit 1 Abb. – In: Der Unterlahnkr. Mainz 1967, S. 105–106

7216. Heibel, F. Ludwig: Der Sport und seine Förderung. Mit 4 Abb. – In: Westerwaldkreis. Mühlheim/M. 1975, S. 177–182

7217. Der hessische Turnverband. Handbuch 1974. 11. Ausgabe. Bad Vilbel 1974. 240 S. m. Abb.

7218. Friauf, Waldemar: 40 Jahre Segelflug in der Schwalm. – In: SchwJb 1974, S. 90–94

7219. Rösch, Georg: Die Schwimmbäder im ehemaligen Kreis Gelnhausen. Mit 2 Bildern u. Bildn. d. Bade- u. Schwimmmeister. – In: GelHJ 1975, S. 121–123

## B. Kulturelles Leben

7220. C h r i s t m a n n , Otto: 25 Jahre „Motorsportclub Michelbacher Hütte" e. V. DMV A a r b e r g e n . Mit 3 Abb. – In: HJUTs 27. 1976, S. 159–160

7221. TGB [Turngemeinde B e s s u n g e n ] 1865 Darmstadt e. V. 50 Jahre Handballabteilung 1924–1974. Darmstadt 1974. 61 S.

7222. [K e l l e r , Karl:] 75 Jahre F(ußball) V(erein) Germania 1901, Offenbach-B i e b e r [Festschrift]. Offenbach-Bieber 1976. 71 S.

7223. B i e b r i c h e r Tennisclub Grün-Weiß e. V. Festschrift zum 50jährigen Jubiläum. Wiesbaden-Biebrich 1975: 21 S. m. Abb. [S. 7–21: 50 Jahre Tennis in d. Richard-Wagner-Anlage in Wiesbaden-Biebrich]

7224. S e i b , Arthur u. Gerhard: Jubiläumsfestschrift. RCB 75. 75 Jahre Radfahr-Club 1900 Wiesbaden- B i e r s t a d t e. V. Wiesbaden-Bierstadt 1975: H. D. Schulze. 79 S. m. Abb. [S. 21–25: Aus Bierstadts Gesch. 25–41: Die Entwicklung d. Bierstadter Radsports]

7225. Sportschützen-Verein B l e i d e n s t a d t e. V. Zum 5jähr. Bestehen d. Sportschützen-Vereins Bleidenstadt e. V. [Festschrift]. Bleidenstadt 1976. 9 ungez. Bl. m. Abb. u. Bildn.

7226. 100 Jahre T(urn- und) S(port) V(erein) B o n a m e s 1875–1975. Festschrift. Ffm.-Bonames 1975. 68 S.

7227. 80 Jahre TV B r e c k e n h e i m 1890 e. V. 13., 14. u. 15. Juni 1970 [Festschrift]. Breckenheim 1970. 19 ungez. Bl. m. Bildn. [Darin: 80 Jahre Turnver. Breckenheim e. V. Aus Breckenheims Ortsgesch.]

7228. Immer am Ball bleiben! Tennis in Breckenheim. Turnver. 1890 Breckenheim, Tennisabt. [Festschrift]. Breckenheim 1975. 7 ungez. Bl. m. 1 Pl. [Darin: Chronik. Tennis in Breckenheim]

7229. Festschrift zum 50jährigen Bestehen der Handballabteilung des TV Breckenheim 1890 e. V. 4.–7. Juni 1976. Breckenheim 1976. 25 ungez. Bl. m. Abb. [Darin: 50 Jahre Handball im Turnver. Breckenheim. Alter Pfingstbrauch in Breckenheim]

7230. TV 1888 e. V. B ü t t e l b o r n [Festschrift]. 50 Jahre Handball. Pfingsten 1975. Büttelborn 1975. 55 S. m. Abb.

7231. 25 Jahre Schachclub C a m b e r g [Festschrift]. Hrsg.: Schachclub Camberg 1948. Schriftl.: Reinbern M e r t e n s . Camberg 1973. 36 S. m. Abb.

7232. Sport in D a r m s t a d t . Darmstadt: Stadtverwaltung, Presse- u. Informationsamt, Sportamt 1976. 14 S., 1 Kt.

7233. 75 Jahre SV Darmstadt 1898. Festschrift 75jähr. Jubiläum des SV 98 Darmstadt. Darmstadt 1973. 65 ungez. Bl.

7234. O l d e n d o r f , Karl: Tradition und Fortschritt am Ziegelbusch. 100 Jahre Turnges. Darmstadt. Festschrift anläßl. d. 100jähr. Jubiläums d. Turnges. 1875 Darmstadt e. V. 1.–9. August 1975. Darmstadt 1975. 52 S. m. Abb.

7235. Neuhaus, Henner, u. F. C. Hundhausen: 50 Jahre Segelflug auf dem Dörnberg. Ein Rückblick u. e. Ausblick. – In: JbLKa 1974, S. 76–78

7236. 25 Jahre Schachclub 1950 Eppertshausen [Festschrift]. Red.: Claus Köpke. Eppertshausen 1975. 26 ungez. Bl.

7237. Sportverein Erbach 1913 e.V. Festschrift zum 60jährigen Jubiläum. 25. Mai–3. Juni 1974. Erbach/Rhg.: Sportver. 1974. 26 ungez. Bl. m. Abb. [Darin: Schmitt, Franz: 60 Jahre Sportver. Erbach 1913 e.V.]

7238. Reit- und Springturnier am 1., 3. u. 4. Mai 1975 auf d. Turnierplatz Wiesbaden-Erbenheim. 50 Jahre Reit- u. Fahrverein 1925 Wiesbaden-Erbenheim e.V. [Festschrift.] Wiesbaden-Erbenheim 1975. 64 S. m. Abb. [S. 7–11: 50 Jahre Reit- u. Fahrver. Erbenheim]

7239. 50 Jahre Sportverein Ettingshausen 1921 e.V. Festtage vom 3. bis 12. Juli 1971. Grünberg/Hess. 1971: H. Robert. 26 ungez. Bl.

7240. Festschrift zum 50jährigen Bestehen des Schachvereins 1926 Fechenheim in Frankfurt am Main. [Ffm. 1976.] 36 S.

7241. Turn- u. Sportver. 1900 Fleisbach e.V. Festbuch zum 75jährigen Bestehen des Turn- und Sportvereins 1900 Fleisbach e.V. Festveranstaltungen: Faustballturnier 19. Mai 1975 ... Hauptfest 4. Juli–7. Juli 1975. Fleisbach 1975. 44 ungez. Bl. m. Abb. [Darin: Benner, Ernst: Die Geschichte d. Turn- u. Sportver. Fleisbach]

7242. Frankfurt, die Sportstadt. Hrsg. im Auftr. d. Dezernats Schule u. Sport sowie d. Sport- u. Badeamtes. Frankfurt a.M.: DK Public Relations [1976]. 60 S. m. Abb.

7243. Vogt, Guenther: Frankfurter Sport [1.] begann mit Waffengeklirre. Mit Armbrust und Degen. 2. Volkstümlich wurde es mit Fußball u. Fahrrad. – In: Frkf 20. 1975, H. 1., S. 25–27; H. 2, S. 25–27

7244. Erdem, Umit: Sport in der Bundesrepublik Deutschland und in der Türkei. Vergleichende Untersuchungen unter besond. Berücks. d. Sportfreianlagen. Gießen 1975: Lenz. 180 S. m. Kt. u. Abb. Gießen, Diss. 1975 [Betr. u.a. auch Frankfurt]

7245. Das Frankfurter Waldstadion. Hrsg.: Dezernat Soziales u. Freizeit. Ffm. 1974: Ffter Societäts-Druckerei. 40 S.

7246. Weber, Fritz: Frankfurt und die Fußball-Weltmeisterschaft. – In: Frkf 19. 1974, H. 2, S. 6–11

7247. 1874. 100 Jahre. 1974. Festschrift TGS „Vorwärts" 1874 e.V. Frankfurt am Main. Ffm. 1974. 30 S. [Darin u.a.: Schönhut, Heinrich: Vereinsgesch., S. 8–16. – Harings, Felix: 100 Jahre TGS Vorwärts Fft < Main > v. 1874 e.V., S. 19–21. – Henrich, Erwin: „Hockey" in d. TGS-Vorwärts, S. 24–26]

B. Kulturelles Leben    549

7248. 80 Jahre [VfL] Germania 94, Frankfurt/Main. Jubiläums-Schrift. Ffm. 1974: Kunz u. Gabel. 78 S. [Sportverein]

7249. 75 Jahre TSG Nordwest 98, Frankfurt a.M. Festschrift zum Jubiläumsjahr 1973. (Verantwortl. f. d. Inhalt: Dieter H i m m e l r e i c h .) o.O. 1973. 16 ungez. Bl.

7250. Frankfurter Sportgemeinde Eintracht. Der Eintracht-Report. Dokumentation 75 Jahre Eintracht Frankfurt a.M. 1899–1974 [Festschrift]. Verantwortl. f. d. Inh.: Manfred B i r k h o l z . Frankfurt a.M. 1974. 81 S. m. zahlr. Abb.

7251. N e u m a n n , Herbert: Eintracht Frankfurt. Die Gesch. e. berühmten Sportver. Düsseldorf: Droste 1974. 147 S. m. Abb.

7252. 1901–1976. Chronik zum 75jährigen Jubiläum der Sportgemeinschaft Rot-Weiß 01 Frankfurt/Main [Festschrift]. Ffm.: SG Rot-Weiß 1976. 62 S.

7253. Festschrift der Turn- und Sportgemeinschaft 1951 e.V. Frankfurt am Main anläßlich ihres 25jährigen Jubiläums, Pfingsten 1976. Ffm. 1976. 71 S., 6 Bl. xerogr. Beil.

7254. 75 Jahre Frankfurter Automobil-Club 1899–1974 [Festschrift]. Verantw. f. d. Red.: Charles Hubert B o d e t , Eleonore P a u l u h n . Götzenhain 1974: Thoma. 68 S.

7255. 1875 1975. 100 Jahre Frankfurter Fischereiverein 1875 e.V. [Festschrift]. Red.: Günter V o g l e r . Bad Homburg 1975. 52 S.

7256. Frankfurter Fußballverein Sportfreunde 1904 e.V. Frankfurt < Main > [Festschrift]. 1904–1974. 70jähr. Bestehen. Ffm. 1974. 61 S. m. Abb.

7257. P e t e r s e n , Berthold: 25 Jahre Modellflug im DAeC. Eine Dokumentation d. Modellflugsports d. Jahre 1951–1975 mit e. Einf. in d. Gesch. d. Modellflugs vom Beginn bis zur Gegenwart. Zsgest. u. hrsg. von Berthold Petersen u. Werner Thies. Ffm.: Dt. Aero-Club; Wirtschaftsdienst 1975. 219 S.

7258. Die Schachfreunde Frankfurt 1921 e.V. Festschrift zum 50-jährigen Bestehen. Ffm. 1971. 44 S., 2 Bl.

7259. 75 Jahre „Sparta". Schwimm-Sport-Club Sparta [Festschrift]. Ffm.: SSC Sparta e.V. 1900 1975. 24 S.

7260. D i e t z , C. P.: Frankfurter Yacht-Club e.V. 1951–1976. Ffm. 1976. 10 Bl.

7261. RC Nassovia 1900 Wiesbaden- F r a u e n s t e i n . Festschrift 75 Jahre Radsport1900–1975 am 16., 17. u. 18. Aug. Wiesbaden-Frauenstein 1975. 15 ungez. Bl. m. Abb. [Darin: Vereinsgesch.]

7262. 25 Jahre Fußball-Club 1950 Wiesbaden- F r e u d e n b e r g [Festschrift]. Juni 1975. Wiesbaden-Freudenberg 1975. 13 S. m. Abb.

7263. 60 Jahre SSV Oranien 1914 e.V. F r o h n h a u s e n . 1. Juni u. 5.–10. Juni 1974 [Festschrift]. Frohnhausen 1974. 80 S. m. Abb. [S. 23–31: H a i n , Otto: 60 Jahre SSV „Oranien" Frohnhausen. 45: Otto Geeb in d. Ruhmeshalle d. Sports]

7264. H a m b e r g e r , Wolfgang: Zum 125jährigen Bestehen der F u l d a e r Turnerschaft 1848 e.V. [Ansprache am 6. Oktober 1973.] – In: FuGbll 50. 1974, S. 118–125

7265. 50 Jahre 1925–1975. Tennisclub Grün-Weiß Fulda [Festschrift]. Fulda 1975.

7266. Festschrift anläßlich des 50jährigen Bestehens des Schwimmvereins G e l n h a u s e n 1924 e.V. ... Gelnhausen 1974. 57 S. m. Abb. [Darin: S. 14–29: M ü l l e r , Rolf: Chronik d. Schwimmver. Gelnhausen. S. 30–35: S c h m i t t , Ferd.: Die Entwicklung d. Springsports im SVG.]

7267. Festschrift zum 50jährigen Jubiläum des Tennisclubs Blau-Weiß e.V. Gelnhausen vom 5.–7. Juni 1976. Gelnhausen 1976. [72] S. m. Abb.

7268. 25 Jahre Leichtathletik des TV Gelnhausen: 1950–1975. Jubiläumswoche vom 30. 7.–6. 8. 1975. Gelnhausen 1975. 52 S., Abb.

7269. 1899–1974. 75 Jahre TSV [Turn- u. Sportverein] G o d d e l a u [Festschrift]. Jubiläumssportfest vom 11. bis 26. Mai 1974. Goddelau 1974. 20 ungez. Bl.

7270. Festschrift zum 10. Landestreffen der Hessischen Turnerspielleute, im Rahmen d. 80-Jahrfeier d. Turnerschaft G r ä f e n h a u s e n am 4., 5. u. 6. Juni 1966. Hrsg. v. d. Sport- u. Kulturgemeinschaft Gräfenhausen e.V., Abt. Turnen. Gräfenhausen 1966. 72 S., Abb. [Enthält auch Ortschronik von Heinrich R e i t z ]

7271. Festschrift der Sport- und Kulturgemeinschaft Gräfenhausen e.V., Abt. Fußball. 1909–1969. Gräfenhausen 1969. 60 S., Abb.

7272. A(thletik) S(port) V(erein) 1900. Ffm.- G r i e s h e i m 1975. 24 ungez. Bl.

7273. Festschrift zum 70jährigen Bestehen des V[ereins] f[ür] B[ewegungsspiele] 06 e.V. G r o ß a u h e i m a.M. Großauheim 1976. 96 S. m. Abb.

7274. S c h n e i d e r , Ernst: Die Fahne des Turnvereins 1846 zu G r o ß - G e r a u . – In: HspGer 1974, Nr 6

7275. 75 Jahre Turn- und Sportverein H a m b a c h 1899 [Festschrift]. Hambach 1974. 72 S.

7276. G ö d d e , Ernst: Zu H a n a u an des Maines Strand. Die 93er Fußballer. Hanau: Selbstverl. d. Verf. 1972. 103 S. m. Abb.

7277. G ö d d e , Ernst: Das große 93er Fußballbuch. 1893–1973. Der Pionier u. Altmeister auf Höhenflügen, Tal- u. Wechselfahrten. Hanau: Verf. 1974. 201 S. m. Abb., 55 ungez. Bl.

B. Kulturelles Leben 551

7278. 10 Jahre Golf-Club Hanau e.V. [Festschrift]. Hanau 1970. 28 ungez. Bl. m. Abb. u. Bildn.

7279. 50 Jahre 1925–1975. Verein der Kegler Hanau und Umgebung e.V. [Festschrift]. Hanau 1975. 39 ungez. Bl. m. Abb.

7280. B u s c h , Karl: 70 Jahre Fußballclub Starkenburgia 1900 e.V. H e p p e n h e i m . Festschr. Vereinsjubiläum v. 21.–24. Mai 1970, Heppenheim 1970. 124 S., Abb.

7281. B u s c h , Karl: 75 Jahre Fußballclub Starkenburgia 1900 e.V. Heppenheim. Jubiläumsveranstaltungen 23. Mai–1. Juni 1975. Heppenheim 1975. 120 S., Abb.

7282. SV 49 H e r i n g 25 Jahre [Festschrift]. Hering 1974. 40 S.

7283. 1899–1974. Festschrift aus Anlaß des 75jährigen Bestehens des Radfahrervereins 1899 e.V. H o c h h e i m am Main. Festveranstaltungen v. 16.–18. Aug. 1974. Zsstellung: Toni S i e g f r i e d . Hochheim a.M. 1974. 55 S. m. Abb. [S. 19–41: 1899–1974, e. ¾ Jh. Vereinsgesch. 45–55: Valentin Petry-Hochheims erfolgreichster Sportler]

7284. Arrest und Karzer für die Hauptbeteiligten. Der Fußball aber rollte weiter: 1901 Gründung d. FC 01 H ö c h s t . Mit 1 Bild. – In: 125 Jahre Höchster Kreisblatt. (Höchster Kreisbl. 1974, Nr 246, Beil.) S. 28

7285. N e u ß , Jordan, Steinhäuser: Deutsche Meister und Europabeste. Ruderclub Nassovia Höchst 1881 ein Name mit gutem Klang. Mit 3 Bildern. – In: 125 Jahre Höchster Kreisblatt. (Höchster Kreisbl. 1974, Nr 246, Beil.) S. 68

7286. Seit 1893 Erster Höchster Schwimmclub. – In: 125 Jahre Höchster Kreisblatt. (Höchster Kreisbl. 1974, Nr 246, Beil.) S. 25

7287. Seit Gillis Gullbranssons Zeiten Tennis. Dr. Otto Nicodemus führt Hockeyspiel ein – HTHC 75 Jahre alt. Mit 2 Bildern. – In: 125 Jahre Höchster Kreisblatt. (Höchster Kreisbl. 1974, Nr 246, Beil.) S. 27

7288. „Auf nach Wiesbaden, um die Freiheit zu holen". Höchster Bürgerschaft stiftete Turngemeinde von 1847 handgestickte Fahne, die heute noch gut erhalten ist. Jetzt große Halle an Hospitalstraße. Mit 2 Bildern. – In: 125 Jahre Höchster Kreisblatt (Höchster Kreisbl. 1974, Nr 246, Beil.) S. 66–67

7289. 100 Jahre Schach in K a s s e l . Kasseler Schachklub 1876–1976. Festzeitung. Hess. Einzelmeisterschaften vom 8.–17. Apr. 1976. Hess. Schachkongreß 17. 4. 1976. Kassel: KSK 1976. 86 S. m. Abb. u. Kt.

7290. H e b a c h , Kurt u. Rainer B a n g e r t : Festschrift zum 125jährigen Vereinsjubiläum der TSG e.V. Mainz- K a s t e l . Festtage v. 26. Juni 1971–4. Juli 1971. Mainz-Kastel 1971. 82 S. m. Abb.

7291. 50 Jahre TuS K e m e l 1926 e.V. [Festschrift]. Programm zum 50-jähr. Vereinsjubiläum v. 13.–20. Juni 1976. Kemel 1976. 25 ungez. Bl. [Darin: M a y , Karl Hermann: Turnen u. Sport in Kemel seit 50 Jahren]

7292. Festschrift. 100 Jahre Turnverein K e s s e l s t a d t 1860 e.V. Hanau-Kesselstadt 1960. 55 S. m. Abb.

7293. 50 Jahre ASV [Angelsportverein] Petri-Heil e.V. K l e i n - A u h e i m 1926–1976 [Festschrift]. Klein-Auheim 1976. 23 gez. Bl. m. Abb.

7294. Festschrift zum 60jährigen Jubiläum 1916–1976. FC Alemannia 1916 e.V. Klein-Auheim ... Festtage vom 25.–28. 6. 1976. Hanau-Klein-Auheim 1976. 128 S., Abb.

7295. Jubiläums-Programm f. d. Vielseitigkeitsturnier (5. Hess. Meisterschaft). 1926–1976. Reit- u. Fahrverein 1926 Wiesbaden- K l o p p e n h e i m e.V. v. 27. bis 31. Mai 1976 [Festschrift]. Wiesbaden-Kloppenheim 1976. 82 S. m. Abb. [Darin: 50 Jahre Reit- u. Fahrver. 1926 Wiesbaden-Kloppenheim]

7296. 60jähr. Vereinsjubiläum. Turn- u. Sportver. 1912 L a u f d o r f [Festschrift]. Einweihung d. neuen Sportplatzes 29. 7. 1972. Laufdorf 1972. 93 S. m. Abb. [S. 23–45: W i n t e r , Kurt: Der geschichtl. Werdegang. 60 Jahre Turn- u. Sportver. Laufdorf. 50 Jahre Abt. Fußball. 49–51: Der neue Sportplatz. 53–56: Vom Bauerndorf üb. Arbeiterwohngemeinde zur Industriegemeinde]

7297. 25 Jahre Schach-Unterverband Lahn im Hessischen Schachverband [Festschrift]. L i m b u r g : Schach-Unterverb. Lahn 1974. 28 S. m. Abb.

7298. Z i m m e r , Jochen: 125 Jahre Arbeiterturnbewegung. 80 Jahre Naturfreunde. Vor 50 Jahren 1. Arbeiterolympiade in Frankfurt. Hist. Bemerkungen zu e. aktuellen M a r b u r g e r Ereignis. – In: Marburger Bll. 26. 1975, 3, S. 8–10

7299. 50 Jahre Handball in M ö r f e l d e n . Jubiläumsfest vom 20.–23. 8. 1976. o.O. u. J. [Mörfelden 1976]. 96 S.

7300. 1949–1974. 25 Jahre Sport- und Kulturgemeinde N i e d e r - B e e r b a c h . Abt. Fußball [Festschrift]. Nieder-Beerbach 1974. 35 ungez. Bl.

7301. Festschrift zum 75jährigen Vereinsjubiläum des Turnvereins 1892 N i e d e r m i t t l a u e.V. vom 2.–5. 6. 1967. 75 Jahre Turnverein, 40 Jahre Handball. Niedermittlau 1967. 96 S., Abb.

7302. 25 Jahre Tennissport in N o r k e n . SSV Norken – TTC Zinhain [Festschrift]. 6. Tischtennis-Wanderpokalturnier am 1. u. 8. Juni 1975 in Bad Marienberg. Norken/üb. Hachenburg i.W. 1975. 48 S. m. Abb. [S. 23–29: S c h a f r i c k , O.: Das 1000jähr. Bretthausen-Bredehusen heute e. Ortsteil v. Norken]

7303. 100 Jahre Turn- und Sportgemeinde Frankfurt am Main- O b e r r a d e.V. 1872 [Festschrift]. Ffm.: TSG 1972. 20 S.

7304. Sportstättenleitplan der Stadt O b e r u r s e l (Taunus). 2. Fassung. Beschlossen v. d. Stadtverordnetenversammlung am 29. 10. 76. Stand 1975. Oberursel 1976. 85 S., 1 Pl. M. 1 : 10 000

## B. Kulturelles Leben

7305. 70 Jahre 1. FC 04 Oberursel. Programm d. Geburtstagssportwoche v. 1.–9. Juni 1974 auf d. Stierstädter Heide [Festschrift]. Oberursel 1974. 40 S. m. Abb. [S. 5–7: Laudatio zum 70. Geburtstag]

7306. Ein Verein wirbt für O f f e n b a c h . 75 Jahre OFC [Offenbacher Fußball-Club] Kickers 1901 e.V. [Festschrift]. Hrsg. zum 75 jähr. Jubiläum d. OFC Kickers 1901 e.V. v. „Idee u. Werbung", Offenbach/M. im Auftr. d. Kickers-Präsidiums. Offenbach/M. 1976. 224 S. m. Abb.

7307. 50 Jahre Fußball in R o ß d o r f . 1922–1972. Festtage 2. Juni–5. Juni 1972. Roßdorf: Sport- u. Kulturgemeinde e.V., Abt. Fußball 1972. 72 S., Abb.

7308. SKG (Sport- und Kulturgemeinde) Roßdorf [Festschrift]. 1926–1976. 50 Jahre Handball. Roßdorf 1976. 24 ungez. Bl.

7309. 75 Jahre Turnverein S c h a d e c k  1901 e.V. [Festschrift] Schadeck 1976. 84 S. m. Abb. [Darin: Vereinsgesch.]

7310. 50 Jahre Motorsportclub Rund um S c h o t t e n  e.V. im ADAC. Festschrift. 20., 21., 22. Juni 1975. 1925–1975. Schotten 1975. 136 S. m. Abb.

7311. Turnverein S e c k b a c h  1875 e.V. [Festschrift]. 50 Jahre Handball-Abteilung. [Ffm.] 1971. 17 Bl.

7312. 100 Jahre Turnverein Seckbach. 1875–1975. Bad Vilbel 1975: Gschwilm. 56 S., Abb.

7313. 111 Jahre Käuzcher. Festschrift d. Turn- u. Sportgemeinde 1861 e.V. Wiesbaden- S o n n e n b e r g . Wiesbaden 1974: Brandt. 60 S. [S. 31–43: B e h r e n s , Harro: Käuzcherchronik. 1863–1974. 111 Jahre]

7314. Festschrift zum 50jährigen Jubiläum der Spielvereinigung 1919 Wiesbaden-Sonnenberg e.V. vom 7.–16. Juni 1969. 50 Jahre Fußball in Wiesbaden-Sonnenberg. Wiesbaden-Sonnenberg 1969. 72 S. m. Abb.

7315. Turnver. „Vorwärts" V i l l m a r / L . 1891–1966. 75 Jahre. Festschrift zur 75-jähr. Jubiläumsfeier am 2., 3. u. 4. Juli 1966. Villmar/L. 1966. 36 S. m. Abb. [S. 9–13: H a r t m a n n , Winfried: Villmar in Vergangenheit u. Gegenwart. 14–19: S c h n e i d e r , Johann: Vereinsgesch. d. Turnver. 1891 e.V. Villmar]

7316. 85 Jahre Turnverein Villmar. 23. Gauturnfest Turngau Mittellahn 12. 6.–14. 6. 76 [Festschrift]. Villmar 1976. 59 S. m. Abb. [S. 14–23: B e i c h e r t , Hartmut, u. Walter G e i s : Vereinsgesch. d. Turnver. 1891 e.V. Villmar. 25–29: H a r t m a n n , Winfried: Brücke zwischen Vergangenheit u. Gegenwart]

7317. K a i s e r , Justus: W e h r s h a u s e n  und der Reitverein Marburg 1909 e.V. Mit 2 Abb. – In: Wehrshausen bei Marburg. Marburg 1974, S. 185–192

7318. 90 Jahre Sportgemeinde 1886 e.V. W e i t e r s t a d t  [Festschrift] – 25 Jahre Tischtennis. Jubiläumsfest vom 6. bis 8. 8. 1976. Weiterstadt 1976. 112 S.

7319. Festschrift 50 Jahre Rasensportverein 1918 W e y e r. Jubiläums-Feier 1.–3. Juni 1968. Weyer 1968. 36 ungez. Bl. [Darin: M ü l l e r , Otto: 50 Jahre Vereinsgesch. Turm u. Kirche zu Weyer]

7320. 1921–1971. 50 Jahre Kreisschiedsrichtervereinigung W i e s b a d e n [Festschrift]. Wiesbaden 1971. 48 S. m. Abb.

7321. Festschrift zur Sportplatzeinweihung am 23. Juli 1976. S.G. Germania Wiesbaden e.V. Wiesbaden 1976. 11 ungez. Bl. m. Abb. [Darin: W e h r , Wolfhorst: Dem neuen Sportfeld zum Geleit]

7322. 25 Jahre Aero-Club Wiesbaden e.V. 1951–1976 [Festschrift]. Wiesbaden 1976. 4 ungez. Bl. m. Abb.

7323. Wiesbadener Verein Sportkegler. Festschrift zum 50jährigen Jubiläum im Mai 1971. Wiesbaden 1971. 40 S. m. Abb.

7324. 1924–1974. 50 Jahre Kegelgesellschaft Mars Wiesbaden. [Festschrift]. Wiesbaden 1974. 31 S. m. Abb.

7325. S e i b , Arthur: Radpolo – ein königlicher Sport in Wiesbaden. – In: WiL 25. 1976, 3, S. 22–23

7326. F r o s t , Erwin: Reiten im Wandel der Zeit. Mit 5 Abb. – In: Wi int 1975, 1, S. 14–19 [In Wiesbaden]

7327. Festschrift der Skizunft Wiesbaden e.V. zum 25-jährigen Bestehen 1951–1976. Wiesbaden 1976. 47 S. m. Abb. [S. 12–29: K r a u t h e i m , Gustl, u. Günter O t t e : Vereins-Chronik d. Skizunft Wiesbaden e.V.]

7328. Festschrift TUS 1901 W i r b e l a u . 75 Jahre. Festtage v. 25.–28. Juni 1976. Wirbelau 1976. 22 ungez. Bl. m. Abb. [Turn- u. Sportverein 1901 Wirbelau]

7329. Festschrift zum 50jährigen Bestehen des SV W o l f e n h a u s e n 1926 e.V. Pfingsten v. 5. bis 7. Juni 1976. Wolfenhausen 1976. 37 S. m. Abb. [S. 27–37: S t e i n h a u e r , Jürgen, u. Willi F a l k e n b a c h : 50 Jahre Sportver. 1926 Wolfenhausen]

7330. Festschrift zum 50jährigen Bestehen des Sportvereins „Adler" Z e h n h a u s e n e.V. Fußball-Pokalturnier am 20., 21. u. 22. Juni 1975. Zehnhausen 1975. 47 S. m. Abb. [S. 27–33: 50 Jahre SV „Adler" Zehnhausen. 39–45: T i e l m a n n , Klaus: Zehnhausen b. Rennerod i. W. Gesch. eines Westerwalddorfes]

## 3. Sonstiges kulturelles Leben

7331. S a b a i s , Heinz Winfried: Kulturlandschaft Hessen. Mit 2 Abb. – In: 30 Jahre Hess. Verfassung 1946–1976. Wiesbaden 1976, S. 125–149

## B. Kulturelles Leben

7332. H e r r m a n n , Ulrich: Lesegesellschaften an der Wende des 18. Jahrhunderts. – In: AfK 57. 1975, S. 475–484 [Betr. auch Hessen u. Mainz]

7333. R o s e n w a l d , Walter: Jugendinitiativen und Jugendclubs in Hessen. Wiesbaden: Der Hess. Sozialmin. 1976. 56 S. m. Kt. (Schriftenreihe „Jugendpflege/Jugendbildung" 12)

7334. H a m m a n n , Gustav: Beiträge zur deutschen Geschichte und Kultur aus dem Frankenberger Land. Bottendorf: Ev.-Luth. Pfarramt 1976. 65 S. m. Abb. u. 1 Kt. (Bottendorfer Brief 39)

7335. F o l t i n , Hans-Friedrich, u. Dieter K r a m e r : Ein kultur-soziologisches Forschungsobjekt. Kultur- u. Freizeitangebote in Mittelhessen. – In: GT 29. 1976, S. 237–239

7336. B l ü m e l , Günter: Das kulturelle Leben [im Landkreis Gießen]. – In: Der Landkreis Gießen. Hrsg.: Ernst Türk. Stuttgart, Aalen: Theiss 1976, S. 186–196

7337. W e b e r , Hermann A.: Ein Streifzug durch die Kultur des Westerwaldes. Mit 3 Abb. – In: Westerwaldkreis. Mühlheim/M. 1975, S. 17–22

7338. R a c h , Doris: Landfrauen finden sich zusammen. Rückblick auf 25 Jahre Vereinsarbeit im Untertaunuskr. Mit 1 Abb. – In: HJUTs 26. 1975, S. 99–101

7339. B ü c h n e r , Anton: Klara Dettin aus Augsburg. [Maitresse des Kurfürsten Friedrich I. v. d. Pfalz, 15. Jh.] Stammutter der Fürsten von Löwenstein-Wertheim. Die Gefangene von Lindenfels? – In: AHG N. F. 33. 1975, S. 391–402

7340. 75 Jahre Kolpingfamilie Wiesbaden- B i e b r i c h 1901–1976 [Festschrift]. Wiesbaden-Biebrich: St. Marienkirche 1976. 4 ungez. Bl.

7341. Kolpingfamilie F l ö r s h e i m 60 Jahre. DJK-Sportclub „Schwarzweiß" Flörsheim 50 Jahre. Fanfarenzug Flörsheim 20 Jahre [Festschrift]. Festwochen Mai/Juni 1974. Flörsheim 1974. 83 S.

7342. K l ö t z e r , Wolfgang: Homo ludens Francofurtensis. – In: Frkf 21. 1976, H. 3, S. 10–13 [ F r a n k f u r t a.M.]

7343. K l ö t z e r , Wolfgang: In d. Gärten Alt-Frankfurts. – In: Frkf 21. 1976, H. 2, S. 24–27

7344. K i r n , Richard: Das könnte Berlin sich nicht leisten. [Betr.: Leben in Ffm. 1866–1914.] – In: Cassella-Riedel Archiv 54. 1971, H. 1.: Frankfurt am Main, S. 41–43

7345. Briefe aus Frankfurt. Ffm. 1971–1976: Weisbecker. N. F. 1. B u s c h , Wilhelm: Wo ich auch sei, ich denke immer an d. bewußten Frauenzimmer. 1971. N. F. 2. R e t h e l , Alfred: Alfred Rethel in Frankfurt. 1972. N. F. 3.

Goethe, Catharina Elisabeth: Correspondenzen u. Spiegelungen. 1973. N. F. 4. Lichtwark, Alfred: Frankfurter Kunst u. Leben um die Jahrhundertwende. 1974. N. F. 5. Goethe, Johann Wolfgang: Briefe an Johann Wolfgang von Goethe, geschrieben aus Frankfurt. 1975. N. F. 6. Schopenhauer, Arthur: Briefe aus Schopenhauers Frankfurter Zeit u. Selbstzeugnisse. 1976

7346. Frankfurter Kranz. [Betrachtungen von ca. 30 Autoren über Frankfurt a. M.] – In: Der neue Egoist. 2. 1976, S. 113–176

7347. Neue Szene Frankfurt am Main 1970–1976. Ein Kultur-Lesebuch. Hrsg. von Katharina Bleibohm u. Wolfgang Sprang m. Unterstützung d. Dezernats Kultur u. Freizeit d. Stadt Frankfurt a. M. Ffm.: Kramer 1976. 208 S.

7348. Kluge, Alexander: Kommunales Kino Frankfurt. Gelegenheitsarbeit einer Sklavin. [Ffm.:] Kluge 1974. 28 S. (Reihe „Filmtexte")

7349. Das Freizeiterleben und Freizeitverhalten der Frankfurter Jugendlichen von 12–16 Jahren. Eine empir. Untersuchung als Grundlage zur Entwicklung e. kommunalen Jugendplans. Ber. u. Tab. Frankfurt/M.: Inst. f. Marktanalysen u. Mediaforsch. 1974. 106 S.

7350. DIAG. Deutsch-Ibero-Amerikanische Gesellschaft. Sociedad Germano-Ibero-Americana. Sociedade Germano-Ibero-Americana. Hrsg. aus Anlaß d. 20jähr. Bestehens d. Deutsch-Ibero-Amerikanischen Ges. e. V. Ffm. [1974]. 100 S. m. Abb.

7351. Rheinländer-Vereinigung Frankfurt/M. 1901 e.V. 75 Jahre. 1901–1976. Ffm.: Rheinländer-Vereinigung 1975. 50 S.

7352. Das Vereinswesen. 1. Der Turn- u. Sportver. e.V. Garbenheim [u.a.] Von W. Weber u. Friedrich Lautz [u.a.] – In: Garbenheim. 776–1976. Garbenheim 1976, S. 311–346

7353. Modellbau-Club Hanau. Informationsbroschüre. Hanau 1971. 20 S. m. Abb.

7354. Das Vereinsleben in unserer Gemeinde. Von Ewald Hummel [u.a.] Mit Abb. – In: 1000 Jahre Höchst im Kinzigtal [Festschrift]. Höchst 1976, S. 136–148

7355. Kammer, Otto: Evangel. Jugendburg Hohensolms. Ein Ber. Darmstadt: Hohensolmser u. Höchster Freundeskreis 1974. 72 S. m. Abb.

7356. Kern, Wolfgang: Vereinsgeschichte der Stadtteile [Karbens]. – In: 5 Jahre Stadt Karben. Karben 1975, S. 85–98

7357. Desch, Hermann: Das Vereinsleben in Kassel [Kr. Gelnhausen] und Wirtheim. – In: 1000 Jahre Kassel u. Wirtheim [Festschrift]. Biebergemünd 1976, S. 168–182

7358. Das M a s s e n h e i m e r Vereinsleben. − In: ViHbll 12. 1975, zugl. Sonderh.: Zur 1200-Jahrfeier d. Stadtteiles Bad Vilbel-Massenheim, S. 26−39, 18 Abb.

7359. W i n g e n f e l d , Josef: Und alle kamen nach O f f e n b a c h . Fotos: Josef W i n g e n f e l d . Offenbach/M.: Bintz [1975]. 256 S. m. zahlr. Abb. u. Kt. [Betr. Geistes- u. Kulturgesch. d. 19. Jh.]

7360. Kolpingfamilie R ü d e s h e i m a. Rh. Festschrift zum 100jährigen Jubiläum am 2. u. 3. Aug. 1975. Rüdesheim a. Rh. 1975. 45 ungez. Bl. m. Abb. [Darin: Aus der Gesch. d. Vereins]

7361. Das Vereinsleben in S o m b o r n . − In: 950 Jahre Somborn. Festschrift. Freigericht 1975. S. 85−94

7362. 50 Jahre Stenografenverein 1925 T r e y s a e. V. [Festschrift]. Treysa 1975. 42 S. m. Abb.

7363. M a t t o , Hildegard, u. Adam S p a m e r : U r b e r a c h e r Vereine und ihre Geschichte. − In: Chronik Gemeinde Urberach. Offenbach a. M. 1975: Bintz-Verl., S. 273−280

7364. G e r s t e r , Henry A.: Kultur im Schaufenster. Mit 3 Abb. − In: Wi int 1974, 2, S. 24−27 [In W i e s b a d e n ]

7365. Wiesbaden, eine Stadt für die Freizeit. Wiesbaden: CDU. Kreisverband [1974]. 11 S., 1 Faltkt.

7366. R a i n e r , Rudolf: Waldspielplatz auf der Platte bei Wiesbaden. − In FoM 27. 1974, S. 28−29 m. Abb. [Freizeitzentrum]

7367. Festschrift zum 100jährigen Jubiläum 19. Oktober 1975. Kolpingfamilie Wiesbaden-Zentral. Wiesbaden 1975: Wolf. 19 ungez. Bl. m. Abb. [Darin: Das Kolpingwerk 100 Jahre in Wiesbaden. Ein Heim f. 40 Gesellen u. 20 durchreisende Handwerksgesellen]

7368. W e n d e , Helmut, u. Karl Heinz K r i s p i n : Christlicher Verein Junger Männer e. V. Wiesbaden 1876−1976. Wiesbaden: CVJM 1976. 12 ungez. Bl. m. Abb.


7369. K l o s s , Georg: Annalen der Loge zur Einigkeit. Photomechan. Nachdr. [d. Ausg.] Frankfurt a. M. 1842. Graz (Austria): Akad. Druck- u. Verlagsanst. 1972. XVI, 376 S.

7370. D o t z a u e r , Winfried: Die napoleonische Freimaurer-Loge „La Colonne au pied du Mont-Tonnerre" in Kirchheimbolanden und die Anfänge der ghzgl.-hess. Loge „Karl zum neuen Licht" in Alzey. − In: AlGbll 11/12. 1976, S. 13−21

7371. D o t z a u e r , Winfried: Worms und seine Freimaurerlogen bis zum Ende der napoleonischen Zeit. − In: AHG N. F. 33. 1975, S. 137−166

## C. BUCH UND ZEITUNG

### 1. Buchwesen

7372. Der gegenwärtige Stand der Gutenberg-Forschung. Hrsg. von Hans Widmann. Stuttgart: Hiersemann 1972. XI, 302 S. (Bibliothek d. Buchwesens 1)

7373. Geldner, Ferdinand: Der junge Johannes Gutenberg. – In: GuJb 1976, S. 66–73

7374. Geldner, Ferdinand: Peter Schöffers Frühzeit. – In: AGB 14. 1974, Sp. 417–430

7375. Sack, Vera: Über Verlegereinbände und Buchhandel Peter Schöffers. – In: Börsenbl. f. d. dt. Buchhandel, Frankfurt/M. 27. 1971, S. 2775–94

7376. Staub, Kurt Hans: Die Immenhäuser Gutenbergbibel. Mit 6 Abb. – In: GuJb 1976, S. 74–85 [Gefunden im evang. Pfarrhaus in Immenhausen, Kr. Hofgeismar]

7377. Baas, Friedrich-Karl: Die Immenhäuser Gutenberg-Bibel mit der annalistischen Eintragung über den Luther-Schüler Bartholomäus Riseberg. – In: ZHG 85. 1975, S. 93–111 [vgl. HH N. F. 25. 1975, S. 98–100; GemNIm 1975, S. 53–56; 1976, S. 5–9, 16–18, 32–33; JbLKa 1976, S. 79–80]

7378. Güth, Eberhard: Auf des Pfarrers Speicher: Das kann doch nur Gutenbergs Bibel sein. – In: MMag 1975, Aug./Sept., S. 3–9 [In Immenhausen]

7379. Peters, Leo: Ein unbekannter 30zeiliger Ablaßbrief von 1455. – In: GuJb 1975, S. 31–33 m. 1 Abb. [Mainzer Druck]

7380. Gerardy, Theo: Wann wurde das Catholicon mit der Schluß-Schrift von 1460 (GW 3182) wirklich gedruckt? Mit 5 Taf. – In: GuJb 1973, S. 105–125

7381. Widmann, Hans: Zur Druckjahr-Angabe „Annis MCCCCLX" im Mainzer Catholicon-Druck von 1460 (GW 3182) – In: GuJb 1973, S. 126–128

7382. Widmann, Hans: Mainzer „Catholicon" (GW 3182) und Eltviller Vocabularii. Nochmals zu einer These d. Wasserzeichenforschung. – In: GuJb 1975, S. 38–48 m. 4 Abb.

7383. Hommel, Hildebrecht: Annis MCCCCLX im Mainzer Catholicon-Druck. – In: GuJb 1975, S. 34–37

7384. Gerhardt, Claus W.: Technikgeschichtliche Bemerkungen zu den Schluß-Schriften zweier Mainzer Frühdrucke. – In: GuJb 1976, S. 92–95

7385. Sack, Vera: Unbekannte Donate. Neue [Frühdruck-]Funde in Freiburg und Frankfurt [Stadt- u. Universitätsbibliothek]. Mit 7 Abb. – In: AGB 13. 1973, Sp. 1461–1512

7386. H e i t z , Paul: Frankfurter und Mainzer Drucker- und Verlegerzeichen bis in das 17. Jahrhundert. Nachdr. d. Ausg. Strasbourg 1896. Naarden: van Bekhoven 1970. XV, 51 Bl. (Die Büchermarken oder Buchdrucker- u. Verlegerzeichen)

7387. K ü h n e , Heinrich: Der Drucker Hans Krafft, ein geborener Usinger (Johannes Crato). Mit 2 Abb. – In: UsL 1976, Nr 4, Sp. 37–42

7388. Z i m m e r m a n n , Erich: Die Buchkunst der Darmstädter Künstlerkolonie. – In: Ein Dokument deutscher Kunst. Darmstadt 1901–1976. Darmstadt: Roether 1976. Bd 5, S. 192–199

7389. Die Petri Presse Kransberg und ihre Künstler. Bücher-Bilder-Farbige Papiere. Eine Ausstellung in d. Stadt- u. Univ. Bibliothek Frankfurt am Main. 6. bis 24. Okt. 1975. [Ausstellungskat.] Kransberg: Petri Presse 1975. 4 ungez. Bl.

7390. R i c h t e r , Günter: Bibliographische Beiträge zur Geschichte buchhändlerischer Kataloge im 16. und 17. Jahrhundert. – In: Beitrr. z. Gesch. d. Buches u. seiner Funktion in d. Gesellschaft. Festschr. f. Hans Widmann z. 65. Geburtstag am 28. März 1973. 1974, S. 183–229 [Betr. u. a. Ffm.]

7391. D u e s t e r d i e c k , Peter: Buchproduktion im 17. Jahrhundert. Eine Analyse d. Meßkataloge f. d. Jahre 1637 u. 1658. – In: AGB 14. 1974, S. 163–220

7392. L a b a r r e , Albert: Catalogues de foires de Francfort conservés à Paris. – In: GuJb 1976, S. 485–489

7393. M o u r e a u , Francois: Sur des exemplaires des Essais en vente à la Foire de Francfort. – In: Bulletin de la Société des amis de Montaigne 1974, Nr 9, S. 57–60 [Betr.: Montaigne, Michel Eyquem de]

7394. T h e l e n , Peter: Bücher, Händler und auch Narren. Frankfurter Buchmesse – der internationale Treffpunkt. – In: Frkf 19. 1974, H. 4, S. 8–11

7395. T a u b e r t , Sigfred: Dank und Abschied. Thanks and farewell. Merci et adieu. Sigfred Taubert. Ffm.: Ffter Buchmesse 1974. 15 S.

7396. Artikel, Features und Kurzmeldungen zur 27. Frankfurter Buchmesse vom 9. bis 14. Oktober 1975. Sonderpressedienst. Ffm.: Presse- u. Informationsamt d. Stadt 1975. 13 gez. Bl.

7397. Der Börsenverein des Deutschen Buchhandels. Organisation, Aufgaben, Tätigkeit. 6., neu bearb. Ausg. Ffm.: Börsenver. d. Dt. Buchhandels 1975. 72 S. (Schriftenreihe d. Börsenver. d. Dt. Buchhandels 1)

7398. 150 Jahre Börsenverein des Deutschen Buchhandels. 1825. 1975. Ffm.: Buchhändler-Vereinigung 1975. 120 S. (Börsenbl. f. d. Dt. Buchhandel. Ffter

Ausg. 31. 1975, Nr 32 S. Sondernr) [S. 13−32: Gerd S c h u l z : Die Geschichte des Börsenvereins in chronolog. Darstellung; S. 33−36: Hilmar H o f f m a n n : Der Börsenverein u. d. Stadt Frankfurt]

7399. 150 Jahre Börsenverein [Festschrift]. Berr. Bilder. Reden. − In: Börsenbl. f. d. Dt. Buchhandel. Ffter Ausg. 1975, Nr 38

7400. Hundert Jahre Historische Kommission des Börsenvereins 1876−1976. Ffm.: Börsenver. d. Dt. Buchhandels 1976. 177 S. Aus: Buchhandelsgesch. 8. 1976

7401. Hundert Jahre Historische Kommission des Börsenvereins des Deutschen Buchhandels e. V. Frankfurt am Main. Ausstellung zur Gesch. u. gegenwärt. Arbeit d. Komm. in d. Hess. Landes- u. Hochschulbibliothek Darmstadt, Schloß, vom 19. Juni bis zum 26. Juli 1976. [Führer.] Ffm.: Hist. Komm. d. Börsenver. 1976. 27 gez. Bl.

7402. Buchforschung in Frankfurt. 100 Jahre Hist. Komm. d. Börsenver. d. Dt. Buchhandels e.V. Frankfurt a.M. Kurzer Führer durch die Ausstellung in d. Stadt- u. Univ. Bibliothek Frankfurt a.M. Vom 15. Sept.−16. Okt. 1976. In Zus. Arbeit m. d. Stadt- u. Univ. Bibl. veranstaltet v. d. Hist. Komm. d. Börsenver. 1976. Ffm.: Börsenver. 1976. 26 S. [Masch.]

7403. W a g n e r , N.: Verlage und Zeitungen in Kurhessen. − In: HHGiess 1975, S. 8

7404. 1924−1974. 50 Jahre Deutsche Buch-Gemeinschaft. D a r m s t a d t 1974. 61 S., 7 ungez. Bl.

7405. Wissenschaftliche Buchgesellschaft Darmstadt. 1949−1974. Eine kurze Darst. d. 25 Jahre. (2., durchges. u. erg. Aufl.) Darmstadt: Wiss. Buchges. 1974. 32 S.

7406. B e c k , Hanno: Dr. Karl Braun, einem hessischen Verleger [aus E s c h w e g e ] zum 75. Geburtstag [am 30. Oktober 1974]. − In: HH N. F. 24. 1974, S. 221−222

7407. F r i c k e , Dieter: Buchhandlungen und ihre Stadt (4). Dieter Fricke hat F r a n k f u r t s Buchhändler besucht: Wie arbeiten die Buchhändler d. Buchmessestadt? ... − In: Buchmarkt 9. 1974, H. 10, S. 55−76

7408. Gestalten − drucken − verlegen, Brönners Druckerei Breidenstein KG, Brönner Verlag Breidenstein KG, Umschau Verlag Breidenstein KG, sigma studio 2, klaus schlotte kg [Festschrift]. Frankfurt a.M., Karl Breidenstein z. 65. Geburtstag am 6. 4. 1972. Frankfurt a.M. 1972. 19 ungez. Bl.

7409. 1924. 1974. 50 Jahre Büchergilde Gutenberg [Festschrift]. Ffm. 1974. 10 Bl. m. Abb.

7410. M ü l l e r , Karlhans: „Nichts als Ärger mit dem Oberländer". Nach 50 Jahren befindet sich d. Büchergilde Gutenberg auf d. Weg zur Freizeitgilde. – In: Frkf 19. 1974, H. 4, S. 14–15

7411. 75 Jahre Insel-Verlag [Festschrift]. Eine Gesch. in Daten, Programmen u. Dokumenten [1899–1974]. Frankfurt a. M.: Insel-Verl. 1974. 154 S. m. Abb.

7412. S a r k o w s k i , Heinz: Der Insel-Verlag. Eine Bibliographie 1899–1969. Bearb. u. hrsg. von Heinz Sarkowski. Ffm.: Insel-Verl. 1970. X, 677 S.

7413. R o s s , Werner: 75 Jahre Insel. – In: Merkur 28. 1974, S. 994–996

7414. S a r k o w s k i , Heinz: Aus den frühen Jahren des Insel-Verlags 1899–1908. – In: Aus d. Antiquariat 30. 1974, H. 10, S. A305–A316

7415. Vittorio Klostermann zum 29. 12. 1976. Anl. d. 75. Geburtstages d. Gründers d. Verlages als Ms. gedr. Ffm. 1976: Weisbecker. 50 S.

7416. Vittorio Klostermann, Frankfurt am Main. Verlagskat. [Nebst] Nachtr. Ffm.: Klostermann 1970–75. [Hauptw.] 40 Jahre. 1930–1970. 114 S., 29 Taf. Nachtr. 45 Jahre. 1971–1975. 52 S.

7417. S c h e f f l e r , Heinrich: Wölffische Lehrjahre. Marginalien zum Ausklang des Kurt Wolff Verlages 1932–1934. Ffm.: Societäts-Verl. 1975. 61 S. [Autobiographie des Frankfurter Verlegers Heinrich Scheffler]

7418. Peter Suhrkamp. Zur Biographie eines Verlegers in Daten, Dokumenten u. Bildern vorgelegt von Siegfried U n s e l d unter Mitw. von Helene R i t z e r f e l d . Ffm.: Suhrkamp 1975. 246 S. (Suhrkamp-Taschenbuch 260)

7419. 25 Jahre Suhrkamp Verlag 1950–1975. Eine Verlagsgesch. Ffm.: Suhrkamp 1975. 61 S.

7420. S c h a r i o t h , Barbara: Siegfried Unseld. 25 Jahre im Hause Suhrkamp. – In: Börsenbl. f. d. Dt. Buchhandel. 33. 1977, Nr 2, S. 6–7

7421. N e u l a n d , Franz: 1899–1933–1946. Union-Druckerei und Verlagsanstalt GmbH Frankfurt am Main. Text u. Dokumentation: Franz Neuland. Ffm. 1974. 81 S.

7422. Verlag für Standesamtswesen GmbH. Kurze Gesch. d. Unternehmens. Anläßl. d. 50jähr. Jubiläums i. J. 1974. Berlin, Frankfurt a. M. 1974. 31 S. m. Abb.

7423. Verlag Wolfgang Weidlich Frankfurt am Main. 20 Jahre Verlagstätigkeit. 1956–1976. [Verlagsverzeichn.] Ffm.: Weidlich 1976. 56 S.

7424. A h r e n s , Helmut: Französische Buchhandlung in Frankfurt eröffnet. – In: Börsenbl. f. d. Dt. Buchhandel 32. 1976, Nr 11, S. 177

7425. W a g n e r , August: G i e ß e n e r Universitäts-Taschenbuch 1907/08. Eine Erinnerung an d. Buchhandlung Aug. Frees. – In: HHGiess 1974, S. 97–98

7426. Strübing, Christian: Auvermann & Reiss. Antiquariat, Buchauktionen, Verlag. Ein Großunternehmen d. Antiquariatsbuchhandels auf d. „grünen Wiese". Mit Abb. – In: DFW. Dokumentation, Information. 23. 1975, S. 115–121 [Glashütten i. Ts.]

7427. Erich-Röth-Verlag (Kassel) 1921–1971 [Festschrift]. Verl. mit Profil. Kassel [1971]. [24] S.

7428. August Vaternahm. Bahnhofsbuchhandlung. Kassel: Vaternahm 1974. 99 S. [Festschr. zum 100jähr. Bestehen]

7429. Krautwurst, Karl: 1900–1975. 75 Jahre pallottinische Pressearbeit [in Limburg]. Lahn-Verl. Pallottinerdruck. „Das Zeichen" „Pallottis Werk", Studio Union. Mit 7 Abb. – In: PW 26. 1975, S. 84–89

7430. Friedrich, Heinz:... Laudatio 250 Jahre Braun-Elwert, Marburg. – In: Börsenbl. f. d. Dt. Buchhandel 31. 1975, S. 918–920

7431. Der Seel ein Küchel. Eremiten Presse. (25 Jahre Eremiten-Presse 1949–1974). Düsseldorf: Eremiten-Presse 1974. [Enth. 134 gez. Aufsätze. Betr. auch Stierstadt]

7432. Müller-Schellenberg, Guntram: Frühe Drucker und die erste Buchhandlung in Wiesbaden. Mit 2 Abb. – In: WiL 25. 1976, 1, S. 20–21

7433. Hildebrand, Alexander: Tradition der Buchkunst. Mit zahlr. Abb. – In: Wi int 1975, S. 28–36 [Üb. Wiesbadener Verlage Guido Pressler u. Dr. Ludwig Reichert]

7434. Sicker, Erich: Wieder wandert ein Verlag aus Wiesbaden ab. Stadt Wiesbaden u. Wirtschaftsförderungsinst. ohne Verständnis f. Expansionswünsche d. Falken-Verlags E. Sicker. – In: WiL 25. 1976, 1, S. 22–23

7435. Friedrich, Heinz: Vortrag zum 30jähr. Jubiläum d. Limes Verlags, geh. während d. Frankfurter Buchmesse am 9. Oktober 1975. Empfang d. Verlagsgruppe im Hotel Hess. Hof. Gottfried Benn und der Limes Verlag. Zeichn. von Wilfried Zeller-Zellenberg. München, Wiesbaden: Limes-Verl. 1975. 11 S.

## 2. Zeitungswesen

7436. Schwarzkopf, Joachim von: Über politische Zeitungen und Intelligenzblätter in Sachsen, Thüringen, Hessen und einigen angrenzenden Gebieten. Über polit. u. gelehrte Zeitungen etc. zu Frankfurt a. M. Gotha & Frankfurt 1802. Reprint Leipzig 1976. XX, 105 S., 2 Bl.

7437. Leoff, J. K.: Die erste Alzeyer Zeitung, ein Spiegelbild ihrer Zeit. – In: HJAlWo 14. 1974, S. 523–528

7438. H a r d e s , Werner: 50 Jahre ‚Die Heimat' [in E r b a c h ]. - In: HErb 1975, Nr 7/8. 9

7439. J a n s e n , Claus: F r a n k f u r t e r Gelehrte Anzeigen (1736-1790). - In: Dt. Zss. d. 17. bis 20. Jh. 1973, S. 61-73

7440. K r a u s e , Hertfrid: Gustav Herrmann Hammer. Biographie [Redakteur d. Ffter Volksstimme, Ffter Stadtverordneter]. - In: Hertfrid Krause: Revolution u. Kontrarevolution 1918/19 am Beispiel Hanau. 1974, S. 209-214

7441. A p f e l , Karl: In den zwanziger Jahren. Erinnerungen an d. Frankfurter Ztg. - In: AFGK 55, 1976, S. 235-253

7442. B o s c h , Michael: Liberale Presse in der Krise. Die Innenpolitik d. Jahre 1930 bis 1933 im Spiegel d. „Berliner Tagebl.", d. „Frankfurter Ztg" u. d. „Voss. Ztg". Bern: Lang; Frankfurt a.M., München: Lang 1976. IX, 343 S. (Europäische Hochschulschriften 3: Gesch. u. ihre Hilfswiss. 65) Zugl. Tübingen, Univ., Fachbereich Gesch., Diss. 1974

7443. Alles über die Zeitung. Frankfurter Allgemeine Ztg f. Deutschland. Ffm. 1974. 143 S. m. Abb.; 5., rev. Aufl. 1975. 141 S. m. Abb.

7444. Sie redigieren und schreiben die Frankfurter Allgemeine Zeitung für Deutschland. Bearb. von Beate B o h n . Ffm.: Ffter Societäts-Dr. 1975. 108 S.

7445. D i p p e l , Dieter: Die Berechnung des Aktienindex der Frankfurter Allgemeinen Zeitung. - In: Metra. Revue publiée par le Groupe METRA 10. 1971, Nr 1, S. 57-63

7446. N e u l a n d , Franz: Die Frankfurter Arbeiterpresse. Frankfurt/M.: Industriegewerkschaft Druck u. Papier, Bezirk Frankfurt/M. 1972. 48 S. m. Abb.

7447. F u l d a e r Zeitung. Hundert Jahre. 1874-1974. (Sonderausg. zum 100-jähr. Jubiläum d. Fuldaer Ztg). Fulda: Parzeller 1974. 59 ungez. Bl. = 118 S. (Fuldaer Ztg. Jg 95. 1974, vom 12. Jan., Nr 10, Jubiläumsausg.)

7448. G r o s s , Johannes: Die Zukunft der Zeitung: Festvortrag z. 100jähr. Jubiläum d. Fuldaer Zeitung u. d. Verl. Parzeller & Co. am 12. Jan. 1974. Grußwort d. hess. Landesregierung von Günther Bovermann. Zur Grundhaltung d. Ztg von Stefan Schnell. Fulda: Parzeller 1974. 15 S.

7449. S c h l i t z e r , Paul: Die „Fuldaer Neue Zeit". Ein Zeitungsintermezzo aus der Zeit d. Weimarer Republik. - In: FuGbll 50. 1974, S. 166-174

7450. 225 Jahre Chronik des Zeitgeschehens. Jubiläumsausg. 225 Jahre G i e ß e n e r Anzeiger. Gießen 1975

7451. E r z m o n e i t , Hans-Georg: Zeitgeschichte im Zeitungsspiegel. Faksimiles aus 3 Jh. Ausgew. u. erl. (Gießen:) Verl. d. Gießener Anzeigers 1975. 88 S.

(Gießener Beitrr. zur Literatur u. Unterhaltung 5) [Alle Beitrr. entstammen Ausg. d. Gießener Anzeigers]

7452. 50 Jahre Groß-Gerauer Heimatspiegel 1924–1974. – In: HspGer 1974, Nr 6

7453. Hanauer Anzeiger. 250 Jahre alt u. jung dazu. Deutschlands zweitälteste Ztg 27. Sept. 1725–27. Sept. 1975. Hanau: Hanauer Anzeiger 1975. 127 S.

7454. Bauer, Horst, Blome, Helmut, u. Erich Wagner: Bestätigt und aufgerufen. Der Tag, an dem d. Hanauer Anzeiger ein Vierteljahrtausend abschloß. 27. Sept. 1975. Bilder: Gerhard Greiner. Hanau: Hanauer Anzeiger 1975. 127 S.

7455. 125 Jahre Höchster Kreisblatt. Neue Presse. Main-Taunus-Zeitung. 125 Jahre Zeitgeschehen. Höchst: Höchster Kreisblatt 1974. 71 S. (Höchster Kreisbl. 1974, Nr 246, Beil.)

7456. Sichel, Frieda H.: The rise and fall of the Kasseler Tageblatt. – In: Yearb. Leo Baeck Inst. 19. 1974, S. 237–243 [mit Abb.]

7457. Rosenbohm, Rolf: Geschichte des Königsteiner Zeitungswesens. T. 1–4 – In: Taunus-Ztg 98. 1974. 1. Die ersten nass. u. homburg. Amtsblätter. – In: Nr 3 v. 4. 1. – 2. Begründung v. Lokalblättern in unserer Heimat zwischen 1841 u. 1850. – In: Nr 7 v. 9. 1. – 3. „Amtsblatt f. d. Amtsbezirk Königstein" entsteht 1876 in Oberursel. – In: Nr 11 v. 14. 1. – 4. Die Gründung d. „Königstein-Kronberger Anzeigers" 1877. – In: Nr 14 v. 17. 1.

7458. Der Bürgerfreund. [Nachdr. der Ausg. Mainz] 1792. Stück 1/19. Nendeln: Kraus Reprint 1976. 88, 124 S. [Beigedr.:] Der Bürgerfreund. [Nachdr. der Ausg. Mainz] 1793. Stück 1/29

7459. Der Patriot. [Nachdr. d. Ausg. Mainz] 1792/93. Nr 1–12. Nendeln: Kraus Repr. 1976

7460. Der fränkische Republikaner. [Nachdr. d. Ausg. Mainz] 1792/93. Nr 1–13. Nendeln: Kraus Repr. 1976

7461. Der kosmopolitische Beobachter. [Nachdr. der Ausg. Mainz] 1793. Stück 1/12. Nendeln: Kraus Reprint 1976. 192 S.

7462. Die neue Mainzer Zeitung. Nachdr. d. Ausg. 1793, Nr 1–38. Nendeln (Liechtenstein): Kraus 1976. 156 S. Ursprüngl. mehr nicht erschienen; ursprüngl. u. d. T.: Die neue Mainzer Ztg oder d. Volksfreund; enthält außerdem: Mainzer National-Ztg. 1793, Nr 37 u. 38

7463. Heist, Walter: Erinnerungen an Fritz Ohlhof. – In: NeuM 1971, 11, S. 6–7 [Journalist in Mainz, Mitglied d. SAP]

7464. 1973 – Ein Jubiläumsjahr der Siegerländer Presse. Erstmals 200 Jahre alte Nachrr. u. Anzeigen aus unserem Raum. Mit Abb. – In: SiHK 48. 1973, S. 51–60

7465. K a e t h n e r , Rudi Hermann: Rückblick auf fünfzig Jahre Heimatbeilage [U s i n g e r Land]. – In: UsL 1975, Sp. 130–135

7466. S c h w i n g , Heinrich: Rudolf Brinkmann zum Gedächtnis. Mit 1 Bildn. – In: NblWil 51. 1976. Nr 142, S. 427 [Redakteur d. W e i l b u r g e r Tageblatts]

XIX.

VOLKSKUNDE

1. Allgemeines

7467. G r e v e r u s , Ina-Maria: Volks- und Kulturforschung und Kulturpraxis. – In: HBVK 1. 1976, S. 1–6 [Betr. insbes. Hessen]

7468. H ö c k , Alfred: Aus der Frühzeit der „Hessischen Vereinigung für Volkskunde". – In: HBVK 1. 1976, S. 7–11

7469. W i e g a n d , Otto: Fritz Follmann † [Kultur- u. Volkskundler; 1899–1976]. – In: HeG 77. 1976, S. 30

7470. A s s i o n , Peter: Das wissenschaftl. Werk Gotthilde Güterbocks. (Zur Person, Bibliographie.). – In: Zu Kultur u. Gesch. d. Odenwaldes. Breuberg-Neustadt 1976, S. 219–228 [Volkskundlerin]

7471. R e h e r m a n n , Ernst Heinrich: Volkskundliche Aspekte in Leichenpredigten protestantischer Prediger Mittel- und Norddeutschlands im 16. und 17. Jahrhundert. – In: Leichenpredigten als Quelle hist. Wissenschaften. Köln & Wien 1975, S. 277–294

7472. B e p p l e r , Julius: Hinter den Kulissen der guten alten Zeit. Arbeit u. Leben im Dorf von einst. – In: HGiess 1974, Nr 7. 8

7473. H a a r b e r g , Rudolf: Das Handbuch von Bessse. Ein bäuerliches Merkbuch aus d. 18. Jh. – In: ZHG 85. 1975, S. 135–167

7474. H ö h l , Leopold: Rhönspiegel. Kulturgeschichtl. Bilder aus d. Rhön. Arbeit, Sitten u. Gebräuche d. Rhöner. Nachdr. d. 2. verm. u. verb. Aufl. Würzburg, Bayern, Wien, Wörl 1892. Sondheim v. d. Rhön, Bahrastr. 30: R. Hartmann [Selbstverl.] 1976. 233 Sp. Frühere Ausg. als: Woerls Reisebibliothek

7475. V a h l e , Fritz: Volkskundliche Skizzen zwischen Vogelsberg und Lahn. – In: Der Landkreis Gießen. Hrsg.: Ernst Türk. Stuttgart, Aalen: Theiss 1976, S. 87–106

7476. L a u n s p a c h , Willi: Lebensweise, Sitten, Bräuche, Scherze und Sagen. – In: Festschrift 1000-Jahr-Feier der Gemeinde Reiskirchen. Gießen 1975, S. 121–132

7477. H e n n e , Ulrich: Kulturelles Leben – Brauchtum. – In: Der Wetteraukreis. Frankfurt a.M. 1976, S. 42–44 [Im Wetteraukreis]

7478. K r a m e r , Waldemar: Die alt-frankfurter Art zu leben. Anhand v. Zeichn. d. „Kleinen Presse" aus d. Jahren 1885 bis 1912 dargest. Ffm.: Kramer 1974. 304 S. m. Abb.

7479. B e s s e r t , Ernst: Besondere Sitten und Gebräuche in den Ulmtaldörfern. Mit 1 Abb. – In: 1200 Jahre Ulmtal-Orte Allendorf, Holzhausen, Ulm [Festschrift]. 1974, S. 141–144

7480. J u n g , Heinrich: Wie man um das Jahr 1900 im Ulmtal lebte. Mit 2 Abb. – In: 1200 Jahre Ulmtal-Orte Allendorf, Holzhausen, Ulm [Festschrift]. 1974, S. 149–152

7481. L ö b e r , Karl: Volksleben in und um Haiger. Haiger: Stadtverwaltung 1974. 120 S. m. Abb. (Haigerer Hefte 5)

7482. H e i n r i c h s , Günter: Vom Leben im Hachenburger Land. Der Hintergrund zum Heute. Bad Marienberg 1976: Kluth. 122 S. m. Abb.

2. Arbeits- und Gemeinschaftsformen

7483. B e p p l e r , Julius: Geselligkeit und Feiergestaltung in alter Zeit. – In: HGiess 1974, Nr 19. 20

7484. M ü l l e r - K l ö c k n e r , Lina: Im Dorf half einst jeder jedem. Auf den Ruf „Es wird Host gemacht" strömte man bei Nachbarsleuten zusammen. – In: RhLF 24. 1975, S. 105–109 [Betr. Westerwald]

7485. L ö b e r , Ulrich: Umfragen zu den dörflichen Burschenvereinigungen in den Gemeinden der Marburger Landschaft. Marburg 1972. 365 S. m. Abb. u. Kt. Marburg, Fachber. Gesellschaftswiss., Diss. 1972

7486. N a c h t i g a l l , Helmut: Die Flachsbreche. Ihre Konstruktion und Ornamentik. – In: HHGiess 1975, S. 101–103

7487. Z a b é e , Werner: ... Bauernbrot aus dem Gemeindebackhaus. – In: Jb. f. d. Schwalm-Eder-Kreis 2. 1976, S. 192–194

7488. W e l k e r , August: Das Westerwälder „Backes". Volkskundliches v. Gemeindebackhaus. Mit 1 Abb. – In: Ww 68. 1975, H. 4, S. 23–24

7489. S c h a r f , Walter: Im Schulhaus [Falkenbach] wurde Brot gebacken. Dorfschulen im Wandel der Zeiten. Mit 2 Abb. – In: HLD 1974, Nr 39, S. 3

7490. U n r u h , Ilse: Kochbuch aus Hessen. Münster: Hölker 1976. 138 S., 228 Rezepte

7491. L e n h a r d t , Heinz, Gerd Jürgen G r e i n u. Marie A l l e s : Aus hessischen Küchen. Otzberg-Lengfeld: Sammlung z. Volkskde in Hessen 1976. 32 S. m. Abb. (Sammlung z. Volkskde in Hessen 7) [S. 3–7: Heinz L e n -

h a r d t : Tafelfreuden in d. Hainer Burg vor 500 Jahren [Dreieichenhain]; S. 8—22: Gerd Jürgen G r e i n : Eßgewohnheiten des kleinen Mannes — oder das Lob der Kartoffel; S. 23—26: Gerd Jürgen G r e i n : Essen u. Trinken in den mundartlichen Redewendungen im Rhein-Main-Gebiet; S. 28—31: Marie A l l e s : Kochrezepte aus d. Vogelsberg]

7492. W i t t m a n n , Heinrich: Solenne Gastmahle. Kulturbilder aus dem Spangenberg d. 17. u. 18. Jh. — In: HeG 76. 1975, S. 45—48

7493. K ö n i g , Hanna: Heimische Rezepte aus Vogelsberg und Spessart. Mit zahlr. Zeichn. von Huxdorf. — In: GelHJ 1975, S. 41—48

7494. M e t z l e r , Fred: Ich eß was ich will ... Empfehlenswertes aus d. guten alten Frankfurter Küche. Ins Bild gesetzt von Ferry Ahrlé. Ffm.: Kramer 1976. 198 S.

7495. M ü l l e r , Heinz Philipp: Frankfurter Küch und Sprüch. Orig.-Ill.: Helmut Hellmessen. Ffm.: H. P. Müller 1975. 120 S. (Frohes Frankfurt) [2. Aufl. 1976.]

7496. M ü l l e r , Heinz Philipp: Frankfurt, Stadt der Kochkünstler. — In: Frkf 21. 1976, H. 3, S. 30—31

7497. [ L ö b e r , Karl:] „E schiener, gäler Äjerkäs..." Art u. Bedeutung e. Westerwälder Leibgerichts. Mit 3 Abb. — In: HJDi 19. 1976, S. 40—45

7498. S c h n e i d e r , Ernst: Zur Geschichte des Kautabaks im Gerauer Land oder von ‚Schorern' und solchen, die es werden sollten. — In: HspGer 1975, Nr 3. 4. 5

3. T r a c h t e n

7499. N a u m a n n , Joachim: Festtagstrachten aus dem Kasseler Land um 1835. — In: JbLKa 1974, S. 61—63

7500. N a u m a n n , Joachim: Radmantel und Zipfelmütze. Anmerkungen zu einigen niederhessischen Trachtenpuppen. — In: JbLKa 1975, S. 65—68

7501. M e t z , Heinz: Tracht und Brauchtum in der Schwalm. — In: SchwJb 1975, S. 18—26

7502. E i f f , Monika und Adolf: Eine Darstellung der Heuchelheimer Tracht von 1844 und wie es dazu kam. — In: HGiess 1976, Nr 32

7503. D e i b e l , Hans: Lauterbacher Trachten 1974. — In: HGiess 1974, Nr 41

7504. D e i b e l , Hans: Ein alter Grabstein erzählt von Lauterbacher Trachten. — In: HGiess 1976, Nr 47

7505. R a d y , Ottilie: Das weltliche Kostüm von 1250—1410. Nach Ausweis d. figürl. Grabsteine im mittelrhein. Gebiet. Mit Zeichn. u. Aquarellen d. Verf. Dachau: Druckerei u. Verl. Anst. „Bayerland" 1976. 65 S.

7506. W e l k e r , August: Wieder leben und fröhlich sein. Die „Limburger Chronik" über d. Mode vor 600 J. Mit 2 Abb. – In: HLD 58. 1975, S. 2 [Lahngebiet]

7507. H u m m e l , Gabriele: Von der Flachsfaser zur Odenwälder Tracht. Handwerkliche Geräte im Bezirksmuseum Buchen. – In: Der Wartturm (Fränk. Nachrichten) 8. 1973, S. 8–10; 9. 1974, S. 1

4. Lebenslauffeiern

7508. H e r r m a n n , Karl: Verordnung von 1723 gegen übermäßiges Gepränge bei Verlobung, Hochzeit, Kindtaufe und Begräbnis. – In: Stark 51. 1974, S. 22–24. 29–31

7509. J a h n , Kurt: Bräuche bei der Taufe vor 150 Jahren. – In: MHl 26. 1974/75, S. 45–46

7510. G r o m e s , Ilse: Der ehrliche Boschband und das Hochzeitshänseln [Händlervereinigung in Sontra; Hänseln heißt Eintragung d. Bräutigams in Hochzeits- oder Knechtebuch.] – In: HH N. F. 26. 1976, S. 56–59

7511. G ö r l i c h , Paul: Hersfelder Hochzeitsbräuche Anno 1568. – In: HHGiess 1975, S. 24

7512. F a i l i n g , Adolf: Die Breudelgabe. Wenn zwei Hochzeit machten – vor 125 Jahren im Hinterland. – In: HLD 1974, Nr 43, S. 2

7513. H ö c k , Alfred: Begräbnisbrauchtum und Leichenpredigten in ländlichen Bereichen Hessens. – In: Leichenpredigten als Quelle hist. Wissenschaften. 1. Marburger Personalschriftensymposion. Hrsg. v. Rudolf Lenz. Köln & Wien 1975, S. 295–311 m. 2 Abb.

7514. H ö c k , Alfred: Hessische Belege für „Roste" bzw. Beinbrecher an Friedhöfen. – In: HH N. F. 24. 1974, S. 209–211

7515. Vor 200 Jahren gemäßigte Trauer verordnet. Die fürstl. Landesreg. gegen kostspielige Begräbnisse. – In: UHl 1974, S. 8 [Nassau-Oranien]

7516. S e g s c h n e i d e r , Ernst Helmut: Totenkranz und Totenkrone im Ledigenbegräbnis. Nach e. Dokumentation d. Atlas d. dt. Volkskde. Köln: Rheinland-Verl. 1976. 235 S., 20 Taf. m. 2 Kt.-Beil. (Werken u. Wohnen 10) [Mit Kapiteln üb. Rheinhessen u. einzelne hess. Gebiete]

7517. D a s c h e r , Georg: Die Totenbretter in Schlierbach und der „Grabstickel" in Hassenroth. – In: HErb 1974, Nr 8

7518. R e u t t e r , Rolf: Ein Bienenstock-Rücken in Langenthal mit unerwarteten Folgen. – In: GbllBe 8. 1975, S. 229–230 [Toten-Brauch]

## 5. Jahreslauffeste

7519. Festschrift B o r n h e i m e r Karneval-Gesellschaft 1901er. 1901 1976. Mitarb.: Heinrich W i l h e l m . Ffm 1976. 51 S.

7520. L i n k e r , Karl: Stadt unter der Schellenkappe. Gesch. d. F r a n k f u r t e r Fastnacht. Ffm.: Stadtsparkasse [1967]. 132 S.

7521. Mit Kind und Kegel stets debei, is Frankfort in de Narretei. Fahrplan durch d. Ffter Fastnacht. Ffm.: Großer Rat d. Karnevalvereine 1975. 64 S.

7522. Großer Rat der Karnevalvereine Frankfurt am Main e.V. im 120. Jahr der Frankfurter Fastnacht. Ffm.: Großer Rat 1976. 56 S.

7523. 25 Jahre Carneval-Club Laternche. Frankfurt a.M. 1975. 52 S., Abb.

7524. 1951–1976. 25 Jahre Karnevalverein G e i s e n h e i m e r Lindenspatzen [Festschrift]. Geisenheimer Heimatverein e.V. Geisenheim 1976. 14 ungez. Bl. m. Abb. [Darin: R o a t z s c h , Willi: Aus d. Vereinsgesch.]

7525. D ü r k o p , Gabriele: Die historische Entwicklung des Karnevals in K a s s e l . – In: JbLKa 1976, S. 111–116

7526. K a r b , Heinrich Friedrich: L a m p e r t h e i m e r Fastnacht einst und jetzt. – In: LaHbll 1974, Nr 3

7527. W a g n e r , August: L i c h e r Faschingstreiben – damals. Eine Erinnerung. – In: HHGiess 1975, S. 7–8

7528. R e i t z e l , Adam Michael: Carneval, antik bis modern. Von alten Festen u. Spielen zum literar. M a i n z e r Carneval. 2. Aufl. Mainz-Gonsenheim: Dt. Fachschriften-Verl. 1975. 150 S. m. Abb.

7529. G l a u e r t , Barbara: (Dietrich) Gresemund: Von der Raserei der Deutschen. – In: NeuM 1972, 2, S. 2–4 [Über d. Karneval]

7530. K r e s s , Max: Die Garden marschieren dennoch noch. – In: MMag 1974, Febr. S. 3. 6. 8 m. Abb. [Entstehung d. Mainzer Fastnachtsgarden]

7531. 1926–1976. 50 Jahre R o ß d o r f e r Fastnacht. Roßdorf [b. Darmstadt]: Roßdorfer Carneval-Club 1976. 26 ungez. Bl.

7532. E m i g , Erik: Kurstadt-Fassenacht. Mit 6 Abb. – In: Wi int 1976, 1, S. 22–27 [Betr.: W i e s b a d e n ]

7533. K a r b , Heinrich Friedrich: Vom Frühlings- und Osterbrauchtum. – In: LaHbll 1974, Nr 4

7534. K l ö t z e r , Wolfgang: Frankfurter Frühlingsfeste. – In: Frkf 21. 1976, H. 1, S. 18–21

7535. S c h u l z , Jakob: Die Klepperbuben von Gau-Bischofsheim. Mit 1 Abb. – In: HJMBi 16. 1972, S. 95 [Brauchtum an d. Kartagen]

7536. Grein, Gerd Jürgen: Osterei und Osterbrauch in Hessen. 2. Aufl. Otzberg-Lengfeld: Museum im alten Rathaus 1976. 20 S. m. Abb. (Sammlung zur Volkskunde in Hessen 1)

7537. Rink, H.: Osterwasser und Kinderbörner. Von heiligen, guten, hellen, faulen u. bösen Quellen unserer Heimat. – In: UFrL 2. 1976, Nr 9 v. 18. Sept.

7538. Müller, R.: Die Juncaceen in Südhessen u. ihre Rolle im Odenwälder Osterbrauchtum. – In: HflorBr 24. 1975, S. 9–13

7539. Löber, Karl: Das „Himmelfahrts-Kräuterholen". Ein Beitr. z. Volkskde. d. alten Landkreises Hofgeismar. – In: JbLKa 1975, S. 94–96 u. Nebenbl.

7540. Ihle, Fritz: Das Pfingstbörnchen bei den Eschbacher Klippen. Ein alter Brauch ist verloren gegangen. Mit 1 Abb. – In: UsL 1974, Nr 3, Sp. 25–33

7541. Lotz, Arthur: Die Atzbacher Kirmes, ein Brauch im Wandel der Zeit. – In: Atzbacher Geschichtsbll. 1. 1975 (Mitt. Bl. d. Gemeinde Atzbach 18 v. 29. 8. 1975, Beilage), S. 1–2

7542. Holzhausen, Marianne von: Wie es früher war. [Der Andreastag in d. Haus Limpurg.] – In: Vaterland auf d. Römerberg ... 1975, S. 87–90

7543. Grebe, H.: Im Hinterland: Alte Bräuche sterben aus. – In: HLD 1975, Nr 53, S. 3 m. 1 Abb. [Winterbräuche]

7544. Klötzer, Wolfgang: Wintervergnügungen in Alt-Frankfurt. – In: Frkf 20. 1975, H. 4, S. 24–27

7545. Witte, Hedwig: Weihnachtliches aus dem alten Rheingau. Mit 1 Abb. – In: RhgHbll 1975, Nr 4

7546. Hinze, Kurt: Am Weihnachtsbaum die Lichter brennen. Wie lange schon in unserem Land an Lahn u. Dill? Mit 2 Abb. – In: HLD 73. 1976, S. 1

7547. Stille, Eva: Alter Christbaumschmuck. Eine Ausstellung von Eva Stille in d. Schalterhalle d. Ffter Sparkasse von 1822 ... 1. 12. 1975 – 2. 1. 1976. Ffm.: Ffter Sparkasse von 1822 1975. 15 S.

7548. Breitwieser, Franz-Otto: Odenwälder Weihnachtsgebäck. Zur Ausstellung im Museum Ober-Ramstadt. Volkskundliches, Wirtschaftliches, Rezepte. Ober-Ramstadt: Selbstverl. Ver. f. Heimatgesch. 1976. 41 S.

7549. L[öber], K[arl]: Alte Handwerkskunst – neu belebt. Neue Eisen zum Neujahrenbacken [im Dillkr.] Mit zahlr. Abb. – In: HJDi 18. 1975, S. 138–143

7550. Schürmann, Frank: Iserkooche-Backen mit alten Zangeneisen. Zum Stadtjubiläum einen nass. Brauch wiederbelebt. Mit 1 Abb. – In: Si 51. 1974, S. 171–173

7551. Bräuer, Elisabeth: Das Neujahrssingen in Scheuerberg. – In: Stark 51. 1974, S. 34 [Gemeinde Mittershausen, seit 1971 Ortsteil von Heppenheim]

## 6. Lied, Tanz und Spiel

7552. Laßt uns singen und fröhlich sein! Sammlung v. Volksliedern, wie sie in Hessen bekannt sind, aber heute nur noch selten gesungen werden. Ges. u. hrsg. von Heinrich R e v i o l. [Walldorf/Hessen, Feldstr. 9: Selbstverl. d. Hrsg.] 1976 [?] 318 S. m. Abb.

7553. B ö c k e l, Otto: Deutsche Volkslieder aus Oberhessen. Gesammelt u. mit e. kulturhist. -ethnograph. Einleitung. Neudr. d. Ausg. Marburg 1885. Walluf b. Wiesbaden: Sändig 1974. 158, 128 S.

7554. Z i m m e r s c h i e d, Dieter: Gesucht: Das Volkslied. Schüleruntersuchungen über die Stellung d. Volksliedes im Bewußtsein verschiedener Bevölkerungsgruppen in Mainz u. Umgebung. Karlsruhe: Braun 1971. 45 S. (Schriftenreihe Musik u. Gesellschaft 9)

7555. F o w l e r, Angus M.: Das erste bekannte Hessenlied – ein Ausdruck des patriotischen Gefühls in der Landgrafschaft Hessen um die Mitte des 15. Jahrhunderts. – In: HH N. F. 24. 1974, S. 34–50

7556. E h r e n t r e i c h, Alfred: Das geistliche Volkslied vom Gesang der drei Engel – in Waldeck als das „Großmutterlied" bekannt. – In: HH N. F. 24. 1974, S. 215–216

7557. S c h ä f e r, Rudolf: Philipp und Liesbeth Keim aus Diedenbergen. Vortrag, geh. 1973. – In: HMDie 3. 1974, S. 51–63

7558. R e h m, Gottfried: Alte hessische Volkstänze. – In: MHl 26. 1974/75, S. 85

7559. S c h o p p, Joseph: Kinderlieder aus Südhessen. – In: HErb 1974, Nr 6

7560. K a i s e r, Erich: Schwälmer Kinderverse. – In: SchwJb 1976, S. 87

7561. Spielzeug des 19. und 20. Jahrhunderts. Otzberg-Lengfeld: Sammlung z. Volkskde in Hessen 1974. 15 Bl. (Sammlung z. Volkskde in Hessen. Sonderausstellung)

7562. B i m m e r, Andreas C.: Die Marburger Spielzeugausstellung im Urteil der Besucher. – In: ZV 1974, S. 210–214

## 7. Volkshumor

7563. R u p p e l, Heinrich: Schnurrant aus Hessenland. Melsungen: Bernecker 1976. 170 S.

7564. B a a s, Friedrich-Karl: Anekdoten aus dem alten Immenhausen. – In: JbLKa 1975, S. 112–115

7565. L u n g e r s h a u s e n, Karl: Lachendes Lossetal. Erlauschtes und Erlebtes. Melsungen: Bernecker 1975. 26 S.

7566. B i n g , Ludwig: Dickwätze, Honnichkacker und andere merkwürdige Existenzen. Vom Ortsspott unserer Heimat. – In: WLKa 249. 1976, S. 59–64

7567. Originelle Geschichten, Sagen, Schwänke, Neckereien, Anekdoten und humorvolle Gedichte aus dem Siegerland. Mit e. Blick über d. Grenzzaun. Bearb. u. zsgest. von Adolf M ü l l e r . Siegen: Vorländer 1976. 200 S. m. Abb.

7568. I r l e , Lothar: Heiteres im Siegerland. Zeichn.: Hugo Neuhaus. 6. Aufl. Siegen: Vorländer 1974. 139 S. m. Abb.

7569. R i e g e r , Walter: Schmunzelgeschichten aus dem Freien Grund. – In: SiHK 50. 1975, S. 98–106

7570. Den Schalk im Nacken. Kleine Schelmengeschichten aus dem heimischen Lande. – In: HLD 1974, Nr 41, S. 3

7571. W a t z , Hans: Uz-, Scherz-, Spott- und Necknamen der Dörfer im Kreise Wetzlar. – In: HKWe 24. 1974, S. 65–69

7572. I m m e l , Otto: Lachen und Weinen in der Mundart des Dillkreises. – In: HLD 1974, Nr 42, S. 4

7573. H e l f r i c h , Horst: „In Sachen Lachen". Mit Ill. vom Verf. 6252 Diez/ Lahn, Oraniensteinerstr. 40: Selbstverl. d. Verf. 1975. 59 S.

7574. B r o d h ä c k e r , Karl: Da lachst de dich kabutt! Vogelsberger Stammtisch-Witze. Ges., bearb. u. hrsg. Ulrichstein: Brodhäcker 1976. 30 S. (Ulrichsteiner Bücherei 12)

7575. S c h n e i d e r , Josef: Fuldaer Histörchen. Ein Anekdotenbuch. Ill. von Artur Klüber. Fulda: Parzeller 1974. 109 S.

7576. K r e s s , Heinrich: Geeleriebe und anner lustig Gewerzel. Heimatdichtung aus d. Kinzigtal. Mit Zeichn. von Franz Müller. Freigericht-Altenmittlau: dif, Druckhaus in Freigericht 1976. 94 S.

7577. M ü l l e r , Heinz Philipp: Lachhannes. Frankfurter Vers'cher un Bildercher. Frohes Frankfurt. Frankfurter Volkshumor. 1–3. Ffm.: H. P. Müller 1974 –76. (Frohes Frankfurt)

7578. M ü l l e r , Heinz Philipp: Frankfurt, fröhlich Tag für Tag. Dummheite, Weisheite, Bildercher. Ffm.: H. P. Müller 1976. 60 Bl. (Frohes Frankfurt)

7579. M ü l l e r , Heinz Philipp: Frankforter Ebbelwei-Bichelche. 4. Aufl. – Frankfurt: Frohes Frankfurt 1976. 113 S. [3. Aufl. Frankfurt a.M.: Müller 1974. 113 S. m. Abb.]

7580. S i g e l , Kurt: Feuer, de Maa brennt ... Allerlei kauzige Verse, Sauf-, Liebes- u. Kannibalenlieder in Frankfurter Mundart von Kurt Sigel. Bebildert u. mit leichtem Strich versehen von ihm selbst. [Erw. Aufl.] Ffm.: Gierig [um 1975]. 72 S., 1 Schallpl.

7581. B ö c k l e r , Ludwig: Lied vom Äbbelwoi un weiteres heiteres Gebabbel in Frankfurter Mundart. Gedichte in Frankfurter Mundart. Dreieich: [Selbstverl. um 1976]. 84 S.

7582. W e i s b e c k e r , Walter: Äppelwein un Äppelcher. Besinnliche und heitere Geschichte in Frankfurter Mundart. Ffm.: Kramer 1975. 80 S.

7583. B a b e r a d t , Karlfriedrich, u. Robert M ö s i n g e r : Das Frankfurter Anekdoten-Büchlein. Frankfurt a.M.: Kramer 1975. 128 S.

7584. H e i l , Hermann: Sprendlinger Geschichten. Heiter – besinnliches, von gestern und vorgestern. Gereimtes u. Ungereimtes. Mit Zeichn. von Heinz Leonhardt. Sprendlingen 1976: Sowik. 72 S.

7585. K o c h , Hans-Jörg: Wenn Schambes schennt. Ein rheinhess.-Mainzer Schimpf-Lexikon mit über 1300 Spott-, Uz- u. Gassenwörtern. Alzey: Verl. d. Rheinhess. Druckwerkstätte 1975. 160 S.

7586. K o c h , Hans-Jörg: Gelacht, gebabbelt un gestrunzt. Alzey: Rheinhess. Druckwerkstätte 1976. 105 S.

7587. L u c a e , Konrad: Kerchemer Stickelcher. Ein Kirchheimbolander Anekdotenbüchlein. Mit Abb. – In: Heimatbrief d. Kleinen Residenz 18. 1975, S. 5–83

7588. M a t t h e s , Richard: Bergsträßer und Odenwälder Anekdoten, Schnaken und Schnurren. Bensheim: Hess 1976. 126 S. m. Abb.

7589. M ü l l e r , Hans: 150 Jahre Erbacher Wiesenmarkt. Gell, doo lachscht de aa. E ganzi Hambel Geloabstes iwwer des un sell un lauder sou vun demm. Erbach 1974. 68 S. [Sammlung von Gedichten, Gesch. u. Dialektredewendungen in Erbacher Mundart]

## 8. Spruch und Inschrift

7590. K e i m , Anton Maria: Aufs Maul geschaut. Betrachtungen zu Redensarten v. Mittelrhein. Mit 10 Abb. von Hannes Gaab. Mainz: Krach 1975. 61 S.

7591. W e l k e r , August: Westerwälder Redensarten und Sprüche. – In: Ww 66. 1973, H. 2, S. 24–25; 67. 1974, H. 1, S. 16

7592. N a c h t i g a l l , Helmut: Die Türinschrift am heimischen Bauernhaus. Mit zahlr. Abb. – In: HGiess 1976, Woche 7

7593. B l ö c h e r , Elsa: Der Zimmermann im Hinterland und seine Balkeninschriften. Kassel: Neumeister 1975. 266 S., 64 Abb. (Hess. Forschungen z. geschichtl. Landes- u. Volkskde 11) (ZHG Beih. 11)

7594. Jäkel, Herbert: Alsfelder Hausinschriften. Ihre Dokumentation zur denkmalpfleger. Sicherung. – In: Alsfeld, europäische Modellstadt. Alsfeld: Gesch.- und Museumsver. 1975, S. 83–100

7595. Niederquell, Theodor: Die Inschriften der Stadt Fritzlar. Mit 67 Abb. München: Druckenmüller 1974. XXVI, 134 S. (Die dt. Inschriften 14 = Heidelberger Reihe, 5)

7596. Ruetz, Gottfried: Altertümer aus Merzhausen. – In: SchwJb 1974, S. 109–111 [Betr. insbes. Hausinschriften]

7597. Reck, Hans-Hermann: Inschrift am Hoftor Hospitalstraße 20 entschlüsselt. – In: MVGHOUr 19. 1975, S. 33 [Oberursel]

7598. Knierim, Kurt: Hausinschriften in Spangenberg. – In: Jb. f. d. Schwalm-Eder-Kreis 2. 1976, S. 191–192

7599. Kaiser, Erich: Hausinschriften aus Wasenberg. – In: SchwJb 1976, S. 85–86

## 9. Märchen und Sagen

7600. Lyncker, Karl: Deutsche Sagen und Sitten in hessischen Gauen. Nachdr. d. Ausg. Kassel 1854. Hildesheim [usw.]: Olms 1976. 264 S. (Volkskundl. Quellen 4, Sage)

7601. Riemenschneider, Otto: Das heimatliche Sagenbuch. Kassel: Bernecker 1973. 103 S.

7602. Iba, Eberhard Michael: Sagen und Geschichten aus Nordhessen. Von d. Weser, Diemel, d. Reinhardswald u. Habichtswald. Hofgeismar 1, Grebensteinerstr. 4: Selbstverl. 1974. 20 S. [2. Aufl. 1975]

7603. Iba, Eberhard Michael: Sagentypen aus dem Landkreis Kassel. – In: JbLKa 1976, S. 121–124

7604. Schmieder, Karl Ch: Frau Holle. Ein hess. Märchen vom Meisnerberge. Neudr. d. Ausg. 1819. Kassel: Hamecher 1974. 73 S.

7605. Hellwig, Wilhelm, u. Karl Thomas: Sagen und Geschichten aus Korbach und der näheren Umgebung. 2., verb. u. erw. Aufl. Korbach: Stadtarchiv 1967. 75 S.

7606. Schoof, Wilhelm: Die Schwalm – Wiege der schönsten Märchen. – In: SchwJb 1974, S. 139–140

7607. Sangmeister, Karl: ... Das Schwälmer Land als Märchenfundgrube der Brüder Grimm. – In: KGB 1975, S. 96–97

7608. Schlitzer, Paul: Lebendiges Erbe. Sagen aus Rhön u. Vogelsberg. 2. Aufl. Fulda: Parzeller [1975]. 280 S.

## 9. Märchen u. Sagen

7609. H i n z e , Kurt: Die Hochzeits-Buche. Die Geschichte von „Haareminche" u. dem „Nassauer Christian". – In: HLD 1975, Nr 56, S. 4 [Im Wald zwischen Leun u. Ehringhausen]

7610. Q u a r t a , Hubert-Georg: Sagen und Spukgeschichten aus Stadt und Land Dillenburg. Ill. von Erich Grimm. Dillenburg-Eibach: H. A. Müller 1976. 24 S.

7611. W u r m b a c h , Adolf: Siegerländer Sagen. Zeichn.: Ilse Mau. Siegen: Vorländer 1967. 351 S.

7612. Sagen, Schnurren, Gedichte und Lieder. Mitarb.: Dieter B r ä m e r [u. a.] Fotos: Willi Kaesberger [u. a.] Westerburg: Westerwaldver., Zweigver. Westerburg 1975. 45 S. (Westerburger Hefte 2)

7613. G e i b , Karl: Die Sagen und Geschichten des Rheinlandes. Nachdr. v. 1836. Walluf b. Wiesbaden: Sändig 1972. X, 524 S.

7614. B l u n c k , Hans Friedrich: Sagen vom Rhein. Buchschmuck von Klaus Gelbhaar. 17. Aufl. Bayreuth: Loewes-Verl. Carl 1976. 327 S. m. Abb.

7615. B e c k m a n , Bjarne: Von Mäusen und Menschen. Die hoch- u. spätmittelalterl. Mäusesagen mit Komm. u. Anm. Mit 3 Anh. Bremgarten/Schweiz: Selbstverl. d. Verf. 1974. 222 S. [Betr. u. a. Mäuseturm im Binger Loch]

7616. E n g e l h a r d t , Rudolf: Der Mäuseturm und der Nibelungenschatz. – In: HJMBi 15. 1971, S. 90–92

7617. L a u t e r , Werner: Hinweise auf den Mäuseturm im Deutschunterricht an sowjetischen Schulen. – In: BiA 1975, H. 9

7618. J u n g , Wilhelm: Die Höhle im Altkönig. Ein Märchen nach alten Heimatsagen mit Zugabe von alten Bildern für kleine u. große Taunusfreunde. Anhang: Taunuslob in Wort u. Lied. Königstein i. Ts.: Kleinböhl 1974. 64 S.

7619. M a t t h e s , Richard: Sagen aus dem Kreis Bergstraße. Zsgest. u. bearb. 2. Aufl. Bensheim: Hess 1972. 64 S. m. Abb.

7620. B r ä u e r , Elisabeth, u. Wilhelm M e t z e n d o r f : Sagen, Erzählungen und Spukgeschichten aus Heppenheim und Umgebung. Heppenheim a. d. B.: Arbeitsgemeinschaft d. Gesch.- u. Heimatver. im Kr. Bergstr. 1975. 268 S. (GbllBe Sonderbd 2) [2. verb. Aufl. 1976, 268 S.]

7621. S c h o p p , Joseph: Zwei Kindermärchen aus Südhessen. – In: HErb 51. 1976, Nr 1

7622. D a s c h e r , Georg: Glaubwürdige Nachricht eines in der Grafschaft Erbach sich befindenden Landgeists. – In: HErb 1975, Nr 10. 11

7623. R e u t t e r , Rolf: Die Sage vom Kapellenbau in Darsberg. – In: GbllBe 8. 1975, S. 228–229

7624. H ö h n , Heinrich: Heimatsagen von Abenheim. – In: Abenheim. Festbuch zur 1200-Jahrfeier. Worms-Abenheim 1974, S. 72–74

## 10. Aberglaube, Volksmedizin

7625. B a r t h e l , Günther: Überlieferte Hausmittel und ihre heutige Anwendung im ehemaligen Kreis Eschwege unter Berücksichtigung damit verbundener Bräuche. Marburg 1974. 418 S. m. Abb., Kt. u. Tab. Marburg, Univ., Fachbereich Gesellschaftswiss., Diss. 1975

7626. W o l k e r s , Ursula: Teufelsspuk und Hexerei [u.a. auch im Waldecker Land]. – In: MW 1976, Nr 19 v. 19. Nov.

7627. H u n d h a u s e n , Emil: Gottesgaben und Gebresten. Ein Beitr. z. Volks- u. Heilkde im Bergischen Land, im Westerwald u. im Siegerland. Windeck-Stromberg: L. Franz 1973. XVI, 183 S. m. Abb.

7628. K i p p i n g , Otto: Weisheit und Aberglauben bei Volksheilmitteln. Aus e. Herdorfer Hirtenbuch. Heilkräuter u. Zaubersprüche f. Mensch u. Tier. – In: UHl 44. 1976, S. 113–114

7629. L a n g e , August: Viehrezepte der Grafschaft Wittgenstein aus einem Schreibbuch von 1788 und einem Arznei- und Viehdoktorbuch von 1816. – In: Rhein.-westf. Zs f. Volkskde 21. 1974, S. 137–150

7630. N a c h t i g a l l , Helmut: Bemerkenswerter Fund in einem alten Fachwerkhaus in Laubach. – In: HGiess 1974, Nr 2 [Feuersegen]

7631. N a c h t i g a l l , Helmut: „Himmelsbriefe" galten einst als Offenbarungen göttlichen Willens. Betrachtungen zu e. kürzlich sichergestellten Fund aus d. Vogelsberg. – In: HGiess 1974, Nr 12

7632. B a u m a n n , Wilhelm: Formen und Wandlungen des Volksglaubens. Eine volkskdl. Unters. in d. südl. Wetterau. Naumburg: Heimatver. Naumburg 1970. 107 S., 1 Kt.

7633. S c h m i d t , Robert Heinz: Drei Zettel mit einem alten Haussegen und Bittspruch aus einem Haus in Webern, Kreis Darmstadt. – In: JberVHORa 1973. 1975, S. 36–37

7634. S c h m i d t , Robert Heinz: Eine Gunderhäuser Parallele zu einem „Zauberspruch" von etwa 1790 aus Ober-Beerbach. – In: JberVHORa 1971/72. 1973, S. 26–28

7635. S c h o p p , Joseph: Zauber- und Segenssprüche aus dem Odenwald. Die Brauchbüchlein v. Lichtenberg u. Steinbach. [Otzberg-Lengfeld: Museum im alten Rathaus] 1975. 18 S. m. Faks. (Sammlung z. Volkskde in Hessen 3)

7636. B o r m u t h , Heinz: Der Zachariassegen auf einer Steintafel in Fürth (Odw.). – In: GbllBe 8. 1975, S. 204–208

7637. L o t t e r m a n n , Philipp: Religiöse Symbole um Abenheim. – In: Abenheim. Festbuch zur 1200-Jahrfeier. Worms-Abenheim 1974, S. 82–84

# XX.
# SIEGEL UND WAPPEN

## 1. Dynasten

7638. L o u t s c h , Jean-Claude: Armorial du pays de Luxembourg. Contenant la description des armes des princes de la maison de Luxembourg, de tous les souverains d'autres maisons ayant régné sur ce pays. Illustr. de l'auteur. Préf. de Léon Jéquier. Luxembourg: Ministère des arts et des sciences 1974. 872 S. [S. 84–88: Les souverains de la maison de Nassau]

## 2. Ortswappen und -siegel

7639. R i t t , Heinz: Neue [hessische] Orts[- und Kreis]wappen. Mit Abb. – In: HHGiess 1974, S. 7–8. 88; 1975, S. 12. 16. 24. 52. 60. 71. 74. 103; 1976, S. 8. 16. 20. 40. 50. 60. 64. 67–68. 76. 80

7640. F r a n z , Eckhart Götz: Kommunalwappen nach der Gebietsreform. Mit 12 Wappen. – In: MHSt 3. 1976, S. 6–9

7641. S c h ü t z , Ernst: Über „Wolfsangeln" – und einige Mißverständnisse. Mit 81 Abb. u. 2 Tab. – In: HMDie 2. 1974, S. 14–50 [Betr. Gemeindewappen D i e d e n b e r g e n s ]

7642. S c h ü t z , Ernst: Das Gemeindewappen von Diedenbergen. Mit 1 Wappen. – In: RSp 1. 1975, S. 23–24

7643. ( H o f f a r t , Hans:) E g e l s b a c h . Die Gemeinde mit dem Herz im Wappen stellt sich vor. Egelsbach 1976. 20 ungez. Bl. m. Abb.

7644. B r o c k h u s e n , Hans Joachim von: Betrachtungen zu Siegel und Wappen von E s c h w e g e . – In: HH N. F. 24. 1974, S. 128–131 (Sonderheft „1000 Jahre Eschwege")

7645. B r o c k h u s e n , Hans Joachim von: F r i t z l a r e r Siegel und Wappen. Mit 31 Abb. – In: Fritzlar im Mittelalter. Festschrift z. 1250 Jahrfeier. Fritzlar 1974, S. 271–286

7646. G r ü n e w a l d , Julius: Das vergessene Ortswappen von G u n d h e i m . – In: HJAlWo 13. 1973, S. 387

7647. D a s c h m a n n , Claus: Das neue Gemeindewappen [von G u s t a v s b u r g ]. – In: Burg Nr 32. 1976

7648. B r a n d l e r , Karl: H a m m e l b u r g s Siegel und Wappen. Beispiel einer Wappenberichtigung in neuerer Zeit. Mit 7 Abb. – In: FuGbll 51. 1975, S. 1–7

7649. Diehm, Götz: Ein Schwert im Wappen für Muschenheims Bürger. [1200-Jahr-Feier von Muschenheim, heute Stadtteil von Lich.] – In: GiessKrKal 10. 1975, S. 51–54

7650. Grünewald, Julius: Das vergessene Ortswappen von Osthofen. – In: HJAlWo 14. 1974, S. 566

7651. Sattler, Peter W.: Die Entwicklungsgeschichte des Wappens der Stadt Pohlheim. – In: HGiess 1975, Nr 39

7652. Reutter, Rolf: Beschreibung des alten Dorfzeichens [von Roßdorf]. – In: Roßdorf. Beitrr. zu seiner Gesch. Ober-Ramstadt: Ver. f. Heimatgesch. 1975, S. 25

7653. Riebeling, Heinrich: Das Gemeindewappen von Wellerode. – In: HeG 77. 1976, S. 42

7654. Faber, Rolf: Im Zeichen der drei Lilien – Gesch. u. Deutung d. Wiesbadener Stadtwappens. Mit 3 Abb. – In: WiL 25. 1976, 1, S. 16–18

7655. Faber, Rolf: Der Biber im Wappen – Herkunft und Deutung des Biebricher Wappens. Mit 2 Abb. – In: WiL 25. 1976, 2, S. 16–18

7656. Faber, Rolf: Reichsapfel, St. Georg und Antoniuskreuz – Die Wappen d. drei westl. Vororte von Wiesbaden. Mit 5 Abb. – In: WiL 25 1976, 3, S. 16–19 [Schierstein, Frauenstein, Dotzheim]

7657. Faber, Rolf: Vom Sonnengesicht und Bischofsstab. Die Ortswappen von Sonnenberg u. Rambach. Mit 3 Abb. – In: WiL 25. 1976, 4, S. 22–24

7658. Faber, Rolf: Der Wartturm im Wappen. Die Ortswappen von Bierstadt u. Erbenheim. Mit 2 Abb. – In: WiL 25. 1976, 5, S. 19–20

7659. Faber, Rolf: Vom Widerkreuz im Wappen. Die Ortswappen von Kloppenheim, Igstadt u. Heßloch. Mit 3 Abb. – In: WiL 25. 1976, 6, S. 16–18

7660. Faber, Rolf: Heiligenattribute in den Ortswappen. Die Ortswappen d. neuen Vororte Breckenheim u. Nordenstadt. Mit 3 Abb. – In: WiL 25. 1976, 8, S. 16–18

7661. Faber, Rolf: Die Ortswappen der neuen Wiesbadener Vororte. Mit 4 Abb. – In: WiL 25. 1976, 9, S. 11–13 [Delkenheim, Naurod, Auringen, Medenbach]

7662. Faber, Rolf: Die Ortswappen von Amöneburg, Kastel und Kostheim. Mit 3 Abb. – In: WiL 25. 1976, 10, S. 10–12

### 3. Familienwappen und -siegel

7663. Friederichs, Heinz Friedrich: 25 Jahre Hessische Wappenrolle. 1951–1976. Mit 1 Abb. – In: HHGiess 1976, S. 44; HFK 13. 1976, Sp. 1–2

## 3. Familienwappen u. -siegel

7664. Hessische Wappenrolle. – In: HFK 12 ff. 1974/75 ff. 356. Grittmann. 357. Martin. 358. Zopf. – In: 12. 1974/75, Sp. 63–64; 359. Pelzel. 360. Römer. 361. Scharrer. – Sp. 121–124; 362. Ritter 2. 363. Sinning. 364. Wille. 365. Herber. 366. Ling. 367. Schwinn. – Sp. 283–284; 343–348; 368. Deppert. 369. Horst. 370. Richter. – Sp. 409–412; 371. Fleckenstein. 372. Günther. 373. Meyer. – Sp. 473–476; 374. Emmerich. 375. Petri. 376. Seibert. – Sp. 521–524; 377. Balzhäuser. 378. Lungershausen. 379. Sandmann. – In: 13. 1976/77, Sp. 63–64; 380. Gansmann. 381. Gottfried. 382. May. – Sp. 175–176; 383. Froster (d. Stammes Mrozik). 384. Gengnagel. 385. Guntrum. – Sp. 301–304; 386. Ludolph. 387. Mickel. 388. Zöbelein/Zöberlein. – Sp. 365–368; 389. Kinkel. 390. Schmitt. 391. Schüßler. 392. Schunk. 393. Staal. 394. Weißbäcker. – Sp. 493–496

7665. W o l f e r t , Alfred F.: Die Wappengruppe mit dem Steinbockhorn. Hypothesen zur Herkunft. – In: Odw 23. 1976, S. 3–14

7666. F r i e d e r i c h s , Heinz Friedrich: Die Frankfurter Ministerialengruppe mit dem Drachenwappen. – In: Festschr. z. 100jähr. Bestehen d. Herold zu Berlin 1869–1969. Hrsg. von Kurt Winckelsesser. Berlin 1969, S. 77–81

7667. H e l m e r , Wilhelm: Fuldaer Bürgerwappen. – In: BuBll 45. 1972, S. 65–66. 70–71. 79. 83. 87. 90; 46. 1973, S. 2. 18–19. 32. 61; 47. 1974, S. 12. 70. 83

7668. W a c k e r f u ß , Winfried: Die Siegel des Heinrich von Dieburg und des Ulrich Vorholtz. – In: Odw 22. 1975, S. 60, 2 Abb.

7669. G u d e n u s , Philipp Georg Graf: Das älteste Wappen Gudenus (1660). Mit 1 Abb. – In: HFK 12. 1975, Sp. 474

7670. R o s e n f e l d , Hellmut: Gutenbergs Wappen, seine Entstehung und die angeblichen jüdischen Ahnen Gutenbergs. Zugleich ein Beitr. z. Namen- u. Kulturgesch. d. ausgehenden Mittelalters. – In: GuJb 1974, S. 35–46 m. 6 Abb.

7671. F r i e d e r i c h s , Heinz Friedrich; Das Hochsche Wappen. – In: Stiftung Dr. Hoch's Konservatorium. 1974, S. 34–36

7672. K ö r n e r , Hans: Das Holzhausen-Wappen in der Wittenberger Schloßkirche. – In: Vaterland auf dem Römerberg ... 1975, S. 75–79 [Frankfurter Patrizierfamilie v. H.]

7673. F r i e d e r i c h s , Heinz Friedrich: Das Kolben-Wappen in der St. Johanniskirche in Weißkirchen. – In: HFK 13. 1976, Sp. 123–124 [Familie Kolb]

7674. W a c k e r f u ß , Winfried: Das Wappen der Herren von Schauenburg (Bergstr.) – In: Odw 21. 1974, S. 135–136, 1 Abb.

7675. B e c h e r , Wolfram, u. Alfred F. W o l f e r s : Die Ahnenwappen des Mainzer Erzbischofs Dietrich Schenk von Erbach (1459) auf seinem Epitaph in der Aschaffenburger Stiftskirche. – In: Aschaffenburger Jb. 5. 1972, S. 303–314

## 4. Marken und Zeichen

7676. R e i t z , Heinz: Müllerzeichen im Odenwald. Ein Beitr. zur Volkskunde d. Müllers u. d. Mühle. – In: Zu Kultur u. Gesch. d. Odenwaldes. Breuberg-Neustadt 1976, S. 79–90 m. Abb.

7677. R u d o l p h , Martin: Ein altes Korbacher Notar-Signet [aus 1629]. – In: GW 64. 1975, S. 102–106

# XXI.
## MÜNZEN UND MEDAILLEN

7678. H e ß , Wolfgang: Münzfunde aus Hessen als Spiegel des Geldumlaufs. Ein Arbeitsber. Mit 48 Münzabb. – In: HJL 25. 1975, S. 148–222

7679. Der Münzfund von Bad Homburg-Kirdorf 1972, vergraben nach 1630 (früheste Münze 1562). – In: AHo 19. 1976, S. 88. 108–109

7680. H o f f m e i s t e r , Jacob Christoph Carl: Historisch-kritische Beschreibung aller bis jetzt bekannt gewordenen hessischen Münzen, Medaillen und Marken. In genealog. Folge. Fotomechan. Neudr. d. Orig.-Ausg. 1857–1880. Bd 1–3/4. Leipzig: Zentralantiquariat d. Dt. Demokrat. Republik 1974

7681. H ä r t e r , Hans Ludwig: Das Münzwesen in Hessen bis zur Gründung des deutschen Reiches. – In: MHl 26. 1974/75, S. 13–16

7682. J ä g e r , Kurt: Die Münzprägungen der deutschen Staaten vom Ausgang des alten Reiches bis zur Einführung der Reichswährung Anfang des 19. Jahrhunderts bis 1871/73. 2. Aufl. Bd 7. Herzogtum Nassau, Königreich Westfalen, Fürstentümer Waldeck u. Pyrmont, Lippe-Detmold u. Schaumburg-Lippe. Basel: Münzen u. Medaillen A.G. 1969. 70 S., 281 Abb.

7683. H e ß , Wolfgang: Zoll, Markt und Münze im 11. Jahrhundert. Der älteste Koblenzer Zolltarif im Lichte d. numismat. Quellen. – In: Hist. Forschungen f. Walter Schlesinger. Hrsg. von Helmut Beumann. Köln 1974, S. 171–193

7684. K r u s y , Hans: Gegenstempel auf Münzen des Spätmittelalters. Frankfurt: Schulten 1974. 422 S., 19 Taf. [Betr. u.a. Hessen]

7685. S p r u t h , Fritz: Die Bergbauprägungen der Territorien an Eder, Lahn und Sieg. Ein Beitr. zur Industriearchäologie. Bochum: Bergbau-Museum 1974. 200 S. m. Abb., 1 Faltkt. (Veröffentlichungen aus d. Bergbau-Museum 6)

7686. S c h n e i d e r , Konrad: Reichshofrat Anton Sohler, ein kaiserlicher Münzkommissar aus Siegen. – In: Si 53. 1976, S. 8–10

7687. G r ö s s e l , Emil: Währungskrisen gestern und heute, am Beispiel der Währungspolitik des hessischen Landgrafen Carl. Kassel: Numismat. Ges. Kassel 1956 e.V. [1973]. 4, [5] S. m. Abb. (Beitrr. z. Münzkde in Hessen-Kassel 1)

## XXI. Münzen u. Medaillen

7688. T ä c k e l b u r g , Klaus: Die Miniaturmünzen des Landgrafen Friedrich II. Vortrag vor d. Numismat. Ver. Kassel am 9. 11. 1973. Die Münzsammlung d. Hans Hermann v. Stockhausen. 1740. [Von] Emil Grössel. Kassel: Numismat. Gs. Kassel 1956 e.V. [1974]. 2, 4 S. m. Abb. (Beitrr. z. Münzkde in Hessen-Kassel 2)

7689. S p r u t h , Fritz: Die Edergold-Dukaten. Kassel: Numismat. Ges. Kassel 1956 e.V. [1975]. 11 S. m. Abb. u. 1 Kt. (Beitrr. z. Münzkde in Hessen-Kassel 3)

7690. H e ß , Wolfgang: Eschweger Brakteaten. – In: HH N.F. 24. 1974, S. 116–123 (Sonderheft „1000 Jahre Eschwege")

7691. H u s c h e n b e t h , Johannes: Das Eschweger Notgeld 1917–1923. – In: HH N.F. 24. 1974, S. 124–127 (Sonderheft „1000 Jahre Eschwege")

7692. H e ß , Wolfgang: Fritzlars Münzwesen im Mittelalter. – In: Fritzlar im Mittelalter. Festschrift z. 1250 Jahrfeier. Fritzlar 1974, S. 242–270

7693. H o c h g r e b e , Heinrich: Zur Geschichte der Münzstätte in Wildungen < 1569–1625 >. – In: GW 65. 1976, S. 103–130 u. 4 Taf.

7694. J e s t a e d t , Aloys: Über die fürstliche Münze von Fulda. – In: BuBll 47. 1974, S. 69–70

7695. K l ü ß e n d o r f , Niklot: Falsche Münzen und Scheine aus dem Geldumlauf der kurhessischen Provinz Hanau 1841–67. Mit 12 Abb. – In: Beitrr. z. süddt. Münzgesch. Festschr. z. 75jähr. Bestehen d. Württemberg. Ver. f. Münzkde e.V. Stuttgart 1976, S. 296–330

7696. R ö s c h , Georg: Heimatliche Dukaten in Gold und Silber. Motive aus d. Kr. Gelnhausen als Schmuckstücke geprägt. Mit 30 Abb. – In: GelHJ 1974, S. 73–80

7697. W a g n e r , Heide, Ernst N e u b r o n n e r u. Joachim W e s c h k e : Frankfurter Münzen & Medaillen. Aus d. Sammlung d. Berliner Handels- u. Frankfurter Bank. Frankfurt a.M.: BHF-Bank [1975]. 104 S. m. Abb.

7698. L e j e u n e , Ernst: Die Münzen der reichsunmittelbaren Burg Friedberg in der Wetterau. 2., unveränd. Aufl. Nachdr. d. Ausg. Berlin: Verl. d. Berliner Münzblätter, 1905. Bielefeld: Numismat. Verl. Winkel 1974. 52 S., 2 Bl. m. Abb.

7699. Hessisches Münzcabinet des Prinzen Alexander von Hessen. 2., unveränd. Aufl. [Nachdr.] d. Ausg. Darmstadt: Herbert 1877. Bielefeld: Numismat. Verl. Winkel 1974. 632 S. in getr. Zählung

7700. G u n d e l , Hans Georg: Die Münzsammlung der Universität Gießen. Gesch., Inhalt, Bearbeitung. Gießen 1976. 44 S. m. 14 Abb. (Berr. u. Arbeiten aus d. Univ. Bibliothek Gießen 27)

7701. G u n d e l , Hans Georg: Die Münzsammlung der Univ. Gießen und Johann Valentin Adrian. Mit e. wiederentdeckten Beitr. von Friedrich Kredel. – In: GiessUbll 9. 1976, 1, S. 59–73 m. 9 Abb. [Joh. Valentin Adrian, geb. 17. 1. 1793 zu Klingenberg b. Aschaffenburg, gest. 18. 6. 1864 zu Gießen. Neuphilologe u. Bibliothekar]

7702. B o u c h a r d , Paul: Nassauische Gepräge. Saarbrücken 1933/73. 115 S. m. zahlr. Abb.

7703. Siegener Hälbling (Obol) aus- dem 12. Jahrhundert. Mit 2 Abb. – In: Si 52. 1975, S. 53–54

7704. L ü c k , Alfred: Der Goldgulden des Grafen Johann I. von Nassau[-Dillenburg]. Mit 2 Abb. – In: Si 52. 1975, S. 121–122

7705. P l e t z , Hans-Jürgen: Die nassauische Propagandamünze von 1681/82. Mit 2 Abb. – In: Si 52. 1975, S. 119–120

7706. P l e t z , Hans-Jürgen: Die Nachprägung des nassauischen Propagandatalers. Mit 4 Abb. – In: Si 53. 1976, S. 18–19

7707. M e y e r , Fritz: Zur Nachprägung des Villmarer Ausbeuteguldens von 1757. Mit 2 Abb. – In: Festschrift z. Sonderschau Bergbau u. Philatelie im Bergbau-Museum Weilburg/L. 1975, S. 21–24

7708. L o o s , Heinz: Eine nassauische Medaille aus dem Krieg1866. Mit 1 Abb. – In: RSp 1. 1975, S. 24–27

7709. R o t h , Hermann Josef: Münzen und Medaillen aus dem Westerwald. Gute Nachprägungen u. zahlr. Sonderprägungen. Mit Abb. – In: Ww 68. 1975, H. 2, S. 19–22

7710. M ü l l e r - J a h n c k e , Wolf-Dieter, Franz-Eugen V o l z : Die Münzen und Medaillen der gräflichen Häuser Sayn. Mit landesgeschichtl. Beitrr. von Jost Kloft, nebst e. Anh.: Die Münzen u. Medaillen d. gräfl. Hauses Hatzfeldt von Franz-Eugen Volz. Frankfurt a.M.: Schulten 1975. 379 S., XLIX Taf.

7711. S c h n e i d e r , Konrad: Das Münzwesen in den Grafschaften Wied-Neuwied und Wied-Runkel. Frankfurt a.M.: Numismat. Verl. Schulten 1974. 91, IX S. m. Abb.

7712. H e r g e n h a h n , Hans Dieter: Wiedische Münzen. Eine Ausstellung anläßl. d. Jubiläumsjahres 1000 Jahre Niederbieber u. Segendorf u. 50 Jahre Zweigstelle d. Kreissparkasse in Niederbieber-Segendorf v. 19. April bis 3. Mai 1974. Neuwied 1974. 18 S.

7713. W e l k e r , August: Die Hochzeitsmedaille. Aus Silber geprägt zu Weyer vor 200 Jahren. Mit Abb. – In: HLD 1974, Nr 41, S. 3 [Eheschließung zw. Cristian Ludwig Gr. v. Wied-Runkel u. Charlotte Sophia Auguste Grn. v. Sayn-Wittgenstein am 23. 6. 1762; Prägung d. Medaille am 11. 4. 1767]

7714. J o s e p h , Paul: Die Münzen und Medaillen des fürstlichen und gräflichen Hauses Solms. 2., unveränd. Aufl. d. Ausg. Frankfurt a.M.: Frankfurter Münzztg 1912. Bielefeld: Winkel 1974. 191 S., 6 ungez. Bl., 19 Taf.

7715. M e t z , Wolfgang; Ministerialität und Geldwirtschaft in mittelrheinischen Bischofsstädten des 11. und 12. Jahrhunderts. – In: Ministerialität im Pfälzer Raum. Hrsg. von Friedrich Ludwig Wagner. Speyer 1975. (Veröffentlichungen d. Pfälzer Ges. z. Förderung d. Wiss. in Speyer 64), S. 34–44

7716. F a l c k , Ludwig: Alte Münzen erzählen Geschichte. – In: NeuM 1972, 12, S. 6–7

7717. E n g e l h a r d t , Rudolf: Die kurfürstliche Münzstätte in Bingen. Mit 4 Bildn. – In: BiA 10. 1976, S. 3–6

7718. J u n g , Heinz: Die Münztechnik in der Binger Münze. Mit Abb. – In: BiA 10. 1976, S. 21–24

7719. J u n g , Heinz: Zeittafel zur Geschichte der Binger Münze. – In: BiA 10. 1976, S. 25–30

7720. J u n g , Heinz: Vom Gülden Penning zum Raderalbus. Mit Abb. – In: BiA 10. 1976, S. 31–41 [Betr. Gesch. d. Binger Münze]

7721. Inflationskatastrophe 1920–23. Mit Abb. – In: BiA 10. 1976, S. 52–55 [Betr. Stadt u. Kr. Bingen]

## VERFASSERREGISTER

A

Abels, B.-U.   415
Achenbach, Hermann   4316
Achenbach, Johannes   1401
Achenbach, Reinhard   1124
Achterberg, Erich   143, 2890
Ackermann, Karl   1437
Adami, Friedrich Wilhelm   7033
Adamy, Kurt   1103
Adler, Hans Günter   4592, 4598
Adrian, Hanns   2158, 3687, 3691 f.
Adrian, Marianne   2158
Ahlschwede, Klaus   5306
Ahrens, Helmut   5788, 7424
Ahrens, Herbert   3459, 3464
Ahrlé, Ferry   3664
Albach, Walter   667, 1693
Alber, Erasmus   1018
Albert, Richard   5605
Albig, Helmut   5310
Albrecht, Dietmar   4219
Albrecht, Ernst   4230
Aledter, Christian   4278
Alföldy, Géza   602
Alles, Marie   7491
Alleux, Hans Jürgen   3146
Allié, J.   4890
Alt, Eduard   2065
Althoff, Friedrich   5458
Altmann, Lothar   5198
Altmannsperger, Hans Joachim   3234
Altschiller, Clemens   1720, 2028, 4253
Altstadt-Grupp, Grete   5809, 7162
Altwasser, E.   774
Amberg, Heinrich   4319
Ambrosi, Hans   2350, 2355
Amelung, Walther   1913
Amend, Karlheinz   2410
Ament, Hermann   731, 734, 751, 752
Aminde, Hans-Joachim   5708
Andernacht, Dietrich   1921
Anders, Esther Knorr- s. Knorr-Anders
Andrae, Peter   3829, 5187
André, Johann   7148
Andreae, Bernard   6409
Andree, Christian   6186
Andrews, Keith   6217
Ankel, Wulf Emmo   2508, 5693

Anschütz, Rudolf   2545, 2766, 2855, 3445
Ansinn, Peter   3793
Ant, Herbert   2642
Anters, Vinzenz   2363
Antoni, Georg   2258
Antoni, Michael   2258
Apfel, Heinrich   5750
Apfel, Karl   7441
Appel, Rudolf Heinrich   1736
Appert, Henri   3189
Appia, ...   4875
Appuhn, Horst   1084
Arendt, Walter Meier- s. Meier-Arendt
Arens, Fritz   5209, 5218, 5229, 5258,
  5392, 5409, 6326, 6625, 6884
Arens, Hans   5379
Arentin, Karl Otmar Frhr von   877, 1220
Armknecht, Karl Heinz   6130
Arndt, Dietrich   2113
Arndt, Friedrich   1619
Arndt, Gottlieb Schnapper- s. Schnapper-
  Arndt
Arndt, Rudi   3670, 3672
Arnsberg, Paul   4590, 4604
Arora, Surendra K.   473
Artelt, Walter   1881
Artz, Josef   2053
Arzt, Theodor   1664, 2337, 2789, 5623
Aschoff, Diethard   4608
Asemann, Karl   3090
Asemann, Karl Heinz   1709, 3213, 3426,
  3492, 3634, 3663, 3675 f., 3678 f.
Ashdown, Dulcie Margaret   1140
Askenasy, Alexander   5846
Asmus, Walter   5692
Assion, Peter   1026, 7470
Assmann, Helmut   3847
Assmann, Herbert   277
Assum, Gernot   3932
Atzert, Walter   5398
Auener, Reinhart   157, 1023, 2712, 3510
Auenmüller, Harald v.   2315
Auer, Frank v.   1255
Auer, Helmut   5779
Auersbach, Inge   87, 1385, 1387
Aufsberg, Lala   6535
Augst, Hermann   4705
Aumüller, Margarete   4051
Auras, Karl   4482

Austing, Agnes Brode-große s. Brode-große Austing
Avenarius, Wilhelm 319, 3534, 6633
Awe, Norbert W. 4180
Azzola, Friedrich Karl 1464, 5201, 5252
Azzola, Juliane 5201

# B

Baaden, Franz 2221, 3310, 4079, 5021, 6953
Baas, Friedrich-Karl 1514, 1620, 1675, 1820, 2795, 3832, 3985, 4359, 4885 f., 5051, 6958, 7377, 7564
Baas, Josef 2601
Baatz, Dietwulf 430, 584, 589, 592, 595, 596, 646, 657, 661, 662, 665
Baberadt, Karlfriedrich 7583
Bach, Gertrud 3596, 6189, 7068
Bach, Hugo 1294
Bachmann, Christoph 6213
Bachmann, Georg 4920
Bachmann, Hans-Gert 534
Bachmann, Karl 768
Backes, Magnus 4792, 6559, 6571, 6709, 6890
Badewitz, Dietrich 2723
Badoni, Rudolf Krämer- s. Krämer-Badoni
Baedeker, Karl 3635, 3840, 3949, 4234
Bäppler, Wilhelm 4094, 7119
Bär-Palmié, Christa 693
Bärmann, Johannes 3466
Baesecke, Georg 5962
Bästlein, Jörg 5457
Bätzing, Gerhard 4425, 4458a, 4499, 4517b, 5055, 5159
Baeumerth, Karl 3917, 6760, 6791, 6956
Baeumerth, Robert 4368
Baginski, Olli 5967
Bahles, Peter Josef 2381
Baier, Franz 5425
Bajorat, Archibald 4525
Baldauf, Günter 3429
Baldner, Leonhardt 64
Baldus, Hans 1409
Ballach, Hermann 1702
Ballmert, Heinz 1566, 3247
Baltes, Alois 5431
Balthasar, Hans Urs v. 5228
Balzer, Heinrich 1953, 1985, 2460, 5146
Bandel, Friedrich 271, 3445
Bandel, Maria 5032

Bang, Hermann 3549
Bangert, Rainer 7290
Baranski, Heinz 1647
Barbier, Walter 2890
Bardong, Heinrich 5128
Bardorff, Wilhelm 339
Barkhausen, Werner Meyer- s. Meyer-Barkhausen
Baron, Ruth 5216
Barth, Erhard 5937
Barth, Medard 4660
Barth, Reinhard 3959
Barthel, Günther 7625
Barthold, Werner 5637
Bartholomé, Ernst 325
Bartmann, Heinrich 2274
Bartolosch, H. 6675
Barton, Walter 4143
Bartsch, Wolfgang 3190
Bartsch-Hofer, Fritz 5976
Basenau, Karl-Heinz 3743, 4124, 4208, 4913
Basrai, Dorothea 586
Bastian, Jürgen 675
Battefeld, Willy 2185
Battenberg, Friedrich 77 f., 988, 2261
Batz, Erwin 384, 2107
Bauchhenss, Gerhard 668, 669
Bauer, Eberhard 4115
Bauer, Erika 5858
Bauer, Horst 7454
Bauer, Margit 6422, 6424
Bauer, Walter 402, 756, 3160, 5090, 5102 f., 5133, 5177, 5179, 5182, 5257, 5333, 5373, 6226, 6305 f., 6365, 6661–6663, 6751, 6795, 6807, 6814, 6821 f., 6843, 6858, 7008
Bauer, Willy 2489, 2603
Bauert-Keetmann, Ingrid 2967
Baum, Heinrich 153
Baum, Herbert 980, 3205, 5990
Baumann, Karl 4500
Baumann, Rosemarie 6317
Baumann, Walther 1924, 3807, 4344 f., 4349 f.
Baumann, Werner 5487
Baumann, Wilhelm 7632
Baumbach, Wilhelm 2087, 4346, 4362
Baumgärtel, Herbert 3250
Baumgardt, Hans Joachim 2280
Baumgart, Rüdiger 2292
Baur, Jochen 4120
Bausinger, Leopold 4106

Bayer, Johann 3921, 3922
Bayer, Rudolf 3232
Bayer, Rupprecht 5968
Bayerer, Wolfgang Georg 44
Bayha, Richard 2276
Bechent, Hermann 5567
Becher, Johann Philipp 2987
Becher, Werner A. 4569
Becher, Wolfram 3579, 3600 f., 3940, 4779, 6701, 6728, 7675
Becht, Alwin 1833, 4011
Bechtolsheim, Hermann Frhr. v. s. Mauchenheim gen. Bechtolsheim
Beck, Gertrud 5601
Beck, Hanno 3615, 4334, 7406
Beck, Herbert 5253, 6139, 6141, 6408
Beck, Max 2764
Becke-Goehring, Margot 5791
Becker, Christoph 3270, 3271
Becker, Friedrich 4009
Becker, Friedrich Karl 796, 1439, 3460, 3463, 6542
Becker, Fritz 2110
Becker, Gerhard 1159
Becker, H. 5834
Becker, Hermann Joseph 3220
Becker, Horst R. 5818
Becker, I. 5834
Becker, Jean 4382
Becker, Josef 3275
Becker, Karl 1249, 3688, 6705
Becker, Karl-Heinz 305, 3391
Becker, Klaus 3499, 3863
Becker, Werner 7087
Becker, Werner A. 1006
Becker, Willi 1320
Beckman, Bjarne 7615
Beckmann, Adam 456
Beckmann, Bernhard 781
Beckmann, Christamaria 658
Beckmann, Max 6208
Bedenbender, Günter 1553, 1813
Beeh, Wolfgang 6139, 6367, 6372, 6385 f.
Beeh-Lustenberger, Suzanne 6383
Beese, Gerhard 6838
Behlert, Josef 3261
Behrends, R.-H. 654
Behrens, Dieter 2932
Behrens, Harro 7313
Behrens, Henning 2624
Behrens, Jürgen 5997
Beichert, Hartmut 7316
Beier, Ludwig 5231

Bein, Fritz 4043
Bell, Gerda 5678
Bell, Gerda Elisabeth 1887
Bell, Heinrich 463
Bellm, Richard 342
Bellon, Eugen 4893
Belting, Hans 4633
Benckiser, Nikolas 220
Bender, Gottfried 3693a
Bender, Hans 3067
Bender, Heinrich 5829
Bender, Heinrich M. 3285
Bender, Heinzcarl 421
Bengsohn, Jochen 1546
Benner, Ernst 7241
Benrath, Gustav Adolf 6055−6057
Bentin, Lothar 1973, 5488
Bentmann, Reiner 6641
Bentmann, Reinhard 6578, 6594, 6603
Benz, Georg 3538, 5857
Benz, Klaus 3953
Benzing, Josef 5713
Beppler, Julius 2247, 2450, 7472, 7483
Beranek, Herta Wolf- s. Wolf-Beranek
Berbig, Hans Joachim 823
Berck, Karl-Heinz 2604
Berg, Ludwig 4673
Berge, Otto 182, 1153 f., 1207, 1342, 1806, 2900−2902
Berger, Ludwig 3952
Berger-Thimme, Dorothea 1729
Berghäuser, Hanne Zapp- s. Zapp-Berghäuser
Berghaus, Peter 6030
Bergmann, J. 6468
Bergmann, Joseph 514, 541, 6448
Bergmann, Waltari 227, 3162, 3172, 3989, 5494
Bergsträsser, Gisela 3468, 6249, 6374−6377, 6379 f., 6382
Berlet, Eduard 136, 679, 1099
Bermanakusumah, Ramdhon 2673
Bermich, Walther 290
Bernard, Ulrich 5709
Bernáth, Arpád 6092
Bernatzki, Aloys 3648
Bernbeck, Gerhard 1106, 4460, 5404
Bernd, Hermann 4385
Bernhard, Klaus 5024
Berninger, Gudrun 1049
Bertalot, H. Lange- s. Lange-Bertalot
Bertinchamp, Horst-Peter 350
Bertram Franz 5626
Bertsch, Ludwig 5779

Bertsch, Robert 6567
Besand, Adam 140, 4154, 4157
Besch, Helmut 4461
Besch, Michael 2401
Bessert, Ernst 3445, 7479
Bessoth, Richard 5441
Bethke, Martin 863, 970, 994, 1000, 1125 f., 1138, 1292, 1295, 1312, 1324, 1442, 1483, 3775, 4232, 4394 f., 4799, 4806, 6010
Bettenhäuser, Hermann 1540
Bettinger, Dieter Robert 4898
Betz, Hermann 1558
Beuleke, Wilhelm 4868, 4870, 4872, 4873, 4880, 4881, 4894, 4895
Beumer, Johannes 4651, 4652
Beutel, Franz 3164
Beyer, H. 1468, 5520
Beyer, Heinrich 784
Beyhl, Siegunde 2253
Bezzenberger, Günter 5245, 5246
Bibo, Walter 5192
Bibus, Erhard 423
Bicanski, Vladimir 1499
Bickel, Johannes 4258, 4289
Bickel, Wolfgang 5221, 5222
Bickelhaupt, Helmut 9, 4459
Bickelhaupt, Philipp 5859
Bieber, Eberhard 2152
Biehn, Heinz 327, 1019, 4761, 6185, 6274, 6605, 6627, 6680, 6697, 6703, 6713
Bielefeld, Hanns-Heinz 1265, 1277 f.
Bielinski, Kurt 2689
Bierbrauer, Heinz 3502
Bill, Oswald 5346, 7141
Biller, Josef H. 4351
Billerbeck, Ulrich 3570
Bimmer, Andreas C. 6345, 7562
Bind, Hans 3529
Binder, Joachim 3382
Binder, Volkhard 3082
Binding, Günther 771, 5391, 6645, 6680, 6713
Bindman, David 6406
Bing, Ludwig 215, 977, 979, 2986, 4261, 6301, 6660a., 6703a., 6717, 7566
Bingel, Horst 3312
Bingemann, Daniel 767, 3603, 6666
Birkholz, Manfred 7250
Birkner, Siegfried 2634, 3659 f.
Birley, Eric 593
Bischof, Heinz 342
Bischoff, Bernhard 65

Bischoff, Karl 5901
Bitsch, Heinrich 3748, 3749
Bitsch, Horst 851
Bittens, Gerhard 6555
Bitter, August 1365, 4038
Bittner, Christiph 5296, 6568
Bitzer, Artur 2228, 5115
Blättel, Karl Heinz 5448
Blasius, Wilhelm 1905
Blaufuss, Dietrich 4925
Blechschmidt, Manfred, 405, 777, 4790
Bleibaum, Friedrich 6776
Bleibohm, Katharina 842, 7347
Blöcher, Elsa 3364, 3506, 4327, 5070, 6188, 7593
Blohm, Hannelore 3320
Blome, Helmut 7454
Blotevogel, Hans Dietrich 2125
Blüm, Diether 3483, 6809
Blümel, Günter 7336
Blum, Georg Günter 5038
Blume, Dieter 854
Blumenröder, Gerhard 208, 3309
Blumers, F. O. 3712
Blunck, Hans Friedrich 7614
Boberach, Heinz 71
Bode, Helmut 1825, 3185, 3910, 4123, 6197
Bodet, Charles Hubert 7254
Boecher, Hermann 3418
Böcher, Otto 4584, 4619 f., 4800, 5223, 5326, 6304
Boeck, Wilhelm 6309
Böckel, Otto 7553
Böckelmann, Helma 1249
Böckler, Ludwig 7581
Böhm, Berthold 6507
Böhm, Martin 370, 386
Böhm, Otto 1284, 2475, 6579
Böhme, Astrid 628
Böhme, Horst Wolfgang 705
Böhmer, Johann Friedrich 872
Böhn, Georg Friedrich 1440
Böhne, Winfried 3592, 6169
Böhner, Kurt 445, 836
Böhr, Hans-Joachim 2474, 2537
Böker, Hans Josef 5275
Bölts, Reinhard Albert 3384, 3606, 4127
Börner, Holger 1266
Börst, Hans 5047
Bösken, Franz 5367, 7046
Bösken, Sigrid Duchhardt-s. Duchhardt-Bösken

Boesler, Martin   2272
Böth, Gitta   6345
Böttger, Erich   1296, 1644, 6727, 6771
Boettger, Gerd Hermann   1818, 1819, 2547, 3850, 5443, 5799, 7093
Böttger, Helmut   5598
Böttger, Klaus   6212
Böttger, Wilhelm   3344, 3350
Bog, Ingomar   2084
Boge, Herbert   60
Bohn, Beate   7444
Bohn, Udo   2560
Bohnsack, Jürgen   4199
Bohris, Paul   4463a
Bol, Peter Cornelius   6412, 6413
Boland, Hermann   2284
Boldt, Werner   1172
Boley, August   2607
Bonifer, Erhard   4985
Bonifer, Willi   4985
Bonn, Peter   5472
Borgenheimer, Heinz   5017
Bormuth, Heinz   1457, 1459, 1464, 1469, 4287, 6729, 7636
Born, Ekkehard   5559
Born, Martin   1697, 2092
Bornheim gen. Schilling, Werner   3595, 6527, 6549, 6597, 6610, 6632
Borrmann, Gottfried   6038
Borstel, Uwe-Od   2343
Bosch, Michael   7442
Bosch, Werner   2715
Bosinski, Gerhard   460, 464, 470
Boss, Frieder   1043, 1410, 1653, 4324
Boss, Walter   685
Boss-Stenner, Helga   3306
Boßung, Moiken   2290, 2291
Bott, Barbara   6373
Bott, Gerhard   5777, 6145, 6178, 6231, 6368, 6387, 6390, 6759
Bott, Irmgard   5079
Botzenhart, Erich   1083
Bouchard, Paul   7702
Boulé, Amand   1430
Bourjau, Christian   6938
Bovermann, Günther   1273, 7448
Boxer, Charles Ralph   953
Bracht, Edith (Mädchenname) s. Schirok
Brackert, Gisela   6397
Brackert, Helmut   6129
Braden, Karl   2254, 3545, 5371
Brämer, Dieter   7612
Bräuer, Elisabeth   7551, 7620

Bräuning-Oktavio, Hermann   5978
Brand, Karl Ludwig   5159
Brand, Klaus-Günter   5375
Brandau, Gerhard   2198
Brandler, Karl   7648
Brandt, Heinz   4743
Brandt, Reinhard   5718
Brandt, Willi   1147, 1963, 6291–6295
Brauckmann, Gisbert Grosse- s. Grosse-Brauckmann
Braun, Carl Ludwig   1865
Braun, Erwin   3043
Braun, Gottfried   4463
Braun, Heinz   5571
Braun, Kurt   7192
Braun, Lothar R.   4064
Braun, Manfred   2615
Braun, Rudolf   2599, 6459
Braun, Wilhelm Hans   6124
Brauns, Eduard   185, 231 f., 1055, 1972, 2259, 2264, 2500, 3580, 3591, 3618, 4174, 4503, 4748, 4789, 5248, 5318, 5421, 5606, 5704, 6029, 6636, 6649, 6653, 6667, 6704, 6726, 6730, 6733, 7000
Brauns-Packenius, Otfried   3237, 3238
Brechmacher, Rainer   5640
Bredehorn, Uwe   4302
Bredekamp, Horst   6139, 6141
Bredow, Juliane Freiin. v.   4756
Breiter, Helmuth   1397, 4187
Breitstadt, Günther   3448
Breitwieser, Franz-Otto   7548
Breitwieser, Ludwig   5956
Brendow, Volker   494, 545
Bressler, Hannes   5426
Brethauer, Karl   4005
Breunig, Norbert   3777
Brill, Fritz   5187
Bringezu, Maria   133, 5406
Bringmann, Gottfried   4945
Bringmann, Klaus   49
Brinken, Bernd   797
Brockhusen, Hans Joachim v.   7644 f.
Brockmeier, Friedrich   4139
Brode-große Austing, Agnes   5595
Brodhäcker, Karl   4177, 5963, 5976, 7574
Bröckers, Walter   4697
Brösel, Bert   4138
Bromberger, Barbara Mausbach- s. Mausbach-Bromberger
Bromm, Ernst   5827
Brommer, Peter   101, 1637, 4644

Brosius, Dieter   4648
Broszinski, Hartmut   51, 62
Bruckmann, Wolfgang   5466
Brübach, Walter   2908
Brücher, Erich   137, 1452, 1551, 1554, 2082
Brück, Anton Philipp   119, 884, 888, 1502, 1713, 1792, 4659, 4677, 4774, 5209, 5260, 5303, 5427, 5521
Brück, Arno Wolfgang   3020
Brückl, Reinhold   5848 f.
Brückner, Josef   1906, 2192, 3163, 3895, 4363, 5003 f., 5052, 5190, 5538, 7197
Brueckner, Wolfgang   5845
Brühl, Christian   1843, 4167
Brühl, Werner   2395
Brüne, Lothar   1298
Brüning, Paul   237
Brüschke, Werner   4290
Brugmans, Hendrik   941
Brunhölzl, Franz   911
Brunk, Reinhard   3107
Brunner, Guido   1237
Brunner, Heinz-Rudi   7187
Brunner, Wolfgang   3873
Bruno, Karl-Wilhelm   3969
Bruns, A.   2815
Bruza, I. V.   1330
Bryden, Ronald   7042
Buber, Martin   5657
Bucher, Editha   4581
Buchholz, Hans-Günter   5694
Buchmann, Gottfried   5977
Buchner, Rudolf   907
Buck, Herbert   50
Buckley, Dennis La Vern s. La vern Buckley
Budach, Werner   976
Budnick, Thea   4963
Büchler, Roswitha (Zeilinger-) s. Zeilinger-Büchler
Büchner, Anton   7339
Büchner, Georg   1112, 1114
Büchner, Silvia   2777
Bücking, Heinrich   3787
Bücking, Karl   1632, 4194
Büdingen, Erhard   3546
Buehnemann, Wolfgang   2304, 2305, 2318, 2319, 2320, 2322
Bülow, Gerda v.   681
Büttner, Heinrich   808
Burger, Alexander   3852
Burger, Hans-Georg   5672
Burghardt, Gerhard   2508, 2509

Burmeister, Helmut   453, 499, 528 f., 6628
Burmeister, Karl Heinz   1592, 4528 f.
Busch, Hermann Josef   5366, 5387, 7046
Busch, Karl   7280 f.
Busch, Wilhelm   7345
Busemann, Ernst   3988
Buss, Gerold   2292
Buß, Karl   1642
Bussmann, Georg   6161, 7029
Bijl, Christiaan M.   42

C

Cahn, Peter   5782, 7171
Calaminus, Anton   4201
Callmer, Christian   5696
Calmano, Ludwig   1690
Campen, Ingo   471
Capelle, Torsten   535
Carolsfeld, Ludwig Schnorr v. s. Schnorr v. Carolsfeld
Caspar, Artur   587
Caspary, Eugen   5620
Caspary, Hans   6632
Castelin, K.   554
Castelin, Karel   580
Castritius, Helmut   609, 4466
Cellarius, Helmut   934, 944 f., 3132
Červiček, Pavel   6439
Cheikh Lakhdar Ould s. Lakhdar Ould Cheikh
Chiogna, Albin   3486, 6810
Chmielewski, Horst v.   39
Christ, Heinrich   1544
Christ, Karl   1428
Christe, Bruno   2579
Christe, H.   3790
Christe, Y.   4632
Christen, Fridel v.   4224
Christmann, Karl-Heinz   3273, 6521
Christmann, Otto   7220
Christol, Michel   6489
Christopher, Andreas   3173
Clark, Robert Judson s. Judson ...
Clauert, Barbara   3962
Claus, Paul   2330, 2364, 6606
Clausen, Claus   5466
Clauss, Armin   1255
Clemm, Ludwig   81
Cleres, Wilfried   2371
Clotz, Ernst   1419
Clotz, Paul Martin   4966

Cochläus, Johannes 4837
Cönen, Jürgen 2698
Collis, John Ralph 560
Conradt, Horst 5502
Cooke-Lambert, George 6214
Coordes, Carsten 3871
Coors, Harry 4992, 4993, 5181, 5580
Cordt, Friedrich 7069
Corell, Hans 5827
Cornelius, Peter 7155
Cornelius, Werner 2772, 3140, 5297, 5492
Cornely, Alfred 67
Corsepius, Wolfgang 6838
Coulon Rigaud, Marcel 6995
Courts, G. 2729
Courts, Gert 2736
Cowles, Virginia 2889
Credé, Inge E. 3207
Creter, Fritz 5981
Cronjaeger, Hildegard 1866
Crummenerl, Ruth 2684
Crusius, Eberhard 3358
Cunz, Johann Justus 4958
Curschmann, Dieter 1524, 4718, 4778
Custodis, Paul-Georg 6548, 6604, 6885, 6941
Cyperrek, Rudolf 1087, 1977, 2862, 2928, 6620
Czuczor, Ernö 382
Czysz, Wolfgang 639

D

Dämgen, Gerhard 6840
Dahl, Johannes Konrad 984
Dahlem, Fritz 1313
Dahlhaus, Conrad 7183
Dahmen, Friedrich Wilhelm 2532, 3595
Dambmann, H. 6502
Dambron, Albert 5908, 6195
Damerau, Friedrich Karl Neumann- s. Neumann-Damerau
Damm, Karlwilli 4559
Dammann, Ernst 5745
Dang, Johann Sebastian 5856
Daniel, Walter 2504
Dann, Robert 968
Danneberg, H. 2846
Dannenberg, Peter 5786
Danullis, Helmut 3141
Danz, Karl 4566
Dapper, Heinrich 2339

Darapsky, Elisabeth 122, 3952, 5229
Darnstaedt, Thomas 2660
Darscheid, Karl 2711
Dascher, Georg 447, 1556, 2233, 2268, 4285, 7517, 7622
Daschmann, Claus 3302, 3782, 7647
Dassel, Jochen 6980
Dathe, Wilhelm 2438
Daubeny, Peter 7042
Daumann, Klaus 3105, 3106
Dautermann, Willy 1362
Debor, Herbert Wilhelm 361, 1680–1682, 4858
Debus, Karl Heinz 1637, 4581
Decher, Klaus 6805 f.
Decker, Karl Viktor 449, 619, 648
Decker, Wolfgang 648
Deeg, Ria 1108
Deeg, Walter 1108
Deenen, Bernd van 2296
Deeters, Walter 1484
Degenhardt, Gertrude 5853
Dehler, Karl-Heinz 1617, 3751 f.
Dehnert, Karl 2437, 3315, 4100, 4173a., 6071 f., 6078
Deibel, Hans 7503 f.
Deich, Friedrich 5748
Deitmer, Hermann 4304
Demandt, Alexander 3942
Demandt, Dieter 3955, 4723
Demandt, Karl-Ernst 88, 989, 1302, 2865, 3476, 3726 f., 3870, 3942, 6725
Denecke, Ludwig 25, 29, 51–53, 203, 6024
Denfeld, Heinrich 5927
Denig, Wilhelm 4581
Dengler, Georg 4692
Depel, Erich 309
Derreth, Otto 6752
Derschau, Alexander v. 4987
Dertsch, Richard 122, 5229
Desch, Hermann 2700, 3288, 5319, 6748, 7357
Deschler, Ralph 6060
Desel, Jochen 770, 3860, 4355, 4865–4867, 4879, 4883, 6983
Dethig, Eugen 3242
Dettweiler, Rudolf 4268
Deusser, Fritz 2017
Dibbern, Margit 6160
Dieckerhoff, Otto 2981
Diederich, Gisbert 2047
Diedert, Bruno 5194

Diehl, Heinrich 135
Diehl, Otto 6356
Diehl, Paul 4109
Diehl, Ruth 6438, 6933
Diehl, Wolfgang 3855
Diehm, Götz 3015, 3469, 3496 f., 3619, 3742, 3776, 3814, 3883, 3923, 3929, 3945, 4176, 7649
Diel, Alfred 3770
Dielmann, Karl 148, 183, 193, 205, 526, 3792, 6314, 6354, 6797, 6855, 7041
Diener, Hermann 5710
Diener, Walter 3267
Diener, Wolfgang 6392
Dierks, Margarete 5644
Dierssen, Gerhard 236
Dies, Kurt 423, 467 f.
Dietrich, Georg 4051
Dietrich, Karl 7215
Dietrich, Margot 2388, 6233, 6282
Dietrich, Norbert Müller- s. Müller-Dietrich
Dietrich, R. 2162
Dietrich, Walter 4274, 4276, 5631
Dietz, C. P. 7260
Dietz, Klaus 3055
Dietz, Marguerite 5835
Dietz, Martin 5818
Dietz, Rudolf 5835
Dietze, Lutz 5469
Dilg, Peter 5741
Diller, Ansgar 3269
Diller, Werner 5453
Dingedahl, Carl Heinz 4470
Dingeldey, Ronald 3244
Dinkler-v. Schubert, Erika 4663
Dippel, Dieter 7445
Dirks, Walter 1224
Dirlmeier, Irma Kilian- s. Kilian-Dirlmeier
Disch, Ursula 1984
Discher, Rudolf 5534
Dischkoff, Nikola 2154
Dister, Emil 2489
Ditt, Walter 3213
Dittens, Gerhard 6011
Dittmann, Alden L. 4515
Dittmann, Joachim 2540, 2849 f., 2852
Dittmar, Wolfgang 1710
Dittmer, P. 3608
Dittscheid, Christoph 6747
Dittscheid, Hans-Christopf 5087
Doberer, Erika 5224
Dobers, Klaus 1392
Doehm, Robert H. 3229

Dölle, Minna 6978
Dölling, Regine 5098, 5173 f., 6542, 6557, 6718, 6881
Dörffeldt, Siegfried 4118
Döring, Carla 6339, 6430
Döring, Lothar 214, 1376, 2049
Döring, Reinhard 1991, 7091
Dörr, Hans 5266
Dörr, Karl-Heinz 2694, 2775, 3783, 3837, 5250 f.
Dörr, Manfred 1243
Dörrbecker, Klaus 3674, 5566
Dösseler, E. 2784
Dohm, Horst 2380
Dohrn-Ihmig, Margarete 484
Dolezalik, Gero 68
Domke, Helmut 310
Dorn, Christian 4011
Dorsch, Kurt T. 985
Dotzauer, Winfried 800 f., 3159, 4449, 7370 f.
Dräger, Werner 1975, 2078, 3289, 6622, 6624, 6743
Dreher, W. 4080
Dreier, Bernhard 5331
Dreier, Franz-Adrian 6948
Dreiheller, Fritz 6268
Dreisbach-Olsen, Jutta 1135
Drese, Otto 2471
Dreysse, Dietrich Wilhelm 1737
Dries, Heinrich 7066
Droege, Georg 798
Dröge, Waldemar 3068
Dronke, Ernst Friedrich Johann 909
Drossaers, S. W. A. 6638
Duchardt, Hans 1705
Duchhardt, Heinz 818, 879, 1078, 1482, 4654
Duchhardt-Bösken, Sigrid 5209
Dübber, Irmgard 1855
Dülfer, Kurt 88 f., 91
Dünzebach, Otto 4474a
Dürkop, Gabriele 7525
Dürr, St. 749
Duesterdieck, Peter 7391
Dugall, Berndt 27
Dugall, Harry 3967
Dumler, Helmut 251 f., 340 f.
Dumm, Gerhard 2411, 2412
Dumont, Franz 4954
Dunning, Albert 7046
Duthweiler, Helmut 2501, 2502, 2515, 4068

Duvenbeck, Brigitta 4874
Dyck, Marianne Fischer- s. Fischer-Dyck
Dyx, Karl 4011

E

Ebel, Friedrich 1490
Eberle, Ingo 3272
Ebert, Karl 3592 f.
Ebert, Klaus D. 2113
Ebertz, Walter 4230, 7015
Ebhardt, Klaus 6924
Ebinger, Wolfgang 6866
Ebling, Jakob 1555
Ebner, Fritz 6077
Eckert, Brita 4816
Eckert, J. 741
Eckert, Jörg 431, 492
Eckhardt, Albrecht 76, 77, 79–81, 83, 110, 176, 1031, 1136, 1500, 3420, 3772, 4568, 4740, 4741, 4752
Eckhardt, Karl August 61, 4272
Eckhardt, Martin 5030
Eckhardt, Wilhelm Alfred 1145, 4161, 4212, 4272 f.
Eckoldt, Martin 1337, 6483
Eckstein, Felix 6411
Eckstein, Karlfriedrich 1591
Edelmann, Günther 1444
Eelking, Max v. 1386
Egerer, Wolfgang 1217
Eggert, Manfred K. H. 522
Eggert, Wolfgang 882
Ehlers, Eckart 3303
Ehlers, Otto 5645
Ehrenteich, Alfred 5537, 7556
Ehret, Helmut 2719, 2720
Ehrlich, Dieter 3535
Ehrmanntraut, Rafael 372, 373
Eich, Paul 6405
Eichel, Claus 2491
Eichhorn, Egon 3139, 4040
Eichhorn, R. 3537
Eichhorn, Rudi 3521, 3849
Eichler, Gert 3977
Eichler, Inge 6262–6264
Eichler, Joachim 1976
Eickermann, Norbert 5163
Eidenmüller, Alfred 3261, 3263
Eidenmüller, Karl 4332, 4369
Eiff, Adolf 1384, 7502
Eiff, Monika 7502

Eigner, Walter 3385
Einecke, Hans-Joachim 2990
Einhäuser, Karl 2696
Einsingbach, Marianne 6336, 6337
Einsingbach, Wolfgang 3168, 4793, 6570, 6629–6631, 6654 f., 6681, 6741, 6747, 6934
Einwaechter, Hellmut 3349
Eisenbarth, H. J. 2367
Eisenberg, Emil 5615
Eisenberg, Hildegard 4942
Eisenhardt, Georg 4057
Eitel, Helmut 5562
Eizenhöfer, Leo 4666
Elbe, Joachim v. 583
Elben, Stefan 3645
Elkar, Rainer S. 1357
Ellmers, Detlev 3322
Eltester, Leopold 784, 6645
Ely, Norbert 5352
Emde, Alfred 2230
Emde, Karl 5144, 5887
Emich, Friedrich 6998
Emig, Erik 1590, 4243, 4246, 5065, 7532
Emig, Georg 2735
Emig, Hermann 3468
Emmel, Ludwig 2373, 3493, 6360
Emmenthal, Wolfgang 3872
Emmerich, Eduard 4561
Emmerling, Ernst 833, 835, 1451, 3305, 4528, 5114, 5180, 5259, 5283, 6325, 6466, 6537, 6543, 6556, 6566, 6679, 6922
Emrich, Ursula 3417
Ender, Karl 3357
Endress, Gudrun 7078
Engel, Hermann 974, 4076, 5893
Engelhard, Elmar 1256, 1314, 2357, 3888
Engelhard, Karl 1934
Engelhardt, Hans 4171, 5897
Engelhardt, Rudolf 167, 199, 429, 604 f., 624–626, 676, 682, 1022, 1536, 3331, 3513, 3516, 4505, 4588, 4630, 4788, 5112 f., 5522, 5993, 6039, 6128, 6313, 6756, 6811, 7175, 7616, 7717
Engels, Odilo 799
Enke 3893
Enzensberger, Hans Magnus 1112
Erb, Karl 2269, 5832
Erbacher, Hermann 5359
Erbe, Wulf 4323, 4475
Erbslöh, Friedrich 1959
Erckenbrecht, Hermann 1969

Erdem, Umit 7244
Erdmann, Elisabeth 659
Erfling, Adelheid Joswig- s. Joswig-Erfling
Erftel, K. F. 4603
Erickson, Charlotte 1638
Erler, Adalbert 1476
Ermgassen, Heinrich Meyer zu s. Meyer zu Ermgassen
Ernst, Almuth 6347, 6350
Ernst, Edmund 807
Ernst, Eugen 3491, 3778, 4013, 4024, 5870, 6341 f., 6346, 6349
Ertel, K. F. 6246, 6248, 7014
Ertel, Kurt Friedrich 5969, 6052, 6450, 7208
Ertl, Erika 3485
Erz, Wolfgang 2488
Erzmoneit, Hans-Georg 7451
Esche, Fritz 2803
Eschenauer, Friedhelm 7123, 7174
Eser, Jacob 4518, 4860
Esselborn, Karl 6100
Esser, Karl Heinz 651, 773, 4808, 5209, 6318, 6488
Esslin, Martin 7042
Estenfelder, Estine 3647
Estenfelder, Paul 2051
Etzbach, Ernst 1493
Etzold, Hans-Joachim 2695
Euler, Arthur 3874
Euler, Friedrich 1129
Euler, Friedrich Wilhelm 207, 1879, 1891 f., 4522–4524, 4526, 4548, 7182
Euler, Helmuth 1431
Euler, Jochen 2542
Euler, Karl Friedrich 805, 4791
Euw, Anton v. 6389
Evans, R. J. W. 4823
Even, Pierre Alexandre 1307, 4151 f., 5028, 5289
Evers, Arrien 2052
Ewert, Franz 3585, 4002 f.
Ewig, Eugen 765
Exner, Gerhard 5733
Ey, Hildegard 41
Eyck, Frank 1170
Eyer, Frédéric 4862
Eyer, Fritz 2866
Eynatten, Adolf Hubert v. 2428
Eyskens, Gaston 941

F

Fabel, Walther 6684 f.
Faber, Erich 6484
Faber, Gustav 786
Faber, Karl-Georg 1179
Faber, Rolf 104, 187, 189, 1790, 2455, 3501 f., 3504, 4239, 4469, 4471, 4587, 5107, 5309, 5315, 5407, 5525, 5985, 6298, 6720 f., 7654–7662
Fabritius, Johann Reichardt 1017
Fäthke, Bernd 5110, 6184, 6218, 6516
Fahner, Rainer 2377
Fahr, Kirstin Weber- s. Weber-Fahr
Fahrenberger, Gerold 2583, 2630
Failing, Adolf 1316, 2783, 2870, 2947, 3299, 3300, 4027, 4381, 5108, 5118, 7512
Falck, Ludwig 115, 880, 891, 1701, 1967, 2743, 3957 f., 6561, 6812, 7716
Falkenbach, Willi 7329
Falkenthal, Heinz Schulz- s. Schulz-Falkenthal
Fas, Rudolf Weber- s. Weber-Fas
Fasig, Willy 1404, 1422, 2752
Fath, Helmut 4642
Faulstich, Josef 5884
Faupel, Franz Hermann 3730
Fauser, Franz 4943
Fechner, Jörg-Ulrich 5972
Fechter, Paul 3569
Fechtner, Harald 6037, 6194
Federhofer, Hellmut 7166
Fehrenbach, Elisabeth 1441
Fehringer, Norbert 4933, 4934
Feilchenfeldt, Konrad 5975
Feilscher, Max 7089
Feix, Richard 4184
Felber, Edmund 3899
Feldtkeller, Hans 4751, 6577
Feller, Wilhelm J. 4337, 4476
Fellinger, Helmut 1508
Fembo, Christoph 376
Fendler, R. 4444
Fendler, Rudolf 1033
Fenge, Wilhelm 3389, 3625
Fenner, Daniel 3521, 3537, 4102, 6724
Ferber, Karlheinz 6266
Fersen, Olaf Baron 2974
Fesel, Gerd 5571
Fessel, Leonhard 6307
Fetscher, Iring 3665
Feuerborn, Hubertus 2427
Feuereissen, Ulrich 3588

Fey, Rudolf 3489
Fibich, Siegfried 1254
Fichtner, Diethelm 3982
Fichtner, Friedhelm 6590
Fiedler, Lutz 472
Figge, Willi 4074
Filipp, K. H. 2096
Findeisen, Wolfgang 4288
Fingerlin, Ilse 766
Fink, Adolf 6747
Fink, Otto 3524
Fink, Otto E. 4236
Fischer, ... 2040
Fischer, Beát de 6253
Fischer, Dietrich 2481
Fischer, Erich F. 3393
Fischer, Karl 2776, 4190, 6658, 6870, 6872, 6891, 6900 f., 6906–6908
Fischer, Norbert 778
Fischer, Ulrich 434–437, 488–490, 498, 584, 6425, 6427
Fischer-Dyck, Marianne 4237, 5109
Fischer-Wollpert, Rudolf 4690
Fiśer, Bolemir 2312, 2319
Fittschen, Klaus 6410
Flämig, Christian 3571
Fleck, Wilhelm 4099
Fleckenstein, Josef 4634, 4762
Fleig, Lina 2780, 5316, 5491
Fleischer, Fritz 2689
Flender, Hans-Martin 1434
Flender, Heinrich 2997a
Flender, Heinz 4756
Flender, Herbert 3399, 4230 f., 5625
Flesch-Thebesius, Max 5782
Fluck, Hans Rüdiger 6086
Förschner, Gisela 6020, 6436
Först, Walter 307
Foerstemann, Friedhelm 3425
Follmann, Fritz 233
Follmann, Hartmut 272
Foltin, Hans-Friedrich 7335
Foltyn, Oskar 2382
Forrer, Robert 554
Forstmann, Wilfried 2818
Foss, A. 2525
Fouquet, Karl 7198
Fowler, Angus M. 7555
Fox, George Thomas 2246
Fox, Thomas 1727
Francis, A. D. 1374
Francis, David 1373
Franck, Philipp 6197

François, Étienne 1723
Frank, Hermann 3145
Frank, Karl Suso 5169, 5171
Frankenbach, Carl Jakob 5835
Frankhäuser, Karl-Heinz 4542, 4549, 5514
Franz, Eckhart Götz 72, 75, 82, 1096, 1163, 1352, 1387, 1532, 4744, 5989, 6149, 7640
Franz, Gustav 422, 2094
Franz, Heinz Joergen 1740
Franz, Jakob 196
Franz, Lothar 3112
Franz, Waldemar 1974
Frauenberger, Michael 1692
Fraund, Adolf 7184
Fredenhagen, Ludwig 4477
Freiling, Paul 5886
Freimuth, Philipp Martin 5332
Frenz, Wilhelm 3864
Fresin, Josef 1465
Freund, Bodo 2543
Freund, Hans 2440
Freund, M. 1788
Freybe, Otto 4215
Freyer, V. 5042
Freytag, Kurt 5466
Friauf, Waldemar 6524, 7218
Fricke, Dieter 7407
Fricke, Heinz 5790
Fricke, Werner 2174
Fricke, Wolfgang 3979
Frickel, Jürgen H. 5092
Friedeburg, Ludwig v. 5705
Friederichs, Friederun Hardt- s. Hardt-Friederichs
Friederichs, Heinz Friedrich 152, 839, 982, 1050, 1461, 4293, 4294, 4402, 4497, 4498, 7172, 7663, 7666, 7671, 7673
Friedrich, Carl Joachim 5700
Friedrich, Heinz 7430, 7435
Friedrich, Klaus 2102
Friedrich-Sander, Harald 1925
Fries, Erich 5850
Fries, Heribert 5797, 6954
Friese, Paul 5622
Frieß, Herbert 1327, 4478
Frindte, Dietrich 5191a
Fritsche, Hans 1666
Fritz-Vietta, Rainer 2122, 3441
Fritzen, Hans 5229
Fröbel, Ernst-Günter 1478
Fröhlich, H. 2414

Fröhlich, Hermann 441
Fröhlich, Otto 1387
Frommberger-Weber, Ulrike 6167
Frost, Erwin 7326
Frühauf, Klaus Dieter 5484
Fuchs, F. 255
Fuchs, Karl-Heinz 4683
Fuchs, Konrad 1094, 1583, 1714, 2998, 3178, 6540
Fuchs, L. 1914
Fuchs, Peter 5831a
Fucke, Eberhard 5590
Führer, Heinrich 4090
Führkötter, Adelgundis 4670
Füllkrug, Armin 4622, 4907
Füllner, Gustav 1157
Fütterer, Paul 4012
Funk, Alois Wilhelm 3766
Funk, Bruno 6887
Funk, Kurt 3773

G

Gaab, Hannes 5861
Gabelmann, Hans 602, 6487
Gabriel, Ernst 7113
Gabriel, Ingo 477, 483
Gadamer, Hans Georg 5749
Gadow, H. v. 5878
Gaede, Ernst-A. 1300
Gängel, Adolf 338
Gärtner, Franz X. 2045
Gärtner, Johannes 5591
Gärtner, Raimund 5035, 5299
Gail, Manfred 375, 383
Galéra, Karl Siegmar Baron v. 3450
Gall, Günter 6498
Gallwitz, Klaus 6402, 6406
Gallwitz, Peter 6615
Gallwitz, Ulrike 6615
Ganssauge, Gottfried 6180
Ganzhübner, Fritz 318
Garnerus, Hartwig 6016
Gartenhof, Caspar 257
Gatz, Erwin 4694
Gauweiler, Wolfgang 328
Gayer, Kurt 338
Gebauer, Gerhard 5043
Gebers, Wilhelm 512
Gebhardt, Gusti 2038
Gebhardt, Hartwig 1168
Gebhardt, L. 2606

Geelhaar, Christiane 6156
Geelhaar, F. 2162
Geer, Johann Sebastian 3343
Geerdts, Hans-Juergen 5994
Geese, Wilhelm 3803
Geh, Hans-Peter 19
Geibel, Karl 3597, 7613
Geiger, George 4480
Geiger, Werner 1435
Geipel, Robert 2917, 5706
Geis, Edmund 2298
Geis, Walter 7316
Geisel, Karl 1150, 1152, 1656, 4306, 4311, 4606
Geisenheyner, Max 311
Geisler, Jürgen 1635, 4249
Geiss, Erich 3185
Geiss, Imanuel 6431
Geiss, Jakob 5444
Geissler, Erich Eduard 5456
Geißler, Peter 97
Geissler, Robert 239
Geißler, Rolf-Heinz 4984
Geißler, Veit 5215, 5227
Geist, Wolfhard Andreas Pierce 4412
Geisthardt, Fritz 190, 2821, 2921, 2996
Geisthardt, Michael 2349, 2538, 6518
Geitz, Johann Daniel 1377
Gelbert, Reinhold 4212
Gelbhaar, Klaus 3380, 6641, 7614
Geldner, Ferdinand 7373 f.
Gembruch, Werner 1086
Gemkow, Heinrich 1101
Gempp, Alex 3554
Gensen, Rolf 424, 427, 503, 700, 709, 711, 715, 747 f.
Gensert, Adam 2721
Gensicke, Hellmuth 109, 165, 322, 967, 1011, 1032, 1044, 1375, 3437, 3533, 3994 f., 4032, 4040 f., 4393, 4417, 4432, 6242, 6642
Genther, Wolfgang 6505
Georgii, Hans-Walter 2658
Gerardy, Theo 7380
Gerbaulet, Sabine 5461
Gercke, Peter 6470
Gerecht, Ernst-Heinz 1817
Gerhardt, Claus W. 7384
Gerharz, Alfons 5457
Gericke, Peter 3950, 3973
Gerisch, Peter 6269
Gerke, Friedrich 6250
Gerlach, G. 2976

Gerlach, Klaus 4230
Gerlach, Rudi 5818
Gerlich, Alois 792, 808, 886
Gerloff, Ilsemarie 5628
Germann, Otto 2249
Gerner, Egon 3502
Gerner, Manfred 4033, 6860
Gerster, Henry A. 7364
Gerster, Wolfgang 5029
Gerteis, Walter 3646
Gertz, B. 4671
Gescheidle, Kurt 3201
Gesinn, Joachim 6628
Geuenich, Dieter 5868
Geus, Armin 5755, 6254
Geyer, Herbert 6635
Giebel, Alfred 1970, 4473, 4504, 4519, 4996, 5270, 5345, 6977
Giebel, Horst 7199
Gieg, Wilhelm 5269
Giegerich, Willi 1527, 2202, 3986 f., 4193, 4195, 4494, 4948, 4990, 5010, 5419, 5599
Gierhake, Ortwin 3281
Gieseler, Kurt 5697
Giess, Otto 2605, 2626
Giessen, Josef 6145, 6198
Gilbert, Friedrich 3439
Glaesemer, Jürgen 6302
Glasbrenner, Walter 5452
Glaser, Rudolf 2399, 2400
Glatz, Joachim 6595
Glatzl, Egon 2273
Glauert, Barbara 772, 1414, 6134–6136, 7155–7158, 7529
Glaum, Karl H. 3896
Glawischnig, Rolf 946, 947, 981
Gleisberg, Gertrud 14
Glitsch, W. H. 4483
Glöckner, Fritz 6742
Glöckner, Karl 923
Glück, Erich 2075, 4194
Glück, Heinrich 4484, 5831
Glueck, Karl 3154
Glück, Kurt 2909
Gobs, Carlo 5104
Gockel, Michael 730, 758, 824
Godramstein, Heinz Sturm- s. Sturm-Godramstein
Göbel, F. W. 2899
Göbel, Hansjörg Schulze- s. Schulze-Göbel
Goebel, Heinrich P. 4495
Goebel, Karlfried 5060

Göbel, Kurt 3407
Göbel, Otto 1760, 2727
Goebels, Karl 4977
Gödde, Ernst 7276 f.
Gödeke, Herwig 33, 5717
Goedens, Wedigo v. Wedel- s. Wedel-Goedens
Goehring, Margot Becke- s. Becke-Goehring
Gönna, Sigrid von der 4661
Göock, Roland 4262
Göpfert, Herbert 1907
Goepfert-Hölzinger, ... 4010
Görgen, Renate Groppler- s. Groppler-Görgen
Görich, Willi 3122, 4212, 4664
Goerke, Ernst 5148
Görlach, Willi 2277, 2295
Görlich, Paul 848, 922, 1042, 1372, 1378 f., 1510, 2739, 2794, 2817, 3376, 4158, 4715–4717, 4827, 4842, 5049, 6714, 6739 f., 7511
Goertz, Heinrich 7043
Goes, F. 2159
Goester, Ernst 5220
Goethe, Catharina Elisabeth 7345
Goethe, Johann Wolfgang v. 6012, 7345
Götten, Josef 4776
Göttig, K. 401
Göttmann, Frank 2728, 2750
Goetz, Adam 784
Götz, Ernst 5157
Götz, Johannes 4318
Götz, Maria 1688
Götz, Wolfgang 325
Goldapp, Wolfram 2111
Golm, Horst 2510
Golwer, Arthur 2639
Gonsior, Georg 3453, 3455, 3602, 3927, 3991 f.
Goralski, Zbigniew 865
Gordon, Marie Antonia v., geb. Gräfin zu Stolberg-Wernigerode 983
Gosebruch, Ernst 7040
Gothsch, Dorothea 1864
Gottfried, Katharina 7011
Gottlieb, Karl 5334, 5335
Gottron, Adam 3951, 5347, 7161, 7165
Gottsammer, Carl-Georg 3198
Graafen, Richard 1604
Graap, Hermann 4246
Grab, Walter 1064, 1109
Graefe, Hans 838, 4004

Graepler, Carl 5237, 6493 f., 6969
Gräser, Franz 4338, 4668, 5921
Gräter, Carlheinz 262, 263
Graf, Helmut 2188
Graffmann, Friedrich 2573
Gramss, Karl Heinz 2758
Grape, Wolfgang 6384
Grasmann, Peter 1219
Grassi, Giorgio 6552
Gratias, Ralf 5282
Grau, W. J. 6129
Grazioli, Edwin 5848, 5849
Greb, Werner 3718
Grebe, H. 7543
Grebe, Reinhard 2501, 4068
Grebe, Reinhold 6746
Grefe, Ernst-Hermann 1175
Gregor, Heinz 5416
Greiff, Karl 5447
Grein, Gerd Jürgen 6499, 6791, 6956, 7491, 7536
Greiner, Gerhard 7454
Greiner, Martin 1114
Gremm, Josef 4985
Greschner, Ewald 232, 252, 264, 269, 297, 303, 340
Gress, ... 7211
Greverus, Ina-Maria 6584, 7467
Gries, Gundolf 5805
Gries, Hartmut 1297, 4001
Griessbach, Arthur 270
Grimm, Albert Ludwig 335, 6214
Grimm, Erich 7610
Grimm, W. 378
Grimmel, Johannes 4059
Gröhn, Klaus-Dieter 3324
Größel, Emil 7133, 7687 f.
Groll, E. 3063
Groll, Johann 3996
Gromes, Ilse 1371, 4159 f., 4615, 5293, 7510
Groppler-Görgen, Renate 4824
Groscurth, Reinhard 3352
Grosheim, Georg Christoph 7180
Gross, Johannes 7448
Groß, Karl 7131
Gross, Rolf 1244, 3409
Gross, Ulrich 4339, 7083
Große Austing, Agnes Brode- s. Brode-große Austing
Grosse-Brauckmann, Gisbert 5642
Großer, Horst-Ulrich 2360
Grosskopf, Helmut 1054

Großmann, Dieter 3161, 4665, 5233, 5374, 6541, 6562, 6650, 6708
Grossmann, Georg-Ulrich 3934, 3972, 5235, 6144, 6533
Grossmann, Horst 2569
Großmann, Karl-Heinz 2213
Grübling, Richard 1737
Grün, Heinrich 3891
Gründler, Werner 2160
Grünewald, Heinz 7097
Grünewald, Julius 1687, 4227 f., 7646, 7650
Grünewald, R. W. 1381
Grünewald, Willi 1380, 1383, 1462, 1763
Grünholz-Schwarzkopf, Hildegard 6113
Grundig, Julius 1915, 2070
Grunelius, Sigmund v. 4487
Gruner, Heinz-Felix v. 4075
Grupe, Heinrich 5518
Grupp, Grete Altstadt- s. Altstadt-Grupp
Gruppe, Heidemarie 6430
Guaita, Leberecht v. 4489, 4565
Gudenus, Philipp Georg Graf 4408, 4516, 4567, 7669
Günter, Roland 6592
Günther, Ernst 7063
Günther, Renate 7046
Günther, Walter A. 3487
Guenther, Wolfgang 2293
Günzel, Hermann 35
Günzel, Manfred 6032
Gürges, Ludwig 2733
Güterbock, Gotthilde 2225, 6791
Güth, Eberhard 3964, 6707, 7378
Güthling, Wilhelm 1039
Gugumus, Johannes Emil 4688
Gumnior, Helmut 5653
Gundel, Hans Georg 56, 58, 5680, 7700 f.
Gundlach, Walter 1645
Gunkel, Erich 3843, 3844
Gunkel, F. 3657
Gunkel, Heinrich 6973
Gunzert, Walter 866
Gutbier, Reinhard 6637
Gutjahr, Rainer 1045, 1056, 4218
Gwinner, Arthur v. 2838
Gwinner, Philipp Friedrich 6159


H

Haarberg, Rudolf 759, 776, 6949, 7473
Haas, Daniel 5869, 6848

Haas, Franz   346, 1408, 1525, 1568–1570, 1657, 2194, 4191
Haas, Hans   2111
Haas, Norbert   6082
Haas, Werner   6791
Haasis, Helmut G.   1061
Haberer, Günter   1534
Habiger, Josef   5630
Hachenburg, Felix   3199
Hack, Bertold   4556, 6002
Hackenberg, Roslind   5737
Hackler, Christian   5843
Häbel, Hans Joachim   105
Haebler, Hans Carl v.   4909
Häffner-Pilgrim, Maria   6033
Hänsgen, Ernst   3924
Häring, Friedhelm   5287
Härter, Hans Ludwig   7681
Häsler, Alfred A.   4597
Haeupler, H.   2557
Häuser, H. J.   5583
Häuser, Helmut   348, 6029
Haevernick, Thea Elisabeth   581
Haffke, Wilhelm   5395
Haffner, Alfred   561
Hafner, Klaus   5683 f.
Hafner, Lorenz   236
Hagelstange, Rudolf   250
Hagemann, Christoph Friedel   291, 292, 296
Hagen, Siegfried   5970, 6124
Hagenow, Gerd   316, 5136, 5400–5403, 5922, 6606
Hager, Hans-Jörg   5485
Hagmann, Reinhard   2711
Hahn, Clemens   178
Hahn, Dietrich   4488
Hahn, Heinrich   439, 6712
Hahn, Heinz   1748
Hahn, Joachim   471
Hahn, Josef M.   3061
Hahn, Otto   4488
Hahn, Rainer   2175
Hahn, Waltraut   1608
Hain, Mathilde   3765
Hain, Otto   7263
Hain, Waldemar   438, 1364, 1594, 2190, 3733
Hain, Willy   2876
Haindl, Hermann   6230
Halbich, Günther   3773
Hallaschka, Paul   6290
Haller, Walter   4552

Hallinger, Kassius   4703
Halm, Heinz   1319
Hamann, Peter   3747
Hamberger, Wolfgang   6930, 7264
Hamm, Franz Josef   6911
Hamm, Willi   4107
Hammann, Gustav   1148, 1458, 1548, 1802, 1954, 2446, 3369, 4265, 4400, 4558, 4863, 5064, 5117, 5344, 5920, 5935, 7334
Hammel, Hans   2641, 3081
Handy, Peter   4121
Hane, Karl   653, 1516, 5530, 6227
Hanel, Alfred   4180, 5614
Hanfgarn, Werner   3953
Hannappel, Martin   915, 916, 4730
Hannuschke, Klaus   2002
Hanpft, Susanne Mueller- s. Mueller-Hanpft
Hansen, Guenter   2394
Hansen, Heinrich   5640
Hanxleden, Erich v.   3457
Hanxleden, Peter Schulze- v. s. Schulze- v. Hanxleden
Happel, Johann   2744
Harder, Albert   2869
Hardes, Werner   3848, 7438
Hardt, Heinrich   5261
Hardt-Friederichs, Friederun   1487
Hargesheimer, Emil   6823
Harings, Felix   7247
Harny, Walter   4048
Harriers, Brita   5526
Harriers, Ronald   5526
Harsdorf, Dorothee v.   238
Hartert, Wilhelm   6065
Hartinger, Irmengard   5244
Hartlieb, Udo   1575
Hartlieb v. Wallthor, Alfred   1083, 1084
Hartmann, Axel   555
Hartmann, Curt   776
Hartmann, Ernst   1057, 4623
Hartmann, Helmut   4771
Hartmann, Jürgen   349
Hartmann, Karl-Heinz   4489a, 4939
Hartmann, Klaus   5596
Hartmann, Michael   2851, 3818
Hartmann, Rainer   6435
Hartmann, Rudolf   1658
Hartmann, Wilhelm   4509, 4570
Hartmann, Winfried   1093, 4197, 7315 f.
Hartnack, Wilhelm   4756
Hartwig, Helmut   1174
Hasbach, Hasso   1635

Hase, Ulrike v. 4238
Haseloff, Günther 696, 745
Hasselberg, Joachim 5460, 5816
Haßmann, Helmut 2806
Hattenhauer, Hans 1691
Haubst, Rudolf 4647
Hauck, Karl 4634
Haun, Norbert 6212
Haupt, Hans-Willi 3241
Haupt, Hermann 4295
Haus, Rainer 3021, 3175
Hauschild, Susanne Schmidt- s. Schmidt-Hauschild
Hauser, Anneliese Seiz- s. Seiz-Hauser
Hausherr, Reiner 6475
Hauss, Werner Heinrich 1897
Hawelka, ... 298
Hawelky, Willy 3890
Haxel, Julius 2387
Head, Francis 2071
Hebach, Kurt 7290
Hechler, Rudi 3997
Heck, Erwin 3780
Heck, Hermann 3582, 6223
Hecker, Wilhelm 243
Heckert, Karl Heinz 1635
Hederich, Michael 5089
Hedler-Stieper, Gertrud 1083
Heep, Heribert 4173, 7127
Heermann, Adolf 5756
Hefner, Hanns 3963
Hegel, Hannelore 6117
Hegemann, Hans Werner 229, 7010
Heibel, F. Ludwig 7216
Heide, Anke 225
Heide, Helmut 3858, 4612
Heide, Holger 2136, 2679
Heidenreich, Friedrich Josef 4416
Heidenthal, Peter Joseph 563
Heiderich, Rolf 978
Heidersdorf, Erich 7096
Heil, Bodo 129, 1640
Heil, Gerhard 1291
Heil, Hermann 7584
Heil, Jakob 4163
Heil, Walter 2796, 3988, 6970
Heiland, Wilhelm 1559, 5891
Heilhecker, Adolf 2235, 3884
Heilmann, Johann Adam 3746
Heilmann, My 6644
Heim, N. 2401
Heimerich, Gisela 4725
Hein, Jasper 1885

Hein, Wolfgang-Hagen 1921
Heine, Hans Wilhelm 780
Heine, Herbert 5358
Heinemeyer, Karl 810, 3612
Heinemeyer, Walter 150, 855, 887, 908, 4746
Heinen, Georg 6869
Heinen, Norbert 274, 1947, 6952, 6955
Heinold, Gustav 263
Heinrich, Christa 5379
Heinrichs, Günter 5086, 7482
Heins, ... 1904
Heintze, Dieter 1070
Heintze, Gottfried 2477, 2497
Heinz, Dieter 5280, 6942
Heinz, Fr. R. 7065
Heinz, Friedrich R. 2262, 3135, 5137 f.
Heinz, Joachim 1491
Heinz, Ulrich 5725, 5726
Heinz, Willi 4546
Heinzel, Martin 5621
Heinzelmann, Josef 1120, 3961, 6059
Heiss, Ernst W. 3595
Heist, Walter 1222, 5964, 6115, 6270, 7155, 7159, 7463
Heitz, Paul 7386
Heitzenröder, Wolfram 4738
Held, Johannes 5582
Held, Jutta 6431
Helfenbein, Karl-August 5463
Helfer, Bernward 106
Helfrich, Horst 7573
Hell, Hellmut 6554
Heller, Carl Benno 6960
Hellriegel, Ludwig 2386, 3483, 4126, 4377, 4613
Hellwig, Friedrich 5276
Hellwig, Wilhelm 3903, 7605
Helm, Stefan 2508
Helm, Wolf 2309
Helmer, Wilhelm 6851, 7667
Helmolt, Christa v. 21, 2890, 5151, 6164, 6245, 6395, 6426
Helsper, Hans 3828
Helwig, August 5066
Hembus, Julius 5193, 5200, 5341, 6788, 6867
Hemfler, Karl 1445
Hemmen, Jens 6511
Hempel, Karl 4271, 7137
Hendler, Ernst 457
Hengst, Karl 4653
Henkel, Michael 7169

Henkel, Raimund   4667
Henkes, Karl-R.   6458, 6463
Henn, Ernst   1315, 1328, 1406, 1639, 1648, 1703 f., 2219, 2251, 2567, 2767, 2788, 2792, 2802, 2804, 3048, 3050, 3539 f., 4961, 5370, 5553, 5941, 6959, 6961 f., 6967, 6976
Henn, Karl Heinz   3854
Henne, Ulrich   7477
Hennig, Dieter   62, 63, 6026–6028
Henning, Gustav Adolf   244
Henning, Heinz   3529
Henninger, Aloys   4051, 4220
Henrich, Erwin   7247
Henrich, Hans   4168
Henrich, Karl   1774
Henschke, Werner   1757, 2373, 3487 f.
Hensel, Barbara Purbs- s. Purbs-Hensel
Hensel, Georg   6087
Henseling, Jakob   4049, 4292, 4335, 4389, 4425, 4429, 4485, 4501, 4506, 4520, 4534
Hensler, Joseph   5203
Hentzelt, Walter   2304
Hepding, Ludwig   4442
Herborn, Helmut   3226, 3252 f.
Herbst, Waltraud   5632
Herden, W.   7069
Herder, Hans   7188
Herdmenger, Johannes   3767
Herdt, Heinrich   369
Hergenhahn, Hans-Dieter   7712
Hering, Ulrich Kleine- s. Kleine-Hering
Herkenrath, Rainer Maria   4646
Hermann, Kurt   3255, 6353, 6682, 7105
Herms, Arno   2323
Herold, G.   367, 3745
Herold, Rudolf   266, 267, 5001, 5196
Herold, Wilfried   2354
Herpel, Hans Peter   4325, 4326
Herr, Norbert   2140, 2141, 3372
Herrmann, Axel   4803
Herrmann, F.   1335
Herrmann, Fritz   4767
Herrmann, Fritz H.   175, 841, 4611
Herrmann, Fritz-Rudolf   174, 392, 394, 418, 573
Herrmann, Hans Walter   352, 353, 791, 793 f., 965, 1637, 3436, 4581, 4830, 4899, 4910
Herrmann, Karl   1513, 4096, 4390, 7508
Herrmann, Lore   6124, 6126
Herrmann, Ulrich   7332

Herter, Inge   4787
Hertling, Edmund   3802, 7088
Hertner, Peter   1727
Hertzka, Gottfried   1851
Herwig, Eugen   329
Herz, Peter   666, 673
Herzog, Erich   6177, 6474, 6477, 6657
Herzog, Friedrich   160
Hesler, Alexander v.   2152, 2153
Hess, Friedhelm   1888
Heß, Heinrich   7, 8
Hess, Karl   2580
Hess, Karlernst   5440
Hess, Otti Ling- s. Ling-Hess
Hess, Ulrich   4121
Hess, Wilhelm Otto   3748
Heß, Wolfgang   7678, 7683, 7690, 7692
Hessler, Hermann   5157
Hessler, Richard   5646
Hett, Heinrich   3894
Hetzelein, Georg   7203
Heubel, August   2799
Heuser, Ulrich   4031
Heusinger v. Waldegg, Joachim   6186
Heuson, Hans-Velton   112, 2257, 3546, 3629, 3946, 5120, 5925, 5928, 6784, 6966
Heuzeroth, Günter   4583
Heyd, Walter   3549
Heyden, Eduard   181, 4410
Heydock, Edgar A.   6913
Heydorn, Ernst   6099
Heyen, Franz-Josef   124, 1215, 4581
Heyl, Maximilian C. Frhr. v.   5197
Heyl, Prosper   159
Heym, Heinrich   5152, 6273
Heymann, Dietrich v.   5486
Heymann, Hugo Friedrich   1561, 3624
Heyne, Adolf   1856
Heyner, Georg   3812
Hies, Arnold   5836, 5837
Higelin   2041
Hilbrig, Wilfried   3916
Hild, Jochen   2620
Hildebrand, Alexander   2352, 3184, 3505, 4153, 5313, 5807, 5965, 5974, 6034 f., 6205, 6216, 6272, 6275, 6735, 7433
Hildebrand, Lutz-Alexander   3428
Hildebrandt, Armin   84
Hildebrandt, G.   1917
Hildebrandt, Gunther   1191–1193
Hildebrandt, Helmut   2085, 2211
Hildebrandt, Johannes   5322

Hilf, Willibald   1504
Hilger, Hans Peter   6140
Hilger, Robert   3589
Hilgert, Wolfgang   1497
Hilse, Martin   3574
Hilsinger, Horst-Heiner   3219
Himmelreich, Dieter   7249
Hinkel, Erich   5712
Hinkel, Helmut   4956, 5091
Hinkel, Karl Reinhard   1280, 2116, 3427
Hinkel, Willy   4948
Hinterwälder, Karl Heinz   3058
Hinz, Berthold   6404
Hinze, Kurt   127, 194, 2808, 4710, 5369, 6451–6453, 6686, 6688–6691, 7546, 7609
Hitzel, Hans   2104
Hoch, Günther   1025, 3757, 4635
Hochgesand, Helmut   2708, 4249
Hochgrebe, Heinrich   7693
Hochhuth, Rolf   6258
Hochmann, Hans   4490
Hodres, Fritz   1448
Höck, Alfred   184, 1344, 1542, 1686, 1773, 2232, 2754, 3333, 5008, 6201, 6227a, 6591, 6628, 6772–6775, 6789, 6849, 6951, 6963, 6965, 6968, 6972, 6980, 6987, 7011, 7468, 7513 f.
Hoefer, Peter   6047
Höfle, Adam   4291
Höfling, Beate   914
Högy, Rainer   4755, 5082, 5084, 6183
Högy, Tatjana   4755, 5082, 5084, 6183
Höhl, Leopold   7474
Höhn, Heinrich   7624
Höhn, Wilhelm   5466
Hoelke, Fritz   2918
Hölscher, Eberhard   6175
Hölzel, Tharko   7118
Hölzinger Goepfert- s. Goepfert-Hölzinger
Hönig, Ludwig   1331, 3023
Höreth, Friedrich   4589
Hoevel, Ruth   5667
Hövels, Adolf   1753
Hof, Dieter   5736
Hofer, Fritz Bartsch- s. Bartsch-Hofer
Hofer, Hermann   5754
Hofer, Joseph   234
Hoferichter, Carl Horst   76, 1034, 1116, 1118, 5557, 5753
Hoffart, Hans   7643
Hoffmann, Dagmar   1951

Hoffmann, Detlev   6428, 6429, 6431, 6438
Hoffmann, Dieter   5960, 6303
Hoffmann, E.   6431
Hoffmann, Gottfried   4817, 5804
Hoffmann, Hans A.   6619
Hoffmann, Heinrich   3880
Hoffmann, Heinz-Peter   6840
Hoffmann, Hilmar   7398
Hoffmann, Josef   6044
Hoffmann, Martin   2218, 5874
Hoffmann, Rudolf   2539
Hoffmann, Willy   5466
Hoffmann, Wolfhard   3683, 3685
Hoffmeister, Jacob   6289
Hoffmeister, Jacob Christoph Carl   7680
Hofmann, Alfred   2991, 3024, 3225, 3260
Hofmann, Erich   1549
Hofmann, Ernst   6648, 6998
Hofmann, Ernst A.   6284
Hofmann, Ernst-Ludwig   1788, 3006, 3088, 3500
Hofmann, Ernst-Otto   5080, 6808
Hofmann, Georg   912
Hofmann, Hans Hubert   3340
Hofmann, Heinrich   2884, 7121
Hofmann, Heinz   7069
Hofmann, Hermann   2946
Hofmann, Karl   5821, 6764
Hofmann, Manfred   1415, 3142
Hofmann, Martin   1041, 1767, 1770, 2423, 2447 f., 2768, 3027, 3035–3037, 3049, 4901
Hofmann, Otto   4069
Hofmann, Werner   6406
Hofmann, Wilhelm   2224
Hofmann, Willi   3541
Hohl, Rolf   247
Hohmann, Joachim Stephan   2023
Holler, Siegfried   1075, 1983, 2521, 2830, 5701
Holmsten, Georg   1082
Holzhausen, Friedrich v.   1986, 1990, 6830
Holzhausen, Marianne v.   7542
Homburg, Herfried   4275
Hommel, Friedrich   5784
Hommel, Hildebrecht   7383
Hommer, Emil   5839
Hommer, Josef v.   4687
Hommes, Adolf   5559
Hoof, Rudolf   1447
Hootz, Reinhard   6526
Hopp, Doris   5997, 6031

Horak, Hans   334, 2672
Horn, Paul   4600
Horn, Walter   5851
Horn-Staiger, Ingeborg   5483
Hornung, Klaus   964
Hortschansky, Klaus   7147–7149
Hosse, K.   368, 930
Hottes, Karlheinz   2212
Hotz, Walter   4674, 5145, 5181, 6535 f.
Hotzler, Fritz   241
Hough, Richard   1142
Hoyer, A.   6828
Hromadka, Wolfgang   1724
Hubatsch, Walther   1083
Huber, Augustinus Kurt   4641
Huber, Eva   6153, 6158
Huberty, Michel   849
Huch, Ricarda   821
Hucke, Hermann-Josef   269, 276, 318, 6640, 7210
Hucke, Magda   6640
Huckriede, Reinhold   503, 749, 5077
Hué, Friedrich   6049, 6050
Hübner, Christian   5614
Huebner, Herbert   3527
Hübner, Paul   306
Hübner, Rolf   268, 5130, 5598
Huebscher, Arthur   4555, 5654
Hühn, Heinrich   6051
Hühne, Ulrich   4902
Hülsen, Friedrich   925
Huelsen, Julius   6831
Hürten, Heinz   1338
Hütsch, Th.   2265
Hütte, Paul   2425, 2426
Hüttemann, Manfred   1494
Hufschmidt, Walter   3445, 4944
Hug, Erik   4839
Hugo, Heinrich   5640
Huld-Zetsche, Ingeborg   632, 633, 635, 636, 672
Hummel, Ewald   7354
Hummel, Gabriele   7507
Hummel, Richard   217
Hundertmark, Karl-Ernst   4001, 5412
Hundhausen, Emil   7627
Hundhausen, F. C.   7235
Hundt, Hans-Jürgen   532
Hundt, Manfred   3259
Hupach, Paul   356, 1420, 1699, 4073, 4149 f., 5336
Hupe, Jürgen   5587
Hupfeld, W.   3120

Huschenbeth, Johannes   7691
Huschke, Wolfgang   6015
Husmann, Ulrich Meyer- s. Meyer-Husmann
Huth, Axel   3711
Huth, Hans   4761
Huth, Karl   3753, 3797, 4145
Huth, Reinhard   2007
Huthmann, Hans   2010
Huttarsch, Reinhold   6105, 6107, 6256, 6348, 6794
Huttenbach, Henry R.   4581
Huxdorf, Rudolf   3246
Hytrek, Reinhold   6827


I

Iba, Eberhard Michael   7602 f.
Ide, Werner   3371
Ide, Wilhelm   233
Idelberger, Hermann   4936
Idelsberger, Elisabeth Margarete   1950
Ihle, Fritz   419, 1698, 2177, 2184, 2229, 4333, 5875, 5919, 5938, 7540
Ihln, Anton   1758, 3278
Ihmig, Margarete Dohrn- s. Dohrn-Ihmig
Ilgen, Gudrun   6176
Illert, Georg   4282, 6240, 6522 f., 6695
Illgen, Volker   6239, 6391
Imhof, Arthur Erwin   1613–1615, 1765, 4313
Imiela, H. J.   2921
Imiela, Hans Jürgen   5219, 6595
Immel, Horst   1625
Immel, Otto   280–288, 852, 937, 1037, 1361, 1535, 1700, 1797, 1844, 2187, 2189, 2415 f., 2452, 2790, 2816, 2867 f., 3026, 3028, 3038, 3126–3131, 3133, 4169 f., 4210, 4757, 4915–4917, 4969, 5046, 5841 f., 5904, 7572
Immel, Walter   1835
Irle, Lothar   295, 297, 2127, 4133, 4298, 4379, 5866, 7568
Irle, Trutzhart   1721
Irmler, Albrecht Friedrich   1740
Irmtraut, Liebmut v.   1360, 7113
Irsigler, Franz   1010, 2724
Isbert, Heimo   6923
Ise, Winfried   1969
Isenberg, Hans-Georg   1718
Iserloh, Erwin   4691
Ittermann, Reinhard   2124

## J

Jacob, Paul Walter 7159
Jacobi, Hans Jörg 830
Jacobi, Heinrich 869
Jacobs, Johannes Friedrich 4517, 4551, 4551b
Jacobs, Josef 6053
Jacta, Maximilian 1571
Jäger, E. 6629
Jaeger, Ekkehard 6915
Jäger, Hans 3507
Jaeger, Harald 70
Jäger, Herbert 3828a, 3861
Jäger, Kurt 7682
Jähnig, Bernhart 5772
Jäkel, Herbert 186, 1436, 3451, 3454, 6607 f., 7594
Jänichen, Hans 5889
Jaenicke, Anselm 3640 f., 5999
Jaenicke, Günther 3345
Jahn, Franz 332
Jahn, Kurt 1694, 1766, 4025, 4576, 5015, 5423 f., 5490, 5495 f., 7509
Jahncke, Wolf-Dieter Müller- s. Müller-Jahncke
Jahr, Ilse 4301
Jahns, Siegrid 4818
Jaksch, ... 6240
Jan, Helmut v. 5515
Janke, Heinrich 440, 448, 507, 520, 530, 548, 565, 568, 570, 719, 782, 3399, 7107
Janko, Anton 5800, 5801
Janse, Heinz 684
Jansen, Claus 7439
Jansen, Heinz 2672
Jarnut, Jörg 816
Jasper, Detlev 4750
Jaspert, Bernd 5746, 5764
Jaschke, Dietmar Udo 2248
Jay, Martin 5650
Jeck, Bernhard 5872
Jeckel, Friedrich Wilhelm 687
Jeiter, Michael 274, 6527
Jéquier, Léon 7638
Jestaedt, Aloys 3297, 5168, 6844, 7694
Jilek, Heinrich 39
Jochem, Otto 196
Jockel, Helmut 24
Jockenhövel, Albrecht 518 f., 534
Johanek, Peter 4770
Johannes, Detlev 43
John, Manfred 2879
John, Werner 1083
Jordan, Jörg 6623
Jorde, Erhard 3546
Jorns, Werner 393, 395, 406, 450, 458, 523, 542, 629, 678, 686, 690, 691
Joseph, Paul 7714
Josse, Raymond 2835
Jost, Dominik 5982
Jost, Georg 1, 2631
Jost, Otto 2548
Jost, Sebastian 3758
Joswig-Erfling, Adelheid 2144
Jourdan, Jochen 6931
Judson Clark, Robert 6683
Jüchtern, Tilman Rhode- s. Rhode-Jüchtern
Jüngst, Peter 2145, 3983, 5724
Jürgens, Arnulf 4398
Jürgensmeier, Friedhelm 894, 895, 897, 4636, 4675
Jütte, Fritz 1728
Jung, Anton 3610
Jung, Aribert 293
Jung, Friedrich 1562
Jung, Heinrich 3445, 6863, 7480
Jung, Heinz 5466, 7718–7720
Jung, Hugo 1755, 2953
Jung, Rolf 551
Jung, Rosel 5554
Jung, Rudolf 6831
Jung, Wilhelm 890, 1341, 2056 f., 2340, 3911, 3954, 4418, 4844, 5209–5211, 5213 f., 6041, 6199, 6491, 6561, 6887, 7618
Jung-Stilling, Johann Heinrich 1606, 6055
Junghans, Günther 6335
Jungmann, Georg 4203
Jungnitz, Ingobert 5212, 5217, 5225
Junker, Almuth 3654, 6431, 6437
Junker, Ernst Wiegand 5947
Jurczek, Peter 2829
Juritz, Hanne F. 5957
Juritz, Sascha 5957

## K

Kabausche, Jean V. 5862
Kade, Gerhard 1110
Kade, Gunnar 1743
Kaerger, Günther 5940
Kaesberger, Willi 7612
Kaethner, Martha 1519, 4573

Kaethner, Rudi Hermann   170, 1722, 1800, 2456, 2992, 3002, 4183 f., 4216, 4264, 4537, 4573, 5298, 7465
Kafka, Klaus   3716
Kahlenberg, Friedrich Peter   1232
Karber, Adolf   4029
Kaiser, Chr.   3286
Kaiser, Dieter   2529
Kaiser, Edith   6192
Kaiser, Erich   1367, 1394, 1929, 2906, 2994, 3834–3836, 7034, 7560, 7599
Kaiser, Erwin   1340, 3379 f.
Kaiser, Franz   4081
Kaiser, Gertrud   6719
Kaiser, Hermann   7018, 7020, 7058
Kaiser, Justus   2243, 7317
Kaiser, Konrad   6145, 6181, 6465, 6476, 6478
Kaiser, Wilhelm Bernhard   5075
Kalb, Walter   6241
Kalbfuss, Friedrich   6058
Kalheber, Heinz   2533
Kalhoefer, Hans F.   1610–1612, 1735
Kalkoff, Paul   4836
Kallfelz, Hatto   856
Kalthoff, Othmar   2714
Kalusche, Bernd   6546
Kamber, Urs Viktor   6070
Kamme, Heinz G.   4213
Kammer, Otto   7355
Kampffmeyer, Hans   3687
Kamps, Jürgen   2709
Kantzenbach, Friedrich Wilhelm   4930, 5675
Kanuss, Frieder   340, 341
Kappel, Irene   576, 577
Kapr, Albert   4784
Karafiat, Helmut   2484
Karasek, Horst   3656
Karb, Heinrich Friedrich   114, 364, 1333, 1417, 1863, 2342, 2436, 2473, 3307, 3914 f., 4801, 5342, 6715, 7526, 7533
Karber, Adolf   4045, 4128
Karl, Horst   3786
Karlson, Peter   5744
Karpe, Andreas Müller- s. Müller-Karpe
Karpe, Hermann Müller- s. Müller-Karpe
Karpenko, Vladimir   5761
Karry, Heinz-Herbert   2686
Karst, Valentin   4721
Karsthans, U.   1587
Karweck, Bernhard   6506

Katschmarek, Dagmar (Mädchenname) s. Hoffmann
Katzenmayer, Erich   2430
Katzmann, Volker   6554
Katzwinkel, Erwin   1403, 4973
Kaufmann, Helmut   1816
Kaufmann, Henning   5880, 5882, 5909
Kaufmann, Paul   2015
Kaufmann, Willi   7107
Kauke, Rolf   6628
Kayser, Wilhelm   3481
Kebbel, Hela   1937
Keckeisen, Willi   3188
Kees, Hanspeter   320, 2348
Keetmann, Ingrid Bauert- s. Bauert-Keetmann
Kehl, Robert   6323
Kehnen, Peter   3695
Keil, Werner   2602, 2603, 2611
Keim, Anton Maria   1063, 1121 f., 1133, 4609, 5213, 6131 f., 6617, 6886, 7590
Kellenbenz, Hermann   2995, 2997, 3434, 3734
Keller, Erwin   694
Keller, Franz Josef   621
Keller, Günter   5609
Keller, Karl   6744, 7222
Keller, Michael   820
Keller, Willi Ernst   2633
Kelm, Heinz   1070
Kemp, Wolfgang   6296
Kempa, Friedrich   324
Kempe, Gerhard   1795
Kerber, Ottmar   5209, 6324
Kern, Gregor   1715
Kern, Heinrich Ludwig   1695, 2463
Kern, Johann P.   3728
Kern, Robert   1426
Kern, Wolfgang   4087, 7356
Kessel, H.   1791
Keßler, Heinrich   5041
Kessler, Karl   420, 1012, 5238, 6458, 6786
Kessler, Peter   2708
Kessler, Richard   1201
Keunecke, Hans-Otto   4403
Keyl, Werner   4223, 6946
Kiefer, Wilhelm   2367
Kiekheben-Schmidt, Detlev   6230
Kienzler, Herbert   6613, 6785
Kiesow, Gottfried   6580–6582, 6585, 6589, 6592, 6599
Kiessling, Rudolf   599, 6101
Kilian, Rolf   1572

Kilian-Dirlmeier, Irma   511
Killmann, Hans-Joachim   5477
Kimpel, Will   3332
King, Luise   3699 f., 3714, 4847 f., 4974, 5150
Kipping, Otto   3010, 5898, 6696, 7628
Kircher-Urspruch, Theodora   7185
Kirchner, Fritz   4305, 5047, 6997
Kirchner, Volker David   7046
Kirn, Richard   6062, 7344
Kischnick, Klaus   1325
Kissling, Hermann   6995
Kitz, Manfred   2286
Klaas, Carl   2600
Kläger, K. Michael   5924
Kläser, Josef   1821
Klammet, Gerhard   262
Klaus, Dieter   5730, 5732
Klausewitz, Wolfgang   2466 f., 2647, 6442
Klausing, Otto   219, 2637
Klee, Werner   500, 660
Kleemann, Otto   574
Kleespies, Walter   7052
Klein, Adolf   4563, 5073
Klein, Armin   28, 3586, 3845 f., 7212
Klein, Elvira   302
Klein, Eugen   1340
Klein, Günther   3221
Klein, Hanns   1971
Klein, Hans-Achim   3334
Klein, Hermann   4111
Klein, Johann   2993
Klein, Paul   1842
Klein, Rudolf   301
Klein, Thomas   1353
Klein, Wolfgang   3245
Kleindienst, Werner   2622
Kleine-Hering, Ulrich   6595, 6883
Kleineberg, Günther   6312, 6514, 6520
Kleineidam, Erich   4834
Kleiner, Salomon   3641
Kleinert, Ernst   2060
Kleinmann, Barbara   600
Kleinstück, Hermann   6148
Kleipa, Dietrich   1832, 3383, 3599, 3875, 4411, 6308, 6866, 7092
Kleiss, Marietta   5949
Kleiter, Heinz   3337, 4450, 6698
Klemmer, Konrad   6444
Klepsch, Hugo   6903 f.
Kliebe, Karl   2625
Kliemt, Volker   3872
Klingebiel, F. Chr.   885, 892

Klinger, Ilona Mühlich- s. Mühlich-Klinger
Klink, Wilhelm   4382
Klippel, Hermann   5956
Klitsch, Ferdinand   2742, 3249, 4989
Klöckner, Lina Müller- s. Müller-Klöckner
Klöckner, Sigfrid   5170
Kloess, Ernst   2037
Klötzer, Wolfgang   1160, 1166, 1301, 5686, 5995, 6137 f., 6142, 6753, 7342 f., 7534, 7544
Kloevekorn, Fritz   4110
Kloft, Gerhard   5205
Kloft, Jost   785, 4181 f., 7710
Kloos, Kaspar   3290
Kloss, Georg   7369
Kloster, Hans   6355
Klotz, Heinrich   3982, 6592
Kluczka, Georg   2126
Kluess, Sieglinde   3291
Klüßendorf, Niklot   1385, 7695
Klug, Jutta   531
Klug, Karlheinz   6866
Kluge, Alexander   7348
Kluge, Kläre   870, 3813, 4077, 4614
Kluke, Paul   1231
Klumbach, Hans   616, 650, 664
Klumbies, Heinrich   220
Knapp, Hans   1526, 1643, 1671–1674, 2210, 4190, 4192, 4527, 4616, 5155
Knapp, Paul   2353
Knappe, Walter   258, 264
Knaus, Hermann   15
Knauss, Erwin   113, 1107, 1552, 3750, 4256 f., 4602
Knebel, Hajo   1432, 1433, 1576
Kneebusch, Karl   296
Kniazeff, Cyrill   5140
Knieriem, Kurt   1308, 4795, 5389, 6738, 7598
Knies, Hans   4767
Knippenberg, W. H. Th.   1775
Knobel, Enno   1200
Knodt, Manfred   862, 5128 f., 5350
Knoedgen, Marie-Luise   7028
Knöfel, Dietbert   3033
Knöpp, Friedrich   73, 692, 874, 5923, 5933
Knoflacher, Hermann   3204
Knollmann, Grete Elisabeth   1944
Knop, Wilhelm   461
Knopf, P.   6722
Knopp, Werner   4581
Knorr-Anders, Esther   6064

Knorre, Alexander v. 5340
Kobold, Johann Gottlieb 6243
Koch, Fritz 4506a.
Koch, Gerhard R. 5785
Koch, H. 921
Koch, Hans-Jörg 329, 2359, 7585 f.
Koch, Hans Oskar 7046
Koch, Heinrich 1968
Koch, Herbert 6652
Koch, Horst Günther 3022, 3558
Koch, Ortwin 3230
Koch, Paul 5760
Koch, Robert 695
Koch, Rudolf 4700
Koch, Walter 5945
Koch, Wilhelm 2472
Koch, Wolfgang 2713
Kochmann, Fred 6759
Köck, Helmuth 2170
Kögler, Alfred 1602
Kögler, Hans-Egon 3367
Köhler, Brigitte 1641, 1668, 1764, 2345, 2405, 2786, 4871, 4888
Köhler, Diethard 1668
Köhler, Ernst 4267
Köhler, Gustav Ernst 5327
Köhler, H. E. 220
Köhler, Herbert 7154
Köhler, Willy 2904
Köhne, Hertha 4897
Kölbe, W. 2643
Köllmann, Erich 6988
Köllner, Herbert 54
Könecke, Walter 4474
Koenen, Peter 6364
König, August 4702
Koenig, Dietrich 1480
König, Egbert 768
König, Hanna 7493
König, Horst 3030
Koenig, Josef 5020
König, York-Egbert 2083, 3631
König-Ockenfels, Dorothee 5005
Koenneker, Marie-Luise 6040
Koeppel, Gerhard 6486
Körber, Hans 7013
Körber, Klaus 1706
Körner, Gerhard 3523
Körner, Hans 100, 845-847, 1161, 4445, 4447 f., 4453, 4547, 7672
Kössler, Franz 5665, 5695
Kössler, Luise 2501
Köster, Heinz 493

Köster, Hermann 3070
Köttelwesch, Clemens 10, 18
Kogon, Eugen 1233
Kohl, Horst 1788, 3089
Kohl, Manfred 7069
Kohl, Thorolf 1293
Kohlmaier, Josef 3938
Kohtz, Harald 3854
Kolb, Waldemar 4, 2205
Kolberg, Rosa 5539
Kollmann, Karl 768, 783, 2083, 2198, 3494, 3630 f.
Kollmar, Helmut 2847
Kolt, Walter 2480 f.
Kolz, Konrad 2708
Konitzky, Gisela 5302
Kopetzki, Christian 3981
Kopetzky, Friedrich 3361
Kopp, Klaus 3114
Korn, Hans-Enno 6237, 6238
Korn, Karl 6066
Korn, Ulf-Dietrich 6596
Korn, Werner 3326, 3336
Korneck, Dieter 2564
Korschel, Erich 3094
Koschnitzke, Rudolf 5476
Koschwanez, Bruno 1477
Kosog, Herbert 5, 1454, 3594
Koskull, Hans Jürgen 2889
Kossler, Peter 2376
Kost, Werner 4508
Kostorz, Herbert 4435
Koszka, Christiane 6550
Kothe, Hans Werner 381
Kottje, Raymund 913
Kracht, August 6639
Krähe, Herbert 5249
Krämer, Heinrich 3529
Krämer, Helmut 5555
Krämer, Hermann 3360
Krämer, Joachim 3384
Krämer, Otto 277
Krämer, W. 3072
Krämer-Badoni, Rudolf 3311
Kraffke, Horst 3410
Krafft, Gerda 6586
Krafft, Matthias 5826
Kraft, Heike 6043
Kramer, Dieter 128, 5608, 6334, 7335
Kramer, Ernst 6678, 6758
Kramer, Ferdinand 6932
Kramer, Waldemar 3641, 3643, 3644, 5847, 7478

Kramer, Walter 1162
Kramer, Wolfgang 5934
Kraneis, Oskar 7139
Kranz, Peter 6469
Kranz, Theodor 2399, 2400
Krasenbrink, Josef 4754
Krasnitzky, Herbert 2289
Kratochvil, Werner 3253
Kratz, Werner 4106
Kratzert [geb. Stoklas], Christine 188
Kraus, Kurt 3681, 3682, 3684
Krause, Albrecht 3051
Krause, Hartfried 1203–1205, 7440
Krause, Joachim 2317
Krause, Peter 2081
Krauskopf, Bernd 3177
Krauß, Helmut 3445
Krauß, Martin 3097
Krautheim, Gustl 7327
Krautwurst, Karl 7429
Krebs, Falk-Eckhard 6676
Krebs, Karl-Heinz 2962
Kredel, Friedrich 7701
Kreft, Herbert 6532
Kreling, Hermann-Josef 2164
Kremb, Klaus 358–360
Kremers, Ludwig 3003
Krenzer, Richard Ph. 5456
Kress, Heinrich 7576
Kress, Max 7530
Kreuder, Rolf 250, 5164, 5170
Krick, Peter 4172
Kriegel, Otto 380, 2690
Krieger, Ernst 3078
Kriesten, Roman 4085, 5603
Krimmell, Elisabeth 6158
Krings, Bruno 4713
Krispin, Karl Heinz 7368
Kröger, Klaus 5635
Kröll, Walter 597
Kröning, Wolfgang 3441, 3443
Krönke, Rudolf 1824, 3900
Kröter, Thomas 5721
Kroh, Wilhelm 5839
Krollmann, Hans 1288
Kropat, Wolf-Arno 1234, 4578
Kropp, Walter 4981
Krueger, Bernhard 4564
Krüger, Eckhardt 6826
Krüger, Erwin 1058
Krüger, H.-J. 111
Krüger, Herbert 404, 442, 443, 465, 469, 3117, 3206

Krüger, Ludwig 4574, 4575
Krüger-Löwenstein, Uta 99, 116, 961
Krüsselberg, Hans-Günter 5752
Krug, Antje 617
Krug, Richard 4001, 5243
Krume, Christian 2196, 2231
Kruse, Hans 3124
Kruse, Martin 4926
Krusy, Hans 7684
Kubach, Hans Erich 6528
Kubach, Wolf 510, 537, 539, 543
Kubach-Richter, Isa 527, 537, 539, 543
Kubon, Rolf 444
Kuder, Gerhard 2356
Küch, F. 3062
Kühn, Fritz 5158
Kühn, Gertrud 6063
Kühn, Hans 4284
Kühn, Heinz 134
Kühn, Herbert 702
Kühn, Udo 6063
Kühnau, Wolfram 6914
Kühne, Heinrich 7387
Kühnemann, Kurt 1389
Kühner-Wolfskehl, Hans 1226
Kühnert, Alfred 265
Kühnlenz, Fritz 240
Kümmel, Heinz-Werner 4360
Kümmerle, Eberhard 2061
Künzel, Artur 2341
Künzl, Ernst 600 f., 670
Kürkchübasche, Raman 6838
Kürten, Wilhelm v. 2212
Küther, Karsten 1560
Küther, Waldemar 347, 881, 3556, 3740, 4406, 4705, 4707, 4986
Kuhn, Hans 5881
Kuhn, Hans Wolfgang 120, 4656
Kuhnigk, Armin Matthäus 1088–1090, 1320, 1427, 1829, 1980 f., 2062, 2250, 3039, 3944, 4006, 4196, 4994, 5204, 5535, 7113
Kulawik, Kurt 2310
Kulenkampff, Hans-Wilhelm 7075
Kulick, Jens 470, 746
Kumpf, Werner 3546
Kunert, Peter 4030
Kunst, Hans Joachim 5307
Kunstein, Burkhard 1495
Kunter, Kari 506, 516, 521
Kunter, Manfred 517
Kuntze, Günter 4712

Kunz, Rudolf    146, 343, 345, 826, 928, 1334, 1449 f., 1501, 1503, 1515, 1520, 1528, 1533, 1550, 1564, 1607, 1622 f., 1626, 1631, 1669, 2182, 2209, 2782, 2801, 3448, 3484, 3499, 3941, 4096, 4129, 4321 f., 4328, 4348, 5529, 5550, 5912, 6716, 6880
Kunze, Christian    2640
Kupferberg, Christian Adalbert    2391
Kurth, Monika-Sophie    1602
Kurzschenkel, Heinrich    3766
Kurzschenkel, Karl    3766
Kutscher, Fritz    4554
Kwasnik, Walter    279, 1858, 2191, 3180, 5373
Kyritz, Gustav    6230

L

Labarre, Albert    7392
Labonte, Christian    4655
Lachenal, François    3854
Lachenmann, Hanna    2013
La Chevallerie, Hildebert de    6750
Lachmann, Hans-Peter    2181, 2256, 2442
Lachnit, Wilhelm    3771, 5195, 5592
Lahann, Birgit    3217
Lahmann, E.    2659
Lakhdar Ould Cheikh    1659
Lambert, Georg Cooke- s. Cooke-Lambert
Lammert, Hermann    5573
Lampel, Gerd-Elgo    3390, 6006
Lampert, Ulrich    147, 1649, 4315, 4329, 4370, 4491 f., 5062, 6285 f.
Lamprecht, Herbert    3576
Lamprecht, Johann Heinrich    1039
Landau, Georg    226, 6179, 6634
Lander, Helmut    6322
Landgrebe, Erich    3380, 3394
Landwehr, Friedrich    1635
Landzettel, Wilhelm    2111 f.
Lang, Amalie    6225
Lang, Joseph Gregor    7202
Lang, Rudolf    2301, 2444
Lange, Alfred    1343
Lange, August    2396, 7629
Lange, Horst    6500
Lange-Bertalot, H.    2651
Langenbach, Wilhelm    3720–3722
Langer, Matthias    6068
Langreuter, Rolf    2961
Langschied, K.    3335

Lankau, Ingo-Endrick    1778
Lanting, Jan N.    618
Lapp, Heinrich    2294
Lassahn, Rudolf    5688
Laub, Joachim K.    1407
Laubach, Ernstotto Solms Gr. zu – s. Solms-Laubach
Lauckner, Martin    935
Lauer, Rolf    6170
Laun, Wilhelm    7092
Launspach, Willi    2234, 3800, 4085, 7476
Lauter, Werner    158, 1895 f., 5477, 6121 f., 7617
Lauterbach, Joachim    2692, 2713, 4015
Lauterborn, Robert    64
Lautz, Friedrich    7352
Lautzas, Peter    1073
Laux, Heinz-Günther    5441
Laux, Irene    7067
La Vern Buckley, Dennis    5461
Lechens, Wilhelm    4039
Lee, Sam-Yol    1134
Leemans [geb. Prins], Elisbeth    940
Leemans, W. F.    940
Leesch, Wolfgang    355
Legner, Anton    6414
Lehmann, Barbara    5740, 5763
Lehmann, Ernst v.    2593
Lehmann, Evelyn    6265, 6316
Lehmann, Gerhard    4935
Lehmann, Johann Georg    987, 992
Lehmann, Jürgen M.    6471, 6473
Lehmann, Klaus-Dieter    10
Lehmann, Matthias    6120, 6287 f.
Lehmann, Siegfried    4080
Lehr, Rudolf    336, 387
Leib, Jürgen    446, 1511, 2091, 2847, 3755, 3907 f., 5594, 5669, 5771
Leicht, Joachim    3367
Leimbach, August    254
Leineweber, Walter    5828
Leinweber, Berthold    7038
Leinweber, Josef    4678, 4731 f., 5031
Lejeune, Ernst    7698
Lelek, Anton    2468
Lemke, Arno    7046
Lemmel, Herbert E.    729
Lemmen, Robert    1732
Lenhardt, Heinz    7491
Lentz, Stefan    1496
Lenz, Angelika    5997
Lenz, Christian    6209
Lenz, Rudolf    3651, 4302, 5792

Leoff, J. K.   2372, 7437
Leonhardt, Heinz   7584
Lepel, Maria v.   1988
Lepel, Oskar-Matthias v.   4420
Lepper, Carl   3040
Leppin, Eberhard   5232
Lerch, Hans-Günter   5814
Lerner, Franz   1332, 2676, 2756, 2938, 3292, 3526, 3651, 4414, 4511, 5281, 5399, 5512, 6417
Lersner, Günther v.   842, 1989
Lersner, Heinrich v.   843, 1585, 4421, 4927
Leser, Hartmut   3435
Leson, Willy   4297, 7202
Lessing, Clemens   5565
Lessing, Eckhard   4924
Leuchsenring, Franz Michael   6070
Leuninger, Alois   3993
Leuschner, Bruno   5507, 5527
Lewald, Ursula   6625
Leyer, Ernst   2297
Lich, Glen Ernst   1679
Lich, Heinz   1868
Lich, Walter   6210, 6234
Licht, Hans   1517, 4071
Lichtwark, Alfred   6160, 7345
Liebeherr, Irmtraud   4640, 4769
Liebers, Harry   5466
Liebig, M.   3719
Liebknecht, Wilhelm   1101
Liedtke, A.   2575
Lieser, Friedrich   6079
Lilge, Herbert   1236, 1250
Lillinger, Hans   5454
Linck, Hilmar   3461
Lind, Simone Noehte- s. Noehte-Lind
Lindeiner-Wildau, Christoph v.   4445
Lindner, Wilhelm   2697
Ling, H.   144, 145
Ling-Hess, Otti   5560
Link, Eva   6479
Link, Joachim   1847
Linke, Wolgang   482
Linker, Karl   7520
Linow, Bruno Müller- s. Müller-Linow
Linser, Hans   5685
Lipinski, Ignaz   4594
Lippe, Margarete Pieper- s. Pieper-Lippe
Lippert, Hans-Joachim   5519
Lippert, Herbert   3519
Lipphardt, Walther   4639, 5337
Lippmann, Rolf-Werner   1961

Lischewski, Hartmut   478
List, Ulrike   97
Listmann, Heinrich   3799
Lizalek, Willy   4481, 5405
Lloyd-Morgan, G.   677
Lobin, Wolfram   2517, 2518
Lochte, Rudolf   3715
Löbel, Margrit   2461
Löber, Karl   211, 1512, 1812, 2454, 2731, 3789, 4314, 5540, 6215, 7481, 7497, 7539, 7549
Löber, Ulrich   6456, 7485
Loeckle, Werner Ernst   6403
Löhmann, Otto   38
Löhneysen, Hilbert Frhr. v.   1288
Loehr, Bernhard   1593, 2632, 3736, 5851
Löhr, Thomas M.   1489
Löhr, Valentin   4759
Loesch, Achim v.   2892
Loeser, Diethard   2135
Loewe, Leopold   3605
Löwenstein, Uta Krüger- s. Krüger-Löwenstein
Lohmeyer, Wilhelm   2522, 2560, 2565, 2570
Lohne, Hans   3658
Lometsch, Fritz   6196, 6201, 6247, 6558
Lomparski, Bernd   1065
Loos, Heinz   4070, 7708
Loos, Josef   126, 644 f., 1303, 1322, 2183, 2208, 3167, 3515, 3881 f., 4669, 6363
Lorber, Kurt Gerhard   1893
Lorenzer, Gabriele   6553
Losch, Philipp   1388
Lotter, Friedrich   4643
Lottermann, Philipp   7637
Lotz, Arthur   1786, 1860, 3472, 4507, 4586, 4965, 6012, 7541
Lotz, Friedrich   1811, 3841
Lotz, Heinrich   3529
Lotz, Kurt   5504, 5610 f., 6407
Loutsch, Jean-Claude   7638
Lucae, Konrad   7587
Lucan, Volker   2609
Lucanus, Carl   4516
Lucas, Dieter   4624
Lucas, Erhard   3661
Luckenbill, Ludwig   4317
Ludvigsen, Karl   2974
Ludwig, Bernd   3854
Ludwig, H.   5053
Ludwig, Helmut   121, 4078, 4375, 5083, 5613

Ludwig, I. 5053
Ludwig, Paul Gerhard 2527
Ludwig, Pit 7019
Ludwig, Willi 713
Ludwig, Wolfgang 2556
Luebbecke, Fried 4409
Lück, Alfred 3. 138, 2978, 3004, 4140, 4144, 4861, 6080, 6103, 6277 f., 7704
Lück, Dieter 180
Lücke, W. 3170
Lüders, Detlev 5996 f., 5999, 6017–6019
Lühmann-Schmid, Irnfriede 6327, 6763
Lüning, Jens 476
Lütkemann, Joachim 2441
Lütkemeier, Sabine 2668
Luetzow, Konrad v. 4424
Luh, Lutz-Ulrich 1098
Luh, Willi 155
Luhn, Kurt 3012
Lullies, Reinhard 6469
Lummitsch, Rudolf 819
Lungershausen, Karl 2984, 5892, 7565
Lunsingh Scheurleer, Th. H. 6638
Luschberger, Franz 2378, 2740
Lustenberger, Suzanne Beeh- s. Beeh-Lustenberger
Lutz, Bernd 2888
Lutze, Robert 5011
Lyncker, Karl 7600


M

Maag, Günter 4714
Maag, Ingrid 4714
Mac Cort, Dennis 6097
Mack, Rüdiger 4610
Maeckler, Hermann 5149
Maerker, Peter 6420–6422
Magdanz, Ernst-Werner 4443, 4892
Maglett, Fritz-Alfred 4984
Mahrenholtz, Hans 4303
Mai, Gunther 1206
Maibach, Heinz 3935
Maier, Hans 924
Maier, Max Hermann 1683
Maischein, K. A. 4367
Makkreel, Rudolf A. 4472
Malchau, Ulrich 1894
Mandel, Heinrich 3069
Mandera, Heinz-Eberhard 515, 6510, 6513

Mandler, Friedrich 3522
Mangan, Markus 6995
Mangold, Hans 1780, 6525
Manker, Lothar 1847
Mann, Bernhard 1188, 1189
Mann, Golo 1143, 2934
Mann, Gunter 1852, 1883, 1889, 1898, 1958
Mann, Michael 2652
Marbach, Michael 2120
Mareis, Michael 2331, 2332, 2336
Margaret Prinzessin v. Hessen u. bei Rhein 6998
Marigold, W. Gordon 898, 901–903, 4804, 6108 f.
Marpert, Barbara 4599
Marsch, Erich 3808
Marschalck, Peter 1660
Marschall, Ernst A. 3197
Marschall, Hanne 1584
Martin, ... 7119, 4095
Martin, Bernhard 5751a, 5819 f.
Martin, Gerald Philipp Richard 3041
Martin, Hans 3794
Martin, Lothar 5822
Martin, Waltraud de 971
Martin, Wolfgang 4535, 4560
Martinius, Matthias 5702
Marx, Heinrich 2732
Marx, Norbert 1405, 1939, 4376
Marx-Weber, Magda 7046
Mascos, Werner 5720
Mathern, Willy 6023
Matthaeus, Wolfgang 7142
Mathy, Helmut 31, 32, 118, 141, 875, 1074, 1413, 1677, 5368, 5500, 5711, 5987
Mattausch, Roswitha 6431
Mattenklott, Gert 1062
Matthes, Richard 926, 1209 f., 3287, 4451, 5860, 6651, 6896, 7588, 7619
Matto, Hildegard, 7363
Matzat, Wilhelm 2106
Mau, Ilse 7611
Maubach, Fritz 5576
Mauchenheim gen. Bechtolsheim, Hermann Frhr. v. 4426
Maué, Hermann 6529
Mauersberg, Hans 3735
Mauersberger, Johann Rolf 1040, 4310
Maurer, Hans A. 5247
Maurer, Hans-Martin 6625
Maurer, Heinrich J. 4456, 4468, 4493

Maurer, Wilhelm  1772, 2457, 2546, 3176, 4811, 5942
Maus, Heinrich  4161
Maus, Moritz  4263
Mausbach-Bromberger, Barbara  1227, 1228
Maxeiner, Rudolf  2242, 2252
May, Ernst  6552
May, Fritz  3011
May, Georg  4645, 4689
May, Karl Hermann  806, 1529, 1822, 4401, 4704, 5533, 5618, 7291
Mayer, Eugen  4621
Mayer, Fritz  3134, 3402, 5506
Mayer, Gaston  6093
Mayer, Heinrich  4399
Mayer, Thomas Michael  1155
Mays, Ludwig  3999
Mazzacane, Aldo  5719
Meckseper, Cord  3694
Medem, Viktor v.  2524
Meers, Karl  4356
Mehl, Heinrich  253
Mehr, Peter  2591
Mehr, Willy  1402, 1857, 4226, 5304 f., 6106
Meier-Arendt, Walter  485−487
Meier-Ude, Klaus  3641
Meinert, Hermann  4855
Meinhardt, Ekkehard  5794
Meister, Peter Wilhelm  6416, 6990
Meister, Richard  1788
Meister, Robert  840
Meixlsperger, Alois  6732
Melbach, Kurt  1165
Mende, Gerd  403, 462, 559
Mende, Rainer  462, 559
Mende, Ursula  6819
Mengel, Walter  2368
Menger, Reinhardt  5383
Menges, Willy Franz  4114
Menk, Friedhelm  948
Menk, Gerhard  5699
Menke, Friedrich  2334
Menke, Helga  504, 513
Menningen, Berthold  3798, 7087
Mentzel, Elisabeth  7022
Mentzel, R.  6510
Mentzel, Rolf  321
Menz, Cunold  3532
Menzel, Gerhard  1079
Menzel, Peter  6081
Merian, Hans  4931
Merian, Matthäus  307, 3641
Merkel, Bertha  5812
Merkel, Ernst  1007, 1579
Merkelbach, Valentin  6431
Merl, Trautel  3923a
Merten, Klaus  6551, 6834
Merten, Willi Hermann  5175
Mertens, Reinbern  7231
Mertin, Josef  701
Messer, Hermann  2418
Messerschmidt, Heinrich  2588, 5074
Metternich, Tatiana  4428
Metz, Albert  1574, 2980, 3136−3138, 5528, 6255
Metz, Arnold  1038
Metz, Ernst Christopher  3611, 3868, 6258
Metz, Hans-Jürgen  1646
Metz, Heinrich  5072
Metz, Heinz  7501
Metz, Karl  4147
Metz, Wolfgang  809, 889, 906, 1060, 3614, 3729, 4777, 6014, 7715
Metzendorf, Wilhelm  1670, 7620
Metzger, Klemens  4103
Metzger, Mendel  4593
Metzler, Fred  7494
Metzler, Robert  2108
Meunier, Franz  6940
Meuser, Werner  5511
Meij, J. C. A. de  943
Meyer, Diethard  733
Meyer, Elisabeth  931−933, 938, 957 f., 960, 962
Meyer, Fritz  990, 2991, 3318, 6509, 7003, 7707
Meyer, Georg  7101
Meyer, Heinrich  1845
Meyer, Johannes  7039, 7132
Meyer, Otto  896, 2299, 3856
Meyer, Thomas  2684, 2698, 3314, 3316, 6989
Meyer, W.  5598
Meyer, Werner  6925
Meyer-Barkhausen, Werner  6562, 6708
Meyer zu Ermgassen, Heinrich  4722
Meyer-Husmann, Ulrich  6511
Meyhoeffer, Wolf-Eckart  2296
Meyrahn, Werner  683, 3551
Michael, Erika  7047
Michael, R.  4419
Michaelsen, Jutta  4251
Michaelsen, Stefan  4251
Michaely, Petra  6943

Michel, Christoph  5825
Michel, Dieter  3739
Michel, Hermann  2878
Michel, Ludwig  7131
Michel, Walter  4742, 5206
Michels, Egmont  7046, 7152, 7181
Michels, Elfriede  4080
Michels, Hermann  6820
Michler, Jürgen  5236
Michler, Manfred  1794
Michler, Markwart  6054
Mick, Ernst Wolfgang  6480–6482
Mickler, Emil  6979
Miedel, Hilde  3839, 3842, 6036, 6193
Miehling, Wilhelm  2167
Miehling-Müller, ...  4010
Mieling, Wilhelm  2326
Mielke, Heinz-Peter  1016–1018, 1455, 4585, 5048, 5059, 5094 f., 5393, 5396, 5413, 5813, 5894, 6693, 7007
Mielke, U.  1901
Miethke, Wolfgang  2169
Mignon, Heinrich  6009
Mika, Hans-Christian  1186, 5101
Milatz, Paul  3327
Mildenberger, Gerhard  389, 562
Milléquant, Marie-Carla  4877
Milmeister, Jean  954, 955
Minst, Karl Josef  927, 4761, 4763, 5208, 6257
Minster, Friedrich  4525
Mischewski, Annelise  107
Mischewski, Günter  3339, 4117, 4240
Mischke, Eberhard  1927
Mittelstaedt, Ulrich  3347, 3351
Mitze, Walter  132, 861, 1199, 4849
Mitzka, Walther  5817
Moder, Josef  6083
Möbius, Hans  200
Möhlen, Klaus  1961
Möhrle, Wilfried  2692, 2698, 3859, 3452, 3478, 3723, 4015
Moeller, Hans-Michael  3653
Mönk, Herbert  3264, 3265
Mösinger, Robert  7583
Mötzing, Kurt  1472, 2403, 3053, 3869, 4429, 6853
Moewes, Winfried  2148, 2149
Mogall, K.  2451
Mogk, Walter  3746, 4436, 4889
Mohr, Albert Richard  7024, 7072
Mohr, Christoph  6551, 6612
Mohr, Gerhard Heinrich Harald  2288

Mohr, Helmut  4937
Mohr, Rudolf  5068, 5764
Moldenhauer, Rüdiger  1166, 1184 f., 1187
Mollenhauer, Dieter  2514, 2515
Molling, Rainer  2044
Mombaur, Güdny Schneider- s. Schneider-Mombaur
Momberger, Eckhard  5451
Monteilhet, Hubert  6084, 6085
Monz, Heinz  4797
Moos, Gerhard  6839 f.
Moraw, Peter  815
Morgan, G. Lloyd- s. Lloyd-Morgan
Morgen, Herbert  2270
Morgenstern, Johann Friedrich  5851, 7204
Moritz, Günther  3097
Moritz, H. D.  3817, 5184
Mosel, Gustav  1305, 3224, 4772
Moser, Hans Joachim  7153
Most, Irmgard  776
Most, Werner  776
Moulin, Daniel de  951
Moureau, François  7393
Mozer, Ubbo  714, 1289, 1347, 2226, 6320
Mrass, Walter  2522, 2526
Mrohs, Edmund  2296
Mücke, Karl-Heinz  4121
Muehleisen, Horst  4422
Muehlen, Hellmuth v.  844, 4431, 5991, 6003, 6123
Muehlich, Eberhard  3693
Mühlich-Klinger, Ilona  3443, 3693
Müller, Adolf  1015, 3007, 4135, 6049 f., 6104, 7567
Müller, Alfred  5447
Mueller, Bernard  3649
Müller, Erich  6541
Müller, Franz  7576
Müller, Friedhelm  3445, 3447, 5945, 6864
Müller, Fritz  3457
Müller, Fritz Heinz  3442
Müller, Gerhard  4821, 4904
Müller, Gisela  4857
Müller, Hans  7589
Müller, Hans-Christian  7046
Müller, Hans-Joachim  5954
Müller, Heinrich  3005
Müller, Heinrich Wilhelm  4527a
Müller, Heinz Philipp  7495 f., 7577–7579
Müller, Hermann  4035
Müller, Iso  151
Müller, Karin  1096

Müller, Karl 4035, 4217, 6859
Müller, Karl A. 4664
Müller, Karl Anton 3474, 3970, 3984, 5932
Müller, Karl Friedrich 5888
Mueller, Karlhans 2666, 3208, 3211, 3216, 7410
Müller, Karlheinz 3407, 6101
Müller, Karl-Wilhelm 2544
Müller, Klaus Jürgen 1326
Müller, Knut 3683
Müller, Konrad 5903, 5913
Müller, Michael 6141
Müller, Otto 4793, 7319
Müller, Peter 2122, 3441
Müller, R. 7538
Müller, Rolf 7266
Müller, Rudolf 2066, 5548
Müller, W. 2272
Müller, Wilhelm 813, 3019
Müller, Winfried 5239
Müller, Wolfgang 5597
Müller, Wolfgang-Hans 5664
Müller-Dietrich, Norbert 5325
Mueller-Hanpft, Susanne 6162
Müller-Jahncke, Wolf-Dieter 5747, 7710
Müller-Karpe, Andreas 525, 536, 540
Müller-Karpe, Hermann 491
Müller-Klöckner, Lina 7484
Müller-Linow, Bruno 6267
Müller Miehling- s. Miehling-Müller
Müller-Mulot, Wolfgang 4882
Müller-Müsen, Wilhelm 2745
Müller-Neuhof, Horst 1600
Müller-Schellenberg, Guntram 7432
Mueller-Schick, Günther 1854
Müller-Werth, Herbert 1213
Müllhaupt, Erwin 4864
Münch, Paul 4914
Münzberg, Werner 3227 f., 6001, 6496
Müsen, Wilhelm Müller- s. Müller-Müsen
Müssel, Karl 4405
Mulch, Roland 5855, 5863 f.
Mulot, Wolfgang Müller- s. Müller-Mulot
Muntzke, Hans 2157, 3425
Muntzke, Klaus 3408
Munzel, Dietlinde 1475
Munzel, Ernst 2477
Musteling, Hubertus Petrus Hyginus 3323

N

Nachtigall, Helmut 4709, 6362, 6777–6782, 6799–6804, 6842, 6871, 6873–6875, 6877, 6889, 6905, 6917 f., 7486, 7592, 7630 f.
Naendrup-Reimann, Johanna 850, 6625
Nagel, Wolfgang Arnim 3748, 3792, 4063, 6178
Nagy, Jukunda 5765
Nahm, Peter Paul 3356, 5056, 6544
Nahrgang, Karl 455
Naso, Eckart v. 228
Natale, Herbert 1398, 5154
Nau, Peter 4125
Naumann, Helmut 2726
Naumann, Joachim 1776, 2810, 6950, 6980–6982, 7499 f.
Naumann, Lothar 2512
Nebe, Gustav Adolf 6710
Nebel, Herbert 6787
Nebhut, Ernst 3150, 3642
Neef, Helmut 1105
Negt, Oskar 5651
Neliba, Erich 631, 3781
Nellner, Werner 2134
Nentwig, Heinz 371
Netuschil, Claus K. 6075
Netzband, Karl-Bernhard 2121, 2679, 3913
Neu, Heinrich 5948
Neubach, Helmut 6887
Neubauer, Michael 253
Neubronner, Ernst 7697
Neubronner, Julius 6197
Neuhaus, Henner 7235
Neuhaus, Hugo 7568
Neuhof, Horst Müller- s. Müller-Neuhof
Neuland, Franz 1177, 7421, 7446
Neumann, Bernd 5961
Neumann, E. P. 1759
Neumann, Franz 5636
Neumann, G. 5885
Neumann, Heinrich 139, 1522, 2778, 4151, 6111 f., 6736 f., 6902
Neumann, Herbert 7251
Neumann-Damerau, Friedrich Karl 2282
Neusel, Manfred 3918
Neuser, Wilhelm Heinrich 4820
Neuß, Jordan 7285
Neuzerling, Edgar 1843
Neven, K. 3335
Newman, Eugene 1194

Nickel, Erich  5125
Nickel, Rudolf  4148
Nicol, W.  4946
Nicolas, Waltraud  6042
Niebergall, Ernst Elias  6087, 6088
Niedecker, Oswald  2940
Niedenthal, Heinz  7033
Niederberger, Rolph  1749
Niederhoff, Ernst Robert  4008, 6563, 6929
Niederquell, Theodor  4775, 7595
Niegel, W.  2577
Nieke, Rolf  2090
Niemann, Joachim  4423
Niemeier, Georg  5757
Nieren, Paul  1423
Nieschalk, Albert  6315, 7005
Niess, P.  1369
Nieß, Walter  2431, 2458, 6723
Niessen, Marie v.  2067
Nigg, Walter  4719
Nipperdey, Thomas  1167, 5471
Nippert, Walter  607
Nitsche, Lothar  2609
Nitschke, Heinrich  5729, 5731
Nitz, Hans-Jürgen  2105
Nitzsche, Ferdinand  5835
Nix, W.  4031
Noack, Elisabeth  7167
Noack, Fritz  5824
Noack, Hans-Joachim  1745
Noam, Ernst  4578
Noehte-Lind, Simone  4705
Noel, Gerard  1139
Noelke, Peter  603
Noeske, Hans Christoph  610
Noeske, Hans Joachim  2021
Nold, Angelika  6446, 6575, 6818
Nolte, Christel-Ulrike Tenkhoff- s. Tenkhoff-Nolte
North, Gottfried  3235, 3236
Nuber, Hans Ulrich  637, 641

O

Obel, Hans  3194
Obermann, Hans  3544, 4163
Obermann, Hans Ludwig  4541
Obermann, Karl  1158, 1178, 1595
Obermayr, Karl  5629
Ochs, Günther  3839
Ochs, Reinhold  7087

Ockenfels, Dorothee König- s. König-Ockenfels
Odenwald, Robert  4092, 7118
Oechelhaeuser, Gisela  5655
Oehl, …  13
Oehler, Lisa  5690
Oehlschlegel, Georg  6409
Oeser, Claus  3316
Oestreich, Gisela  1998
Oestreich, Werner  6731
Oettinger, Hans  1598
Ogura, Kinichi  1047, 1509
Ohl, Gottlieb  1573
Ohm, Anneliese  6418, 6422 f.
Ohr, Klaus-Uwe  4341
Ohse, Peter  6508
Oktavio, Hermann Bräuning- s. Bräuning-Oktavio
Olbrich, Joseph Maria  6683
Oldendorf, Karl  7234
Olischlaeger, Klaus  2429
Olsen, Jutta (Mädchenname) s. Dreisbach-Olsen
Olt, Georg  3158
Oppenheimer, Max  1229
Oppitz, Ulrich-Dieter  6089
Ormond, Leonée  6399
Ormond, Richard  6399
Orth, Elsbet  822
Ortmann, Hans-Jürgen  5478
Osberghaus, Oskar  553
Osswald, Albert  1260, 1262–1264
Ostheimer, Werner  2207
Oswald, Friedrich  5161
Osypka, Werner  2005
Otremba, Erich  2487
Ott, Bruno  3261, 3266
Ott, Victor R.  5676
Otte, Günter  7327
Ottenberg, Elisabeth  3493, 6360
Ottersbein, Ludwig  4532
Otto, Ed.  1578
Otto, Heinrich  874
Otto, Rita  5111, 5226
Ould Cheikh Lakhdar s. Lakhdar Ould Cheikh

P

Paasche, Otto  2913
Pachali, Eike  398, 409, 428, 475, 582

Packenius, Otfried Brauns- s. Brauns-Packenius
Paço, A. do 6488
Paco Quesado, Anibal do 773
Palm, Claus 125, 149, 689, 904, 1577, 2813, 3387, 3430, 3514, 4672, 5273, 5432, 5951 f., 6299
Palmié, Christa Bär- s. Bär-Palmié
Panayotis, Alexiou 3121
Panthel, Hans W. 1606
Panthel, Reinhard 6457
Papritz, Johannes 88
Paris, Henry 6937
Paritschke, W. 6488
Paschek, Karl 5995
Pasqué, Ernst 6091
Passavant, Günter 6472
Patze, Hans 6625
Paul, Herbert 4540, 5865
Paulitsch, Peter 479
Pauluhn, Eleonore 7254
Paulus, Adolf 6517
Pauly, Ferdinand 4637
Pauly, Heribert 1119
Pazi, Margarita 1183, 1196
Pechtold, Friedrich 5030
Pehl, Hans 5147
Pelz, Hans-Joachim 2594
Pennrich, Walter 1716
Pertzsch, Heinz-Joachim 3105, 3106
Pessenlehner, Robert 197, 4853, 6004
Peter, Eberhard 7209
Peter, Georg Adam 5099
Peters, Heinz 3988
Peters, Leo 7379
Peters, Wolfgang 374, 385
Petersen, Berthold 7257
Petersen, Doris 6530
Petri, Franz 798
Petrikovits, Harald v. 649
Petry, Ludwig 357, 790, 3854, 5069
Petschke, Adolf 1865
Peuser, Heinz Willi 5123, 5124
Pfannmüller, Friedrich Heinrich 2877, 2898
Pfannmüller, Günter 4127
Pfefferkorn, Wilfried 6636, 6640
Pfeifer, I. 1473
Pfeiffer, Gerd 7209
Pfeiffer, Hanny 4230
Pferdehirt, Barbara 643
Pflug, Henner 3477
Philipp, Franz-Heinrich 33, 36, 37
Philippi, Friedrich 4134
Philippi, Hans 86, 90, 94, 859, 918, 1146
Pia, Hans Werner 5670
Picard, Bertold 12, 1801, 4971
Picard, Ewald 4701
Pichl, Otto 6798
Pichler, Otfried 3756, 6813
Pick, Eckhart 876
Pickel, Wilhelm 776
Picker, Hans Georg 2587
Pie, Ernst 3584
Pieh, Willi 4074
Pieper-Lippe, Margarete 3042
Pietzsch, F. A. 5766
Pilgrim, Maria Häffner- s. Häffner-Pilgrim
Pingel, Henner 1216
Piorkowski-Wühr, Irmgard 2031
Pippert, Hans 7188
Pittermann, Wolfgang 1274, 1275
Pitzer, Willy 2059
Plamper, Egon 6269
Planck, Dieter 594
Plankensteiner, Josef 3757
Planning, Timothy Charles William 878
Plass, Heinrich 334
Plescher, Helmut 2050, 3554 f., 6815, 7056
Plessner, Helmut 4536
Pletsch, Alfred 2493, 6971
Plettenberg, Ulrich 3771
Pletz, Hans-Jürgen 1537, 7705 f.
Podehl, Wolfgang 5312, 7196
Podskalsky, Gerhard 5541
Pöller-Salzmann, Marianne 1768, 4720
Pohl, Hermann 5191a
Pohl, Karl 2554, 2571 f., 2574, 2581
Pohl, Manfred 2838
Pohl, Rudolf 245, 7205
Polenz, Hartmut 549, 550, 556, 557, 575
Polex, Fr. Schmidt- s. Schmidt-Polex
Polke, Johannes 102, 6664
Pollack, Werner 4693
Pollak, Walter 1169
Popp, Winfried Georg 5212, 5217
Porschen, Margot 4320
Port, Hans 4531, 4538
Port, Peter 5716
Posecker, Willy 1665
Post, E. 4117
Post, Hans 6665
Postel, Helmut 5466
Powitz, Gerhardt 50
Praesent, Wilhelm 2245, 4845, 5012, 7186

Pralle, Ludwig  4828, 5164, 5166, 6449
Preitz, Max  6031
Prenntzell, Konrad  5268
Prescher, Hans  6143
Press, Volker  4856
Preuß, Heike  1323
Preusser, Norbert  1752
Prieger, Ernst  6388
Prievert, Bernd  2953
Prins, Elisabeth (Mädchenname)
  s. Leemans
Printz, Erwin  6832
Prinz, Friedrich  4658
Prinz, Helge  5727
Pritsch, Gerhard  1165
Prüser, Friedrich  4819
Prüsing, Peter  566
Pünder, Tilman  4737, 5662, 5664, 5794
Püttner, Günter  3438
Puhl, Reinhard K.  3922
Pulver, Hans  5508
Pungs, Wilhelm  1151
Purbs-Hensel, Barbara  5088, 6647
Pusch, Werner  5624

Q

Quarta, Hubert-Georg  3627, 7610
Quast, Bernd  4829
Quesado, Anibal do Paco s. Paco Quesado
Quill, Klaus Peter  3174
Quillmann, Elfriede  6947
Quillmann, Konrad  6947
Quinten, Rainer  5946
Quirin, Heinrich  4051

R

Raabe, Paul  5992
Rabl, Herbert  6046
Rach, Doris  7338
Radach, Helmut  3213
Radkau, Joachim  5652, 5660
Radke, Hans  7046
Radke, Heinz  1339
Radloff, Hartmut  538, 750
Rady, Ottilie  7505
Rahe, Jochen  3689, 6531
Rahmel, Ruth  5572
Rahner, Wolfgang Friedrich  4831, 4832
Rainer, Rudolf  7366

Raisig, Gerhard Johannes  4929
Rake, Erich  2914
Ramdohr, Paul  4255
Ramm, Thilo  1247
Rang, Adalbert  5456
Ranicki, Marcel Reich- s. Reich-Ranicki
Rasbach, Alois Marzellin  5840
Rasch, Ernst  1287
Rasehorn, Theo  1734
Rath, Günther  6
Rathke, Ursula  6646
Rathmann, K. Schmidt- s. Schmidt-Rathmann
Rau, Christoph  3588
Rau, Hans Jürgen  4967
Rau, Hermann Günter  736
Rauch, Christian  830, 6554
Rauch, Günter  4727, 4773
Rauch, Hans  1563, 2192a, 5917
Rauch, Wolfgang Maximilian  6094
Rauche, Bernhard  3811
Raumer, Kurt v.  1195
Rausch, Alfred  5106
Rausch, Gunther  2512
Rausch, Karl  3359, 5455, 5544 f.
Raven, Otto  4048, 5546
Ravensberger, Hermann  5703
Rebentisch, Dieter  2150, 3076, 3662, 5778
Reber, Horst  6235, 6418, 6490
Rech, Manfred  566
Rechberg, Brigitte  6154 f., 6371, 6378
Reck, Hans-Hermann  6565, 6894 f., 7597
Redenbacher, Fritz  6281
Redlich, Fritz  2833
Reese, Bernd  6686
Rehbaum, Adelheid  533
Rehermann, Ernst Heinrich  7471
Rehm, Gottfried  256, 5360–5365, 5376, 5380–5382, 5386, 5388, 5390, 5823, 7045, 7168 f., 7176, 7179, 7558
Rehm, Max  1127, 1128, 3422
Rehm, Wolfgang  7145
Reich-Ranicki, Marcel  6095
Reichard, Walter  5007
Reichstein, Erich  5581
Reichwein, Adolf  5531
Reichwein, Gerhard  5014
Reichwein, Rosemarie  5531
Reicke, Siegfried  804
Reidel, Katharina Margareta  3512, 5773
Reifenberg, Benno  3640, 3666, 6836
Reifenberg, Hermann  5353–5355

Reifenberg, Wolfgang 837
Reimann, Johanna Naendrup- s. Naendrup-Reimann
Reimer, Heinrich 1144
Reimuth, Bruno 2004, 2076 f., 2874
Reinemann, John Otto 4595
Reinert, W. 4175
Reinfeld, Ulrich 2511
Reinhardt, Arno Theodor 5026
Reinhardt, Volker 4020
Reinhardt, Wilhelm 2730
Reinholdt, Peter 7069
Reinig, Dorothea 2044
Reipert, Gerhard 6050
Reiser, Walter 2449
Reiserecht, Caspar (Pseud.) s. Maubach, Fritz
Reising, Gert 6230
Reismann, Otto 5687
Reiss, Klaus-Peter 1221
Reißinger, Marianne 7046
Reitz, Heinrich 7270
Reitz, Heinz 1459, 2103, 4047, 6755, 6852, 7676
Reitz, Heribert 5437
Reitz, Jürgen 3045
Reitzel, Adam Michael 2822, 3341, 7528
Rempfer, Hans 2402
Renda, Ernst Georg 4086
Renner, Dorothee 732
Rentel, Rainer 4132
Rethel, Alfred 7345
Rettinger, Elmar 1625
Reuß, Hans 1505, 2443, 5867
Reuss, Herbert 7092
Reuss, Josef Maria 5317
Reuss, Karl 1416
Reuter, Fritz 366, 1354, 3444, 4283, 4288, 4618, 7138
Reuter, Heinz 1310, 6572
Reuter, Mechtild 5032
Reuter, Niels 1547
Reuter, Reinhard 3456, 6892
Reuther, Hans 5105, 5121, 5284
Reutter, Rolf 213, 1696, 2179, 2434, 2811, 4100, 5272, 5418, 6671, 6790 f., 6846, 6893, 6897 f., 6945, 6957, 6974, 7518, 7623, 7652
Revers, Rainer-Claus 2586
Reviol, Heinrich 7552
Rexroth, Karl Heinrich 3548
Rhein, Heinrich 4701
Rhein, Peter 5566

Rheingans, Karlheinz 2369
Rhode-Jüchtern, Tilman 3983
Richel, Arthur 4896
Richardi, Hans-Günter 6749
Richter, Friedrich Wilhelm 4037, 4387, 4388
Richter, Georg 338, 7203
Richter, Gerold 5758
Richter, Günter 7390
Richter, Helmut 5454
Richter, Isa Kubach- s. Kubach-Richter
Richter, Ludwig 5228
Richtering, Helmut 1077
Rick, Josef 1429, 1784, 3480, 4189, 5551
Ridder, Hermann 4374
Riebeling, Heinrich 386, 1460, 1466 f., 1474, 2186, 2195, 2197, 2199 f., 2206, 3116, 3990, 6310, 7653
Rieckenberg, Hans Juergen 6228
Riedel, Friedrich W. 7117
Riedel, Friedrich Wilhelm 894
Riedl, Josef 7088
Riedmayer, Joachim 2397, 2703
Rieger, Walter 7569
Riemenschneider, Otto 7601
Rieping, Gerhard 4048
Riesbeck, Linus 7052
Rieser, Georg 3479
Riess, Wulf 2597, 2610
Rigaud, Marcel Coulon s. Coulon ...
Riha, Karl 1174
Rimrod, Friedrich August 5493
Ringguth, Rudolf 5653
Ringleb, Arthur 1318, 4307 f.
Rink, H. 7537
Rinneberg, Britta Steiner- s. Steiner-Rinneberg
Ripper, Adam 7097
Risch, Helmut 2009
Ritschl, Otto 6276
Ritt, Heinz 7639
Ritter, Gerhold 4241
Ritzerfeld, Helene 7418
Ritzkowski, Erhard 5633
Roatzsch, Willi 7524
Robert, Dieter 5689
Rochow, Robert 1667
Rödel, Walter G. 1618
Röder, Alexander 6676
Röder, Josef 708
Roedig, Bernd 4378, 6200, 6279 f., 6504
Roedig, Klaus Peter 2485, 2486
Röhler, Willy 3013

Röhrig, Werner 6628
Rölleke, Heinz 6090
Römheld, Karl 4949, 5267
Römhild, Hans 2549, 5384
Rösch, Georg 209, 218, 2760, 3149, 3298, 6207, 6847, 7219, 7696
Rösch, Siegfried 871, 4404, 4551a
Rössler, Fritz 1412
Rössner, Franz E. 1651
Roewer, Jan 2837
Rohde, Oskar 4544a
Rohlmann, Rudi 6333
Roland, Berthold 6351, 6527
Rolfes, Dieter 3394
Rolfs, Rudolf 7025–7027
Romann, Joachim 3910
Romero, Rolf 1751, 6823
Ronner, Wolfgang 3910
Roos, Franz 5428
Roos, Georg 3470
Roosbroeck, Robert van 939, 941, 942, 4861
Ropp, Goswin von der 873
Rose, Friedrich 3475, 4813
Rosenberg, Ludwig 1225
Rosenbohm, Rolf 688, 712, 2098 f., 2101, 2267, 2744, 3795, 4055, 4211, 4446, 4625–4628, 4859, 4878, 4948, 5252, 5523, 5601, 5876, 5896, 5902, 5906–5908, 5926, 5929, 5929, 5931, 7457
Rosenfeld, Hellmut 7670
Rosenthal, Ludwig 864, 4579, 4605 f.
Rosenwald, Walter 7333
Roslanovskij, Tadeuš 3432
Ross, Werner 307, 7413
Rossbach, Rudolf 2627
Rossmässler, Werner 2417
Rossmann, Max 3468
Rost, Bernd W. 3214
Roth, Ernst 4580
Roth, Frank 2042
Roth, Friedrich Wilhelm Emil 4260
Roth, Hans 3598
Roth, Hans-Walter 1100
Roth, Heinz 7193
Roth, Hermann 3717
Roth, Hermann Josef 274 f., 1463, 2171, 2528, 2530, 2551, 2566, 2614, 4781 f., 6455, 7709
Roth, Jürgen 1739, 1741
Roth, Walter 5263
Rothe, Hanns 2066

Rucker, August 3154
Ruckhäberle, Hans-Joachim 1115
Rudolph, Martin 4557, 7677
Rübeling, Heinz 6202
Rübsam, Paul 5348, 5944, 7080 f.
Rübsamen, Dieter 4638
Rüdiger, Vera 5707
Rüfer, Herbert 1867
Rueffer, Alwin Michael 7016
Rühl, Günter 444, 3830
Rüster, Helmut 2389, 2982, 5808, 5986
Ruetz, Gottfried 1652, 3617, 4330, 4512, 4550, 4577, 7596
Rug, Karl 5047
Rumbler, Siegfried 2204
Rumpf, Kurt 2989, 3001, 3014, 3046, 3054, 3060
Runge, Carola 3926, 4119, 6878
Rupp, Klaus 1744
Ruppel, Hans Georg 76, 1096
Ruppel, Heinrich 2244, 7563
Ruppel, K. H. 6058
Ruppersberger, Lutz 2748, 5499
Ruppert, Carl 2842
Rupprecht, Gerd 591, 638
Rutborg, Nora 6229
Rutkowski, Witigo Stengel- s. Stengel-Rutkowski
Rutzenhöfer, Hans 1020, 1097, 1368, 1932, 4072, 5019


S

Sabais, Heinz Winfried 3215, 3562, 3566 f., 7331
Saber, Eugene Francis 4396
Sack, Georg 1849
Sack, Vera 7375, 7385
Säger, Palmatius 5169
Saevecke, Rolf-Dieter 22
Saffenreuther, E. 4481
Saidi, Khosrow 2285
Saine, Thomas P. 1069
Salay, Georg 2637
Salzmann, Marianne Pöller- s. Pöller-Salzmann
Samulski, Robert 5795
Sander, Harald Friedrich- s. Friedrich-Sander
Sander, Reinhard 2161
Sandt, Rita van de 5658
Sangmeister, Hartmut 2919, 3092, 7607

Sante, Georg Wilhelm 787, 793, 929
Sarkowski, Heinz 7412, 7414
Sartor, Jürgen 2613
Sassenberg, Irmgard 5767
Sattler, Peter W. 4807, 5415, 6692, 7651
Sauer, Friedrich 4353
Sauer, Helmut 242
Sauer, Josef Hans 248, 249, 251, 7206
Sauer, Paul 4582
Sauerwein, Friedel 2543
Sauerwein, Friedrich 344
Sauerwein, Kurt-Wilhelm 3400
Sautter, Heinz 2122
Saxer, V. 55
Schaab, Meinrad 795, 1027, 4392
Schaaff, Rolf W. 3108
Schaaff, Ulrich 417, 544, 558, 559
Schaarschmidt, Utz 3214
Schaberick, Egon 3731
Schack, Ingeborg-Liane 5516
Schad, Ernst 227, 1761, 3473
Schade, Hartmut 2498
Schade, Karlheinz 5731
Schade, Kurt 3862
Schade, Oskar 3851, 6191
Schaefer, Albert 323, 5974, 6021 f.
Schäfer, Alfons 166
Schäfer, Arno 1616, 2147, 3373
Schäfer, Ernst 5564
Schäfer, Friedrich 4457
Schäfer, Georg 6100 f.
Schäfer, Hans-Georg 27
Schaefer, Hartmut 7140
Schäfer, Horst 2044
Schäfer, Karl 2827, 2859, 6102, 6329
Schäfer, Klaus 807, 4098, 5503
Schäfer, Otto 289, 294, 400, 2464, 3445
Schäfer, Richard 4494
Schäfer, Rudolf 1091, 2073, 2960, 3821 f., 3824–3826, 4352, 4753, 5240, 6098, 6461, 6861 f., 6993, 7557
Schäfer, Walter 4838, 4840, 4841
Schäfer, Wilhelm 331, 6331, 6445
Schäferhoff, Kaspar 3251
Schäfers, Dorothea 5291
Schaeffer, Enrico 952
Schaetzell, Johannes 6920
Schätzler, Wolfgang 5543
Schaffrath, Otto 1349, 1588, 3592, 4017, 4601, 4734, 5076
Schafrick, O. 7302
Schaller, Margarethe 2465
Schallmayer, Egon 6766

Schannat, Johann Friedrich 912
Schanze, Helmut 7023
Schanze, Rosemarie 5844
Schaper, Wolfgang 1916
Scharf, Walter 7489
Scharfscheer, Gerd 5307
Scharioth, Barbara 7420
Scharlau, Ulf 7046, 7173
Schaub, Franz 247, 261, 4131, 6534
Schaub, Gerhard 1113, 5979
Schauer, Maike 5759
Schauer, Peter 509, 6462
Schaufuß, Hans 963, 3543
Schauz, Volkmar 6219
Schawacht, Jürgen H. 1052, 2997, 2999
Scheefer, Hedwig 26
Scheel, Heinrich 1066, 1067, 1071
Schefer-Vietor, Gustava 5549
Scheffer, Annemarie 4476a, 4549a
Scheffer, Bernhard 4549a
Scheffer, Fritz 3791
Scheffler, Heinrich 7417
Scheffler, Peter 3183
Scheffler, Wolfgang 6996
Scheh, Ludwig 4397
Scheibel, Günter 5609
Scheible, Heinz 4810
Scheidt, Hermann 4222
Schellenberg, Guntram Müller- s. Müller-Schellenberg
Schellenberg, H. 6687
Schenck, Olga 4067
Schenk zu Schweinsberg, Eberhard Frhr. v. 6172, 6669 f., 6745
Schenkluhn, H. 4188
Scheper, Burchard 1393
Scheper, Gerhard 6574
Scheppe, Theodor 6645
Scherbarth, Jörg 6282
Scherber, Horst 1198
Scherer, Karl 1637
Schering, Ernst 1978, 4662
Scherpe, Klaus R. 1062
Scheuer, Adam 5691
Scheuerbrandt, Arnold 3433
Scheurleer, Th. H. Lunsingh s. Lunsingh ...
Schick, Erich 4230
Schick, Günther Mueller- s. Mueller-Schick
Schick, Manfred 3968
Schick, Wilhelm 2747, 2807
Schicketanz, Peter 4928
Schieder, Wolfgang 1164
Schieffer, Rudolf 744

Schiemer, Hans-Georg 1943
Schier, Karl Heinz 776
Schier, Rolf 1005
Schild, Haubold 3192
Schildwächter, ... 1886
Schiller, Walter 3029
Schilling, Alfred 3804, 5584
Scherer, Adolf 2240
Schilling, Karl 5456
Schilling, Rosy 6400
Schilling, Werner Bornheim gen. s. Bornheim gen. Schilling
Schilly, Ernst 7200
Schilp, Josef 4001, 5411
Schimmack, Michael 240
Schindling, Anton 789
Schirmacher, Ernst 3937
Schirmbeck, Heinrich 6048
Schirmbeck, Peter 2972, 6431
Schirmer, Karsten 3709
Schirok, Edith 1068
Schirrmeister, Karl-Günter 1181
Schlager, Karlheinz 5356
Schlau, Wilfried 2238
Schlegel, Dietrich 1212
Schlégl, Istvàn 6236
Schleicher, Johann Philipp 4204
Schleichert, Heinrich 3943
Schleiden, Karl August 352
Schleier, Hans 212
Schleiffer, Georg 3261, 3262
Schlesinger, Walter 698, 720 f., 811, 2086
Schlicht, Lothar 986, 1156, 3530, 6127
Schlicht, Renate 6043, 6438
Schlieper, Edith 1359, 4361
Schliephake, Helmut 2595, 5328, 5337–5339, 6454
Schliephake, Konrad 3098 f.
Schlierbach, Helmut 2872
Schlippenbach, Marco Graf v. 223, 224
Schlitzer, Paul 919, 1411, 1807, 2435, 2462, 2785, 3091, 3768, 4988, 5890, 7449, 7608
Schlorke, Dieter 6283
Schlosser, Georg 5069
Schlott, Christoph 6668
Schlott, R. K. 4279
Schluckebier, Friedrich Wilhelm 2008, 3246, 4932, 5061, 5067
Schlüter, Wilhelm 6104
Schmale, Franz-J. 907
Schmalz, Alfredo 949

Schmalz, Ingeborg Schwarzenberg de s. Schwarzenberg de Schmalz
Schmeling, Siegfried 1599, 1621
Schmelzeis, Johann Philipp 4105
Schmerbach, Karl 4846, 5294, 5612, 6656
Schmid, Armin 588
Schmid, Irnfriede Lühmann- s. Lühmann-Schmid
Schmid, Renate 588
Schmied, Erich 4266
Schmied, Gerhard 4950
Schmieder, Karl, Ch. 7604
Schmidt, Adam Franz Philipp 3307
Schmidt, Aloys 4758, 5324
Schmidt, Bettina 4068
Schmidt, Detlev Kiekheben- s. Kiekheben-Schmidt
Schmidt, Eberhard 2675
Schmidt, Edgar 5442
Schmidt, Georg 1614
Schmidt, Gerhard 5429, 5798
Schmidt, Günter 2039
Schmidt, H. P. 4093
Schmidt, Hans Martin 6168, 6369 f.
Schmidt, Hedwig 4202
Schmidt, Heinrich 4163
Schmidt, Herbert 7127
Schmidt, Hermann 3805
Schmidt, Horst 1993, 1994
Schmidt, I. 7119
Schmidt, Johann 4220 f.
Schmidt, Johannes Felix 5033
Schmidt, Klaus 2718, 3565, 3568
Schmidt, Kurt 3415
Schmidt, Robert Heinz 451 f., 466, 474, 496, 571, 614, 707, 716 f., 740, 761, 7633 f.
Schmidt, Thomas 5397
Schmidt, Ulrich 314, 3277, 6319, 6510, 6512
Schmidt, Wilhelm 195, 3479, 5838
Schmidt-Hauschild, Susanne 1635
Schmidt-Polex, Fr. 1987
Schmidt-Rathmann, K. 3112
Schmidt-Sibeth, Friedrich 4415
Schmit, J. P. 46
Schmitt, Anton 1838, 2409, 3330, 4106, 4685, 5165
Schmitt, C. L. 228
Schmitt, Ferdinand 7266
Schmitt, Franz 7237
Schmitt, H. A. 1197
Schmitt, Helmut 6672

Schmitt, Karl 1370, 3186
Schmitt, Norbert 4679
Schmitt, Robert 5323, 6991
Schmitt, Walter 278, 2222, 2260
Schmittdiel, Wolfgang 5466
Schmitz, Hans 828, 829
Schmitz, Rudolf 1931, 5738 f., 5741
Schmunk, Hans 5054, 5271
Schmutzler, Heinz Walter 3731 f.
Schnabel, Berthold 1456
Schnabel, Karl 1940
Schnack, Ingeborg 3974
Schnapper-Arndt, Gottlieb 1759
Schnedler, W. 2568
Schneider, Alfred 2409, 5125
Schneider, Bernd 3912
Schneider, Dieter 5378, 5385
Schneider, Ernst 191 f., 737, 1036, 1123, 1531, 1541, 1777, 1922 f., 2375, 2759, 2761–2763, 2871, 2903, 3282, 3301, 3879, 4108, 4123, 4281, 4502, 4905, 6251, 6674, 7001 f., 7274, 7498
Schneider, Ernst J. 6761
Schneider, Gerhard 3948
Schneider, Heinz 5454
Schneider, Herbert 950
Schneider, Johann 7315
Schneider, Josef 6677, 7575
Schneider, Karl 4087
Schneider, Konrad 7686, 7711
Schneider, Otto 1382
Schneider, Reinhard 2503
Schneider, Willi 2773
Schneider-Mombaur, Güdny 6064
Schneider, Toni 307
Schneidmüller, Bernd 4562, 5413
Schnelbögl, Fritz 3342
Schnell, Stefan 198, 7448
Schnellbach, Dietrich 2237
Schnitzer, Paul 135, 1046, 3947, 4765
Schnitzspan, Karl 3757
Schnorr, Hans 1009, 3930, 6485
Schnorr, Wilhelm 5320, 6986
Schnorr v. Carolsfeld, Ludwig 6988
Schnorrenberger, Gabriele 4724
Schober, Karl 4125
Schoch, Rainer 6369
Schön, Herbert 5025
Schönberger, Hans 416, 584, 655 f., 3431
Schönborn, Alwin 7088
Schoendube, Wilhelm 2012
Schöneberg, August 6110
Schönfeld, Paul 3858

Schönfelder, Hermann 3280
Schönhaber, Wilhelm 4007, 5598
Schönherr, Eberhard 5604
Schönhut, Heinrich 7247
Schöntag, Wilfried 3956
Schoenwerk, August 3390
Schoger, G. 1878
Scholl, Gerhard 142, 454, 2216, 3034, 5930, 6699
Scholler, Heinrich 1180
Scholz, Hartmut 2526, 2531, 2717
Scholz, Klaus 4802
Scholz, Reiner 17
Schomann, Heinz 3703
Schomburg, Karl 3025
Schonath, Wilhelm 4441, 6999
Schonauer, Franz 5992
Schoof, Wilhelm 5900, 5905, 6025, 7606
Schopenhauer, Arthur 4556, 7345
Schopp, Joseph 7559, 7621, 7635
Schoppa, Helmut 584, 623, 630, 642, 652, 663, 727, 6515, 6994
Schotes, Paul 5097
Schoth, Willi 6824
Schottmüller, Ursula 5178, 5234
Schrader, Ludolf 2370
Schramm, Karl 5861, 6762
Schregenberger, Thomas 3713
Schreiber, Hermann 4698
Schreiber, Karl 365, 1580, 3873, 4270
Schreiber, Karl-Heinz 1603
Schreiner, Heinrich 303
Schrodt, Jakob 1992
Schröcker, Alfred 877, 899 f., 4439 f.
Schröder, Ferdinand 2287
Schroeder, Friedrich 6243
Schroeder, Günter 4991
Schröder, Hans 1245
Schröder, Harry 2399
Schroeder, Klaus-Peter 825, 1485 f.
Schröer, Rolf 1557
Schroeter, Erik 2413
Schröter, Peter 5734
Schroth, Gerhard 7143
Schubart, Robert Heinz 5278 f., 6944
Schubert, Berthold 4947, 5045
Schubert, Erika Dinkler- v. s. Dinkler-v. Schubert
Schubert, Walter 3412
Schubotz, Eduard 5172
Schubotz, Wolfgang 2032
Schuchard, Jutta 6576
Schuchert, August 5211

Schudt, A. 2401
Schudt, Heinrich 210
Schüler, Heinz 4825
Schüler, Theodor 4260
Schüler, Wilhelm 2178, 3557, 5916
Schüler, Winfried 69, 71, 95, 108
Schüling, Hermann 5666
Schümann, Carl Wolfgang 6402
Schüngeler, Dieter 1492
Schürmann, Frank 2129, 2333, 2336, 4138, 7550
Schüßler, Bernhard 4684, 4686
Schütt, Gerhard 2262a, 4384, 5037
Schütz, Anton 5167
Schütz, Ernst 5394, 5918, 7641 f.
Schütz, Friedrich 2705, 3960
Schütz, Klara 5918
Schuhholz, Anneliese 338
Schuler, Gisela 1749
Schulte, Kai-Kristian 5735
Schulte, Otto 4140
Schulte, Rolf 4137
Schulten, ... 2864
Schultheis, Theodor 2081
Schultz, Hans-Jürgen 1223
Schultz, Robert 3231
Schultze, Walter 5433
Schulz, Gabriele 1539
Schulz, Gerd 7398
Schulz, Hartmut 3097
Schulz, Heinz-Manfred 4972
Schulz, Jakob 5377, 7535
Schulz, Ursula 5531
Schulz, Wilhelm Friedrich 1117
Schulz-Falkenthal, Heinz 680
Schulze, Alfred 769, 827
Schulze, Hans K. 4729
Schulze, W. A. 6166
Schulze, Winfried 1290
Schulze-Göbel, Hans-Jörg 3983, 5724
Schulze-von Hanxleden, Peter 2142
Schulze-Wegener, Günther 5189
Schumacher, Annemarie 4427
Schumacher, Astrid 546, 547
Schumacher, Erich 547
Schumacher, G. 3179
Schumacher, Helmut 1614
Schumacher, L. 606
Schumacher, Peter 3384, 3605 f.
Schumacher, Walter 3947
Schumann, Günther 2609
Schummer, Fritz 501, 524, 757
Schupp, Volker 910

Schurig, Manfred 6628
Schurm, Winfried 6470
Schutte, Kurt 2255, 4438
Schutzbach, Karl 5536, 5806
Schwab, Karl-Heinz 2903
Schwahn, Walter 1814
Schwaiger, Helmut 3165
Schwank, Adam Joseph 5825
Schwappach, Frank 564
Schwartz, Alfred 40
Schwarz, Adam 2943
Schwarz, Alfred 2757
Schwarz, Hans Joachim 2943
Schwarz, Ingeborg 2898
Schwarz, Karl 1596
Schwarz, Klaus 2422, 2485 f.
Schwarz, Olaf 2669
Schwarzenberg, Judith 3279, 3396
Schwarzenberg de Schmalz, Ingeborg 1684, 1685
Schwarzer, Erwin 6343
Schwarzkopf, Hildegard Grünholz- s. Grünholz-Schwarzkopf
Schwarzkopf, Joachim v. 7436
Schwebel, Horst 4739
Schweinsberg, Eberhard Frhr. Schenk zu s. Schenk zu Schweinsberg
Schweitzer, Friedrich 6114
Schweitzer, Ignaz 833
Schweitzer, Katharina 273
Schweitzer, Philipp 7017, 7046, 7057, 7177 f.
Schweizer, Gottfried 5656, 5783, 7074, 7076
Schwenk, Roland 3994
Schwenk, Walter 3994
Schwentke, Bernhard M. 2621
Schwertel, Peter 5480
Schwind, Fred 693, 722, 738, 754, 763, 3552, 6625
Schwing, Heinrich 802 f., 1582, 1589, 1769, 3193, 3319, 5505, 5510, 5617, 5619, 5936, 6008, 6939, 7466
Schwinn, Karl 4083, 5414, 5910, 6793
Schwitzgebel, Helmut 41, 315, 5950, 5966
Sebestyen, Julia 6085
Sedlatschek, Gerhard 3898
See, Gottlieb 4336, 4343, 4357, 4364, 4371, 4372, 5871
Seelbach, Ulrich 1208
Seeley, John Robert 1085
Seffrin, Horst 2024, 2541
Segschneider, Ernst Helmut 7516

Seib, Arthur 1309, 1791, 3509, 7224
Seib, Gerhard 775, 1762, 3548, 4021, 4749, 5081, 5241, 5300, 5343, 5408, 5410, 5751, 6220, 6259, 6330, 6394, 6575, 6593, 6765, 6770, 6825, 6865, 7224, 7325
Seibert, H. 7119
Seibert, Horst 3786
Seibert, Walter 4884
Seibig, Adolf 2445, 2516, 2561, 2563, 2576, 2578, 5984
Seiboldt, Ludwig 2325
Seibrich, Wolfgang 2095
Seide, Adam 6434
Seidl, Karl 2009
Seifert, Fritz 237
Seifert, Johannes 4455
Seifert, Volker 2148
Seiler, Carl 6687
Seilheimer, Norbert 5323
Seip, Günther 3577, 7059
Seipp, Friedrich 5558
Seiz-Hauser, Anneliese 1850
Seligmann, Caesar 4596
Sellmann, Walter 4091
Selzer, Rudolf 6344
Semmel, Arno 2674
Semmler, Richard 3923a
Sender, Ferdinand W. 893
Seuffert, H. 1952
Severin, Fritz 2066
Sewerin, Werner 5439
Seyb, Carl W. 4383
Sibeth, Friedrich Schmidt- s. Schmidt-Sibeth
Sichel, Frieda H. 7456
Sicker, Erich 7434
Siebel, Gustav 1363, 1488, 1565, 3000, 6673
Siebel, Walter 3527
Siebert, Heinz-Martin 4843
Siebert, Rudolf 3863
Sieburg, Armin 92 f., 96, 98, 3355
Sieburg, Dankward 1395
Siedhoff, Thomas 5787
Siegert, R. 1909
Siegfried, Toni 7283
Sielmann, Burchard 480, 481
Siemann, Wolfram 1173
Siems, Siegfried 3886
Sietz, Reinhold 7170
Sietzen, G. A. 5572
Sigel, Kurt 5852 f., 7580
Sill, Heinz 2476

Simmert, Johannes 4581
Simon, Eva 1625
Simon, Georg 300, 598, 613, 920
Simon, Hans 323
Simon, Hans-Günther 647, 655, 704
Simon, Hans-Ulrich 6147
Simon, Johann 4290
Simon, Julius 4179
Simon, Manfred 2955, 2959
Simon, Uwe 5673
Simon, Volker 3155
Simonescu, Dan 66
Simoniti, Primož 4833
Simrock, Karl 6116
Sinner, Karl 2513
Sinzig, Sigurd 2334
Sippel, Klaus 502
Sippel, Wilm 4155, 4309
Skala, Franz 5453
Slark, Dittker (Pseud.) s. Schlorke, Dieter
Slotta, Rainer 3018
Smolka, Georg 1676
Sockel, Jolantha 1945
Söhn, Karl 1827
Söhngen, Wilhelm 3784
Söhnlein, Heinz 3181, 3182
Söllner, Max 410–413, 497, 671, 3553
Soenke, Jürgen 6532
Sohnrey, August 3410
Soldan, Karl-Heinz 4869
Soliday, Gerald Lyman 3655
Solinger, Adolf 7126
Sollmann, Achim 2502, 2507
Sollmann, Marianne 2507
Solms-Laubach, Ernstotto Gr. zu 2201
Solmsdorf, Antje 2523
Solmsdorf, Hartmut 2522 f.
Solz, Friedrich v. Trott zu s. Trott zu Solz
Sommer, Johannes 5131, 5132
Sommer, Ruth 5648
Sonn, Naftali Herbert 4600
Spalt, Georg 4513, 4553
Spamer, Adam 7363
Spang, Franz Josef 330
Specht, A. 6289
Speer, Albert 2173
Speidel, Berthold 2344
Sperlich, Hans-Günter 6936
Sperling, Hermann 3087
Sperling, Walter 351
Sperling, Wilhelm 333
Speth, Hermann Josef 3415
Spickernagel, Ellen 6297

Spies, Hans-Bernd 972, 995–999, 1399 f.
Spiess, Anneliese 7011
Spieß, Herwig 5295
Spitzer, Gerhard 1946
Spitzer, Hartwig 2270, 2271
Spitzlay, Robert 1834
Spohr, Heinrich 495
Sprang, Wolfgang 7347
Springer, Peter 5162
Spruck, Arnold 6783
Spruth, Fritz 7685, 7689
Staab, Franz 739
Staab, Josef 3885, 3887, 7046
Staab, Karl 7052
Staar, Siegrid 2620
Staat, Anton 5396
Staden, Hans 7198
Stäblein, Gerhard 3977
Staehelin, Ernst 4923
Stähler, Fritz 1859
Staerk, Dieter 2215
Stahl, Karl Joseph 1962, 2738, 3785
Stahl, Paul 4962
Stahl, Wolfgang 2047
Stahl-Streit, Jochen 2534, 2535
Stahlberg, H. 1317
Stahler, F. 4299
Staiger, Ingeborg Horn- s. Horn-Staiger
Stallmann, Hermann 4900
Stalnaker, John S. 4814
Stamm, Karl 3904
Stamm, Otto 162, 753, 6829
Stangenberg, Karl 4521
Stark, Adalbert 3016
Stark, Ekard 7046
Staub, Kurt Hans 45, 49, 917, 7376
Staude, Johannes 2623
Stauffer, Hellmut 966
Steckhan, Wilhelm 3047
Steege, Rudolf 5125
Steen, Jürgen 6431
Steffens, Max 973, 6007
Stegmann, Günther 4212
Stein, Erwin 1242, 1246, 1259
Stein, Ferdinand 407, 1470 f., 5883, 6694, 7006
Stein, Joachim 2596
Steinbach, Kurt P. 2756
Steinbach, Rolf 7021
Steinberger, Felix 5798
Steinbicker, Clemens 4540
Steinbrech, Horst 7089
Steiner, Katharina 5943

Steiner-Rinneberg, Britta 2069
Steinhäuser, Armine Eleonore 1329, 5202, 5256, 6361
Steinhauer, Jürgen 7329
Steinmetz, Erich 1336, 1418
Steinmetz, Hermann 975
Steinmetz, Ruth 1862
Steitz, Heinrich 74, 3628, 4809, 4923
Stengel, Edmund Ernst 347
Stengel-Rutkowski, Witigo 2670
Stenner, Helga Boss- s. Boss-Stenner
Stephan, Ernst 6882
Stephan, Winfried 386
Sterik, Edita 6415
Sternberger, Dolf 6081, 6398
Steur, Jakob 1080
Stieper, Gertrud Hedler- s. Hedler-Stieper
Stika, Hermann 3774
Stille, Eva 7547
Stillger, F. J. 7113
Stilling, Johann Heinrich Jung- s. Jung-Stilling
Stipp, Hermann Josef 6005
Stock, Eduard 1662
Stock, Gerhard 1782
Stockey, Friedrich 2334
Stockinger, Jakob 5209
Stockmann, Herbert 6024a
Stoecker, Hilmar-G. 4530, 5593, 6921
Stöhlker, Friedrich 3901 f., 4058, 6702
Stöhner, Ulrich Klaus 3913
Stöhr, W. 5137
Störkel, Rüdiger 2793, 6856 f.
Stoffmann, Margaret 6396
Stoklas, Christine (Mädchenname) s. Kratzert
Stolberg-Wernigerode, Marie Antonia Gräfin zu s. Gordon, Marie Antonia v.
Stolle, Walter 2239
Stolterfoth, Adelheid v. 6121
Stoltze, Friedrich 5854
Stoob, Heinz 2089
Stoppel, Friedrich 552
Storsberg, Karl-Heinz 1719
Stosch, Albrecht v. 5988
Stotz, Ingo 1928
Straaten, Werenfried van 4696
Strack, Herbert 3144, 3147
Strate, Ursula 6492
Stratmann, Mechthild 1733
Straub, August 710, 3467, 4018, 5895, 6203, 6247, 6260, 6635, 6711
Straube, H. 2459

Strauss, David Friedrich 4413
Streeck, Sylvia 3668
Streeck, Wolfgang 3668
Streit, Jochen Stahl- s. Stahl-Streit
Streit, Ulrich 2671
Streitz, Harald 2432, 2520
Strelitz, Johannes 4578
Strelitz, Johannes E. 1248
Strenge, Bernhard v. 2439
Striffler, Karl H. 2223
Ströhl, Gerd 2720, 4290
Strohm, Richard 2214
Stromeyer, Manfred 6252
Strube, Hans 2985, 3032, 4156, 4342
Strube, Irene 5681, 5682
Strube, Liselotte 4566a
Struck, Wolf-Heino 103, 1030, 1081, 1202, 1351, 1355, 1356, 1421, 1661, 2384, 4798, 4921, 5308
Struck, Wolfgang 531
Strübing, Christian 7426
Strücker, Wilfried 3455
Struff, Richard 2716
Strupp, Alexander 2100
Struppmann, Robert 4922
Struve, Tilman 4745, 5585
Stubenvoll, Hans 5153, 6428, 6431
Stubenvoll, Willi 3636, 6628
Stuber, Fritz 3113, 3980
Stübing, Gerhard 6464
Stümpel, Bernhard 397, 399, 572, 718
Stürz, Hans Karl 6271
Stüve, Holger 362
Stuhl, Benno 7048
Stuke, Horst 1171
Stump, Karl 1654, 2220, 3741, 4340
Stupperich, Robert 1358, 4826
Sturm, Anneliese 220
Sturm, Erwin 2236, 3833, 4510, 4680–4682, 4850, 5199, 5329 f., 6547, 6564, 6845
Sturm, Heinz 220
Sturm, Michael 615
Sturm-Godramstein, Heinz 6616
Stutte, Hermann 1942
Süß, Lothar 578, 579, 760
Surkau, Hans Werner 5351
Swiridoff, Paul 3975
Sykes, Christopher 313
Sijpensteijn, Pieter J. 59

T

Tabrizian, Ingrid 6438
Tacke, Eberhard 3064
Tacke, Rudolf 2826
Täckelburg, Klaus 7688
Tafel, Walpurg 2861
Tallarek, Ernst C. 2589, 2590
Tampe, Jörg 3102
Tapp, Alfred 1149
Taranczewski, Bernhard 3905
Taubert, Sigfred 7395
Teetz, Joachim 5039
Teetzen, Jörg-Rainer 5034
Teichler, Klaus 5570
Teichmann, Arnfried 3214
Teil, H.-T. 2899
Telschow, Jürgen 4976, 4978
Tenkhoff-Nolte, Christel-Ulrike 1937
Terhalle, Hermann 5714, 5715
Ternes, Charles-Marie 586, 590
Teubert, Rainer 2212
Tharun, Elke 2097, 2151, 2162, 2704
Thauer, Rudolf 5671
Thebesius, Max Flesch- s. Flesch-Thebesius
Theis, Hans-Herbert 5473
Thelen, Peter 1957, 3210, 3293, 7394
Themel, Karl 5044
Theopold, Wilhelm 1880, 1911
Thews, D. 5005
Thiel, Hubert 5040
Thielen, Günter 3059
Thielke, Dieter 7214
Thiemann, Walter 1014, 5013, 5288
Thieme, Günter 2300
Thiersch, Katharina 6598
Thies, Werner 7257
Thimme, Dorothea Berger- s. Berger-Thimme
Thoma, Hubert 4467, 5057
Thomä, Helmut 4386, 4569a, 4572, 4617, 5953, 5983
Thomas, Alois 4687
Thomas, Axel 3294, 7191
Thomas, E. J. 5137
Thomas, Erich-Johannes 4973
Thomas, Harry 6332
Thomas, Hermann 4365
Thomas, Karl 7605
Thomas, Kurt 3321
Thomasius, Jutta W. 5793, 6204, 7073
Thome, Leonhard 2814
Thorn, Alwin 5481

Thünken, Walter 3771
Thul, H. 3202
Thutewohl, Hermann 4462, 4465, 4545
Thiedemann, Paul 2026
Tiefenbach, Heinrich 5811
Tielmann, Klaus 4286, 7330
Tilger, Annemarie 1793
Tiling, Heinrich v. 2536
Tillmann, Eduard 2619
Tillmann, Hugo 3366
Tippmann, Werner 6703
Tippner, Manfred 2645
Tischert, Hans 2927
Tischler, Lothar Clemens 2685
Tjaden, Karl H. 1601
Tobias, Wolfgang 2650
Tocha, Michael 812, 3613, 3616
Todt, Hans 3361
Töpfer, Ernstfried 425, 2302, 3444
Töpfer, Hans-Joachim 2334
Tornwyk, Anders C. [Pseud.] s. Rauch, Wolfgang Maximilian
Toussaint, Benedikt 2048
Toussaint, Ingo 993
Trapp, Otto 5023
Traubenkraut, Ellen 318
Trautmann, Dieter 2771, 3057, 4783
Trautmann, Hans Joachim 1464
Trautmann, Herbert 3265
Trautwein, Dieter 4980
Tregubov, Jurij Andreevič 6122
Treichel, Fritz 4496
Treue, Wilhelm 2391, 2963
Triesch, Carl 1605
Trinkaus, Eckhard 5372
Troitzsch, Ulrich 2809
Trommsdorf, Ernst 2925
Trost, Georg 3626
Trott zu Solz, Friedrich v. 2499
Trouet, Klaus 2952
Trubel, Joachim 5602
Trucby, Jochen 6964
Trumpold, Ulrich 3652
Trusen, Winfried 4853
Tschepe, Axel 1506
Tschernich, Wolfgang 3920
Tüchle, Hermann 4650
Tücke, Manfred 5727
Tümmers, Horst-Johs 6224
Türk, Ernst 1616, 2147, 2422, 3373, 3377, 3750
Tuerkay, Michael 6443, 6519
Tunger, Horst 227, 5043

U

Uckro, Detlef v. 3744
Ude, Klaus Meier- s. Meier-Ude
Uhlemann, Ludwig 3148
Uhlhorn, Friedrich 347, 788
Uhlich, Christa 5717
Uhlich, Diethild 4517a
Ulbricht, Friedrich 3338
Ullrich, H. 2769
Ulmann, Hellmuth 238
Ulrich, Klaus 455
Ulriksen, Horst 4132
Unger, Gerhard 1873
Unruh, Ilse 7490
Unseld, Siegfried 7418
Unterleider, Franz 4991
Unverricht, Hubert 7036, 7046, 7148, 7150 f.
Unverzagt, Wilhelm 620, 621
Urban, Werner 1004, 4835
Urbanek, Anna Maria 5601
Urspruch, Theodora Kircher- s. Kircher-Urspruch
Usinger, Fritz 228, 5956

V

Vaasen, Elgin 6171
Vahle, Fritz 7475
Valentien, Donata 5709
Valentin, Heinrich 4571
Vaubel, Hermann Otto 5578
Veen, C. van der 3083
Verbeek, Albert 6528
Vermaseren, Maarten Josef 674
Vesper, Otto 5497
Vesper, Willi 2088, 5176, 6850
Vetter, Ewald M. 5122
Vetter, Gerhard 640
Victoria, Königin v. England 1141
Vierbuchen, Erich 1650, 1655
Vierling, Johann Gottfried 7169
Viernow, Wolfgang 3350
Viertel, Kurt 2612
Vietor, Gustava Schefer- s. Schefer-Vietor
Vietta, Rainer Fritz- s. Fritz-Vietta
Villinger, Carl Johann Heinrich 762, 5323, 6919
Völker, Angela 6492
Völker, Friedrich 956, 4312, 4571a
Völpel, Wilhelm 6127

Vogel, Bernhard 5470
Vogel, Gisela 2858
Vogelbusch, Reinhard 3177
Vogeler, Karl 1882
Vogelsang, Hans Günter 5050
Vogler, Günter 2470, 7255
Vogler, Lutz 2132
Vogt, Ernst 873
Vogt, Guenther 2027, 3640, 6190, 6244, 6553, 6833, 7243
Voigt, Inge 3710
Voigt, Karl-Heinz 4938
Voit, Hans 2115, 2117
Volk, Hermann 5063
Volk, Ludwig 4695
Volkelt, Peter 5274
Volkmer, Hans-Joachim 3903
Vollmöller, Kurt 3926
Volp, Rainer 4739
Voltmer, Ernst 4392
Volz, Franz-Eugen 7710
Volze, Fritz 246, 860, 1518, 3171, 4629, 4796, 4815, 4851, 4906, 5877
Vom Stein, Karl Frhr. 1083
Vonbühren, Friedhelm 7063
Vonrhein, Kurt 7016
Vorderstemann, Jürgen 47 f., 6125
Vorlaufer, Karl 1743, 1746

W

Wacker, Friedrich 4354
Wackerfuß, Winfried 363, 1026, 1028, 1035, 1048, 1051, 1053, 2263, 2266, 4084, 4391, 6792, 7668, 7674
Wacket, Manfred 5542
Wade, Theo 5587
Wadepuhl, Heinz 3276
Wagener, Frido 2163
Wagner, Albert 1543
Wagner, Almuth 5464
Wagner, August 1008, 3931, 5586, 6173 f., 6261, 6879, 7032, 7037, 7425, 7527
Wagner, Erich 7454
Wagner, Friedrich Ludwig 4392
Wagner, Georg 2334, 5971
Wagner, Georg Wilhelm Justin 3564
Wagner, Günter 7046, 7160, 7163
Wagner, Hans 237
Wagner, Heide 7697
Wagner, Herbert 4252
Wagner, Hermann Josef 1523, 2746

Wagner, Karl Heinz 6300
Wagner, Klaus 1092
Wagner, N. 7403
Wagner, Walter 1024
Wagner, Wilhelm 4019
Wagner, Willi 4711
Wahl, Volker 4121
Wahler, Hans Hermann 2791
Waldegg, Joachim Heusinger v. s. Heusinger v. Waldegg
Walk, Karl-Alexander 2068, 2072, 2753, 3424
Walkenhorst, R. 2419
Wallmann, Johannes 4923
Wallthor, Alfred Hartlieb v. s. Hartlieb v. Wallthor
Walter, Georg 4369
Walter, H. 5498
Walter, Heinrich 1630, 4087–4089
Walter, W. 2655
Walther, H. 5078
Walther, Karl 5006
Walther, Peter C. 1230
Walti, Elisabeth 2617
Waltjen, Carsten 4793
Walz, Brigitte 5833
Wamser, Karl Ernst 5071
Wand, Norbert 432, 706, 741–743, 764
Wanner, H. 3325
Warlitzer, Volker 3455, 3928
Warnke, Martin 6431
Wasser, Paul 1311
Waßmuth, Konrad 3044
Watz, Barbara 3274
Watz, Hans 2505, 2552, 7571
Wawrykowa, Maria 1111
Weber, Alexander 1214
Weber, August 5663
Weber, Bernhard 5005
Weber, Fritz 7246
Weber, Gerd 6511
Weber, H. Chr. 2558
Weber, Hans H. 459, 2180, 2193, 2722, 3156 f., 3939, 6706
Weber, Heinz 4676
Weber, Hermann 1624
Weber, Hermann A. 7337
Weber, Karl 5668
Weber, Karlhans 7046, 7055
Weber, Klaus 6409
Weber, Ludwig 4165
Weber, M. 2367
Weber, Magda Marx- s. Marx-Weber

Weber, Otto  6073 f., 6076
Weber, Peter  2146
Weber, Ulrike Frommberger- s. Frommberger-Weber
Weber, Ursula  1965
Weber, W.  7352
Weber, Wilhelm  5577
Weber-Fahr, Kirstin  4699
Weber-Fas, Rudolf  6000
Weberling, F.  2558
Wedel, Henning v.  1176
Wedel-Goedens, Wedigo v.  4452
Weeber, Hannes  1747
Wegener, Günther Schulze- s. Schulze-Wegener
Wegera, Klaus-Peter  5816
Wegmann, Werner  6125
Wegner, Günter  414
Wegner, Hans Helmut  567
Wegner, Ulrich  4953
Wehr, Wolfhorst  7321
Wehrheim, Rainer  3421
Wehrheim, Waldemar  5513
Wehrum, Carl  3093, 4214, 5420, 5616, 6769, 6909
Weick, Carl  2347
Weidemann, Konrad  697, 699, 723–726, 831–832
Weidig, Ludwig  1112
Weigand, Martin  1424
Weihl, Otto  3317
Weiler, C.  6985
Weiler, Clemens  6311
Weiler, Heinz  2737, 5911
Weinbach, Walter  2636
Weinert, Erich  2404
Weingartner, J. J.  5768
Weinreich  3402
Weis, Reinhard  7101
Weisbecker, Walter  7582
Weise, Harald T.  3854
Weisgerber, Gerd  959, 3017 f., 6358
Weiss, Helmut  39
Weiß, Peter  1507
Weißbecker, Karl  3900
Weißgerber, Wolfgang  1029, 5958
Weitensteiner, Hans Kilian  3686
Weitershaus, Friedrich Wilhelm  1102, 4514
Weitling, Otto  6887
Weitz, Barbara  1949
Weitzel, Wolfgang  2474, 2478
Welchert, Hans-Heinrich  6626, 6643

Welker, August  991, 1438, 1481, 1567, 1938, 2385, 3056, 3308, 5524, 6118 f., 7713, 7488, 7506, 7591
Welker, Edith  634
Wellenkamp, Dieter  2058
Wellniak  2041
Welzel, Bernhard  5005
Wend, Hermann Friedrich  3072
Wende, Helmut  7368
Wende, Peter  1190
Wendel, Heinrich  426, 6975
Wendel, Horst  4434
Wendt, G. Gerhard  5743
Wenke, Otto  3782
Wenskus, Reinhard  728
Wentzel, Erika  4407
Wentzel, Karl Friedrich  2479, 2496, 2537
Wentzel, Klaus Friedrich  2494
Wenzel, Axel  1739
Wenzel, Walter  5830
Werle, Hans  6854
Wermelskirchen, Ludwig  5134
Werner, Dietrich E.  1779
Werner, Joachim  755
Werner, Karl-Walter  2616, 2618, 6467
Werner, Rolf  3055
Werres, Erich  2930
Werth, Herbert Müller- s. Müller-Werth
Weschke, Joachim  7697
Wesener, Heinz Hubert  377
Westerfeld, Karl-Adolf  1810 f., 3304
Westermann, Ekkehard  2812
Westheimer, Ruth K.  4597
Westrich, Klaus-Peter  354
Wettner, Anton  2896, 2897
Wetzel, Heinz  5980
Weydt, Günther  6030
Weyell, Franz  3853, 4458
Weyer, Martin  5762
Weyers, Dieter  318
Weyl, Erich  1796
Weyrauch, Peter  4119, 5085, 5096, 5139, 5142, 5285 f.
Weyrauch, Wilhelm  5915
Weyrich, Wolfgang  4373
White, Dan S.  1131
Widauer, Hermann  2586
Wider, Heiner  2304, 2305
Widmann, Hans  7372, 7381 f.
Wiebeck, Bodo-Heinz  2749
Wieber, Fritz  1001–1003, 4430
Wied, Werner  1013, 4115
Wiedemann, Irmgard  867

Wiederhold, Konrad  6328
Wiederspahn, August  6197
Wiegand, Erwin  2046
Wiegand, Otto  7469
Wiegels, Rainer  611
Wienecke, Joachim  936, 1924, 6460
Wienhaus, Heinrich  2577
Wierichs, Marion  1095
Wiesner, Johannes  2074
Wiest, Ekkehard  6150
Wietek, Gerhard  6145, 6198
Wightman, Edith Mary  612
Wilckens, Leonie v.  7012
Wilczek, Gerhard  1586
Wild, Karl  883, 1016
Wildau, Christoph v. Lindeiner- s. Lindeiner-Wildau
Wildenhof, Hilka  6583
Wilhelm, Heinrich  7519
Wilhelm, Richard  3465
Wilhelmi, Hans  3747
Wilk, Gerhard  1678
Wilk, Gerhard H.  7201
Wilke, Ernst  2294
Wilke, Georg  2420
Wilke, Reinhard  5482
Wilkens, Günther  5183
Will, Cornelius  872
Willius, Lothar  4968, 6823
Willms, Günther  5576
Wilmes, Heinrich Bernhard  2035
Wingenfeld, Josef  4065, 7359
Winkes, Rolf  5677
Winkler, F. K.  3716
Winkler, Konrad  4205
Winnacker, Karl  5723
Winnen, August Peter  4786
Winter, Gerd  1238, 1239
Winter, Hans-Gerhard  6054
Winter, Karl  6545
Winter, Karl-Heinz  6659
Winter, Kurt  7296
Winter, Theodor  7144
Winterscheid, Theo  3222, 3223
Wirges, Heinz  5005
Wirk, Dietrich  3741
Wirth, Hans  3090
Wirtz, Hans-Joachim  1498
Wirtz, Joachim  5879
Witte, Hedwig  905, 5815, 7545
Wittekindt, Hanspeter  3590
Wittekindt, Heiner  4022
Wittenberg, Gerhard  776

Wittenberger, Georg  2550, 2559, 2663
Wittich, Reinhard  5727
Wittmann, Heinrich  7492
Witzel, Bernhard Johannes  4852, 4854
Wölfing, Günther  4121 f.
Wolde, Annette  6151–6153
Wolf, Albert  1581
Wolf, August  306
Wolf, Dieter  817, 3542, 3547, 3769, 3897, 4034, 4805
Wolf, Eugene K.  7079
Wolf, Folkwin  2680, 2691, 2693, 4166
Wolf, Gudrun  2898
Wolf, Hans  123
Wolf, Hartmut  5475
Wolf, Heinrich  2592, 2598
Wolf, Herbert  5899
Wolf, Klaus  1609, 2543, 3283, 6754
Wolf, Lore  6133
Wolf, Peter A.  7009
Wolf, Rudolf  4479, 4531, 4539, 4576a
Wolf, Werner  2365 f., 4280
Wolf, Willi  5462
Wolf-Beranek, Hertha  814
Wolfers, Alfred F.  7675
Wolfert, Alfred F.  7665
Wolff, Fritz  1385
Wolff, Gerd  3169
Wolff, Robert  1130, 5947, 5973, 7044
Wolfskehl, Hans Kühner- s. Kühner-Wolfskehl
Wolfskehl, O.  3066
Wolkers, Ursula  3031, 7626
Wollenhaupt, Gustav  3763
Wollpert, Rudolf Fischer- s. Fischer-Wollpert
Wollschläger, Alexander  4139, 6600
Wolter, Hans  4649, 4726, 4812, 4822, 4918, 4975, 5780
Wolter, Jürgen  254
Wolter, Karl Dietrich  3008, 3052
Wolter, Rudolf  5290
Worch, Eberhard  4766
Worms, Josef  3820
Worp, Klaas Anthony  57
Wortig, Kurt  1997
Wortmann, W.  2159
Wrede, R.  1321
Wright, William John  5422
Wroz, Winfried  2123
Wühr, Irmgard Piorkowski- s. Piorkowski-Wühr
Würth, Franz-Josef  4787

Würth, Karl    2779, 4198
Würz, Heinz    5430
Wüstenfeld, Fritz    1834
Wulff, Herbert    2081
Wunder, Emil    1674
Wunderle, Gustav    182
Wurm, Karl    408, 433
Wurmbach, Adolf    7611
Wynne, George G.    3650

Z

Zabée, Werner    7487
Zabel, Juergen    3192
Zakosek, Heinrich    2351, 2383
Zalud, Josef    5035
Zander, Anne-Marie    6321
Zantke, Gottfried    4132
Zápotocká, Marie    508
Zapp-Berghäuser, Hanne    3952
Zarges, Walter    1453
Zehnbauer, Friedrich    3525
Zeilinger-Büchler, Roswitha    4631, 4764, 6573
Zeis, Friedrich    4347
Zell, Baldur    4952
Zellenberg, Winfried Zeller- s. Zeller-Zellenberg
Zeller [geb. Zimmermann], Gudula    703, 735
Zeller, Winfried    4923
Zeller-Zellenberg, Wilfried    7435
Zemanek, Karl    3346
Zernecke, Wolf Dietrich    5873
Zetsche, Ingeborg s. Huld-Zetsche
Ziebura, Gilbert    1182
Ziegler, Elisabeth    179, 3809 f.
Ziehen, Wolfgang    2433
Ziemke, Hans-Joachim    6402
Ziermair, Josef    299
Zilg, Werner    3898
Ziller, Hans Hermann    1479
Zillinger, Waldemar    1964
Zils, Werner    4031
Zimen, Karl-Erik    4488
Zimmer, Erhard    1443
Zimmer, Erwin    1021, 3583, 5141, 6926
Zimmer, Gottfried    3588, 5135
Zimmer, Jochen    7298
Zimmermann, Elisabeth    2741, 4366
Zimmermann, Erich    3560, 4031, 7388
Zimmermann, Georg    5295

Zimmermann, Gerd    4657
Zimmermann, Gudula [Mädchenname] s. Zeller
Zimmermann, Heinz    1930
Zimmermann, Horst    1908
Zimmermann, Ludwig    857
Zimmermann, Walther    6538 f.
Zimmerschied, Dieter    7554
Zingel, Rudolf    5722
Zinn, Christa    5769
Zipf, Ruth    5572
Zipp, Erich    4172, 5030
Zipp, Paul    171, 5489
Zittel, Bernhard    71
Zöller, L.    7207
Zöller, Rudolf    7207
Zorn, Karl    2453, 3445
Zucchi, Herbert    2483
Zucker, Stanley    1132
Zschietzmann, Willy    2201, 4705 f., 4708
Zwergel, Helmut    5450
Zijpe, René van de    204

# ORTS-, PERSONEN- UND SACHREGISTER

## A

Aar (Dillgebiet)  289. 2464
Aarbergen  3003. 7220
Aarbergen-Hausen
  s. Hausen (über Aar)
Aarbergen-Kettenbach
  s. Kettenbach
Abenheim
  − Aberglaube  7637
  − Archäologie  425
  − Flurnamen  5911
  − Geschichte  3444
  − Heimatmuseum  6355
  − Kirchengeschichte  4952 f.
  − Landwirtschaft  2302. 2371
  − Sagen  7624
  − Schule  5543
  − Wirtschaft  2737
Aberglaube  7626. 7628. 7630−7637
Abfallbeseitigung  2636. 2667 f.
Abgaben  1700 f. 2473. 5046. 5308
  s. a. Steuern
Ablaßbriefe  7379
Absolutismus  1058
Abwässer
  s. Gewässerschutz
Achenbach  2867 f.
Achterberg, Erich  143
Acker (Familie)  2858
Ackermann, Wilhelm  144 f.
Adam v. Fulda  7153
Adam (Scharfrichter aus Haigerseelbach)  1553
Adamski, Walther  2690
Adel  728−730, 751 f. 810. 820. 940
  s. a. Höfe
  s. a. Standesherrschaft
Adelsarchive  82. 100
Adelsburgen
  s. Burgen
Adelsfamilien  4389−4453. 7092
Adelswohnhöfe  6881
  s. a. Burgen
  s. a. Höfe, Güter
  s. a. Schlösser
Adolf (Gr. v. Nassau) Dt. Kg.  816
Adolf (v. Nassau-Wiesbaden) I. Eb. v. Mainz
  s. Mainz (Erzbischöfe)

Adolphseck (Schloß)
  s. Fasanerie (Schloß)
Adorf  2827
Adreßbücher
  − Alsfeld  3449
  − Biblis  3498
  − Biedenkopf (Kr.)  3365
  − Cölbe  3971
  − Dietzenbach  3581
  − Dreieichenhain  3587
  − Eschborn  3604
  − Frankfurt (Main)  3632
  − Friedrichsdorf (Hochtaunuskr.)  3838
  − Gießen (Kr.)  3375
  − Hattersheim  3801
  − Heppenheim  3806
  − Homburg (v. d. Höhe), Bad  3838
  − Jügesheim  3857
  − Lauterbach (Kr.)  3378
  − Main-Taunus-Kreis  3386
  − Marburg (Lahn)  3971
  − Marburg (Lahn: Kr.)  3388
  − Mühlheim (Main)  4000
  − Obertshausen  4050
  − Offenbach (Main)  4060
  − Seligenstadt  4130
  − Sprendlingen (Kr. Offenbach)  4162
  − Westerburg (Verbandsgem.)  4225
  − Westerwaldkreis  3395
  − Wetter (Hessen)  4229
  − Wetzlar (Kr. u. Stadt)  3401
  − Wiesbaden  4233
Adrian, Johann Valentin  7701
Adventisten  5561
Äppelwoi  3312. 7579. 7581 f.
Ärzte  1134 f. 1715. 1861. 1869−1918. 1961. 6040−6043. 6052. 6054−6057
  s. a. Hochschulen
Ärztehäuser  1872−1877
Agrargeschichte  1727. 2237−2269. 2809. 4744
Agrarpolitik, Agrarstrukturplanung  2272−2277. 2303−2329. 2511
Agrarrecht  2237
Agriophyten  2570
Agrippa v. Nettesheim, Heinrich Cornelius  5747
Ahl  1782. 3286
Ahlberg  6958

Ahlheim, Johann Friedrich 146
Ahnatal-Heckershausen
  s. Heckershausen
Ahrlé, Ferry 6204
Akkumulatorenfabriken 2922
Alaunbergbau 3053
Alber, Erasmus 5346
Albert Gr. v. Nassau-Weilburg 968. 4305
Alberti, Heiner 2858
Albertine Luise Lgrn. v. Hessen-Darmstadt 863
Albini, Franz Josef v. 1079
Albrecht v. Brandenburg
  s. Mainz (Erzbischöfe)
Albrecht, Elisabeth 4454
Albungen 1783
Alchemie 5761
Alchetal 3004
Alemannen 663. 707. 716. 736
Alewyn (Familie) 4067
Alexander Gr. v. Hachenburg 6675
Alexander Prinz v. Hessen [-Darmstadt] 7699
Aley, Karl 5504
Algerien 1659
Alheim-Heinebach
  s. Heinebach
Alheim-Niedergude
  s. Niedergude
Alice Ghzgn. v. Hessen u. b. Rhein 1139 f.
Allendorf (Familie v.) 4393
Allendorf (Eder)-Rennertehausen
  s. Rennertehausen
Allendorf (Haiger) 6807
Allendorf (a. d. Landsburg)
  s. a. Landsburg
Allendorf (Lumda)-Nordeck
  s. Nordeck
Allendorf (Ulmtal) 2766. 3445. 3447. 7479 f.
Allendorf (Werra-Meißner-Kr.)
  s. Sooden-Allendorf, Bad
Allenrod 2257
  (b. Kefenrod)
Allesina (Familie) 4397
Allmenden 2182–2184
Allmenröder (Nachlaß) 4798
Alltagsleben 586. 588. 590. 3654. 6437. 7344 f. 7472. 7474. 7476. 7478. 7480–7482
Almerode
  s. Großalmerode

Almosen
  s. Wohlfahrtswesen
Alsbach 146. 3448. 4322. 5912
Alsbach-Hähnlein
  s. Hähnlein
Alsbach (Schloß) 1564
Alsfeld (Kr.) 3358 f. 5455. 5545
Alsfeld (Stadt)
– Adreßbuch 3449
– Altstadtsanierung 3452–3456. 6607
– Baudenkmäler 6541
– Biographien 4851
– Denkmalpflege 6588. 6607–6609
– Fachwerk 6808
– Geschichte 1436. 3450 f.
– Hausinschriften 7594
– Heimatmuseum 6356
– Schulen 5544 f.
– Superintendentur 4906
– Weihnachtsspiel 7016
– 2. Weltkrieg 1436
– [als] zentraler Ort 2149
Alsfeld-Eudorf
  s. Eudorf
Altäre 5188. 5207. 5240. 5266. 5287. 6167. 6250. 6405. 6514
Altbolanden 966
Altenbauna 4955
Altenberg (Grebenroth: Kirchspiel) 1032
Altenberg-Egenroth (Kirchspiel)
  s. Altenberg (Grebenroth: Kirchspiel)
Altenberg (Wü. im Siegerland) 2216 f. 3017 f.
Altenberg (b. Wetzlar) 2014 f. 5369. 6365
Altenburg (Felsberg, Schwalm-Eder-Kr.: Burg) 6649
Altenburg (b. Niedenstein) 562
Altendorf (Kr. Kassel)
  s. a. Heiligenberg
Altengronau-Neuengronau
  s. Neuengronau
Altenhain (Main-Taunus-Kr.) 5546
Altenhaßlau 5092
Altenhasungen 1776
Altenheime 2025. 2027. 4753
Altenhof (Rhön) 2258
Altenkirch, Adam 5505
Altenkirchen (Kr.) 3180. 3360. 4583. 5865. 6540
Alten-Limpurg
  s. Frankfurt (Main: Stadt)
– Patriziergesellschaft Alten-Limpurg

Altenritte
  s. Baunatal
Altenschlirf   5883
Altenstadt   3457. 4562
Altenstadt-Lindheim
  s. Lindheim
Altenstadt-Oberau
  s. Oberau
Altenzentren   4594
Altgeld (Familie)
  s. Altgelt (Familie)
Altgelt (Familie)   4455
Altheim, Geiling v. (Familie)
  s. Geiling v. Altheim (Familie)
Altheim   4956
Althusius, Johannes   5699 f.
Altkönig   7204. 7618
Altmark   4303
Altpreußen
  s. Ostpreußen
Altripp, Alo   6205
Altstadtsanierung   3453–3456. 3602.
  3778. 3928. 3936–3938. 3965 f. 3981 f.
  3991 f. 4120. 4132. 4213
Altsteinzeit   460. 464–472. 6513
Altweilnau   4323
Altwiedermus
  s. a. Ronneburg (Burg)
Alzey, Truchsessen v.
  s. Truchseß v. Alzey
Alzey, Volker v.
  s. Volker von Alzey
Alzey (Burg)   1439 f.
Alzey (Kastell)   620 f. 670. 679
Alzey (Kr., Raum)   398 f. 600. 702. 1784
Alzey (Oberamt)   1033 f.
Alzey (Stadt)
  – Baudenkmäler   6542
  – Beschreibung   3458 f.
  – Dreißigjähriger Krieg   1362
  – Evang. Gemeinde   4957
  – Familienkunde   6926
  – Freimaurer   7370
  – Geschichte   796. 1099. 3460–3466
  – Juden   4584
  – Museum   6357 f.
  – Weinbau   2372
  – Zeitungen   7437
Alzey-Weinheim
  s. Weinheim (Alzey)
Alzey-Worms (Kr.)   1456. 3285
Amalie Grn. v. Solms-Braunfels, Prinzessin v.
  Oranien   1004

Amalie Charlotte Wilhelmine Luise, Prinzessin von Nassau-Weilburg, Fürstin von
  Anhalt-Bernburg-Schaumburg-Hoym   970
Amandus (Heiliger)   4660
Amelung, Walther   1878
Amerika
  s. a. Kanada
  s. a. Nordamerika
  s. a. Südamerika
Amerikanische Besatzung (1945)   1436
Amöneburg (Kr. Marburg-Biedenkopf)
  427. 3230. 3467. 4699
Amöneburg (Kr. Marburg-Biedenkopf)-
  Mardorf
  s. Mardorf
Amöneburg (Wiesbaden)   7662
Amöneburger Becken   747. 2625
Amorbach (Abtei)   2106
Amorbach (Amt)   1035
Amorbach (Stadt)   3468. 6326
Amphibien   2591
Amsterdam   4487
Amtsbezirke, Kellereien   1033–1036,
  1038–1043. 1045–1050. 1052–1060.
  4308. 4310. 4312. 4321
Amtsgerichte   1521
Amtshäuser   3845 f. 6811. 6815. 6851
Amtskellereien   1043. 1049 f.
Amtsleute   1045 f. 1049 f. 1056. 1060.
  4514
André (Familie)   7147
André (Musikverlag)   7147–7151
Andreae (Familie)   4456
Andreae, Johannes   45
Andreastag   7542
Anekdoten   3730. 7564. 7567. 7575. 7583.
  7587 f.
Anencephalie   1940
Angelburg-Frechenhausen
  s. Frechenhausen
Angele (Familie)   4457
Angelsport
  s. Fische, Fischerei
Angelus, Johannes   4905
Anhalt-Bernburg-Schaumburg-Hoym,
  Amalie Charlotte Wilhelmine Luise Fürstin v.   970
Anna v. Eppstein-Königstein   983
Anna Grn. v. Waldeck   979
Anna Amalie Grn. v. Nassau-Saarbrücken
  960
Annerod   3469

Ansichten, alte
  s. Landschaftsmalerei
Anspach (Familie)   4458
Antidemokratische Bewegungen   978
Antifaschismus   1230
  s. a. Nationalsozialismus
Antiquariatsbuchhandel   7426
Antoniter   4740 f. 4753
Antrefftal-Merzhausen
  s. Merzhausen (Schwalm-Eder-Kr.)
Apfelwein
  s. Äppelwoi
Apotheken, Apotheker   1855. 1857. 1869. 1919–1929
Apparatebau   2932. 2939
Appel, Carl   2739
Appenheim   4954. 5093
Appold, Georg Valentin   7046
Aquae Mattiacae
  s. Wiesbaden (Stadt) Römerzeit
Aquin, Thomas v.
  s. Thomas v. Aquin
Arbeiterbewegung   1136. 1162–1164. 1227 f.
  s. a. Streiks
Arbeiterpresse   7446
Arbeiter- u. Soldatenräte   1206–1208. 3661
Arbeiterturnbewegung   7298
Arbeitgeberverbände   2916
Arbeits- und Gemeinschaftsformen (Volkskunde)   7483–7498
Arbeitsmarkt, Arbeitsplätze   1598. 1600–1603. 1634. 2683. 2708 f. 4248
Arbeitsstättenzählung   2682. 2707
Arbeitsverhältnisse   1713–1720. 1748
Arcadius   4632
Archäologen, Prähistoriker   173 f. 200. 206. 5694
Archäologie   389–783. 830 f. 835. 2216 f. 2232. 3017 f. 3030. 4708. 4794. 6425–6427. 6448. 6486–6488. 6510 f. 6513. 6515. 7685
  s. a. Keramik
Architekten
  s. Baumeister
Archivare   73 f. 104. 182
Archive   69–123. 785. 1073. 1077. 1202. 1234. 1352. 1385. 1483. 1484. 1584. 1637. 1659. 2192. 4757. 5788 f.
Archivrepertorien   76–83. 85. 88–99. 114. 1584. 1637
Ardeck (Schloß in Gau-Algesheim)   6679
Arens, Fritz   141

Arfurt   1785
Arme Dienstmägde Jesu Christi   1975. 4719 f.
Armenwesen   1978–1992
Armknecht, Karl Heinz   1879
Arnold, Georg   6922
Arnold, Gottfried   5675
Arnoldi v. Usingen, Bartholomäus   4833 f.
Arnoldshain
  – Biographien   4564
  – Familienkunde   3005. 4376
  – Juden   4585
  – Laurentiuskirche   5094 f.
  – Pfarrer   5048
  – Sozialgeschichte   1759
  – Wüstung Oberndorf   2218
Arnsburg (Äbte)
  – Robertus Kolb   4709
Arnsburg (Kastell)   597
Arnsburg (Kloster)
  – Archäologie   4708
  – Geschichte   4705–4708. 5096
  – Grenzsteine   2201
  – Höfe   4709 f.
  – Kriegsopferfriedhof   5395
  – Mühle   4709
  – Sternbach-Wickstadt (Pfarrei)   5029
  – Taufstein   6514
  – Urkunden   5863 f.
Arolsen   5547, 5913
Arolsen-Braunsen
  s. Braunsen
Arolsen-Landau
  s. Landau
Arolsen-Volkhardinghausen
  s. Volkhardinghausen
Arolsen (Schloß)   6650
Artelt, Walter   1852
Arthropoden   6518
Arzneimittel
  s. Pharmazie
Arzt, Theodor   5506
Aschaffenburg
  – Hofbibliothek   4661. 6171
  – u. Mainz (Ebt., Kft.)   884
  – Museum   7009
  – Reiseführer   259
  – Stiftskirche   7675
Aschaffenburg (Stift)   4642
Aschenberg (b. Fulda)   2023
Aschkewitz, Max   5507
Assenheim-Wickstadt
  s. Wickstadt

Aßlar-Werdorf
  s. Werdorf
Aßmannshausen  2368
Astert  3057
Astheim  3470
Athena  6412
Atlanten  347 f. 355
Atzbach
  – Brandschutz  1786
  – Evang. Kirchengemeinde  4965
  – Familienkunde  4507
  – Geschichte  3471 f.
  – u. Goethe  6012
  – Juden  4586
  – Kirmes  7541
Atzbach (Amt)  1860
Atzenhain  1381
Auderienses  591
Aue (Burg b. Eschwege)  3617
Auerbach  3071. 3473. 6102
Aufenau  7048
Aufklärung  1067
Aufstände, Rebellionen
  s. Revolution
Augsburger Interim  4822
Augsburger Reichstag (1547)  4529
Augustiner  4791. 4833 f. 4851
Aulenbach, Johann Konrad Kottwitz v.  4774
Aulhausen  1984. 5548
Aulhausen (Kloster)  4711
Aumenau  1320
Auringen  7661
Ausbach  5053
Ausfuhr  2825
Auskunfteien  2844
Ausländer  1632. 1719 f. 2044. 5595
Aussatz  1938
Aussiedlerhof  2253. 2282
Ausstellungen  52. 72. 314 f. 352. 395 f. 632. 894. 1202. 1234. 1291, 1352. 1385. 2885. 2991. 2997a. 3209. 3233. 3239 f. 3250. 3253. 3256 f. 3266. 3503. 3511. 3654. 3965. 4136. 4302. 4591. 4808. 5210. 5312. 5557. 5772. 5776. 5789. 5949. 5952. 5995. 5997. 6001. 6020. 6027. 6030. 6036. 6043. 6075. 6125. 6134 f. 6139–6141. 6143. 6146. 6154–6158. 6163–6165. 6186 f. 6190. 6193–6195. 6208. 6211. 6231 f. 6235. 6237–6239. 6249. 6267. 6276. 6297 f. 6318. 6322. 6369–6371. 6374–6382. 6388 f. 6391. 6402. 6419–6421. 6424. 6431. 6436–6438. 6460. 6488. 6496. 6514. 6520. 6683. 6841. 6925. 6947 f. 7003. 7029. 7147. 7156. 7196. 7389. 7401 f. 7547 f. 7561 f. 7712
Auswanderung  1121. 1637–1685. 4616
Autobahnen  599. 3200–3204
Automobilbau  2974–2977
Autoverkehr  3195–3204
Auvermann u. Reiss (Buchhandlung)  7426
Avalgau  2094

B

Babenhausen  1491–1499. 1787. 2828. 4324
Babenhausen-Harreshausen
  s. Harreshausen
Babenhausen-Sickenhofen
  s. Sickenhofen
Bacharach  796. 3462
Bacharach (Oberamt)  4825
Backhäuser, Backöfen  2752. 2754
  s. a. Gemeindebackhäuser
Backoffen, Hans  6327
Baden (Ghzt.)  1095. 1150. 4311. 4606
Baden (Land)  988. 1214
Baden (Markgrsch.)
  – Caroline Louise Markgrn. v.  6093
Baden-Baden  7010
Baden-Württemberg  221. 1024. 2413. 3433
Bäcker  1701. 2749–2754. 6844
Bäder  653 f. 661. 2046–2081. 3273. 3303. 3309. 3314. 3758. 3792. 3827. 6530. 6841. 7219
Bäderstraße  3141 f.
Baer, Seligmann  4587
Bärenreiter-Verlag (Kassel)  7144 f.
Bärensee (b. Hanau)  3281
Bätzing (Familie)  4458a
Bäume s. a. Naturdenkmäler  2560. 3051. 3129
Baginski, Olli  5967
Bagnorea, Bonaventura v.
  s. Bonaventura v. Bagnorea
Bahnhöfe  6818
Baldung, Hans, gen. Grien  6405
Balhorn  1776. 3597
Balkhausen  2544
Ballettschulen  5808
Balthasar v. Dermbach
  s. Fulda (Äbte)
Baltz, Justus Henrich  1985
Balzar v. Flammersfeld, Andreas  1402 f.

Balzhäuser (Familie)   7664
Bamberger, Ludwig   1132 f.
Bandkeramik   483–485. 499. 501. 503. 508
Bang (Familie)   4517b
Bangert, Wolfgang   6923
Banken, Bankiers   1590. 2873. 2876–2880. 2884–2889. 2892 f. 2898. 2900. 2904. 2909. 2912
  s. a. Sparkassen
Bardenstein
  s. Barstein
Barock   5083. 5125–5127. 5194. 5284. 5369. 5385. 5408. 6281. 6308. 6315. 6377. 6846. 6881. 7173
Barstein (Berg im Westerwald)   5941
Bartenstein
  s. Barstein
Bartholomäus v. Usingen
  s. Arnoldi v. Usingen, Bartholomäus
Bartholomäus, Erich   147
Bary, August de   1880 f.
Basalt   2496. 3054 f.
Bassenheim, Grafen v.   5413
Bast, Friedrich Jakob   866
Bast, Ludwig Wilhelm   1664
Battenberg (Haus)   4394 f.
Battenberg (Haus)
  – Alexander v.   4395
Battenberg   2451. 5344
Battenberg-Laisa
  s. Laisa
Bau- u. Kunstdenkmäler
  s. Baukunst
Bauer-Rabé, Günter Ernst   5960
Bauerbach   3474
Bauern   1049 f. 1217. 2238. 2244. 2250. 2291. 4573. 6362. 7473
Bauernbefreiung   1691
  s. a. Leibeigenschaft
Bauernhaus
  s. Haus
Bauernkrieg   1049 f. 1351–1357
Bauernmöbel, Bauerngerät   6802–6806
Bauernräte   1207 f.
Bauernunruhen   1123. 1399 f. 1500. 1696. 1763. 3511
Baugesetz   386
Bauindustrie   2921. 2924. 2929. 2936 f. 2943 f. 2951. 2965
Bauingenieurwesen   5775. 5798
Baukunst, Bau- u. Kunstdenkmäler   229. 4807. 5775 f. 5798. 6526–6946
  s. a. Kirchen   s. a. Klöster

Bauland   4779
Baulandumlegungen   386
Baumeister   4518. 5105. 5121. 5277. 6394. 6719. 6753. 6920–6946
Baumnamen   5942
Baumschulen   2336 f.
Baumwollindustrie   2790
Baunatal   3120. 3475–3478. 5549
Baunatal-Altenbauna
  s. Altenbauna
Baunatal-Guntershausen
  s. Guntershausen
Baunatal-Rengershausen
  s. Rengershausen
Bauplastik   4751
Baur von Eysseneck
  s. Fichard, Johann Karl v.
Baurecht   6546
Bauschulen   5798 f.
Bausparkassen   2881. 2891
Bauwesen   2253
  s. a. Baukunst
  s. a. Haus, Hausbau
Bayer, Rupprecht   5968
Bayern   221. 694. 865. 926 f. 4692
Bayreuth   4405
Bayrle, Thomas   6206
Beaumont, Pierre de   4882
Beberbeck
  s. a. Sababurg
Bebra   3172
Bebra-Blankenheim
  s. Blankenheim
Bebra-Breitenbach
  s. Breitenbach (Bebra)
Bebra-Gilfershausen
  s. Gilfershausen
Bebra-Iba
  s. Iba
Bec (Familie)   4893
Becherkulturen   488–490. 498
Bechtheim (Kr. Alzey-Worms)   1500. 5097
Bechtheim (Rheingau-Taunus-Kr.)   3479
Bechtold, Adam   6207
Bechtolsheim
  s. a. Mauchenheim gen. B., Freiherren v.
Bechtolsheim   1429. 3480. 5098
Beck, Ludwig   1325 f.
Beckenhub (Familie)   4459
Becker (Familie)   2858
Becker, Daniel   1148
Becker, Friedrich   5676
Beckmann, Max   6208 f.

Bederkesa 1392
Beedenkirchen 3481. 5099. 6359
Beerfelden 1682. 5914
Beerfelden-Etzean
   s. Etzean
Beerfelden-Gammelsbach
   s. Gammelsbach
Befestigungswesen 1296–1313
   s. a. Burgen
   s. a. Limes
   s. a. Schlösser
Begräbniswesen 5391–5421. 7508. 7513–7518
   s. a. Friedhöfe
   s. a. Grabstätten
Behrens, Peter 6936
Beigeordnete 3421
Beil, Ludwig 5969
Beilstein (Burg) 5100. 6305
Beilstein (Herrschaft) 1646
Beilstein 3445
Bekassine 2623
Belgien 3424. 3826
Bellings 3482
Bellnhausen (Gladenbach) 5101
Belzbachtal 2539
Bender, Fritz 6210
Benediktiner, Benediktinerinnen 4715–4717. 4731 f. 4735 f. 4793
Benn, Gottfried 7435
Benner, Johann 1567
Benrath, Henry 5970
Bensheim (Burg) 6651
Bensheim (Raum) 1555
Bensheim (Stadt)
  – Allmende 2182
  – Beschreibung 3483. 3485
  – Flurnamen 5915
  – Gaststätten 3287
  – Gerbergässel 3486
  – Geschichte 3484
  – Häuser 6809 f.
Bensheim-Auerbach
   s. Auerbach
Bensheim-Langwaden
   s. Langwaden
Bensheim-Schwanheim
   s. Schwanheim (Kr. Bergstraße)
Berg (Ghzt.) 1075–1077. 1095
Berg (Hzt.) 2784
Bergbahnen 3181
Bergbau u. Hüttenwesen 2502. 2984–3065
   s. a. Braunkohlenbergbau

Bergbaumuseen 2991. 3017. 6508 f.
Bergbauprägungen 7685. 7707
Bergbausiedlungen 2216 f. 3023
Bergebersbach 3038. 4917. 5102 f. 7069
Bergen-Enkheim
  – Beschreibung 3488
  – Bevölkerungswesen 1603
  – Eingemeindung 3490–3492
  – Gemeinnützige Baugenossenschaft 1757
  – Geschichte 3487–3489
  – Handel, Industrie 2829. 2920
  – Heimatmuseum 6360
  – Wanderführer 3493
  – Weinbau 2373
Bergengruen, Werner 5971
Bergheim (Kr. Waldeck-Frankenberg) 492–494. 5990
Bergisches Land 7627
Bergnamen 5882. 5940 f.
Bergrecht 2985. 2989
Bergshausen 2854
Berg-Singzikade 2592
Bergstraße (Kr., Landschaft)
  – Ansichten 6214
  – Auswanderung 1669 f.
  – Beschreibung 3361
  – Geschichte 826. 1027 f. 1435
  – Kreisrecht 3363
  – Kreisverwaltung 3362
  – Landeskunde, Reiseführer 335–339. 342 f. 346
  – [in d.] Literatur 6091
  – Sagen 7619
  – Steinkreuze 1457
  – Volksbank 2880
  – Volkshumor 7588
  – Weinbau 2351. 2362 f.
  – 2. Weltkrieg 1435
Bergstraße-Odenwald (Naturpark) 339. 2542
Bergwerke
   s. Gruben
Bergwinkel 265
Berkatal-Frankershausen
   s. Frankershausen
Berkatal-Hitzerode
   s. Hitzerode
Berleburg (Schloß) 6652
Berlin 223. 1187. 2964
Berliner Tageblatt 7442
Bernard-d'Orville (Familie) 4067
Bernardus de Bosqueto 68

Bernbach 1699
Bernbeck (Familie) 4460
Bernbrot 1701
Berneburg 3494. 6653
Bernhammer, Ludwig 2830
Bernhardi, Karl 6025
Bersdorf (Wü. b. Sontra) 2219
Berstadt 814
Bertòla de Giorgi, Aurelio 5972
Berufliches Schulwesen, Berufliche Bildung 381. 2684 f. 2735. 5425. 5479–5481. 5545. 5574. 5590. 5597. 5602. 5622
  s. a. Fachschulen
  s. a. Hochschulen
Berufsgenossenschaften 680
Berufsverbot 5438
Berufszählung 1597
Besatzungszeit (1918 ff.) 1211
Besatzungszeit (1945 ff.) 1436. 2675
Besch (Familie) 4461
Beschauer 2870
Besse 7473
Bessungen 740. 7049. 7221
Betriebe
  s. a. Firmengeschichte
  s. a. Gaststätten
  s. a. Gruben
  s. a. Verkehrsbetriebe
Betriebe, energie- u. wasserwirtschaftliche 3069–3075. 3084 f.
Betriebe, forstwirtschaftliche 2413
Betriebe, landwirtschaftliche 2279–2282. 2287. 2291. 2331. 2336. 2346. 2361. 2378. 2401
  s. a. Höfe
Betriebskrankenkasse
10100 s. Krankenkasse
Betriebsratswahlen 2923
Bettenhausen (Kr. Gießen) 3496
Bettenhausen (Kassel) 3495
Bettler 1561
  s. a. Wohlfahrtswesen
Betz (Familie) 4462
Betzdorf 3180
Beuern (Kr. Gießen) 3497
Bevölkerungsgeschichte, Bevölkerungswesen 1595–1690. 2679. 2691. 2693. 2713. 2719 f. 3382
  s. a. Einwohnerlisten
Bewaffnung
  s. Waffen
Bibeldrucke 7376–7378
Bibelepen 5962

Bibelhandschriften 49. 66
Bibliographien, Forschungsberichte 1–8. 389 f. 693. 731. 1232. 1325. 2114. 3560. 4582. 4636. 4705. 4853. 4889. 5368. 5641. 5665 f. 5717. 5751. 6063. 6124. 6400. 7017. 7045. 7140. 7164. 7390. 7412. 7470
Bibliothekare 19. 29. 31. 34. 42. 51. 7701
Bibliotheken 9–68. 110. 4302. 4661. 4731. 6136. 6354. 6999. 7079. 7385
Bibliothekskataloge 11. 15 f. 26. 50 f. 54. 57
Biblis
  – Adreßbuch 3498
  – Grenzsteine 2209
  – Kathol. Pfarrkirche St. Bartholomäus 5104
  – Kernkraftwerk 3069
  – Schulgeschichte 5550
  – Weistum 1501
Biblis-Nordheim
  s. Nordheim (Kr. Bergstraße)
Biblis-Wattenheim
  s. Wattenheim
Bibra 4850
Bickelhaub (Familie) 4459
Bicken (Familie v.) 2262
Bicken, Maria Philippine Franziska v. 4407
Bicken, Philipp d. A. v. 937
Bicken 2830. 4958. 7050
Bickenbach 1520. 3499. 4325 f.
Biebelnheim 1428. 5551
Bieber, Margarete 5677
Bieber (Offenbach/M.) 1789. 7051. 7222
Bieber (Spessart) 1788. 2515. 3006. 3088 f. 3500
Bieber (Spessart)-Lanzingen
  s. Lanzingen
Bieber (Spessart: Fluß), Biebertal 462. 559. 2561. 2669
Biebergemünd 3288
Biebergemünd-Bieber
  s. Bieber (Spessart)
Biebergemünd-Kassel
  s. Kassel (Main-Kinzig-Kr.)
Biebergemünd-Lanzingen
  s. Lanzingen
Biebergemünd-Wirtheim
  s. Wirtheim
Biebergrund (Spessart) 4495
Bieberstein (Schloß) 5105
Biebertal (Kr. Gießen) 6361 f.
Biebertal (Kr. Gießen)-Fellingshausen
  s. Fellingshausen

Biebertal (Kr. Gießen)-Königsberg
  s. Königsberg (Kr. Gießen)
Biebertal (Kr. Gießen)-Rodheim
  s. Rodheim-Bieber
Biebertal (Spessart)
  s. Bieber (Spessart: Fluß)
Biebertalbahn (Kr. Gießen)   3175
Biebesheim   523. 2831
Biebrich
  – Archäologie   428. 623. 6513
  – Biographien   4469. 4471 f. 4587
  – Brandschutz   1790
  – Gaststätten   3289
  – Geschichte   3501–3505. 4239
  – Henkell, Sektkellereien   2390
  – Industrie   2921
  – Kathol. Gemeindezentrum St. Hedwig   4946
  – Kolpingfamilie   7340
  – Landschaftsplanung   2539
  – Marienkirche   5106 f.
  – Römerzeit   623
  – Tennisclub Grün-Weiß   7223
  – Wappen   7655
Biebrich (Schloß)   6654 f.
Biebricher, Rolf   5965
Biedenkopf (Kr., Raum)
  s. Hinterland
Biedenkopf (Stadt)
  – Ansichten   6188
  – Auswanderung   1664
  – Familienkunde   4327. 4534
  – Geschichte   3506 f.
  – Gewerbe   2788 f.
  – Hospital   1950
  – u. Keppel (Stift)   4757
  – Stadtkirche   5108
Biedermeier   1099. 6087
Biehn, Heinz   6631
Bielhausen-Oberbiel
  s. Oberbiel
Bier, August   1882
Bier
  s. Brauer
Bierstadt
  – Beschreibung   3508
  – Brandschutz   1791
  – Geschichte   1791. 3509. 7224
  – Kindereinrichtungen   2040 f.
  – Kirche   5109 f.
  – Radfahr-Club (1900)   7224
  – Theodor-Fliedner-Schule   5552

  – Wappen   7658
  – Wartturm   1309
Bildbände   228 f. 237. 253 f. 262. 274. 291–293. 295. 305. 307. 309 f. 342. 3459. 3468. 3483. 3517. 3546. 3564. 3588. 3605 f. 3611. 3641. 3643–3647. 3649. 3747 f. 3773 f. 3786. 3792 f. 3815. 3818. 3830. 3847. 3876. 3914. 3917. 3923a. 3935. 3947. 3950–3954. 3973–3975. 4052. 4061–4066. 4101. 4107. 4110. 4112. 4127. 4136–4140. 4190. 4231. 4236. 4261 f. 4275. 4282. 5946. 6177–6193. 6196. 6214. 6230. 6241. 6243. 6258. 6269. 6283. 6289. 6300. 6535. 6538 f. 6558. 6645. 6888. 7204
Bildende Kunst
  s. Kunst, Bildende
Bildhauer, Bildschnitzer   4741. 5122. 5644. 6315–6330, 6379
Bildnis, Porträtmalerei   948. 1084. 1889. 4528 f. 5667. 6020. 6075 f. 6210. 6261. 6297 f. 6328. 6369. 6404
Bildstellen   5443 f.
Bildstöcke   4686. 6307 f.
Bildungswesen   913. 5422–5810
Bilhildis (Heilige)   4779
Bimbach   5884
Bindseil, Walter   2504
Bingen, Hildegard v.
  s. Hildegard v. Bingen
Bingen (Kr.)
  s. Binger Land
Bingen (Stadt)
  – Amtshaus   6811
  – Arbeitsverhältnisse   1713
  – Archäologie   429. 563. 604 f. 626 f. 676. 689
  – Baudenkmäler   6543 f.
  – Bismarck-Denkmal   6313
  – Brände   1792
  – Brunnen   6756 f.
  – Energiewirtschaft   3070
  – Familienkunde   4505
  – Freidhof   3516
  – Friedhöfe   4588
  – Geschichte   3510–3515. 4630
  – u. Goethe   6005
  – Heimatfreunde   125 f.
  – Heimatmuseum   6363 f.
  – Inflation (1920–1923)   7721
  – Kapuzinerkirche   5111
  – u. Mozart   7175
  – Münzstätte   7717–7720

- Name 5885
- Post 3231
- Rheinfähre 3327
- Rochuskapelle, Rochusberg 5112–5114. 6005
- Römerzeit 604 f. 626 f. 676. 689
- Sozialdemokratie 3515
- Stift St. Martin 4712
- Verkehr 3159. 3231
- Wirtschaft 2712

Bingen-Bingerbrück
  s. Bingerbrück
Bingen-Büdesheim
  s. Büdesheim (Bingen)
Bingen-Gaulsheim
  s. Gaulsheim
Bingen-Kempten
  s. Kempten (Bingen)
Bingenheim 6101
Binger Land 624 f. 675. 1022 f. 4630. 7721
Binger Loch 3336 f.
  s. a. Mäuseturm
Binger Wald 682
Bingerbrück 1536. 1793. 6039
  s. a. Rupertsberg
Binnenkolonisation 2105 f.
Biographische Sammelwerke 4295–4298. 4334. 4802
Birkenau 3517
Birkenau-Löhrbach
  s. Löhrbach
Birkenau (Pfarrei) 4328
Birkenauer (Familie) 4538
Birkenbringhausen 5039
Birnbach (Westerwald) 5115
  s. a. Hottenseifen (Wü.)
Birstein 78. 3518
Birstein-Kirchbracht
  s. Kirchbracht
Bischhausen (Werra-Meißner-Kr.) 2198
Bischofshausen, Sophie v. 1685
Bischofsheim (Kr. Gr.-Gerau) 4959
Bischofsheim (Main-Kinzig-Kr.) 1603. 3519
Bischofskonferenzen 4692. 4695
Biskirchen 2545
Bismarck, Otto Fürst v. 4693. 6313
Bissenberg 3520
Bistümer 726. 741. 744
Blake, William 6406
Blankenheim 3521
Blankenstein (Schloß) 854
Blasbach 3522. 7209

Blaum, Kurt 3422
Blechwarenfabriken 2966
Bleibaum, Friedrich 6593
Bleibergbau 3029. 3035–3037
Bleibeskopf 524 f.
Bleichenbach 526
Bleidenstadt 3523 f. 7053. 7225
Blieskastel (Herrschaft) 2866
Blitzenrod 2798
Blücher, Gebhard Leberecht v. 1415 f. 5030
Blum, Robert 1194
Bobstadt 3525
Bochum 3017
Bock (Familie) 4566a
Bock, Gustav (Sammlung) 6450
Bockenheim 1955. 2012. 3526–3528
Bockius, Fritz 4463
Bode, Arnold 6211
Bodelschwingh, Ernst v. 4448
Bodenhausen (Gut im Warmetal) 2259
Bodenheim 1502
Bodenkunde 2673
Bodenreform 1729
Bodenstein [b. Villmar] 803
Böddiger 7054
Böhmen 4641
Böhmer, Kurt 141
Boehringer, Robert 5973
Bördenlandschaften 482
Börne, Ludwig 1155. 6002
Börner, Holger 1266
Börsen 2894 f.
Bösken, Franz 141. 5368
Böttger, Klaus 6212
Böttgersteinzeug 6459
Bohris (Familie) 4463a
Bolanden (Herrschaft) 1030 f.
Bolanden (Haus) 966
Bommersheim 2101. 3529. 5713
Bonames 986. 3530. 5116. 7226
Bonaventura v. Bagnorea 4672
Bonifatius 754. 4623–4625
Bonifatiuskreuz, Bonifatiusstein 1460 f. 1472
Bonn 3667
Bonorando, Johann Jacob a 4881
Bonsweiher 1503
Borchers, Elisabeth 5960
Borken (Raum) 2307
Borken (Stadt) 3531
Borken-Großenenglis
  s. Großenenglis

Borken-Singlis
  s. Singlis
Bornheim (Frankfurt, Main)   3707. 4960.
  7519
Botanik   4835
Botanische Gärten   5642 f.
Both, Wolf von   29
Bott, Heinrich   148
Bott, Richard   6443
Bottendorf   1377. 5117
  s. a. Wolkersdorf
Boyneburg   769. 1700
Bozzini, Philipp   1883
Braach   767. 4473
Brabant   1774 f.
Brache   2343. 2488
Brachttal-Schlierbach
  s. Schlierbach (Main-Kinzig-Kr.)
Brachttal-Spielberg
  s. Spielberg
Brachttal-Streitberg
  s. Streitberg
Brände, Brandschutz   1777–1849. 3529.
  5309
Branchenverzeichnisse
  s. Firmenverzeichnisse
Brand (Rhön)   3532
Branda, Kardinal   4650
Brandenburg (Markgrsch., Kft.)   1645
  – Albrecht v., Eb. v. Mainz   4649.
  4836. 7013
Brandenstein (Burg)   6656
Brandes, Irma   5965
Brandmaus   2593 f.
Brandoberndorf   2457. 2546. 5942
Brandschutz
  s. Brände
Brandversicherung   1780. 1806. 1825
Branntwein   1728
Brasilien   951–953. 1683. 7198 f.
Braubach   564. 1504. 3533 f. 6513
Brauchtum   1450 f. 3445. 7229. 7474.
  7476 f. 7479. 7501. 7508–7551. 7600.
  7625
Brauer   2757–2764
Braun, Bernd   1884
Braun, Ferdinand   4464
Braun, Karl   5620. 7406
Braun, Rudolf (Sammlung)   6459
Braun-Elwert (Verlag)   7430
Braunfels (Schloß)   6365. 6657
Braunfels (Stadt)   127. 565. 4430

Braunfels-Tiefenbach
  s. Tiefenbach
Braunfelser Wald   2626
Braunkohlenbergbau   2493–2496. 2498.
  3043 f. 3046–3048. 3050
Braunschweig (Herzogtum)   2195
Braunschweig (Stadt)   3959
Braunsen   2196
Braunstein-Nordeck
  s. Nordeck
Brechen   3535
Brechen-Oberbrechen
  s. Oberbrechen
Breckenheim   3536. 7227–7229. 7660
Brede, Albrecht   7154
Bredenhagen (Familie)
  s. Fredenhagen (Familie)
Breidenbach   5118
Breidenbach-Achenbach
  s. Achenbach
Breidenbacher Grund   7011
Breitenbach, Siegfried v.   5071
Breitenbach (Bebra)   3537
Breitenbach (Lahn-Dill-Kr.)   1794
Breitenbuch   3538
Breitscheid
  – Auswanderung   1648
  – Bergbau   3050
  – Beschreibung   3540
  – Evang. Kirche   5370
  – Geschichte   3539
  – Kohlenmühle   2767
  – Meteorit   3541
  – Pfarrei   4961
  – Schule   5553
  – Steuern   1703 f.
  – Töpferei   6959
  – Walkererde   2788
Breitscheid-Erdbach
  s. Erdbach
Breitscheid-Medenbach
  s. Medenbach (Lahn-Dill-Kr.)
Breitstreifenaltfluren   2211
Bremen   223. 4303. 4740
Bremerhaven-Lehe
  s. Lehe
Bremthal   1801. 6514
Bremthal-Niederjosbach
  s. Niederjosbach
Brendel v. Homburg, Daniel, Eb. v. Mainz
  4073
Brennereien   2765
Brensbach   2765

Brentano (Familie v.)   4396 f. 5974
Brentano, Bettina v.   6002
Brentano, Clemens v.   5975. 6002. 6031
Bretthausen (Norken)   7302
Bretzenheim   5119. 6812 f.
Breuberg (Burg)   361. 6658
Breuberg (Herrschaft)   361. 984
Breuberg-Rai-Breitenbach
   s. Rai-Breitenbach
Breudelgabe   7512
Briefmarken
   s. Philatelie
Brinkmann, Rudolf   7466
Brinks, Helmut Wilhelm   5965
Britzen, Angela v.   5965
Brodhäcker, Karl   5976
v. Broglie, Hzg., Marschall   1384
Brombach (Kr. Bergstraße)   495
Brombach (Hochtaunuskr.)   4939
Brombach (Odenwaldkr.: Burg)
   s. Kirch-Brombach (Burg)
Brombachtal-Kirch-Brombach
   s. Kirch-Brombach
Brombachtal-Langen-Brombach
   s. Langen-Brombach
Bronnbach   6414
Bronzezeit   509–543. 6513
Bruchenbrücken   3542
Bruder, Peter   5056
Bruderschaftsverzeichnisse   109
Brück, Anton Philipp   141. 149
Brück, Cornelia   4857
Brück, Heinrich   6525
Brücken   2779. 3151. 3160–3168
Brüler Berg [b. Butzbach]   430
Brüning, Adolf v.   2959
Brützel, Josias Wolrat   6315
Bruhn, Karl   1159
Brune, Heinrich   5674
Brunfels, Otto   4835
Brunnen   660. 3591. 5391. 6530. 6756–6769. 6922
   s. a. Heilquellen
Brunnenburg (Kloster)   4713 f.
Brunnenmuseum   6506 f.
Bruun v. Fulda, Candidus
   s. Candidus
Bubenhäuser Höhe   5953
Bubenheim   3543. 4463
Buber, Martin   5657–5659
Bucer, Martin   4814

Buchdruck   4784. 4823. 5357–5359. 7046. 7372. 7376–7387. 7389. 7408. 7421. 7429. 7431 f.
   s. a. Notendruck
Bucheinband   7375
Buchen   2544
Buchen (Stadt)   7507
Buchenau (Kr. Fulda)   848
Buchenhagen-Guntershausen
   s. Guntershausen
Buchenhagen-Rengershausen
   s. Rengershausen
Buchhändlerschule   5781
Buchhandel, Buchmesse   7375. 7390–7402. 7407. 7424–7426. 7428. 7430. 7432
Buchische Ritterschaft   848
Buchkunst   6146. 6271. 6384. 7388 f.
Buchmalerei, Buchillustrationen   47. 54 f. 64. 188. 5325. 6170–6174. 6217
Buchmann, Gottfried   5977
Buchner (Familie)   4465
Buchner, Philipp Friedrich   6109
Buchonia   5905
Buchschlag   3544
Buchwesen   7372–7435
Budenheim   703. 1407
Büchner, Georg   1111–1115. 5978–5980
Büchner, Ludwig   1134 f.
Bückler, Johannes
   s. Schinderhannes
Büdesheim (Bingen)   2208. 2254. 3545. 5371
Büdesheim (Main-Kinzig-Kr.)   1872
Büdingen, Herren v.   3579
   s. a. Isenburg-Büdingen (Haus)
Büdingen (Kr., Raum)   2308. 2908. 3366
Büdingen (Schloß)
  – Isenburg. Archiv   78
Büdingen (Stadt)
  – Archive   78. 112
  – Baudenkmäler   6545
  – Beschreibung   3546
  – Geschichte   3232
  – Geschichtsverein   128
  – Herrgottskirche   5120
  – Heuson-Museum   6366
  – Industrie   2922
  – Mineralquellen   2049
  – Musik   7046. 7055
  – Österreichischer Erbfolgekrieg   1376
  – Post   3232
  – Stadtarchiv   112
   s. a. Glauberg   s. a. Hardeck (Gemarkung)

Büdingen-Großendorf
s. Großendorf (Büdingen)
Büdingen-Lorbach
s. Lorbach
Büdinger Wald  263. 2458
Bühnenbildner  6270
Bünger, Christian Heinrich  1885
Büraberg [b. Fritzlar]  431 f. 704–706.
 741–746
Bürgeln  6592
Bürgerfamilien  4454–4577
 s. a. Familienkunde
Der Bürgerfreund  7458
Bürgerhaus
 s. Haus
Bürgerinitiativen  6586. 6601. 6611 f.
Bürgermeister  3421. 3895. 4100
Bürgerwehren  1342. 1347. 1349
Bürgerschaftsrecht  1494
Bürgstadt  4679
Bürohandel  2839
Büromaschinen  6388
Bürstadt  566. 1505
Bürstadt-Bobstadt
 s. Bobstadt
Büttelborn  7230
Büttelborn-Worfelden
 s. Worfelden
Büttner, Heinrich  150 f.
Buhl, Franz Peter  5686
Buhlen  470
Bulgarien  4435
Bultmann, Rudolf  5746
Bund der Geister  6117
Bundesarchiv  1073. 1584
Bundesbahn
 s. Eisenbahn
Bundesbaugesetz  3693
Bundeshauptstadt  3667
Bundeskriminalamt  1547
Bundespostmuseum (Frankfurt, Main)  24.
 3235 f.
Bundestagswahlen  1252 f. 3676–3678.
 3866
Bundeswehr  1339 f.
Burbach  6814
Burchard (v. Ziegenhain) I. Bf. v. Worms
 906. 4644
Burek, Vincent  6213
Burg (Lahn-Dill-Kr.)  2488
Burgen  430–432. 518. 524. 559 f. 567.
 698–700. 704–706. 713–715. 726.
 741–749. 757. 776. 778–780. 783. 1042.
 1055. 1367. 1369. 1383. 1439 f. 1463.
 1488. 1692. 1804. 2565. 3030. 3617.
 3717. 3900. 4007. 4151. 4210. 4226.
 4505. 4932. 5135. 5598. 5600. 5888 f.
 5902 f. 6049. 6305. 6451–6454. 6506 f.
 6514. 6520. 6559. 6571 f. 6596.
 6625–6748
 s. a. Schlösser
Burger, Liselotte  5965
Burg-Gemünden  1381
Burg-Gräfenrode  3547
Burghasungen  3548
Burghaun  5121
Burghaun-Rothenkirchen
 s. Rothenkirchen
Burgjoß (Schloß)  6660
Burgkirchen
 s. Schloßkirchen
Burgmannen  4389
Burgoyne, John Fox  6387
Burg-Schwalbach  6514
Burg-Schwalbach (Burg)  6596
Burgwald  272. 401. 747. 1458. 1548
Burgwald (Gemeinde)-Birkenbringhausen
 s. Birkenbringhausen
Burgwald (Gemeinde)-Bottendorf
 s. Bottendorf
Burgwald (Gemeinde)-Ernsthausen
 s. Ernsthausen (Kr. Waldeck-Frankenberg)
Burgwald (Gemeinde)-Wiesenfeld
 s. Wiesenfeld
Burkard, Heinrich  2858
Burschenvereinigungen  7485
Busch (Familie)  2858
Busch, Wilhelm  7345
Buseck-Beuern
 s. Beuern (Kr. Gießen)
Buseck-Trohe
 s. Trohe
Bußstrafrecht
 s. Strafrechtsgeschichte
Buttlarsche Rotte  4315
Butzbach (Raum)  2326
Butzbach (Stadt)
 – Archäologie  671. 678
 – Auswanderung  1640
 – Eisenbahn  3173 f.
 – Geschichte  3549–3553
 – Geschichtsverein  129
 – Römerzeit  671. 678
 – Schriftsteller  5954
 – Stadtgericht  1506–1508

– Stift St. Markus   44
– (Ehem.) Stiftskirche St. Markus
   5122
   s. a. Brüler Berg
Butzbach-Griedel
   s. Griedel
Byzantinisten   5541
Byzanz   6384. 6492

## C

Calvinismus   4823 f. 4847 f.
Camberg (Raum)   7056
Camberg (Stadt)
   – Amtshof   6815
   – Beschreibung   3554 f.
   – Familienkunde   4539
   – Grabstätten   5396
   – Kurort   2050
   – Männergesangverein (1846)   7056
   – Postgeschichte   3233
   – Schachclub   7231
   – Stadtpfarrkirche   5123 f.
   – Taubstummenschule   5554
Camberg-Oberselters
   s. Oberselters
Camberg-Würges
   s. Würges
Camphausen, Ludolf   1158
Candidus (Bruun) v. Fulda   910
Canstein, Carl Hildebrand v.   4928
Capito, Wolfgang Fabricius   4836
Capitulare de villis   737
Cappel (Marburg, Lahn)   3556
Caprana, Käthi   2858
Caritas   2005
Carl
   s. Karl
Carlsdorf   1762
Caroline Lgrn. v. Hessen-Darmstadt   4415
Caroline Louise Markgrn. v. Baden   6093
Carve, Thomas   7200
Caspari, Hermann   1582
Castritius, Matthias   4466
Catholicon   7380–7383
Celsus, Titus Flavius   6513
Charlotte Sophia Auguste Grn. v. Sayn-Wittgenstein-Sayn, Grn. v. Wied-Runkel   990. 7713
Chatten   701. 706. 710

Chausseen
   s. Fernstraßen
Chelius (Familie)
   s. Giel (Familie)
Chemie   5791
Chemische Industrie   1715. 2923. 2925 f.
   2933 f. 2950. 2952–2961. 2983
   s. a. Pharmazie
Chile   1684 f.
Chinin   1932
Chöre
   s. Musik
Choral
   s. Kirchenmusik
Chorgesang
   s. a. Kirchenmusik
   s. a. Musik
Christdemokratie   3668
Christenberg   567. 747–749
Christian Ludwig Gr. v. Wied-Runkel   990. 7713
Christiane Charlotte Lgrn. v. Hessen-Homburg   869
Christine Kgn. v. Schweden   3902
Chronica Fuldensis   908
Chronicon Moguntinum   800
Chroniken   800. 908. 1377–1379. 4347
Chur, Siegfried [v. Breitenbach bzw. v. Gelnhausen] Bf. v.   5071
Classen, Johannes   5541
Cleeberg   2178. 2572. 3557. 5916
Clementia, Grn. v. Luxemburg-Gleiberg   805
Clemm, Ludwig   73 f.
Clewing, Fritz   5362
Cochläus, Johannes   4837
Code Napoléon   1441 f.
Cölbe   3971
Cölbe-Bürgeln
   s. Bürgeln
Colmar, Ludwig, Bf. v. Mainz   4689
Conrad v. Hattstein   1018
Contz, Peter   1550
Cooke-Lambert, George   6214
Corinth, Lovis   1889
Cornberg (Kloster)   4715–4717
Cornberg-Rockensüß
   s. Rockensüß
Cornelius, Peter   3962, 7155–7160
Corvey (Kloster)   4750
Cotthen (Wü. b. Garbenteich)   2220
Cramer, Ludwig Wilhelm   6013
Crato, Johannes   7387

Crépy  4882
Creter, Fritz  5981
Cretzschmar, Otto  5030
Creuzer, Friedrich  6031
Crispinus, Leonhardus  4838
Cronberg, Herren v.
  s. Kronberg, Herren v.
Cronstetten, Justina Katharina Steffan v.
  1986. 5399
Crumstadt  2111
Cüppers, Curt  1886
Cunz, Johann Justus  4958
Cyperrek, Rudolf  5965


D

Daaden
 – Familienkunde  4533. 4542. 4549
 – Geschichte  3558 f.
 – Kirche  5125–5127
 – Kirchengemeinde  4962
 – Türen  6816
 – Wetterfahnen  6796
Daaden (Kirchspiel)  5555
Dachreiter  6794 f.
Dachstube (Zeitschrift)  5955 f.
Dachziegel  6798
Dalberg (Haus)
  s. a. Kämmerer v. Worms
Dalberg, Emmerich Joseph v.  4398
Dalberg, Karl Theodor v.  1078. 5493
Dalberg (Herrschaft)  1579
Dalwigk, Reinhard Frhr. v.  1126
Dalwigksthal  6660a
Dammann, Ortrun  6947
Dammühle (Wehrshausen, Kr. Marburg-Biedenkopf)  4384
Daniel Brendel v. Homburg
  s. Mainz (Erzbischöfe)
Dannenrod  2260
  s. a. Finkenhain (Wü.)
Darmstadt (Amt)  2213
Darmstadt (Raum, Kr.)
 – Archäologie  707
 – Hochschulregion  5639
 – Kreisverwaltung  3367
 – Österreichischer Erbfolgekrieg  1375
 – Regionalplanung  2173
 – Wirtschaft  2720
Darmstadt (Schloß)  6391

Darmstadt (Stadt)
 – Archäologie  466. 474. 496. 527
 – Archive  73–84
 – Banken, Sparkassen  2873, 2881 f.
 – Baudenkmäler  6546
 – Beschreibung  3561–3568
 – Bibliographie  3560
 – Bibliotheken  14. 45–49. 4666. 6136
 – Bildstellen  5444
 – Botanischer Garten  5642 f.
 – Denkmal Ghzg Ludwigs I.  1137
 – Deutsche Buchgemeinschaft  7404
 – Elisabethenstift  4901
 – Energiewirtschaft  3071. 3073
 – Evang. Stadtkirche  5350
 – Evang. Südostgemeinde  4963
 – Fachhochschule  5775 f.
 – Familienkunde  4466. 4502
 – Flurnamen  5917
 – Geschichte  1216. 3564 f. 3569. 6149
 – Handel  2832
 – Handwerkskammer  2736
 – Hauptbahnhof  6818
 – Industrie  2923–2927
 – Institut für Naturschutz  2484
 – Jugendarbeit, Kinderarbeit
   2036. 2042
 – Keramik  6960
 – Kommunalpolitik  3570–3572
 – Kriminalfälle  1549
 – Kunstgeschichte  6145–6158. 7388
 – Kunstverein  6148. 6157 f.
 – Landes- u. Hochschulbibliothek  45–49. 4666. 6136
 – Landesmuseum  6168. 6338 f. 6367–6390
 – u. Lichtenberg, Georg Christoph  6074
 – [in d.] Literatur  6081
 – Ludwigskirche  5128
 – Martinsviertel  3573 f.
 – Mathildenhöhe  6145–6156. 7388
 – Mundart  5856 f.
 – Mundartstücke  7020
 – Museen  6338 f. 6367–6392
 – Museumsbahn  6392
 – Musik  7057 f.
 – Nachbarschaftsheime  1998
 – Nationalsozialismus  1216
 – Naturschutz  2541
 – Neu-Kranichstein  2102. 3575
 – Nungesser KG  2338
 – Pädagog  5557 f.

- Posse 6051. 6087 f.
- Reiseführer 337
- Russische Kapelle 5129
- Schule für Schauspielkunst 5777
- Schulen 5556–5562, 5775–5777
- Seminar Marienhöhe 5561
- Senioreneinrichtungen 2024 f.
- Sozialgeographie, Sozialgeschichte 1608. 6150
- Sport 7232–7234
- Staatliche Betriebskrankenkasse 1716
- Staatsarchiv 73–84. 1659
- Stadtarchiv 76
- Stadtbücherei 14
- Stadtpläne 362
- Stadtplanung 3573–3575
- Statistik 3563
- Technische Hochschule 5500. 5641–5647a
- Theater(geschichte) 7017–7020
- Tunnel Wilhelminenstraße 3155a
- Umweltschutz 2541
- Verbindungen, studentische 5645–5647a
- Verkehr 3155
- Wälder 6391
- Wirtschaft 2719. 2832. 2873. 2881 f. 2923–2927
- Wissenschaftliche Buchgesellschaft 7405
- Wohnverhältnisse 1731 f.
- Zeitschriften 5955 f.

Darmstadt-Bessungen
  s. Bessungen
Darmstadt-Eberstadt
  s. Eberstadt
Darmstadt-Wixhausen
  s. Wixhausen
Darren
  s. a. Samendarren
Darsberg 7623
Dasbach (Familie) 4467
Dasbach, Georg Friedrich 5057
Dasbach 6514
Daseburg 528
Dasypodius (Familie)
  s. Hasenfuß (Familie)
Datenverarbeitung
  s. Elektronische Datenverarbeitung
Dattenbachtal 2547
Datterode 3576
Daubeny, Peter 7042
Daubhausen 4872 f.
Daubringen 497
Daudistel (Familie) 4468
Dausenau 5130
Dautenheim 4718
Dautphetal-Silberg
  s. Silberg
Dea Candida 672
Decapoden 6519
Dehrn 3577. 7059
Dehrn (Schloß) 3577. 7059
Deinhard, Doris 5965
Deisenroth, Karl A. 2080
Dekurionen 591
Delkenheim 1795. 7661
Delp, Alfred 1224
Demeter, Karl 152
Demographie, historische
  s. Bevölkerungsgeschichte
Demokraten, Demokratische Partei 1088–1090. 1155. 1190–1192
  s. a. Antidemokratische Bewegungen
Denfeld, Heinrich 153
Denkmäler 600–607. 803. 835. 6016. 6311–6314. 6414. 6514
  s. a. Flurdenkmäler
  s. a. Kriegerdenkmäler
  s. a. Rechtsdenkmäler
Denkmalpflege 393 f. 1455. 2483. 2774. 3147. 3692. 4755. 4782. 5081. 5083. 5085. 5098. 5101. 5111. 5123. 5143. 5174. 5193. 5199 f. 5205. 5209. 5256 f. 5260. 5277. 5286. 5295. 5317. 5322. 6273. 6341. 6575–6624. 6684. 6690 f. 6885. 6890. 6905. 6913–6915. 7594
  s. a. Fachwerk
Dens 2500
Deppert (Familie) 7664
De Riz, Barbara 6947
Derleth, Ludwig 5982
Dermbach, Balthasar v., Abt v. Fulda 917
Dermbach 6547
Dernbach (Westerwaldkr.) 4719 f.
Dernbacher Fehde 936
Dernburg, Heinrich 1583
Desenberg 529
Deserteure 1318
Design 6989
Desper (Wü. b. Ransbach-Baumbach) 2221
Dettin, Klara 7339
Deusing, Anneliese 6215
Deutsche Demokratische Republik 2678

Deutsche Frage, Deutscher Bund  1154.
  1158 f. 1483. 1595
Deutsche Lebens-Rettungs-Gesellschaft
  2019–2021
Deutscher Alpenverein (Hanau)  7213
Deutscher Orden  4802–4807
Deutscher Streifenfarn  2571
Deutsches Reich
  s. Reich, deutsches
Deutsches Rotes Kreuz  1948. 2016–2018
Deutsch-Französischer Krieg (1870/71)
  1422 f.
Diakonie  1955. 2007. 2012–2015. 4901.
  6853
Dialekt
  s. Mundart
Diamant-Börse  2895
Dichter
  s. Schriftsteller
Dichtung
  s. Literatur
Dickschied  6819
Diebe  1561 f.
Dieburg, Heinrich v.  7668
Dieburg (Kr., Raum)  1459. 2309
Dieburg (Mark)  2179 f.
Dieburg (Stadt)
  – Archäologie  591
  – Beschreibung  4721
  – Geschichte  3578 f.
  – Kath. Gemeindezentrum St. Wolfgang
    6940
  – Kath. Pfarrei St. Peter u. Paul  4964
  – Kellerscher Männergesangverein
    7060
  – Klöster  4721
  – Römerzeit  591
  – Sparkasse  2883
Diedenbergen  5394. 5918. 7641 f.
Dieffenbach, Ernst  1887. 5678
Diehl, Johann Christoph  5508
Diekenbach (Wü. b. Staufenberg)  6674
Dielmann, Karl  154
Dielmann, Karl  154
Diels, Hermann  4469
Diemel(gebiet)  235. 1010. 7602
Diemelsee-Adorf
  s. Adorf
Diemelsee-Flechtdorf
  s. Flechtdorf
Diemelsee (Naturpark)  3030
Diemelstadt  3580
Diemelstadt-Rhoden
  s. Rhoden
Dienenthal (Familie)  4470
Dienstleistungen, bäuerliche  1694–1696.
  2435. 3128
Dienstvertragsrecht  1497
Dientzenhofer, Johann  5105. 5121
Dierdorf  6242
Diesterweg, Adolf  5509
Dietenberger, Johannes  4728
Dietesheim  1297. 4001
Dietrich v. Fürstenberg. Bf. v. Paderborn
  4653
Dietrich Schenk v. Erbach
  s. Mainz (Erzbischöfe)
Dietz (Familie)  4538
Dietz, Johann Franz Theodor  5058
Dietzenbach (Raum)  2310
Dietzenbach (Stadt)  3581. 5131 f. 6300
Dietzhölze  280–288. 2868. 3733. 7069
Dietzhölztal-Ewersbach
  s. Ewersbach
Dietzhölztal-Mandeln
  s. Mandeln
Dietzhölztal-Steinbrücken
  s. Steinbrücken
Diez (Grsch.)  89
Diez (Stadt)  2531. 3582. 4861. 5564
  s. a. Oranienstein (Schloß)
Dillenburg (Amt)  3130
Dillenburg (Burg)  6661–6663
Dillenburg (Raum)  2575
Dillenburg (Renteibezirk)  2768
Dillenburg (Stadt)
  – Ansichten  6226
  – Bahnbetriebswerk  3177
  – Brandschutz  1796
  – Evang. Stadtkirche  5373. 5397
  – Fachwerk  6821 f.
  – Familienkunde  4329. 4491
  – Gestüt  6820
  – Glaubensflüchtlinge  4861
  – Orangerie  6751
  – Sagen  7610
  – u. Sieg-Departement  1075 f.
  – Tiefbauten  6530
  – Waisenhaus  1983
  – Zehnte  1697
  s. a. Feldbach (Wü.)
Dillenburg-Fronhausen
  s. Frohnhausen (Lahn-Dill-Kr.)
Dillenburg-Niederscheld
  s. Niederscheld

Dillgebiet, Dillkreis
- Agrarstrukturplanung 2311
- Archäologie 402
- Auswanderung 1639
- Brauchtum 7549
- Brücken 3160
- Dachreiter 6795
- DLRG 2019
- Fauna 2596. 2598
- Flora 2573
- Grenze 2188
- Hauberge 2449
- Kanzeln 7008
- Kirchen 5090
- Landeskunde 280-289
- Mundart 5841 f. 7572
- Regionalplanung 2128
- Schulsport 5478
- Schutzhecken 2567
- Trüffeljagd 2454
- Verkehr 3126-3135. 3160
- Wirtschaftsgeschichte 2816

Dillstraße 3134
Dilthey, Wilhelm 4471 f.
Dingeldey, Eduard 1584
Dingstätten 497
Dintesheim 3583
Dodiko, Gr. 1010
Döring, Lothar 155
Dörnberg, Freiherren v. 4308
Dörnberg, Hans v. 857
Dörnberg, Wilhelm v. 1411
Dörnberg 7235
Dörnigheim 1603
Dörröfen 2754
Döscher (Familie) 4301
Domänen 95
Dombrowski, Laurentia 4736
Dominikaner 4728. 5122
Donate 7385
Donau(gebiet) 554. 585. 3325. 3340-3346. 3431
Donnersberg (Département) 1404
Donnersberg (Fraktion in d. Nationalversammlung 1848/49) 1191 f.
v. Donop (Regiment im Amerikan. Unabhängigkeitskrieg) 1394
Dorchheim 5133
Dorfbefestigungen 1303
Dorfgemeinschaftshäuser
s. Bürgerhäuser
Dorfheiligen (Familie) 4473

Dorfordnungen 1500. 1503. 1515. 1520. 1528. 1531
Dorfsanierung
s. Sanierung
Dorheim (Wetteraukr.) 3584
Dorlar 3585. 4965
Dornbach 2465
Dornbacher Hof (Springen) 4518
Dornberg (Amt) 1036. 2759
Dornberg (Schloß) 6251
Dornbruch (Siegerland) 1488
Dornburg-Thalheim
s. Thalheim
Dornholzhausen (Kr. Gießen) 530
Dornholzhausen (Hochtaunuskr.) 3586. 4357. 4874 f.
Dortelweil 4494. 5599
Dostojewski, Feodor Michailowitsch 5983
Dottenfelder Hof (b. Bad Vilbel) 2261
Dotzheim
- Evang. Gemeindezentrum Schelmengraben 4966
- Industrie 2928
- Kathol. Kirche Mariä Heimsuchung 5134
- Landschaftsplanung 2539
- Sängervereinigung Sängerlust Arion 7061
- Wappen 7656

Drais von Sauerbronn, Karl Friedrich Frhr. 4399
Drais 7062
Dregger, Adolf 1255
Dreieich-Buchschlag
s. Buchschlag
Dreieich-Dreieichenhain
s. Dreieichenhain
Dreieich-Götzenhain
s. Götzenhain
Dreieich-Sprendlingen
s. Sprendlingen (Kr. Offenbach)
Dreieichenhain
s. a. Hagen (Dreieichenhain: Burg)
Dreieichenhain
- Adreßbuch 3587
- Beschreibung 3588
- Burgkirche 5135
- Fachwerk 6823
- Kirchengemeinden 4967 f.
- [in d.] Literatur 5981
- Schriftsteller 5957

Dreihausen
s. a. Höfe

Dreikönigsbild  6166, 6365
Dreisbach  2571
Dreißigjähriger Krieg  1358–1372. 7113
Driedorf
   s. a. Fudenhausen (Wü.)
Driedorf  6961
Driedorf-Roth
   s. Roth (Driedorf)
Driedorf-Waldaubach
   s. Waldaubach
Drogensucht  2038
Droysen, Johann Gustav  1195
Drucker, Druckereien
   s. Buchdruck
Druckgraphik
   s. Graphik
Druckindustrie  2979
Druida, Michael  5984
Dryander, Johannes  5747
Dryanderin, Martha Elisabeth  4474
Du-Bass-Rhin (Departement)  1024
Dünzebach  4330
Dünzebach (Familie)  4474a
Dürr, Franz Anton  5711
Duisburg  2965
Du Mesnil de Rochemont, René  1888
Du Thil
   s. Thil
Dynastenwappen  7638

E

Eberbach (Kloster)  15. 2355. 4722–4724. 5136
Eberhart, Hermann  5510
Ebernburg  102. 6664
Ebersbach (Amt, Gericht)
– Abgaben  1700
– Brandschutz  1797
– Geschichte  1037. 7069
– Güterverkäufe  1535
– Hauberge  2448
– Köhlerei  3049
– Wirtschaft  2790. 3049
Ebersbach (Ort)  5046
   s. a. Bergebersbach
Ebersbach (Pfarrei)  4915–4917
Ebersbacher Forst  2415
Ebersburg-Altenhof
   s. Altenhof (Rhön)
Ebersburg-Thalau
   s. Thalau

Ebersheim  4797
Eberstadt (Darmstadt)
– Archäologie  707
– Arnsburger Hof  4709
– Brandschutz  1798
– Geschichte  5958
– Industrie  2929
– Literatur  5958
– Neubaugebiet Nordwest  2102
– Spielmannszüge  7063
Ebhardt, Bodo  6924 f.
Ebrard de Casquet, Jacob  2784
Ebsdorfergrund-Dreihausen
   s. Dreihausen
Ebsdorfergrund-Rauischholzhausen
   s. Rauischholzhausen
Echter von Mespelbrunn (Familie)  856
– Julius, Bf. v. Würzburg  917
Echternach (Abtei)  46
Echzell  531. 584. 3589. 7064
Echzell-Bingenheim
   s. Bingenheim
Eckweisbach  916. 4510
Edelkastanien  2339 f.
Eder(gebiet)
– Archäologie  545. 743
– Beschreibung  244
– Blei  3029
– Brücken  3161
– Münzwesen  7685. 7689
Edermünde-Besse
   s. Besse
Edermünde-Grifte
   s. Grifte
Edermünde-Haldorf
   s. Haldorf
Edersee  2640
Edertal-Bergheim
   s. Bergheim (Kr. Waldeck-Frankenberg)
Edertal-Buhlen
   s. Buhlen
Edertalsperre  1431
Edinger, Ludwig  1889
Eduard Schick, Bf. v. Fulda  4699
Eduardsthal
   s. Galmbach
Efzetal  2769
Egelsbach  7643
Egelsee, Wilhelm Sebastian  1366
Egenolff, Christian  7046
Egenroth
   s. a. Altenberg-Egenroth (Kirchspiel)
Ehemann, Wolfgang  3193

Eherecht 1537 f. 1546
Ehlen 3590
Ehlhalten 1801
Ehrenfels (Burg) 4505
Ehrenthal (Kloster) 6571
Ehrenzeichen
 s. Orden
Ehringshausen (Lahn-Dill-Kr.) 2884
Ehringshausen (Lahn-Dill-Kr.)-Breitenbach
 s. Breitenbach (Lahn-Dill-Kr.)
Ehringshausen (Lahn-Dill-Kr.)-Daubhausen
 s. Daubhausen
Ehringshausen (Lahn-Dill-Kr.)-Dreisbach
 s. Dreisbach
Ehringshausen (Lahn-Dill-Kr.)-Greifenthal
 s. Greifenthal
Ehringshausen (Lahn-Dill-Kr.)-Kölschhausen
 s. Kölschhausen
Ehringshausen (Vogelsbergkr.)
 s. a. Heinzemann
Ehrverletzungsklagen 1477
Ehses, Edgar Friedrich 6216
Eibelshausen
 – Geschichte 7065
 – Güter 2262
 – Kirche 5137 f.
 – Kirchengemeinde 4969. 5046. 5137
 – Männergesangverein Liederkranz
   (1884) 7065
 – Straßenbau 3135
Eiben 2554
Eibingen
 s. a. Nothgottes (Rheingau)
Eibingen 7066
Eichelsdorf 5139
Eichen 2547. 2550. 2552
Eichen (Hof b. Freudenberg) 2255
Eichenberg 3591
Eichenzell 3592 f.
 s. a. Fasanerie (Schloß)
Eichhof (Schloß u. Gut b. Hersfeld) 2262a.
 2344. 6665
Eichner, Ernst Dietrich Adolph 7046
Eickemeyer, Rudolf 5712
Eierkäse 7497
Eifel 318 f. 2715
Einfuhr 2824
Eingemeindungen 3490–3492. 3823.
 4029. 4045. 4128. 4151. 4239 f.
Einhard 4631–4635
Einkaufsgewohnheiten 2846
Einkaufszentren 1747. 2829. 2835 f.

Einkommensteuer 1707
Einrich 266 f.
Einsiedler 4666. 4833
Einwanderung
 s. a. Glaubensflüchtlinge
Einwanderung 1686–1690. 4558
Einwohnerlisten 4312. 4314. 4317. 4322.
 4324. 4327 f. 4351. 4356. 4368. 4373.
 4381
 s. a. Kirchenbücher
Einzelhandel 2826
Eisbehälter 6755
Eisemroth-Oberndorf
 s. Oberndorf (Dillkr.)
Eisenbahn 3162. 3167. 3169–3194. 6392
Eisenberg (b. Korbach) 3030 f.
Eisengewinnung 2994–3028
Eisenhandel 2856. 2860
Eisenkunstguß 6420. 7003–7007
Eisenverhüttung, Eisenhämmer, Eisenindustrie 553. 2784. 2981. 2995–3000. 3002–3004. 3006 f. 3015. 3026.
 4287
 s. a. Schmieden
Eisenzeit 544–582. 6513
Eisermann, Johann
 s. Ferrarius, Johannes
Eisern 3007
Eiserne Hand 3137 f.
Eiskeller 3915
Eiterfeld (Pfarrei) 4828
Eiterfeld (Raum) 2142
Eiterfeld-Buchenau
 s. Buchenau (Kr. Fulda)
Elbtal-Dorchheim
 s. Dorchheim
Elektrizität
 s. a. Stromversorgung
Elektroindustrie 2967
Elektronische Datenverarbeitung 70 f. 87.
 1619. 3423. 5441
Elfenbeinschnitzerei 6384. 6389. 6393.
 7010
Elisabeth v. Thüringen 1978. 4661–4665
Elkerhausen, Georg Wilhelm v. 4400
Ellwangen (Jagst: Fürstpropstei) 1021
Elm
 s. a. Brandenstein (Burg)
Elpenrod 1799. 3594
Elsaß 965. 988. 3220
Elsheimer, Adam 6217
Eltern-Kind-Gruppen 5596

Orts-, Personen- und Sachregister 653

Eltville 750. 3143–3147. 3182. 6306.
  7382
Eltville-Rauenthal
  s. Rauenthal
Elz 6824. 7067
Emde, Carl 5965. 5985
Emhilt von Milz 730
Emichonen 1440
Emigration
  s. a. Auswanderung
  s. a. Einwanderung
  s. a. Flüchtlinge
Emmerich v. Kemel 4704
Emmerich (Familie) 7664
Emmerling, Ernst 156
Emmershausen 1800
Empirestil 6544
Ems, Bad
  – Ansichten 6189
  – Baudenkmäler 6548 f.
  – Geschichte 3595 f.
  – Goethe-Gymnasium 5565
  – Heilquellen, Kurort 2051 f
  – Musik 7068
  – Naturkunde 2532
  – Russische Kapelle 5140
  – Stadtjubiläum 3437
Emstal 3597
Emstal-Balhorn
  s. Balhorn
Emstal-Merxhausen
  s. Merxhausen
Emstal-Riede
  s. Riede
Emstal-Sand
  s. Sand (Emstal)
Endbach, Bad 1951. 2770. 4970
Endbach-Hartenrod, Bad
  s. Hartenrod (Kr. Marburg-Biedenkopf)
Endbach-Wommelshausen, Bad
  s. Wommelshausen
Energiewirtschaft 3066–3078
Engelbert II. Gr. v. Nassau-Dillenburg
  6172
Engelhardt, Rudolf 157 f.
Engelrod (Amt) 1763
Engels, Friedrich 1120
Engenhahn 3598
Engersgau 2094
Engert, Ernst Moritz 7014
England 4819
England
  – Viktoria Kgn. 1139–1141

Englische Kirchen 5315
Episteldichtung 6108 f.
Eppelsheim 5141
Eppenberg (Stift und Kartause) 4725
Eppenhain 1801. 3599
Eppertshausen 6956. 7236
Eppstein (Amt) 1801
Eppstein (Haus) 982. 4498
Eppstein-Königstein (Haus)
  – Anna v. 983
Eppstein (Stadt) 1801. 4971
Eppstein-Bremthal
  s. Bremthal
Eppstein-Ehlhalten
  s. Ehlhalten
Eppstein-Niederjosbach
  s. Niederjosbach
Epterode 3053
Erbach, Christian 7161
Erbach, Schenk v. (Familie) 7675
Erbach (Odenwald: Grsch.) 984 f.
Erbach (Odenwald: Haus)
  – Franz I. Gr. v. 985
Erbach (Odenwald: Kr.) 3284. 3368. 4589
Erbach (Odenwald: Stadt)
  – Altstadtsanierung 3602
  – Archiv für Heimatpflege 16
  – Dachziegel 6798
  – Denkmalpflege 6610 f.
  – Deutsches Elfenbeinmuseum 6393
  – Familienkunde 4457. 4500
  – Geschichte 3600 f.
  – Hess. Elektrizitäts AG. 3072
  – Krankenhaus 1952
  – Mundart/Texte 7589
  – Name 5886
  – Volkshumor 7589
  – Zeitungen 7438
Erbach (Rheingau) 3290. 7237
Erbe (Familie) 4475
Erbenheim 3266. 7238. 7658
Erbslöh, Friedrich 5679
Erdbach 2804. 6962
Erden
  s. Steine u. Erden
Erdsterne 2572
Eremiten
  s. Einsiedler
Eremiten-Presse 7431
Erfinder 4500
Erfurt (Stadt) 903
Erfurt (Universität) 4834

Erholungsgebiete, Erholungsplanung 2496.
2510. 2524. 2542 f. 3272. 3281. 3286
Erkenbert v. Worms 4666
Erkshausen 3603
Erkshausen (Burg) 6666
Erlanger, Carlo v. (Sammlung) 6467
Erlensee-Rückingen
   s. Rückingen
Erler, Fritz 6218
Ermschwerd 4515
Ernährung 1862
   s. a. Landwirtschaft
Ernsdorf 3034
   s. a. Kreuztal
Ernsthausen (Kr. Waldeck-Frankenberg) 5039
Ernst-Ludwig Ghzg. v. Hessen 1143
Ernte 2247. 2254. 2285
   s. a. Heuernte
Erster Weltkrieg 1424–1429. 2818. 6438
Erthal, Friedrich Karl Josef v., Eb. v. Mainz 904
Erwachsenenbildung 5482–5489. 5537. 5575. 5608. 5625. 5726
Erweckungsbewegung 4935 f.
Erzählungen
   s. Literatur
Erziehungswesen 5422–5810
Eschau (Unterfranken) 4332
Eschbach 4333. 5919. 7540
Eschborn
   – Adreßbuch 3604
   – Beschreibung 3605 f.
   – Bonifatiuskreuz 1460 f.
   – Kathol. Pfarrei 4946. 4972
   – Kommunalpolitik 3607
   – Stadtplanung 3608
Eschenau (Familie v.) 4401 f.
Eschenauer (Familie) 4401 f.
Eschenburg-Eibelshausen
   s. Eibelshausen
Eschenburg-Hirzenhain
   s. Hirzenhain (Lahn-Dill-Kr.)
Eschenburg-Roth
   s. Roth (Eschenburg)
Eschenburg-Simmersbach
   s. Simmersbach
Eschenburg-Wissenbach
   s. Wissenbach
Eschenstruth 3609
Eschersheim 986
Eschhofen 3610
Eschwege, Herren v. 3617

Eschwege (Kr.) 7625
Eschwege (Stadt)
   – Beschreibung 3611
   – Biographien 4334
   – Denkmalpflege 6588
   – Fachwerk 6825 f.
   – Geschichte 812. 827. 3612–3618
   – Handschriften 1475
   – Münzen 7690
   – Museum 6394
   – Notgeld 7691
   – Orgeln 5374
   – Schiffer 3333
   – Siegel 7644
   – Stadtbefestigung 1298
   – Städtebau 6550
   – Straßennamen 5920
   – Töpferei 6963
   – Verleger 7406
   – Wappen 7644
   – Weinbau 2374
   s. a. Aue (Burg)
Eschwege-Albungen
   s. Albungen
Eschwege-Niederdünzebach
   s. Niederdünzebach
Eschwege-Oberdünzebach
   s. Oberdünzebach
Eschwege-Oberhone
   s. Oberhone
Eseler (Familie) 6926
Eselsbrunn 6307
Esenbeck, Nees v.
   s. Nees v. Esenbeck
Espa 1772
Espona 6513
Essen u. Trinken
   s. Küche
Ettingshausen 1462. 3619 f. 7239
Etzean 1550
Eudorf 5142
Eugen, Prinz v. Savoyen 1332
Euler, August 3215
Europa 1237
Evangeliendichtung 6108 f.
Evangelische Gemeinschaft 4937
Evangelische Kirche 1955. 2007–2015. 2037 f. 4897–4941. 4945. 4947. 4949. 5047. 7355
   s. a. Kirchengeschichte
   s. a. Reformation
Evangelische Kirche in Hessen u. Nassau 4903. 4911. 5486

## Orts-, Personen- und Sachregister 655

Evangelische Kirche in Kurhessen-Waldeck
   4902. 4907 f. 4912. 5089
Everding, Hans    6316
Eversberg    4557
Ewersbach [Neubenennung]    7069
   s. a. Bergebersbach
   s. a. Ebersbach (Ort)
Exlibris    6237. 6271
Expressionismus    5955 f. 6232 f.
Eydt, Caspar    1766

## F

Faber v. Kreuznach, Konrad    6404
Fabricius, Henrich Wilhelm    2456
Fabritius, Johann Reichardt    1017
Fachbibliotheken    20. 24. 39
Fachhochschulen
   s. Fachschulen
Fachingen    2053
Fachschulen, Fachhochschulen    1853. 5774–5783. 5794–5802. 5804–5810. 6399
Fachwerk, Fachwerkhaus    4709. 6590. 6770 f. 6774. 6776–6781. 6783–6785. 6787 f. 6791–6793. 6807 f. 6821–6823. 6825–6827. 6842. 6858. 6863 f. 6871–6877. 6889. 6894. 6900–6902. 6910–6912. 6917 f.
Fachwerkkirchen    5079 f. 5101
Fähren    3327
Färber, Helmut    5511
Färberei    2789
Färberwaid    2573
Failing, Adolf    159
Faktoren    864
Falk, Adalbert    4693
Falkenbach    3621 f. 7489
Falkenberg (Burg)    6667
Falkenstein, Herren v.    4070. 4403
Falkenstein-Münzenberg (Herrsch.)
   – Philipp VI. d. Ä.    817
Falkenstein (Burg)    6668
Falkenstein (Ort)    5197
Falschmünzerei    7695
Familienarchive
   s. a. Adelsarchive
   s. a. Fürstenarchive
Familienbibel    4519
Familienkunde    144 f. 147. 152. 185. 207. 730. 839. 849. 932 f. 935. 956 f. 966. 982. 992. 1038. 1040. 1129. 1140. 1318. 1334. 1405–1407. 1410. 1866. 1879. 2780.
2799. 2803. 2858. 2888. 3057. 3763. 3785. 4272. 4292–4577. 4857. 4893–4895. 5030. 5252. 6014. 6242. 6252. 6268. 6278. 6285. 6291 f. 6320. 6926. 6997. 7092. 7163. 7168
   s. a. Auswanderung
   s. a. Einwanderung
   s. a. Glaubensflüchtlinge
Familiennamen    4336. 4357. 4364. 4366. 4371. 5865–5867. 5870 f. 5874. 7670
Familiensiegel    7668
Familienstrukturen    1765
Familienwappen    5414. 7663–7675
Fanfarenzüge
   s. Musik
Farne    2569. 2571
Fasanerie (Schloß)    6669 f.
Faßbinder, Faßschreiner    2738. 2759. 2804
Fastnacht
   s. Karneval
Fastnachtsposse    5860
Faulstroh, Jakob    7002
Fauna    2591–2628
   s. a. Tierschutz
Favorite (Schloß b. Mainz)    6707
Fay, Johann Baptist    6927
Fayence    6514. 6948. 6969
Fechenheim    3074 f. 3623. 7240
Federzeichnungen    6241
   s. a. Graphik
Fehden    936
Feinmechanische Industrie    2945
Felda
   s. Groß-Felda
Feldatal-Groß-Felda
   s. Groß-Felda
Feldatal-Windhausen
   s. Windhausen (Vogelsbergkr.)
Feldbach (Wü. b. Dillenburg)    5143
Feldberg (Taunus: Kastell)    628
Feldmann, Carl Ludwig    5832
Feldprediger    1397
Feller (Familie)    4476
Fellingshausen    3624
Fellner, Ferdinand    6219
Felsberg (Odenwald)    708. 6359
Felsberg (Schwalm-Eder-Kr.: Amt)    1038
Felsberg (Schwalm-Eder-Kr.: Schloß)    3625
Felsberg (Schwalm-Eder-Kr.: Stadt)    3625
Felsberg (Schwalm-Eder-Kr.)-Altenburg
   s. Altenburg (Felsberg, Schwalm-Eder-Kr.)
Felsberg (Schwalm-Eder-Kr.)-Böddiger
   s. Böddiger

Felsberg (Schwalm-Eder-Kr.)-Gensungen
  s. Gensungen
Felsmalerei  6439
Feme, Femgerichte  1488. 1552
Fenge (Familie)  4476a
Fenner, Daniel  160
Feriendörfer  3316
Fernmeldewesen  3258. 3265
  s. a. Telefon
  s. a. Telegraphie
Fernstraßen  3117. 3122. 3124. 3126. 3131.
  3134. 3140–3142. 3149. 3159
Fernwald-Annerod
  s. Annerod
Ferrarius, Johannes  4816
Fertsch-Röver, Dieter  2841
Fessel, Leonhard  161
Feste, Feiern  1344. 3339. 4639. 4675.
  7187–7195. 7483. 7492
  s. a. Jahreslauffeste
  s. a. Lebenslauffeiern
Festspiele  3303
Festungen  1310–1313. 3900. 6572
Fettmilch, Vincenz  3656
Feuchtgebiete  2489
Feudingen  5843
Feuerfeste Produkte  2935
Feuerwehr
  s. Brände
Fichard, Johann  1585
Fichard, Johann Karl v.  162
Figurentheater  7028
Film, Filmtheater  4951. 7348
Finanzen, öffentliche
  s. Haushalt, öffentlicher
Finanzverwaltungsgeschichte  1030. 1705 f.
  3413–3415. 4579
Finkenbach  2434
Finkenhain (Wü. b. Dannenrod)  2222
Firmengeschichte  2338. 2389–2392. 2753.
  2765. 2791. 2798. 2828. 2839–2845.
  2848.  2853 f.  2856 f.  2862–2864.
  2920–2946. 2948–2971. 2974–2977.
  2979. 2981–2983. 3003. 3015. 3026.
  3064 f. 3328 f. 4605
  s. a. Banken
  s. a. Betriebe
  s. a. Gruben
  s. a. Versicherungen
Firmenmuseen  2955
Firmenverzeichnisse  2687 f. 2702
Firnskuppe  243

Fischbach (Main-Taunus-Kr.)  1801. 3148
  s. a. Retters (Kloster)
Fischbachtal-Lichtenberg
  s. Lichtenberg (Odenwald)
Fischbücher  64
Fische, Fischerei  2459–2473. 7255. 7293
Fischer, Karl  2811
Fischer, Wilhelm  6220
Fischer-Dyck, Marianne  5986
Flach, Karl-Hermann  1218
Flachs  2787. 7507
Flachsbreche  7486
Fladungen  3626
Flächenschutzkarte  2485–2487
Flammersbach  3627
Flammersfeld, Andreas Balzar v.
  s. Balzar
Flammersfeld  1666. 4973
Flaskämper, Paul  3663
Flechtdorf (Kloster)  5144
Flechten  2574
Fleckenstein (Familie)  7664
Fledermaus  2595
Fleisbach  7241
Fleischer, Hans  7162
Fleischer  2755 f. 4519
Fleischhut, Peter  5343
Flieden  4667
Flörsheim
  – Archäologie  433. 6513
  – Club Harmonie  7070
  – DJK-Sportclub Schwarzweiß  7341
  – Fachwerk  6827
  – Fanfarenzug  7341
  – Kolpingfamilie  7341
  – Porzellan, Fayence  6514. 6994
Flörsheim-Weilbach
  s. Weilbach
Flohmärkte  2837
Flomborn  5375
Flonheim  751 f. 3628
Flora  2556–2581. 7538
  s. a. Pflanzenschutz
Flossbach (Wü. b. Wenings)  3629
Fluck, Johann Jakob  5620
Flüchtlinge  1688. 4387 f.
  s. a. Glaubensflüchtlinge
Flugpost  3237–3239
Flugschriften  1115
Flugverkehr  2520. 2665 f. 3188 f. 3205–
  3219. 3237–3239. 3266
Flurdenkmäler  1455–1474

Flurnamen   2219. 2352. 3448. 5901–5905. 5908–5919. 5922–5929. 5931–5933
Flurwesen   2211–2214
Förderstufe   5456
Förster   1548
Fohr, Karl Philipp   6174
Follen, Karl   1111
Follmann, Fritz   7469
Forellenzucht   2465
Forschungsberichte
  s. Bibliographien
Forster, Georg   1068–1070
Forstpolitik   2275. 2414
Forstwesen, Forstwirtschaft, Forstgeschichte   1568–1570. 2410–2446. 2448. 2485. 2496. 2543. 6391. 7069
  s. a. Jagd
Fotografie, Fotografen   6186. 6226
Fouquet (Familie)   4894
Fränkisch-Crumbach   2335. 5145. 7071
Der fränkische Republikaner   7460
Fränkische Saale   415
Franke, Johann Emil (gen. Hanny)   6221 f.
Franken (Landschaft)   1049 f. 7203
Franken (Stamm, Kgr.)
  s. Frankenreich
Frankenau   1148
Frankenau-Louisendorf
  s. Louisendorf
Frankenberg (Land, Kr.)
  – Geschichte   3369
  – Kreisverwaltung   3370
  – Kulturgeschichte   7334
  – Mundart   5820. 5827 f.
  – Raumordnung   2124
  – Siebenjähriger Krieg   1377
Frankenberg (Stadt)
  – Brände   1802
  – Denkmalpflege   6592
  – Familienkunde   4335. 4389
  – Fischerei   2460
  – Hospital   1953 f.
  – Liebfrauenkirche   5146
  – Rathaus   6828
  – Revolution (1830)   1147
  – Stiftungen   1985
Frankenberg-Willersdorf
  s. Willersdorf
Frankenhain (Schwalm-Eder-Kr.)   4876
Frankenreich   720–765. 907. 4227. 5029
Frankenreich (Könige)
  – Karl d. Grß.   737. 3340 f. 4762. 6102
  – Ludwig d. Fromme   4635

Frankenstein (Herrschaft)   1029
Frankenthal   1928. 4666. 6990
Frankershausen   768. 3630 f.
Frankershausen (Amt)   4308
Frankfurt (Main: Evangelische Landeskirche)   4901
Frankfurt (Main: Ghzt.)   1078 f. 1442. 3227
Frankfurt (Main: Raum)   1609. 1999. 2158–2164. 2704. 5639
  s. a. Umlandverband (Frankfurt, Main)
  s. a. Untermaingebiet
Frankfurt (Main: Stadt)
  – Adreßbuch   3632
  – Alltagsleben   6437. 7478
  – Alte Nikolaikirche   5153. 5340
  – Alte Oper   6835 f.
  – Annexion (1866)   1197
  – Ansichten   6190. 6263. 6269
  – Apotheken   1920 f.
  – Arbeiterolympiade (1925)   7298
  – Archäologie   434–436. 498
  – Ariadneum   6415
  – Auswanderung   1683
  – Bahnhofsviertel   3702 f.
  – Banken, Sparkassen   2873. 2885–2893
  – Bankenviertel   2661 f. 3694. 3704
  – Bartholomäusstift   50
    s. a. Dom
  – Baukunst   6551–6553
  – Beamten-Wohnungs-Verein   1756
  – Beschreibung   3633–3648
  – Bethmannsches Museum   6415
  – Bevölkerung   1610–1612
  – Bibliotheken   17–24. 50
  – Biographien   4525. 4555 f. 4837. 4847 f.
  – Börsen   2894 f.
  – Börsenverein des Deutschen Buchhandels   7397–7402
  – Brandschutz   1803
  – Buchdruck   5357. 7386. 7408. 7421
  – Buchhandel, Buchmesse   7390–7402. 7407. 7424
  – Bundesarchiv   1073
  – Bundespostmuseum   24. 3235 f.
  – Bundestag d. Dt. Bundes   1483
  – Cronstettenstift   847. 6830
  – Denkmalpflege   6592. 6612
  – Deutsche Bibliothek   22 f.
  – Deutsche Buchhändlerschule   5781
  – Deutsch-Ibero-Amerikanische Gesellschaft   7350

- Dom 5150–5152. 5341
- Dominikanerkirche 5122
- Eisenbahn-Supernumerar-Verein 3194
- Energiewirtschaft, Wasserversorgung 3076–3078. 3082. 3089 f.
- Erwachsenenbildung 5575
- Erziehung u. Bildung 5566–5575
- Eschenheimer Turm 1299–1301
- Fachschulen, Fachhochschulen 5778–5783
- Familienkunde 4387 f. 4409 f. 4412–4414. 4420–4422. 4424. 4431. 4433. 4437. 4445. 4448. 4452 f. 4488. 4497 f. 4511. 4547
  s. a. Ffm (Stadt)/Patriziergesellschaft Alten-Limpurg
- Fettmilch-Aufstand (1612–1616) 3656
- Figurentheater 7028
- Fischerei 2470
- Flughafen, Flugverkehr 2520. 2665 f. 3188 f. 3207–3219. 3237–3239. 5155
- Freie evangel. Gemeinde am Turm 4983
- Freies Deutsches Hochstift 6017 f.
- Freimaurer 7369
- Fremdenverkehr 3291–3296
- Friedhöfe 4580
- Frobenius-Institut 6439
- Frühlingsfeste 7534
- Funksinfoniker 7075
- Gärten 6752–6754. 7343
- Gallusviertel 3705
- Gaststätten 3292–3296
- Gesangbücher 5357
- Geschichte 821–823. 1156–1161. 1197. 1227–1230. 3649–3667. 3694. 4726. 4818. 4822
- Gesundheitswesen 1861
- Gewerbe 2750 f. 2805
- Glaubensflüchtlinge 4855–4857. 4870. 4896
- Gmelin-Institut für Anorgan. Chemie 5791
- u. Goethe, Johann Wolfgang v. 6002. 6016
- Goethehaus 5998 f.
- Goethe-Museum 6017. 6019
- Häfen 3348–3350
- Häuser 6829–6841
- Hallenbad Rebstockpark 6841
- u. Hanau-Münzenberg 986
- Handel, Handelsgeschichte 2833–2844
- Hauptbahnhof 3190–3192
- Hauptwache 3642
- Hellerhof-Siedlung 3713 f.
- Historisches Museum 1425. 6338 f. 6428–6438
- Hochsches Konservatorium 5782
- u. Hölderlin 6038
- Ignatius-Gemeinde am Gärtnerweg 4982
- Industrie 1934 f. 2920. 2930–2944
- Industrie- u. Handelskammer 2818 f.
- Innenstadt 3694. 3698–3701
- Internationale Polizei Assoziation 3684
- Jazz 7078
- Juden 4579 f. 4590–4598. 4605
- Jugendarbeit, Jugendplanung 2037 f. 7349
- Jugendmusikschule 5783
- Kanarienzuchtverein 2406
- Karl-Egle-Haus 5793
- Karmeliterkloster 50
- Karneval 7520–7523
- Katharinenkirche 5398
- Keramik, Töpferei 6948. 6964
- Kindereinrichtungen 2043 f.
- Kindertheater 7029 f.
- Kirchen 5147–5155
- Kirchengeschichte 4918. 4974–4984. 6436
- Klöster 4726 f.
- Kommunale Galerie 6407
- Kommunales Kino 7348
- Kommunalpolitik 3668–3675. 3679 f. 3685 f.
- Kommunismus 3110 f.
- Krankenversorgung 1941. 1955–1958
- Krankheiten 1940
- Küche 7494–7496
- Kulturgeschichte 7342–7351
- Kulturpolitik 3685
- Kunstgeschichte 6159–6164. 7345
- Kunstgewerbeverein 6417
- Landesbildstelle Hessen 5443
- Landschaftsplanung, Landschaftspflege 2519 f.
- Leonhardskirche 5154
- Liebieghaus 6408–6414
- [in d.] Literatur 5959 f. 6084 f. 6095. 6122

Orts-, Personen- und Sachregister 659

- Lohnsteuer 1709
- Louisapark 6753
- Luftverunreinigung 2660–2662
- Mainfest 7191
- u. Mainz (Ebt., Kft.) 5152
- u. May, Ernst 6933
- Messen 1930. 2885
- Ministeriale 7666
- Müllabfuhr 1718
- Münzen 7697
- Mundart 5844–5854, 7577–7582
- Museen 437. 617. 632. 635. 6395–6445
- Museum für Kunsthandwerk 6416–6424
- Museum für Vor- u. Frühgeschichte 437. 617. 632. 635. 6425–6427
- Musik 7072–7078. 7152. 7181
- Musikalienhandel 7139
- Musikverlage, Notendruck 7140–7143
- Nachbarschaftsheime 1998
- Nationalsozialismus 1227–1229
- Nationalversammlung (1848) s. Nationalversammlung (1848)
- Nidda-Zoo 2584 f.
- Nikolaikirche 5153. 5340
- Nordend 3707–3710
- Nordweststadt 5568–5570
- Notarztwagen 1949
- Oberhof 1490
- Oberlandesgericht 1443
- Ostend 3707 f.
- Palmengarten-Orchester 7074
- Passionsspiel 7021
- Patriziergesellschaft Alten-Limpurg 842–847. 1989. 4413. 4420. 4448. 4453. 6003. 7542
- Paul-Hindemith-Institut 5784–5787
- Peterskirchhof 5399
- u. Petöfi, Sándor 6092
- Pfalz 753
- Pharmazeutische Fabriken 1934 f.
- Philatelie 3239 f.
- Philosoph.-Theolog. Hochschule St. Georgen 5779 f.
- Physikalischer Verein 5790
- Polizei 3681–3684
- Polytechnische Gesellschaft 5792
- Post 3234–3240. 3252
- Raiffeisenverband Rhein-Main 2252
- Rechtsgeschichte 1475

- Reformation 4818. 4822
- Reiseführer 258. 3635 f.
- Revolution (1848–49) 1160
- Rheinländer-Vereinigung 7351
- Rundfunk 3269
- Rundfunkorchester 7076
- Saalhof 753
- Schmiere (Theater) 7025–7027
- Schopenhauer-Archiv 5788 f.
- Schulen 5566–5575. 5778–5783
- Sekten 4923. 4925–4929. 4938. 4940 f.
- Senckenbergische Bibliothek 20
- Senckenbergische Naturforschende Gesellsch. 2515
- Senckenberg-Museum 6440–6445
- Senioreneinrichtungen 2026 f.
- Siedlungstopographie 2097
- u. Sinclair, Isaac v. 6117
- Sozialarbeit, Sozialpolitik 1998–2000. 2005. 2007. 2013. 2022. 2026 f. 2037 f. 2043 f. 3686
- Sozialgeschichte 3655 f.
- Sozialpolitische Vereinigung d. Hess. Gummi-Industrie 1997
- Sport 7242–7260
- Stadt- u. Universitätsbibliothek 17–21. 50. 6136. 7079. 7385
- Stadtplanung 3657. 3687–3714
- Stadtrecht 1509
- Stadtverordnetenversammlung 3674
- Städelscher Museumsverein 6398
- Städelsches Kunstinstitut 6266. 6395–6406
- Städelschule 6399
- Städtische Galerie 6401 f. 6406
- Stift St. Bartholomäus 4727
- Stiftungen 1986–1990. 4547
- Straßen 3149–3154
- Straßennamen 5907
- Studentenwohnheime 5661
- Synagoge 4593
- u. Taunus 2429
- Taunusklub 7211
- Theater(geschichte) 7021–7030
- Umgebung 301 f. 2429. 3648
- Umweltschutz 2634. 2660–2662. 2664–2666
- Vereinigte Wirtschaftsdienste GmbH 2689
- Verkehr 2520. 2665 f. 3101–3111. 3149–3154. 3187–3192. 3197. 3204. 3207–3219. 3234–3240. 3252.

3291–3296
- Verkehrsverbund 3105–3111
- Verlage 7408–7423
- Viehhaltung 2397
- Völkerkundemuseum 6439
- Volkshumor 7577–7583
- Wachensturm 1156 f.
- Wahlen 3675–3678
- Waldstadion 7245
- Wasser- u. Schiffahrtsamt 3347
- Westend 1743–1746. 3707 f. 3711 f. 6551. 6612. 6834
- Winterbräuche 7544
- Wirtschaft 1930. 1934 f. 2701–2703. 2750 f. 2805. 2818 f. 2833–2844. 2873. 2885–2895. 2920. 2930–2944
- Wissenschaftl. Institute u. Vereinigungen 5784–5793
- Wohnungskämpfe 1738–1740
- Wohnverhältnisse 1733–1747
- Zeitungen 7436. 7439–7446
- [als] Zentraler Ort 2164
- Zentrale für Arbeitsvermittlung 2683
- Zoo 2583–2585

Frankfurt (Main)-Bergen-Enkheim
s. Bergen-Enkheim
Frankfurt (Main)-Bockenheim
s. Bockenheim
Frankfurt (Main)-Bonames
s. Bonames
Frankfurt (Main)-Bornheim
s. Bornheim (Frankfurt, Main)
Frankfurt (Main)-Eschersheim
s. Eschersheim
Frankfurt (Main)-Fechenheim
s. Fechenheim
Frankfurt (Main)-Griesheim
s. Griesheim (Frankfurt, Main)
Frankfurt (Main)-Harheim
s. Harheim
Frankfurt (Main)-Heddernheim
s. Heddernheim
Frankfurt (Main)-Höchst
s. Höchst (Main)
Frankfurt (Main)-Kalbach
s. Kalbach (Frankfurt, Main)
Frankfurt (Main)-Nied
s. Nied
Frankfurt (Main)-Nieder-Erlenbach
s. Nieder-Erlenbach
Frankfurt (Main)-Niederrad
s. Niederrad
Frankfurt (Main)-Niederursel
s. Niederursel
Frankfurt (Main)-Oberrad
s. Oberrad
Frankfurt (Main)-Praunheim
s. Praunheim
Frankfurt (Main)-Rödelheim
s. Rödelheim
Frankfurt (Main)-Sachsenhausen
s. Sachsenhausen (Frankfurt, Main)
Frankfurt (Main)-Seckbach
s. Seckbach
Frankfurt (Main)-Sindlingen
s. Sindlingen
Frankfurt (Main)-Sossenheim
s. Sossenheim
Frankfurt (Main)-Unterliederbach
s. Unterliederbach
Frankfurt (Main)-Zeilsheim
s. Zeilsheim
Frankfurt (Main: Umlandverband) 3425–3429
Frankfurt (Main: Universität) 17–21. 50. 4984. 5501. 5648–5661. 6053. 6136
Frankfurter Allgemeine Zeitung 7443–7445
Frankfurter Gelehrte Anzeigen 7439
Frankfurter Schule 5650–5655
Frankfurter Zeitung 7441 f.
Frankreich 1077. 1426. 1430. 3424. 4398. 4860. 4864. 4866. 6993. 7424
- Napoleon I. Kaiser v. 1074. 1095
s. a. Hugenotten
s. a. Waldenser
Franz I. Gr. v. Erbach 985
Franziskaner 4704. 4721. 5169–5171
Französische Besatzungsstaaten 1061–1079
s. a. Freiheitskriege
s. a. Napoleonische Kriege
s. a. Revolutionskriege, französische
Französische Revolution 919. 1068
s. a. Revolutionskriege, französische
Frau Holle **7604**
Frauenkliniken 5734
Frauenstein 7261. 7656
Frechenhausen 568
Fredenhagen (Familie) 4477
Frees, August 7425
Freiburg (Breisgau) 7385
Freidemokratie 3978 f.
Freie Christengemeinde (Frankfurt, Main) 4940
Freienfels 1804

Freienfels (Burg) 1804
Freienhagen 3715
Freienseen 2296. 5156. 6842
Freienstein (Schloß) 6671 f.
Freier Grund 7569
Freigericht-Bernbach
  s. Bernbach
Freigericht-Somborn
  s. Somborn
Freigerichte 1487
Freiheitskriege 1335 f. 1412–1418
  s. a. Französische Besatzungsstaaten
Freilichtmuseum Hessenpark 3025. 6340–6350
Freiligrath, Ferdinand 5987
Freimaurer 7369–7371
Freizeit 2543. 3283. 6343. 7335. 7349. 7365 f.
  s. a. Erholungsgebiete
Fremdenverkehr 3270–3321. 4306
  s. a. Erholungsgebiete
Fresenius, Johann Philipp 4929
Fresken
  s. Wandmalerei
Freudenberg (Siegerland) 1363. 1565. 3716. 6104. 6613
  s. a. Eichen (Hof)
Freudenberg (Siegerland: Burg) 6673
Freudenberg (Wiesbaden) 7262
Freudenthal (Sudeten) 4400
Freusburg (Amt) 1039. 1655
Freytag, Gustav 5988
Frieda 1805
Friedberg (Burg) 841. 1463. 3717. 7698
Friedberg (Kastell) 629. 655
Friedberg (Kr.) 1217. 2896 f.
Friedberg (Stadt)
  – Banken, Sparkassen 2896–2898
  – Beschreibung 3717
  – Familienkunde 4402
  – Finanzamt 1706
  – Geschichte 1118. 3717–3719
  – Juden 4579
  – Judenbad 4599. 6530
  – Scharfrichterhaus 1551
  – Stadtkirche 5157 f.
  – u. Tabor, Johann Heinrich 6015
  – Theater 5961
  – Wirtschaft 2698. 2896–2898
Friedberg-Bruchenbrücken
  s. Bruchenbrücken
Friedberg-Dorheim
  s. Dorheim (Wetteraukr.)

Friedberg-Ockstadt
  s. Ockstadt
Friedelhausen (Schloß) 6674
Friedenau
  s. Zeilsheim
Friedenhagen (Familie)
  s. Fredenhagen (Familie)
Friedewald (Kr. Altenkirchen: Amt) 1039. 1655
Friedewald (Kr. Altenkirchen: Schloß) 3722. 6675
Friedewald (Kr. Altenkirchen: Stadt) 3720–3722
Friedewald (Kr. Hersfeld-Rotenburg)
  s. a. Hammundeseiche (Wü.)
Friedewald (Kr. Hersfeld-Rotenburg) 1510
Friedewald (Kr. Hersfeld-Rotenburg: Amt) 1040. 4310
Friedewald (Kr. Hersfeld-Rotenburg: Schloß) 6987
Friedhöfe 4580. 4585. 4588. 4620. 5378. 5395. 5399. 5403 f. 5416 f. 5420 f. 7514
  s. a. Grabstätten
Friedrich II. Lgr. v. Hessen-Kassel 861. 7688
Friedrich Eb. v. Mainz 4643
Friedrich I. Kurfürst v. d. Pfalz 2473. 7339
Friedrich V. Kurfürst v. d. Pfalz (Winterkönig) 1368
Friedrich Karl Josef v. Erthal
  s. Mainz (Erzbischöfe)
Friedrich Ludwig Fürst v. Wied-Runkel 991
Friedrich, Paul Leopold 5748
Friedrichsdorf (Hochtaunuskr.)
  – Adreßbuch 3838
  – Familienkunde 4336. 4357
  – Städtebau 3723
  – Straßennamen 5907
  – Verfassungsgeschichte 4877 f.
Friedrichsdorf (Hochtaunuskr.)-Köppern
  s. Köppern
Friedrichsdorf (Hochtaunuskr.)-Seulberg
  s. Seulberg
Friedrichsdorf (Kr. Kassel) 4879
Friedrichsfeld 3724
Friedrichshof (Schloß in Kronberg) 6703
Frielendorf 3044
Frielendorf-Spieskappel
  s. Spieskappel
Fries (Familie) 4478

Fries, Jakob Friedrich 4478
Fries
  s. a. Frieser
Frieser, Siegmund, v. Fries 1327
Fritzlar
  s. a. Büraberg
Fritzlar (Raum) 711
Fritzlar (Stadt)
  – Archäologie, Frühgesch. 709 f.
  – Baudenkmäler 6554 f.
  – Beschreibung 3731 f.
  – Bibliotheken 25. 51–53
  – Dom, Domschatz 5160–5163
  – Domstift
    s. Fritzlar (Stadt)/Stift St. Peter
  – Ederbrücke 3161
  – Familienkunde 4416. 4501. 4506
  – Frühgeschichte 754
  – Geschichte 811. 824. 2089. 3725–3730
  – Inschriften 7595
  – Kirchen 5159–5163
  – Kreissparkasse 2899
  – u. Mainz 881
  – Münzen 7692
  – Mundartliteratur 3730
  – Museen 6446–6448
  – Siedlungstopographie 2089
  – Siegel 7645
  – Soldaten 1319
  – Stadtbefestigung 1302
  – Stift St. Peter 51–53. 4729 f.
  – Stiftskirche St. Peter
    s. Fritzlar (Stadt)/Dom
  – Wappen 7645
Fritzlar-Geismar
  s. Geismar
Fritzlar-Homberg (Kr.) 2135. 2899. 3371
Fritzlar-Waberner Becken 742
Fröbel, Friedrich 5512
Frömmigkeitsgeschichte 4678
Frohn (Familie) 4404
Frohnhausen (Lahn-Dill-Kr.) 3733. 4337. 6843. 7263
Frohnhausen (Lahn-Dill-Kr.: Pfarrei) 438. 4337
Fronden
  s. Dienstleistungen, bäuerliche
Froschhausen 4985
Froster (Familie) 7664
Frühes Christentum 4623–4635
Frühgeschichte 389–397. 400–402. 404. 407. 409. 415. 418. 424. 432. 434–438. 441–443. 445 f. 449. 451 f. 454–456. 458 f. 583–765. 1025. 3445. 3820. 4217. 6425–6427. 6448. 6486 f. 6513. 6515
  s. a. Archäologie
Frühlingsbräuche 7533 f.
Fuchs, Rudolf 6223
Fudenhausen (Wü. b. Driedorf) 2223
Führungsschichten 2238
Fülling, Johann Georg 1378
Fürsorgewesen 1850–2045
  s. a. Wohlfahrtswesen
Fürstenarchive 78. 785
Fürstenau (Hofgarten) 6755
Fürstenau (Schloß) 6676
Fürstenberg, Dietrich v., Bf. v. Paderborn 4653
Fürth (Kr. Bergstraße) 7636
Fürth (Kr, Bergstraße)-Brombach
  s. Brombach
Fuhr (Familie) 4479
Fuhrleute 2815. 2830. 2869. 4518
  s. a. Kaufleute
Fulda, Candidus (Bruun) v.
  s. Candidus
Fulda (Abtei, Hochstift, Fürstbistum)
  – Bibliothek 4731
  – Frömmigkeitsgeschichte 4678
  – Geschichte 907–921. 4731 f.
  – Geschichtsquellen 94. 907–910. 917
  – Grundbesitz 920 f. 2258
  – Handschriften 54 f.
  – Heiligenverehrung 4657 f.
  – u. Hersfeld (Abtei) 922
  – Lehnshof 912
  – Literatur 5962
  – Malschule 6169
  – Münze 7694
  – Namenkunde 5868
  – u. Papst 4624
  – u. Reich 914
  – Servitium regis 809
  – Wallfahrten 4680
  – u. Würzburg (Hochstift) 915–917
Fulda (Äbte)
  – Balthasar v. Dermbach 917
  – Hrabanus Maurus 913
Fulda (Bischöfe)
  – Schick, Eduard 4699
Fulda (Bistum) 4694
  s. a. Fulda (Abtei, Hochstift, Fürstbistum)
Fulda (Fluß) 234 f. 2461. 3353
Fulda (Kr., Land, Raum)
  – Agrarstrukturplanung 2312

- Archäologie 439
- Denkmalpflege 6599
- Großkreis 3372
- Hochschulregion 5664
- Krankenversorgung 1959
- Mundart 5824 f.
- Naturdenkmäler 2548
- Orgeln 5363
- Volkskunde 4682

Fulda (Schloß) 6677 f.

Fulda (Stadt)
- Abtei zur Heiligen Maria 4735 f.
- Anekdoten 7575
- Banken, Sparkassen 2900–2902
- Bischöfl. Knabenkonvikt 5576
- Bischofskonferenzen 4692. 4695
- Brandschutz 1806 f.
- Brunnen 6758
- Bürgergarde 1342
- Dom 5164–5166. 5329. 5391
- Dommuseum 6449
- Dommusik 5347 f.
- Englische Fräulein 6845
- Fachhochschule 5794
- Familienwappen 7667
- Fischerei 2461
- Franziskanerkloster auf d. Frauenberg 5169–5171. 5376
- Frauenberg 5169–5171. 5376
- Gaststätten 3297
- Gesamthochschule 5662. 5664
- Geschichte 1153 f. 1207. 1342. 3734–3736
- Geschichtsverein 130 f.
- Gewerbe 2791
- u. Goethe 6004
- Häuser 6844 f.
- Handel 2845. 2857
- Industrie 2945
- Internationale Polizei-Assoziation 3738
- Jesuiten 4734
- Juden 4600 f.
- Kommunalpolitik 3737
- u. Kramer, Ernst 6930
- Krankenhäuser 1959 f.
- Landesbibliothek 26. 54. 7079
- Marienschule 6845
- Michaelskapelle 5167
- Musik 5347 f. 7080 f. 7168. 7179
- Musikhandschriften 7079
- Orgeln 5363. 5376
- Philosoph.-Theolog. Hochschule 5795
- Postgeschichte 3241 f.
- Revolution (1848–49) 1153
- Revolution (1918–19) 1207
- Schiffahrt 2461
- Sport 7264 f.
- Stadtpfarrkirche 5168. 5330
- Straßennamen 4338. 5921
- Umweltschutz 2631 f.
- Vereine 3736
- Verkehr 3121. 3241 f. 3297
- Verlage 7448
- Versicherungen 2902
- Vertrag (2. 11. 1813) 1154
- Vinzentinerinnen 4737
- Zeitungen 7447–7449
- [als] Zentraler Ort 2141
s. a. Aschenberg
s. a. Schulzenberg

Fulda-Johannesberg
s. Johannesberg

Fulda-Kämmerzell
s. Kämmerzell

Fulda-Maberzell
s. Maberzell

Fulda-Neuenburg
s. Neuenburg

Fulda (Universität) 5662 f.

Fuldabrück-Bergshausen
s. Bergshausen

Fuldaer Geschichtsblätter 1. 131

Fuldaer Neue Zeit 7449

Fuldaer Zeitung 7447 f.

Fuldamundart 5822 f.

Fuldatal (Gemeinde) 3739. 5503. 6191

Fuldatal-Ihringshausen
s. Ihringshausen

Fuldatal-Simmershausen
s. Simmershausen (Kr. Kassel)

Fuldatal-Wilhelmshausen
s. Wilhelmshausen

Fuldische Mark 920 f.

Funktionalreform
s. Verwaltungsreform

Fußball(vereine) 7222. 7246. 7256. 7262. 7276 f. 7280 f. 7284. 7294. 7296. 7300. 7305–7307. 7314. 7330

Fußgängerverkehr 3121. 3155

Fußpflegemittel 2942

Futterbau
s. Grünlandwirtschaft

## G

Gadamer, Hans Georg  5749
Gaden  6773
Gärten  6629. 6741. 6747. 6749–6755. 7343
 s. a. Botanische Gärten
Gästebücher  6685. 6689
Gagern (Familie)  4405
Gail, Jörg  3117
Gais (Schweiz)  4306
Galgen  1555 f.
Gallien  608
Galmbach (Wü. im Odenwald)  2224 f.
Gammelsbach  6846
 s. a. Freienstein (Schloß)
Ganerbschaften  822. 842–847
Gansmann (Familie)  7664
Ganz (Familie)  7163
Garbenheim (Familie v.)  4406
Garbenheim
 – Archäologie  440
 – Bergbau  3008
 – Geschichte  3740
 – u. Goethe  6011
 – Kirchengeschichte  4986 f.
 – Schule  5577
 – Vereine  7352
Garbenteich  3741 f. 5077. 7082
Garbenteich
 s. a. Cotthen (Wü.)
Garnisonen  1313 f.
Gartenbau  2292. 2331–2336. 2342
Gartenbedarf  2854
Gaskell, Elizabeth  5989
Gassennamen
 s. Straßennamen
Gastarbeiter
 s. Ausländer
Gaststätten, Gasthäuser  2699. 2757. 2823. 3282. 3284 f. 3287. 3289. 3292–3302. 3304–3308. 3310. 3312 f. 3315. 3317 f. 3320 f. 3820
Gasversorgung  3073. 3076. 3078
Gau-Algesheim  6679
Gau-Bickelheim  532
Gau-Bischofsheim  5377. 7535
Gau-Odernheim  837
Gaugrafen  819
Gaulsheim  1303. 2183
Gauner  1560
Gebäudezählung  1730
Gebetbücher  6172

Gebietsreform  1276–1279. 2115–2120. 2123. 2140. 2142. 2147. 2160. 2165. 3354 f.
Gebrauchsgraphik  6175
Gedern-Wenings
 s. Wenings
Gedichte  898. 901 f. 3730. 4923
 s. a. Literatur/Texte
 s. a. Mundart/Texte
Geeb, Otto  7263
Geflügelzucht  2409
Gegenreformation  4649–4653. 4828 f.
Gehälter
 s. Löhne u. Preise
Geheimschrift, Geheimsprache  5813 f.
Geibel, Emanuel  5990
Geibel, Hermann  5644
Geiger (Familie)  4480
Geiling v. Altheim (Familie)  2263
Geisenheim
 – Alter Friedhof  5403
 – Baudenkmäler  6514
 – Bildstöcke  4686
 – Heilig-Kreuz-Kirche  5340. 5400–5402
 – Karneval  7524
 – Lehr- u. Forschungsanstalt f. Wein-, Obst- u. Gartenbau  2364
 – u. Nothgottes  4686
 – Standesamt  4360
 s. a. Plixholz (ehem. Hofgut)
Geisenheim-Johannisberg
 s. Johannisberg
Geisenheim-Marienthal
 s. Marienthal (Geisenheim)
Geismar (Fritzlar)  630
Geiss (Bürgermeister in Felda)  1382
Geisse (Familie)  1684
Geißendörfer, Rudolf  1890
Geiß-Nidda  3743
Geistesgeschichte  4962
Geistliche
 s. Pfarrer
Geistliches Gerichtswesen
 s. Kirchliches Gerichtswesen
Gelbachtal  2577
Geldwesen  876. 2885. 7715. 7721
 s. a. Banken
 s. a. Münzen
 s. a. Versicherungen
Gelehrte  1125. 2521. 4414. 4464. 4469. 4471 f. 4478. 4488 f. 4502. 4528 f. 4536. 4554–4556. 4565. 4587. 4607. 4647.

4816. 5062. 5515—5517. 5541. 5644.
5652—5654. 5657—5660. 5667. 5674—
5694. 5698—5703. 5711 f. 5746—5764.
5795. 5801 f. 6123. 6267. 6323. 6400.
6418. 6443—6445. 6884
  s. a. Archäologen
  s. a. Archivare
  s. a. Bibliothekare
  s. a. Humanismus
  s. a. Landeshistoriker
  s. a. Lehrer
  s. a. Pfarrer
  s. a. Rechtsgelehrte
  s. a. Volkskundler
Geleit  826. 1033
Gelius (Familie)
  s. Giel (Familie)
Gelnhausen, Siegfried v.  5071
Gelnhausen (Burg)  4932. 6682
Gelnhausen (Kr.)
  — Archäologie  403
  — Auswanderung  1656
  — Brandschutz  1808
  — DRK  1948
  — Geschichte  1420
  — Münzmotive  7696
  — Schwimmbäder  7219
  — Standesämter  4319
  — Unfallrettung  1948
Gelnhausen (Pfalz)  6680 f.
Gelnhausen (Stadt)
  — Bier  2760
  — Fachwerk  6788
  — Flora  2562
  — Gaststätten  3298
  — Geschichte  3744—3746. 4738
  — Häuser  6847 f.
  — Hexenwesen  1580
  — Juden  4579
  — Kirchenbücher  4339
  — Klöster  4738
  — Marienkirche  5172
  — Musik  7083
  — Namenkunde  5869
  — Postgeschichte  3243—3247
  — Schwager-Club  7031
  — Sport  7266—7268
  — Verkehr  3149. 3243—3247. 3298
Gelnhausen-Hailer
  s. Hailer
Gelnhausen-Haitz
  s. Haitz

Gelnhausen-Höchst
  s. Höchst (Main-Kinzig-Kr.)
Gelnhausen-Meerholz
  s. Meerholz
Gemeindebackhäuser  7487—7489
Gemeinden  3403—3430
  s. a. Kommunalwesen
  s. a. Pfarreien
Gemeindeordnung  3407—3409
Gemeindepartnerschaften  3424
Gemeindestatistik  3405
Gemeindestraßen  3119
Gemeindetag  3417
Gemeindeverbände  3415. 3425—3430
Gemeindeverzeichnis
  s. Ortslexikon
Gemeindewahlen
  s. Kommunalwahlen
Gemeindewappen
  s. Ortswappen
Gemeinschaftshäuser
  s. Bürgerhäuser
Gemmingen, Eberhard Friedrich Frhr. v.  5991
Gemmingen, Otto Heinrich Frhr. v.  5991
Gemünden (Felda)  4532
Gemünden (Felda)-Burg-Gemünden
  s. Burg-Gemünden
Gemünden (Felda)-Ehringshausen
  s. Ehringshausen (Vogelsbergkr.)
Gemünden (Felda)-Elpenrod
  s. Elpenrod
Gemünden (Felda)-Nieder-Gemünden
  s. Nieder-Gemünden
Gemünden (Westerwald)  5173 f. 6596
Gemünden (Wohra)  4550
Gemünden (Wohra)-Schiffelbach
  s. Schiffelbach
Gendarmerie
  s. Polizei
Genealogie
  s. Familienkunde
Generale  1324—1326. 1330. 1332. 1381.
  1384. 1415 f. 4414. 4431
Genf  4848
Gengnagel (Familie)  7664
Genossenschaften, Genossenschaftsbanken
  712. 2240—2243. 2252. 2401. 2876—
  2878. 2993
  s. a. Berufsgenossenschaften
  s. a. Hauberge
  s. a. Volksbanken
Gensingen  2946

Gensungen  441
Genua  6377
Geographie  2487. 3983
Geologie  421–423. 749. 6360
Geomorphologie  2674
Georg Prinz v. Hessen-Darmstadt († 1705)
    1373 f.
Georg Hg. v. Sachsen  4812
Georg Gr. v. Waldeck  980
Georg August Samuel Fürst v. Nassau-Idstein
    5407
Georg Friedrich Greiffenclau v. Vollrads
    s. Mainz (Erzbischöfe)
George, Stefan  5992 f.
George, Stephan (Etienne) I  1130
Georgenhausen  3071
Gerauer Land
    s. Groß-Gerau (Kr., Land)
Gerber  2794
Gerhard, Priester  4643
Gerichtsbezirke  1032. 1037. 1059. 4318
Gerichtsstätten  701. 1452–1454
Gerichtswesen, Justiz  1245. 1438. 1443–
    1445. 1451. 1476–1488. 1490–1499.
    1502. 1505–1508. 1510. 1512 f. 1516.
    1518 f. 1521. 1524. 1526 f. 1540. 1543.
    1549. 1552. 1554. 1577. 4070. 4578.
    4642. 4730. 4877
    s. a. Hexenwesen
Gerling, Christian Ludwig  5750
Germanen  426. 693–765
Germerode (Kloster)  4739
Gersprenz(tal)  6793
Gerstenkorn, Robert  6224
Gerthner, Madern  6928
Gesamthochschulen
    s. Hochschulen
Gesamtschulen  5459 f. 5472. 5549. 5568–
5570. 5579
Gesangbücher  4655. 5357–5359
Gesangvereine
    s. Musik
Geschichtsvereine  124–140. 451. 576.
    4786. 5773
Geschirrhandel  1773
Gesellschaft für Familienkunde in Kurhessen
    u. Waldeck  4292 f.
Gesetze  1287 f. 1446–1448. 1710. 1854.
    2475–2479
Gesetzgebung  1244
Gestüte  6820
Gesundheitswesen  1850–1977
Geusen  943

Gewässernamen  5882. 5890. 5934–5939
Gewässerschutz, Abwässer
    2637–2654. 2668. 3079. 3086
Gewerbe  2694 f. 2725–2811
    s. a. Firmengeschichte
    s. a. Handel
    s. a. Handwerk
    s. a. Industrie
Gewerbesteuer  1711
Gewerkschaften  3041
Gewichte  2870
Giebenhausen
    (Wü. b. Reiskirchen, Kr. Gießen)  2234
Giegerich (Familie)  4481
Giel (Familie)  4482
Giess, Otto  2605
Gießen (Altes Schloß)  6683
Gießen (Kr., Raum)
 – Adreßbuch  3375
 – Archäologie  404–406. 478. 516.
    521. 547. 556
 – Baudenkmäler  6533
 – Bauernmöbel  6802 f.
 – Beschreibung  3373
 – Bevölkerungs(geschichte)
    1613–1616
 – Ernährung  1862
 – Fachwerk  6777–6779
 – Forstwesen  2422
 – Geschichte  1208
 – Handel  2846
 – Kirchenbücher  4313
 – Kulturelles Leben  7336
 – Kunstgeschichte  6144
 – Landwirtschaft  2292
 – Ortschronik  3374
 – Raumordnung  2147
 – Revolution (1918/19)  1208
 – Volkskunde  7475
 – Wirtschaft  2695. 2726
Gießen (Stadt)
 – Alter Friedhof  5404
 – Archäologie  405 f.
 – Archive  110. 113
 – Beschreibung  3747–3749
 – Bevölkerung  1613–1615. 1617
 – Bibliotheken  27. 44. 56–61. 110
 – Buchhandel  7425
 – Denkmalpflege  6614
 – Ernährung  1862
 – Familienkunde  4340 f.
 – Fememordprozeß (1927)  1552
 – Gaststätten  3299 f.

- Geschichte 3750. 5669
- Gewerbe 2726
- Handel 2847 f. 2870
- Industrie 2947 f.
- Industrie- u. Handelskammer 2820
- Innenstadt 3752
- Juden 4602 f.
- Kommunales Gebietsrechenzentrum 3423
- Kriegerdenkmal 1423
- Landschaftsplanung 2506 f.
- Landwirtschaft 2285
- u. Liebknecht, Wilhelm 1107 f.
- Literatur 5963
- Manische, Das 5814
- Militärgeschichte 1324
- Oberhess. Museum 6450
- Rechtskonferenz (1809) 1442
- Schulen 5578
- Stadtarchiv 113
- Stadtplanung 3751 f.
- Stadttheater 7032
- Studenten 5695 f.
- Verkehr 3248. 3299 f.
- Walkmühlen 2783
- Wandervogel 7208
- Zeitungen 2248. 7450 f.
- s. a. Schiffenberg
Gießen-Wieseck
  s. Wieseck
Gießen (Universität) 44. 56–61. 110. 1107. 1125. 1946. 1961. 5665–5697. 6324. 7700 f.
Gießener Anzeiger 2248. 7450 f.
Gilfershausen 4342
Gilsbach 2249
Gilserberg-Moischeid
  s. Moischeid
Gilserberg-Schönau
  s. Schönau (Schwalm-Eder-Kr.)
Gilserberg-Schönstein
  s. Schönstein (Schwalm-Eder-Kr.)
Gingold (Prozeß) 5438
Ginsburg 1488
Ginseldorf 3474
Ginsheim-Gustavsburg 3782
  s. a. Gustavsburg
Ginster-Sommerwurz 2575
Girard, Jacques Antoine Vith 6719. 6797
Gladenbach (Amt) 1538
Gladenbach (Stadt) 1566. 3753. 5331
  s. a. Blankenstein (Schloß)

Gladenbach-Bellnhausen
  s. Bellnhausen (Gladenbach)
Glaeser, Gotthelf Leberecht 6225
Glaser 2738 f. 4511
Glasfachschulen 5796
Glasfenster 6516. 6995
Glashütten (Industrie) 3064 f.
Glashütten (Main-Taunus-Kr.) 3754. 7426
Glashütten (Main-Taunus-Kr.)-Oberems
  s. Oberems
Glashütten (Main-Taunus-Kr.)-Schloßborn
  s. Schloßborn
Glaskunst 6424. 6995
Glasmacher 1645. 4495
Glasmalerei 6383
Glaubensflüchtlinge 4855–4896
Glauberg (Berg) 755
Glauburg-Glauberg
  s. Glauberg
Glauburg-Stockheim
  s. Stockheim (Wetteraukr.)
Gleiberg (Amt) 3009
Gleiberg (Burg) 3755. 6684 f.
Gleiberg (Grsch.)
  s. Luxemburg-Gleiberg (Grsch.)
Gleiberg (Stadt) 1511. 3755
  s. a. Krofdorf-Gleiberg
Glitsch (Familie) 4483
Glocken 5327–5339
Glockenbecherkultur 490. 504. 506
Glockengießer 4498. 4510. 5327
Glockenmuseen 6453 f.
Glossen 45
Glück (Familie) 4484
Glücksspiele 7196 f.
Goar (Heiliger) 4667
Goddelau 7269
Goddelau-Wolfskehlen-Goddelau
  s. Goddelau
Goddelau-Wolfskehlen-Wolfskehlen
  s. Wolfskehlen
Goddelsheim
  s. a. Schaaken (Stift)
Godehard (Heiliger) 4668
Göbel (Familie) 4496
Göbel, Maria 5513
Göpel (Familie)
  s. a. Göbel (Familie)
Goepel, Rudolf 6226
Göpel 6865
Goepfert, Hermann 6317
Görlitz 1549
Goethe (Familie) 844. 5998

Goethe, Elisabeth 5812. 6002. 7345
Goethe, Johann Wolfgang v. 1921. 2340. 5994–6022. 6297 f. 6510. 6514. 7345
Göttingen (Universität) 997. 5716
Götz, Johann Nikolaus 6023
Götzenberger, Jakob 6227
Götzenhain
s. a. Philippseich (Forsthaus)
Götzensteine 1465
Goldgewinnung 3030 f. 3040
Goldschmiedekunst 5226. 6996 f.
Goldsteintal 2777
Golfvereine 7278
Goltsmit [v. Andernach], Christoph 6514
Gondsroth 1343
Gonsenheim 3756
Gonsenheim (Pfarrei) 1618
Gontard (Familie) 6038
Gonzenheim
– Archäologie 712
– Brandschutz 1810 f.
– Evang. Kirche 5175
– Familienkunde 4343
– Geschichte 869
– Haus Waldlust 3304
Gotha 4470
Gotik 5082. 5090. 5188. 5220. 5224. 5253. 5333. 5340. 5392. 5411 f. 6138–6141. 6167. 6305. 6365. 6514
Gottesdienst 4655. 5353
Gottesgnadenkraut 2576
Gottesurteil 1449
Gottfried (Familie) 7664
Gotthard (Heiliger)
s. Godehard (Heiliger)
Gottlieb, Karl 2063
Gottron, Adam 7164–7166
Gottsbühren 1344. 6849
Grabfeld 253. 415
Grabhügel 5901
s. a. Hügelgräberkultur
Grabstätten 805. 4772. 4839. 5391–5421
s. a. Friedhöfe
Grabstätten, vor- u. frühgeschichtl. 494. 506. 508. 516–523. 525 f. 528–531. 537–543. 549 f. 565 f. 568–571. 574 f. 582. 602–607. 658. 694. 706. 709. 716–718. 734–736. 740. 751 f. 767
Grabsteine, Grabplatten 4563. 5392. 5396. 5398. 5400–5407. 5409–5412. 5414 f. 5418 f. 6385. 6513. 7504 f. 7675
Gräfenhausen 3757. 7270 f.

Grävenwiesbach-Hundstadt
s. Hundstadt
Grafschaften 929–1009. 1053. 1454
Graphik, Zeichnungen 6175. 6208. 6229. 6241. 6243. 6249. 6269–6271. 6280. 6318. 6322. 6374–6382. 6645. 7478
s. a. Buchmalerei, Buchillustrationen
s. a. Kupferstiche
s. a. Landschaftsmalerei, Landschaftsansichten
s. a. Lithographien
s. a. Radierungen
s. a. Stahlstiche
Grasellenbach 3758
Graupner, Christoph 7167
Grebenau-Reimenrod
s. Reimenrod
Grebenau-Schwarz
s. Schwarz
Grebenhain-Nösberts-Weidmoos
s. Nösberts-Weidmoos
Grebenroth
s. a. Altenberg
Grebenstein 2088. 3759 f. 5176. 6850
Grebenstein-Udenhausen
s. Udenhausen (Kr. Kassel)
Gregorianik 7121
Greifenstein (Amt) 1665
Greifenstein (Burg) 5177. 6451–6454. 6686–6691
Greifenstein (Dorf) 1001–1003. 2574
Greifenstein-Allendorf
s. Allendorf (Ulmtal)
Greifenstein-Holzhausen
s. Holzhausen (Lahn-Dill-Kr.)
Greifenstein-Ulm
s. Ulm (Lahn-Dill-Kr.)
Greifenthal 4872 f.
Greiffenclau, Herren v. 4126
Greiffenclau, Richard Gr. Matuschka-
s. Matuschka-Greiffenclau
Greiffenclau v. Vollrads, Georg Friedrich, Eb. v. Mainz 893
Greifswald (Universität) 4299
Greineisen (Familie) 4485
Grenzebach (Familie) 4566a.
Grenzen, Grenzsachen 1480. 2182. 2185–2194. 2405
Grenzsteine, Grenzmale 386. 1467. 2195–2210
Griedel 683
Grien
s. Baldung, Hans

Griese (Familie)   2815
Griesheim (Frankfurt, Main)   3761. 7272
Grifte   3762
Grimm, Jakob   6024–6029. 6314. 7607
Grimm, Jakob Wilhelm   163. 5701
Grimm, Ludwig Emil   6227a
Grimm, Wilhelm   6024–6029. 6314. 7607
Grimmelshausen, Hans Jakob Christoph v.   6030
Grittmann (Familie)   7664
Groh, Heinrich   5514
Grolman, v. [großherzogl.-hess. Kriegsminister 1867–68]   1138
Grolman, Ludwig v.   1125
Grolsheim   2869
Gronau (Bad Vilbel)   684
Groos, Fritz   1891 f.
Groos, Marei   4486
Groschlag, Freiherren v.   4407
Groß, Richard   5540
Großalmerode   3763 f. 6965
Großalmerode-Epterode
  s. Epterode
Großauheim
  – Gebietsreform   2165
  – Geschichte   3765–3767
  – Schützenclub (1895)   1345
  – Sozialgeographie   1619
  – Verein für Bewegungsspiele (06)   7273
  – Volkskunde   3766
Großauheim-Wolfgang
  s. Wolfgang
Groß-Bieberau   5579
Groß-Bieberau-Rodau
  s. Rodau (Kr. Darmstadt-Dieburg)
Großen-Buseck-Trohe
  s. Trohe
Großendorf (Büdingen)   6966
Großenenglis   3531
Großen-Linden   1811a. 5178 f. 6780
Großenlüder
  – Amtshaus   6851
  – Geschichte   3768
  – Kaplanei   4988 f.
  – Pfarrholzfuhren   2435
  – Post   3249
  – Wasserversorgung   3091
Großenlüder-Bimbach
  s. Bimbach
Großenritte
  s. Baunatal
Groß-Felda   1382

Groß-Gerau (Kr., Land)
  – Archäologie, Frühgesch.   474. 737
  – Bier   2761
  – Fremdenverkehr   3282
  – Kautabak   7498
  – Krankenversorgung   1944
  – Kreissparkasse   2903
  – Schulwesen   5453
  – Silberbecher   7001
  – Weinbau   2375
  – Zeitungen   7452
Groß-Gerau (Stadt)
  – Apotheken   1922 f.
  – Archäologie   475
  – Banken, Sparkassen   2903 f.
  – Bier   2762 f.
  – Gaststätten   3301
  – Kunsthandwerk   7002
  – Landwirtschaft   2285
  – Synoden   4905
  – Turnverein (1846)   7274
  s. a. Dornberg
Großhandel   2845. 2856. 2863 f.
Groß-Karben   3769. 4990
Großkrotzenburg   3770
Groß-Umstadt   685. 1653
Groß-Winternheim   5180
Groß-Zimmern
  – Archäologie   459
  – Auswanderung   1641
  – u. Dieburger Mark   2180
  – Evangel. Kirche   5181
  – Familienkunde   4391
  – Flurnamen   5923
  – Geschichte   3771 f.
  – Häuser   6852
  – Juden   4604
  – Karten   363
  – Notzeiten   1764
  – Pfarreien   4991–4993
  – Schulen   5580–5582
  – Siedlungstopographie   2103
  – Umgebung   344
  – Vertriebene   1688
  – Wirtschaft   2722
Groß-Zimmern – Klein-Zimmern
  s. Klein-Zimmern
Grotefend, Georg Friedrich   5515–5517
Gruben   2502 f. 3014. 3018 f. 3021. 3030. 3036–3039. 3041. 3044. 3050. 3057
Grubingen   5091
Grünanlagen   6750. 6754
  s. a. Gärten

Grünberg (Raum)   443
Grünberg (Stadt)
  − Antoniter   4740 f.
  − Beschreibung   3773 f.
  − Geschichte   3122. 3775 f.
  − Schulen   5583
  − [als] Zentraler Ort   2148
Gründau   3777
Gründau-Hain-Gründau
  s. Hain-Gründau
Gründau-Lieblos
  s. Lieblos
Gründau-Niedergründau
  s. Niedergründau
Gründau (Gericht)   4318
Grünewald, Matthias   5122. 6228
Grüningen (Burg)   6692
Grünlandwirtschaft   2287. 2343−2345. 5673
Grunderwerbsteuer   1710
Grundgesetz   1240 f.
Grundherrschaft   738
Grundrechte   1180 f.
Grundschule   5454
Grundstücksübertragungsrecht   1496
Grunelius (Familie)   4487
Grupe, Heinrich   5518
Gudensberg   3778
Gudenus, Grafen   4408. 7669
Gülte   1498. 4370
Günderrode (Familie v.)   4409 f.
Günderrode, Friedrich Maximilian Frhr. v.   4410
Günderrode, Karoline v.   6031
Günther (Familie)   7664
Günzel, Manfred   6032
Güterbock, Gotthilde   7470
Güterverkehr   3322 f.
  s. a. Fuhrleute
  s. a. Transportunternehmen
Güterverzeichnisse   1038. 1043. 1535
Güthling, Wilhelm   164
Guggenberger, Ernst   6947
Gundernhausen   7634
Gundersheim   3779 f. 5924
Gundheim   7646
Guntersblum   6556
Guntershausen   3162. 6853
Guntrum (Familie)   7664
Gustavsburg   631. 3302. 3781. 7647
  s. a. Ginsheim-Gustavsburg
Gutenberg, Johannes   7372 f. 7376−7378. 7670

Gutenfels (Burg)   6559
Guxhagen   3120. 3172
Gwinner, Arthur v.   2838
Gymnasien   5431. 5461. 5477. 5544. 5561. 5564 f. 5567. 5579. 5587. 5593. 5610 f. 5617−5620 f. 5623
Gyraulus-Kalke   5077


H

Haarhausen (Vogelsbergkr.)   3783
Haas, Wilhelm   2242. 3366
Haas'sche Situationskarte   358 f.
Habel, Christian Friedrich   165
Habichtswald-Dörnberg
  s. Dörnberg
Habichtswald-Ehlen
  s. Ehlen
Habichtswald (Naturpark)   2491. 7602
Hachenburg, Alexander Gr. v.   6675
Hachenburg (Land)   7482
Hachenburg (Stadt)   1650. 3180. 3784. 6455−6458
Hadamar (Schloß)   3785
Hadamar (Stadt)
  − Familienkunde   3785
  − Geschichte   3785
  − Glasfachschule   5796
  − Jesuiten   4742
  − Krankenhaus   1962
  − Stadtjubiläum   3437
  − Zünfte   2738
Hadamar-Oberweyer
  s. Oberweyer
Hadrossek, Paul   5801
Häfen   690−692. 3339. 3341. 3348−3351
Häffner-Pilgrim, Maria   6033
Häfnerei
  s. Töpferei
Hähnlein   3786
Haenisch, Wolf   34
Häuser, Hagen F.   6947
Hagemann, Carl   7040
Hagen (Dreieichenhain: Burg)   7491
Hagenau   581
Hagenbusch (Familie)
  s. Hasenfuß (Familie)
Hagestolzenrecht   1449
Hagiographie
  s. Heilige
Hahn, Albert   6229
Hahn, Hermann   6514

Hahn, Otto   4488
Hahn (Kr. Darmstadt-Dieburg)   1668.
  2345. 2405. 4887–4890
Hahn (Rheingau-Taunus-Kr.)   3787. 7084
Hahnheim   6854
Haiger (Amt)   1041. 4314
Haiger (Stadt)
  – Beschreibung   3788
  – Brandschutz   1812
  – Evang. Pfarrkirche   5182
  – Familienkunde   4314. 4344 f.
  – Geschichte   3789
  – Stadtgericht   1512
  – Volkskunde   3789. 7481
Haiger-Allendorf
  s. Allendorf (Haiger)
Haiger-Flammersbach
  s. Flammersbach
Haiger-Haigerseelbach
  s. Haigerseelbach
Haiger--Langenaubach
  s. Langenaubach
Haiger-Oberroßbach
  s. Oberroßbach
Haiger-Sechshelden
  s. Sechshelden
Haiger-Steinbach
  s. Steinbach (Lahn-Dill-Kr.)
Haigergau   2094
Haigerseelbach   1346. 1813
Hailer   2563. 5349
Hain (Burg)
  s. Hagen (Dreieichenhain: Burg)
Haina (Hof b. Rodheim-Bieber)   6361 f.
Haina (Kloster)   1963. 4743 f. 6291–6295
Hainböhl (Wald b. Ober-Ramstadt)   2437
Hainburg-Klein-Krotzenburg
  s. Klein-Krotzenburg
Haindl, Hermann   6230
Hain-Gründau   1809
Haintchen   4994. 7085
Haitz   3790
Haldenwang, Christian H.   6174
Haldorf   3791
Haldy, Bruno   2516
Halle (Saale)   7013
Hallgarten   5332
Hallstattzeit   546–550. 565 f. 568. 573. 581 f.
Hallstein, Walter   4489
Halsgerichte
  s. Hochgerichte
Haltupderheide, Johannes   4730
Hambach (Kr. Bergstraße)   7275

Hamburg   223. 4303. 5975
Hammann. Peter   366
Hammelburg   7648
Hammer, Gustav Herrmann   7440
Hammer, Wilhelm Aribert   2052
Hammerstein, Graf Otto v. u. seine Gemahlin Irmgard   804
Hammerwesen   2987. 2999. 3004
  s. a. Hüttenwesen
Hammundeseiche (Wü. im Seulingswald b. Friedewald)   2226
Hanau-Lichtenberg (Grsch.)   987. 1024
Hanau-Münzenberg (Grsch.)   817. 986. 6789
Hanau (Kr., Land, Raum)   1871. 2165. 6797
Hanau (Provinz)   7695
Hanau (Stadt)
  – Beschreibung   3792–3794
  – Brüder-Grimm-Denkmal   6314
  – Deutscher Alpenverein   7213
  – Deutsches Goldschmiedehaus   6459. 6855
  – Familienkunde   4504
  – Geschichte   1149. 1203–1205
  – Hafen   3351
  – Hinrichtungen   1554
  – Historisches Museum   6323
  – Hochgericht   1452
  – Industrie   2949 f. 2964
  – Juden   4605 f.
  – Keramik   6948
  – Männerquartett Frohsinn (1925)   7086
  – Modellbau-Club   7353
  – Philatelie   3250
  – Rathaus, Altstädter   6855
  – Revolution (1848–49)   1149
  – Revolution (1918/19)   1203–1205
  – Sport   7276–7279
  – Volksbühne   7033
  – Zeitungen   7453 f.
  s. a. Bärensee
  s. a. Philippsruhe (Schloß)
  s. a. Wilhelmsbad
Hanau-Großauheim
  s. Großauheim
Hanau-Kesselstadt
  s. Kesselstadt
Hanau–Klein-Auheim
  s. Klein-Auheim
Hanau-Mittelbuchen
  s. Mittelbuchen
Hanau-Steinheim
  s. Steinheim (Main)

Hanau-Wolfgang
    s. Wolfgang
Hanauer Anzeiger   7453 f.
Hanauer Turnerwehr   1150 f. 4606
Handballvereine   7221. 7229 f. 7299. 7301. 7308. 7311
Handel, Handelsgeschichte   1659. 2694 f. 2699. 2785. 2812–2871. 2877. 2997. 3124. 3820
    s. a. Buchhandel
    s. a. Firmengeschichte
    s. a. Weinbau
Handelskammern
    s. Industrie- und Handelskammern
Handelsstraßen
    s. Fernstraßen
Handschriften   44–68. 80. 188. 908. 1475. 4403. 4661. 4666. 7079
    s. a. Buchmalerei
Handwerk   680 f. 2684. 2699. 2725–2748. 3820. 5327. 7507. 7549 f.
    s. a. Firmengeschichte
    s. a. Gewerbe
    s. a. Köhlerei
    s. a. Schmieden
    s. a. Töpferei
    s. a. Zünfte
Handwerkerbünde   2728
Handwerkerschulen   5805
Handwerkskammern   2729. 2736
Handwerkszeichen   7676
Hangelstein   533
Hannappel, Jakob   5059
Hannover (Kgr.)   1197
Hannover (Raum)   2160
Hannover (Stadt)   3170. 3706
Hannoversch Münden
    s. Münden
Hanse   2813
Hardeck (Gemarkung b. Büdingen)   5925
Hardenberg, Karl August Fürst v.   999
Harheim   3795. 5908
Harleshausen   1365. 2087. 2549. 3796. 4346
    s. a. Firnkuppe
Harmuthshausen [Gut]   769
Harnier, Wilhelm v.   6016. 6231
Harnier zu Echzell (Familie v.)   82
Harpokrates   630
Harreshausen   2550
Hartenrod (Kr. Marburg-Biedenkopf)   3797
Hartershausen
    s. a. Seeburg
Harth, Philipp   6318 f.

Hartig, Georg Ludwig   2415 f.
Hartlieb, Johann   47
Hartmann (Familie)   4489a
Hartmann, Moritz   1196
Hartmut (XII.) v. Kronberg   4844
Harz   3082. 4303
Haselhuhn   2596
Haselier, Günther   166
Hasenfuß (Familie)   4490
Hasselbach (Hochtaunuskr.)   3798. 7087
Hasselborn   4880 f.
Hasselroth-Gondsroth
    s. Gondsroth
Hasselroth-Niedermittlau
    s. Niedermittlau
Hassenroth   7517
Hasslocher, Johann Adam   5351
Hasungen (Kloster)   4745–4749
Hattenrod   3799 f.
Hattersheim   3801
Hattersheim-Okriftel
    s. Okriftel
Hattstein (Familie v.)   5396
Hattstein, Conrad v.   1018
Hattstein (Burg)   6693
Hattstein (Herrschaft)   822
Hatzfeld   2214. 5378
Hatzfeld (Haus)   7710
Hatzfeldt-Wildenburg (Haus)   785
Haubach, Theodor   1219–1221
Hauberge   2447–2450
Haubruch, Hans Georg   5080
Hauck (Familie)   4394 f.
Haueisen, Wolfgang (Musikverlag)   7142
Hauneck (Amt)   1042
Hauneck (Burg)   1042
Haunetal-Oberstoppel
    s. Oberstoppel
Haunetal-Wehrda
    s. Wehrda (Kr. Hersfeld-Rotenburg)
Haupt, Johann Christian   5048
Hauptmann, Eckhart   6034
Haus, Hausbau   3419. 6770–6919
Hausen (über Aar)   3802, 4572. 7088
Hausen (Wü. b. Lich)   2092
Hausen (Kr. Offenbach)-Obertshausen
    s. Obertshausen
Haushalt, öffentlicher   1285 f. 3410 f. 3413–3415
Haushaltswissenschaft   2290 f.
Hausierer
    s. Landgänger

Hausindustrie
  s. Heimgewerbe
Hausinschriften   7592–7594. 7596–7599
Hauslei (Felsen b. Weilburg)   4215
Hausnamen   5872 f.
Head, Francis   2071
Hebammen   1866. 3128. 5734
Heckershausen
  s. a. Firnskuppe
Heddernheim
  – Römerzeit   584. 591. 610. 632–637. 672. 677. 6426
Heeresreformen
  s. a. Oranische Heeresreform
Hegel, Georg Wilhelm Friedrich   6014
Heidelberg   337. 796. 3462. 5989. 6167
Heidenkringen (Kastell)   618
Heidenrod-Dickschied
  s. Dickschied
Heidenrod-Egenroth
  s. Egenroth
Heidenrod-Grebenroth
  s. Grebenroth
Heidenrod-Hilgenroth
  s. Hilgenroth
Heidenrod-Kemel
  s. Kemel
Heidenrod-Laufenselden
  s. Laufenselden
Heidenrod-Niedermeilingen
  s. Niedermeilingen
Heidenrod-Springen
  s. Springen
Heidenthal, Peter Joseph   167
Heidersdorf (Familie)   4491
  s. a. Heydersdorff (Familie)
Heidesheim   4995
Heil, Jakob   4163
Heilfurth, Gerhard   5751. 5751a
Heilige, Heiligenverehrung   4654. 4657–4686. 4779
Heiligenberg [b. Altendorf, Kr. Kassel]   426
Heiligenborn (b. Laasphe)   2054
Heiligenrode   2113. 3803
Heiligenstock (Planungsgruppe in Ffm)   3693a
Heilpädagogik   1968
Heilquellen, Mineralquellen   1834. 2046–2081
Die Heimat (Zeitung in Erbach, Odenwald)   7438
Heimatforscher
  s. Landeshistoriker

Heimatmuseen   6355 f. 6360–6364. 6448. 6455–6458. 6465. 6484 f. 6502–6509. 6524 f.
  s. a. Museen
Heimatspiegel (Groß-Gerau)   7452
Heimatstuben   6352
Heimatvereine
  s. Geschichtsvereine
Heimatvertriebene
  s. Flüchtlinge
Heimau (Wüstung b. Löhnberg)   3140
Heimerad   4745 f.
Heimes, Valentin   905
Heimgewerbe   1760. 2239
Hein, Johannes
  s. Heyn
Heina   4996
Heinebach
  s. a. Heineberg
Heineberg [b. Heinebach]   713 f.
Heineck, Friedrich   5519
Heinrich I., Dt. Kg.   811
Heinrich IV., Dt. Kg.   4551b
Heinrich III. Gr. v. Nassau [-Dillenburg]   938
Heinrich Ludwig Karl Albert Erbprinz v. Nassau-Saarbrücken   962 f.
Heinrichrode (Wüstung)   502
Heinzemann [b. Ehringshausen (Vogelsbergkr.)]   413
Heister, Lorenz   1893
Heithecker, Juliane   6035
Heizungshandel   2853. 2863
Held, Heinrich   1201
Heldenbergen (Kastell)   638 f.
Helferskirchen   3804. 5584
Helff (Familie)   4493
Hellenismus   6487
Hellingk, Hermanus   4772
Hellweg   6639
Helmarshausen (Abtei)   809. 3805
Helmarshausen   3805
Helsa   4347
Helsa-Eschenstruth
  s. Eschenstruth
Helsa-St. Ottilien
  s. St. Ottilien
Helsa-Wickenrode-Helsa
  s. Helsa
Hemsbach (Bergstr.)   4348
Henkel (Familie)   7168
Henkel, Michael   7169

Henker
  s. Scharfrichter
Henneburg  6694
Henrich, Hans  2858
Henriette Alexandrine Friederike Wilhelmine Prinzessin v. Nassau-Weilburg  971
Hensel, Karl Paul  5752
Hensel, Marie  4494
Henss (Familie)  4495
Hepp (Familie)  6320
Heppenheim (Amt)  1043
Heppenheim (Mark)  2181. 2193
Heppenheim (Raum)  1555. 7620
Heppenheim (Stadt)
  – Adreßbuch  3806
  – Allmende  2182
  – Energiewirtschaft  3071
  – Fußballclub Starkenburgia (1900)  7280 f.
  – Grabstätten  5405
  – u. Liebig, Justus  5687
  – [in d.] Literatur  5989
  – Sagen  7620
  – Stadtgericht  1513
Heppenheim-Hambach
  s. Hambach (Kr. Bergstraße)
Heppenheim-Mittershausen
  s. Mittershausen
Heppenheim-Ober-Laudenbach
  s. Ober-Laudenbach
Heraldik
  s. Wappen
Herber (Familie)  7664
Herber, Johann Georg  1081
Herber, Richard  6232 f.
Herbert, Adam  1919
Herborn, Heinrich  2821
Herborn (Hohe Schule)  1924. 5698–5703
Herborn (Stadt)
  – Apotheken  1924
  – Brandschutz  1814
  – Familienkunde  4349 f.
  – Geschichte  3807
  – Gewerbe  2792 f. 2802
  – Häuser  6856–6858
  – Münzfunde  6514
  – Museum  6460
  – Töpferei  6967
Herborn-Burg
  s. Burg (Lahn-Dill-Kr.)
Herborn-Herbornseelbach
  s. Herbornseelbach

Herborn-Schönbach
  s. Schönbach (Lahn-Dill-Kr.)
Herbornseelbach  756
Herbstein-Altenschlirf
  s. Altenschlirf
Herdorf  3010. 7628
Hergeresfeld (Wü. b. Wirtheim)  2227
Hering  7282
Heringen (Werra)  1510
Herleshausen  3808
Hermann, Josef Walter  6234
Herrnhaag  4930 f.
Herrnhuter Brüdergemeine  4930 f.
Herrnschmid, Johann Daniel  5060
Herrnsheim  569
Herrnsheim (Schloß)  6695
Herrschaften  1010–1031
Hersfeld (Abtei)  922. 4717. 4745. 4750 f.
Hersfeld (Kr., Land)  1773. 4868. 5423 f. 5490. 5495
Hersfeld (Stadt), Bad
  – u. Amerikanischer Unabhängigkeitskrieg  1390
  – Bürgerschützen  1347
  – Fremdenverkehr  3303
  – Geschichte  1199. 3809–3811
  – Geschichtsverein  132
  – Gewerbe  2781. 2794
  – Handwerk  3011
  – Hochzeitsbräuche  7511
  – (ehem.) Klosterkirche  5391
  – Klosterschule  5585
  – Krankenversorgung  1959. 1964
  – Lullusfest  7192
  – Militärgeschichte  1289
  – Ölmühle  2781
  – Pfarrer  5049
  – Reformation  4827. 4849
  – Sparkasse  2905
  – Stadtkirche  5379–5381
  – Töpferei  6968
  s. a. Eichhof (Schloß)
Hersfeld-Rotenburg (Kr.)  1379. 2905. 3376. 5360. 5822 f.
Hess, Georg  1682
Hess, Marielies  6143
Hesselbach, Walter  2886
Hessen
  – Ansichten  6177 f.
  – Bauernkrieg  1351–1354
  – Burgen  6626
  – Geschichte  786–789. 807. 815. 852. 1197. 1202. 1218. 1351–1354

Orts-, Personen- und Sachregister 675

- Historischer Atlas 347
- Historisches Ortslexikon 787. 1096. 1144 f. 2086
- Schlösser 6626–6631
- u. Vereinigte Staaten 1661
s. a. Bau. u. Kunstdenkmäler
s. a. Landeskunde
s. a. Mittelhessen
s. a. Nordhessen
s. a. Oberhessen
s. a. Raumordnung
s. a. Reiseführer
s. a. Südhessen
Hessen (Bundesland) 1231–1288
- Abwasserwesen 3079
- Agrarpolitik 2272–2277. 2303–2305
- Arbeitsplätze 1598
- Architektenrecht 6920
- Bau- u. Kunstdenkmäler 6526. 6531
- Berufliche Bildung 2684 f. 5479. 5774. 5810
- Bevölkerung 1596–1598. 2679
- Bürgerhäuser 3419
- Denkmalpflege 6579–6594
- Eisenbahn 3169
- Erziehung u. Bildung 2684 f. 5433–5441. 5443. 5445. 5454. 5456. 5459–5464. 5466–5479. 5482–5485. 5502 f. 5634–5638. 5774. 5810
- u. Europa 1237
- Fachhochschulen 5774
- Feuchtgebiete 2489
- Firmenverzeichnisse 2687 f.
- Flächenschutzkarte 2485–2487
- Forstpolitik, Forstwesen 2275. 2410–2414. 2417–2419. 2485. 2582
- Fremdenverkehr 3270–3273
- Gärten 6629–6631. 6749
- Gebietsreform 1276–1279
- Gemeinden 3403–3419
- Geschichte 1231–1234. 1236
- Gesetze, Gesetzgebung 1244. 1287 f. 1446–1448. 1710. 1854. 2475–2479. 2872
- Gewerbe 2725. 2755. 2823
- Handel 2823–2825
- Haushalte, öffentliche 1285 f.
- Hochschulen, Universitäten 5634–5638
- Industrie 2915
- Innenpolitik 1265
- Institut für Lehrerfortbildung 5503

- Jugendarbeit, Jugendclubs 2030 f. 7333
- Justizpolitik 1445
- Justizvollzug 1545 f. 1557
- Kirche u. Staat 4622
- Kommunalwesen 3354. 3403–3419. 3438
- Kreise 3354. 3408 f. 3438
- Kulturgeschichte 7331
- Kulturpolitik 6333. 7331
- Kultusminister 5438
- Kunst, Bildende 6143
- Landesbank 2873
- Landesbibliotheken
s. Landesbibliotheken
- Landesbildstelle 5443
- Landesentwicklungsplanung 1598. 2167–2173. 5436
- Landeskulturverwaltung 384
- Landeswohlfahrtsverband 1994. 2031
- Landschaftspflege 2474–2477. 2479–2482. 2485–2487. 2490
- Landtag 1248–1250
- Landtagswahlen 1251. 3676. 3867
- Landwirtschaft 2270 f. 2278–2283. 2331–2333. 2336. 2393 f. 2399 f.
- Museen 6332–6337
- Museumsverband 6332
- Naturparke 2490
- Naturschutz 2474–2482. 2489 f. 2582. 2602 f. 2629 f. 2637–2639. 2655. 2667
- Öffentlicher Dienst 1281–1283
- Ortsverzeichnis 3403 f.
- Polizeigesetz 1287 f.
- Polizeischule 5810
- Regierungen 1259–1266
- Sanierungen 3439–3443
- Schlösser 6336 f. 6628–6631
- Schulwesen 5433–5436. 5439–5441. 5445. 5454. 5456. 5459–5464. 5466–5479. 5502 f. 5634–5638. 5774. 5810
- Sozialisierung 1238 f.
- Sozialpolitik 1993–1996
- Sparkassenrecht 2872
- Staatsarchive
s. Staatsarchive
- Staatsgerichtshof 1245
- Städte 3438
- Städtebau 3439–3443
- Statistik 1235
- Straßen, Straßenbau 3118 f.

- Technik 2677
- Umweltpolitik 2275
- Umweltschutz 2629 f. 2637–2639. 2655 f. 2667. 3079
- Verbraucherpolitik 2686
- Verfassung 1240–1247. 5433. 5469
- Verfassungberatende Landesversammlung 1249
- Verkehr 2677. 3095 f. 3118 f. 3169. 3195 f. 3203. 3270–3273
- Vermessungswesen 379–385
- Verwaltung, Verwaltungsreform 1274–1280. 2411
- Verwaltungskostenrecht 1284
- Wassergesetz 385
- Wasserversorgung 3079
- Wildparke 2582
- Wirtschaft 2676–2680. 2682. 2684– 2688. 2719. 2725. 2755. 2823–2825. 2872 f. 2915

Hessen (Deutschordensballei) 4802–4804
Hessen (Evangelische Landeskirche) 4901
s. a. Evangelische Kirche in Hessen u. Nassau
Hessen (Ghzt.)
- Ansichten 6182 f.
- Arbeiterbewegung 1136
- Auswanderung 1638. 1659. 1681
- Betriebskrankenkasse 1716
- Biographien 4295
- Code Napoléon 1442
- Flurbereinigung 2213
- Geschichte 1081. 1095–1143. 1155
- Hofkalender 6173 f.
- Militärgeschichte 1295. 1408. 1410. 1422
- Ortslexikon 1096
- Post 3228 f.
- Sozialdemokratie 1136
- Strafgesetzbuch 1544
- Verwaltung 1097
- Verwaltungsgerichtsbarkeit 1444
- Zünfte 2735

Hessen (Haus) 849. 7680
- Philipp (d. Großmütige) Lgr. v. 852. 855. 1009. 4811 f. 4821

Hessen (Kft.)
- Annexion (1866) 1197
- Ansichten 6179 f.
- Auswanderung 1675
- Bauernbefreiung 1691
- Bauwesen 6772
- Burgen 6634–6636

- Familienkunde 1318
- Geschichte 994. 1144–1153. 1155. 1197. 1420 f.
- Kriminalfälle 1554
- Militärgeschichte 1294 f. 1318. 1419– 1421
- Ortslexikon 1144 f.
- Raiffeisenbewegung 2240
- Revolutionen 1147–1153
- Schlösser 6635
- Vermessungswesen 367
- Wirtschaft 2809

Hessen (Lgrsch.)
- Bergrecht 2985
- Erziehung u. Bildung 5422
- Geschichte 849–871
- Geschichtsquellen 88. 90 f.
- Grenze 2185–2188. 2195
- Handelsgeschichte 2812
- Hessenlied 7555
- Reformation 4813–4816. 4826. 4840–4843. 5422
- Söldnerführer 1323
- Studenten 4299
- Wirtschaftsgeschichte 2812. 2985

Hessen (Volksstaat)
- Betriebskrankenkasse 1716
- Geschichte 1202. 1208–1210. 1212. 1214–1226
- Kirchenkampf 4901
- Nationalsozialismus 1214–1226. 4901
- Ortslexikon 1096
- Revolution (1918–1923) 1202. 1208– 1210
- Vermessungswesen 380
- Verwaltungsgerichtsbarkeit 1444

Hessen und Nassau (Evang. Kirche) 4903. 4911. 5486
Hessen-Braubach 89
Hessen-Butzbach 89
- Philipp III. Lgr. v. 871

Hessen-Darmstadt (Ghzt.)
s. Hessen (Ghzt.)
Hessen-Darmstadt (Haus) 862. 864. 1140. 6176. 6648. 6998
- Alexander Prinz v. Hessen 7699
- Alice Ghzgn. 1139 f.
- Caroline Lgrn. 4415
- Ernst-Ludwig Ghzg. 1143
- Georg Prinz († 1705) 1373 f.
- Ludwig IX. Lgr. 5078
- Ludwig I. Ghzg. 1137
- Ludwig IV. Ghzg. 1138

- [Albertine] Luise Lgrn. v. 863
- Viktoria Prinzessin 1141 f.
Hessen-Darmstadt (Lgrsch.)
- Geschichte 862–866
- Grenze 2187 f. 2192
- Kirchengeschichte 4923
- Verwaltung 1097
- Wohnungsbau 1695
- Zünfte 2735
Hessen-Darmstadt (Volksstaat)
s. Hessen (Volksstaat)
Hessen-Eschwege 89
Hessen-Homburg (Haus)
- Christiane Charlotte Lgrn. v. 869
Hessen-Homburg (Lgrsch.)
- Archivalien 89
- Geschichte 867–869
- Vermessungswesen 368
- Verwaltung 3421
- Zeitungswesen 7457
Hessen-Kassel (Haus) 6479
- Friedrich II. Lgr. v. 861. 7688
- Karl Lgr. v. 859. 5605. 7687
- Wilhelm IV. Lgr. v. 1058
Hessen-Kassel (Kft.)
s. Hessen (Kft.)
Hessen-Kassel (Lgrsch.)
- u. Amerikanischer Unabhängigkeitskrieg 1385–1395. 1397
- Branntwein 1728
- Denkmalpflege 6575
- Familienkunde 1318
- Geschichte 857–861. 1146
- Geschichtsquellen 92 f.
- Gesundheitswesen 1855
- Glaubensflüchtlinge 4865. 4893
- Hof, Residenz 1399 f.
- Kirchengeschichte 4919
- Militärgeschichte 1318. 1359. 1385–1395. 1397
- Wirtschaftsgeschichte 2784
Hessen-Marburg (Lgrsch.) 1855
Hessen-Nassau (Provinz)
- Evangelische Kirche 4900
- Geschichte 1197–1200. 1202–1207. 1211. 1213. 1218. 1227–1229
- Nationalsozialismus 1218. 1227. 1229
- Revolution (1918–1923) 1202–1207
Hessen-Nassauische landwirtschaftliche Berufsgenossenschaft (Kassel) 2241
Hessen-Nassauische Versicherungsanstalt (Wiesbaden) 2874

Hessen-Philippsthal 89
Hessen-Rheinfels 89
Hessen-Rotenburg (Haus) 870
Hessenborn (Zeitschrift) 5956
Hessenkolleg 5462. 5624
Hessenlied 7555
Hessenpark 3025. 6340–6350
Hessenplan 1267. 1271 f.
Hessentag 72. 7188–7190
Hessenthal 5091
Hessisch Lichtenau 3812
Hessisch Lichtenau-Reichenbach
s. Reichenbach (Werra-Meißner-Kr.)
Hessisch Lichtenau-Velmeden
s. Velmeden
Hessische Blätter für Volks- und Kulturforschung 6628
Hessische Brandversicherungsanstalt (Kassel) 1780
Hessische Gemeindeordnung 3407–3409
Hessische Landesbank
s. Hessen (Bundesland)/Landesbank
Hessische Landkreisordnung 3408 f.
Hessische Ludwigsbahn 3180
Hessische Mundart
s. Mundart
Hessische Rechtspartei 1200
Hessische Rhön
s. Rhön
Hessische Spielgemeinschaft (Darmstadt) 7020
Hessische Vereinigung für Volkskunde 7468
Hessischer Gemeindetag 3417
Hessischer Landbote 1112–1114
Hessischer Turnverband 7217
Hessisches Feldschutzgesetz 2478
Hessisches Forstschutzgesetz 2478
Hessisches Gesetz über d. öffentl. Sicherheit u. Ordnung [HSOG] 1287 f.
Hessisches Institut für Lehrerfortbildung 5503
Hessisches Krankenhausgesetz 1854
Hessisches Landschaftspflegegesetz 2475–2477. 2479
Hessisches Ried 332 f. 1046. 2324. 4390. 4724. 5858. 6791
Hessisches Schiedsmannsgesetz 1446
Heßloch 2040. 7659
Hetmann, Frederik 6063
Hettenhain 3813
Heuchelberg 337

Heuchelheim (Kr. Gießen)   1614. 1765.
    3814. 7502
Heuernte   2239
Heusenstamm   3815. 5183
Heusinger, Carl Friedrich   1894
Heuss (Familie)   4857
Heuzert   2771
Hexenwesen   1578–1581. 6101
Heyden, Susanne v.   6031
Heydersdorff (Familie)   4492
    s. a. Heidersdorf (Familie)
Heyer (Flurname)   5909
Heymann, Otto   1895 f.
Heyn, Johannes   2806
Hiepe, Friedrich   1483
Hilchenbach   3816
Hildegard v. Bingen 1850 f. 4630. 4669–4673
Hildegardis-Schwestern   4760
Hildenburg   915
Hilders-Brand
    s. Brand (Rhön)
Hilders-Eckweisbach
    s. Eckweisbach
Hilgenroth   109
Hiller, Ferdinad   7170
Hiller, Ottomar   3586
Hillscheid   5840
Himmelfahrt (i. d. Kunst)   6384
Himmelfahrtsbräuche   7539
Hindemith, Paul   7171
Hinkelsteinkultur   485 f. 495. 508
Hinrichtungen   1554 f.
Hinterglasmalerei   6176
Hinterland, Biedenkopf (Kr.)
    – Adreßbuch   3365
    – Agrarstrukturplanung   2306
    – Archäologie   400. 552
    – Brauchtum   7512. 7543
    – Dreißigjähriger Krieg   1361
    – Erweckungsbewegung   4935 f.
    – Flurnamen   5904
    – Geschichte   3364
    – Grenze   2188
    – Inschriften   7593
    – u. Nationalversammlung (1848)   1186
    – Reisebeschreibung   273
    – Revolution (1848/49)   1124
    – Stickereien   7011
    – Vogeljagd   2452
    – Zimmerleute   2810. 7593
Hintersteinau   1815

Hirschfeld (Familie)   4496
Hirschhorn   4752
Hirschhorn-Langenthal
    s. Langenthal (Kr. Bergstraße)
Hirschzunge (Pflanze)   2577
Hirtenhäuser   6849. 6870
Hirzenhain (Lahn-Dill-Kr.)   1366. 7003
Hirzenhain (Wetteraukr.)   3817. 5184
Historische Demographie
    s. Bevölkerungsgeschichte
Historismus   6627
Hitlerjugend   4901
Hitzerode   4300
Hoch (Familie)   4497. 7671
Hoch, Joseph   4497. 5782. 7172
Hochelheim   570
Hochgerichte, Halsgerichte   1452. 1543
Hochhäuser   6837–6840
Hochheim (Main)
    – Beschreibung   3818
    – Evang. Kirche   5185 f.
    – Familienkunde   4351
    – Geschichte   3819
    – Gewerbe   2740
    – Grenzsteine   2207
    – Katasteramt   386
    – Markt   2849–2852
    – Radfahrerverein (1899)   7283
    – Weiher   2540
    – Weinbau   2376–2379
    – Zehntscheuer   6859
Hochheim (Main)-Massenheim
    s. Massenheim (Main-Taunus-Kr.)
Hochschulbibliotheken,  Universitätsbibliotheken   17. 19–21. 33–37. 44–50. 56–61. 110. 4302. 6136. 7079. 7385
Hochschuldidaktik   5649. 5725 f.
Hochschulen   5634–5772
    s. a. Fachhochschulen
    s. a. Universitäten
Hochschullehrer
    s. Gelehrte
Hochschulrecht   5635–5637
Hochstadt   1603
Hochtaunus
    s. a. Taunus
Hochtaunus (Naturpark)   304
Hochtaunuskreis   2313
Hochwaldhausen (Bergschule)   5586
Hochwassernachrichtendienst   3223
Hochzeit   7508. 7510–7512
Hockeyvereine   7247. 7287

Höchst (Main)
- Antoniter 4753
- Archäologie 640
- Automobilclub 3198
- Bezirksbad 3827
- Bolongaropalast 6861 f.
- Einwanderung 1689
- Fachwerk 6860
- Familienkunde 4352
- Farbwerke 1715. 1724. 1754. 1936. 2652. 2952–2961. 3825
- Fischerei 2469
- Geschichte 3821–3826
- Gesellschaft für Gemeinnützigen Wohnungsbau 1755
- Helene-Lange-Schule 5587
- Industrie 1715. 1724. 1754. 1936. 2652. 2951–2961
- Jugendbildungswerk Main-Taunus 5449
- Justinuskirche 6167
- Katasteramt 386
- Museum für Höchster Geschichte 6461 f.
- Neustadt 6861
- Porzellan, Fayence 6490. 6948. 6988–6993
- Revolution (1848/49) 1091
- Römerzeit 640
- Schlachten 6514
- Schlachthof 2402
- Schloßgarde 7089
- Schützenverein 1348
- Sport 7284–7288
- Zeitungen 7455

Höchst (Main-Kinzig-Kr.)
- Archäologie 3820
- Geschichte 3820. 4270
- Kirchengeschichte 4998
- Schulgeschichte 5588
- Siedlungsgeographie 2093
- Vereine 7354
- Wirtschaft 2699

Höchst (Odenwald) 1653. 3158. 7090
Höchst (Odenwald)-Hassenroth
s. Hassenroth
Höchster Kreisblatt 7455
Höfe, Güter 691. 737. 753. 1058. 2232 f. 2255–2269. 2465. 3274. 3310. 3795. 4451. 4541. 4709 f. 4724. 4783. 4785. 7092
s. a. Betriebe, Landwirtschaftliche
s. a. Haus, Hausbau s. a. Villa, römische

Höfe [b. Dreihausen] 749
Hoeffler, Adolf 6235
Höheres Schulwesen 5431
s. a. Gesamtschulen
s. a. Gymnasien
s. a. Oberrealschulen
Höhlenbrüter 2597
Höhn 3828
Höhnscheid 2186
Höhr-Grenzhausen 5797. 6463
Hölderlin, Friedrich 6002. 6036–6038
Hönehaus (Kastell) 611
Höringhausen 4353
Hörner, Martin 2004
Hofbibliotheken 4661
Hoff, Ferdinand 1897
Hoffmann (Familie) 4524
Hoffmann, Hans Ruprecht 6321
Hoffmann, Heinrich 1898. 6040–6043
Hoffmann, Johann Adam 2521
Hoffmann, Johann Heinrich Anton 7046
Hoffmann, Josef 168. 5520. 6044
Hoffmann, Johann Michael 1899
Hoffmann v. Fallersleben, August Heinrich 6039
Hoffmeister, Reinhart 5965
Hofformen 6782
Hofgeismar (Kr., Raum) 96. 1620. 2314. 7539
Hofgeismar (Stadt)
- Albert-Schweitzer-Schule 5589
- Apotheken 1925
- Archäologie 499. 770
- Beschreibung 3829
- Familienkunde 4545
- Geschichte 3828a
- Gesundheitsbrunnen 6759
- Museum 453
- [ehem.] Stiftskirche Liebfrauen 5187 f.

Hofgeismar-Beberbeck
s. Beberbeck
Hofgeismar-Carlsdorf
s. Carlsdorf
Hofgeismar-Friedrichsdorf
s. Friedrichsdorf (Kr. Kassel)
Hofgeismar-Kelze
s. Kelze
Hofgeismar-Schöneberg
s. Schöneberg
Hofheim (Kr. Bergstraße) 4354
Hofheim (Taunus)
- Ansichten 6230

- Archäologie 444. 589. 641 f.
- Beschreibung 3830
- Geschichte 3831
- Kath. Gemeindezentrum 6940
- Kirchengeschichte 4921
- Römerzeit 589. 641 f.

Hofheim (Taunus)-Diedenbergen
s. Diedenbergen
Hofheim (Taunus)-Wallau
s. Wallau (Main-Taunus-Kr.)
Hofheim (Taunus)-Wildsachsen
s. Wildsachsen
Hofheim (Taunus: Kastell) 641 f.
Hofmann, Konrad 6045
Hofmann, Samuel 6236
Hofstetter, Roman 7046
Hogelin (Familie) 4498
Hogelin, Agnes 982. 4498
Hohe Mark (Taunus) 2204
Hohenahr-Hohensolms
s. Hohensolms
Hohenahr-Mudersbach
s. Mudersbach
Hohenberg (Familie v.) 4446
Hoheneiche-Oetmannshausen
s. Oetmannshausen
Hohengeroldseck 988
Hohenhain (Hof) 2255
Hohenlohe 338
Hohenroda-Ausbach
s. Ausbach
Hohenroda-Mansbach
s. Mansbach
Hohenroda-Ransbach
s. Ransbach (Kr. Hersfeld-Rotenburg)
Hohenseelbach (Burg) 6049. 6696
Hohensolms (Burg) 7355
Hohenstein 4479, 5050
Holland
s. Niederlande
Hollmann, Heinrich 169
Holzamer, Wilhelm 6046 f.
Holzburg 6464
Holzhandel 2830
Holzhausen (Familie v.) 7672
Holzhausen, Adolph v. 5512
Holzhausen, Anna v. 6404
Holzhausen, Carl v. 5512
Holzhausen, Friedrich v. 5512
Holzhausen, Justinian v. 6404
Holzhausen (a. d. Haide: Kastell) 643
Holzhausen (Kr. Kassel) 3832. 4355. 5051

Holzhausen (Lahn-Dill-Kr.) 2504. 3445. 3447. 6863 f. 7479 f.
Holzhausen (Kr. Siegen) 5333
Holzhauser, Bartholomäus 5521 f.
Holzkirchen 3833
Holzkohlen 3051
s. a. Köhlerei
Holzkohlenhandel 2867 f.
Holzordnungen 2423
Holzschnitzerei 6742. 6781. 6843. 6919
s. a. Fachwerk
s. a. Möbel
s. a. Schreiner
Homberg (Efze: Burg) 1367
Homberg (Efze: Stadt)
- Ansichten 6192
- Auswanderung 1662
- Brandschutz 1816
- Evang. Stadtkirche 5189
- Familienkunde 4356. 4423
- Geschichte 3834–3836
- Heimatmuseum 6465
- Lehrerseminar 5497
- Marktplatz 7034
- Marktplatzspiele 7034
- Reformation 4838
- Siedlungsgeographie 2112
- Sparkasse 2906
- Synode (1526) 4815
- Wanderverein 7205
Homberg (Ohm) 2694. 3837
Homberg (Ohm)-Dannenrod
s. Dannenrod
Homberg (Ohm)-Haarhausen
s. Haarhausen (Vogelsbergkr.)
Homberg (Ohm)-Ober-Ofleiden
s. Ober-Ofleiden
Hombergk-Schenklengsfeld – Seipp'sche Stiftung 1992
Homburg, Brendel v.
s. Brendel v. Homburg
Homburg (v. d. Höhe: Schloß) 771. 6274. 6697
Homburg (v. d. Höhe: Stadt), Bad
- Adreßbuch 3838
- Ansichten 6193–6195
- Archäologie 589
- Beschreibung 3839 f. 3843 f.
- Brandschutz 1817
- Brücken 3163–3165
- Denkmalpflege 6615
- Familienkunde 4357
- Finanzamt 1705

- Gaststätten 3304
- Geschichte 3841 f. 3894
- Gewerbe 2799
- Grabsteine 5406
- u. Hölderlin 6036 f.
- Krankenhäuser 1965
- Kurort 2055
- Musikhaus Grützner 7091
- Römerzeit 589
- Russische Kapelle 5190
- Spielbank 7197
- Stadtarchiv 2192
- Stadtbibliothek 28
- Stadthaus 3845
- Standesamt 4358
- Stiftungen 1991
- Taunus-Klub 7212
- Verein für Geschichte u. Landeskunde 133
- Verwaltungsgebäude Louisenstr. (148) 3846

s. a. Bleibeskopf

Homburg (v. d. Höhe)-Dornholzhausen, Bad
s. Dornholzhausen (Hochtaunuskr.)

Homburg (v. d. Höhe)-Gonzenheim, Bad
s. Gonzenheim

Homburg (v. d. Höhe)-Kirdorf
s. Kirdorf

Homburg (Saar) 3436

Hommer, Josef v., Bf. v. Trier 4687

Honau (Abtei) 5029

Hopfenberg 706

Horche, Heinrich 4933 f.

Horkheimer, Max 5652–5654

Horlebein, Georg Wilhelm 3996

Hornau (Familie v.) 4411. 7092

Hornau 1801. 3875. 7092

Horrweiler 4468

Horst (Familie) 7664

Horst, Karl August 6048

Hospitäler 1950. 1953 f. 1963 f. 1967. 1971 f. 1974 f. 4753

Hospital, Maria Elisabeth 1866

Hospize 4753

Hottenseifen (Wü. b. Birnbach, Westerwald) 2228

Hoys, Johann Michael 6878

Hrabanus Maurus, Abt v. Fulda, Eb. v. Mainz 913

Hué, Friedrich 6049 f.

Hübsch, Paul Gerhard 5960

Hügel, Reichsfreiherren v. 4412

Hügel 5901

Hügelgräberkultur 516 f. 526. 531. 536. 542 f. 565. 568. 570. 574. 582

Huehn, Heinrich 6051

Hühnerstraße 3141

Hülfensberg [b. Sontra] 5293

Huelsenbeck, Richard 6052

Hünenkeller [b. Lengefeld] 715. 3030

Hünerberg [b. Oberhöchstadt] 757

Hünfeld (Kr., Raum) 758. 2315. 5363

Hünfeld (Stadt) 1349. 4754

Hünfelden-Mensfelden
s. Mensfelden

Hünstetten-Bechtheim
s. Bechtheim (Rheingau-Taunus-Kr.)

Hünstetten-Kesselbach
s. Kesselbach (Rheingau-Taunus-Kr.)

Hünstetten-Strinz-Trinitatis
s. Strinz-Trinitatis

Hüpsch (Sammlung) 6389

Hüttenberg-Hochelheim
s. Hochelheim

Hüttenberg (Land) 4638. 6484. 6778. 6800 f.

Hüttenfeld (Lampertheim) 500

Hüttental 3012. 3847

Hüttenthal 3848

Hüttenwesen 2987. 2993. 2995–3000. 3003. 3006 f. 3026. 3032. 3034. 3064 f. 7069
s. a. Schmieden

Hütteroth, Oskar 5051

Hufnagel, Friedrich 5061

Hugenotten 4865–4868. 4870. 4872 f. 4876–4884. 4891–4895

Huldigungen 898. 901–903. 4804

Humangenetik 5743

Humanismus, Humanisten 4528 f. 4823. 4833. 4835. 4837. 4839. 5747. 6089 f.

Humboldt, Wilhelm v. 6002

Humoristen 7031

Hunde 2590

Hundstadt 4573

Hungen 5926

Hungen-Utphe
s. Utphe

Hungerperioden
s. Notzeiten

Hungeses (Wü. b. Wilhelmsdorf) 2229. 5876

Hunsrück 318 f. 2715
s. a. Nahe-Hunsrück-Raum

Hupp, Otto 6237 f.

Hupsdorf (Hof im Freien Grund) 2255

Huth, Franz   6239
Hutmacher   2798 f.
Hutten (Familie v.)   2245
Hutten, Ulrich v.   4413. 4732. 4839
Hutter, Willy   7046
Hutweide
  s. Weidewirtschaft
Hutzwiese (b. Ober-Kainsbach)   2233
Hydrologie, Hydrogeographie   2669–2672
Hyner (Familie)   4499

I

Iba   3849
Ibell, Carl v.   1087
Ickstatt, Johann Adam Frhr. v.   1586
Ideengeschichte   1065
Idstein
  – Bauschule   5798 f.
  – Brandschutz   1818 f.
  – Demokratenkongreß (1849)   1090
  – Geschichte   3850
  – Kath. Pfarrei St. Martin   4999
  – Musikfreunde   7093
  – Studenten   5798
  – Unionskirche   5407
Idstein-Dasbach
  s. Dasbach
Idstein-Walsdorf
  s. Walsdorf
Idstein-Oberauroff
  s. Oberauroff
Idstein-Wörsdorf
  s. Wörsdorf
Igelsburg, Töpferei bei der   6949
Igstadt   2040. 7659
Ihering, Hermann v.   5680
Ihle, Fritz   170
Ihln, Anton   171
Ihringshausen   3851. 5191
Illig, Moritz Friedrich   4500
Ilsequelle
  s. Heiligenborn (b. Laasphe)
Immenhausen
  – Anekdoten   7564
  – Brände   1820
  – Familienkunde   4359
  – Gewerbe   2795
  – Gutenbergbibel   7376–7378
  – Stadtrecht   1514
Immenhausen-Holzhausen
  s. Holzhausen (Kr. Kassel)

Immenhausen-Mariendorf
  s. Mariendorf
Industrie   553. 1934–1936. 2684. 2695. 2718. 2784. 2915–2983. 6953. 6984 f.
  s. a. Bergbau u. Hüttenwesen
  s. a. Firmengeschichte
Industriearchäologie   7685
Industriearchitektur   6865
Industrie- und Handelskammern   2818–2822. 2997
Inflation (1920–1923)   7721
Ingelheim, Bär Isaak   32
Ingelheim
  – Archäologie   445
  – Baudenkmäler   6557
  – Brunnen   6922
  – Gaststätten   3305
  – Geschichte   834. 836 f. 3852–3855
  – Historischer Verein   134
  – Museen   6466 f.
  – Name   5887
  – Oberhof   1451. 1476–1480. 1490
  – Rechtsgeschichte   1475
  – Steuern   1702
  s. a. Nieder-Ingelheim
Ingelheim-Groß-Winternheim
  s. Groß-Winternheim
Ingelheim (Pfalz)   828–837
Ingelheimer Grund   3854
Ingolstadt   1586
Inhalationstherapie   2074
Innere Mission   2009–2011
Innsbruck   1475
Innungen   2742. 2751. 2755. 2800. 2805
Inschriften   608–612. 3557. 4001. 4537. 4867. 5163. 5206. 5411 f. 6489. 7592–7599
Insekten   2592. 2598. 2601
Insel-Verlag (Frankfurt, Main)   7411–7414
Inspiranten   4932
Intelligenzblätter   7436
Interim, Augsburger   4822
Irle, Lothar   172
Isenburg (Grsch., Fürstentum)   78
Isenburg-Büdingen (Grsch.)   822. 2431. 6951
Isenghien   955
Iserbach   2772
Istha   1378 f.
Italien   1689. 6209
Ittertal   2986

Ittlar (Wü. in Waldeck)  2230
Iwan (Familie)  4501

## J

Jacobi, Eugen  2938
Jacobs, Josef  6053
Jäger  2456
Jagd  2428. 2430 f. 2451–2458. 3445
Jagdschlösser, Jagdhäuser  6715. 6720 f. 6846
Jahreslauffeste  7519–7551
Jakobiner  1062. 1064–1066. 1071
Jakobsberg [b. Ockenheim]  5255
Jaksch (Maler)  6240
Jazz  7078
Jeanbon St. André, frz. Präfekt zu Mainz  1074. 1413
Jefferson, Thomas  7201
Jerusalem, Karl Wilhelm  1587
Jesberg  3856
Jesuiten  4734. 4742. 5001. 5780
Joannis, Georg Christian  4403
Johann I. Gr. v. Nassau-Dillenburg  7704
Johann VI. Gr. v. Nassau-Dillenburg  2423. 2447. 4824
Johann VII. Gr. v. Nassau-Siegen  946
Johann VIII. Gr. v. Nassau-Siegen  947 f.
Johann[es] Lagenator de Francfordia  4647
Johann Moritz Fürst v. Nassau-Siegen  949–953
Johann Philipp v. Schönborn
  s. Mainz (Erzbischöfe)
Johannesberg (Probstei)  4755
Johannisberg  4360
Johannisberg (Schloß)  2380. 6698
Jordan, Sylvester  5753
Jorns, Werner  173 f.
Josef v. Hommer, Bf. v. Trier  4687
Jossa, Hector v.  1588
Jossatal-Burgjoß
  s. Burgjoß
Jossgrund  2316
Jossgrund-Burgjoß
  s. Burgjoß
Jost, Wilhelm  6929
Journalisten  5965. 5985. 6062. 7440. 7444. 7463
Juden, Judentum  1183 f. 4055. 4578– 4620. 7163. 7670
Judenverfolgung  4578. 4581. 4601
Jügesheim  3857

Jugend u. Kirche  4981
Jugendarbeit, Jugendeinrichtungen, Jugendbildung  2030–2045. 5449. 7333. 7349. 7355
  s. a. Jugendverbände
  s. a. Kindergärten
Jugendbewegung  123
Jugendherbergswerk  2032
Jugendpsychiatrie  1942. 1968
Jugendstil  6146 f. 6150. 6563. 6818. 6929
Jugendverbände  4901. 7333. 7368
Jugendverkehrsschulen  3096
Jugendzahnpflege  1945
Jugenheim (Bergstraße)  571. 928. 1520
Jugenheim (Bergstraße)-Balkhausen
  s. Balkhausen
Jugenheim (Rheinhessen)  963
Julius Echter v. Mespelbrunn, Bf. v. Würzburg  917
Juncaceen  7538
Jung, Hans  5540
Jung, Johann Heinrich  3026
Jung-Stilling, Johann Heinrich  6013. 6054–6057
Jungen, Johann Hieronymus Frhr. v. u. zum  1332. 4414
Jungen, Johann Maximilian zum  4414
Jungsozialisten  1254
Jungsteinzeit  476–508. 512 f. 6513
Junker, Johann Baptist  5523
Junkernhees (Schloß)  6699 f.
Jupiter  6513
Jupitergigantensäulen  668–671. 6513
Juppe, Ludwig  4741
Juristen
  s. Rechtsgelehrte
Justiz
  s. Gerichtswesen
Justizpolitik  1445
Justizvollzug
  s. Strafrecht

## K

Kachelöfen  6693. 6987
Kadenbach  1821
Kältetechnik  2927
Kämmerer v. Worms, gen. Dalberg
  – Erkenbert  4666
Kämmerzell  4668
Kahm, Heinrich  6944
Kaichen  1487
Kaiser, Hermann  7018

Kaiserrecht
s. Reichsrecht
Kaiserzeit, römische
s. Römerzeit
Kalb, Walter  6241
Kalbach (Frankfurt, Main)  5713
Kalbfuss, Friedrich  6058
Kalifornien  1676
Kalisch, Ludwig  6059
Kalteiche  3131
Kaltenbach (Bach im Burgwald)  5935
Kamecke, Caroline v.  4415
Kanada  1680–1682
Kanalbau
s. Wasserbau
Kanarienzucht  2406
Kaninchenzucht  2407
Kannenbäckerland
s. Westerwald/Keramik
Kanones  101
Kansas  5668
Kanzeln  5102. 5139. 7008
Kanzleischriften  5813
Kapellen
s. Kirchen
Kapp-Putsch  5767
Kappus, Gerd  2858
Kapuziner  4721. 5111
Karben  3858 f. 7356
Karben-Burg-Gräfenrode
s. Burg-Gräfenrode
Karben-Groß-Karben
s. Groß-Karben
Karben-Klein-Karben
s. Klein-Karben
Karben-Kloppenheim
s. Kloppenheim (Wetteraukr.)
Karben-Okarben
s. Okarben
Karben-Petterweil
s. Petterweil
Karben-Rendel
s. Rendel
Karikatur  5976
Karillon, Adam  6060
Karl [d. Große], Frankenkönig  737. 3340 f. 4762. 6102
Karl Lgr. v. Hessen-Kassel  859. 5605. 7687
Karl Erzhzg. v. Österreich  971
Karl August, Hzg. v. Sachsen-Weimar  6002
Karlshafen  2962. 3860 f. 4865

Karlshafen-Helmarshausen
s. Helmarshausen
Karlsruhe  2927
Karmeliter  4752. 4780. 4795
Karneval  7519–7532
Karolingerzeit  691. 739. 741. 749. 753. 758. 763 f. 831. 907. 925. 4631–4635. 5077. 6169. 6384
s. a. Frankenreich
Kartäuser  4725
Karten, Kartographie  347–366. 371. 376. 2421. 2485–2487. 2490. 2557–2559
Kaschnitz, Marie Luise  5960. 6061
Kasper, Katharina  4719
Kassel (Kr., Land)  1296. 2289. 4867. 7499. 7603
Kassel (Raum)  2608 f.
Kassel (Reg. Bez.)  95. 3355
Kassel (Stadt)
– Altstädter Reformierte Gemeinde  4882
– Ansichten  6196. 6260. 6289. 6558
– Apostelkapelle  5191a
– Arbeitgeberverband d. Hess. Metallindustrie  2916
– Autobahnen  3201 f.
– Bäcker  2749
– Bärenreiter-Verlag  7144 f.
– Banken  2873
– Baudenkmäler  6558. 6923
– Beschreibung  3862 f.
– Bevölkerung  1621
– Bibliotheken  29 f. 62–64
– Brüder-Grimm-Gesellschaft  6026
– Brüder-Grimm-Museum  6027 f.
– Buchhandel  7428
– Deutsches Tapetenmuseum  6480–6482
– Eisenbahn  3170
– Familienkunde  4361. 4504. 4551. 6268
– Freie Waldorfschule  5590
– Gesamthochschule  5705–5709
– Geschichte  3667. 3868–3870
– Handel  2857
– Hessen-Nass. Landwirtschaftl. Berufsgenossenschaft  2241
– Industrie  2963 f.
– Juden  4607
– Karneval  7525
– Keramik  6948. 6969
– Landesbibliothek  29. 62–64
– Landgräfl. Kunstkammer  6479

Orts-, Personen- und Sachregister 685

- Landschaftsplanung 5708 f.
- Murhardsche Bibliothek 29. 62–64
- Museen 577. 6338. 6409. 6468–6482. 6487. 6950. 6980
- Numismatische Gesellschaft 576
- Oberhof 1490
- Orgeln 5382
- Raumordnung 2134
- Reichswehr 1338
- Schachklub (1876) 7289
- Silberschatz 7000
- Sozialarbeit 2001
- Staatliche Kunstsammlungen 577. 6338. 6409. 6468–6478. 6487. 6950. 6980
- Stadtbücherei 30
- Stadtplanung 3871 f. 5708
- Statistik 3865
- Verlage 7427
- Versicherungen 1780
- Wahlen 3864. 3866 f.
- Zeitungen 7456

s. a. Kragenhof (Gut)

Kassel-Bettenhausen
  s. Bettenhausen (Kassel)
Kassel-Harleshausen
  s. Harleshausen
Kassel-Kirchditmold
  s. Kirchditmold
Kassel-Nordshausen
  s. Nordhausen
Kassel-Wilhelmshöhe
  s. Wilhelmshöhe
Kassel-Wolfsanger
  s. Wolfsanger
Kassel (Universität) 5704
Kassel (Main-Kinzig-Kr.)
- Gesangverein Liederkranz (1874) 7052
- Geschichte 3873. 4270. 7052
- Mundart 5834
- Pfarrgemeinde 5000
- Schulgeschichte 5591
- Vereine 7357
- Verkehr 3115
- Weltkriege 1424
- Wirtschaft 2700

Kasseler Tageblatt 7456
Kassenärztliche Vereinigung Hessen 1872. 1874 f.
Kastanien
  s. a. Edelkastanien
Kastel 572. 2965. 7290. 7662

Kastelle 584. 597. 611. 618. 620 f. 628 f. 638 f. 641–643. 654. 656–659. 661 f.
Katasterämter 386–388
Katasterkarten 371
Katastrophen 2420
  s. a. Brände
Katholische Arbeitnehmer-Bewegung 1717
Katholische Kirche 2005 f. 2045. 4623–4807
  s. a. Kirchengeschichte
Katzenelnbogen (Grsch.) 822. 852. 989
Katzenelnbogen (Obergrsch.) 1489. 2256
Katzenelnbogen (Stadt) 266. 5001
Katzenstein, Robert 1589
Katzmann (Familie v.) 4416
Kaub
- Baudenkmäler 6559
- Bergbau 3058
- Blüchers Rheinübergang 1415
- Geschichte 3874
- u. Rhein 3332
- Stadtjubiläum 3437
- Weinbau 2381

s. a. Pfalzgrafenstein
Kaufleute 2858
  s. a. Fuhrleute
Kaufungen 3013. 6865
Kaufungen-Oberkaufungen
  s. Oberkaufungen
Kaufunger Wald 2195, 5940
Kaulbach (Familie) 6242
Kautabak 7498
Kefenrod
  s. a. Allenrod
Kegelvereine 7279. 7323 f.
Kehl, Hermann 6323
Kehl 964
Kehr, Valentin 1658
Kehrein, Josef 5524
Keim, Georg Philipp 5799. 7557
Keim, Liesbeth 7557
Kekulé, August 4502
Kelkheim
- Beschreibung 3877
- Brandschutz 1801
- Evangel. Stephanusgemeinde 5002
- Geschichte 3875–3878
- Plastik 6308
- Rathaus 6866
- Verkehr 3148

Kelkheim-Eppenhain
  s. Eppenhain

Kelkheim-Fischbach
  s. Fischbach (Main-Taunus-Kr.)
Kelkheim-Hornau
  s. Hornau
Kelkheim-Münster
  s. Münster (Kelkheim)
Kelkheim-Ruppertshain
  s. Ruppertshain
Kellner, Carl  2980
Kellner, Heinrich  3652
Kelsterbach (Amt)  1036. 2759
Kelsterbach (Stadt)  3879 f.
Kelten  551–555. 563 f. 569. 576 f. 580. 748
  s. a. Latènezeit
Keltereien  2765
Kelze  4865. 4883
Kemel, Emmerich v.
  s. Emmerich v. Kemel
Kemel  1822. 7291
Kemenaten  6653
Kempf, Wilhelm, Bf. v. Limburg  4697 f.
Kempffer, Johann Andreas  5062
Kempten (Bingen)  644 f. 3881 f.
Kepler, Johannes  871
Keppel (Stift)  4756 f.
Keramik  483. 508. 564. 567. 578. 620. 643. 704. 770. 776. 781. 6305. 6487. 6513. 6947–6987
  s. a. Pfeifenbäcker
  s. a. Terrakotten
  s. a. Töpferei
Keramikmuseum  6463
Keramikschulen  5797
Kerger, Hermann  1900
Kernkraftwerke  3069
Kesselbach (Kr. Gießen)  3883
Kesselbach (Rheingau-Taunus-Kr.)  3884
Kesselstadt (Hanau)  646. 7292
Kesterburg  5903
Kestert  6514
Ketteler, Wilhelm Emmanuel Frhr. v., Bf. v. Mainz  4690 f.
Kettenbach  7094
Kiedrich  3885–3888. 4693. 5192. 6514. 7046
Kiel (Familie)
  s. Giel (Familie)
Kiesgruben  2503
Kilian, Susanne  5965
Kindergärten, Kindereinrichtungen  2040–2045. 4946. 5595 f.
  s. a. Spielplätze  s. a. Vorschulen

Kinderkrankenhäuser  1956 f.
Kinderlieder  7559 f.
Kindermann, Adolf  5802
Kinderpsychiatrie  1942. 1968
Kindertheater  7029 f.
Kindtaufe
  s. Taufe
Kinkel (Familie)  7664
Kinzig(gebiet)
  – Flora  2561. 2578
  – Geschichte  1151
  – Mundart  7576
  – Regionalplanung  2166
  – Verkehr  3115
  – Volkshumor  7576
Kirburg (Kirchspiel)  1044
Kirchberg (Schwalm-Eder-Kr.)  759
Kirchbracht  1823. 3889
Kirch-Brombach  2016. 3890
Kirch-Brombach (Burg)  6659
Kirchditmold  4362
Kirche [u.] Staat  850. 4622. 4689. 4693
Kirchen, Kapellen  713. 762. 767–769. 772 f. 775. 1016. 4001. 4223. 4287. 4625 f. 4628. 4659. 4668. 4674. 4681. 4683. 4772. 4782. 4796. 4799. 4886. 4891 f. 4918. 4948. 4952. 4967. 4986. 5001. 5005. 5009 f. 5012. 5017. 5029 f. 5035. 5039. 5041. 5077–5391. 5397 f. 5400–5402. 5407. 5409. 5411–5415. 5419 f. 6347 f. 6365. 6596. 6625. 6643. 6934. 6944. 6946. 7319
Kirchenarchive; Klosterarchive  94. 119–122
Kirchenbücher  121. 1614. 1647. 1689. 4037. 4313. 4326. 4333. 4337. 4339. 4342. 4344 f. 4352. 4355. 4357. 4369. 4372. 4374. 4376. 4390. 5026
Kirchenfenster  6516. 6995
Kirchengeschichte  726. 810. 2095. 3445. 3820. 4149. 4217. 4621–5421. 6436
Kirchenkampf  4901
Kirchenmusik  5344–5359
Kirchenordnungen  4910–4912. 4920
Kirchenpatrozinien  4659. 4668. 4674
Kirchenverfassung, Kirchenverwaltung, Kirchenrecht  4637 f. 4640. 4645 f. 4689. 4903–4907
Kirchenvisitationen  4913–4918
Kirchenzucht  4919–4921
Kircher, Althanasius  7046. 7173
Kirchhain (Kr., Raum)  2963. 5827 f.
Kirchhain (Stadt)  3891

Kirchhain-Langenstein
  s. Langenstein
Kirchheim-Bolanden   3041. 3436. 3892. 7370. 7587
Kirchhof, Hans Wilhelm   4503
Kirchliches Gerichtswesen   4642. 4730
Kirchner (Familie)   1671
Kirchner, Johanna   1229
Kirchner, Volker David   7046
Kirchspielbezirke
  s. Pfarreien
Kirchtürme   5335–5337. 5339–5343
Kirdorf
  – Familienkunde   4363
  – Flurnamen   5927
  – Gaststätten   3306
  – Geschichte   3893–3895
  – [u.] Homburg v. d. Höhe, Bad   2192. 3894
  – Kaninchenzuchtverein   2407
  – Katholische Pfarrkirche St. Johannes   5193
  – Münzfund   7679
  – Pfarreien   5003 f.
  – Pfarrer   5052
Kirmesbräuche   7541
Kirn, Richard   6062
Kirsch, Hans-Christian   5965. 6063
Kirschen   2341
Kissingen, Bad   415
Kitchener, Horatio Herbert   6387
Kitchener (Ontario)   1682
Klarenthal   4946. 5005
Klauhold (Familie)   4504
Klaushof (b. Neukirchen, Schwalm-Eder-Kr.)   2232. 6977
Klebstofftechnik   2931
Klee   2345
Kleenheim   1873. 3896
Kleenheim-Niederkleen
  s. Niederkleen
Kleenheim-Oberkleen
  s. Oberkleen
Kleinasien   6487
Klein-Auheim   7293 f.
Kleinbahnen   3169. 3173–3175. 3180. 3182
Klein-Bieberau
  s. a. Webern
Kleinholbach   5194
Klein-Karben   3897
Klein-Krotzenburg   3898. 7095
Kleinvach   5410

Klein-Zimmern
  – Archäologie   459
  – u. Dieburger Mark   2180
  – Familienkunde   4391
  – Flurnamen   5923
  – Geschichte   3771
  – Häuser   6852
  – Höfe   2263
  – Karten   363
  – Kirchen   5195
  – Schulen   5592
  – Siedlungstopographie   2103
  – Wirtschaft   2722
Kleve   950
Klingelbach   5196. 5383
Klingelhöfer, Johann Henrich   4969
Klingenburg (Burg)   6701
Klockner, Raimund   1910
Klöster, geistl. Stifte   15. 726. 805. 809. 2196. 2201. 2355. 3805. 4625–4627. 4640. 4703–4801. 4918. 5136. 5144. 5169–5171. 5863 f. 5868. 6571. 6625. 7121
Kloppenheim (Wetteraukr.)   3899
Kloppenheim (Wiesbaden)   2040. 7295. 7659
Kloss, Gerhard   5965
Klosterarchive
  s. Kirchenarchive
Klosterbibliotheken, Stiftsbibliotheken   15. 44. 46. 50–55. 65–67. 4731
Klostermann, Vittorio   7415 f.
Klosterschulen   5585
Klubisten
  s. Jakobiner
Knechtlin (Familie)   4505
Knicks   1296
Knöpp, Friedrich   175–177
Knöttel, Johann   4731
Knorr-Anders, Esther   5965. 6064
Knorre (Familie)   4506
Knortz, Karl   6065
Knüll   245 f. 2317. 2994. 5877
Knüllgebirgsverein   7205
Knüllwald-Reddingshausen
  s. Reddingshausen
Knüllwald-Rengshausen
  s. Rengshausen
Knüllwald-Wallenstein
  s. Wallenstein
Kobalt   3022
Koblenz (Oberpostdirektion)   3222

Koblenz (Stadt)
- Bundesarchiv   1584
- Landeshauptarchiv   85. 1637
- Rhein-Museum   6483
- Stift St. Kastor   4758
- Umgebung   318
- Verein für Geschichte u. Kunst d. Mittelrheins   4786
- Zoll   7683
Kobold, Johann Gottlieb   6243
Koch (Familie)   4506a
Koch, Friedrich   1932
Koch, Johannes   1580
Kochbücher, Rezepte   7490 f. 7493. 7548
Kochmüller (Familie)   4483
Koder (Familie)   4507
Köhlerei   3045. 3049. 3051
Köllner, Georg Paul   7046
Köln (Ebt., Kft.)   1014. 4304
Köln (Stadt)   740. 2724. 3252. 3959
Kölschhausen   2505
König, Bad   447. 6798
König-Zell, Bad
  s. Zell (Odenwaldkr.)
Königsberg (Kr. Gießen)   573
Königsberg (Ostpreußen)   2014 f.
Königsgut   744. 828
Königshöfe   753. 762. 827. 838. 4227
  s. a. Pfalzen
Königstädten   5006
Königstein, Herren v.   4417
Königstein (Burg)   3900. 6702. 7193
Königstein (Festung)   3900
Königstein (Stadt)
- Archäologie   589
- Brände   1824
- Burgfest   7193
- Denkmalpflege   6616
- Geschichte   3900–3902
- Kirchen   5197 f.
- Philosoph.-Theolog. Hochschule   5800–5802
- Priesterseminar   5800
- Römerzeit   589
- Siedlungstopographie   2098
- Zeitungswesen   7457
Königstein-Falkenstein
  s. Falkenstein (Ort)
Königstein-Mammolshain
  s. Mammolshain
Königstein-Schneidhain
  s. Schneidhain
Königsteiner Anstalten   4696. 5802

Königstein-Kronberger Anzeiger   7457
Königtum
  s. Reichsgeschichte
Köppern   1966. 4364
Körle   5384
Körperschaftsteuer   1707
Köttelwesch, Clemens   19
Kohl, Johannes   178
Kohle
  s. a. Braunkohlenbergbau
  s. a. Köhlerei
Kolb (Familie)   7673
Kolb, Jost Henrich   1328
Kolb, Robertus, Abt v. Arnsburg   4709
Kolonialschulen   5631 f.
Kolpingfamilien   7340 f. 7360. 7367
Kommunalwahlen   1207. 3416. 3675. 3820. 3866
Kommunalwappen
  s. Ortswappen
Kommunalwesen   3354–4291
Kommunismus   3110 f.
Komponisten
  s. Musiker
Konditoren   2751
Konfirmation   4920
Konrad I., Dt. Kg.   803
Konrad II., Dt. Kg.   813
Konrad von Staufen, Pfalzgf.   797
Konrad Kurzbold, Gr.   4759
Konrad v. Weinsberg, Eb. v. Mainz   5409
Konradiner   802 f.
Konservatorien   5782
Kontinentalsperre   2816
Konzilien   4651 f.
Korbach (Raum)   7605
Korbach (Stadt)
- Familienkunde   4365. 4557
- Gymnasium   5593
- Juden   4608
- Notar-Signets   7677
- Sagen   7605
- Siedlungsgeographie   2110
- Stadtentwicklung   3903
  s. a. Eisenberg
  s. a. Hünenkeller
Korbach-Lengefeld
  s. Lengefeld
Korbach-Nordenbeck
  s. Nordenbeck
Korn, Karl   6066
Der kosmopolitische Beobachter   7461
Kost (Familie)   4508

Kostheim 1667. 2853. 3904. 7662
Kostüm
  s. Trachten
Kothen 5199
Kottwitz v. Aulenbach, Johann Konrad 4774
Krämer-Badoni, Rudolf 5965
Krafft, Adam 4840–4843
Krafft, Hans 7387
Kraft Gr. v. Nassau-Saarbrücken
  s. Crato
Kraftwerke
  s. Energiewirtschaft
Kragenhof (Gut b. Kassel) 2264
Kraichgau 337. 4392
Kramer, Ernst 6930
Kramer, Ferdinand 6931 f.
Krankenhäuser
  s. Krankenpflege
Krankenhausseelsorge 4984
Krankenkasse 1716
Krankenpflege, Krankenversorgung 1853 f. 1941–1977. 2068. 5670. 5727–5734
Krankheiten 1937–1940
  s. a. Viehseuchen
Kransberg 7389
Kratz, Wilhelm 5001
Kratzputz 6791. 6793
Krauss, Werner 5754
Kray, Wilhelm 6514
Kredel (Familie) 4509
Kredenbach 2806
Kreise 3354–3402. 3408 f.
Kreiswahlen
  s. Kommunalwahlen
Kreiswappen 7639
Krekel, Robert 4247
Kreutz, Heinz 6244
Kreuznach, Bad 1475
Kreuztal
  s. a. Ernsdorf
Kreuzzüge 800
Krick (Familie) 4510
Kriege 817. 943–945. 1351–1437
  s. a. Fehden
  s. a. Militärgeschichte
Krieger, Arnold 6067
Kriegerdenkmäler 1423. 1462
Kriegsgefangene 1430. 1437
Kriegskarten 364
Kriegsschiffe 1337
Krier, Hubert 1590

Kriftel 3905 f.
Kriminalität
  s. Strafrecht
Kriminalpolizei
  s. Polizei
Kroaten 1369
Krofdorf 3908
Krofdorfer Forst 2670
Krofdorf-Gleiberg
  – Archäologie 446
  – Bevölkerungsgeschichte 2091
  – Geschichte 3907 f.
  – Schulgeschichte 5594
  – Siedlungstopographie 2091
  – Verkehr 3248
  s. a. Gleiberg
  s. a. Krofdorf
Krombachtalsperre 2613. 2622
Kronberg, Herren v. 4418
Kronberg, Hartmut (XII.) v. 4844
Kronberg, Ulrich III. v. 5418
Kronberg, Walter v. 4803
Kronberg
  – Archäologie 501
  – Basalt 3055
  – Beschreibung 3909
  – Brandschutz 1825
  – Edelkastanien 2340
  – Eisenbahn 3185
  – Evang. Pfarrkirche 5200
  – Fachwerk 6788
  – Geschichte 3910 f.
  – Hellhof 6867
  – Künstlerkolonie 6145. 6197–6199
  – Opel-Freigehege 2586
  – Schloß Friedrichshof 6703
  s. a. Kronthal
Kronberg-Oberhöchstadt
  s. Oberhöchstadt
Kronberg-Schönberg
  s. Schönberg
Kronleuchter 7002
Kronthal 2056 f.
Kruckow, Carl August 3251
Kryptographie
  s. Geheimschrift
Küche 7490–7498. 7548
Kühkopf-Knoblochsaue (Naturschutzgebiet) 2537
Kühnel, Walter 5620
Kühtränkerkopf [b. Rüdesheim] 574
Künckel, Johann Ludwig 5013

Künstlerkolonien, Künstlerorte 6145–6165. 6197–6199. 6201–6203. 7388
Künzing (Kastell) 656
Küster, Ferdinand 2057
Kultstätten, vor- u. frühgeschichtliche 426. 530. 630. 665–679
Kulturgeschichte, Kulturelles Leben 749. 1019. 1026. 1539. 1858. 3651. 3868. 3931. 4260. 4283. 4678. 6334. 6494. 7016–7467. 7477. 7553. 7670
   s. a. Volkskunde
Kulturkampf 4693. 4994
Kulturpolitik 3685. 6333
Kumbd (Kloster) 4711
Kunigunde, dt. Kgn. 5245
Kunst, Bildende 3805. 5948. 5955 f. 6137–7015
   s. a. Baukunst
   s. a. Kunsthandwerk
   s. a. Malerei
   s. a. Plastik
Kunstdenkmäler
   s. a. Baukunst
Kunstgeschichte 952. 6281. 6989
   s. a. Kunst, Bildende
Kunstgewerbe
   s. Kunsthandwerk
Kunsthandwerk 617 f. 628. 634. 647. 696. 6147. 6237. 6387. 6416–6424. 6459. 6490. 6514. 6517. 6791. 6947–7015. 7486
   s. a. Elfenbeinschnitzerei
   s. a. Holzschnitzerei
Kunsthistoriker 156. 5677. 5690. 6400. 6418
Kunstsammlungen
   s. a. Museen
Kunstsammlungen, private 6157. 6190. 6389 f. 6450. 6459. 6490. 6990. 6994
Kunstschreiner 5529. 7008 f.
   s. a. Holzschnitzerei
Kunststoffhandel, -industrie 2857. 2930
Kupferberg, Christian Adalbert 2391
Kupferbergbau, Kupferverhüttung 3006. 3032. 3034–3036. 3038
Kupferstiche 6173 f.
Kupferzeit 491
Kuppche [b. Reimenrod] 413
Kurhessen
   s. Hessen (Kft.)
Kurhessen-Waldeck (Evang. Kirche) 4902. 4907 f. 4912. 5089

Kurköln
   s. Köln (Ebt., Kft.)
Kurmainz
   s. Mainz (Ebt., Kft.)
Kurorte
   s. Bäder
Kurpfalz
   s. Pfalz
Kurtrier
   s. Trier (Ebt., Kft.)
Kyffhäuser Kameradschaft (Aumenau) 1320

L

Laasphe 5408
   s. a. Heiligenborn
Laasphe-Niederlaasphe
   s. Niederlaasphe
Lackierer 2800
Lade, Eduard Frhr. v. 5403
Ladegast (Orgelbauer) 5387
Lägeler
   s. Lagenator
Ländchen 4260
Lagenator, Johannes (de Francfordia) 4647
Lagerbücher 4055. 4346. 4362
Lahn, Lahntal
   – Beschreibung 269 f. 273
   – Brücken 3166. 3168
   – Burgen 6640
   – u. Goethe 6008
   – Landschaftsschutz 2503
Lahn (Name) 5936
Lahn (Stadt) 3912 f. 6560
   s. a. Gießen (Stadt)
   s. a. Heuchelheim
   s. a. Lahnau
   s. a. Wettenberg
   s. a. Wetzlar (Stadt)
Lahnau-Atzbach
   s. Atzbach
Lahnau-Dorlar
   s. Dorlar
Lahnau-Waldgirmes
   s. Waldgirmes
Lahn-Dillgebiet, Lahn-Dillkreis
   – Bergbau u. Hüttenwesen 2996 f. 3001. 3027
   – Brauchtum 7546
   – Flora 2568. 2581

- Geschichte 3377
- Glocken 5328
- Postgeschichte 3225
- Regionalplanung 2129
- Sagen 7609 f.
- Verkehr 3099. 3225
- Volkshumor 7570
s. a. Dillgebiet
s. a. Lahngebiet
Lahngebiet, Lahngau
- Archäologie, Frühgeschichte 733. 738. 6513
- Geschichte 802 f. 806. 1088 f.
- Hydrologie 2671
- Kostüm 7506
- Krankheiten 1938
- Landeskunde, Reiseführer 268–273. 318
- Münzen 7685
- Schachverband 7297
Lahngrafschaft 806
Lahnstein 3437
Lahnstein-Niederlahnstein
s. Niederlahnstein
Lahr (Baden) 964
Laienspiel 7034
Laisa 5385
Lampert v. Hersfeld 179 f.
Lampertheim (Pfarrei) 2473
Lampertheim (Raum) 364
Lampertheim (Stadt)
- Archive 114
- Banken 2880
- Beschreibung 3914
- Eiskeller 3915
- Familienkunde 4366 f.
- Freiheitskriege 1417
- Gaststätten 3307
- Gesundheitswesen 1863
- Gewerbe 2741
- Karneval 7526
- Kirche 5342
- Spargel 2342
- u. Worms 4801
s. a. Hüttenfeld
s. a. Neuschloß (Schloß)
Lampertheim-Hofheim
s. Hofheim (Kr. Bergstraße)
Lampertheimer Heide (Wald) 1333. 2436
Lampertiner 729
Landau (Schloß) 6703a
Landenhausen 3916. 4483
s. a. Henneburg

Landentwicklung 2107–2113. 2288. 2315. 2323
Lander, Helmut 6322
Landerziehungsheime 5463. 5586. 5600. 5604
Landesbibliotheken 26. 29. 41 f. 45–49. 54. 62–64. 68. 6136. 7079
Landesentwicklungsplanung
s. Hessen (Bundesland) – Landesentwicklungsplanung
Landeshistoriker 29. 73 f. 104. 138. 141–218. 1879. 1891 f. 5272. 5368. 5523
Landeskultur 384. 2084–2674
Landeskunde 219–346
s. a. Geschichtsvereine
Landesmuseen 6319. 6338 f. 6367–6390. 6409. 6468–6478. 6487–6490. 6950. 6980
Landespflege
s. Landschaftspflege
Landesvermessung
s. Vermessungswesen
Landeswohlfahrtsverband 1994. 2031
Landfrauenverbände 7338
Landgänger 1768–1776
Landgerichte 1486. 1521
Landkreisordnung 3408 f.
Landmann, Ludwig 3662
Landratsämter 3355. 3362
Landrechte 1489
Landsburg 6704
Landschaftsbau 2332
Landschaftsmalerei, Landschaftsansichten, Stadtansichten 253. 307. 335. 6174. 6177–6196. 6200. 6214. 6226. 6230. 6241. 6243. 6248. 6251. 6258. 6260. 6263. 6269. 6283. 6289. 6299 f. 6371. 6514. 6558. 6645. 7204
Landschaftspflege, Landschaftsschutz 2474–2477. 2479–2482. 2485–2488. 2490. 2492–2495. 2497. 2499. 2502 f. 2506. 2513 f. 2520. 2522 f. 2527. 2542. 6602
s. a. Naturparke
Landschaftsplanung 2477. 2493. 2497. 2501. 2506 f. 2510–2512. 2519. 2526. 2531. 2536. 2539. 2543. 5708 f.
s. a. Landentwicklung
s. a. Naturparke
Landsknechte 4503
Landskron (Schloß b. Oppenheim) 6705
Landsturm 1336

Landtage 860
  s. a. Hessen (Bundesland)/Landtag
Landtagswahlen
  s. a. Hessen (Bundesland)/Landtagswahlen
Landvögte 819
Landwehren 1296
Landwirtschaft 2237–2409. 2809. 4744
Landwirtschaftsschulen 5806
Lang, Johann Henrich 2251
Lang, Joseph Gregor 7202
Langd 1937
Lange, Heinrich
  s. Lang, Johann Henrich
Lange, Rudolf 3216 f.
Langen
  – Altstadt 3919
  – Beschreibung 3917
  – Brunnnen 6760
  – Familienkunde 4368
  – Geschichte 3918
  – Rathaus 6869
Langenaubach 2502. 3014. 7096
Langen-Brombach 447. 1464. 7097
Langenhain (Wetteraukr.) 647
  s. a. Ziegenberg
Langenschwalbach
  s. Schwalbach, Bad
Langenstein 5201
Langenthal (Kr. Bergstraße) 6870. 7518
Langenthal (Kr. Kassel) 3920
Langer, Matthias 1015. 6068
Langgöns 3921–3923
Langgöns-Cleeberg
  s. Cleeberg
Langgöns-Dornholzhausen
  s. Dornholzhausen (Kr. Gießen)
Langgöns-Espa
  s. Espa
Langgöns-Kleenheim
  s. Kleenheim
Langgöns-Niederkleen
  s. Niederkleen
Langgöns-Oberkleen
  s. Oberkleen
Langhecke 1567
Langsdorf 5202. 6871
Langwaden 6872
Langwerth v. Simmern (Familie) 4419
Lanzingen 7098
Laon 4882
Lapra (Familie) 4895
Laspée, Johannes de 5525

Laßberg, Joseph Frhr. v. 6123
Latènezeit 556–562. 566 f. 570–572.
  574 f. 578 f. 6513
  s. a. Kelten
Lau, Fritz 5526
Laubach 1722, 3923a. 6873–6877. 7630
  s. a. Ramsberg
Laubach-Freienseen
  s. Freienseen
Laubach-Ruppertsburg
  s. Ruppertsburg
Laubach (Raum) 6782
Laudenbach (Bergstraße) 4348. 7099
Laufdorf 448. 3924 f. 7296
Laufen (Salzach) 4665
Laufenselden 575
Lautenbach, Konrad 6069
Lautenbach (Kr., Raum) 407. 2318. 3378.
  5085
Lauterbach (Stadt)
  – Beschreibung 3926
  – Handel 2854
  – Hohaussaal 6878
  – Stadtkirche 5386
  – Stadtplanung 3927 f.
  – Trachten 7503 f.
  – [als] Zentraler Ort 2149
Lauterbach-Blitzenrod
  s. Blitzenrod
Lauterbach-Maar
  s. Maar
Lautertal (Kr. Bergstraße)-Beedenkirchen
  s. Beedenkirchen
Lautertal (Kr. Bergstraße)-Reichenbach
  s. Reichenbach (Kr. Bergstraße)
Lautertal (Vogelsberg)-Engelrod
  s. Engelrod
Lavater, Johann Kaspar 6057
Lebenslauffeiern 7508–7518
Lebensmittelgewerbe 2749–2765
Lebensmittelindustrie 2968
Leckringhausen 4865
Lederhandel 2860
Lederindustrie 2970
Ledermuseum 6498
Lefèbre, Wilhelm 6245
Leferinghausen (Wü. im Twistesee) 2231
Lehe 1393
Lehne, Friedrich 31
Lehnsbücher 1031
Lehnsgüter, Lehnshöfe 912. 967. 2260.
  2262. 2265. 4308

Lehrer   153. 155. 160. 168. 178. 183 f. 186. 189 f. 196. 203–205. 208–210. 217 f. 4456. 4493. 4499. 4512. 4533. 4576. 4587. 4670. 4885. 5068. 5438. 5490–5542. 5593. 5832. 6113. 6525. 7046. 7154. 7161. 7177 f.
Lehrerseminare, Lehrerbildung   5429. 5433. 5495–5503
Leibeigenschaft   1526. 1692 f.
s. a. Bauernbefreiung
Leichenpredigten   3651. 4302. 7471. 7513
Leichtathletik   7268
Leiden   945
Leidner, Johann Ludwig   3168
Leighton, Frederic   6399
Leihgestern   3929. 6484
Leiningen (Grsch.)   993
Leiningen-Heidesheim, Albertine Luise v.   863
Leiningen-Westerburg (Haus)   994
Leinweberei   2785. 2795 f.
Leipzig   2803. 3149
Leisenwald   1826
Leman, Ulrich   6246
Lengefeld
s. a. Eisenberg
s. a. Hünenkeller
Lengfeld   4369. 6499
Lepel, Franz Karl v.   1990
Lepel, Georg Ferdinand v.   4420
Leppert, Hermann   1901
Lerner, Julius Friedrich   4511
Lersner (Familie v.)   4421
Lersner, Achilles August v.   181
Lersner, Kurt v.   4422
Lesch v. Mühlheim, Marx   1329
Lesegesellschaften   7332
Leser, Peter   2858
Lettner   5224. 6309
Leuchsenring, Franz Michael   6070
Leun   1827. 2855. 4430
Leun-Biskirchen
s. Biskirchen
Leun-Bissenberg
s. Bissenberg
Leuninger, Ernst   1902
Leuschner, Wilhelm   1218–1220. 1225
Leven-Intze, Helene   6323
Levy, Leopold   4618
Lewin, Herbert   1218
Leyendecker (Familie)   3057

Liberalismus, Liberale Partei   1099. 1132. 1157. 1168. 1171. 1173. 1189. 7442
s. a. Freidemokratie
s. a. Nationalliberalismus
Lich
– Eisenbahn   3173 f.
– Geschichte   3930 f.
– Häuser   6879
– Heimatmuseum   6485
– Karneval   7527
– Präparandenanstalt   5498
– Sanierung   3932
s. a. Hausen (Wü.)
Lich-Arnsburg
s. Arnsburg
Lich-Bettenhausen
s. Bettenhausen (Kr. Gießen)
Lich-Langsdorf
s. Langsdorf
Lich-Muschenheim
s. Muschenheim
Lich-Ober-Bessingen
s. Ober-Bessingen
Lichtenberg, Georg Christoph   6071–6078
Lichtenberg (Elsaß: Herrsch.)   987 f.
Lichtenberg (Odenwald)   1653. 7635
Lichtenberg (Odenwald: Zent, Landgericht)   1334. 1410
Lichtenberg (Rhön)   915
Lichtenburg   915
Lichtenfels-Dalwigksthal
s. Dalwigksthal
Lichtenfels-Goddelsheim
s. Goddelsheim
Lichtwark, Alfred   6160. 7345
Liebenau-Niedermeiser
s. Niedermeiser
Liebermann (Familie)   4512
Liebig (Familie)   4513
Liebig, Justus v.   5681–5688
Liebknecht (Familie)   4514
Liebknecht, Wilhelm   1101–1108. 4603
Lieblos   1828. 7100 f.
Lieder   53. 3730. 5963. 7552–7557. 7559 f. 7580. 7612. 7618
s. a. Mundart/Texte
Liederbach   3933
Lieser, Friedrich   6079
Limburg (Lahn: Bischöfe)
– Kempf, Wilhelm   4697 f.
Limburg (Lahn: Bistum)   4694. 4946
Limburg (Lahn: Burg)   5888 f.
Limburg (Lahn: Kr.)   3379

Limburg (Lahn: Raum)   2713
Limburg (Lahn: Stadt)
– Altstadtsanierung   3456. 3936–3938
– Beschreibung   3934 f.
– u. Blücher, Gerhard Leberecht v.   1416
– Dom, Domschatz   4656. 5203–5206. 6248
– Domstift
  s. Limburg (Lahn: Stadt)/Stift St. Georg
– Familienkunde   4401 f.
– Geschichte   3934
– Handel   2856
– Hessischer Ärzte- u. Apothekertag 1869
– Hildegardisschwestern   4760
– Industrie   2966. 3065
– Lahnverlag   7429
– Pallottinerinnen   4760
– Philatelie   3253
– Postgeschichte   3252 f.
– Schach-Unterverband Lahn   7297
– Stadtplanung   3936–3938
– Stift St. Georg   4759
– Stiftskirche St. Georg
  s. Limburg (Lahn: Stadt)/Dom
– Tilemannschule   7035
Limburg (Lahn)-Eschhofen
  s. Eschhofen
Limburg (Lahn)-Lindenholzhausen
  s. Lindenholzhausen
Limburg-Weilburg (Kr.)
– Agrarstrukturplanung   2319
– Archäologie   408 f. 727
– Bergbau   2990. 3052
– Beschreibung   3380
– Burgen   6641
– Forstwesen   2427
– Landwirtschaft   2298
– Militärgeschichte   1292
– Naturkunde   2533
– Revolution (1848/49)   1088 f.
– Schulwesen   5448. 5480
– Verkehr   3139
– 1. Weltkrieg   1427
– Wirtschaft   2714. 2990. 3052
Limes   584. 592–599
Limes-Verlag   7435
Limikolen   2624
Limpurg (Name)   5889
Linde, Antonius van der   42
Linden (Bäume)   2545. 2549. 2553. 2555

Linden-Großen-Linden
  s. Großen-Linden
Linden-Leihgestern
  s. Leihgestern
Lindenfels, Hartmann Mathis v.   4218
Lindenfels (Amt; Oberamt)   1045. 1622
Lindenfels (Burg)   6706. 7339
Lindenfels (Kellerei)   4321
Lindenfels (Raum)   2193. 3157
Lindenfels (Stadt)   3939–3941. 6880
Lindenfels-Schlierbach
  s. Schlierbach (Kr. Bergstraße)
Lindenfels (Talzent)   1623
Lindenholzhausen   7102
Lindenkohl (Familie)   4515
Lindheim   3942
Lindheim (Schloß)   4442
Ling (Familie)   7664
Linienbandkeramik   485. 503
Linnenkohl (Familie)
  s. Lindenkohl (Familie)
Linsengericht-Altenhaßlau
  s. Altenhaßlau
Linz (Rhein)   973
Lippe   236
Lippe-Detmold   7682
Lippoldsberg   3943
Lippstadt   1359
Liszt, Franz   7159
Literatur, Dichtung   1061–1063. 2081. 3854. 5943–6136. 6147. 7528
  s. a. Flugschriften
  s. a. Mundart/Texte
  s. a. Schriftsteller
Literatur
– Texte   5945–5947. 5953. 5958. 5963. 5967 f.   5976 f.   5981.   6032 f. 6049–6051. 6053. 6055. 6058. 6064. 6066. 6068. 6079–6081. 6083–6085. 6087 f.   6091.   6094 f.   6100–6102. 6104. 6110. 6114. 6116. 6121 f. 6127. 6129. 6133
Lithographien   6193. 6196. 6289
Liturgie   4652. 5353–5356
Liudolfinger   4777
Livland   4802
Lochmühle (Bieber, Main-Kinzig-Kr.)   2515
Löhnberg   1829. 3140. 3944
  s. a. Heimau (Wü.)
Löhnberg-Selters
  s. Selters (Lahn)
Löhne u. Preise   1721–1728. 1749

Löhrbach 1465
Lörzweiler 813
Löw, Caspar 1376
Löw, Margarete 5527
Löwenburg (Wilhelmshöhe) 6747
Löwenstein-Wertheim, Fürsten v. 7339
Lohfelden 3872
Lohfelden-Vollmarshausen
  s. Vollmarshausen
Lohgerber
  s. Gerber
Lohhof (b. Ober-Kainsbach) 2233
Lohnsteuer 1708 f.
Lohrgrund 4495
Lokomotivbau 2963
Lollar 3015. 5595. 6348. 6780
Lollar-Odenhausen
  s. Odenhausen (Lollar)
Lollar-Salzböden
  s. Salzböden
Lometsch, Fritz 6247
Londorf 3945
Lorbach 3946. 5928
Lorch 1314. 4922. 5207. 6514
Loreley 6514
Lorentz (Familie v.) 4423
Lorsbach, Georg Wilhelm 6013
Lorsch (Abtei)
  – Ansichten 6257
  – Beschreibung 4761
  – Geschichte 923–928
  – Geschichtsquellen 923. 5883
  – Grundbesitz 923. 925. 2473
  – Güterverwaltung 928
  – Handschriften 65 f. 6384
  – Kirche 5208
  – Literaturgeschichte 5811
  – Servitium regis 809
  – u. Tassilo, Hzg. v. Bayern 926 f.
  – Torhalle 4762–4766
Lorsch (Amt) 1046
Lorsch (Propstei) 2182
Lorsch (Stadt) 135 f. 3947. 5007
Lorscher See 2473
Lossetal 7565
Lothar Franz v. Schönborn
  s. Mainz (Erzbischöfe)
Lotheisen, Emilie 1554
Lotichius, Nikolaus 4845
Louisendorf 4884
Lucanus (Familie) 4516 f.
Lucanus, Laurentius 1060
Lucca 55

Luckner, Nikolaus Gr. v. 1381
Ludolph (Familie) 7664
Ludowinger 838
Ludwick, Christopher 1396
Ludwig d. Fromme, Frankenkönig 4635
Ludwig I. Ghzg v. Hessen 1137
Ludwig IV. Ghzg. v. Hessen 1138
Ludwig IX. Lgr. v. Hessen-Darmstadt
  5078
Ludwig Gr. v. Nassau [-Dillenburg]
  [1538–1574] 939
Ludwig II. Gr. v. Nassau-Weilburg 959
Ludwig Ferdinand Gr. v. Sayn-Wittgenstein-
  Berleburg 998
Ludwig Colmar, Bf. v. Mainz 4689
Ludwig, Magnus Theodor 1364
Ludwigsau-Reilos
  s. Reilos
Ludwigsau-Tann
  s. Tann (Kr. Hersfeld-Rotenburg)
Ludwigsburg 6990
Ludwigstein (Schloß) 123
Lübeck 3959
Lück, Alfred 6080
Lüder (Fluß) 2462. 5890
Lüder (Gericht) 2742
Lüder (Name) 5890
Lürmann, Otto W. 1903
Lützelbach-Rimhorn
  s. Rimhorn
Lützelbach-Steinbachtal
  s. Steinbachtal
Lützow (Familie v.) 4424
Luftbilder 280–286. 288. 4047
Luftkrieg, Luftangriffe 1431–1434
Luftpost
  s. Flugpost
Luftverkehr
  s. Flugverkehr
Luftverunreinigung 2655–2663
Luise Lgrn. v. Hessen-Darmstadt
  s. Albertine Luise
Lundenburg 814
Lungershausen (Familie) 7664
Luther, Martin 4808–4810
Lutter, Rolf 5063
Lutz, Martin 5352
Luxemburg (Land) 222. 7638
Luxemburg-Gleiberg (Grsch.) 806
  – Clementia Grn. v. 805
Luzern 83
Lyon 6164

M

Maar 3948
Maas(gebiet) 6528
Maastricht (Bischöfe)
 – Amandus 4660
Maberzell 2265
Macke, Helmuth 6248
Madonnen 6514
Märchen 6028 f. 7604. 7606 f. 7618. 7621
Märkte 1650. 2817. 2827. 2831. 2837. 2847. 2849–2852. 2855. 2859. 2861. 7683
 s. a. Einkaufszentren
 s. a. Messen
Mäusesagen 7615–7617
Mäuseturm (Binger Loch) 3337. 7615–7617
Magersuppe, Karl 7038
Mahler, Mathias 1550
Maier, Max Hermann 1683
Main(gebiet), Mainfranken
 – Archäologie 414. 588. 724
 – Beschreibung 338
 – Kanalisierung, Schiffahrt 3340–3352
 – Römerzeit 588
 – u. Trithemius, Johannes 5075
 – Umweltschutz 2649
 s. a. Untermain
Main-Kinzig-Kreis
 – Banken, Sparkassen 2878 f.
 – Baudenkmäler 6534
 – Beschreibung 3381 f.
 – Bibliotheken 6354
 – Bildungseinrichtungen 5450
 – Energiewirtschaft, Wasserwirtschaft 3067
 – Fremdenverkehr 3280
 – Industrie 2918
 – Katholische Kirche 4700
 – Kureinrichtungen 2058
 – Landwirtschaft 2297
 – Museen 6353 f.
 – Sozialarbeit 2008
 – Theater 6354
 – Wirtschaft 2733. 2878 f. 2918. 3067
Main-Kreis 386
Main-Neckargebiet 2620
Main-Rodgaugebiet 1025
Maintal-Bischofsheim
 s. Bischofsheim (Main-Kinzig-Kr.)
Maintal-Dörnigheim
 s. Dörnigheim

Maintal-Hochstadt
 s. Hochstadt
Main-Taunus-Kreis, Main-Taunusgebiet
 – Adreßbuch 3386
 – Agrarstrukturplanung 2320
 – Beschreibung 3384
 – Bibliotheken 12
 – Geschichte 3383. 3385
 – Jugendeinrichtungen 2033 f. 5449
 – Katasteramt 386
 – Steinkreuze 1466
 – Wirtschaft 2734
Main-Weser-Bahn 3171
Mainz (Bischöfe)
 – Colmar, Ludwig 4689
 – Ketteler, Wilhelm Emmanuel Frhr. v. 4690 f.
Mainz (Bistum) 119. 4688 f. 4776
Mainz (Erzbischöfe) 891. 6999
 – Adolf I. v. Nassau 892
 – Albrecht v. Brandenburg 4649. 4836. 7013
 – Daniel Brendel v. Homburg 4073
 – Dietrich Schenk v. Erbach 7675
 – Friedrich 4643
 – Friedrich Karl Josef v. Erthal 904
 – Georg Friedrich Greiffenclau v. Vollrads 893
 – Hrabanus Maurus 913
 – Johann Philipp v. Schönborn 877. 894–898. 6108 f.
 – Konrad v. Weinsberg 5409
 – Lothar Franz v. Schönborn 877. 894. 898–903
 – Wilhelm 885
 – Willigis 886–890. 1022. 4645. 4654. 4675. 4703. 5209. 6492
Mainz (Ebt., Kft.)
 – u. Böhmen 4641
 – Choral 5355 f.
 – Dom- u. Diözesanarchiv 119
 – Domkapitel 4640. 4767–4775
 – Domstift 5209
 – Erzkanzlerarchiv 118
 – u. Frankfurt (Main) 5152
 – u. Fritzlar 881
 – Gesangbücher 5358
 – Geschichte, Politik 822. 872–905. 1027. 4746
 – Grenze 2186. 2192
 – Handel 2871
 – Handschriften 55
 – u. Hildegard v. Bingen 4673

Orts-, Personen- und Sachregister 697

- Hofmusiker 7152. 7181
- Karten, Kartographie 348 f.
- Kirchengeschichte 4648–4652. 4703
- Kirchenverwaltung, Kirchenverfassung 4640. 4645 f.
- u. Kreisassoziationen 877
- Liturgie 5353–5356
- Ministeriale 880
- Oberstift 5091
- u. Papst 900
- u. Pfalz 1027. 2473
- u. Reich 875. 877. 889
- u. Reichskammergericht 1482
- Sozialgeschichte 882
- Staatsmänner 883
- Visitatio sepulchri 4639
- Weihbischöfe 905

Mainz (Festung) 1073. 1311–1313
Mainz (Raum) 535. 7554
Mainz (Stadt)
- Abgaben 1701
- Altertumsverein 5773
- Alt- u. Hagenmünster 4779. 6250
- Altstadtsanierung 3965 f.
- Archäologie 414. 449. 534. 584. 591. 606 f. 612. 618. 648–652. 666. 673. 772 f. 6488 f.
- Archive 111. 115. 118 f.
- Baudenkmäler 6561
- Belagerung (1793) 1398
- Beschreibung 3949–3954
- Bevölkerung 1624 f. 1635
- Bibliotheken 31 f.
- Bonifatiuskirche 5231
- Brunnen 6761–6763
- Buchdruck 4784. 7372. 7376–7384. 7386
- Buchmalerei 6170 f.
- Denkmalpflege 6617
- Dom, Domschatz 4659. 5209–5227. 5353–5356. 5409. 6309
- Dom- u. Diözesanmuseum 6491 f.
- u. Eberbach (Kloster) 4723
- Erinnerungen 7165
- Familienkunde 4489
- Fischerei 2472
- Freiheitskriege 1413 f.
- Friedhöfe 4580
- Garnison 1313
- Geschichte 1062–1074. 1081. 1119–1122. 1398. 1413 f. 3955–3963. 6561
- Häuser 6881–6887

- Hafen 3341
- Hospital 1967
- Ignazkirche, Ignazpfarrei 122. 1625. 5229
- Industrie- u. Handeskammer 2822
- Ingelheimsche Lesebibliothek 32
- Inschriften 612
- Jesuitenkirche 6934
- Juden 4580. 4609
- Karmeliter 4780
- Karneval 7528–7530
- Kirchen 4659. 5209–5231
- Klubisten, Jakobiner 1062. 1064–1066. 1071
- Künstler 6165
- Kupferberg, Sektkellerei 2391 f. 6175
- Lesegesellschaften 7332
- Liebfrauenkirche 773
- Literatur 5964
- Mittelrheinisches Landesmuseum 619. 6488–6490
- Mundart 7585
- Museen 619. 732. 6486–6492
- Musikverlag Schott 7146. 7151
- u. Napoleon I. 1074. 1413
- Pädagogisches Institut 5500
- Philatelie 3254
- Postgeschichte 3254
- Rathaus 6886 f.
- Rechtsgeschichte 1475
- Reichstag (1692) 818
- Revolution (1792/93) 1062–1071
- Revolution (1848/49) 1119–1122
- Römerzeit 584. 591. 606 f. 612. 618. 648–652. 666. 673
- Römisch-German. Zentralmuseum 732. 6486 f.
- Schloß Favorite 6707
- Schloßplatz 449
- u. Seghers, Anna 6115
- Sozialgeschichte 1723. 3434
- Stadtarchiv 115
- Stadtbefestigung 1311
- Stadtbibliothek 31
- Stadtrat 4723
- Stadtreinigung 3964
- Stephanskirche 5230
- Stift St. Alban 4777 f.
- Studenten 5713–5716
- Theater 7036
- Verkehr 3159. 3221. 3254
- Volkshumor 7585

- Volkslied  7554
- Wirtschaft  2705 f. 2708. 2743. 2822
- Zeitungswesen  7458–7463
- Zünfte  2743

Mainz-Amöneburg
  s. Amöneburg (Wiesbaden)

Mainz-Bretzenheim
  s. Bretzenheim

Mainz-Drais
  s. Drais

Mainz-Ebersheim
  s. Ebersheim

Mainz-Gonsenheim
  s. Gonsenheim

Mainz-Kastel
  s. Kastel

Mainz-Kostheim
  s. Kostheim

Mainz-Weisenau
  s. Weisenau

Mainz (Universität)  111. 141. 5710–5716

Mainz-Bingen (Kr.)  2253. 3387. 4677. 5428. 6537

Mainz-Wiesbaden (Raum)  5640

Mainzer Adelsverein  1677 f.

Mainzlar  1830. 3967

Majer-Leonhard (Familie)  4517a

Malchen  3968

Malende, Bernhard  2517 f.

Maler  1889. 5122. 5540. 6016. 6168. 6204–6303. 6936

Maler (Gewerbe)  2800

Malerei  5095. 5103. 5122. 6166–6303. 6365. 6368–6371. 6381. 6384. 6402–6407. 6471–6478
  s. a. Bildnis
  s. a. Felsmalerei
  s. a. Glasmalerei
  s. a. Hinterglasmalerei
  s. a. Landschaftsmalerei
  s. a. Tafelmalerei
  s. a. Wandmalerei

Malstätten
  s. Gerichtsstätten

Mammolshain  3055. 3969

Mandeln  2189 f.

Manische, Das (Geheimsprache in Gießen)  5814

Mann, Elisabeth  2858

Mann, Erika  5586

Mann, Klaus  5586

Mannel, Adam  5766

Mannheim  337. 3706. 4856

Manöver  1333

Mansardendach  6797

Mansbach  502. 848

Mara  7180

Marbach (Marburg, Lahn)  3970

Marbach (Marburg, Lahn)-Michelbach
  s. Michelbach (Kr. Marburg-Biedenkopf)

Marburg (Lahn: Amt)  1047

Marburg (Lahn: Deutschordensballei)  4802

Marburg (Lahn: Kr., Land)
- Adreßbuch  3388
- Burschenvereinigungen  7485
- Geschichte  4212
- Jugendarbeit  2035
- Kreissparkasse  2907
- Landwirtschaftl. Kreisverein  2243
- Mundart  5827–5829
- Sonderschulen  5465
- Wirtschaft  5771

Marburg (Lahn: Schloß)  5236. 6708

Marburg (Lahn: Stadt)
- Adreßbuch  3971
- Arbeiterturnbewegung  7298
- Arbeitsverhältnisse  1748
- Archäologie  774
- Archive  86–102. 116
- Baudenkmäler  6562
- Beschreibung  3972–3975
- Bibliotheken  33–39
- Bürger  1535
- Denkmalpflege  6588
- Elisabethkirche  4663. 5232–5234
- Eltern-Kind-Gruppen  5596
- Firmanei-Kapelle  5237
- Gaststätten  3308
- Geschichte  1206. 3870. 3972. 3974. 4741
- Grabsteine  5410
- Häuser  6888
- Handel  2857
- Industrie  2967
- Johann-Gottfried-Herder-Institut  39. 5803
- Juden  4610
- Jugendarbeit  2039
- Kommunalpolitik  3978 f.
- Landratsamt  97
- Medizingeschichte  1885. 1894
- Michaelsbruderschaft  4909
- Museen  6338 f. 6493 f.
- Naturfreunde  7298
- Obdachlosensiedlung  1864

- Oberhof 1490
- Pharmaziegeschichte 1931
- Preise 1727. 1749
- Raumordnung 2145
- Reitverein (1909) 7317
- Revolution (1918–20) 1206
- Sonderschulen 5465
- Sparkassen 2907
- Spielzeugausstellung 7562
- Staatsarchiv 86–102
- Staatsbibliothek Prß. Kulturbesitz 38
- Stadtarchiv 99. 116
- Stadtpfarrkirche 5235
- Stadtplanung 3980–3983
- Statistik 3976
- Studenten 5761. 5765–5771
- Verkehr 3112 f. 3308
- Verlage 7430
- Wahlen 3977
- Weidenhausen 3981
- Wirtschaft 5771
- Wohnverhältnisse 1748 f. 5724. 5770

Marburg (Lahn)-Bauerbach
  s. Bauerbach
Marburg (Lahn)-Cappel
  s. Cappel (Marburg, Lahn)
Marburg (Lahn)-Ginseldorf
  s. Ginseldorf
Marburg (Lahn)-Marbach
  s. Marbach (Marburg, Lahn)
Marburg (Lahn)-Michelbach
  s. Michelbach (Kr. Marburg-Biedenkopf)
Marburg (Lahn)-Schröck
  s. Schröck
Marburg (Lahn)-Wehrda
  s. Wehrda (Marburg, Lahn)
Marburg (Lahn)-Wehrshausen
  s. Wehrshausen (Kr. Marburg-Biedenkopf)
Marburg (Lahn: Universität) 33–37. 1968. 3983. 4302. 4610. 5667. 5717–5771. 6338 f. 6494
Marburger Religionsgespräch (1529) 4817
Marburger Universitätsbund 5723
Marcellinus (Heiliger) 3156
Marcks, Gerhard 6324
Mardorf (Familie v.) 4425
Mardorf (Familie) 4517b
Mardorf (Kr. Marburg-Biedenkopf) 503. 576 f. 2146. 3984
Maria-Ehrenberg 4681 f.
Marienberg, Bad 5238
Mariendorf 3985, 4885 f.
Marienstatt (Kloster) 1094. 4683. 4781–4783
Marienthal (Geisenheim) 4684
Marienwallfahrt 4681–4684
Marionettentheater 7016. 7038
Marjoß 5008
Mark (Grsch.) 2784
Marken 738. 920 f. 2106. 2177–2181
Marken u. Zeichen 7652. 7676 f. 7680
Marksburg 6709. 6925
Marktrechte 1490
Markwald 2177 f.
Marmorindustrie 3056
Martin (Familie) 7664
Martin, Erich 6249
Martin, Johann Christian 5051
Martinius, Matthias 5702
Marx, Karl 1110. 1120. 1159
Marxismus-Leninismus 3110
Maschinenfabriken 2948. 2969
Massenheim (Main-Taunus-Kr.) 5009
Massenheim (Wetteraukr.) 2796. 3986–3988. 5010. 6970. 7358
Mathis v. Lindenfels, Hartmann 4218
Matthäi (Familie) 4517b
Matthäus, Wolfgang 7046
Matthias-Film 4951
Mattiaci 591
Matuschka-Greiffenclau, Richard Gr. 2357 f.
Mauchenheim gen. Bechtolsheim, Freiherren v. 4426
Maul, Thomas 1007
Maulbertsch, Franz Anton 6250
Maurer (Familie) 4518
Maurer 1686. 5343
Maus, Georg 5064
Maus (Burg) 6571. 6710
Maximiliane Prinzessin v. Nassau-Saarbrücken 962
May (Familie) 4519. 7664
May, Ernst 6933
Mayer, Fritz 5528
Mechterstädt 5768
Meckel, Max 5114
Medaillen 990. 1218. 6020. 7680. 7697. 7708–7710. 7713 f.
Medea 601
Medenbach, Andreas 3027
Medenbach (Lahn-Dill-Kr.) 1831
Medenbach (Wiesbaden) 7103. 7661
Mediatisierungen 996

Medizinalwesen
  s. Gesundheitswesen
Medizingeschichte   106. 750. 951 f. 1850–1852. 1881. 1894. 2081
  s. a. Gesundheitswesen
Meerholz   3255. 7104 f.
Meerholz-Hailer (Kathol. Pfarrei)   5349
Meiger (Familie)   4520
Meilbach (Wü. b. Reiskirchen, Kr. Gießen)   2234
Meinecke, Friedrich Ernst   2079
Meinhard-Frieda
  s. Frieda
Meinhard-Schwebda
  s. Schwebda
Meinicke, Gottfried   3218
Meiningen   4122
Meisenheim (Oberamt)   1642
Meißner-Germerode
  s. Germerode
Meißner (Berg)   241 f. 2492. 2495–2499. 3043. 7604
Meißner-Kaufunger Wald (Naturpark)   2491. 2494
Meister, Peter Wilhelm   6418
Meister der Darmstädter Passion   6168
Meit, Conrat   6325
Melanchthon, Philipp   49. 4833
Melchior, Johann Peter   6514
Meleagersarkophag   6409 f.
Melibokus   343
Melsungen (Kr.)   5425
Melsungen (Schloß)   6711
Melsungen (Stadt)   3989–3992
Memoirenbücher   4303
Mengerskirchen   1926. 3993
Menhire   496 f.
Menschenhandel   1768
Menschenrechte
  s. Grundrechte
Mensfelden   3994 f.
Menzel, Peter   6081
Merck, Caroline   4526
Merck, Eleanor   4521
Merck, Emanuel W.   4522
Merck, Fritz   4523
Merck, Johann Heinrich   6077. 6082
Merck, Karl   1933
Merck, Magdalena   4524
Merck, Wilhelm   6251
Merckle, David   2814
Merenberg (Familie v.)   806
Merian (Familie)   6252. 6302

Merian, Maria Sibylla   6253 f.
Merian, Matthäus   2069. 6255–6257
Merkantilismus   6989
Mernes   1663
Merowingerzeit   663. 716. 731–735. 740. 755. 760 f. 765
  s. a. Frankenreich
Merrem, Blasius   5755
Mertens, Robert   6444
Merxhausen   1969. 3597
Merzhausen (Schwalm-Eder-Kr.)   2200. 7596
Mesnil de Rochemont, du
  s. Du Mesnil
Mesolithikum
  s. Mittelsteinzeit
Mesomylius, Ludwig   4846
Mespelbrunn, Echter von
  s. Echter von Mespelbrunn
Messel   7106
Messen   2817. 2834. 2885
  s. a. Buchhandel
Messer, Franz Joseph   7046
Metallindustrie   553. 2916. 2928. 2933 f. 2938. 2940. 2943. 2966
Meteoriten   3541
Methodisten   4937–4939
Metternich, Germain   1121
Metternich, Klemens Fürst v.   1154. 4427
Metternich-Winneburg, Paul Alfons Fürst v.   6698
Metternich-Winneburg, Tatiana Fürstin v.   4428. 6698
Metz, Ernst Christopher   6258–6260
Metz   3221
Metzger, Ludwig   3572
Metzger
  s. Fleischer
Metzler (Familie)   2888
Meuterei   1408
Meyer (Familie)   7664
Meyerbeer, Giacomo   7174
Meyger (Familie)
  s. Meiger (Familie)
Meysenburg (Familie v.)   4429
Michael (Heiliger)   6514
Michael, Friedrich   5965
Michaelsbruderschaft   4909
Michelangelo Buonarroti   6374
Michelbach (Hochtaunuskr.)   4333
Michelbach (Kr. Marburg-Biedenkopf)   5239
Michelsberg   6971 f.

Michelsberger Kultur 492
Michelstadt
 – Brunnen 6764
 – Familienkunde 4509. 4570
 – Geschichte 3996
 – Leibeigenschaft 1693
 – Siedlungsgeographie 2111
 – Stadtkirche 667
Michelstadt-Steinbach
 s. Steinbach (Odenwaldkr.)
Michelstadt-Vielbrunn
 s. Vielbrunn
Mickel (Familie) 7664
Mierendorff, Carlo 1219 f. 1222
Militär u. Politik 1294
Militärgeschichte, Kriegsgeschichte 108. 584. 592–599. 602. 607. 616. 629. 646. 649. 652. 655. 664. 1289–1437. 2438. 6460
Miltenberg (Amt) 1048–1050
Milz, Emhilt von
 s. Emhilt
Minderheiten
 s. a. Zigeuner
Mineralogie 2987. 2997a.
Mineralquellen
 s. Heilquellen
Minerva 601. 673
Miniaturen
 s. Buchmalerei
Ministeriale 880. 4392. 4402 f. 4449. 6130. 7666. 7715
Minnesänger 6130
Minster, Friedrich 4525
Mirakelbücher 109
Mischehe 4689. 4871
Mission 4908
 s. a. Innere Mission
Misteln 2578
Mitbestimmung 1239
Mithras 674–676
Mitlechtern 1515
Mitteilungen des Geschichts- und Altertumsvereins der Stadt Alsfeld 5
Mitteilungen des Oberhessischen Geschichtsvereins 6
Mitteilungen des Vereins für Geschichte und Heimatkunde Oberursel 4
Mittelbiberach, Schad v.
 s. Schad v. Mittelbiberach
Mittelbuchen 5011
Mitteldeutschland 7471
Mittelheim 5240

Mittelhessen
 – Agrargeschichte 2247 f.
 – Flora 2558 f.
 – Kulturelles Leben 7335
 – Landeskunde, Reiseführer 224
 – Rechenzentrum 3423
 – Regionalplanung 2143–2149
 – Siebenjähriger Krieg 1380. 1384
 – Unfallrettung 1946
 – Verkehr 3097 f. 3206
 – Wald 2421
 – Wirtschaft 2692
 s. a. Dillgebiet
 s. a. Lahngebiet
 s. a. Oberhessen
 s. a. Vogelsberg
 s. a. Westerwald
 s. a. Wetterau
Mittelrhein(gebiet)
 – Arbeitsverhältnisse 1714
 – Archäologie 512. 558. 561
 – Auswanderung 1637
 – Bauernkrieg 1351
 – Beschreibung, Reiseführer 314–321
 – Biographien 4296 f.
 – Buchmalerei 6171
 – Burgen 6625
 – Fachwerk 6787
 – Flora 2570
 – Frühgeschichte 739
 – Geschichte 784. 789–792. 894. 1351
 – Geschichtsvereine 4786
 – u. Goethe 6007
 – Handelsgeschichte 2813
 – Handwerkerbünde 2728
 – Kartographie 354
 – Kirchengeschichte 4636
 – Kostüm 7505
 – Kunstgeschichte 6139–6141
 – u. Meit, Conrat 6325
 – Musik 7046. 7163
 – Orgeln 5367
 – Ortsnamen 5880 f.
 – Pfalzen 6625
 – Schulgeschichte 5427. 5432
 – Sprüche 7590
 – Städte 3432. 7715
 – Testamente 1539
 – Weinbau 2346. 2348 f. 2381
 s. a. Rhein-Moselgebiet
Mittelsteinzeit 460. 473–475
Mittelursel (Wü. b. Oberursel) 4033

Mittenaar-Bicken
  s. Bicken
Mittenaar-Offenbach
  s. Offenbach (Lahn-Dill-Kr.)
Mitterode  5241
Mittershausen
  s. a. Scheuerberg
Modau-Nieder-Modau
  s. Nieder-Modau
Modautal-Klein-Bieberau
  s. Klein-Bieberau
Modellbau, Modellflug  7257. 7353
Moder, Josef  6083
Möbel  6422 f.
  s. a. Bauernmöbel
Möbelindistrie  2920
Möckel (Familie)  2799
Möhnetalsperre  1431
Möller, Johann Justus  2262a
Möller, Wilhelm  1904
Mömlingen
  s. a. Neustädter Hof
Mörfelden  3997. 7299
Mörlenbach  3071. 6100
Mörlenbach-Bonsweiher
  s. Bonsweiher
Mogontiacum
  s. Mainz (Stadt) /Römerzeit
Mohler, Philipp  7046
Mohr (Familie v.)  4430
Moischeid  2439
Molitor (Familie)  4496
Moller (Familie)  4526
Molnark
  s. Müllenark
Molsberg (Schloß)  6596
Molter (Familie)
  s. Molitor (Familie)
Mombert, Paul  5689
Mommsen, Helmut  1905
Mommsen, Tycho  5541
Mondschein  1467
Montabaur (Raum)  5431
Montabaur (Schloß)  6596
Montabaur (Stadt)
  – Ansichten  6187. 6241
  – Berufsbildungszentrum  5597
  – Beschreibung  3998
  – Gymnasium  5431
  – Pauluskirche  5242
  s. a. Spießweiher
Montabaur (Verbandsgemeinde)  2171
Montaigne, Michel Eyquem de  7393

Monteilhet, Hubert  6084 f.
Mor, Anthonis  6261
Morgenstern, Carl  6262–6264
Morgenstern, Ingeborg  6947
Morgenstern, Johann Friedrich  7204
Morillo, Juan  4847
Moritz, Heinrich D. G.  3024
Morsberg (Burg)  6712
Morschen-Heina
  s. Heina
Mosbachtal  2539
Moscherosch, Quirin  6086
Mosel(gebiet)  318. 585–587. 590. 4294. 4296
Moser, Friedrich Carl v.  1591
Mossautal-Hüttenthal
  s. Hüttenthal
Motodrom Schottenring  2508 f.
Motorsport  7220. 7254. 7310
Moufang, Christoph  4776
Mozart, Wolfgang Amadeus  7175
Mudau (Zent)  1051
Mudenbach  1468
Mudersbach  3999
Mudershausen  4370
Mücke-Atzenhain
  s. Atzenhain
Mühlen, Johann Jacob v.  4431
Mühlen, Müller  2766–2783. 4055. 4316. 4384. 4479. 4539. 4709. 7092. 7676
Mühlheim, Lesch v.
  s. Lesch v. Mühlheim
Mühlheim (Main)  1603. 4000 f. 5243. 5411 f.
Mühlheim (Main)-Dietesheim
  s. Dietesheim
Mühltal  2782
Mühltal-Nieder-Beerbach
  s. Nieder-Beerbach
Mühltal-Nieder-Ramstadt
  s. Nieder-Ramstadt
Mühltal-Traisa
  s. Traisa
Mühltal (Wiesbaden)
  s. Wiesbaden (Stadt)/Obdachlosensiedlung M.
Müllbeseitigung  1718
Müllenark zu Westerburg (Familie v.)  4432
Müller (Familie)  3005. 4527. 4527a.
Müller, Aloys  1906
Müller, Bernhard  1667
Müller, H. Fidelis  7176
Müller, Victor  6265 f.

Müller-Linow, Bruno 6267
Müller-Thurgau, Hermann 2364
Müllerzeichen 7676
München (Raum) 2160
Münchhausen
  s. a. Christenberg
Münchholzhausen 4002 f. 7107
Münden (Hann.-M.) 838. 4004 f.
Münster, Joseph 1592
Münster, Sebastian 4528 f.
Münster (Kr. Darmstadt-Dieburg)-Altheim
  s. Altheim
Münster (Kelkheim) 1832. 3875
Münster (Kr. Limburg-Weilburg) 4006
Münster (Westfalen) 4757
Münzen, Münzwesen, Medaillen 554 f. 576 f. 580. 644. 876. 990. 1218. 2991. 6020. 6507. 6514. 7678−7721
Münzenberg 467−469. 4611
Münzenberg-Trais-Münzenberg
  s. Trais-Münzenberg
Münzenberg (Burg) 6713
Münzenberg (Herrschaft) 817
Münzfunde 7678 f.
Müschenbach 4783
Müsen 3016. 3018 f. 5387
  s. a. Altenberg (Wü. im Siegerland)
Mumm v. Schwarzenstein (Familie) 4433
Mundart, Mundartforschung 5460. 5815−5862. 7491. 7572. 7585
Mundart
  − Texte 3730. 5818. 5831. 5831a. 5835. 5837. 5847−5854. 5857. 5859
  s. a. Volkshumor
Mundartdichter 199. 5832. 5838
Mundarttheater 7020
Muschenheim 7649
Museen 24. 314 f. 437. 453. 463. 583. 595. 617. 619. 632. 635. 732. 1425. 2955. 2973. 2991. 3017. 3235 f. 3626. 4403. 5394. 6017−6020. 6027 f. 6168. 6266. 6279 f. 6319. 6323. 6331−6525. 6855. 6950. 6980. 7004. 7009. 7507
  s. a. Hessenpark
Museumslehre 6331
Museumspädagogik, Museumsdidaktik 6431. 6435. 6511. 6523
Musik, Musikgeschichte 3529. 3609. 5280. 5944. 6097. 7045−7186. 7341. 7551
Musikalienhandel 7139
Musiker 5540. 5832. 6109. 7046. 7152−7186
Musikerziehung 5656

Musikhandschriften 7079
Musikinstrumente 7047
Musikschulen 5782 f. 5809
Musikverlage 7140. 7142−7151. 7183
Musterungslisten 1334. 4320. 4341. 4359
Myra, Nikolaus v.
  s. Nikolaus v. Myra

## N

Nachbarrecht 1447 f.
Nachbarschaftsheime 1998
Nachlässe 84. 107. 1584. 1685. 4798
Nagelschmieden 2235. 3020
Nahe(gebiet) 327. 5427
Nahe-Hunsrück-Raum 1433
Naherholungsgebiete
  s. Erholungsgebiete
Nahl (Familie) 6268
Nahm, Peter 1256
Nahverkehr 3097. 3102. 3105−3111. 3113 f. 3187−3192. 3242. 3248. 4248
Namenkunde 4336. 4338. 4357. 4364. 4371. 4574 f. 5811. 5863−5942. 7670
Napoleon I., Kaiser v. Frankreich 1074. 1095. 1413
Napoleonische Kriege 1405−1411
  s. a. Französische Besatzungsstaaten
  s. a. Freiheitskriege
Nassau (Burg) 4007. 5598
Nassau (Evangelische Landeskirche) 4901
  s. a. Evangelische Kirche in Hessen u. Nassau
Nassau (Grsch., Ft.)
  − Auswanderung 1646. 1649
  − u. Elsaß 965
  − Geschichte 852. 929−973
  − Münzen 7702. 7705 f.
  − u. Niederlande 933
  − u. Reichsritter 840
  − u. Sachsen 935
Nassau (Haus) 932 f. 935. 5397. 7638. 7705 f.
  − Adolf Gr. v.; Dt. Kg. 816
  − Adolf I. Eb. v. Mainz 892
  − Heinrich III. Gr. v. 938
  − Ludwig Gr. v. [1538−1574] 939
  s. a. Oranien (Ft.: Haus)
Nassau (Hzt.)
  − Annexion (1866) 1197 f.
  − Auswanderung 1650. 1676
  − Code Napoléon 1442

- Evangelische Kirche 4900
- Geschichte 929 f. 1080–1094. 1197 f.
- Juden 4581
- Karten, Kartographie 350. 376
- Landwirtschaft 2250
- Militärgeschichte 1291 f. 1295. 1335 f. 1405. 1409. 1419
- Münzen, Medaillen 7682. 7702. 7708
- Orden, Ehrenzeichen 1322
- Post 3226
- u. Reichsritter 840
- Revolution (1848/49) 1088–1093
- Schulgeschichte 5429
- Spielbanken 7196
- Turnvereine 1093
- Vermessungswesen 369–377
- Zeitungswesen 7457

Nassau (Land)
- Brauchtum 7549 f.
- Landeskunde, Reiseführer 266–268
- Mundart 5835–5837. 5839. 7573
- Naturkunde 2521
- Sozialarbeit 2009
- Volkshumor 7573

Nassau (Stadt)
- Beschreibung 268. 4007. 5598
- Familienkunde 4470
- Geschichte 4007
- Landschaft 5598
- Realschule 5598
- Vogelschutz 2615

Nassau-Beilstein (Haus) 956

Nassau-Dillenburg (Grsch., Ft.)
- Amtleute 937
- Calvinismus 4824
- Dreißigjähriger Krieg 1364
- Forstwesen, Hauberge 2423. 2447
- Grenze 2187 f.
- Kirchengeschichte 4914
- u. Niederlande 934

Nassau-Dillenburg (Haus)
- Engelbert II. Gr. v. 6172
- Heinrich III. Gr. v. 938
- Johann I. Gr. v. 7704
- Johann VI. Gr. v. 2423. 2447. 4824
- Ludwig Gr. v. [1538–1574] 939

Nassau-Idstein (Haus) 5407
- Georg August Samuel Fürst v. 5407

Nassau-Oranien (Grsch., Ft.)
- Armenpflege 1979
- Begräbniswesen 7515
- Forstwesen 2424
- Geschichte 1080
- Kirchengeschichte 4897
- Mineralogie 2987
- Soldaten 1317. 1406
- Verkehr 3126–3135

Nassau-Oranien (Haus)
s. a. Niederlande
s. a. Oranien (Haus)

Nassau-Ottweiler (Grsch.) 4541

Nassau-Saarbrücken (Grsch., Ft.)
- Baukunst 5087 f.
- Bergbau u. Hüttenwesen 2993
- Familienkunde 4305. 4317
- Geistliche 5047
- Gesangbücher 5359
- Geschichte 957–963
- Handelsgeschichte 2814. 2866
- Hospitäler 1971
- Kirchengeschichte 4830–4832. 4862. 4898 f. 4910. 5047. 5087 f.
- Schlösser 6647
- Städte 3436
- Verwaltung 959
- Zölle 2866

Nassau-Saarbrücken (Haus) 957
- Anna Amalie Grn. v. 960
- Crato [= Kraft] Gr. v. 961
- Heinrich Ludwig Karl Albert Erbprinz v. 962 f.
- Maximiliane Prinzessin v. 962
- Philipp I. Gr. v. 958
- Philipp III. Gr. 4832

Nassau-Siegen (Grsch., Ft.) 1537. 1647

Nassau-Siegen (Haus)
- Johann VII. Gr. v. 946
- Johann VIII. Gr. v. 947 f.
- Johann Moritz Fürst v. 949–953

Nassau-Usingen (Grsch., Ft.) 972 f.

Nassau-Weilburg (Grsch., Ft.)
- Bergbau 3041
- Geschichte 966–973
- Kriminalität 1562
- u. Säkularisation 4656
- u. Sayn-Wittgenstein (Haus) 972
- u. Worms (Hochstift) 967

Nassau-Weilburg (Haus) 966
- Albert Gr. v. 968. 4305
- Amalie Charlotte Wilhelmine Luise Prinzessin v. 970
- Henriette Alexandrine Friederike Wilhelmine Prinzessin v. 971
- Ludwig II. Gr. v. 959

Nassau-Wiesbaden (Haus)
- Adolf I. Eb. v. Mainz 892
Nassauische Annalen 2
Nassauische Heimatblätter 2
Nassauische Sparkasse (Wiesbaden) 2875
Nationaldenkmal 6311–6314
Nationalliberalismus 1131
Nationalsozialismus 1214–1230. 4578.
 4581. 4602. 4901. 6110. 6161
Nationalversammlung (1848)
 1169–1196
Naturdenkmäler 2544–2555
Naturhistorische Museen 6440–6445.
 6467. 6510 f. 6518 f.
Naturkunde, Naturräume 219. 2521.
 2528 f. 2532. 2538
Naturparks 241. 262. 304. 339. 2490 f.
 2508 f. 2511. 2525 f. 2534 f. 2542. 2597.
 2610. 3030
Naturschutz 2414. 2474–2674
Naturwissenschaft (Geschichte) 951 f.
 5736 f.
Nauborn 5891
Nauheim (Stadt), Bad
- Archäologie 450. 578–580. 629. 655.
 760
- Baudenkmäler 6563. 6929
- Beschreibung 4008
- Geschichte 4008 f.
- Heimatverein 137
- Hiesbach 4009
- Kurort, Heilquellen 2059–2061
- Kurtheater 7037
- Münzen 580
- Salz, Saline 686. 2082
- Stadtplanung 4010
- Wirtschaft 2698
Nauheim-Rödgen, Bad
 s. Rödgen (Wetteraukr.)
Nauheim-Steinfurth, Bad
 s. Steinfurth
Nauheim (Kastell) 629. 655
Naumburg 2197
Naumburg-Altendorf
 s. Altendorf (Kr. Kassel)
Naumburger Meister 6309
Naunheim 2463
Naurod 1833. 4011. 7108. 7661
Neckar(gebiet) 335. 337 f. 345. 808. 2176.
 4392
 s. a. Rhein-Neckargebiet
Neckarhausen 4012
Neckarsteinach (Amt) 1626

Neckarsteinach-Darsberg
 s. Darsberg
Neckarsteinach-Neckarhausen
 s. Neckarhausen
Nees v. Esenbeck, Christian Gottfried
 4434. 6031
Nees v. Esenbeck, Lisette 6031
Neidköpfe 6792
Neidt, Otto 1467
Nekrologien 4303
Nentershausen-Dens
 s. Dens
Neolithikum
 s. Jungsteinzeit
Netphen (Amt) 1052
Netphen-Sohlbach
 s. Sohlbach
Netratal-Datterode
 s. Datterode
Nettesheim, Heinrich Cornelius Agrippa v.
 5747
Neu-Anspach 1874. 4013–4015. 5870
 s. a. Hessenpark
Neu-Anspach-Rod
 s. Rod (am Berg)
Neu-Anspach-Westerfeld
 s. Westerfeld
Neubolanden 966
Neudenau (Amt) 1053
Die neue Mainzer Zeitung 7462
Neu-Eichenberg-Eichenberg
 s. Eichenberg
Neuenburg (Fulda) 6564
Neuengronau 5012
Neuenhain (Main-Taunus-Kr.) 4016. 7109
Neuenstein-Saasen
 s. Saasen (Kr. Hersfeld-Rotenburg)
Neuenstein (Burg) 6714. 6739
Neuhausen (Worms: Stift Cyriakus) 4784
Neuhof (Kr. Fulda) 4017
Neuhoff (Familie) 1156
Neu-Isenburg 3209. 3256
Neu-Isenburg-Zeppelinheim
 s. Zeppelinheim
Neujahrsbräuche 7549–7551
Neukirchen (Schwalm-Eder-Kr.) 860. 2232
 s. a. Klaushof
Neukirchen (Schwalm-Eder-Kr.)-
 Seigertshausen
 s. Seigertshausen
Neu-Lichtenfels (Burg)
 s. Sand (Haus in Dalwigksthal)
Neumann, Balthasar 6934

Neumann, Gerhard 5965
Neunkirchen (Kr. Siegen) 5013
Neurochirurgie 5670
Neurologie 1959
Neuschloß (Schloß) 6715
Neußer Fehde 854
Neustadt (Kr. Marburg-Biedenkopf) 1339.
  4018
Neustadt (Kr. Marburg-Biedenkopf: Raum)
  2693
Neustadt (Odenwaldkr.)-Rai-Breitenbach
  s. Rai-Breitenbach
Neustadt (Weinstraße) 1477–1480
Neustädter Hof (b. Mömlingen) 2266
Neu-Wallenstein (Burg)
  s. Neuenstein (Burg)
Neuwied 6007
Neuwied (Kr.) 973
Nibelungenlied 48. 6129
Nibelungenschatz 7616
Nicolai (Familie) 4530
Nicolai, Philipp 4530
Nida
  s. Heddernheim/Römerzeit
Nidda (Fluß) 2469. 5938
Nidda (Stadt) 2908. 4019
Nidda – Bad Salzhausen
  s. Salzhausen, Bad
Nidda-Eichelsdorf
  s. Eichelsdorf
Nidda-Geiß-Nidda
  s. Geiß-Nidda
Nidda-Wallernhausen
  s. Wallernhausen
Niddatal-Assenheim
  s. Assenheim
Niddatal-Kaichen
  s. Kaichen
Nidderau 2438
Nidderau-Ostheim
  s. Ostheim (Main-Kinzig-Kr.)
Niebergall, Ernst Elias 6087 f.
Nied 640. 5014. 5244
Niedenstein 7110
  s. a. Altenburg (b. Niedenstein)
Niedenstein-Kirchberg
  s. Kirchberg (Schwalm-Eder-Kr.)
Niedenstein-Wichdorf
  s. Wichdorf
Niederaula (Pfarrei) 4919
Niederaula-Niederjossa
  s. Niederjossa
Nieder-Beerbach 4020. 7300

Niederbiel 3166
Niederdünzebach 4330
Niederelsungen 4021 f.
Niederems 4023 f.
Nieder-Erlenbach 5599
Nieder-Gemünden 2269
Niedergirmes 1753
Niedergründau 6765. 7111
Niedergude 2111
Niederhessen
  s. Nordhessen
Niederhessische Mundart 5821–5823
Niederhörlen 6347
Nieder-Ingelheim 4528 f.
Niederjosbach 1801
Niederjossa 1766. 4025. 4576. 5015
Niederkleen 4027. 6780 f. 6801. 6889
Niederlaasphe 2773
Niederlahnstein 797. 6890
Niederlande 933 f. 943. 1687. 3424.
  4855–4861. 6236. 6982
  – Wilhelm I. Kg. 1317
Niederlibbach 5373
Niedermeilingen 6514
Niedermeiser 4028
Niedermittlau 7301
Nieder-Modau (Burg) 6716
Niedernhausen-Engenhahn
  s. Engenhahn
Niedernhausen-Oberjosbach
  s. Oberjosbach
Nieder-Olm 6046 f.
Niederrad 4029
Nieder-Ramstadt 716. 2010 f. 4030
Niederreifenberg 1759. 7112
Niederrhein(gebiet) 1687
Nieder-Roden (Zent) 4320
Nieder-Rosbach 5871
Niedersachsen 223. 357. 2123. 2413. 3064.
  4303
Niederscheld 3020. 4031
Niederselters 1834. 2062. 4032. 7113
Niederursel 4033
Niederursel (Hof) 2267
Niederwald 4106
Niederwaldbahn 3181
Niederwalddenkmal 6311 f. 6514
Niederwerth 4772
Nieder-Wöllstadt 4034. 4805. 5016
Niemöller, Martin 5065
Nierstein 653. 1516. 2382. 6227
Niestetal-Heiligenrode
  s. Heiligenrode

Orts-, Personen- und Sachregister 707

Nikolaus v. Myra 4674
Nister 279
Noack, Elisabeth 7046. 7177 f.
Noack, Friedrich 7046
Nöll, Johann Carl 5048
Nösberts-Weidmoos 4035
Noll, Franz 6935
Nolte, Johann Heinrich 1554
Nordamerika 1121. 1432 f. 1436. 1653. 1661–1682. 2952. 5648. 5668
 s. a. Kanada
 s. a. Unabhängigkeitskrieg, amerikanischer
Norddeutschland 4740. 7471
Nordeck (Burg) 5600
Nordenbeck (Burg) 6717
Nordenstadt 4036. 7660
Nordheim (Kr. Bergstraße) 4037. 6891
 s. a. Zullestein
Nordheim (v. d. Rhön) 4447
Nordhessen
 – Archäologie 477. 482 f. 555. 577. 700
 – Bergbau 2493
 – Bevölkerungsbewegung 1599 f.
 – Burgen 700. 6637
 – Denkmalpflege 6598
 – Einwanderung 1686
 – Familienkunde 4292 f.
 – Glaubensflüchtlinge 4894 f.
 – Flora 2558
 – Hausbau 6773
 – Industrie 2916
 – Jugendherbergswerk 2032
 – Jungsozialisten 1254
 – Kirchengeschichte 4653
 – Landeskunde, Reiseführer 223. 230–246
 – Malerei 6166
 – Münzen 555, 577
 – Ofenfußsteine 7005
 – Regionalplanung 2123. 2130–2136
 – Sagen 7602
 – Sekten 4937
 – Siedlungsgeschichte, Siedlungsgeographie 700. 2085
 – Trachtenpuppen 7500
 – Verkehr 3200–3202
 – Verlage 7403
Nordrhein-Westfalen 224. 5476
Nordhausen 4038
Nordwestdeutschland 514
Norken 7302

Notar-Signets 7677
Notarztwagen 1949
Notendruck 7140 f. 7147
Notgeld 7691
Nothgottes (Rheingau) 4106. 4685 f.
Notzeiten 1761. 1764. 1980
Nürnberg 3124. 4403
Nuffern (Familie v.) 1559
Nuhn, Johannes, von Hersfeld 179
Numismatik
 s. Münzen
Nymphen 679

O

Obdachlosensiedlungen 1751 f. 1864
Oberau 3457
Oberauroff 6514
Ober-Beerbach 7634
Ober-Bessingen 4039
Oberbiel 3021
Oberbrechen 4040 f. 5872
Oberdünzebach 4330
Obere Rhön (Pfarrverband) 4943
Obere Rodau (Abwasserverband) 2654
Oberelspe 2815
Oberelsungen 4022. 4042
Oberems 3754
Obergermanien (Provinz) 585. 588. 591. 601. 680 f.
Obergermanischer Limes
 s. Limes
Oberhessen
 – Agrargeschichte 2246
 – Archäologie 410–413. 469. 479
 – Bauernmöbel 6805
 – Brandschutz 1845
 – Flora 2580
 – Geschichte 1100. 1185
 – Haus 6776. 6794
 – Landeskunde, Reiseführer 230. 299
 – Mundart 5831
 – u. Nationalversammlung (1848) 1185
 – Urkunden 79
 – Verwaltungsgeschichte 857
 – Volkslied 7553
Oberhilbersheim 4954
Oberhöchstadt
 s. a. Hünerberg
Oberhone 4300
Oberjosbach 1801. 4043

Ober-Kainsbach 2233. 2268
Ober-Kainsbach (Zent) 1556
Oberkaufungen 4628. 5245–5248. 5892
Oberkleen 2572. 6781
Ober-Klingen 6892
Oberlahnkreis 1804
Oberlahnstein 5249
Oberlandesgericht Frankfurt a. M. 1443
Ober-Laudenbach 5017
Oberle, Karl 1429
Ober-Mörlen-Langenhain
   s. Langenhain (Wetteraukr.)
Oberndörfer, Johann Philipp 5529
Oberndorf (Wü. b. Arnoldshain) 2218
Oberndorf (Dillkr.) 1835
Ober-Ofleiden 5250 f.
Oberrad 4044–4046. 7303
Ober-Ramstadt
  – Archäologie 451. 474. 761
  – Beschreibung 4047
  – Brandschutz 1836
  – Flurnamen 5917
  – Forstwesen 2437
  – Häuser 6893
  – Hammermühle 2774
  – u. Lichtenberg, Georg Christoph 6071–6073. 6075
  – Verein für Heimatgeschichte 451
Ober-Ramstadt-Nieder-Modau
  s. Nieder-Modau
Ober-Ramstadt-Rohrbach
  s. Rohrbach (Kr. Darmstadt-Dieburg)
Ober-Ramstadt-Wembach
  s. Wembach
Oberrealschulen 5609
Oberreifenberg 1759. 5413
Oberrhein(gebiet)
  – Archäologie 480
  – Auswanderung 1637
  – Beschreibung 331. 342
  – Raumordnung 2174
  – Reichsritter 81
  – Studenten 4299
  – Wirtschaft 2724
Ober-Roden 2654. 6766
Oberrodenbach 5388
Ober-Rosbach 4048
Oberrosphe 4049
Oberroßbach 3036 f.
Oberschultheißen
  s. Schultheißen
Oberselters 2062
Oberstedten 2465. 4371 f. 5252

Obersteinberg 2220
Oberstimm (Kastell) 656
Oberstoppel
  s. a. Hauneck
Obersuhl (Raum) 2691
Obertshausen 4050
Oberursel
  – Archäologie 536
  – Beschreibung 2100. 4052 f.
  – DLRG 2020
  – Einwanderung 1690
  – Fachwerk 6788
  – Flur- u. Gassennamen 5929
  – Geschichte 4051. 4055. 5601
  – Gewerbe 2744. 2803
  – Glaubensflüchtlinge 4858 f.
  – Grenzsteine 2205
  – Häuser 6894 f.
  – Handwerker- u. Gewerbeverein 2744
  – Industrie 2968
  – Inschriften 7597
  – Karnevalverein Frohsinn (1890) 7114
  – Lutherische Theologische Hochschule 5804
  – Schulen 5601 f.
  – Sport 7304 f.
  – Stadtplanung 4054
  – Städtebau 6565
  – Studenten 5713
  – Ursulakirche 5253
  – Vortaunusmuseum 6495
  – Wirtschaftsgeschichte 1774 f. 2744. 2803. 2968
  – Zeitungen 7457
  s. a. Mittelursel (Wü.)
Oberursel-Bommersheim
  s. Bommersheim
Oberursel-Oberstedten
  s. Oberstedten
Oberursel-Weißkirchen
  s. Weißkirchen
Oberwalluf 7115
Oberweser
  s. Weser
Oberweyer 4056
Ober-Wöllstadt 4057 f. 5018
Oberzell 4058a
Obstbau 2335–2337. 2339–2341
Ochsenhandel 2812
Ochsenstein (Herrsch.) 987
Ockenheim 5254 f.

Ockstadt   4059. 7116
Odenhausen (Lollar)   4430. 5256
Odenwald
 – Agrarstrukturplanung   2321
 – Archäologie   609. 614
 – Auswanderung   1680
 – Baudenkmäler   6535
 – Bevölkerung   1607
 – Brauchtum   7538. 7548
 – Evangelische Kirche   4949
 – Familienwappen   7665
 – Flurnamen   5910. 5914
 – Forstwesen   2543
 – Geschichte   1026 f. 1435. 4779
 – Haus   6790–6793
 – Hexenwesen   1578
 – Inschriften   609
 – Karten   358–360
 – Keramik   6956
 – Kulturgeschichte   1026
 – Landeskunde, Reiseführer   302. 335–341. 344 f.
 – Literatur   5968
 – Müllerzeichen   7676
 – Mundart   5858–5860
 – Räuber   1563
 – Römerzeit   609. 614
 – Sagen   7622 f.
 – Sarkophage   5394
 – Siedlungsgeschichte   2105 f.
 – Trachten   7507
 – Verkehrsgeschichte   3156
 – Volkshumor   7588
 – 2. Weltkrieg   1435
 – Wirtschaft   2787. 2919
 – Zaubersprüche   7635
 – Ziegelei   6957
Odenwaldkreis   2723. 3283. 6536
Ödland   289
Öffentliche Meinung   1160. 1174
Öffentlicher Dienst   1281–1283. 1726
Öffentlicher Nahverkehr   3105–3111. 3113 f. 3187–3192. 3242. 3248. 4248
Ökumenische Bewegung   4621
Ölmühlen   2781
Oendorf (Hof)
 s. Hohenhain (Hof)
Österreich   994
 – Karl Erzhzg. v.   971
Österreichischer Erbfolgekrieg   1375 f.
Oestreich (Orgelbauer)   5382. 5388
Oestrich-Winkel-Hallgarten
 s. Hallgarten

Oestrich-Winkel-Mittelheim
 s. Mittelheim
Oestrich-Winkel-Winkel
 s. Winkel (Rheingau-Taunus-Kr.)
Oetmannshausen
 s. a. Zungenkopf
Ofenfußsteine   7005 f.
Ofenkacheln   6987
Ofenloch (Familienname)   5867
Ofenplatten   7004. 7007
Offenbach (Lahn-Dill-Kr.)   5257
Offenbach (Main: Raum, Kr.)   474. 513
 s. a. Umlandverband (Frankfurt, Main)
Offenbach (Main: Schloß)   6386
Offenbach (Main: Stadt)
 – Adreßbuch   4060
 – Archäologie   513
 – Banken, Sparkassen   2909
 – Beschreibung   4061–4063
 – Bevölkerung   1627–1629
 – Deutsches Ledermuseum   6498
 – Elfenbeinschnitzerei   7010
 – Familienkunde   4477
 – Fußball-Club Kickers (1901)   7306
 – Geschichte   4064–4067
 – Gesundheitswesen   1861
 – Hochschule für Gestaltung   5805
 – Industrie   2969 f.
 – Klingspor-Museum   6497
 – Kulturgeschichte   7359
 – Luftverunreinigung   2663
 – Museen   6496–6498
 – Musik   7117
 – Musikverlag André   7147–7151
 – Stadtbücherei   40
 – Stadtmuseum   6496
 – Stadtplanung   3688. 4068
Offenbach (Main)-Bieber
 s. Bieber
Offenbach (Main)-Rumpenheim
 s. Rumpenheim
Offiziere   994. 1323–1332
 s. a. Generale
Offsetmaschinenfabriken   2969
Ohlhof, Fritz   7463
Ohmtal   2775
Okarben   4069
Okriftel   4070
Olbrich, Joseph Maria   6936 f.
Olpe (Kr.)   5715
Olympia   6413
Ontario (Provinz)   1681 f.
Oppenheim, Michel (Sammlung)   6490

Oppenheim
- Baudenkmäler 6566
- Dreißigjähriger Krieg 1368
- Geschichte 837. 4071 f.
- Hausnamen 5873
- Katharinenkirche 5258–5260
- Kirchengeschichte 5019
- Stadtrecht 1517
- Stadtwald 2621
    s. a. Landskron (Schloß)
Optische Industrie 2945. 2980
Orange (Ft.)
    s. Oranien (Ft.)
Orangerien 6751. 6753
Oranien (Ft.) 940
Oranien (Haus) 6638
- Amalie Prinzessin v. 1004
- Wilhelm I. Prinz v. 941–945
Oranienstein (Schloß) 1291. 1340
Oranische Heeresreform 1290
Orb, Bad
- Familienkunde 4480
- Fremdenverkehr 3309
- Geschichte 4073
- Kirchen 5261. 5334 f.
- Philatelie 3257
- Spessart-Sanatorium 2063
Orbis 3041
Orchideen 2579
Orden, Ehrenzeichen 998. 1322. 3420
Orden, geistliche 4802–4807
Ordeneck (Familie) 4531
Orgelbauer 5361 f. 5375. 5378. 5382 f. 5387 f. 5529
Orgeln 4948. 5030. 5360–5390
Orientreisen 989
Originale 7557
Orleans, Ferdinand v. 6387
Ortelius, Abraham 7200
Ortenberg 5262
Ortenberg-Bleichenbach
    s. Bleichenbach
Orth, Philipp 7046
Orthopädie 1976 f. 5733
Ortlauff, Franz 7009
Ortsbeirat 3418
Ortsgeschichte 3444–4291
Ortsjubiläen 3420. 3437
Ortslexikon 787. 790. 1096. 1144 f. 2086. 3371. 3403 f.
Ortsnamen 3854. 4121. 5875–5900
Ortsnecknamen
    s. Spottnamen

Ortssiegel 964. 7644 f. 7648
Ortsspott 7566. 7585
Ortswappen 964. 7639–7662
Ossenbühl (Gericht) 1453
Osswald, Albert 1260–1264
Ostein, Johann Heinrich Karl Gr. v. 5401
Osterbräuche 7533–7538
Osterburken (Kastell) 654
Osterfeier, kirchliche 4639
Ostheim (Main-Kinzig-Kr.) 4074
Ostheim (v. d. Rhön) 4447. 5263
Ostheim (Unterfranken: Zent u. Grsch.) 1053
Ostheim-Nidderauer Wald 2438
Osthessen
- Arbeitsmarkt 1601
- Barockkirchen 5083
- Bevölkerungsbewegung 1601
- Fauna 2594
- Frühgeschichte 729 f.
- Orgeln 5361
- Rechenzentrum 3423
- Regionalplanung 2133. 2137–2142
- Töpferei 6950
- Verkehr 3206
- Verlage 7403
    s. a. Rhön
    s. a. Spessart
Osthofen (Rheinhessen) 762. 7650
Ostpreußen 1646–1648. 5817
Ostpriesterhilfe 4696
Ott, Victor Rudolf 1907
Otterbein (Familie) 4532
Otto Gr. v. Solms-Hungen 4856
Otto, Karl 3028
Ottweiler 3436. 4563. 4831. 6988
Ottweiler (Kr.) 6539
Otzberg-Hering
    s. Hering
Otzberg-Lengfeld
    s. Lengfeld
Otzberg-Ober-Klingen
    s. Ober-Klingen
Overkott (Familie) 4533


P

Paderborn (Bischöfe)
- Dietrich v. Fürstenberg 4653
Paderborn (Bistum) 4653. 4746
Paganus, Petrus 6089 f.

Paläolithikum
s. Altsteinzeit
Paläontologie 421
Pallottiner(innen) 1962. 4760. 7429
Panny, Joseph 7046
Panzerbieter, Friedrich Andreas 1375
Panzerverbände 1339 f.
Pappeln 3129
Papst, Kurie 900. 4624. 4691
Papyri 56–60
Paracelsus 1931
Paris 2835. 7392
Parks
s. a. Gärten
s. a. Naturparks
Parlamentsgeschichte 1081
Parzeller (Verlag) 7448
Pasqué, Ernst 6091
Passion 6168
Passionsspiel 7021
Pasteur, Louis 5748
Pathologie 1943
Der Patriot 7459
Patriziat 842–847. 1989. 4401 f. 4413. 4416. 4420. 4433. 4448. 4501. 4506
Paul Alfons Fürst v. Metternich-Winneburg 6698
Pauls (Sammlung) 6990
Paulus, Julius 5066
Pauly, Ferdinand 2095
Pausackel, Johann 5530
Pechbrenner 2801
Pelzel (Familie) 7664
Pendler 1629. 1632. 1636
Pérez de Pineda, Juan 4848
Person, Nikolaus 348
Personennamen 5863 f. 5868 f.
Pessenlehner, Robert 182
Pestalozzi, Johann Heinrich 5512
Peter, Engelhard 5384
Petőfi, Sándor 6092
Petri (Familie) 7664
Petrus (Heiliger) 3156
Petrus Paganus 6089 f.
Petry, Valentin 7283
Petterweil 4075
Peucer, Caspar 49
Pfaff, Johann Sebastian 6326
Pfaffenschwabenheim 5264
Pfaffenwiesbach 2543
Pfalz, Pfalzgrafschaft b. Rhein, Kurpfalz
– Beschreibung 326. 342
– Einwanderung 1687

– Fauna 2599
– Flurnamen 5909
– Geschichte 795–797. 818. 837. 1027. 1045. 1061. 1212. 3462 f.
– Kartographie 349
– u. Mainz (Ebt., Kft.) 1027. 2473
– Ministeriale 4392
– Postgeschichte 3220
– Räuber 1568–1570
– Raumordnung 2176
– Studenten 4299
– Weinbau 2360
– Weistümer 1439
Pfalz (Haus)
– Friedrich I., Kurfürst 2473. 7339
– Friedrich V., Kurfürst 1368
– Konrad v. Staufen, Pfalzgr. 797
Pfalzen 753. 828–837. 6625. 6680 f.
s. a. Königshöfe
Pfalzgrafenstein 6559. 6596. 6718
Pfandrecht 1495
Pfannmüller (Familie) 4552
Pfarreien 1032. 1044. 2435. 3804. 4006. 4328. 4374. 4828. 4915. 4919. 4942–5043. 5137
Pfarrer, Geistliche 163. 194. 1148. 1364. 1366. 1378. 1429. 1696. 4436. 4473. 4491. 4530. 4623–4625. 4630. 4643–4646. 4649 f. 4653 f. 4687. 4689–4692. 4694–4699. 4703 f. 4709. 4728. 4730–4733. 4736. 4745. 4772–4774. 4776. 4801. 4833 f. 4836–4838. 4840–4854. 4881 f. 4885. 4905. 4921. 4923. 4925–4930. 4932–4934. 4958. 5030. 5044–5076. 5802. 6111 f.
s. a. Feldprediger
s. a. Heilige
s. a. Klöster
Pfarrervereine 5045
Pfarrgemeinderat 4950
Pfarrorganisation 2095. 4637 f.
Pfeffer, Johann 2082
Pfeifenbäcker 2802
Pfeiffer, Burchard Wilhelm 1691
Pfeiffer, Peter Wilhelm 5067
Pfeilkresse 2573
Pferdesport
s. Reitvereine
Pfingstbrauchtum 7229. 7540
Pflanzenschutz 2529 f. 2544–2581
Pflanzliche Produktion (Landwirtschaft) 2330–2392

Pfraumbaum (Familie)   4505
Pfrimmbach   2779
Pfungstadt   2776
Pfungstadt-Hahn
   s. Hahn (Kr. Darmstadt-Dieburg)
Pharmazie   1930–1936. 5739–5742
   s. a. Apotheken
Philadelphentum   4933 f.
Philadelphia   1675
Philatelie   2991. 3233. 3239 f. 3250. 3253 f.
   3256 f. 3266 f.
Philipp VI. d. Ä. v. Falkenstein   817
Philipp (d. Großmütige) Lgr. v. Hessen
   852. 855. 1009. 4811 f. 4821
Philipp III. Lgr. v. Hessen-Butzbach   871
Philipp I. Gr. v. Nassau-Saarbrücken   958
Philipp III. Gr. v. Nassau-Saarbrücken
   4832
Philipp III. Gr. v. Waldeck   979
Philipp v. Zell   4666
Philippsbuche [b. Simmersbach]   852
Philippseich (Forsthaus)   6791
Philippsruhe (Schloß)   3792. 6719
Philippsthal-Unterneurode
   s. Unterneurode
Philosophen   1134 f.
Philosophisch-Theologische Hochschulen
   5779 f. 5795. 5800–5802
Physik   5738. 5790
Physiologie   5671
Pierius
   s. Pérez
Pietà   6514
Pietismus   4923–4931. 6054–6057
Pilgerzeichen   4664
Pilze   2572
Pincier (Familie)
   s. Pintzier (Familie)
Pineda, Juan Pérez de   4848
Pintzier (Familie)   4534
Pisa   3822
Piscator, Erwin   7043
Pistorius (Familie)   4535
Pistorius, David   4535
Pläne
   s. Karten
Plakatkunst   6271
Plamper, Egon   6269
Planig   4508
Plastik   600–603. 630. 665–673. 677–679.
   4665. 4684. 4686. 5082. 5108. 5162 f.
   5201. 5207. 5217. 5221–5223. 5253.

   5279.   5324 f.   5328.   5333.   5392.
   6304–6330. 6408–6414. 6513–6515
   s. a. Bauplastik
   s. a. Elfenbeinschnitzerei
   s. a. Terrakotten
Platte (Schloß)   6720 f. 7366
Plessner, Helmut   4536
Pletz (Familie)   4537
Pletz, Johann Lorenz   4537
Plitt, Johann Friedrich   1398
Plixholz (ehem. Hofgut b. Geisenheim)
   5922
Plock, Hans   7013
Pohl   5265
Pohlheim   7651
Pohlheim-Garbenteich
   s. Garbenteich
Pohlheim-Grüningen
   s. Grüningen
Polen   865. 1111. 1193. 1652 f.
Politik u. Militär   1294
Politische Bildung   5476
Politische Prozesse   1117 f.
Politische Territorialgeschichte
   s. Territorialgeschichte
Polizei   3357. 3402. 3681–3684. 3738
Polizeigesetz   1287 f.
Polizeischule   5810
Pollack, Werner   3390
Pommersfelden (Schloß)   6999
Poppenhausen   3242
Port (Familie)   4538
Porträt
   s. Bildnis
Porzellan   6459. 6490. 6988–6994
Posse   5860. 6051. 6087 f.
Post, Postgeschichte   3220–3268
   s. a. Philatelie
Postraub   1566
Poststraßen
   s. Fernstraßen
Pottaschensieder   2801
Prähistoriker
   s. Archäologen
Prämonstratenser(innen)   4739. 5372
Praesent, Wilhelm   183 f.
Pralle, Ludwig   4733
Prasch, Rolf   7032
Praunheim   5020
Preetorius, Emil   6270 f.
Preise
   s. Löhne u. Preise
Presber, Adolf   6272

Orts-, Personen- und Sachregister 713

Presse
s. Zeitungswesen
Pressler, Guido 7433
Pretlack (Familie v.) 82
Preuss (Familie) 4539
Preußen 350. 1158. 1197–1200. 1337. 1399 f. 1650. 4564. 4693. 4802. 4870. 5778. 6646
s. a. Hessen-Nassau (Provinz)
Priesterseminare 5800
Privatbahnen 3169
Professoren
s. Gelehrte
Protestantismus 4864
s. a. Evangelische Kirche
s. a. Reformierte Kirche
Prozessionen 4676, 4679
Prozeßrecht 1491–1493. 1506–1508
Pseudo-Liudprand 4750
Psychiatrie 1941 f. 1958. 1968 f.
Psychologie 5672
Publizistik, politische 1078
Pulvermühlen 2782
Pyrmont (Grsch., Ft.) 378. 974. 7682
Pyrmont (Stadt), Bad 4076. 5893


Q

Quecksilberbergbau 3041
Quellen 5391. 7537
Quillmann, Konrad 6947


R

Rabanus Maurus
s. Hrabanus Maurus
Rabbiner 4590. 4596. 4605
Rabe, Wilhelm 185
Rabenau-Kesselbach
s. Kesselbach (Kr. Gießen)
Rabenau-Londorf
s. Londorf
Rabenhaupt, Karl v. 1330
Radbrennen 1451
Radfahrvereine 3529. 7224. 7261. 7283
Radheim 5266
Radierungen 6212
Radke, Hans 7046
Radpolo 7325
Räuber 1467. 1560–1577
Rahmenrichtlinien 5466–5474

Rai-Breitenbach 5267
Raiffeisen, Friedrich Wilhelm; Raiffeisenbewegung, Raiffeisenbanken 2240. 2252. 2876. 2878. 2912. 4540
Rainrod 2854
Rambach (Wiesbaden) 2777. 7657
Ramsberg [b. Laubach] 1381
Ramschied 4077
Randgruppen 5814
Ransbach (Kr. Hersfeld-Rotenburg) 121. 4078. 5053
Ransbach (Westerwaldkr.) 5021
Ransbach-Baumbach 3310. 4079
s. a. Desper (Wü.)
Ransbach-Baumbach-Ransbach
s. Ransbach (Westerwaldkr.)
Rasdorf
s. a. Morsberg
Raspe, Rudolph Erich 6093
Ratgeb, Jörg 6273
Rath (Familie) 4538
Rathäuser 6812 f. 6824. 6828. 6850. 6855. 6866. 6869. 6880. 6886 f. 6896 f. 6899
Raubüberfälle
s. Räuber
Rauch, Christian 5690
Rauch, Wolfgang Maximilian 5965. 6094
Rauenthal 2369. 2383. 4080
s. a. Bubenhäuser Höhe
Rauischholzhausen 2285. 4081
Raumordnung 1599. 2107–2176. 2723. 3443
s. a. Regionalplanung
Raunheim 2971
Rausch, Karl 186
Ravensberger, Hermann 5703
Realismus (Kunstgeschichte) 6158. 6231
Realschulen 5457 f. 5562. 5598
s. a. Oberrealschulen
Rebellionen
s. Revolution
Rebmann, Georg Friedrich 1577
Rechenzentren 3423
Rechnungsbücher 2747. 2806. 4905. 5092
Rechtenbach 4574 f.
Rechtsaltertümer, Rechtsdenkmäler 701. 1449–1474
Rechtsgelehrte 216. 1173. 1577. 1580. 1582–1594. 1683. 4466. 5508. 5711. 6000
Rechtsgeschichte 1438. 1441 f. 1475. 1486 f. 1489 f. 1500 f. 1503 f. 1509. 1511. 1514 f. 1517. 1520. 1522 f. 1525.

1528–1534. 1539. 4283. 6625
s. a. Rechtsaltertümer
s. a. Strafrechtsgeschichte
Rechtsmedizin   5735
Rechtswesen   701. 1438–1594. 3363
s. a. Gerichtswesen
s. a. Zivilrecht
Reddingshausen   4082
Redensarten, Sprichwörter
s. Sprüche
Redwitz, Frhr. v. (Fuldaer Hofmusiker)   7179
Reformation   4808–4854. 5422
Reformierte Kirche   4823–4825. 4855. 4862. 4870
s. a. Calvinismus
Regensburg   4820 f.
Regesten
s. Urkunden
Regionalplanung   1598. 2121–2123. 2128–2176. 2273. 2421. 4248
s. a. Landschaftsplanung
s. a. Raumordnung
Registrier-Kassen   2848
Regitz (Familie)   4541
Reich, deutsches
 – Kg. Adolf (Gr. v. Nassau)   816
 – Kg. Heinrich I.   811
 – Kg. Heinrich IV.   4551b
 – Kg. Konrad I.   803
 – Kg. Konrad II.   813
 – Kgn. Kunigunde   5245
 – Kgn. Theophanu   812
Reich-Ranicki, Marcel   6095
Reichelsheim (Odenwald)   1837. 4083. 5414
s. a. Reichenberg (Odenwald: Burg)
Reichelsheim (Odenwald)-Ober-Kainsbach
s. Ober-Kainsbach
Reichelsheim (Odenwald)-Rohrbach
s. Rohrbach (Odenwaldkr.)
Reichelsheim (Odenwald)-Unter-Ostern
s. Unter-Ostern
Reichelsheim (Odenwald)-Wünschbach
s. Wünschbach
Reichelsheim (Wetterau)   1581
Reichenbach (Kr. Bergstraße)   1209 f. 6896
Reichenbach (Werra-Meißner-Kr.)   775
Reichenberg (Odenwald, Burg)   4434. 6722
Reichert, Ludwig   7433
Reichsburgen   841. 6625
Reichseinigungskriege   1419–1423. 7708
Reichsgerichte   1476–1487

Reichsgeschichte   789. 802 f. 807–848. 875. 877. 889. 914. 1049 f. 1079. 1131. 3653. 4579. 4746 f. 4818
s. a. Nationalversammlung (1848)
Reichsgut
s. Königsgut
Reichshofgericht   2261
Reichskammergericht   1481–1484
Reichsministeriale   4392. 4403
Reichsrecht   1475
Reichsritter   81. 839–848
s. a. Rittergerichte
Reichsstadt   821–825. 827
Reichstage   818
Reichstagsakten   789
Reichswehr   1338
Reichwein, Adolf   1219. 5531
Reifenberg, Benno   6096
Reif(f)enberg, Philipp Ludwig v.   883
Reifenberg-Niederreifenberg
s. Niederreifenberg
Reifenberg-Oberreifenberg
s. Oberreifenberg
Reifenberg (Burg)
 – Name   5894
Reifenberg (Herrschaft)   1017. 5813
Reiffenstein, Carl Theodor   6274
Reilos   1658
Reimenrod
s. a. Kuppche
Reinemann, John Otto   4595
Reinhard d. Ä. Gr. v. Solms-Lich   1008 f. 6261
Reinhard, Bf. v. Würzburg   4646
Reinhard, Karl Friedrich Gr.   6002
Reinhardswald   2403. 2420. 6726. 7602
Reinheim
 – Brandschutz   1781
 – Familienkunde   4373
 – Geschichte   4084
 – Kirche   4674
 – Martin-Luther-Haus   5022
 – Museum   6500
Reinheim-Georgenhausen
s. Georgenhausen
Reis, Philipp   3244–3247
Reisebeschreibungen   1856. 3854. 7198. 7200. 7204
Reiseführer, Führer   221–225. 230–233. 235 f. 241. 245. 247. 251 f. 258 f. 263 f. 267. 269. 276 f. 290 f. 293. 296 f. 299. 301–304. 308. 317 f. 326. 329. 337. 340 f. 587. 589. 592. 657. 3117. 3493. 3554.

Orts-, Personen- und Sachregister 715

3635 f. 3717. 3731 f. 3792. 3840. 3843. 3862. 3909. 3934. 3949. 3972. 4008. 4161. 4203. 4230. 4234. 4262. 4761. 4793. 6554. 6644. 6749
Reisen  989. 7198–7204
Reiskirchen (Kr. Gießen)
 – Archäologie  497
 – Bildungswesen  5603
 – Evang. Kirchengemeinde  5023
 – Geschichte  4085
 – Volkskunde  7476
 – Wirtschaft  2696
 – Wüstungen  2234
Reiskirchen (Kr. Gießen)-Ettingshausen
 s. Ettingshausen
Reiskirchen (Kr. Gießen)-Hattenrod
 s. Hattenrod
Reiskirchen (Kr. Gießen)-Saasen
 s. Saasen (Kr. Gießen)
Reiskirchen (Kr. Gießen)-Winnerod
 s. Winnerod
Reith (Hof; Schülerheim)  5604
Reitsport(vereine)  7238. 7295. 7317. 7326
Reitz, Johann Henrich  5068
Reizberg (Gericht)  1454
Relief
 s. Plastik
Religionsgeschichte  665–679. 4621–5421. 5745
Reliquien  3156. 5144. 5391
Rembrandt  6475
Renaissance  5088. 6142. 6532. 6647. 6760. 6897. 6975. 7055
Renda  4086
Rendel  1630. 4087–4089. 4612. 5024 f.
Rendel (Amt)  1054
Rengershausen  4090
Rengshausen  1518
Rennertehausen  4091
Reprographische Betriebe  2842
Rethel, Alfred  7345
Retters (Kloster)  4785
Rettershof  7092
Rettungsdienst
 s. Unfallrettung
Reusch (Familie)  4542
Reuß (Haus)  849
Revolution, Revolutionäre Bewegungen, Aufstände  878 f. 882. 1001–1003. 1111. 1156 f. 3617. 3656. 3959. 4121 f. 4159. 4849
 s. a. Bauernkrieg
 s. a. Bauernunruhen
 s. a. Französische Revolution
 s. a. Unabhängigkeitskrieg, amerikanischer
Revolution (1792/93)  1061–1071
Revolution (1830)  1147
Revolution (1848/49)  976 f. 1088–1093. 1119–1124. 1148–1153. 1160. 1163–1168. 1172. 1218. 4311. 4606
 s. a. Nationalversammlung (1848)
Revolution (1918–1923)  1202–1210. 1338. 3661
Revolutionskriege, französische  1398–1404
 s. a. Französische Besatzungsstaaten
Rhein, Rheintal, Rheinauen
 – Ansichten  307. 309 f. 5946. 5948. 6184–6186. 6283. 6299
 – Archäologie  414. 534
 – Bäder  2048
 – Beschreibung, Reiseführer  306–321. 7201 f.
 – Brücken  3167
 – Burgen  6514. 6520. 6643–6646
 – Erholungsgebiete  2524
 – Fischerei  2468. 2471
 – u. Freiligrath, Ferdinand  5987
 – Fremdenverkehr  3277
 – Gewässerschutz  2642–2646
 – Goldwäschereien  3040
 – Hochwassernachrichtendienst  3223
 – Hydrologie  2672
 – Kriegsschiffe  1337
 – [in d.] Literatur  5946–5948. 5950. 5952 f. 5972
 – Museum  6483
 – Naturschutz  2522 f. 2616–2618
 – Prozessionen  4676
 – Reisebeschreibungen  7201 f.
 – Sagen  6121. 7614–7617
 – Schiffahrt  1337. 3322–3332
 – Städte  3431. 3434
 – Vögel  2616–2618
 – Wallfahrten  4676
 – Wasserbau  3334–3346
 – Wasserwirtschaft  3083–3085
Rheinauen (Europareservat)  2617 f.
Rheinbund  1441
Rheindürkheim  508
Rheinfranken  6304
Rheingau
 – Abwasserwesen  3086
 – Bauernkrieg  1355
 – Brauchtum  7545
 – Denkmalpflege  6605 f.

- Flora 2569
- Geschichte 323. 1355
- Glaubensflüchtlinge 4860
- u. Goethe 6005
- Katasteramt 387
- Kulturgeschichte 1019
- Landeskunde 322–324
- Landschaftsplanung 2536
- Polizei 3357
- Vogelschutz 2619
- Weinbau 2346. 2350–2356. 2367–2370. 2376–2380. 2383 f. 2388 f.

Rheingau-Taunus-Kreis 3278

Rheingebiet, Rheinland
- Archäologie 464. 484. 554. 585–588. 590 f. 602 f.
- Baukunst 6528 f.
- Besatzungszeit (1918 ff.) 1211
- Beschreibung 6116
- Bibliothekskataloge 15
- Fachwerk 6777 f.
- Familienkunde 4294
- Flora 2565
- Geschichte 798–801. 839. 1061. 1064. 1072. 6312
- Gewässerschutz 2641. 2644
- Kirchen 6643
- Landeskunde, Reiseführer 306–334
- Münzen 554
- Ortsnamen 5878–5881
- Römerzeit 585–588. 590 f. 602 f.
- Sagen 6121. 7613 f.
- Sozialgeschichte 1723
- Städte 3434

Rheinhessen
- Archäologie 486. 522. 557. 735. 6513
- Auswanderung 1654
- Begräbniswesen 7516
- Flurnamen 5909
- Geschichte 1020 f. 1061. 1185. 1212
- Karten 357
- Landeskunde, Reiseführer 326–330
- Mundart 5861. 7585 f.
- u. Nationalversammlung (1848) 1185
- Ortsnamen 5882
- Separatismus 1212
- Städte 3435
- Urkunden 83
- Verwaltungsgeschichte 3430
- Volkshumor 7585 f.
- Wald 2433

- Weinbau 2346. 2350. 2359–2362. 2371 f. 2382. 2386

Rheinischer Verein für Denkmalpflege u. Landschaftsschutz 6602

Rheinland
s. Rheingebiet

Rheinland-Pfalz
- Archäologie 397
- Baukunst 6527
- Bevölkerung 1596
- Burgen 6632 f.
- Denkmalpflege 6595–6597
- Gemeinden 3415
- Geschichte 788. 790–792. 1024
- Geschichtsvereine 124
- Juden (Geschichte) 4581 f.
- Kirche u. Staat 4622
- Landeskunde, Reiseführer 222. 224. 325
- Landwirtschaft 2270
- Museen 6351
- Naturparke 2525
- Raumordnung 2114. 2170
- Schlösser 6632 f.
- Staatsarchive 1637
- Straßenkarten 351
- Vegetation 2564
- Verkehr 3169. 3272
- Weinbau 2347
- Wirtschaft 2711
- Wissenschaftl. Vereine 5773

Rhein-Main-Donau-Kanal 3325. 3340–3346

Rhein-Main-Flughafen
s. Frankfurt (Main: Stadt)/Flughafen

Rhein-Maingebiet
- Archäologie 465. 486. 515. 549. 551
- Bevölkerungsbewegung 1603
- Energiewirtschaft, Wasserwirtschaft 3066. 3081 f.
- Fauna 2599
- Forstwesen 2432
- Geschichte 808. 829. 1024
- Gesundheitswesen 1856
- Industrie 2917
- Mundart 7491
- Naherholung 3281
- Raumordnung, Regionalplanung 2150–2169
- Reisebeschreibung 1856
- Reiseführer 301 f.
- Umweltschutz 2647. 2674
- Verkehr 3100. 3203. 3281

Rhein-Main-Taunus (Planungsregion)
  2168. 2322. 2648
Rhein-Moselgebiet   1215
Rhein-Neckargebiet   334. 2175 f.
Rheinromantik   3277. 5950–5953. 5972.
  6116. 6185. 6646
Rhein-Selzgebiet   3087
Rhein-Taunus (Naturpark)   2534 f.
Rhein-Westerwald (Naturpark)   2526
Rhoden   2859
Rhön
  – Agrarstrukturplanung   2323
  – Archäologie   415
  – Bauern   2244
  – Fauna   2601
  – Flora   2560
  – Fremdenverkehr   3274
  – Landeskunde, Reiseführer   247–258
  – Landschaftsplanung   2510
  – Landwirtschaft   2287. 2290 f. 2343 f.
  – Literatur   5944
  – Museen   3626
  – Musik   5944. 7045
  – Sagen   7608
  – Töpferei   6950
  – Volkskunde   7474
  s. a. Obere Rhön
Rhön (Naturpark)   2511
Rhönklub   7206 f.
Rhône   3325
Richelsdorf   5268
Richter (Familie)   7664
Richter, Elenita   1685
Richter, Johann Adam   6938
Richter, Peter   6938
Ridder, August de   2960
Riebeling (Familie)   4543
Rieck (Familie)   4544
Ried
  s. Hessisches Ried
Riede   3597. 5026
Riedelbach   4092. 7118
Riedesel Frhr. zu Eisenbach, Volprecht
  4435
Riedstadt-Crumstadt
  s. Crumstadt
Riedstadt-Goddelau-Wolfskehlen
  s. Goddelau-Wolfskehlen
Riehl, Wilhelm Heinrich   187. 6097
Riesbeck, Johann Kaspar   6098
Rieser, Georg   5838
Rimbach (Odenwald)   2408

Rimbach (Odenwald)-Mitlechtern
  s. Mitlechtern
Rimbach (Odenwald)-Zotzenbach
  s. Zotzenbach
Rimhorn   5269
Rimrod, Friedrich August   5493
Rinck, Melchior   4849
Rind, Johann Christian   1991
Rindenschälen   2434
Rindt (Orgelbauer)   5378
Ringgau-Datterode
  s. Datterode
Ringgau-Renda
  s. Renda
Ringwälle
  s. Burgen
Rinteln   3064
Rinteln (Universität)   5772
Ripoll   4632
Riseberg, Bartholomäus   7377
Ritschl, Otto   6275 f.
Ritter (Familie)   7664
Ritter
  s. a. Höfe
  s. a. Reichsritter
Ritterburgen
  s. Burgen
Rittergerichte   1516
Rittershausen   1767
Ritterstifte   4778
Rochau, August Ludwig v.   1157
Rock, Johann Friedrich   4932
Rockensüß   4093
Rod (am Berg)   1519
Rod (a. d. Weil)   4094 f. 7119
Rodau (Kr. Bergstraße)   4096
Rodau (Kr. Darmstadt-Dieburg)   2782
Rodenbach (Main-Kinzig-Kr.)-Oberrodenbach
  s. Oberrodenbach
Rodenstein, Herren v.   5145
Rodersen (Burg)   776
Rodgau (Gebiet)   1025
Rodgau-Jügesheim
  s. Jügesheim
Rodgau-Nieder-Roden
  s. Nieder-Roden
Rodheim-Bieber
  s. a. Haina (Hof)
Rödelheim   4097
Rödermark-Ober-Roden
  s. Ober-Roden

Rödermark-Urberach
  s. Urberach
Rödgen (Wetteraukr.)   584. 655 f.
Röhm, Otto   2925 f.
Röllshausen   1970. 2200. 4098. 5270
Römer (Familie)   7664
Römerzeit   583–692. 694–697. 704.
    717–719
  – Alltagsleben   586. 588. 590
  – Bäder   653 f. 661
  – Brunnen   660
  – Denkmäler   600–607
  – Gesellschaft   585. 591
  – Inschriften   608–612. 6489. 6513
  – Kunsthandwerk   617 f. 628. 634.
    647. 696. 6486 f.
  – Malerei   635
  – Militär   584. 592–599. 602. 607. 616.
    629. 646. 649. 652. 655. 664
    s. a. Kastelle
  – Münzen   644. 6507
  – Plastik   600–603. 630. 665–673.
    677–679
  – Religion   630. 665–679. 6513
  – Siedlungen   613–664. 682–685.
    687 f. 690–692. 697. 3431
  – Verkehr   689–692
  – Wirtschaft   585. 680–688
Römisch-deutsches Reich
  s. Reich, deutsches
Rörshain   471
Rössener Kultur   487
Roest (Gut)   5605
Röstell, Friedrich Wilhelm   5756
Röth, Erich   7427
Rohde (Familie)   4544a
Rohrbach (Kr. Darmstadt-Dieburg)   1668.
    2345. 2405. 4047. 4887–4890
Rohrbach (Odenwaldkr.)   1837. 4099
Rokoko   6814. 7009
Rom   6018
  s. a. Papst
Romane
  s. Literatur
Romanik   4751. 5097. 5252. 6137. 6514.
    6528. 6890
Romantik   5949–5953. 6180. 6627. 6646
  s. a. Rheinromantik
Rommersdorf (Kloster)   4786
Ronneburg-Altwiedermus
  s. Altwiedermus
Ronneburg (Burg)   1369. 6723
Ronshäuser See   2459

Roques, Pierre de   4436
Rosa, Johann   841
Rosbach (v. d. Höhe)-Nieder-Rosbach
  s. Nieder-Rosbach
Rosbach (v. d. Höhe)-Ober-Rosbach
  s. Ober-Rosbach
Rosenzweig, Franz   4607
Ross, Hans   1548
Roßbachtal   3035
Roßbachtal-Oberroßbach
  s. Oberroßbach
Roßdorf (Kr. Darmstadt-Dieburg)
  – Archäologie   452. 474
  – Bauernunruhen   1696
  – Bevölkerung   1631
  – Dorfzeichen   7652
  – Geschichte   4100
  – Häuser   6897 f.
  – Karneval   7531
  – Kirchen   5271 f.
  – Pfarrer   5054
  – Rathaus   6897
  – Sport   7307 f.
  – Steinkreuze   1469
  – Töpferei   6973 f.
Roßdorf (Kr. Darmstadt-Dieburg)-Gundern-
    hausen
  s. Gundernhausen
Rossenberger, Johannes   1505
Rossert-Eppenhain
  s. Eppenhain
Rossert-Ruppertshain
  s. Ruppertshain
Rossmässler, Werner   2417
Rost (Familie)   4300
Rote Mühle (Liederbachtal)   7092
Rotenburg (Fulda: Burg)   6724
Rotenburg (Fulda: Kreis)   2910
Rotenburg (Fulda: Stadt)   1331. 2910.
    4101 f. 5606 f.
Rotenburg (Fulda)-Braach
  s. Braach
Rotenburg (Fulda)-Erkshausen
  s. Erkshausen
Roth (Driedorf)   3026
Roth (Eschenburg)   2189 f.
Rothe (Familie)   1129
Rothe, Karl   1127–1129
Rothenbach (Westerwaldkr.)   4103
Rothenberg-Finkenbach
  s. Finkenbach
Rothenkirchen   472
Rothschild (Familie)   2889

Rothweil, Julius Ludwig  6939
Rotter, Wolfgang  1908
Rottmann, Carl  6373
Rottweil  6995
Rube, Johann Christoph  5344
Rubens (Familie)  6278
Rubens, Peter Paul  6277–6280
Ruchesloh (Grafschaft)  1454
Rudervereine  7285
Rudolf von Ems  188
Rudolph Gr. v. Solms-Laubach  1421
Rückingen  4104
Rüdesheim (Rhein)
- Beschreibung  4106
- Brandschutz  1838
- Fremdenverkehr  3311
- Gesangbuch-Streit (1787)  4655
- Geschichte  1838. 2409. 4105 f.
- Katasteramt  387
- Kolpingfamilie  7360
- Männergesangverein (1875)  7120
- Niederwaldbahn  3181
- u. Nothgottes  4685
- Rasse-Geflügelzuchtverein  2409
- Rheinbrücke  3167
- Rheinfähre  3327
- Weinbau  2384
s. a. Kühtränkerkopf
s. a. Niederwalddenkmal
Rüdesheim (Rhein)-Aßmannshausen
s. Aßmannshausen
Rüdesheim (Rhein)-Aulhausen
s. Aulhausen
Rüdesheim (Rhein)-Eibingen
s. Eibingen
Rühl (Familie)  4538
Rüsselsheim (Amt)  1036. 2759
Rüsselsheim (Stadt)
- Archäologie  504
- Ausländer  1719
- Beschreibung  4107
- Erwachsenenbildung  5608
- Geschichte  4108
- Industrie  2635. 2972–2977
- Museum  2973. 6501
- Opel-Werke  2635. 2974–2977
Rüsselsheim-Königstädten
s. Königstädten
Ruhrgebiet  3201 f. 5937. 6639
Rumpenheim  537–539
Rundfunk  3269
Runge (Familie)  4545
Runkel, Otto  6099

Runkel (Grsch.)
s. Wied-Runkel (Grsch.)
Runkel  2385
Runkel-Arfurt
s. Arfurt
Runkel-Dehrn
s. Dehrn
Runkel-Schadeck
s. Schadeck
Runkel-Steeden
s. Steeden
Runkel-Wirbelau
s. Wirbelau
Rupert von Bingen  4630
Rupertsberg  5273
Rupertsberg (Kloster)  4787 f.
Ruppertsburg  4109
Ruppertshain  1801
Russisch-orthodoxe Kirchen  5084. 5129. 5140. 5190. 5312
Russischunterricht  5477
Rußland  1410. 1417. 1653 f. 4453

S

Saalburg (Kastell)  584. 657–659. 665
Saalburgmuseum  595
Saalkirchen  769
Saam, Richard  4546
Saarbrücken (Kr.)  6538
Saarbrücken (Stadt)
- Baudenkmäler  6538
- Familienkunde  4857. 6997
- Geschichte  3436. 4110 f.
- Goldschmiede  6997
- Kathol. Pfarrkirche St. Johann  5277
- Landesarchiv  1637
- Ludwigskirche  5278–5280. 6944
- Ludwigsplatz  5278
- Reformation  4831
- Reisebeschreibungen  7200
- u. Stengel, Friedrich Joachim  6943 f.
- Stiftskirche St. Arnual  5274–5276
Saarbrücken-St. Johann
s. St. Johann
Saarland
- Bevölkerung  1596
- Gemeinden  3415
- Geschichte  788. 790–794. 1061
- Juden (Geschichte)  4581 f.
- Karten, Kartographie  352 f.
- Kirche u. Staat  4622

- Kirchengeschichte 4898
- Landwirtschaft 2270
- Postgeschichte 3220
- Raumordnung 2114
- Reisebeschreibungen 7200
- Reiseführer 222. 224. 326
- Staatsarchive 1637
- Verkehr 3169
- Wüstungen 2215
Saarlouis (Kr.) 6539
Saarwerden (Grsch.) 2866
Saasen (Kr. Gießen)
  s. a. Wirberg
Saasen (Kr. Hersfeld-Rotenburg)
  s. a. Neuenstein (Burg)
Saatgut 2338
  s. a. Samendarren
Sababurg (Burg) 6725 f.
Sababurg (Tierpark) 2587
Sachsen (Haus) 849. 935
- Georg Hg. 4812
Sachsen (Kgr.) 4900. 7436
Sachsen (Stamm) 728. 5962
Sachsen-Weimar, Carl August Hzg. v. 6002
Sachsenhausen (Frankfurt, Main)
- Beschreibung 4112
- Entwicklungsplanung 3707 f.
- Gaststätten 3312
- Handel 2836
- Oberrealschule 5609
- Wendelinskapelle 5281
Sachsenhausen (Kr. Waldeck-Frankenberg) 5282
Sadweitschen (Kr. Gumbinnen) 1647
Säkularisation 4656
Saemann, Eva Marianne 5965
Sänften
  s. Sesselträger
Sänger
  s. Musiker
Sagen 3854. 5887. 6121. 7476. 7567. 7600–7603. 7605. 7608–7620. 7622–7624
Sailauf 5091
Salbücher 1510. 2245
Salchendorf 3125
Salentin, Johann, Frhr. v. Sinzig 918
Salier 1440
Salinen 2082 f.
Salins de Montfort, Nicolas Alexandre 6753
Salmünster 1838a.
Salmünster (Stift) 7121
Saltzwedel, Peter 1921

Salz 579. 686. 712. 2082 f.
Salz (Fluß) 2669
Salzböden 4113
Salzburg 4404. 4896
Salzhandel 2814
Salzhausen, Bad 2064 f.
Salzpflanzen 2580
Salzschlirf, Bad 1470 f. 2066. 5883. 7006
  s. a. Henneburg
Sambatje
  s. Nauborn
Samendarren 2418 f.
Sand (Haus in Dalwigksthal) 6660a
Sand (Emstal) 1776. 3597. 6975
Sandmann (Familie) 7664
Sandrart, Joachim v. 6281
Sanierung 3439–3443. 3573 f. 3712. 3771. 3816. 3932. 4253 f. 6823. 6911
  s. a. Altstadtsanierung
Sanitärhandel 2863
Sankt
  s. St.
Santiago de Compostela 4678
Sarcerius, Erasmus 5532
Sarkophage, Särge 5394. 5408. 6409 f.
Saßmannshausen 4115
Sattler 2731
Sauerland 290–293. 298. 2126. 2287. 6639
Saur, Abraham 7200
Savigny (Familie v.) 4437
Savigny, Friedrich Karl v. 6031
Savigny, Gunda v. 6031
Savoyen
- Eugen Prinz v. 1332
Sax, Philipp 1674
Sayn (Haus) 7710
Sayn-Wittgenstein
  s. a. Wittgenstein
Sayn-Wittgenstein (Haus) 972. 997
Sayn-Wittgenstein-Berleburg (Haus)
- Ludwig Ferdinand Gr. v. 998
Sayn-Wittgenstein-Hohenstein (Haus) 5408
- Wilhelm Gr. v. 1400
- Wilhelm Ludwig Georg Fürst v. 999
Sayn-Wittgenstein-Sayn (Haus)
- Charlotte Sophia Auguste Grn. v. 990
Sayner Erbfolgestreit 972
S-Bahnen 3188 f. 3191 f.
Schaafheim 1839. 4116
Schaafheim-Radheim
  s. Radheim
Schaaken (Stift) 4789

Schachvereine   7231. 7236. 7240. 7258.
   7289. 7297
Schad v. Mittelbiberach (Familie)   4547
Schadeck   7309
   s. a. Spiche (Wü.)
Schadensersatzrecht   1478
Schädel, Anna Elisabeth   4548
Schädel, Hans   6940
Schaefer, Albert   189 f.
Schäfer, Georg   6100 f.
Schäfer, Karl   6102
Schäfer, Philipp, II   191 f.
Schäfer, Wilhelm   6594
Schafhof (b. Ober-Kainsbach)   2233
Schalensteine   447
Schallschutz   2664–2666. 3154
Schanderl, Hugo   2330
Schapper, Carl   1090
Scharf, Kurt   6329
Scharfrichter, Henker   1541. 1551. 1553.
   3313. 4496
Scharrer (Familie)   7664
Scharvogel, Johann Julius   6960
Schatz, Moritz   4850
Schätzungsregister   4321. 4329. 4348
Schaub, Hermann   193
Schauenburg (Burg)   6727
Schauenburg [a. d. Bergstraße] (Familie v.)
   7674
Schauer, Peter   3218
Schaumburg-Lippe   7682
Schauspiel
   s. a. Literatur
   s. a. Theater
Schauspielschulen   5777
Scheel (Familie)   4549
Scheffer (Familie)   4549a
Scheffler, Heinrich   7417
Scheibeler (Familie)
   s. Scheibler (Familie)
Scheibler (Familie)   4550
Scheid gen. Weschpfennig (Familie v.)
   4438
Scheidemann, Philipp   4551–4551b
Schelder Wald   2668
Schelmengraben (Wiesbaden-Dotzheim)
   4966
Schenck, Johann A.   1015
Schenk v. Erbach (Familie)   7675
Schenklengsfeld (Pfarrei)   4374 f.
Scherbarth, Jörg   6282
Scherenschleifer   2803
Scherenschnitte   7014

Scheuerberg (Mittershausen)   7551
Scheunen   6349 f. 6801. 6859. 6877
Scheuren, Caspar   6514
Scheurer, Adam   5691
Schick, Eduard, Bf. v. Fulda   4699
Schiedsmannsgesetz   1446
Schieferbergbau   3057 f.
Schieferstein, Karl   194
Schien, Richard   3518
Schierstein
   – Archäologie   6513
   – Christophoruskirche   5352
   – DLRG   2021
   – Geschichte   4117. 4239
   – Hafen   3339
   – Hafenfest   7194
   – Störche   2628. 7194
   – Wappen   7656
   – Wasserwerk   3084 f.
Schießsport
   s. Schützenwesen
Schiffahrt   1337. 2461. 3322–3333
   s. a. Wasserbau
Schiffelbach   6330
Schiffenberg (Berg)   777. 4790
Schiffenberg (Deutschordenskomturei)
   4806 f.
Schiffenberg (Stift)   777. 805. 4790 f.
   5415 f.
Schiffspost   3266
Schilling, Edmund   6400
Schilling, Gustav   5692
Schinderhannes   1571–1577. 2547
Schlachthöfe   2399 f. 2402
Schlangenbad   2067 f. 3182. 4118
Schleichhandel   2816
Schleid   5284
Schleifkörperproduktion   2962
Schleswig-Holstein   223. 4303
Schlierbach (Kr. Bergstraße)   7517
Schlierbach (Main-Kinzig-Kr.)   1840. 1875
Schlitt, Hermann   5533
Schlitz (Physikatsbezirk)   1865
Schlitz (Stadt)   4119. 5285
Schlitz-Hartershausen
   s. Hartershausen
Schlitzerland   5826
Schlönbach, Arnold   6103
Schlösser   123. 771. 854. 1558. 1564. 2380.
   3024. 3577. 3625. 3722. 3785. 3792.
   5088. 5100. 5105. 6227. 6243. 6251.
   6336 f. 6365. 6386. 6391. 6471–6475.

6503 f. 6570. 6596. 6625–6748. 6987.
7059
  s. a. Burgen
Schlorke, Dieter  6283
Schloßborn  1801. 3383. 3754
Schlosser, Georg  5069
Schlosser  2738
Schloßkapellen, Schloßkirchen  5088. 5100.
  5105. 5135. 5177. 5236. 5289. 5306.
  6625. 6686
Schlüchtern (Kr., Raum)  2325. 3382.
  5363–5365. 5451
Schlüchtern (Stadt)  4120. 5610 f. 6899
Schlüchtern-Elm
  s. Elm
Schlüsseldienste  2982
Schlüter, Marguerite  5965
Schlüter, Wilhelm  6104
Schmalkalden (Kr.)  4121
Schmalkalden (Stadt)  4121 f.
Schmalkaldischer Bund  4121. 4818 f.
Schmarbach  286 f.
Schmeling, Gertrud Elisabeth, gen. Mara
  7180
Schmidt (Familie)  3307. 4552
Schmidt, Fritz  1218
Schmidt, Hans  1909
Schmidt, Heinrich v.  6941
Schmidt, Karl  5070
Schmidt, Wilhelm  195
Schmidt, Wilhelm Joseph  5693
Schmieden  2994. 3005. 3009. 3011. 3025.
  6347
  s. a. Nagelschmieden
Schmitt (Familie)  197. 7046. 7664
Schmitt, Hermann  196
Schmitt, Johann  5534
Schmitt, Joseph  7046
Schmitt, Michael  198
Schmitt, Michel  1342
Schmitt, Saladin  7044
Schmitt-Kraemer, Josef Adolf  199
Schmitten  1759. 1841. 4376. 5874
  s. a. Hattstein (Burg)
Schmitten-Arnoldshain
  s. Arnoldshain
Schmitten-Brombach
  s. Brombach (Hochtaunuskr.)
Schmitten-Niederreifenberg
  s. Niederreifenberg
Schmitten-Oberreifenberg
  s. Oberreifenberg
Schmitten-Seelenberg
  s. Seelenberg
Schmitten-Treisberg
  s. Treisberg
Schmoll, Johann Friedrich  7046
Schmuggler  2816
Schnabel, Tileman  4851
Schneider, Ernst  6105
Schneider, Peter  6284
Schneidhain  5197
Schnellbacher, Friedrich  1204
Schnellerts (Burgruine)  778. 5971. 6728 f.
Schoch, Johann Georg  6106
Schöffengrund-Laufdorf
  s. Laufdorf
Schöffer, Peter  7374 f.
Schöler (Orgelbauer)  5383
Schöler, Johann Wilhelm  5369
Schön, Ludwig  6107
Schönau (Rhein-Lahn-Kr.: Kloster)  4792
Schönau (Schwalm-Eder-Kr.)  2439
Schönbach (Lahn-Dill-Kr.)  1842. 6976
Schönberg  4123
Schönberger (Familie)  4553
Schönberger, Hans  200
Schönborn (Haus)  894. 4439–4441. 6999
  – Damian Hugo v.  4804
  – Johann Philipp v., Eb. v. Mainz  877.
    894–898. 6108 f.
  – Lothar Franz v., Eb. v. Mainz  877.
    898–903
  – Philipp Erwin v.  5402
Schöndorf, Friedrich  4554
Schöneberg, August  6110
Schöneberg  453. 4865. 4883
Schöneck (Hunsrück: Burg)  1692
Schöneck (Main-Kinzig-Kr.)-Büdesheim
  s. Büdesheim (Main-Kinzig-Kr.)
Schönemann, Anna Elisabeth  6001
Schönstein (Schwalm-Eder-Kr.: Amt)
  1055. 4312
Schönstein (Schwalm-Eder-Kr.: Burg)
  1055. 6730
Schönstein (Schwalm-Eder-Kr.: Dorf)
  1055. 2439
Schönstein (Sieg)  785
Scholl, Gerhard  201 f.
Scholl, Kurt  2961
Schoof, Wilhelm  203–205
Schopenhauer, Arthur  4555 f. 7345
Schoppa, Helmut  206
Schorer  7498
Schott, Carl  5757 f.

Schott (Musikverlag)  7146. 7151
Schotten (Kloster)  4627
Schotten (Stadt)  4124. 5286 f. 6502. 7310
Schottenring (Motodrom)  2508 f.
Schrautenbach (Familie)
  s. a. Weitolshausen gen. v. Schrautenbach
Schreckköpfe  6792
Schrecksbach-Holzburg
  s. Holzburg
Schrecksbach-Röllshausen
  s. Röllshausen
Schreiner  2738. 2804 f.
  s. a. Kunstschreiner
Schriftgestaltung  6237
Schriftsprache  5812
Schriftsteller, Dichter  1196. 1590. 1898. 2516. 4503. 5068. 5344. 5520. 5540. 5954. 5957. 5960. 5964 f. 5967–6136
  s. a. Literatur
  s. a. Mundartdichter
Schro, Dietrich  6321
Schro, Peter  6327
Schröck  4125
Schroeder, Friedrich  6243
Schubert, Fritz  1910
Schülervertretung  5440
Schüßler (Familie)  7664
Schützenwesen  1341. 1343–1346. 1348. 1350. 1835. 7225
Schuh-Steinbach (Familie)  2858
Schuhmacher  2806
Schulden, öffentliche
  s. Haushalt, öffentlicher
Schulen, einzelne  3804. 3820. 4055. 4756. 5431. 5543–5633. 6845. 7489
Schulrecht  5439 f.
Schulsport  5478
Schultheater  7035
Schultheißen  1046. 1505. 3895. 4100. 4468. 6907
Schulwesen  5422–5633. 7617
  s. a. Fachschulen
  s. a. Hochschulen
Schulz, Carl  6328
Schulz, Friedrich Gottlob  5535
Schulz, Wilhelm Friedrich  1109 f.
Schulzenberg [w. Fulda]  439
Schumacher (Familie)  4557
Schunk (Familie)  7664
Schupp (Familie)  6112
Schupp, Ottokar  6111 f.
Schuppius, Johann Balthasar  5759
Schutzbach, Karl  5536

Schutzhecken  2567. 2597
Schwabenheim (Selz)
– Familienkunde  4377. 4458
– Gesangverein Harmonie  7122
– Geschichte  4126
– Juden  4613
– Weinbau  2386
Schwabenspiegel  61
Schwalbach, Herren v.  4003
Schwalbach, Bad
– Gemeinnützige Wohnungsbau GmbH Untertaunus  1758
– u. Goethe  6006
– Juden  4614
– Katasteramt  388
– Kulturvereinigung  5489
– Kurort  2069–2072
– u. Meyerbeer, Giacomo  7174
– Musik  7123
Schwalbach-Hettenhain, Bad
  s. Hettenhain
Schwalbach-Ramschied, Bad
  s. Ramschied
Schwalbach (Taunus)  2045. 4127. 4946
Schwalenberg, Volkwin Gr. v.  4443
Schwalm
– u. Amerikanischer Unabhängigkeitskrieg  1395
– Auswanderung  1652
– Brauchtum  7501
– Christianisierung  4629
– Grenzsteine  2199
– Haus  6774
– Kinderverse  7560
– Landeskunde, Reiseführer  245
– Märchen  7606 f.
– Maler  6181
– Museum  6524 f.
– Segelflug  7218
– Trachten  6227a. 7501
Schwalm-Eder-Kreis  3389. 5446. 7487
Schwalmstadt (Raum)  2136
Schwalmstadt (Stadt)  1557
Schwalmstadt-Allendorf
  s. Allendorf (a. d. Landsburg)
Schwalmstadt-Frankenhain
  s. Frankenhain (Schwalm-Eder-Kr.)
Schwalmstadt-Michelsberg
  s. Michelsberg
Schwalmstadt-Rörshain
  s. Rörshain
Schwalmstadt-Treysa
  s. Treysa

Schwalmstadt-Ziegenhain
  s. Ziegenhain (Stadt)
Schwamb, Ludwig   1220
Schwander, Rudolf   3422
Schwaner, Wilhelm   5537
Schwanheim (Kr. Bergstraße)   717. 4390
Schwanthaler, Ludwig   6016
Schwarz, Lieselotte   5965
Schwarzenborn (Ortsname)   5895
Schwarzenstein, Mumm v.
  s. Mumm v. Schwarzenstein
Schwarzenkopf, Nikolaus   6113
Schwebda   1472
Schweden   5696
  – Christine Kgn. v.   3902
Schweinsberg   2146
Schweitzer, Friedrich   6114
Schweiz   4860
Schwerdt (Familie)   4396
Schwimmbäder
  s. Bäder
Schwimmvereine   7259. 7266. 7286
Schwind, Wilhelm   1205
Schwinn (Familie)   7664
Sechshelden   7124
Seckbach   4128. 7311 f.
Seeburg (b. Hartershausen)   6731
Seeger, Carl Ludwig   6373
Seeheim (Kr. Bergstraße)   1520. 4129. 6567
Seeheim (Kr. Bergstraße)-Balkhausen
  s. Balkhausen
Seeheim (Kr. Bergstraße)-Jugenheim
  s. Jugenheim (Bergstr.)
Seeheim (Kr. Bergstraße)-Malchen
  s. Malchen
Seeheim (Kr. Bergstraße)-Ober-Beerbach
  s. Ober-Beerbach
Seeheim (Kr. Bergstraße: Amt)   1520
Seeheim (Kr. Bergstraße: Burg)   6732
Seeheim (Westhofen)   4227
Seekatz (Familie)   6285
Seekatz, Philipp Christian I.   6286
Seelenberg   1759
Seen, Teiche, Weiher   2500. 2530. 2540. 2614. 2623. 2640
  s. a. Fischerei
  s. a. Talsperren
Segelflug   7218. 7235. 7322
Segelvereine   7260
Segenssprüche
  s. Zaubersprüche
Seghers, Anna   6115

Seibert (Familie)   7664
Seidel, Friedrich   5760
Seidensticker   7013
Seifensieder   2807
Seigertshausen   6977
Seitz (Familie)   4475
Sekt   2390–2392
Sekten   4814. 4922–4941
Selbstmordstatistik   1612
Seligenstadt (Abtei)   4634. 4793
Seligenstadt (Stadt)   3156. 4130–4132. 6900 f.
Seligenstadt-Froschhausen
  s. Froschhausen
Seligmann, Caesar   4596
Selter, Georg Emil   1911
Selters (Lahn)   2062
Selters (Taunus)-Haintchen
  s. Haintchen
Selters (Taunus)-Münster
  s. Münster (Kr. Limburg-Weilburg)
Selters (Taunus)-Niederselters
  s. Niederselters
Selz   330
Senckenberg (Familie)   4558
Senckenbergische Naturforschende Gesellschaft   2515
Seniorenarbeit, Senioreneinrichtungen   2023–2029
Separatismus   1212
Serafinenorden   998
Servitien   897
Servitium regis   809
Sesselträger   2808
Setzen   4133
Seuchen
  s. Krankheiten
Seulberg   687 f. 1370. 3186. 5896
Seyberth, Werner Robert   207
Seybold, August   5538
Sezessionismus   6147
Sichel(n)stein (Burg)   6733
Sickenhofen   4324
Sickingen, Karl Anton Gr. v.   4444
Siebel, Johannes   1363
Siebengebirge   318
Siebenjähriger Krieg   1377–1384
Siebold (Familie v.)   4445
Siedlungsgeographie   2085 f. 2088–2093. 2096–2098. 2100–2106. 2110–2113. 3433–6341
  s. a. Raumordnung
  s. a. Städtewesen

Siedlungsgeschichte   502. 614 f. 683. 697.
  700. 713. 727. 729. 758 f. 1729.
  2084–2096. 2098–2101. 2103–2106.
  2215–2236. 3017 f. 3140. 3431. 3629.
  4637
  s. a. Städtewesen
Siedlungsnamen
  s. Ortsnamen
Siedlungswesen   1729. 2084–2236
  s. a. Wohnungsbau
Sieg(gebiet)   5937. 6640. 7685
Siegbach-Oberndorf
  s. Oberndorf (Dillkr.)
Siegbach-Tringenstein
  s. Tringenstein
Siegburg   2927
Sieg-Departement   1075 f.
Siegel, Karola   4597
Siegel   964. 3795. 7644 f. 7648. 7668
Siegen (Kr.)   5366. 6600
  s. a. Siegerland
Siegen (Oberes Schloß)   117. 948. 6279 f.
  6503 f. 7004
Siegen (Schlösser)   117. 948. 1521. 6279 f.
  6503 f. 6734. 7004
Siegen (Stadt)
  – Ansichten   6200
  – Archäologie   454
  – Bergbau   3022
  – Beschreibung   4139 f.
  – Biographien   4772
  – Brunnen   6767 f.
  – Familienkunde   4378 f.
  – Friedhöfe   5417
  – Gaststätten   3313
  – Geschichte   1401. 1434. 4134–4138.
    4141–4144. 4378
  – Gewerbe   2745. 2797
  – Glaubensflüchtlinge   4861
  – Handelsgeschichte   2860 f.
  – Industriegeschichte   2978
  – Industrie- u. Handelskammer   2997
  – Kunsthandwerk   7004
  – Martinikirche   5288
  – Münzen   7703
  – Postgeschichte   3224. 3258
  – Revolutionskriege, französische
    1401
  – u. Rubens   6277–6280
  – Stadtarchiv   117
  – Stadtbefestigung   1304–1306
  – Stadtjubiläum (1974)   7195
  – Stadttore   1305 f.
  – Straßennamen   5930
  – Verkehr   3124. 3224. 3258. 3313
  – u. Vianden   954
  – Weißnonnenkloster   4794
  – 2. Weltkrieg   1434
Siegen (Unteres Schloß)   1521
Siegerland
  – Archäologie   461. 553
  – Bauernkrieg   1357
  – Bergbau u. Hüttenwesen   2987 f.
    2996–3000. 3033. 3042. 3045
  – Bevölkerung   1606
  – Bier   2758
  – Burgen u. Schlösser   6639
  – Fachwerk   6785
  – Familienkunde   4298. 4438
  – Familiennamen   5866
  – Femgerichte   1488
  – Geschichte   1013–1015. 1357. 4134
  – Gesundheitswesen   1859
  – Heimatverein   138
  – Industrie   553
  – Kirchengeschichte   4829
  – u. Köln (Ebt, Kft.)   1014
  – Krankenversorgung   1943
  – Landeshistoriker   142
  – Landeskunde, Reiseführer   290–297
  – [i. d.] Literatur   6049 f. 6104
  – Löhne u. Preise   1721
  – Museen   6352. 6503 f.
  – Postgeschichte   3224
  – Raumordnung, Regionalplanung
    2125–2129
  – Sagen   7611
  – Verkehr   3123. 3178 f. 3224
  – Volkshumor   7567 f.
  – Volksmedizin   7627
  – u. Wittgenstein (Land)   1013
  – Zeitungen   7464
  s. a. Nassau-Siegen (Grsch., Ft.)
  s. a. Siegen (Kr.)
Siegerland (Zeitschrift)   3
Siegfried v. Breitenbach [bzw. v. Geln-
  hausen], Bf. v. Chur   5071
Siegmund, Georg   5795
Silberbergbau, Silberverhüttung   3006.
  3035–3037. 3039
Silberblatt (Pflanze)   2577
Silberg   4145
Silberarbeiten, Silberschätze   6998. 7000 f.
Simmern, Langwerth v.
  s. Langwerth v. Simmern

Simmersbach
  s. a. Philippsbuche
Simmershausen (Kr. Kassel)   4146
Simmler, Friedrich   6287 f.
Simrock, Karl   6116
Simrock, Nicolaus   7036
Sinclair, Isaac v.   6117
Sindlingen   2017. 4397
Singlis   3531
Sinn   4147 f. 7125
Sinn-Fleisbach
  s. Fleisbach
Sinning (Familie)   4559. 7664
Sinntal-Neuengronau
  s. Neuengronau
Sinntal-Oberzell
  s. Oberzell
Sinntal-Sterbfritz
  s. Sterbfritz
Sinntal-Züntersbach
  s. Züntersbach
Sinzig, Johann Salentin Frhr. v.   918
Skulptur
  s. Plastik
Skivereine   7327
Slark, Dittker
  s. Schlorke, Dieter
Soden (Taunus), Bad   2073 f. 2862. 5030
Soden (Taunus)-Altenhain, Bad
  s. Altenhain (Main-Taunus-Kr.)
Soden (Taunus)-Neuenhain, Bad
  s. Neuenhain (Main-Taunus-Kr.)
Soden-Salmünster
  s. a. Salmünster
Soden-Salmünster-Ahl, Bad
  s. Ahl
Soden-Salmünster-Mernes, Bad
  s. Mernes
Sögeler Kreis   543
Söhngen, Wilhelm   5539
Söhrewald-Wellerode
  s. Wellerode
Söldnerführer   1323
Sömmering, Samuel Thomas   6038
Soengen, Johann   1414
Soherr, Eberhard   3513
Sohlbach (Burg)   779 f.
Sohler, Anton   7686
Soldan, Philipp, zum Frankenberg   6329 f.
Soldan, Philipp Jakob   5072
Soldatenräte
  s. Arbeiter- u. Soldatenräte

Solms-Niederbiel
  s. Niederbiel
Solms-Oberbiel
  s. Oberbiel
Solms (Grsch., Land)   1000–1009. 1543
Solms (Haus)   806. 7714
Solms-Braunfels (Haus)   1005
  – Amalie Grn. v.   1004
  – Wilhelm I. Gr. v.   1001
Solms-Hungen (Haus)
  – Otto Gr. v.   4856
Solms-Laubach (Grsch.)   1006 f.
Solms-Laubach (Haus)
  – Rudolph Gr. v.   1421
Solms-Lich (Haus)
  – Reinhard d. Ä. Gr. v.   1008 f. 6261
Solmsbachbahn   3176
Solmsbachtal   4430
Solz, v. Trott zu
  s. Trott
Somborn   1717. 4149 f. 5027. 5336. 7361
Sommer (Familie)   4560
Sommer, Wilhelm   1927
Sonderschulen   5464 f. 5547 f. 5554
Sondheimer (Familie)   4605
Sondheimer, Mosche Tobias   4605
Sonnemann, Leopold   6398
Sonnenberg (Wiesbaden)
  – Bingelsmühle   2778
  – Fachwerk   6902
  – Geschichte   4151–4153. 4239
  – Heimatverein   139. 4151
  – Kathol. Pfarrei   5028
  – Kathol. Pfarrkirche Herz Jesu   5290
  – Männergesangverein Concordia
      7126
  – Pfaffenpfad   2778
  – Sport   7313 f.
  – Stadtrecht   1522. 4151
  – Stadttore   1307
  – Wappen   7657
Sonnenberg (Wiesbaden: Burg)   4151.
    5289. 6735–6737
Sontra (Land)   2440. 3032. 4309
Sontra (Stadt)
  – Bergbau(siedlungen)   3023. 4156
  – Beschreibung   4154. 4157 f.
  – Dreißigjähriger Krieg   1371
  – Geschichte   4155. 4159 f.
  – Hanse-Gilde   140. 7510
  – Hochzeitsbräuche   7510
  – Juden   4615
  – Kirchen   5291–5293. 5343

s. a. Bersdorf (Wü.)
s. a. Hülfensberg
Sontra-Berneburg
  s. Berneburg
Sontra-Mitterode
  s. Mitterode
Sooden-Allendorf, Bad   2083. 3314. 4161. 6903 f.
Sooden-Allendorf-Kleinvach, Bad
  s. Kleinvach
Sorpetalsperre   1431
Sossenheim   2018
Sowjetunion   7617
Sozialarbeit   1867. 1993–2045
Sozialdemokratie   1136. 1219. 3515. 3623. 3777. 4168
  s. a. Liebknecht, Wilhelm
Sozialforschung   5650–5652
Sozialgeographie   1608 f. 1619. 4248. 4253. 4290. 5770
Sozialgeschichte   585. 591. 739. 861. 1010. 1613–1615. 1691–1849. 2240. 2296. 3434. 3655 f. 3735. 3905. 4284. 4775. 4943. 5814. 6150
  s. a. Revolution
Sozialisierung   1238 f.
Sozialismus   1134
Sozialpolitik   1993–1997. 3686
Soziolinguistik   5460
Spangenberg (Schloß)   6738
Spangenberg (Stadt)
  – Befestigungen   1308
  – Familienkunde   4503
  – Feste   7492
  – Hausinschriften   7598
  – Hospital   1972
  – Karmeliter   4795
  – Lehrerwitwenkasse   5494
  – Sparkasse   2911
  – Stadtkirche St. Jahannes   5389
Spanheim (Familie v.)   966
Spanien   1409
Spanischer Erbfolgekrieg   1373 f.
Spargel   2342
Sparkassen, Sparkassenrecht   2872. 2875. 2879. 2883. 2890. 2896 f. 2899–2903. 2905–2911. 2914
  s. a. Bausparkassen
Specht, A.   6289
Spechte   2626
Speckmann, Johann Philipp von   51
Speckswinkel (Familie)
  s. Zoller gen. Speckwinkel (Familie)

Speicher   6773
Spener, Philipp Jakob   4923. 4925–4928
Spengler   2738
Spessart
  – Baudenkmäler   6535
  – Flora   2561. 2576
  – Kartographie   356
  – Kochrezepte   7493
  – Landeskunde, Reiseführer   247. 258–264. 302
  – Landschaftspflege   2513 f.
  – [in. d.] Literatur   6083
  – Töpferei   6950
Speyer (Bistum)   3614. 4771
Speyer (Stadt)   1637. 1928. 2543. 4392. 6014. 6167
Spiche (Wü. b. Schadeck)   2235
Spielbanken   7196 f.
Spielberg   4846
Spiele
  s. a. Festspiele
  s. a. Glücksspiele
  s. a. Theater
Spielmannszüge, Fanfarenzüge
  s. Musik
Spielplätze   2041. 5628. 7366
Spielzeug   7561 f.
Spieskappel (Kloster)   5372
Spießweiher (b. Montabaur)   2530. 2614
Spinnen   2599
Sport, Sportler   1867. 3529. 4511. 5478. 7214–7329
Sportvereine   3529. 7220–7329. 7341. 7352
Spottköpfe   6792
Spottnamen   5891. 7571
Sprache   5460. 5811–5942
Sprendlingen (Kr. Offenbach)
  – Adreßbuch   4162
  – Archäologie   455
  – Beschreibung   4163
  – Geschichte   4163
  – Kommunalpolitik   4164
  – Volkshumor   7584
  – Familienkunde   4456
  – Museum   6505
  – Weistümer   1523
  – Wirtschaft   2746. 2752. 2869
Sprengstoffhandel   2857
Springen
  s. a. Dornbacher Hof
Sprüche   7495. 7590 f.

St. André, Jeanbon, frz. Präfekt zu Mainz 1074. 1413
St. Dié   765
St. Goar
    s. a. Goar (Heiliger)
St. Goarshausen   1426. 3437. 4114
St. Godehard
    s. Godehard (Heiliger)
St. Johann (Rheinhessen)   1523. 5283
St. Johann (Saarbrücken)   6942
St. Nikolaus
    s. Nikolaus v. Myra
St. Ottilien   4865. 4891 f.
St. Pudentienne   4632
St. Trond   944
Staal (Familie)   7664
Staat [u.] Kirche
    s. Kirche [u.] Staat
Staatsarchive   69–109. 1073. 1077. 1202. 1234. 1352. 1385. 1484. 1637. 1659. 4757
Staatskirchenrecht   4689
Staatslehre   4816
Stadelmann, Wilhelm   7203
Staden, Hans   1662. 7198 f.
Stadt Allendorf   1339. 4165 f.
Stadt Allendorf-Schweinsberg
    s. Schweinsberg
Stadt Allendorf (Raum)   2693
Stadtansichten
    s. Landschaftsmalerei
Stadtarchive   76. 99. 112–117. 2192
Stadtbefestigungen   1298–1302. 1304–1309. 1311
Stadtbibliotheken   12–14. 17–21. 28–31. 40 f. 43. 50. 62–64
Stadtentwicklungsplanung
    s. Stadtplanung
Stadtfeld, Benedict   7046
Stadtfeld, Christian Josef Anton Franz Alexander   7046
Stadtgerichte   1486. 1491–1499. 1506–1508. 1512 f. 1526 f.
    s. a. Stadtrechte
Stadtgrundrisse   3122
Stadtjubiläen
    s. Ortsjubiläen
Stadtpläne   362
Stadtplanung; Stadtentwicklungsplanung   2158. 2698. 2719. 3104. 3527 f. 3573–3575. 3608. 3657. 3687–3714. 3716. 3751 f. 3871 f. 3903. 3906. 3913. 3927 f. 3936. 3980 f. 3983. 4046. 4068. 4127. 4248–4254
    s. a. Städtebau
Stadtrechte   1504. 1509. 1511. 1514. 1517. 1522. 1529 f. 1532 f. 4151
    s. a. Marktrechte
    s. a. Ortsjubiläen
    s. a. Stadtgerichte
Stadtsanierung
    s. Sanierung
Stadttore   1299–1301. 1305–1307
Städtebau   2829. 3439–3443. 3452. 3478. 3723. 3859. 3919. 4015. 4251 f. 6550. 6561. 6565. 6572–6574. 6588. 6750. 6942
    s. a. Sanierung
    s. a. Stadtplanung
Städtewesen   3431–3443. 3734 f. 3959. 4166. 7715
Stahlindustrie   2981
Stahlnhainer Grund   3051
Stahlstiche   6179. 6183
Stamm, Hermann   4561
Stamm, Philipp   4562
Stammbücher   1195. 5766
Standesämter   4319. 4358. 4360. 4380
Standesherrschaft   1005
Starck, Johann Friedrich   4923
Stark, Josef   208 f.
Stark, Oskar   6290
Starkenburg (Amt)   1056
Starkenburg (Planungsregion)   2172. 2653. 2719
Starkenburg (Provinz)   1185
Starkenburg (Zeitschrift)   7 f.
Statistik   1034. 1235. 3405. 3865. 3976. 4244
Staufen, Konrad von, Pfalzgr.   797
Staufenberg
    s. a. Diekenbach (Wü.)
    s. a. Friedelhausen (Schloß)
Staufenberg-Daubringen
    s. Daubringen
Staufenberg-Mainzlar
    s. Mainzlar
Staufenberg-Treis
    s. Treis (Lumda)
Stauferzeit   753. 914. 6625
Stauffer-Bolanderhof (Familie)   966
Steden (Familie v.)   4446. 5252
Steeden   1843. 4167. 6513
Steffan, Christan   5122
Steffan v. Cronstetten, Justina Katharina   1986. 5399

Steffenberg-Niederhörlen
  s. Niederhörlen
Steffenberg-Steinperf
  s. Steinperf
Stegskopf (Raum)   1012
Stein (Familie v.)   1692. 4447
Stein, Elisabeth v.   4448
Stein, Friedrich Wilhelm Gustav Frhr. vom,
  zu Barchfeld u. zum Liebenstein   970
Stein, (Friedrich) Karl Frhr. vom
  1082–1086. 1154
Steinau (a. d. Straße: Amt)   1057
Steinau (a. d. Straße: Stadt)
  – Erholungsplanung   3286
  – Geschichte   1057
  – Marionettentheater   7016. 7038
  – Reformation   4845
  – Stadtpfarrkirche   5294
Steinau (a. d. Straße)-Bellings
  s. Bellings
Steinau (a. d. Straße)-Hintersteinau
  s. Hintersteinau
Steinau (a. d. Straße)-Marjoß
  s. Marjoß
Steinbach (Lahn-Dill-Kr.)   3026
Steinbach (Odenwaldkr.)   3156. 5295. 7635
  s. a. Fürstenau
Steinbach (Taunus)   3259. 4168
Steinbacher, Joachim   6445
Steinbachtal   2006
Steinbrücken   1844. 4169 f.
Steine u. Erden   3052–3063
Steiner, Johann Wilhelm Christian   4100
Steinfurth   412
Steingrund (Jagdhaus in Gammelsbach)
  6846
Steingut   6984
Steinheim (Main)   2979. 5075
Steinkreuze   1456 f. 1460–1462. 1464.
  1466. 1469–1471. 1473 f.
Steinperf   2090
Steinzeit   460–508. 512 f. 6513
Steinzeug   6514
Stengel, Balthasar Wilhelm   6942
Stengel, Friedrich Joachim   5277. 6943 f.
Stenografenvereine   7362
Stephani, Laurentius   5073
Stephany (Familie)   4563
Sterbfritz   4171. 5897
Sterkel, J. Fr. X.   7151
Sternbach (Wü. b. Wickstadt: Pfarrei)
  5029
Sternberg, Leo   6118 f.

Sternitzki (Familie)   4538
Steuerlisten   4307. 4346. 4362. 4386
Steuern   1639. 1702–1704. 1706–1712
Stiastny, Johann Nepomuk   7181
Stichbandkeramik   508
Stickereien   7011–7013
Stiehl, Anton Wilhelm Ferdinand   4564
Stiehl, Maximilian Christian Friedrich
  5048
Stieler, Adolph   4565
Stierstadt   540. 3259. 5713. 7431
Stifte, geistl.
  s. Klöster
Stiftsbibliotheken
  s. Klosterbibliotheken
Stiftungen   847. 1984–1992. 4547. 6143.
  6601
Stock, Christian   84
Stockbücher   4055
Stockhausen, Hans Hermann v.   7688
Stockhausen (Pfarrer in Roßdorf)   1696
Stockheim (Wetteraukr.: Gericht)   1698
Störche   2627 f. 7194
Stolberg-Königstein (Haus)   983
Stolcius, Daniel   5761
Stolterfoth, Adelheid v.   6120 f.
Stomatologie   1937
Stosch, Albrecht von   5988
Stracken (Familie)   4566
Strafrecht(sgeschichte), Strafvollzug, Kriminalität   1450. 1499. 1510. 1540–1577
Straßburg   1701
Straßburg (Bischöfe)
  – Amandus   4660
Straßen   3115–3159
Straßenbahnen   3182
Straßenbau, Straßenwartung   3118. 3125.
  3127–3130. 3132. 3135. 3151. 3200.
  6789
  s. a. Verkehrsplanung
Straßenkarten   351
Straßennamen   4338. 4574 f. 5906 f. 5911.
  5915. 5920 f. 5926. 5929–5931
Straßenreinigung   969
Straub, August   5540
Strecker, Ludwig   7182 f.
Streiks   1209
Streitberg   5612
Strinz-Trinitatis   6514
Ströher, Karl (Sammlung)   6390
Strohdach   6791
Strohflechterei   2809
Stromberg   337

Stromversorgung 3068. 3071 f.
Strube (Familie) 4566a
Struck, Wolf-Heino 104
Strumpfwirkerei, Strumpfweberei 2786.
    2792 f.
Struthütten 5898
Stuck, Stuckateure 5177. 6878
Studenten 1100. 1961. 4299. 4610. 5661.
    5695 f. 5713–5716. 5761. 5765–5771.
    5798
    s. a. Verbindungen, studentische
Stülpnagel, Carl-Heinrich v. 1220
Stuhl, Otto 5074
Stumm (Orgelbauer) 5375
Sturm
    s. Katastrophen
Sturmfels, Wilhelm 210
Stuttgart 3082. 3667. 3706
Sudetenland 1651
Südamerika 1683–1685
Süddeutschland 518. 555. 723. 1419. 6546
Südhessen
    – Archäologie 546. 550. 557
    – Haus 6790–6793
    – Karten 358–360
    – Kinderlied 7559
    – Landeskunde, Reiseführer 224
    – Märchen 7621
    – Marken 2181
    – Mundart 5855
    – Pfarrgemeinderäte 4950
    – Schulgeschichte 5426
    – Siedlungsgeographie 2096. 3433
    – Verkehr 3204
    – Volksfeste 7187
    – Wirtschaft 2786. 2801
    s. a. Bergstraße
    s. a. Odenwald
Südpreußen 1649
Südwestdeutschland 480. 486. 519. 694 f.
    2096. 3433. 3436. 4864. 6625
Suhrkamp, Peter 7418–7420
Sulzbach (Taunus) 4172. 5030
Sulzbach (Weinheim, Bergstr.) 4348
Summarium Heinrici 5811
Sumpfherzblatt 2581
Sunkel, Werner 2606 f.
Sutton, John 3887 f.
Synagogen 4055. 4593. 4618 f.
Synoden 4815. 4904 f.
Syracuse 1673 f.

T

Tabor, Johann Heinrich 6015
Tachygraphie 60
Täufer 4814. 4922
Tafelmalerei 5122. 5188. 5287. 6167 f.
    6365. 6384. 6403. 6514
Talsperren 2613. 2622
    s. a. Edersee
Tann (Familie von u. zu der) 100
Tann (Kr. Fulda) 5031
Tann (Kr. Hersfeld-Rotenburg) 5390
Tanz 7558
Tapetenmuseum 6480–6482
Tassilo, Hg. v. Bayern 926 f.
Tatiana Fürstin v. Metternich-Winneburg
    4428. 6698
Tauben 2600
Tauber 338
Taubergrund 1419
Taubert, Sigfred 7395
Taubstummenschulen 5554
Tauerei 3330
Taufe 7508 f.
Taufsteine 5238. 6304. 6385. 6514
Taunenses 591
Taunus
    – Archäologie 416 f. 589. 615. 733
    – Basalt 3055
    – Edelkastanien 2339 f.
    – Familienkunde 1405
    – Fauna 2600
    – Forstwesen 2429
    – Grabstätten 5393
    – Grenzsteine 2204
    – Jagd 2455–2457
    – Krankheiten 1939
    – Landeskunde, Reiseführer 300–305.
      318
    – Markwald 2177
    – Reisebeschreibung 7204
    – Römerzeit 589. 615
    – Sagen 7618
    – u. Schinderhannes 1574
    – Sozialgeschichte 1759
    – Wirtschaft(sgeschichte) 1771. 2716
Taunusklub 7211 f.
Taunusstein-Bleidenstadt
    s. Bleidenstadt
Taunusstein-Hahn
    s. Hahn (Rheingau-Taunus-Kr.)
Taunusstein-Niederlibbach
    s. Niederlibbach

Orts-, Personen- und Sachregister 731

Taunusstein-Wehen
  s. Wehen
Tautphaeus, Johann Wilhelm Jacobi   4567
Technik   2677
Technische Fachschulen   5805
Teiche
  s. Seen
Telefon   3244–3247
Telegraphie   3221. 3223. 3264
Tennis(vereine), Tischtennis   7223. 7228. 7265. 7267. 7287. 7302. 7318
Terhell, Georg   4568
Terhell, Gerhard   1006, 4569
Terrakotten   6358. 6486
Territorialgeschichte   784–1288
Testamente   1539
Testamentsverzeichnisse   109
Teutoburger Wald   236
Texas   1676–1679
Textilgewerbe   2784–2797
Textilhandel   2864
Textor, Johann, von Haiger   211
Thalau   5296. 6568
Thalau-Altenhof
  s. Altenhof (Rhön)
Thalheim   4173. 7127
Theater   5961. 6354. 7016–7044
  s. a. Schauspielschule
Theaterintendanten   7040. 7042–7044
Theaterkritiker   7018
Theologische Hochschulen   5779 f. 5795. 5800–5802. 5804
Theophanu, dt. Kgn.   812
Theopold, Wilhelm   1912
du Thil, Karl Wilhelm Heinrich Frhr.   1125
Thingstätten
  s. Dingstätten
Thomä (Familie)   4569a. 4572
Thomas v. Aquin   4672
Thomas, Eugen   1593
Thüringen   5767. 7436
Thüringen, Elisabeth Lgrn. v.   1978. 4661–4665
Thurn- u. Taxis'sche Post   3222. 3228. 3252. 3255
Tiefbauten   6530
Tiefenbach   5297. 5492
Tierbücher   64
Tierernährung   5674
Tiergärten   2582–2588
Tierische Produktion   2393–2409
Tierschutz   2582–2628
Tillich, Paul   5660

Tirol   1686
Tischbein (Familie)   6291 f.
Tischbein, Johann Anton   6295
Tischbein, Johann Heinrich Wilhelm   6296–6298
Tischbein, Johann Valentin   6292–6294
Töpferei   681. 3060. 4355. 6949–6951. 6956. 6958 f. 6961–6968. 6971–6983
  s. a. Keramik
Toilette   1858
Ton (Gewinnung)   2502. 3059–3063
Tonwaren
  s. Keramik
Tore, Türen   6742. 6799–6801. 6814. 6816. 6819. 6919
Torf   2443
Totenbräuche
  s. Begräbniswesen
Totschlagsühne   1559
Trachten   6227a. 7499–7507
Trachtenpuppen   7500
Tragaltäre   5162 f.
Trais-Münzenberg   6905
Traisa   2192a. 3315. 4173a.
Transport
  s. Verkehr
Transportunternehmen   2843
Trapp, Anton   3514
Trapp, Wilhelm (Musketier)   1428
Trapp, Wilhelm III (Hofgerichtsadvokat)   1118
Trebur-Astheim
  s. Astheim
Tregubov, Jurij Andreevič   6122
Treibert, Heinrich   3356
Treideln   3331
Treis (Lumda)   1123
Treisberg   7007
Trendelburg (Amt)   1058
Trendelburg (Stadt)   4174
Trendelburg-Friedrichsfeld
  s. Friedrichsfeld
Trendelburg-Gottsbüren
  s. Gottsbüren
Trendelburg-Langenthal
  s. Langenthal (Kr. Kassel)
Trendelburg (Vorwerk)   6349 f.
Trenton (New Jersey)   5648
Treysa
  – Familienkunde   4519
  – Geschichte   4175
  – Kirchenmusik   5345
  – Kloster   4796

- Stadtkirche 4796
- Stenografenverein (1925) 7362
- Wasserversorgung 3092
Tribunal (Zeitschrift) 5956
Trient 4847
Trienter Konzil 4651
Trier (Bischöfe)
- Hommer, Josef v. 4687
Trier (Ebt., Kft.)
- Archiv 120
- Domschatz 4656
- Kartographie 349
- Kirchengeschichte 2095. 4637. 4652
- Pfarrorganisation 2095. 4637
- Siedlungsgeschichte 2095. 4637
- Zölle 2866
Trier (Raum) 561. 3220
Trier (Stadt) 612, 765. 3159. 4797
Trimberg (Familie v.) 4403
Tringenstein (Amt) 1700
Trinkwasserversorgung
s. Wasserversorgung
Trithemius, Johannes 5075
Troeger, Heinrich 107
Tröscher, Tassilo 2274
Trohe 4176
Troppau 4558
Trott, Adam v., zu Solz 1226
Truchseß v. Alzey (Familie) 4449
Trüffeljagd 2454
Trumpfheller (Familie) 4570
Truppenwesen 1315–1340. 1394
Tschernembl, Johann Georg 5404
Tuberkulosefürsorge 1944
Tuchmacher 2792. 2794. 2797
Türen
s. Tore
Türkei 7244
Türken 5595
Türme 1299–1301. 1309. 6637. 6663. 7319
s. a. Kirchtürme
Turnen, Turnvereine 1093. 7217
s. a. Sportvereine
Turner, William 6299
Turnerwehr, Hanauer 1150 f.
Twistesee 2231
Typhus 1939

U

U-Bahnen 3187. 3191 f.
Udenhain 1152
Udenhausen (Kr. Kassel) 6978
Überseewanderung 1653. 1655. 1660–1685
Uhland, Ludwig 6123
Uhren 7015
Ullrich (Familie) 2769
Ulm (Lahn-Dill-Kr.) 3445. 3447. 5337. 7479 f.
Ulmtal
- Archäologie 505. 3445
- Beschreibung 271. 3445
- Geschichte 3445
- Jagd 2453
- Kirchengeschichte 4944
- [in d.] Literatur 5945
- Volkskunde 7479 f.
Ulmtal-Allendorf
s. Allendorf (Ulmtal)
Ulmtal-Holzhausen
s. Holzhausen (Lahn-Dill-Kr.)
Ulmtal-Ulm
s. Ulm (Lahn-Dill-Kr.)
Ulrich III. v. Kronberg 5418
Ulrichstein (Burg) 1383
Ulrichstein (Stadt) 1845. 4177
Umlandverband (Frankfurt, Main) 3425–3429
Umsatzsteuer 1712
Umstadt
s. Groß-Umstadt
Umweltgestaltung 6585
Umweltschutz 1777. 2275. 2541. 2629–2674. 3024. 3154. 6624
Unabhängigkeitskrieg, amerikanischer 87. 1385–1397
Undenheim 1524. 4778
Unfälle 1620
s. a. Verkehrsunfälle
Unfallrettung 1946–1949
Ungarn 1655–1658. 1954. 5765
Ungerer, Ilse Daniela 7184
Universal-Kirchenzeitung 4621
Universitäten 997. 4610. 5634–5772. 6324
Universitätsarchive 110 f.
Universitätsbibliotheken
s. Hochschulbibliotheken
Universitätsrecht
s. Hochschulrecht

Unkelbach (Familie) 4538
Unnau 4465
Unseld, Siegfried 7420
Unterlahngau 2094
Unterlahnkreis
- Burgen u. Schlösser 6642
- Evangelische Kirche 4945
- Forstwesen 2428
- Fremdenverkehr 3276
- Jagd 2428
- Katholische Kirche 4702
- Landwirtschaft 2299
- Militärgeschichte 1293
- Schulwesen 5430. 5458. 5481
- Sparkassen 2875
- Sport 7215
- Weinbau 2387
Unter-Laudenbach 5418
Unterliederbach 5032. 7128
Untermain (Fluß) 2466–2470. 2650–2652
Untermain (Planungsregion) 2151–2157. 2512. 2657–2659
Untermaingebiet 736. 1602. 2611
s. a. Frankfurt (Main: Raum)
Unternehmensgeschichte
s. Firmengeschichte
Unterneurode 5613
Unter-Ostern 4178. 7129
Unter-Schönmattenwag 4179
Untertaunus(kreis)
- Gemeindepartnerschaften 3424
- Glaubensflüchtlinge 4860
- Jugendzahnpflege 1945
- Katasteramt 388
- Kreisverwaltung 3390 f.
- Landeskunde 305. 322
- Landfrauenverband 7338
- Musik 7047
- Polizei 3357
- Sport 7214
Unterwesterwald 3061
Unwetter
s. Katastrophen
Urberach
- Archäologie 456
- Geschichte 4180
- Kirchengeschichte 5033 f.
- Schulgeschichte 5614
- Siedlungstopographie 2104
- Töpferei 6956. 6979
- Umweltschutz 2654
- Vereine 7363

- Wald 2441
- Wirtschaft 2721
Urgeschichte
s. Vorgeschichte
Urkunden, Regesten 77–80. 82 f. 88. 110. 112. 116. 122. 784 f. 807. 814. 872–874. 923. 987. 992. 1028. 2192. 2263. 3600. 3613. 3807. 3822. 3930. 3944. 4134. 4141. 4635. 4752. 4757 f. 5863
Urnenfelderkultur 518–523. 525. 528–531. 537–541
Urspruch, Anton 7185
Usa 419. 5938
Usingen, Bartholomäus Arnoldi v. 4833 f.
Usingen (hzgl.-nass. Landsturmbataillon) 1336
Usingen (Kr., Land) 1092. 3002. 4181
Usingen (Stadt)
- Allmende 2184
- Alte Burg (Flurname) 5902
- Archäologie 589
- Familienkunde 4537
- Geschichte 4181–4184
- Hebammen 1866
- Hugenotten 4880 f.
- Kathol. Pfarrei St. Laurentius 5035
- Kirchen 5298 f.
- Lehrerseminar 5429
- Römerzeit 589
- Zeitungen 7465
Usingen-Eschbach
s. Eschbach
Usingen-Kransberg
s. Kransberg
Usingen-Michelbach
s. Michelbach (Hochtaunuskr.)
Usingen-Wilhelmsdorf
s. Wilhelmsdorf
Usinger (Familie) 6124
Usinger, Fritz 5970. 6124–6126
Usinger Becken 418 f.
Usinger Land (Zeitungsbeilage) 7465
Utphe 4185
Utz, Karl 5762

V

Vaganten 1776
Vakuumtechnik 2949
Valentin (Familie) 4571
Valentin, Thomas 5620
Valentin, Veit 212

Vangiones 591
Vaternahm, August 7428
Vegetation
  s. a. Xerothermvegetation
Veldenz 988
Veller (Familie)
  s. Feller (Familie)
Vellmar 4186 f.
Velmeden 4188. 5300. 5899
Vendersheim 4189
Venus 677
Verband der Heimkehrer, Kriegsgefangenen u. Vermißtenangehörigen Deutschlands (VdH) 1437
Verbindungen, studentische 5645–5647a. 5697. 5798
Verbotung 1451
Verbraucherpolitik 2686
Vereine 1870–1872. 1874 f. 2334 f. 2406–2409. 2470. 2589 f. 2744. 3194. 3198. 3282. 3284. 3290. 3319. 3529. 3736. 3820. 4031. 4149. 4151. 4786. 5045. 6148. 6392. 6398. 6510. 6601 f. 6954. 7033. 7048–7138. 7205–7213. 7220–7329. 7332 f. 7338. 7340 f. 7350–7354. 7356–7358. 7360–7363. 7367 f. 7468. 7485. 7519. 7521–7524
  s. a. Genossenschaften
  s. a. Geschichtsvereine
  s. a. Philatelie
  s. a. Schützenwesen
  s. a. Wissenschaftliche Institute u. Vereinigungen
Vereinigte Staaten
  s. Nordamerika
Vereinigungskirche (Frankfurt, Main) 4941
Verfassungen 1240–1247. 5433. 5469
Verfassungsgeschichte 799. 825. 876 f. 1176 f. 1192. 3726. 6625
Verkehr, Verkehrsgeschichte 689–692. 2288. 2677. 3095–3353
  s. a. Güterverkehr
Verkehrsbetriebe
  s. Öffentlicher Nahverkehr
Verkehrslärm
  s. Schallschutz
Verkehrsplanung 3095. 3100. 3103 f. 3112 f. 3120 f. 3143–3148. 3152–3154
  s. a. Straßenbau
Verkehrsunfälle 3196. 3204
Verkehrszeichen 3116

Verlage, Verleger 198. 7375. 7386. 7403–7406. 7408–7423. 7426 f. 7429–7431. 7433–7435. 7448
  s. a. Musikverlage
Verlobung 7508
Vermessungswesen 367–388. 3120
Verpackungsindustrie 2979
Versailler Friedensvertrag 4422
Versicherungen 1716. 1780. 1806. 1825. 2398. 2874. 2902. 2912 f. 2993
Versteigerungen 1536
Vertriebene
  s. Flüchtlinge
Verwaltung, Verwaltungsgeschichte 857. 995. 1023. 1058. 1075 f. 1097. 1274. 3412. 3421. 3423. 3430
  s. a. Finanzverwaltungsgeschichte
  s. a. Kommunalwesen
Verwaltungsgerichte 1444
Verwaltungskostenrecht 1284
Verwaltungsreform 1274–1280. 2123. 2411. 3355
Vianden (Grsch.) 954 f.
Victoria 6515
Viehmärkte
  s. a. Zuchtviehmärkte
Viehmann, Dorothea 6029
Viehrezepte 7628 f.
Viehseuchen 1761
Viehzucht, Viehhaltung
  s. Tierische Produktion
Vielbrunn 359 f. 3316
Vierling, Johann Gottfried 7169
Viernheim
 – Archäologie 660
 – Auswanderung 1643. 1657. 1671–1674
 – Beschreibung 4190
 – Geschichte 4191 f.
 – Grenzsachen, Grenzsteine 2194. 2210
 – Häuser 6906–6908
 – Juden 4616
 – Militärgeschichte 1408
 – Römerzeit 660
 – Stadtgericht 1526
 – Standesamt 4380
 – Weistum 1525
 – Wohlfahrtswesen 1982
Viernheimer Heide 346. 1408
Viernheimer Wald 1568–1570
Viesebeck 4300

Viktoria
 – Kgn. v. England   1139–1141
Viktoria Prinzessin v. Hessen   1141 f.
Vilbel (Burg)   6506 f.
Vilbel (Evang. Dekanat)   4948
Vilbel, Bad
 – Baudenkmäler   6569
 – Bevölkerung   1632
 – Flurnamen   5931
 – Frühgeschichte   763. 2099
 – Gaststätten   3317
 – Geschichte   4193–4195
 – Grenzsteine   2202
 – Kurort   2075
 – Mundart   5833
 – Nikolauskirche   5419
 – Siedlungstopographie, Siedlungsgesch.   2098 f.
 – Stadtgericht   1527
 s. a. Dottenfelder Hof
Vilbel-Dortelweil, Bad
 s. Dortelweil
Vilbel-Gronau, Bad
 s. Gronau
Vilbel-Massenheim, Bad
 s. Massenheim (Wetteraukr.)
Villa, römische   682–685. 687 f.
Villmar   2991. 3039. 3056. 1496 f. 7315 f.
 s. a. Bodenstein
Villmar-Aumenau
 s. Aumenau
Villmar-Falkenbach
 s. Falkenbach
Villmar-Langhecke
 s. Langhecke
Villmar-Weyer
 s. Weyer
Villmar (Amt)   7707
Vinzentinerinnen   4737
Visitatio sepulchri   4639
Vita Annonis   180
Vocabularius ex quo   7382
Vockenhausen   1801
Vögel
 s. Vogelschutz
Völker (Familie)   4571a
Völkerkundemuseen   6439
Völkerwanderungszeit   702. 705
 s. a. Germanen
Völpel, Wilhelm   6127
Voemel, Johann Theodor   5541
Vogelbücher   64
Vogeley (Kapitän)   1331

Vogeljagd   2452
Vogelsberg, Vogelsbergkreis
 – Aberglaube   7631
 – Bauernmöbel   6806
 – Fachwerk   6784
 – Fachwerkkirchen   5080
 – Flora   2576
 – Gewerbe   2727
 – Kirchengeschichte   4913
 – Kochrezepte   7491. 7493
 – Landschaftsplanung   2510
 – Landwirtschaft   2286 f. 2293 f. 2343. 2401
 – Mundart   5831a. 5832. 7574
 – Regionalplanung   2149
 – Reiseführer   263. 302
 – Sagen   7608
 – Töpferei   6950
 – Vögel   2610
 – Volkshumor   7574
 – Wassergewinnung   3080
Vogelsberg (Naturpark)   2508 f. 2597. 2610
Vogelsberg-Museum   6502
Vogelschutz   2406. 2602–2628. 7111
Vogt, Heinrich   1913
Vogt, Karl-Ernst   1914
Vogt, Niklas   6128
Vogtland   1686
Volker von Alzey   6129 f.
Volkhardinghausen (Kloster)   2196
Volksbanken   2876. 2878. 2880. 2885. 2898. 2904. 2912
Volksbildung
 s. Erwachsenenbildung
Volksfeste
 s. Feste
Volksglauben
 s. Aberglaube
Volkshochschule
 s. Erwachsenenbildung
Volkshumor   7476. 7563–7589
Volkskunde   3766. 3789. 4680. 4682. 6227a. 6338 f. 7467–7637. 7676
 s. a. Feste
 s. a. Heimatmuseen
Volkskundler   191 f. 5524. 7469 f.
Volkskunst
 s. Kunsthandwerk
Volkslieder   7113. 7552–7556
Volksliteratur
 s. Literatur
Volksmedizin   7625. 7627–7629

Volksschulwesen
  s. Schulwesen
Volkstanz   7558
Volkszählung   1597. 1628
Vollmarshausen   541
Vollrads, Greiffenclau v.
  s. Greiffenclau
Vollstreckungsrecht   1495
Vom Stein
  s. Stein
Vorburg, Wolfgang Sigismund v.   884
Vordertaunus
  s. Taunus
Vorderwesterwald
  s. Westerwald
Vorgeschichte   389–582. 3445. 3820.
  6425–6427. 6448. 6513
Vorholtz, Ulrich   7668
Vormärz   1098–1100. 1118. 1149
Vorschulen   5573. 5809
  s. a. Kindergärten
Voss, Johann Heinrich   6078
Vossische Zeitung   7442
Votive   678
Vulcanus   678


W

Waagen   2870 f.
Wabern-Falkenberg
  s. Falkenberg
Waberner Senke   2286
Wachenheim   2779. 4198
Wackernheim   5036. 5301
Wächtersbach   4199–4201
Wächtersbach-Aufenau
  s. Aufenau
Wächtersbach-Leisenwald
  s. Leisenwald
Wächtersbach-Waldensberg
  s. Waldensberg
Wächtersbach-Wittgenborn
  s. Wittgenborn
Wärmetechnik   2927
Waffen   1289. 1321
Wagner (Familie)   4572
Wagner, Albert   1257
Wagner, Friedrich   372
Wagner, Georg Friedrich   5361
Wagner, Georg Wilhelm Justin   213. 5272
Wagner, Hans-Joachim   6947
Wagner, Heidrun   6947

Wagner, Helmut   6947
Wagner, Karl Heinz   6300
Wagner, Richard   7159
Wagner (Handwerk)   3009
Wahlen   1178. 1207. 1217. 1251–1253.
  3416. 3675–3678. 3820. 3864. 3866.
  3977
Wahlsburg-Lippoldsberg
  s. Lippoldsberg
Wahlshausen (Kr. Kassel: Kloster)   5318
Waisenhäuser   1983
Wald
  s. Forstwesen
Waldalgesheim   718
Waldaubach   2191
Waldeck (Evang. Kirche)
  s. a. Kurhessen-Waldeck (Evang. Kirche)
Waldeck (Grsch., Ft., Land, Kr.)
  – Aberglaube   7626
  – u. Amerikanischer Unabhängigkeits-
    krieg   1387
  – Baumeister   6921
  – Beamte   975. 6921
  – Burgen   6636
  – Geschichte   974–980
  – Grenze   2185 f. 2196
  – Landeskunde, Reiseführer   223.
    230–233
  – Landschaftsplanung   2501
  – Münzen   7682
  – Mundart   5819 f.
  – Ortsspott   7566
  – Raumordnung   2124
  – Siebenjähriger Krieg   1378
  – Verkehr   3205
  – Vermessungswesen   378
  – Volkslied   7556
Waldeck (Haus)
  – Anna Grn. v.   979
  – Georg Gr. v.   980
  – Philipp III. Gr. v.   979
Waldeck (Schloß)   1558
Waldeck-Freienhagen
  s. Freienhagen
Waldeck-Höringhausen
  s. Höringhausen
Waldeck-Sachsenhausen
  s. Sachsenhausen (Kr. Waldeck-Franken-
    berg)
Waldeck-Frankenberg (Kr.)   3392
Waldems-Niederems
  s. Niederems
Waldensberg   4869

Waldenser 1668. 2786. 4863. 4865–4867.
4869. 4871. 4874 f. 4885–4890
Walderdorff, Grafen v.   4450
Waldfelden-Mörfelden
  s. Mörfelden
Waldfelden-Walldorf
  s. Walldorf
Waldgenossenschaften   712
Waldgirmes   4202. 4381
Waldkappel-Bischhausen
  s. Bischhausen (Werra-Meißner-Kr.)
Waldkatzenbach   4399
Wald-Michelbach   1846. 4203
Wald-Michelbach-Unter-Schönmattenweg
  s. Unter-Schönmattenweg
Waldmuseum   6521
Waldorfschulen   5590
Waldschmidt, Ludwig   6301
Waldsolms-Brandoberndorf
  s. Brandoberndorf
Waldsolms-Hasselborn
  s. Hasselborn
Waldsteuer   1704
Waldwirtschaft
  s. a. Forstwesen
  s. a. Weidewirtschaft
Walkererde   2788
Walkmühlen   2783
Wallau, Carl   3961
Wallau (Main-Taunus-Kr.)   1847. 4204
Walldorf   4205–4207. 4382
Walldürn (Kastell)   661 f.
Wallendorf
  s. Beilstein
Wallenstein (Burg)   6739 f.
Wallernhausen   4208
Wallfahrten   4676–4686. 5304 f.
Walluf   3143
Walluf–Oberwalluf
  s. Oberwalluf
Walsdorf   4209. 6514
Walter v. Kronberg   4803
Wambold, Freiherren v.   4451
Wanderführer
  s. Reiseführer
Wandergewerbe
  s. Landgänger
Wandern, Wandervereine   7205–7213
Wandmalerei   635. 5095. 5103. 5225. 6218.
6227. 6273
Wanfried   6089 f. 6980–6983

Wappen, Wappenkunde   964. 1879. 4411.
5414.   6330.   7013.   7638–7667.
7669–7675
Wappenkunst   6237 f.
Wartenberg-Landenhausen
  s. Landenhausen
Wasenberg   6775. 7599
Washington   7079
Wasserbau   690–692. 3334–3353
Wasserburg, Philipp   6131
Wasserburgen   6666
Wassergesetz   385
Wasserschutz
  s. Gewässerschutz
Wasserversorgung, Wasserwirtschaft
3066–3068. 3073. 3079–3094
Wasserzeichenforschung   7382
Wasungen   4122
Waterloo (Schlacht)   1418
Wattenheim   506. 1528. 4383
Weber (Familie)   4573
Weber, Arthur   1915 f.
Weber, Carl Maria v.   7186
Weber, Jacob Gottfried   7046
Weber, Josef   5405
Weber, Sebastian Wilhelm   5419
Weberei   2785. 2788. 2791 f. 2795 f.
Webern   7633
Webhütten   764
Wedel (Familie v.)   4452
Wega   764
Wege
  s. Straßen
Wegkreuze   6308
Wegweiser
  s. a. Eiserne Hand
Wehen   1529. 1848. 2753. 7047. 7130
Wehrda (Kr. Hersfeld-Rotenburg: Herrschaft)   848
Wehrda (Marburg, Lahn)   4210
Wehrdienst   1315 f.
Wehretal-Oetmannshausen
  s. Oetmannshausen
Wehrheim   4211. 4560. 5939
Wehrheim-Pfaffenwiesbach
  s. Pfaffenwiesbach
Wehrkirchen   5081. 5250 f. 5263
Wehrshausen (Kr. Marburg-Biedenkopf)
– Archäologie   457
– Flurnamen   5932
– Geschichte   4212
– Kirche   5302
– Kirchengeschichte   5037 f.

- Männergesangverein 7131
- Reitsport 7317
- Schulgeschichte 5615
- Stiftungen 1992
- Wald 2442
s. a. Dammühle (Wehrshausen, Kr. Marburg-Biedenkopf)
Weidas (Kloster) 4718
Weidewirtschaft 2403–2405
Weidig, Friedrich Ludwig 1111–1113. 1116 f.
Weidlich, Wolfgang 7423
Weiher
s. Seen
Weihnachten (i. d. Kunst) 6306
Weihnachtsbräuche 7545–7548
Weihnachtsspiel 7016
Weilbach, Bad 6513
Weilburg (Amt) 1980
Weilburg (Schloß) 3024. 6570. 6628. 6741 f. 7132
Weilburg (Stadt)
- Alter Friedhof 5420
- Altstadtsanierung 4213
- Bergbau 2991. 3024
- Bergbaumuseum 2991. 6508 f.
- Biographien 4546. 4561
- Brücken 3168
- Brunnen 6769
- Familienkunde 4475
- Gaststätten 3318
- Geschichte 803. 969
- Gewerbe 2747. 2807
- Gymnasium Philippinum 5617–5620
- Häuser 6909–6911
- Hauslei 4215
- Kur- u. Verkehrsverein 3319
- Landwirtschaftsschule 5806
- Postgeschichte 3260
- u. Schloß 6570
- Schulen 5616–5620
- Schulgasse 4214
- Steingut 6984 f.
- Theatergemeinde 7039
- Wasserversorgung 3093
- Wildpark 2588
- Zeitungswesen 7466
Weilburg (Österreich: Schloß) 971
Weiler (b. Bingen) 463. 5303
Weilmünster 968
Weilmünster-Wolfenhausen
s. Wolfenhausen

Weilnau-Altweilnau
s. Altweilnau
Weilnau-Riedelbach
s. Riedelbach
Weilrod 1876. 4216
Weilrod-Altweilnau
s. Altweilnau
Weilrod-Emmershausen
s. Emmershausen
Weilrod-Hasselbach
s. Hasselbach (Hochtaunuskr.)
Weilrod-Riedelbach
s. Riedelbach
Weilrod-Rod
s. Rod (a. d. Weil)
Weiltal 2992
Weinbach 3025. 6347
Weinbach-Freienfels
s. Freienfels
Weinbau, Weinhandel 2346–2392
Weinberg, Arthur Israel v. 4598
Weingläser 6517
Weinheim (Alzey) 4217
Weinheim (Bergstraße, Raum) 1473
Weinheim (Bergstraße, Stadt) 2194. 4218
Weinheim (Bergstraße)-Sulzbach
s. Sulzbach (Weinheim, Bergstr.)
Weindsheim 4219
Weinreich, Otto 3402
Weinrich, Alexander 4574 f.
Weinrich, Karl 4574 f.
Weinsberg, Konrad v., Eb. v. Mainz 5409
Weinstraße (b. Marburg, Lahn) 4210
Weisel 3437
Weisenau 7163
Weisheit, Arno 5542
Weißbäcker (Familie) 7664
Weißenstein (Burg) 4210
Weißkirchen
- Geschichte 4220 f.
- Johanniskirche 7673
- Keramik 781
- Kindergarten 2045
- Post 3259
- Studenten 5713
Weißnonnen 4794
Weißstorch 2627
Weistümer 1439 f. 1501. 1523. 1525. 1531
Weiterstadt 7318
Weiterstadt-Gräfenhausen
s. Gräfenhausen
Weitolshausen gen. v. Schrautenbach, Ludwig Carl v. 4442

Welcker, Rudolf   214
Wellerode   7653
Wellmich   6571
  s. a. Maus (Burg)
Welternährung   2276
Weltkriege   1424–1437. 1688. 2818. 6438
Wembach   1668. 2345. 2405. 4887–4890
Wenden (Biggetal)   1565
Wenings
  s. a. Flossbach (Wü.)
Wenkersdorf   6912
Wenzel, Ernst   6394
Weppler (Familie)   4576
Werberg (Wü. i. d. Rhön)   2236
Werbung   1930
Werdorf   4222 f.
Werkkunstschulen   5807
Werksärzte   1715
Werkswohnungsbau   1753 f.
Werkvertragsrecht   1497
Werkzeug-Maschinenfabriken   2948
Werleshausen   4224
Werner, Joseph   6302
Wernher, Philipp Wilhelm   1098
Werra   234. 240
Werra (Raum)   4272. 4307
Werra-Main-Kanal   3352
Werra-Meißner-Kreis   3393
Werther
  s. Jerusalem, Karl Wilhelm
Wertpapierbörse   2894
Weschnitzbruch, Weschnitztal   2443. 6100
Weschpfennig (Familie)
  s. a. Scheid gen. Weschpfennig (Familie)
Weser(gebiet)
  – Baudenkmäler   6532
  – Beschreibung   233–239
  – Dreißigjähriger Krieg   1358
  – Geschichte   810. 838
  – Gewässernamen   5934
  – Reformation   4826
  – Sagen   7602
  – Zölle   2865
Westerburg (Burg)   4226. 5306
Westerburg (Herrschaft)   992
  s. a. Leiningen-Westerburg (Haus)
Westerburg (Stadt)
  – Familienkunde   4432. 6285
  – Gechichte   4226
  – Liebfrauenkirche   5304 f.
  – Naturkunde   2529
  – Schriftsteller   6106
  – Schulen   5621 f.

Westerburg (Verbandsgemeinde)   4225
Westerfeld   1698
Westerwald
  – Ansichten   6187
  – Archäologie   420–422. 733
  – Bergbau   2989. 3046–3048. 3054. 3059–3063
  – Bevölkerung   1604 f.
  – Bibliotheken   13
  – Burgen   6640
  – Denkmalpflege   6601–6604
  – Fauna   2591
  – Forstwesen   2425–2428
  – Gemeindebackhäuser   7488
  – Geologie   421 f.
  – Geschichte   785. 1011 f.
  – Gesundheitswesen   1857
  – Grenzsteine   2203
  – Haus   6786
  – Keramik   3060. 6514. 6952–6955
  – Keramikmuseum   6463
  – Küche   7497
  – Kulturgeschichte   1858. 7337
  – Landeskunde, Reiseführer   274–279. 318 f.
  – Landwirtschaft   2287. 2300. 2343. 2404
  – [in d.] Literatur   6110. 6114
  – Münzen, Medaillen   7709
  – Mundart   5839
  – Naturdenkmäler   2551
  – Naturkunde   2528
  – Pflanzenschutz   2566
  – Rechtsgeschichte   1438. 2989
  – Revolutionskriege, französische 1402 f.
  – Sagen   7612
  – Schulwesen   5447. 5457. 5488
  – Siedlungsgeschichte   2094
  – Sprüche   7591
  – Steinzeug   6514
  – u. Sternberg, Leo   6119
  – Verkehr   3180
  – Vogelkunde   2612. 2623
  – Volkskunde   7484. 7488. 7497
  – Volksmedizin   7627
  – Wirtschaft(sgeschichte)   1768–1771. 2715 f. 2989. 3046–3048. 3054. 3059–3063
  s. a. Kannenbäckerland
Westerwaldkreis
  – Adreßbuch   3395
  – Banken   2876
  – Bergbau   3059

- Beschreibung 3394
- Forstwesen 2426
- Fremdenverkehr 3275
- Kirchen 5086
- Krankenhäuser 1973
- Landschaftspflege 2527
- Landwirtschaft 2395
- Schulwesen 5447. 5457. 5488
- Sozialarbeit 2002
- Sport 7216
- Umweltschutz 2636
- Unfallrettung 1947
- Wirtschaft 2717 f. 2730. 2876. 3059

Westerwald-Museum 6455–6458
Westerwaldverein 7209 f.
Westfalen 355. 477. 482 f. 1014.
 2124–2126. 3042. 4303. 4897. 5714.
 5819. 6529
Westfalen (Kgr.) 1077. 7682
Westhessen
 s. a. Nassau (Land)
 s. a. Rheingebiet
 s. a. Taunus
 s. a. Westerwald
Westhessische Senke 2293
Westhofen 4227 f.
Wetekam, Robert 215
Wettenberg-Krofdorf-Gleiberg
 s. Krofdorf-Gleiberg
Wettenberg-Wißmar
 s. Wißmar
Wetter (Hessen) 4229
Wetter (Hessen)-Oberrosphe
 s. Oberrosphe
Wetterau, Wetteraukreis
- Aberglaube 7632
- Agrarstrukturplanung 2326
- Archäologie 423. 485. 683
- Banken 2877
- Beschreibung 3396 f.
- Energiewirtschaft, Wasserwirtschaft 3068
- Evangelische Kirche 4947
- Fachwerk 6783 f.
- Forstwesen 2430
- Fremdenverkehr 3279
- Geologie 423
- Geschichte 819 f. 1054
- Gesundheitswesen 1867
- Jagd 2430
- Juden 4579
- Katholische Kirche 4701
- Landeskunde, Reiseführer 300–302

- Landwirtschaft 2284. 2295
- Ortschronik 3398
- Rechtsgeschichte 1487
- Regionalplanung 2167
- Römerzeit 683
- Schulwesen 5452. 5487
- Umweltschutz 2633
- Volkskunde 7477
- Wirtschaft 1771. 2697. 2732. 2826. 2877

Wetterauer Grafenverein 981
Wetterauer Volksbank (Friedberg) 2898
Wetterfahnen 6796
Wettertal-Rödgen
 s. Rödgen (Wetteraukr.)
Wetzlar (Kr., Raum)
- Adreßbuch 3401
- Archäologie 520. 548. 719
- Fauna 2595
- Flora 2579
- Geschichte 3399 f.
- Kreisbaumschule 2337
- Mundart 5830
- Naturdenkmäler 2552 f.
- Naturschutz 2505
- Polizei 3402
- Spottnamen 7571
- Verkehr 3136

Wetzlar (Stadt)
- Adreßbuch 3401
- Archäologie 782
- Arnsburger Hof 4710
- Beschreibung 4230 f.
- Denkmalpflege 6588
- Dom 4799. 5307 f. 5338 f.
- Domstift s. Stift St. Marien
- Familienkunde 4385. 4394 f. 4402. 4404
- Flora 2572
- Fuhrleute 2815
- Geschichte 1356. 3399. 4232
- Gesundheitswesen 1868
- Gewerbe 2808
- u. Goethe 6009 f.
- Gymnasium 5623
- Hessenkolleg 5624
- Hessentag (1975) 7190
- Industrie 2980
- Juden 4579
- Militärgeschichte 1324
- Naturdenkmäler 2554
- Palais Papius 7015
- Reichskammergericht 1481–1484

Orts-, Personen- und Sachregister 741

- Schulen 5623–5625
- Stift St. Marien 67. 4798 f.
- Stifts- u. Pfarrkirche St. Maria
  s. Wetzlar (Stadt)/Dom
- Strafrechtsgeschichte 1559
- Verkehr 3137
- Volkshochschule 5625

Wetzlar-Blasbach
  s. Blasbach
Wetzlar-Garbenheim
  s. Garbenheim
Wetzlar-Münchholzhausen
  s. Münchholzhausen
Wetzlar-Nauborn
  s. Nauborn
Wetzlar-Naunheim
  s. Naunheim
Wetzlar-Niedergirmes
  s. Niedergirmes
Wetzlar-Gießen (Raum) 2327
Weyer 1350. 2250. 7319. 7713
Weygandt, Friedrich 1049 f.
Wichdorf 7133
Wickstadt
  s. a. Sternbach (Wü.)
Widerstand geg. d. Nationalsozialismus
  s. Nationalsozialismus
Wied-Neuwied (Grsch.) 7711 f.
Wied-Runkel (Grsch.) 1981. 7711 f.
Wied-Runkel (Haus)
  - Charlotte Sophia Auguste Grn. v. 990. 7713
  - Christian Ludwig Gr. v. 990. 7713
  - Friedrich Ludwig Fürst v. 991
Wiedemann, Andreas 6878
Wiedertäufer
  s. Täufer
Wied-Neuwied (Haus) 1005
Wiegand, Balthasar 5076
Wienbarg, Ludolf 6132
Wiener Kongreß 846. 3960
Wiesbaden (Raum) 4248
Wiesbaden (Reg. Bez.) 374–376. 4581. 4901. 5367
Wiesbaden (Schloß) 6743
Wiesbaden (Stadt)
  - Adreßbuch 4233
  - Altes Rathaus 6514
  - Andreaskirche 5311
  - Arbeitsgemeinschaft deutscher Junggärtner 2334
  - Archäologie 581. 584. 591. 663. 6513

- Ausländer 1720
- Bachwoche 7134
- Bahnbetriebswerk 3183
- Banken, Sparkassen 2873. 2875. 2912
- Bergkirchenviertel 4253 f.
- Berufsschulen 381
- Beschreibung 4234. 4241–4243
- Bevölkerung 1633–1636
- Bibliotheken 41 f. 68
- Biebricher Allee 4255
- Bildungstechnologisches Zentrum 5442
- Biographien 4536. 4554
- Brandschutz 1849
- Brunnen 2078
- Buchwesen 7432–7435
- Bühnentanzschule Reichardt 5808
- Bundeskriminalamt 1547
- Christlicher Verein Junger Männer 7368
- Denkmalpflege 6588. 6618–6624
- DLRG 2021
- u. Dostojewski 5983
- Englische Kirche 5315
- Fachhochschule 5798
- Familienkunde 4386. 4538
- Gartenbau 2334
- Gaststätten 3320 f.
- Geschichte 1213. 4235–4240
- Gewerbe 2389. 2800
- Glaswerkstätten Derix 6995
- Goethe-Gesellschaft 6021 f.
- Griechische Kapelle 5312–5314
- Häuser 6913–6916
- Handel 2863
- Handwerkskammer 2729
- Hauptbahnhof 3184
- Hauptstaatsarchiv 103–109
- Haus der Ärzte 1877
- Hessische Polizeischule 5810
- Industrie 2921. 2981 f.
- Juden 4617
- Karneval 7532
- Kirchen 5309–5315
- Kolpingfamilie 7367
- Kommunalpolitik 4245–4247
- Krankenhäuser 1974–1977
- Kranzplatz 4251 f.
- Kreisschiedsrichtervereinigung 7320
- Krost, Weinkellerei 2389
- Künstler 6165

- Kulturgeschichte 7364–7368
- Kurhaus 6218
- Kurort 2076–2080
- Landesbibliothek 41 f. 68
- Landwirtschaft 2301
- Literatur 5965 f.
- Männergesangverein Germania (1875) 7135
- Matthäuskirche 5311
- Mauritiuskirche 5309
- Museum 314 f. 5394. 6319. 6510–6520
- Musik 7134 f.
- Musikseminar Güntzel 5809
- Naturkunde 2538
- Obdachlosensiedlung Mühltal 1751 f.
- Philatelie 3266 f.
- Polizei 3357
- Post 3261–3267
- Römerzeit 584. 591. 663
- Schulen 5626–5629. 5798. 5807–5810
- Seniorenarbeit 2028 f.
- Sozialarbeit 2003. 2009. 2021. 2028 f.
- Spielplätze 5628
- Sport 7320–7327
- Stadtbefestigung 1309
- Stadtplanung 3706. 4248–4254. 6618. 6623
- Stadtrecht 1530
- Statistik 4244
- Stephanuskirche 5310
- Theater 7040
- Tierschutzvereine 2589 f.
- Verband d. Heimkehrer (VdH) 1437
- Verein der Ärzte 1870
- Verein für Nassauische Altertumskunde 6510
- Verkehr 3114. 3183 f. 3199. 3261–3267. 3320 f.
- Verlage 7433–7435
- Versicherungen 2398. 2874. 2912 f. 6916
- Villa Clementine 6624. 6915
- Wald 2444
- Wappen 7654–7662
- Wasserversorgung 3094
- Weinbau, Weinhandel 2388 f.
- Werkkunstschule 5807
- Wirtschaft 2389. 2398. 2706–2710. 2729. 2800. 2863. 2873–2875. 2912 f.

2921. 2981 f. 3094
- Wohnverhältnisse 1750–1752
- [als] Zentraler Ort 2169

s. a. Platte (Schloß)

Wiesbaden-Amöneburg
  s. Amöneburg (Wiesbaden)
Wiesbaden-Auringen
  s. Auringen
Wiesbaden-Biebrich
  s. Biebrich
Wiesbaden-Bierstadt
  s. Bierstadt
Wiesbaden-Breckenheim
  s. Breckenheim
Wiesbaden-Delkenheim
  s. Delkenheim
Wiesbaden-Dotzheim
  s. Dotzheim
Wiesbaden-Erbenheim
  s. Erbenheim
Wiesbaden-Frauenstein
  s. Frauenstein
Wiesbaden-Freudenberg
  s. Freudenberg (Wiesbaden)
Wiesbaden-Heßloch
  s. Heßloch
Wiesbaden-Igstadt
  s. Igstadt
Wiesbaden-Kastel
  s. Kastel
Wiesbaden-Klarenthal
  s. Klarenthal
Wiesbaden-Kloppenheim
  s. Kloppenheim (Wiesbaden)
Wiesbaden-Kostheim
  s. Kostheim
Wiesbaden-Naurod
  s. Naurod
Wiesbaden-Nordenstadt
  s. Nordenstadt
Wiesbaden-Rambach
  s. Rambach (Wiesbaden)
Wiesbaden-Schierstein
  s. Schierstein
Wiesbaden-Sonnenberg
  s. Sonnenberg
Wiesbaden-Mainz (Raum) 5640
Wieseck
- Archäologie 442
- Fachwerk 6917 f.
- Geschichte 4256–4259
- Kirche 5316
- Schulgeschichte 5491

- Struppmühle  2780
- Tore  6801
Wiesenfeld  5039
Wiesmann, Karin  6303
Wiesoppenheim  5317
Wigand (Familie)  4402
Wigand, Julius Wilhelm Albert  5763
Wildeck-Obersuhl
  s. Obersuhl
Wildeck-Richelsdorf
  s. Richelsdorf
Wilden  3125
Wildenberg (Burg)  6744
Wilderei  1548. 2458
Wildparke
  s. Tiergärten
Wildsachsen  4260
Wildungen, Bad
- Badeort  2081
- Beschreibung  4261 f.
- Bier  2764
- Familienkunde  4520. 4566
- Geschichte  4263
- Hexenlinde  2555
- Münzstätte  7693
Wildungen-Wega, Bad
  s. Wega
Wilhelm IV. Lgr. v. Hessen-Kassel  1058
Wilhelm Eb. v. Mainz  885
Wilhelm I. Kg. d. Niederlande  1317
Wilhelm I. Prinz v. Oranien  941–945
Wilhelm Gr. v. Sayn-Wittgenstein-Hohenstein  1399 f.
Wilhelm I. Gr. v. Solms-Braunfels  1001
Wilhelm Kempf, Bf. v. Limburg  4697 f.
Wilhelm Emmanuel Frhr. v. Ketteler, Bf. v. Mainz  4690 f.
Wilhelm Ludwig Georg Fürst v. Sayn-Wittgenstein-Hohenstein  999
Wilhelm (Familie)  4538
Wilhelmiten  5631
Wilhelmsbad  3792. 7041
Wilhelmsdorf  4264
  s. a. Hungeses (Wü.)
Wilhelmshausen  5318
Wilhelmshöhe  3862. 6196. 6592
Wilhelmshöhe (Schloß)  6243. 6471–6475. 6745 f.
Wilhelmshöhe (Schloßpark)  5421. 6747
Wilinaburgia  5619
Wille (Familie)  7664
Willersdorf  4265

Willigis, Eb. v. Mainz  886–890. 1022. 4645. 4654. 4675. 4703. 5209. 6492
Willingen  6521
Willingshausen  6145. 6201–6203. 6310
Willingshausen-Merzhausen
  s. Merzhausen (Schwalm-Eder-Kr.)
Willingshausen-Wasenberg
  s. Wasenberg
Willms, Günther  216
Wilshausen (Wü. b. Reiskirchen, Kr. Gießen)  2234
Wimpfen, Bad  765. 825. 1485 f. 4266
Windhausen (Vogelsbergkr.: Vogtei)  967
Winkel (Rheingau-Taunus-Kr.)  5974
Winnerod  4267
Winter, Heinrich  6945
Winterbräuche  7543 f.
Wintersheim  4268. 7136
Wirbelau  7328
Wirberg  6530
Wirges  2531. 4269
Wirtheim
- Geschichte  1412. 1424. 3873. 4270
- Karten  365
- Kirche  5319
- Postgeschichte  3268
- Schulgeschichte  5630
- Vereine  7357
- Verkehr  3115. 3268
- Weltkriege  1424
- Wirtschaft  2700
  s. a. Hergeresfeld (Wü.)
Wirtheim (Gericht)  1059. 2445
Wirtheim (Schloß)  6748
Wirtschaft, Wirtschaftsgeschichte  585. 680–688. 995. 1010. 1013. 1659. 1759–1776. 2277. 2493–2496. 2498. 2502. 2675–3094. 3124. 3178 f. 3382. 3735. 4248. 4283 f. 4290. 4744. 5771
  s. a. Fremdenverkehr
  s. a. Landwirtschaft
  s. a. Verkehr
Wirtshäuser
  s. Gaststätten
Wirwatz, Peter  5030
Wissenbach, Johann Jakob  1594
Wissenbach  3733. 4476
Wissenschaftliche Institute u. Vereinigungen  5773. 5784–5793. 5803. 6017 f. 6021 f. 6026
  s. a. Geschichtsvereine
Wißmar  5320. 6986
Wittenberg  7672

Wittgenborn   4271. 7137
Wittgenstein
   s. a. Sayn-Wittgenstein
Wittgenstein (Grsch., Ld., Kr.)
   – Familienkunde   4315 f. 4491
   – Geschichte   995–999. 1013
   – Landeskunde, Reiseführer   290–292. 298
   – Raumordnung   2125 f.
   – u. Siegerland   1013
   – Verwaltungsgeschichte   995
   – Viehrezepte   7629
   – Viehzucht   2396
   – Wirtschaftsgeschichte   995. 2810
   – Zimmerleute   2810
Wittgenstein-Wittgenstein (Grsch.)
   s. Wittgenstein (Grsch., Land, Kr.)
Witzel, Georg   4852–4854
Witzenhausen (Amt)   1060
Witzenhausen (Kr.)   2086. 2328. 2341. 2914. 4275
Witzenhausen (Stadt)
   – Beschreibung   4275
   – Geschichte   4272–4274. 4276
   – Kolonialschule   5631 f.
   – Kreissparkasse   2914
   – Landratsamt   98
   – Wilhelmitenkloster   5631
Witzenhausen-Ermschwerd
   s. Ermschwerd
Witzenhausen-Werleshausen
   s. Werleshausen
Wixhausen   4277
Wochenmärkte   2847
Wölfersheim   458, 542. 4278
Wölfersheim-Berstadt
   s. Berstadt
Wöllstadt   4279. 5040
Wöllstadt-Nieder-Wöllstadt
   s. Nieder-Wöllstadt
Wöllstadt-Ober-Wöllstadt
   s. Ober-Wöllstadt
Wöllstein   2748. 5321. 5499
Wörrstadt   4280
Wörsdorf   5322
Wohlfahrtswesen   1776. 1978–1992
   s. a. Sozialarbeit
Wohnungsbau   1695. 1729. 1731–1733. 1754–1758. 5724
Wohnungszählung   1730
Wohnverhältnisse   1729–1758
Wolf (Familie)   4576a
Wolf, Lore   6133

Wolfenbüttel   1157. 1484
Wolfenhausen   7329
Wolff, Johannes   7141
Wolff, Kurt   7417
Wolfgang   2418 f.
Wolfhagen (Kirchenkreis)   5055
Wolfhagen (Kr., Raum)   1644. 2329
Wolfhagen (Stadt)   1372
Wolfhagen-Altenhasungen
   s. Altenhasungen
Wolfhagen-Istha
   s. Istha
Wolfhagen-Leckringhausen
   s. Leckringhausen
Wolfhagen-Niederelsungen
   s. Niederelsungen
Wolfhagen-Viesebeck
   s. Viesebeck
Wolfram von Eschenbach   63
Wolfsanger   5041
Wolfskehlen   1531
Wolkersdorf (Forstamt b. Bottendorf)   2446
Wolltuchmacher   2792
Wollweberei
   s. Weberei
Wommelshausen   507
Worfelden   4281. 5042. 5933
Worms, Erkenbert v.
   s. Erkenbert v. Worms
Worms, Josef   217 f.
Worms (Bischöfe)
   – Amandus   4660
   – Burchard I. (v. Ziegenhain)   906. 4644
Worms (Hochstift; Bistum)   906. 967. 4771
Worms (Raum)   366. 485 f. 1500
Worms (Stadt)
   – Abgaben   1701
   – Ansichten   6240
   – Apotheken   1928
   – Archäologie, Frühgesch.   508. 591. 664. 765
   – Bibliotheken   43
   – Dom   5323–5325
   – Familienkunde   4387 f. 4392
   – Freimaurer   7371
   – Friedhöfe   4620
   – Geschichte   4282–4284. 6240
   – u. Graupner, Christoph   7167
   – Heylshof   6919
   – Industrie   2983
   – Juden   4618–4620

- u. Kirn, Richard 6062
- u. Luther, Martin 4808–4810
- Martinskirche 5326
- Mundart 5862
- Museum 6522 f.
- Musik 7138
- Namenkunde 5811
- Reichstag (1521) 4809 f.
- Religionsgespräch (1540) 4820 f.
- Römerzeit 591. 664
- Sozialgeschichte 3434
- Stadtbibliothek 43
- Stift St. Andreas 4800 f.
- Stift Cyriakus in Neuhausen 4784
- Synagoge 4618 f.
- Tafelmalerei 6167

Worms-Herrnsheim
  s. Herrnsheim
Worms-Wiesoppenheim
  s. Wiesoppenheim
Wortgeographie
  s. Mundart
Wredenhagen (Familie)
  s. Fredenhagen (Familie)
Wünschbach 4285
Würges 582. 4531
Württemberg 1188. 3082
Würzburg (Bischöfe)
  - Reinhard 4646
Würzburg (Hochstift, Bistum)
  915–917. 4770. 4774. 5409. 5811
Würzburg (Stadt) 258 f.
Wüstungen 502. 2092. 2215–2236. 3017 f.
  3140. 3629. 4033. 4718. 5143. 6674
Wunderer, Johann David 4453

X

Xerothermvegetation 2564

Y

Ysenburg-Büdingen (Grsch.)
  s. Isenburg-Büdingen (Grsch.)

Z

Zahnmedizin 750
Zahnpflege 1945
Zahnradbahnen
  s. Bergbahnen
Zais, Eduard 6946
Zander (Familie) 4301

Zaubersprüche, Segenssprüche 7628. 7630.
  7633–7636
Zehnhausen 4286. 4462. 7330
Zehnte 1697–1699. 3383. 4750. 6349 f.
  6859
Zeichnungen
  s. Graphik
Zeiller, Martin 7200
Zeilsheim 5043
Zeitgeschichte 72
Zeitschriften 5955 f.
Zeitschriftenkataloge 11. 26
Zeitungswesen 2248. 4621. 4902. 7403.
  7436–7466
Zell, Philipp v.
  s. Philipp v. Zell
Zell (Odenwaldkr.) 4287
Zeller, Winfried 5764
Zentbezirke 1051. 1053. 4320
Zeppelinheim 2864
Ziegelei 6951. 6957. 6968. 6970. 6977
Ziegenberg (Wetteraukreis) 543
Ziegenhain (Burg) 6572
Ziegenhain (Festung) 1310. 1929. 6572
Ziegenhain (Grsch.) 5827
Ziegenhain (Haus)
  - Burchard, I. Bf. v. Worms 906. 4644
Ziegenhain (Kr.) 424. 1474. 2754. 4311
Ziegenhain (Stadt) 4288. 4920. 5900.
  6524 f. 6572
Zierenberg 1762
Zierenberg-Burghasungen
  s. Burghasungen
Zierenberg-Oberelsungen
  s. Oberelsungen
Zigeuner 1542
Zimmerei 2810 f. 5080. 7593
Zimmermann (Familie) 4552
Zimmermann (Musikverlag) 7143
Zinn, Georg-August 1258 f.
Zinn 3042
Zinzendorf, Nikolaus Ludwig Gr. v.
  4930 f.
Zipp, Helmut 1917
Zisterzienser, Zisterzienserinnen
  4705–4707. 4711. 4722 f. 4743 f. 5220
Zitzengallenfliege 2601
Zitzer, Jakob 1418
Zivilrecht, Zivilprozeß 1492 f. 1508.
  1535–1539
Zöbelein [Zöberlein] (Familie) 7664
Zölle 2865–2869. 7683
Zoller gen. Speckswinkel (Familie) 4577

Zollschreiber 4505
Zonenrandgebiet 1600. 2681
Zoologische Gärten
    s. Tiergärten
Zopf (Familie) 7664
Zosimus, Tiberius Claudius 606
Zotzenbach 4289
Zschietzschmann, Willy 5694
Zuchthäuser
    s. Strafrecht
Zuchtviehmärkte 2831
Zuckmayer, Carl 6134–6136
Zünfte 2472. 2735. 2737 f. 2742 f. 2746.
    2750. 2759. 2789. 3009. 6951. 6963. 6967
Züntersbach 4290
Zullestein 690–692
Zum Jungen
    s. Jungen, zum
Zungenkopf [b. Oetmannshausen] 783
Zwecker, Hermann 1918
Zweibrücken-Bitsch (Grsch.) 987
Zweiter Bildungsweg 5462. 5624
Zweiter Weltkrieg 1424. 1430–1437. 1688
Zwergammer 2622
Zwergschnepfe 2625
Zwingenberg 1532–1534. 4291. 5633.
    6573 f.
Zwingenberg-Rodau
    s. Rodau (Kr. Bergstraße)
Zwinger 6637